Einführung in das Bürgerliche Recht

Grundkurs für Studierende der Rechts- und Wirtschaftswissenschaften

von

Dr. Eugen Klunzinger

Professor
an der Universität Tübingen

14., überarbeitete und erweiterte Auflage

Verlag Franz Vahlen München

VERLAG
VAHLEN
MÜNCHEN
www.vahlen.de

VAHLENS
ONLINE
MATERIALIEN

Zu diesem Titel
gibt es unter www.vahlen.de
für Dozenten die Grafiken
des Buches zum Download.

ISBN 978 3 8006 3649 5

© 2009 Verlag Franz Vahlen GmbH
Wilhelmstraße 9, 80801 München
Satz und Druck: Druckerei C. H. Beck, Nördlingen
(Adresse wie Verlag)

Der Anfang ist die Hälfte des Ganzen.

(Aristoteles)

Vorwort zur 14. Auflage

„Der Anfang ist (schon) die Hälfte des Ganzen!" Diesen Satz von Aristoteles möchte ich der nunmehr 14. Auflage dieses Lehrbuchs als Leitspruch voranstellen. Er soll eine Ermunterung sein für alle Studierenden, die zu Beginn ihres Studiums den Grundkurs im Privatrecht besuchen und Klausuren im Bürgerlichen Recht schreiben müssen. Dabei will ihnen dieses Buch den Einstieg erleichtern.

Die Neuauflage ist an zahlreichen Stellen erweitert und ergänzt; stets in dem Bemühen, dem Leser durch didaktische Hilfestellungen bei seinen Anstrengungen entgegen zu kommen, sich in die juristische Materie einzuarbeiten.

Dank schulde ich meiner Sekretärin Frau Ingrid Ott für die verlässliche Hilfe bei der Anfertigung des Manuskriptes und der Erstellung des Sachverzeichnisses sowie Frau Anranja Sander für die Unterstützung bei der Korrektur der Druckfahnen.

Für Hinweise und Verbesserungsvorschläge aus dem Leserkreis bin ich weiterhin dankbar, gerne auch unter meiner E-Mail-Adresse: eugen.klunzinger@jura.uni-tuebingen.de.

Tübingen, Sommersemester 2009   *Eugen Klunzinger*

Vorwort zur 13. Auflage

Es ist ein besonderes Anliegen des Verfassers und zugleich auch der Grundgedanke dieser Lehrbuchreihe, Studierenden an Universitäten, Fachhochschulen, Akademien und Fortbildungseinrichtungen in der beruflichen Weiterbildung ein bestimmtes Rechtsgebiet rasch und verständlich nahe zu bringen. Auch die nunmehr 13. Auflage bleibt in ihrer Konzeption dieser Linie treu. Sie ist aktualisiert und an zahlreichen Stellen insbes. im Bereich der Rechtsgeschäftslehre, dem Recht der Allgemeinen Geschäftsbedingungen und im Kaufrecht erweitert, verbessert und vertieft, auch in der Absicht, das didaktische Bemühen weiter zu unterstreichen. Auf die im jeweiligen Vorwort der vorigen Auflagen gemachten Bemerkungen und empfohlenen Verhaltensregeln im Studium wird nachdrücklich verwiesen.

In den BGB-Vorlesungen ist es zuweilen nicht möglich, den gesamten Stoff in der erforderlichen Breite abzuhandeln, geschweige denn mit dem Auditorium in einen intensiven Diskurs einzutreten. Das führt beim Dozenten zu der Ungewissheit, ob die von ihm vorgetragene Materie den Studenten bleibend erreicht hat. Auf der Gegenseite ist die Befürchtung nicht unbegründet, dass nicht wenige Studenten dem Irrglauben anheim fallen, was man angesichts eines heute üblich gewordenen Scripts schwarz auf weiß nach Hause tragen kann, sei schon die Garantie für den Lern- und Prüfungserfolg. Diese Diskrepanz mit dem vorliegenden Lehrbuch überbrücken zu helfen, ist mit ein wesentliches Motiv des Verfassers auch bei dieser Auflage.

Seit einigen Jahren habe ich der jeweiligen Neuauflage einen Leitspruch vorangestellt. Manchmal banal, mitunter sarkastisch, meist provokativ. Mit einem Anflug der Resignation wurde Shakespeare bemüht: „The first things we'll do is kill all lawyers" und mit Bezugnahme auf Jean Giraudoux und seiner Meinung, man traniere die Phantasie „am besten durch juristische Studien", da „kein Dichter jemals die Natur so frei ausgelegt (habe)" die im Vergleich zu den exakten Wissenschaften der Jurisprudenz anhaftende Unwägbarkeit beklagt (Standardfloskel „es kommt drauf an" mit dem Endergebnis „zwei Juristen, drei Meinungen"). Schließlich wurden in der Vorauflage die Eleven Justitias mit dem banalen Spruch, wonach „ein Blick in das Gesetz manchen Zweifel beseitigt", aufgefordert, sich zunächst einmal mit den vorhandenen Grundlagen zu beschäftigen.

Dies alles bleibt auch bei nicht ausdrücklicher Wiederholung gültig und soll durch Nachfolgendes ergänzt werden: Wie ein Maler (normalerweise) sein Kunstwerk mit einfachen Strichen beginnt, auf dass er es letztendlich durch Verästelungen, Verfeinerungen und farbliche Brillanz der Vollendung zuführt, so sollte auch der Student jeden Schritt mit Bedacht und wohl überlegt gehen – vom Grundsätzlichen zum Speziellen, vom Einfachen zum Schwierigen, auf dass auch ihm schließlich ein akzeptables Oeuvre gelingen möge. Wenn zu dem dafür erforderlichen Fleiß auch die (zumindest mittlere, vielleicht auch nur spezielle) Intelligenz hinzukommt, kann dem Erfolg eigentlich nichts mehr im Wege stehen. Der Schreiber dieser Zeilen ist sich bewusst, dass er mit den vorgenannten Worten die Stilrichtungen der Malerei nur unvollendet erfasst. Allein: Die moderne Kunst mag mit den überkommenen Regeln brechen und das Gegenständliche verlassen mit dem Effekt, dass der durchschnittliche Kunstbetrachter das Werk nicht mehr durch sich selbst, sondern erst durch eine mitgelieferte Handreichung erschließen kann, um den Zugang zu den Gedankengängen des Künstlers zu erhalten. So sehr dies die Kunstszene der Moderne entzücken mag, so wenig ist es als Vorbild für die Kunst der Rechtsanwendung geeignet. Es hilft alles nichts: Die angehenden Juristen müssen die speziellen rechtswissenschaftlichen Vorgegebenheiten akzeptieren und sich insoweit den geltenden Spielregeln unterwerfen. Dieses Lehrbuch will dabei eine Hilfestellung geben.

Tübingen, Sommersemester 2007   *Eugen Klunzinger*

Vorwort zur 12. Auflage

Es mag eine Binsenweisheit sein, aber eben doch eine „Weisheit", dass jedes Ergebnis seine Ursache(n) hat, auch der Erfolg bzw. der Misserfolg. Gleichfalls eine Binsenweisheit ist, dass die Examensnote über Lebenschancen (mit)entscheidet. Umso mehr in einer Zeit, in der ein akademisches Studium nicht mehr mit einem Passierschein für den adäquaten Einstieg in das Berufsleben abschließt.

Welche Folgerungen sind daraus abzuleiten? Zumindest auch die Erkenntnis, dass ein von Anfang an konzentriertes und konstantes Arbeiten bessere (Studien-/Examens-) Ergebnisse erwarten lässt. Oft fehlt es dabei gar nicht so sehr am Willen, meist auch nicht an der Fähigkeit dazu. Nicht selten sind es banale Dinge, mit denen sich der Anfänger schwer tut. Wer in einem Studium Leistung bringen will, muss zuerst einmal Lernen lernen.

Dieses Buch will dem Studenten dabei helfen. Die vielen positiven Zuschriften haben mich darin bestärkt, die zugrundeliegende Konzeption und den Stil der Darstellung beizubehalten. Der Text will den Studenten unmittelbar ansprechen; sein Interesse soll geweckt werden und erhalten bleiben; nicht dass er nach zehn Seiten nicht mehr weiß, was er fünf Seiten zuvor gelesen hat. Dabei ist sich der Verfasser der Tatsache bewusst, dass die Kunst der Vereinfachung oft schwieriger ist, als die der Komplikation. Aber: Was nützt die Perfektion, wenn sie unerreichbar bleibt? Schon manches Genie ist an dieser Erkenntnis gescheitert.

Deshalb definiert dieser Grundriss klar seine Aufgabe: Er will den Studenten an den Universitäten, Fachhochschulen, Akademien und Institutionen der Berufsfortbildung einen raschen und eingängigen Einstieg in die Materie, so wie sie in den Prüfungsordnungen definiert ist, ermöglichen.

Aus dem Vorwort zur 11. Auflage (2002)

Aller Anfang ist schwer, auch beim Jurastudium. Dies gilt vor allem für die Kerndisziplin der Rechtswissenschaft, dem Bürgerlichen Recht, welches für jeden Studienanfänger eine hohe Hürde darstellt, unabhängig davon, ob Jura im Hauptfach belegt wird oder nur als Nebenfach oder von Teilnehmern an Weiterbildungsveranstaltungen. Mag das Paragraphenzeichen auch für viele Menschen eine abschreckende Wirkung ausüben und nicht wenigen sogar als mittelalterliches Folterwerkzeug erscheinen, die Vermittlung des Paragrapheninhalts durch Dozenten und Autoren sollte derartige Vorurteile und Befürchtungen nicht bestätigen. Das vorliegende Buch bemüht sich darum und will jedem Handreichung und Wegbegleiter sein, der den Zugang zur Rechtswissenschaft sucht.

Vielen Studenten fällt es in der heutigen Zeit der Massenuniversität schwer, sich auf dem Gebiete des Bürgerlichen Rechts in das Studium hineinzufinden. Gerade ihnen möchte der vorliegende Grundriss eine Hilfestellung geben. Wichtig ist, dass jeder Studierende zunächst Grundkenntnisse und Grundfertigkeiten erlangt, die ihn befähigen, Grundzusammenhänge zu erkennen, um bei Bedarf auch theorieintensivere Problemstellungen der Zivilrechtsdogmatik zu bewältigen. Erst kommt der Rohbau und dann der Innenausbau. Oder aus studentischer Sicht formuliert: Nur wer den Normalfall lösen kann, ist auch dem Problemfall gewachsen. Denn was nützt Aladin der Geist, wenn er nicht weiß, wie er ihn aus der Lampe bekommt? Wie soll der Prinz das Dornröschen wachküssen, wenn er kein Schwert hat, mit dem er sich den Weg durch die Dornen bahnen kann? Dabei möchte ich auf das bei den Studienhinweisen in diesem Buch Gesagte ausdrücklich verweisen. Gerade für den Anfänger, der ein geordnetes Studium beabsichtigt, gilt: Alles zu seiner Zeit und an seinem Platz!

Aus dem Vorwort zur 1. Auflage (1987)

Der vorliegende Grundriss dient einem pädagogischen Zweck: Er möchte solchen Lesern den „Einstieg" in das bürgerliche Recht erleichtern, die zu Beginn oder im Verlauf ihres Studiums bzw. im Rahmen der Berufsfortbildung eine „Grundausbildung in Rechtswissenschaft" absolvieren und sich im Anschluss daran einer schriftlichen und/oder mündlichen Prüfung unterziehen müssen. Angesprochen sind damit Studienanfänger der Rechtswissenschaft sowie Studierende wirtschaftswissenschaftlicher und anderer Disziplinen, die juristische Vorlesungen nur im Nebenfach besuchen.

Das didaktische Grundanliegen bedingt Kompromisse. So ist es in diesem Rahmen weder möglich noch unbedingt erforderlich, den Stoff bis in alle theoretischen Verästelungen abzuhandeln. Auch wurde bewusst auf einen umfangreichen Anmerkungsapparat verzichtet. Ziel musste bleiben, dem Leser den Zugang zur Materie zu verschaffen, ihm die unverzichtbaren Grundbegriffe, Grundprinzipien und Grundzusammenhänge des materiellen Rechts zu erläutern. Wer sich als Student bzw. Berufsangehöriger wirtschafts- und sozialwissenschaftlicher Disziplinen an den Universitäten, Fachhochschulen, Akademien und Kammern einen Überblick über die „wirtschaftlich relevanten Partien des Bürgerlichen Rechts" verschaffen will, wird sich im Wesentlichen auf die ersten drei Bücher des Bürgerlichen Gesetzbuches beschränken. Im Verlauf des juristischen Studiums zwingt dies zur Anschaffung von drei bis vier Lehrbüchern mit zusammengerechnet mehreren 1000 Seiten. Dies von dem eingangs angesprochenen Personenkreis zu diesem Zeitpunkt zu verlangen, wäre illusorisch. Aus diesem Grunde umfasst der vorliegende Grundriss die den ersten drei Büchern des BGB zugrundeliegenden Rechtsgebiete (Allgemeiner Teil, Allgemeines und Besonderes Schuldrecht sowie die Grundzüge des Sachenrechts).

Wiederum mit Rücksicht auf den ins Auge gefassten Personenkreis versucht die Darstellung, den Leser durch Arbeitsanleitungen, Lernhinweise, Wiederholungs- und Verständnisfragen sowie durch Beispiele, Zusammenfassungen und graphische Mittel zum ständigen Mitarbeiten und Repetieren anzuleiten. Es ist ein besonderes Anliegen des Verfassers, mit derartigen „Textauflockerungen" dem Leser entgegenzukommen. Übersichten und Skizzen sollen dem Studenten helfen, die jeweiligen Lernschritte abzuschätzen und zu bewältigen, das eben Gelesene und Erlernte zu rekapitulieren und zu speichern, um ihm so durch permanente Lernkontrolle einen gesicherten Kenntnisstand als Voraussetzung für den Studien- und Ausbildungserfolg zu verschaffen.

Der Grundriss basiert in weiten Teilen auf Vorlesungen und Übungen, die der Verfasser über Jahre hinweg an der Universität Tübingen und anderen Bildungseinrichtungen abgehalten hat.

Besonders verwiesen sei auf die dem eigentlichen Text vorangestellten Studienhinweise, die der Verfasser nicht nur vor dem Durcharbeiten des Buches, sondern auch zwischendurch immer wieder zur geflissentlichen Lektüre empfiehlt!

Inhaltsübersicht

Teil V: BGB – Sachenrecht

Inhaltsverzeichnis

Teil II: BGB – Allgemeiner Teil

1. Kapitel: Rechtssubjekte und Rechtsobjekte

Teil III: BGB – Allgemeines Schuldrecht

1. Kapitel: Begriff und Arten des Schuldverhältnisses

4. Kapitel: Leistungsstörungen im Schuldverhältnis

1. Unterkapitel: Die Voraussetzungen von Unmöglichkeit, Schuldnerverzug, Schlechtleistung und Gläubigerverzug

Teil IV: BGB – Besonderes Schuldrecht

1. Kapitel: Veräußerungsverträge

2. Kapitel: Gebrauchsüberlassungsverträge

3. Kapitel: Dienstleistungen

Teil V: BGB – Sachenrecht

3. Kapitel: Sonstige dingliche Rechte

Abkürzungsverzeichnis

Abs.	Absatz
a. E.	am Ende
a. F.	alte Fassung
AG	Aktiengesellschaft
AGB	Allgemeine Geschäftsbedingungen
AGBG	Gesetz zur Regelung des Rechts der Allgemeinen Geschäftsbedingungen
AGG	Allgemeines Gleichbehandlungsgesetz
AktG	Aktiengesetz
Alt.	Alternative
AO	Abgabenordnung
arg.(e)	Argument (aus)
Art.	Artikel
BAG	Bundesarbeitsgericht
BauGB	Baugesetzbuch
BGB	Bürgerliches Gesetzbuch
BGBl.	Bundesgesetzblatt
BGH	Bundesgerichtshof
BGHZ	Entscheidungen des Bundesgerichtshofes in Zivilsachen
BNotO	Bundesnotarordnung
BUrlG	Bundesurlaubsgesetz
bzgl.	bezüglich
bzw.	beziehungsweise
DB	Der Betrieb
dgl.	dergleichen
d. h.	das heißt
EDV	Elektronische Datenverarbeitung
EG	Europäische Gemeinschaft
EGBGB	Einführungsgesetz zum Bürgerlichen Gesetzbuche
EntgeltfortzahlungsG	Entgeltfortzahlungsgesetz
ErbbauRG	Gesetz über das Erbbaurecht
etc.	et cetera
EU	Europäische Union
EuGH	Europäischer Gerichtshof
f.	folgende(r)
ff.	fortfolgende
G	Gesetz
GBO	Grundbuchordnung
gem.	gemäß
GEMA	Gesellschaft für musikalische Aufführungs- und mechanische Vervielfältigungsrechte
GenG	Genossenschaftsgesetz
GewO	Gewerbeordnung

GG	Grundgesetz
ggf.	gegebenenfalls
Gl	Gläubiger
GmbH	Gesellschaft mit beschränkter Haftung
GmbHG	Gesetz betreffend die Gesellschaften mit beschränkter Haftung
GoA	Geschäftsführung ohne Auftrag
GrS	Großer Senat
GrstVG	Grundstückverkehrsgesetz
GWB	Gesetz gegen Wettbewerbsbeschränkungen
HGB	Handelsgesetzbuch
h. M.	herrschende Meinung
HöfeO	Höfeordnung
Hs	Halbsatz
i. d. R.	in der Regel
i. e. S.	im engeren Sinne
i. H. v.	in Höhe von
InsO	Insolvenzordnung
i. S.	im Sinne
i. S. d.	im Sinne der/des
i. S. v.	im Sinne von
i. V.	in Verbindung
i. V. m.	in Verbindung mit
i. w. S.	im weiteren Sinne
JGG	Jugendgerichtsgesetz
Kap.	Kapitel
Kfz	Kraftfahrzeug
KG	Kommanditgesellschaft
KSchG	Kündigungsschutzgesetz
KStG	Körperschaftsteuergesetz
KunstUrhG	Kunsturhebergesetz
lat.	lateinisch
LG	Landgericht
LKW	Lastkraftwagen
LM	Lindenmaier/Möhring, Nachschlagewerk des Bundesgerichtshofs in Zivilsachen
NJW	Neue Juristische Wochenschrift
Nr.	Nummer
o. ä.	oder ähnliches
OHG	Offene Handelsgesellschaft
PHG	Produkthaftungsgesetz
Pkw	Personenkraftwagen
PrKG	Preisklauselgesetz
ProdHaftG	Produkthaftungsgesetz
RG	Rechtsgeschäft(e)
RGBl.	Reichsgesetzblatt

RGZ	Entscheidungen des Reichsgerichts in Zivilsachen
S.	Seite, Satz
SGB	Sozialgesetzbuch
s. o.	siehe oben
sog.	sogenannt
StGB	Strafgesetzbuch
st. Rspr.	ständige Rechtsprechung
StVG	Straßenverkehrsgesetz
s. u.	siehe unten
SV	Sachverhalt
t	Tonne(n)
TB	Tatbestand
TVG	Tarifvertragsgesetz
u.	und, unten
u. a.	unter anderem, und andere
u. a. m.	und anderes mehr
usf.	und so fort
usw.	und so weiter
u. U.	unter Umständen
u. v. a. m.	und viele(s) andere mehr
UWG	Gesetz gegen den unlauteren Wettbewerb
Var.	Variante
VerbrKrG	Verbraucherkreditgesetz
VO	Verordnung
VOB	Verdingungsordnung für Bauleistungen
vgl.	vergleiche
VVG	Gesetz über den Versicherungsvertrag
WE	Willenserklärung
WEG	Wohnungseigentumsgesetz
WG	Wechselgesetz
z. B.	zum Beispiel
Ziff.	Ziffer
ZPO	Zivilprozessordnung
z. T.	zum Teil

Lern- und Studienhinweise

I. Zehn Grundregeln für das richtige Arbeiten

Jedes Ergebnis hat seine Ursache(n), auch und gerade im Studium. Ob ein Student erfolgreich abschließt, hängt nicht zuletzt auch davon ab, wie er seine Chancen nutzt und von den Angeboten Gebrauch macht, die ihm während seiner Ausbildung in vielfältiger Weise zur Verfügung gestellt werden. Erfahrungsgemäß tut sich der Studienanfänger beim Übergang vom Gymnasium in die Anonymität der Hochschule schwer. Akademische Freiheit verlangt viel Disziplin gegenüber der eigenen Person, sie verführt leicht zur „akademischen Faulheit". Wer ein Studium erfolgreich abschließen will, muss zunächst das Lernen lernen. Vielen Studenten fällt dies (zumindest am Anfang) schwer. Jeder Student, der Jurastudent in erster Linie, aber auch der Student der Wirtschafts- und Sozialwissenschaft, der Privatrecht nur im Nebenfach betreibt und möglicherweise die abschließende Prüfung nur als notwendiges Übel ansieht, sollte die nachfolgenden zehn Regeln und Ermahnungen beherzigen. Der Verfasser bezieht sich bei seinen Empfehlungen auf eine langjährige Erfahrung als Dozent. Sie sollen für den Studenten auch Richtschnur für sein Lernverhalten in den übrigen Disziplinen seines Studiums sein.

1. Das „ökonomische Prinzip"

Einem Studenten der Rechts- und Wirtschaftswissenschaften sollte einleuchten, dass optimales Handeln am ökonomischen Prinzip orientiert sein muss: Der Mitteleinsatz soll den höchsten Ertrag bringen! Dies bedingt Lerndisziplin. Wer sich mit dem Recht beschäftigt, tut dies am besten unter intensiver Nutzung der Lehr- und Lernangebote. Dazu gehört auch und gerade der Besuch der Vorlesung. Wer sich in der deutschen Hörsaal-Landschaft auskennt, weiß: Die Zahl der Zuhörer nimmt oft schon nach wenigen Wochen merklich ab. Lassen wir es dahingestellt, ob dies am Dozenten oder am Hörer liegt. Die landläufige Entschuldigung, mit der Studenten ihr schlechtes Gewissen zu besänftigen pflegen, lautet meist: Das lese ich besser zu Hause nach! Wirklich? Meine Empfehlung deshalb: Zwingen Sie sich, beißen Sie sich durch, make the best of it! Was aber ganz wichtig ist: Machen Sie von Anfang an das Gesetz zu Ihrem ständigen Begleiter! Intensiver, als durch die Lektüre des Gesetzes geht's nicht. Und im übrigen gilt: „Ein Blick in das Gesetz beseitigt manchen Zweifel"!

2. Das „hic-et-nunc Prinzip"

Was getan werden muss, sollten Sie sofort und intensiv tun. Dieses Prinzip ist wohl von allen schönen Maximen das am schwersten zu befolgende. Die Vielfältigkeit des Lebens bedingt für jedes Individuum eine Fülle von Angeboten, etwas Unangenehmes zugunsten anderer Dinge zu verschieben oder ganz zu lassen. Verhängnisvolle „Weisheiten" begünstigen dies: „Das muss ich demnächst auch einmal tun ..." oder „was man schwarz auf weiß besitzt, kann man getrost nach Hause tragen". Der Student hat es damit aber noch lange nicht in den gesicherten Bestand seines Examenswissens aufgenommen. Auch hier ist der Weg zu mancherlei unerwünschten Entwicklungen mit guten Vorsätzen gepflastert. Der Gedanke: „Das muss ich demnächst auch einmal tun" führt sehr schnell zu einer Anhäufung nicht oder nur teilweise bewältigten Stoffes und damit zu Lücken, die nur langwierig und mit unverhältnismäßig hohem Arbeitsaufwand wieder geschlossen werden können. Gehen Sie also immer an eine Sache mit dem Willen und in dem Bewusstsein heran, diese jetzt und endgültig zu erledigen, ein Problem, ein Rechtsgebiet oder eine Aufgabe jetzt und endgültig zu erarbeiten und zu erlernen, aber niemals mit dem Ansatz, „dies dann noch einmal nachzulesen oder sich vorzunehmen". Für die Vorlesung gilt: Wenn Sie schon eine Vorlesung besuchen, dann auch mit dem festen Willen und der Bereitschaft mitzuarbeiten. Wer die stickige Atmosphäre eines schlecht gelüfteten Hörsaals auf sich nimmt, aber nicht die Kraft aufbringt, der Diktion des Vortragenden zu folgen, sollte wirklich besser in sauerstoffreicher Umgebung spazieren gehen und auf diese Weise wenigstens die physische Basis seiner Lernfähigkeit verbessern.

3. Vor-, Mit- und Nacharbeiten

Ständiges Arbeiten ist der Schlüssel zum Erfolg. Ohne Fleiß (auch bei bester Begabung) kein Preis! Allgemein gilt: Wer schon vor der Vorlesung (z.B. während der Semesterferien) ein bestimmtes Gebiet in einem kurz gehaltenen Grundriss überfliegt (oder auch nur das Gesetz durchliest) und sich damit von vornherein ein Gerüst verschafft, wird jede Unterrichtsveranstaltung mit unvergleichlich höherem Gewinn absolvieren.

Abschreckendes „Vorbild" ist der Student, der den Lernstoff erst 14 Tage vor dem Prüfungstermin in Tag- und Nachtarbeit unter Zuhilfenahme von Aufputschmitteln durchzupeitschen versucht. Abgesehen davon, dass er es sich dadurch unnötigerweise schwer macht, kann mit Sicherheit gesagt werden, dass derart in einer Schnellbleiche Angelerntes auch ebenso schnell wieder vergessen ist. Dass dies weder der Sinn einer Vorlesung noch der des Studiums sein kann, leuchtet ein, denn schließlich gilt ja auch: Non scholae, sed vitae discimus ...

4. Arbeiten mit dem Gesetz

Der Jurist ist kein „freischaffender Künstler". Grundlage und damit auch Arbeitsgrundlage für jeden, der sich mit dem Privatrecht beschäftigt, ist das Gesetz. Da das Bürgerliche Gesetzbuch im Hinblick auf seine Entstehungsgeschichte eine Kodifikation von hohem wissenschaftlichem Rang darstellt (insofern also „komprimierten Professorenschweiß" repräsentiert), wird das ökonomische Prinzip im vorbezeichneten Sinne optimal mit der direkten und ständigen Arbeit am Gesetz verwirklicht. Ein Gesetzbuch soll für den Studenten keine wertvolle Lyrik, sondern „Arbeitsgesetzbuch" sein. Unterstreichen, Kolorieren und Kommentieren sind daher im höchsten Grade wünschenswert und für den Benutzer gewinnbringend. Allerdings soll nicht unterschlagen werden, dass die Prüfungsordnungen im Examen nur die Benutzung „unkommentierter Gesetzestexte" gestatten.

Gewiss wird man von einem Studenten nicht verlangen, dass er alle Paragraphen im Kopf hat. Auf der anderen Seite müssen aber manche Dinge einfach präsent sein. Wer etwa die Anspruchsgrundlagen für die Pflichten aus dem Kaufvertrag erst im Sachverzeichnis sucht, kann nicht verlangen, dass man ihm eine erfolgreiche Grundausbildung im Privatrecht attestiert. Wichtig (und daher im nachfolgenden Text dieses Buches immer wieder als Imperativ aufgeführt) ist für den Studenten die wiederholte Lektüre der zitierten Paragraphen. Er lernt dadurch zugleich die juristische Semantik, die gerade Anfängern und Nebenfächlern aus verständlichen Gründen immer wieder Schwierigkeiten macht. Dabei ist eine seit alters her bewährte Regel zu beachten: Wer einen Paragraphen nachschlägt, sollte ihn erstens ganz lesen und zweitens „drei Paragraphen davor und drei Paragraphen danach" in die Überprüfung mit einbeziehen. Der Grund ist einleuchtend: Aus den Textstellen davor erkennt man besser den Gesamtzusammenhang; die Textstellen danach enthalten oft Ausnahmen oder Variationen des zuvor an der betreffenden Gesetzesstelle Geregelten!

5. Planmäßiges Arbeiten

Das In-den-Tag-Hineinleben wird wohl von niemandem als erfolgreiches Lebenskonzept angesehen werden. Genauso verhält es sich mit dem Studium. Jeder Student sollte sich deshalb für alle Disziplinen einen Plan zurechtlegen. Eine gute Zeiteinteilung ist schon der halbe Erfolg. Der Plan ermöglicht das stetige Arbeiten und die Kontrolle darüber. Freilich setzt er Disziplin und Augenmaß voraus. Auf keinen Fall sollte man sich zu viel vornehmen („ja, mach nur einen Plan …"). Wer, um sich selbst zu beruhigen, in einen Plan zu viel reinpackt, wird ihn nicht erfüllen. Rückstände führen mit Sicherheit zur Frustration und blockieren den Neuanfang.

6. Repetitio est mater studiorum

Ein weit verbreiteter, aber verhängnisvoller Irrtum des Anfängers liegt darin zu glauben, was man einmal gehört oder gelesen hat, sei bereits Bestandteil eines gesicherten Erfahrungsschatzes. Ohne Repetition ist ein solcher nicht zu erlangen. Deshalb sollte das Wiederholen ständiger Wegbegleiter des Studiums werden. Dabei helfen Unterlagen, die man beim Durcharbeiten entsprechend kommentiert und koloriert hat. Jede Repetition ist zugleich Lernkontrolle. Man hat sein Ziel erreicht, wenn man das Repetierte jederzeit „wieder (zurück)holen" kann.

7. „Lieber etwas, als gar nichts"

Wenn der Student Rückstände feststellt, wird es nicht selten kritisch: Sie blockieren den Neuanfang und können manchmal auch bei einem noch vorhandenen Rest von Lernwilligkeit den Weg zu einer ordentlichen und regelmäßigen Arbeit verbauen. Machen Sie sich deshalb klar, dass „etwas immer noch besser ist, als gar nichts". Beginnen Sie wieder mit „kleinen Happen", auch in kleinen Zeitabschnitten. Nicht nur für die beschriebene Rückstandssituation gilt, dass man zum Lernen nahezu jede Lebenslage nutzen kann: Die Lektüre des Skripts in der Straßenbahn, das Studium einer Skizze im Wartezimmer beim Zahnarzt, der Blick in das Gesetz vor dem Einschlafen … Um nicht falsch verstanden zu werden: In manchen Lebenslagen braucht man Zeit und „Abstand von den Dingen", um nicht die Freude zu verlieren. Auch soll sich das Erarbeitete und Gelernte „setzen können". Eine „geistige Ruhepause" im Anschluss an ein anstrengendes Tagewerk hat auch der „Arbeiter der Stirn" wohlverdient.

8. Formulierungs- und Argumentationsschulung

Nicht jeder ist ein Cicero, von Kant ganz zu schweigen. Der „Durchschnittsstudent" muss sich erst einmal im Formulieren und Argumentieren üben. Wer in seiner Heimatdisziplin leidlich zurechtkommt, wird erfahrungsgemäß bei fachfremden Gebieten erneut Schwierigkeiten haben. Diese Erfahrung macht jeder Studienanfänger, der sich mit rechtswissenschaftlichen Disziplinen, mit den dort gültigen Maximen, Termini und Redewendungen erst anfreunden muss. Bei alledem hilft „laut zu lernen". Man wird sehr schnell erkennen, dass Gestotter und Versiegen des Redeflusses weniger auf die Fähigkeit der Artikulation allgemein als auf mangelnden Kenntnisstand zurückzuführen sind. Die Beschäftigung mit dem Gesetz und anderen Hilfsmitteln wird das Argumentationspotential auch im fremden Fachgebiet schnell erhöhen. Dem steht nicht entgegen, das Gelernte mit eigenen Worten darzustellen, um zu überprüfen, ob es wirklich verstanden oder nur auswendig gelernt wurde. Die Kenntnis der Fachsprache und die Fähigkeit, mit eigenen Worten zu argumentieren, sollen sich ergänzen. Verräterisch sind regelmäßig relativierende Hinweise in der Diktion („praktisch", „gewissermaßen", „eigentlich" usw.), mit denen der Angesprochene seine Unsicherheit zu kaschieren versucht. Lernziel einer Grundausbildung in Rechtswissenschaft sollte aber auch sein, dass sich der Examinierte einigermaßen sicher der Rechtssprache bedienen kann. Schlimm, wenn ein Student auch nach mehreren Semestern noch vom „Eigentum" an einer Forderung spricht, Rechts- und Geschäftsfähigkeit durcheinanderwirft, als Beispiel für ein einseitiges Rechtsgeschäft die Schenkung nennt, Vollmacht und Vertretungsmacht definitorisch nicht auseinanderhalten kann etc. etc. …

9. Gedächtnisschulung

Kenntnislücken werden nicht selten mit einem angeblich schlechten Gedächtnis entschuldigt. Wer so etwas behauptet, macht es sich zu einfach. Das Gedächtnis ist eine Funktion der Aufmerksamkeit, diese wiederum hängt ab vom Interesse. Zudem lässt sich jedes Gedächtnis schulen, nicht zuletzt durch Repetition (s. o.). Denken und Lernen in Gliederungen, Notieren, Skizzieren und Exemplifizieren – oft auch nur mehr Fleiß –, verbessern das Gedächtnis schnell und merklich.

10. Lerndisziplin

Das ökonomische Prinzip ist ein Ideal. Jeder bestimmt in seinem Studium selbst, inwieweit er es verwirklicht. Das bedingt nicht nur „lernen, lernen und nochmals lernen" (Lenin), sondern vor allem auch Lerndisziplin gegenüber sich selbst. Sie ist eine Tochter der Askese. Ökonomisch lernen heißt z.B., vom Grundsatz zum Detail zu gehen und sich nicht in Neben-sächlichkeiten zu verlieren. Denken und Reden in Gliederungen verschaf-fen Klarheit für einen selbst und für den Adressaten. Wer eine Skizze macht, erleichtert sich das Arbeiten. Da die meisten Menschen mehr op-tisch als akustisch veranlagt sind, kommt graphischen Darstellungen beim Lernprozess ein entscheidendes Gewicht zu. Wer eine Übersicht anfertigt, wer unterstreicht, koloriert, erleichtert sich das Arbeiten und schafft sich letztlich auch die Voraussetzungen für ein fotographisches Gedächtnis. Die Physik kennt das Trägheitsprinzip, die Lernpsychologie nicht minder. Das geistige Trägheitsprinzip zu überwinden, ist der Schlüssel zum Erfolg. Wem es gelingt, der wird Freude und Spaß am Lernen haben. Und er wird Erfolg haben. Dann ist's geschafft. Denn nichts ist so stimulierend wie der Erfolg, auch im Studium! In diesem Sinne wünsche ich dem Leser viel Erfolg beim Durcharbeiten dieses Buches.

II. Hilfsmittel

Jeder Handwerker benötigt sein Handwerkszeug. Auch der Student kann auf ein Mindestmaß an Hilfsmitteln nicht verzichten.

1. Gesetze

Der Besitz eines Gesetzestextes ist für jeden Studenten der Rechts- und Wirtschaftswissenschaften unverzichtbar. **Ein Blick in das Gesetz beseitigt manchen Zweifel!** Das ergibt sich schon daraus, dass im Gegensatz zu an-deren Wissenschaften in der Jurisprudenz viele theoretische Streitfragen durch den Gesetzgeber eindeutig entschieden sind. Kritik und Reflexion sollen dadurch nicht eingeschränkt, lediglich auf das am Beginn des Stu-diums angebrachte Maß reduziert und auf den richtigen Ort konzentriert werden. Daher ist es mindestens genauso wichtig zu wissen, „wo etwas steht", um dann (ggf. nach vorhergehendem Abwägen, wie die gesetz-geberische Lösung sein könnte) erst durch entsprechendes Nachschlagen festzustellen, „was drin steht". Es gibt zwei Möglichkeiten: Entweder man besorgt sich eine gebundene Textausgabe des jeweiligen Gesetzes oder eine in „Lose-Blatt-Form" aufgelegte Gesetzessammlung. Die Vor- und Nach-teile sind klar: Gebundene Textausgaben einzelner Gesetze sind handlicher als die voluminöse Lose-Blatt-Sammlung, die den Besitzer schon von wei-tem als Anhänger der Jurisprudenz ausweist. Der Vorteil einer Lose-Blatt-Sammlung liegt darin, dass sie bei Novellierungen nicht jeweils veraltet, vielmehr durch laufende Ergänzungslieferungen auf dem neuesten Stand gehalten werden kann.

a) Gebundene Textausgaben

Bürgerliches Gesetzbuch mit zugehörigen Gesetzen und EG-Richtlinien. Textausgabe mit Verweisungen und Sachverzeichnis. Rote Textausgabe, Verlag C.H.Beck München.

Bürgerliches Gesetzbuch. Textausgabe mit ausführlichem Sachverzeichnis. Beck-Texte im dtv Nr. 5001.

b) Loseblatt-Sammlungen

Schönfelder Deutsche Gesetze. Sammlung des Zivil-, Straf- und Verfahrensrechts, begründet von Heinrich Schönfelder, C.H.Beck München. Wirtschaftsgesetze. Loseblatt-Sammlung für Juristen und Wirtschaftsfachleute. Verlag C.H.Beck München.

2. Fachliteratur

Das juristische Studium im Hauptfach bedingt auch die intensive Auseinandersetzung mit dem juristischen Fachschrifttum. Für den Studenten, der Jura nur im Nebenfach belegt, und den Praktiker, dem es mehr auf Grundzüge und Ergebnisse ankommt, wird dieser Aspekt sicher geringere Bedeutung haben. Aber auch wer sich (zunächst) nur einen Grundstock juristischen Wissens aneignen will, kommt um eine Beschäftigung mit der Literatur nicht herum, wenn er in Randdisziplinen der Rechts- und Wirtschaftswissenschaft, wie etwa bei der Wirtschafts- und Steuerberatung oder gar im Rahmen einer Diplom- oder Hausarbeit, Sachgebiete mit deutlich juristischem Zuschnitt bearbeiten muss. Zu nennen sind:

a) Kommentare

Zur Vertiefung von Einzelfragen und zur schnellen Orientierung bietet sich die Lektüre eines Kommentars an. Er enthält systematisch nach Paragraphen eines Gesetzestextes geordnete Erläuterungen mit Hinweisen auf ergangene Gerichtsentscheidungen und weiterführende Literatur. Neben den „Großkommentaren", die teilweise allein zu einzelnen Gesetzesstellen bereits den Umfang von Handbüchern annehmen, verwendet die Rechts-, Wirtschafts- und Steuerberatung vor allem „Kurzkommentare", deren Wert insbesondere in der aktuellen und vollständigen Aufnahme aller zu einem bestimmten Rechtsproblem einschlägigen Fundstellen liegt.

b) Lehrbücher, Grundrisse, Fallsammlungen

Das klassische Lehrbuch will einen systematischen Überblick über ein bestimmtes Rechtsgebiet vermitteln. Im bürgerlichen Recht ist der Titel des Lehrbuchs in der Regel identisch mit den einzelnen Büchern zum BGB (Allgemeiner Teil, Schuldrecht, Sachenrecht, Familienrecht und Erbrecht). Umfassende Lehrbücher geben nicht nur einen Überblick über den Gesetzestext und dessen Weiterentwicklung in Literatur und Gerichtspraxis; sie leisten auch durch eigene Theorie- und Systembildung einen weiterführenden dogmatischen Beitrag. Der junge Jurastudent sollte sich schon frühzeitig den bei der Lektüre eines derartigen Lehrbuchs verlangten Anforderungen stellen; Studenten im Nebenfach und Praktiker werden dagegen nicht selten überfordert oder doch zu einem, gemessen an Aufwand und Ertrag, unökonomischen Verhalten aufgefordert sein, wollte man von ihnen die (sicherlich gewinnbringende) Be- und Durcharbeitung eines theoriebeladenen Lehrbuchs im klassischen Sinne verlangen. Im Laufe der Zeit hat sich parallel zur Entwicklung der „Massenuniversität" auch auf dem Lehrbuchsektor ein Wandel vollzogen. Kurzlehrbücher, Grundrisse, „Lernbücher" und „Arbeitsbücher" sind auf didaktischem Gebiet im Vormarsch. Dagegen ist so lange nichts zu sagen, wie der Student, der über eine Grundausbildung hinaus Kenntnisse erlangen will, sein juristisches Lern- und Weltbild nicht bereits mit dem Grundriss abschließt. Auch hier gilt: Alles zu seiner Zeit und an seinem Platz!

c) Monographien

Bestimmte Fragen aus einzelnen Rechtsgebieten werden in Monographien erschöpfend und dem jeweiligen wissenschaftlichen Erkenntnisstand entsprechend abgehandelt. Oft handelt es sich um Dissertationen und Habilitationen. Daraus ergibt sich, dass Monographien für den Studienanfänger nur bei Problemstellungen im Rahmen der Anfertigung von Hausarbeiten und Seminarreferaten Pflichtlektüre sein können.

3. Entscheidungssammlungen

Wir haben im deutschen Recht kein „case-law". Trotzdem kommt der Rechtsprechung auch für unseren Rechtskreis erhebliche und immer stärker werdende Bedeutung zu. Namentlich die Praxis wird sich in aller erster Linie an Gerichtsentscheidungen orientieren. Man findet diese in den amtlichen Sammlungen der Gerichte und im Rechtsprechungsteil einzelner Fachzeitschriften.

a) Amtliche Sammlungen

Höchstrichterliche Entscheidungen des Bundesgerichtshofes erscheinen in der amtlichen Sammlung „Entscheidungen des Bundesgerichtshofes in Zivilsachen", abgekürzt: „BGHZ". Die Zitierung erfolgt nach Band und Seitenzahl. Beispiel: BGHZ 129, 353 (Entscheidung des Bundesgerichtshofes vom 9. 5. 1995, veröffentlicht im 129. Band der amtlichen Sammlung auf Seite 353, betreffend ein Problem aus dem Produkthaftungsrecht).

b) Lindenmaier-Möhring

Eine nach Sachgebieten (weitgehend nach Paragraphen) geordnete Entscheidungssammlung stellt die von Lindenmaier-Möhring dar. Dieses Nachschlagewerk des Bundesgerichtshofes enthält Leitsätze und Entscheidungen mit erläuternden Anmerkungen. Die Zitierweise lautet: „BGH LM". Beispiel: BGH LM § 123 Nr. 78 (Entscheidung des Bundesgerichtshofs v. 20. 11. 1995, veröffentlicht unter Nr. 78 des L.-M.-Nachschlagewerks, betreffend eine Frage zum Recht der arglistigen Täuschung).

4. Fachzeitschriften

Jede juristische Disziplin verfügt über Fachzeitschriften. Sie gliedern sich im Wesentlichen in einen Aufsatz- und einen Rechtsprechungsteil. Je nach dem Charakter der Zeitschrift werden insbesondere aktuelle Fragen abgehandelt und wichtige Gerichtsentscheidungen kommentiert. Auch der junge Jurist sollte sich entschließen, von Beginn seines Studiums an eine Fachzeitschrift zu abonnieren. Die Verlage kommen diesem Bedürfnis nicht nur durch den günstigeren Bezugspreis für Studenten entgegen; es wurden auch speziell für das juristische Studium geeignete Ausbildungszeitschriften auf den Markt gebracht.

5. Fundhefte

Wer sich rasch, zuverlässig und umfassend (etwa für eine Diplomarbeit) über den Sachstand zu einer Rechtsfrage orientieren will, kann gewinnbringend die im Beck-Verlag, München, erscheinenden „Fundhefte" zu Rate ziehen. Sie enthalten einen systematischen Nachweis der deutschen Rechtsprechung und Zeitschriftenaufsätze. Geordnet sind sie jeweils nach Fachgebieten; es gibt Fundhefte für Zivilrecht, öffentliches Recht, Steuerrecht und Arbeitsrecht.

6. Datenbanken und juristische Informationssysteme

Der zeitsparende Einsatz des Computers zur Textverarbeitung bei Hausarbeiten und Seminarreferaten ist inzwischen allgemein üblich. Darüber hinaus ist (auch im Hinblick auf das spätere Berufsleben) die Beschäftigung mit computergestützten Informationssystemen bereits während des Studiums gewinnbringend. Als führendes juristisches Informationssystem in Deutschland ermöglicht **juris online** die Recherche von Rechtsprechung, Literatur und Normen aus Deutschland und Europa (juris GmbH, Gutenbergstraße 23, D-66117 Saarbrücken, *www.juris.de*). Dasselbe gilt für „beckonline". Nützlich weiterhin: der „Karlsruher Virtuelle Katalog" sowie die „Karlsruher Juristische Bibliographie".

Studienhinweis

In welchem Umfang der Student von welchem Hilfsmittel Gebrauch macht, ist immer auch eine subjektive Entscheidung. Gerade dem „Nebenfächler" möchte ich folgenden Vorschlag machen: Gehen Sie zu Beginn der rechtswissenschaftlichen Grundausbildung in das juristische Seminar und informieren Sie sich anhand dieser Präsenzbibliothek. Dasselbe kann man, namentlich zur Vorbereitung der eigenen Kaufentscheidung, in der juristischen Abteilung einer gut sortierten Fachbuchhandlung tun. Letztlich ist nicht so wichtig, mit welchem Buch Sie arbeiten – wichtiger ist, dass Sie dies überhaupt tun.

Teil I: Einführung

Lernhinweis: Üblicherweise wird zu Beginn der Privatrechtsvorlesung eine kurze Einführung in die Rechtswissenschaft vorangestellt. Auch wer Recht nur im Nebenfach betreibt, sollte sich mit Grundprinzipien der Rechtsordnung vertraut machen. Fragen nach dem Begriff, den Funktionen und Erscheinungsformen des Rechts, den Rechtsquellen, der Rechtsanwendung sowie der Gerichtsbarkeit und dem Verfahrensablauf sind nicht nur eine Angelegenheit der Allgemeinbildung, sondern auch beliebte „Auflockerungsübungen" in mündlichen Prüfungen.

§ 1 Begriff, Funktionen und Erscheinungsformen des Rechts

I. Recht als Ordnungsfaktor

1. Recht als staatlich durchsetzbare Verhaltensordnung

In einer Gemeinschaft bedarf jedes menschliche Verhalten gewisser Spielregeln. Der Einzelne muss mit seinem Tun und Lassen Rücksicht nehmen auf die Interessen seiner Mitmenschen. Wenn Verhaltensnormen fehlen, hat dies letztlich Willkür, Faustrecht und Chaos zur Folge. Nur der als Einsiedler auf seiner Insel lebende Robinson konnte auf derartige Regeln verzichten (erst nachdem „Freitag" und später „Donnerstag" als weitere Rechtssubjekte hinzukamen, musste überspitzt formuliert geregelt werden, wer morgens als erster die Toilette benutzen darf). Ein wesentlicher Ordnungsfaktor des menschlichen Zusammenlebens ist das Recht als die „verbindliche Ordnung der zwischenmenschlichen Beziehungen". Kennzeichnend für das Recht ist die staatliche Durchsetzbarkeit der Verhaltensordnung. Die Rechtsordnung garantiert so den **Rechtsfrieden.** „Richtiges Recht" verfolgt als Ziel die **Verwirklichung der Gerechtigkeit.**

2. Recht, Sitte, Sittlichkeit

Menschliches Verhalten beurteilt sich nicht nur nach der Rechtsordnung. Religion, Sittlichkeit (Moral, Ethik) und Sitte (der Brauch, die Übung) stellen weitere Verhaltens- und Wertordnungen auf.

Sie haben z. T. die gleiche Funktion wie die Rechtsordnung; sie sind jedoch nicht deckungsgleich.

Es lassen sich aber verschiedenartige Wechselbeziehungen und teilweise Überschneidungen zwischen den einzelnen Verhaltensordnungen feststellen.

Recht und Sitte orientieren sich an äußeren Verhaltensnormen, Ethik und Religion sind dagegen (auch) gesinnungsorientiert. Moral und Religion verlangen vom Einzelnen ein Verhalten, das auf dem Prüfstand zwischen Gut und Böse bestehen kann. Die vom Recht an den Einzelnen gestellten Anforderungen reduzieren sich auf ein **„ethisches Minimum".** Sitte,

Moral und Religion unterscheiden sich von der Rechtsordnung durch die fehlende staatliche Sanktion. Wer die Gebote der Rechtsordnung übertritt, muss mit Rechtsfolgen rechnen; wer z. B. Normen des Strafrechts verletzt, wird bestraft. Die Missachtung von Sitten und Gebräuchen hat in der Regel weniger strenge Konsequenzen, schlimmstenfalls die gesellschaftliche Ächtung (wer „Knigge" missachtet, wird nicht mehr eingeladen).

Trotz definitorischer Abgrenzung der vorgenannten Verhaltensordnungen gibt es mannigfaltige Beziehungslinien zwischen dem Recht einerseits und der Sitte und der Sittlichkeit andererseits. So nimmt die Rechtsordnung an verschiedenen Stellen ausdrücklich auf bestehende Sitten, Moralvorstellungen und Gebräuche Bezug.

Beispiele:

- Nach § 157 BGB (lesen!) sind Verträge so auszulegen, wie Treu und Glauben „mit Rücksicht auf die Verkehrssitte" es erfordern.
- Nach § 242 BGB (lesen! - § 242 BGB ist der „königliche Paragraph des Zivilrechts") muss der Schuldner die Leistung so bewirken, wie „... die Verkehrssitte" es erfordert.
- Im Handelsrecht finden auf Grund der ausdrücklichen Bezugnahme des § 346 HGB unter Kaufleuten die im Handelsverkehr „geltenden Gewohnheiten und Gebräuche" Anwendung.
- Nach § 138 BGB sind Rechtsgeschäfte nichtig, die gegen die „guten Sitten" verstoßen (das Reichsgericht hat diese im Anschluss an die Motive zum BGB in seiner berühmten Entscheidung RGZ 80, 221 mit dem „Anstandsgefühl aller billig und gerecht Denkenden" gleichgesetzt).
- Nach § 826 BGB verpflichtet die „gegen die guten Sitten" verstoßende vorsätzliche Schädigung zum Schadenersatz.

Lernhinweis: Wenn im Text dieses Grundrisses Paragraphen zitiert werden, sollten Sie diese immer gleichzeitig aufschlagen und laut lesen. Der Klammerimperativ ermuntert Sie dazu. Sie arbeiten sich so am schnellsten in die Materie ein!

II. Erscheinungsformen des Rechts

Recht äußert sich in bestimmten Rechtssätzen, den Rechtsnormen. Die Rechtsordnung wird definiert als die **„Summe aller Rechtsnormen".** In diesem Sinne spricht man von dem „objektiven Recht" (im Unterschied zum „subjektiven Recht": darunter versteht man die Berechtigung des einzelnen Rechtssubjekts, die sich aus objektiven Rechtssätzen herleiten lässt; siehe dazu unten § 5).

1. Einteilung nach Sachgebieten

Naheliegend ist die Differenzierung der Rechtsordnung nach Sachgebieten. Schon der Laie spricht vom bürgerlichen Recht, Arbeitsrecht, Strafrecht, Steuerrecht, Familien- und Erbrecht usw.

Wichtig ist die Unterscheidung der Rechtssätze nach folgenden Kriterien:

a) Öffentliches und privates Recht

Die Unterscheidung der Rechtsordnung nach öffentlichem und privatem Recht geht auf das römische Recht zurück. Das Privatrecht regelt die Rechtsverhältnisse der Bürger untereinander. Man spricht deshalb in Anlehnung an das römische Recht auch vom „Zivilrecht" als dem Recht der „Cives". Kennzeichen des Privatrechts ist die Gleichordnung der am Rechtsverhältnis beteiligten Personen. Das Bürgerliche Gesetzbuch, das Handelsgesetzbuch sowie die gesetzlichen Grundlagen des Gesellschaftsrechts sind also Teile des Privatrechts.

Das öffentliche Recht regelt die Rechtsbeziehungen zwischen dem Bürger und dem Staat sowie die staatliche Organisation als solche. Typisch für Rechtssätze des öffentlichen Rechts ist das Über- und Unterordnungsverhältnis des einen Partners (Bürger) gegenüber dem anderen (Staat). Zum öffentlichen Recht zählt deshalb insbesondere das Verfassungsrecht, das Verwaltungsrecht, das Steuer- und Abgabenrecht sowie das Strafrecht. Vergleichen Sie dazu das Schaubild *Öffentliches und privates Recht.*

Öffentliches und privates Recht

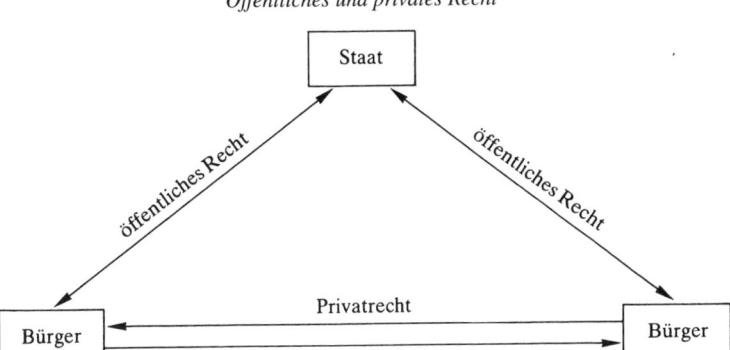

Gestaltungsmittel des Privatrechts sind die Willenserklärung und der (aus zwei Willenserklärungen bestehende) Vertrag (Näheres dazu unten). Handlungsform des öffentlichen Rechts dagegen ist in der Regel der „Verwaltungsakt" (der behördliche Bescheid). Die Unterscheidung zwischen öffentlichem und privatem Recht ist u.a. **wichtig für den Rechtsweg:** Privatrechtliche Streitigkeiten werden durch Klage vor den ordentlichen Gerichten entschieden (Amtsgericht, Landgericht usw.); öffentlich-rechtliche Streitigkeiten sind grundsätzlich den Verfassungs- und Verwaltungsgerichten (bzw. den besonderen öffentlich-rechtlichen Gerichtsbarkeiten, wie z.B. der Finanz- bzw. Sozialgerichtsbarkeit) zugewiesen.

Im Zuge neuerer Gesetzgebungstendenzen ist das Privatrecht in weiten Bereichen vom öffentlichen Recht überlagert.

Beispiel: Bei Teilung von Grundstücken, die unter das Bundesbaurecht fallen, darf die Eintragung in das Grundbuch erst erfolgen, wenn der Genehmigungsbescheid der zuständigen Baubehörde vorliegt. Land- und forstwirtschaftliche Grundstücke können nach dem Grundstücksverkehrsgesetz nur mit Genehmigung der zuständigen Landwirtschaftsbehörde veräußert werden.

b) Materielles Recht und Prozessrecht

Mit der Regelung von Rechtsbeziehungen zwischen den Beteiligten ist es nicht getan. Der Staat muss auch Anordnungen treffen, wie das Recht notfalls durchgesetzt werden kann. Unter diesem Gesichtspunkt bezeichnet man die zwischen den Beteiligten bestehenden Rechtsbeziehungen als materielles Recht, dessen Durchsetzung durch die jeweiligen Prozessordnungen (das Verfahrensrecht) gewährleistet wird. Das Prozessrecht regelt den Aufbau und die Organisation der verschiedenen Gerichtsbarkeiten sowie den Verfahrensablauf. Rechtsgrundlage für die Durchsetzung privatrechtlicher Ansprüche sind die Zivilprozessordnung sowie verschiedene Nebengesetze.

2. Einteilung nach der Entstehungsform

Fragt man nach der Entstehungsform des Rechts, ist das „geschriebene" (das „gesetzte") vom „ungeschriebenen" Recht (dem Gewohnheitsrecht) zu unterscheiden.

a) Geschriebenes Recht

Geschriebenes Recht liegt vor, wenn es sich um Rechtsnormen handelt, die vom Gesetzgeber im Rahmen seiner Zuständigkeit erlassen wurden. Zum geschriebenen Recht gehören die Verfassung, die (einfachen) Gesetze, die Rechtsverordnungen sowie die autonomen Satzungen. Zur Gesetzgebung befugt sind entsprechend den verfassungsrechtlichen Grundlagen der Bund, die Länder sowie solche Organisationen, die durch Gesetz Rechtssetzungsbefugnis erhalten haben (z. B. die autonomen Körperschaften, wie etwa die Gemeinden).

b) Ungeschriebenes Recht

Ungeschriebenes Recht ist das Gewohnheitsrecht. Es besteht aus Normen, die ohne besondere gesetzliche Fixierung der Rechtsüberzeugung entsprechen.

Gewohnheitsrecht setzt drei Dinge voraus:
- eine in der Praxis festgestellte **Übung** (die Menschen verhalten sich in einer bestimmten Weise);
- eine Verhaltensweise, die schon eine bestimmte **Zeitdauer** anhält, also nicht nur eine vorübergehende Erscheinung ist und schließlich
- die **„Rechtsüberzeugung"**: Die Rechtsgenossen müssen die Norm in dem Bewusstsein anwenden, dass es sich dabei um geltendes Recht handelt.

Gewohnheitsrecht ist heutzutage selten (der Hang zum „Gesetzesperfektionismus" lässt nur noch wenig Platz!). Räumlich abgegrenztes Gewohnheitsrecht nennt man **„Observanz"**. Gewohnheitsrecht entsteht in der Gegenwart vor allem im Anschluss an eine sog. „ständige Rechtsprechung". Wenn z. B. der Bundesgerichtshof eine zunächst strittige Frage mehrfach im gleichen Sinne entschieden hat, werden sich die Beteiligten hierauf einrichten und die von der Rechtsprechung getroffene Regelung letztendlich als Recht akzeptieren; dadurch wird ihre in Rechtsüberzeugung getätigte Übung zum Gewohnheitsrecht.

3. Einteilung nach der Möglichkeit privatautonomer Gestaltung

Bei privatrechtlichen Rechtssätzen stellt sich sofort die Frage, ob sie für die Rechtsgenossen starr verbindlich sind oder ob von ihnen abgewichen werden darf. Die Rechtsordnung bestimmt durch Gesetze zugleich ihren Geltungsanspruch und dessen Reichweite. In diesem Zusammenhang ist das „zwingende" sowie das „nachgiebige", („dispositive", weil „zur Disposition stehende") Recht zu sehen.

a) Zwingendes Recht

Zwingendes Recht (ius cogens) liegt vor, wenn die entsprechenden Bestimmungen von den Beteiligten weder ausgeschlossen noch abgeändert werden dürfen. Zwingendes Recht schränkt also die Vertragsfreiheit ein. Ob es sich im Einzelfall bei einer Norm um zwingendes Recht handelt, ist durch Auslegung zu ermitteln.

Häufig bringt der Gesetzgeber dies schon durch den Wortlaut zum Ausdruck, wenn er etwa bestimmt, dass „von dieser Bestimmung nicht abgewichen werden darf" oder andersartige Abreden „unzulässig", „nichtig" oder „unwirksam" sind. Zum Teil formuliert er auch mit Aussagen wie „kann nicht" bzw. „darf nicht".

Zwingendes Recht beschränkt die rechtsgeschäftliche Gestaltungsbefugnis, Verstöße dagegen sind unwirksam.

Beispiele: Anwendungsbereiche für zwingendes Recht finden wir vorzugsweise:

- zum **Schutz des wirtschaftlich Schwächeren** (das soziale Mietrecht schränkt die Vertragsfreiheit bei der Wohnraummiete zugunsten des Mieters ein; im Arbeitsrecht kann von vielen Bestimmungen nicht zum Nachteil des Arbeitnehmers abgewichen werden);
- zum **Schutz des geschäftlich Unerfahrenen** (wegen der Gefährdung durch unbedachte Entschlüsse verlangt § 766 BGB für die wirksame Bürgschaftserklärung grundsätzlich die Schriftform);
- im **Interesse der Rechtsklarheit und Verlässlichkeit** (im Sachenrecht schränken „Typenzwang" und „Typenfixierung" die Vertragsfreiheit ein).

b) Nachgiebiges Recht

Nachgiebiges Recht (ius dispositivum) liegt vor, wenn die Beteiligten das Gesetz ausschließen oder abändern dürfen. Nachgiebiges Recht steht also „zur Disposition der Vertragspartner". Man spricht demzufolge auch von „dispositivem Recht". Im Bereich des nachgiebigen Rechts besteht Vertragsfreiheit! Die Rechtsgenossen sollen die Möglichkeit haben, ihre Angelegenheiten autonom, also durch Verträge, Testamente und Erklärungen zu regeln (man spricht deshalb auch von der „Privatautonomie"). Im Bereich des dispositiven Rechts begnügt sich der Gesetzgeber mit der „Lückenbüßerfunktion": Die gesetzliche Regelung greift nur dann und insoweit ein, als die Beteiligten keine anderweitige Regelung getroffen haben. Nachgiebiges Recht orientiert sich an der „Normalvorstellung". Es entspricht der „durchschnittlichen Interessenlage", ohne allen möglichen Spezialitäten des Einzelfalls gerecht werden zu können. Dispositives Recht ist demzufolge „Konfektionsgröße", vertragliche Regelungen sind „Maßarbeit". Da das Gesetz bei dispositiven Regelungen aber bemüht ist, den von ihnen zu entscheidenden Interessenwiderstreit billig und gerecht zu entscheiden, kommt dispositiven Regelungen zugleich eine „Leitbildfunktion" zu.

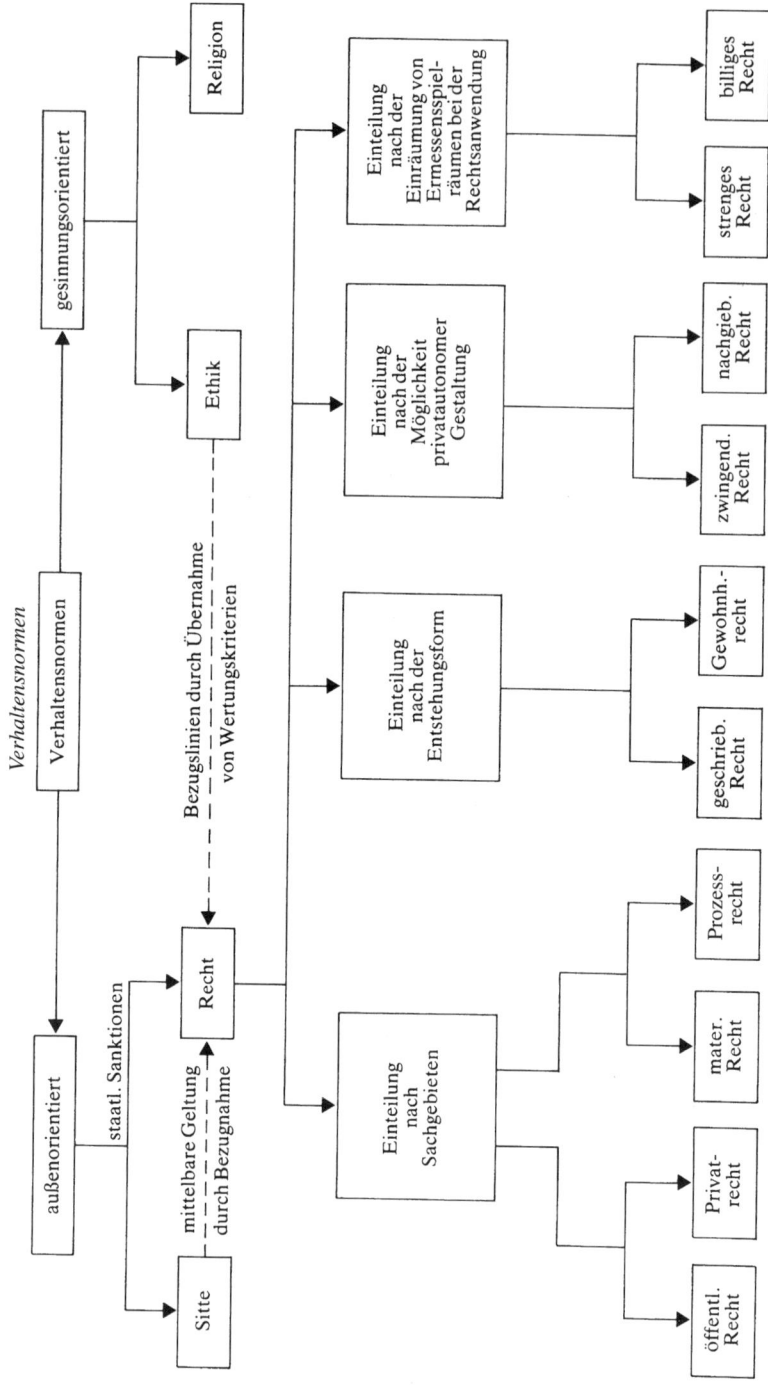

Demzufolge sind nach § 307 BGB Allgemeine Geschäftsbedingungen unwirksam, wenn sie den Vertragspartner dadurch unangemessen benachteiligen, dass sie mit wesentlichen Grundgedanken der gesetzlichen Regelung, von der abgewichen wird, nicht zu vereinbaren sind.

Im dispositiven Bereich schränkt der Gesetzgeber die Vertragsfreiheit lediglich durch bestimmte „Eckwerte" ein, etwa durch die Nichtigkeitsfolge bei sittenwidrigen Geschäften (§ 138 BGB). Wo die schrankenlose Vertragsfreiheit Gefahren für den Geschäftspartner entstehen lässt, setzt der Gesetzgeber meist zwingendes Recht (so z.B. im Arbeitsrecht).

4. Einteilung nach der Einräumung von Ermessensspielräumen bei der Rechtsanwendung

Rechtsnormen lassen sich auch danach einteilen, ob bei ihrer Rechtsanwendung Ermessensspielräume bestehen.

a) Strenges Recht

Von strengem Recht spricht man, wenn der vom Gesetz geregelte Tatbestand klar umrissene und nicht durch Wertungsgesichtspunkte variable Rechtsfolgen auslöst.

Beispiel: das Recht der Fristen und Termine.

b) Billiges Recht

Billiges Recht gestattet dagegen die Berücksichtigung besonderer Umstände des Einzelfalls. Es handelt sich also um Normen, die einen Wertungsspielraum eröffnen.

Beispiele:

- Die Berücksichtigung von Treu und Glauben und der Verkehrssitte im Rahmen des Vertrags- und Schuldrechts (§§ 157, 242 BGB),
- die Beurteilung bestimmter Tatbestände anhand der „guten Sitten" nach §§ 826, 138 BGB,
- der Wertungsspielraum bei der Beurteilung der Nichtigkeit Allgemeiner Geschäftsbedingungen nach § 307 BGB.

Lernhinweis: Repetieren Sie das eben Gelesene noch einmal an Hand der Übersicht *Verhaltensnormen* und testen Sie bei den jeweiligen Begriffen, was „hängengeblieben" ist (diese Ermahnung gilt für jeden Abschnitt und jede Skizze dieses Buches!).

Wiederholungsfragen zu § 1

Wie unterscheiden sich Recht, Sitte und Sittlichkeit voneinander? (§ 1 I 2)

Wie unterscheidet sich das öffentliche vom privaten Recht und worauf geht dies historisch zurück? (§ 1 II 1)

Unter welchen Voraussetzungen kann Gewohnheitsrecht entstehen? (§ 1 II 2b)

Was versteht man unter dispositivem Recht? (§ 1 II 3b)

§ 2 Rechtsgrundlagen des bürgerlichen Rechts

Das bürgerliche Recht ist ein Teil des Privatrechts. Es wird ergänzt durch die privatrechtlichen Sondergebiete. Als Beispiele dafür wären zu nennen: das Handelsrecht (Sonderprivatrecht für Kaufleute), das Arbeitsrecht (Sonderprivatrecht für die abhängige Arbeit) sowie Teile des Wirtschaftsrechts (Sonderprivatrecht für die gewerbliche Wirtschaft).

I. Rechtsquellen des bürgerlichen Rechts

1. Das Bürgerliche Gesetzbuch

Wichtigste Rechtsquelle für das Zivilrecht ist das Bürgerliche Gesetzbuch v. 18. 8. 1896 (RGBl. S. 195); in Kraft getreten am 1. 1. 1900.

a) Entstehungsgeschichte

Nach der Reichsgründung von 1871 war die Schaffung eines einheitlichen Gesetzbuchs für das Privatrecht zur Überwindung der bestehenden Rechtszersplitterung eine dringende Aufgabe.

Lernhinweis: Welches Recht galt in Deutschland vor Schaffung des Bürgerlichen Gesetzbuchs? Es wirft ein bezeichnendes Bild auf den Ahistorismus unserer Zeit, dass selbst im Staatsexamen nicht jeder Kandidat auf diese Frage eine Antwort geben kann. Sie ergibt sich aus der mit dem Stichwort „Kleinstaaterei" zu umschreibenden politischen Situation vor dem Jahre 1871. In Preußen galt das „Preußische Allgemeine Landrecht" von 1794, in den rheinischen Gebieten teils die französische „code civile" von 1804 und in den übrigen Gebieten sonstiges Partikularrecht. Als übergreifend kam subsidiär das **„gemeine Recht"** („gemein" im Sinne von „allgemein/ gemeinsam") zur Anwendung. Darunter versteht man das von der Rechtslehre und den Gerichten fortentwickelte römische Recht. Es war im Zuge der sog. **„Rezeption"** in Deutschland – beschleunigt durch das Studium der angehenden deutschen Juristen an den oberitalienischen Rechtsschulen – übernommen worden.

Mit der Übertragung der Gesetzgebungskompetenz für das gesamte bürgerliche Recht auf das Deutsche Reich begannen im Jahre 1874 die Vorarbeiten durch verschiedene Kommissionen.

Lernhinweis: Die damals erarbeiteten Ergebnisse haben auch heute noch Bedeutung, wenn im Rahmen der historischen Auslegung bei strittigen Fragen der „Wille des Gesetzgebers" heranzuziehen ist.

Im Zuge der Gesetzgebungsarbeiten wurden folgende Entwürfe des Bürgerlichen Gesetzbuches vorgelegt:

- der „Erste Entwurf" nebst Begründung in fünf Bänden (sog. **„Motive"**);
- der „Zweite Entwurf" nebst Begründung (sog. **„Protokolle"**);
- der „Dritte Entwurf" mit Begründung (**„Denkschrift"**) des Reichsjustizamts.

Lernhinweis: Jeder, der eine Grundausbildung im Privatrecht absolviert hat, sollte wissen, was man unter den „Motiven", den „Protokollen" und der „Denkschrift" zum BGB versteht.

b) Inhaltliche Gliederung

Lernhinweis: Ein Blick in das Gesetz beseitigt nicht nur manchen Zweifel, er ermöglicht dem Leser vor allem eine schnelle und geordnete Orientierung. Dem Studienanfänger sei deshalb dringend empfohlen, gleich am Anfang das BGB in die Hand zu nehmen und sich entlang der systematischen Gliederung einen Überblick über die zu erarbeitende Materie zu verschaffen. Benutzen Sie dazu auch das Schaubild *Die im BGB geregelten Sachgebiete.*

Das Bürgerliche Gesetzbuch umfasst **fünf Bücher.** Diese regeln

- den Allgemeinen Teil (§§ 1–240),
- das Schuldrecht (§§ 241–853),
- das Sachenrecht (§§ 854–1296),
- das Familienrecht (§§ 1297–1921) und
- das Erbrecht (§§ 1922–2385).

In einem zum BGB ergangenen „Einführungsgesetz" (EGBGB) sind neben Übergangsvorschriften die Bestimmungen über das Verhältnis des BGB zu anderen Gesetzen sowie das internationale Privatrecht, also das Verhältnis des deutschen Rechts zum ausländischen Recht, geregelt.

Das Bürgerliche Gesetzbuch ist ein Gesetzgebungswerk von großem wissenschaftlichem Rang. Kennzeichnend ist sein hoher Abstraktionsgrad, bedingt durch das Bestreben, auf engstem Raum Aussagen für nahezu alle Lebensbereiche zu treffen. Möglich war dies nur durch eine ausgefeilte Verweisungstechnik und die Verwendung spezifischer Rechtsbegriffe, die der Umgangssprache fremd sind („Rechtsgeschäft", „Willenserklärung" usw.). In den einzelnen Büchern des BGB bemüht sich der Gesetzgeber um einen Aufbau vom Allgemeinen zum Besonderen:

aa) Der **Allgemeine Teil** enthält die allgemeinen Regeln für das bürgerliche Recht, insbesondere das Personenrecht und die Vorschriften über die Willenserklärungen und Rechtsgeschäfte. Mit der mathematischen Methode, etwas „vor die Klammer zu ziehen", wird erreicht, dass die im Allgemeinen Teil enthaltenen Regelungen auch für die weiteren vier Bücher des BGB gelten, wenn und soweit nicht dort entgegenstehende Anordnungen enthalten sind.

bb) Das **Schuldrecht** enthält das Recht der Schuldverhältnisse, regelt also die Rechtsverhältnisse zwischen dem „Gläubiger" und dem „Schuldner". Es gliedert sich wiederum in einen allgemeinen Teil (geltend für alle Schuldverhältnisse) und einen besonderen Teil, mit dem der Gesetzgeber die häufig wiederkehrenden einzelnen Schuldverhältnisse (in der Regel dispositiv) normiert. Insofern ist auch das allgemeine Schuldrecht „vor die Klammer gezogen" und gilt für das gesamte Schuldrecht. Gegenstand des Schuldrechts ist insbesondere das Recht des Güteraustausches.

cc) Das **Sachenrecht** regelt die Beziehungen von Personen zu Sachen und Rechten, enthält also Aussagen über die Güterzuordnung.

dd) Das **Familienrecht** bringt die für Ehe und Verwandtschaft maßgeblichen Vorschriften.

ee) Das **Erbrecht** enthält die Vorschriften über die vermögensrechtlichen Folgen beim Tod einer Person.

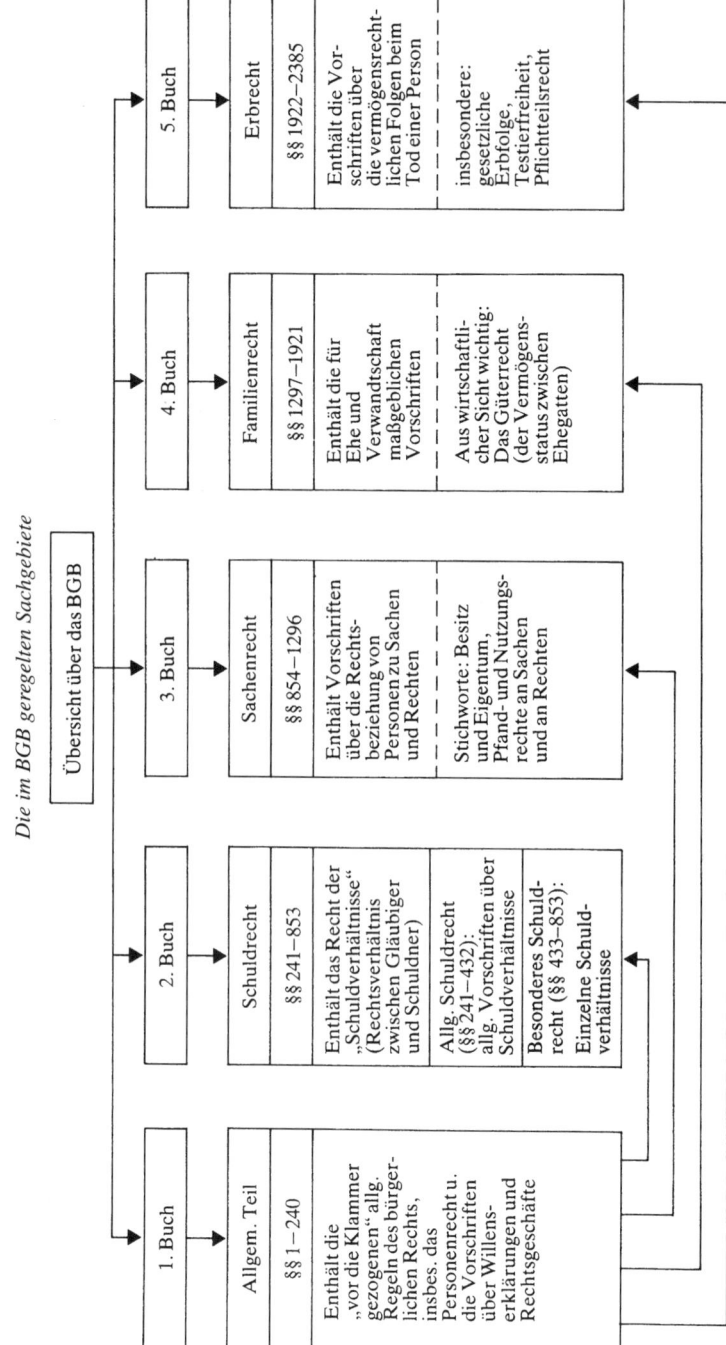

c) Grundlinien des BGB

Dogmatisch geht das Bürgerliche Gesetzbuch in weiten Teilen auf das römische Recht zurück. Es enthält aber auch deutsch-rechtliche Elemente. Verständlich wird dies, wenn man bedenkt, dass für den damaligen Gesetzgeber nicht so sehr die Schaffung einer völlig neuen Rechtsordnung, sondern vielmehr die dringend notwendig gewordene Rechtsvereinheitlichung im Deutschen Reich im Vordergrund stand. Bekanntlich galt bis zum Inkrafttreten des Bürgerlichen Gesetzbuches in Deutschland infolge der Rezeption seit dem 15. Jahrhundert das römische Recht in der durch die Pandektenwissenschaft aufgearbeiteten Form. Daneben galt deutsches Partikularrecht (z. B. das Preußische Allgemeine Landrecht).

Römisches Gedankengut finden wir heute vor allem im Schuldrecht, wohingegen das Sachenrecht mehr deutsch-rechtlich geprägt ist (so schützt etwa das BGB den „guten Glauben" beim Eigentumserwerb, während nach römischem Recht der Grundsatz galt: Niemand kann mehr Rechte übertragen, als er selbst hat – „nemo plus iuris transferre potest, quam ipse habet").

Versucht man Grundlinien des Bürgerlichen Gesetzbuches herauszuarbeiten, so ist in erster Linie seine **liberalistische,** vom Individuum ausgehende **Grundhaltung** zu nennen, die dem wirtschaftlichen Liberalismus der damaligen Zeit entsprach. Der Gesetzgeber bekennt sich zur Eigentumsfreiheit (lesen Sie § 903 BGB!) und (im Schuldrecht vor allem) zum **Grundsatz der Privatautonomie** (Vertragsfreiheit, Testierfreiheit); die von ihm aufgestellten Regeln sind weitgehend nachgiebiges Recht (s. oben). Naturgemäß tritt damit der Gedanke des Rechts als einem „sozialen Ausgleich" zurück. Das BGB enthält daher nur „wenige Tröpfchen sozialen Öls". Erst im Zuge der modernen Gesetzgebung nachfolgender Jahrzehnte wurde das BGB novelliert und durch flankierende Schutzgesetze ergänzt.

Beispiel: Zur Regelung des Arbeitsrechts genügten dem Gesetzgeber 20 Bestimmungen (§§ 611–630 BGB), wobei er, dem römisch-rechtlichen Grundsatz folgend, das Dienstverhältnis analog dem Mietvertrag als eine entgeltliche Überlassung der Arbeitskraft betrachtete.

Nicht zuletzt unter dem Einfluss des Grundgesetzes für die Bundesrepublik Deutschland und der dazu ergangenen Verfassungsrechtsprechung wurde das bürgerliche Recht in vielen Punkten weiterentwickelt.

2. Bürgerlich-rechtliche Nebengesetze

Die Veränderungen im „sozio-ökonomischen Bereich" seit dem Jahr 1900 blieben nicht ohne Auswirkung auf die Gesetzgebung auf dem Gebiet des bürgerlichen Rechts. So ist das BGB in vielen Positionen verändert und ergänzt worden, teilweise auch durch (selbständige) „Nebengesetze".

Lernhinweis: Werfen Sie einen Blick in Ihren „Schönfelder"; dort ist den jeweiligen Gesetzen eine Übersicht über die in den letzten 10 bis 20 Jahren erfolgten Gesetzesänderungen vorangestellt (es sei denn, das betreffende Gesetz wurde neu bekanntgemacht, wie z. B. das BGB im Zuge der Schuldrechtsreform).

Im Zuge der Schuldrechtsmodernisierung hat der Gesetzgeber wiederum eine Reihe selbständiger Nebengesetze aufgehoben und deren Regelungen in das BGB eingefügt (z. B. das Gesetz über die Allgemeinen Geschäftsbedingungen). Als wichtige Nebengesetze sind zu nennen:

- das Gesetz über die Haftung für fehlerhafte Produkte;
- das Umwelthaftungsgesetz;
- das Wohnungseigentumsgesetz (es ermöglicht den Erwerb von Teileigentum an einem Gebäude);
- die Verordnung über das Erbbaurecht (sie ermöglicht die Trennung des Eigentums an einem Grundstück von dem eigentumsgleichen Recht an dem darauf erstellten Bauwerk);
- die verschiedenen Haftpflichtgesetze (Haftpflichtgesetz, Straßenverkehrsgesetz, Luftverkehrsgesetz, Umwelthaftungsgesetz u. a.);
- die Gesetze auf dem Gebiet des Versicherungsrechts (Gesetz über den Versicherungsvertrag, Pflichtversicherungsgesetz);
- arbeitsrechtliche Spezialgesetze (Kündigungsschutzgesetz, Entgeltfortzahlungsgesetz u. a.).

3. Europäisierung des Bürgerlichen Rechts

Die Fortentwicklung des Bürgerlichen Rechts ist zunehmend durch europäische Impulse gekennzeichnet. Ziel ist die „Harmonisierung" d. h. Angleichung der mitgliedstaatlichen Privatrechtsordnungen. Dazu kann die EU „*Verordnungen*" erlassen, die im einzelnen Mitgliedstaat unmittelbar gelten. Dies ist als Mittel zur Rechtsangleichung selten der Fall. Die zweite und häufigere Möglichkeit besteht im Erlass von „*Richtlinien*", die den nationalen Gesetzgeber verpflichten, die europäische Vorgabe durch den Erlass eines Transformationsgesetzes in innerstaatliches Recht umzusetzen.

Insbesondere auf dem Gebiet des Verbraucherschutzes wurden von der EU in den vergangenen Jahren wichtige Richtlinien verabschiedet und vom deutschen Gesetzgeber in nationales Recht transformiert, wie z. B.

- das Produkthaftungsgesetz,
- das Haustürwiderrufsgesetz,
- das Verbraucherkreditgesetz,
- das Teilzeit- Wohnrechtsgesetz,
- das Fernabsatzgesetz.

Lernhinweis: Bis auf das Produkthaftungsgesetz wurden die vorgenannten Einzelgesetze im Zuge der Schuldrechtsmodernisierung zusammen mit der transformierten Richtlinie über den Verbrauchsgüterkauf in das BGB eingegliedert. (Merken Sie sich: man erkennt Novellierungen daran, dass an Paragraphenzahlen ein Buchstabe angefügt wird, um möglichst die bisherige Systematik zu erhalten).

Wesentliche Akzente hat die Europäische Gemeinschaft in jüngster Zeit mit den „Antidiskriminierungs-Richtlinien" gesetzt. Deren Transformation hat 2006 zum Allgemeinen Gleichbehandlungsgesetz (AGG) geführt (vgl. dazu unten).

II. Sonstige Rechtsquellen des privaten Rechts

Das bürgerliche Recht ist nur ein Teilbereich (wenn auch einer der gewichtigsten) des Privatrechts. Weitere bedeutsame Bereiche sind das Handelsrecht, das Gesellschaftsrecht, das Wettbewerbsrecht und das Arbeitsrecht. Dabei handelt es sich (teilweise) um ein „Sonderprivatrecht" (z. B. für die Kaufleute), im Laufe der Zeit sehr stark überlagert durch zwingende Vor-

Rechtsquellen des Privatrechts

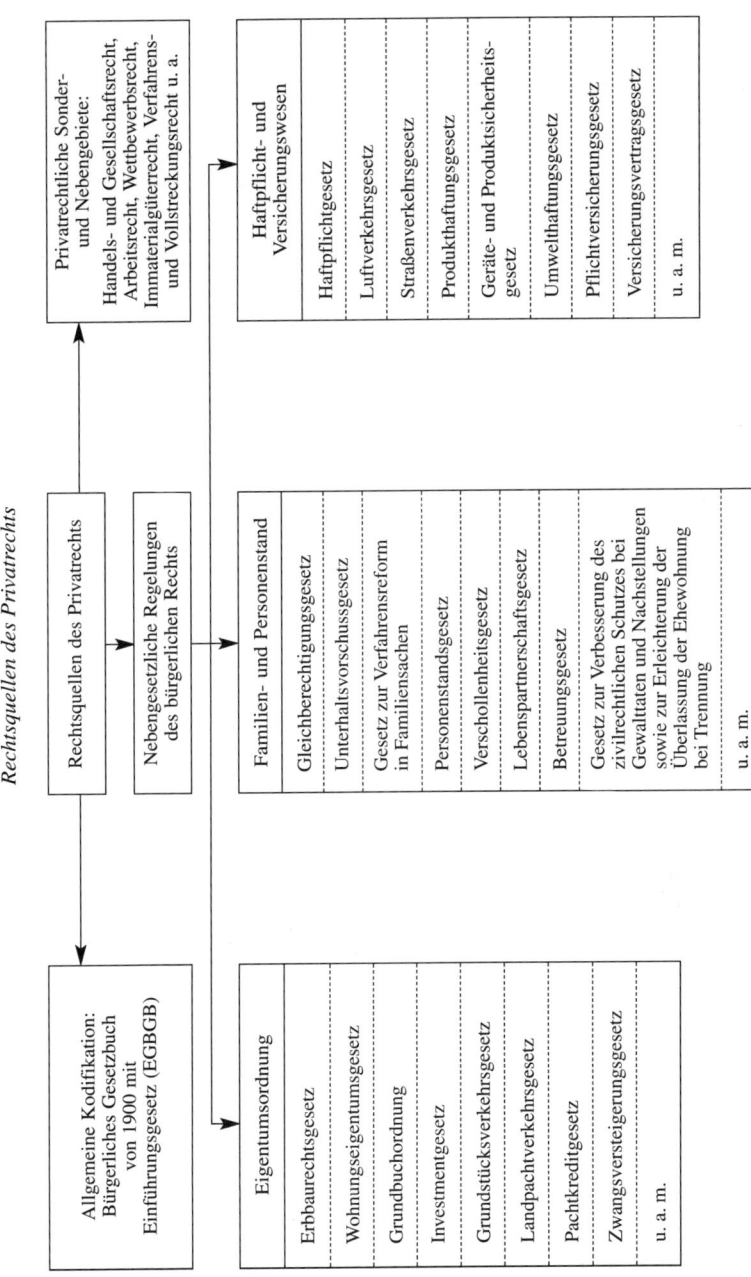

Rechtsquellen des Privatrechts

Allgemeine Kodifikation: Bürgerliches Gesetzbuch von 1900 mit Einführungsgesetz (EGBGB)

Privatrechtliche Sonder- und Nebengebiete: Handels- und Gesellschaftsrecht, Arbeitsrecht, Wettbewerbsrecht, Immaterialgüterrecht, Verfahrens- und Vollstreckungsrecht u. a.

Nebengesetzliche Regelungen des bürgerlichen Rechts

Eigentumsordnung

Erbbaurechtsgesetz

Wohnungseigentumsgesetz

Grundbuchordnung

Investmentgesetz

Grundstücksverkehrsgesetz

Landpachtverkehrsgesetz

Pachtkreditgesetz

Zwangsversteigerungsgesetz

u. a. m.

Familien- und Personenstand

Gleichberechtigungsgesetz

Unterhaltsvorschussgesetz

Gesetz zur Verfahrensreform in Familiensachen

Personenstandsgesetz

Verschollenheitsgesetz

Lebenspartnerschaftsgesetz

Betreuungsgesetz

Gesetz zur Verbesserung des zivilrechtlichen Schutzes bei Gewalttaten und Nachstellungen sowie zur Erleichterung der Überlassung der Ehewohnung bei Trennung

u. a. m.

Haftpflicht- und Versicherungswesen

Haftpflichtgesetz

Luftverkehrsgesetz

Straßenverkehrsgesetz

Produkthaftungsgesetz

Geräte- und Produktsicherheitsgesetz

Umwelthaftungsgesetz

Pflichtversicherungsgesetz

Versicherungsvertragsgesetz

u. a. m.

dium

schriften des öffentlichen Rechts. Die Vielfalt des Privatrechts wird Ihnen anschaulich vor Augen geführt, wenn Sie einmal den Ordner „Schönfelder – Deutsche Gesetze" durchblättern (vergleichen Sie auch die Übersicht *Rechtsquellen des Privatrechts*).

Wiederholungsfragen zu § 2

Was versteht man unter den „Motiven", was unter den „Protokollen" zum Bürgerlichen Gesetzbuch? (§ 2 I 1 a)

Wie ist das BGB systematisch aufgebaut und welche Materien sind in den einzelnen Büchern abgehandelt? (§ 2 I 1 b)

Welche Funktion erfüllt der Allgemeine Teil des Bürgerlichen Gesetzbuches? (§ 2 I 1 b aa)

Welches sind die „Grundlinien" des BGB? (§ 2 I 1 c)

Welche weiteren Rechtsquellen des bürgerlichen und privaten Rechts sind nach Inkrafttreten des BGB geschaffen worden? (§ 2 II)

§ 3 Rechtsanwendung und Rechtsdurchsetzung

Lernhinweis: Es folgen einführende Hinweise auf die juristische Methodik der Rechtsfindung sowie den Fall- und Klausuraufbau. Für den Jurastudenten hat dies zentrale Bedeutung. Dagegen wird niemand erwarten, dass sich der Student anderer Disziplinen in die Tiefen der Rechtstheorie einarbeitet. Wegen der grundsätzlichen Bedeutung dieses Gebiets muss man aber von ihm verlangen, dass er wenigstens die Grundlagen der Subsumtionstechnik kennt.

I. Tatbestand und Rechtsfolge

1. Gesetzliche Tatbestandsmerkmale

Rechtsnormen sind (von der Sache her) **abstrakt** und (von der Person her) **generell.** Sie regeln eine Vielzahl konkreter Lebensvorgänge durch Typisierung der einzelnen Geschehensabläufe und ihre Konzentration auf das Wesentliche. Die in einem Paragraphen enthaltenen abstrakten Merkmale nennt man **„Tatbestandsmerkmale".**

Beispiele:

• Der Begriff „Sache" (so etwa verwendet im Sachenrecht des BGB oder im Bereich der Eigentumsdelikte des Strafgesetzbuchs) umfasst alle in der Lebensvielfalt vorstellbaren körperlichen Gegenstände (Tisch, Stuhl, Urkunde, Schmuck, Kraftfahrzeug usw.).

• Im Haftpflicht- und Schadenersatzrecht verwendet der Gesetzgeber den Begriff „Schaden": Er versteht darunter die in tausendfacher Erscheinung auftretenden Folgen denkbarer Kausalereignisse, die zu einer „Verschlechterung" von Rechtsgütern führen (Körperverletzung, eingeschlagene Scheibe, Geschäftsschädigung usw.).

2. Rechtsfolgen

An den Tatbestand einer Norm knüpft der Gesetzgeber in der Regel eine bestimmte Rechtsfolge.

Vergleichen Sie dazu die Beispiele in der nachstehenden Übersicht *Aufgliederung von Rechtsnormen nach Tatbestand und Rechtsfolge* und das Schaubild *Subsumtion.*

Nicht alle Paragraphen des Bürgerlichen Gesetzbuches entsprechen dieser Grundstruktur. Das Gesetz enthält auch zahlreiche unvollständige Rechtssätze, z. B. Begriffsbestimmungen oder Verweisungen.

Lernhinweis: Das Bemühen des Gesetzgebers um eine möglichst knappe und wiederholungsfreie Darstellung zeigt sich unter anderem bei „Legaldefinitionen", die er (meist in Klammer) der Anordnung einer bestimmten Rechtsfolge beifügt. Beispiele: Die Begriffsbestimmung „unverzüglich" wird in § 121 Abs. 1 Satz 1 BGB bei der Anfechtungsfrist definiert, gilt aber dann für das gesamte Privatrecht, also beispielsweise auch für die Rügepflicht beim Handelskauf (vgl. § 377 Abs. 1 HGB). Schlagen Sie weiter auf: § 276 Abs. 2 BGB (Definition der „Fahrlässigkeit") sowie § 93 BGB (Begriff des „wesentlichen Bestandteils"), wie überhaupt den umfangreichen Katalog der Begriffsbestimmungen im Abschnitt „Sachen" (§§ 90 ff. BGB).

Merke: Legaldefinitionen muss man auswendig parat haben!

Aufgliederung von Rechtsnormen nach Tatbestand und Rechtsfolge

Tatbestand	Rechtsfolge
§ 823 I BGB Wer vorsätzlich oder fahrlässig das Leben, den Körper, die Gesundheit, die Freiheit, das Eigentum oder ein sonstiges Recht eines anderen widerrechtlich verletzt, ...	ist dem anderen zum Ersatz des daraus entstehenden Schadens verpflichtet.
§ 433 I 1 BGB Durch den Kaufvertrag wird der Verkäufer einer Sache	verpflichtet, dem Käufer die Sache zu übergeben und das Eigentum an der Sache zu verschaffen.
§ 236 I HGB Wird über das Vermögen des Inhabers des Handelsgeschäfts das Insolvenzverfahren eröffnet, ...	so kann der stille Gesellschafter wegen der Einlage (…) seine Forderung als Insolvenzgläubiger geltend machen.
§ 242 I StGB Wer eine fremde bewegliche Sache einem anderen in der Absicht wegnimmt, die Sache sich oder einem Dritten rechtswidrig zuzueignen, ...	wird mit Freiheitsstrafe bis zu fünf Jahren oder mit Geldstrafe bestraft.

II. Die Subsumtionstechnik

Die Rechtsanwendung besteht in der „rechtlichen Würdigung eines konkreten Lebenssachverhalts". Dazu muss geprüft werden, ob ein bestimmter Sachverhalt den Tatbestandsmerkmalen einer gesetzlichen Norm entspricht. Die Grundform der Rechtsanwendung beruht auf dem „**Syllogismus**": Ein konkreter Sachverhalt wird dem Tatbestand einer Rechtsnorm untergeordnet (subsumiert) mit dem Ziel, daraus eine bestimmte Rechtsfolge abzuleiten (vergleichen Sie dazu die Skizze *Subsumtion*).

Subsumtion

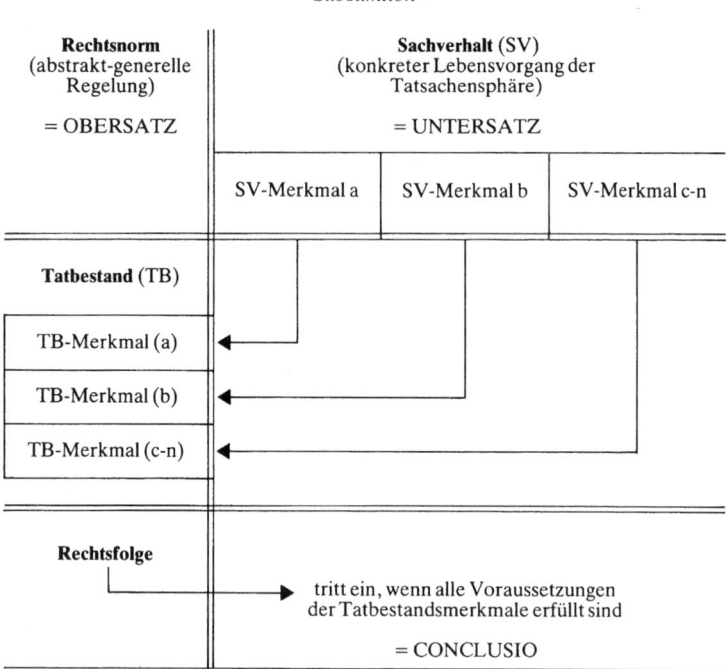

Beispiel: Wer das Eigentum eines anderen rechtswidrig und schuldhaft verletzt, ist zum Schadenersatz verpflichtet (§ 823 Abs. 1 BGB).

Wenn wir davon ausgehen, dass A dem B eine Scheibe eingeworfen hat und die Reparatur 100 Euro kostet, entspricht dieser Vorgang dem abstrakten Tatbestandsmerkmal der oben geschilderten Norm (§ 823 Abs. 1 BGB). Daraus folgt, dass der Geschädigte B vom Schädiger A 100 Euro verlangen kann.

Subsumtion bedeutet also nichts anderes als die Übertragung eines (Klausur-)Sachverhalts auf die Voraussetzungen des jeweiligen in Betracht kommenden Paragraphen (vorzugsweise einer Anspruchsgrundlage oder einer Einwendung).

Ergänzende Hinweise:

1. Das Auffinden der passenden Rechtsnorm

Wer das Recht anwenden will, muss die wichtigsten Gesetzesbestimmungen parat haben. Es führt für den Studenten kein Weg daran vorbei, sich gediegene Gesetzeskenntnisse anzueignen. Dabei ist es zunächst ausreichend zu wissen, „wo etwas steht"; was dann „darin steht", kann durch rasches Nachschlagen ermittelt werden. Der Student wird auch schnell merken, dass es „wichtige" und „weniger wichtige" Gesetzesbestimmungen gibt. Aus dem vorher Gesagten folgt zwingend, dass solchen Bestimmungen, die eine Rechtsfolge aussprechen, besonderes Gewicht beizumessen ist. Sie müssen bei der Subsumtion als Obersatz schon im Bewusstsein des Rechtsanwenders vorhanden sein, wenn er einen Lebenssachverhalt (Untersatz) dem Obersatz im Wege der Subsumtion zuordnen will.

2. Auslegung, Analogie, Umkehrschluss

Der Sinngehalt einer in Betracht kommenden Norm kann zu Zweifelsfragen Anlass geben. Der Gesetzgeber konnte nicht auf jede einzelne Frage eine Antwort geben. Deshalb hat er zur abstrakt-generellen Regelung oft unbestimmte Rechtsbegriffe verwendet und deren Konkretisierung z. T. bewusst der Rechtsentwicklung überlassen (vgl. etwa die vielen Generalklauseln und unbestimmten Rechtsbegriffe im Familienrecht). Als Folge davon ist es oft zweifelhaft, ob der zu beurteilende Lebenssachverhalt auch (oder noch) unter die herangezogene Norm fällt. Dazu muss die Norm ausgelegt oder auch notfalls analog angewendet werden.

a) Auslegung

Durch die Auslegung wird der Sinngehalt einer Norm ermittelt:

- Die **grammatikalische Auslegung** fragt nach dem Wortsinn („jede Auslegung beginnt beim Wort");
- die **systematische Auslegung** berücksichtigt den Sinnzusammenhang und den systematischen Standort der Bestimmung (weil der Gesetzgeber sich um sachlogische Strukturen und die Vermeidung widersprüchlicher Ergebnisse bemüht, lässt sich oft durch eine „Gesamtwürdigung" des Gesetzes oder des entsprechenden Gesetzesabschnitts eine klärende Aussage gewinnen);
- die **historische Auslegung** berücksichtigt die Motive beim Erlass eines Gesetzes (das beste Beispiel bietet das BGB selbst, das in den „Motiven" und „Protokollen" Begründungen für die entsprechenden Vorschriften enthält, s. o.);
- die **teleologische Auslegung** ermittelt den „Sinn und Zweck" einer Gesetzesbestimmung (ratio legis).

b) Umkehrschluss bzw. Analogie

Trotz aller Bemühungen des Gesetzgebers um Perfektion ist nicht auszuschließen, dass ein bestimmter Lebenssachverhalt keine Regelung im Gesetz gefunden hat. Es treten dann „Lücken" auf. Die Frage ist, wie solche Lücken zu schließen sind. Hat der Gesetzgeber bewusst eine Lücke ge-

schaffen, wollte er also gerade vermeiden, dass ein bestimmter Lebenssachverhalt unter einen von ihm geregelten Tatbestand subsumiert und
damit die dort vorgesehene Rechtsfolge auf den Lebenssachverhalt angewandt wird, sprechen wir von einer „bewussten Lücke", die dann methodo-
logisch mit einem Umkehrschluss, dem „argumentum e contrario", anders
als der geregelte Tatbestand zu beurteilen ist.

Umgekehrt verhält es sich, wenn eine „unbewusste Lücke" vorliegt, der
Gesetzgeber also gewissermaßen „schlampig gearbeitet" und einen Sachverhalt übersehen hat, aber bei Kenntnis ebenfalls in der betreffenden
Weise geregelt hätte. Dann liegt es nahe, die Rechtsfolgen eines im Gesetz
geregelten Tatbestandes entsprechend auf solche Sachverhalte anzuwenden, deren abstrakte Tatbestandsmerkmale dem gesetzlichen Tatbestand
zwar nicht ganz, aber doch im Wesentlichen entsprechen. Man spricht dann
von Analogie (Motto: „Weihnachtsmann im Sinne des Gesetzes ist auch
der Osterhase").

Subsumtionstechnik

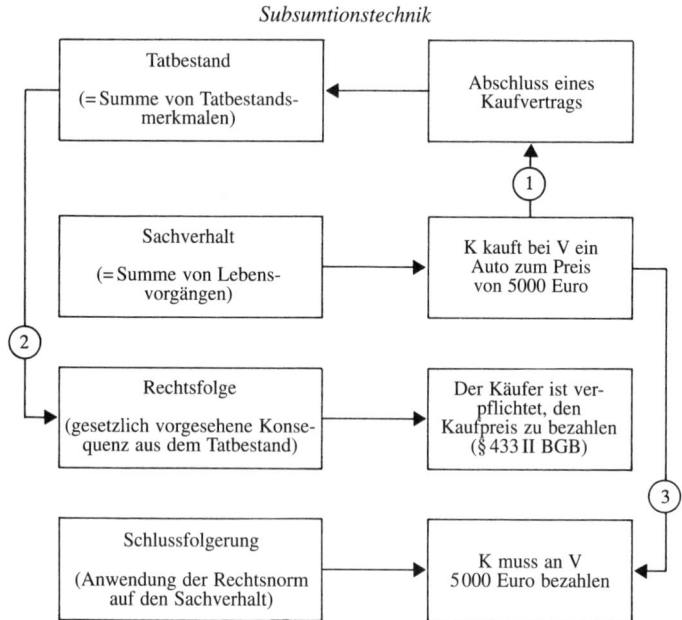

Zur Verdeutlichung: Angenommen in der Straßenbahn ist ein Schild angebracht mit der Aufschrift „Nichtraucher". Eine selbstbewusste junge
Frau zündet sich daraufhin eine Zigarette an und entgegnet auf Vorhaltun-
gen anderer Fahrgäste: „Wenn ich recht sehe, steht hier ‚Nichtraucher' und
nicht ‚Nichtraucherinnen', also gilt das Verbot nicht für mich!" Wer hat
Recht?

Die Antwort hängt davon ab, ob die betreffende Dame sich auf ein argumentum e contrario stützen kann oder die anderen Fahrgäste auf die analoge Geltung des Nichtraucherschildes auch für Nichtraucherinnen pochen
können. Entscheiden Sie selbst!

Beispiele für die Analogie:

An verschiedenen Stellen ordnet der Gesetzgeber im BGB ausdrücklich die analoge Anwendung an. So spricht er in § 90 a S. 1 BGB (im Grunde systemwidrig) davon, dass Tiere keine Sachen sind. Zugleich bestimmt er jedoch in Satz 3, dass auf sie die für Sachen geltenden Vorschriften „entsprechend anzuwenden" sind. In vielen Fällen wird ein Gedanke des Gesetzgebers im Wege der Analogie weitergeführt, so z. B. bei § 31 BGB. Nach dieser Bestimmung ist der eingetragene Verein für schädigende Handlungen seiner Organe verantwortlich. Diese Vorschrift entspricht einem allgemeinen Gedanken und wird **analog** angewandt auf sämtliche juristische Personen (z. B. auch auf die GmbH und AG) sowie darüber hinaus auf die OHG und KG (mittlerweile sogar auf die BGB-Gesellschaft), bei denen eine dem § 31 BGB entsprechende Norm fehlt.

Beispiele für das argumentum e contrario:

Nach § 444 BGB kann sich der Verkäufer auf eine Vereinbarung, durch welche die Rechte des Käufers wegen eines Mangels ausgeschlossen oder beschränkt werden, nicht berufen, wenn er den Mangel arglistig verschwiegen hat. Im Wege eines **Umkehrschlusses** folgt daraus, dass ein Ausschluss der Käuferrechte grundsätzlich zulässig ist, sofern eben keine Arglist vorliegt.

Weiteres Beispiel: Gem. § 276 Abs. 3 BGB kann die Haftung wegen Vorsatzes dem Schuldner nicht im Voraus erlassen werden. Daraus folgt im Wege des Umkehrschlusses: Wenn kein Vorsatz vorliegt, sondern beispielsweise nur Fahrlässigkeit, ist der vertragliche Ausschluss der Haftung zulässig.

Lernhinweis: Den Anfänger werden derartige „dogmatische Operationen" im gegenwärtigen Zeitpunkt überfordern. Er kennt ja das geltende Recht noch nicht und kann deshalb derartige methodologische Gedankengänge nur mühsam nachvollziehen. Lassen Sie sich dadurch nicht entmutigen. Prägen Sie sich die Begriffe ein, und blättern Sie im weiteren Verlauf des Studiums gelegentlich zurück.

III. Gutachten und Urteil

1. Die unterschiedlichen Ausgangspunkte

Im juristischen Studium wird in der Regel ein rechtliches Gutachten über einen bestimmten Sachverhalt verlangt (vor der gleichen Aufgabe stehen der Justitiar und jeder andere, der einen bestimmten Sachverhalt rechtlich zu überprüfen hat). Auch der Richter muss letztendlich die Frage entscheiden, ob der ihm in der Klageschrift vorgetragene Sachverhalt die im Klagantrag begehrte Rechtsfolge rechtfertigt. Gleichwohl besteht ein erheblicher Unterschied: Das Gutachten bezieht sich auf einen bereits feststehenden Sachverhalt. Im Prozess muss dieser jedoch erst ermittelt werden! Es wäre ein schwerer Fehler, würde beispielsweise der Student vom Sachverhalt abweichen und diesen somit verfälschen. Er würde damit auf Fragen antworten, die nicht oder wenigstens nicht so gestellt wurden (freilich lässt auch ein zur Begutachtung gestellter Sachverhalt manchmal Fragen offen; dies zwingt dann zur Erstellung von Alternativ-, Hilfs- oder Ergänzungs-Gutachten, sofern nicht bereits die „lebensnahe" Sachverhaltsauslegung weiterhilft).

Im Gerichtsverfahren liegt meist die größere Schwierigkeit bei der Ermittlung des Sachverhalts. Der Richter kann die gesetzliche Rechtsfolge erst aussprechen, wenn er den in der Regel zwischen Kläger und Beklagtem strittigen Sachverhalt im Wege der Beweiserhebung und Beweiswürdigung festgestellt hat. Deshalb gliedert sich auch ein gerichtliches Urteil in zwei Teile: den Sachverhalt (die Terminologie der zivilrechtlichen Gerichtspraxis spricht hier allerdings für den Laien verwirrend vom „Tatbestand") und die rechtliche Erörterung (die sogenannten „Entscheidungsgründe").

2. Urteilsstil und Gutachtenstil

Urteil und Gutachten unterscheiden sich wesentlich in der gedanklichen Abfolge. Der Urteilsstil nimmt eine Feststellung vorweg, um sie anschließend zu begründen. Das Gutachten versucht („abtastend"), alle in Betracht kommenden Möglichkeiten zu überprüfen, um sie entweder zu bejahen oder zu verneinen.

Deshalb wird beim Gutachtenstil immer die „Subsumtionsfrage" gestellt („… In Betracht kommt ein Anspruch nach § …". Oder: „… Fraglich ist, ob der Kläger einen Anspruch nach § … hat"). Beim Urteilsstil wird dagegen festgestellt: „Der Kläger hat einen Anspruch nach § …".

Beispiel: V verkauft an K einen Fernsehapparat zum Preis von 2000 Euro und verlangt Bezahlung des Kaufpreises. Wie ist die Rechtslage?

Gutachtenstil: V könnte gegen K gem. § 433 Abs. 2 BGB einen Anspruch auf Bezahlung des Kaufpreises haben. Voraussetzung dafür ist, dass ein Kaufvertrag abgeschlossen wurde und K keine Einwendungen geltend machen kann. Durch die von V und K abgegebenen, sich deckenden Willenserklärungen ist ein Kaufvertrag zustandegekommen. Einwendungen sind nicht ersichtlich. K ist somit zur Zahlung des Kaufpreises verpflichtet.

Urteilsstil: K ist zur Zahlung des Kaufpreises verpflichtet, weil zwischen den Parteien ein Kaufvertrag abgeschlossen wurde und K keine Einwendungen erheben kann.

Typisch für den Gutachtenstil sind hypothetische, spekulative, unverbindliche Formulierungen („es könnte sein", „in Betracht kommt"), die dann auf Grund der Subsumtion in die Feststellung („somit", „daher", „daraus folgt") münden.

Der Urteilsstil beginnt mit einer feststellenden Aussage („es ist", „liegt vor"), die anschließend mit dem Hinweis auf die Rechtsgrundlage („da", „weil", „daraus folgt, dass") begründet wird.

Lernhinweis: Man sollte den Gutachtenstil auch nicht auf die Spitze treiben! Wer jeden Satz sklavisch mit einer Subsumtionsfrage beginnt, wird den Korrektor verärgern. So wurde im obigen Beispiel nicht lange erwogen, ob der Fernsehapparat eine „Sache" im Sinne von § 433 Abs. 1 S. 1 darstellt. Nur bei nicht eindeutigen Punkten ist der Gutachtenstil angebracht.

IV. Der Aufbau nach Anspruchsgrundlagen

Es ist hier zwar (noch) nicht der Ort, den praktischen Fallaufbau zu üben. Trotzdem sei der Student von Anfang an darauf hingewiesen, dass die Beurteilung einer Rechtslage nach Anspruchsgrundlagen geordnet zu erfolgen hat. Ganz allgemein gesprochen lautet regelmäßig die zur Beantwortung gestellte Frage: **„Wie ist die Rechtslage?"**. Gäbe es für die Beantwortung dieser Frage keine geordneten Regularien, könnte jeder letztlich „bei Adam und Eva" anfangen und zu jedem einzelnen Wort, Begriff und Satz des Sachverhalts einen „Besinnungsaufsatz" schreiben. Dass dies auch unökonomisch wäre, sei dem Rechts- und Wirtschaftswissenschaftler nur nebenbei gesagt.

Merke: Wenn nach der „Rechtslage" gefragt ist, muss nach Anspruchsgrundlagen aufgebaut werden. **Das heißt:** Die Frage nach der Rechtslage lautet: **„Wer will was von wem woraus?"**

Dazu bedarf es verschiedener Lösungsschritte:

1. Aufbereitung des Sachverhalts

Zunächst sind die Sachangaben und die dabei in Betracht kommenden Rechtsvorgänge grob zu ordnen. Empfehlenswert ist oft ein Schaubild (namentlich, wenn der Sachverhalt einen Lebensvorgang zwischen mehr als zwei Personen schildert).

Beispiel: G gewährt S ein Darlehen in Höhe von 10 000 Euro. Hierfür hat sich B „selbstschuldnerisch" mit schriftlicher Erklärung verbürgt.

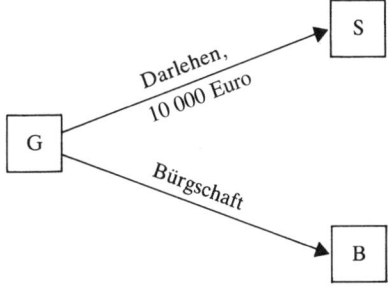

Dabei werden in der juristischen „Darstellungstechnik" die entsprechenden Ansprüche als Pfeile dargestellt (sie symbolisieren insoweit das Verlangen gegenüber demjenigen, auf den der Pfeil zielt). Soll die Skizze zugleich einen umfangreicheren Geschehensablauf symbolisieren, empfiehlt sich darüber hinaus, die einzelnen Beziehungen der Beteiligten untereinander durchzunummerieren, um darüber hinaus den chronologischen Ablauf zu verdeutlichen.

Wäre etwa im obigen Beispiel zusätzlich gefragt, welche Ansprüche B gegen S hätte, würde man den Darlehensanspruch G gegen S mit 1, den Anspruch G gegen B mit 2 und den Regressanspruch B gegen S mit 3 nummerieren.

Lernhinweis: Man merkt schon an dieser Stelle, dass es entscheidend auf die jeweilige Anspruchsgrundlage ankommt. Sie ist die Rechtsgrundlage für das jeweilige klägerische Verlangen. Die wichtigsten Anspruchsgrundlagen sollte man im Kopf haben, zumindest wissen, an welcher Stelle im Gesetz man sie finden kann. Zur Illustration vergleichen Sie bitte vorab die *Übersicht über die wichtigsten Anspruchsgrundlagen.*

2. Aufsuchen der Rechtsgrundlagen

Wenn der Sachverhalt dem Bearbeiter klar geworden ist, muss man Vorbereitungen für die Subsumtion treffen: Dazu ist es notwendig, die einschlägigen Anspruchsgrundlagen aufzusuchen, welche für den Subsumtionsvorgang in Betracht kommen. Vergleichen Sie dazu als „Anschauungsmaterial" die Übersicht über die wichtigsten Anspruchsgrundlagen.

Fortführung des Beispiels: Für den Anspruch auf Darlehensrückzahlung des G gegen S kommt § 488 Abs. 1 S. 2 BGB in Betracht. Anspruchsgrundlage für die Inanspruchnahme des Bürgen ist § 765 Abs. 1 BGB.

3. Subsumtionsfrage stellen

Entscheidend ist nun die „Subsumtionsfrage": Entspricht der festgestellte Sachverhalt den Tatbestandsmerkmalen der aufgesuchten Anspruchsgrundlage? Je nachdem kann die im Tatbestand getroffene Rechtsfolge bejaht oder verneint werden.

Fortführung des Beispiels: G könnte gegen S einen Anspruch auf Rückzahlung des Darlehens nach § 488 Abs. 1 S. 2 geltend machen. G hat S ein Darlehen in Höhe von 10 000 Euro gewährt, also ist S zur Rückzahlung nach § 488 Abs. 1 S. 2 BGB verpflichtet. G könnte B nach § 765 Abs. 1 BGB in Anspruch nehmen. B hat sich schriftlich und damit (im Hinblick auf § 766 BGB) wirksam für die von S gegenüber G eingegangene Verbindlichkeit verbürgt. Er ist damit nach § 765 Abs. 1 BGB verpflichtet, für die Erfüllung der Darlehensverpflichtung durch S einzustehen.

4. Liegen Gegenrechte vor?

Auch wenn die tatbestandlichen Voraussetzungen der Anspruchsgrundlage gegeben sind, könnte trotzdem im Endergebnis die Rechtsfolge zu verneinen sein, weil im Ausnahmefall „Gegenrechte" vorliegen. Hier unterscheidet man Einwendungen und Einreden. Einwendungen vernichten den Anspruch oder lassen ihn erst gar nicht entstehen, Einreden gewähren ein Leistungsverweigerungsrecht (vgl. dazu die Übersicht *Einwendungen*).

Fortführung des Beispiels: Es ist zu prüfen, ob B gegenüber G gem. § 771 BGB die dem Bürgen zustehende „Einrede der Vorausklage" erheben kann. Das hätte zur Folge, dass B die Befriedigung des Gläubigers G solange verweigern könnte, wie dieser nicht die Zwangsvollstreckung gegenüber dem Hauptschuldner S ohne Erfolg versucht hat.

Da B aber im vorliegenden Fall sich „selbstschuldnerisch" verbürgte, steht ihm diese Einrede nach § 773 Abs. 1 Nr. 1 BGB gerade nicht zu. Unabhängig davon wäre zu prüfen, ob B gem. § 768 BGB Einreden geltend machen kann, die dem S gegenüber G zustehen. Da aber der Sachverhalt hierfür keine Anhaltspunkte enthält, kann dies dahinstehen.

5. Klassischer Fallaufbau

Aus dem zuvor Ausgeführten ergibt sich für den klassischen Fallaufbau bei der Prüfung des jeweiligen Anspruchs das **Grundschema:**

Erste Prüfstation: Ist der Anspruch entstanden?
Dazu nennt und prüft man die Voraussetzungen des jeweiligen Anspruchs sowie etwa in Betracht kommender rechtshindernder Einwendungen. Liegen die Anspruchsvoraussetzungen vor und kommen rechtshindernde Einwendungen nicht zum Zuge, ist der Anspruch entstanden.

Übersicht über die wichtigsten Anspruchsgrundlagen

Ansprüche auf Vertragserfüllung	Ansprüche auf Schadenersatz	Ansprüche auf Aufwendungsersatz	Ansprüche auf Herausgabe von Sachen	Sonstige Ansprüche
Kaufvertrag: § 433 I, § 433 II Mietvertrag: § 535 I 1, § 535 II Pachtvertrag: § 581 I 1, § 581 I 2 Leihe: § 598 Sachdarlehen: § 607 I Gelddarlehen: § 488 I 1, § 488 I 2 Dienstvertrag: § 611 I 1. Alt., § 611 I 2. Alt. Werkvertrag: § 631 I 1. Alt., § 631 I 2. Alt. Auftrag: § 662 sonstige typische und atypische Verträge innerhalb und außerhalb des BGB	Schadensersatzansprüche aus Pflichtverletzungen 1. im Falle von Leistungsstörungen: • Unmöglichkeit • Verzug • sonstige Pflichtverletzungen, §§ 280 ff. 2. im Rahmen der Gewährleistung z. B. • Kaufrecht: § 437 Nr. 3 1. Alt. i. V. m. §§ 280 ff. • Mietrecht: § 536 a I • Werkvertrag: § 634 Nr. 4 1. Alt. i. V. m. §§ 280 ff. Schadensersatzansprüche im Fall des Verschuldens beim Vertragsabschluss und dgl. §§ 280 I, 241 II, 311 II Schadensersatzansprüche als Rechtsfolge unerlaubter Handlungen §§ 823 ff. Schadensersatzansprüche im Rahmen der Gefährdungshaftung	allgemein bei Pflichtverletzungen: § 284 Kauf: § 437 Nr. 3 Var. 2 Werkvertrag: § 634 Nr. 4 2. Alt. Miete: § 536 a II Auftrag: § 670 Geschäftsführung ohne Auftrag: §§ 683, 670 **Ansprüche auf Verwendungsersatz** 1. vertraglich: Miete: § 539 I Pacht: § 590 b 2. gesetzlich: Eigentümer-Besitzer-Verhältnis: §§ 994 ff. **Ansprüche auf Nutzungsersatz** Eigentümer gegen Besitzer gem. §§ 987, 990 I, 988	dingliche Herausgabeansprüche: Anspruch des Eigentümers: § 985 Anspruch des Besitzers: § 861 schuldrechtliche Herausgabeansprüche: §§ 546 I, 488 I 2, 604, 695 **Ansprüche auf Herausgabe des „Erlangten"** • nach Auftragsrecht: § 667 • nach Bereicherungsrecht: §§ 812 ff. **Anspruch auf Wegnahme** Wegnahmerecht des Mieters: § 539 II	Ansprüche auf Auskunft und Rechnungslegung: § 666 Ansprüche auf Unterlassung: §§ 12, 1004 I 2, 1134 Ansprüche auf Beseitigung: § 1004 I 1 Ansprüche auf Grundbuchberichtigung: § 894 Ansprüche auf Duldung der Zwangsvollstreckung: § 1147 Ansprüche auf Entschädigung: §§ 906 II 2, 912 II

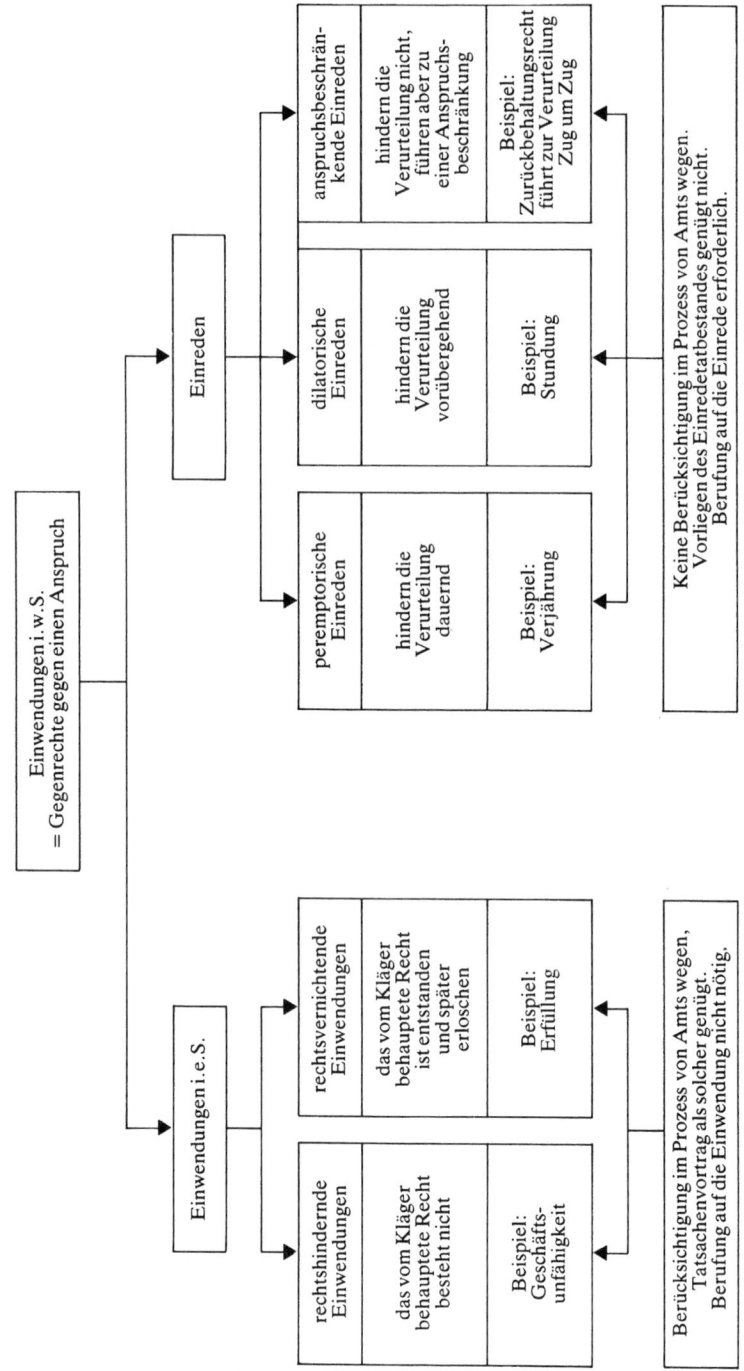

Zweite Prüfstation: Ist der Anspruch erloschen?
Jetzt müssen die Voraussetzungen rechtsvernichtender Einwendungen dargelegt und geprüft werden. Greifen rechtsvernichtende Einwendungen Platz, ist der Anspruch erloschen.

Dritte Prüfstation: Ist der Anspruch durchsetzbar?
Ist der Anspruch nicht erloschen, sind etwa in Betracht kommende Einreden zu prüfen, die der Geltendmachung eines Anspruchs entweder vorübergehend oder dauernd entgegenstehen.

Teil II: BGB – Allgemeiner Teil

1. Kapitel: Rechtssubjekte und Rechtsobjekte

§ 4 Die Rechtssubjekte

Lernhinweis: Wir haben gesehen, dass vom Recht Verhaltensnormen aufgestellt werden mit dem Ziel, das menschliche Zusammenleben zu ordnen. Das so geschaffene objektive Recht räumt Befugnisse ein und schafft Verpflichtungen. Für diese bedarf es eines personalen (subjektiven) Bezugspunktes: Der Inhaber dieser Rechte und Pflichten ist das Rechtssubjekt. Da die Rechtsordnung das menschliche Zusammenleben regelt, versteht es sich von selbst, dass der Mensch zugleich Rechtssubjekt und damit Bezugspunkt für Rechte und Pflichten ist. Das bürgerliche Recht kennzeichnet ihn als die „natürliche Person". Das BGB hat darüber hinaus mit der „juristischen Person" einen weiteren, „künstlich" durch die Rechtsordnung erst geschaffenen Bezugspunkt eingeführt. Rechtssubjekte und damit Träger von Rechten und Pflichten sind also im bürgerlichen Recht die natürliche Person (der Mensch) sowie die juristische Person. Verdeutlichen Sie sich diesen der Laiensphäre nicht entsprechenden Ausgangspunkt. Nach Durcharbeitung des nachfolgenden Abschnittes sollten Sie darüber hinaus die Begriffe Rechtsfähigkeit, Geschäftsfähigkeit und Deliktsfähigkeit erfasst haben, sowie das Wesen, das Handlungsmodell und die Haftung der juristischen Person erklären können.

I. Begriff und Arten der Rechtssubjekte

1. Wesensmerkmale

Rechtssubjekte sind **Träger von Rechten und Pflichten.** Wesensmerkmal des Rechtssubjekts ist die **Rechtsfähigkeit** (wiederum definiert als „die **Fähigkeit, Träger von Rechten und Pflichten sein zu können").** Rechtssubjekte nehmen am Rechtsverkehr teil, indem sie Verträge abschließen, Erklärungen abgeben, Verpflichtungen eingehen, ein Vermögen erben, Eigentum erwerben und dgl. mehr. Dies unterscheidet sie von den „Rechtsobjekten", die Gegenstand von subjektiven Rechten sind, also Adressat und Objekt der von Rechtssubjekten ausgehenden Handlungen.

Rechtssubjekte bezeichnet das Gesetz als **„Personen",** das BGB regelt sie im Abschnitt **„Personenrecht".**

2. Arten

Lernhinweis: Werfen Sie vor und nach der Lektüre dieses Abschnitts einen Blick auf die Übersicht „*Rechtssubjekte*".

Die juristische Dogmatik unterscheidet zwischen den natürlichen und den juristischen Personen. Natürliche Personen sind die Menschen. Sie erlangen die Rechtssubjektsqualität mit Vollendung der Geburt (§ 1 BGB).

Neben der natürlichen Person kennt die Rechtsordnung die juristische Person. Schon aus der Bezeichnung folgt, dass es sich um solche Rechtssubjekte handelt, die durch eine **„Kunstschöpfung der Rechtsordnung"** entstehen und kraft gesetzgeberischer Autorität den natürlichen Personen gleichgestellt sind. Es handelt sich dabei um Personenvereinigungen oder Vermögensmassen, denen durch einen staatlichen Akt die Fähigkeit verliehen wurde, ebenfalls Träger von Rechten und Pflichten (und damit rechtsfähig) zu sein. Durch diese Konstruktion wird es möglich, nicht real existierende Gebilde wie natürliche Personen am Rechtsleben teilhaben zu lassen. Die juristische Person kann also ebenso wie der Mensch Rechte erwerben, Verbindlichkeiten eingehen, klagen und verklagt werden. Das Wesen der juristischen Person ist umstritten (Fiktionstheorie, Genießertheorie, Zweckvermögenstheorie, Theorie der realen Verbandspersönlichkeit) und braucht hier nicht weiter dargelegt zu werden.

Wir kennen juristische Personen des Privatrechts und des öffentlichen Rechts, je nachdem in welchem Rechtsbereich sie auftreten. Juristische Personen des öffentlichen Rechts sind die Stiftungen, die Anstalten und die Körperschaften öffentlichen Rechts.

Das Privatrecht kennt zahlreiche Erscheinungsformen juristischer Personen. Im bürgerlichen Recht finden wir zunächst den eingetragenen Verein als den Prototyp der juristischen Person (§§ 21 ff. BGB). Daneben regelt das Bürgerliche Gesetzbuch die privatrechtliche Stiftung (§§ 80 ff. BGB). Wesensmerkmal der Stiftung ist die **Verselbstständigung eines Zweckvermögens** (dies ist insofern bemerkenswert, als damit über die Konstruktion der juristischen Person auch einer Gesamtheit von Rechtsobjekten die Qualität eines Rechtssubjekts verliehen wird). Zahlreich sind die juristischen Personen im Handelsrecht. Zu nennen sind vor allem die Kapitalgesellschaften (Aktiengesellschaft und Gesellschaft mit beschränkter Haftung) sowie die Genossenschaft und weitere Kapitalvereine. Hierzu sei auf das Handels-, Gesellschafts- und Steuerrecht verwiesen. Vergleichen Sie dazu im Einzelnen die Übersicht Rechtssubjekte und die gesellschaftsrechtlichen Vorlesungen (vgl. auch § 1 KStG).

Lernhinweis: Beachten Sie auch die nachfolgenden Differenzierungen:

- Im **HGB** ist der *„Kaufmann"* subjektiver Anknüpfungspunkt für das Handelsrecht als das „Sonderrecht der Kaufleute" (vgl. Sie dazu die in §§ 1 ff. HGB normierten Definitionen).
- Das **BGB** unterscheidet den *„Verbraucher"* und den *„Unternehmer"* als wesentliche Voraussetzung für die Anwendung verbraucherschützender Normen (beispielsweise greifen die §§ 474 ff. BGB geregelten Normen des Verbrauchsgüterkaufs nur ein, wenn der Käufer Verbraucher und der Verkäufer Unternehmer ist (vgl. dazu unten im Kaufrecht).
Dabei ist entscheidend auf den Zweck des von der jeweiligen Vertragspartei getätigten Rechtsgeschäfts abzustellen:
Unternehmer ist nach der Legaldefinition des § 14 BGB eine natürliche oder juristische Person oder rechtsfähige Personengesellschaft, die bei Abschluss eines Rechtsgeschäfts „in Ausübung ihrer gewerblichen oder selbständigen beruflichen Tätigkeit handelt".
Verbraucher ist nach § 13 BGB als Gegenpart jede natürliche Person, die ein Rechtsgeschäft „zu einem Zweck abschließt der weder ihrer gewerblichen noch ihrer selbständigen Tätigkeit zugerechnet werden kann".

3. Motive für die Gründung von juristischen Personen

Mit der Gründung juristischer Personen werden verschiedene Zwecke verfolgt. Die wichtigsten sind:

a) Organisations-Konzentration

Die organisatorische Zusammenfassung zahlreicher Einzelpersonen zu einer neuen Rechtspersönlichkeit erleichtert die Teilnahme am Rechtsverkehr. Das wird schon deutlich, wenn man sich einen größeren Verein vorstellt: Der Vertragspartner braucht nicht mehr mit den zahlreichen Mitgliedern einzelne Verträge abzuschließen; vielmehr genügt eine Erklärung, die der satzungsgemäß zuständige Vertreter für den Verein als Vertragspartner verbindlich abgibt.

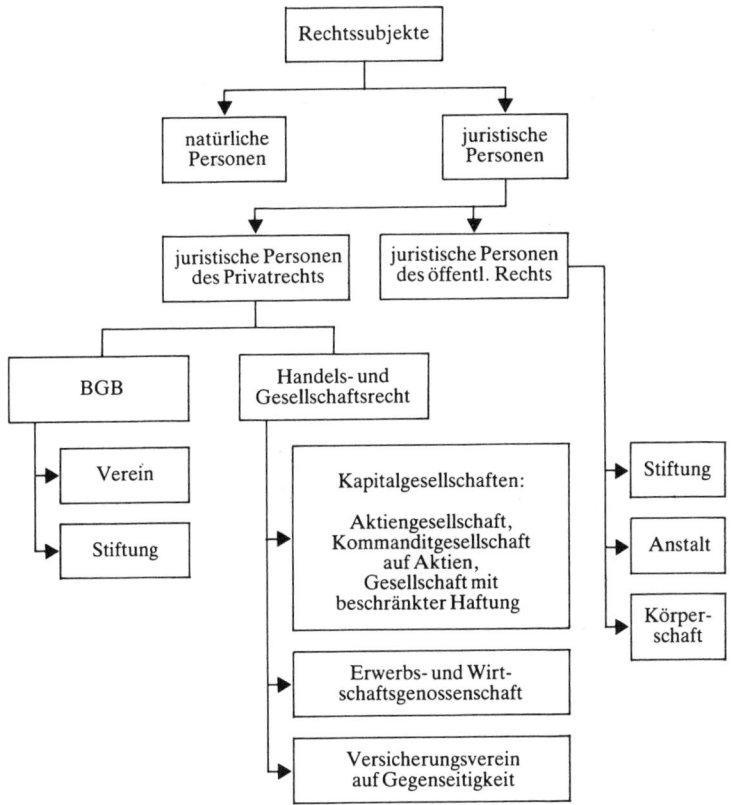

b) Haftungsbeschränkung

Noch größere Bedeutung, vor allem im Handels- und Gesellschaftsrecht, liegt in der Möglichkeit der Haftungsbeschränkung:

Wer mit einer juristischen Person Geschäfte tätigt, kann wegen der ihm zustehenden Ansprüche grundsätzlich nur gegen die juristische Person, nicht aber (oder nur noch in Ausnahmefällen) gegen die Mitglieder (bzw. Gesellschafter) vorgehen. Das ist einleuchtend: Vertragspartner werden ja nicht die Mitglieder, sondern die juristische Person selbst. Auf diese Weise hat der Gläubiger im Ernstfall nur die Möglichkeit, die juristische Person zu verklagen und auf deren Vermögen zuzugreifen. Er kann dagegen nicht in das Privatvermögen der Mitglieder bzw. Gesellschafter vollstrecken.

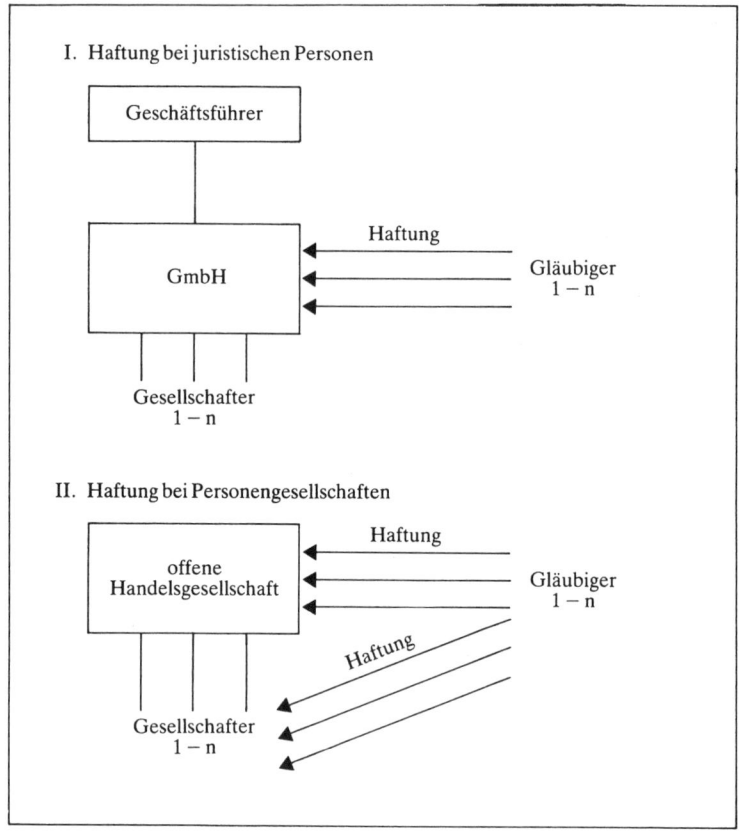

I. Haftung bei juristischen Personen

Geschäftsführer

GmbH — Haftung — Gläubiger 1 – n

Gesellschafter 1 – n

II. Haftung bei Personengesellschaften

offene Handelsgesellschaft — Haftung — Gläubiger 1 – n

Gesellschafter 1 – n   Haftung

Merkspruch: „Die juristische Person ist die Antwort der Rechtsordnung auf die betriebswirtschaftliche Forderung nach Haftungsminimierung!" Verdeutlichen Sie sich das am Beispiel der Gesellschaft mit beschränkter Haftung:
Wenn die GmbH riskante Verträge abschließt, können die Gläubiger nur die GmbH verklagen und in das Gesellschaftsvermögen vollstrecken; die Gesellschafter selbst riskieren allenfalls den Verlust der Beiträge, die sie zum Gesellschaftsvermögen geleistet haben. Ihre Privatsphäre bleibt vom Gläubigerzugriff frei, das geschäftliche Risiko ist „minimiert". Bei anderen Gesellschaftsformen, die durch den Zusammenschluss mehrerer Gesellschafter keine juristische Person entstehen lassen, bleibt dagegen die per-

sönliche Haftung der Gesellschafter in der Regel bestehen. Vergleichen Sie dazu die Skizze *Haftung bei juristischen Personen*.

c) Weitere Motive

Darüber hinaus gibt es noch zahlreiche weitere Motive für die Gründung juristischer Personen. Diese Frage berührt sich mit der in der allgemeinen Betriebswirtschaftslehre erörterten Thematik über die Bestimmungsfaktoren für die Rechtsform der Unternehmung. Einzelheiten dazu im Gesellschaftsrecht. Erwähnt sei hier die **Möglichkeit der Unternehmensperpetuierung:** Beim Tode einer natürlichen Person geht deren Vermögen auf die Erben über. Dies kann zu Unsicherheit, Führungslosigkeit, Destabilisierung und Vermögenszersplitterung führen. Wurde jedoch zuvor eine juristische Person (etwa eine GmbH) gegründet, vererben sich lediglich die Gesellschaftsanteile, die GmbH als Rechtssubjekt wird vom Tod der Gesellschafter nicht unmittelbar berührt („eine GmbH stirbt nicht"). Das Unternehmen kann in ruhigem Fahrwasser weitergeführt werden.

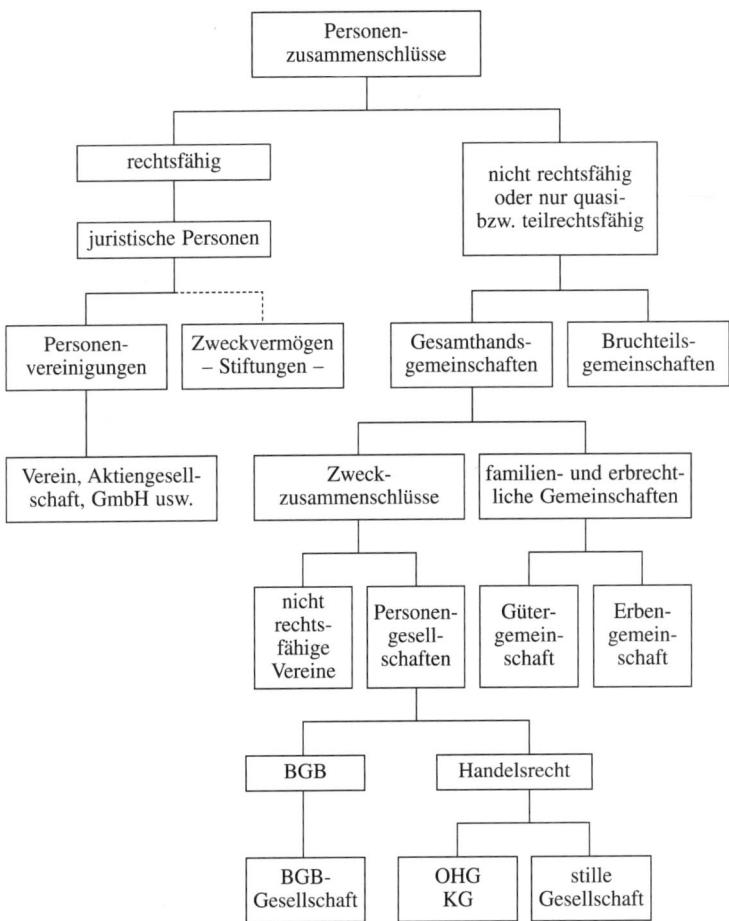

Beachten Sie: Nicht jeder Zusammenschluss mehrerer Personen führt zum Entstehen einer juristischen Person. Der Gesetzgeber hat einen „numerus clausus" zulässiger Rechtsformen mit eigener Rechtspersönlichkeit geschaffen; u. a. im Hinblick auf den Schutz des Rechtsverkehrs (Gläubiger!). Nichtrechtsfähige bzw. nur „quasi" bzw. „analog/abgestuft-/teil-/ im Außenverhältnis" rechtsfähige Personenzusammenschlüsse sind dagegen in vielfältigeren Formen denkbar. Vergleichen Sie dazu die Übersicht *Personenzusammenschlüsse.*

II. Die natürliche Person

Lernhinweis: Natürliche Person i. S. des Gesetzes ist der Mensch. Die Rechtsordnung regelt sein Zusammenleben mit anderen und verleiht ihm eine Reihe von Befugnissen, durch die er in die Lage versetzt wird, am Rechtsleben teilzunehmen. Außerdem stellt sie Regeln auf, um ihn vor unberechtigten Eingriffen zu schützen. Dementsprechend gliedern sich die nachfolgenden Ausführungen: der Mensch als Rechtsträger, als Handelnder und als Schutzobjekt. Werfen Sie vor und nach den folgenden Ausführungen einen Blick auf die Übersicht *Rechtsstellung des Menschen im BGB.*

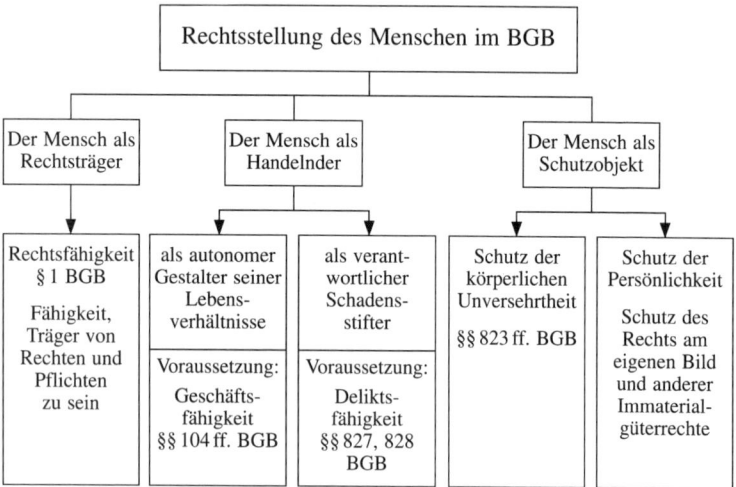

1. Der Mensch als Rechtsträger

Als natürliche Person ist der Mensch Rechtssubjekt und damit Träger von Rechten und Pflichten. Wer rechtsfähig ist, kann z. B.

- Eigentümer sein,
- Forderungen erwerben,
- eine Erbschaft machen,
- Schuldner sein.

Die **Rechtsfähigkeit beginnt** nach § 1 BGB **mit der Vollendung der Geburt.** Ein kleines Kind kann also bereits Eigentümer eines Grundstücks oder Inhaber einer Forderung sein sowie ein Vermögen erben.

Für das Erbrecht ist die Rechtsfähigkeit gem. § 1923 Abs. 2 BGB vorverlagert: Wer zum Zeitpunkt des Erbfalls zwar noch nicht geboren, aber bereits gezeugt worden ist, gilt als vor dem Erbfall geboren.

Lernhinweis: Wir haben hier den klassischen Fall einer „Fiktion": Etwas Unwahres wird als wahr unterstellt, um eine bestimmte Rechtsfolge zu erzielen.

Beispiel: Ein Familienvater verunglückt tödlich bei einem Verkehrsunfall und hinterlässt neben zwei Kindern seine schwangere Ehefrau. Wie viele Personen sind bei der Ermittlung der Erbquoten zu erfassen?

Antwort: Bei der Berechnung der Erbteile sind nicht nur die Ehefrau und die beiden bereits geborenen, sondern auch das ungeborene dritte Kind zu berücksichtigen.

2. Der Mensch als Handelnder

Durch Handlungen und Unterlassungen nimmt der Mensch als Rechtssubjekt an der Gestaltung zwischenmenschlicher Beziehungen teil. Diese Handlungen können z. b. darauf abzielen, unter Ausschöpfung der Privatautonomie die Lebensverhältnisse rechtlich zu regeln. Der Mensch äußert sich dabei durch Abgabe von Willenserklärungen und Vornahme von Rechtsgeschäften. Dies setzt Geschäftsfähigkeit voraus; vgl. dazu unten a).

Menschliche Handlungen können aber auch ursächlich für Schadensfolgen sein. Inwieweit die natürliche Person zur Rechenschaft gezogen werden kann, hängt von ihrer Verantwortlichkeit ab. Diese bezeichnet man als Deliktsfähigkeit; vgl. dazu unten b).

a) Die Geschäftsfähigkeit

Wir haben oben gesehen, dass der Mensch ohne weiteres Zutun, gewissermaßen „automatisch", auf Grund seiner Existenz rechtsfähig ist. Damit ist nichts darüber ausgesagt, inwieweit er rechtswirksam am Rechtsleben teilnehmen kann. Dies ist keine Frage der Rechts-, sondern der Geschäftsfähigkeit. Als autonomer Gestalter seiner Lebensverhältnisse kann der Mensch nur wirksam handeln, wenn er geschäftsfähig ist. Unter der Geschäftsfähigkeit versteht man die **Fähigkeit, selbstständig im Rechtsverkehr auftreten und wirksam Erklärungen abgeben zu können.** Diese Fähigkeit erkennt das Gesetz nur demjenigen zu, den es dazu für „reif" hält. Als Ansatzpunkt dient dem Gesetzgeber das Alter. Wo der Gesetzgeber glaubt, die Geschäftsfähigkeit könnte sich nach der Persönlichkeitsstruktur des betreffenden Menschen schädlich auswirken (geringes Alter, Geisteskrankheit), beschränkt oder verneint er die Geschäftsfähigkeit in der Absicht, den Betroffenen damit vor nachteiligen Folgen seiner eigenen Erklärungen zu schützen (vgl. §§ 104, 107 ff. BGB).

Bei der Geschäftsfähigkeit ist also zu differenzieren nach der „vollen Geschäftsfähigkeit", der „beschränkten Geschäftsfähigkeit" und der „Geschäftsunfähigkeit". Im Einzelnen vgl. dazu unten § 11 sowie die ausführliche *Übersicht.* Dort sind die für das Straf- und Strafverfahrensrecht maßgeblichen Altersstufen mit aufgenommen.

ALTERSSTUFEN	RECHTSLAGE	ERLÄUTERUNG
Vollendung der Geburt	Rechtsfähigkeit der natürlichen Person (§ 1 BGB)	Fähigkeit, Träger von Rechten und Pflichten zu sein
bis zur Vollendung des 7. Lebensjahrs	Geschäftsunfähigkeit (§ 104 Nr. 1 BGB)	Unfähigkeit, wirksame Willenserklärungen abzugeben
	Deliktsunfähigkeit (§ 828 Abs. 1 BGB)	Nichtverantwortlichkeit für unerlaubte Handlungen
von der Vollendung des 7. Lebensjahrs bis zur Vollendung des 10. Lebensjahrs	straßenverkehrsrechtliche Deliktsunfähigkeit (§ 828 Abs. 2 BGB)	Nichtverantwortlichkeit des Minderjährigen für nicht vorsätzlich verursachte Verkehrsunfälle
von der Vollendung des 7. Lebensjahrs bis zur Vollendung des 18. Lebensjahrs	beschränkte Geschäftsfähigkeit (§§ 106 ff. BGB)	rechtsgeschäftliches Handeln in der Regel nur mit Zustimmung des gesetzlichen Vertreters wirksam
	beschränkte Deliktsfähigkeit (§ 828 Abs. 3 BGB)	Schadensverantwortlichkeit bei Vorliegen der zur Erkenntnis der Verantwortlichkeit erforderlichen Einsicht
bis zur Vollendung des 14. Lebensjahrs	Strafunmündigkeit	keine Schuldfähigkeit (§ 19 StGB)
von der Vollendung des 14. bis zur Vollendung des 18. Lebensjahrs	Behandlung als „Jugendlicher" im Strafverfahren (§ 1 Abs. 2 JGG)	strafrechtliche Verantwortlichkeit, wenn sittliche und geistige Reife vorliegt, das Unrecht der Tat einzusehen und nach dieser Einsicht zu handeln (§ 3 JGG)
ab Vollendung des 18. Lebensjahrs	Geschäftsfähigkeit	Fähigkeit, selbstständig im Rechtsverkehr gültige Willenserklärungen abzugeben
	Deliktsfähigkeit	volle Verantwortlichkeit für schädigende Handlungen
von der Vollendung des 18. bis zur Vollendung des 21. Lebensjahrs	Behandlung als „Heranwachsender" im Strafverfahren (§ 1 Abs. 2 JGG)	Fakultative Anwendung des Jugendstrafrechts (§ 105 JGG)

b) Die Deliktsfähigkeit

Wo der Mensch als Schadensstifter auftritt, hängt seine Verantwortlichkeit von der Deliktsfähigkeit ab. Die Deliktsfähigkeit ist also die **Fähigkeit, für schadenstiftende Ereignisse verantwortlich gemacht werden zu können.**

Auch hier differenziert das Gesetz (vgl. §§ 828, 827 BGB – Lesen!) ähnlich wie bei der Geschäftsfähigkeit nach Altersstufen und nach der psychischen Situation des Schadensstifters. Vergleichen Sie auch dazu die Übersicht „Altersstufen" und beachten Sie, dass der Gesetzgeber für den Bereich des Straßenverkehrsrechts eine zusätzliche Differenzierung vornimmt: Wer das siebente, aber noch nicht das zehnte Lebensjahr vollendet hat, ist für einen Schaden nicht verantwortlich, den er bei einem Unfall mit einem Kraftfahrzeug o.ä. einem anderen zufügt. Dies gilt nicht, wenn der Minderjährige die Verletzung vorsätzlich herbeigeführt hat.

Beispiel: Ein Achtjähriger schiebt sein Fahrrad auf dem Bürgersteig und lässt es – animiert von anderen Kindern – alleine weiter rollen. Das Fahrrad gerät auf die Straße und prallt mit einem passierenden Fahrzeug zusammen. Der Fahrzeugschaden beläuft sich auf über 1500 Euro.

Mangels Deliktfähigkeit kann in diesem vom BGH entschiedenen Fall der Achtjährige (und infolge dessen auch die für ihn einstandspflichtige Haftpflichtversicherung) nicht belangt werden.

3. Der Mensch als Schutzobjekt

Wir wissen, dass die Rechtsordnung das Zusammenleben der Menschen regelt und dabei dem Rechtssubjekt bestimmte Berechtigungen einräumt. Eine zentrale Position kommt dabei dem Schutz der Person zu. Daraus erwachsen Ansprüche zum Schutz der Persönlichkeitsrechte. Vergleichen Sie dazu den nachfolgenden Abschnitt § 5 (subjektive Rechte).

4. Unternehmer und Verbraucher

Namentlich unter dem Einfluss entsprechender EG-Richtlinien hat sich der Verbraucherschutz zu einem wichtigen Element des Bürgerlichen Rechts entwickelt. Dazu musste der Gesetzgeber den Begriff des **„Verbrauchers"** als Anknüpfungspunkt für die Anwendung verbraucherschützender Normen definieren. Nach § 13 BGB ist ein Verbraucher „jede natürliche Person, die ein Rechtsgeschäft zu einem Zwecke abschließt, der weder ihrer gewerblichen noch ihrer selbständigen beruflichen Tätigkeit zugerechnet werden kann". Umgekehrt ist ein **„Unternehmer"** nach § 14 BGB „eine natürliche oder juristische Person oder eine rechtsfähige Personengesellschaft, die bei Abschluss eines Rechtsgeschäfts in Ausübung ihrer gewerblichen oder selbständigen beruflichen Tätigkeit handelt".

Hinweis: Der Begriff des Unternehmers deckt sich nicht unbedingt mit dem im HGB definierten Begriff des **„Kaufmanns"**, obwohl dies in vielen Fällen so sein wird. Entscheidend ist stets, ob das betreffende Rechtsgeschäft „in Ausübung einer gewerblichen bzw. selbständigen beruflichen Tätigkeit" erfolgt.

Das Gesetz geht mit Recht davon aus, dass sich der Verbraucher bei Verträgen mit einem Unternehmer in der Regel in einer schwächeren Marktposition befindet und berücksichtigt dies an zahlreichen Stellen.

Lernhinweis: Schlagen Sie die betreffenden Bestimmungen der Reihe nach auf. Machen Sie sich deutlich, wie der Gesetzgeber im jeweiligen Fall den Verbraucherschutz konkretisiert hat: §§ 241a, 286 Abs. 3, 288 Abs. 2, 310 Abs. 3, 312ff., 355ff., 474ff., 481ff., 489, 491ff., 499, 505ff., 655aff. BGB.

Machen Sie es sich insbesondere am Beispiel des Verbrauchsgüterkaufs klar: § 474 Abs. 2 BGB schließt die in § 447 BGB vorgesehene, für den Käufer nachteilige

Vorverlagerung der Preisgefahr aus; § 475 BGB schränkt den ansonsten Kraft Vertragsfreiheit zulässigen Ausschluss der Gewährleistung durch den Verkäufer ein.

Beachten Sie aber, dass der Verbraucher bzw. Unternehmer „auf der richtigen Vertragsseite stehen muss": Nur wenn der Verkäufer Unternehmer und der Käufer Verbraucher ist, liegt ein Verbrauchsgüterkauf vor. Um keinen Verbrauchsgüterkauf handelt es sich demzufolge, wenn die Sache von einem Verbraucher an einen Unternehmer verkauft wird oder ein Unternehmer mit einem Unternehmer bzw. ein Verbraucher mit einem Verbraucher einen Kaufvertrag abschließt.

III. Die juristische Person

Lernhinweis: Natürliche und juristische Personen nehmen gleichberechtigt am Rechtsleben teil. Auf Grund der Wesensverschiedenheit ergeben sich jedoch bei der juristischen Person zusätzliche Fragen und Regelungsnotwendigkeiten: Welche Erfordernisse sind zu verlangen, um einem nicht real existierenden Gebilde Rechtsfähigkeit zuzubilligen (Frage nach dem Organisationsstatut und den entsprechenden normativen Mindestbedingungen, die erfüllt sein müssen, damit eine juristische Person entsteht)? Wie kann ein nicht real existierendes Gebilde überhaupt tätig werden (Frage nach den Organen der juristischen Person)? Gegen wen bestehen Schadenersatzansprüche, wenn im Verantwortungsbereich einer juristischen Person andere Personen verletzt werden (Haftung der juristischen Person)?

1. Die Entstehung der juristischen Person

Regelmäßig bedarf es zur Entstehung der juristischen Person staatlicher Mitwirkung. Zumindest verlangt der Gesetzgeber die Eintragung in die Register (ein Verein muss in das Vereinsregister eingetragen werden, juristische Personen des Handelsrechts werden in das Handelsregister bzw. Genossenschaftsregister eingetragen). Dabei müssen bestimmte Mindestvoraussetzungen vorliegen (Eintragung in das Vereinsregister grundsätzlich nur, wenn die Mindestmitgliederzahl sieben beträgt; bei der Anmeldung zum Handelsregister ist der Nachweis über das Vorliegen bestimmter Mindestbedingungen zu führen). Bei den Handelsgesellschaften legt der Gesetzgeber aus der jeweiligen Interessenlage heraus weitergehende Erfordernisse fest (notarielle Beurkundung des Statuts, Einhaltung weiterer Gründungsvorschriften zum Schutze der Gläubiger usw.). Im Einzelnen wird auf das Gesellschaftsrecht verwiesen.

Entsteht die juristische Person bereits durch die Erfüllung der Mindestvoraussetzungen, spricht man vom „System der Normativbestimmungen".

Darüber hinaus gibt es Fälle, bei denen der Gesetzgeber zusätzlich eine staatliche Genehmigung für das Entstehen der juristischen Person voraussetzt. Dann spricht man vom „Konzessionssystem".

So ist z.B. die Gründung einer Stiftung genehmigungspflichtig. Auch steht sie unter einer besonderen Aufsicht des Staates und muss periodisch über die Einhaltung des Stiftungszwecks Rechenschaft ablegen. Beim eingetragenen Verein des bürgerlichen Rechts kennen wir beide Systeme: „Idealvereine" (Gesangsvereine, Sport- und Kulturvereine, also solche Vereinigungen, die der sittlichen, geistigen, körperlichen Erbauung dienen) entstehen mit der Eintragung in das Vereinsregister; wirtschaftliche Vereine dagegen bedürfen zusätzlich staatlicher Genehmigung.

Lernhinweis: Es ist hier nicht möglich und für das Verständnis auch nicht erforderlich, das Vereins-, Stiftungs- und Verbandsrecht darzustellen. Zum einen sei auf das Kapitel „Rechtsformen" im Gesellschaftsrecht verwiesen, zum anderen hilft auch hier „ein Blick in das Gesetz" weiter.

2. Die Handlungsfähigkeit der juristischen Person

Was nicht real existiert, kann an sich auch nicht handeln. Deshalb braucht die juristische Person „Kopf, Hände und Beine", um überhaupt am Rechtsleben teilnehmen zu können. Die juristische Person benötigt deshalb notwendigerweise „**Organe**", deren Handlungen ihr zugerechnet werden. Wer diese Organe sind, bestimmt das Gesetz (Verein: Vorstand o.ä.; GmbH: Geschäftsführer; Aktiengesellschaft: Vorstand, Aufsichtsrat usw.).

a) Rechtsgeschäftliches Handeln

Erklärungen für die juristische Person werden durch die satzungsgemäß zuständigen Organe in deren Eigenschaft als gesetzliche Vertreter abgegeben.

Beispiel: Wenn eine GmbH einen Auftrag erteilt, wird der Vertrag vom Geschäftsführer abgeschlossen. Dessen Erklärungen wirken für und gegen die von ihm vertretene Gesellschaft.

b) Deliktisches Handeln

Eine juristische Person als solche ist eigentlich nicht „deliktsfähig": Da sie selbst nicht real existiert, kann sie auch anderen keinen Schaden zufügen. Da jedoch für die juristische Person ihre Organe auftreten und deren Tätigkeit als Handlungen der juristischen Person angesehen wird, ist der Schluss zwangsläufig: Unerlaubte Handlungen von Organen, die diese in Ausführung ihrer Verrichtungen begehen, werden gem. § 31 BGB (wichtig; lesen!) der juristischen Person selbst zugerechnet („**Organhaftung**").

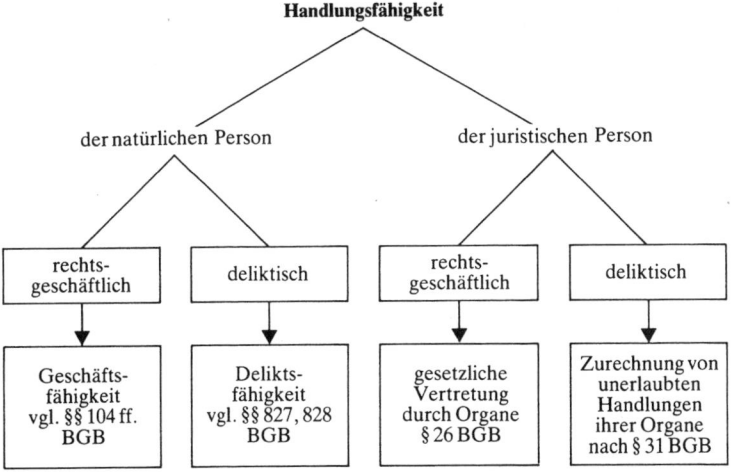

Beispiel: Wenn der Vorstand eines Vereins in satzungsgemäßen Angelegenheiten einen Außenstehenden schädigt, kann sich letzterer (auch) an den Verein halten. Wichtig: § 31 BGB findet analoge Anwendung auf andere juristische Personen, auch auf den nichtrechtsfähigen Verein sowie auf bestimmte Personengesellschaften, z. B. oHG und KG.

Lernhinweis: Vergleichen Sie noch einmal die (rechtsgeschäftliche und deliktische) Handlungsfähigkeit von natürlichen und juristischen Personen an Hand der Übersicht *Handlungsfähigkeit natürlicher und juristischer Personen!*

Wiederholungsfragen zu § 4

Was versteht man unter der Rechtsfähigkeit? (§ 4 I 1)

Welche Arten der Rechtssubjekte kennen Sie? (§ 4 I 2)

Welches sind die Motive für die Gründung juristischer Personen? (§ 4 I 3)

Was versteht man unter Geschäftsfähigkeit, was unter Deliktsfähigkeit? (§ 4 II 2)

§ 5 Das subjektive Recht

Lernhinweis: In der Einführung (oben Teil I) haben wir das Recht definiert als verbindliche Ordnung der zwischenmenschlichen Beziehungen und insoweit vom „objektiven Recht" als der Summe aller Rechtsnormen gesprochen. Dieses objektive Recht schafft Berechtigungen und Verpflichtungen. Die aus ihm abgeleitete Rechtsmacht bezeichnet man als „subjektives Recht".

Beispiel: Das objektive Recht regelt die einzelnen Vertragstypen, z. B. unter welchen Voraussetzungen sie zustande kommen, wie sie erfüllt werden und welches rechtliche Schicksal sie haben. Mit dem Abschluss eines Vertrags erhält der Vertragspartner zugleich das subjektive Recht, die vertragsgemäße Leistung zu beanspruchen. So hat z. B. der Käufer ein Recht auf Übereignung und Übergabe der gekauften Sache, der Verkäufer ein Recht auf Zahlung des Kaufpreises.

Die vom objektiven Recht geregelten Beziehungen zwischen den einzelnen Rechtssubjekten oder zu bestimmten Gegenständen bezeichnet man als **„Rechtsverhältnis".**

I. Begriff des subjektiven Rechts

Unter einem subjektiven Recht versteht man **„die einem Rechtssubjekt von der Rechtsordnung verliehene Rechtsmacht".** Das subjektive Recht kann gegenüber anderen Personen oder Gegenständen bestehen. Dem subjektiven Recht entspricht die Verpflichtung desjenigen, demgegenüber es geltend gemacht werden kann.

Beispiele:

• Das Gesetz schützt in § 823 Abs. 1 BGB die Unversehrtheit von Leib, Leben und Freiheit der Person. Damit gewährt es ein subjektives Abwehrrecht gegen fremde Eingriffe. Der Berechtigung des Rechtsgutinhabers entspricht die Verpflichtung anderer Personen, das geschützte Rechtsgut zu achten und bei dessen Verletzung Schadenersatz zu leisten.

• Das Eigentum ist als Freiheitsrecht in § 903 BGB umschrieben. Die Verletzung des Eigentums löst Abwehransprüche und damit entsprechende Verpflichtungen des Eingreifenden aus.

Lernhinweis: Die Dogmatik des subjektiven Rechts überfordert nicht selten den Studienanfänger, nicht zuletzt deshalb, weil er das objektive Recht, aus dem sich subjektive Rechte ergeben, ja erst erlernen muss. Verschaffen Sie sich deshalb zunächst an Hand der Übersicht *Subjektive Rechte* einen Überblick über die Systematik und Erscheinungsformen subjektiver Rechte, und prägen Sie sich dann jeweils die Begriffe mit einem prägnanten Beispiel ein. Das genügt für den Anfang. Später gehen Ihnen die Begriffe „subjektives Recht" und „Anspruch" in Fleisch und Blut über.

II. Arten und Einteilung der subjektiven Rechte

Aus der Vielgestaltigkeit der vom objektiven Recht geregelten Lebensverhältnisse folgt zwangsläufig, dass subjektive Rechte auf mannigfache Weise in Erscheinung treten und damit eine allgemein verbindliche Einteilung ausscheidet. Man kann subjektive Rechte systematisch nach ihrem Inhalt oder dem Kreis der Verpflichteten klassifizieren.

1. Absolute und relative Rechte

Die Einteilung in absolute und relative Rechte betrifft die Unterscheidung der subjektiven Rechte nach dem **Adressatenkreis.** Vergleichen Sie dazu das Schaubild *Absolute und relative Rechte.*

a) Absolute Rechte

sind solche, die sich **gegen jedermann** richten. Zu den absoluten Rechten zählen die Persönlichkeits- und Herrschaftsrechte, also insbes. Leib, Leben, Gesundheit und Eigentum einer Person.

Beispiel: Der Eigentümer kann gem. § 985 BGB von jedem die Herausgabe der ihm gehörenden Sache verlangen, wenn ihm diese unberechtigt vorenthalten wird, und er kann nach § 1004 BGB den „Störer" des Eigentums auf Unterlassung verklagen.

b) Relative Rechte

sind solche, die sich (innerhalb eines bestimmten Rechtsverhältnisses) **gegen einzelne Personen** richten. Da sie Rechte und Pflichten nur innerhalb eines bestimmten Rechtsverhältnisses begründen, können sie auch nur von den am Rechtsverhältnis beteiligten Personen verletzt werden. Diese heißen „Gläubiger" und „Schuldner". Schulbeispiel: Ansprüche aus Schuldverhältnissen nach § 241 BGB, die sog. „Forderungen".

Beachten Sie: Als Anspruchsgrundlage ist jedoch § 241 Abs. 1 BGB nur dann heranzuziehen, wenn es keine speziellen Anspruchsnormen (wie etwa in §§ 433, 535, 631 BGB) gibt.

Beispiele: Die Forderung des Käufers gegen den Verkäufer nach § 433 Abs. 1 BGB und umgekehrt die Forderung des Verkäufers gegen den Käufer nach § 433 Abs. 2 BGB.

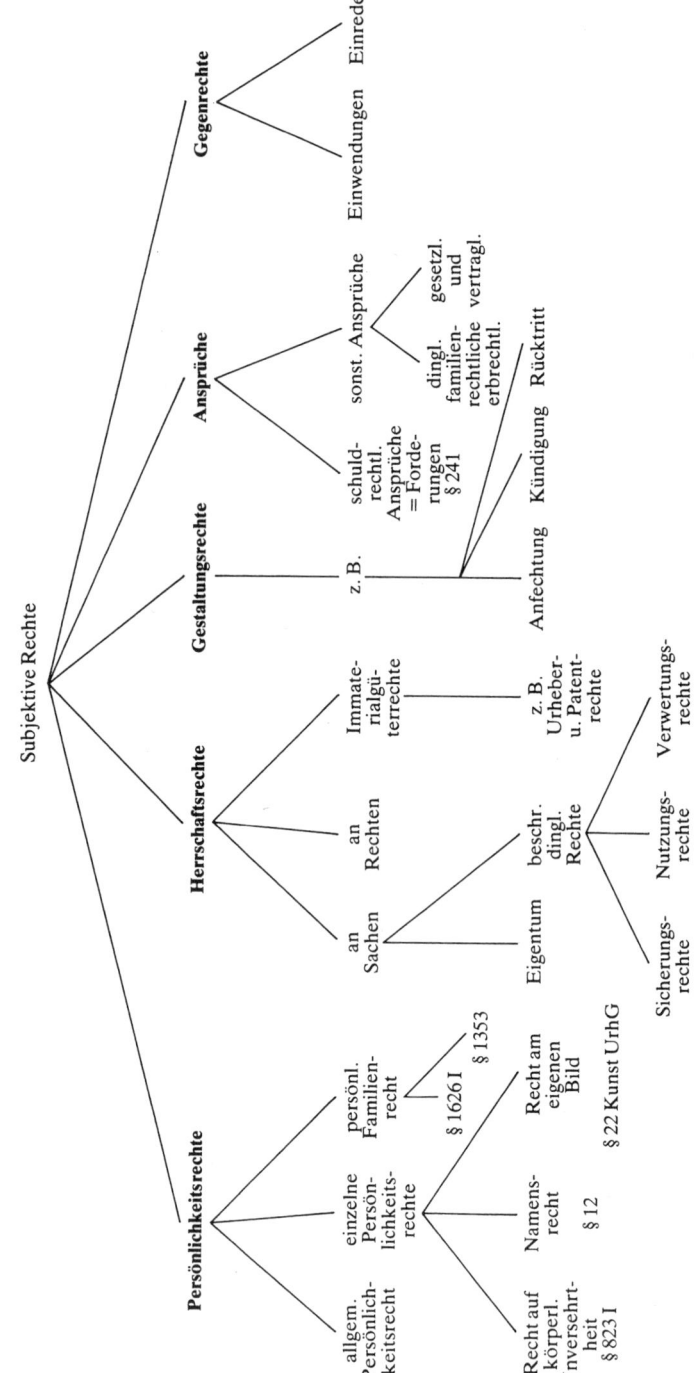

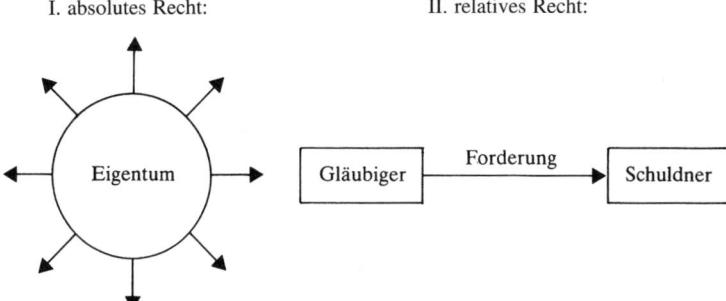

I. absolutes Recht: II. relatives Recht:

Eigentum   Gläubiger —— Forderung —→ Schuldner

2. Einteilung subjektiver Rechte nach dem Inhalt der durch sie vermittelten Befugnis

Herkömmlicherweise werden subjektive Rechte ihrem Inhalt nach unterteilt in Persönlichkeitsrechte, Herrschaftsrechte, Ansprüche und Gestaltungsrechte (vgl. dazu unten 3 u. 4). Hinzu kommen die Gegenrechte als Abwehrmöglichkeiten gegenüber geltend gemachten Ansprüchen (dazu unten 5).

a) Persönlichkeitsrechte

Art. 1 Abs. 1 des Grundgesetzes erklärt die Würde des Menschen für unantastbar und verpflichtet alle staatliche Gewalt, sie „zu achten und zu schützen". Nach Art. 2 GG hat jeder das Recht „auf die freie Entfaltung seiner Persönlichkeit" und das Recht „auf Leben und körperliche Unversehrtheit"; die „Freiheit der Person ist unverletzlich". Das (vorkonstitutionelle) bürgerliche Recht kennt (bzw. kannte zunächst) keinen allgemeinen Schutz der Persönlichkeit, sondern nur den Schutz einzelner persönlichkeitsbezogener Positionen:

- Leib, Leben, Gesundheit und Freiheit des Menschen im (deliktischen) Schadenersatzrecht nach §§ 823 ff. BGB;
- das Namensrecht in § 12 BGB;
- das Recht am eigenen Bild gegen missbräuchliche Verwertung nach §§ 22, 23 Kunsturhebergesetz;
- das elterliche Erziehungsrecht sowie das Recht auf ungestörte Ausübung der ehelichen Lebensgemeinschaft nach §§ 1626, 1353 BGB.

Die Rechtsprechung hat unter der Geltungskraft des Grundgesetzes den zivilrechtlichen Persönlichkeitsschutz durch die Entwicklung eines „**allgemeinen Persönlichkeitsrechts**" erweitert.

Beispiele:

- Schutz vor willkürlicher Veröffentlichung vertraulicher Briefe (BGHZ 13, 334; 15, 249);
- Wahrung der persönlichen Geheimsphäre bezüglich ärztlicher Atteste (BGHZ 24, 72);
- Schutz vor missbräuchlicher Verwendung des eigenen Bilds zu Reklamezwecken (Paul Dahlke auf dem Motorroller; Brauereibesitzer als „Herrenreiter", um für potenzstärkende Mittel zu werben; Schlagersängerin als Benutzerin einer Gebisshaftpaste), BGHZ 26, 349; 35, 363;

- Schutz gegenüber (allzu) verletzender Kritik (Fernsehansagerin sehe aus wie „eine ausgemolkene Ziege"), BGHZ 39, 124.

Hinweis: Verstärkt wird der Persönlichkeitsschutz dadurch, dass die Rechtsprechung dem in seinem Persönlichkeitsrecht Verletzten nicht nur Abwehr- und Unterlassungsansprüche zubilligt, sondern darüber hinaus unter Heranziehung von §§ 823 Abs. 1, 253 Abs. 2 BGB zugleich einen Schadenersatzanspruch in Geld zuspricht (obwohl das bürgerliche Recht die Anerkennung des Geldersatzes für lediglich immaterielle Schäden sehr restriktiv handhabt, s. u.). Im Zuge der Reform des Schadenersatzrechts wurde im Jahr 2002 § 847 BGB a. F. aufgehoben und der dort geregelte Schmerzensgeldanspruch als Abs. 2 in § 253 BGB angefügt; es ist jedoch davon auszugehen, dass sich insoweit an der bestehenden Rechtsprechung nichts ändern wird. Die dabei ausgesprochenen Schmerzensgelder liegen im Vergleich mit denen, die bei Körperverletzungen gegeben werden, außerordentlich hoch. Dies erklärt sich daraus, dass der Schadenersatzanspruch bei Persönlichkeitsverletzungen neben der Genugtuungsfunktion zugunsten des Verletzten auch eine Strafsanktion gegenüber dem Verletzenden enthält.

b) Herrschaftsrechte

Herrschaftsrechte zählen zu den absoluten Rechten. Sie gewähren eine Herrschaftsmacht gegenüber bestimmten Gegenständen.

aa) Herrschaftsrechte gegenüber Personen kennen wir heute nicht mehr. Auch das elterliche Sorgerecht gewährt kein Herrschaftsrecht der Eltern gegenüber den Kindern, sondern ein familienrechtliches Sorgerecht, das im Rahmen der Persönlichkeitsrechte gegen die Einwirkung Dritter geschützt ist.

bb) Dingliche Rechte

Wenn sich die Herrschaftsrechte auf Sachen beziehen, spricht man von „dinglichen Rechten". Das umfassendste Herrschaftsrecht ist das Eigentum (die „rechtliche Sachherrschaft"). Es wirkt als absolutes Recht gegenüber jedermann und ist umfassend geschützt:

- Der Eigentümer kann mit einer Sache gem. § 903 BGB (eingeschränkt durch Artikel 14 GG) nach Belieben verfahren;
- er kann von jedermann Herausgabe nach § 985 BGB (beachte aber § 986!), vom Störer Unterlassung nach § 1004 BGB und vom Schädiger Schadenersatz nach § 823 Abs. 1 BGB verlangen.

cc) Beschränkte dingliche Rechte

Die Sachherrschaft kann auch auf Teilbereiche des Eigentums beschränkt sein. Man spricht dann von „beschränkten dinglichen Rechten" an einer Sache. Das Gesetz kennt Sicherungs-, Nutzungs- und Verwertungsrechte.

Zu den Sicherungs- und Verwertungsrechten gehören die Pfandrechte, zu den Nutzungsrechten zählen der Nießbrauch sowie die Dienstbarkeit (vgl. dazu unten im Sachenrecht).

dd) Herrschaftsrechte an Rechten

Herrschaftsrechte gibt es nicht nur an Sachen, sondern auch an Rechten. Das BGB kennt das Pfandrecht an Rechten (§§ 1273 ff.) sowie den Nießbrauch (§§ 1068 ff.).

ee) Immaterialgüterrechte

Auch geistige und künstlerische Leistungen verschaffen Herrschaftsrechte. Gemeint sind Erfindungen sowie Werke der Literatur und bildenden Kunst. Ihren Schutz gewähren die Immaterialgüterrechte. Hierunter versteht man vor allem das Urheber-, Patent-, Geschmacksmuster-, Gebrauchsmuster- und Markenrecht.

3. Die Ansprüche

Der Gesetzgeber definiert den Anspruch als „**das Recht, von einem anderen ein Tun oder ein Unterlassen zu verlangen**" (vgl. § 194 Abs. 1 BGB).

Lernhinweis: Wenn Sie später Fälle lösen, müssen Sie nach Ansprüchen aufbauen und jeweils prüfen, welche Anspruchsgrundlage in Betracht kommt. Oft ist dabei dem Anfänger nicht hinreichend klar, was überhaupt eine „Anspruchsgrundlage" ist. Merken Sie sich folgende „Gedankenbrücken": Eine Anspruchsgrundlage ist eine „Grundlage für einen Anspruch", genauer: eine Rechtsgrundlage für einen Anspruch, noch genauer: eine Norm, die einen Anspruch beschreibt. Sie müssen also einen Gesetzesparagrafen suchen, der eine Aussage darüber macht, ob jemand ein Recht hat, von einem anderen ein Tun oder Unterlassen zu verlangen (so die Definition des „Anspruchs" in § 194 Abs. 1 BGB).

Beispiele:

- Der Verkäufer hat gegen den Käufer nach § 433 Abs. 2 einen Anspruch auf Zahlung des vereinbarten Kaufpreises und Abnahme der gekauften Sache;
- der Käufer einer Sache hat nach § 433 Abs. 1 S. 1 gegen den Verkäufer einen Anspruch auf Übergabe der Sache und Verschaffung des Eigentums an ihr; der Käufer eines Rechts hat gegen den Verkäufer gem. § 433 Abs. 1 S. 1 i. V. m. § 453 Abs. 1 einen Anspruch auf Verschaffung des Rechts;
- der Vermieter hat nach § 535 Abs. 2 gegen den Mieter einen Anspruch auf Zahlung des vereinbarten Mietzinses;
- der Mieter hat gegen den Vermieter nach § 535 Abs. 1 S. 1 einen Anspruch auf Gewährung des Gebrauchs der vermieteten Sache;
- der Eigentümer hat gegen den nichtberechtigten Besitzer nach § 985 BGB einen Anspruch auf Herausgabe der Sache;
- der Eigentümer hat nach § 1004 gegen den Störer einen Anspruch auf Beseitigung und Unterlassung der Eigentumsstörung;
- Verwandte in gerader Linie haben gegenseitige Unterhaltsansprüche nach §§ 1601 ff.;
- der Erbe hat nach § 2018 gegen den unberechtigten Erbschaftsbesitzer einen Anspruch auf Herausgabe der Erbschaft;
- die Gesellschafter einer OHG haben nach § 121 HGB Anspruch auf Gewinnverteilung, nach § 122 HGB Ansprüche auf Vorabentnahmen;
- die Gesellschafter einer GmbH haben nach § 51 a GmbHG Auskunftsansprüche und Einsichtsrechte gegenüber den GmbH-Geschäftsführern;
- ein Wettbewerber hat gegen den anderen nach § 1 UWG Unterlassungs- und Schadenersatzansprüche gegenüber Wettbewerbshandlungen, die gegen die guten Sitten verstoßen.

Ansprüche gehören zu den relativen Rechten, weil sie nicht gegenüber jedermann, sondern nur zwischen den an einem Rechtsverhältnis beteiligten Personen wirken. Die Ansprüche des Schuldrechts nennt das Gesetz „Forderungen": Nach § 241 Abs. 1 S. 1 BGB kann der Gläubiger vom Schuldner die versprochene Leistung „fordern".

4. Gestaltungsrechte

Gestaltungsrechte geben dem Rechtsinhaber die Macht, einseitig auf eine bestehende Rechtslage einzuwirken. Durch die Ausübung eines Gestaltungsrechts kann ein Rechtsverhältnis unmittelbar aufgehoben oder inhaltlich verändert werden.

Beispiele: Anfechtung, Kündigung und Rücktritt sind einseitige Rechtsgeschäfte. Wer z.B. einen Mietvertrag kündigt, kann (ohne Zustimmung des Vertragspartners) das Mietverhältnis beenden (sofern die Kündigung zulässig ist).

5. Gegenrechte

Das Verhältnis von Recht und Gegenrecht kann man sich am besten vor dem Hintergrund eines Prozesses verdeutlichen: Der Kläger trägt eine bestimmte Behauptung vor, die den Klageanspruch rechtfertigt. Der Beklagte dagegen verweist auf Tatsachen, die das klägerische Recht verneinen. Als solche Gegenrechte kennt das Gesetz Einwendungen und Einreden (vgl. dazu die Übersicht oben § 3).

Beispiel: Zeitablauf führt zur Verjährung. Der Schuldner kann sich auf die „Einrede der Verjährung" berufen. Im Einzelnen vergleiche unten V.

III. Durchsetzung subjektiver Rechte

1. Inanspruchnahme der Gerichte

Der Schutz und die Durchsetzung subjektiver Rechte obliegt den Gerichten. Wenn z.B. der Schuldner nicht zahlt, kann der Gläubiger nicht nach eigenem Gutdünken gegen den Schuldner (möglicherweise unter Androhung körperlicher Gewalt) vorgehen. Ein derartiges Faustrecht wäre mit rechtsstaatlichen Prinzipien unvereinbar.

2. Eigenmächtige Rechtsdurchsetzung

Nur in wenigen Ausnahmefällen gestattet das Gesetz die eigenmächtige Rechtsverwirklichung. Gemeinsames Kennzeichen dieser Fälle ist, dass rechtzeitige staatliche Hilfe nicht zur Verfügung steht und damit das Recht dem Unrecht schutzlos preisgegeben wäre.

a) Selbsthilfe

Selbsthilfe ist die Durchsetzung bzw. Sicherung eines Anspruchs durch Einsatz privater Gewalt. Nach § 229 BGB (lesen!) berechtigt das Selbsthilferecht zur

• Wegnahme, Zerstörung oder Beschädigung einer Sache sowie
• Festnahme eines Fluchtverdächtigen oder Beseitigung von Widerstand

unter folgenden Voraussetzungen:

- Der zur Selbsthilfe Greifende muss Inhaber eines entsprechenden Anspruchs sein,
- staatliche Hilfe ist nicht rechtzeitig zu erlangen,
- ohne sofortiges Eingreifen besteht die Gefahr, dass die Durchsetzung
des Anspruchs vereitelt oder wesentlich erschwert wird.

Selbsthilfemaßnahmen sind nicht widerrechtlich. Insgesamt darf die
Selbsthilfe aber nach § 230 BGB nicht weiter gehen, als zur Abwendung
der Gefahr erforderlich ist.

Hinweis: Die allgemeine Selbsthilfe nach § 229 BGB wird ergänzt durch
die speziellen Rechte des Besitzers gegen „verbotene Eigenmacht" Dritter
gem. §§ 859 ff. BGB (vgl. dazu unten im Sachenrecht).

b) Notwehr

Wie im Strafrecht schließt auch im Zivilrecht Notwehr die Rechtswidrigkeit eines Angriffs aus. § 227 BGB bestimmt: „Eine durch Notwehr gebotene Handlung ist nicht widerrechtlich". Das Gesetz definiert die Notwehr
als „diejenige Verteidigung, welche erforderlich ist, um einen gegenwärtigen rechtswidrigen Angriff von sich oder einem anderen abzuwenden" (im
letzten Fall spricht man von „Nothilfe").

Beispiel: Polizeibeamter P wird zu einem Banküberfall gerufen. Der Räuber R
richtet die Waffe auf ihn. P ist schneller und verletzt R. Ein Schadenersatzanspruch
des R gegen P aus § 823 Abs. 1 BGB scheitert daran, dass die Handlung des P
infolge der Notwehrsituation nicht widerrechtlich war.

c) Notstand

Lernhinweis: Von Notwehr spricht man im BGB bei Maßnahmen gegenüber
Personen, von Notstand bei Maßnahmen gegenüber Sachen.

Das BGB unterscheidet zwei Arten des Notstandes:

aa) Defensivnotstand (§ 228 BGB)

Beim Defensivnotstand geht die **Gefahr von der Sache** aus, die bei der
Gefahrenabwehr beschädigt wird.

§ 228 BGB bestimmt hierzu, dass derjenige nicht widerrechtlich handelt,
der eine fremde Sache beschädigt oder zerstört, um eine durch sie drohende Gefahr von sich oder einem anderen abzuwenden. Vorausgesetzt ist,
dass die Beschädigung oder die Zerstörung zur Abwendung der Gefahr
erforderlich ist und der Schaden nicht außer Verhältnis zu der Gefahr steht.
Hat der Handelnde die Gefahr verschuldet, muss er Schadenersatz leisten.

Beispiel: Ein Spaziergänger wird von einem bissigen Hund angefallen. In äußerster
Not erschlägt er diesen mit seinem Spazierstock. Die zum Schutz seines Lebens und
seiner Gesundheit erforderliche Sachbeschädigung (Lernhinweis: Tiere gelten zwar
nach § 90a nicht als „Sachen", es finden auf sie jedoch die für Sachen geltenden
Vorschriften entsprechende Anwendung) verpflichtet in diesem Fall (mangels
rechtswidriger Handlung) nicht zum Schadenersatz. Anders ist es, wenn der Spaziergänger trotz sichtbarer Warntafel über einen Zaun hinweg ein fremdes Grundstück betritt und dann von dem Hund angefallen wird.

bb) Aggressivnotstand (§ 904 BGB)

Beim Aggressivnotstand wird eine Sache verletzt, **von der selbst keine Gefahr ausgeht.** Die Verletzung ist aber erforderlich, um sich einer anderen Gefahr zu erwehren. § 904 BGB (lesen!) verpflichtet den Eigentümer der verletzten Sache zur Duldung, wenn die Einwirkung zur Abwehr einer gegenwärtigen Gefahr notwendig und der drohende Schaden gegenüber dem aus der Einwirkung dem Eigentümer entstehenden Schaden unverhältnismäßig groß ist. Der Eigentümer kann in diesem Fall jedoch Schadenersatz verlangen (§ 904 S. 2 ist eine selbstständige Anspruchsgrundlage).

Beispiel: Der Fußgänger wird von einem bissigen Hund angefallen. Als letzte Rettung reißt er eine Latte aus einem Gartenzaun heraus und erschlägt den Hund. Gegenüber dem Eigentümer des Hundes liegt Defensivnotstand (keine Schadenersatzpflicht), gegenüber dem Eigentümer des Lattenzauns aggressiver Notstand (Schadenersatzpflicht) vor.

IV. Grenzen subjektiver Rechte

Die Rechtsausübung ist nicht schrankenlos zulässig; sie darf nicht zum Rechtsmissbrauch entarten.

Die in § 138 BGB (lesen!) sowie § 242 BGB (lesen!) enthaltenen Generalklauseln beschränken zugleich die Ausübung subjektiver Rechte. In § 226 BGB hat das Gesetz einen Spezialfall geregelt.

1. Das Schikaneverbot

An einer Stelle hat der Gesetzgeber selbst Grenzen für die Rechtsausübung aufgestellt: § 226 BGB verbietet die Ausübung eines Rechts, wenn diese **nur** den Zweck haben kann, einem anderen Schaden zuzufügen (man spricht vom „Schikaneverbot"). Diese vom Gesetz kodifizierte Selbstverständlichkeit hat nur geringe Bedeutung. In vielen Fällen wird die Geltendmachung subjektiver Rechte (oftmals notwendigerweise) einem anderen Nachteile bringen; sie ist damit noch lange nicht schikanös. § 226 BGB greift nur ein, wenn ausschließlich die Schädigungsabsicht Motiv der Rechtsausübung ist.

Schulbeispiel: Der Vater verbietet seinen Kindern das Betreten seines Grundstücks, auf dem die Grabstelle der Mutter liegt. In diesem berühmten Fall hat das Reichsgericht eine rechtsmissbräuchliche Ausübung der Eigentumsrechte gesehen (RGZ 72, 251).

2. Verbot des Rechtsmissbrauchs

Über das Schikaneverbot hinaus gilt § 242 BGB: Jede Rechtsausübung wird begrenzt durch Treu und Glauben.

Dazu hat die Rechtsprechung verschiedene Katalogisierungen vorgenommen:

Die Ausübung eines Rechts kann missbräuchlich sein, wenn

• der Berechtigte seinen Anspruch selbst durch unredliches Verhalten erworben hat (z. B. Geltendmachung eines Anspruchs auf Vertragsstrafe, wenn der Gläubiger das vertragswidrige Verhalten des Schuldners veranlasst hat);

• eine Leistung gefordert wird, die alsbald zurückzuerstatten wäre (z. B. das Herausgabeverlangen des Eigentümers gegenüber dem Anwartschaftberechtigten, wenn davon auszugehen ist, dass dieser alsbald Eigentümer wird);

• der Berechtigte keine schutzwürdigen Interessen verfolgt oder überwiegende Interessen des anderen Teils entgegenstehen (z. B. Kündigung bei nur geringfügigem Zahlungsrückstand);

• sich der Berechtigte damit zu seinem eigenen früheren Verhalten in Widerspruch setzt, sog. „venire contra factum proprium" (z. B.: Wer an gefährlichen Sportarten teilnimmt, kann keinen Schadenersatz fordern, wenn er unter Beachtung der sportlichen Regeln verletzt wird).

3. Die Verwirkung

Die Ausübung eines subjektiven Rechts ist unzulässig, wenn Verwirkung eingetreten ist. Dieser Begriff ist im Gesetz nicht definiert. Er leitet sich aus Treu und Glauben ab (Sonderfall des „venire contra factum proprium").

Die Verwirkung setzt **drei Dinge** voraus:

• Seit dem Entstehen des subjektiven Rechts und der Möglichkeit seiner Geltendmachung ist **längere Zeit** verstrichen *(„Zeitmoment");*

• der Gläubiger muss durch sein **tatsächliches Verhalten** (aufgrund bestimmter Umstände) gegenüber dem Schuldner den Eindruck erweckt haben, er werde sein Recht nicht mehr ausüben *(„Umstandsmoment");*

• der **Schuldner** muss sich darauf **eingerichtet** (vertraut) haben, dass er nicht mehr in Anspruch genommen wird.

Beispiele: Übermäßiges Zuwarten kann zur Verwirkung der Kündigung aus wichtigem Grunde führen.

Der Vermieter verwirkt die Ansprüche auf Mietnachzahlung, wenn er die vom Mieter gekürzte Miete jahrelang widerspruchslos hingenommen hat. Dem Anspruch des Vermieters auf Nachzahlung der Heizungskosten kann nach der Rechtsprechung mit dem Ablauf der Abrechnungsfrist für die folgende Heizperiode die Verwirkung entgegengehalten werden.

Lernhinweis: Die Verwirkung wird praktisch, wenn durch Zeitablauf noch keine Verjährung eingetreten ist. Sie setzt aber mehr als bloßen Zeitablauf voraus. In den Rechtsfolgen geht sie weiter als die Verjährung: Die Verjährung begründet nur eine Einrede; die Verwirkung wirkt als Einwendung, beseitigt also den Anspruch und ist im Prozess von Amts wegen zu berücksichtigen.

V. Zeitliche Grenzen der Rechtsausübung

Zeitliche Schranken der Rechtsausübung ergeben sich in dreifacher Weise:

• aus dem Gesichtspunkt der **Fälligkeit** (vor Fälligkeit kann eine Forderung noch nicht geltend gemacht werden),

- aus dem Gesichtspunkt der **Verjährung** (nach Eintritt der Verjährung kann die Erfüllung eines Anspruchs verweigert werden) sowie
- unter dem Gesichtspunkt von **Ausschlussfristen** (mit ihrem Ablauf erlischt das betroffene Recht).

Wegen ihrer besonderen Bedeutung für die Praxis wird anschließend die Verjährung näher erörtert.

1. Zweck und Wirkung der Verjährung

Die Verjährung **dient dem Rechtsfrieden.** Ansprüche sollen nicht bis in alle Ewigkeit geltend gemacht werden können. Die Lebenserfahrung zeigt, dass lange nicht ausgeübte Rechte weniger schutzwürdig sind und die gerichtliche Feststellung bestrittener Forderungen nach Jahr und Tag zu unüberwindlichen Beweisschwierigkeiten führt.

Das Gesetz begrenzt deshalb die Durchsetzbarkeit von Ansprüchen durch bloßen Zeitablauf. Mit dem Ablauf einer bestimmten Frist erhält der Anspruchsgegner ein **Leistungsverweigerungsrecht.** § 214 Abs. 1 BGB (lesen!) bestimmt: „Nach Eintritt der Verjährung ist der Schuldner berechtigt, die Leistung zu verweigern". Vergleichen Sie dazu das Schaubild *Verjährung.*

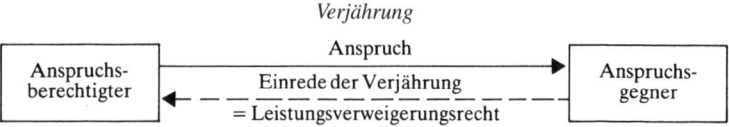

Verjährung

- Anspruchsberechtigter
- Anspruch
- Einrede der Verjährung
- = Leistungsverweigerungsrecht
- Anspruchsgegner

Lernhinweis: Beachten Sie, dass die **Verjährung** lediglich eine „Einrede" gewährt. Sie **führt nicht zum Erlöschen des Anspruchs** (ist also keine „Einwendung"). Daraus folgt, dass sich der Schuldner im Prozess auf die Einrede der Verjährung berufen muss. Verhält er sich passiv, wird er verurteilt, weil die Verjährung nicht von Amts wegen berücksichtigt wird. Mit dieser Lösung des Gesetzes berücksichtigt der Gesetzgeber, dass der Zeitablauf als solcher kein Verdienst des Schuldners ist. Wenn der Käufer jahrelang nicht gezahlt hat, ändert auch der Zeitablauf nichts an der Tatsache, dass er „eigentlich" zur Zahlung verpflichtet bleibt. Deshalb auch der Spruch: „Ein feiner Mann beruft sich nicht auf die Einrede der Verjährung!"

2. Verjährungsfristen

Das Gesetz kennt die regelmäßige Verjährungsfrist und zahlreiche weitere Verjährungsfristen. Vergleichen Sie zunächst die Übersicht *Verjährungsfristen.*

Lernhinweis: Verjährungsfristen finden wir zunächst im Allgemeinen Teil des BGB im Abschnitt „Verjährung", daneben enthalten aber die weiteren Bücher des BGB und viele sonstige Gesetze zahlreiche Spezialbestimmungen, die jeweils besonders beachtet werden müssen (Hinweis: Das Verjährungsrecht nimmt möglicherweise im akademischen Unterricht ein Stiefmütterchendasein ein, sehr im Gegensatz zu seiner praktischen Bedeutung. Wer etwa als Anwalt Fristen versäumt, sollte möglichst eine hohe Haftpflichtversicherung abgeschlossen haben!).

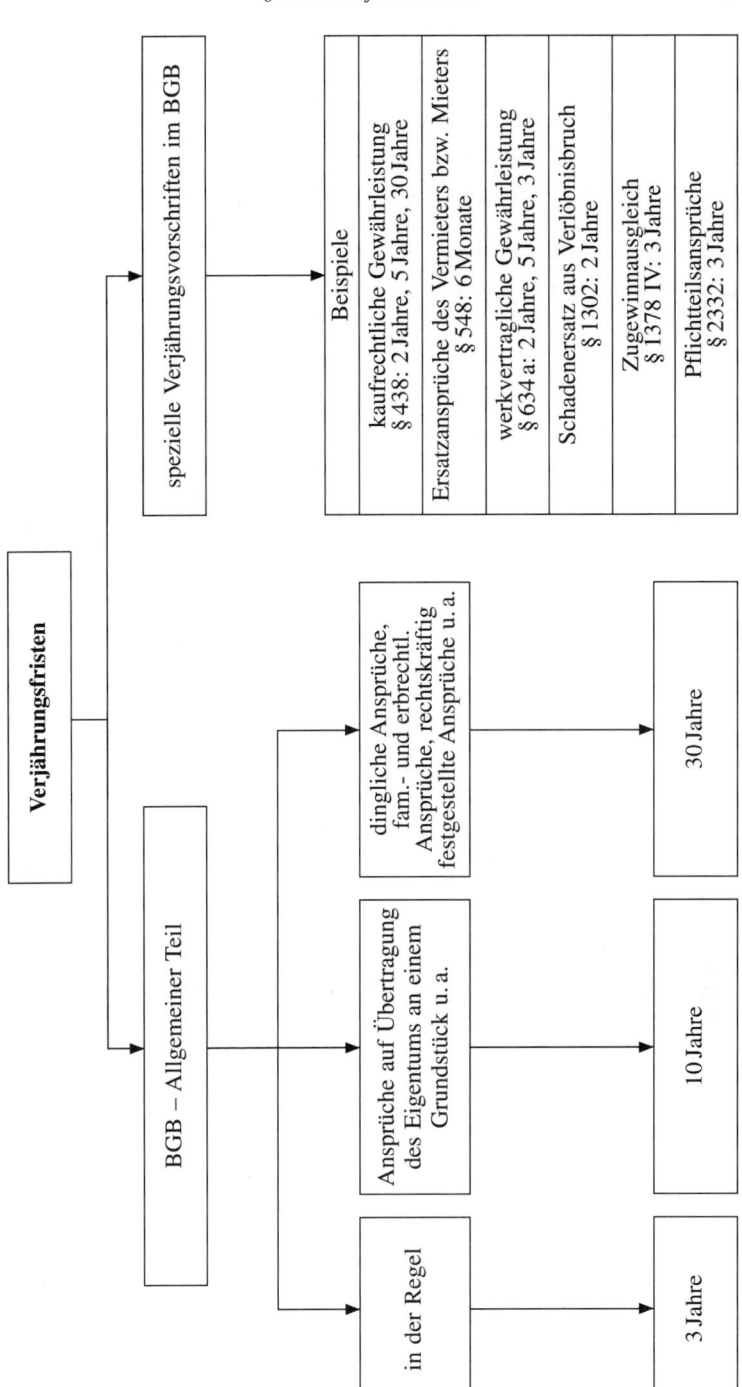

a) Regelmäßige Verjährungsfrist

Die regelmäßige Verjährungsfrist beträgt gem. § 195 BGB **3 Jahre.**

b) Weitere Verjährungsfristen des Allgemeinen Teils des BGB

In zehn Jahren verjähren nach § 196 BGB Ansprüche im Zusammenhang mit Grundstücken (etwa Übertragung des Eigentums daran, Begründung oder Aufhebung eines Rechts an einem Grundstück (z. B. Hypothek) u. a.).

In dreißig Jahren verjähren nach § 197 Abs. 1 BGB die folgenden fünf Anspruchsarten:

1. Herausgabeansprüche aus Eigentum und anderen dinglichen Rechten,
2. familien- und erbrechtliche Ansprüche,
3. rechtskräftig festgestellte Ansprüche,
4. Ansprüche aus vollstreckbaren Vergleichen oder vollstreckbaren Urkunden,
5. Ansprüche, die durch die im Insolvenzverfahren erfolgte Feststellung vollstreckbar geworden sind.

Ausnahme:

Haben diese Ansprüche regelmäßig wiederkehrende Leistungen zum Inhalt, tritt die Verjährung nach der **regelmäßigen Verjährungsfrist** von **drei Jahren** ein, vgl. § 197 Abs. 2 BGB.

3. Beginn und Ablauf der Verjährungsfrist

Beim Verjährungsbeginn ist zu unterscheiden:

a) Beginn und Höchstfristen bei der regelmäßigen Verjährungsfrist

aa) Verjährungsbeginn

Die regelmäßige Verjährungsfrist beginnt nach § 199 Abs. 1 BGB mit dem Schluss des Jahres, in dem

1. der **Anspruch entstanden** ist *(„objektive Komponente"),* **und**
2. der Gläubiger von den den Anspruch begründenden Umständen und der Person des Schuldners **Kenntnis** erlangt oder ohne grobe Fahrlässigkeit erlangen müsste *(„subjektive Komponente").*

Beispiel: K kauft bei V ein Kraftfahrzeug am 1. Februar 2003. Das Fahrzeug wird geliefert, der Kaufpreis ist noch nicht bezahlt. Der Anspruch ist in der Regel mit Abschluss des Kaufvertrages entstanden (vgl. § 271 Abs. 1 BGB, wonach der Gläubiger sofort zu fordern, der Schuldner sofort zu leisten berechtigt ist). Beginn der Verjährung: mit Schluss des Jahres, in dem der Anspruch entstanden ist und V Kenntnis erlangte, also am 31. 12. 2003 um 24.00 Uhr. Fraglich ist, wann die Verjährung eintritt: da es nicht um Grundstücke geht (§ 196 BGB), die fünf enumerativ aufgezählten Ansprüche des § 197 BGB nicht vorliegen und auch keine speziellen Verjährungsvorschriften eingreifen, ist die regelmäßige Verjährungsfrist von 3 Jahren einschlägig. Ab dem 1. 1. 2007, 0.00 Uhr, kann K die Einrede der Verjährung erheben.

Lernhinweis: Geht der Anspruch auf ein Unterlassen, so tritt gem. § 199 Abs. 5 BGB an die Stelle der Entstehung die Zuwiderhandlung.

bb) Höchstfristen

Die in § 199 Abs. 1 BGB genannten Voraussetzungen sind zeitlich nicht limitiert, d. h. im Einzelfall können viele Jahre vergehen, ehe der Gläubiger etwa von der Person des Schuldners Kenntnis erlangt. In Extremfällen könnte dies unerträglich sein.

Beispiel: Auf den Unternehmer O wird am 1. 2. 2003 von einem Unbekannten ein Mordanschlag verübt, den O schwer verletzt überlebt. Der Täter entkommt. Wenn sich dieser Fall erst 35 Jahre später im Zusammenhang mit anderen Ermittlungen aufklären wird, würde O erst zu diesem Zeitpunkt Kenntnis von der Person des Täters erhalten.

Der Gesetzgeber wollte, dass auch in solchen Fällen irgendwann einmal Verjährung und damit Rechtsfriede eintritt. Daher hat er bestimmte **Höchstfristen für die Verjährung** festgesetzt, die sich je nach Art der Ansprüche unterscheiden.

§ 199 Abs. 2 BGB bestimmt, dass Schadenersatzansprüche, die auf der Verletzung des Lebens, des Körpers, der Gesundheit oder der Freiheit beruhen, ohne Rücksicht auf ihre Entstehung und die Kenntnis oder grob fahrlässige Unkenntnis in **30 Jahren** von der Begehung der Handlung, der Pflichtverletzung oder dem sonstigen, den Schaden auslösenden Ereignis an verjähren.

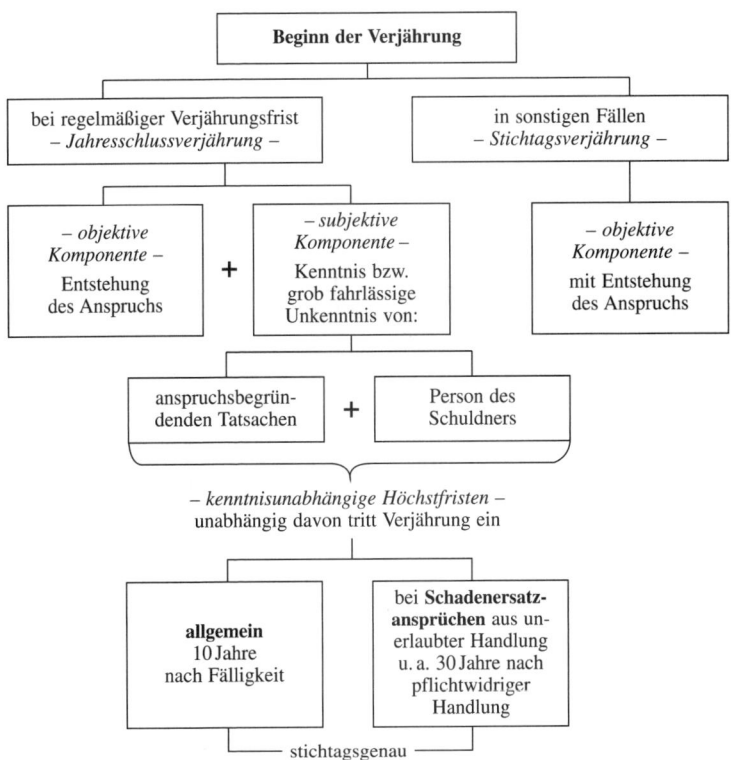

Für unseren **Beispielsfall** bedeutet dies, dass der auf einer Körperverletzung nach § 823 BGB beruhende Schadenersatzanspruch des O mit Ablauf des 1. 2. 2033 verjährt sein wird, auch wenn er bis dahin noch keine Kenntnis von der Person des Schuldners erlangt hat.

Sonstige Schadenersatzansprüche (z.B. §§ 280ff., 823 – Eigentum oder sonstiges Recht –, 824 BGB) verjähren nach § 199 Abs. 3 BGB

1. ohne Rücksicht auf die Kenntnis oder grob fahrlässige Unkenntnis in **10 Jahren** von ihrer *Entstehung* an, und
2. ohne Rücksicht auf ihre Entstehung und die Kenntnis oder grob fahrlässige Unkenntnis in **30 Jahren** von der *Begehung der Handlung,* der Pflichtverletzung oder dem sonstigen, den Schaden auslösenden Ereignis an.

Bei anderen Ansprüchen als Schadenersatzansprüchen beträgt die Höchstfrist für die Verjährung nach § 199 Abs. 4 BGB ohne Rücksicht auf die Kenntnis oder grob fahrlässige Unkenntnis **10 Jahre** von ihrer Entstehung an.

b) Beginn anderer Verjährungsfristen

Die Verjährungsfrist von Ansprüchen, die nicht der regelmäßigen Verjährungsfrist unterliegen (z.B. § 197 BGB) beginnt nach § 200 BGB mit der Entstehung des Anspruchs („Stichtagsprinzip"), soweit nicht ein anderer Verjährungsbeginn bestimmt ist (dies ist z.B. der Fall in §§ 438 Abs. 2, 548, 634a Abs. 2 BGB).

4. Hemmung und Neubeginn der Verjährung

Die Verjährung kann gehemmt werden oder neu beginnen. Durch beide Maßnahmen wird der Eintritt der Verjährung hinausgeschoben.

a) Hemmung der Verjährung

Die Hemmung der Verjährung bewirkt, dass ein bestimmter Zeitraum in die Verjährung **nicht mit eingerechnet** wird (§ 209 BGB – lesen!). **Merksatz:** „Die Uhr wird angehalten".

Beispiele:

- **Schwebende Verhandlungen** zwischen Schuldner und Gläubiger über den Anspruch oder die anspruchsbegründenden Umstände (§ 203 BGB);
- **Klageerhebung,** gerichtet auf Leistung oder Feststellung (§ 204 Abs. 1 Nr. 1 Var. 1 und 2 BGB);
- **Zustellung eines Mahnbescheids** im Mahnverfahren (§ 204 Abs. 1 Nr. 3 BGB).

Praktischer Hinweis: Häufig versucht der Gläubiger den Eintritt einer drohenden Verjährung zu verhindern, indem er kurz vor Ablauf des Kalenderjahres einen Mahnbescheid beantragt. Dies erklärt, weshalb am Jahresende bei den zuständigen Amtsgerichten eine wahrhafte Flut von Mahnbescheidsanträgen eingeht. Wird der Mahnbescheid erlassen und demnächst zugestellt, wird die Verjährung gehemmt. Der Gläubiger hat dann die Möglichkeit, binnen sechs Monaten den Erlass eines Vollstreckungsbescheids zu beantragen. Versäumt er dies, verliert der Mahnbescheid seine Kraft und damit auch seine verjährungshemmende Wirkung (näheres im Zivilprozessrecht).

- **Geltendmachung der Aufrechnung** eines Anspruchs im Prozess (§ 204 Abs. 1 Nr. 5 BGB);
- **Vereinbarungen** mit dem Gläubiger, **die** den Schuldner **vorübergehend zur Leistungsverweigerung berechtigen** (§ 205 BGB);
- **Höhere Gewalt,** die den Gläubiger an der Rechtsverfolgung hindert (§ 206 BGB);
- **Familiäre Gründe** nach § 207 BGB (die Verjährung von Ansprüchen zwischen Ehegatten ist gehemmt, solange die Ehe besteht. Das Gleiche gilt für Ansprüche zwischen Lebenspartnern für die Zeit des Bestehens der Lebenspartnerschaft, Eltern und Kindern für die Zeit der Minderjährigkeit). Es wäre ein Unding, wollte man die familiäre Beziehung durch prozessuale Maßnahmen belasten.

Schließlich kennt das Gesetz die sog. „**Ablaufhemmung**" bei nicht voll Geschäftsfähigen, die keinen gesetzlichen Vertreter haben. Nach § 210 BGB wird die Verjährung ihnen gegenüber nicht vor Ablauf von sechs Monaten nach dem Zeitpunkt vollendet, zu welchem die unbeschränkte Geschäftsfähigkeit eintritt oder der Mangel der Vertretung behoben wird. Für Erbschaftsangelegenheiten wichtig ist die Ablaufhemmung bei Nachlasssachen: Die Verjährung tritt bei Ansprüchen, die zu einem Nachlass gehören oder die sich gegen einen Nachlass richten, gem. § 211 BGB nicht vor dem Ablauf von 6 Monaten nach Erbschaftsannahme, Eröffnung des Nachlassinsolvenzverfahrens u. dgl. ein.

Lernhinweis: Die Ablaufhemmung hindert nicht den Beginn der Verjährungsfrist, sondern ihren Ablauf. Sie trifft Vorsorge dagegen, dass ein Anspruch, dessen Einklagung vorübergehend unmöglich ist, verjährt.

b) Neubeginn der Verjährung

Der Neubeginn der Verjährung hat zur Folge, dass die **Verjährungsfrist neu zu laufen** beginnt.

Merksatz: „Die Uhr wird neu gestellt". Der Neubeginn ist also weitreichender als die Hemmung.

Infolgedessen erfolgt ein Neubeginn der Verjährung gem. § 212 BGB (lesen!) auch nur in zwei Fällen, nämlich bei:

1. einem **Anerkenntnis** des Anspruchs (durch Abschlagszahlung, Zinszahlung, Sicherheitsleistung und dgl.) oder
2. der **Vornahme oder Beantragung einer** gerichtlichen oder behördlichen **Vollstreckungshandlung.**

Wiederholungsfragen zu § 5

Wie erklären Sie den Begriff des subjektiven Rechts? (§ 5 I)

Welche Arten subjektiver Rechte kennen Sie? (§ 5 II)

Was versteht man unter dem allgemeinen Persönlichkeitsrecht, und welche Beispielsfälle können Sie nennen? (§ 5 II 2 a)

Was versteht man unter beschränkten dinglichen Rechten? (§ 5 II 2 b cc)

Wie definiert das Gesetz den Anspruch? (§ 5 II 3)

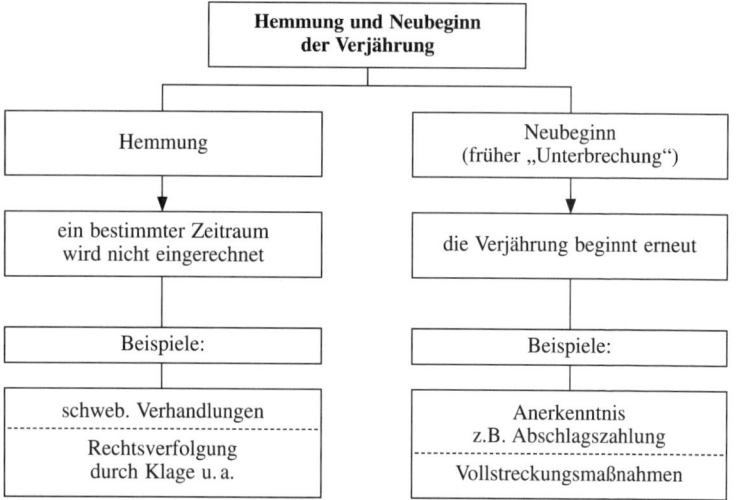

Was versteht man unter Defensivnotstand, was unter Aggressivnotstand? (§ 5 III 2 c)

Welche Wirkung hat der Eintritt der Verjährung? (§ 5 V 1)

Welche Verjährungsfristen kennen Sie? (§ 5 V 2)

Wann beginnt die Verjährung? (§ 5 V 3)

§ 6 Die Rechtsobjekte

Lernhinweis: Wir haben gesehen, dass sich Herrschaftsrechte auf bestimmte Gegenstände beziehen. Beispielsweise ist Eigentum das subjektive Recht, mit einer Sache nach Belieben zu verfahren. Rechtsobjekte sind also Gegenstände, die der Beherrschung durch Rechtssubjekte unterliegen. Um diese Rechtsbeziehung zu regeln, ist es notwendig, das beherrschte Objekt zu definieren, abzugrenzen und in einen ordnenden Zusammenhang zu bringen.

I. Das Rechtsobjekt als Oberbegriff

Rechtsobjekte können sein:

- die **Sachen** (bewegliche und unbewegliche Sachen),
- die **Immaterialgüter** (geistige Werke, an denen ihr Schöpfer Nutzungs- und Verwertungsrechte hat) sowie
- die **Rechte.**

Als Oberbegriff spricht der Gesetzgeber in § 90 BGB vom „**Gegenstand**".

II. Sach- und Rechtsgesamtheiten

Viele Einzelsachen bilden miteinander wiederum eine wirtschaftliche Einheit. Man spricht dann von Sach- (und analog für die Rechte auch von Rechts-)Gesamtheiten. Unter Sach- und Rechtsgesamtheiten versteht man

Ansammlungen einzelner Sachen oder geldwerter Rechte, die nach der Verkehrsanschauung als Ganzheit angesehen werden.

1. Sachgesamtheiten

Für sie ist kennzeichnend, dass mehrere Einzelsachen von der Verkehrsanschauung auf Grund ihrer gemeinsamen Funktion als Einheit angesehen werden.

Beispiele: Briefmarkensammlung, Warenlager, Hotel- und Gaststätteninventar, Institutsbibliothek.

Sachgesamtheiten spielen eine wichtige Rolle bei Nutzungsverhältnissen, wie der Pacht (darunter versteht man die Gebrauchsüberlassung mit Fruchtziehung, vgl. § 581 BGB) oder dem im Sachenrecht geregelten Nießbrauch (§§ 1030 ff. BGB).

Schon hier ist eine **Besonderheit des BGB** herauszustellen: Das bürgerliche Recht kennt kein Eigentum an einer Sachgesamtheit, sondern nur Eigentum an den jeweiligen Einzelsachen selbst (man spricht vom Grundsatz der „Spezialität").

Beispiel: Wenn der Volksmund sagt, man sei „Eigentümer eines Kaffeeservices", dann bedeutet dies rechtlich, dass man Eigentum an einer Kaffeekanne, 12 Kaffeetassen und 12 Untertellern hat. Der im Sachenrecht geltende **Spezialitätsgrundsatz** wirkt sich vor allem bei der Übertragung des Eigentums aus: Es wird nicht Eigentum an einem „Kaffeeservice" übertragen, sondern das Eigentum an einer Kaffeekanne, 12 Kaffeetassen und 12 Untertassen, aber auch insoweit jeweils einzeln hinsichtlich jeden Einzelteils.

2. Rechtsgesamtheiten

Rechtsgesamtheiten sind insbes. das Vermögen und das Unternehmen.

a) Das Vermögen

aa) Begriff

Im BGB finden wir keine Definition des Vermögens, obwohl der Gesetzgeber diesen Begriff an den verschiedensten Stellen benutzt (vgl. z. B. §§ 311 b Abs. 2 u. 3, 1365 BGB).

Das Vermögen wird definiert als die **„Summe aller geldwerten Rechte einer Person".** Zum Vermögen gehören also: das Anlagekapital (Eigentum), das Umlaufvermögen (die Forderungen) sowie alle sonstigen Rechte, die einen in Geld ausdrückbaren Wert haben (Patente, Geschmacks- und Gebrauchsmusterrechte, Markenrechte, auch der als „good will" umschriebene Firmenwert).

bb) Rechtliche Bedeutung

Das Vermögen ist Haftungsgrundlage für den Gläubiger. Der Schuldner haftet „mit seinem Vermögen". Wie die Haftung realisiert wird, sagt uns die Zivilprozessordnung im Abschnitt Zwangsvollstreckung bzw. (bei Grundstücken) das Zwangsversteigerungsgesetz.

Das Vermögen ist für sich selbst kein Rechtsobjekt, sondern nur eine Gesamtheit einzelner Rechtsobjekte, die ihrerseits das Vermögen bilden.

Deshalb gilt auch für das Vermögen das Spezialitätsprinzip. Nicht das Vermögen als solches, sondern die einzelnen Gegenstände werden übertragen. Sachen werden also übereignet (§§ 873, 929 ff. BGB), Forderungen werden abgetreten (§§ 398 ff. BGB), Rechte werden übertragen (§§ 413, 398 ff. BGB). Allerdings spricht das Gesetz in bestimmten Fällen von der „Übertragung des Vermögens" oder der „Verfügung über das Vermögen im Ganzen" (so in §§ 311b Abs. 2 und 3, 1365 BGB) oder dem „Erwerb eines Handelsgeschäfts" (so in § 25 HGB) und knüpft daran bestimmte Rechtsfolgen.

b) Das Unternehmen

Auch das Unternehmen ist eine Gesamtheit von Sachen und Rechten. Man definiert das Unternehmen als **„organisatorische Einheit von personellen und sachlichen Mitteln zur Erreichung eines wirtschaftlichen Zwecks"**. Zum Unternehmen gehören: das Anlagekapital (Grundstücke, Maschinen, Waren) sowie Rechte und Forderungen, der good will usw. Das Gesetz hat keine einheitliche Terminologie. Im Handelsrecht verwendet der Gesetzgeber den Begriff „Handelsgeschäft"; teilweise spricht er auch vom „Gewerbebetrieb". Im Konzernrecht, Wettbewerbsrecht und Betriebsverfassungsrecht benutzt er den Begriff „Unternehmen". Als Rechts- und Sachgesamtheit ist das Unternehmen nicht selbstständiges Rechtsobjekt, sondern eine Zusammenfassung der vorgenannten Einzelobjekte. Bei der Veräußerung eines Unternehmens ist deshalb wie bei anderen Sachgesamtheiten infolge des Spezialitätsprinzips ebenfalls die Übertragung der einzelnen Gegenstände nach den für sie geltenden Regeln erforderlich (Übereignung, Forderungsabtretung usw.).

Beachte aber schon hier: Durch das von der Rechtsprechung entwickelte „Recht am eingerichteten und ausgeübten Gewerbebetrieb" ist das Unternehmen gegen deliktische Eingriffe geschützt. Vgl. dazu unten die Darstellung der §§ 823 ff. BGB.

III. Die Sachen

Das BGB definiert in den §§ 90 ff. lediglich den Begriff der Sachen in ihren verschiedenen Erscheinungsformen. Ihr rechtliches Schicksal wird im Sachenrecht geregelt. Dort ist bestimmt, wie Sachen übertragen, belastet und genutzt werden können. Man nennt die in §§ 90 ff. enthaltenen Definitionen auch **„das kleine Sachenrecht".** Sie sind wichtig für den Bereich der Kreditsicherung sowie der Gebrauchs- und Nutzungsüberlassung.

Lernhinweis: Machen Sie sich zunächst mit der Übersicht *Sachen* vertraut und merken Sie sich zweckmäßigerweise zu jedem Begriff ein Beispiel. Besonders wichtig ist aber, sich schon jetzt die rechtliche Bedeutung der einzelnen Begriffserklärungen und den Zusammenhang mit den in den weiteren Büchern des BGB geregelten Rechtsverhältnissen zu vergegenwärtigen. Die §§ 90 ff. verdeutlichen in anschaulicher Weise die Funktion des Allgemeinen Teils als einer „vor die Klammer gezogenen Regelung".

Sachen im Sinne des Gesetzes sind nach § 90 BGB **nur körperliche Gegenstände.** Wärme und Elektrizität sind daher keine Sachen. Tiere sind nach § 90a nicht mehr als Sachen anzusehen; auf sie sind die für Sachen geltenden Vorschriften jedoch entsprechend anzuwenden; das Eigentum an ihnen wird ebenso übertragen wie an toter Materie.

Sachen lassen sich unterscheiden in bewegliche Sachen ("Fahrnis", "Mobilien") sowie unbewegliche Sachen ("Liegenschaften", "Immobilien"). Unter letzteren versteht man die Grundstücke (sie werden definiert als ein "abgegrenzter Teil der Erdoberfläche"). Im Sachenrecht werden wir sehen, dass die Übertragungsvorgänge bei beweglichen und unbeweglichen Sachen verschiedenen Regelungen unterliegen.

Sachen lassen sich wie folgt katalogisieren:

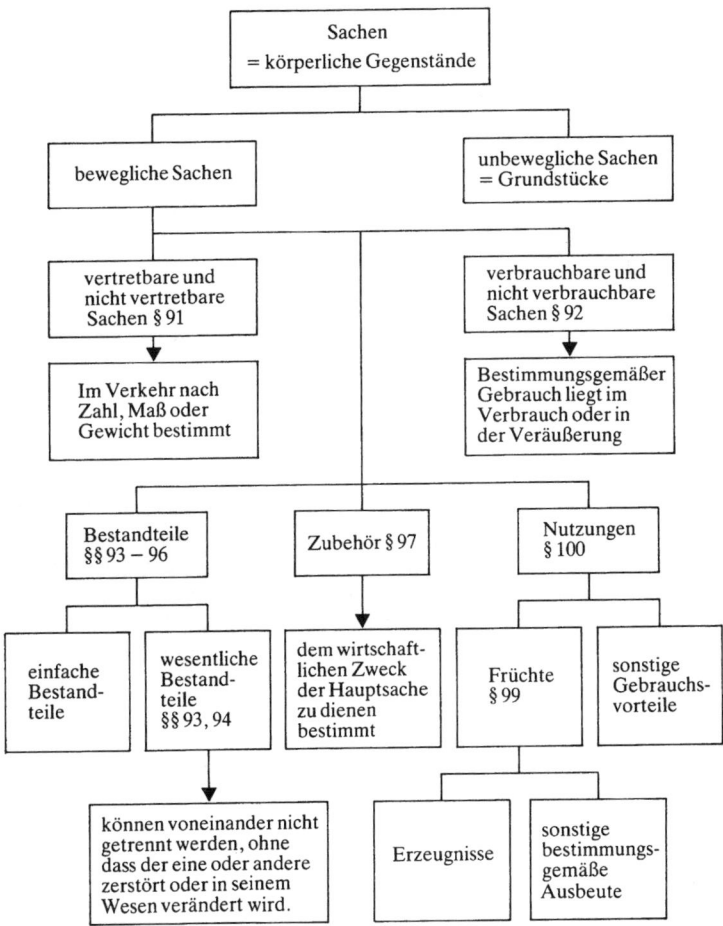

1. Vertretbare und nicht vertretbare Sachen

Vertretbare Sachen sind solche, die "im Verkehr nach Zahl, Maß oder Gewicht bestimmt zu werden pflegen" (§ 91 BGB).

Beispiele: Vertretbare Sachen sind Geld, Mineralöl, Getreide, serienmäßig hergestellte Massenprodukte.

Nicht vertretbar sind individuell bestimmte Sachen, wie etwa ein bestimmtes Gemälde.

Bedeutung: Bestimmte Nutzungsverhältnisse betreffen „vertretbare Sachen". So wird das Sachdarlehen in § 607 BGB definiert als die „Überlassung von vertretbaren Sachen".

Merke: Vertretbare Sachen sind in der Regel Gegenstand von Gattungsschulden (vgl. dazu unten bei den Leistungsstörungen).

2. Verbrauchbare und nicht verbrauchbare Sachen

Verbrauchbare Sachen sind solche, deren „bestimmungsgemäßer Gebrauch im Verbrauch oder in der Veräußerung besteht" (§ 92 BGB).

Beispiele: Lebensmittel, Brennstoffe.

Als verbrauchbar sieht das Gesetz nach § 92 Abs. 2 BGB auch solche beweglichen Sachen an, die zu einem Warenlager oder zu einem sonstigen Sachinbegriff gehören, dessen bestimmungsgemäßer Gebrauch ebenfalls in der Veräußerung der einzelnen Sachen besteht. Die Produkte des Produzenten sind also ebenfalls verbrauchbare Sachen, auch wenn sie beim Konsumenten nicht zum Verbrauch bestimmt sind.

Bedeutung: Verbrauchbare Sachen spielen eine Rolle bei Nutzungsverhältnissen (vgl. für den Nießbrauch §§ 1067, 1075 Abs. 2 BGB).

3. Bestandteile

a) Begriff des wesentlichen Bestandteils

Viele Dinge bestehen aus Einzelteilen, die zu einer neuen Sache zusammengefügt wurden. Das Gesetz unterscheidet zwischen den wesentlichen und unwesentlichen Bestandteilen. Besondere Regeln gelten für wesentliche Bestandteile. § 93 BGB definiert sie: Wesentliche Bestandteile sind solche, die „voneinander nicht getrennt werden können, ohne dass **der eine** oder **der andere** zerstört oder in seinem Wesen verändert wird."

Lernhinweis: Diese Bestimmung wird vom Anfänger oft falsch interpretiert! Bitte lesen Sie § 93 BGB genau: Es kommt für die Bejahung des wesentlichen Bestandteils nicht darauf an, ob durch die Trennung der einzelnen Bestandteile die Gesamtsache ihre Funktionsfähigkeit verliert (das würde regelmäßig der Fall sein); vielmehr ist darauf abzustellen, ob die **einzelnen** Bestandteile zerstört oder ihrem Wesen nach verändert werden.

Wesentliche Bestandteile sind deshalb nicht: der Motor oder die Reifen des Kraftfahrzeugs (beide können ohne Zerstörung vom „Restfahrzeug" getrennt werden, wenngleich das Gesamtfahrzeug seine Fahreigenschaft verliert, worauf es aber nach § 93 gerade nicht ankommt). Wesentliche Bestandteile dagegen sind: verschweißte Teile, Schiffsmotoren, elektrische Leitungen einer fabrikeigenen Kraftanlage.

Bedeutung: Wesentliche Bestandteile können nach § 93 nicht „Gegenstand besonderer Rechte sein". Das heißt: Es kann nur einheitliches Eigentum an der Gesamtsache bestehen (vgl. dazu auch §§ 946, 947)! Daher können wesentliche Bestandteile nur zusammen mit der Gesamtsache übereignet oder verpfändet werden.

Lernhinweis: Die Bestimmung des § 93 BGB hat wesentliche Konsequenzen für die Kreditsicherung: Der Lieferant verliert sein Eigentum mit dem Einbau wesentlicher Bestandteile in das Produkt; so geht ein erklärter Eigentumsvorbehalt unter, wenn die unter Eigentumsvorbehalt gelieferte Sache (Ziegel) nach Einbau wesentlicher Bestandteil einer anderen Sache (Haus) wird. Gegebenenfalls entsteht Miteigentum nach § 947 Abs. 1 BGB – lesen!).

b) Erweiterung des wesentlichen Bestandteils bei Grundstücken

Nach § 94 BGB gehören zu den wesentlichen Bestandteilen eines Grundstücks auch die mit dem Grund und Boden fest verbundenen Sachen, insbesondere die Gebäude sowie Erzeugnisse des Grundstücks, solange sie mit dem Boden zusammenhängen.

Lernhinweis: Es ist deshalb falsch, vom „Eigentum an einem Gebäude" zu sprechen, vielmehr besteht das Eigentum am Grundstück, das sich wegen § 94 BGB auch auf die mit dem Grundstück fest verbundenen Sachen, insbesondere auf Gebäude, erstreckt. Besonders wichtig ist eine **zusätzliche Erweiterung:** Zu den wesentlichen Bestandteilen eines Gebäudes gehören auch die zur Herstellung des Gebäudes eingefügten Sachen (§ 94 Abs. 2 BGB).

Beispiele: Fenster, Heizkörper, Rollläden.

c) Scheinbestandteile

Nicht zu den wesentlichen Bestandteilen eines Grundstücks gehören dagegen solche Gegenstände, die **nur vorübergehend** mit dem Grund und Boden verbunden sind. Man spricht insofern von „Scheinbestandteilen" (§ 95 BGB).

Beispiele: Die vom Mieter montierte Heizsonne im Bad; die Baubaracke während der Bauzeit; der vorübergehend aufgestellte Verkaufscontainer anlässlich einer Messe.

Hinweis auf Wohnungseigentum und Erbbaurecht:

Eine Durchbrechung der im BGB genannten Grundsätze enthalten das Wohnungseigentumsgesetz und die ErbbaurechtsVO. Nach § 3 Abs. 1 WEG hat der einzelne Wohnungseigentümer Sondereigentum an den Räumen des auf einem Grundstück erstellten Gebäudes. Gäbe es das WEG nicht, wäre das Gebäude wesentlicher Bestandteil des Grundstücks und damit der Grundstückseigentümer mit dem Gebäudeeigentümer identisch. Die ErbbaurechtsVO ist die Rechtsgrundlage dafür, ein gesondertes Recht an einem Bauwerk zu haben. Vgl. dazu unten Teil V, § 64 IV.

4. Das Zubehör

Unter dem Zubehör versteht man gem. § 97 BGB solche beweglichen Sachen, die, ohne Bestandteile der Hauptsache zu sein, **„dem wirtschaftlichen Zweck"** der Hauptsache zu **dienen** bestimmt sind und zu ihr in einem dieser Bestimmung entsprechenden räumlichen Verhältnis stehen. Entscheidend ist dabei die Verkehrsanschauung.

Beispiele: Der Schlüssel zum Schrank, das Warndreieck oder der Feuerlöscher im Kraftfahrzeug.

Der Gesetzgeber hat für gewerbliche und landwirtschaftliche Betriebe in § 98 ausdrücklich bestimmt, dass die zum Betrieb bestimmten Maschinen und Gerätschaften sowie das Vieh und die landwirtschaftlichen Erzeugnisse, die zur Fortführung der Wirtschaft erforderlich sind, ebenfalls als Zubehör anzusehen sind.

Rechtliche Bedeutung:

Der wirtschaftliche Zusammenhang zwischen Hauptsache und Zubehör bedingt folgende Regelungen im Schuld- und Sachenrecht:

- **Kaufverträge erstrecken sich** im Zweifel **auch auf das Zubehör** (§ 311 c BGB). Der Verkäufer eines Kraftfahrzeugs kann also nicht nach Vertragsabschluss den Reservereifen, das Warndreieck oder den Feuerlöscher zurückbehalten, es sei denn, man hat dies vertraglich so geregelt.
- **Das Pfandrecht an einem Grundstück** (Hypothek, Grund- und Rentenschuld) **ergreift** nach § 1120 BGB **auch das Grundstückszubehör.** Die Vollstreckung in das Zubehör ist nur im Wege der Zwangsversteigerung und Zwangsverwaltung möglich (§ 865 Abs. 2 ZPO), nicht dagegen durch Mobiliarzwangsvollstreckung (Pfändung und Wegnahme). Sinn dieser Regelung ist es zu verhindern, dass das Grundstück zum Nachteil der Grundpfandgläubiger durch jeden beliebigen Gläubiger „kahl" gepfändet wird.

5. Nutzungen

Nutzungen sind **Früchte** einer Sache oder eines Rechts **sowie** die **Vorteile,** welche der Gebrauch der Sache oder des Rechts gewährt (§ 100 BGB). Zu den Früchten zählen nach § 99 BGB die Erzeugnisse und die Ausbeute, welche aus der Sache ihrer Bestimmung gemäß gewonnen werden.

Früchte sind demnach bei Pflanzen die entsprechenden Produkte (Obst, Gemüse), bei Tieren das Jungvieh. Bodenschätze des Grundstücks sind dessen bestimmungsgemäße Ausbeute (Steinbruch, Kiesgrube, Silbermine). Früchte eines Rechts sind der Miet- und Pachtzins, z. B. die Lizenzgebühr.

Rechtliche Bedeutung: Das Schuld- und Sachenrecht kennt zahlreiche Nutzungsverhältnisse. So wird die Pacht definiert als „Gebrauchsüberlassung plus Fruchtziehung". Der Nießbrauch im Sachenrecht ist die dingliche Nutzung einer Sache oder eines Rechts. Schuld- und Sachenrecht entscheiden die Frage, wem die Früchte gehören. Nach § 953 BGB gilt der Grundsatz, dass Erzeugnisse und sonstige Bestandteile einer Sache auch nach der Trennung von der Sache dem Eigentümer der Hauptsache gehören. Bei Nutzungsverhältnissen erwirbt das Eigentum daran jedoch der Nutzungsberechtigte (vgl. z. B. § 581, § 1030 BGB).

Wiederholungsfragen zu § 6

Welcher Oberbegriff umfasst die Begriffe „Sachen" und „Rechte"? (§ 6 I)

Was versteht man unter „vertretbaren", was unter „verbrauchbaren" Sachen? (§ 6 III 1, 2)

Wie definiert das Gesetz den Begriff des wesentlichen Bestandteils? (§ 6 III 3 a)

Ist der Begriff des wesentlichen Bestandteils bei Grundstücksbestandteilen erweitert oder eingeschränkt? (§ 6 III 3 b)

Was gilt, wenn eine Sache wesentlicher Bestandteil einer anderen ist? (§ 6 III 3 a)

Was versteht man unter dem Zubehör, was unter Nutzungen? (§ 6 III 4, 5)

2. Kapitel: Grundbegriffe der Rechtsgeschäftslehre

Lernhinweis: Kernpunkt des allgemeinen bürgerlichen Rechts ist die Lehre vom Rechtsgeschäft. Sie gehört sicher mit zu den schwierigsten Teilen des Privatrechts. Deshalb muss der Student die nachfolgenden Abschnitte mit besonderer Sorgfalt und Aufmerksamkeit durcharbeiten. Die Begriffe „Willenserklärung" und „Rechtsgeschäft" müssen Ihnen in Fleisch und Blut übergehen, die dabei auftretenden Probleme und Konstellationen gehören zum Pflichtstoff Ihres Studiums. Alle Themenbereiche, die in den nachfolgenden Kapiteln 2–6 im Einzelnen abgehandelt werden, müssen Sie beherrschen, wenn Sie die Grundausbildung im Privatrecht erfolgreich abschließen wollen. Benutzen Sie dazu insbesondere die als Lernhilfen gedachten Übersichten.

§ 7 Rechtsgeschäftliches Handeln

I. Menschliches Handeln als Rechtsfolgenvoraussetzung

Aufgabe der Rechtsordnung ist es, das menschliche Zusammenleben zu ordnen. Dazu werden Normen aufgestellt, welche die Verhaltensweisen des einzelnen rechtlich erfassen, sei es, dass sie ihnen Verbindlichkeit und Schutz verleihen, sei es, dass sie ihnen Schranken setzen und/oder Sanktionen auslösen. In allen Fällen nimmt der Mensch als Individuum Handlungen vor. Dabei muss man den rechtlich relevanten vom irrelevanten Bereich trennen. Tägliche Routineverrichtungen des Menschen im Berufs- und Freizeitbereich (laufen, fahren, essen usw.) sind zunächst rechtlich belanglos. Juristische Relevanz erhalten menschliche Handlungen dadurch, dass sie entweder andere Rechtsgüter verletzen (Schadenersatzfolgen) oder die „äußere Hülle" für einen Willen sind, der die Herstellung von Rechtsbeziehungen zu Personen oder Sachen bewirkt. Im Einzelnen unterscheiden wir deliktische Handlungen, rechtsgeschäftliche Handlungen, rechtsgeschäftsähnliche Handlungen, Realakte und Gefälligkeitsverhältnisse. Im Nachfolgenden geht es um die Rechtsgeschäfte, also um solche Handlungen, die von einem Willen getragen sind und einen bestimmten rechtlichen Erfolg herbeiführen wollen. Dazu wird das juristische Instrumentarium der Rechtsgeschäftslehre vorgestellt und von anderen Erscheinungsformen abgegrenzt.

II. Der Grundsatz der Privatautonomie

Das Bürgerliche Gesetzbuch bekennt sich zur Privatautonomie. Es räumt den einzelnen Rechtssubjekten die Möglichkeit ein, ihre Rechtsbeziehungen untereinander eigenverantwortlich zu gestalten. Deshalb sind die gesetzlichen Vorschriften selbst in weiten Teilen dispositiv, können also durch abweichende Vereinbarungen ersetzt werden. Vor allem im Schuldrecht, dem Recht des Güteraustausches, vertraut der Gesetzgeber darauf, dass die

Bedürfnisbefriedigung des Menschen durch individuelle Selbstregelung interessengerecht erfolgt. Dieser Ausgangspunkt entspricht einer bestimmten Wirtschaftsverfassung. Leistungsaustausch und Güterumsätze sollen nicht nach staatlicher Bedarfsermittlung und hoheitlicher Zuteilung, sondern im Rahmen eines freien Wettbewerbs, der sich weitgehend am freien Spiel der Kräfte orientiert, erfolgen. Hierin kommt das grundsätzliche Bekenntnis zur Vertragsfreiheit zum Ausdruck. Der Rechtsordnung obliegt lediglich die Aufgabe, Missbräuche zu verhindern.

III. Rechtsformen privatautonomer Gestaltung

Die vorstehend umschriebene Privatautonomie setzt bestimmte Gestaltungsmittel voraus, deren sich das einzelne Rechtssubjekt bedient, um rechtswirksame Regelungen zu treffen. Dazu musste der Gesetzgeber festlegen, welche Erscheinungsformen des menschlichen Handelns er zur Begründung, Veränderung oder Lösung verbindlicher Rechtsbeziehungen anerkennt, welche Voraussetzungen dafür verlangt werden und wie sich das rechtliche Schicksal derartiger Vorgänge darstellt. Als Rechtsformen privatautonomer Gestaltung kennt das Gesetz

- die Willenserklärung,
- das Rechtsgeschäft und
- den Vertrag.

Wir werden im Folgenden sehen, dass für alle drei Erscheinungsformen das Rechtsgeschäft der Oberbegriff ist. Durch Rechtsgeschäfte werden im Privatrecht die Rechtsverhältnisse gestaltet. Rechtsgeschäft, Willenserklärung und Vertrag sind die rechtstechnischen Mittel, durch die eine Motivation rechtsverbindlich geäußert und der beabsichtigte Lebensvorgang interessengerecht geregelt werden kann. Sie werden in den nachfolgenden Paragraphen ausführlich dargestellt.

IV. Abgrenzung zu anderen Erscheinungsformen

Rechtsgeschäfte sind von anderen, ebenfalls rechtlich relevanten menschlichen Handlungen zu unterscheiden.

1. Die rechtsgeschäftsähnliche Handlung

Beim Rechtsgeschäft tritt der rechtliche Erfolg ein, weil er willentlich bezweckt ist. In diesem Sinne wird ein Mietverhältnis durch die Kündigung (Rechtsgeschäft) beendigt. Von einer rechtsgeschäftsähnlichen Handlung spricht man, wenn das Rechtssubjekt zwar ebenfalls eine willentliche Handlung vornimmt, der Rechtserfolg jedoch **kraft Gesetzes** (ohnehin) eintritt. Als **Schulbeispiel** für die rechtsgeschäftsähnliche Handlung gilt die Mahnung: Nach § 286 Abs. 1 BGB führt die Mahnung zum Verzug. Die rechtliche Konsequenz der Mahnung beruht also nicht auf dem Willen des Mahnenden, sondern auf der Anordnung des Gesetzes. Als weiteres Beispiel einer rechtsgeschäftsähnlichen Handlung wäre die Wohnsitzbegründung zu nennen.

2. Realakte

Realakte sind Tathandlungen. Bei ihnen knüpft das Gesetz Rechtsfolgen allein an die Verwirklichung eines bestimmten realen Vorganges. Sie treten auch ein, wenn kein oder nur ein mangelhafter rechtsgeschäftlicher Wille vorhanden ist.

Beispiele für Realakte: Eigentumserwerb durch Verarbeitung nach § 950 BGB, Begründung der Unterhaltsverpflichtung durch die Zeugung, Fund einer verlorenen Sache.

3. Unerlaubte Handlungen

Im Schadenersatzrecht knüpft die Rechtsfolge an den rechtswidrigen Eingriff in fremde Rechtsgüter an; ein dabei bestehender Wille ist in der Regel unbeachtlich.

4. Gefälligkeitsverhältnisse

Von Gefälligkeitsverhältnissen spricht man bei menschlichen Handlungen, die mehr im außerrechtlichen Bereich angesiedelt sind. Zu denken ist an **Freundschafts-** oder **Höflichkeitsakte**. Wird beispielsweise durch die Einladung zum Abendessen oder ähnliche „Gefälligkeitsabmachungen" ein Vertragsverhältnis begründet? Nach vernünftiger Auffassung wohl kaum. Typisch für die Gefälligkeit ist die Unentgeltlichkeit. Sie ist aber kein ausreichendes Merkmal, da es viele rechtsverbindliche Beziehungen gibt, die zu einer unentgeltlichen Leistung verpflichten (die Schenkung ist Vertrag, nicht außerrechtliches Gefälligkeitsverhältnis). Entscheidendes **Kriterium** ist der **Rechtsbindungswille**. Ein bloßes Gefälligkeitsverhältnis liegt vor, wenn die Parteien sich rechtlich nicht binden wollen. Wenn die Einladung zu einer Spazierfahrt später widerrufen wird, kann der enttäuschte Partner, der sich schon auf die Fahrt gefreut hat, keine Schadenersatzansprüche geltend machen.

Lernhinweis: Der Gefälligkeitscharakter einer Beziehung wirkt sich auch im Haftungsrecht aus. Vertragliche Schadenersatzansprüche scheiden regelmäßig aus, weil eben kein verbindliches Vertragsverhältnis angenommen wird. Dagegen findet das Recht der unerlaubten Handlung bei Schädigungen im Rahmen eines Gefälligkeitsverhältnisses grundsätzlich Anwendung (die §§ 823 ff. BGB sind ja gerade unabhängig von der Willensrichtung des Schädigers). Die Dogmatik versucht der besonderen Gefälligkeitssituation durch eine Haftungsmilderung Rechnung zu tragen. Problematisch ist die gefälligkeitshalber erfolgende Mitnahme in einem Pkw, bei der der Beifahrer aus Unachtsamkeit des Fahrers zu Schaden kommt: Eine Haftungsbeschränkung auf Vorsatz und grobe Fahrlässigkeit ist im Gesetz nicht vorgesehen. Auch rechtfertigt die Unentgeltlichkeit der Fahrt alleine noch nicht die Annahme eines vertraglichen Haftungsausschlusses. Man muss sich auch vergegenwärtigen, dass angesichts der Pflichtversicherung für Kraftfahrzeuge ein Haftungsverzicht bzw. eine Reduzierung des Haftungsmaßstabes nicht demjenigen zu Gute kommt, der die Gefälligkeit erbringt, sondern seiner Haftpflichtversicherung. Die Rechtsprechung löst das Problem dogmatisch durch Heranziehung des § 254 BGB, wonach ein Mitverschulden zu einer Reduzierung der Ersatzpflicht führen kann. Dazu hat sie den Begriff des **„Handelns auf eigene Gefahr"** entwickelt: Wenn sich jemand bewusst in eine „Situation drohender Eigengefährdung" begibt, fällt ihm ein Mitverschulden zur Last.

Schulbeispiel: Wer in ein Kraftfahrzeug einsteigt, welches von einem sichtlich infolge Alkoholgenusses fahruntüchtigen Fahrer gesteuert wird, handelt auf eigene Gefahr.

Vergleichen Sie nun die Übersicht *Menschliches Handeln,* deren Untergliederung zugleich weitere Begriffe enthält, die in den folgenden §§ 8 und 9 erläutert werden.

Wiederholungsfragen zu § 7

Was versteht man unter dem Grundsatz der Privatautonomie? (§ 7 II)

Welche rechtstechnischen Gestaltungsmittel kennt das BGB zur Verwirklichung der Privatautonomie? (§ 7 III)

Was versteht man unter rechtsgeschäftsähnlichen Handlungen? (§ 7 IV 1)

Was ist typisch für den Realakt, welche Beispiele kennen Sie? (§ 7 IV 2)

Was sind Gefälligkeitsverhältnisse und wie werden sie rechtlich behandelt? (§ 7 IV 4)

Menschliches Handeln

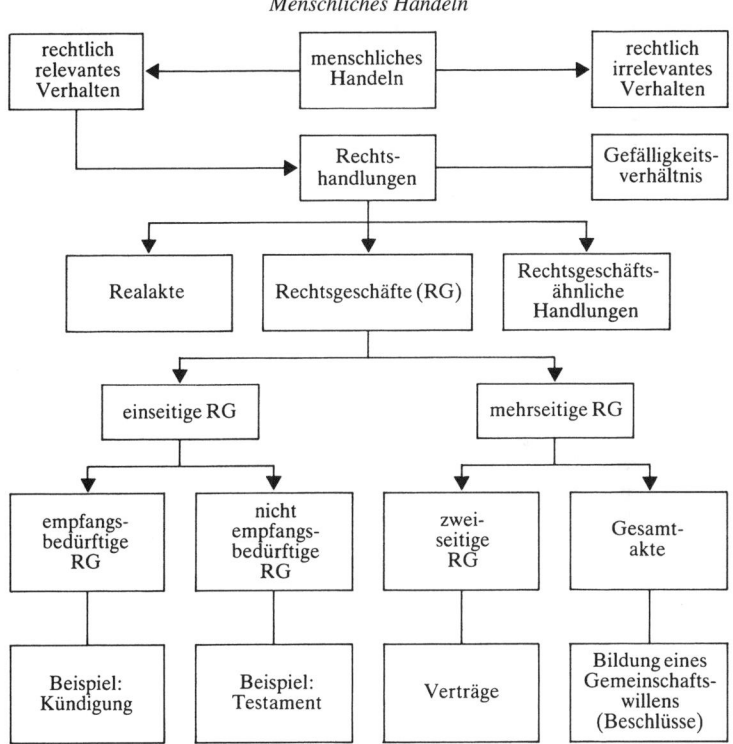

§ 8 Die Willenserklärung

Das Bürgerliche Gesetzbuch verwendet den Begriff der Willenserklärung an verschiedenen Stellen (lesen Sie z.B. §§ 105ff., 116ff.), ohne ihn zu definieren.

I. Wesensmerkmale der Willenserklärung

1. Definition

Unter der Willenserklärung versteht man die „Äußerung eines auf die Herbeiführung eines Rechtserfolges gerichteten Willens". Daraus ergeben sich die beiden Wesensmerkmale: der äußere Tatbestand der Erklärung und der innere Tatbestand des Willens, der den Erklärungstatbestand begleitet.

2. Begriffsmerkmale

Jede Willenserklärung enthält objektive und subjektive Bestandteile. Wenn man die Willenserklärung genauer analysiert, kommt man zu folgenden Wesensmerkmalen:

a) Der Erklärungstatbestand

Die Willenserklärung erfordert zunächst eine äußerlich wahrnehmbare Handlung. Nur dann kann man von einer „Erklärung" sprechen. Dabei ist jedes äußerlich erkennbare Verhalten, das ausdrücklich oder stillschweigend auf einen dahinterstehenden rechtlich erheblichen Willen schließen lässt, als Erklärungstatbestand ausreichend.

Beispiele: Sprechen, Schreiben, Handheben, Kopfnicken sowie jedes tatsächliche Verhalten, welches erfahrungsgemäß als Ausdruck eines bestimmten Willens gilt (wer am Kiosk wortlos eine Zeitschrift wegnimmt und den entsprechenden Geldbetrag hinlegt oder im Selbstbedienungsladen die vom Regal genommene Ware beim Ausgang auf den Kassentisch der Kassiererin stellt, gibt Willenserklärungen ab, gerichtet auf den Abschluss von Kaufverträgen).

Lernhinweis: Die meisten Willenserklärungen sind „formlos" (also schon mündlich) gültig. In Ausnahmefällen verlangt das Gesetz die Einhaltung bestimmter Formen (vgl. dazu unten § 12).

b) Das Willensmoment

Die subjektive Seite der Willenserklärung ist komplizierter. Man unterscheidet **drei Komponenten:** den Handlungswillen, das Erklärungsbewusstsein und den Geschäftswillen.

Der Handlungswille ist erforderlich, damit überhaupt eine Willenserklärung vorliegt. Fehlt es am Geschäftswillen, liegt gleichwohl eine (wenn auch ggf. mangelhafte) Willenserklärung vor. Umstritten ist die Bedeutung des Erklärungsbewusstseins. Der Bundesgerichtshof (vgl. BGHZ 91, 324 ff.) hat die in der Literatur strittige Frage wie folgt entschieden: „Trotz fehlenden Erklärungsbewusstseins liegt eine Willenserklärung vor, wenn der Erklärende bei Anwendung der im Verkehr erforderlichen Sorgfalt hätte erkennen und vermeiden können, dass seine Äußerung nach Treu und Glauben und der Verkehrssitte als Willenserklärung aufgefasst werden durfte, und wenn der Empfänger sie auch tatsächlich so verstanden hat. Sie kann (dann) gemäß §§ 119, 121, 143 BGB angefochten werden". Mit anderen Worten: Ein *„potentielles Erklärungsbewusstsein"* ist ausreichend! Im Ergebnis ist deshalb für die Praxis davon auszugehen, dass eine Willenserklärung auch ohne Erklärungsbewusstsein vorliegt, sofern sie dem Erklärenden zugerechnet werden kann.

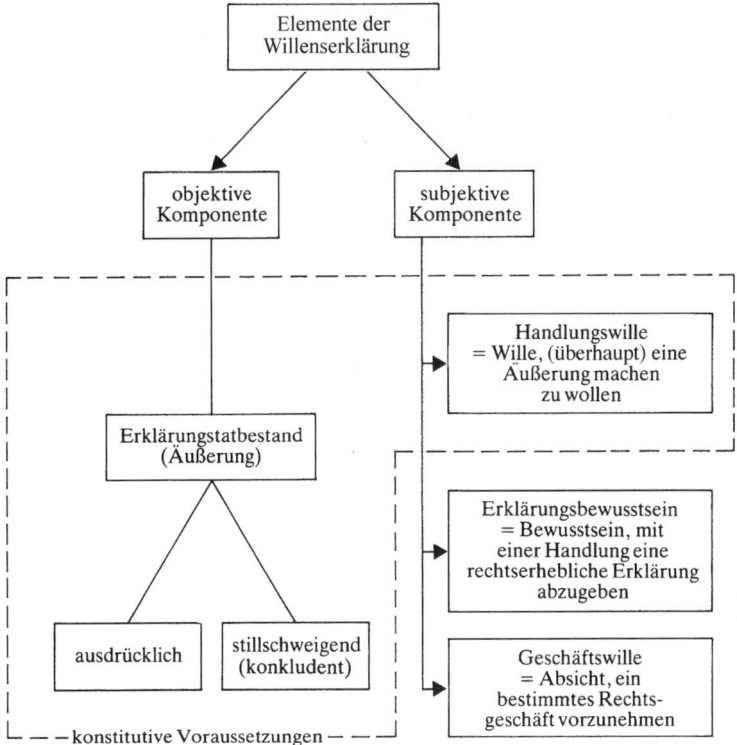

aa) Der Handlungswille

Eine Willenserklärung setzt voraus, dass der Erklärende die Handlung, die er vornimmt, auch vornehmen wollte. Wer redet, schreibt, den Arm hebt, muss dies willentlich tun, sonst liegt keine Willenserklärung vor.

Beispiel: Keine Willenserklärungen sind äußere Verhaltensweisen, die nur auf einem Reflex beruhen, durch Hypnose ausgelöst wurden oder unter unmittelbarem Zwang erfolgen.

bb) Das Erklärungsbewusstsein

Darunter versteht man das **Bewusstsein**, mit einer Handlung **etwas rechtlich Erhebliches zu erklären.** Der Erklärende muss sich also dessen bewusst sein, dass seine Handlung Rechtsfolgen erzeugt.

Daran fehlt es, wenn zwar eine bewusste Handlung vorgenommen wird, mit ihr jedoch etwas „Außerrechtliches" bezweckt wird.

Beispiel: Als klassischer Fall wird hierzu stets die „Weinversteigerung zu Trier" zitiert, bei der „Handaufheben" als Mehrgebot gilt. Wenn einer der Anwesenden die Hand nicht in der Absicht hebt, mitzusteigern, sondern um einen Bekannten zu grüßen, liegt kein Erklärungsbewusstsein vor (h.M.).

Das BGB selbst gibt keine Antwort auf die Frage, wie sich das fehlende Erklärungsbewusstsein auf die geäußerte Erklärung auswirkt. Die neuere

Rechtsprechung und h.M. entscheiden diese Frage anhand nachfolgender Kriterien:

– Durfte der Erklärungsempfänger nach Treu und Glauben die Äußerung als Willenserklärung auffassen und
– hätte der Erklärende bei entsprechender Sorgfalt erkennen und vermeiden können, dass der Empfänger sie so versteht.

Demzufolge ist eine Äußerung ohne Erklärungsbewusstsein dann als Willenserklärung zu werten, wenn der Erklärende *„bei gehöriger Sorgfalt hätte erkennen und vermeiden können, dass seine Äußerung nach Treu und Glauben unter Berücksichtigung der Verkehrssitte als Willenserklärung aufgefasst werden durfte und sie der Empfänger auch tatsächlich so verstanden hat"* (BGHZ 91, 234). Für Divergenzen im subjektiven Bereich des Erklärenden bleibt dann nur die Korrektur über die Anfechtung nach § 119 BGB analog.

Der Trierer Weinversteigerungsfall wäre demnach wie folgt zu lösen:

Hat der Erklärende, wie hier wohl anzunehmen, bei Anwendung der im Verkehr erforderlichen Sorgfalt erkennen und vermeiden können, dass sein Handzeichen nach den Umständen als Mehrgebot aufgefasst werden durfte, liegt eine Willenserklärung vor; mit dem Zuschlag ist ein Vertrag zustande gekommen. Der ungewollte Weinersteigerer kann aber die Willenserklärung in analoger Anwendung des § 119 Abs. 1 BGB anfechten, was dann aber konsequenterweise dazu führt, dass er dem Empfänger der angefochtenen Erklärung nach § 122 Abs. 1 BGB den Vertrauensschaden ersetzen muss.

Weiteres Beispiel: Jemand setzt seine Unterschrift unter eine Sammelbestellung in der Annahme, ein gemeinsames Glückwunschschreiben zu unterzeichnen.

cc) Der Geschäftswille

Darunter versteht man die **Absicht** des Erklärenden, **ein bestimmtes (konkretes) Rechtsgeschäft vorzunehmen,** also ganz bestimmte Rechtsfolgen zu erzielen.

Beispiele: Wer ein Angebot zum Erwerb einer bestimmten Sache macht, hat einen auf den Abschluss eines Kaufvertrages gerichteten Geschäftswillen. Wenn bei einem Vertrag über die Gebrauchsüberlassung einer Sache eine Partei von einem Leihvertrag (also der unentgeltlichen Gebrauchsüberlassung) ausgeht, fehlt ihr der konkrete Geschäftswille für einen Mietvertrag (also der entgeltlichen Gebrauchsüberlassung); vgl. einerseits § 598 BGB, andererseits § 535 BGB.

Der Geschäftswille ist nicht notwendiger Bestandteil einer Willenserklärung. Fehlt er, kommt lediglich die „Anfechtbarkeit" wegen Irrtums nach § 119 Abs. 1 BGB in Betracht (vgl. dazu unten § 14 III). Vergleichen Sie zu den Wesensmerkmalen der Willenserklärung auch das Schaubild *Willenserklärung.*

3. Schweigen als Willenserklärung

a) Bedeutung des Schweigens

Wer schweigt, erklärt auch nichts. Deshalb ist das bloße Schweigen grundsätzlich keine Willenserklärung. Das Gesetz zieht aber aus dem

Schweigen an verschiedenen Stellen Schlussfolgerungen. Teils wird aus-
drücklich gesagt, Schweigen sei als Ablehnung zu werten (vgl. §§ 108
Abs. 2 Satz 2, 177 Abs. 2 Satz 2, 415 Abs. 2 Satz 2, 451 Abs. 1 Satz 2
BGB).

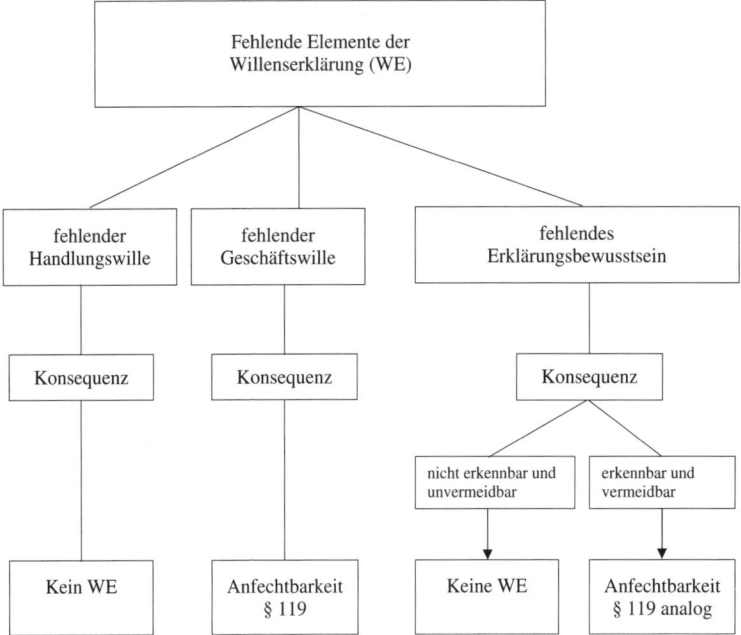

Nur ausnahmsweise gilt Schweigen als Zustimmung: vgl. §§ 416 Abs. 1
S. 2, 455 S. 2, 516 Abs. 2 S. 2 BGB, 362 Abs. 1 HGB (sog. „normiertes
Schweigen"), sowie (nach der Rechtsprechung) das Schweigen eines
Kaufmanns auf ein kaufmännisches Bestätigungsschreiben (Näheres dazu
im Handelsrecht).

Fall:

Versandfirma V bietet im Wege des unaufgeforderten Postversands einen
bestimmten Artikel „besonders preisgünstig" an und vermerkt am Ende
des Angebotsschreibens: „... wenn wir innerhalb der nächsten 14 Tage
nichts Gegenteiliges von Ihnen hören, gehen wir davon aus, dass Sie diesen
außerordentlich preisgünstigen Artikel bei uns bestellen. Wir werden die
Auslieferung veranlassen". Muss der Empfänger K die daraufhin erhaltene
Ware bezahlen, wenn er weder bestellt noch dementiert (also „schweigt")?

Lösung:

V hätte gem. § 433 Abs. 2 BGB gegen K einen Anspruch auf Zahlung
des Kaufpreises, wenn zwischen den Parteien ein Kaufvertrag zustande
kam. Neben der vorliegenden Abgabe eines Angebots durch V setzt § 433
BGB eine entsprechende Annahmeerklärung seitens des K voraus. Er hat
nichts erklärt, sondern geschwiegen. Schweigen gilt nicht als Annahme.

Ein Ausnahmefall liegt nicht vor. Das Ansinnen seitens des V, man werde das Schweigen des Empfängers als Zustimmung werten, ist unbeachtlich. Dadurch kann dem anderen Teil keine in Wirklichkeit nicht abgegebene Erklärung aufgezwungen werden.

Lernhinweis: Ausdrücklich geregelt wird dieser Fall für das Verhältnis zwischen Verbraucher und Unternehmer nun durch den neu eingefügten § 241a BGB. Dort heißt es in Absatz 1 explizit, dass die Lieferung unbestellter Sachen durch einen Unternehmer (§ 14 BGB) an einen Verbraucher (§ 13 BGB) keinen Anspruch gegen diesen begründet.

b) Schweigen und „stillschweigendes" Verhalten

Bloßes Schweigen ist etwas anderes als „stillschweigendes" Verhalten. Ein „stillschweigendes" Verhalten kann sehr wohl als Zustimmung angesehen werden. Beispiel: Wenn der Empfänger die unbestellt zugesandte Ware in Gebrauch nimmt, liegt darin eine Willenserklärung, gerichtet auf die Annahme eines Kaufvertragsangebots. Merken Sie sich die Formel: Schweigen ist überhaupt keine Willenserklärung – stillschweigendes Verhalten stellt dagegen eine konkludent geäußerte Willenserklärung dar.

c) Vereinbarungen über den Bedeutungsgehalt des Schweigens

Auch kann es sein, dass die Parteien sich vorab schon rechtsgeschäftlich geeinigt hatten, dass Schweigen in bestimmten Fällen als Zustimmung gelten soll (sog. „beredtes Schweigen").

Beispiel: Nach den Allgemeinen Geschäftsbedingungen der Banken gilt das Schweigen auf die Zusendung eines Rechnungsabschlusses nach Ablauf einer bestimmten Zeit als dessen Genehmigung. Durch die Unterschrift unter die Allgemeinen Geschäftsbedingungen bei Kontoeröffnung hat sich der Kunde mit der Bank geeinigt, dass sein Schweigen in diesen Fällen als Zustimmung zu werten ist (dabei sind allerdings die Anforderungen des § 308 Nr. 5 BGB zu beachten!).

II. Arten der Willenserklärung

Lernhinweis: Die Einteilung von Willenserklärungen kann unter verschiedenen Gesichtspunkten erfolgen. Teilweise überschneidet sich die Darstellung mit der Einteilung der Rechtsgeschäfte. Dies folgt daraus, dass – wie wir nachher sehen werden – ein Rechtsgeschäft u. a. aus einer oder mehreren Willenserklärungen besteht. Man kann die Willenserklärungen einteilen nach der Art der Willensäußerung sowie nach der Frage der An- oder Abwesenheit des Erklärungsgegners bzw. der Notwendigkeit, die Willenserklärung gegenüber dem Erklärungsgegner zu äußern. Was damit gemeint ist, wird im Nachfolgenden verdeutlicht. Beachten Sie, dass die Differenzierung der beiden letzten Kategorien erhebliche Konsequenzen hat für die Frage, ob und wann eine Willenserklärung „wirksam" wird (dazu unten III.). Verschaffen Sie sich zunächst eine Orientierung an Hand der Übersicht *Einteilung der Willenserklärungen.*

1. Einteilung nach der Art der Willensäußerung

Eine Willenserklärung kann entweder ausdrücklich oder stillschweigend erfolgen.

a) Ausdrückliche Willenserklärungen

Eine ausdrückliche Willenserklärung liegt vor, wenn jemand den von ihm mit der Willenserklärung bezweckten Rechtserfolg durch eine Äußerung dieses Willens bewirkt.

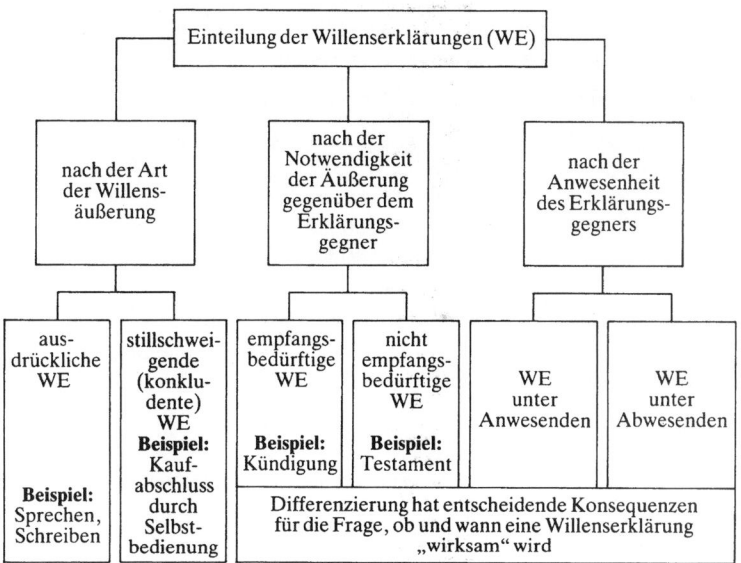

Beispiele:

• Der Käufer bestellt die Ware durch Ausfüllen und Unterzeichnung eines Bestellformulars;
• der Fahrgast erklärt: „eine Fahrkarte 1. Klasse Stuttgart–München und zurück".

b) Stillschweigende Willenserklärungen

Eine stillschweigende („konkludente") Willenserklärung liegt vor, wenn der Erklärende die Herbeiführung des rechtlichen Erfolges nicht durch Sprechen oder Schreiben zum Ausdruck bringt, sondern durch ein Verhalten, das nach der Lebenserfahrung auf einen entsprechenden zugrundeliegenden Willen schließen lässt.

Beispiele:

• Der Einkauf im Selbstbedienungsladen vollzieht sich in der Regel wortlos durch Austausch konkludenter Willenserklärungen. Der Kunde präsentiert die aus den Regalen entnommene Ware an der Kasse und zahlt den vom Verkaufspersonal eingetippten Betrag;
• durch das Lösen eines Fahrscheins für öffentliche Verkehrsmittel an einem Automaten wird ein Beförderungsvertrag abgeschlossen;
• die Inanspruchnahme von Liegestühlen im Park, die zur entgeltlichen Benutzung aufgestellt sind, verpflichtet zur Zahlung der „Liegegebühr".

2. Einteilung nach der Notwendigkeit der Äußerung gegenüber dem Erklärungsgegner

Man unterscheidet empfangsbedürftige und nicht empfangsbedürftige Erklärungen.

a) Empfangsbedürftige Willenserklärungen

Darunter versteht man solche Willenserklärungen, die an eine andere Person, den Erklärungsempfänger, gerichtet sind.

Beispiele: Kündigung, Anfechtung, Rücktritt, Aufrechnung.

Aus den Beispielen wird deutlich, dass diese Erklärungen ein bestimmtes Ziel haben: Sie sollen eine Rechtslage verändern. Deshalb ist es notwendig, dass der Erklärungsempfänger zumindest die Möglichkeit hat, von ihnen Kenntnis zu erhalten. Zu ihrer Wirksamkeit ist daher auch der Zugang beim Erklärungsgegner erforderlich.

b) Nicht empfangsbedürftige Willenserklärungen

Hier handelt es sich um Willenserklärungen, die nicht an eine andere Person gerichtet sind.

Schulbeispiel: das Testament (§§ 2064 ff. BGB).

3. Einteilung nach der Anwesenheit des Erklärungsgegners

Eine empfangsbedürftige Willenserklärung kann in Anwesenheit oder in Abwesenheit desjenigen erfolgen, an den sie gerichtet ist.

a) Willenserklärungen unter Anwesenden

Ist der Erklärungsempfänger zugegen, liegt eine Willenserklärung unter Anwesenden vor. Gleichgestellt ist die telefonische Mitteilung sowie die Aushändigung eines Schriftstücks an einen Anwesenden.

b) Willenserklärungen unter Abwesenden

Ist der Erklärungsempfänger nicht körperlich anwesend, muss ihm demzufolge die Willenserklärung erst übermittelt werden (durch einen Brief oder einen Boten), liegt eine Willenserklärung unter Abwesenden vor.

Lernhinweis: In diesen Fällen gelten naturgemäß andere Grundsätze für die Frage, wann derartige Willenserklärungen wirksam werden.

III. Wirksamwerden von Willenserklärungen

Lernhinweis: Wir haben bislang den Begriff Willenserklärung erarbeitet und wissen, welche Bestandteile vorliegen müssen, damit überhaupt eine Willenserklärung vorliegen kann. Nunmehr ist zu entscheiden, unter welchen Voraussetzungen die Willenserklärung wirksam wird. Aus der vorangegangenen Einteilung von Willenserklärungen wird ohne weiteres ersichtlich, dass in nicht wenigen Fällen die bloße Existenz der Willenserklärung noch nicht für ihre Wirksamkeit genügt, insbesondere dann, wenn es sich um empfangsbedürftige Willenserklärungen gegenüber

Abwesenden handelt. Die im ersten Zorn in einem Brief niedergeschriebene Kündigung kann man noch „aus der Welt schaffen", wenn der bereits zugeklebte Brief dann doch nicht eingeworfen wird.

1. Wirksamwerden nicht empfangsbedürftiger Willenserklärungen

Nicht empfangsbedürftige Willenserklärungen werden mit ihrer Abgabe wirksam. Sobald also die gesetzlich erforderlichen Tatbestandsmerkmale verwirklicht sind, ist die Willenserklärung auch wirksam.

Beispiel: Das Testament ist wirksam, wenn es nach den Formvorschriften des Erbrechts (§§ 2231 ff. BGB) errichtet ist.

2. Wirksamwerden empfangsbedürftiger Willenserklärungen

Bei empfangsbedürftigen Willenserklärungen wird die Unterscheidung zwischen der Abgabe der Willenserklärung als solcher und ihrem Wirksamwerden besonders deutlich. Abgegeben ist die Willenserklärung bereits dann, wenn der Erklärende alles getan hat, um sie wirksam werden zu lassen. § 130 BGB (lesen!) bestimmt, dass eine Willenserklärung wirksam wird, wenn sie dem Erklärungsempfänger **„zugeht".** Dabei muss man unterscheiden zwischen dem Zugang unter Anwesenden und dem Zugang unter Abwesenden.

a) Willenserklärungen unter Abwesenden

§ 130 sagt lediglich, dass eine empfangsbedürftige Willenserklärung unter Abwesenden in dem Zeitpunkt wirksam wird, in welchem sie dem Abwesenden zugeht. Was man unter dem „Zugang" zu verstehen hat, wird im Gesetz nicht definiert.

aa) Zugang der Erklärung

Eine Willenserklärung ist nach der Rechtsprechung dann zugegangen, wenn sie „derart in den Machtbereich des Empfängers gelangt ist, dass dieser unter gewöhnlichen Umständen Kenntnis von ihrem Inhalt erlangen kann und man dies nach den allgemeinen Gepflogenheiten von ihm auch erwarten konnte".

Beispiel: Eine briefliche Kündigung ist mit dem routinemäßig erfolgenden Einwurf in den Briefkasten bzw. Einlegung in das Postfach des Empfängers zugegangen und damit wirksam geworden (sofern der Einwurf im Briefkasten nicht nachts bzw. die Einlegung in das Postfach nicht außerhalb der gewöhnlichen Geschäftszeit erfolgt).

Merke: Die Absendung durch den Erklärenden ist also nicht ausreichend, andererseits ist auch nicht die Kenntnisnahme durch den Empfänger entscheidend. Es genügt die **Möglichkeit,** Kenntnis zu nehmen.

Lernhinweis: Wenn man in der Vorlesung die Zugangsproblematik erläutert und darauf hinweist, dass allein schon die Möglichkeit der Kenntnisnahme für das Wirksamwerden der Willenserklärung ausreicht, kommt regelmäßig der laienhafte Einwand: „Das kann der Erklärende doch gar nicht beweisen!" Das mag ja sein, aber: Trennen Sie streng die **Rechts**lage von der **Beweis**lage! Natürlich wird ein Kläger vor Gericht scheitern, wenn er nicht konkret nachweisen kann, dass der Brief auch tatsächlich eingeworfen und damit die Möglichkeit der Kenntnisnahme geschaffen wurde. Hier kann in der Praxis die Zustellung **„per Einschreiben"** hilfreich sein. Allerdings Vorsicht: Es gibt verschiedene Arten einer Einschreibesendung! Bei einem *„Übergabe-Einschreiben"* ist nach der Rechtsprechung die Erklärung noch nicht zugegangen, wenn der Empfänger nicht angetroffen und demzufolge lediglich durch Hinterlassung eines Benachrichtigungszettels zur Abholung aufgefordert wird, so dass der Erklärende einen neuen Zustellungsversuch unternehmen muss, um den Zugang zu bewirken – möglicherweise erneut mit denselben Schwierigkeiten! Bei einem *„Einwurf-Einschreiben"* dagegen ist für den Fall, dass der Empfänger bei der Zustellung nicht angetroffen wird, der postalische Einwurf durch den Postboten ausreichend.

Ein weiterer, gar nicht so seltener Sachverhalt ist jedoch juristisch eindeutig zu beurteilen: Wenn der Empfänger anwesend ist und die Annahme verweigert, bleibt es beim Grundsatz, dass die Möglichkeit der Kenntnisnahme bestand und der Zugang erfolgt ist. Dasselbe gilt, wenn der Empfänger den Zugang auf andere Weise treuwidrig vereitelt: In analoger Anwendung der Rechtslage beim Bedingungseintritt (§ 162 BGB) gilt die Erklärung als zugegangen.

Wer ganz sicher gehen will, dass seine Erklärung dem Empfänger (etwa zur Fristwahrung rechtzeitig) zuging, kann nach § 132 BGB seine Willenserklärung durch den Gerichtsvollzieher als Organ der Rechtspflege nach der Zivilprozessordnung zustellen lassen und so auf jeden Fall ihren Zugang bewirken.

bb) Verhinderung des Wirksamwerdens durch Widerruf

Das Wirksamwerden einer bereits einem Abwesenden zugesandten Willenserklärung wird verhindert, wenn ihm vorher oder wenigstens gleichzeitig ein Widerruf zugeht (§ 130 Abs. 1 Satz 2 BGB – lesen!).

Beachten Sie: Auch für den Widerruf (und seine Rechtzeitigkeit!) genügt die Möglichkeit der Kenntnisnahme unter normalen Umständen, nicht entscheidend ist die Kenntniserlangung durch den Empfänger der Widerrufserklärung.

Beispiel: Mieter M in Stuttgart sucht Geschäftsräume in Hamburg und akzeptiert mit eingeschriebenem Brief das Angebot des in Hamburg ansässigen Vermieters V. Der Brief wird am 1. März in Stuttgart aufgegeben. Am 2. März erhält M überraschend ein wesentlich günstigeres Alternativangebot. Er hat kein Interesse mehr an dem bereits unterzeichneten, aber bei V noch nicht eingegangenen Mietvertrag. Sofort schickt M ein Fax: „Widerrufe hiermit meine per Einschreibebrief abgegebene Erklärung". Das Fax geht bei V am 2. März ein, der Einschreibebrief wird ihm am 3. März zugestellt. Kann V von M die Zahlung der Miete verlangen?

Antwort: V könnte gegen M einen Anspruch auf Zahlung des Mietzinses gem. § 535 Abs. 2 BGB haben. Dies setzt voraus, dass ein Mietvertrag zustande kam. Dies hängt davon ab, ob die Annahmeerklärung des M wirksam geworden ist. Es handelt sich um eine empfangsbedürftige Willenserklärung, die einem Abwesenden gegenüber abgegeben wurde. Diese wird nach § 130 Abs. 1 Satz 1 BGB mit dem Zugang beim Erklärungsempfänger wirksam. Sie wird aber nicht wirksam, wenn sie zuvor widerrufen wurde (§ 130 Abs. 1 S. 2 BGB). Der Widerruf ging bereits am 2. März, somit vor dem Zugang der brieflichen Annahmeerklärung, bei V ein. Deshalb ist ein Mietvertrag nicht zustande gekommen; M ist nicht zur Bezahlung des Mietpreises verpflichtet.

cc) Sonderfall des § 130 Abs. 2 BGB

Nach § 130 Abs. 2 BGB hat es auf die Wirksamkeit einer Willenserklärung keinen Einfluss, wenn der Erklärende nach der Abgabe stirbt oder geschäftsunfähig wird. Diese Bestimmung regelt somit *die fortdauernde Zugangsmöglichkeit.*

Lernhinweis: Vergleichen Sie dazu § 153 BGB: Danach wird das Zustandekommen eines Vertrages nicht dadurch gehindert, dass der Antragende vor der Annahme stirbt oder geschäftsunfähig wird. Diese Bestimmung regelt somit *die fortdauernde Annahmemöglichkeit.*

b) Willenserklärungen unter Anwesenden

Dieser Fall ist im Gesetz nicht ausdrücklich geregelt. Auch unter Anwesenden gilt, dass die Erklärung mit dem Zugang wirksam wird.

aa) Mündliche Erklärung unter Anwesenden

Mündliche Erklärungen werden nach herrschender Auffassung nur dann wirksam, wenn sie der Empfänger akustisch richtig verstanden hat (sog. „Vernehmungstheorie").

Merke: Telefonische Erklärungen gelten als Erklärungen unter Anwesenden, arg. § 147 Abs. 1 S. 2 BGB!

bb) Schriftliche Erklärungen unter Anwesenden

Bei schriftlichen, also verkörperten Erklärungen gilt § 130 BGB entsprechend. Sie werden wirksam, wenn sie durch Übergabe in den Herrschaftsbereich des Empfängers gelangt sind.

Beispiel: Der Mieter klingelt beim Vermieter und übergibt ihm das Kündigungsschreiben.

Lernhinweis: Repetieren Sie das eben Gelernte noch einmal an Hand der Übersicht *Wirksamwerden von Willenserklärungen.*

c) Zugang bei Erklärungen gegenüber Mittelspersonen

Was gilt, wenn eine Willenserklärung nicht dem Erklärungsempfänger direkt, sondern einer „Mittelsperson" zugeht? Klassischer Fall: Die Erklärung wird dem Ehegatten des Empfängers überbracht. Folgende Fälle sind zu unterscheiden:

aa) Empfangsvertreter als Mittelsperson

Wird die Willenserklärung einem Bevollmächtigten gegenüber abgegeben, greift § 164 Abs. 3 BGB ein mit der Folge, dass die Voraussetzungen des Zugangs bei dieser Person erfüllt sein müssen. Mit dem Zugang beim Empfangsvertreter ist die Willenserklärung wirksam geworden; wie und wann die Weitergabe an den Vertretenen erfolgt, ist irrelevant.

bb) Empfangsbote als Mittelsperson

Empfangsbote ist, wer nach der Verkehrsanschauung zur Entgegennahme von Willenserklärungen geeignet ist. Schulbeispiele: Ehegatten, volljährige Kinder. In diesen Fällen wird die Willenserklärung wirksam, wenn „nach dem regelmäßigen Verlauf der Dinge die Weiterleitung an den Adressaten zu erwarten war".

cc) Erklärungsbote als Mittelsperson

Darunter versteht man solche Personen, die nach der Verkehrsanschauung nicht geeignet sind, Willenserklärungen zu übermitteln. Schulbeispiel: Nachbarn, Handwerker, Kleinkinder. Wird diesen Personen gegenüber eine

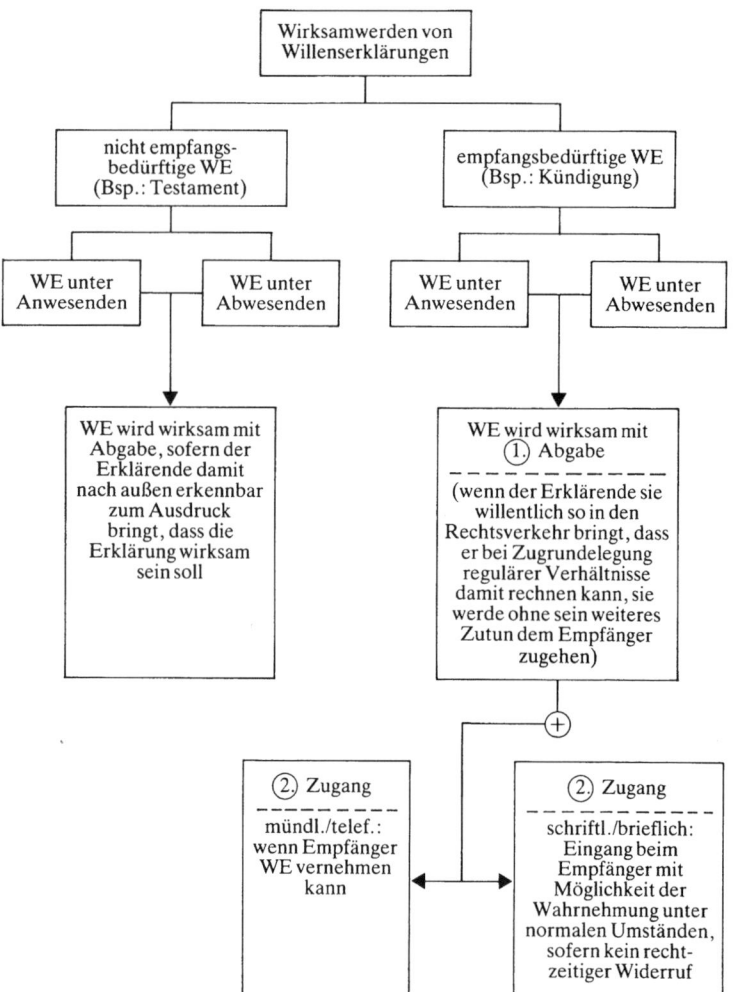

Erklärung abgegeben, setzt der Zugang gegenüber dem Erklärungsempfänger voraus, dass sie diesem tatsächlich und richtig übermittelt wird.

IV. Auslegung von Willenserklärungen

Wir hatten oben gesehen, dass bei der Anwendung des Gesetzes in Zweifelsfällen der gesetzgeberische Wille häufig erst ermittelt werden muss (vgl. § 3 II 2). Dasselbe gilt für die Äußerungen von Rechtssubjekten. § 133 BGB bestimmt hierzu: Bei der Auslegung einer Willenserklärung ist der wirkliche Wille zu erforschen und nicht an dem buchstäblichen Sinn des Ausdrucks zu haften. In Zweifelsfällen ist also nicht „griffelspitzig" und „formalistisch" zu verfahren, sondern zu erforschen, was der Erklärende bzw. die Parteien „wirklich gemeint haben". Im Einzelnen ist freilich vieles streitig. Als Auslegungsperspektive ist auf die „Sicht eines verständigen Erklärungsempfängers" abzustellen.

Wiederholungsfragen zu § 8

Welche Wesensmerkmale enthält der Begriff Willenserklärung? (§ 8 I 2)

Was versteht man unter dem Handlungswillen, dem Erklärungsbewusstsein und dem Geschäftswillen? (§ 8 I 2 b)

Wie wird im BGB das Schweigen behandelt? (§ 8 I 3)

Welche Arten der Willenserklärung können Sie nennen? (§ 8 II)

Welche Regelungen trifft das BGB für das Wirksamwerden von Willenserklärungen? (§ 8 III)

Kann eine schriftliche Kündigung nach Absendung der Kündigungserklärung noch widerrufen werden? (§ 8 III 2 a bb)

§ 9 Das Rechtsgeschäft

Lernhinweis: Auch der Begriff des Rechtsgeschäfts wird vom Gesetz nicht definiert, sondern ebenso wie der Begriff der Willenserklärung als bekannt vorausgesetzt. Gelegentlich verwendet das BGB beide Begriffe nebeneinander, an manchen Stellen sogar fälschlicherweise (so spricht § 142 Abs. 1 BGB vom „anfechtbaren Rechtsgeschäft", obwohl es genau genommen anfechtbare „Willenserklärung" heißen müsste).

I. Der Begriff des Rechtsgeschäfts

1. Definition

Unter einem Rechtsgeschäft versteht man einen **Tatbestand, der aus einer oder mehreren Willenserklärungen besteht, die entweder für sich allein oder zusammen mit weiteren Tatbestandserfordernissen die Herbeiführung eines rechtlich gewollten Erfolges bezwecken.**

2. Die Willenserklärung als Kern des Rechtsgeschäfts

Aus dieser Definition folgt: Das Rechtsgeschäft muss **mindestens eine Willenserklärung** enthalten. Kern des Rechtsgeschäfts ist somit die Willenserklärung. Diesen Begriff haben wir uns oben bereits erarbeitet. Beachten Sie aber, dass nicht schon jede Willenserklärung geeignet ist, einen rechtlichen Erfolg zu erzielen.

Beispiel: Der Vertrag, als das häufigste Rechtsgeschäft, setzt zwei sich deckende Willenserklärungen voraus.

Umgekehrt gibt es Fälle, in denen schon eine einzige Willenserklärung einen Rechtserfolg herbeiführen kann.

Beispiele: die Kündigung, das Testament, die Aufrechnung.

3. Weitere Tatbestandserfordernisse

Nicht selten müssen noch weitere Tatbestandserfordernisse hinzukommen, um den mit der Abgabe von Willenserklärungen bezweckten Erfolg auch herbeiführen zu können. Dabei handelt es sich um tatsächliche Vorgänge.

Beispiele: Die rechtsgeschäftliche Übertragung des Eigentums an beweglichen Sachen setzt die sog. „Einigung" als (dinglichen) Vertrag und die reale Übergabe der Sache voraus; bei der Veräußerung von Grundeigentum muss zur Einigung („Auflassung") die Eintragung in das Grundbuch hinzukommen.

Gelegentlich ist die Gültigkeit von Rechtsgeschäften davon abhängig, ob private oder behördliche Genehmigungen erteilt werden.

Lernhinweis: Natürlich kann der Rechtserfolg nur eintreten, wenn er nicht gegen bestimmte Prinzipien der Rechtsordnung verstößt. Gesetzwidrige und sittenwidrige Rechtsgeschäfte können keinen Rechtserfolg herbeiführen, auch wenn die Beteiligten entsprechende Erklärungen abgeben (dazu unten).

II. Einteilung der Rechtsgeschäfte

1. Einteilung nach Sachgebieten

Man kann nach dem Gegenstand der rechtsgeschäftlichen Betätigung fragen und eine Einteilung nach Sachgebieten vornehmen. Sie ist sicher nicht allzu ergiebig, macht aber deutlich, dass Rechtsgeschäfte in allen erdenklichen Bereichen getätigt werden, und zeigt, dass der Begriff „Rechtsgeschäft" abstrakte Tatbestandselemente zusammenfasst, die in mannigfaltiger Ausgestaltung in der jeweiligen konkreten Situation Rechtsbeziehungen zwischen den Beteiligten begründen, verändern oder aufheben.

a) Bürgerlich-rechtliche Rechtsgeschäfte

Nach der Einteilung des BGB lassen sich unterscheiden:

- Schuldrechtliche Rechtsgeschäfte. Beispiele: Kauf, Schenkung, Miete, Pacht usw.
- Sachenrechtliche Rechtsgeschäfte. Beispiele: Übereignung beweglicher und unbeweglicher Sachen, Einräumung von Sicherungs- und Nutzungsrechten an Sachen und Rechten.
- Familienrechtliche Rechtsgeschäfte. Beispiele: Verlobung, Eheschließung, Eheverträge über den Güterstand.
- Erbrechtliche Rechtsgeschäfte. Beispiele: Testament, Erbvertrag.

b) Rechtsgeschäfte außerhalb des BGB

Genauso könnte man Rechtsgeschäfte nach einzelnen Gebieten benennen, die außerhalb des Bürgerlichen Gesetzbuches liegen.

Beispiele: Arbeitsverträge, Gesellschaftsverträge, Bankgeschäfte usw.

Lernhinweis: Merken Sie sich im Zusammenhang mit dem Handelsrecht: Rechtsgeschäfte, die ein Kaufmann tätigt, nennt man „Handelsgeschäfte", § 343 Abs. 1 HGB. Auch hier ist die Terminologie des Gesetzgebers doppeldeutig: Er bezeichnet als „Handelsgeschäft" nämlich nicht nur das kaufmännische Rechtsgeschäft, sondern auch das kaufmännische Unternehmen (so im ersten Buch des HGB, vgl. z. B. § 22 HGB).

2. Einseitige und mehrseitige Rechtsgeschäfte

a) Einseitige Rechtsgeschäfte

Von einem einseitigen Rechtsgeschäft spricht man, wenn **bereits die Willenserklärung** (nur) **einer Person** rechtliche Folgen herbeiführt.

Beispiele: Kündigung, Anfechtung, Testamentserrichtung, Auslobung.

Lernhinweis: Beachten Sie die begriffliche Unterscheidung zwischen „einseitigem Rechtsgeschäft" und „nicht empfangsbedürftiger Willenserklärung": Auch eine „empfangsbedürftige Willenserklärung" kann ein einseitiges Rechtsgeschäft sein. Beispiel: Kündigung.

b) Mehrseitige Rechtsgeschäfte

Ein mehrseitiges Rechtsgeschäft liegt vor, wenn ein bestimmter Rechtserfolg **Willenserklärungen mehrerer Personen** erfordert. Zu den mehrseitigen Rechtsgeschäften gehören die Verträge sowie die Gesamtakte.

aa) Der Vertrag

Häufigster Fall des mehrseitigen Rechtsgeschäfts ist der Vertrag. Er ist ein **Rechtsgeschäft zwischen zwei Parteien, die wechselseitige, sich deckende Willenserklärungen austauschen.**

Merke: Es können auf beiden Seiten wiederum mehrere Personen stehen. Ein Vertrag liegt auch vor, wenn fünf Vertragspartner auf der einen Seite ein Angebot abgeben, das durch eine einheitliche Annahmeerklärung mehrerer Personen als Vertragspartner akzeptiert wird.

Lernhinweis: Verwechseln Sie nicht das Begriffspaar „einseitiges und zweiseitiges Rechtsgeschäft" mit dem Begriffspaar „einseitig und beiderseits verpflichtendes Schuldverhältnis". Es gibt Schuldverhältnisse, die nur eine Partei verpflichten (Beispiel: Schenkung), und solche, die beide Parteien verpflichten (Leistung und Gegenleistung, Beispiel: Kaufvertrag). Auch die Schenkung ist als einseitig verpflichtendes Schuldverhältnis ein Vertrag und damit ein zweiseitiges Rechtsgeschäft. Vgl. dazu auch unten im Schuldrecht § 23 II und § 45.

Lernhinweis: Beachten Sie, dass unser Schuldrecht zur Begründung eines rechtsgeschäftlichen Schuldverhältnisses in der Regel einen Vertrag verlangt (§ 311 Abs. 1 BGB – lesen!).

bb) Gesamtakte

Bei Gesamtakten werden gleichgerichtete Willenserklärungen von mehreren Personen abgegeben. Sie werden jedoch nicht wechselseitig ausgetauscht, sondern verlaufen parallel auf dasselbe Ziel ausgerichtet.

Beispiel: Die Beschlüsse in einer Mitglieder- oder Gesellschafterversammlung werden durch die Mehrheit gefasst, es wird ein Gemeinschaftswille gebildet.

Lernhinweis: Schauen Sie sich jetzt noch einmal die Übersicht *Menschliches Handeln* an (oben am Ende von § 7).

3. Rechtsgeschäfte unter Lebenden und von Todes wegen

Diese Unterscheidung knüpft wiederum an das zugrundeliegende Sachgebiet an: Im Erbrecht werden Verfügungen des Erblassers (Testament und Erbvertrag) erst wirksam mit dem Erbfall (definiert in § 1922 Abs. 1 BGB als „Tod einer Person"), die „normalen Rechtsgeschäfte" sind jedoch solche unter Lebenden.

4. Verpflichtungs- und Verfügungsgeschäfte

a) Verpflichtungsgeschäfte

Von einem Verpflichtungsgeschäft spricht man bei einem **Rechtsgeschäft, durch das die Verpflichtung zu einer Leistung begründet wird.** Das Schuldrecht, also die Materie zur Regelung des Leistungs- und Güteraustausches, regelt dazu Näheres. Hauptfall des Leistungsaustausches ist der Kauf; deshalb ist der Kaufvertrag ein (schuldrechtliches) Verpflichtungsgeschäft.

Lernhinweis: Lesen Sie § 433 Abs. 1 und 2 BGB genau. Dort heißt es: „Durch den Kaufvertrag wird der Verkäufer verpflichtet...". Nicht ist dort gesagt, dass durch den Kaufvertrag der Käufer Eigentümer wird. Was der Verkäufer tun muss, um seine Verpflichtung zu erfüllen, ist im Sachenrecht bei den Normen über den Eigentumserwerb geregelt.

b) Verfügungsgeschäfte

Nach klassischer Definition ist das Verfügungsgeschäft ein **„Rechtsgeschäft, durch das ein Recht unmittelbar übertragen, belastet, geändert oder aufgehoben wird".**

Beispiel: Die Eigentumsübertragung. Durch sie wird die kaufrechtliche Verpflichtung zur Übertragung des Eigentums erfüllt. Dazu müssen sich bei beweglichen Sachen nach § 929 BGB (lesen!) der Käufer und der Verkäufer über den Eigentumsübergang einigen und die Sache übergeben. Bei Grundstücken müssen sich Verkäufer und Käufer über den Eigentumsübergang einig sein (§ 925 BGB spricht von der „Auflassung") und der Erwerber als Eigentümer im Grundbuch eingetragen werden (§ 873 BGB).

Lernhinweis: In jeder Einführungsvorlesung wird der Unterschied zwischen Verpflichtungs- und Verfügungsgeschäft anhand des nachfolgenden Schulbeispiels demonstriert: Jemand kauft am Kiosk eine Flasche Bier. Wie viele Rechtsgeschäfte werden getätigt? Antwort: (1.) Es wird ein Kaufvertrag über eine Flasche Bier abgeschlossen (dies ist das Verpflichtungsgeschäft); dann folgt (2.) die Übertragung des Eigentums an der Flasche Bier vom Kioskbetreiber auf den Käufer (dies ist das Verfügungsgeschäft); auf der Gegenseite überträgt (3.) der Käufer das Eigentum an den von ihm zum Zwecke der Bezahlung auf den Tresen gelegten Münzen (Verfügungsgeschäft) sowie ggf. der Kioskbesitzer das Eigentum am Wechselgeld auf den Käufer.

5. Kausale und abstrakte Rechtsgeschäfte

Lernhinweis: Auch dieses Begriffspaar ist sowohl dem Laien wie auch dem Studenten zunächst fremd und unverständlich. Machen Sie sich diese Unterscheidung deutlich, und knüpfen Sie schon jetzt die Verbindung mit dem Abschnitt „Ungerechtfertigte Bereicherung" (§§ 812 ff. BGB). Das Bereicherungsrecht ist ein Instrument zur Korrektur wirksamer abstrakter Vermögensverschiebungen. Es ist notwendig, weil das Gesetz die Gültigkeit des kausalen Geschäfts von der des abstrakten Geschäfts trennt. In diesem Zusammenhang muss Ihnen dann das Stichwort „Abstraktionsprinzip" geläufig werden.

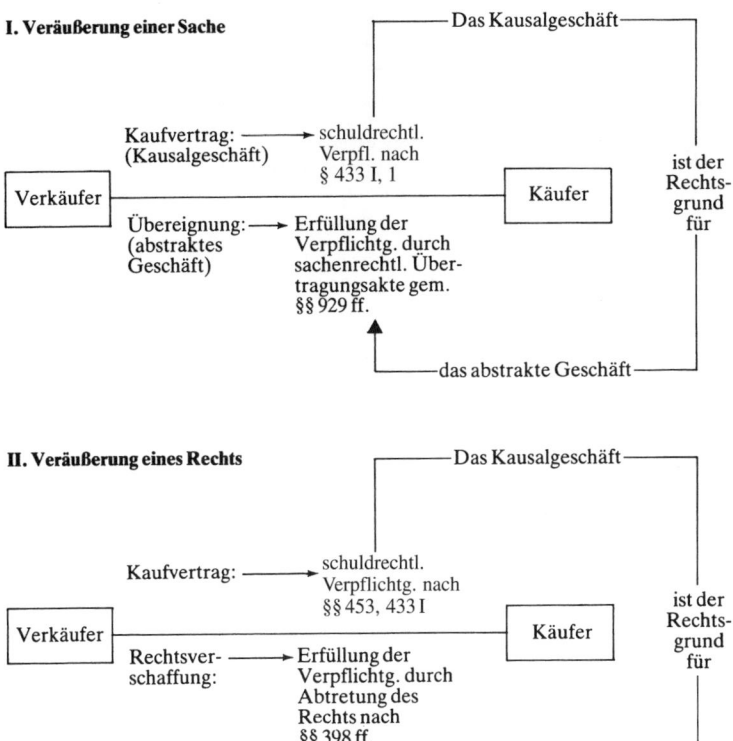

a) Kausale Geschäfte

Kausale Geschäfte sind solche, bei denen der Rechtsgrund der Vermögensverschiebung den Inhalt des Geschäfts bildet. Beispiele: Kauf, Schenkung, Miete, Pacht usw. Machen wir uns dies am Kaufvertrag deutlich: Der Abschluss eines Kaufvertrags verpflichtet zum Austausch von Leistungen. Der Verkäufer soll die Ware übereignen, der Käufer den Kaufpreis zahlen.

b) Abstrakte Geschäfte

Unter einem abstrakten Rechtsgeschäft versteht man solche Geschäfte, die **vom Rechtsgrund der Zuwendung losgelöst** und in ihrer Wirkung nicht vom rechtlichen Fortbestand des Kausalgeschäftes abhängig sind.

Machen wir uns dies wiederum beim Leistungsaustausch deutlich: Der Abschluss des Kaufvertrags ist das kausale Geschäft. Die Erfüllung der Verpflichtung zur Übereignung der gekauften Sache erfolgt nach den Vorschriften des Sachenrechts durch Einigung und Übergabe bzw. Eintragung in das Grundbuch. Aus welchem Grund die Übereignung erfolgte (Kauf oder Schenkung), ist für dieses Rechtsgeschäft irrelevant.

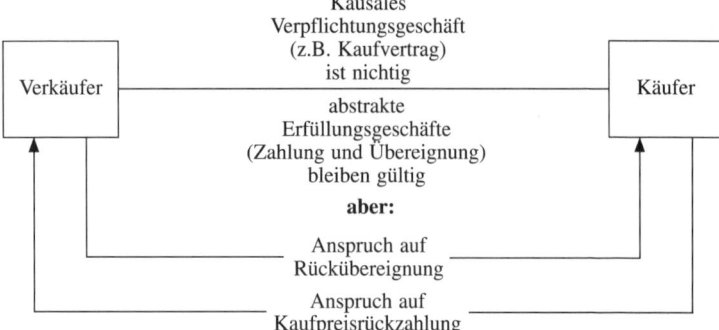

Zu den abstrakten Geschäften zählen alle Verfügungsgeschäfte, aber auch (insofern didaktisch etwas verwirrend) einige Verpflichtungsgeschäfte. Beispiel: Zu den abstrakten Verpflichtungsgeschäften gehören die Verpflichtungen aus Wechsel oder Scheck, weil bei der Begründung solcher Verbindlichkeiten der Grund, weshalb sie eingegangen wurden, nicht erkenntlich ist. In der Regel wird es (so beim Warenwechsel) ein Kaufvertrag mit gestundeter Kaufpreisforderung sein.

Merke: Auch abstrakte Geschäfte werden nicht ohne Grund (man spricht in Anlehnung an das römische Recht insofern von der „causa") vorgenommen. Nur ist dieser nicht Inhalt des Rechtsgeschäfts. Das Rechtsgeschäft ist insofern nicht kausal, als es die „causa" nicht selbst enthält. Der Rechtsgrund für das abstrakte Geschäft liegt in dem ihm zugrunde liegenden Kausalgeschäft. Verdeutlichen Sie sich die Zusammenhänge anhand des Schaubilds *Kausale und abstrakte Rechtsgeschäfte.*

c) Das Abstraktionsprinzip

Wir haben eben gesehen, dass das deutsche Recht zwischen dem kausalen und dem abstrakten Rechtsgeschäft unterscheidet. Das abstrakte Rechtsgeschäft ist gültig, auch wenn das kausale Rechtsgeschäft Mängel aufweist.

Beispiel: Die Übereignung einer Sache ist wirksam, auch wenn der Kaufvertrag nichtig ist; der Käufer bleibt trotzdem (zunächst) Eigentümer. Diese Trennung zwischen dem rechtlichen Schicksal des kausalen Rechtsgeschäfts und dem des abstrakten Rechtsgeschäfts entspricht dem „Abstraktionsprinzip". Es stammt aus dem römischen Recht und findet sich nicht in allen europäischen Rechtsordnungen. Mit dem Abstraktionsprinzip wollte der Gesetzgeber die Sicherheit des rechtlichen Güteraustausches erhöhen. In der heutigen Dogmatik versucht man, dies mit verschiedenen Begründungen zu durchbrechen (vgl. dazu die Ausführungen im Sachenrecht unten § 59 III).

Wichtig ist hier der Hinweis auf § 812 BGB. Eine ohne gültiges Kausalgeschäft erfolgte Vermögensverschiebung ist „ungerechtfertigt". Warum sollte auch der Käufer Eigentümer bleiben, wenn die rechtliche Verpflichtung des Verkäufers zur Übereignung entweder von vornherein etwa wegen der Gesetzwidrigkeit des Kaufvertrags nicht bestand oder nachträglich durch Anfechtung entfiel? Diese Situation bereinigt das Bereicherungsrecht mittels § 812 Abs. 1 S. 1 Alternative 1 („Leistungskondiktion". Vgl. dazu im Einzelnen unten § 56 II und das Schaubild *Abstraktionsprinzip*).

Wiederholungsfragen zu § 9

Wie definieren Sie den Begriff des Rechtsgeschäfts? (§ 9 I 1)
Was versteht man unter einem einseitigen Rechtsgeschäft, welche Beispiele kennen Sie? (§ 9 II 2 a)
Was versteht man unter Verpflichtungs-, was unter Verfügungsgeschäft? (§ 9 II 4)
Was bedeutet das Abstraktionsprinzip? (§ 9 II 5 c)

§ 10 Der Vertrag

Lernhinweis: Das allgemeine Vertragsrecht gehört zu den grundsätzlichen Dingen; prägen Sie sich deshalb den nachfolgenden Abschnitt gut ein. Nach den einführenden Hinweisen über die Funktion des Vertrags wird der Vertragsschluss als solcher abgehandelt und vor allem das in der Praxis wichtige Recht der Allgemeinen Geschäftsbedingungen angesprochen.

I. Begriff und Funktion des Vertrags

1. Wesensmerkmale

Der Vertrag ist ein **Rechtsgeschäft**, bestehend aus **übereinstimmenden** wechselseitigen **Willenserklärungen zweier** (oder mehrerer) **Personen.** Ein Vertrag verkörpert somit die erklärte Willensübereinstimmung über die Herbeiführung eines bestimmten rechtlichen Erfolges. Die beiden sich deckenden Willenserklärungen nennt man „**Antrag**" (der Wirtschafts- und Laiensprachgebrauch benutzt häufiger den Begriff „Angebot") und „**Annahme**".

Beachten Sie, dass sich die „Mehrseitigkeit" des Rechtsgeschäfts nur auf das Zustandekommen bezieht, nicht aber auf den Inhalt: Der Vertrag ist ein zweiseitiges Rechtsgeschäft, kann aber inhaltlich einseitig oder beiderseits verpflichtend sein.

2. Die Vertragsfreiheit

Das Privatrecht bekennt sich zur Privatautonomie (siehe oben § 7). Das Gesetz geht im Prinzip von der Vertragsfreiheit aus. Sie ist die Konkretisierung der im Grundgesetz garantierten allgemeinen Handlungsfreiheit nach Art. 2 Abs. 1 GG. Die einzelnen Rechtssubjekte sollen ihre Angelegenheiten eigenverantwortlich unter gegenseitiger Rücksichtnahme interessengerecht regeln. Staatliche Bevormundung durch Begrenzung der Vertragsfreiheit soll die Ausnahme bleiben.

Die Vertragsfreiheit umfasst die sog. „Abschlussfreiheit" und die sog. „Inhaltsfreiheit" (hinzu kommt die Formfreiheit, vgl. dazu unten § 12).

a) Abschlussfreiheit

Hierunter versteht man die Freiheit zu entscheiden, **ob und mit wem** man einen Vertrag abschließen will (man spricht auch von der „**Eingehungsfreiheit**"). In einer freien Wirtschaftsordnung kann dem Grundsatz nach niemand verpflichtet werden, überhaupt oder mit bestimmten Personen einen Vertrag abzuschließen.

Davon gibt es Ausnahmen:

(1.) **Monopole**
Monopolstellungen können zum Kontrahierungszwang führen. In bestimmten Dienstleistungsbereichen, etwa bei der Daseinsvorsorge, sind bzw. waren Abschlusspflichten ausdrücklich gesetzlich festgelegt (Transportwesen, Energiewirtschaft, Kraftfahrzeugpflichtversicherung). Ein faktisches Monopol genügt.

(2.) **Kartelle**
Das Kartellrecht verbietet Liefer- oder Bezugssperren sowie die Diskriminierung von Unternehmen (§§ 14 ff., 19 ff. GWB).

(3.) **Diskriminierung**
Die Diskriminierungsverbote des Allgemeinen Gleichbehandlungsgesetzes (AGG) schränken die Abschlussfreiheit ein, um Benachteiligungen aus Gründen der **Rasse** oder wegen der **ethnischen Herkunft,** des **Geschlechts,** der **Religion** oder **Weltanschauung,** einer **Behinderung,** des **Alters** oder der **sexuellen Identität** zu verhindern oder zu beseitigen.

Lernhinweis: Mit dem AGG hat der deutsche Gesetzgeber Richtlinien der Europäischen Gemeinschaft umgesetzt, deren Zielvorstellungen einen elementaren Eingriff in die Vertragsfreiheit bedeuten und in der deutschen Rechtsordnung bisher nur in Ansätzen verwirklicht waren (z. B. im Arbeitsrecht bezüglich der geschlechtsbezogenen Benachteiligung, vgl. §§ 611 a, 611 b BGB a. F.).

(a) Diskriminierungstatbestände

Das Gesetz betrifft insbesondere den Bereich der Erwerbstätigkeit (also das Arbeitsrecht, vgl. §§ 6 ff. AGG), will aber auch vor Benachteiligungen im Zivilrechtsverkehr schützen (vgl. §§ 19 ff. AGG)

- im „Massengeschäft", also bei solchen Vertragsabschlüssen, die typischerweise *ohne Ansehen der Person* zu vergleichbaren Bedingungen *in einer Vielzahl von Fällen* zustande kommen.

Beispiele: Standardisierte Dienstleistungen, insbes. in der Konsumgüterwirtschaft (Handel, Gastronomie, Transportgewerbe, Freizeiteinrichtungen);

- wenn bei Rechtsgeschäften das *Ansehen der Person* nach der Art des Schuldverhältnisses eine *nachrangige Bedeutung* hat und die zu vergleichbaren Bedingungen in einer Vielzahl von Fällen zustande kommen.

Beispiele: Internetverkäufe über eBay; Giro-, Überweisungs- oder Kleinkreditverträge im normalen Bankverkehr;

- beim Abschluss privatrechtlicher *Versicherungen.*

Besonderheiten gelten für die *Wohnungswirtschaft:*

Bei der Vermietung von Wohnraum ist eine unterschiedliche Behandlung im Hinblick auf die Schaffung und Erhaltung sozial stabiler Bewohnerstrukturen und ausgewogener Siedlungsstrukturen sowie ausgeglichener wirtschaftlicher, sozialer und kultureller Verhältnisse zulässig. Zudem finden die erwähnten Diskriminierungsverbote keine Anwendung im Familien- und Erbrecht sowie auf zivilrechtliche Schuldverhältnisse, bei denen ein besonderes Nähe- oder Vertrauensverhältnis der Parteien oder ihrer Angehörigen begründet wird. Dies kann bei Mietverhältnissen insbesonre dann der Fall sein, wenn die Parteien oder ihre Angehörigen Wohnraum auf demselben Grundstück nutzen. Dessen ungeachtet ist die Vermietung von Wohnraum zum nicht nur vorübergehenden Gebrauch in der Regel nicht auf die Diskriminierungsverbote des AGG zu überprüfen, wenn der Vermieter insgesamt nicht mehr als 50 Wohnungen vermietet (zu den Einzelheiten vgl. § 19 AGG).

(b) Rechtsfolgen

Bei Verstößen gegen die Diskriminierungsverbote des AGG sieht das Gesetz nachfolgende Sanktionen vor:

• *Arbeitsrecht:*

– betroffene Arbeitnehmer können sich bei den zuständigen Stellen des Betriebs gem. § 13 AGG beschweren;
– ergreift der Arbeitgeber keine oder offensichtlich ungeeignete Maßnahmen, kann die Arbeit gem. § 14 AGG verweigert werden;
– bei einem Verstoß gegen das Benachteiligungsverbot macht sich der Arbeitgeber gem. § 15 AGG schadenersatzpflichtig, es sei denn, er hat die Pflichtverletzung nicht zu vertreten.

Nach § 16 AGG besteht ein Maßregelungsverbot: Der Arbeitgeber darf Beschäftigte nicht wegen der Inanspruchnahme von Rechten oder wegen der Weigerung, eine diskriminierende Anweisung auszuführen, benachteiligen. Dasselbe gilt für solche Personen, die den Beschäftigten unterstützen oder als Zeugen aussagen.

• *Allgemeiner Zivilrechtsverkehr:*

– Kommt es im allgemeinen Zivilrechtsverkehr bei der Begründung, Durchführung und Beendigung von Schuldverhältnissen zu einer Benachteiligung, kann der Benachteiligte nach § 21 Abs. 1 S. 1 AGG die Beseitigung der Beeinträchtigung verlangen;
– sind weitere Beeinträchtigungen zu befürchten, kann er nach § 21 Abs. 1 S. 2 AGG auf Unterlassung klagen;
– schließlich kann er nach § 21 Abs. 2 AGG Schadenersatz verlangen, es sei denn, der Benachteiligende hat die Pflichtverletzung nicht zu vertreten.

Sowohl im Arbeitsrecht wie auch im allgemeinen Zivilrechtsverkehr kann darüber hinaus Schmerzensgeld („wegen eines Schadens, der nicht Vermögensschaden ist") verlangt werden. Eine Sonderregel gilt für Diskriminierungen bei der Anbahnung von Arbeitsverhältnissen (etwa wenn eine Stellenausschreibung nicht geschlechtsneutral erfolgt). Hier limitiert der Gesetzgeber in § 15 Abs. 2 S. 2 AGG im Falle der Nichteinstellung den Ersatzanspruch auf drei Monatsgehälter, wenn der Beschäftigte auch bei benachteiligungsfreier Auswahl nicht eingestellt worden wäre.

(c) Beweislast

Wie bei Streitigkeiten allgemein, so ist auch im Falle der Diskriminierung entscheidend, wer die Beweislast trägt (wer also welche Tatsachen beweisen muss). Das Prozessrecht kennt folgenden Grundsatz: Im Normalfall muss jeder die von ihm behaupteten Tatsachen beweisen. Manchmal dreht der Gesetzgeber die Beweislast jedoch um, indem er bestimmte Vermutungen aufstellt, die dann vom Prozessgegner widerlegt werden müssen. Gelingt ihm dies nicht, verliert letzterer den Prozess.

Das Gesetz regelt die Beweislast in § 22 AGG abgestuft: Wenn im Streitfall eine Partei Indizien beweist, die eine Benachteiligung vermuten lassen, trägt die andere Partei die Beweislast dafür, dass kein Verstoß gegen die Diskriminierungsverbote vorgelegen hat. Das bedeutet: Die benachteiligte Partei muss zunächst nachweisen, dass sie gegenüber einer anderen Person ungünstig behandelt worden ist; und sie muss darüber hinaus sogenannte „Vermutungstatsachen" beweisen, aus denen man entnehmen kann, dass die unterschiedliche Behandlung auf einem nach § 1 AGG verbotenen Grund beruht.

Beispiel: Wenn in einem Unternehmen mehrere freie Stellen mit deutschen Männern besetzt werden, könnte eine nicht zum Zuge gekommene ausländische Bewerberin zunächst die für sie ungünstige Ungleichbehandlung beweisen. Zur Vermutung einer Diskriminierung müsste sie jedoch darüber hinaus Indizien vortragen, aus denen sich der Diskriminierungsverstoß mit der gebotenen Sicherheit ableiten lässt. Einig ist man sich darin, dass bloße „Behauptungen ins Blaue hinein" nicht genügen. Die Beweislast wäre erst dann auf die andere Partei übergegangen, wenn weitere Umstände verlässlich hinzutreten, etwa der Nachweis abfälliger mündlicher Äußerungen bzw. unzulässiger Fragen des Personalchefs während eines Bewerbergesprächs.

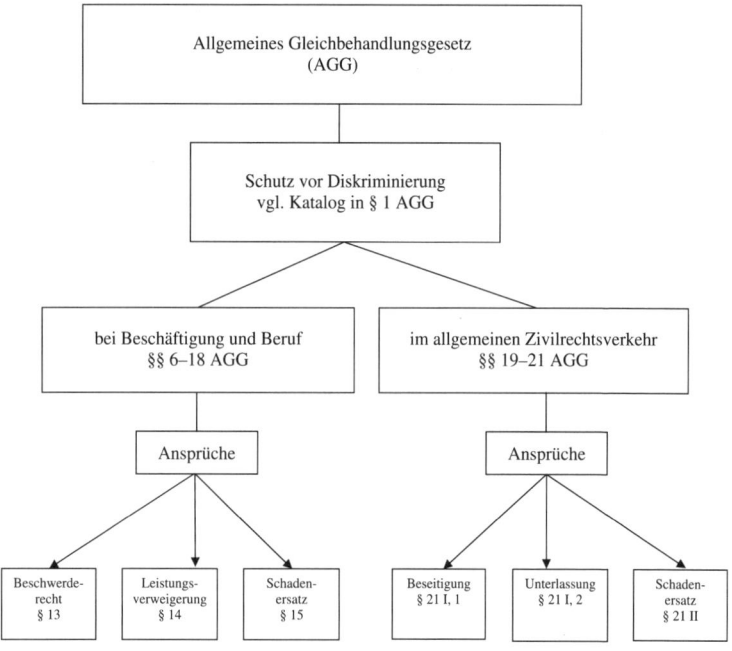

Beweislastverteilung:
Wenn eine Partei Indizien beweist, die eine Diskriminierung vermuten lassen, trägt die andere Partei die Beweislast dafür, dass keine Diskriminierung vorliegt

b) Inhaltsfreiheit

Grundsätzlich ist es den Parteien überlassen, den Inhalt des Vertrags frei zu vereinbaren (man spricht auch von der **„Gestaltungsfreiheit"**). Diese Freiheit beinhaltet das Recht,

* vom Gesetz abzuweichen,
* andere Vertragstypen zu wählen, die das Gesetz gar nicht kennt, sowie
* die gesetzlichen Regelungen und Vertragstypen zu „kombinieren".

Aber: Die Inhaltsfreiheit besteht nur innerhalb des dispositiven Rechts! Dieses steht „zur Disposition" der Vertragspartner. Nicht dagegen das zwingende Recht. An vielen Stellen bringt der Gesetzgeber den zwingenden Charakter einer Vorschrift durch den Gesetzeswortlaut zum Ausdruck („kann nicht", „ist nichtig"); an anderen Stellen wiederum muss der zwingende Charakter einer Regelung erst durch Auslegung ermittelt werden. Nahezu uneingeschränkte Vertragsfreiheit kennen wir im Schuldrecht als dem Recht des Leistungs- und Güteraustausches; eingeschränkt ist die Vertragsfreiheit im Sachenrecht, Familien- und Erbrecht. Zu den besonders einschneidenden Einschränkungen der rechtsgeschäftlichen Gestaltungsfreiheit durch § 134 (gesetzliches Verbot) und § 138 (Verstoß gegen die guten Sitten) sowie die Inhaltskontrolle beim Vertragsabschluss unter Verwendung Allgemeiner Geschäftsbedingungen; vgl. nachfolgend III sowie unten § 13.

c) Bindungswirkung des Vertrags

Die Garantie der Vertragsfreiheit bedingt auf der anderen Seite die Bindung an die eingegangenen Verpflichtungen („pacta sunt servanda"). Eine einseitige Aufkündigung vertraglicher Verpflichtungen ist grundsätzlich nicht bzw. nur dort möglich, wo dies entweder vertraglich garantiert oder vom Gesetz gestattet ist (z. B. Kündigung bzw. Rücktritt Kraft Vertrages oder Kraft Gesetzes, sowie im Fall der durch die Verbraucherschutzgesetze eingeführten Widerrufs- und Rückgabeberechtigungen).

II. Der Abschluss des Vertrags

Ein Vertrag kommt zustande durch die Annahme des Antrags. Der Vertrag besteht demnach aus zwei sich deckenden Willenserklärungen (s. o.).

1. Das Angebot

a) Die Wesensmerkmale des Angebots

Das Vertragsangebot ist eine empfangsbedürftige Willenserklärung und wird deshalb erst mit seinem Zugang wirksam (wiederholen Sie die Übersicht oben nach § 8!).

b) Aufforderung zur Abgabe eines Angebots

Ein Angebot liegt nur vor, wenn der Anbietende seine Erklärung so konkretisiert hat, dass es lediglich noch von der Annahmeerklärung des Empfängers abhängt, ob der Vertrag zustande kommt oder nicht. Das kann in zwei Fällen zweifelhaft sein:

aa) Offerte ad incertas personas

Normalerweise gehört zur Konkretisierung des Angebots auch die Individualisierung des möglichen Vertragspartners. Das ergibt sich schon daraus, dass dem Anbietenden die Person des Vertragsgegners nicht gleichgültig sein kann. Auf der anderen Seite kann ein Angebot aber auch an die Allgemeinheit schlechthin („ad incertas personas") ergehen. Ob hier bereits ein bindendes Angebot gewollt ist, muss im Einzelfall durch Auslegung ermittelt werden.

Beispiel: Das Aufstellen eines Zigarettenautomaten beinhaltet das Angebot zum Abschluss von Kaufverträgen.

bb) Invitatio ad offerendum

Denkbar ist, dass jemand mit seiner Erklärung noch kein bindendes Angebot abgeben will, vielmehr durch die Erklärung andere zur Abgabe von Angeboten auffordern möchte. Man spricht in diesen Fällen von der „Aufforderung zum Angebot" (invitatio ad offerendum).

Beispiel: Die Ausstellung von Waren im Schaufenster; die Übersendung von Katalogen, Preislisten, Prospekten und ähnlichem an einen unbestimmten Empfängerkreis.

Der Unterschied liegt auf der Hand: Da dann nicht der Verkäufer, sondern der Kunde das Angebot macht, ist es dem Ladeninhaber freigestellt, dieses Angebot anzunehmen oder abzulehnen.

c) Bindung an das Angebot

aa) Grundsatz

Wer ein Vertragsangebot macht, ist nach § 145 BGB an dieses gebunden.

bb) Ausnahme

Die Bindung an das Angebot kann durch entsprechende Erklärungen ausgeschlossen werden.

Beispiele: Angebote mit dem Zusatz „freibleibend", „ohne obligo", „solange Vorrat reicht" und dergl.

d) Tod oder Geschäftsunfähigkeit

Nach § 153 BGB wird das Zustandekommen eines Vertrages nicht dadurch gehindert, dass der Antragende vor der Annahme stirbt oder geschäftsunfähig wird. Etwas anderes gilt nur, wenn ein abweichender Wille des Antragenden anzunehmen ist.

Lernhinweis: Wir haben es hier mit der Parallelvorschrift zu § 130 BGB zu tun (vgl. dazu oben § 8 III 2 a) cc). Nach § 130 Abs. 2 wird eine Willenserklärung auch dann mit ihrem Zugehen wirksam, wenn der Erklärende nach ihrer Abgabe stirbt oder geschäftsunfähig wird. § 130 Abs. 2 BGB garantiert somit die *fortdauernde Zugangsmöglichkeit.* § 153 BGB beleuchtet das Problem aus der Gegenrichtung und garantiert in diesen Fällen die *fortdauernde Annahmemöglichkeit.*

e) Erlöschen des Angebots

Ein Angebot erlischt in zwei Fällen:

aa) Ablehnung

Der Antrag erlischt nach § 146, wenn er dem Antragenden gegenüber (ausdrücklich) abgelehnt wird. Auch die Ablehnung ist eine empfangsbedürftige Willenserklärung.

bb) Erlöschen durch Fristablauf

Das Angebot erlischt ferner nach §§ 146 ff. durch Versäumung der Annahmefrist (vgl. dazu unten 2 c).

f) Modifizierte Annahme

Nach § 150 Abs. 2 BGB gilt die Annahme eines Antrags „unter Erweiterungen, Einschränkungen oder sonstigen Änderungen" gleichfalls als **Ablehnung** (verbunden mit einem neuen Antrag, s. u.).

2. Die Annahme

a) Wesensmerkmale

Wie das Angebot, so ist auch die Annahme eine empfangsbedürftige Willenserklärung, mit der der Angebotsempfänger seine Zustimmung zum Vertragsabschluss erklärt.

b) Zugang der Annahmeerklärung

aa) Grundsatz

Als empfangsbedürftige Willenserklärung bedarf die Annahme zu ihrer Wirksamkeit des Zugangs beim Anbietenden.

bb) Ausnahmen

In Ausnahmefällen wird auf den Zugang verzichtet. Nach § 151 BGB kommt der Vertrag durch die Annahme des Antrags in zwei Fällen zustande, ohne dass die Annahme dem Antragenden gegenüber erklärt werden muss:

- wenn nach der **Verkehrssitte** eine solche Erklärung nicht zu erwarten ist.

Schulbeispiel: Die briefliche Bestellung eines Hotelzimmers; der Hotelier nimmt eine entsprechende Reservierung durch Vermerk in der Zimmerliste vor (deshalb wird § 151 auch als „Hotelzimmerparagraph" bezeichnet);

- wenn der Antragende auf eine solche Erklärung **verzichtet** hat.

Schulbeispiel: Die Annahme eines Schenkungsangebots.

Lernhinweis: § 151 BGB betrifft nicht den Fall des „Schweigens" auf eine Willenserklärung. Es wird lediglich auf den Zugang der Erklärung verzichtet. Auch § 151 BGB setzt mindestens einen entsprechenden Annahmewillen voraus, wenn auch dieser Wille nicht erklärt, sondern lediglich „betätigt" werden muss. Man spricht deshalb auch von einer bloßen „Willensbetätigung". Teilweise wird diese Willensbetätigung nicht als echte Willenserklärung angesehen, hinsichtlich ihrer

Rechtsfolgen jedoch der Willenserklärung gleichgestellt (insbesondere beim Vorliegen von Willensmängeln ist auch im Fall des § 151 BGB eine Anfechtung nach §§ 119 ff. zulässig).

c) Die Annahmefrist

Ein Angebot muss rechtzeitig angenommen werden. Bei Versäumung der Frist erlischt der Antrag (§ 146 BGB, s. o.).

aa) Annahmefrist unter Anwesenden

Angebote, die gegenüber Anwesenden gemacht werden, können nur sofort angenommen werden; dies gilt auch bei Angeboten mittels Telefon (oder sonstigen technischen Einrichtungen „von Person zu Person", Beispiel: Videokonferenzen), vgl. § 147 Abs. 1 BGB.

bb) Angebote gegenüber Abwesenden

Der einem Abwesenden gemachte Antrag kann nach § 147 Abs. 2 BGB nur bis zu dem Zeitpunkt angenommen werden, in welchem „der Antragende den Eingang der Antwort unter regelmäßigen Umständen erwarten darf". Es kommt also auf den jeweiligen Fall sowie die allgemeinen Gewohnheiten an. Kriterien dafür sind die Beförderungszeit des Angebots sowie die je nach konkreter Lage, Branche und Geschäftstypus dem Erklärungsempfänger einzuräumende Überlegungsfrist.

cc) Bestimmung einer Annahmefrist

Die in § 147 Abs. 2 BGB genannten Umstände können wegen ihrer begrifflichen Ungenauigkeit zu unerwünschten Schwierigkeiten führen. Diese lassen sich vermeiden, wenn der Anbietende für die Annahme des Antrags von vornherein eine Frist bestimmt. Nach § 148 BGB kann dann die Annahme nur innerhalb der gesetzten Frist erfolgen.

Beispiel: Verkäufer V in München macht seinem Geschäftspartner K in Hamburg mit Schreiben vom 20. Januar ein Angebot über die Lieferung einer bestimmten Ware. Wenn er keine Frist bestimmt, ist er an seinen Antrag solange gebunden, wie er mit dem Eingang der Antwort unter regelmäßigen Umständen rechnen darf. In Betracht zu ziehen sind die Zustellungsdauer von München nach Hamburg, eine dem Geschäftstypus in der betreffenden Branche angemessene Überlegungszeit einschließlich der Zeit für den „innerbetrieblichen Instanzenweg", die etwaige Berücksichtigung eines arbeitsfreien Wochenendes bzw. von Feiertagen sowie die Zeit für die Rücksendung der Antwort nach München. Wenn das Angebot von V selbst von weiteren Determinanten abhängt (Kursschwankungen, befristete Lieferzusagen anderer usw.), muss er mit sicheren Fristen operieren. Deshalb wird er seinerseits das Angebot befristen, etwa mit der Formulierung: „... Wir halten uns an unser Angebot bis zum 1. Februar, Ihre Antwort bei uns eingehend, gebunden".

d) Verspätete Annahmeerklärungen

Die verspätete Annahme eines Antrags **gilt** nach § 150 Abs. 1 BGB **als neuer Antrag.**

Beispiel: Würde im vorerwähnten Fall die Antwort des K erst nach dem 1. Februar bei V eingehen, wäre diese „Annahme" ihrerseits wiederum als Antrag aufzufassen mit der Folge, dass es nunmehr V freistünde, dieses Angebot anzunehmen oder nicht.

Ist die Annahmeerklärung rechtzeitig abgeschickt worden, beim Empfänger jedoch verspätet eingegangen, so ist § 149 BGB zu beachten: Musste der Empfänger erkennen, dass ihm die Annahmeerklärung bei regelmäßiger Beförderung rechtzeitig zugegangen wäre, muss er die Verspätung dem Annehmenden unverzüglich (also „ohne schuldhaftes Zögern", vgl. § 121 BGB!) nach dem Empfang der Erklärung anzeigen. Verzögert er die Absendung der Anzeige, gilt die Annahme nach § 149 S. 2 als nicht verspätet; der Vertrag kommt also in diesem Fall trotz Versäumung der Annahmefrist zustande.

Beispiel: K in Hamburg hatte sofort nach Eingang des Angebots seine Annahmeerklärung postalisch nach München abgeschickt. Infolge eines lokalen Poststreiks wurde der Brief in München dem V erst am 3. Februar zugestellt. Durch einen Vergleich mit dem Poststempel hätte V leicht erkennen können, dass die Verspätung nicht von K, sondern durch die Unterbrechung der regelmäßigen Beförderung verursacht worden war. Hier muss V unverzüglich K von der Verspätung unterrichten, sonst kommt der Vertrag mit dem im Angebotsschreiben enthaltenen Inhalt zustande.

e) Modifizierte Annahmeerklärungen

Die Annahme kann nur in der Weise erfolgen, dass der Empfänger des Angebots vorbehaltlos zustimmt. Er muss **„ja"** sagen; ein **„Ja, aber"** ist keine Annahme. Die Annahme unter Erweiterungen, Einschränkungen oder sonstigen Änderungen gilt nach § 150 Abs. 2 BGB (lesen!) als **Ablehnung verbunden mit einem neuen Antrag.**

Beispiel: K schreibt an V zurück: „Wir nehmen Ihr Angebot an; der von Ihnen genannte Preis dürfte jedoch zwischenzeitlich durch die in den letzten Tagen eingetretene Marktlage überholt sein. Wir gehen deshalb davon aus, dass Sie mit einer Reduzierung des Preises von 10% einverstanden sind und bitten um Lieferung bis zum ...". In diesem Fall wird das Angebot von V durch K modifiziert. Das Schreiben des K gilt als Ablehnung verbunden mit einem neuen Antrag. Es liegt dann an V, ob er den Vertrag zu den von K genannten Bedingungen abschließen will oder nicht.

f) Schweigen auf ein Angebot

Ein Angebot kann entweder ausdrücklich oder stillschweigend angenommen werden. In jedem Falle ist jedoch das Vorliegen einer entsprechenden Willenserklärung erforderlich. Gibt jemand keine Erklärung ab, „schweigt" er, so kommt der Vertrag nicht zustande (s. o.). Schweigen ist (von Ausnahmen abgesehen) weder Zustimmung noch Ablehnung; wer schweigt, gibt überhaupt keine Willenserklärung ab (vgl. oben § 8, I, 3.).

Merksatz: Schweigen bedeutet im Rechtsverkehr grundsätzlich keine Zustimmung (entgegen gelegentlicher Laienmeinung!).

Eine Ausnahme gilt für das Schweigen auf ein **kaufmännisches Bestätigungsschreiben.** Sind einem solchen Schreiben Vertragsverhandlungen vorausgegangen und geht die absendende Partei redlicherweise davon aus, dass ihr Schreiben den Inhalt dieser Verhandlungen wiedergibt, dann kann sich der Empfänger (soweit er Kaufmann ist) nicht auf sein diesbezügliches Schweigen berufen. Der Vertrag kommt mit dem Inhalt des Bestätigungsschreibens zustande.

g) Sozialtypisches Verhalten

Bei sog. „Massenverträgen" wird teilweise die Auffassung vertreten, vertragliche Beziehungen würden schon durch ein tatsächliches Verhalten (nämlich die Inanspruchnahme einer Leistung) zustande kommen.

Beispiele: Beförderungsverträge im öffentlichen Personenverkehr sowie die Inanspruchnahme der Leistung von Energieversorgungsunternehmen.

Hier wird die Auffassung vertreten, dass schon ein bestimmtes, „sozialtypisches Verhalten" (Besteigen der Eisenbahn, Inanspruchnahme der angebotenen Leistung) das Schuldverhältnis (über die Annahme eines „**faktischen Vertrags**") begründet. Man kann all diese Fälle auch mit der

SPHÄRE DES ANBIETENDEN	SPHÄRE DES ANNEHMENDEN	RECHTSFOLGEN
bindendes Angebot	vorbehaltlose Annahme	Vertrag kommt zustande, wenn die beiden Willenserklärungen deckungsgleich sind
Aufforderung zur Abgabe eines Angebots	„Annahme"	Annahme ist selbst Angebot, das vom Auffordernden angenommen oder abgelehnt werden kann
freibleibendes Angebot	Annahme	Anbietender kann Vertragsschluss widersprechen
Angebot	verspätete Annahme	Angebot erlischt, Annahme gilt als neues Angebot
Angebot	modifizierte Annahme	Ablehnung, verbunden mit neuem Angebot
Gebot bei Versteigerung	Zuschlag des Versteigerers	Vertrag kommt (erst) mit Zuschlag zustande
Angebot	Schweigen	nur in Ausnahmefällen Zustimmung
Anbieten von Verkehrs- und Versorgungsleistungen im Massengeschäft	Inanspruchnahme durch sozialtypisches Verhalten bzw. konkludente Willenserklärung	„faktischer Vertrag"
Angebot	Parteien haben noch keine Einigung über alle Vertragspunkte erzielt und wissen dies	offener Dissens
	Parteien glauben irrtümlich, sich geeinigt zu haben	bei Mehrdeutigkeit der Erklärungen: versteckter Dissens
		bei Eindeutigkeit der Erklärungen: Irrtumsanfechtung

herkömmlichen Dogmatik lösen: Der Vertrag kommt durch die im tatsächlichen Verhalten liegende Annahme des (durch die Bereitstellung zum Ausdruck gebrachten) Angebots zustande. Eine Schwierigkeit ergibt sich freilich: Bei Minderjährigen wäre der Vertrag (mangels Geschäftsfähigkeit, dazu s. u.) nicht wirksam abgeschlossen. Die Lehre vom sozialtypischen Verhalten würde den Vertragsabschluss auch bei der Leistungsinanspruchnahme durch Minderjährige begründen. Dies würde jedoch zu einer unerwünschten Durchbrechung des Minderjährigenschutzes führen.

Lernhinweis: Repetieren Sie nun noch einmal die verschiedenen Stationen des Vertragsabschlusses an Hand der Übersichtstabelle *Abschluss von Verträgen.*

3. Dissens beim Vertragsabschluss

Lernhinweis: Vertragsschluss setzt die Übereinstimmung von Angebot und Annahme voraus. Fehlt es daran, ist der Vertrag (noch) nicht zustande gekommen. Ob eine Einigung der Parteien zustande kam oder ein **„Einigungsmangel"** vorliegt, muss notfalls durch Auslegung der abgegebenen Erklärungen ermittelt werden. Das Gesetz differenziert beim Einigungsmangel (**„Dissens"**) danach, ob den Parteien der Einigungsmangel bewusst war oder nicht. Im ersten Fall spricht man vom „offenen Dissens", im zweiten Fall vom „versteckten Dissens". Verfolgen Sie die nachfolgenden Ausführungen an Hand des Gesetzes (§§ 154, 155 BGB), und repetieren Sie dann alles noch einmal durch das Studium der noch stärker untergliederten zusammenfassenden Übersicht *Dissens beim Vertragsschluss.*

a) Offener Dissens

aa) Begriff

Beim offenen Dissens **wissen die Parteien, dass** sie sich **noch nicht geeinigt** haben.

bb) Rechtsfolgen

Fehlt es an der Einigung über wesentliche Vertragsbestandteile, so ist bis zur Einigung noch kein Vertrag zustande gekommen. Haben sich die Parteien dagegen über vertragliche Nebenpunkte noch nicht einigen können, hängt es von der Auslegung ab, ob der Vertrag wenigstens hinsichtlich der erzielten Teileinigungen zustande gekommen ist.

Solche Situationen sind typisch bei längeren Vertragsverhandlungen zur Klärung zahlreicher Einzelfragen. In diesen Fällen greift die Auslegungsregel des § 154 BGB (lesen!) ein: Solange sich die Parteien nicht über alle Punkte des Vertrags geeinigt haben, über die nach der Erklärung auch nur einer Partei eine Vereinbarung getroffen werden soll, ist im Zweifel der Vertrag nicht geschlossen.

Beispiel: Unternehmer U führt mit der Firma F Vertragsverhandlungen, die nur langsam vorankommen. Über einige Fragen werden nach mehreren Sitzungen Übereinkommen erzielt. Eine entsprechende Niederschrift wird angefertigt. Die weiteren Verhandlungen geraten ins Stocken und scheitern schließlich. Die zuvor erzielte Teileinigung ist nach § 154 BGB im Zweifel nicht verbindlich.

Das Gesetz stellt dabei klar, dass die Verständigung über einzelne Punkte („Punktation") auch dann nicht bindend ist, wenn eine Aufzeichnung stattgefunden hat. Schließlich ist nach § 154 Abs. 2 im Zweifel ein Vertrag bei

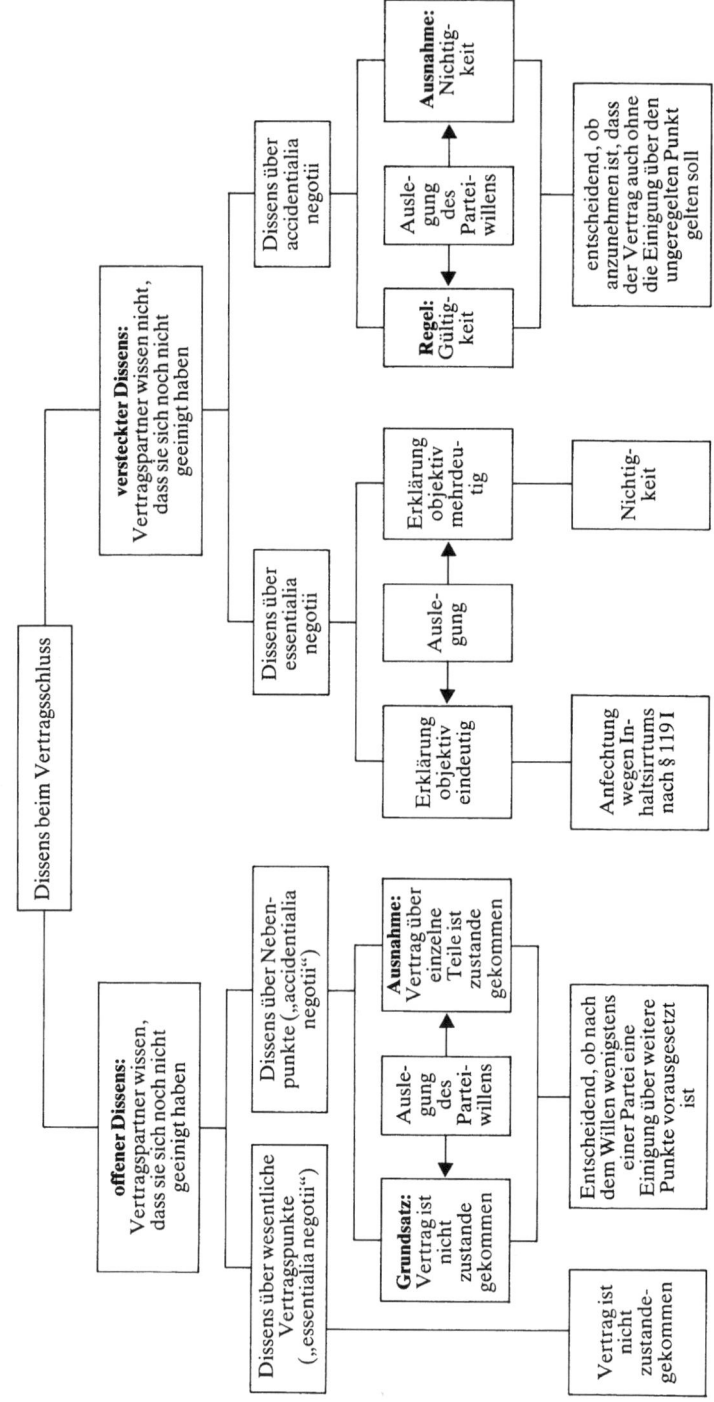

fehlender Beurkundung noch nicht zustande gekommen, wenn die Beurkundung des beabsichtigten Vertrages zuvor vereinbart wurde.

b) Versteckter Dissens

aa) Begriff

Ein versteckter Dissens liegt vor, wenn die Parteien **irrtümlich davon ausgehen, sich geeinigt zu haben.** Diese Tatbestände sind vom Irrtum abzugrenzen:

- Ist die **Erklärung,** auf die sich die Parteien geeinigt haben, **mehrdeutig** und wird sie von den Parteien unterschiedlich verstanden, liegt Dissens vor.
- Ist die **Erklärung** dagegen **eindeutig** und verbinden die Parteien mit ihr gleichfalls unterschiedliche Vorstellungen, so liegt ein Fall des Inhaltsirrtums vor (eine Partei misst ihrer Erklärung einen abweichenden Bedeutungsgehalt bei).

Schulbeispiele:

- Ein US-Amerikaner und ein Kanadier vereinbaren bei einem Vertragsschluss in Deutschland die Bezahlung einer Lieferung in „Dollar". Hier ist der Begriffsgehalt „Dollar" mehrdeutig. Es könnten sowohl US-amerikanische als auch kanadische Dollar gemeint sein. Da die Erklärung mehrdeutig ist, liegt Dissens vor.
- Ein US-Amerikaner vereinbart in Kanada als Zahlungsform „Dollar". Der Kanadier versteht darunter kanadische, der US-Amerikaner US-amerikanische Dollar. Die Erklärung ist in diesem Fall objektiv eindeutig („Dollar" in Kanada sind als kanadische Dollar zu verstehen und nicht als US-amerikanische). Der US-Amerikaner irrt sich über den Bedeutungsgehalt seiner Erklärung und könnte (deutsches Recht vorausgesetzt) nach §§ 119 ff. BGB anfechten.

bb) Rechtsfolgen

Bei den Rechtsfolgen eines versteckten Dissenses ist zu unterscheiden: Betrifft der Dissens wesentliche Vertragsbestandteile, so ist der Vertrag nicht zustande gekommen.

Betrifft der Dissens Nebenpunkte, so gilt die Auslegungsregel des § 155 BGB: Haben sich die Parteien bei einem Vertrag, den sie als geschlossen ansehen, über einen Punkt, über den eine Vereinbarung getroffen werden sollte, in Wirklichkeit nicht geeinigt, so gilt das Vereinbarte (nur), wenn anzunehmen ist, dass der Vertrag auch ohne eine Bestimmung über diesen Punkt geschlossen sein würde.

III. Vertragsschluss bei Verwendung Allgemeiner Geschäftsbedingungen

1. Begriff

Unter Allgemeinen Geschäftsbedingungen versteht man „alle für eine Vielzahl von Verträgen vorformulierten Vertragsbedingungen", die eine Vertragspartei (man bezeichnet diese als **Verwender)** der anderen Vertragspartei bei Abschluss eines Vertrages stellt (vgl. die Legaldefinition in § 305 Abs. 1 S. 1 BGB – lesen!). Dabei ist es gleichgültig, ob die Bestimmungen einen äußerlich gesonderten Bestandteil des Vertrages bilden oder in die Vertragsurkunde selbst aufgenommen werden. Es ist auch unerheblich, welchen Umfang sie haben, in welcher Schriftart sie verfasst sind und welche Form der Vertrag hat; § 305 Abs. 1 S. 2 BGB.

Umgekehrt gilt: Allgemeine Geschäftsbedingungen liegen dagegen nicht vor, wenn die Vertragsbedingungen zwischen den Vertragsparteien im Einzelnen ausgehandelt sind (vgl. § 305 Abs.1S. 3 BGB – lesen!)

2. Bedeutung und Funktion von Allgemeinen Geschäftsbedingungen

a) „Recht der Wirtschaft"

Allgemeine Geschäftsbedingungen (AGB) werden gelegentlich als „selbstgeschaffenes Recht der Wirtschaft" bezeichnet. Dies ist zumindest missverständlich. Auch wenn sie faktisch eine „Ersatzrechtsordnung" darstellen, fehlt ihnen jeglicher Normcharakter. Sie werden nach § 305 Abs. 2 BGB **erst durch die Einbeziehung beim konkreten Vertragsschluss wirksam.** Die Bedeutung Allgemeiner Geschäftsbedingungen für den Güteraustausch, wie für das Wirtschaftsleben schlechthin, ist erheblich. Man vergegenwärtige sich nur die Tatsache, dass fast auf allen Wirtschaftssektoren typisierte Bedingungen verwendet werden und damit die individuelle Vertragsfreiheit erheblich eingeschränkt ist.

Klarstellender Hinweis: Allgemeine Geschäftsbedingungen können natürlich nur wirksam werden, wo das Gesetz Abweichungen zulässt, sein Charakter also dispositiver Natur ist! Deshalb enthält auch § 309 BGB im Einleitungssatz als „Vorspann" die Bemerkung, dass in Allgemeinen Geschäftsbedingungen bestimmte Klauseln unwirksam sind „auch soweit eine Abweichung von den gesetzlichen Vorschriften (ansonsten) zulässig (wäre)".

b) Funktion

Stellt man Für und Wider gegenüber, lässt sich feststellen:

- Allgemeine Geschäftsbedingungen haben einen **Rationalisierungseffekt;** sie ermöglichen die Typisierung von Massenverträgen;
- sie enthalten eine **detaillierte Spezialregelung** auf Gebieten, die entweder vom Gesetzgeber gar nicht (Beispiel: Leasing, Factoring) oder nur unvollständig geregelt sind (Beispiel: Darlehen);
- sie ermöglichen die rasche **Anpassung** der (vertrags-)rechtlichen Grundlagen **an den wirtschaftlichen und technischen Wandel;**
- **sie ermöglichen eine Kalkulierbarkeit** des Geschäftsrisikos (Erklärung des Eigentumsvorbehalts, Beschränkung auf Nacherfüllung statt Rücktritt bei Lieferung von Massenprodukten).

c) Verbraucherschutz

Freilich ergeben sich auf der anderen Seite Nachteile für den Vertragspartner: Da die AGB vom Verwender aufgestellt werden, ist die Gefahr einer Benachteiligung der anderen Vertragspartei offensichtlich. Deshalb hat schon in früheren Jahren die Rechtsprechung und später der Gesetzgeber Grenzen für die Anwendung von AGB gesetzt (vgl. dazu unten 4.).

3. Wirkungsweise von Allgemeinen Geschäftsbedingungen

a) Bezugnahme beim Vertragsschluss

Da AGB keine Rechtsnormen sind, somit nicht durch ihre bloße Existenz wirksam werden, müssen sie beim Vertragsschluss in die Willensübereinstimmung der Vertragspartner einbezogen werden. Nach § 305 Abs. 2 BGB werden AGB nur dann Bestandteil eines Vertrages, wenn folgende Voraussetzungen vorliegen:

aa) Ausdrücklicher Hinweis

Der Verwender muss **bei** Vertragsschluss die andere Vertragspartei ausdrücklich auf die AGB hinweisen (§ 305 Abs. 2 Nr. 1 1. Fall BGB).

Beispiel: Ein fett gedruckter Passus auf einem Bestellformular: „Hiermit bestelle ich unter Bezugnahme auf die umseitig abgedruckten Geschäftsbedingungen…"

Lernhinweis: Ein Hinweis **nach** Vertragsabschluss etwa auf dem Lieferschein oder der Rechnung genügt dagegen nicht. Bezugnahmen auf Allgemeine Geschäftsbedingungen, die auf Rechnungen stehen, sind grundsätzlich unbeachtlich.

Ausnahmsweise genügt der deutlich sichtbare Aushang am Ort des Vertragsabschlusses, wenn ein ausdrücklicher Hinweis nur unter unverhältnismäßigen Schwierigkeiten möglich ist (§ 305 Abs. 2 Nr. 1 2. Fall BGB).

Beispiel: An Eingängen von bewachten Parkplätzen, Tiefgaragen etc. finden sich häufig Schilder, die auf AGB hinweisen. Dies ersetzt den ausdrücklichen Hinweis.

bb) Möglichkeit zumutbarer Kenntniserlangung

AGB werden nur dann Bestandteil des Vertrages, wenn der Verwender der anderen Vertragspartei die Möglichkeit verschafft, in zumutbarer Weise von ihrem Inhalt Kenntnis zu nehmen (§ 305 Abs. 2 Nr. 2 BGB).

Beispiel: Aushang im Kontor (und nicht auf dem Personal-WC); bei besonders umfangreichen AGB, deren Lektüre längere Zeit in Anspruch nimmt, kann der Kunde die Aushändigung eines Exemplars verlangen.

cc) Zustimmung des Vertragspartners

Die Möglichkeit der Kenntniserlangung als solche genügt nicht. Als Selbstverständlichkeit muss hinzukommen, dass der Vertragspartner des Verwenders mit der Geltung der AGB einverstanden ist.

Beispiel: Der Kunde unterschreibt ein Bestellformular, das den ausdrücklichen Hinweis auf die AGB enthält.

b) Sonderregelung für Unternehmer

Die vorstehenden Erfordernisse aa) und bb) gelten gem. § 310 Abs. 1 BGB nicht für Unternehmer. Darunter versteht das Gesetz nach der Legaldefinition des § 14 BGB natürliche oder juristische Personen oder rechtsfähige Personengesellschaften, die bei Abschluss eines Rechtsgeschäfts in Ausübung ihrer gewerblichen oder selbstständigen beruflichen Tätigkeit handeln. Bei ihnen kann der besondere Schutz entfallen, weil sie mit der Existenz und der Verwendung von AGB rechnen müssen.

c) Abwehrklauseln

Unternehmen ab einer bestimmten Größenordnung haben sowohl für den Einkauf, wie auch für den Verkauf standardisierte Vertragsbedingungen aufgestellt, die sie ihren jeweiligen Lieferbeziehungen zu Grunde legen. Dies führt zwangsläufig zu Kollisionen, wenn auch der jeweilige Geschäftspartner dieser Regel gefolgt ist und seinerseits seine eigenen– für ihn in der Regel günstigeren – Geschäftsbedingungen zu Grunde legt. Dabei pocht zugleich der jeweilige Vertragspartner auf den Vorrang seiner Klauseln mit dem Zusatz: „Gegnerische Geschäftsbedingungen werden nicht anerkannt" (daher werden solche Allgemeinen Geschäftsbedingungen auch als **„Abwehrklauseln"** bezeichnet). Verdeutlichen Sie sich diese praktisch wichtige und auch enorm klausurrelevante Problematik an Hand des nachfolgenden Falles.

Beispiel: V stellt Druckmaschinen her und bietet dem Druckereibetrieb K die Lieferung einer Druckmaschine zum Preis von € 5000 an. Dem Angebot fügt er seine „Verkaufsbedingungen" an, in denen u. a. folgender Passus enthalten ist: „Erfüllungsort ist der Betrieb des Verkäufers. Lieferung erfolgt ausschließlich auf Gefahr des Käufers." K ist wegen des günstigen Preises interessiert und nimmt dieses Angebot schriftlich an. Er bittet aber um Versendung zu seinem Betrieb. Dem Annahmeschreiben fügt er seine eigenen „Einkaufsbedingungen" bei, die u. a. die nachstehende Klausel enthalten: „ Erfüllung tritt erst bei Erhalt der Ware ein. Erfüllungsort ist der Sitz unserer Firma. Nach Eingang der vorerwähnten Annahmeerklärung wird die Maschine durch V an K mittels eines Frachtführers versandt. Auf dem Transport wird der LKW samt der verkauften Maschine gestohlen. V pocht auf Zahlung des Kaufpreises. K ist der Ansicht, er müsse nicht zahlen, da V noch nicht erfüllt habe. Rechtslage?

V kann gem. § 433 Abs. 2 BGB von K den Kaufpreis verlangen, wenn ein entsprechender Kaufvertrag geschlossen wurde. Ein Kaufvertrag setzt zwei sich deckende Willenserklärungen, den Antrag und die Annahme, voraus. Im vorliegenden Fall hatte V unter Bezugnahme auf seine Verkaufsbedingungen ein Angebot gemacht, welches von K durch Bezugnahme auf seine Einkaufsbedingungen angenommen wurde. Beide Geschäftsbedingungen widersprechen sich. Es liegt ein Fall der „sich überkreuzenden Geschäftsbedingungen" vor. Für die Lösung dieses Problems kommen verschiedene Ansätze in Betracht:

aa) Theorie des letzten Wortes

Man könnte an eine Anwendung des § 150 Abs. 2 BGB denken. Danach gilt die Annahme eines Antrags unter Einschränkungen und Modifikationen als Ablehnung verbunden mit einem neuen Antrag. Da K die Annahme unter Ablehnung der Gefahrtragungsklausel des V und dem Verweis auf einen anderen Erfüllungsort erklärt hatte, hätte er damit V gegenüber ein neues Angebot gemacht. Durch die Lieferung wäre der Vertrag vollzogen und damit stillschweigend das Angebot des K von V angenommen worden. Um dies zu vermeiden, hätte V dem Angebot des K widersprechen müssen. Dies hätte dann wieder zu einer Ablehnung des Angebots des K verbunden mit einem neuen Angebot durch V geführt und es wäre nunmehr an K gewesen, seinerseits zu widersprechen. Diese **„Theorie des letzten Wortes"** geht von der Maßgeblichkeit der Allgemeinen Geschäftsbedingungen aus, auf die zuletzt hingewiesen wurde. Damit würden aber die Parteien zu

ständigen Protesten gegen die gegnerischen Geschäftsbedingungen gezwungen werden mit der Folge, dass letztlich der Hartnäckigere unbillig-
erweise bevorzugt werden würde.

bb) Prinzip der Kongruenzgeltung

Die Rechtsprechung hat die von ihr zunächst vertretene „Theorie des letzten Wortes" aufgegeben.und vertritt nunmehr einen anderen Ansatz: Zunächst muss festgestellt werden, ob die Parteien ausdrücklich und unmiss-
verständlich zum Ausdruck bringen, den Vertrag nur zu ihren Bedingungen
abzuschließen. Wenn dies – wie bei klaren „Abwehrklauseln" – der Fall ist,
kommt kein Vertrag mit den Klauseln der einen und auch nicht mit den
Klauseln der anderen Partei zustande. Wenn die Parteien aber trotzdem
erfüllen, bringen sie zum Ausdruck, dass sie den Vertrag nicht am Widerspruch der gegensätzlichen Geschäftsbedingungen scheitern lassen wollen.
In diesem Fall werden die Allgemeinen Geschäftsbedingungen nur insoweit Vertragsbestandteil, als sie übereinstimmen (**„Prinzip der Kongruenzgeltung"**). Im Übrigen läge an sich ein offener Dissens vor (§ 154
Abs. 1 BGB). Mit der Durchführung des Vertrages ist jedoch die Auslegungsregel des § 154 Abs. 1 BGB entkräftet: An die Stelle der nicht einbe-
zogenen Geschäftsbedingungen tritt das dispositive Recht.

Für den im obigen Beispiel geschilderten Fall führt dies zu folgendem **Ergebnis:** V und K haben den Vertrag durchgeführt. Soweit sich die Geschäftsbedingungen hinsichtlich der Gefahrtragung und des Erfüllungsortes widersprechen, gelten weder die Einkaufsbedingungen des K noch
die Verkaufsbedingungen des V. Vielmehr verbleibt es beim dispositiven
Recht. Somit gilt § 447 Abs. 1 BGB i. V. m. § 269 Abs. 1 und 2 BGB. Erfüllungsort war somit der Betriebssitz des V. Da V die Maschine auf Verlangen des K an einen anderen Ort versandt hatte, ging die Preisgefahr
gem. § 447 Abs. 1 BGB mit der Übergabe an den Frachtführer auf K über.
K muss den Kaufpreis zahlen.

d) Vorausvereinbarungen

Zulässig sind Vereinbarungen, die im Voraus für eine bestimmte Art von
Rechtsgeschäften die Geltung bestimmter AGB vorsehen. Es müssen dann
wenigstens bei der Rahmenvereinbarung die unter Buchstabe aa) und bb)
genannten Erfordernisse erfüllt (ausdrücklicher Hinweis sowie Möglichkeit
zumutbarer Kenntnisnahme) und der Vertragspartner einverstanden sein
(vgl. § 305 Abs. 3 BGB). Diese Regelung dient der **Vereinfachung:** Den
Parteien wird es erspart, beim Abschluss neuer Verträge jeweils wieder
unter Beachtung der strengen gesetzlichen Voraussetzungen die Anwendung der AGB zu vereinbaren.

Beispiel: Rechtsverhältnis des Bankkunden mit seiner Bank. Bei Eröffnung eines
Kontos wird für die Zukunft die Anwendung der Bankbedingungen für alle künftig
anfallenden Geschäfte vereinbart.

e) Überraschungsklauseln

Besonders schützt der Gesetzgeber den Vertragspartner vor ungewöhnlichen Klauseln. Es ist eine Erfahrungstatsache, dass kaum jemand die Geschäftsbedingungen im Einzelnen studiert. Dazu hat er beim Vertragsab-

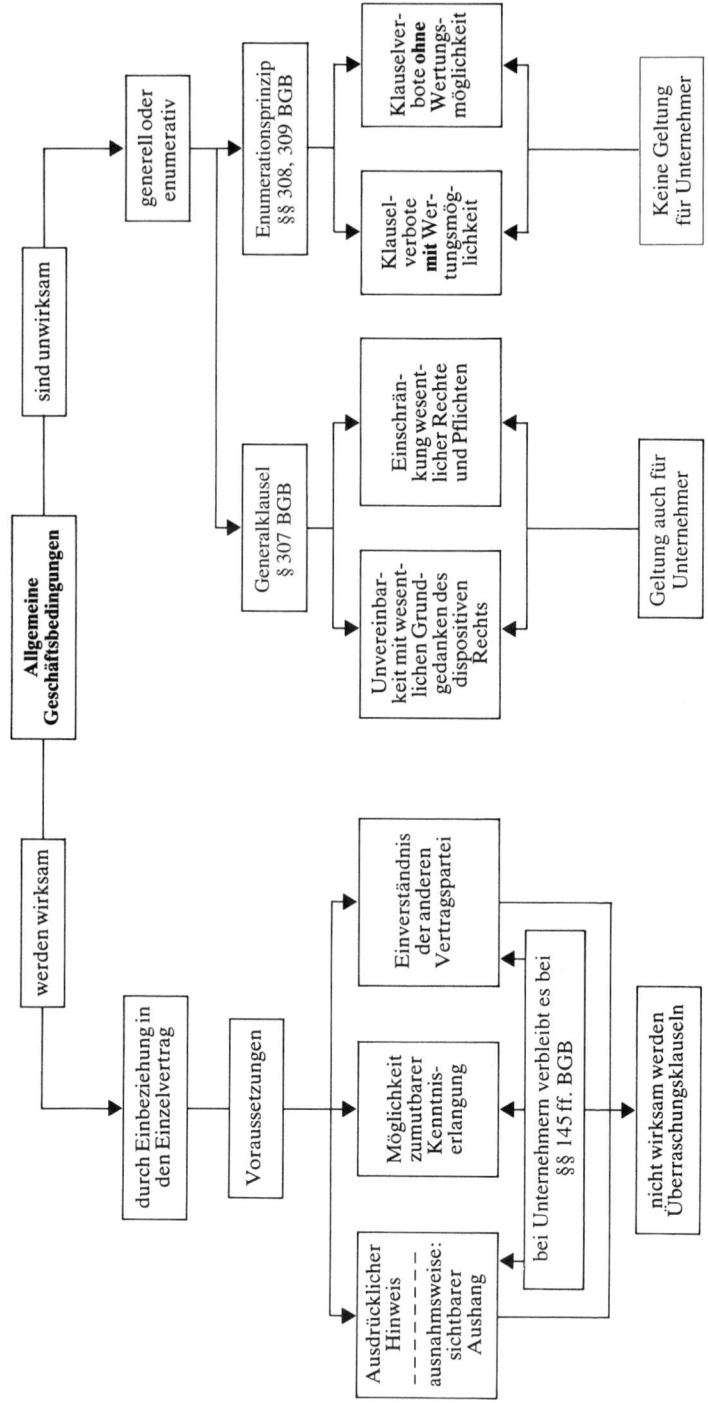

schluss in der Regel gar keine Zeit. Er muss darauf vertrauen können, dass in den AGB lediglich die „üblichen Dinge drinstehen".

Bestimmungen, die nach den Umständen, insbesondere nach dem äußeren Erscheinungsbild des Vertrags, so ungewöhnlich sind, dass der Vertragspartner des Verwenders mit ihnen nicht zu rechnen braucht, werden nach § 305c Abs. 1 BGB (lesen!) nicht Vertragsbestandteil.

Beispiele: Gehaltsabtretungsklauseln in Miet- oder Kreditkaufverträgen; Wartungsklauseln bei Lieferungsverträgen.

f) Unklarheitenregel

Auch AGB bedürfen oft der Auslegung. Sie können widersprüchlich sein oder Fragen offen lassen. § 305c Abs. 2 BGB (lesen!) bestimmt, dass Zweifel bei der Auslegung Allgemeiner Geschäftsbedingungen zu Lasten des Verwenders gehen. Damit wird der Verbraucher geschützt; schließlich sind die Klauseln nicht von ihm, sondern vom Vertragspartner aufgestellt.

4. Inhaltskontrolle von Allgemeinen Geschäftsbedingungen

Allgemeine Geschäftsbedingungen verändern das dispositive Recht zum Nachteil des Vertragspartners, in der Regel des Verbrauchers, als dem wirtschaftlich Schwächeren. Sicher, es ist ihm unbenommen, den Vertragsschluss zu verweigern. Seine rechtliche Gleichberechtigung mit dem Verwender steht jedoch wirtschaftlich gesehen oft nur auf dem Papier. Man denke nur daran, dass der Verbraucher angesichts allgemein üblicher AGB gar keine Möglichkeit hat, seinen Bedarf zu anderen Bedingungen zu decken. Wichtigste Aufgabe für den Gesetzgeber war deshalb die Inhaltskontrolle von AGB: Mit ihr wird eine allzu gravierende Benachteiligung des Kunden vermieden.

Rechtstechnisch fährt der Gesetzgeber zweispurig: Er stellt zunächst eine Generalklausel auf, wonach solche Bestimmungen unwirksam sind, die den Vertragspartner unangemessen benachteiligen (§ 307 BGB); dem fügt er einen Verbotskatalog besonders häufiger Benachteiligungen des Verbrauchers an (§§ 308, 309 BGB). Beginnen Sie bei der Falllösung immer zuerst mit den speziellen Tatbeständen der §§ 308, 309 BGB.

Lernhinweis: Beachten Sie, dass die enumerativ genannten Klauselverbote in §§ 308, 309 BGB nach § 310 Abs. 1 BGB nicht für „Unternehmer", also Gewerbetreibende und Freiberufler, gelten. Das heißt aber nicht, dass unter solchen Geschäftspartnern keine Inhaltskontrolle von AGB stattfindet! § 310 Abs. 1 BGB schließt (neben § 305 Abs. 2 und 3 BGB) nur den enumerativen Katalog der §§ 308, 309 BGB aus; die Generalklausel der Inhaltskontrolle bleibt anwendbar! Bei Verwendung von AGB gegenüber Unternehmern muss also jeweils geprüft werden, ob eine unangemessene Benachteiligung nach § 307 Abs. 1 BGB vorliegt.

a) Generalklausel

Bestimmungen in AGB sind unwirksam, wenn sie den Vertragspartner des Verwenders „entgegen den Geboten von Treu und Glauben unangemessen benachteiligen" (§ 307 Abs. 1 S. 1 BGB – lesen!).

Eine unangemessene Benachteiligung liegt gem. §§ 307 Abs. 2, 307 Abs. 1 S. 2 BGB in nachfolgenden 3 Fällen vor:

aa) Abweichung von wesentlichen Grundgedanken

Eine Bestimmung ist unwirksam, wenn sie mit wesentlichen Grundgedanken der gesetzlichen Regelung, von der abgewichen wird nicht zu vereinbaren ist (§ 307 Abs. 2 Nr. 1 BGB).

Beispiele:

– Gem. § 632 Abs. 3 BGB sind nach Werkvertragsrecht Kostenvoranschläge im Zweifel nicht zu vergüten. Sie erinnern sich: Durch den Satzteil „im Zweifel" bringt der Gesetzgeber zum Ausdruck, dass man durch Vertrag sehr wohl von der gesetzlichen Regel abweichen darf; ob auch durch Allgemeine Geschäftsbedingungen, ist dann als nächstes zu prüfen. So ist nach der Rechtsprechung die formularmäßig vereinbarte Vergütungspflicht von Kostenvoranschlägen mit den wesentlichen Grundgedanken der Regelung des § 632 Abs. 3 BGB nicht zu vereinbaren und als unangemessene Benachteiligung des Kunden unwirksam.

– Nach den dispositiven Regeln des BGB über den Maklervertrag steht dem Makler gem. § 652 BGB eine Provision nur zu, wenn der Vertrag unter bewusster und aktiver Mitwirkung des Maklers zustande kommt. Die Rechtsprechung hat anders lautende Klauseln wegen eines Verstoßes gegen wesentliche Grundgedanken dieser gesetzlichen Regelung nach § 307 Abs. 2 Nr. 1 BGB für unwirksam erklärt, wenn sie einen erfolgsunabhängigen Provisionsanspruch begründen (etwa durch „trickreiche" Hinzuziehungs-, Alleinauftrags- und Vorkenntnisklauseln). Aus demselben Grund wurden Klauseln für unwirksam erklärt, die zum Ersatz von Aufwendungen verpflichten, die über den entstandenen Aufwand hinausgehen.

bb) Einschränkung wesentlicher Rechte und Pflichten

Eine Bestimmung ist weiter unwirksam, wenn sie wesentliche Rechte oder Pflichten, die sich aus der Natur des Vertrags ergeben (man spricht insoweit von den **„Kardinalpflichten"**), so einschränkt, dass die Erreichung des Vertragszwecks gefährdet ist (§ 307 Abs. 2 Nr. 2 BGB).

Beispiele:

Die Rechtsprechung hat insbes. bei der Vereinbarung von **Haftungsausschlüssen** eine unzulässige Einschränkung wesentlicher Rechte und Pflichten angenommen und entsprechende Klauseln für unwirksam erklärt, die eine Haftungsfreistellung vorsahen für

– Konstruktionsfehler,
– unsachgemäßes Einfüllen von Heizöl,
– das Organisationsverschulden bei der Beaufsichtigung von in Obhut genommen Kindern im Kaufhaus,
– die Verletzung der Bewachungspflicht von Parkplatzbetreibern sowie
– der Verletzung von Auskunfts- und Beratungspflichten der Banken und Kapitalanlagevermittler.

cc) Verletzung des Transparenzgebots

Schließlich kann eine Bestimmung unwirksam sein, wenn sie „nicht klar und verständlich ist" (§ 307 Abs. 1 S. 2 BGB).

Beispiel: So haben die Gerichte etwa Klauseln von Energieversorgern für unwirksam erklärt, die bei einer Steigerung von Lohnkosten oder Heizölpreisen automatisch eine Gaspreiserhöhung vorsahen. Begründung: Preisänderungsklauseln müssen für die Kunden klar und verständlich sein und sie müssen es ihnen ermöglichen, die Berechtigung einer Preiserhöhung an Hand der Klausel selbst überprüfen zu können. Für langfristig gebundene Kunden muss bereits bei Vertragsabschluss erkennbar sein, in welchem Umfang Preisanhebungen auf sie zukommen können.

Lernhinweis: Bei der Verletzung des Transparenzgebots ist darüber hinaus zu prüfen, ob nicht bereits ein „Einbeziehungshindernis" gem. § 305 Abs. 2 BGB vorliegt, denn Klauseln, die unklar oder für einen Durchschnittskunden unverständlich sind, werden von vorn herein gar nicht Vertragsbestandteil.

Da § 307 Abs. 2 BGB keine abschließende Aufzählung enthält (vgl. die Formulierung „im Zweifel"), sind darüber hinaus noch weitere Fälle einer unangemessenen Benachteiligung denkbar. Deren Wirksamkeit ist dann ausschließlich nach § 307 Abs. 1 BGB zu beurteilen.

b) Einzelne Klauselverbote

Besonders typische Benachteiligungsfälle enthalten die §§ 308, 309 BGB. (Hinweis: Wenn das Gesetz in § 308 BGB von „Klauselverboten mit Wertungsmöglichkeit" spricht, heißt dies, dass eine Interessenabwägung durchzuführen ist; wobei der Gesetzgeber dies durch Verwendung ausfüllungsbedürftiger Begriffe, wie „unangemessen", „sachlich gerechtfertigt", „zumutbar" usw. zum Ausdruck bringt. Bei den in § 309 BGB genannten „Klauselverboten ohne Wertungsmöglichkeit" sind die dort genannten Bestimmungen ohne Interessenabwägung generell unwirksam.) Lesen Sie diese Bestimmungen aufmerksam durch!

Lernhinweis: Die Lektüre zeigt, um was es bei AGB geht. Der Vertragspartner läuft bei nahezu allen Positionen des Leistungs- und Güteraustausches Gefahr, benachteiligt zu werden. Wenn Sie sich vergegenwärtigen (s. o.), dass die dispositive Regelung des Gesetzgebers an sich einen interessengerechten Ausgleich bezweckt, ist jede Abweichung davon zugleich eine Bevorzugung der einen und eine Benachteiligung der anderen Partei. Ein reichhaltiger Rechtsprechungskatalog, der zu diesen Fragen ergangen ist, zeigt, dass die Versuche der Wirtschaftspraxis, „Gewinnmaximierung" durch günstige Vertragsgestaltung zu erzielen, häufig die auch im dispositiven Recht nicht mehr tolerierbare Grenze übersteigen.

Besonders deutlich wird dies bei der Frage der Gewährleistung. Das BGB räumt im Kauf- bzw. Werkvertragsrecht dem Kunden gewisse Mindestrechte ein. Beispielsweise hat der Käufer das Recht auf Nacherfüllung, Rücktritt oder „Minderung" (Herabsetzung des Kaufpreises), wenn die gelieferte Ware bereits zum Zeitpunkt der Übergabe mangelhaft war. Aus der Sicht des Produzenten und Lieferanten stören diese Rechte die Marktstrategie erheblich. Der Ausschluss gesetzlicher Gewährleistungsansprüche ist deshalb bei vielen Produkten, vor allem bei Markenartikeln und modernen Konsumobjekten, die Regel. Würde der Verbraucher durch die Vorschriften über die Allgemeinen Geschäftsbedingungen hier nicht geschützt, wäre er weithin rechtlos.

§ 309 Nr. 8 lit. b lit. aa BGB bestimmt deshalb hierzu: „In Allgemeinen Geschäftsbedingungen sind Bestimmungen unwirksam, durch die bei Verträgen über Lieferungen neu hergestellter Sachen und über Werkleistungen die Ansprüche gegen den Verwender wegen eines Mangels ... ausgeschlossen ... werden."

Beachten Sie jedoch: Der („formularmäßige") Gewährleistungsausschluss durch Allgemeine Geschäftsbedingungen ist nur unwirksam, wenn es sich um *„neu hergestellte"* Sachen handelt (zu den Rechten des Käufers im Einzelnen vgl. unten den Abschnitt Kaufrecht).

c) Der gesetzliche Katalog unwirksamer Klauseln

Prüfen Sie jetzt die nachfolgende „Check-Liste" aufmerksam durch:

aa) Unzulässige Klauseln nach § 308 BGB:

In Allgemeinen Geschäftsbedingungen ist insbesondere unwirksam

(1.) Annahme- und Leistungsfrist
eine Bestimmung, durch die sich der Verwender unangemessen lange oder nicht hinreichend bestimmte Fristen für die Annahme oder Ablehnung eines Angebots oder die Erbringung einer Leistung vorbehält; ausgenommen hiervon ist der Vorbehalt, erst nach Ablauf der Widerrufs- oder Rückgabefrist nach § 355 Abs. 1 und 2 und § 356 zu leisten;

(2.) Nachfrist
eine Bestimmung, durch die sich der Verwender für die von ihm zu bewirkende Leistung abweichend von Rechtsvorschriften eine unangemessen lange oder nicht hinreichend bestimmte Nachfrist vorbehält;

(3.) Rücktrittsvorbehalt
die Vereinbarung eines Rechts des Verwenders, sich ohne sachlich gerechtfertigten und im Vertrag angegebenen Grund von seiner Leistungspflicht zu lösen; dies gilt nicht für Dauerschuldverhältnisse;

(4.) Änderungsvorbehalt
die Vereinbarung eines Rechts des Verwenders, die versprochene Leistung zu ändern oder von ihr abzuweichen, wenn nicht die Vereinbarung der Änderung oder Abweichung unter Berücksichtigung der Interessen des Verwenders für den anderen Vertragsteil zumutbar ist;

(5.) Fingierte Erklärungen
eine Bestimmung, wonach eine Erklärung des Vertragspartners des Verwenders bei Vornahme oder Unterlassung einer bestimmten Handlung als von ihm abgegeben oder nicht abgegeben gilt, es sei denn, dass

(a) dem Vertragspartner eine angemessene Frist zur Abgabe einer ausdrücklichen Erklärung eingeräumt ist und

(b) der Verwender sich verpflichtet, den Vertragspartner bei Beginn der Frist auf die vorgesehene Bedeutung seines Verhaltens besonders hinzuweisen;

dies gilt nicht für Verträge, in die Teil B der Verdingungsordnung für Bauleistungen insgesamt einbezogen ist;

(6.) Fiktion des Zugangs
eine Bestimmung, die vorsieht, dass eine Erklärung des Verwenders von besonderer Bedeutung dem anderen Vertragsteil als zugegangen gilt;

(7.) Abwicklung von Verträgen
eine Bestimmung, nach der der Verwender für den Fall, dass eine Vertragspartei vom Vertrag zurücktritt oder den Vertrag kündigt,

(a) eine unangemessen hohe Vergütung für die Nutzung oder den Gebrauch einer Sache oder eines Rechts oder für erbrachte Leistungen oder

(b) einen unangemessen hohen Ersatz von Aufwendungen verlangen kann;

(8.) Nichtverfügbarkeit der Leistung
die nach Nummer 3 zulässige Vereinbarung eines Vorbehalts des Verwenders, sich von der Verpflichtung zur Erfüllung des Vertrags bei Nichtverfügbarkeit der Leistung zu lösen, wenn sich der Verwender nicht verpflichtet,
(a) den Vertragspartner unverzüglich über die Nichtverfügbarkeit zu informieren und
(b) Gegenleistungen des Vertragspartners unverzüglich zu erstatten.

bb) Unzulässige Klauseln nach § 309 BGB:

Auch soweit eine Abweichung von den gesetzlichen Vorschriften zulässig ist, ist in Allgemeinen Geschäftsbedingungen unwirksam

(1.) Kurzfristige Preiserhöhungen
eine Bestimmung, welche die Erhöhung des Entgelts für Waren oder Leistungen vorsieht, die innerhalb von vier Monaten nach Vertragsschluss geliefert oder erbracht werden sollen; dies gilt nicht bei Waren oder Leistungen, die im Rahmen von Dauerschuldverhältnissen geliefert oder erbracht werden;

(2.) Leistungsverweigerungsrechte
eine Bestimmung, durch die
(a) das Leistungsverweigerungsrecht, das dem Vertragspartner des Verwenders nach § 320 zusteht, ausgeschlossen oder eingeschränkt wird oder
(b) ein dem Vertragspartner des Verwenders zustehendes Zurückbehaltungsrecht, soweit es auf demselben Vertragsverhältnis beruht, ausgeschlossen oder eingeschränkt, insbesondere von der Anerkennung von Mängeln durch den Verwender abhängig gemacht wird;

(3.) Aufrechnungsverbot
eine Bestimmung, durch die dem Vertragspartner des Verwenders die Befugnis genommen wird, mit einer unbestrittenen oder rechtskräftig festgestellten Forderung aufzurechnen;

(4.) Mahnung, Fristsetzung
eine Bestimmung, durch die der Verwender von der gesetzlichen Obliegenheit freigestellt wird, den anderen Vertragsteil zu mahnen oder ihm eine Frist für die Leistung oder Nacherfüllung zu setzen;

(5.) Pauschalierung von Schadensersatzansprüchen
die Vereinbarung eines pauschalierten Anspruchs des Verwenders auf Schadensersatz oder Ersatz einer Wertminderung, wenn
(a) die Pauschale den in den geregelten Fällen nach dem gewöhnlichen Lauf der Dinge zu erwartenden Schaden oder die gewöhnlich eintretende Wertminderung übersteigt oder
(b) dem anderen Vertragsteil nicht ausdrücklich der Nachweis gestattet wird, ein Schaden oder eine Wertminderung sei überhaupt nicht entstanden oder wesentlich niedriger als die Pauschale;

(6.) Vertragsstrafe
eine Bestimmung, durch die dem Verwender für den Fall der Nichtabnahme oder verspäteten Abnahme der Leistung, des Zahlungsver-

zugs oder für den Fall, dass der andere Vertragsteil sich vom Vertrag löst, Zahlung einer Vertragsstrafe versprochen wird;

(7.) Haftungsausschluss bei Verletzung von Leben, Körper, Gesundheit und bei grobem Verschulden

(a) (Verletzung von Leben, Körper, Gesundheit)

ein Ausschluss oder eine Begrenzung der Haftung für Schäden aus der Verletzung des Lebens, des Körpers oder der Gesundheit, die auf einer fahrlässigen Pflichtverletzung des Verwenders oder einer vorsätzlichen oder fahrlässigen Pflichtverletzung eines gesetzlichen Vertreters oder Erfüllungsgehilfen des Verwenders beruhen;

(b) (Grobes Verschulden)

ein Ausschluss oder eine Begrenzung der Haftung für sonstige Schäden, die auf einer grob fahrlässigen Pflichtverletzung des Verwenders oder auf einer vorsätzlichen oder grob fahrlässigen Pflichtverletzung eines gesetzlichen Vertreters oder Erfüllungsgehilfen des Verwenders beruhen;

die Buchstaben a und b gelten nicht für Haftungsbeschränkungen in den nach Maßgabe des Personenbeförderungsgesetzes genehmigten Beförderungsbedingungen und Tarifvorschriften der Straßenbahnen, Obusse und Kraftfahrzeuge im Linienverkehr, soweit sie nicht zum Nachteil des Fahrgasts von der Verordnung über die Allgemeinen Beförderungsbedingungen für den Straßenbahn- und Obusverkehr sowie den Linienverkehr mit Kraftfahrzeugen vom 27. Februar 1970 abweichen; Buchstabe b gilt nicht für Haftungsbeschränkungen für staatlich genehmigte Lotterie- oder Ausspielverträge;

(8.) Sonstige Haftungsausschlüsse bei Pflichtverletzung

(a) (Ausschluss des Rechts, sich vom Vertrag zu lösen)

eine Bestimmung, die bei einer vom Verwender zu vertretenden, nicht in einem Mangel der Kaufsache oder des Werkes bestehenden Pflichtverletzung das Recht des anderen Vertragsteils, sich vom Vertrag zu lösen, ausschließt oder einschränkt; dies gilt nicht für die in der Nummer 7 bezeichneten Beförderungsbedingungen und Tarifvorschriften unter den dort genannten Voraussetzungen;

(b) (Mängel)

eine Bestimmung, durch die bei Verträgen über Lieferungen neu hergestellter Sachen und über Werkleistungen

(aa) (Ausschluss und Verweisung auf Dritte)

die Ansprüche gegen den Verwender wegen eines Mangels insgesamt oder bezüglich einzelner Teile ausgeschlossen, auf die Einräumung von Ansprüchen gegen Dritte beschränkt oder von der vorherigen gerichtlichen Inanspruchnahme Dritter abhängig gemacht werden;

(bb) (Beschränkung auf Nacherfüllung)

die Ansprüche gegen den Verwender insgesamt oder bezüglich einzelner Teile auf ein Recht auf Nacherfüllung beschränkt werden, sofern dem anderen Vertragsteil nicht ausdrücklich das Recht vorbehalten wird, bei Fehlschlagen der Nacherfüllung zu mindern oder, wenn nicht eine Bauleistung Gegenstand der Mängelhaftung ist, nach seiner Wahl vom Vertrag zurückzutreten;

(cc) (Aufwendungen bei Nacherfüllung)
die Verpflichtung des Verwenders ausgeschlossen oder beschränkt wird, die zum Zwecke der Nacherfüllung erforderlichen Aufwendungen, insbesondere Transport-, Wege-, Arbeits- und Materialkosten, zu tragen;

(dd) (Vorenthalten der Nacherfüllung)
der Verwender die Nacherfüllung von der vorherigen Zahlung des vollständigen Entgelts oder eines unter Berücksichtigung des Mangels unverhältnismäßig hohen Teils des Entgelts abhängig macht;

(ee) (Ausschlussfrist für Mängelanzeige)
der Verwender dem anderen Vertragsteil für die Anzeige nicht offensichtlicher Mängel eine Ausschlussfrist setzt, die kürzer ist als die nach dem Doppelbuchstaben ff zulässige Frist;

(ff) (Erleichterung der Verjährung)
die Verjährung von Ansprüchen gegen den Verwender wegen eines Mangels in den Fällen des § 438 Abs. 1 Nr. 2 und des § 634 a Abs. 1 Nr. 2 erleichtert oder in den sonstigen Fällen eine weniger als ein Jahr betragende Verjährungsfrist ab dem gesetzlichen Verjährungsbeginn erreicht wird; dies gilt nicht für Verträge, in die in Teil B der Verdingungsordnung für Bauleistungen insgesamt einbezogen ist;

(9.) Laufzeit bei Dauerschuldverhältnissen
bei einem Vertragsverhältnis, das die regelmäßige Lieferung von Waren oder die regelmäßige Erbringung von Dienst- oder Werkleistungen durch den Verwender zum Gegenstand hat,

(a) eine den anderen Vertragsteil länger als zwei Jahre bindende Laufzeit des Vertrags,

(b) eine den anderen Vertragsteil bindende stillschweigende Verlängerung des Vertragsverhältnisses um jeweils mehr als ein Jahr oder

(c) zu Lasten des anderen Vertragsteils eine längere Kündigungsfrist als drei Monate vor Ablauf der zunächst vorgesehenen oder stillschweigend verlängerten Vertragsdauer;

dies gilt nicht für Verträge über die Lieferung als zusammengehörig verkaufter Sachen, für Versicherungsverträge sowie für Verträge zwischen den Inhabern urheberrechtlicher Rechte und Ansprüche und Verwertungsgesellschaften im Sinne des Gesetzes über die Wahrnehmung von Urheberrechten und verwandten Schutzrechten;

(10.) Wechsel des Vertragspartners
eine Bestimmung, wonach bei Kauf-, Dienst- oder Werkverträgen ein Dritter anstelle des Verwenders in die sich aus dem Vertrag ergebenden Rechte und Pflichten eintritt oder eintreten kann, es sei denn, in der Bestimmung wird

(a) der Dritte namentlich bezeichnet oder

(b) dem anderen Vertragsteil das Recht eingeräumt, sich vom Vertrag zu lösen;

(11.) Haftung des Abschlussvertreters
eine Bestimmung, durch die der Verwender einem Vertreter, der den
Vertrag für den anderen Vertragsteil abschließt,
(a) ohne hierauf gerichtete ausdrückliche und gesonderte Erklärung
eine eigene Haftung oder Einstandspflicht oder
(b) im Falle vollmachtsloser Vertretung eine über § 179 hinausgehende Haftung
auferlegt;

(12.) Beweislast
eine Bestimmung, durch die der Verwender die Beweislast zum
Nachteil des anderen Vertragsteils ändert, insbesondere indem er
(a) diesem die Beweislast für Umstände auferlegt, die im Verantwortungsbereich des Verwenders liegen, oder
(b) den anderen Vertragsteil bestimmte Tatsachen bestätigen lässt;
Buchstabe b gilt nicht für Empfangsbekenntnisse, die gesondert unterschrieben oder mit einer gesonderten qualifizierten elektronischen
Signatur versehen sind;

(13.) Form von Anzeigen und Erklärungen
eine Bestimmung, durch die Anzeigen oder Erklärungen, die dem
Verwender oder einem Dritten gegenüber abzugeben sind, an eine
strengere Form als die Schriftform oder an besondere Zugangserfor-
dernisse gebunden werden.

5. Besonderheiten bei Verbraucherverträgen

Unter einem „Verbrauchervertrag" versteht man einen Vertrag zwischen
einem „Unternehmer" (Legaldefinition dazu in § 14 BGB) und einem „Verbraucher" (Legaldefinition dazu in § 13 BGB). Repetition: Entscheidend
ist, ob in Ausübung einer gewerblichen oder selbständigen beruflichen
Tätigkeit gehandelt wird! Liegt ein Verbrauchervertrag vor, sind nach
§ 310 Abs. 3 BGB (lesen!) zu Gunsten des Verbrauchers nachfolgende
3 Punkte zu beachten:

(1) Es gilt die Vermutung, dass die verwendeten Allgemeinen Geschäftsbedingungen „als vom Unternehmer gestellt", somit ihm zuzurechnen
sind mit der Folge, dass §§ 305 ff. BGB Anwendung finden.

(2) Die für den Verbraucher günstigen Regelungen der §§ 305 c Abs. 2 und
die §§ 306 und 307 bis 309 BGB finden auf vorformulierte Vertragsbedingungen schon dann Anwendung, wenn sie nur zur einmaligen Verwendung bestimmt sind und soweit der Verbraucher auf ihren Inhalt
keinen Einfluss nehmen konnte.

(3) Bei der nach § 307 Abs. 1 und 2 BGB bei Allgemeinen Geschäftsbedingungen zu beurteilenden unangemessenen Benachteiligung sind auch
die den Vertragsschluss begleitenden Umstände zu berücksichtigen.

6. Weitere Modifikationen des Anwendungsbereichs

In bestimmten Geschäftsfeldern wird der Anwendungsbereich des Rechts
der Allgemeinen Geschäftsbedingungen variiert. So haben wir oben (vgl.
3., b) gelernt, dass § 305 Abs. 2 und 3 sowie der Katalog der Klauselverbote in §§ 308, 309 BGB auf Unternehmer keine Anwendung finden.

§ 310 BGB schränkt den Anwendungsbereich in Abs. 1, 2 und 4 weiter ein; Abs. 3 erweitert ihn dagegen. Vergleichen Sie im Einzelnen an Hand des Gesetzestextes:

a) Versorgungswirtschaft

Die speziellen Regelungen der §§ 308 und 309 BGB finden nach § 310 Abs. 2 BGB keine Anwendung auf Verträge der Elektrizitäts-, Gas-, Fernwärme- und Wasserversorgungsunternehmen. Für die Inhaltskontrolle ist deshalb allein auf die Generalklausel nach § 307 BGB abzustellen.

b) Familien- und Gesellschaftsrecht

Keine Anwendung finden die Vorschriften über die Allgemeinen Geschäftsbedingungen des weiteren im Erb-, Familien- und Gesellschaftsrecht (vgl. § 310 Abs. 4 S. 1 BGB).

c) Arbeitsrecht

Auch Tarifverträge, Betriebs- und Dienstvereinbarungen fallen gem. § 310 Abs. 4 BGB nicht unter das Recht der Allgemeinen Geschäftsbedingungen.

7. Rechtsfolgen bei Nichteinbeziehung und Unwirksamkeit

Was gilt, wenn Allgemeine Geschäftsbedingungen ganz oder teilweise nicht Vertragsbestandteil geworden oder unwirksam sind? Ist dann das gesamte Vertragswerk nichtig oder beschränkt sich die Unwirksamkeit auf die gesetzwidrigen Klauseln? Das BGB hat dafür in § 139 eine Grundregel aufgestellt: Ist ein Teil eines Rechtsgeschäfts nichtig, so ist das ganze Rechtsgeschäft nichtig, sofern nicht anzunehmen ist, dass es auch ohne den nichtigen Teil vorgenommen sein würde. Diese Auslegungsregel wird im Recht der Allgemeinen Geschäftsbedingungen durch § 306 BGB abgeändert: Sind Allgemeine Geschäftsbedingungen ganz oder teilweise nicht Vertragsbestandteil geworden oder unwirksam, so bleibt der **Vertrag im Übrigen wirksam.** An die Stelle der nicht wirksam gewordenen Klauseln treten die (dispositiven) gesetzlichen Vorschriften. Dies gilt nach § 306 Abs. 3 BGB nur dann nicht, wenn das Festhalten am Vertrag eine „unzumutbare Härte" für eine Vertragspartei darstellen würde.

Lernhinweis: Worum es geht, wird klar, wenn man sich die tatsächliche Situation vergegenwärtigt. Kommt statt der Allgemeinen Geschäftsbedingungen das dispositive Recht zur Anwendung, verschlechtert sich dadurch die Position des Verwenders (weil er durchweg mit seinen Allgemeinen Geschäftsbedingungen zu seinen Gunsten von der interessengerechten Regelung des Gesetzes abweicht). Für den Kunden dagegen führt die Nichtanwendbarkeit derartiger Klauseln zu einer Besserstellung (weil jetzt das für ihn günstigere dispositive Recht gilt). Überträgt man diese Erkenntnis auf die Frage, wann eine „unzumutbare Härte" im Sinne des § 306 Abs. 3 BGB vorliegt, kommt man konsequenterweise zum nachfolgenden Ergebnis: Der gescheiterte Versuch des Verwenders, vom Gesetz abzuweichen, kann für ihn eine unbillige Härte in der Regel nicht begründen. Auch für den Kunden wird dies im Hinblick auf seine Besserstellung nur ausnahmsweise in Betracht kommen. Die Rechtsprechung hat unbillige Härten bejaht, wenn durch den Wegfall der Geschäftsbedingungen „der maßgebende Vertragsinhalt unklar wird" und/oder „Ungewissheit und Streit über die beiderseitigen Rechte und Pflichten droht". Relevant ist dies insbes. bei Verträgen, für die keine dispositive gesetzliche Regelung besteht (denken Sie an Franchise-Verträge, Automatenaufstellverträge oder Time-Sharing-Verträge). Hier könnte es sein, dass das Gesetz mit 306 Abs. 3 BGB Steine statt Brot gibt.

Lernhinweis: Repetieren Sie nun noch einmal die gesamte Materie an Hand der Übersicht *Allgemeine Geschäftsbedingungen.*

Klausurtechnischer Hinweis: Wenn es in einer Klausur um Allgemeine Geschäftsbedingungen geht, hat sich eine bestimmte Prüfungsreihenfolge eingebürgert. Verfahren Sie wie nachfolgend:

(1.) Wurden die AGB wirksam (**„Einbeziehungskontrolle"**)?

(aa) Liegen AGB vor (vgl. §§ 305 Abs. 1, 310 Abs. 3 Nr. 1 u. 2 BGB)?

(bb) Ist der sachliche Anwendungsbereich gegeben (vgl. § 310 Abs. 2 u. 4 BGB)?

(cc) Ist der persönliche Anwendungsbereich gegeben (vgl. § 310 Abs. 1 BGB)?

(dd) Wurden die AGB in den Vertrag einbezogen (vgl. §§ 305 Abs. 2, 305 a BGB)?

(ee) Liegt eine Überraschungsklausel vor (vgl. § 305 c Abs. 1 BGB)?

(ff) Kommt ein Vorrang individueller Abreden in Betracht (vgl. § 305 b BGB)?

(2.) Liegen Unwirksamkeitsgründe vor (**„Inhaltskontrolle"**)?

(aa) Liegt ein Verstoß gegen den Katalog der Klauselverbote ohne Wertungsmöglichkeit nach § 309 BGB vor?

(bb) Liegt ein Verstoß gegen den Katalog der Klauselverbote mit Wertungsmöglichkeit nach § 308 BGB vor?

(cc) Liegt ein Verstoß gegen die Generalklausel des § 307 Abs. 1 u. 2 BGB vor?

Wiederholungsfragen zu § 10

Was versteht man unter Abschluss- und Inhaltsfreiheit? (§ 10 I 2)

Welcher Unterschied besteht zwischen einem Vertragsangebot und einer invitatio ad offerendum? (§ 10 II 1 b bb)

Wann erlischt ein Angebot? (§ 10 II 1 d)

Wie behandelt das BGB die verspätete, wie die modifizierte Annahme des Angebots? (§ 10 II 2 d, e)

Was versteht man unter offenem, was unter verstecktem Dissens? (§ 10 II 3)

Welchen Rechtscharakter haben Allgemeine Geschäftsbedingungen? (§ 10 III)

Welche Grenzen setzen die Vorschriften zur Regelung des Rechts der Allgemeinen Geschäftsbedingungen für die Wirksamkeit benachteiligender Klauseln? (§ 10 III 4)

3. Kapitel: Wirksamkeitsvoraussetzungen des Rechtsgeschäfts

§ 11 Die Geschäftsfähigkeit

Lernhinweis: Repetieren Sie zunächst oben § 4, den Abschnitt über die „Rechtssubjekte". Dort wurde die Geschäftsfähigkeit als Wirksamkeitsvoraussetzung bei der rechtsgeschäftlichen Handlungsfähigkeit des Menschen vorgestellt und als „Fähigkeit, im Rechtsverkehr wirksam Erklärungen abgeben zu können", definiert. Dabei wurde dargelegt, dass diese Fähigkeit insbesondere von bestimmten Altersstufen abhängig ist. Vergegenwärtigen Sie sich deshalb vorab noch einmal die oben bei § 4 II, 2 abgedruckte Übersicht.

Nach Durcharbeitung dieses Abschnitts müssen Sie den von der Geschäftsunfähigkeit bzw. beschränkten Geschäftsfähigkeit betroffenen Personenkreis nennen und die jeweils damit verbundenen Rechtsfolgen darlegen können.

I. Die Geschäftsunfähigkeit

Das Gesetz definiert nicht positiv, wer geschäftsfähig ist, sondern legt fest, wer geschäftsunfähig bzw. in der Geschäftsfähigkeit beschränkt ist. Es geht also von einem „Regel/Ausnahme-Verhältnis" aus und unterstellt, dass der Volljährige auch die für die Geschäftsfähigkeit erforderliche Reife und Verantwortung besitzt. Bei Minderjährigen verneint das Gesetz die Geschäftsfähigkeit, wenn diese bestimmte Altersstufen noch nicht erreicht haben.

1. Der betroffene Personenkreis

Geschäftsunfähigkeit liegt nach § 104 BGB in folgenden beiden Fällen vor:

a) Geschäftsunfähigkeit aus Altersgründen

Nach § 104 Ziff. 1 BGB ist geschäftsunfähig, wer nicht das 7. Lebensjahr vollendet hat (hier handelt es sich um einen Schulfall des „strengen Rechts", das keine Wertungsspielräume zulässt, sondern streng auf eine bestimmte Altersstufe abstellt).

b) Geschäftsunfähigkeit wegen krankhafter Störung der Geistestätigkeit

Unabhängig vom Alter ist geschäftsunfähig, wer sich in einem die freie Willensbestimmung ausschließenden Zustand krankhafter Störung der Geistestätigkeit befindet (sog. „natürliche Geisteskrankheit"), sofern nicht dieser Zustand seiner Natur nach ein vorübergehender ist (§ 104 Ziff. 2). Daraus folgt, dass die Geschäftsunfähigkeit nur während des (notfalls festzustellenden und vor allem zu beweisenden) Zustandes der krankhaften Geistesstörung besteht, nicht dagegen in sog. „lichten Augenblicken", in denen die freie Willensbestimmung nicht tangiert ist.

Beispiele: Entsprechende Gemüts- und Nervenkrankheiten, krankhafte Eifersucht u. dgl.

Diese Art der Geschäftsunfähigkeit kann auch für einen bestimmten gegenständlich abgegrenzten Kreis von Geschäften zutreffen. Die Rechtsprechung hat dies z. B. für den sog. „Querulantenwahn" so entschieden.

2. Rechtsfolgen

a) Willenserklärungen des in § 104 BGB genannten Personenkreises

Die Willenserklärung eines Geschäftsunfähigen ist nach § 105 Abs. 1 BGB **nichtig** (Ausnahme: Bereits abgewickelte Geschäfte des täglichen Lebens eines volljährigen Geschäftsunfähigen sind nach § 105a BGB wirksam). Es spielt im Gegensatz zu den Willenserklärungen von beschränkt Geschäftsfähigen auch keine Rolle, ob sie dem Geschäftsunfähigen einen rechtlichen Vorteil bringt oder nicht (beachten Sie den Unterschied zu § 107 BGB!).

b) Willenserklärungen gleichgestellter Personen

Nichtig ist auch eine Willenserklärung, die im Zustand der Bewußtlosigkeit oder vorübergehender Störung der Geistestätigkeit abgegeben wird (§ 105 Abs. 2 BGB).

Verständnisfrage: Worin liegt der Unterschied zwischen § 105 Abs. 2 und § 104 Ziff. 2 BGB? Antwort: Wer unter § 104 Ziff. 2 BGB fällt, ist (von den „lichten Augenblicken" abgesehen) dauernd geschäftsunfähig. § 105 Abs. 2 BGB betrifft hingegen solche Situationen, bei denen die betreffende Person volljährig und geschäftsfähig ist, sich jedoch vorübergehend (z. B. wegen Volltrunkenheit, Drogenrausch, Epilepsie und dgl.) im Zustand der Bewußtlosigkeit oder Störung der Geistestätigkeit befindet.

c) Geschäfte des täglichen Lebens

Schließt ein volljähriger Geschäftsunfähiger ein „Geschäft des täglichen Lebens" ab, das mit geringwertigen Mitteln bewirkt werden kann, so ist der von ihm geschlossene Vertrag nach § 105a BGB wirksam, sobald Leistung und Gegenleistung bewirkt sind. Mit dieser in jüngerer Zeit ins BGB eingefügten Bestimmung soll die Rechtstellung geistig Behinderter verbessert, ihre Eigenverantwortlichkeit gestärkt und ihre soziale Emanzipation gefördert werden. Erfasst sind Geschäfte des täglichen Lebens.

Beispiel: Erwerb von Gegenständen des täglichen Bedarfs, z. B. einfache, zum alsbaldigen Verbrauch bestimmte Nahrungs- oder Genussmittel, Kosmetika, Textilien, Zeitungen; Inanspruchnahme einfacher Dienstleistungen, z. B. Fahrt mit öffentlichen Verkehrsmitteln, Frisör, Kinobesuch.

Allerdings sind derartige Rechtsgeschäfte gem. § 105a S. 2 BGB nicht wirksam, wenn sie mit einer „erheblichen Gefahr für die Person oder das Vermögen des Geschäftsunfähigen" verbunden sind.

Beispiel: Verkauf von Alkoholika an einen Alkoholkranken.

II. Die beschränkte Geschäftsfähigkeit

1. Der betroffene Personenkreis

Ein Minderjähriger, der das 7. Lebensjahr vollendet hat, ist bis zur Vollendung des 18. Lebensjahres in der Geschäftsfähigkeit beschränkt (§ 106 i. V. m. § 2 BGB).

2. Rechtsfolgen

Lernhinweis: Während ein Geschäftsunfähiger keinerlei rechtswirksame Erklärungen abgeben kann, ist der beschränkt Geschäftsfähige in bestimmten Fällen selbst in der Lage, wirksame Rechtsgeschäfte vorzunehmen. Darüber hinaus kann er mit Einwilligung bzw. Genehmigung seines gesetzlichen Vertreters Rechtsgeschäfte abschließen. Welche Rechtsfolge nun eintritt, macht das Gesetz von verschiedenen Gesichtspunkten abhängig. Es kommt zunächst darauf an, ob der Erklärende durch die Willenserklärung lediglich einen rechtlichen Vorteil erlangt. Von Bedeutung ist aber auch, ob er ein einseitiges Rechtsgeschäft tätigt oder Verträge abschließt. Machen Sie sich zunächst mit der Übersicht *Wirksamkeit von Rechtsgeschäften* vertraut.

a) Zustimmungsfreie Rechtsgeschäfte

Aus § 107 BGB ist zu entnehmen, dass ein Minderjähriger Willenserklärungen wirksam abgeben kann, wenn er durch sie „**lediglich** einen **rechtlichen** Vorteil erlangt". Ist dies nicht der Fall, bedarf es der Einwilligung seines gesetzlichen Vertreters. Die Frage ist, wann ein lediglich rechtlicher Vorteil vorliegt.

Merke: Es kommt nicht auf den „wirtschaftlichen" Vorteil an, sondern darauf, ob der Minderjährige „rechtliche" Vorteile erlangt. Auch ein noch so lukratives Geschäft kann der Minderjährige allein nicht vornehmen, wenn er dadurch selbst Verpflichtungen eingehen würde.

Verpflichtungsgeschäfte sind dann für den Minderjährigen rechtlich vorteilhaft, wenn keine rechtsgeschäftlichen Verpflichtungen übernommen werden. Da gegenseitige Verträge immer auch Pflichten für den Minderjährigen bringen, scheiden solche Geschäfte von vornherein aus. Dagegen ist der Minderjährige in der Lage, einseitig – und zwar den Vertragspartner des Minderjährigen – verpflichtende Rechtsgeschäfte abzuschließen.

Schulfall: Die Annahme eines Schenkungsversprechens durch den Minderjährigen.

Verfügungsgeschäfte sind dann lediglich rechtlich vorteilhaft, wenn der Minderjährige nur Rechte erwirbt, nicht dagegen, wenn er (auch) Rechte verliert.

Schulfall: Annahme der Eigentumsübertragung.

Lernhinweis: Bei dieser Problematik wird in Prüfungen gerne der Zusammenhang mit dem im Sachenrecht geltenden Abstraktions- und Trennungsprinzip angesprochen: Das schuldrechtliche Geschäft (der Kaufvertrag) ist streng vom dinglichen Geschäft (der Eigentumsübertragung) zu trennen („Trennungsprinzip"), wobei das rechtliche Schicksal des dinglichen Geschäfts losgelöst ist von der Gültigkeit des schuldrechtlichen Geschäfts („Abstraktionsprinzip"). Wenn also der Kaufvertrag nichtig ist, kann gleichwohl die Übereignung gültig sein. Freilich wird die dann bestehende ungerechtfertigte Vermögensverschiebung über die Vorschriften der ungerechtfertigten Bereicherung nach §§ 812 ff. BGB rückgängig gemacht: Die Übereignung erfolgte „ohne Rechtsgrund" (nämlich ohne Kaufvertrag). Im Minderjährigenrecht wirkt sich das so aus, dass mangels Genehmigung des gesetzlichen Vertreters der Kaufvertrag zwar nichtig, die Übereignung aber gleichwohl gültig ist, weil letztere für den Minderjährigen lediglich rechtlich vorteilhaft ist.

Beispiel: V veräußert seinen Laptop an den 17-jährigen M. Dessen Eltern sind damit nicht einverstanden. Kann dann V von M Rückgabe verlangen?

Antwort: V könnte seinen Anspruch auf § 985 BGB stützen, was davon abhängt, ob er noch Eigentümer des Laptops ist oder das Eigentum an M verloren hat. Der zwischen V und M abgeschlossene Kaufvertrag ist nach der verweigerten Zustimmung des gesetzlichen Vertreters gem. § 108 BGB unwirksam. Die zugleich erfolgte Übereignung ist für M lediglich rechtlich vorteilhaft, deshalb bedurfte er gem. § 107 BGB zur Annahme der Eigentumsübertragung nicht der Einwilligung seines gesetzlichen Vertreters. M ist damit Eigentümer geworden. Ein Herausgabeanspruch nach § 985 BGB besteht somit nicht. In Betracht kommt jedoch ein Anspruch auf Herausgabe „des Erlangten" nach § 812 Abs. 1 S. 1, 1. Alt. BGB.

Nachsatz: Derartige Fälle wirken etwas konstruiert; sie dienen zuvorderst der didaktischen Erläuterung.

Führt ein Rechtserwerb zu einer persönlichen Verpflichtung des Minderjährigen, ist das Rechtsgeschäft **nicht** lediglich rechtlich vorteilhaft.

Beispiel: Unentgeltliche Einräumung einer Gesellschafterstellung, die zur Haftung führt.

Den lediglich rechtlich vorteilhaften Geschäften werden diejenigen gleichgestellt, die dem Minderjährigen **keine rechtlichen Nachteile** bringen (sog. „neutrale Geschäfte"); auch hier ist der Minderjährigenschutz gewahrt.

Schulfall: Jemand lässt sich beim Abschluss eines Kaufvertrages durch einen Minderjährigen vertreten. Dann gibt der Minderjährige zwar eine eigene Willenserklärung ab; verpflichtet wird aber nur der Vertretene (§ 164 Abs. 1 S. 1 BGB). Den beschränkt Geschäftsfähigen treffen keine rechtlichen Nachteile, so dass seine Willenserklärung zustimmungsfrei ist (s. § 165 BGB).

Weiterführende Problematik: Die Anwendung der vorgenannten Grundsätze kann in Ausnahmefällen zu skurrilen Ergebnissen führen: Wenn ein Minderjähriger eine fremde (also ihm nicht gehörende) Sache veräußert, erlangt der Erwerber gutgläubig Eigentum (weil der Minderjährige ja bei diesem neutralen Geschäft keinen Rechtsverlust erleidet); veräußert der Minderjährige dagegen eine ihm gehörige Sache, würde der Eigentumserwerb an der mangelnden Geschäftsfähigkeit des Minderjährigen scheitern.

Lernhinweis: § 107 BGB hat große praktische Bedeutung im Zusammenhang mit Rechtsgeschäften, die aus Gründen der Steuerersparnis innerhalb des Familienbereiches vorgenommen werden. Klassische Situation: Die Eltern möchten den Kindern im Wege der Schenkung bestimmte Einkunftsquellen übertragen. Dies wirkt sich wegen der Progression des Einkommensteuertarifs günstig aus. Da jedoch nach der Finanzrechtsprechung Rechtsgeschäfte mit Familienangehörigen u. a. nur dann anerkannt werden, wenn die jeweiligen Vorschriften des bürgerlichen Rechts beachtet wurden, kommt es entscheidend darauf an, wie dieses Rechtsgeschäft abgeschlossen wird. Ist der Vertrag zwischen den Eltern einerseits und dem Minderjährigen andererseits abgeschlossen, ist er nach BGB nur wirksam,

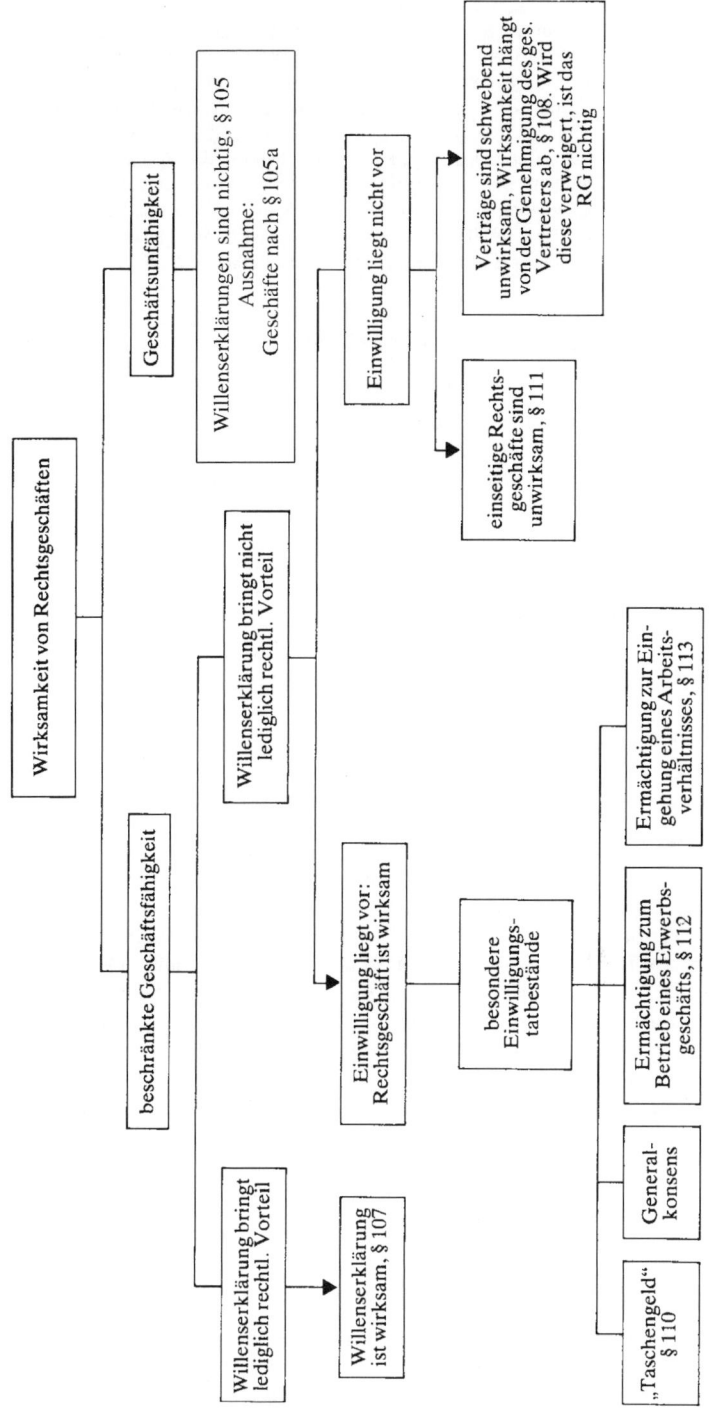

Wirksamkeit von Rechtsgeschäften

Geschäftsunfähigkeit

Willenserklärungen sind nichtig, § 105
Ausnahme:
Geschäfte nach § 105a

Einwilligung liegt nicht vor

Verträge sind schwebend unwirksam, Wirksamkeit hängt von der Genehmigung des ges. Vertreters ab, § 108. Wird diese verweigert, ist das RG nichtig

einseitige Rechtsgeschäfte sind unwirksam, § 111

Willenserklärung bringt nicht lediglich rechtl. Vorteil

Einwilligung liegt vor: Rechtsgeschäft ist wirksam

besondere Einwilligungstatbestände

Ermächtigung zur Eingehung eines Arbeitsverhältnisses, § 113

Ermächtigung zum Betrieb eines Erwerbsgeschäfts, § 112

Generalkonsens

„Taschengeld" § 110

beschränkte Geschäftsfähigkeit

Willenserklärung bringt lediglich rechtl. Vorteil

Willenserklärung ist wirksam, § 107

wenn durch dieses Geschäft der Minderjährige einen lediglich rechtlichen Vorteil erlangt. Bei der Gründung von Gesellschaften mit Minderjährigen bzw. der Aufnahme von Minderjährigen in die bereits bestehende Familiengesellschaft erlangt der Minderjährige auf Grund gesellschaftsrechtlicher Haftung und sonstiger Verpflichtungen nicht nur lediglich rechtliche Vorteile. Er kann das Rechtsgeschäft also nicht allein abschließen. Vielmehr muss für ihn der gesetzliche Vertreter handeln. Da die Eltern als gesetzlicher Vertreter jedoch bereits Vertragspartner und nach § 181 BGB gehindert sind, als Vertreter des Minderjährigen Rechtsgeschäfte mit sich selbst abzuschließen (näheres dazu unten § 20), muss zusätzlich ein Ergänzungspfleger nach § 1909 BGB bestellt werden. Wird dies versäumt, kann das Rechtsgeschäft mangels Einhaltung bürgerlich-rechtlicher Vorschriften steuerrechtlich nicht anerkannt werden.

b) Zustimmungsbedürftige Rechtsgeschäfte

aa) Einseitige Rechtsgeschäfte

Bei einseitigen Rechtsgeschäften (z. B. bei einer Kündigung) benötigt der Minderjährige, um wirksam handeln zu können, die Einwilligung, also die vorherige (vgl. § 183 BGB!) Zustimmung seines gesetzlichen Vertreters. Liegt diese nicht vor, ist das einseitige Rechtsgeschäft nach § 111 BGB **unwirksam.** Eine nachträgliche Zustimmung kann den Mangel nicht heilen. Im Rechtsverkehr muss Klarheit bestehen. Es bleibt dann nur die Neuvornahme. Schwebezustände, wie sie der Gesetzgeber bei Verträgen, die von Minderjährigen abgeschlossen werden, in § 108 BGB vorsieht, sind bei einseitigen Rechtsgeschäften unerträglich.

Dieser Klarheit dient auch § 111 S. 2 BGB: Nimmt ein Minderjähriger (mit der Einwilligung des gesetzlichen Vertreters) ein solches Rechtsgeschäft vor, ist das Rechtsgeschäft dennoch unwirksam, wenn der Minderjährige die Einwilligung nicht in schriftlicher Form vorlegt und der Erklärungsgegner das Rechtsgeschäft aus diesem Grunde unverzüglich zurückweist.

bb) Verträge

Schließt ein beschränkt Geschäftsfähiger einen Vertrag ohne die erforderliche Einwilligung des gesetzlichen Vertreters, so **hängt** die **Wirksamkeit** des Vertrags gem. § 108 Abs. 1 BGB **von der Genehmigung des Vertreters ab.** Der Vertrag ist insoweit „schwebend unwirksam". Der Vertragspartner des Minderjährigen kann zur Beendigung des Schwebezustands selbst beitragen, indem er den gesetzlichen Vertreter zur Erklärung über die Genehmigung auffordert. Nach § 108 Abs. 2 BGB kann dann die Genehmigung nur noch bis zum Ablauf von 2 Wochen nach dem Empfang der Aufforderung erklärt werden; wird sie nicht erklärt, gilt sie als verweigert. Das Geschäft ist dann endgültig unwirksam. Auch ist der Vertragspartner des Minderjährigen bis zur Genehmigung nach § 109 BGB zum Widerruf berechtigt, sofern ihm nicht die Minderjährigkeit bzw. fehlende Einwilligung bekannt war.

cc) Generelle Einwilligungstatbestände

(1) Taschengeldparagraph

Ein Minderjähriger kann nach § 110 BGB (lesen!) ohne Zustimmung des gesetzlichen Vertreters solche Verträge wirksam abschließen, bei denen er die vertragsmäßige Leistung mit Mitteln bewirkt, die ihm vom gesetzlichen

Vertreter zu diesem Zwecke oder zur freien Verfügung oder mit Zustimmung des gesetzlichen Vertreters von einem Dritten überlassen worden sind. Man spricht insofern vom „Taschengeldparagraph". In der Überlassung des Taschengeldes liegt die konkludente Einwilligung. Wichtig ist eine Einschränkung (die aus dem Gesetzeswortlaut: „... Leistung ... bewirkt..." deutlich wird): Der Taschengeldparagraph rechtfertigt keine Kredit- und Ratengeschäfte!

Beispiel: Minderjähriger M kauft eine Video-Anlage zum Preise von 3000 Euro. 1000 Euro zahlt er aus erspartem Taschengeld an, den Rest will er mit laufenden Taschengeldzahlungen bestreiten. Der Vertrag fällt nicht unter § 110 BGB (weil M die Leistung i.H.v. 3000 Euro gerade nicht – voll – bewirkt hat); die Genehmigung des gesetzlichen Vertreters ist erforderlich. Aber: Sind von M bereits alle „Raten" bezahlt, ist die Leistung bewirkt und der Vertrag gültig.

(2) Der Generalkonsens

Die nach dem Minderjährigenrecht erforderliche Einwilligung kann auch generell erfolgen. Man spricht dann von einer Generaleinwilligung oder dem sog. „Generalkonsens". Er liegt vor, wenn einem Minderjährigen erlaubt wird, auf einem bestimmten Sektor Rechtsgeschäfte vorzunehmen. Es wäre lebensfremd, für jedes einzelne in diesem Bereich anfallende Rechtsgeschäft jeweils die Zustimmung des gesetzlichen Vertreters zu verlangen. Vielmehr wird unterstellt, dass der gesetzliche Vertreter mit der Gestattung eines bestimmten Tätigkeitsbereichs zugleich auch in alle damit notwendigerweise verbundenen Rechtsgeschäfte einwilligt.

Beispiel: Ein Internatsschüler darf am Internatsort Rechtsgeschäfte des täglichen Lebens abschließen, z.B. Schulbücher kaufen (nicht dagegen das „Kamasutra").

(3) Partielle Geschäftsfähigkeit

(a) Die Handelsmündigkeit

Ein Fall des Generalkonsenses ist in § 112 BGB (lesen!) geregelt: Ermächtigt der gesetzliche Vertreter (mit Genehmigung des Familiengerichts) den Minderjährigen zum „selbstständigen Betrieb eines Erwerbsgeschäfts", so ist der Minderjährige für solche Rechtsgeschäfte unbeschränkt geschäftsfähig, welche der Geschäftsbetrieb mit sich bringt. Allerdings gilt dies nicht für solche Rechtsgeschäfte, zu denen der gesetzliche Vertreter die Genehmigung des Vormundschaftsgerichts benötigt.

Beispiel: Der „junge Geschäftsmann" kann Ein- und Verkäufe tätigen, Zahlungen veranlassen, Bank- und andere Verträge abschließen. Er kann aber keine Grundstücksgeschäfte tätigen oder Kredite aufnehmen (vgl. dazu §§ 1643, 1821 f.).

Praktischer Hinweis: Nach der Herabsetzung des Volljährigkeitsalters auf 18 Jahre hat diese Bestimmung weitgehend an Bedeutung verloren. Schon wegen der Schulpflicht dürfte es selten sein, dass noch nicht 18-Jährige bereits selbstständige Erwerbsgeschäfte betreiben.

(b) Die Arbeitsmündigkeit

Einen weiteren Fall des Generalkonsenses nennt § 113 BGB (lesen!) bezüglich der Eingehung eines Dienst- oder Arbeitsverhältnisses: Ermächtigt der gesetzliche Vertreter den Minderjährigen, in Dienst oder in Arbeit zu treten, so ist der Minderjährige für solche Rechtsgeschäfte unbeschränkt geschäftsfähig, welche die Eingehung oder Aufhebung eines Dienst- oder Arbeitsverhältnisses der gestatteten Art oder die Erfüllung der sich aus einem solchen Verhältnis ergebenden Verpflichtungen betreffen.

Praktische Auswirkung: Die partielle Geschäftsfähigkeit erstreckt sich auch auf Rechtsgeschäfte, die mit der Erfüllung und Aufhebung des Vertragsverhältnisses zusammenhängen, also den gesamten Bereich der Vertragsabwicklung. Der Minderjährige ist deshalb zur Annahme des Lohns ermächtigt, er kann auch ein Gehaltskonto einrichten und Barabhebungen vornehmen, nicht dagegen Überweisungen tätigen oder sonstige Verfügungen über sein Arbeitseinkommen treffen. Weiter kann der Minderjährige kündigen, gekündigt werden, der Kündigung widersprechen sowie Ausgleichsquittungen erteilen und Vergleiche schließen (sofern die Rechtsgeschäfte nicht zum Nachteil des Minderjährigen wesentlich vom Üblichen abweichen). Wirksam ist auch der vom Minderjährigen erklärte Beitritt zu einer Gewerkschaft.

Hinweis auf das Familienrecht: Das Bundesverfassungsgericht hat es als mit dem allgemeinen Persönlichkeitsrecht des Minderjährigen unvereinbar erklärt, dass Eltern ihre Kinder kraft der gesetzlichen Vertretung finanziell unbegrenzt verpflichten könnten. Daraufhin hat der Gesetzgeber im Familienrecht eine *Beschränkung der Minderjährigenhaftung* vorgesehen: Nach näherer Maßgabe des § 1629 a BGB (lesen!) ist die Haftung des Minderjährigen für Geschäfte, die durch die Zustimmung der Eltern rechtswirksam werden, auf das beim Eintritt der Volljährigkeit vorhandene Kindesvermögen beschränkt.

Abschließender Hinweis: Beachten Sie, dass der **gute Glaube** an das Bestehen der Geschäftsfähigkeit **nicht geschützt** ist! Es nützt also dem Geschäftspartner nichts, wenn er seinen minderjährigen bzw. sonst nicht voll geschäftsfähigen Gegenüber für volljährig bzw. voll geschäftsfähig hält.

Begründung: Das Gesetz kann den guten Glauben nur honorieren, wenn ihm ein verlässliches Publizitätsmittel zugrunde liegt (mangelnde Geschäftsfähigkeit sieht man einem Menschen nicht unbedingt an – ein 17-jähriger kann aussehen wie ein 37-jähriger und umgekehrt).

III. Die Einschränkung der Handlungsfähigkeit Volljähriger

Lernhinweis: Im BGB gab es bis zum Jahre 1990 die Möglichkeit, Volljährige durch das Vormundschaftsgericht entmündigen zu lassen. Dabei wurde nach dem Entmündigungsgrund differenziert: Die Entmündigung wegen „Geisteskrankheit" führte zur Geschäftsunfähigkeit; die Entmündigung wegen „Geistesschwäche" (gleichgestellt waren die „Verschwendung", „Trunksucht" und „Rauschgiftsucht") führte zur beschränkten Geschäftsfähigkeit. Das Betreuungsgesetz von 1990 hat diese Vorschriften aufgehoben und das Rechtsinstitut der **„Betreuung"** eingeführt.

Eine Vormundschaft gibt es bei Volljährigen nicht mehr. Statt dessen wird vom Vormundschaftsgericht gem. § 1896 BGB ein **Betreuer** für den Volljährigen bestellt, wenn er auf Grund einer psychischen Krankheit oder einer körperlichen, geistigen oder seelischen Behinderung seine Angelegenheiten ganz oder teilweise nicht besorgen kann. Der Betreuer hat die Stellung eines **gesetzlichen Vertreters** (§ 1902 BGB) in dem Aufgabenkreis, für den er bestellt ist. Im Gegensatz zur früheren Vormundschaft bei

Volljährigen wird aber durch die Betreuung die Geschäftsfähigkeit nicht berührt. Das heißt: Ein Betroffener, der nicht schon gem. § 104 Ziff. 2 BGB geschäftsunfähig ist (sog. „natürliche Geschäftsunfähigkeit"), behält die Fähigkeit, Rechtsgeschäfte abzuschließen. Ausnahmsweise kann das Familiengericht anordnen, dass der Betreute zu einer Willenserklärung, die den Aufgabenkreis des Betreuers betrifft, dessen Einwilligung bedarf (§ 1903 Abs. 1 S. 1 BGB; sog. **„Einwilligungsvorbehalt"**). Voraussetzung für die Anordnung des Einwilligungsvorbehalts ist, dass sie zur Abwendung einer erheblichen Gefahr für die Person oder das Vermögen des Betreuten erforderlich ist.

Rechtsfolgen der Anordnung des Einwilligungsvorbehaltes sind:

* Es gelten die Vorschriften der §§ 108 ff. BGB über die beschränkte Geschäftsfähigkeit entsprechend (§ 1903 Abs. 1 S. 2 BGB).
* Der Betreute bedarf jedoch der Einwilligung des Betreuers zu einer Willenserklärung nicht, wenn sie ihm lediglich einen rechtlichen Vorteil bringt oder wenn es sich um eine Willenserklärung handelt, die eine geringfügige Angelegenheit des täglichen Lebens betrifft und das Familiengericht den Einwilligungsvorbehalt nicht auf solche Willenserklärungen ausgedehnt hat (§ 1903 Abs. 3 BGB).

Der Vorbehalt kann sich gem. § 1903 Abs. 2 BGB nicht erstrecken auf bestimmte höchstpersönliche Willenserklärungen (Eheschließung und Verfügungen von Todes wegen).

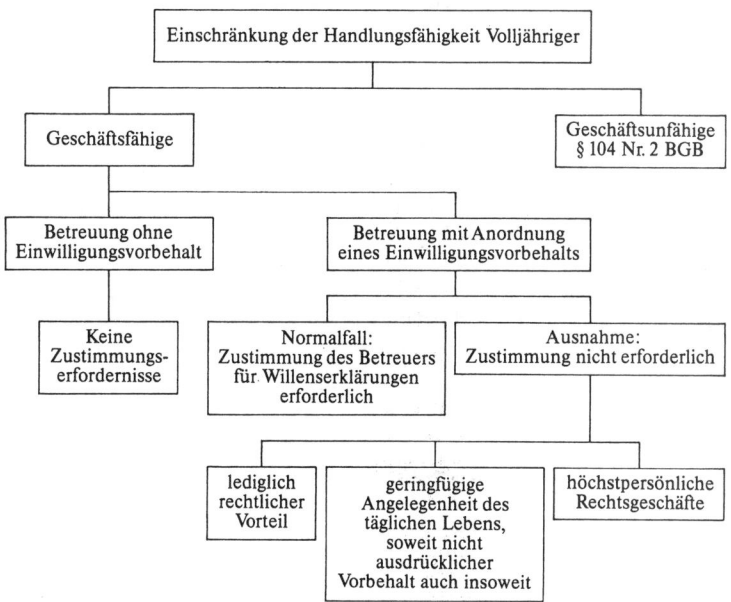

Hinweis: Trotz des Verweises auf die Vorschriften der §§ 108 ff. BGB bedeutet die Anordnung des Einwilligungsvorbehaltes nicht, dass der Betreute beschränkt geschäftsfähig ist. Die beschränkte Geschäftsfähigkeit bezieht sich auf alle Willenserklärungen, die von der betroffenen Person abgegeben werden, wohingegen der Einwilligungsvorbehalt nur bei solchen Willenserklärungen greift, die den Aufgabenkreis betreffen, für den der Betreuer bestellt wurde. Machen Sie sich die Zusammenhänge noch einmal anhand der Skizze „Die Einschränkung der Handlungsfähigkeit Volljähriger" klar.

Wiederholungsfragen zu § 11

Welche Personen sind geschäftsunfähig und welche Konsequenzen hat dies? (§ 11 I)

Welche Personen sind beschränkt geschäftsfähig? (§ 11 II 1)

Unter welchen Voraussetzungen können beschränkt Geschäftsfähige wirksame Willenserklärungen abgeben? (§ 11 II 2a)

Was versteht man unter einem Generalkonsens? (§ 11 II 2b cc (2))

Fallen Kreditgeschäfte unter den Taschengeldparagraphen? (§ 11 II 2b cc (1))

§ 12 Die Form des Rechtsgeschäfts

Lernhinweis: Willenserklärungen und Rechtsgeschäfte sind nach deutschem bürgerlichem Recht „grundsätzlich" (d.h.: soweit keine Ausnahmen eingreifen) formlos gültig. Entgegen einer weit verbreiteten Laienmeinung gilt also in der Regel bereits das gesprochene Wort. Aus wohlerwogenen Gründen schreibt das Gesetz in bestimmten Fällen besondere Formen vor, deren Nichteinhaltung das Rechtsgeschäft nichtig macht. Darüber hinaus ist es möglich, dass die Parteien (namentlich zur Beweissicherung) es nicht bei der Formfreiheit belassen, sondern Schriftform vereinbaren.

I. Funktionen des Formzwangs

Die Formfreiheit ist Ausdruck der Privatautonomie. Die Gültigkeit mündlicher Vereinbarungen und Erklärungen vereinfacht und beschleunigt den Rechtsverkehr. Es lässt sich aber nicht verkennen, dass damit auch Gefahren verbunden sind („schnell fertig ist (nicht nur) die Jugend mit dem Wort, das scharf sich handhabt wie des Messers Schneide …"). Diesen begegnet der Gesetzgeber mit Formvorschriften als Ausnahmetatbeständen. Sie erfüllen insbesondere folgende Funktionen:

1. Die Warnfunktion

Unbedachte Worte sind schnell ausgesprochen. Vor Willenserklärungen mit schwerwiegenden Folgen will der Gesetzgeber den Rechtsgenossen warnen und ihn so vor Übereilung schützen. Dies ist z.B. der Grund, weshalb die Bürgschaftserklärung (§ 766 BGB – lesen!), die Abgabe eines Schenkungsversprechens (§ 518 Abs. 1 BGB – lesen!) oder die Verpflichtung zum Erwerb oder zur Veräußerung eines Grundstücks (§ 311b Abs. 1 BGB – lesen!) die Einhaltung einer bestimmten Form erfordern.

2. Die Aufklärungsfunktion

In vielen Fällen ist sich der Erklärende der juristischen Zusammenhänge und Konsequenzen seines Handelns nicht voll bewusst. Hier will der Gesetzgeber durch die Einschaltung einer Beratungsinstanz auf Folgen und mögliche Gefahren der abzugebenden Erklärung aufmerksam machen. Dies trifft namentlich auf den Grundstückskaufvertrag (§ 311 b Abs. 1 BGB), die Güterverträge zwischen Ehegatten (§ 1410) sowie viele erbrechtliche Rechtsgeschäfte zu. In all diesen Fällen garantiert die notarielle Beurkundung eine neutrale Aufklärung durch den Notar als Organ der Rechtspflege.

3. Die Beweisfunktion

Die Einhaltung einer bestimmten Form dient stets auch der Beweissicherung. Was „schwarz auf weiß geschrieben steht, kann man (nicht nur) getrost nach Hause tragen", sondern auch in einem eventuellen Rechtsstreit durch die Vorlegung der entsprechenden Urkunde beweisen. Bei mündlichen Erklärungen dagegen müsste der (oft unzuverlässige) Zeugenbeweis angetreten werden. Bei Abmachungen unter vier Augen ist ein Prozess nicht sehr Erfolg versprechend, wenn der Erklärungsgegner (als Beklagter) die Äußerung bestreitet.

Rechtspolitischer Hinweis: Der Gesetzgeber hat aber nicht generell die Wirksamkeit etwa für „besonders bedeutende Geschäfte über große Vermögenswerte" von der Einhaltung einer Formvorschrift abhängig gemacht. Welchen Wert sollte er auch ansetzen? So kann ein Aktienpaket über mehrere Millionen Euro durch ein kurzes telefonisches Gespräch rechtswirksam verkauft werden; der Kaufvertrag über einige wertlose Quadratmeter Ackerland dagegen muss vor dem Notar geschlossen werden.

II. Die verschiedenen Formtypen

Man unterscheidet die Schriftform, die öffentliche Beglaubigung und die notarielle Beurkundung. Der Allgemeine Teil des BGB sagt nur etwas darüber aus, welche Anforderungen an die einzelnen Formtypen gestellt werden. Wann die betreffende Form eingehalten werden muss, sagt das Gesetz jeweils bei den einzelnen Regelungskomplexen, z.B. im Schuld-, Sachen-, Familien- und Erbrecht.

Lernhinweis: Verschaffen Sie sich jetzt einen Überblick anhand der Übersicht *Formzwang und Formfreiheit im Privatrecht.*

1. Schriftform

a) Gesetzliche Schriftform

Verlangt das Gesetz „schriftliche Form", muss die Urkunde (also die „verkörperte Erklärung") nach § 126 BGB (lesen!) von dem Erklärenden eigenhändig durch Namensunterschrift oder (bei Analphabeten) mittels notariell beglaubigten Handzeichens **unterzeichnet** werden. Nicht ist gefordert, dass die Erklärung selbst eigenhändig geschrieben wird (sonst hätte der Gesetzgeber bestimmt, dass die Erklärung „eigenhändig geschrieben und unterschrieben" werden muss, so z.B. beim handschriftlichen Testament nach § 2247 Abs. 1 BGB). Die normale Schriftform bedeutet also bloße **„Unterschriftsform".** Zu beachten ist, dass die Eigenhändigkeit nicht mit „Höchstpersönlichkeit" gleichzusetzen ist: Schrift-

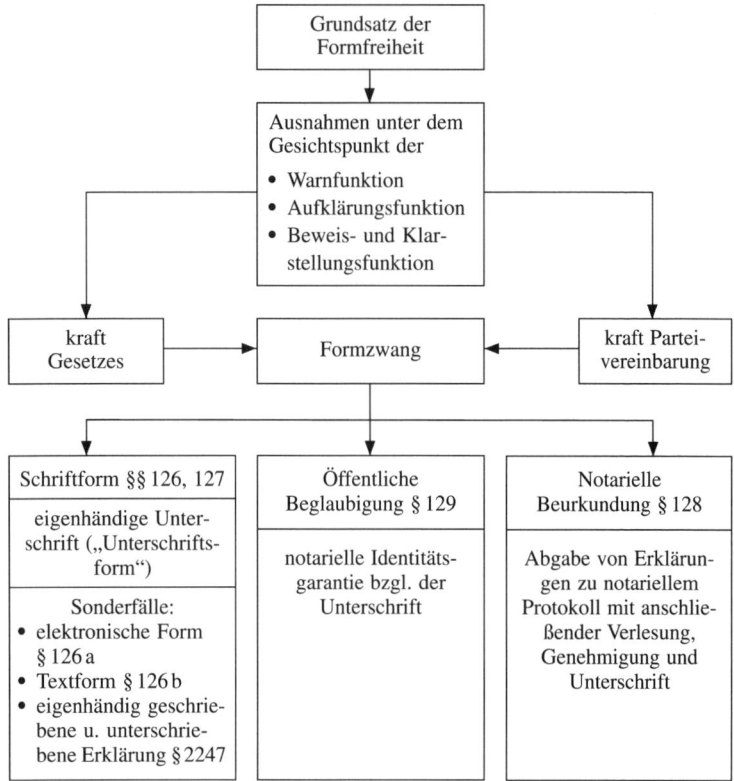

form wird also auch gewahrt, wenn die Erklärung durch einen Vertreter schriftlich abgegeben wird. Anders nur, wenn der Gesetzgeber ausdrücklich „Höchstpersönlichkeit" vorschreibt.

aa) Elektronische Form

Die modernen Medien haben inzwischen auch ihren Einzug ins BGB gehalten: Nach § 126 Abs. 3 BGB kann die schriftliche Form durch die *elektronische* Form (z.B. E-mail) ersetzt werden, sofern sich nicht aus dem Gesetz etwas anderes ergibt. Sie ist keine eigenständige Form, vielmehr ein **Sonderfall der Schriftform.** Bei der elektronischen Form muss der Aussteller der Erklärung dieser seinen Namen hinzufügen und das elektronische Dokument mit einer qualifizierten elektronischen Signatur nach dem Signaturgesetz versehen, um Missbräuchen vorzubeugen. Fehlt die Signatur, genügt die Erklärung nicht der Form.

Natürlich kann die elektronische Form die ansonsten gesetzlich vorgeschriebene Schriftform nur ersetzen, wenn der Erklärungsempfänger bzw. der Vertragspartner damit einverstanden ist. Dieses Einverständnis kann auch konkludent erfolgen, z.B. dadurch, dass die Parteien ihren Geschäftsverkehr elektronisch abwickeln.

Beachten Sie § 126 Abs. 2 BGB: Zur Wahrung der Form reicht es nicht aus, dass jede Partei nur ihre eigene Angebots- bzw. Annahmeerklärung signiert. Vielmehr müssen gleichlautende übereinstimmende Signaturdokumente hergestellt werden.

bb) Textform

Mit der *Textform* hat der Gesetzgeber in § 126b BGB einen **neuen Formtypus** geschaffen: die *„lesbare, aber unterschriftslose"* Willenserklärung. Verlangt wird, dass die Erklärung in einer Urkunde (oder auf andere zur dauerhaften Wiedergabe in Schriftzeichen geeignete Weise) abgegeben wird, welche die Person des Erklärenden nennt und den Abschluss der Erklärung durch Nachbildung der Namensunterschrift oder anders erkennbar macht. **Verzichtet** wird also **auf die** bei der Schriftform erforderliche **eigenhändige Unterschrift.** Für die Textform besteht ein Bedürfnis bei massenhaft verbreiteten Mitteilungen (z.B. von Versicherungen und Bausparkassen). In diesen Fällen kann auf die Warnfunktion der Form verzichtet werden, andererseits wäre die nur mündliche Äußerung für Information und Dokumentation nicht ausreichend. Im BGB finden sich Beispiele für die Textform in §§ 312c Abs. 2, 355 Abs. 1 S. 2, 356 Abs. 1 Nr. 3, 357 Abs. 3, 477 Abs. 2, 493 Abs. 4, 502 Abs. 2, 505 Abs. 2 u.a. m. Der in § 126b erwähnte „Abschluss der Erklärung" wird in der Regel durch die maschinenschriftliche Unterschrift erfolgen, eine Datierung oder Grußformel („Mit freundlichen Grüßen, Ihre Bausparkasse") genügt aber auch.

b) Rechtsgeschäftliche Schriftform

Die Parteien können nach § 127 BGB (lesen!) die gesetzliche Schriftform auch für solche Fälle einführen, für die der Gesetzgeber an sich Formfreiheit vorsieht. Dies ist namentlich bei umfangreichen Vertragswerken empfehlenswert. Hier liegt der Gedanke der Beweissicherung zugrunde: Die Parteien wollen abschließend festhalten, was endgültig verbindlich sein soll, unabhängig von den verschiedenen vorausgegangenen Verhandlungsstationen. Deshalb wird in der Regel ein Passus aufgenommen, wonach mündliche Nebenabreden nur gültig sein sollen, wenn sie schriftlich bestätigt werden. Allerdings sind für die rechtsgeschäftlich vereinbarte Form gewisse Formerleichterungen möglich, wie etwa die **telekommunikative Übermittlung** (z.B. per Fax), bei der die Urkunde – entgegen § 126 Abs. 1 BGB – gerade nicht eine eigenhändige Namensunterschrift aufweist (vgl. im Einzelnen § 127 Abs. 2 und 3 BGB – lesen!).

2. Öffentliche Beglaubigung

Verlangt das Gesetz „öffentliche Beglaubigung", so muss nach § 129 Abs. 1 BGB (lesen!) die **Erklärung schriftlich** abgefasst und die **Unterschrift** des Erklärenden von einem Notar **beglaubigt** werden. Die öffentliche Beglaubigung dient damit der Identitätskontrolle bzw. -garantie: Der Notar bestätigt, dass die Unterschrift auch tatsächlich von dem stammt, der sich vor dem Notar als Träger dieses Namens ausgewiesen hat. Öffentliche Beglaubigung schreibt das Gesetz häufig bei Erklärungen gegenüber Behörden vor.

Beispiele: Die Anmeldungen zu den öffentlichen Registern (Grundbuch, Handelsregister) bedürfen der öffentlichen Beglaubigung, vgl. §§ 29 GBO, 12 HGB.

Lernhinweis: Davon strikt zu trennen ist die behördliche Beglaubigung von Urkunden nach den Verwaltungsverfahrensgesetzen. Beispiel: Beglaubigung der Abschrift eines Abiturzeugnisses, um die Übereinstimmung mit dem Original bei der Immatrikulation nachzuweisen.

3. Notarielle Beurkundung

Als strengste Form kennt das bürgerliche Recht die notarielle Beurkundung. Das Gesetz bringt in § 128 BGB nur Minimalia: Verlangt das Gesetz notarielle Beurkundung eines Vertrags, „so genügt es, wenn zunächst der Antrag und sodann die Annahme des Antrags von einem Notar beurkundet wird". Einzelheiten über die Beurkundung finden sich im Beurkundungsgesetz: Die Erklärung wird nach vorangegangener Beratung vor dem Notar abgegeben, von diesem niedergeschrieben, dem Erklärenden vorgelesen, von diesem genehmigt und unterschrieben sowie anschließend durch den Notar unterzeichnet. Als stärkste Form ersetzt die notarielle Beurkundung auch die öffentliche Beglaubigung sowie die Schriftform (§§ 126 Abs. 4, 129 Abs. 2).

Beispiele: Für besonders wichtige Rechtsgeschäfte schreibt das Gesetz notarielle Beurkundung vor, z. B. für den Grundstückskaufvertrag (§ 311 b Abs. 1 BGB), das Schenkungsversprechen (§ 518 Abs. 1 BGB) sowie die Güter- und Erbverträge (§§ 1410, 2276 BGB).

III. Rechtsfolgen bei Formverstößen

Die Nichtbeachtung der Form führt grundsätzlich zur Nichtigkeit des Rechtsgeschäfts. Ausnahmsweise ist zu prüfen, ob formnichtige Rechtsgeschäfte „geheilt" werden können.

1. Nichtigkeitsfolgen

Ein Rechtsgeschäft, bei dem die durch Gesetz vorgeschriebene Form nicht beachtet wird, ist nach § 125 S. 1 BGB (lesen!) nichtig. Das gilt auch, wenn die rechtsgeschäftlich bestimmte („gewillkürte") Form nicht beachtet wird; allerdings nur „im Zweifel" (vgl. den Wortlaut von § 125 S. 2 BGB!). Man muss somit stets durch Auslegung den hinter der Vereinbarung stehenden Parteiwillen ermitteln: Haben die Vertragspartner die Einhaltung der Form lediglich zur Beweissicherung vereinbart oder wollten sie diese als Wirksamkeitsvoraussetzung ihrer Vereinbarung zugrunde legen? Trifft letzteres zu, muss man weiter fragen: Darf man unterstellen, dass die Parteien bei lediglich mündlich getroffenen Abreden in so weit die Schriftformabrede außer Kraft setzen wollten? Demzufolge ist zu differenzieren:

a) Beweissicherung

Wollten die Parteien die vereinbarte Form nur als Mittel der Beweissicherung, nicht dagegen als Wirksamkeitsvoraussetzung, so ist die Nichteinhaltung der Form unschädlich.

Beispiel: Die Vertragspartner vereinbaren, dass Erklärungen schriftlich zu erfolgen haben und mit Einschreiben zuzustellen sind. Wird eine Erklärung zwar schriftlich abgegeben, die Zustellung jedoch nicht per Einschreiben, sondern durch normalen

Brief bewirkt, berührt dieser Mangel die Wirksamkeit der Erklärung nicht, wenn der Zugang auf andere Weise bewiesen werden kann.

b) Aufhebung der gewillkürten Schriftform

Die Formvereinbarung kann auch – ausdrücklich oder stillschweigend – wieder aufgehoben werden. In einer mündlichen Nebenabrede kann möglicherweise zugleich die stillschweigende Aufhebung der Formabrede liegen.

Beispiel: Mieter und Vermieter unterzeichnen einen vorgedruckten Mietvertrag, der die Klausel enthält, dass mündliche Nebenabreden unwirksam sind. Nach Unterzeichnung erklärt sich der Vermieter mündlich bereit, wegen der dem Mieter obliegenden Renovierungskosten für die ersten drei Monate die Miete um die Hälfte zu ermäßigen. Später verlangt der Vermieter den vollen Mietzins. An seine mündliche Zusage hält er sich wegen mangelnder Schriftform für nicht gebunden. Mit Recht?

Antwort: Der Vermieter ist an seine Zusage gebunden, wenn sie wirksam ist. Die Parteien haben sich nach § 127 BGB vertraglich der Schriftform unterworfen. Verstöße dagegen würden nach § 125 S. 2 BGB im Zweifel zur Nichtigkeit der Erklärung führen. Es ist jedoch zu beachten, dass Vermieter und Mieter das Schriftformerfordernis jederzeit wieder aufheben können. Dies kann ausdrücklich oder stillschweigend erfolgen. Ob dies auch dadurch möglich ist, dass durch mündliche Abreden konkludent insoweit die Schriftform außer Kraft gesetzt wird, ist fraglich und strittig. Denn welche Bedeutung soll die vertraglich eingeführte Schriftform noch haben, wenn sie durch jede mündliche Nebenabrede wieder aufgehoben wird? Formfreie, insbesondere mündliche Absprachen sind jedenfalls gültig, wenn die Parteien dies übereinstimmend und eindeutig wollen. In der mündlichen Zusage des Vermieters, die Miete für die ersten drei Monate nachzulassen, kann insoweit der Verzicht auf Einhaltung des Schriftformerfordernisses liegen. Ist aber im formbestimmenden Rechtsgeschäft angeordnet, dass der rechtsgeschäftliche Formzwang nur durch formgebundene Erklärung aufgehoben werden darf, ist die formfreie Aufhebung des Formzwangs ausgeschlossen (so BGHZ 66, 381 f. für Kaufleute). Steht dieser Passus aber in Allgemeinen Geschäftsbedingungen, so ist gem. § 305 b BGB eine formfreie Aufhebung dennoch wirksam: Individualabreden gehen vor.

Für die Praxis ist jedoch zu betonen, dass die Partei, die eine formlose Änderung bzw. Ergänzung einer unter die Schriftformklausel fallenden Regelung behauptet, dies auch beweisen muss, was nicht immer einfach sein dürfte!

2. Gültigkeit trotz mangelnder Form

a) Heilung von Formverstößen

An sich sind Formverstöße unheilbar. In bestimmten Fällen sieht das Bürgerliche Gesetzbuch jedoch die „Heilung" nichtiger Verpflichtungsgeschäfte vor. Dies kann geschehen durch nachfolgende Erfüllung, Bestätigung sowie Umdeutung. Vergleiche dazu unten § 15.

b) Einschränkung der Formnichtigkeit durch Treu und Glauben

Aus Gründen der Rechtssicherheit müssen Formvorschriften auch dann zwingend gelten, wenn im Einzelfall Zweifel an ihrer Rechtfertigung auftauchen. In wenigen Ausnahmefällen hat die Rechtsprechung von einer Anwendung des § 125 BGB abgesehen und die Berufung auf die Formnichtigkeit des Rechtsgeschäfts verwehrt, wenn es mit dem Grundsatz von Treu und Glauben (§ 242 BGB) unvereinbar wäre, das Rechtsgeschäft am Formmangel scheitern zu lassen. Die Rechtsprechung stellt dafür jedoch hohe Hürden auf und verwendet nachfolgende *Formel:* Die Nichtigkeit wegen Formverstoßes muss für die betroffene Partei *„nicht bloß hart, sondern schlechthin untragbar sein ".*

Beachten Sie **drei typische Fallkonstellationen:**

(1.) Arglistige Täuschung

Hat eine Vertragspartei die andere über die Formbedürftigkeit arglistig getäuscht, kann gegenüber Ansprüchen des Getäuschten nicht der Einwand der Formnichtigkeit geltend gemacht werden.

(2.) Versehentlich unterbliebene Form

Beruhte der Formmangel auf fahrlässiger Unkenntnis oder ist die an sich beabsichtigte Formbestätigung des Vertrags versehentlich unterblieben, kann eine Korrektur des § 125 BGB in Betracht kommen. Dies allerdings nur, wenn die Annahme der Nichtigkeit zu einem schlechthin untragbaren Ergebnis führen würde (etwa angesichts schwerer Treupflichtverletzungen durch einen Vertragspartner).

Beispiel: Eine Siedlungsgesellschaft überträgt einem Erwerbswilligen ein Grundstück zunächst als Pächter mit der lediglich schriftlichen Abrede, dass nach einer mehrjährigen Probezeit – entsprechend der bislang gehandhabten Praxis – Übereignung verlangt werden kann. Später weigert sich die Gesellschaft und beruft sich auf die mangelnde notarielle Beurkundung.

(3.) Formlose Hofübergabe

Für den speziellen Bereich des Höferechts hat sich der Bundesgerichtshof über die Formbedürftigkeit hinweg gesetzt, wenn der Hofeigentümer durch Art, Dauer und Umfang der Beschäftigung eines Angehörigen zu erkennen gab, dass jener den Hof übernehmen soll.

Problematisch sind die Fälle, bei denen eine *bewusste Nichtbeachtung* der Form vorliegt. Berühmt geworden ist in diesem Zusammenhang der „Edelmanns-Fall" des Reichsgerichts (RGZ 117,121).

Sachverhalt: Ein Schuldner versprach seinem Gläubiger als Belohnung für geleistete Dienste die Übereignung eines Grundstücks. Das Verlangen des Versprechensempfängers nach notarieller Beurkundung lehnte er mit dem Hinweis ab, er sei von Adel und sein Edelmannswort genüge. Später wollte er von seinem Versprechen nichts mehr wissen. Als daraufhin der Versprechensempfänger die (formlos) versprochene Übereignung gerichtlich durchsetzen wollte, lehnte das Reichsgericht den Erfüllungsanspruch ab.

Dieses Ergebnis findet in Rechtsprechung und Schrifttum Zustimmung: Wer sein Geschäft bewusst nicht dem Recht unterstellt, sondern einem Edelmannswort, dem hilft das Recht auch nicht; wer eine ihm bekannte Formvorschrift nicht beachtet, dem fehlt der Rechtsfolgewille.

Der Bundesgerichtshof hat die von ihm vorgegebene Linie (wonach die Nichtigkeit wegen Formverstoßes für die betroffene Partei nicht nur hart sondern schlechterdings untragbar sein muss) jedoch nicht immer konsequent eingehalten, wie nachfolgender Fall zeigt.

Auf die Beachtung der notariellen Form angesprochen beschwichtigte ein Verkäufer seinen Geschäftspartner und betonte seine besondere Vertragstreue. Ähnlich wie beim „Edelmann-Fall" des Reichsgerichts versicherte er, auf „sein Wort als ehrbarer Kaufmann" könne man sich verlassen. Im Gegensatz zum Reichsgericht hat der Bundesgerichtshof in diesem Fall unter Berufung auf Treu und Glauben die Wirksamkeit des Rechtsgeschäfts trotz nicht eingehaltener Form bejaht (BGHZ 48, 396).

Wiederholungsfragen zu § 12

Welche Zwecke verfolgt der Gesetzgeber mit der Einführung von Formvorschriften? (§ 12 I)

Was versteht man unter der Schriftform? (§ 12 II 1)

Welche Rechtsfolge hat ein Verstoß gegen die vorgeschriebene Form? (§ 12 III 1)

Sind Fälle denkbar, wonach Rechtsgeschäfte trotz Formverstoß wirksam sind? (§ 12 III 2)

4. Kapitel: Mangelhafte Rechtsgeschäfte

Lernhinweis: Der nachfolgende Abschnitt beschäftigt sich mit der Nichtigkeit von Rechtsgeschäften und zeigt dabei die inhaltlichen Grenzen der privatautonomen Gestaltung auf. Daran anschließend werden die Willensmängel erörtert, insbesondere die Anfechtung von Willenserklärungen. Auch hier handelt es sich um in der Praxis wichtige und im Studium außerordentlich klausurrelevante Themen, so dass höchste Aufmerksamkeit geboten ist! Beachten Sie, dass der Gesetzgeber auf diesen Gebieten verschiedene Begriffe verwendet: Nichtigkeit, Unwirksamkeit, Anfechtbarkeit. Prägen Sie sich vorab ein:

- Bei der **Nichtigkeit** eines Rechtsgeschäfts treten überhaupt keine Rechtswirkungen ein.
- Bei der **Unwirksamkeit** (die der Gesetzgeber gelegentlich auch der Nichtigkeit gleichsetzt) kennt der Gesetzgeber zwei Begriffspaare: absolute und relative Unwirksamkeit (je nachdem, ob die Unwirksamkeit allen oder nur einzelnen Personen gegenüber wirkt) sowie die endgültige und die schwebende Unwirksamkeit (je nachdem, ob das Rechtsgeschäft durch Genehmigung geheilt werden kann).
- Bei der **Anfechtbarkeit** ist das Rechtsgeschäft weder nichtig noch schwebend unwirksam, sondern nur vernichtbar (durch Anfechtung).

Vergegenwärtigen Sie sich die unterschiedlichen Konstellationen vorab durch Lektüre der Übersicht *Fehlerhafte Rechtsgeschäfte.*

§ 13 Inhaltliche Grenzen privatautonomer Gestaltungsformen

Die Privatautonomie findet dort ihre Schranken, wo die Rechtssubjekte gegen elementare Prinzipien der Rechtsordnung verstoßen. Derartige Rechtsgeschäfte sind nichtig. Drei Fälle werden nachfolgend behandelt: Verstöße gegen gesetzliche Verbote, Veräußerungsverbote sowie Verstöße gegen die guten Sitten.

I. Gesetzliche Verbote

Nach § 134 BGB (lesen!) ist ein Rechtsgeschäft, das gegen ein gesetzliches Verbot verstößt, **nichtig,** sofern sich nicht aus dem Gesetz etwas anderes ergibt. Mit dieser Bestimmung macht der Gesetzgeber deutlich, dass die Befugnis der Rechtssubjekte, ihre Rechts- und Lebensverhältnisse in eigener Verantwortung frei zu gestalten, nur innerhalb der Zulässigkeitsgrenzen der Rechtsordnung besteht. Gesetz und Gerichte sind nicht die „Kindermädchen der Vertragspartner", wollen also keine Gängelung in dem Sinne, dass lediglich angemessene und wirtschaftlich zweckmäßige Vereinbarungen getroffen werden; wo jedoch die Rechtsordnung einen bestimmten Rechtserfolg verbietet, weil höherrangige Ordnungsprinzipien, Gerechtigkeitsvorstellungen und Schutznormen verletzt werden, kann dieser auch nicht durch die willentliche Betätigung in Form eines Rechtsgeschäfts erreicht werden.

Steuerrechtliche Besonderheit: Ist ein Rechtsgeschäft unwirksam oder wird es unwirksam, so ist dies gem. § 41 Abs. 1 AO für die Besteuerung unerheblich, soweit und solange die Beteiligten das wirtschaftliche Ergebnis dieses Rechtsgeschäfts gleichwohl eintreten und bestehen lassen. Dies gilt nur dann nicht, wenn sich aus den Steuergesetzen selbst etwas anderes ergibt.

Fehlerhafte Rechtsgeschäfte

anfechtbare Rechtsgeschäfte	nichtige Rechtsgeschäfte	schwebend unwirksame Rechtsgeschäfte
Kennzeichen: Anfechtungsgrund begründet nur die *Vernichtbarkeit* des Rechtsgeschäfts. Erst Anfechtungserklärung führt zur Nichtigkeit von Anfang an (§ 142 I).	**Kennzeichen:** Nichtigkeitsgrund *verhindert den Eintritt der* mit dem Rechtsgeschäft bezweckten *Rechtsfolgen.* Nichtigkeit tritt automatisch ein.	**Kennzeichen:** *Rechtsfolgen können noch nicht eintreten,* weil eine Wirksamkeitsvoraussetzung (insbes. Genehmigung) fehlt. Mit Genehmigung: Wirksamkeit von Anfang an (§ 184 I)
Beispiele: Inhaltsirrtum, § 119 I ‒ ‒ ‒ ‒ ‒ ‒ ‒ ‒ ‒ ‒ ‒ ‒ Erklärungsirrtum, § 119 I	**Beispiele:** Geschäftsunfähigkeit, §§ 104, 105	**Beispiele:** Rechtsgeschäfte von beschränkt Geschäftsfähigen, §§ 107 ff.
Eigenschaftsirrtum, § 119 II	Kenntnis des geheimen Vorbehalts, § 116 S. 2	
Übermittlungsfehler, § 120	Scheingeschäft, § 117 I ‒ ‒ ‒ ‒ ‒ ‒ ‒ ‒ ‒ ‒ Scherzerklärung, § 118	Rechtsgeschäfte des Vertreters ohne Vertretungsmacht, § 177
arglist. Täuschung, § 123 I	Formverstöße, § 125	
rechtswidrige Drohung § 123 I	Gesetzesverstöße, § 134 ‒ ‒ ‒ ‒ ‒ ‒ ‒ ‒ ‒ ‒ Sittenwidrigkeit, § 138	Selbstkontrahieren, § 181

Die in § 134 BGB genannten „gesetzlichen Verbote" bringen den Verbotscharakter auf verschiedene Weise zum Ausdruck. Teilweise „verbietet" der Gesetzgeber ausdrücklich bestimmte Handlungen, stellt sie möglicherweise sogar unter Strafe; teilweise wählt er andere Formulierungen („darf nicht", „sind unzulässig", „ist unwirksam" und dgl.) und spricht damit sein Unwerturteil über die betreffende Handlung aus.

1. Auslegung des Normzwecks

Nicht jeder Verstoß gegen ein gesetzliches Verbot führt zur Nichtigkeit des Rechtsgeschäfts. § 134 BGB stellt vielmehr auf den Normzweck ab (nichtig ist das Rechtsgeschäft nur, „wenn sich nicht aus dem Gesetz ein anderes ergibt"). Ob das der Fall ist, muss für jede Verbotsvorschrift besonders festgestellt werden. Entscheidend sind Sinn und Zweck des Gesetzes, die durch Auslegung zu ermitteln sind. Zwei Fälle sind zu unterscheiden:

a) Missbilligung des Inhalts

Wenn sich aus einem Verbotsgesetz ergibt, dass dieses den Inhalt des ver-
botswidrigen Rechtsgeschäfts missbilligt, ist das Rechtsgeschäft nichtig.

Beispiele: Normen des Strafrechts (Hehlergeschäfte, Bestechung, Versprechen einer
Belohnung für den Fall der Durchführung eines Kapitalverbrechens); Normen des
Arbeitnehmerschutzrechts; Mieterschutzgesetze.

b) Missbilligung der äußeren Umstände des Geschäftsabschlusses

Wenn sich aus dem Normzweck ergibt, dass die Verbotsnorm nicht so sehr
den Inhalt missbilligt, sondern die Art und Weise seines Zustandekommens, ist das Rechtsgeschäft gültig.

Beispiel: Die Ordnungsnormen des Gewerberechts (Gaststättenausschank nach der
Sperrstunde).

Hinweis: Eine weitere Differenzierung kann aus anderer Sicht erfolgen:
Wendet sich der Verbotszweck gegen beide oder nur einen Teil(e) des
Rechtsgeschäfts? Die Rechtsprechung schließt aus der Normrichtung
auf den Normzweck: Richtet sich das Verbot gegen beide Teile, ist das
Rechtsgeschäft regelmäßig nichtig. Richtet sich das Verbot dagegen nur
gegen einen Partner, ist das verbotswidrige Rechtsgeschäft in der Regel
gültig.

2. Umgehungsgeschäfte

Es ist unbestritten, dass die Nichtigkeitsfolgen des § 134 BGB auch auf
Umgehungstatbestände anzuwenden sind. Bei diesen „Ersatzgeschäften"
wählen die Parteien nicht die in der Verbotsnorm beschriebenen Formen,
sondern weichen auf ähnliche Gestaltungen aus, die jedoch wirtschaftlich
gesehen dieselben Absichten verfolgen, die nach der Aussage des Verbots-
gesetzes gerade nicht verwirklicht werden sollen.

Beispiele:

• Umgehung von **Vorkaufsrechten** durch Ausweichen auf ähnliche Fallgestaltungen, die wirtschaftlich dasselbe Ergebnis erzielen und dadurch das Vorkaufsrecht
  vereiteln (statt Kaufvertrag Kombination eines unkündbaren Darlehens mit un-
  kündbarer Gebrauchsüberlassung).
• Umgehung des **Kündigungsschutzes** durch Vereinbarung von Kettenarbeitsver-
  trägen.
• Ein zentrales Problem ist der Missbrauch durch Umgehungsgeschäfte im **Steuerrecht.** Dort bestimmt § 42 AO: Durch Missbrauch von Gestaltungsmöglichkeiten
  des Rechts kann das Steuergesetz nicht umgangen werden. Ist der Tatbestand
  einer Regelung in einem Einzelsteuergesetz erfüllt, die der Verhinderung von
  Steuerumgehungen dient, bestimmen sich die Rechtsfolgen nach jener Vorschrift.
  Andernfalls entsteht der Steueranspruch beim Vorliegen eines Missbrauchs so,
  wie er bei einer den wirtschaftlichen Vorgängen angemessenen rechtlichen Gestaltung entsteht. Dabei bemüht sich das Gesetz um eine Definition: Ein Missbrauch liegt nach § 42 Abs. 2 AO vor, wenn eine „unangemessene rechtliche Gestaltung" gewählt wird, die beim Steuerpflichtigen oder einem Dritten im
  Vergleich zu einer angemessenen Gestaltung zu einem gesetzlich nicht vorgesehenen Steuervorteil führt. Dies gilt nicht, wenn der Steuerpflichtige für die gewählte Gestaltung außersteuerliche Gründe nachweist, die nach dem Gesamtbild

der Verhältnisse beachtlich sind. Dass der Gesetzgeber gehäuft ausfüllungsbedürftige Tatbestandsmerkmale verwendet und in rechtsstaatlich nicht unbedenklicher Weise die Beweislast zu Ungunsten des Steuerpflichtigen umdreht, ist nicht unbedenklich.

3. Praktische Anwendung

a) Zwingendes Recht

Wir haben oben bei der Behandlung der Erscheinungsformen des Rechts (vgl. § 1 II 2b) gesehen, dass Privatautonomie und Vertragsfreiheit nur im Rahmen des dispositiven Rechts gelten. Darüber hinaus bestimmt der Gesetzgeber, dass Verstöße gegen ein „gesetzliches Verbot" nach § 134 BGB zur Nichtigkeit führen. Die damit angesprochenen Bereiche überlagern sich, ohne voll deckungsgleich zu sein: Das zwingende Recht ist im Zusammenhang mit dem Geltungsanspruch eines Gesetzes zu sehen; mit § 134 BGB will der Gesetzgeber die Streitfrage entscheiden, ob ein Rechtsgeschäft bei Verstoß gegen ein gesetzliches Verbot nichtig ist. Denn nicht bei allen Verboten, insbesondere solchen außerhalb des BGB wird zugleich eine Aussage über die Rechtsfolgen des unter den Verbotstatbestand fallenden Gesetzesverstoß getroffen. Hier greift § 134 BGB mit seinem Verdikt ein. Wann aber liegt ein solches „gesetzliches Verbot" vor? Hierbei ist zunächst die Gesetzessprache ein gewisser Anhaltspunkt. Verbotsgesetze werden in der Regel schon durch die Wortwahl charakterisiert: „Kann nicht", „ist unzulässig", „ist nicht übertragbar". Die Formel „soll nicht" deutet dagegen auf bloße Ordnungsüberlegungen ohne Nichtigkeitsfolge hin. Verstöße gegen die Strafgesetze führen jedoch in der Regel zur Nichtigkeit des Rechtsgeschäfts.

b) Einzelrechtsprechung

aa) Nichtigkeit haben die Gerichte angenommen bei Gesetzesverstößen in nachfolgenden Fällen:

- Verstöße gegen das Adoptionsvermittlungsgesetz;
- Verstöße gegen das Arbeitnehmerüberlassungsgesetz;
- Verträge, bei denen beide Parteien gegen das Verbot der Schwarzarbeit verstoßen;
- Verzicht auf Urlaubsabgeltungsanspruch entgegen §§ 7 Abs. 4, 13 Abs. 1 S. 3 BUrlG;
- Vereinbarung einer auflösenden Bedingung zur Beendigung des Arbeitsverhältnisses mit weiblichen Arbeitnehmern im Fall der Eheschließung („Zölibatsklausel");
- Zusage, die Geldstrafe für zukünftige strafbare Handlungen zu übernehmen;
- Spielverträge mit Ortsansässigen entgegen der Spielbank-VO;
- Gesellschafterbeschluss über die Genehmigung einer gegen Bilanzvorschriften verstoßenden Bilanz (Lernhinweis: für AG und GmbH gelten die Sondervorschriften der §§ 256ff. AktG – lesen!);
- Verstöße gegen das Kartellrecht (Einräumung von Sondervorteilen gegenüber einem Mitglied eines nach GWB nichtigen Kartells);
- gesellschaftsvertragliche Klauseln, wonach die Stimmabgabe in eigener Sache zulässig ist (Verstoß gegen den in §§ 34 BGB, 136 Abs. 1 AktG,

47 Abs. 4 GmbHG, 43 Abs. 6 GenG zum Ausdruck kommenden Rechtsgrundsatz);
* Vereinbarung eines nachvertraglichen Wettbewerbsverbots mit Angestellten ohne Karenzentschädigung entgegen § 74 Abs. 2 HGB.

bb) Gültigkeit haben die Gerichte in nachfolgenden Fällen angenommen:
* Verletzung von gewerbe- und baupolizeilichen Vorschriften (Mietvertrag über baurechtlich unzulässige Nutzung ist gültig!);
* Vereinbarung, die Aufwendungen für eine bereits entrichtete Geldstrafe zu ersetzen;
* Verstöße gegen das Maklerrecht (fehlende Genehmigung nach § 34c GewO);
* Verstöße gegen § 1 UWG (weil dieser nur die Art und Weise des Zustandekommens, nicht aber den Inhalt des Rechtsgeschäfts missbilligt).

c) Korrektur durch Treu und Glauben

Nach § 134 BGB führt der Gesetzesverstoß zur Nichtigkeit des Rechtsgeschäfts. Dies kann in Ausnahmefällen dem in § 242 BGB verankerten Prinzip von Treu und Glauben widersprechen. Ein Anwendungsfall dafür ist die sog. „*Ohne-Rechnung-Abrede*": Es werden einverständlich Leistungen erbracht ohne die abgabenrechtlich vorgeschriebene Rechnungsstellung. Strafrechtlich verwirklicht dies den Tatbestand der Steuerhinterziehung, zivilrechtlich liegt ein Verstoß gegen ein gesetzliches Verbot vor mit der Folge, dass die zu Grunde liegende Vereinbarung unwirksam ist. Dann stellt sich eine wichtige Frage: Was wird aus der werkvertraglichen Gewährleistung?

Beispiele aus der Rechtsprechung:
* Besteller B beauftragt den Unternehmer U, die Terrasse seines Hauses abzudichten und mit Holz auszulegen. Kurz nach Beendigung der mangelhaft ausgeführten Arbeiten kommt es in der unterhalb der Terrasse gelegenen Einliegerwohnung zu einem Wasserschaden.
* Besteller B beauftragt den Vermessungsunternehmer U mit Planungsarbeiten für den Neubau seines Einfamilienhauses. Wegen eines Vermessungsfehlers sind Haus und Carport falsch platziert, was Umplanungen verursacht.

In beiden Fällen hatten die Parteien vereinbart, dass für die zu erbringenden Leistungen keine Rechnung ausgestellt werden soll.

Nach gängiger Rechtsprechung führt die „Ohne-Rechnung-Abrede" zur Nichtigkeit eines Werkvertrags, weil sie als Steuerhinterziehung gegen zwingende abgabenrechtliche Normen und damit gegen ein gesetzliches Verbot verstößt.

Bezüglich der werkvertraglichen Gewährleistung könnte man wie folgt argumentieren: Wenn der zu Grunde liegende Werkvertrag nichtig ist, entfallen auch die Rechte des Bestellers nach § 634 BGB. Dies hat der Bundesgerichtshof unter Berücksichtigung der Grundsätze von Treu und Glauben jedoch eingeschränkt. Aus der besonderen Interessenlage, die typischerweise bei derartigen ohne Rechnung geschlossenen Bauverträgen besteht, kann es dem Unternehmer versagt sein, sich auf die Nichtigkeit des Vertrages zu berufen. Er verhält sich treuwidrig, wenn er sich in Widerspruch zu seinem bisher auf Erfüllung des Vertrags gerichteten Verhalten auf die Unwirksamkeit beruft.

Denn schließlich wollte er mit der „Ohne-Rechnung-Abrede" selbst einen gesetzwidrigen Vorteil erlangen und kann nicht hinterher wegen der daraus resultierenden Gesamtnichtigkeit des Werkvertrags bezüglich seiner mangelhaften Leistungen die Gewährleistung verweigern.

Lernhinweis: Wir haben es hier mit einem Schulfall des gegen Treu und Glauben verstoßenden *„venire contra factum proprium"* zu tun.

II. Veräußerungsverbote

Lernhinweis: Es entspricht dem Grundsatz der Privatautonomie, dass jedes Rechtssubjekt frei über die ihm gehörenden Rechtsobjekte verfügen kann. Vorschriften, die dies einschränken, sind die Ausnahme. Das Gesetz spricht in §§ 135 f. BGB von „Veräußerungsverboten", meint aber Verfügungsverbote: Erfasst ist nicht nur die totale Veräußerung, sondern auch die Belastung sowie die Aufhebung und inhaltliche Veränderung eines Rechts (vgl. zur Definition der „Verfügungsgeschäfte" oben

Veräußerungsverbote

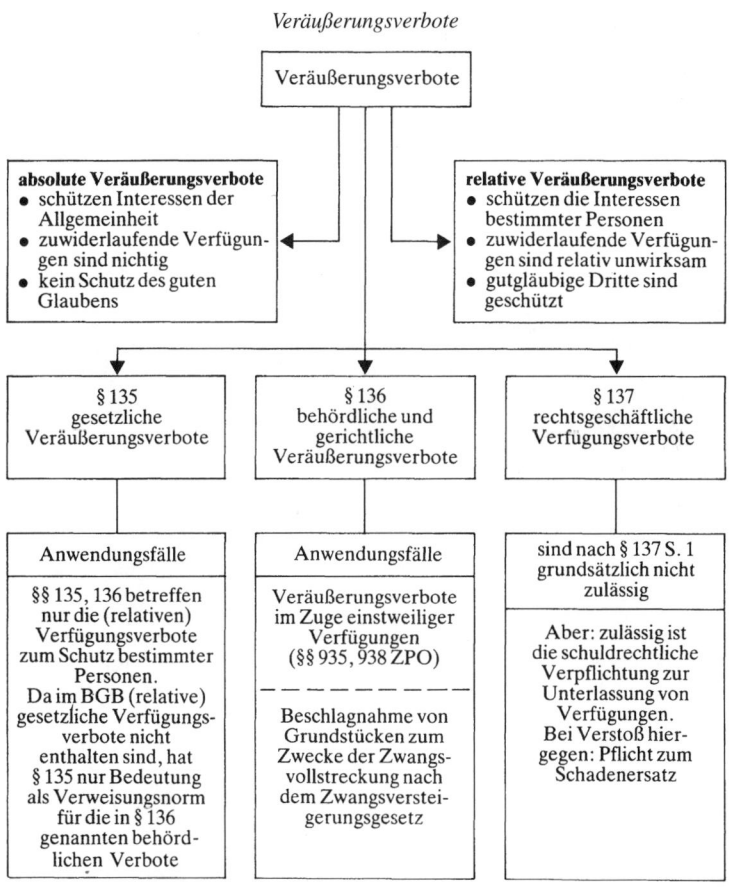

§ 9). Die §§ 135 f. BGB sind schwer verständlich. Verschaffen Sie sich deshalb zunächst einen systematischen Überblick anhand der Übersicht *Veräußerungsverbote*. Danach unterscheiden wir (gegenüber jedermann wirkende) absolute Veräußerungsverbote und (nur einzelnen Personen gegenüber wirksame) relative Veräußerungsverbote. Das BGB spricht in den §§ 135, 136 nur die relativen Veräußerungsverbote an. Da jedoch die in § 135 genannten relativen Veräußerungsverbote selten sind, ist die unmittelbare Bedeutung von § 135 gering. Er erlangt aber praktische Bedeutung als Bezugsnorm für den auf ihn verweisenden § 136!

Absolute Veräußerungsverbote fallen unter § 134, Verstöße dagegen sind nichtig. Notfalls ist auch hier im Wege der Auslegung zu ermitteln, welche Art der Verfügungsbeschränkung gemeint ist.

1. Absolute Veräußerungsverbote

Absolute Veräußerungsverbote dienen dem Schutze der Allgemeinheit und nicht nur dem einzelner Personen. Das Vertrauen dritter Personen in die Gültigkeit des getätigten Geschäfts ist nicht geschützt.

Absolute Veräußerungsverbote sind in unserer Wirtschaftsordnung selten (anders war es zu Zeiten staatlicher Bewirtschaftung nach dem Kriege).

2. Relative Veräußerungsverbote

a) Gesetzliche Veräußerungsverbote

Auch gesetzliche Veräußerungsverbote, die nur bestimmte Personen schützen (nur solche spricht § 135 BGB an), sind selten. Nach h.M. gibt es sie (jedenfalls) im BGB gar nicht.

b) Behördliche Veräußerungsverbote

Nach § 136 BGB (lesen!) finden die für das gesetzliche Veräußerungsverbot angeordneten Rechtsfolgen auch für Veräußerungsverbote Anwendung, die von einem Gericht oder einer anderen Behörde erlassen sind.

Dies betrifft insbesondere behördliche Anordnungen im Zuge einstweiliger Verfügungen sowie die Beschlagnahme von Grundstücken im Wege der Zwangsvollstreckung.

aa) Relative Unwirksamkeit

Verstöße gegen behördliche Veräußerungsverbote machen das Rechtsgeschäft nicht (total) nichtig; sie sind lediglich demjenigen gegenüber unwirksam, der durch die behördliche oder gerichtliche Verfügung geschützt werden soll.

Beispiel: X erwirkt gegen Y eine einstweilige Verfügung, die ihm untersagt, über eine streitbefangene Sache zu verfügen. Y verfügt trotzdem zugunsten von Z. Da es sich um ein relatives Veräußerungsverbot handelt, ist Z gegenüber der Allgemeinheit Berechtigter, nicht jedoch gegenüber X. Letzterer könnte (bei einer unbefugten Weiterveräußerung) gegen Z auf Herausgabe klagen.

bb) Vertrauensschutz

Nach § 135 Abs. 2 BGB (und damit auch im Fall des § 136!) finden die Vorschriften „zugunsten derjenigen, welche Rechte von einem Nichtberechtigten herleiten", entsprechende Anwendung. Das bedeutet: Der gute

Glaube wird geschützt – wer von der Verfügungsbeschränkung keine Kenntnis hatte, erwirbt so, wie wenn er von einem unbeschränkt Verfügungsbefugten erworben hätte.

Beispiel: Hatte Z von dem im Wege der einstweiligen Verfügung erlassenen Veräußerungsverbot keine Kenntnis, wird er auch gegenüber X Eigentümer.

3. Rechtsgeschäftliche Verfügungsverbote

Nach § 137 S. 1 BGB (lesen!) kann die Befugnis zur Verfügung über ein veräußerliches Recht nicht durch Rechtsgeschäft ausgeschlossen oder beschränkt werden. Das Gesetz möchte verhindern, dass sich jemand selbst seiner rechtsgeschäftlichen Handlungsfähigkeit entäußert. Durch rechtsgeschäftliche Verbote soll es keine „res extra commercium" geben. Beachten Sie aber: Dieses Verbot gilt nur im Außenverhältnis. Nach § 137 S. 2 BGB (lesen!) ist es möglich, sich schuldrechtlich zur Unterlassung von Verfügungen zu verpflichten. Verstöße dagegen führen zu Schadenersatzansprüchen.

Beispiel: X kann sich Y gegenüber verpflichten, einen bestimmten Gegenstand nicht an die Konkurrenz des Y zu veräußern. X veräußert dennoch an den Y-Konkurrenten Z. Diese Veräußerung ist wirksam. X macht sich aber Y gegenüber schadenersatzpflichtig.

III. Sittenwidrigkeit

Lernhinweis: Das Privatrecht garantiert die Privatautonomie, also die Befugnis, die Lebensverhältnisse durch Rechtsgeschäft eigenverantwortlich zu gestalten. Diese Befugnis kann missbraucht werden. Das Gesetz muss dies verhindern. Es ist nun aber unmöglich, alle denkbaren Missbrauchsmöglichkeiten kasuistisch zu reglementieren. Der Gesetzgeber hat deshalb zum Mittel der Generalklausel gegriffen: Ein Rechtsgeschäft, das gegen die guten Sitten verstößt, ist nach § 138 BGB nichtig.

1. Begriff der guten Sitten

Mit der Wahl des Begriffs „gute Sitten" in § 138 BGB (lesen!) ist der Gesetzgeber bewusst „in die Generalklausel geflüchtet". Er hat es damit Rechtsprechung und Literatur überlassen, den Begriff zu konkretisieren (man spricht auch von „Delegationsnormen", weil insoweit Normsetzungsbefugnisse auf die Gerichte „delegiert" werden; nicht zu Unrecht werden derartige Generalklauseln auch als „ein Stück offen gelassener Gesetzgebung" bezeichnet).

Unter Bezugnahme auf die Motive zum BGB definiert die Rechtsprechung den Begriff der guten Sitten als „das **Anstandsgefühl aller billig und gerecht Denkenden**". Auch diese Formel ist noch zu abstrakt; sie gibt aber zu erkennen, dass § 138 BGB durch Wertmaßstäbe auszufüllen ist, die aus den der Sittenordnung zugrunde liegenden Verhaltensgeboten folgen. Dabei sind heranzuziehen

- die der Rechtsordnung immanenten rechtsethischen Werte und Prinzipien,
- das im Grundgesetz verkörperte Wertesystem (einschließlich der Sozialstaatsklausel) sowie
- die herrschende Rechts- und Sozialmoral.

Es besteht Einigkeit darüber, dass dabei durchschnittliche Maßstäbe anzu-legen sind und auch ein zeitlicher Wandel der Auffassungen zu berücksich-tigen ist (typisch dafür ist etwa die Entwicklung der Rechtsprechung zum sog. „Mätressentestament" und zur Schutzwürdigkeit des „Dirnenlohns", letzteres jetzt normiert im Prostitutionsgesetz vom 20. 12. 2001).

Die Rechtsprechung hat durch Bildung von Fallgruppen eine Kasuistik der Sittenwidrigkeit erarbeitet (vergleichen Sie dazu auch die Übersicht *Inhalt-liche Grenzen bei Rechtsgeschäften*). Das wucherische Rechtsgeschäft ist vom Gesetz in § 138 Abs. 2 BGB als Sonderfall erörtert. Im Regelfall setzt die Anwendung von § 138 voraus, dass beide Parteien gegen die guten Sitten verstoßen. Ein einseitiger Sittenverstoß genügt jedoch dann, wenn sich eine Partei in sittenwidriger Weise gerade gegen die andere Partei verhält.

2. Fallgruppen

a) Monopolmissbrauch

Die Ausnutzung einer Macht- oder Monopolstellung kann sittenwidrig sein. Die Verwerflichkeit liegt darin, dass der Vertragspartner infolge der Macht- oder Monopolstellung seines Geschäftsgegners in der freien Wahl des Partners beschränkt ist und deshalb keine andere Wahl hat, als sich den unangemessenen Vertrags- oder Lieferbedingungen des Geschäftsgegners zu unterwerfen.

Lernhinweis: Das Kartellrecht enthält in § 20 GWB ein spezielles Diskriminie-rungsverbot.

b) Knebelungsverträge

Darunter versteht man Verträge, die die (insbes. wirtschaftliche Disposi-tions-)Freiheit des anderen Teils übermäßig beschränken. Die Sittenwidrig-keit liegt ebenfalls in dem verwerflichen Verhalten gegenüber dem Ge-schäftspartner.

Beispiel: Unangemessen langfristige Automatenaufstellungsverträge, langfristige Bierbezugsverpflichtungen ohne äquivalente Gegenleistung.

c) Gläubigerbenachteiligung

Sicherungsverträge, durch die sich ein einzelner Gläubiger zu Lasten ande-rer Geschäftspartner des Schuldners unangemessene Vorteile sichert, kön-nen gegen § 138 Abs. 1 BGB verstoßen. So hat die Rechtsprechung ent-schieden, dass die Globalzession zugunsten des Geldkreditgebers insoweit sittenwidrig ist, als sie in den verlängerten Eigentumsvorbehalt des Waren-kreditgebers eingreift (vgl. dazu unten Sachenrecht § 66 VII).

d) Schmiergeldverträge

Die Beeinflussung der Willensentscheidung des Geschäftspartners durch Bestechung seiner Angestellten ist sittenwidrig.

e) Verstoß gegen Standespflichten

Verträge, die unter Verletzung von Standespflichten (der freien Berufe) abgeschlossen werden, können sittenwidrig sein, wenn zugleich „Werte der Rechts- und Sittenordnung" verletzt sind.

Beispiel: Ein Rechtsanwalt lässt sich für die Vergabe von Aufträgen anlässlich einer von ihm übernommenen Haus-/Vermögensverwaltung (als „Schmiergeld") eine Provision versprechen.

f) Steuerhinterziehung

Verträge, die mit Steuerhinterziehungsabsicht geschlossen wurden, sind sittenwidrig, wenn die Steuerhinterziehung Hauptzweck war.

g) Bürgschaftsverpflichtungen

In zunehmendem Maße hat die Rechtsprechung die Eingehung von Bürgschaftsverpflichtungen für Familienangehörige kritisch beurteilt. So kann eine verwerfliche Einwirkung auf die Entscheidungsfreiheit des Bürgen die Sittenwidrigkeit begründen, wenn ein Kreditinstitut das Risiko der Mithaftungsabrede verharmlost oder schwerwiegende Risiken verschweigt. Auch sind Bürgschaftsverträge und Schuldmitübernahmen unwirksam, wenn sie erkennbar Ausdruck einer strukturellen Unterlegenheit des Bürgen sind und für ihn eine nicht hinnehmbare, mit seinen Einkommens- und Vermögensverhältnissen unvereinbare Belastung begründen.

h) Verleiten zum Vertragsbruch

Die Abwerbung von Angestellten und Geschäftspartnern des Konkurrenten kann sittenwidrig sein.

Lernhinweis: Nehmen Sie sich gelegentlich die Zeit, einmal im juristischen Seminar bei Palandt, § 138 die zahlreichen Beispiele und Gerichtsentscheidungen zu studieren; dies ist fast so spannend wie eine Sendung „Aktenzeichen XY-ungelöst".

3. Das wucherische Geschäft

Das wucherische Rechtsgeschäft wurde vom Gesetz als Sonderfall der Sittenwidrigkeit in § 138 Abs. 2 (lesen!) geregelt. Dieses hat eine objektive und eine subjektive Voraussetzung:

a) Missverhältnis von Leistung und Gegenleistung

Objektiv setzt der Tatbestand des Wuchers voraus, dass die Leistung in einem auffälligen Missverhältnis zur Gegenleistung steht. Ob dies zutrifft, ist für jeden Einzelfall anhand aller in Betracht kommenden Umstände zu prüfen. Das gilt auch für die Zinsen bei Darlehensgeschäften. Dabei ist der Begriff „Zinsen" weit auszulegen; alle Gebühren und Nebenkosten einzurechnen. Nach neuerer Rechtsprechung gilt für die Wuchergrenze folgende **Faustregel:** Ein auffälliges Missverhältnis (und damit Sittenwidrigkeit) ist zu bejahen, wenn der Vertragszins den marktüblichen Effektivzins entweder **relativ um 100 Prozent oder absolut um 12 Prozent** übersteigt.

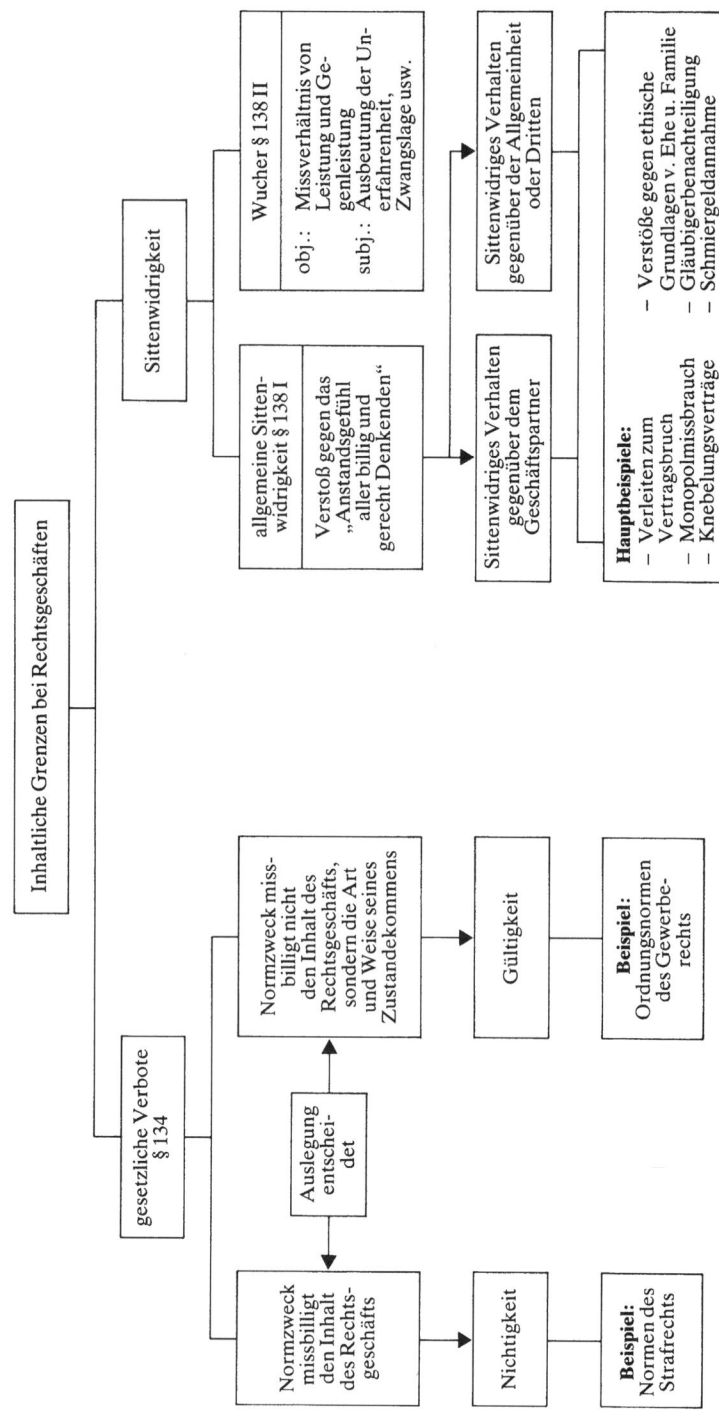

b) Ausnutzung der besonderen psychischen Situation des Geschäftspartners

Wucher setzt weiterhin voraus, dass der Geschäftspartner in einer bestimmten psychischen Situation handelt, die vom Geschäftsgegner ausgenutzt wird. Im Einzelnen nennt das Gesetz:

* die Zwangslage,
* die Unerfahrenheit,
* das mangelnde Urteilsvermögen,
* die erhebliche Willensschwäche.

Beispiel: Schuldner S weiß weder ein noch aus. Er wendet sich an eine „Umschuldungs-Finanzierungs-GmbH" und erhält einen „Überbrückungskredit" von 50000,– Euro zu nachfolgenden Bedingungen: Zinssatz 5% pro Monat (!), Kreditbearbeitungs- und Vermittlungsgebühren 10% des Darlehensbetrags. Beide Voraussetzungen des wucherischen Geschäfts liegen vor: Hinsichtlich des Zinssatzes besteht ein auffälliges Missverhältnis zwischen Leistung und Gegenleistung; der Schuldner befindet sich in einer Zwangslage, die von der GmbH ausgenutzt wird.

Hinweis: Häufig wird die zuvor beschriebene Ausnutzung des Geschäftspartners nicht nachweisbar sein. Dann greift § 138 Abs. 1 BGB als Auffangtatbestand ein mit der Folge, dass solche Verträge, bei denen ein auffälliges Missverhältnis zwischen Leistung und Gegenleistung besteht, als **„wucherähnliche Rechtsgeschäfte"** sittenwidrig und damit nichtig sind.

4. Rechtsfolgen der Sittenwidrigkeit

Sittenwidrige Rechtsgeschäfte sind nichtig. Entsprechend dem Abstraktionsprinzip ist in der Regel nur das schuldrechtliche Verpflichtungsgeschäft, nicht dagegen das Erfüllungsgeschäft nichtig. So ist die Eigentumsübertragung in der Regel wertneutral. Betrifft die Sittenwidrigkeit jedoch gerade die Güterordnung, ist auch das Erfüllungsgeschäft nichtig. Beachten Sie: Beim Sonderfall des Wuchers ist stets auch das Erfüllungsgeschäft des Bewucherten nichtig (dies ergibt sich aus der Formulierung des § 138 Abs. 2: „... versprechen oder gewähren lässt").

Steuerrechtlicher Hinweis: Nach § 40 AO ist es für die Besteuerung unerheblich, ob ein Verhalten, das den Tatbestand eines Steuergesetzes ganz oder zum Teil erfüllt, gegen ein gesetzliches Gebot oder Verbot oder gegen die guten Sitten verstößt. Mit anderen Worten: Das nichtige Rechtsgeschäft wird ebenso besteuert wie das gültige („pecunia non olet"). Dasselbe gilt (soweit sich nicht aus den Steuergesetzen etwas anderes ergibt) nach § 41 AO für unwirksame Geschäfte, soweit und so lange die Beteiligten das wirtschaftliche Ergebnis des Rechtsgeschäfts gleichwohl eintreten und bestehen lassen.

Lernhinweis: Wiederholen Sie nun den ganzen Abschnitt noch einmal anhand der Übersicht *Inhaltliche Grenzen bei Rechtsgeschäften*.

Wiederholungsfragen zu § 13

Welche Konsequenzen hat es, wenn ein Rechtsgeschäft gegen ein gesetzliches Verbot verstößt? (§ 13 I)

Was versteht man unter einem Veräußerungsverbot, welche Fälle kennen Sie? (§ 13 II)

Gibt es gegenüber Veräußerungsverboten einen Vertrauensschutz? (§ 13 II 2b bb)

Wann liegt bei Rechtsgeschäften ein Verstoß gegen die guten Sitten vor und welche Konsequenzen hat dies? (§ 13 III 1)

Welche Fallgruppen des Sittenverstoßes können Sie nennen? (§ 13 III 2)

Wie wird vom Gesetz das wucherische Geschäft definiert? (§ 13 III 3)

§ 14 Willensmängel

Die Willenserklärung besteht, wie wir gesehen haben, aus zwei Komponenten: dem Willen und seiner Äußerung. In der Regel wird die abgegebene Erklärung mit dem ihr zugrunde liegenden Willen übereinstimmen. Was aber gilt, wenn entweder im Bereich der Willensbildung oder im Zuge der Erklärungsabgabe „Störungen" auftreten? Der Gesetzgeber muss einen Kompromiss schließen zwischen dem verständlichen Interesse desjenigen, der eine Erklärung äußert, von der Willenserklärung „loszukommen", und dem Interesse des Erklärungsempfängers, der auf die Gültigkeit der ihm gegenüber geäußerten Erklärung vertraut.

Lernhinweis: Von „Willensmängeln" spricht man, wenn „gestörte Willenserklärungen" vorliegen. Der Gesetzgeber behandelt diese nicht einfachen Rechtsfragen in den §§ 116 ff. BGB. Verschaffen Sie sich zunächst einen Orientierungsrahmen anhand der Übersicht *Willensmängel.* Sie erkennen daraus: Man muss verschiedene Kategorien unterscheiden. Manche Willensmängel führen unmittelbar zur Nichtigkeit (dem Erklärungsempfänger offen gelegte Mentalreservation nach § 116 S. 2, Scheingeschäft nach § 117 Abs. 1, Scherzerklärung nach § 118), andere Willensmängel dagegen begründen lediglich die Anfechtbarkeit. Aus anderer Sicht kann man drei Fallgruppen von Willensmängeln unterscheiden:

- das **bewusste Abweichen** von Wille und Erklärung (so bei den Tatbeständen §§ 116–118 BGB),
- das **unbewusste Abweichen** von Wille und Erklärung (so im Falle des Irrtums nach § 119 BGB und bei § 120 BGB) sowie
- die **verwerfliche Beeinflussung** bei der Abgabe einer Willenserklärung (so bei der arglistigen Täuschung und rechtswidrigen Drohung nach § 123 BGB).

I. Die Interessenlage

Das BGB musste eine Lösung finden, die sowohl dem Suspendierungsinteresse des Erklärenden wie auch dem Vertrauensinteresse des Erklärungsempfängers gerecht wird. Dabei standen zwei Extrempositionen zur Diskussion:

- die **Willenstheorie** (sie stellt allein auf das Interesse des Erklärenden ab; eine Willenserklärung, bei der sich Wille und Erklärung nicht decken, soll wirkungslos sein) und
- die **Erklärungstheorie** (sie stellt allein auf den Empfang der Erklärung beim Erklärungsempfänger ab; nach ihr ist die Willenserklärung auch dann verbindlich, wenn keine Kongruenz zwischen Wille und Erklärung besteht).

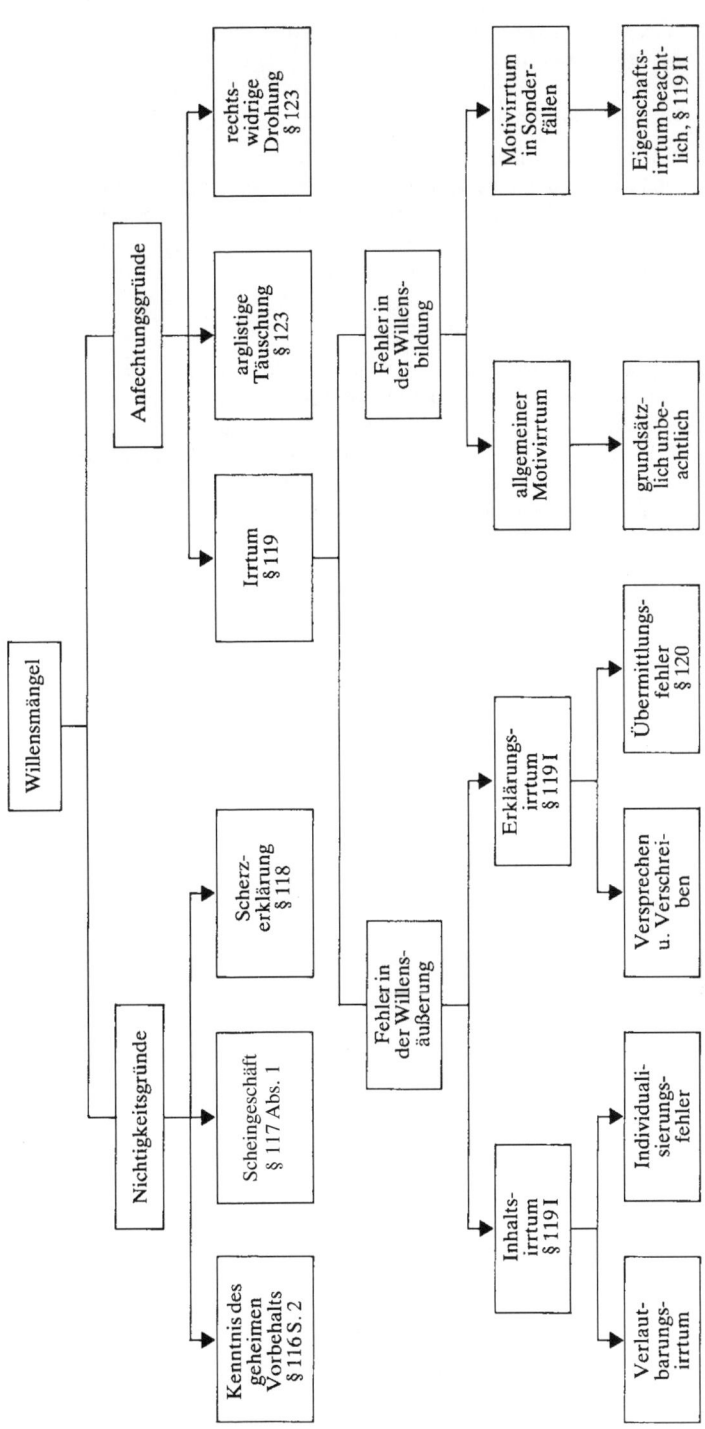

Der Gesetzgeber hat sich für keine der beiden Theorien entschieden, sondern einen Kompromiss gefunden:

1. Regel-Ausnahmeprinzip

Nicht jeder Willensmangel ist beachtlich. Grundsätzlich ist von der Gültigkeit einer Erklärung auszugehen („ein Mann, ein Wort"). Lediglich bei den vom Gesetz in §§ 116 ff. genannten Ausnahmetatbeständen wird zugunsten des Erklärenden entschieden. In den übrigen Fällen entscheidet der Gesetzgeber zugunsten des Erklärungsempfängers.

2. Anfechtbarkeit als Vernichtbarkeit

Bestimmte Willensmängel berechtigen zur Anfechtung. Die **Anfechtbarkeit** ist aber **nicht identisch mit** der **Nichtigkeit** der Erklärung. Sie begründet lediglich die Möglichkeit, durch Anfechtungserklärung nach § 143 BGB (lesen!) die geäußerte Willenserklärung rückwirkend „zu vernichten", § 142 Abs. 1 BGB. Wird etwa die Anfechtungsfrist versäumt, so ist das zuvor anfechtbare Geschäft endgültig wirksam.

3. Schadenersatzpflichten

Der Erklärungsempfänger ist weiter geschützt: Wird sein Vertrauensinteresse in den Bestand einer Willenserklärung dadurch verletzt, dass der Gesetzgeber die abgegebene Erklärung wegen Willensmängeln „suspendiert" (so bei der Nichtigkeit einer Scherzerklärung bzw. bei der Anfechtung wegen Irrtums), so kann er nach § 122 BGB (lesen!) Schadenersatz verlangen. Der Erklärende muss den Schaden ersetzen, den der Erklärungsempfänger dadurch erleidet, dass er auf die Gültigkeit der Erklärung vertraut hat (sog. „Vertrauensschaden").

4. Minimalbestandteile der Willenserklärung

Die Frage der Willensmängel stellt sich erst, wenn die Mindestbestandteile einer Willenserklärung vorliegen. Auch „gestörte Willenserklärungen" setzen voraus, dass überhaupt Willenserklärungen abgegeben wurden. Fehlt es schon daran, braucht die Frage nach Willensmängeln nicht weiter verfolgt zu werden. Oben haben wir gesehen, dass die Willenserklärung im subjektiven Bereich den Handlungswillen, das Erklärungsbewusstsein und den Geschäftswillen beinhaltet. Obwohl im Einzelnen vieles strittig ist, kann hier (noch einmal) festgehalten werden:

a) Fehlender Handlungswille

Eine Willenserklärung liegt nur vor, wenn dem äußeren Erklärungstatbestand ein Handlungswille entspricht (s. o.). Fehlt es daran, liegt schon gar keine Willenserklärung vor.

Beispiele: Reflexbewegungen im Schlaf, Erklärungshandlungen unter Hypnose.

b) Erklärungsbewusstsein

In der Regel wird sich der Erklärende der rechtsgeschäftlichen Bedeutung seiner Erklärung bewusst sein. Was aber gilt für den Ausnahmefall, dass es am Erklärungsbewusstsein fehlt? Bereits oben wurde darauf hingewiesen, dass nach neuerer Rechtsprechung (BGHZ 91, 324 ff.) das Erklärungsbewusstsein keine konstitutive Voraussetzung der Willenserklärung ist. Nach dieser (von der Rechtsprechung vertretenen und damit für die Praxis maßgebenden) Auffassung setzt die Willenserklärung (nur) voraus, dass für den Erklärungsempfänger das Erklärte als Ausdruck eines bestimmten Rechtsfolgewillens – Erklärungsbewusstseins – erscheint und der Erklärende dieses auch bei der Anwendung der pflichtgemäßen Sorgfalt erkennen konnte.

Schulbeispiele: Bei der „Trierer Weinversteigerung" werden Gebote durch Handaufheben abgegeben; ein mit diesen Gebräuchen nicht Vertrauter hebt die Hand, um einen hinter dem Auktionator stehenden Bekannten zu grüßen.

Ein Belegschaftsangehöriger unterschreibt eine Liste in der Annahme es handle sich um ein Glückwunschschreiben bzw. eine Protestresolution; in Wirklichkeit hat er seine Unterschrift unter eine Sammelbestellung gesetzt.

In diesen Fällen ist zurechenbar der Anschein einer Willenserklärung gesetzt worden. Doch besteht die Möglichkeit der Anfechtung entsprechend § 119 Abs. 1 BGB.

c) Geschäftswille

Die Willenserklärung beinhaltet zusätzlich den Geschäftswillen. Fehlt dieser, weil objektiv etwas anderes erklärt wird, als der Erklärende subjektiv bezweckt, so liegt gleichwohl eine Willenserklärung vor, weil der Geschäftswille als solcher nicht konstitutive Voraussetzung der Willenserklärung ist. Die Inkongruenz zwischen objektiv Erklärtem und subjektiv Gewolltem ist nach § 119 BGB zu beurteilen und kann (muss aber nicht) zur Anfechtbarkeit der Willenserklärung führen.

Lernhinweis: Im Nachfolgenden werden die einzelnen Kategorien der Willensmängel dargestellt. Wegen der grundsätzlichen Wichtigkeit (auch im Hinblick auf Klausuren) müssen Sie diesen Abschnitt mehrfach durcharbeiten. Ziel sollte es sein, dass Sie die einzelnen Fälle der Willensmängel darstellen, erklären und dazu jeweils ein Beispiel nennen können.

II. Bewusste Divergenz von Wille und Erklärung

Kennzeichen dieser Willensmängel ist, dass der Erklärende bewusst etwas anderes äußert, als er tatsächlich will. Das Gesetz behandelt den geheimen Vorbehalt (§ 116 BGB), das Scheingeschäft (§ 117 BGB) sowie die Scherzerklärung (§ 118 BGB). Wer bewusst eine Divergenz zwischen Wille und Erklärung provoziert, ist an sich nicht schutzbedürftig und deshalb an die Erklärung gebunden (so beim einseitigen geheimen Vorbehalt, § 116 S. 1 BGB). Nichtig sind derartige Erklärungen nur dann, wenn der Erklärungsempfänger „eingeweiht" ist und deshalb nicht oder weniger schutzbedürftig ist.

Lernhinweis: Lesen Sie unter diesem Gesichtspunkt zunächst die §§ 116, 117 BGB.

1. Geheimer Vorbehalt

Ein geheimer Vorbehalt liegt vor, wenn der Erklärende sich insgeheim vorbehält, das Erklärte nicht zu wollen (man spricht auch von der „**Mentalreservation**").

a) Einseitiger Vorbehalt

Der einseitige geheime Vorbehalt ist nach § 116 S. 1 BGB (lesen!) unbeachtlich. Das heißt: Die abgegebene Erklärung ist gültig. Man spricht in diesen Fällen auch vom „bösen Scherz". § 116 S. 1 BGB gibt eine Selbstverständlichkeit wieder, ohne die keine Verlässlichkeit im Rechts- und Wirtschaftsverkehr bestehen würde. Wer bewusst etwas anderes erklärt als er wirklich will, muss an seiner Erklärung festgehalten werden können.

Ein Vertragspartner, der bei welcher Gelegenheit auch immer, ein Angebot abgibt, ist an dieses grundsätzlich gebunden; seine „Mentalreservation" ist für den Geschäftspartner irrelevant.

Schulbeispiel: Bei einer Auktion steigert ein bloß als „Zaungast" anwesender Besucher fröhlich mit und treibt dadurch den Preis in die Höhe. Wider Erwarten erhält er den Zuschlag. Er ist an seine Erklärung gebunden und kann sich nicht darauf berufen, er habe „nur so" und ohne Erwerbsabsicht mit gesteigert.

b) Erkannter Vorbehalt

Nach § 116 S. 2 BGB (lesen!) ist die Erklärung nichtig, wenn sie einem anderen gegenüber abzugeben ist und dieser den Vorbehalt kennt. In diesen Fällen besteht kein schutzwürdiges Vertrauensinteresse des Erklärungsempfängers.

Schulbeispiele:

- Bei der vorerwähnten Auktion steigert der betreffende Besucher ohne eigene Erwerbsabsicht mit, hat dies dem Veranstalter aber zuvor offenbart und erklärt, er werde mitsteigern, um die übrigen Interessenten zu möglichst hohen Geboten zu veranlassen.
- Kundin K fühlt sich im Kaufhaus von der angestellten Verkäuferin V unhöflich behandelt, und verlangt vom Geschäftsführer G, dass V entlassen wird. Um K ruhig zu stellen, erklärt G gegenüber V in Anwesenheit der K sie sei „hiermit fristlos gekündigt". G hatte zuvor V unterrichtet, dass die Kündigung nicht ernstlich gewollt sei und nur zur Beilegung des momentanen Ärgernisses dienen solle.

2. Das Scheingeschäft

Beim Scheingeschäft werden Willenserklärungen mit dem Einverständnis des Erklärungsempfängers nur zum Schein abgegeben (man spricht auch vom „**Simulationsgeschäft**").

a) Nichtigkeit des Scheingeschäftes

Wird eine Willenserklärung, die einem anderen gegenüber abzugeben ist, mit dessen Einverständnis nur zum Schein abgegeben, so ist sie nach § 117 Abs. 1 BGB (lesen!) nichtig.

Beispiel: Wenn bei Grundstücksveräußerungen aus steuerlichen Gründen vor dem Notar ein Vertrag mit falschem Kaufpreis beurkundet wird (sog. „**Schwarzkauf**"), ist dieser Vertrag nach § 117 Abs. 1 BGB nichtig, weil die Parteien sich einig sind, die „offiziell" abgegebenen Erklärungen in Wirklichkeit nicht zu wollen. Es liegt ein klassisches Scheingeschäft vor.

Ein solcher „Schwarzkauf" hat in der Regel steuerliche Motive: Die Höhe der Grunderwerbsteuer hängt von der Höhe des Kaufpreises ab. Außerdem sind Erlöse aus Veräußerungsgeschäften bei Grundstücken innerhalb der Spekulationsfrist einkommensteuerpflichtig. Und schließlich könnte es sich bei dem nicht im notariellen Kaufvertrag beurkundeten Teil des real gezahlten Kaufpreises um Beträge handeln, die bei vorausgegangenen Steuererklärungen nicht deklariert wurden (man spricht dann landläufig auch von **„Schwarzgeld"**).

b) Gültigkeit des verdeckten Geschäfts

Nicht selten wird mit dem Scheingeschäft ein anderes, wirklich gewolltes Rechtsgeschäft verdeckt. Nach § 117 Abs. 2 BGB (lesen!) finden in diesem Fall die für das verdeckte Rechtsgeschäft geltenden Vorschriften Anwendung.

Beispiel: Beim **„Schwarzkauf"** wird durch die Beurkundung des Kaufvertrags mit niedrigerem Kaufpreis der in Wirklichkeit gewollte Kaufvertrag mit höherem Kaufpreis verdeckt. Die Rechtsgültigkeit des verdeckten Geschäfts bestimmt sich nach den Regeln über den Grundstückserwerb. Diese sehen in § 311 b Abs. 1 S. 1 BGB die Notwendigkeit notarieller Beurkundung vor. An dieser fehlt es (beurkundet wurde ja nur der Vertrag mit dem niedrigeren Kaufpreis). Deshalb ist das verdeckte Rechtsgeschäft wegen Formmangels nichtig, § 125 BGB.

Lernhinweis: Für den „Schwarzkauf" ist auf § 311 b Abs. 1 S. 2 BGB hinzuweisen! Danach wird der Formmangel geheilt, wenn der Erwerber als Eigentümer im Grundbuch eingetragen wird. Damit hat der Käufer sein Ziel erreicht; er ist Eigentümer geworden, obwohl der beurkundete Kaufvertrag als Scheingeschäft nichtig, der verdeckte Kaufvertrag mangels Beurkundung formnichtig ist.

Steuerrechtlicher Hinweis: Nach § 41 Abs. 2 AO sind Scheingeschäfte und Scheinhandlungen für die Besteuerung unerheblich. Wird jedoch durch ein Scheingeschäft ein anderes Rechtsgeschäft verdeckt, so ist das verdeckte Rechtsgeschäft für die Besteuerung maßgebend (die Abgabenordnung knüpft somit an die Regelungstechnik des Bürgerlichen Gesetzbuches an).

3. Die Scherzerklärung

Als Scherzerklärung bezeichnet man die nicht ernstlich gemeinte Willenserklärung. Im Unterschied zum geheimen Vorbehalt hofft der Erklärende, die mangelnde Ernstlichkeit werde erkannt. Vom Scheingeschäft wiederum unterscheidet sich die Scherzerklärung durch das fehlende Zusammenwirken mit dem Erklärungsempfänger.

a) Nichtigkeit der Scherzerklärung

Gemäß § 118 BGB ist eine nicht ernstlich gemeinte Willenserklärung, die in der Erwartung abgegeben wird, „der Mangel der Ernstlichkeit werde nicht verkannt werden" (vgl. die Diktion des Gesetzgebers), nichtig. Man spricht in diesen Fällen auch vom „guten Scherz" (im Gegensatz zu dem in § 116 BGB geregelten „bösen Scherz", vgl. oben).

Beispiele: Erklärungen, die aus Prahlerei oder zu didaktischen Zwecken oder in Beschwichtigungsabsicht vorgenommen werden (der Dozent spielt im Kolleg die Etappen eines Kaufvertrags mit einem Studenten durch).

b) Schadenersatzpflichten

Nicht immer wird der Mangel der Ernstlichkeit, wie vom Erklärenden gehofft, vom Erklärungsgegner erkannt. Dieser hat möglicherweise auf die Gültigkeit der Erklärung vertraut und sich entsprechend darauf eingerichtet. Deshalb kann es das Gesetz nicht mit der Nichtigkeit der Scherzerklärung bewenden lassen: Der Erklärende ist gem. § 122 BGB verpflichtet, dem Erklärungsgegner den Schaden zu ersetzen, den dieser dadurch erlitten hat, dass er auf die Gültigkeit der Erklärung vertraute.

Lernhinweis: Lesen Sie § 122 BGB vollständig! Er verpflichtet nicht nur bei der Irrtumsanfechtung, sondern auch bei der Scherzerklärung zum Schadenersatz.

III. Unbewusste Divergenz zwischen Wille und Erklärung (Irrtum)

Nicht alle Willensmängel führen zur Nichtigkeit der Erklärung. Ist dem Erklärenden lediglich ein Irrtum unterlaufen, gewährt ihm das Bürgerliche Gesetzbuch allenfalls ein Anfechtungsrecht. Damit erhält der Anfechtungsberechtigte die Möglichkeit zur Vernichtung des mangelhaften Rechtsgeschäfts: Wird ein anfechtbares Rechtsgeschäft angefochten, so ist es gem. § 142 Abs. 1 BGB „als von Anfang an nichtig anzusehen".

Lernhinweis: Aus dem Vorgenannten folgt, dass die Anfechtung verschiedene Voraussetzungen erfordert:

* das Vorliegen eines **anfechtbaren Rechtsgeschäfts,**
* das Vorliegen eines **Anfechtungsgrundes** sowie
* die Abgabe einer **Anfechtungserklärung.**

Sie müssen sich klarmachen, dass es zahlreiche Möglichkeiten des Irrtums bei der Abgabe einer Willenserklärung gibt, jedoch nur die in §§ 119, 120 BGB genannten Fälle tatsächlich zur Anfechtung berechtigen. Wollte man darüber hinaus jeden Irrtum für beachtlich erklären, könnte sich im Rechts- und Wirtschaftsleben niemand mehr auf die Verbindlichkeit einer Abrede verlassen. Der Erklärungsempfänger wird zum einen geschützt durch die Begrenzung der Anfechtungsgründe, zum anderen durch die Zubilligung von Schadenersatzansprüchen im Falle zulässiger Anfechtung. Werfen Sie erneut einen Blick auf die Übersicht *Willensmängel.* Sie entnehmen ihr, dass die unerkannte („irrtümliche") Divergenz zwischen Wille und Erklärung in zweifacher Weise entstehen kann: Der Fehler kann eintreten bei der Willensäußerung (so in den beiden Fällen des § 119 Abs. 1 BGB – „Inhaltsirrtum" und „Erklärungsirrtum" –) sowie bei der Willensbildung (so in § 119 Abs. 2 – „Eigenschaftsirrtum" –).

Beachten Sie jedoch: Irrtum ist definitorisch das unbewusste Auseinanderfallen von Wille und Erklärung. Deshalb berechtigt nur die *unbewusste Unkenntnis* vom tatsächlichen Sachverhalt zur Irrtumsanfechtung nach. § 119 BGB. Wenn sich jemand bei der Abgabe seiner Erklärung bewusst ist, dass er ihren Inhalt nicht kennt, kann er hinterher nicht anfechten.

Beispiel: Wer eine Urkunde (wie dies oft geschieht) *ungelesen* unterschreibt, hat in der Regel kein Anfechtungsrecht. Nach der Rechtsprechung gilt dies sogar für Analphabeten, sowie für Ausländer und auch für denjenigen, der einen Vertrag unterschreibt, obwohl er einzelne Regelungen nicht verstanden hat.

Hat sich der Erklärende bei der Unterzeichnung eines Schriftstücks jedoch vom Urkundeninhalt eine bestimmte Vorstellung gemacht, kann er anfechten, wenn der Erklärungsinhalt von seinen Vorstellungen abweicht.

Beispiel: Ein Patient unterschreibt bei der Aufnahme in die Klinik ungelesen ein Formular und glaubt, damit ein Einzelzimmer zu buchen, in Wirklichkeit unterschreibt er ein Antragsformular für die Behandlung als Privatpatient.

1. Die Anfechtungsgründe

Sie müssen die gesetzliche Regelung der verschiedenen Irrtumsfälle in §§ 119, 120 BGB zunächst im Gesetz auseinander halten, was wegen des kargen Wortlauts nicht ganz einfach ist. Nach § 119 Abs. 1 BGB kann anfechten, wer bei der Abgabe einer Willenserklärung „über deren Inhalt" im Irrtum war (1. Fall!) oder „eine Erklärung dieses Inhalts überhaupt nicht abgeben wollte" (2. Fall!). In beiden Fällen liegt der Willensmangel bei der Entäußerung des Willens. Der 2. Fall (man wollte eine Erklärung dieses Inhalts überhaupt nicht abgeben) ist in § 120 BGB noch einmal genannt: Gleich zu behandeln sind Willenserklärungen, welche durch die zur Übermittlung verwendete Person oder Einrichtung unrichtig übermittelt worden sind.

In § 119 Abs. 2 BGB behandelt das Gesetz einen bei der Willensbildung entstandenen Willensmangel. Es handelt sich dabei um den Spezialfall des Irrtums über solche Eigenschaften einer Person oder Sache, „die im Verkehr als wesentlich angesehen werden", nicht dagegen um sonstige Fehlvorstellungen, die bei der Bildung des Willens (mit-)kausal waren. Merken Sie sich deshalb schon vorab: Grundsätzlich **unbeachtlich ist der allgemeine Motivirrtum** (also: mit welchen Absichten, Hintergedanken oder weiterführenden Zielen man eine rechtsgeschäftliche Erklärung abgegeben hat).

Hinweis: Unschädlich ist die falsche Wortwahl (lat.: **„falsa demonstratio"**). Eine solche liegt vor, wenn beide Vertragspartner zwar dasselbe wollen, sich aber gemeinsam über die Bezeichnung irren. Schulbeispiel: K und V schließen einen Kaufvertrag über „Haakjöringsköd". Beide verstehen darunter Walfischfleisch. Es wird auch Walfischfleisch geliefert. In Wirklichkeit bedeutet jedoch „Haakjöringsköd" Haifischfleisch. Hier greifen die Anfechtungsregeln nicht ein, da lediglich eine falsche Bezeichnung vorliegt, die auf die Wirksamkeit des Rechtsgeschäfts keinen Einfluss hat (man sagt: *„falsa demonstratio non nocet"* – die falsche Bezeichnung schadet nicht).

a) Der Inhaltsirrtum

§ 119 Abs. 1 1. Alternative BGB regelt den Inhaltsirrtum. Dort ist aber nicht gesagt, was man darunter genau zu verstehen hat. Das Gesetz erlaubt die Anfechtung, wenn der Erklärende „bei der Abgabe der Willenserklärung über deren Inhalt im Irrtum war". Es liegt ein Irrtum über die **Bedeutung der Erklärung** vor. **Merksatz:** „Der Erklärende weiß zwar, was er sagt, weiß aber nicht, was er damit sagt". Im Einzelnen fallen hierunter der sog. „Verlautbarungsirrtum" sowie die „Individualisierungsfehler".

aa) Verlautbarungsirrtum

Kennzeichnend für den Verlautbarungsirrtum ist, dass sich der Erklärende über den Sinn des verwendeten Erklärungszeichens irrt. Hauptanwendungsfall des Verlautbarungsirrtums ist die **irrtümliche Verwendung von Maßen, Gewichten sowie Typenbezeichnungen.**

Beispiel: Kauf von 25 Gros Rollen WC-Papier in der Annahme, es handle sich um 25 große Rollen. In Wirklichkeit sind darunter jedoch 3600 (1 Gros = 12 Dutzend) Rollen zu verstehen (LG Hanau NJW 79, 721).

bb) Individualisierungsfehler

Individualisierungsfehler liegen vor bei der **Verwechslung des Geschäftspartners oder des Objekts,** auf den oder das sich das Geschäft bezieht.

Beispiel: V hat sich ein nagelneues Fahrzeug gekauft und will seinen Gebrauchtwagen verkaufen. In der Annahme, der Gebrauchtwagen stehe hinter dem Haus im Hof, sagt er zu einem Kaufinteressenten: „Für 5000 Euro können Sie das Fahrzeug im Hof gleich mitnehmen". Er weiß nicht, dass seine Frau mit dem Gebrauchtwagen weggefahren war und den neuen Wagen hinten im Hof abgestellt hatte. In diesem Fall ist der neue Wagen verkauft, allerdings in der irrtümlichen Annahme, es handle sich um den Gebrauchtwagen. V kann sein Verkaufsangebot nach § 119 Abs. 1 1. Alternative anfechten.

b) Der Erklärungsirrtum

Ein Erklärungsirrtum liegt nach § 119 Abs. 1 2. Alternative vor, wenn jemand bei der Abgabe einer Willenserklärung „eine Erklärung dieses Inhalts überhaupt nicht abgeben wollte". Man spricht auch von „Irrung" oder „Abirrung". Typisch ist, dass der Erklärende nicht weiß, was er sagt. **Merksatz:** „Der Erklärende erklärt nicht das, was er erklären wollte". Ein Erklärungsirrtum liegt also vor bei **Versprechen, Verschreiben und Vergreifen.**

Beispiel: V bietet K die Lieferung von 10 000 Stück vorgefertigten Teilen an. Im Angebotsschreiben wird als Stückpreis eingefügt „Euro 8,98". Dabei hatte sich V vertippt, es sollte „Euro 9,89" heißen.

c) Der Übermittlungsfehler als Sonderfall

Nach § 120 BGB (lesen!) sind auch solche Willenserklärungen anfechtbar, „welche durch die zur Übermittlung verwendete Person oder Einrichtung unrichtig übermittelt worden" sind. Die Besonderheit liegt in Folgendem: Nicht der Erklärende selbst verspricht sich, sondern der Wortlaut der Erklärung wird bei deren Weitergabe durch die Übermittlungsinstanz verändert.

Merke: § 120 BGB greift nur ein bei der Einschaltung eines Dritten als Werkzeug zur Erklärung (Bote, Post und Telegraf), nicht dagegen bei der Abgabe der Erklärung durch einen Vertreter. Der Vertreter gibt eine **eigene** Erklärung ab, der Bote übermittelt eine **fremde** Erklärung.

d) Irrtum bei der Willensbildung

Eine Willenserklärung kann die unterschiedlichsten Motive haben. Man kauft Lebensmittel zum Zwecke der Nahrungsaufnahme oder der Vorratshaltung. Man bucht eine Reise zu Urlaubs- oder Geschäftszwecken; man tätigt Geschäfte in Gewinnerzielungsabsicht; man kauft ein Geschenk, um jemandem eine Freude zu machen.

Motive des Handelns sind so vielfältig und bunt wie das Leben selbst; sie können sich erfüllen oder auch nicht.

Schulbeispiele:

• Der 19-jährige Führerschein-Aspirant schließt in froher Erwartung einen Kaufvertrag über ein Motorrad, fällt aber durch die Fahrprüfung.

• Der Bräutigam kauft für die Braut beim Juwelier einen Brillantring, die Braut für sich in einer Boutique ein schickes Kostüm für das Standesamt; kurz darauf wird die Beziehung wegen Exzessen bei der „stag-party" von ihr bzw. bei der „hen's-night" von ihm beendet.

Für den Geschäftsgegner ist in der Regel das Motiv des Handelns seiner Gegenüber (Kunden und dgl.) irrelevant (es sei denn, dass es ausdrücklich zum Vertragsinhalt gemacht wurde).

aa) Der allgemeine Motivirrtum

Enttäuschte Erwartungen können im Regelfall eine Anfechtung nicht rechtfertigen. Sonst gäbe es keine Verlässlichkeit mehr im rechtsgeschäftlichen Verkehr. Der **Motivirrtum** ist deshalb **grundsätzlich unbeachtlich.** Diese Störung der Willensbildung ist also eine Angelegenheit, die ausschließlich zu Lasten des Erklärenden geht.

Beispiel: Kauf von Aktien in der irrigen Erwartung steigender Kurse.

Beachte: Unter den Motivirrtum fällt auch der gewöhnliche **Kalkulationsirrtum.** Deshalb berechtigen Fehler in der internen Kalkulation nicht zur Anfechtung.

Beispiel: Bauunternehmer B macht ein Angebot zur schlüsselfertigen Erstellung eines Bauwerks zum Festpreis; dabei setzt er verschiedene Materialposten zu niedrig an bzw. verrechnet sich bei der internen Erstellung des Festpreises.

bb) Der Eigenschaftsirrtum

Das Gesetz macht in § 119 Abs. 2 BGB beim Eigenschaftsirrtum eine Ausnahme von dem Grundsatz, dass Fehler in der Willensbildung unbeachtlich sind:

Der Irrtum über **verkehrswesentliche Eigenschaften** einer Person oder Sache wird nach § 119 Abs. 2 (lesen!) dem Inhaltsirrtum gleichgestellt und berechtigt somit auch zur Anfechtung.

Beispiel: Bank B gewährt dem Darlehensnehmer D einen Kredit in der Annahme, die Vermögensverhältnisse des D seien „geordnet". In Wirklichkeit hatte D bereits den „Offenbarungseid" geleistet. B irrt sich über die Kreditwürdigkeit des Darlehensnehmers. Diese ist eine verkehrswesentliche Eigenschaft der Person.

Zu den verkehrswesentlichen Eigenschaften einer Sache gehören alle wertbildenden Faktoren.

Beispiel: Käufer K irrt sich über die Echtheit eines Bildes bzw. den Goldgehalt einer Münze. Er kann nach § 119 Abs. 2 anfechten, weil er im Irrtum war über verkehrswesentliche Eigenschaften einer Sache.

Klassische Prüfungsfrage: Gehört auch der Preis einer Sache zu den verkehrswesentlichen Eigenschaften? Antwort: Nein, der Preis ist lediglich die Summe aller wertbildenden Faktoren, stellt jedoch selbst keine Eigenschaft einer Sache dar.

Lernhinweis: § 119 Abs. 2 wird eingeschränkt durch die Sachmängelhaftung nach §§ 434 ff. BGB! Weist eine gekaufte Sache Mängel auf, hat der Käufer ab Gefahrübergang die Gewährleistungsrechte des Kaufrechts (Nacherfüllung, Rücktritt, Minderung, Schadenersatz oder Aufwendungsersatz, vgl. § 437 BGB). Man könnte nun argumentieren, der Käufer habe sich insofern auch im Irrtum über verkehrswesentliche Eigenschaften dieser Sache befunden. Die Gewährleistungsrechte gehen aber (wenn und soweit sie eingreifen) dem Anfechtungsrecht als leges speciales vor. Der Grund: Die Rechte des Käufers verjähren bei beweglichen Sachen mit dem Ablauf von zwei Jahren ab Ablieferung der Sache (vgl. § 438 Abs. 1 Nr. 3, Abs. 2 BGB); das Anfechtungsrecht unterliegt dagegen gem. § 121 Abs. 2 BGB einer 10-jährigen Ausschlussfrist. Ließe man bei Eingreifen der Gewährleistungsrechte (auch) die Anfechtung zu, so würde zudem der Vorrang der Nacherfüllung, sowie die Regelung des § 442 Abs. 1 Satz 2 BGB unterlaufen.

Lernhinweis: Repetieren Sie jetzt noch einmal das eben Gesagte anhand der Übersicht *Die drei Irrtumsfälle des § 119 BGB.*

cc) Rechtsfolgenirrtum

Wenn sich der Erklärende über die Rechtsfolge seiner Erklärung irrt, kann entweder ein unbeachtlicher Motivirrtum oder ein zur Anfechtung berechtigender Inhaltsirrtum vorliegen. Die Rechtsprechung differenziert wie folgt:

Wenn das Rechtsgeschäft nicht die erstrebten, sondern davon wesentlich abweichende Rechtsfolgen erzeugt, liegt ein Inhaltsirrtum vor.

Beispiel: Ausschlagung einer Erbschaft in der irrigen Annahme, sie verschaffe dem Ausschlagenden eine Befreiung von Auflagen.

Liegt der Irrtum dagegen darin, dass das Rechtsgeschäft außer der erstrebten Wirkung unerkannte bzw. unerwünschte Nebenwirkungen hat, liegt ein Motivirrtum vor.

Die drei Irrtumsfälle des § 119 BGB

	Inhaltsirrtum	Erklärungsirrtum	Eigenschaftsirrtum
Rechtsgrundlage	§ 119 Abs. 1 1. Fall	§ 119 Abs. 1 2. Fall	§ 119 Abs. 2
Kurzformel	Der Erklärende weiß, was er sagt, weiß aber nicht, was er damit sagt	Der Erklärende wollte das, was er sagt, gar nicht sagen	Der Erklärende hat falsche Vorstellungen von der betr. Sache oder Person
Worauf beruht die „Störung"?	Irrtum über die Erklärungsbedeutung	Irrtum bei der Willensäußerung	Irrtum bei der Willensbildung
Beispiele	Irrtümliche Verwendung von Maßen und Typen	Versprechen und Verschreiben	Verkauf eines Originals in der Annahme, es handle sich um ein Duplikat

Beispiele: Der Erwerber eines bebauten Grundstücks irrt sich darüber, dass er nach § 566 BGB in die bestehenden Mietverhältnisse eintritt; der in ein Handelsgeschäft Eintretende weiß nicht, dass er nach Handelsrecht kraft Gesetzes für die Gesellschaftsschulden haftet.

e) Der beiderseitige Irrtum

Was gilt, wenn sich beide Partner irren? Denkbar ist zum Beispiel, dass beide Partner falsche Vorstellungen über verkehrswesentliche Eigenschaften hatten. In diesen Fällen wären bei strenger Anwendung des Gesetzes beide Parteien zur Anfechtung berechtigt. Dann hinge es aber vom Zufall ab, wer als erster anficht und ggf. nach § 122 Abs. 1 BGB dem Anfechtungsgegner gegenüber schadenersatzpflichtig wäre. Aus diesem Grund lehnt die herrschende Meinung die Anwendung der § 119 ff. BGB für den beiderseitigen Irrtum ab und wendet demgegenüber die Grundsätze des Wegfalls der Geschäftsgrundlage nach § 313 BGB an. Gelöst wird die Problematik dann entweder durch eine Anpassung des Vertrags gem. § 313 Abs. 1 BGB oder, wenn diese nicht möglich oder nicht zumutbar ist, nach § 313 Abs. 3 BGB durch die Abwicklung nach Rücktrittsrecht.

f) Fehlendes Erklärungsbewusstsein

Wir haben oben (§ 8 I 2b) gesehen, dass nach neuerer Rechtsprechung und Dogmatik das Erklärungsbewusstsein (also das Bewusstsein, mit einer Handlung eine rechtserhebliche Erklärung abzugeben) nicht essentieller Bestandteil einer Willenserklärung ist. Fehlt es, liegt trotzdem eine Willenserklärung vor; sie ist jedoch in entsprechender Anwendung der Irrtumsvorschriften nach § 119 Abs. 1 BGB anfechtbar. Dabei kann dahinstehen, ob diese Variante eher dem Inhaltsirrtum oder dem Erklärungsirrtum zuzuordnen ist. Für den Inhaltsirrtum spricht, dass sich der Erklärende der Bedeutung seiner Erklärung nicht bewusst ist, er irrt über den Bedeutungsgehalt, er weiß nicht, was er damit sagt (genauer: es ist ihm gar nicht bewusst, dass er mit seinem Handeln etwas rechtlich Erhebliches sagt). Für den Erklärungsirrtum spricht, dass die Vornahme der tatsächlichen Handlung, ohne zu wissen, dass ihr ein Erklärungsgehalt beigemessen wird, eher dem Versprechen, Verschreiben und dgl. nahe kommt. Zum Teil wird auch eine Analogie zu § 118 BGB gezogen, die freilich noch gewagter ist: Man müsste dann unterstellen, dass das nicht bewusste Erklären gleich zu setzen ist einer im Scherz abgegebenen Erklärung (freilich in der Annahme, die mangelnde Ernstlichkeit werde nicht verkannt werden). Bei einer nur entsprechenden Anwendung des § 119 Abs. 1 BGB kann dies offen bleiben; wichtig ist nur die dann aus ebenfalls analoger Anwendung des § 122 Abs. 1 BGB folgende Pflicht zum Ersatz des Vertrauensschadens.

2. Weitere Voraussetzungen der Irrtumsanfechtung

Im Vorangegangenen haben wir die Anfechtungsgründe dargestellt. Eine Reihe weiterer Voraussetzungen muss hinzukommen:

a) Anfechtbares Rechtsgeschäft

Anfechtbar sind nur Willenserklärungen (das Gesetz spricht in § 142 BGB irrtümlich vom anfechtbaren „Rechtsgeschäft", meint aber die anfechtbare Willenserklärung). Nicht anfechtbar sind Realakte.

b) Kausalität

Anfechtbar sind nur solche Willenserklärungen, bei denen der Irrtum für die Abgabe der Erklärung kausal war. Diesen Umstand meint das Gesetz, wenn es in § 119 Abs. 1 2. Satzteil (lesen!) die Anfechtung davon abhängig macht, dass der Erklärende „bei Kenntnis der Sachlage und bei verständiger Würdigung des Falles" die Erklärung nicht abgegeben haben würde. Das Reichsgericht hat einmal formuliert, es sei entscheidend, ob der Erklärende „als ein verständiger Mensch und frei von Eigensinn, subjektiven Launen und törichten Anschauungen" die Erklärung nicht abgegeben hätte.

c) Anfechtungserklärung

Ein Anfechtungsgrund als solcher genügt nicht, er führt nur dazu, dass das Rechtsgeschäft vernichtbar ist. Erst mit der Anfechtungserklärung tritt rückwirkend die Nichtigkeit ein (§§ 142 Abs. 1, 143 Abs. 1 BGB – lesen!). Die Anfechtungserklärung ist eine empfangsbedürftige Willenserklärung.

Angefochten wird durch Erklärung des Anfechtungsberechtigten gegenüber dem Anfechtungsgegner (Einzelheiten dazu finden sich in § 143).

d) Anfechtungsfrist

Die Irrtumsanfechtung muss nach § 121 Abs. 1 S. 1 BGB (lesen!) „**ohne schuldhaftes Zögern** (unverzüglich)" erfolgen, nachdem der Anfechtungsberechtigte von dem Anfechtungsgrund Kenntnis erlangt hat.

Lernhinweis: Der Ausdruck „unverzüglich" wird vom Gesetz an zahlreichen Stellen verwendet (z. B. in § 377 HGB). Auch dafür ist die Legaldefinition des § 121 maßgebend. Wer den Begriff „unverzüglich" nicht als „ohne schuldhaftes Zögern" definieren kann, war in keiner BGB-Vorlesung!

Unverzüglich heißt nicht „sofort". Dem Erklärenden steht eine angemessene Überlegungsfrist zu (z. B. um sich Rechtsrat einzuholen). Dessen ungeachtet ist die Anfechtung nach § 121 Abs. 2 BGB ausgeschlossen, wenn seit der Abgabe der Willenserklärung 10 Jahre verstrichen sind.

3. Rechtsfolgen der Irrtumsanfechtung

a) Nichtigkeit

Wird ein anfechtbares Rechtsgeschäft angefochten, ist es als von Anfang an nichtig anzusehen (§ 142 Abs. 1 BGB). Die Anfechtungserklärung wirkt also zurück (Wirkung „ex tunc").

Lernhinweis: Gegebenenfalls ist § 139 BGB anzuwenden mit der Folge, dass nicht nur der angefochtene Teilbereich eines Rechtsgeschäfts, sondern das gesamte Rechtsgeschäft nichtig ist (vgl. dazu unten § 15).

Sonderproblem: Nicht immer ist es interessengerecht, dass die Anfechtung zur „vollständigen Nichtigkeit" des Rechtsgeschäfts führt. Wenn sich z. B. ein Käufer im Erklärungsirrtum befindet, weil er auf Grund eines Schreibfehlers einen Kaufantrag zu 200 macht, aber nur 100 bezahlen wollte, wäre es doch angemessen, ihn wenigstens an seiner Absicht zu 100 festzuhalten. Natürlich immer vorausgesetzt, dass der Verkäufer bereit ist, den Vertrag zu 100 abzuschließen. Das Gesetz lässt diese Frage offen. Die h. M. reduziert die Anfechtung in diesen Fällen entsprechend und hält den wegen Irrtum Anfechtenden an dem fest, was er wirklich gewollt hat. Begründung: § 119 BGB will den Anfechtenden nur vom Kernbereich seines Irrtums befreien, nicht aber darüber hinaus eine Treu und Glauben widersprechende zusätzliche Autonomie verschaffen.

Besonderheiten gelten im Arbeitsrecht: Zwar sind auch Arbeitsverträge anfechtbar (ständige Rechtsprechung des Bundesarbeitsgerichts!), jedoch gelten für die Rechtsfolgen Besonderheiten: Die Anfechtung führt im Arbeitsrecht nicht zur rückwirkenden Vernichtung des Arbeitsvertrags (es wurden ja immerhin gegenseitige Leistungen in der Vergangenheit erbracht!), sondern entfaltet nur Wirkung für die Zukunft (Wirkung „ex nunc"). Mit anderen Worten: Im Arbeitsrecht wirkt die **Anfechtung wie eine Kündigung.**

Ähnliche Besonderheiten gelten im Gesellschaftsrecht (Stichwort: „fehlerhafte Gesellschaft").

b) Schadenersatzpflicht

Nach § 122 Abs. 1 BGB (lesen!) trifft den Anfechtenden eine Schadenersatzpflicht. Sie ist aber beschränkt: Es ist der Schaden zu ersetzen, der im Vertrauen auf die Gültigkeit der Erklärung entstanden ist. Das heißt, der Anfechtungsgegner muss so gestellt werden, wie er stehen würde, wenn er von der – nunmehr angefochtenen – Willenserklärung „nie etwas gehört hätte".

Man sagt: Der Umfang des Schadenersatzanspruchs ist auf das sog. „negative Interesse" beschränkt. Zu ersetzen sind z. B. die nutzlos aufgewandten Kosten und der Schaden infolge Unterlassung eines anderweitigen Geschäftsabschlusses. Man spricht auch vom **„Vertrauensschaden".**

Beispiel: V vermietet an M ein Geschäftslokal und ficht wegen eines Erklärungsirrtums erfolgreich an. M hatte einen Innenarchitekten beauftragt, der bereits Pläne gefertigt hat und nunmehr Gebühren in Rechnung stellt. Diese Kosten muss V nach § 122 Abs. 1 BGB ersetzen.

§ 122 BGB enthält zwei wichtige Modifikationen, die eine führt zur Limitierung, die andere zum Ausschluss der Schadenersatzpflicht:

(1.) Nach § 122 Abs. 1 BGB wird die Ersatzpflicht limitiert auf „den Betrag des Interesses, welches der andere an der Gültigkeit der Erklärung hat". Das bedeutet: Ist der Vertrauensschaden höher als das, was man bei ordnungsgemäßer Erfüllung des Vertrages erzielt hätte, kann der Anfechtungsgegner diese Differenz nicht ersetzt verlangen.
Ratio legis: Der Anfechtungsgegner soll vom Irrtum seines Geschäftspartners nicht profitieren, es genügt ihn maximal so zu stellen, wie er bei Wirksamkeit des später angefochtenen Rechtsgeschäfts stünde.

(2.) Die Schadenersatzpflicht entfällt nach § 122 Abs. 2 BGB, wenn der Erklärungsempfänger den Grund der Nichtigkeit bzw. der Anfechtbarkeit kannte oder kennen musste.

Lernhinweis: „kennen musste" definiert der Gesetzgeber in dieser Bestimmung als „infolge von Fahrlässigkeit nicht kannte". Wie alle Legaldefinitionen sollten Sie auch diese stets parat haben.

Problem: Was gilt bei der sog. *„abhanden gekommenen Erklärung"?*

Schulfall: Weinverkäufer V übersendet eine Bestellkarte mit dem Vermerk „Porto zahlt Empfänger" an Prof. K, der auf dieser Bestellkarte verschiedene Positionen ankreuzt, sich jedoch später eines Besseren besinnt und die Bestellkarte auf seinem Schreibtisch liegen lässt. Putzfrau P will K einen Dienst erweisen und wirft die Bestellkarte in den Briefkasten. Als später die von V aufgrund der Bestellkarte veranlasste Weinsendung bei K eintrifft, verweigert dieser die Annahme. V entstehen dadurch Auslagen in Höhe von 40 €. Rechtslage?

Lösung: V kann von K die Abnahme und Bezahlung der Warensendung nach § 433 Abs. 2 BGB nur verlangen, wenn ein Kaufvertrag zustande kam. Dies ist jedoch nicht der Fall, da eine wirksame Willenserklärung des K nicht vorliegt (es fehlt an der willentlichen Entäußerung, da die Erklärung ohne Wissen und Wollen des K in den Postgang gelangte). V könnte jedoch möglicherweise gegen K Schadenersatzansprüche haben bezüglich der von ihm getätigten Auslagen in Höhe von 40 €. Dazu wird von der herrschenden Meinung als Anspruchsgrundlage § 122 Abs. 1 BGB analog angewandt. Begründung: Der Fall der abhanden gekommenen Willenserklärung ist mit der in §§ 118 bis 120 BGB geregelten Interessenlage vergleichbar, es liegt „ein Mangel in der Sphäre desjenigen vor, der die Erklärung verursacht hat". V kann deshalb von K Ersatz der 40 € verlangen.

IV. Verwerfliche Beeinflussung bei der Abgabe einer Willenserklärung

Lernhinweis: In § 123 BGB sind zwei Fälle erfasst: die arglistige Täuschung und die rechtswidrige Drohung. In beiden Fällen verdient der Erklärungsgegner keinen Vertrauensschutz, da er durch verwerfliches Verhalten die Abgabe der Willenserklärung herbeigeführt hat. Deshalb entfällt auch die Schadenersatzpflicht des Anfechtenden (§ 122 BGB verweist daher auch nicht auf § 123 und steht systematisch richtig vor dieser Bestimmung).

1. Anfechtung wegen arglistiger Täuschung

Wer zur Abgabe einer Willenserklärung durch arglistige Täuschung bestimmt worden ist, kann die Erklärung nach § 123 Abs. 1 1. Fall (lesen!) anfechten. Es sind also folgende Voraussetzungen erforderlich:

a) Vorliegen einer Täuschungshandlung

Die arglistige Täuschung ähnelt dem strafrechtlichen Betrugstatbestand. Ihr Wesen ist das vorsätzliche „Hervorrufen oder Aufrechterhalten eines Irrtums durch Vorspiegelung oder Unterdrückung von Tatsachen". Eine Bereicherungsabsicht ist aber nicht erforderlich, ebenso wenig muss die Täuschung bereits zu einer Vermögensschädigung des Getäuschten geführt haben.

Beispiel: Der Verkäufer eines Handelsgeschäfts legt gefälschte Bilanzen vor.

Die Täuschungshandlung kann auch im Verschweigen von Tatsachen liegen. Entscheidend ist aber, ob der Vertragspartner nach Treu und Glauben unter Berücksichtigung der Verkehrsanschauung mit einer Aufklärung rechnen durfte und sich damit für sein Gegenüber eine aus § 242 BGB abzuleitende Aufklärungspflicht ergab.

Beispiele: Der Verkäufer eines Gebrauchtwagens unterlässt den Hinweis auf einen erheblichen Verkehrsunfall; der Verkäufer eines Hausgrundstücks verschweigt, dass das Grundstück zur Straßenerweiterung in Anspruch genommen werden soll; der Versicherungsnehmer verschweigt wesentliche Vorerkrankungen beim Abschluss einer Lebensversicherung.

Arglistig handelt nach der Rechtsprechung auch, wer „Angaben ins Blaue hinein macht". Hier ist Ansatzpunkt für die Arglist die „Kenntnis der eigenen Unkenntnis".

b) Kausalität

Die Täuschungshandlung muss ursächlich sein für die Abgabe der Willenserklärung. Das heißt: Die Willenserklärung wäre ohne die Täuschung gar nicht oder nicht so oder nicht zu dieser Zeit abgegeben worden.

c) Problem der Dritttäuschung

Denkbar ist, dass nicht der Erklärungsempfänger, sondern ein Dritter die Täuschung verübt hat. Die Möglichkeit der Anfechtung hängt dann nach § 123 Abs. 2 BGB davon ab, ob der Erklärungsempfänger (oder wenn durch die Erklärung ein anderer ein Recht erworben hatte, dieser) die Täuschung kannte oder kennen musste. Entscheidend ist die Definition, wer Dritter ist.

Merke: Dritter ist nicht, wer auf Seiten („im Lager") des Erklärungsgegners steht oder maßgeblich am Zustandekommen des Geschäfts mitwirkt. Insbesondere ist der Vertreter nicht Dritter. Seine Täuschungshandlung wird also dem Vertretenen (z. B. dem Verkäufer beim Gebrauchtwagenkauf) zugerechnet.

2. Anfechtung wegen rechtswidriger Drohung

Wer zur Abgabe einer Willenserklärung widerrechtlich durch Drohung bestimmt worden ist, kann die Erklärung ebenfalls anfechten (§ 123 Abs. 1 2. Fall – lesen!). Vorausgesetzt wird das Vorliegen einer Drohung; diese muss rechtswidrig und für die Abgabe der Erklärung kausal sein.

a) Begriff der Drohung

Hierunter versteht man jede Ausübung psychischen Zwanges. Eine Drohung liegt vor mit der **„Inaussichtstellung eines empfindlichen Übels".**

Lernhinweis: Bei der arglistigen Täuschung wurde die Parallele zum strafrechtlichen Betrug deutlich, die rechtswidrige Drohung ist das zivilrechtliche „Pendant" zur strafrechtlichen Nötigung.

b) Kausalität

Die Drohung muss für die Erklärung ursächlich sein. Das setzt voraus, dass die Erklärung ohne das in Aussicht gestellte Übel nicht, nicht so oder nicht zu der betreffenden Zeit abgegeben worden wäre.

c) Rechtswidrigkeit

Die Drohung muss rechtswidrig sein. Die Rechtswidrigkeit ergibt sich als Unwerturteil

- über das **Mittel** der Drohung,
- über den verfolgten **Zweck der Drohung** oder
- aus der **Mittel-Zweck-Relation** der Drohung (wenn Ziel und Mittel miteinander nichts zu tun haben).

Problematisch ist die Drohung mit einer **Strafanzeige:** Mittel und Zweck sind legitim, jedoch kann sich aus der Mittel-Zweck-Relation die Rechtswidrigkeit der Drohung ergeben.

Bei der Drohung mit einem an sich erlaubten Mittel (z. B. der Klageandrohung) entfällt in der Regel die Rechtswidrigkeit, wenn der Drohende einen Rechtsanspruch auf den erstrebten Erfolg hat (so die ständige Rechtsprechung, RGZ 110, 384; BGHZ 25, 219). Entscheidend wird darauf abgestellt, ob der Drohende an der Erreichung des verfolgten Zwecks ein berechtigtes Interesse hat und das eingesetzte Mittel nach Treu und Glauben noch als angemessen zur Erreichung des Zwecks anzusehen ist.

So hat die Rechtsprechung die Drohung mit einer Strafanzeige sogar zugelassen, um einen Angehörigen des Täters zur Wiedergutmachung des Schadens zu veranlassen (die Ehefrau musste eine Bürgschaftserklärung abgeben, sonst hätte die Bank den Ehemann wegen betrügerischen Bankrotts angezeigt), wenn dieser Nutznießer war oder der Teilnahme verdächtig ist.

Beispiele: Verneint wurde die Anfechtung wegen rechtswidriger Drohung

- bei der Abgabe eines Schuldanerkenntnisses nach der Drohung mit einer Strafanzeige;
- bei einem vom Makler erklärten Verzicht auf die Verkäuferprovision zusätzlich zur Käuferprovision nach der Drohung des verkaufsinteressierten Grundstückseigentümers, er werde sonst nicht verkaufen;
- nach Vereinbarung eines über der Gebührenordnung liegenden Anwalthonorars nach der Drohung mit der Mandatsniederlegung.

Bejaht wurde die rechtswidrige Drohung

- beim Verkauf eines Grundstücks nach Drohung mit der Nichteinlösung eines Wechsels;
- bei der Ankündigung einer fristlosen Kündigung, wenn ein vom Arbeitgeber vorgelegter Aufhebungs- bzw. Änderungsvertrag nicht unterschrieben wird;
- beim Abschluss eines gerichtlichen Vergleichs, zu dem der Erklärende durch den Hinweis des Gerichtsvorsitzenden genötigt wurde, andernfalls werde ohne weitere Beratung ein ungünstiges Urteil ergehen.

Lernhinweis: Beachten Sie, dass im Unterschied zur arglistigen Täuschung auch die durch einen Dritten verübte rechtswidrige Drohung stets zur Anfechtung berechtigt, unabhängig von der Kenntnis bzw. dem Kennenmüssen des Erklärungsgegners (vgl. den Wortlaut des § 123 Abs. 2 BGB, der nur von „der Täuschung" handelt).

3. Anfechtungsfrist

Die Anfechtung wegen arglistiger Täuschung bzw. rechtswidriger Drohung kann nach § 124 nur **binnen Jahresfrist** erfolgen.

Dabei beginnt die Frist

• bei der arglistigen Täuschung mit dem Zeitpunkt, in welchem der Anfechtungsberechtigte die Täuschung entdeckt,

• bei der rechtswidrigen Drohung mit dem Zeitpunkt, in welchem die Zwangslage aufhört.

Darüber hinaus gilt auch für die arglistige Täuschung und rechtswidrige Drohung die 10-Jahresfrist (§ 124 Abs. 3 BGB).

Wiederholungsfragen zu § 14

Wie löst das Gesetz den Interessenwiderstreit von Erklärendem und Erklärungsempfänger bei Willensmängeln? (§ 14 I)

Was versteht man unter einem geheimen Vorbehalt und welche Wirkung hat er? (§ 14 II 1)

Was versteht man unter einem Scheingeschäft, können Sie dies an einem klassischen Beispiel verdeutlichen? (§ 14 II 2)

Ist es rechtlich folgenlos, wenn jemand eine Erklärung nur zum Scherz abgibt? (§ 14 II 3)

Welche Anfechtungsgründe sind in § 119 BGB genannt? (§ 14 III 1)

Worin besteht der Unterschied zwischen dem Erklärungsirrtum und einem Übermittlungsfehler nach § 120 BGB? (§ 14 III 1 b c)

Kann man bei Kalkulationsfehlern anfechten? (§ 14 III 1 d aa)

Welche Wirkung hat die Anfechtungserklärung und welche Fristen bestehen für sie? (§ 14 III 3,2 d)

Was sind die Voraussetzungen der arglistigen Täuschung und der rechtswidrigen Drohung? (§ 14 IV 1, 2)

§ 15 Aufrechterhaltung nichtiger Rechtsgeschäfte

Lernhinweis: In den vorangegangenen Kapiteln wurden Wirksamkeitsvoraussetzungen und Mängel der Rechtsgeschäfte besprochen. Wir haben gesehen, dass Rechtsgeschäfte in bestimmten Fällen nichtig sind. Diese Aussage muss aber nicht endgültig sein. Das Gesetz nennt Tatbestände, deren Ziel es ist, nichtige Rechtsgeschäfte „zu heilen". Solche Fälle sind: die Erfüllung bei bestimmten Formmängeln, die Umdeutung, die erneute Vornahme sowie die Aufrechterhaltung bei Teilnichtigkeit von Rechtsgeschäften. Vergleichen Sie vorab die Übersicht *Heilung nichtiger Rechtsgeschäfte*.

I. Heilung von Formmängeln

1. Grundsatz

Verstöße gegen gesetzliche Formvorschriften führen nach § 125 BGB zur Nichtigkeit des betreffenden Rechtsgeschäfts (s. o. § 12). An sich sind Verstöße gegen die vorgeschriebene Form irreparabel. Den Parteien ist es allerdings unbenommen, das zunächst formfehlerhafte Rechtsgeschäft unter Beachtung der vorgeschriebenen Form nachzuholen.

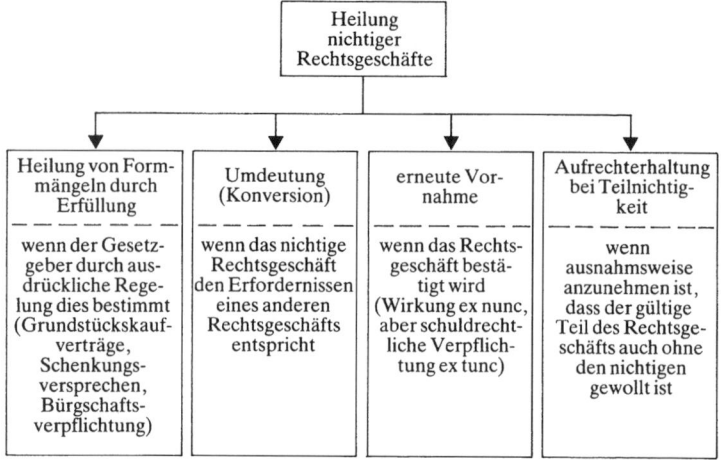

Lernhinweis: Dann treten die Rechtsfolgen aber erst zum Zeitpunkt der formgültigen Nachholung ein.

2. Heilung durch Erfüllung

In einigen Fällen heilt die Erfüllung den Mangel der Form. Es sind dies:

- die Erfüllung des Schenkungsversprechens (§ 518 Abs. 2 BGB – lesen!),
- die Erfüllung der Bürgschaftsverpflichtung (§ 766 S. 3 BGB – lesen!),
- die Eintragung des Erwerbers als Grundstückseigentümer im Grundbuch (§ 311b Abs. 1 S. 2 BGB – lesen!).

Verständnisfrage: Was ist der gesetzgeberische Grund?

Antwort: In den vorgenannten Fällen sollte die gesetzliche Form vor unüberlegten Entschlüssen warnen. Wenn dennoch erfüllt wird, hat der Gesetzgeber seine Schuldigkeit getan. Die Vermögensübertragung soll Bestand haben!

II. Die Umdeutung

1. Grundsatz

Entspricht ein nichtiges Rechtsgeschäft den Erfordernissen eines anderen (wirksamen) Rechtsgeschäfts, so gilt nach § 140 BGB (lesen!) das letztere, wenn anzunehmen ist, dass dessen Geltung bei Kenntnis der Nichtigkeit gewollt sein würde. Man spricht von Umdeutung oder **Konversion.**

2. Voraussetzungen

Es ist also jeweils zu prüfen, ob das nichtige Rechtsgeschäft Tatbestandsmerkmale enthält, die für sich die Voraussetzungen für ein anderes, gültiges Rechtsgeschäft enthalten, und die Beteiligten das letztere Geschäft geschlossen hätten, wenn ihnen die Nichtigkeit bewusst gewesen wäre. Erforderlich und ausreichend ist, dass durch das Ersatzgeschäft der von den Parteien erstrebte wirtschaftliche Erfolg im Wesentlichen erreicht wird.

Beispiele:

- Umdeutung der (ex tunc wirkenden) Anfechtung in eine (ex nunc) wirkende Kündigung.
- Umdeutung einer (unzulässigen) fristlosen außerordentlichen Kündigung in eine (zulässige) ordentliche Kündigung zum nächsten Kündigungstermin.
- Umdeutung einer unzulässigen Übertragung eines Gesellschaftsanteils in eine (zulässige) Abtretung des Anspruchs auf das Auseinandersetzungsguthaben.
- Umdeutung einer (wegen § 1059 S. 1 BGB) nichtigen Übertragung des Nießbrauchs in die zulässige Überlassung der Ausübung des Nießbrauchs nach § 1059 S. 2 BGB.

III. Die Bestätigung

1. Grundsatz

Es ist eine Selbstverständlichkeit, dass ein nichtiges Rechtsgeschäft unter Vermeidung der Nichtigkeitsgründe erneut vorgenommen werden kann. Nach § 141 Abs. 1 BGB (lesen!) ist die Bestätigung als erneute Vornahme zu beurteilen.

2. Wirkungszeitpunkt

Durch die Bestätigung wird der Wirkungszeitpunkt nicht zurückverlegt. Allerdings sind die Vertragsparteien nach § 141 Abs. 2 BGB (lesen!) im Zweifel verpflichtet, „einander zu gewähren, was sie haben würden, wenn der Vertrag von Anfang an gültig gewesen wäre". Die Neuvornahme hat also keine rückwirkende Kraft. Dritten gegenüber bleibt es beim Wirkungszeitpunkt der Neuvornahme. Lediglich unter den Parteien ist der schuldrechtliche Ausgleich so durchzuführen, als sei von Anfang an ein wirksames Rechtsgeschäft abgeschlossen worden.

IV. Aufrechterhaltung bei Teilnichtigkeit

1. Folgen der Teilnichtigkeit

Viele Rechtsgeschäfte bestehen aus mehreren Teilen. So kann ein Vertragswerk zahlreiche Paragraphen und Positionen enthalten. Was gilt, wenn ein Teil des Rechtsgeschäfts nichtig ist? § 139 BGB (lesen!) bringt eine Auslegungsregel: Ist ein Teil eines Rechtsgeschäfts nichtig, so ist das ganze Rechtsgeschäft nichtig, wenn nicht anzunehmen ist, dass es auch ohne den nichtigen Teil vorgenommen sein würde. Das heißt: Das Gesetz geht von der Vermutung aus, dass die Parteien das Rechtsgeschäft nur als Ganzes gewollt haben.

2. Ausnahmen der Teilnichtigkeit

Die uneingeschränkte Anwendung des § 139 BGB kann in Ausnahmefällen der Interessenlage widersprechen.

a) Gesetzliche Ausnahmen

Der Gesetzgeber hat in Einzelfällen die Auslegungsregel des § 139 BGB außer Kraft gesetzt:

- Im Erbrecht gilt nach § 2085 BGB die umgekehrte Auslegungsregel, dass die Nichtigkeit einer von mehreren in einem Testament enthaltenen Bestimmungen nicht zur Nichtigkeit des gesamten Testaments führt.
- Im Recht der Allgemeinen Geschäftsbedingungen bleiben bei Nichtigkeit einzelner Bestimmungen gem. § 306 Abs.1 BGB die übrigen gleichwohl gültig.

An die Stelle der nichtigen Bestimmungen tritt das Gesetz („Wiederaufleben" des dispositiven Rechts).

b) Abweichende Vereinbarungen

§ 139 BGB enthält eine nachgiebige Auslegungsregel, steht also zur Disposition der Parteien. In vielen Verträgen wird ausdrücklich vereinbart, dass die Nichtigkeit von Einzelabreden nicht zur Nichtigkeit des gesamten Rechtsgeschäfts führt. Wir finden dies in vielen Formularverträgen.

Lernhinweis: Dies kann aber riskant sein! Überlegen Sie, dass möglicherweise genau die Bestimmung nichtig ist, auf die eine Partei besonderen Wert legte. Diese Bedenken berücksichtigt im Fall nichtiger AGB § 306 Abs. 3 BGB (lesen!). Interessengemäßer sind deshalb andere „Teilnichtigkeitsklauseln", die eine Anpassung vorsehen. Häufig finden wir deshalb auch Formulierungen wie die folgende: „Sollte eine Bestimmung des Vertragswerks nichtig sein, so soll sie im Wege der ergänzenden Vertragsauslegung ersetzt werden durch eine der beabsichtigten am nächsten kommende Regelung".

Lernhinweis: Schauen Sie jetzt noch einmal die Übersicht an und prüfen Sie, ob das eben Gelesene auch „sitzt".

Wiederholungsfragen zu § 15

In welchen Fällen heilt die Erfüllung den Mangel der Form und was ist der Grund dafür? (§ 15 I 2)

Was versteht man unter der Konversion? (§ 15 II)

Führt es zur Nichtigkeit des gesamten Vertragswerks, wenn einzelne Teile nichtig sind? (§ 15 IV 1)

5. Kapitel: Zusätzliche Wirksamkeitsvoraussetzungen bei Rechtsgeschäften

Lernhinweis: In der Regel tritt die Wirkung eines Rechtsgeschäfts mit dessen Abschluss – also sofort – ein. Durch Einführung von Bedingungen und Zeitbestimmungen kann dies im Hinblick auf zukünftige Entwicklungen nach den Bedürfnissen der Parteien abgeändert werden. Manche Rechtsgeschäfte bedürfen der Zustimmung Dritter. Sie sind dann erst wirksam mit deren Erteilung. Im Nachfolgenden werden Bedingung, Zeitbestimmung sowie Zustimmung erörtert. Merken Sie sich, dass alle drei Begriffe jeweils in zwei Erscheinungsformen vorkommen:

- Bedingung: auflösende und aufschiebende Bedingung;
- Zeitbestimmung: Anfangstermin und Endtermin;
- Zustimmung: Einwilligung und Genehmigung.

Lernhinweis: Verschaffen Sie sich zunächst einen Überblick anhand der Übersicht *Zusätzliche Wirksamkeitsvoraussetzungen bei Rechtsgeschäften.*

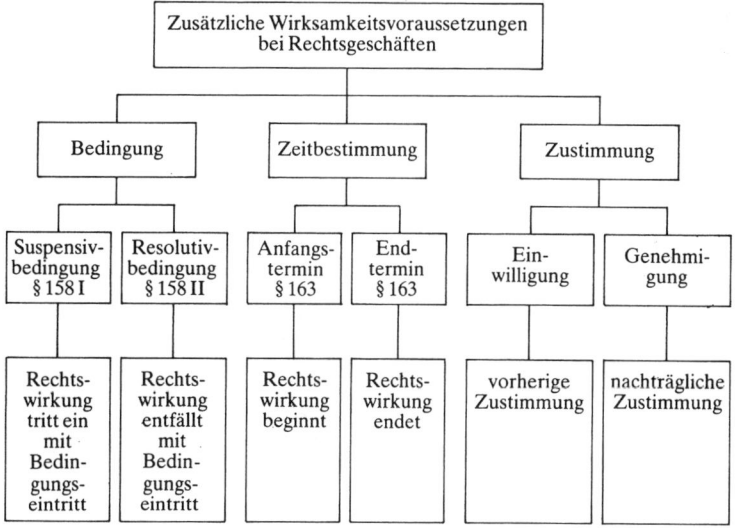

§ 16 Bedingte und befristete Rechtsgeschäfte

I. Bedingte Rechtsgeschäfte

Mit Aufnahme einer Bedingung machen die Parteien die Wirksamkeit des Rechtsgeschäfts vom Eintritt eines zukünftigen Ereignisses abhängig. Auf diese Weise bietet die Rechtsordnung einen eleganten und effizienten Weg, sich auf ungewisse Entwicklungen einzustellen.

Lernhinweis: Stellen Sie sich schwierige (Fusions-)Verhandlungen vor, bei denen ein umfangreiches Vertragswerk mit verschiedenen Beteiligten ausgehandelt werden muss, immer unter dem Vorbehalt, dass es schlussendlich zu einem Gesamtkonsens kommt bzw. der Fall X, für den das Regelwerk gelten soll, überhaupt eintritt. Auch lässt sich durch eine Bedingung Druck auf den von ihr Begünstigten ausüben. So kann z. B. der Lerneifer des nicht gerade examensfreudigen Filius durch die Inaussichtstellung eines eigenen PKWs für den Fall des bestandenen Examens maximiert werden.

1. Begriff der Bedingung

Unter einer Bedingung versteht man ein **„zukünftiges, ungewisses Ereignis"**.

Beispiel: Der Verkäufer liefert beim Kreditgeschäft die gekaufte Ware unter Eigentumsvorbehalt und übereignet (so die Auslegungsregel des § 449 Abs. 1 BGB) unter der aufschiebenden Bedingung der vollständigen Zahlung des restlichen Kaufpreises.

2. Arten

Die Bedingung ermöglicht es, zukünftige Ereignisse zu berücksichtigen und damit Rechtsgeschäfte an die künftige Entwicklung anzupassen. Dabei unterscheidet man die aufschiebende und die auflösende Bedingung.

a) Aufschiebende Bedingung

Wird ein Rechtsgeschäft unter einer aufschiebenden Bedingung (man spricht auch von der „Suspensivbedingung") vorgenommen, so tritt die von der Bedingung abhängig gemachte Wirkung mit dem Eintritt der Bedingung ein (§ 158 Abs. 1 BGB – lesen!).

Lernhinweis: Bei der aufschiebenden Bedingung ist also zunächst die Rechtsfolge „aufgeschoben". Mit Eintritt der Bedingung tritt die Rechtswirksamkeit ein (vgl. die Skizze *Suspensivbedingung).*

Suspensivbedingung

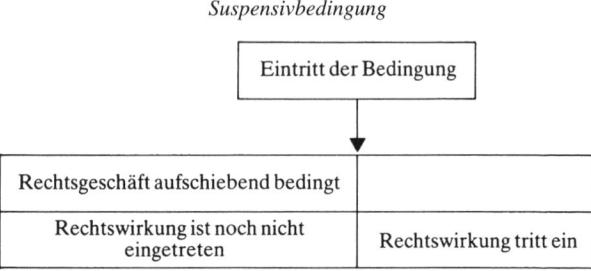

Der Eigentumsvorbehalt ist der klassische Fall einer aufschiebenden Bedingung. Bis zur Zahlung des Kaufpreises ist der Käufer Nichteigentümer. Mit vollständiger Bezahlung des Kaufpreises tritt die Bedingung ein, der Käufer erwirbt das Eigentum.

Weiterführender Hinweis: Der Käufer erwirbt zunächst nur ein **„Anwartschaftsrecht"**, das mit Bedingungseintritt zum „Vollrecht", nämlich dem Eigentum, erstarkt (das Anwartschaftsrecht wird auch als „wesensgleiches Minus" des Eigentums bezeichnet; Näheres dazu im Kauf- und Sachenrecht).

b) Auflösende Bedingung

Wird ein Rechtsgeschäft unter einer auflösenden Bedingung (man spricht auch von „Resolutivbedingung") vorgenommen, so endet mit dem Eintritt der Bedingung die Wirkung des Rechtsgeschäfts (§ 158 Abs. 2 BGB – lesen!). Vom Zeitpunkt des Bedingungseintritts an tritt der frühere Rechtszustand wieder ein (vgl. die Skizze *Resolutivbedingung*).

Beispiele: Rückgabe von erhaltenen Leistungen bei Verstoß gegen Wohlverhaltensklauseln; testamentarische Erbeinsetzung des überlebenden Ehegatten mit „Wiederverheiratungsklausel".

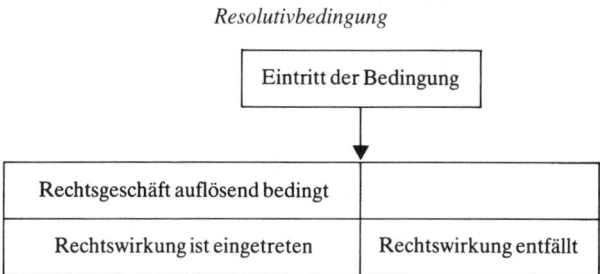

Resolutivbedingung

Eintritt der Bedingung	
Rechtsgeschäft auflösend bedingt	
Rechtswirkung ist eingetreten	Rechtswirkung entfällt

3. Bedingungsfeindliche Rechtsgeschäfte

Nicht alle Rechtsgeschäfte können unter einer Bedingung vorgenommen werden. Mit Rücksicht auf die Rechtsklarheit verbietet das Gesetz in bestimmten Fällen die Vereinbarung einer Bedingung.

Beispiele:

- statusbegründende Rechtsgeschäfte im Personenstandsrecht (§ 1311 S. 2 BGB);
- die Ausübung von Gestaltungsrechten (Kündigung, Anfechtung); der Erklärungsgegner muss wissen, woran er ist;
- die Auflassung von Grundstücken (§ 925 Abs. 2 BGB); die Eintragung als Grundstückseigentümer darf nicht von Ungewissheiten abhängen; **Lernhinweis:** Damit ist die bedingte Übereignung nur bei beweglichen Sachen nach § 449 BGB zulässig, bei Grundstücken unzulässig. Das Bedürfnis des Verkäufers, sich in Bezug auf die Kaufpreiszahlung abzusichern und gleichzeitig dem Käufer eine gesicherte Rechtsposition zu verschaffen, befriedigt das Gesetz in anderer Weise: Der Verkäufer sichert sich dadurch, dass er die Auflassung erst bei Zahlung des Kaufpreises erklärt. Der Käufer sichert sich durch die Eintragung einer Auflassungsvormerkung nach §§ 883 ff. BGB und ist damit nach §§ 883 Abs. 2, 888 Abs. 1 BGB gegen zuwiderlaufende Verfügungen geschützt. Die Auflassung erfolgt dann später Zug um Zug gegen Zahlung des Kaufpreises.

4. Echte und unechte Bedingung

Eine echte Bedingung liegt nur vor, wenn das zukünftige Ereignis auch wirklich objektiv ungewiss ist.

Ist das von den Parteien irrtümlich als bedingt angesehene Ereignis bereits eingetreten, handelt es sich nicht um eine Bedingung; die Rechtswirkungen des Geschäfts treten mit seiner Vornahme ein. In Wirklichkeit war das Ereignis objektiv gewiss und lediglich für die Parteien subjektiv ungewiss.

Keine echte Bedingung ist auch die „Rechtsbedingung". Eine solche liegt vor, wenn die Parteien die Wirksamkeit eines Rechtsgeschäfts von einer Voraussetzung abhängig machen, die von der Rechtsordnung für die Wirksamkeit des Rechtsgeschäfts gefordert wird.

Beispiel: Für bestimmte Rechtsgeschäfte ist die Genehmigung des Vormundschaftsgerichts erforderlich. Schließen die Parteien das Rechtsgeschäft ab unter dem Vorbehalt der vormundschaftsgerichtlichen Genehmigung, hängt die Wirksamkeit des Rechtsgeschäfts von deren Erteilung ab, nicht dagegen von der Tatsache, dass dies die Parteien zur Bedingung gemacht haben.

5. Rechtsfolgen der Bedingung

a) Eintritt und Ausfall der Bedingung

aa) Bedingungseintritt

Mit dem Eintritt der Bedingung ändert sich die Rechtslage. Mit Eintritt der aufschiebenden Bedingung treten die von den Parteien gewünschten Rechtsfolgen ein; mit dem Eintritt der auflösenden Bedingung fallen sie weg und es tritt der frühere Rechtszustand wieder ein (vgl. § 158 Abs. 1 und 2).

Die Rechtslage ändert sich aber nicht rückwirkend, sondern erst zum Zeitpunkt des Bedingungseintritts.

bb) Ausfall der Bedingung

Denkbar ist, dass mit Sicherheit das erwartete zukünftige Ereignis nicht mehr eintreten wird.

Beispiel: Wenn testamentarisch verfügt ist, dass der Enkel Nacherbe des Sohnes werden soll, kann diese Bedingung nicht mehr eintreten, wenn vor dem Erbfall der Enkel verstorben ist.

Damit ergeben sich folgende Aussagen:

Mit Ausfall der aufschiebenden Bedingung kann das Rechtsgeschäft nicht mehr wirksam werden; mit Ausfall der auflösenden Bedingung bleibt es endgültig bei der Wirksamkeit des ursprünglich bedingten Geschäfts.

b) Bedingungsvereitelung

Wird der Eintritt der Bedingung von einer Partei, zu deren Nachteil er gereichen würde, treuwidrig verhindert, so **gilt** nach § 162 Abs. 1 BGB die Bedingung **als eingetreten.** Dies entspricht dem allgemeinen Rechtsgedanken, dass niemand aus einer eigenen Treupflichtverletzung Rechte ableiten kann.

Beispiel: V verkauft K unter Eigentumsvorbehalt einen Pkw; der Kaufpreis ist zahlbar in 24 Raten. Nach Bezahlung der 23. Rate lehnt V grundlos die Entgegennahme der letzten Teilzahlung ab. Die aufschiebend bedingte Übereignung wird nach § 162 Abs. 1 wirksam.

Entsprechendes gilt, wenn die Bedingung von einer Partei, zu deren Vorteil sie gereichen würde, treuwidrig herbeigeführt wird: Dann gilt der Bedingungseintritt gem. § 162 Abs. 2 BGB als nicht erfolgt.

c) Verfügungen während der Schwebezeit

aa) Grundsatz

Weil bedingte Rechtsgeschäfte einen Schwebezustand herbeiführen, besteht ein Bedürfnis, den bedingt Berechtigten zu schützen. Dies geschieht nach Maßgabe des § 161 BGB (lesen!):

Hat jemand unter einer aufschiebenden Bedingung über einen Gegenstand verfügt, so ist jede weitere Verfügung, die er während der Schwebezeit über den Gegenstand trifft, im Fall des Eintritts der Bedingung insoweit unwirksam, als sie die von der Bedingung abhängige Wirkung vereiteln oder beeinträchtigen würde. Entsprechendes gilt für die auflösende Bedingung.

Beispiel: Übereignet der Verkäufer unter der aufschiebenden Bedingung der vollständigen Zahlung des Kaufpreises, ist der Käufer gegen spätere, seine Rechtsstellung beeinträchtigende Verfügungen des Verkäufers geschützt.

bb) Zwangsvollstreckungsmaßnahmen

Der Schutz des bedingt Berechtigten gilt entsprechend gegenüber Verfügungen im Wege der Zwangsvollstreckung (§ 161 Abs. 1 S. 2 BGB).

Beispiel: Die Gläubiger des Verkäufers pfänden die aufschiebend bedingt übereigneten Sachen. An sich vollstrecken sie noch in das dem Schuldner (Verkäufer) gehörende Vermögen (dieser bleibt ja bis zum Bedingungseintritt noch Eigentümer). Mit der Zahlung des Kaufpreises sind auch diese Verfügungen dem Käufer gegenüber nach § 161 Abs. 1 S. 1 BGB 2 unwirksam.

cc) Schutz gutgläubiger Dritter

Nach § 161 Abs. 3 BGB (lesen!) finden die Vorschriften zugunsten derjenigen, welche Rechte von einem Nichtberechtigten herleiten, entsprechende Anwendung. Das bedeutet: Ein Dritter, der von der aufschiebend bedingten Übereignung zugunsten des Käufers nichts wusste, erwirbt Eigentum. Trotz Zahlung des Restkaufpreises wird der Käufer nicht mehr Eigentümer.

II. Befristete Rechtsgeschäfte

1. Funktion der Befristung

Durch die Bestimmung von Anfangs- oder Endtermin kann die **Wirkung** eines Rechtsgeschäfts **zeitlich begrenzt** werden.

Im Gegensatz zur Bedingung handelt es sich bei der Befristung um ein „zukünftiges, **gewisses** Ereignis".

2. Arten der Befristung

Das Gesetz kennt **Anfangs-** und **Endtermine.** Der Oberbegriff ist die **„Zeitbestimmung".** Auf die Zeitbestimmung findet nach § 163 BGB das Recht über die Bedingung entsprechende Anwendung. Auch hier unterscheiden wir zwischen Anfangstermin und Endtermin, je nachdem, ob die Rechtswirksamkeit (beim Anfangstermin) mit Eintritt des Termins beginnt oder (beim Endtermin) endet.

3. Einzelheiten

Beachten Sie die Terminologie: Als Termin bezeichnet man den Zeitpunkt, als Frist den Zeitraum.

Die Berechnung von Fristen ist aus nahe liegenden Gründen besonders wichtig bei gerichtlichen und behördlichen Verfügungen. Hierzu enthält das BGB im 4. Abschnitt des 1. Buches (§§ 186 ff. wenigstens überfliegen!) Definitionen und klärende Aussagen für den Fristbeginn, das Fristende sowie verschiedene Zweifelsfragen bei der Berechnung von Fristen (Beispiel: Wird ein Tag mitgerechnet, wenn gerade der Beginn dieses Tages für den Anfang einer Frist der maßgebliche Zeitpunkt ist? Antwort: Ja, § 187 Abs. 2 Satz 1 BGB).

Lernhinweis: Diese Dinge kann man notfalls nachschlagen; ihre praktische Bedeutung ist aber wesentlich höher als der Raum, den die Erörterung im akademischen Unterricht einnimmt.

Wiederholungsfragen zu § 16

Was versteht man unter einer Bedingung? (§ 16 I 1)

Welche Arten der Bedingung kennen Sie? (§ 16 I 2)

Wie unterscheiden sich aufschiebende und auflösende Bedingung? (§ 16 I 2a, b)

Können Sie Beispiele für bedingungsfeindliche Rechtsgeschäfte nennen, was ist der Grund für die Bedingungsfeindlichkeit? (§ 16 I 3)

Was gilt, wenn bei aufschiebend bedingten Rechtsgeschäften vor Bedingungseintritt noch einmal über den Gegenstand verfügt wird? (§ 16 I 5c)

§ 17 Zustimmungspflichtige Rechtsgeschäfte

Durch Zustimmungserfordernisse wird die Wirksamkeit von Rechtsgeschäften von zusätzlichen Voraussetzungen, nämlich der Entscheidung Dritter, abhängig gemacht.

I. Die Interessenlage

Das Gesetz schreibt bei zahlreichen Rechtsgeschäften die Mitwirkung dritter Personen vor. Im Wesentlichen handelt es sich um folgende Konstellationen:

1. Aufsichtsrechte Dritter

Rechtsgeschäfte beschränkt Geschäftsfähiger bedürfen nach §§ 107 ff. BGB der Zustimmung des gesetzlichen Vertreters. Der Minderjährige wird vor den möglichen Gefahren seines eigenen Handelns geschützt.

2. Eingriff in fremde Rechtssphären

Nicht selten greifen Rechtsgeschäfte in die Rechtssphäre Dritter ein. Es ist selbstverständlich, dass die Wirksamkeit derartiger Rechtsgeschäfte von der Zustimmung des betroffenen Dritten abhängt.

Beispiele:

• Rechtsgeschäfte des Vertreters ohne Vertretungsmacht bedürfen nach § 177 BGB der Genehmigung des Vertretenen;
• die Schuldübernahme zwischen Altschuldner und Neuschuldner muss vom Gläubiger nach § 415 BGB genehmigt werden;
• die Verfügung eines Nichtberechtigten ist nach § 185 BGB von der Zustimmung des Berechtigten abhängig;
• die Verfügungen eines Ehegatten über sein Vermögen im ganzen oder über Gegenstände des ehelichen Haushalts und die Verpflichtung dazu sind nach §§ 1365, 1369 BGB nur mit Zustimmung des anderen Ehegatten wirksam;
• Grundstücksverfügungen des (nicht befreiten) Vorerben sind nach § 2113 Abs. 1 BGB insoweit unwirksam, als sie das Recht des Nacherben beeinträchtigen würden. Eine solche Beeinträchtigung entfällt jedoch, wenn der Nacherbe zustimmt.

Lernhinweis: Die Zustimmung nach bürgerlichem Recht ist streng zu unterscheiden von den öffentlich-rechtlichen Genehmigungserfordernissen (z. B. die Bodenverkehrsgenehmigungen nach §§ 19 ff. BauGB). Voraussetzungen und Wirkungen öffentlich-rechtlicher Genehmigungen beurteilen sich nach den betreffenden Spezialgesetzen.

II. Arten der Zustimmung

Man unterscheidet die Einwilligung und die Genehmigung.

1. Einwilligung

Die **vorherige Zustimmung** bezeichnet man als „Einwilligung" (vgl. die Legaldefinition in § 183 S. 1 – lesen!).

Sie ist nach § 183 im Zweifel bis zur Vornahme des Rechtsgeschäfts widerruflich. Der Widerruf kann sowohl dem einen als auch dem anderen Teil gegenüber erklärt werden.

Lernhinweis: Unter den Begriff der Einwilligung fällt auch die sogenannte „Ermächtigung". Sie begründet für den Ermächtigten die Befugnis, im eigenen Namen, also nicht als Vertreter (s. u. § 18 V 2), im Rechtskreis des Einwilligenden zu handeln. Anerkannt sind die Verfügungsermächtigung (s. dazu u. III 1) und die Einziehungsermächtigung. Von letzterer spricht man, wenn der Forderungsinhaber (Gläubiger) einen Dritten ermächtigt, für ihn die Forderung einzuziehen.

2. Genehmigung

Die **nachträgliche Zustimmung** wird als „Genehmigung" bezeichnet (vgl. die Legaldefinition in § 184 Abs. 1 BGB – lesen!).

Beachte: Die Genehmigung wirkt im Zweifel auf den Zeitpunkt der Vornahme des Rechtsgeschäfts zurück (die Genehmigung wirkt „ex tunc").

Allerdings werden durch die Rückwirkung solche Verfügungen nicht unwirksam, die vor der Genehmigung über den Gegenstand getroffen wurden (vgl. § 184 Abs. 2 BGB). Dadurch werden Rechte Dritter, die diese in der Schwebezeit vom Genehmigenden erworben haben, geschützt. Dies gilt auch für Zwangsvollstreckungsmaßnahmen.

Die Zustimmung ist eine empfangsbedürftige Willenserklärung. Sie ist formlos gültig, auch wenn für das zustimmungspflichtige Rechtsgeschäft eine bestimmte Form vorgeschrieben ist (vgl. § 182 Abs. 2 BGB).

3. Ermächtigung

a) Begriff

Die Zustimmung eines Berechtigten zur Geltendmachung oder Ausübung eines Rechts durch einen Nichtberechtigten **im eigenen Namen** bezeichnet man als „Ermächtigung". § 185 BGB enthält einen gesetzlich geregelten Fall (vgl. dazu nachfolgend III.).

b) Einziehungsermächtigung

Daneben ist die sog. „*Einziehungsermächtigung*" anerkannt, auf die § 185 analog Anwendung findet: Der Ermächtigte macht die Forderung in eigenem Namen geltend und verlangt je nach Inhalt der Ermächtigung Leistung an den Gläubiger oder an sich.

c) Verpflichtungsermächtigung

Die Anerkennung einer allgemeinen „*Verpflichtungsermächtigung*" wird dagegen von der h. M. abgelehnt, da § 185 BGB nicht auf Verpflichtungsgeschäfte anwendbar ist. Begründung: Die Eingehung von Verpflichtungen für einen Dritten ist im BGB-Vertretungsrecht geregelt; dort ist gem. § 164 Abs. 1 vorausgesetzt, dass der Vertreter eine Erklärung in fremdem Namen abgibt. Kommt der Wille in fremdem Namen zu handeln nicht deutlich genug zum Ausdruck, wird der Vertreter nach § 164 Abs. 2 selbst verpflichtet! Die Anerkennung einer „Verpflichtungsermächtigung" wäre somit ein Widerspruch zum Offenkundigkeitsgrundsatz des Vertretungsrechts (vgl. dazu § 164 Abs. 1 u. 2 BGB sowie nachfolgend § 18 II u. IV).

III. Verfügung eines Nichtberechtigten

Lernhinweis: Besonders geregelt ist die Verfügung eines Nichtberechtigten in § 185 BGB. Um den Grundgedanken zu verstehen, müssen Sie sich an die Einteilung der Rechtsgeschäfte erinnern. Wir hatten gesehen, dass man Verpflichtungsgeschäfte und Verfügungsgeschäfte unterscheidet. Schuldrechtliche Verpflichtungsgeschäfte kennen keinen Nichtberechtigten, da sich (schuldrechtlich!) jeder zu nahezu jeder Leistung verpflichten kann. Ob er die Leistung auch erbringen kann, steht auf einem anderen Blatt. Verschaffungsverpflichtungen werden regelmäßig durch Verfügungen erfüllt; so muss z. B. der Verkäufer die verkaufte Ware übereignen. Gehört sie ihm nicht, so kann er sich dazu zwar verpflichten, ob er allerdings die Verpflichtung auch erfüllen kann, hängt davon ab, ob er die Ware beschaffen und dann verfügen kann oder, wenn er über fremde Güter verfügt, ob der wirklich Berechtigte zustimmt.

1. Einwilligung des Berechtigten

Verfügt ein Nichtberechtigter über einen Gegenstand, so ist nach § 185 Abs. 1 BGB (lesen!) die Verfügung wirksam, wenn sie mit Einwilligung des Berechtigten erfolgt. Diese Einwilligung bezeichnet man als „Verfügungsermächtigung".

Beispiel: Lieferant L liefert an den Großhändler V Waren unter Eigentumsvorbehalt. Dieser veräußert die Waren weiter an den Endabnehmer E. Wie wird E Eigentümer? (Vgl. die Skizze *Verfügung eines Nichtberechtigten*).

Verfügung eines Nichtberechtigten

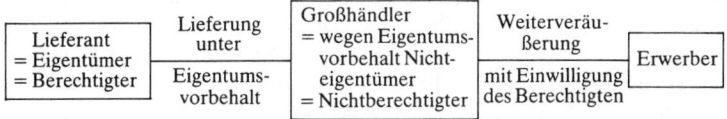

Durch den Eigentumsvorbehalt bleibt L zunächst Eigentümer. Wenn V an E weiterveräußert, verfügt er über das Eigentum des L. Häufig gestatten die einschlägigen Lieferbedingungen dem Großhändler die Weiterveräußerung, damit er entsprechende Erlöse erzielen und somit Zahlungen an den Lieferanten leisten kann.

In diesem Fall wäre der Großhändler berechtigt, über ihm nicht gehörende Sachen zu verfügen. E wird Eigentümer.

Lernhinweis: Es kommen noch andere Lösungsmöglichkeiten in Betracht, je nachdem, wie der Sachverhalt weiter differenziert wird:

Weiß der Endabnehmer nichts vom Eigentumsvorbehalt, erwirbt er nach § 932 BGB gutgläubig Eigentum, vorausgesetzt er hält den Großhändler für den Eigentümer.

Möglicherweise erwirbt auch der Großhändler (trotz des vereinbarten Eigentumsvorbehalts) nach § 950 BGB Eigentum an den vom Lieferanten gelieferten Waren, nämlich dann, wenn er sie entsprechend verarbeitet (zu alledem vgl. im Sachenrecht den Abschnitt Eigentumserwerb).

2. Genehmigung des Berechtigten

Die Verfügung eines Nichtberechtigten wird nach § 185 Abs. 2 BGB (lesen!) wirksam, wenn der Berechtigte sie genehmigt.

Beispiel: Dieb D stiehlt dem Eigentümer E ein tragbares Fernsehgerät und veräußert dieses an den Passanten P zum Preis von Euro 500,–. Welche Rechte hat E? Vergleichen Sie dazu das Schaubild *Veräußerung einer gestohlenen Sache.*

Veräußerung einer gestohlenen Sache

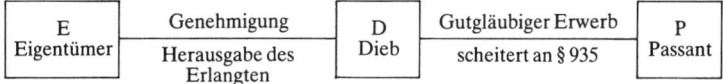

Wir haben es hier mit einer wichtigen Fallkonstellation zu tun, die wesentliche Zusammenhänge des BGB verdeutlicht. E könnte gegen P einen Herausgabeanspruch gem. § 985 BGB haben. Dies setzt voraus, dass E Eigentümer war, sein Eigentum nicht verloren hat, und P Besitzer ist. Letzteres ist der Fall, da P den Fernseher in Besitz hat. E war Eigentümer und ist auch Eigentümer geblieben, da trotz guten Glaubens an gestohlenen Sachen kein Eigentumserwerb möglich ist (vgl. § 935 BGB). Die Verfügung des D ist (wegen § 935!) E gegenüber nicht wirksam. Möglicherweise ist aber P nicht mehr auffindbar, so dass schon aus diesem Grunde E ein Interesse daran hat, statt der Herausgabe des gestohlenen Geräts von D die Herausgabe des erzielten Erlöses zu verlangen. Als Anspruchsgrundlage kommt eine Vorschrift des Bereicherungsrechts in Betracht: § 816 Abs. 1 BGB. Wenn ein Nichtberechtigter eine Verfügung trifft, die dem Berechtigten gegenüber wirksam ist, hat der Berechtigte Anspruch auf Herausgabe des erzielten Erlöses. An sich ist die Verfügung des D unwirksam (siehe oben). E kann jedoch diese Verfügung genehmigen. Sie wird dann nach § 185 Abs. 2 BGB ihm gegenüber wirksam. E verliert damit rückwirkend (vgl. § 184 Abs. 1) das Eigentum durch die Veräußerung des Nichtberechtigten D. Folglich liegen die Voraussetzungen des § 816 Abs. 1 vor. E hat gegen D einen Anspruch auf Herausgabe der erzielten Euro 500,– (**Hinweis:** Durch die Genehmigung wird nur die Verfügung wirksam. D wird dadurch nicht etwa nachträglich zum Berechtigten, denn dann läge die Voraussetzung „Nichtberechtigter" nicht mehr vor, weshalb § 816 BGB gar nicht mehr einschlägig wäre).

Wiederholungsfragen zu § 17

Können Sie Fälle von Rechtsgeschäften nennen, bei denen die Mitwirkung Dritter erforderlich ist? (§ 17 I)

Wie definiert man die Einwilligung, wie die Genehmigung? (§ 17 II)

Wie ist die Rechtslage, wenn jemand als Nichtberechtigter verfügt? (§ 17 III)

6. Kapitel: Rechtsgeschäftliches Handeln für Dritte

Lernhinweis: Auftreten und Handeln für andere ist eine gängige Erscheinung des täglichen Lebens. Der moderne Produktionsprozess, der Waren- und Dienstleistungsverkehr wären ohne Delegation von Aufgaben nicht zu bewältigen. Der Rechtsordnung fällt es zu, die hierfür notwendigen Rechtsinstitute zur Verfügung zu stellen. Dabei ist das rechtsgeschäftliche vom tatsächlichen Verhalten zu trennen. Vergleichen Sie dazu zunächst die Übersicht *Handeln für Dritte*. Nur rechtsgeschäftliches Tätigwerden für Dritte bezeichnet man als „Stellvertretung", die im BGB in den §§ 164 ff. abgehandelt ist. Daneben gibt es andere Erscheinungsformen, die ebenso tatsächliches Verhalten dritten Personen zurechnen. Bei letzterem sprechen wir von der Gehilfenhaftung nach § 278 BGB (Erfüllungsgehilfe) und § 831 BGB (Verrichtungsgehilfe). In den folgenden Abschnitten werden die Funktionen, die rechtliche Grundkonstellation, die Arten und die Wirksamkeitsvoraussetzungen der Stellvertretung abgehandelt. Besonders erörtert wird die Vertretung ohne Vertretungsmacht. Und schließlich werden die für den Anfänger nicht einfachen Grenzen der Stellvertretung (§ 181 BGB) dargestellt. Wegen seiner besonderen wirtschaftlichen Bedeutung und der dogmatischen Gewichtigkeit ist das Recht der Stellvertretung stets prüfungs- und examensrelevant (auch im Zusammenhang mit den Besonderheiten des Vertretungsrechts im Handels- und Gesellschaftsrecht). Es muss deshalb mit besonderer Aufmerksamkeit bearbeitet werden (vgl. das Schaubild *Handeln für Dritte*).

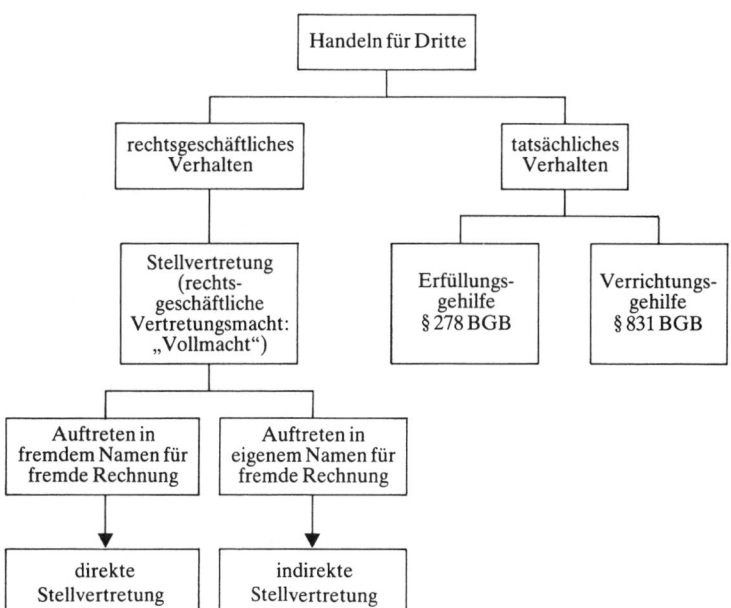

§ 18 Die Stellvertretung

I. Funktionen der Stellvertretung

1. Delegation und Multiplikation

Die Stellvertretung ist das rechtstechnische Mittel, den eigenen Wirkungs-
kreis durch Aufgabenübertragung zu vervielfachen.

Beispiel: Das Unternehmen U tätigt im Verkauf Geschäfte durch zahlreiche Außen-
dienstmitarbeiter, im Einkauf durch die Angestellten der entsprechenden Abteilung;
Dienst- und Arbeitsverträge werden vom Personalressort abgeschlossen, weitere Ge-
schäftsanfälle erledigen die jeweils dafür zuständigen Abteilungen. Alle Geschäfte
kommen zustande zwischen dem Geschäftspartner einerseits und dem Unternehmen
andererseits, letzteres vertreten durch seine Mitarbeiter. Stets liegt rechtsgeschäftliches Handeln für andere vor.

2. Handeln für nicht voll Geschäftsfähige

Die Stellvertretung ermöglicht die rechtsgeschäftliche Teilhabe nicht voll
Geschäftsfähiger am Rechts- und Geschäftsverkehr. Wie wir wissen,
können Geschäftsunfähige überhaupt nicht (vgl. § 105 BGB) und beschränkt Geschäftsfähige nur in engen Grenzen (vgl. § 107 BGB) selbst
Geschäfte tätigen. Sie bedürfen der Mitwirkung des gesetzlichen Vertreters.

3. Korporations- und Gesellschaftsrecht

Große Bedeutung hat die Stellvertretung bei juristischen Personen und
Personenzusammenschlüssen. Die juristische Person ist als solche real
nicht existent und benötigt Organe, um handeln zu können (vgl. oben § 4).
Auf das Handeln der Organe der juristischen Personen finden die Regeln
über die Stellvertretung Anwendung.

Auch bei Personenzusammenschlüssen, durch die keine juristische Person
begründet wird (insbesondere OHG, KG), ist der Regelungskomplex „Vertretung" außerordentlich wichtig: Bei allen Gesellschaftsformen stellt sich
die Frage, wer und gegebenenfalls in welchem Umfang die betreffende
Person zur Vertretung der Gesellschaft (bzw. der übrigen Gesellschafter)
berechtigt ist. Die Grundkonstellation regelt das BGB mit dem Rechtsinstitut „Stellvertretung". Die Einzelfragen sind im Gesetz bei der jeweiligen
Gesellschaftsform normiert (vgl. dazu das Gesellschaftsrecht, z.B. §§ 714
BGB, 125 HGB).

II. Die rechtliche Grundkonstellation

1. Die beteiligten Personen und ihre Rechtsbeziehungen

Die Stellvertretung setzt drei Beteiligte voraus: den **„Vertreter"** (das Gesetz spricht nicht vom „Stell-"vertreter, sondern nur vom Vertreter), der für
einen anderen handelt; den **„Vertretenen",** für den der Vertreter Erklärun-

gen abgibt sowie den **„Dritten"** (das BGB spricht teils vom „Dritten" teils auch vom „anderen" bzw. „anderen Teil"), mit dem der Vertreter für den Vertretenen Rechtsgeschäfte tätigt.

Die Rechtsbeziehungen zwischen dem Vertretenen und dem Vertreter bezeichnet man auch als **„Innenverhältnis";** dieses ist Anlass und Rechtsgrund für das Handeln des Vertreters. Meist wird es (beim entgeltlichen Tätigwerden) ein Dienst-, Geschäftsbesorgungs- oder Werkvertrag sein; beim unentgeltlichen Tätigwerden liegt ein Auftragsverhältnis vor. Die Beziehung zwischen dem Vertreter und dem Dritten bezeichnet man als **„Außenverhältnis".** Die Rechtsmacht des Vertreters, wirksam für den Vertretenen zu handeln, nennt man **„Vertretungsmacht".** Ist sie rechtsgeschäftlich erteilt, spricht man von **„Vollmacht".** Vergleichen Sie dazu das Schaubild *Stellvertretung.*

Stellvertretung

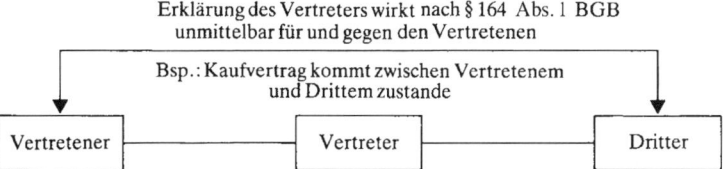

Ver-tretener	Innenverhältnis z.B. Dienstvertrag	Ver-treter	Außenverhältnis Vertretungsmacht (Vollmacht)	Dritter

2. Die Wirkungsweise der Stellvertretung

Zu unterscheiden ist die aktive Stellvertretung nach § 164 Abs. 1 BGB von der passiven Stellvertretung nach § 164 Abs. 3 BGB.

a) Aktive Stellvertretung

Eine Willenserklärung, die jemand innerhalb der ihm zustehenden Vertretungsmacht im Namen des Vertretenen abgibt, wirkt unmittelbar für und gegen den Vertretenen. Man sagt: „Die Willenserklärungen gehen durch den Vertreter hindurch"; das Rechtsgeschäft kommt also nicht mit dem Vertreter, sondern zwischen dem Vertretenen und dem Dritten zustande.

Beispiel: V bevollmächtigt seinen Angestellten A, bei D eine Maschine zu kaufen. Vertragspartner des von A als Stellvertreter abgeschlossenen Kaufvertrags sind V als Käufer und D als Verkäufer.

Vergleichen Sie dazu das Schaubild Wirkungsweise der Stellvertretung.

Wirkungsweise der Stellvertretung

Erklärung des Vertreters wirkt nach § 164 Abs. 1 BGB
unmittelbar für und gegen den Vertretenen

Bsp.: Kaufvertrag kommt zwischen Vertretenem
und Drittem zustande

Vertretener		Vertreter		Dritter

Die wesentlichen Voraussetzungen sind:

- Der Vertreter muss **im Namen des Vertretenen auftreten** („Offenkundigkeit") und
- **Vertretungsmacht** besitzen (entweder rechtsgeschäftliche oder gesetzliche).

Der Vertreter gibt eine eigene Willenserklärung ab, aber in fremdem Namen. Dabei ist es gleichgültig, ob die Erklärung ausdrücklich im Namen des Vertretenen erfolgt oder ob sich dies aus den Umständen ergibt (vgl. § 164 Abs. 1 S. 2 BGB – lesen!).

Beispiel: Die in einem Einzelhandelsgeschäft die Kunden bedienenden Angestellten sind für jedermann erkennbar Vertreter des Geschäftsinhabers.

b) Passive Stellvertretung

Die Regeln über die Stellvertretung finden nach § 164 Abs. 3 BGB (lesen!) entsprechende Anwendung, wenn eine „gegenüber einem anderen abzugebende Willenserklärung dessen Vertreter gegenüber erfolgt". Mit anderen Worten: Der Stellvertreter gibt nicht aktiv eine Erklärung ab, vielmehr nimmt er passiv die Willenserklärung des Dritten entgegen.

Beispiele:

* Angestellter A kündigt das mit der Firma F eingegangene Dienstverhältnis durch Erklärung gegenüber dem zuständigen Personalsachbearbeiter.
* In Mietverträgen ist häufig bestimmt, dass Ehegatten sich gegenseitig bevollmächtigen, Erklärungen jeweils mit Rechtswirkung auch für den anderen in Empfang zu nehmen. Die Kündigung des Vermieters (ihre Zulässigkeit vorausgesetzt) gegenüber dem Ehemann wirkt dann auch gegenüber der Ehefrau.

III. Arten der Stellvertretung

1. Gesetzliche Vertretung

Die Rechtsgrundlage für die Vertretungsmacht ergibt sich in zahlreichen Fällen aus dem Gesetz.

Beispiele:

* Eltern sind gesetzliche Vertreter für ihre Kinder (§§ 1626, 1629 BGB).
* Der Vormund ist Vertreter für das Mündel (§§ 1773, 1793 BGB).

2. Rechtsgeschäftliche Stellvertretung

Die durch Rechtsgeschäfte erteilte Vertretungsmacht bezeichnet das Gesetz als **„Vollmacht"** (vgl. Sie die Legaldefinition in § 166 Abs. 2 BGB!).

Lernhinweis: „Vertretungsmacht" ist also der Oberbegriff und umfasst sowohl die gesetzliche als auch die rechtsgeschäftliche Vertretungsmacht; aber nur die rechtsgeschäftliche Vertretungsmacht nennt man „Vollmacht" (man spricht auch von „gewillkürter Vertretungsmacht").

3. Organschaftliche Vertretungsmacht

Juristische Personen handeln durch ihre Organe (vgl. § 26 Abs. 2 BGB, § 35 Abs. 1 GmbHG, § 78 Abs. 1 AktG). Die Regeln des BGB über die Stellvertretung finden auf rechtsgeschäftliches Handeln der satzungsgemäßen Vertreter juristischer Personen Anwendung.

4. Direkte und indirekte Stellvertretung

a) Direkte Stellvertretung

Kennzeichen für die direkte Stellvertretung ist das **Auftreten in fremdem Namen** (nämlich in dem des Vertretenen) **für fremde Rechnung.** Man spricht auch von „unmittelbarer", „offener" oder „echter" Stellvertretung.

b) Indirekte Stellvertretung

Bei der indirekten Stellvertretung handelt der Vertreter zwar ebenfalls **für fremde Rechnung** (der des Vertretenen), jedoch **in eigenem Namen.**

Sie ist eigentlich keine Stellvertretung, wenn man von der Begriffsbestimmung des § 164 Abs. 1 BGB ausgeht, wird aber stets im Zusammenhang mit ihr behandelt. Man spricht auch von „mittelbarer", „verdeckter" oder „unechter" Stellvertretung. **Das BGB kennt die mittelbare Stellvertretung nicht.** §§ 164 ff. betreffen nur die direkte Stellvertretung. Die mittelbare Stellvertretung ist vor allem im HGB anzutreffen.

Beispiel: Kommissions- und Speditionsverhältnisse (Kommissionär und Spediteur handeln in eigenem Namen für fremde Rechnung). Konsequenzen: Der Vertrag kommt nicht zwischen dem Kommittenten und dem Dritten zustande, sondern zwischen dem Kommissionär und dem Dritten. Entsprechend der internen Abrede muss der mittelbare Stellvertreter die für Rechnung des Vertretenen erzielten Ergebnisse auf den Vertretenen „transferieren". Der Verkaufskommissionär verkauft in eigenem Namen das dem Kommittenten gehörende Kommissionsgut und muss den erzielten Kaufpreis, abzüglich der Provision und seiner Auslagen, an den Kommittenten herausgeben.

Vergleichen Sie dazu auch das Schaubild *Indirekte Stellvertretung.*

Indirekte Stellvertretung

Vertretener z.B. Kommittent	Kommissions- auftrag	Vertreter z.B. Kommissionär	Kauf- vertrag	Dritter z.B. Käufer oder Verkäufer

Lernhinweis: Ein entscheidender Unterschied zwischen mittelbarer und unmittelbarer Stellvertretung liegt also darin, dass der mittelbare Stellvertreter selbst als Vertragspartner des Dritten berechtigt und verpflichtet wird!

IV. Ähnliche Erscheinungsformen

Die Stellvertretung ist abzugrenzen von ähnlichen Erscheinungsformen.

1. Zurechnungstatbestände im Rahmen des Schadenersatzrechts

Stellvertretung setzt **rechtsgeschäftliches** Handeln voraus. Vertretung bei Realakten und tatsächlichen Handlungen scheidet aus. Im Schadenersatzrecht kennen wir aber Zurechnungstatbestände im Rahmen der Gehilfenhaftung.

a) Erfüllungsgehilfe

Ein Vertragspartner, der sich zur Erfüllung einer Verbindlichkeit anderer Personen bedient, haftet für das Verschulden dieser „Erfüllungsgehilfen" nach § 278 BGB (lesen und nicht mehr vergessen! Dies ist eine der wichtigsten Normen des Schuldrechts).

Beispiel: Der mit der Reparatur beauftragte Handwerksmeister H kommt nicht selbst, sondern schickt seinen Gesellen. Durch eine Unachtsamkeit entsteht bei der Reparatur im Haus des Auftraggebers ein Schaden. H wird so behandelt, als habe er selbst fahrlässig gehandelt.

b) *Verrichtungsgehilfe*

Nach § 831 BGB (lesen und schon mal vorab zur Kenntnis nehmen!) haftet der Geschäftsherr für unerlaubte Handlungen seiner Verrichtungsgehilfen.

Beispiel: Der bei Gipsermeister Gurke beschäftigte Geselle Gustav hantiert auf dem Außengerüst unachtsam mit seinem Handwerksgeschirr, so dass dem unten vorbeigehenden Passanten P ein Eimer auf den Kopf fällt. P kann nicht nur (was selbstverständlich ist) Gustav gem. § 823 Abs. 1 BGB auf Schadenersatz verklagen (möglicherweise wird dort aber „nichts zu holen sein"), er hat auch einen direkten Schadenersatzanspruch gegen Gurke gem. § 831 Abs. 1 S. 1 BGB. Dieser kann sich allerdings möglicherweise nach § 831 Abs. 1 S. 2 BGB „exkulpieren" (im Endergebnis sich also der Schadenersatzpflicht entziehen).

2. Stellvertreter und Bote

Der Vertreter handelt in fremdem Namen für fremde Rechnung durch Abgabe einer **eigenen** Willenserklärung. Der Bote handelt zwar auch in fremdem Namen für fremde Rechnung, jedoch durch Abgabe einer **fremden** Willenserklärung. Der Bote ist lediglich „Erklärungsüberbringer"; sein Tun ist tatsächlicher, nicht rechtsgeschäftlicher Natur.

Vergleich Stellvertreter/Bote

Begriff	Stellvertreter	Bote
	Handeln in fremdem Namen für fremde Rechnung durch Abgabe einer eigenen Willenserklärung	Handeln in fremdem Namen für fremde Rechnung durch Übermittlung einer fremden Willenserklärung
Anforderungen an die Geschäftsfähigkeit	Mindestens beschränkte Geschäftsfähigkeit erforderlich, § 165	Auch Geschäftsunfähige können Bote sein
Fehler bei der Willensübermittlung	Fehlvorstellungen des Vertreters sind entscheidend, § 166 I	Fehlvorstellungen des Auftraggebers entscheidend, §§ 119, 120
Gut- oder Bösgläubigkeit	Maßgeblich ist die Kenntnis des Vertreters, § 166 I BGB. Beim „Vertreter mit gebundener Marschroute" führt auch die Kenntnis des Vertretenen zur Bösgläubigkeit, § 166 II	Maßgeblich ist die Kenntnis des Auftraggebers

Zur Verdeutlichung: Der Vertreter sagt: „**Ich** schließe das Geschäft im Namen meines Auftraggebers"; der Bote sagt: „**Mein Auftraggeber** lässt Ihnen sagen, dass er das Geschäft abschließt".

Lernhinweis: Die Stellvertretung erfordert mindestens beschränkte Geschäftsfähigkeit (§ 165 BGB); Bote dagegen kann auch der Geschäftsunfähige sein („Ist das Kindlein noch so klein, Bote kann es immer sein").

Beispiel: Der 6-Jährige kann für die Mutti beim Tante-Emma-Laden um die Ecke mit einem Einkaufszettel und abgezähltem Geld wirksam Brezeln und Milch für das Frühstück einkaufen. Er überbringt eine fremde Erklärung.

Lernhinweis: Auch der Bote kann aktiv oder passiv auftreten: Der **Erklärungsbote** überbringt (als „Sprachrohr") eine Erklärung, der **Empfangsbote** nimmt (als „Hörrohr") eine Erklärung entgegen.

3. Stellvertreter und Besitzdiener

Besitz ist die tatsächliche Gewalt über eine Sache (§ 854 Abs. 1 BGB – vgl. dazu unten im Sachenrecht § 60). Wer die tatsächliche Gewalt über eine Sache für einen anderen **weisungsgebunden** ausübt, ist nach § 855 Besitzdiener.

Beispiele: Hausgehilfin hinsichtlich des Geschirrs usw., Lehrling im Meisterbetrieb hinsichtlich der Werkzeuge.

Besitzdienerschaft betrifft die tatsächliche Seite, Stellvertretung die rechtsgeschäftliche. Wer Besitzdiener ist, kann allerdings zugleich auch (sofern die rechtsgeschäftlichen Voraussetzungen vorliegen) Stellvertreter sein. Eine Stellvertretung im Besitz gibt es jedoch nicht.

4. Der Treuhänder

Treuhänder ist, wem Rechte zur Ausübung in **eigenem Namen** eingeräumt sind mit der Einschränkung, dass er sie nur **in fremdem Interesse** ausüben darf. Er tritt nach außen hin frei auf, ist aber im Innenverhältnis gegenüber dem Treugeber beschränkt.

Beispiel: Der Sicherungsnehmer bei der Sicherungsübereignung (vgl. dazu unten im Sachenrecht § 66 V).

5. Der Strohmann

Der Strohmann hat die gleiche Rechtsstellung wie ein Treuhänder. Hinzu kommt aber, dass er die Treuhandschaft **verheimlicht.**

Hinweis: Strohmanngeschäfte fallen nicht unter § 117 BGB, weil das Rechtsgeschäft ja nicht zum Schein vorgenommen wird, sondern ernsthaft gewollt ist.

V. Wirksamkeitsvoraussetzungen der Stellvertretung

1. Zulässigkeit der Stellvertretung

Stellvertretung ist im Schuld- und Sachenrecht stets zulässig. Im Familien- und Erbrecht kennen wir aber Ausnahmen bei „**höchstpersönlichen"** **Rechtsgeschäften.** Für sie ist kennzeichnend, dass das Gesetz den persönlichen Abschluss durch das betroffene Rechtssubjekt verlangt.

Beispiele: Eheschließung (§ 1311 S. 1 BGB), Testamentserrichtung (§ 2064 BGB), Erbvertrag (§ 2274 BGB).

Darüber hinaus erklärt das Gesetz in einigen weiteren Fällen die Vertretung für unzulässig.

Beispiele: Einwilligung in die Adoption (§ 1750 Abs. 3 BGB), Anfechtung des Erbvertrags durch den Erblasser (§ 2282 Abs. 1 S. 1 BGB).

Lernhinweis: In bestimmten Fällen verlangt das Gesetz die gleichzeitige Anwesenheit beider Vertragsteile. Beispiel: Die Einigungserklärungen bei der Eigentumsübertragung durch Auflassung im Grundstücksrecht (§ 925 Abs. 1 BGB). Dort ist Stellvertretung zulässig; die gleichzeitige Anwesenheit ist nicht identisch mit der persönlichen Anwesenheit. Es genügt, wenn der Vertreter gleichzeitig mit dem Dritten anwesend ist.

2. Offenkundigkeit

Stellvertretung nach BGB setzt Handeln in fremdem Namen voraus. Die Wirkungen der Stellvertretung nach §§ 164 ff. BGB. treten nur ein, wenn diese offenkundig wird. Dabei kann das Handeln in fremdem Namen ausdrücklich erfolgen oder sich durch die äußeren Umstände (konkludent) ergeben (vgl. § 164 Abs. 1 S. 2 BGB und oben II, 2 a).

a) Verpflichtung des Vertreters

Wer als Vertreter auftritt, dies aber nicht genügend deutlich macht, wird aus der abgegebenen Willenserklärung selbst verpflichtet. Dies folgt bereits aus dem in § 164 Abs. 1 BGB enthaltenen Grundsatz der Offenkundigkeit. Daran anschließend stellt § 164 Abs. 2 BGB klar: „Tritt der Wille, in fremdem Namen zu handeln, nicht erkennbar hervor, so kommt der Mangel des Willens, im eigenen Namen zu handeln, nicht in Betracht." Dem Vertreter ist also die Anfechtung wegen dieses Willensmangels versagt.

Praktischer Hinweis: Es empfiehlt sich, als Vertreter klarzustellen, dass man nicht in eigenem, sondern in fremdem Namen handelt.

Vergleichen Sie dazu auch das Schaubild *Mangelnde Offenkundigkeit des Vertretungswillens.*

Mangelnde Offenkundigkeit des Vertretungswillens

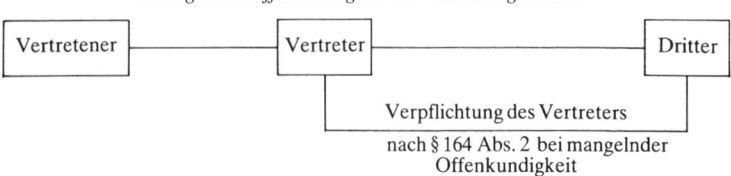

b) „Geschäft für den, den es angeht"

Das Offenkundigkeitsprinzip schützt die Interessen des Erklärungsgegners. Er soll wissen, wer sein Vertragspartner ist. Wenn die Person des Geschäftspartners für den Erklärungsgegner ohne Belang ist, kann man auch das Offenlegen der Vertretung vernachlässigen. Dies ist der Fall beim „Geschäft für den, den es angeht". Insbesondere bei Bargeschäften des täglichen Lebens ist davon auszugehen, dass es dem einen Geschäftspartner gleichgültig sein kann, ob der andere Geschäftspartner für sich selbst oder für einen anderen handelt.

Beispiel: A kauft für seinen Arbeitskollegen B am Kiosk ein Vesper, 2 Flaschen Bier und eine Zeitung. Der Kaufvertrag kommt mit B zustande, auch wenn A die Vertretung nicht offen legt.

Bei Kreditgeschäften gelten die Grundsätze des „Geschäfts für den, den es angeht" nicht, da es dem Kreditgeber regelmäßig auf die Kreditwürdigkeit der jeweiligen Person entscheidend ankommt.

c) Unternehmensbezogene Geschäfte

Wenn jemand für den Gewerbebetrieb eines anderen auftritt, kann fraglich sein, wer dabei Vertragspartner wird.

Beispiele:

* Erteilung eines Reparaturauftrags für einen Firmenwagen durch einen Betriebsangehörigen;
* Bestellung von Heizöl mit Anlieferung zum Firmengelände;
* Anmietung von Geschäftsräumen durch Mitarbeiter.

Man spricht in diesen Fällen von „unternehmensbezogenen Rechtsgeschäften". Bei Ihnen legen die Gerichte den hypothetischen Parteiwillen so aus, dass die Beteiligten nicht den Handelnden, sondern den Geschäftsinhaber verpflichten wollen. Der Vertrag kommt deshalb mit dem Betriebsinhaber zustande. Dies folgt in vielen Fällen schon aus § 164 Abs. 1 S. 2 BGB (Repetition: Beim Auftreten als Vertreter genügt es, wenn „die Umstände ergeben", dass die Erklärung im Namen des Vertretenden erfolgt). Nach der Rechtsprechung des Bundesgerichtshofes wird der Betriebsinhaber selbst dann als Vertragspartner verpflichtet, wenn der Geschäftspartner den Vertreter irrtümlich für den Unternehmer hielt oder anderweitige unrichtige Vorstellungen über die Person des Geschäftsinhabers hatte. Weiterführender Hinweis: Trifft dies zu, ist zu prüfen, ob auf Seiten des Geschäftspartners ein Eigenschaftsirrtum vorliegt, der ihn gem. § 119 Abs. 2 BGB zur Anfechtung berechtigt.

Die rechtliche Problematik muss man vor einem praktischen Hintergrund sehen: Wenn der Betriebinhaber nach Geschäftsabschluss insolvent wird, sucht dessen Geschäftspartner nach Möglichkeiten, zu seinem Geld zu kommen. Als spekulativer Ansatz bietet sich an, die Forderung gegen den unmittelbar Handelnden geltend zu machen. Denken Sie etwa an den Fall, dass es sich bei diesem um den finanzkräftigen Ehegatten des mittlerweile zahlungsunfähigen Betriebsinhabers handelt!

Im Gesellschaftsrecht taucht das Problem nicht selten bei der GmbH auf.

Beispiel: Ein GmbH-Geschäftsführer zeichnet zur Begleichung einer Gesellschaftsverbindlichkeit einen Scheck ohne Firmenzusatz oder nimmt zur Sanierung der GmbH ein Darlehen auf. Haftet die GmbH oder der Geschäftsführer?

Dies hängt davon ab, wer Vertragspartner wurde, was sich wiederum nach § 164 BGB beurteilt. Dabei kommt es auf den jeweiligen Einzelfall an. Die Rechtsprechung bejaht in der Regel die persönliche Haftung des GmbH-Geschäftsführers mit der Folge, dass aus einer Nachlässigkeit die mit der GmbH-Gründung bezweckte Haftungsminimierung nicht erreicht wird. Es empfiehlt sich deshalb, durch eine ausdrückliche Klarstellung des Vertreterhandelns den Vertragsabschluss mit der GmbH zu betonen.

d) Handeln unter fremdem Namen

Es ist denkbar, dass jemand eine Willenserklärung nicht „in" fremdem Namen, sondern „unter" fremdem Namen abgibt. Der Vertreter tritt also

„selbst als Vertretener" auf. Die denkbaren Fälle umfassen eine weite Spanne, von der Hochstapelei bis zum Schabernack. In rechtlicher Hinsicht muss man differenzieren. Es kommt auf die Interessenlage des Erklärungsgegners an.

aa) Eigengeschäft unter fremdem Namen

Wenn beim Geschäftsgegner kein Irrtum über die Identität ausgelöst wird, liegt ein Eigengeschäft des unter fremdem Namen Auftretenden vor.

Merksatz: „Der Name ist Schall und Rauch".

Beispiel: V will aus gewissen Gründen inkognito bleiben und mietet ein Hotelzimmer unter falschem Namen. Der Vertrag kommt mit V zustande.

Verständnisfrage: Worin liegt der Unterschied zum „Geschäft für den, den es angeht"?

Antwort: Dort will der Erklärende für einen anderen handeln, hier will er für sich handeln.

bb) Fremdgeschäft

Wenn es dem Erklärungsgegner entscheidend auf die Person des Vertragspartners ankommt, sind §§ 164 ff., insbesondere §§ 177 ff., entsprechend anzuwenden.

Beispiel: Landstreicher L schließt telefonisch unter dem Namen des Millionärs M ein Geschäft ab. Das Geschäft kommt mit dem Vertretenen zustande, wenn Vertretungsmacht vorliegt oder der Vertretene genehmigt.

In der Regel wird es zu einer Ablehnung der Genehmigung und damit zu Ersatzansprüchen nach § 179 BGB kommen (dazu unten § 19).

3. Vorliegen der „Vertretungsmacht"

Die Wirkung der Stellvertretung kann nur beim Vorliegen einer entsprechenden Vertretungsmacht eintreten (vgl. den Satzteil in § 164 Abs. 1 S. 1 „innerhalb der ihm zustehenden Vertretungsmacht"). Sie kann auf Gesetz oder Rechtsgeschäft beruhen (siehe oben). Fehlt die Vertretungsmacht, liegt „Vertretung ohne Vertretungsmacht" vor. Die Rechtsfolgen richten sich nach §§ 177 ff. BGB (vgl. dazu unten § 19).

4. Zurechnung subjektiver Komponenten

Lernhinweis: Wenn der Geschäftspartner nicht selbst handelt, sondern einen Vertreter einschaltet, ergibt sich die Frage, auf welche Person abzustellen ist, wenn es auf subjektive Komponenten ankommt. Was gilt z.B. bei Willensmängeln: Kommt es auf die Fehlvorstellungen beim Vertretenen oder beim Vertreter an?

a) Grundsatz

Entscheidend ist nach § 166 Abs. 1 BGB (lesen!) grundsätzlich die Person des Vertreters, weil er eine eigene Willenserklärung abgibt. Das BGB folgt damit dem sog. „Repräsentationsprinzip", das den Vertreter als eigentlichen Akteur ansieht: Nicht der Vertretene, sondern der Vertreter handelt; den Vertretenen treffen lediglich die Rechtsfolgen der Vertretung.

aa) Willensmängel

Liegen Willensmängel beim **Vertreter** vor (Irrtum, arglistige Täuschung, rechtswidrige Drohung) kann der Vertretene anfechten.

bb) Kenntnis und Kennenmüssen

Dasselbe gilt nach § 166 Abs. 1 (2. Alt.) BGB, soweit die rechtlichen Folgen einer Willenserklärung „durch die Kenntnis oder das Kennenmüssen gewisser Umstände beeinflusst werden".

Schulfall: Der Eigentumserwerb vom Nichtberechtigten ist nach §§ 932, 892 BGB nur wirksam, wenn der Erwerber den Veräußerer für den Eigentümer gehalten hat, also gutgläubig war. Entscheidend ist die Kenntnis bzw. die grob fahrlässige Unkenntnis des Vertreters.

b) Ausnahme

Bei der rechtsgeschäftlichen Vertretung gilt zusätzlich § 166 Abs. 2 BGB (lesen!). Hat der Vertreter nach bestimmten Weisungen des Vertretenen gehandelt, kann sich der Vertretene bei eigener Kenntnis nicht auf die Unkenntnis des Vertreters berufen (**Vertreter mit „gebundener Marschroute"**). Diese Bestimmung ist weit auszulegen. Es genügt nach der Rechtsprechung, wenn der Vertretene den Bevollmächtigten zu dem vorgenommenen Abschluss „veranlasst hat" oder trotz Kenntnis von Einzelheiten des Geschäfts nicht eingreift, obwohl er es tun könnte. Damit soll eine gewisse Korrektur des oben unter a) erwähnten Grundsatzes erzielt werden (es kann unbillig sein, wenn man nur auf die Kenntnis des Vertreters abstellt).

VI. Die rechtsgeschäftliche Vertretungsmacht (Vollmacht)

1. Die Grundkonstellation

Der Vollmacht (als der auf Rechtsgeschäft beruhenden Vertretungsmacht) liegt im Innenverhältnis ein bestimmtes Rechtsgeschäft, in der Regel ein Dienst-, Werk-, Geschäftsbesorgungsvertrag oder Auftrag zugrunde.

Beispiel: Der bislang in Süddeutschland wohnende A nimmt eine neue Arbeitsstelle in Norddeutschland an. Er beauftragt einen örtlichen Makler, sein Grundstück zu veräußern und bevollmächtigt ihn gleichzeitig zum Abschluss eines entsprechenden Kaufvertrags und aller damit zusammenhängenden weiteren Rechtsgeschäfte.

2. Erteilung der Vollmacht

Die Vollmachtserteilung ist eine einseitige empfangsbedürftige Willenserklärung. Die Vollmacht kann gemäß § 167 Abs. 1 (lesen!) erteilt werden

- gegenüber dem zu Bevollmächtigenden („Innenvollmacht") oder
- gegenüber dem Dritten („Außenvollmacht").

Lernhinweis: Diese Unterscheidung ist wichtig im Hinblick auf den Widerruf und die Fortdauer der Vollmacht. Die Außenvollmacht hat einen Bestandsschutz nach §§ 170f. bis zu ihrem in gleicher Weise wie die Erteilung erfolgenden Widerruf.

3. Abstraktheit der Vollmacht

Die Vollmacht ist unabhängig von dem ihr zugrundeliegenden Rechtsgeschäft (dem Innenverhältnis). Die Vollmacht ist also „abstrakt". Die Trennung zwischen der Vollmacht und dem ihr zugrunde liegenden Rechtsverhältnis bringt das Gesetz in § 168 S. 2 BGB zum Ausdruck: Die Vollmacht ist auch bei Fortbestehen des Innenverhältnisses grundsätzlich widerruflich (würde aber sonst fortbestehen). Das bedeutet: Die Fehlerhaftigkeit des Innenverhältnisses ist unerheblich für das Außenverhältnis. Auf der anderen Seite liegt praktisch jeder Vollmachtserteilung ein bestimmter Zweck zugrunde. Verknüpft sind Innen- und Außenverhältnis insoweit, als sich nach § 168 Satz 1 BGB (dazu unten 7.) das Erlöschen der Vollmacht nach dem Innenverhältnis bestimmt.

4. Form der Vollmachtserteilung

a) Grundsatz

Die Erteilung der Vollmacht ist **grundsätzlich formlos** möglich. Nach § 167 Abs. 2 BGB bedarf die Bevollmächtigung nicht der Form, welche für das Rechtsgeschäft bestimmt ist, auf das sich die Vollmacht bezieht.

Beispiel: Grundstücksveräußerungsverträge sind nach § 311b Abs. 1 BGB notariell zu beurkunden. Die Bevollmächtigung zur Grundstücksveräußerung ist dagegen auch formlos wirksam.

b) Ausnahmen

Ausnahmsweise ist die Einhaltung einer bestimmten Form für die Bevollmächtigung notwendig:

- in gesetzlichen Fällen: Prozessvollmacht (§ 80 ZPO), Grundbuchanträge (§§ 29, 30 GBO), Erbschaftsausschlagung (§ 1945 Abs. 3 BGB), im Gesellschaftsrecht nach § 2 Abs. 2 GmbHG sowie §§ 134 Abs. 3, 135 AktG;
- wo Sinn und Zweck dies erfordern.

Schulfall: Eine unwiderrufliche Bevollmächtigung zur Grundstücksveräußerung würde bereits eine tatsächlich bindende Vorwegnahme des Veräußerungsvertrages bedeuten. Damit wäre der Schutzzweck der Formvorschrift des § 311b Abs. 1 BGB, nämlich der Übereilungsschutz, vereitelt. Daher erfordert schon die unwiderrufliche Bevollmächtigung notarielle Beurkundung.

5. Widerruf der Vollmacht

Nach § 168 S. 2 BGB (lesen!) ist die Vollmacht **jederzeit widerruflich.** Es handelt sich dabei aber um eine dispositive Vorschrift. Die Parteien können etwas anderes vereinbaren.

Lernhinweis: Im Übrigen hindert die Erteilung der Vollmacht den Vollmachtgeber nicht, selbst das Rechtsgeschäft mit einem anderen vorzunehmen, auch wenn eine unwiderrufliche Vollmacht erteilt wurde. Eine „verdrängende Vollmacht" kennt das BGB nicht; sie wäre nach § 137 BGB als rechtsgeschäftliches Veräußerungsverbot nichtig (siehe oben § 13 II).

6. Arten der Vollmacht

a) Einzel- und Generalvollmacht

Nach dem Umfang der erteilten Vollmacht kennen wir

* die **Spezialvollmacht** (die Vollmacht bezieht sich auf ein einzelnes Rechtsgeschäft),
* die **Artvollmacht** (die Vollmacht bezieht sich auf eine ganze Gruppe bestimmter Rechtsgeschäfte) sowie
* die **Generalvollmacht** (die Vollmacht bezieht sich auf alle in Betracht kommenden Rechtsgeschäfte des Vollmachtgebers).

Lernhinweis: Die drei vorstehend genannten Erscheinungsformen umschreibt das HGB beim Handlungsbevollmächtigten in § 54 HGB (lesen!).

b) Einzel- und Gesamtvollmacht

Oft werden mehrere in der Form bevollmächtigt, dass **nur alle gemeinschaftlich zur Vertretung berechtigt** sind. Man spricht dann von „Gesamtvollmacht" (Kollektivvollmacht).

Sie dient der Sicherheit und gegenseitigen Kontrolle („vier Augen sehen mehr als zwei"). Oft finden wir die Gesamtvollmacht im Handels- und Gesellschaftsrecht.

Beispiele: Gesamtprokura (§ 48 Abs. 2 HGB), Vertretungsregelung bei der BGB-Gesellschaft (§ 714 i. V. m. § 709 BGB); weiteres dazu im Gesellschaftsrecht.

c) Haupt- und Untervollmacht

Die Hauptvollmacht wird vom Vertretenen, die Untervollmacht vom Vertreter erteilt. Ob der Hauptbevollmächtigte zur Erteilung der Untervollmacht berechtigt ist, bestimmt sich nach dem Innenverhältnis zwischen Geschäftsherr und Hauptbevollmächtigtem (vgl. das Schaubild *Untervollmacht*).

Untervollmacht

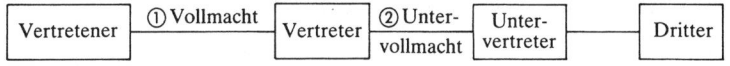

Der Unterbevollmächtigte ist Vertreter des Geschäftsherrn, nicht des Hauptbevollmächtigten. Seine Erklärungen gelten also für und gegen den Geschäftsherrn. Denkbar ist allerdings auch, dass der Unterbevollmächtigte im Namen des Hauptbevollmächtigten auftritt.

d) Duldungs- und Anscheinsvollmacht

Treu und Glauben erfordern den Schutz des Rechtsverkehrs, wenn aus bestimmten Umständen nach der Verkehrsauffassung auf das Bestehen einer Vollmacht zu schließen ist. Im Einzelnen ist zwischen der Duldungs- und der Anscheinsvollmacht zu unterscheiden.

aa) Duldungsvollmacht

Sie liegt vor, wenn der Geschäftsherr **wissentlich zulässt,** dass ein anderer für ihn wie ein Vertreter auftritt, und der Geschäftsgegner diese Duldung nach Treu und Glauben wie eine Bevollmächtigung verstehen durfte (ständige Rechtsprechung). Bei der Duldungsvollmacht handelt es sich um einen Rechtsscheintatbestand. Im Gegensatz zur konkludent erteilten Vollmacht liegt keine wirkliche Vollmacht vor.

Lernhinweis: Für die Duldungsvollmacht ist kennzeichnend, dass der Geschäftsherr das fremde Auftreten kennt (es also wissentlich duldet). Von der stillschweigend erteilten Vollmacht unterscheidet sich die Duldungsvollmacht dadurch, dass der Geschäftsherr keinen Willen zur Vollmachtserteilung hat.

bb) Anscheinsvollmacht

Anscheinsvollmacht liegt vor, wenn der Geschäftsherr **das Auftreten eines anderen** als Stellvertreter zwar nicht kennt, es aber bei pflichtgemäßer Sorgfalt **hätte erkennen und verhindern können,** und der Geschäftsgegner nach Treu und Glauben annehmen durfte, der Geschäftsherr dulde und billige das Auftreten seines scheinbaren Vertreters.

Lernhinweis: Bei der Anscheinsvollmacht handelt es sich auch nicht um einen rechtsgeschäftlichen Tatbestand, sondern um die Zurechnung eines schuldhaft verursachten Rechtsscheins. Der Unterschied zur Duldungsvollmacht besteht darin, dass der Geschäftsherr bei der Duldungsvollmacht das Auftreten des Scheinvertreters kennt und duldet, wogegen er bei der Anscheinsvollmacht dessen Auftreten nicht positiv kennt, sondern es nur hätte erkennen können.

Da es sich bei der Duldungs- und Anscheinsvollmacht um Anwendungsfälle von „Treu und Glauben" handelt, ist immer nur der gutgläubige Geschäftspartner geschützt.

cc) Anwendungsfälle

Neben der Duldungs- und Anscheinsvollmacht hat sich dabei aus dem Gedanken des Vertrauensschutzes heraus der Grundsatz der Scheinvollmacht kraft Einräumung einer typischerweise mit einer Vollmacht verbundenen tatsächlichen Stellung herausgebildet. Sie hat sich parallel zur Duldungs- und Anscheinsvollmacht entwickelt und geht teilweise über diese hinaus.

Aus dem Katalog der Rechtsprechung zur Anscheins- und Duldungsvollmacht:

- Ein Kraftfahrer, der ein Kraftfahrzeug in Reparatur geben darf, gilt als bevollmächtigt, abweichende Geschäftsbedingungen zu vereinbaren (nicht jedoch einen Haftungsverzicht);
- das selbstständige Auftreten eines Kommanditisten für die Gesellschaft müssen Komplementäre möglicherweise auf Grund der Zurechnung über die Duldungsvollmacht hinnehmen;
- einem Arbeitgeber werden verbindliche Erklärungen des Betriebsratsvorsitzenden für ihn in der Regel nicht kraft Duldungs- oder Anscheinsvollmacht zugerechnet;
- die Aushändigung des Kfz-Briefes begründet nicht ohne weiteres eine Anscheinsvollmacht zur Veräußerung des Kraftfahrzeugs;

- im Versicherungsrecht können vom Schadensregulierer vergebene Reparaturaufträge nicht ohne weiteres kraft Anscheinsvollmacht zugerechnet werden.

7. Erlöschen der Vollmacht

a) Erlöschen nach Innenverhältnis

Nach § 168 S. 1 BGB bestimmt sich das Erlöschen der Vollmacht nach dem ihrer Erteilung zugrundeliegenden Rechtsverhältnis. Die Vollmacht erlischt also nach Maßgabe des Innenverhältnisses.

Beispiel: Angestellter A ist bevollmächtigt, ein bestimmtes Geschäft abzuschließen. Die Vollmacht erlischt mit der Erledigung des Auftrags, ansonsten mit all den anderen Umständen, die zu einer Beendigung des Innenverhältnisses führen (z. B. Kündigung des Dienstvertrags zwischen Geschäftsherr und Bevollmächtigtem).

b) Widerruf der Vollmacht

Die Vollmacht erlischt durch Widerruf, selbst wenn das Innenverhältnis bestehen bleibt. Ein Widerruf der Vollmacht ist grundsätzlich jederzeit möglich.

c) Rechtsscheintatbestände

Lernhinweis: Es gibt **grundsätzlich keinen Schutz des guten Glaubens an das Bestehen der Vertretungsmacht!** Das Gesetz kann Gutgläubige nur schützen, wenn auf Grund einer Rechtsscheinsbasis ein Vertrauenstatbestand geschaffen wurde. Die Vollmachtserteilung als solche ist jedoch äußerlich nicht erkennbar. Anderes gilt, wenn durch äußere Umstände ein Vertrauen begründet wird (einprägsamstes Beispiel: Die Eintragung des Prokuristen im Handelsregister begründet einen Vertrauenstatbestand). Auch das BGB kennt solche Ausnahmetatbestände in §§ 170 ff. Gutgläubige Dritte werden geschützt: Ihnen gegenüber bleibt die Vertretungsmacht bestehen

- wenn die Vollmacht durch Erklärung gegenüber einem Dritten erteilt wurde (§ 170 BGB) bis zur Anzeige des Erlöschens;
- bei öffentlicher Bekanntmachung der Vollmachtserteilung (§ 171 BGB) bis zum Widerruf in derselben Weise;
- bei der Aushändigung von Vollmachtsurkunden (§ 172 BGB) bis zur Rückgabe oder Kraftloserklärung (vgl. dazu § 176 BGB) der Urkunde.

d) Anfechtung der Vollmacht

Die Erteilung der Vollmacht ist eine empfangsbedürftige Willenserklärung. Demzufolge sind §§ 119 ff. BGB grundsätzlich anwendbar, wenn die dort genannten Anfechtungsgründe zutreffen.

Beispiel: K erteilt seinem Angestellten A den Auftrag, beim Lieferanten V eine Maschine zu kaufen. In der dazu von ihm gefertigten Weisung vertippt er sich und setzt statt eines Höchstlimits von 13 000 Euro als Betrag 31 000 Euro ein. In diesem Fall könnte K die Vollmachtserteilung wegen Erklärungsirrtums nach § 119 Abs. 1, 2. Alt. BGB anfechten.

Es stellen sich jedoch folgende Fragen:

(1.) Ist die Anfechtung ausgeschlossen, wenn von der Vollmacht bereits Gebrauch gemacht wurde?

(2.) Wem gegenüber ist die Anfechtung zu erklären?

(3.) Wie sind in diesem Fall die Interessen des Geschäftspartners geschützt?

Die h. M. löst diese Fragen wie folgt:

ad (1): Ist von der Vollmacht noch nicht Gebrauch gemacht worden, kann sie nach herrschender Meinung auf jeden Fall angefochten werden. Dies gilt für die widerrufliche, wie auch für die unwiderrufliche Vollmacht, obwohl ein Bedürfnis für die Anfechtung nur bei der unwiderruflichen Vollmacht besteht (da die widerrufliche Vollmacht nach § 168 S. 2 BGB jederzeit durch Widerruf „unschädlich gemacht" werden kann). Und auch bei einer bereits ausgeübten Vollmacht lässt die herrschende Meinung die Anfechtung zu.

ad (2): Wer Anfechtungsgegner ist, bestimmt § 143 Abs. 3 S. 1 BGB. Dabei ist zu differenzieren: Bei der Anfechtung einer bereits ausgeübten Vollmacht ist Anfechtungsgegner der Geschäftspartner. Bei der Anfechtung einer noch nicht ausgeübten Vollmacht ist weiter zu differenzieren: Handelt es sich um eine Innenvollmacht, ist Anfechtungsgegner der Vertreter; handelt es sich um eine Außenvollmacht, ist Anfechtungsgegner der Geschäftspartner.

ad (3): Lässt man die Anfechtung zu, führt dies nach den allgemeinen Anfechtungsregeln zur Nichtigkeit des Rechtsgeschäfts gem. § 142 Abs. 1 BGB. In diesen Fällen schützt das BGB die Interessen des Geschäftspartners, indem es ihm gem. § 122 Abs. 1 BGB einen Anspruch auf Ersatz seines Vertrauensschadens gibt. Ob der Vertragspartner auch nach der Anfechtung der ausgeübten Innenvollmacht einen solchen Schadenersatzanspruch hat, wird unterschiedlich beurteilt, im Hinblick auf die Schutzwürdigkeit des Geschäftspartners jedoch überwiegend bejaht.

Wiederholungsfragen zu § 18

Welche Funktionen erfüllt das Rechtsinstitut der Stellvertretung? (§ 18 I)

Was versteht man unter aktiver, was unter passiver Stellvertretung? (§ 18 II 2)

Welche Arten der Stellvertretung gibt es? (§ 18 III)

Kennt das BGB die indirekte Stellvertretung? (§ 18 III 4)

Welche Unterschiede bestehen zwischen Stellvertreter und Boten? (§ 18 IV 2)

Welches sind die Wirksamkeitsvoraussetzungen für die Stellvertretung? (§ 18 V)

Wie definiert man die Vollmacht? (§ 18 VI)

Welche Arten der Vollmacht kennen Sie? (§ 18 VI 6)

Wann erlischt die Vollmacht? (§ 18 VI 7)

§ 19 Vertretung ohne Vertretungsmacht

Lernhinweis: Handelt ein Vertreter ohne Vertretungsmacht, ergibt sich ein naheliegender Interessenwiderstreit: Das Vertrauensinteresse des Dritten kollidiert mit dem Schutz des Vertretenen. Das Gesetz hat die Interessenkollision sachgemäß gelöst: Sicher kann ein vollmachtsloser Vertreter dem Vertretenen kein Geschäft „aufdrängen"; vielleicht entspricht es aber gerade seinen Interessen. Deshalb ist das Geschäft schwebend unwirksam und bedarf der Genehmigung des Vertretenen (§ 177 BGB). Wird die Genehmigung verweigert, kommt das Geschäft nicht zustande. In diesem Fall kann der Dritte Regressansprüche gegen den Vertreter geltend machen (§ 179 BGB).

Verdeutlichen Sie sich die Grundkonstellation der Vertretung ohne Vertretungsmacht vorab (und nach Durcharbeiten dieses Abschnitts erneut) anhand des Schaubilds *Vertretung ohne Vertretungsmacht.*

Vertretung ohne Vertretungsmacht

③ Wirksamkeit des Rechtsgeschäfts hängt von der
Genehmigung des Vertretenen ab

| Vertretener | ① fehlendes oder limitiertes Innenverhältnis | Vertreter | ② Handeln ohne Vertretungsmacht | Dritter |

④ Bei Verweigerung der
Genehmigung Regressansprüche
gegen den Vertreter

I. Das vom vollmachtlosen Vertreter abgeschlossene Rechtsgeschäft

1. Verträge

Schließt jemand ohne Vertretungsmacht im Namen eines anderen einen Vertrag, so **hängt** nach § 177 Abs. 1 BGB (lesen!) die **Wirksamkeit** des Vertrags **von der Genehmigung des Vertretenen ab.** Auf die Genehmigung findet § 184 BGB Anwendung (zu Einzelheiten vergleichen Sie bitte §§ 177 Abs. 1 und 178 BGB; man erkennt die Parallele zum Minderjährigenrecht in §§ 108, 109 BGB).

2. Einseitige Rechtsgeschäfte

Bei einseitigen Rechtsgeschäften ist nach § 180 S. 1 BGB (lesen!) „Vertretung ohne Vertretungsmacht unzulässig"; das Rechtsgeschäft ist also unwirksam, weil für den nur passiv beteiligten Dritten ein Schwebezustand vermieden werden soll. Dies gilt uneingeschränkt für nichtempfangsbedürftige Willenserklärungen. Empfangsbedürftige Willenserklärungen sind dagegen nur dann nicht genehmigungsfähig, wenn der Geschäftsgegner die vom Vertreter behauptete Vertretungsmacht beanstandet hat bzw. nicht damit einverstanden war, dass der Vertreter ohne Vertretungsmacht handelte (vgl. § 180 Satz 2; zur „Passivvertretung" vgl. § 180 Satz 3). Ähnliche Konstellationen finden sich auch in §§ 111 und 174 BGB.

3. Das Fehlen der Vertretungsmacht

§ 177 BGB betrifft den Fall, dass jemand „ohne Vertretungsmacht" handelt. Es besteht jedoch Einigkeit, dass die Regeln über die Vertretung ohne Vertretungsmacht für alle Fälle gelten, in denen ein Vertreter bei fehlender Vertretungsmacht ein Rechtsgeschäft in fremdem Namen vornimmt, unabhängig davon, ob die Vertretungsmacht von Anfang an gefehlt hat, durch Anfechtung oder Widerruf erloschen ist oder der Vertreter die Grenzen seiner Vertretungsmacht überschritten hat.

§§ 177 ff. gelten auch, wenn die Organe juristischer Personen ihre Befugnisse überschreiten.

Lernhinweis: Vertretung ohne Vertretungsmacht ist von der Geschäftsführung ohne Auftrag zu trennen: Die Vertretung ohne Vertretungsmacht betrifft das Außenverhältnis, die Geschäftsführung ohne Auftrag das Innenverhältnis.

II. Haftung des vollmachtlosen Vertreters

Verweigert der Vertretene die Genehmigung, haftet der Vertreter ohne Vertretungsmacht nach § 179 BGB (lesen!).

1. Inhalt des Anspruchs

Der Vertreter haftet, wenn er seine Vertretungsmacht nicht nachweist, dem Geschäftspartner nach dessen Wahl auf Erfüllung oder Schadenersatz. Es handelt sich um einen Fall der sog. „Wahlschuld" (vgl. § 262 BGB, unten § 25).

a) Erfüllungsansprüche

Wählt der Dritte Erfüllung, so wird dadurch der Vertreter zwar nicht Vertragspartei, nimmt aber die Stellung des Vertretenen ein. Er haftet zum Beispiel aus Verzug nach § 280 Abs. 1, 2 i.V.m. § 286 BGB (vgl. dazu unten § 35), wenn er (was zu erwarten ist) nicht rechtzeitig leistet.

b) Schadenersatzansprüche

Der Dritte kann vom Vertreter an Stelle der Erfüllung auch gleich Schadenersatz verlangen.

Lernhinweis: Normalerweise ist der Schadenersatzanspruch nach bürgerlichem Recht zunächst auf Naturalherstellung gerichtet; da dies aber bei § 179 BGB aus der Natur der Sache heraus nicht möglich ist (ein Vertrag zwischen dem Dritten und dem Vertretenen ist nach versagter Genehmigung gescheitert), kann sofort Geldersatz verlangt werden.

2. Einschränkung der Haftung

Die Haftung des Vertreters ohne Vertretungsmacht ist beschränkt bzw. ausgeschlossen in drei Fällen:

a) Unkenntnis des Vertreters

Wenn der Vertreter den Mangel der Vertretungsmacht nicht kannte, muss er nur den sog. Vertrauensschaden ersetzen (§ 179 Abs. 2 BGB – lesen!).

b) Kenntnis des Dritten

Der Vertreter ohne Vertretungsmacht haftet nicht, wenn der Dritte den Mangel der Vertretungsmacht kannte oder kennen musste (§ 179 Abs. 3 S. 1 BGB). Praktischer **Hinweis:** Derartige Enttäuschungen kann man leicht vermeiden, wenn man den Vertreter auffordert, sich zu legitimieren.

c) Minderjährige

Der Vertreter haftet nicht, wenn er in der Geschäftsfähigkeit beschränkt war (§ 179 Abs. 3 S. 2 BGB – lesen!).

Ausnahme: Wenn er mit Zustimmung seines gesetzlichen Vertreters gehandelt hat.

Lernhinweis: Sie haben damit ein weiteres Beispiel für den im BGB stets vorrangigen Minderjährigenschutz. Verständnisfrage: Warum erwähnt § 179 Abs. 3 S. 2 BGB nur die in der Geschäftsfähigkeit beschränkte Person, nicht aber auch den Geschäftsunfähigen? Antwort: Weil Vertretung mindestens beschränkte Geschäftsfähigkeit voraussetzt (vgl. § 165 BGB!).

Wiederholungsfragen zu § 19

Ist ein Vertrag unwirksam, den jemand ohne Vertretungsmacht abgeschlossen hat? (§ 19 I 1)

Was gilt bei einseitigen Rechtsgeschäften? (§ 19 I 2)

Wie haftet der Vertreter ohne Vertretungsmacht? (§ 19 II)

Was gilt, wenn der Vertreter ohne Vertretungsmacht minderjährig ist? (§ 19 II 2 c)

§ 20 Grenzen der Vertretungsmacht

Lernhinweis: Der nachfolgende Abschnitt beschäftigt sich mit den Grenzen der gesetzlichen Vertretung im Minderjährigen- und Vormundschaftsrecht (§§ 1643, 1821, 1822 BGB), mit dem Missbrauch der Vertretungsmacht und vor allem mit dem sog. „In-sich-Geschäft" nach § 181 BGB. Legen Sie beim Durcharbeiten besonderes Schwergewicht auf § 181 BGB: Sie müssen erkennen, dass es sich dabei um zwei verschiedene Fälle handelt, und deren Erscheinungsformen beherrschen.

I. Beschränkung der gesetzlichen Vertretungsmacht

1. Familiengerichtliche Genehmigung

Die Eltern und der Vormund müssen für bestimmte Rechtsgeschäfte nach § 1643 bzw. §§ 1821, 1822 BGB die Genehmigung des Familiengerichts einholen. Darunter fallen die Grundstücksverfügungen und andere gravierende Vorgänge (Erbschaftsausschlagung, Gesellschaftsvertrag zum Betrieb eines Erwerbsgeschäfts u. a. m.). Der Grund ist einleuchtend: Die im Katalog der §§ 1821, 1822 BGB (lesen!) genannten Rechtsgeschäfte sind von so großem Gewicht, dass eine unabhängige Instanz prüfen soll, ob die Interessen des Mündels bzw. des Kindes gewahrt sind.

Lernhinweis: §§ 1821, 1822 BGB sprechen nur von der Genehmigungspflicht für Rechtsgeschäfte des Vormunds; die Bestimmungen gelten aber teilweise für Eltern entsprechend. § 1643 Abs. 1 BGB (lesen!) verweist im Abschnitt „Elterliche Sorge" ausdrücklich auf diese Bestimmungen des Vormundschaftsrechts.

2. Geschäfte mit Familienangehörigen

Im Hinblick auf mögliche Interessenkollisionen schränken die §§ 1629 Abs. 2, 1795 BGB die Vertretungsmacht von Eltern und Vormündern weiter ein: Sie haben keine Vertretungsmacht für Geschäfte, die sie im Namen des Mündels mit ihren Ehegatten und Verwandten tätigen.

Zudem greift zugunsten des Minderjährigen die im Familienrecht geregelte Minderjährigenhaftungsbeschränkung ein: Nach näherer Maßgabe des § 1629a BGB haftet ein Minderjähriger u. a. für die von den Eltern begründeten Verbindlichkeiten nur beschränkt auf sein bei Eintritt der Volljährigkeit vorhandenes Vermögen.

II. Missbrauch der Vertretungsmacht

Wegen der Abstraktheit der Vollmacht kann ein Vertreter an sich wirksam Geschäfte tätigen, auch wenn er dabei Pflichten aus dem Innenverhältnis verletzt. Da jedoch jede Rechtsausübung den Anforderungen von Treu und Glauben genügen muss und nicht gegen die guten Sitten verstoßen darf, ist die Wirksamkeit der Vertretungsmacht bei Missbräuchen eingeschränkt. Diese Grundsätze ergeben sich aus Treu und Glauben und entsprechen der ständigen Rechtsprechung. Die Gerichte haben insbesondere zwei Fälle herausgearbeitet:

1. Kollusion

Es ist unbestritten, dass ein bewusstes, treuwidriges Zusammenspiel zwischen dem Vertreter und dem Dritten zum Nachteil des Geschäftsherrn (Fall der sog. „Kollusion") sittenwidrig ist. Rechtsgeschäfte, die der Vertreter im Einverständnis mit dem Geschäftspartner zum Nachteil des Vertretenen bewerkstelligt, sind deshalb nach § 138 Abs. 1 BGB nichtig.

2. Erkennbare Treuwidrigkeit

Vor allem im Handelsrecht ist für die Prokura entwickelt worden, dass sich der Geschäftspartner nach Treu und Glauben (§ 242 BGB) nicht auf die Unbeschränkbarkeit der Prokura berufen kann, wenn der Prokurist bewusst zum Nachteil des Geschäftsherrn handelt und der Geschäftspartner dies erkennt bzw. infolge Fahrlässigkeit nicht erkennt.

Auf der anderen Seite trägt auch für den Missbrauch der Vertretungsmacht grundsätzlich der Vertretene das Risiko; eine gesteigerte Prüfungspflicht wird dem Geschäftspartner von der Rechtsprechung nicht generell auferlegt.

Zusammenfassung: Der Vertretene trägt grundsätzlich das Risiko des Vollmachtsmissbrauchs. Er ist aber gegen einen erkennbaren Missbrauch der Vollmacht im Verhältnis zum Vertragsgegner dann geschützt, wenn der Vertreter von seiner Vertretungsmacht in ersichtlich verdächtiger Weise Gebrauch macht, so dass beim Vertragsgegner begründete Zweifel entstehen müssen, ob nicht ein Treuverstoß des Vertreters gegenüber dem Vertretenen vorliegt (BGH NJW 1966, 1911).

III. Verbot des In-Sich-Geschäfts

Im Hinblick auf mögliche Interessenkollisionen schränkt § 181 BGB für den Vertreter das Selbstkontrahieren sowie die Mehrvertretung ein.

1. Grundkonstellation

a) Selbstkontrahieren

Vom Selbstkontrahieren spricht man, wenn der Vertreter im Namen des Vertretenen mit sich im eigenen Namen ein Rechtsgeschäft tätigt (§ 181 1. Fall).

b) Doppelvertretung

Die Doppelvertretung betrifft den zweiten Fall des § 181 BGB. Sie liegt vor, wenn ein Vertreter im Namen des Vertretenen mit sich als Vertreter eines Dritten ein Rechtsgeschäft vornimmt.

Lernhinweis: § 181 BGB ist eine schwer verständliche Vorschrift. Sie enthält zwei Fälle: Das „Selbstkontrahieren" und die „Mehr-" bzw. „Doppelvertretung"! Vergleichen Sie dazu die entsprechenden Schaubilder *Die beiden Fälle des § 181 BGB.*

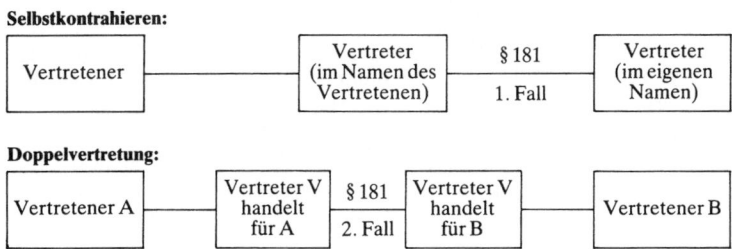

Die beiden Fälle des § 181 BGB

2. Der Gesetzeszweck

§ 181 BGB vermutet mit Recht Interessenkollisionen: Wenn eine Person auf beiden Seiten des Rechtsgeschäfts mitwirkt, liegt die Gefahr eines Interessenkonflikts und somit der Schädigung des einen oder anderen Teils auf der Hand („man kann nicht gleichzeitig Diener zweier Herren sein"). Auslegung und Anwendung des § 181 BGB wurden von der Rechtsprechung unterschiedlich gehandhabt. Einigkeit besteht darin, dass seine Anwendung nicht einen tatsächlichen Interessenwiderstreit im Einzelfall voraussetzt. § 181 BGB ist zugleich eine formale Ordnungsvorschrift, die der Klarheit und Sicherheit des Rechtsverkehrs dient.

3. Erlaubtes Selbstkontrahieren

§ 181 BGB erlaubt das Selbstkontrahieren in zwei Fällen:

a) Gestattung

Selbstkontrahieren ist gestattet, wenn der Vertretene den Vertreter hierzu ausdrücklich bevollmächtigt (vgl. Sie in § 181 den Satzteil: „... soweit nicht ein anderes ihm gestattet ist ...").

Beispiel: Fast alle Vollmachtsformulare enthalten bereits einen entsprechenden Passus („... unter Befreiung von den Beschränkungen des § 181 BGB ...").

b) Erfüllung einer Verbindlichkeit

Selbstkontrahieren ist weiterhin gestattet, wenn das Rechtsgeschäft „ausschließlich in der Erfüllung einer Verbindlichkeit besteht".

Beispiel: Der Vater kann das Kind bei der Auflassung mit sich selbst vertreten, wenn diese in Erfüllung eines Schenkungsversprechens des Vaters erfolgt.

4. Einschränkung des § 181 BGB durch die Rechtsprechung

Der Bundesgerichtshof hat im Wege einer „teleologischen Reduktion" die Anwendung des § 181 eingeschränkt (und damit die Zulässigkeit des Selbstkontrahierens ausgedehnt!). Selbstkontrahieren ist danach zulässig, wenn keine Interessenkollision vorliegen kann und auch Belange Dritter nicht berührt sind (BGHZ 56, 97). Insbesondere findet § 181 BGB keine Anwendung auf Rechtsgeschäfte, die dem Vertretenen lediglich einen rechtlichen Vorteil im Sinne von § 107 BGB (s. o.) bringen (BGHZ 59, 236).

Folgende Konstellationen sind denkbar:

(1.) Die Eltern wollen ihrem 17-jährigen Sohn im Wege der vorweggenommenen Erbfolge das Eigentum an einem größeren Aktienpaket übertragen. Ist, wie vorliegend, der Minderjährige beschränkt geschäftsfähig, braucht er gem. § 107 BGB zu einer Willenserklärung, durch die er einen lediglich rechtlichen Vorteil erlangt, nicht die Einwilligung des gesetzlichen Vertreters. Deshalb kann der Vertrag abgeschlossen werden durch die Eltern auf der einen Seite und dem Minderjährigen selbst auf der anderen Seite. Eine Vertretung des Minderjährigen ist nicht erforderlich, so dass die Problematik des § 181 BGB gar nicht erst entsteht.

(2.) Wird dem beschränkt geschäftsfähigen Abkömmling statt des Aktienpaketes ein Gesellschaftsanteil übertragen, erlangt er wegen des damit verbundenen Haftungsrisikos nicht lediglich rechtliche Vorteile. Beim Abschluss solcher Verträge muss er durch die Eltern vertreten werden. Sie handeln dann auf der einen Seite für sich selbst und auf der anderen Seite als Vertreter des Minderjährigen. § 181 greift Platz; eine teleologische Reduktion kommt nicht in Frage, weil das Rechtsgeschäft für den Minderjährigen nicht lediglich rechtlich vorteilhaft ist. § 181 BGB gestattet die Vertretung nicht, für den Minderjährigen muss ein Ergänzungspfleger bestellt werden.

(3.) Wollen die Eltern das Aktienpaket auf ihren 5-jährigen Sohn übertragen, muss er im Hinblick auf §§ 104 Nr. 1, 105 Abs. 1 BGB auf jeden Fall durch die Eltern vertreten werden. Nach strenger Anwendung des Gesetzes wäre dies nach § 181 BGB nicht zulässig; es müsste eine Ergänzungspflegschaft bestellt werden. Hier greift jedoch die von der Rechtsprechung im Wege der richterlichen Rechtsfortbildung entwickelte teleologische Reduktion des § 181 BGB Platz: Die Übertragung des Eigentums bringt dem vertretenen Minderjährigen lediglich einen rechtlichen Vorteil; das Verbot des § 181 BGB findet deshalb bei dieser Variante keine Anwendung.

5. Rechtsfolgen des verbotenen Selbstkontrahierens

Das BGB formuliert in § 181, dass ein Vertreter das betreffende Rechtsgeschäft „nicht vornehmen kann" (es handelt sich hier um einen der im BGB seltenen „Redaktionsfehler"). Entgegen dem Wortlaut sind derartige Rechtsgeschäfte aber nicht schlechthin nichtig, sondern **schwebend unwirksam** und entsprechend § 177 BGB genehmigungsfähig.

6. Selbstkontrahierungsverbot bei gesetzlicher Vertretung

Bei der gesetzlichen Vertretung ergeben sich zusätzliche Schwierigkeiten: Wenn ein Minderjähriger vertreten wird, kann er ein Selbstkontrahieren weder gestatten noch genehmigen, da seine Willenserklärungen mangels Geschäftsfähigkeit nicht wirksam sind. Hier bedarf es eines Brückenschlages zum Familienrecht. Dort ist diese Situation ausdrücklich geregelt: Ist der gesetzliche Vertreter an der Ausübung der Vertretung verhindert, so muss nach § 1909 BGB ein Pfleger bestellt werden (Fall der **„Ergänzungspflegschaft"**). Auf die Rechtsstellung des Pflegers finden die Vorschriften über den Vormund Anwendung (§ 1915 BGB). Für das betreffende Geschäft wird der Minderjährige durch den Pfleger vertreten, der mit dem gesetzlichen Vertreter als Vertragspartei abschließt.

Beispiel: Die Eltern wollen ihren minderjährigen Sohn als Gesellschafter in eine bestehende OHG aufnehmen und ihm einen entsprechenden Gesellschaftsanteil schenken. Dieses Rechtsgeschäft bringt für den Minderjährigen wegen der persönlichen Haftung des Gesellschafters (§ 128 HGB – lesen!) nicht lediglich einen rechtlichen Vorteil. Der Gesellschaftsvertrag muss deshalb für den Minderjährigen von einem Pfleger abgeschlossen werden.

7. Umgehungstatbestände

Wie dargelegt beruht das Selbstkontrahierungsverbot des § 181 BGB auf der Überlegung, dass die Mitwirkung derselben Person auf beiden Seiten eines Rechtsgeschäfts Interessenkonflikte herauf beschwört. Dabei stellt § 181 BGB grundsätzlich auf die Art und Weise der Vornahme des Rechtsgeschäfts ab und nicht in erster Linie auf die Feststellung eines konkreten Interessenkonflikts (dies im Einzelfall zu überprüfen, wäre der Rechtssicherheit und Rechtsklarheit abträglich). Würde man nun aber § 181 lediglich als „formale Ordnungsvorschrift" begreifen, wäre es ein Leichtes, sie zu umgehen: Es würde genügen, einem Vertreter Untervollmacht zu erteilen und anschließend das Rechtsgeschäft mit dem so Bestallten und Bevollmächtigten abzuschließen.

Beispiel: Auftraggeber A bevollmächtigt V (ohne Befreiung von den Beschränkungen des § 181 BGB) dem zum Erwerb von Waren und Maschinen. V möchte gerne Waren aus eigenem Bestand liefern und erteilt seinem Geschäftsfreund U Untervollmacht. Daraufhin schließt V mit U einen Kaufvertrag über die zu liefernden Waren und Maschinen.

Da in diesen Fällen Interessenkollisionen vorliegen, die § 181 BGB gerade verhindern will, sind derartige Umgehungstatbestände ebenfalls vom Normzweck des § 181 BGB erfasst.

Wiederholungsfragen zu § 20

In welchen Fällen und aus welchen Gründen ist eine vormundschaftsgerichtliche Genehmigung erforderlich? (§ 20 I 1)

Was gilt beim Missbrauch der Vertretungsmacht? (§ 20 II)

Was ist die Grundkonstellation des § 181 BGB und wie viele Alternativen enthält er? (§ 20 III 1, 2)

Wann ist Selbstkontrahieren erlaubt? (§ 20 III 3)

Welche Probleme ergeben sich aus dem Selbstkontrahierungsverbot bei der gesetzlichen Vertretung? (§ 20 III 6)

Teil III: BGB – Allgemeines Schuldrecht

§ 21 Funktionen und Systematik des Schuldrechts

I. Der Regelungsbereich des Schuldrechts

Das im zweiten Buch des BGB geregelte „Recht der Schuldverhältnisse" ist ein **Teilbereich des Vermögensrechts.** Als Schwerpunkt enthält es die Rechtsgrundlagen für den rechtsgeschäftlichen Güterverkehr.

Lernhinweis: Vor dem Durcharbeiten des nachfolgenden Abschnitts ist es zweckmäßig, zunächst im Inhaltsverzeichnis zum BGB die einzelnen Abschnitte des Schuldrechts sorgsam durchzugehen. Man ersieht daraus die Systematik des Gesetzes und erhält insoweit einen Leitfaden für die Erarbeitung der nachfolgenden Materie (vergleichen Sie dazu auch die Übersicht *Recht der Schuldverhältnisse*).

1. Das Schuldrecht als Rechtsgrundlage für den rechtsgeschäftlichen Güterverkehr

Der Schwerpunkt des Schuldrechts liegt in der Bereitstellung einer – weitgehend dispositiven – Rechtsordnung für die Begründung, den Inhalt, die Abwicklung und die Beendigung von Schuldverhältnissen. Dabei bringt das Gesetz zunächst allgemeine Vorschriften für alle Schuldverhältnisse und schließt im achten Abschnitt, den man als „Besonderes Schuldrecht" bezeichnet, eine Auflistung der wichtigsten Schuldverhältnisse an.

Damit liefert der Gesetzgeber die wesentlichen Vorschriften für den Warenaustausch sowie alle sonstigen Lieferungen und Leistungen. Ergänzt wird das Schuldrecht durch Partien des Allgemeinen Teils und des Sachenrechts, die ebenfalls vermögensrechtliche Fragen regeln. Die im Allgemeinen Teil des BGB normierten allgemeinen Lehren gelten naturgemäß auch für die Schuldverhältnisse; im Sachenrecht ist der Teil des Vermögensrechts enthalten, der sich mit der Güterzuordnung, insbesondere den Übereignungsvorgängen und dinglichen Rechtspositionen, befasst. Daneben greifen Spezialgesetze ein, wie z. B. das HGB oder das Versicherungsvertragsgesetz; sie regeln Rechtsverhältnisse, die im Besonderen Schuldrecht nicht erfasst sind, z. B. das Speditions-, Lager-, Fracht- und Kommissionsgeschäft sowie die Versicherungsverträge.

Während das Schuldrecht die auf Leistungsaustausch und Güterumsatz gerichteten wirtschaftlichen Vorgänge regelt, sich also auf Änderungen des status quo bezieht, steht im Sachenrecht die Erhaltung der bestehenden Güterzuordnung im Vordergrund. Man sagt: Das **Schuldrecht** ist **dynamisch,** das **Sachenrecht** ist **statisch.** Freilich gelten diese Aussagen jeweils nur mit Einschränkungen und Ausnahmen.

Die im Schuldrecht vor allem geregelten Leistungsbeziehungen bestehen im Rahmen eines „Schuldverhältnisses". Darunter versteht man das

Rechtsverhältnis zwischen „Gläubiger" und „Schuldner", kraft dessen der Gläubiger vom Schuldner eine Leistung fordern kann, vgl. § 241 Abs. 1 BGB. Im Gegensatz zur Laiensprache muss jedoch gleich hier betont werden, dass der Begriff des „Gläubigers" umfassender ist als in der Umgangssprache, die gelegentlich als Gläubiger nur den „Darlehensgläubiger" und als „Schuldner" nur denjenigen, der Geld zu leisten hat, bezeichnet.

„Gläubiger" ist jeder, der von einem anderen kraft eines Schuldverhältnisses etwas fordern kann; Schuldner ist derjenige, der diese Forderung erfüllen muss. Die Leistungsbeziehung kann deshalb den Güteraustausch betreffen (Ware gegen Geld oder Ware gegen Ware), genauso aber auch die (zeitweilige) Gebrauchsüberlassung sowie Dienstleistungen und viele andere Dinge mehr. Dabei kann angesichts der Vertragsfreiheit und der Dynamik wirtschaftlicher und technischer Entwicklungen eine Vielzahl oft neuartiger Formen des Güterumsatzes entstehen, an die der Gesetzgeber zum Teil gar nicht gedacht hat (vgl. „Leasing", „Factoring", „Franchising" u. a. m.).

2. Das Schuldrecht als Rechtsgrundlage für den Personen- und Güterschutz

Das Schuldrecht regelt neben den rechtsgeschäftlichen (insbesondere vertraglichen) Leistungsbeziehungen auch die Rechtsfolgen von Handlungen, die zum Schadenersatz führen. Es enthält damit im Recht der **„unerlaubten Handlungen"** (§§ 823–853 BGB) die Rechts- und Anspruchsgrundlagen, die bei Personen- und Güterverletzungen in Betracht kommen. Durch den Eingriff in solche Schutzpositionen entsteht ein gesetzliches Schuldverhältnis, gerichtet auf Schadenersatz. Die §§ 823 ff. BGB enthalten dabei im Wesentlichen die Anspruchsgrundlagen („wann entsteht ein Schuldverhältnis aus unerlaubter Handlung?").

Einzelne Fragen des Schadenersatzes (etwa: „in welchem Umfang und wie wird Schadenersatz geleistet?") werden im Allgemeinen Schuldrecht in den §§ 249 ff. BGB behandelt. Diese Vorschriften gelten ebenso für die Regulierung der Schadensfolgen bei der Verletzung von Pflichten aus vertraglichen Schuldverhältnissen.

3. Das Schuldrecht als Ausgleichsordnung für unberechtigte Vermögensverschiebungen

Das Schuldrecht regelt schließlich die Voraussetzungen und den Umfang des Ausgleichsanspruchs aus sog. **„ungerechtfertigter Bereicherung"** nach §§ 812 ff. BGB. Um es hier schon zu betonen: Es handelt sich dabei nicht um eine Generalklausel zur vermögensrechtlichen Beseitigung wie auch immer gelagerter „Ungerechtigkeiten". Vielmehr enthalten die §§ 812 ff. Rückabwicklungsvorschriften für den Fall, dass jemand einen Vermögensvorteil „ohne rechtlichen Grund" erlangt. Als Hauptfall ist die „Leistungskondiktion" zu nennen, die sich als Konsequenz des im deutschen Recht geltenden „Abstraktionsprinzips" ergibt: Die Erfüllung einer Leistungsverpflichtung (z. B. die Übereignung einer Sache) ist nicht automatisch deshalb unwirksam, weil das zugrundeliegende schuldrechtliche Rechtsgeschäft (z. B. der Kaufvertrag) aus bestimmten Gründen nichtig ist.

Da aber eine solche Vermögensverschiebung „unerträglich" ist, weil sie „unberechtigt", „ungerechtfertigt" erfolgte, muss sie rückabgewickelt werden. Dies geschieht über die ungerechtfertigte Bereicherung nach §§ 812 ff. BGB. Im Einzelnen sei auf die späteren Ausführungen verwiesen.

4. Das Schuldrecht als Rechtsgrundlage für den Zusammenschluss mehrerer zur gemeinsamen Zweckverfolgung

Schließlich enthält das Schuldrecht noch die Rechtsgrundlage für den Prototyp der Personengesellschaft. In §§ 705 ff. BGB ist die „Gesellschaft" geregelt.

Lernhinweis: Weil es im BGB nur eine „Gesellschaft" gibt, erübrigen sich insofern die sonst im Gesellschaftsrecht üblichen Bezeichnungen „BGB-Gesellschaft" bzw. „Gesellschaft bürgerlichen Rechts".

Das Handelsrecht verweist bei der offenen Handelsgesellschaft (entsprechend auch bei der Kommanditgesellschaft) ausdrücklich auf die Vorschriften der BGB-Gesellschaft. In den Schuldrechtsvorlesungen wird das Recht der BGB-Gesellschaft in der Regel ausgegrenzt und im Rahmen der gesellschaftsrechtlichen Vorlesungen abgehandelt. Hierauf wird verwiesen.

5. Schuldrechtliche Beziehungen außerhalb des Schuldrechts

Schuldrechtliche Beziehungen findet man auch außerhalb des 2. Buches des BGB. Beispielsweise besteht zwischen dem Eigentümer einer Sache und dem Nießbraucher ein gesetzliches Schuldverhältnis auf Grund eines sachenrechtlichen Tatbestandes. Ein weiteres Beispiel ist das gesetzliche Schuldverhältnis zwischen Finder und Verlierer. Und schließlich kennen wir im Erbrecht zahlreiche Rechtsbeziehungen mit schuldrechtlichem Zuschnitt (das Vermächtnis z. B. begründet eine Forderung gegenüber dem Erben). Auch außerhalb des BGB sind viele schuldrechtliche Beziehungen anzutreffen. Stets ist auf die allgemeinen Vorschriften des Schuldrechts zurückzugreifen, soweit nicht im einzelnen Spezialvorschriften die dortigen Regelungen verdrängen.

II. Die Gesetzessystematik

Das Schuldrecht besteht aus **zwei Teilen:** dem Allgemeinen Schuldrecht (§§ 241–432) und dem Besonderen Schuldrecht (§§ 433–853). Das Gesetz selbst hat diese Einteilung nicht ausdrücklich vorgenommen. Das Allgemeine Schuldrecht findet sich in den ersten sieben Abschnitten des zweiten Buches, das Besondere Schuldrecht umfasst den 8. Abschnitt mit den, wie das Gesetz sagt, „einzelnen Schuldverhältnissen". Das Allgemeine Schuldrecht enthält Vorschriften für alle Arten von Schuldverhältnissen (es gilt auch für die vorerwähnten schuldrechtlichen Beziehungen auf anderen Gebieten des Bürgerlichen Gesetzbuches, wie etwa im Sachen-, Familien-, Erbrecht und auch außerhalb des Bürgerlichen Gesetzbuches).

Die Materie des Schuldrechts ist weitgehend dispositiv. Auf Grund der Vertragsfreiheit haben es Gläubiger und Schuldner in der Hand, vom Gesetz abweichende Regelungen zu treffen. Der Gesetzgeber liefert insoweit

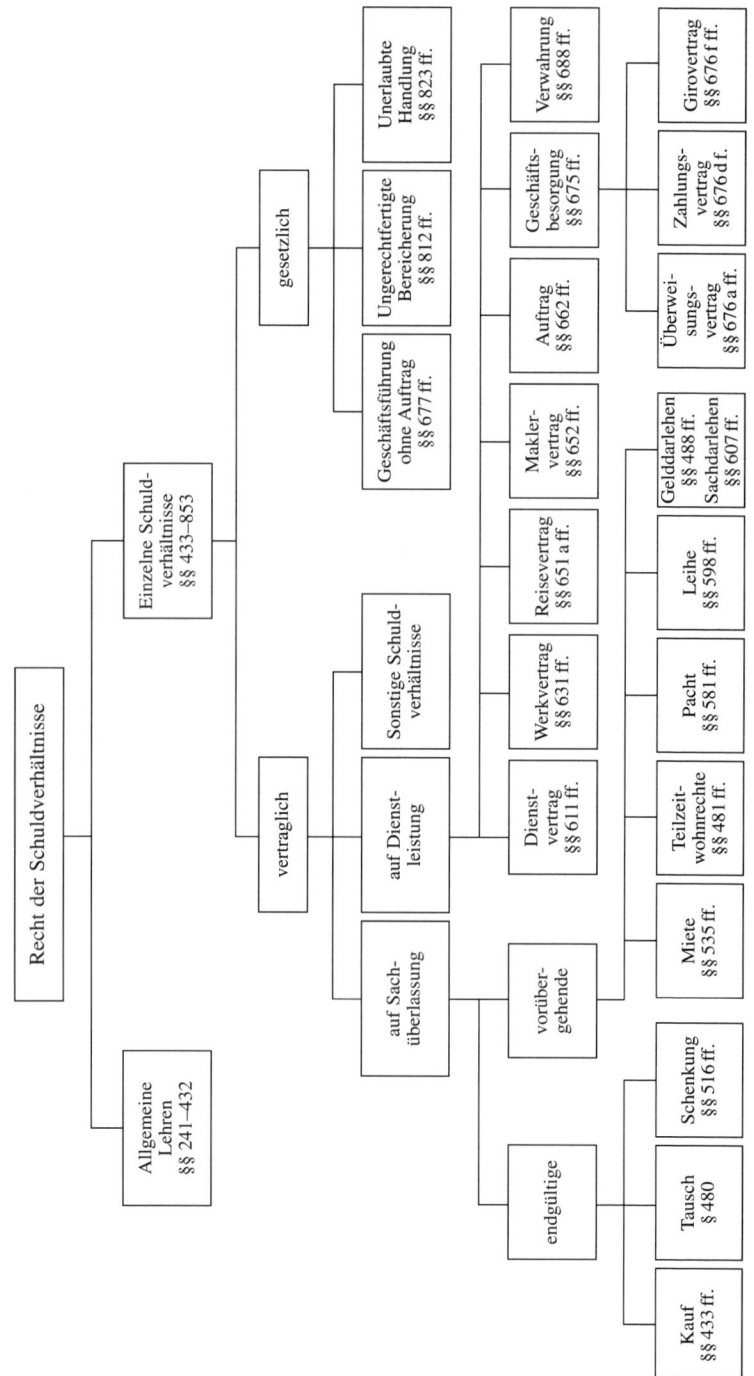

nur „Konfektionsgröße", die sich an der von ihm als interessengerecht gedachten Normallage orientiert.

Die Gesetzessystematik ist wohl durchdacht. Der Gesetzgeber bewegt sich
in der Regel vom Allgemeinen zum Speziellen. Das ergibt sich schon daraus, dass er zunächst Vorschriften für alle Schuldverhältnisse normiert und
daran anschließend die wichtigsten Schuldvertragstypen herausgreift und
(wiederum dispositiv) regelt.

Lernhinweis: Den Gesetzesaufbau und die dort enthaltene Materie vergegenwärtigen Sie sich am besten, wenn Sie anhand der Übersicht *Recht der Schuldverhältnisse* jeweils die ersten Abschnitte und Bestimmungen aufschlagen und schon einmal
vorab zur Kenntnis nehmen.

Wiederholungsfragen zu § 21

Welche Rechtsgebiete sind im zweiten Buch des BGB geregelt? (§ 21 I)

Wie lässt sich in einer Kurzformel der Unterschied zwischen dem Schuldrecht und
dem Sachenrecht kennzeichnen? (§ 21 I 1)

Was ist außer dem Güterumsatz im Schuldrecht noch geregelt? (§ 21 I 2, 3, 4)

1. Kapitel: Begriff und Arten des Schuldverhältnisses

§ 22 Das Wesen des Schuldverhältnisses

I. Begriff

Der Begriff „Schuldverhältnis" wird in zweifacher Weise verwendet:

1. Das Schuldverhältnis als Gesamtheit von Rechtsbeziehungen

Das Bürgerliche Gesetzbuch spricht vom „Schuldverhältnis" zunächst dann, wenn es die Gesamtheit der Rechtsbeziehungen zwischen Gläubiger und Schuldner meint.

Beispiele:

- Der Kaufvertrag ist ein Rechtsverhältnis zwischen Verkäufer und Käufer, das sowohl für die eine wie auch für die andere Seite Rechte und Pflichten begründet.
- Beim Zurückbehaltungsrecht (§ 273 Abs. 1) und in den Fällen der §§ 292 Abs. 1, 425 Abs. 1 spricht das Gesetz ebenso wie in zahlreichen Überschriften des Allgemeinen Schuldrechts vom „Schuldverhältnis" in diesem Sinne. Man spricht auch vom „Schuldverhältnis im weiteren Sinn".

2. Das Schuldverhältnis im engeren Sinne

Häufiger wird der Begriff des Schuldverhältnisses so verstanden, wie ihn das Gesetz in § 241 Abs. 1 S. 1 BGB definiert: „Kraft des Schuldverhältnisses ist der Gläubiger berechtigt, von dem Schuldner eine Leistung zu fordern." Dabei kann die Leistung sowohl in einem positiven Tun als auch in einem Unterlassen bestehen (§ 241 Abs. 1 S. 2 BGB).

Beispiel: V verpflichtet sich gegenüber K, termingemäß einen Posten bestimmter Güter zu liefern (positives Tun);

X verpflichtet sich Y gegenüber, auf Wettbewerb zu verzichten (Unterlassen).

Den Leistungsberechtigten bezeichnet das Gesetz als „Gläubiger", den zur Leistung Verpflichteten als „Schuldner". Das Recht des Gläubigers gegenüber dem Schuldner bezeichnet man als „Forderung"; diese korrespondiert mit der entsprechenden Verpflichtung des Schuldners. Vergleichen Sie dazu das Schaubild *Schuldverhältnis*.

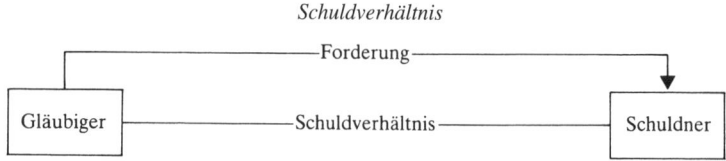

Schuldverhältnis

3. Die Relativität schuldrechtlicher Beziehungen

Aus der Definition des Schuldverhältnisses als Gläubiger-/Schuldnerbeziehung folgt, dass die Berechtigungen und Verpflichtungen im Schuldverhältnis **immer nur zwischen bestimmten Personen** bestehen. Dritte Personen sind davon grundsätzlich nicht erfasst. Man bezeichnet dies als die Relativität schuldrechtlicher Beziehungen. Der Gläubiger hat einen Anspruch lediglich gegenüber dem Schuldner, nicht dagegen gegenüber dritten Personen.

Beispiel: Der Mieter hat nur gegenüber dem Vermieter einen Anspruch auf Überlassung des Gebrauchs der Mietsache.

Lernhinweis: Diese Relativität der Berechtigung gegenüber dem jeweiligen Schuldner unterscheidet das Schuldrecht grundlegend vom Sachenrecht: Das Sachenrecht begründet Rechte an Sachen, die gegenüber jedermann ausgeübt werden können (Herrschaftsrechte, absolute Rechte). So kann beispielsweise der Eigentümer bei Besitzentzug von jedermann Herausgabe und bei Besitzstörung Unterlassung verlangen.

Das Schuldverhältnis ist dagegen ein „iuris vinculum" (Rechtsfessel). Leistungs- und ggf. Schadenersatzansprüche bei Leistungsstörungen kommen grundsätzlich nur zwischen Gläubiger und Schuldner in Betracht.

4. Gegenseitige Leistungsverpflichtungen

In aller Regel bestehen in einem Schuldverhältnis gegenseitige Verpflichtungen und Berechtigungen. Dies folgt daraus, dass Güterumsätze nicht altruistisch und einseitig, sondern im Hinblick auf Gegenleistungen getätigt werden. Man spricht auch vom **„Synallagma".**

Beispiel: Der Verkäufer verpflichtet sich zu der Übereignung der Ware im Hinblick auf die Zahlung des Kaufpreises. Insofern ist der Verkäufer Schuldner hinsichtlich der Übereignung. Er ist aber zugleich auch Gläubiger hinsichtlich der Kaufpreiszahlung, zu der sich der Käufer als Schuldner verpflichtet hat. Die beiden Pflichten stehen in einem „do ut des-Verhältnis": Man leistet um der Gegenleistung willen.

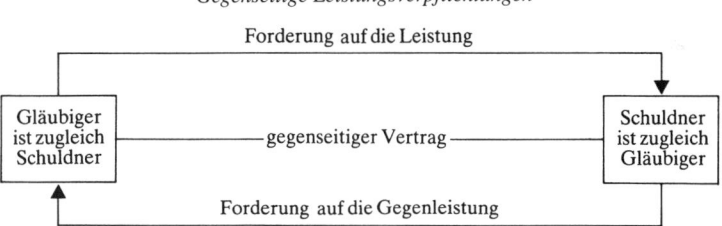

Gegenseitige Leistungsverpflichtungen

Forderung auf die Leistung

| Gläubiger ist zugleich Schuldner | gegenseitiger Vertrag | Schuldner ist zugleich Gläubiger |

Forderung auf die Gegenleistung

In diesem Fall sprechen wir von „gegenseitigen Verträgen". Dies wird uns noch im Recht der Leistungsstörungen beschäftigen, denn die Störung der Leistung auf der einen Seite kann nicht ohne Auswirkung auf die Verpflichtung der anderen Seite bleiben (dazu unten).

5. Dauerschuldverhältnisse

Ein Schuldverhältnis kann auf einmaligen Leistungsaustausch gerichtet sein.

Beispiele: Kauf, Tausch.

Denkbar ist aber auch, dass sich der Schuldner zu einem dauernden Verhalten verpflichtet oder die geschuldete Leistung in wiederkehrenden, über einen längeren Zeitraum hinwegreichenden Einzelleistungen besteht.

Beispiele: Miete, Pacht, Leihe, Darlehen sowie vor allem der Arbeits- und Dienstvertrag. Auch die „Sukzessivlieferungsverträge" (z. B. Bierlieferungsvertrag) können Dauerschuldverhältnisse sein.

Für Dauerschuldverhältnisse gelten besondere Regeln:

* Durch die Dauerhaftigkeit der schuldrechtlichen Beziehung ist eine stärkere Rücksichts- und Loyalitätspflicht anzunehmen;
* Dauerschuldverhältnisse werden in der Regel **nicht** durch **Rücktritt, sondern** durch **Kündigung** aufgelöst, weil die in der Vergangenheit tatsächlich erbrachten Leistungen schlecht oder überhaupt nicht rückgängig gemacht werden können.

Beachte: § 314 BGB erlaubt die Kündigung von Dauerschuldverhältnissen bei Vorliegen eines wichtigen Grundes.

II. Schuld und Haftung

Man unterscheidet zwischen der Schuld und der Haftung:

* Unter Schuld versteht man die Verpflichtung des Schuldners, die geschuldete Leistung zu erbringen.
* Unter der Haftung ist das Phänomen zu verstehen, dass der Gläubiger durch Zwang die Forderung durchsetzen kann. Dies erfolgt in der Regel durch staatliche Vollstreckung nach den Vorschriften des Zwangsvollstreckungsrechtes.

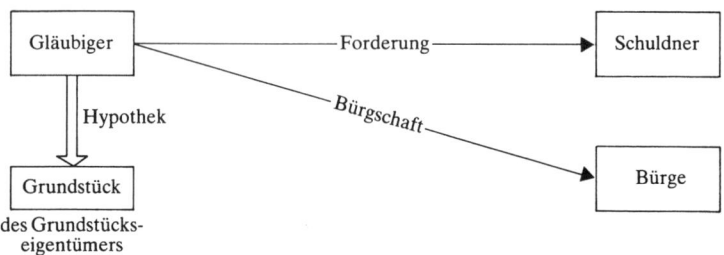

des Grundstücks-
eigentümers

Unter Schuld versteht man also das „**Verpflichtetsein**" (die Leistungspflicht), unter Haftung das „**Unterworfensein**" des Schuldners unter den zwangsweisen Zugriff des Gläubigers. Hier unterscheiden sich die in der Privatrechts-Dogmatik verwendeten Begriffe von der Laiensprache (dort versteht man unter „Haftung" ja auch gelegentlich das Einstehenmüssen für entstandene Schäden, wenn es etwa heißt: „Eltern haften für ihre Kinder").

1. Arten der Haftung

Das geltende Recht geht grundsätzlich von der unbeschränkten **Vermögenshaftung** des Schuldners aus.

Die **Personalhaftung** (früher warf man den Schuldner in den „Schuldturm") kennt das Gesetz nicht mehr (Ausnahme: Zwangshaft zur Erzwingung bestimmter Handlungen nach §§ 888, 890, 901 ff. ZPO). In bestimmten Fällen beschränkt sich die Haftung auf abgesonderte Vermögensmassen (so beispielsweise im Erbrecht, wenn der Schuldner durch bestimmte Akte die Haftung auf den übernommenen Nachlass beschränkt).

2. Haftung ohne Schuld

Es gibt Fälle, in denen gehaftet wird, ohne dass jemanden eine Leistungsverpflichtung trifft. Diese Fälle kennen wir im Recht der Realsicherheiten:

Beispiel: Der nicht mit dem Schuldner identische Verpfänder oder Eigentümer haftet für den Anspruch, den sich der Gläubiger durch Bestellung eines Pfandrechts oder einer Hypothek sichern ließ.

3. Schuld ohne Haftung

Es gibt umgekehrt Fälle, in denen eine Leistungspflicht (also eine Schuld) besteht, diese aber nicht durchgesetzt werden kann.

Man spricht in diesem Zusammenhang auch von **unvollkommenen Verbindlichkeiten** („Naturalobligationen"). Im Einzelnen sind allerdings unterschiedliche Sachverhalte angesprochen.

a) Verjährte Forderungen

Wir haben gesehen, dass die Verjährung zu einem Leistungsverweigerungsrecht des Schuldners führt (s. o. § 5). Wenn sich der Schuldner im Prozess auf die Einrede der Verjährung beruft, ist die Klage abzuweisen. Der Anspruch kann dann insoweit nicht (mehr) durchgesetzt werden.

b) Spiel, Wette und Ehemäklerlohn

Bei bestimmten Rechtsinstituten bestimmt das Gesetz, dass überhaupt keine Schuld entsteht, vgl. z. B. § 762 Abs. 1 S. 1 BGB: Aus Spiel und Wette „wird eine Verbindlichkeit nicht begründet". Andererseits kann das Geleistete nicht zurückgefordert werden (§§ 762 Abs. 1 Satz 2, 656 Abs. 1 Satz 2). Spiel, Wette und Heiratsvermittlung begründen keine Verbindlichkeit im Rechtssinne, bilden aber einen Erwerbsgrund für das Behaltendürfen der trotzdem erlangten Leistung (damit sind bereicherungsrechtliche Rückforderungsansprüche ausgeschlossen).

III. Gefälligkeitsverhältnisse

Nicht jede Abrede begründet ein Schuldverhältnis. Vorausgesetzt ist der Wille, eine **Rechtsbindung** einzugehen. Dieser fehlt bei freundschaftlichen Absprachen, Übereinkünften im Geselligkeitsbereich, auf dem Gebiete des Anstands und der Ehre (vgl. dazu auch oben § 7 IV 4).

Beispiele: Der Nachbar im Zugabteil will ein Nickerchen machen und bittet den Mitreisenden, ihn bei der nächsten Station zu wecken. Weil dieser das versäumt, entgeht dem schlafenden Nachbarn ein wichtiges Geschäft. Er erleidet erhebliche Vermögenseinbußen. Hier wurde mangels Rechtsbindungswillens kein Schuldverhältnis begründet. Schadenersatzansprüche scheiden deshalb aus. Bei der so genannten Gefälligkeitsfahrt wird in der Regel ebenfalls der Abschluss eines Beförderungsvertrages zu verneinen sein. Zu prüfen ist jedoch eine Haftung aus unerlaubter Handlung nach §§ 823 ff. BGB, wenn es während der Gefälligkeitsfahrt durch einen Unfall zu Schädigungen des Mitgenommenen kommt.

IV. Anbahnung rechtsgeschäftlicher Schuldverhältnisse durch sozialen Kontakt

Lernhinweis: Im Nachfolgenden werden kurz die Grundsätze der „culpa in contra-hendo" (Verschulden beim Vertragsabschluss) umschrieben. Sie war zunächst im BGB nicht gesetzlich normiert. Im Zuge der Schuldrechtsmodernisierung 2001 hat sich der Gesetzgeber entschlossen, diesem wichtigen Rechtsinstitut, das schon seit Langem gewohnheitsrechtlich anerkannt ist, im Bürgerlichen Gesetzbuch in den §§ 280 Abs. 1, 311 Abs. 2, 241 Abs. 2 eine gesetzliche Grundlage zu geben. Im Recht der Leistungsstörungen finden Sie dazu die Einzelheiten. Die culpa in contrahendo ist aber so wichtig, dass Sie schon hier die grundsätzlichen Dinge begreifen und behalten sollten.

1. Dogmatische Grundlagen

Die Regelungen über die culpa in contrahendo gehen von dem Gedanken aus, dass der in § 242 BGB zum Ausdruck gekommene Grundsatz von Treu und Glauben u. a. auch ein gesetzliches Schuldverhältnis begründen kann, insbesondere ein Schuldverhältnis, das durch die Anbahnung von Vertragsverhandlungen, wie auch bei andauernder Geschäftsverbindung, entsteht (vgl. § 311 Abs. 2 BGB – lesen!).

Im Wege der Rechtsfortbildung hatten Lehre und Rechtsprechung vor der Schuldrechtsreform den Grundsatz aufgestellt, dass bereits die Anbahnung eines rechtsgeschäftlichen Schuldverhältnisses durch Aufnahme von Vertragsverhandlungen oder ähnlichen geschäftlichen bzw. sozialen Kontakten ein vertragsähnliches Vertrauensverhältnis entstehen lässt, welches die Partner zu besonderer Sorgfalt verpflichtet. Seit der Schuldrechtsreform 2001 ist dies nunmehr in den §§ 311 Abs. 2, 241 Abs. 2 BGB auch gesetzlich geregelt.

2. Rechtsfolgen

Das besondere Vertrauensverhältnis begründet nach § 311 Abs. 2 BGB für die Beteiligten besondere Rechtspflichten gem. § 241 Abs. 2 BGB. Ihre Verletzung verpflichtet nach § 280 Abs. 1 BGB zum Schadenersatz. Man spricht vom Verschulden beim Vertragsabschluss („culpa in contrahendo").

Bei der culpa in contrahendo entstehen zwar keine primären Leistungspflichten, wohl jedoch die Pflichten zur gegenseitigen Rücksichtnahme, Fürsorge und Loyalität (Obhuts-, Aufklärungs-, Sorgfalts-, Mitteilungspflichten usw.; vgl. die Regelung des § 241 Abs. 2 BGB).

Schulbeispiel: Ein Kaufinteressent betritt das Kaufhaus und interessiert sich für Bodenbeläge. Der im Kaufhaus angestellte Verkäufer hantiert so ungeschickt mit einer Linoleumrolle, dass diese dem Kunden auf den Kopf fällt und ihn verletzt („Linoleumfall" des Reichsgerichts). Durch das Betreten des Kaufhauses entsteht schon vor Vertragsabschluss ein gesetzliches Schuldverhältnis, das eine besondere Sorgfaltspflicht gegenüber dem Kunden begründet. Bei dessen Verletzung steht dem Kunden nach §§ 280 Abs. 1, 311 Abs. 2 Nr. 1, 241 Abs. 2 BGB ein vertraglicher Schadenersatzanspruch gegenüber dem Inhaber des Kaufhauses zu.

Lernhinweis: Anspruchsgrundlage für einen Anspruch aus culpa in contrahendo ist § 280 Abs. 1 i.V.m. §§ 311 Abs. 2, 241 Abs. 2 BGB und nicht etwa §§ 280 Abs. 1, 3; 282 i.V.m. § 241 Abs. 2 BGB – Schadenersatz statt der Leistung –, denn bei einer culpa in contrahendo kommt gerade kein auf Leistungspflichten ausgerichtetes Schuldverhältnis zustande, weshalb es nie „Schadenersatz statt der Leistung" (vgl. § 280 Abs. 3) geben kann.

Die **rechtspolitische Bedeutung** der culpa in contrahendo liegt darin, dass sie quasivertragliche Beziehungen schafft und damit insbesondere die Anwendung des § 278 BGB (Haftung für den Erfüllungsgehilfen, s.u.) ermöglicht.

Lernhinweis: Gerade diesen Punkt müssen Sie sich einprägen: Ein vertraglicher Schadenersatzanspruch ist für den Geschädigten u.U. wertvoller als ein bloß deliktischer nach §§ 823 ff. BGB: Bei vertraglichen Beziehungen haftet der Vertragspartner für das Verschulden seiner (eingeschalteten) Erfüllungsgehilfen (z.B. Arbeitnehmer) nach § 278 BGB. Fehlt es an vertraglichen Beziehungen, kommt in diesen Fällen nur ein Schadenersatzanspruch nach § 831 BGB (Haftung des Geschäftsherrn bei Schädigungen durch die Verrichtungsgehilfen) in Betracht. Der Geschäftsherr kann sich aber nach § 831 Abs. 1 S. 2 BGB (lesen!) exkulpieren. Er haftet nicht, wenn er den Verrichtungsgehilfen ordentlich ausgewählt und überwacht hat. Möglicherweise bleibt dann der Geschädigte auf seinem Schaden sitzen; denn der unstreitig dem Geschädigten gegenüber dem Schädiger zustehende Schadenersatzanspruch nach § 823 Abs. 1 BGB steht oft bloß auf dem Papier (beim Arbeitnehmer ist meist „nichts zu holen").

Wiederholungsfragen zu § 22

Wie wird das Schuldverhältnis definiert? (§ 22 I 1, 2)

Was versteht man unter der Relativität schuldrechtlicher Beziehungen? (§ 22 I 3)

Was versteht man unter einem Dauerschuldverhältnis? (§ 22 I 5)

Gibt es eine Schuld ohne Haftung und eine Haftung ohne Schuld? (§ 22 II)

Was versteht man unter der culpa in contrahendo? (§ 22 IV)

§ 23 Arten der Schuldverhältnisse

Lernhinweis: Herkömmlicherweise teilt man Schuldverhältnisse nach ihrer Entstehungsart ein in **gesetzliche** und **rechtsgeschäftliche** Schuldverhältnisse. Bei gesetzlichen Schuldverhältnissen ergibt sich das Pflichtenverhältnis zwischen Gläubiger und Schuldner ohne rechtsgeschäftliches Zutun allein durch die Verwirklichung eines gesetzlich umschriebenen Tatbestandes („gesetzliche Schuldverhältnisse" heißen also nicht deshalb so, weil sie im Gesetz geregelt sind – das sind die rechtsgeschäftlichen Schuldverhältnisse auch –, sondern weil sie, wie eben betont, allein durch Verwirklichung der gesetzlichen Tatbestandsvoraussetzungen begründet werden – gleichgültig, ob daneben auch rechtsgeschäftliche Beziehungen bestehen oder

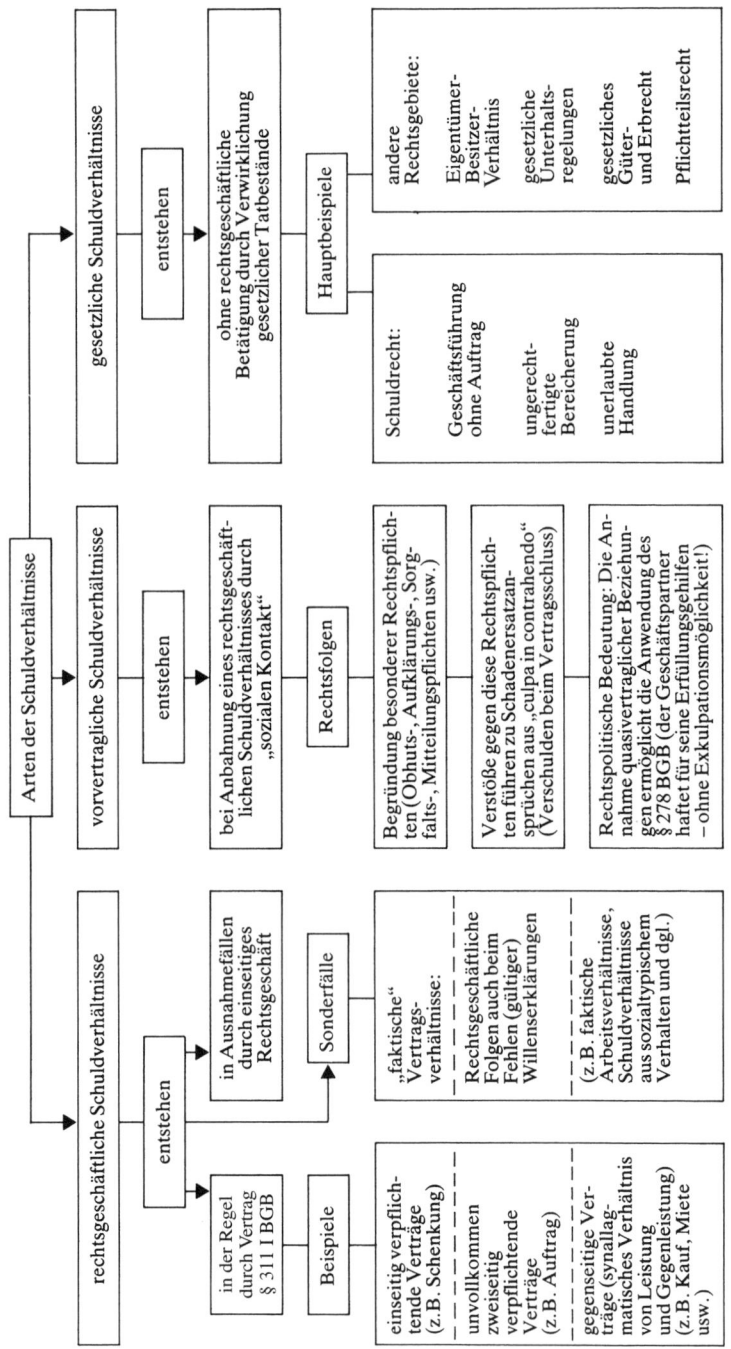

Arten der Schuldverhältnisse

gesetzliche Schuldverhältnisse

entstehen

ohne rechtsgeschäftliche Betätigung durch Verwirklichung gesetzlicher Tatbestände

Hauptbeispiele

Schuldrecht:

Geschäftsführung ohne Auftrag

ungerechtfertigte Bereicherung

unerlaubte Handlung

andere Rechtsgebiete:

Eigentümer-Besitzer-Verhältnis

gesetzliche Unterhalts-regelungen

gesetzliches Güter- und Erbrecht

Pflichtteilsrecht

vorvertragliche Schuldverhältnisse

entstehen

bei Anbahnung eines rechtsgeschäftlichen Schuldverhältnisses durch „sozialen Kontakt"

Rechtsfolgen

Begründung besonderer Rechtspflichten (Obhuts-, Aufklärungs-, Sorgfalts-, Mitteilungspflichten usw.)

Verstöße gegen diese Rechtspflichten führen zu Schadenersatzansprüchen aus „culpa in contrahendo" (Verschulden beim Vertragsschluss)

Rechtspolitische Bedeutung: Die Annahme quasivertraglicher Beziehungen ermöglicht die Anwendung des § 278 BGB (der Geschäftspartner haftet für seine Erfüllungsgehilfen – ohne Exkulpationsmöglichkeit!)

rechtsgeschäftliche Schuldverhältnisse

entstehen

in der Regel durch Vertrag § 311 I BGB

in Ausnahmefällen durch einseitiges Rechtsgeschäft

Beispiele

einseitig verpflichtende Verträge (z.B. Schenkung)

unvollkommen zweiseitig verpflichtende Verträge (z.B. Auftrag)

gegenseitige Verträge (synallagmatisches Verhältnis von Leistung und Gegenleistung) (z.B. Kauf, Miete usw.)

Sonderfälle

„faktische" Vertragsverhältnisse:

Rechtsgeschäftliche Folgen auch beim Fehlen (gültiger) Willenserklärungen

(z.B. faktische Arbeitsverhältnisse, Schuldverhältnisse aus sozialtypischem Verhalten und dgl.)

nicht). Rechtsgeschäftliche Schuldverhältnisse setzen regelmäßig einen Vertrag voraus. Zwischen den beiden Erscheinungsformen liegen Sonderfälle. Insbesondere kann es bei der Anbahnung von Verträgen bereits zu „Sonderverbindungen zwischen Gläubiger und Schuldner" kommen, deren Intensität an die rechtsgeschäftliche Qualität herankommt. Diese Sonderverbindungen werden im Schadenersatzrecht den rechtsgeschäftlichen Schuldverhältnissen gleichgestellt. Im folgenden Abschnitt geht es zunächst um Terminologie und Katalogisierung. Diese Dinge sind wegen ihrer Grundsätzlichkeit besonders wichtig für das Verständnis der nachfolgenden Kapitel. Prägen Sie sich deshalb die Ausführungen besonders gut ein, und verdeutlichen Sie sich die Materie (vorab zum Einstieg und hinterher als Repetition) anhand der Übersicht *Arten der Schuldverhältnisse.*

Wichtig ist, sich jetzt schon zu vergegenwärtigen, dass ein Anspruch auf mehrere Anspruchsgrundlagen gestützt werden kann. Dies ergibt sich daraus, dass gesetzliche und vertragliche Schuldverhältnisse gleichzeitig vorliegen können, wenn eine vertragliche Abrede bestand und zugleich die das gesetzliche Schuldverhältnis begründenden Tatbestandsmerkmale gegeben sind.

I. Gesetzliche Schuldverhältnisse

Gesetzliche Schuldverhältnisse entstehen unmittelbar kraft Gesetzes ohne rechtsgeschäftliche Betätigung durch Verwirklichung der (zur Anspruchsbegründung normierten) gesetzlichen Tatbestandsvoraussetzungen.

Solche Schuldverhältnisse finden wir im Schuldrecht, aber auch in anderen Bereichen. Für jedes gesetzliche Schuldverhältnis normiert der Gesetzgeber gesonderte Tatbestandsmerkmale. Es gibt also insofern im Gegensatz zum vertraglichen Schuldverhältnis keine gemeinsamen Entstehungsvoraussetzungen.

1. Im Schuldrecht geregelte gesetzliche Schuldverhältnisse

Die drei wichtigen Gruppen gesetzlicher Schuldverhältnisse sind die unerlaubte Handlung, die ungerechtfertigte Bereicherung und die Geschäftsführung ohne Auftrag.

a) Unerlaubte Handlung

Nach §§ 823 ff. BGB (lesen!) kann der Geschädigte (als Gläubiger) vom Schädiger (als Schuldner) Schadenersatz verlangen, wenn die dort genannten Rechtsgüter rechtswidrig und schuldhaft verletzt wurden.

Beispiel: Ein Radfahrer bringt durch verkehrswidriges Verhalten in der Fußgängerzone eine Passantin zu Fall, die sich schwer verletzt. Die Beteiligten kennen sich nicht (und haben auch keinen Vertrag abgeschlossen). Allein die Verletzung von Leib, Leben und Gesundheit begründet ein Schuldverhältnis zwischen der Passantin und dem Radfahrer mit der Verpflichtung zum Schadenersatz nach § 823 Abs. 1 und § 823 Abs. 2 BGB etwa i. V. m. § 229 StGB.

b) Ungerechtfertigte Bereicherung

Nach §§ 812 ff. können „ungerechtfertigte" Vermögensverschiebungen rückgängig gemacht werden. Nähere Einzelheiten siehe unten.

c) Geschäftsführung ohne Auftrag

Wer einen anderen ausdrücklich beauftragt, begründet ein vertragliches Schuldverhältnis. Wird jemand aber ohne Auftrag tätig, können Rechte und Pflichten nur entstehen, wenn und soweit das Gesetz dies regelt. Dies hat der Gesetzgeber im Abschnitt „Geschäftsführung ohne Auftrag", §§ 677 ff. BGB (lesen!), getan.

Beispiel: Der Nachbar eines ortsabwesenden Anliegers bemerkt im Nachbarhaus einen Rohrbruch. Er beauftragt (ohne Auftrag, aber im Interesse des Anliegers) eine Installationsfirma, um weiteren Schaden zu vermeiden. Hier entsteht kraft Gesetzes (weil der Gesetzgeber dies sinnvollerweise so geregelt hat) ein Schuldverhältnis zwischen den Beteiligten. Danach kann der tätig gewordene Nachbar Aufwendungsersatz verlangen.

2. Gesetzliche Schuldverhältnisse außerhalb des Schuldrechts

Schuldrechtliche Beziehungen können auch auf anderen Rechtsgebieten entstehen:

Beispiele:

- Eigentümer-Besitzer-Verhältnis (vgl. §§ 987 ff. BGB – welche Ansprüche bestehen, wenn jemand die Sache eines anderen ohne vertragliche Rechtsgrundlage nutzt?);
- Unterhaltsansprüche (vgl. z. B. §§ 1601 ff.; Unterhaltspflicht der in gerader Linie Verwandten – allein diese Tatsache begründet den Unterhaltsanspruch);
- Güter- und erbrechtliche Ansprüche (vgl. z. B. §§ 2303 ff. BGB – die Enterbung bestimmter Personen ist Tatbestandsvoraussetzung für das Entstehen von Pflichtteilsansprüchen).

II. Rechtsgeschäftliche Schuldverhältnisse

1. Einseitige und zweiseitige Rechtsgeschäfte

Das Schuldrecht ist das Recht des Güteraustausches. Die Begründung rechtsgeschäftlicher Schuldverhältnisse ist in einer marktwirtschaftlich orientierten Gesellschaftsordnung das quantitativ dominierende Mittel zur Regelung von Leistungsbeziehungen. In erster Linie handelt es sich dabei um Verträge, nur in Ausnahmefällen um einseitige Rechtsgeschäfte. Güterumsätze erfordern zwei Beteiligte, eine einseitig auferlegte Leistungspflicht ist selten. § 311 Abs. 1 BGB bestimmt ausdrücklich: Zur Begründung eines Schuldverhältnisses durch Rechtsgeschäft ist ein Vertrag zwischen den Beteiligten erforderlich, soweit das Gesetz nicht ein anderes vorschreibt. Einseitige Rechtsgeschäfte sind demzufolge die Ausnahme.

Beispiele:

- Auslobung (Versprechen einer Belohnung für die Vornahme einer Handlung durch öffentliche Bekanntmachung), §§ 657 ff. (lesen!) – „Wer mir meine verlorenen Fahrzeugpapiere zurückbringt, erhält 100,– Euro";
- Vermächtnis (nach §§ 1939, 2174 BGB – lesen! – wird durch einseitige testamentarische Anordnung des Erblassers ein Schuldverhältnis begründet, wonach der Vermächtnisnehmer vom Erben die Leistung des vermachten Gegenstandes fordern kann) – „Ich setze E zum Alleinerben ein (= Erbeinsetzung), V erhält meine Briefmarkensammlung (= Vermächtnis)".

Lernhinweis: Fragt man in den ersten Vorlesungsstunden nach einem Beispiel für ein „einseitiges Rechtsgeschäft", wird oft fälschlicherweise die Schenkung genannt. Sie müssen terminologisch präzise vorgehen: Die Schenkung ist zwar „einseitig *verpflichtend*", jedoch (weil zwei Willenserklärungen, das Angebot und die Annahme, vorliegen) ein Vertrag und damit ein zweiseitiges Rechtsgeschäft.

2. Einteilung der vertraglichen Schuldverhältnisse nach dem Grade der gegenseitigen Verpflichtungsabhängigkeit

Man unterscheidet:

a) Einseitig verpflichtende Verträge

Durch sie wird nur eine Vertragspartei zur Leistung verpflichtet.

Beispiele:

- Die Schenkung (§§ 516 ff. BGB – lesen!) ist zwar ein Vertrag, das Schenkungsversprechen verpflichtet aber nur den Versprechenden.
- Die Bürgschaft (§§ 765 ff. – lesen!). Durch den Bürgschaftsvertrag (!) wird der Bürge (einseitig) verpflichtet, für die Erfüllung einer einem anderen obliegenden Verbindlichkeit einzustehen.

b) Unvollkommen zweiseitig verpflichtende Verträge

Bei ihnen ist typisch, dass nicht nur für einen Vertragspartner Leistungspflichten entstehen, sondern auch der andere Vertragsteil Verpflichtungen hat, diese aber nicht in einem Gegenseitigkeitsverhältnis („Leistung um Gegenleistung") stehen.

Beispiele:

- **Der Auftrag** (§ 662 BGB – lesen!) ist definitorisch das unentgeltliche Tätigwerden für einen anderen. Der Beauftragte verpflichtet sich zum Tätigwerden, der Auftraggeber muss zwar nicht vergüten (**Lernhinweis:** sonst läge ein Dienst- oder Werkvertrag vor!), er muss jedoch die Aufwendungen des Beauftragten ersetzen (§ 670 BGB – lesen!).
- **Die Leihe** (§§ 598 ff. BGB – lesen!). Sie verpflichtet zur unentgeltlichen Gebrauchsüberlassung (**Lernhinweis:** Die entgeltliche Gebrauchsüberlassung wird durch Miet- oder Pachtvertrag begründet). Den Entleiher trifft die Pflicht, für die gewöhnlichen Erhaltungskosten aufzukommen sowie die entliehene Sache nach Ablauf der Leihfrist zurückzugeben (§§ 601, 604 BGB).

c) Gegenseitige Verträge

Typisch für die daraus resultierenden Verpflichtungen ist, dass die Leistung um der Gegenleistung willen erfolgt. Man spricht auch von **„synallagmatischen Verträgen"**.

Beispiele: Kauf, Miete, Dienstvertrag.

Der Käufer bezahlt, weil er die Ware erhält, der Verkäufer liefert im Hinblick auf den Kaufpreis.

Da die menschliche Tätigkeit im Allgemeinen auf den eigenen Vorteil abzielt und aus Gründen der Bedürfnisbefriedigung erfolgt, sind vertragliche Schuldverhältnisse, soweit sie den Güterumsatz bezwecken, zugleich auch gegenseitige Verträge.

3. Faktische Vertragsverhältnisse

Hierbei geht es um unterschiedliche Fallgruppen. Die Figur des faktischen Vertragsverhältnisses wurde geschaffen, um die rechtsgeschäftlichen Folgen auch beim Fehlen gültiger Willenserklärungen anzuwenden. Es kann nicht unbeachtet bleiben, dass trotz Nichtigkeit eines Rechtsgeschäfts (Schulfall: Anfechtung) ein Leistungsaustausch stattgefunden hat. Im Grunde ist dies eine Thematik der Rechtsgeschäftslehre (siehe dort).

Wiederholungsfragen zu § 23

Welche gesetzlichen Schuldverhältnisse kennen Sie? (§ 23 I)

Was versteht man unter einem einseitigen, was unter einem zweiseitigen Rechtsgeschäft? (§ 23 II 1)

Können Sie Beispiele nennen für einseitig verpflichtende, unvollkommen zweiseitig verpflichtende und gegenseitige Verträge? (§ 23 II 2)

2. Kapitel: Inhalt des Schuldverhältnisses

Lernhinweis: Im nachfolgenden Abschnitt geht es um die Frage, was alles Inhalt und Gegenstand des Schuldverhältnisses sein kann (was, wo, wann und an wen muss der Schuldner leisten?). Die Vielfältigkeit des privaten und gewerblichen Lebens spiegelt sich wider im großen Spektrum möglicher Ausgestaltungen von Schuldverhältnissen. Das Gesetz konnte diese Dinge wegen der Vielfältigkeit des tatsächlichen Bereiches nicht in einen homogenen systematischen Zusammenhang bringen.

Unabhängig davon ist der Grundsatz der Vertragsfreiheit zu beachten: Was Inhalt einer Gläubiger-Schuldner-Beziehung sein kann, entscheidet sich immer zuerst nach der individuellen Absprache der Parteien. Deshalb ist das Gesetz in diesem Bereich durchweg dispositiv.

§ 24 Die Leistungspflicht

Lernhinweis: Nach seiner Definition handelt es sich bei einem Schuldverhältnis um Rechtsbeziehungen zwischen zwei Personen, kraft deren der Gläubiger vom Schuldner eine Leistung zu fordern berechtigt ist. Die Leistungspflicht ergibt sich entweder aus Gesetz oder aus Rechtsgeschäft. Man unterscheidet zwischen Primär- und Sekundärpflichten. Sie sollten sich jetzt schon einprägen, dass sich aus dem Grundsatz von Treu und Glauben zusätzliche Pflichten ergeben. Diesen Ansatzpunkt brauchen wir wieder, wenn im Recht der Leistungsstörungen der Anspruch wegen Verletzung einer Pflicht nach § 241 Abs. 2 BGB – Stichwort: „positive Vertragsverletzung"– behandelt wird (vgl. unten § 36).

I. Pflichten im Schuldverhältnis

1. Die allgemeine Leistungspflicht

§ 241 Abs. 1 S. 1 BGB bestimmt, dass kraft des Schuldverhältnisses der Gläubiger berechtigt ist, von dem Schuldner „eine Leistung zu fordern". Im gegenseitigen Vertrag (s. o.) ist jede Partei zugleich Gläubiger und Schuldner, so dass der vom Gläubiger in Anspruch genommene Schuldner auch seinerseits als Gläubiger wieder vom „Gläubiger" eine Leistung verlangen kann (der „Gläubiger" ist in Bezug auf diese Leistung Schuldner!). Was zu leisten ist, ergibt sich aus der jeweiligen Fallgestaltung. Die Rechtsgrundlagen sind entweder aus dem Gesetz selbst oder aus einer individuellen Parteiabrede zu entnehmen. Ganz allgemein ergibt sich aus § 241 Abs. 1 BGB, dass die Leistung sowohl in einem positiven Tun (z. B. Zahlung, Gebrauchsüberlassung, Übereignung) als auch in einem Unterlassen (z. B. Verzicht auf Wettbewerb) bestehen kann.

2. Leistung nach Treu und Glauben

Nach § 242 BGB ist der Schuldner verpflichtet, die Leistung so zu bewirken, wie es „Treu und Glauben mit Rücksicht auf die Verkehrssitte" erfordern. Die Bedeutung dieses „königlichen Paragraphen" ist überragend. In diesem Zusammenhang interessiert besonders, dass § 242 BGB sowie seit der Schuldrechtsreform explizit § 241 Abs. 2 BGB die primären Leistungspflichten durch Nebenpflichten ergänzen. Jeder Partei erwachsen aus dem Schuldverhältnis Treu-, Schutz-, Mitwirkungs- und Aufklärungspflichten, auch wenn diese im Vertrag nicht besonders erwähnt sind.

Lernhinweis: Die Verletzung von Nebenpflichten führt zum Schadenersatzanspruch. Dabei sind § 242 und § 241 Abs. 2 BGB selbst keine Anspruchsgrundlagen, sondern nur deren Ergänzung. Die Verletzung vertraglicher Nebenpflichten führt zu einem Schadenersatzanspruch wegen Pflichtverletzung gem. §§ 280 Abs. 1 i.V.m. 241 Abs. 2 BGB (näheres dazu unten im Abschnitt Leistungsstörungen). Der nachstehend erwähnte Katalog von Nebenpflichten mit Beispielen aus der Rechtsprechung soll die besondere Wichtigkeit der Materie unterstreichen.

a) Treupflichten

Die Vertragspartner müssen alles tun, was den Vertragszweck begünstigt, und alles unterlassen, was den Leistungserfolg beeinträchtigen oder vereiteln würde.

Beispiele:

- Der Verkäufer (z. B. einer Arztpraxis) darf dem Käufer nicht selbst Konkurrenz machen.
- Der Handelsvertreter darf nicht gleichzeitig für die Konkurrenzfirma tätig werden.
- Der Vermieter muss nach Umzug des gewerblichen Mieters für angemessene Zeit noch ein auf die neue Adresse hindeutendes Hinweisschild dulden.

b) Schutzpflichten

Die Vertragsparteien müssen das Schuldverhältnis so abwickeln, dass Rechtsgutsverletzungen des anderen Teils vermieden werden. Die Rechtsprechung hat immer wieder betont, dass „jede Partei die gebotene Sorgfalt für die Gesundheit und das Eigentum des anderen Teils beachten muss".

Beispiele:

- Haftung des Gastwirts gegenüber Gästen;
- Haftung des Betreibers einer Sportanlage gegenüber den Besuchern (Tribüneneinsturz, mangelhafte Absperrung);
- Haftung des Vermieters gegenüber dem Mieter für den sicheren Treppenzugang;
- Haftung des Friseurs gegenüber der Kundschaft bei unsachgemäßem Gebrauch von Haartrocknern und Färbemitteln.

c) Mitwirkungspflichten

Beide Vertragspartner müssen alles tun, um den Vertragszweck auch wirklich zu erreichen.

Beispiele:

- Bei genehmigungspflichtigen Rechtsgeschäften müssen sich beide Partner um die Genehmigung bemühen.
- Wenn die Genehmigung nur unter Auflagen erteilt wird, sind die Partner im Rahmen des Zumutbaren verpflichtet, den Vertrag entsprechend abzuändern.

d) Aufklärungspflichten

Treu und Glauben begründen für das Schuldverhältnis über die primäre Leistungspflicht hinausgehende Anzeige-, Hinweis- und Offenbarungspflichten.

Beispiele:
• Die ärztliche Aufklärungspflicht muss so weit gehen, dass dem Patienten die Tragweite des bevorstehenden Eingriffs deutlich wird.
• Eine Bank muss Kunden bei steuerbegünstigten Sparverträgen über steuerschädliche Verfügungen belehren.

Lernhinweis: Bei der Verletzung derartiger Nebenpflichten handelt es sich um die Verletzung vertraglicher Pflichten. Dies führt zu der Anwendung von § 278 BGB (es wurde schon mehrfach darauf hingewiesen, dass vertragliche Schadenersatzansprüche in der arbeitsteiligen Wirtschaft für den Geschädigten günstiger sind, da sich der Vertragspartner für Schädigungen nicht exkulpieren kann, die von einem beigezogenen Erfüllungsgehilfen schuldhaft verursacht werden).

e) Störung („Wegfall") der Geschäftsgrundlage

Unter dem Gesichtspunkt von Treu und Glauben kann es nicht ohne Einfluss auf die Leistungspflicht bleiben, wenn sich die beim Abschluss des Rechtsgeschäfts bestehenden wirtschaftlichen oder tatsächlichen Verhältnisse in völlig unvorhersehbarer Weise grundsätzlich ändern. Aber: Nicht jede Änderung des vorhersehbaren Verlaufes und dessen Fehleinschätzung berechtigen den Schuldner zur Leistungsverweigerung. Schließlich gilt der Grundsatz: „Pacta sunt servanda"!

In wenigen Ausnahmefällen hatte die Rechtsprechung mit dem Rechtsinstitut des „Wegfalls der Geschäftsgrundlage" (das BGB spricht seit der Schuldrechtsreform von der „Störung der Geschäftsgrundlage") unter Heranziehung von § 242 BGB eine Korrektur der vertraglichen Verpflichtungen vorgenommen. Es ist sicher bezeichnend, dass die hierzu ergangenen Entscheidungen des Reichsgerichts in die Zeit der Inflation nach dem Ersten Weltkrieg und die dadurch hervorgerufene Störung zwischen Leistung und Gegenleistung fallen. Merke jedoch: Die „normale Geldentwertung" fällt nicht unter den Wegfall der Geschäftsgrundlage.

Beispiel: Grundeigentümer G hatte im Jahre 1901 der Bergbaugesellschaft B das Recht eingeräumt, auf seinem Grundstück Kali zu gewinnen. Als Entschädigung wurde dabei eine nach der Fördermenge bemessene Vergütung vereinbart. Als sich im Jahre 1963 der Geldwert auf $1/3$ vermindert hatte, klagte G auf Anpassung der Vergütung. Der Bundesgerichtshof hat die Klage abgewiesen, weil die Geschäftsgrundlage noch nicht weggefallen sei (BGH NJW 1966, 105 – „Kali-Fall").

Auf der anderen Seite ist eine Tendenz der Rechtsprechung erkennbar, bei Leistungen, die einem Versorgungszweck dienen (Ruhegeldzusagen), aus der erheblichen Steigerung der Lebenshaltungskosten einen Anspruch auf Anpassung zuzubilligen (BAG NJW 1973, 959; BGHZ 61, 31 ff.). Durch das Gesetz zur Verbesserung der betrieblichen Altersversorgung von 1974 wurde für diesen Bereich eine Überprüfungs- und Anpassungspflicht eingeführt.

Lernhinweis: Seit der Schuldrechtsmodernisierung 2001 sind die von der Rechtsprechung aufgestellten Grundsätze nun in § 313 BGB (lesen!) gesetzlich normiert: „Haben sich Umstände, die zur Grundlage des Vertrags geworden sind, nach Vertragsschluss schwerwiegend verändert und hätten die Parteien den Vertrag nicht oder mit anderem Inhalt geschlossen, wenn sie diese Veränderung vorausgesehen hätten, so kann **Anpassung des Vertrags** verlangt werden, soweit einem Teil unter Berücksichtigung aller Umstände des Einzelfalls, insbesondere der vertraglichen oder gesetzlichen Risikoverteilung, das Festhalten am unveränderten Vertrag nicht zugemutet werden kann." Sofern eine Vertragsanpassung nicht möglich oder einem Vertragsteil nicht zumutbar ist, kann dieser **zurücktreten.**

Beispiel: V verpflichtet sich, unter Zugrundelegung deutschen Rechts, dem im Land A lebenden Händler K einen Großposten Computer und Fernseher zu liefern. Kurz vor der Lieferung kommt in A ein Regime an die Macht, das den Verkauf von modernen Medien mit dem Tode bestraft. Hier ist die Geschäftsgrundlage gestört worden und eine Vertragsanpassung nicht möglich bzw. dem K nicht zumutbar, weshalb K nach § 313 Abs. 3 BGB vom Vertrag mit V zurücktreten kann.

Beim Wegfall der Geschäftsgrundlage haben sich **3 Fallgruppen** herauskristallisiert:

- **Äquivalenzstörungen** (unvorhergesehene Umstände, z.B. Geldentwertung, beeinträchtigen das Verhältnis von Leistung und Gegenleistung);
- **Leistungserschwernisse** (nach Vertragschluss kommt es z.B. zu Beschaffungshindernissen);
- **Zweckstörungen** (der angestrebte Leistungszweck wird sinnlos).

Beachten Sie jedoch, dass es zu **Überschneidungen mit den Regelungen über die Unmöglichkeit** (vgl. § 275 Abs. 3 BGB) kommen kann. Die Vorschriften über den Wegfall der Geschäftsgrundlage sind grundsätzlich nachrangig; § 275 BGB geht § 313 BGB vor! Die Frage nach einer Anpassung des Vertrags kann sich nur stellen, wenn der Schuldner nicht schon nach § 275 BGB freigeworden ist.

3. Obliegenheiten

Von den Leistungspflichten sind die sog. „Obliegenheiten" zu unterscheiden. Darunter versteht man Gebote, deren Nichterfüllung zwar zu rechtlichen Nachteilen führt, die aber nicht einklagbar sind.

Beispiel aus dem Versicherungsrecht: Der Versicherungsvertrag begründet eine Reihe von Obliegenheiten, die dem Versicherungsnehmer auferlegen, wie er sich in bestimmten Situationen, insbesondere im Schadensfalle, zu verhalten hat. Verletzt er diese Gebote, riskiert er seinen Versicherungsschutz.

Beispiel aus dem Handelsrecht: Beim Handelskauf muss der Käufer nach § 377 Abs. 1 HGB (lesen!) die Ware unverzüglich untersuchen und bei Feststellung von Mängeln rügen. Versäumt er dies, verliert er die Gewährleistungsrechte des Kaufrechts (vgl. § 377 Abs. 2 HGB). Der Verkäufer hat aber keinen Anspruch darauf, dass der Käufer die Untersuchung auch vornimmt.

Die Erfüllung von Obliegenheiten erfolgt lediglich im eigenen Interesse des „Betroffenen", weil ihm sonst Rechtsverluste oder Rechtsnachteile drohen. Zur Verdeutlichung: Bei Obliegenheiten besteht weder ein (primärer) Anspruch auf Erfüllung, noch bei Verletzung der Obliegenheit ein (sekundärer) Anspruch auf Schadenersatz.

II. Bestimmung des Leistungsinhalts

Lernhinweis: Die vertragliche Abrede wird in der Regel alle oder doch die wesentlichen Punkte des Leistungsaustausches erfassen. Der Gegenstand der Ware, ihr Preis, der Liefertermin und alle sonstigen Modalitäten werden in der Regel fixiert nach den Gesetzen von Angebot und Nachfrage. Es ist aber denkbar, dass z. B. die Höhe der Gegenleistung von der vertraglichen Abrede nicht erfasst ist. Auch kann es Fälle geben, wo die Leistungsbestimmung entweder einer Vertragspartei oder dritten Personen bewusst überlassen worden ist. Der Gesetzgeber stand vor der Frage, ob und inwieweit er derartige Leistungsbestimmungen zulässt und was im Zweifel (also in Ermangelung einer konkreten Absprache) zu gelten hat.

1. Der Normalfall

a) Bestimmbarkeit der Leistung

In der Regel wird der Leistungsinhalt durch die Abrede zwischen dem Gläubiger und dem Schuldner bestimmt. Es ist das ureigene Anliegen beider Vertragspartner, ihnen relevant erscheinende Umstände und Konditionen durch ausdrückliche Vereinbarung festzulegen. Die Leistung des Schuldners muss im Vertrag bestimmt oder mindestens bestimmbar vereinbart sein, damit überhaupt ein Schuldverhältnis nach der Definition des § 241 Abs. 1 BGB vorliegt.

b) Orientierung an der „Üblichkeit"

Im Dienst- und Werkleistungsbereich kommt es öfter vor, dass zwar Gegenstand und Umfang der Dienst- bzw. Werkleistung feststehen, über die Gegenleistung (Lohn bzw. Werklohn) eine Abrede jedoch fehlt.

Beispiel: Ein Handwerker wird bestellt, um verschiedene Reparaturen an einem Haus vorzunehmen; man holt zuvor keinen Kostenvoranschlag ein und wartet auf die Handwerkerrechnung im Vertrauen darauf, dass „alles schon seine Ordnung haben wird".

Das Gesetz bestimmt: Wenn die Höhe der Vergütung beim **Dienstvertrag** nicht fixiert ist, bemisst sich diese gem. § 612 Abs. 2 BGB

• bei bestehenden Gebührenordnungen nach den dortigen Vergütungssätzen („Taxen");

  Beispiele: Gebühren für Ärzte, Zahnärzte, Schornsteinfeger, Personenbeförderungen;

• bei fehlenden Taxen nach der „üblichen Vergütung".

Dasselbe gilt für den Werkvertrag nach § 632 Abs. 2 BGB.

Beispiel: Kraftfahrzeuge werden zur Reparatur oder Wartung bei einer Autowerkstätte abgegeben, ohne vorher den genauen Unternehmerlohn festgelegt oder gar ausgehandelt zu haben. Man vertraut auf die „Üblichkeit", die in Richtlinien, Arbeitseinheiten und dergleichen, welche von den Kfz-Herstellern festgelegt werden, ihre Berücksichtigung gefunden hat (bei Unterzeichnung eines Reparaturauftrags wird jedoch diese „Vergütungsordnung" regelmäßig durch Bezugnahme Vertragsbestandteil!).

2. Leistungsbestimmung durch eine Vertragspartei

Das Gesetz lässt es zu, dass die Leistung durch einen der Vertragspartner bestimmt wird (vgl. § 315 Abs. 1 BGB – lesen!).

Lernhinweis: Wir haben es also hier mit dem Fall zu tun, dass die Parteien einen (und zwar wesentlichen!) Punkt der zu treffenden Abrede offen gelassen haben. Wer sich an den Allgemeinen Teil erinnert, weiß, dass nach § 154 BGB ein „offener Dissens" vorliegt, wenn sich die Parteien nicht über alle Punkte geeinigt haben, über die nach dem Willen wenigstens einer der Vertragsbeteiligten eine Einigung hätte erzielt werden müssen. Dennoch liegt im Falle des § 315 BGB kein Einigungsmangel vor, weil sich die Parteien gerade darin einig sind, dass die Ergänzung durch den Vertragspartner vorgenommen werden soll. Nur wenn sich die Parteien die spätere Einigung als solche vorbehalten, liegt noch kein Vertragsschluss und damit ein offener Dissens nach § 154 BGB vor.

a) Die Bestimmung nach billigem Ermessen

Ist die Festlegung des Leistungsinhalts einer der Vertragsparteien überlassen, so hat sie im Zweifel nach „billigem Ermessen" zu erfolgen.

b) Die Leistungsbestimmung

Die Bestimmung der Leistung erfolgt durch Erklärung gegenüber der anderen Vertragspartei (§ 315 Abs. 2) und ist insofern rechtsgestaltende Willenserklärung.

Sie hat nach billigem Ermessen zu erfolgen. Der Streit hierüber ist durch Urteil zu entscheiden.

3. Bestimmung der Gegenleistung

Für den Fall des gegenseitigen Vertrags („Leistung um Gegenleistung") regelt § 316 BGB einen wichtigen Sonderfall: Ist der Umfang der Gegenleistung nicht bestimmt, so kann im Zweifel der **Gläubiger** (der Gegenleistung) die Bestimmung vornehmen.

Beispiel: Ein Handwerker erbringt Leistungen, die genau festgelegt sind, deren Preis jedoch offen geblieben ist. Das Offenlassen des Umfangs der Gegenleistung ist in der Praxis relativ häufig. Ein offener Dissens liegt nicht vor, weil die Vertragsparteien eine endgültige Bindung beabsichtigen.

Der Handwerker ist also berechtigt, die Höhe der Werklohnforderung zu bestimmen (freilich unter Berücksichtigung von § 632 Abs. 2 BGB).

Weitere Schulbeispiele: Erstattung von Gutachten; Schuldverhältnisse, bei denen im Hinblick auf ein bestehendes Vertrauensverhältnis zwischen langjährigen Vertragspartnern die Festlegung der Gegenleistung unterblieben ist.

4. Leistungsbestimmung durch Dritte

§ 317 BGB erlaubt auch die Bestimmung der Leistung durch einen Dritten. Auch dabei soll im Zweifel die Leistungsbestimmung nach billigem Ermessen erfolgen.

Hier handelt es sich um einen Fall des Schiedsvertrags:

Der Dritte soll im Wege der Vertragsergänzung den Leistungsinhalt (etwa wegen seiner besonderen Sachkunde) festlegen.

Lernhinweis: § 317 BGB ist von großer praktischer Bedeutung bei Wertsicherungsklauseln, die keine automatische Anpassung vorsehen, sondern (nach erfolglosen Anpassungsverhandlungen der Vertragspartner) die Festlegung dritten Personen überlassen.

Wiederholungsfragen zu § 24

Wie wird die Aussage des BGB, wonach der Schuldner nach Treu und Glauben zu leisten hat, konkretisiert? (§ 24 I 2)

Was versteht man unter einer Obliegenheit? (§ 24 I 3)
Welche Regeln gelten, wenn die Bestimmung der Leistung durch eine Vertragspartei oder durch Dritte erfolgen soll? (§ 24 II 2, 3, 4)

§ 25 Der Leistungsgegenstand

Lernhinweis: Im nachfolgenden Abschnitt geht es um die Art der geschuldeten Leistung. Für das Verständnis besonders wichtig ist die Unterscheidung der Leistung nach Stück- und Gattungsschulden. Sie müssen nach Durcharbeiten dieses Abschnitts unbedingt in der Lage sein, die jeweilige schuldnerische Verpflichtung danach zu beurteilen, ob eine Stück- oder Gattungsschuld vorliegt. Sie müssen wissen, was man unter der Konzentration versteht; und insbesondere sollten Sie jetzt schon gedanklich notieren, welche (wichtigen) unterschiedlichen Rechtsfolgen bei Leistungsstörungen eintreten, je nachdem, ob eine Stück- oder eine Gattungsschuld vorliegt.

Ausgangspunkt ist die Überlegung, dass der Leistungsgegenstand, den der Schuldner zu leisten sich verpflichtet hat, entweder genau individuell bestimmt ist oder, wie in den meisten Fällen, vom Gläubiger lediglich eine bestimmte Menge eines nur art-(gattungs-)mäßig beschriebenen Gegenstandes gefordert werden kann.

I. Stück- und Gattungsschulden

1. Die Stückschuld

Eine Stückschuld liegt vor, wenn der Schuldner eine nach **individuellen Merkmalen** bestimmte Sache zu leisten hat.

Beispiele: Kauf eines berühmten Gemäldes, einer chinesischen Vase aus der Ming-Dynastie, eines ganz konkret bestimmten (besichtigten) Pkws.

Die Leistungsverpflichtung erfasst also einen konkret-individuellen Leistungsgegenstand.

2. Die Gattungsschuld

a) Begriff

Eine Gattungsschuld (Genusschuld) liegt vor, wenn der Schuldner nur **„der Gattung nach"** bestimmte Sachen schuldet.

Beispiele: Kauf von 100 Zentner Winterweizen, 10 Sack Kartoffeln, 30t Briketts, Bestellung von (in Massenproduktion gefertigten) Gebrauchsartikeln nach Katalog.

Kennzeichen der Gattungsschuld ist demnach, dass sie nicht konkret individualisiert ist, sondern nur nach **allgemeinen Merkmalen** der jeweiligen Gattung bezeichnet wird. Dem Gläubiger kommt es dabei nicht darauf an, bestimmte Stücke, sondern die gewünschten Maß- und Recheneinheiten des Leistungsgegenstandes zu erhalten (wenn der Gläubiger 10 Kilo Kartoffeln bestellt, will er Kartoffeln schlechthin und nicht 50 bis 60 ganz konkrete Exemplare dieses Erzeugnisses).

Ob eine Gattungs- oder Stückschuld vorliegt, ist eine Frage der jeweiligen Parteivereinbarung. Wenn die zu leistenden Gegenstände „vertretbare Sa-

Teil III: BGB – Allgemeines Schuldrecht

chen" im Sinne von § 91 BGB sind (Repetition: Sachen, die man „im Verkehr nach Maß, Zahl oder Gewicht bestimmt"), liegt die Annahme einer Gattungsschuld nahe. Es können aber auch unvertretbare Sachen Gegenstand einer Gattungsschuld, vertretbare Sachen Gegenstand einer Stückschuld sein.

b) Die beschränkte Gattungsschuld

Von einer beschränkten Gattungsschuld spricht man, wenn zwar der Gattung nach bestimmte Sachen geschuldet sind, die Leistung aber aus einem bestimmten Vorrat erfolgen soll (deshalb auch **„Vorratsschuld"**).

Beispiele: 10 Fl. Wein eines bestimmten Jahrgangs aus dem Keller eines Weinguts, Kohlen aus einer bestimmten Zeche, Holz von einem bestimmten Lagerplatz.

Die beschränkte Gattungsschuld ist der häufigste Fall der Gattungsschuld.

Lernhinweis: Der Unterschied zwischen allgemeiner Gattungsschuld und beschränkter Gattungsschuld war bis zur Schuldrechtsmodernisierung 2001 wichtig im Hinblick auf die Anwendung von § 279 BGB a.F. bei den Leistungsstörungen. Bei einer beschränkten Gattungsschuld (Vorratsschuld) wurde der Schuldner entgegen § 279 BGB a.F. bei Untergang des gesamten Vorrats von seiner Leistungspflicht frei. Diese Grundsätze gelten auch nach der Aufhebung des § 279 BGB a.F. fort, allerdings mit anderer Herleitung: Sofern eine (normale) Gattungsschuld vorliegt, ergibt sich aus dem Inhalt des Schuldverhältnisses, dass der Schuldner das Beschaffungsrisiko übernommen hat (vgl. § 276 Abs. 1 BGB). Solange eine Leistung aus der Gattung noch möglich ist, ist die Leistung weder für den Schuldner noch für jedermann unmöglich, weshalb der Schuldner nach § 275 Abs. 1 BGB auch nicht von seiner Leistungsverpflichtung frei wird. Handelt es sich hingegen um eine untergegangene nur beschränkte Gattungsschuld, dann ergibt sich aus dem Inhalt des Schuldverhältnisses eine Beschaffungsverpflichtung nur aus dem Vorrat des Schuldners. Ist dieser infolge des Untergangs nicht mehr vorhanden, dann greift § 275 Abs. 1 BGB: Eine Leistung aus dem vereinbarten Vorrat ist weder für den Schuldner noch für irgendjemanden sonst mehr möglich, weshalb der Schuldner von seiner Leistungsverpflichtung frei wird.

c) Leistungspflicht bei Gattungsschulden

Der Schuldner einer Gattungsschuld muss Sachen „von mittlerer Art und Güte" leisten (§ 243 Abs. 1 BGB – lesen!). Dem entspricht die in § 360 HGB für den Kaufmann aufgestellte Verpflichtung, dass dieser bei Gattungsschulden „Handelsgut mittlerer Art und Güte" zu leisten hat. Der Schuldner kann also die betreffenden Sachen auswählen. Für die Qualität der zu liefernden Sache ist auf einen Durchschnittsmaßstab abzustellen. Er braucht nicht besonders herausragende Qualität zu liefern, bei unterdurchschnittlicher Qualität erfüllt er dagegen seine Lieferverpflichtungen nicht.

Solange mittlerer Art und Güte geleistet wird, erfüllt der Schuldner seine Lieferungsverpflichtung korrekt.

d) Die Konkretisierung der Gattungsschuld

Lernhinweis: Gattungsschulden sind für den Schuldner insofern risikohaft, als er zur Leistung verpflichtet bleibt, solange eine Leistung aus der Gattung überhaupt möglich ist. Dies ergibt sich daraus, dass § 275 Abs. 1 BGB erst dann ein Freiwerden von der Leistung vorsieht, wenn die Leistung entweder für den Schuldner oder für jedermann unmöglich ist. Solange eine Leistung aus der Gattung aber noch möglich ist, ist keine der beiden Alternativen einschlägig. Der Schuldner kann sich also im Einzelfall nicht darauf berufen, dass ihm persönlich die Leistung nicht möglich ist, solange es den zu leistenden Gegenstand überhaupt gibt. Zu beachten ist allerdings die als Einrede des Schuldners bei der Beschaffungsverpflichtung ausgestaltete Zumutbarkeitsgrenze des § 275 Abs. 2 BGB.

Anderes gilt, wenn eine Stückschuld vorliegt (vgl. dazu unten im Recht der Leistungsstörungen). Obwohl im privaten und gewerblichen Bereich weithin Gattungsschulden vereinbart werden, ist dieses enorme Risiko für den Schuldner dennoch überschaubar. Der Grund liegt darin, dass aus der vereinbarten Gattungsschuld durch Vornahme bestimmter Handlungen eine Stückschuld wird.

aa) Die Konzentration

Beim Übergang einer Gattungsschuld in eine Stückschuld spricht man von „Konzentration" (= Konkretisierung). Die Umwandlung der Gattungsschuld in eine Stückschuld tritt ein, wenn „der Schuldner das zur Leistung einer solchen Sache seinerseits Erforderliche getan hat" (§ 243 Abs. 2 BGB – lesen!).

Welche Leistungshandlungen im Einzelfall erforderlich sind, hängt von der Leistungsverpflichtung ab. Auswahl und Ausscheidung der bestimmten Menge geschuldeter Sachen aus der Gattung genügt im Allgemeinen nicht. Die Konkretisierung tritt erst dann ein, wenn der Schuldner die ausgeschiedenen Sachen so angeboten hat, „dass es nur noch am Gläubiger liegt, ob dieser die Sache in Empfang nimmt oder nicht".

Damit wird deutlich, dass die Konkretisierung vom Pflichtenumfang des Schuldners abhängt.

Beispiele: Bei der Lieferung von Waren ist also zu prüfen, welche Verpflichtung der Verkäufer (als Schuldner) gegenüber dem Käufer (als Gläubiger der zu fordernden Ware) übernommen hat. Soll der Verkäufer die Ware nur bereithalten? Muss er sie frei Haus liefern? Hat er bestimmte Zusatzverpflichtungen, wie Verpackung und Versendung, übernommen?

bb) Hol-, Bring- und Schickschulden

Die vom Schuldner geforderte Leistungshandlung ist unterschiedlich, je nachdem, ob es sich um Bringschulden, Holschulden oder Schickschulden handelt (dazu unten).

Bei Holschulden genügt es, wenn der Verkäufer die Sachen aussondert, bereitstellt und den Käufer zur Abholung (wörtlich) auffordert. Bei Bringschulden ist ein tatsächliches Angebot am Wohnort des Gläubigers notwendig (Lieferung frei Haus). Bei Schickschulden tritt die Konzentration durch Aussonderung und (insofern zusätzlich) Absendung ein.

e) Folgen der Konzentration

Mit der Konzentration **beschränkt** sich die **Leistungsverpflichtung** des Schuldners **auf die konkretisierten Gegenstände.**

Lernhinweis: Wenn der konkretisierte Gegenstand untergeht, ist eine diesbezügliche Leistung gem. § 275 Abs. 1 BGB sowohl für den Schuldner als auch für jedermann unmöglich, mit der Folge, dass der Schuldner von der Leistungspflicht wie bei der Stückschuld frei wird. Außerdem bindet die Konkretisierung den Schuldner. Er hat im Regelfall kein Recht mehr, die ausgewählten Sachen auszuwechseln.

Die Rechtsprechung betont: Auch bei Geschäften im Versandhandel übernimmt der Verkäufer im Zweifel keine Bringschuld. Handelt es sich um eine Gattungsschuld, beschränkt sich deshalb mit der Auswahl eines konkreten Geräts und dessen Übergabe an einen Paketdienst nach § 243 Abs. 2 BGB das Schuldverhältnis auf dieses Gerät. Der Verkäufer hat dann das im Sinne dieser Vorschrift zur Bewirkung der geschuldeten Leistung seinerseits Erforderliche getan (BGH NJW 2003, 3341).

II. Die Wahlschuld

1. Begriff

Eine Wahlschuld (Alternativobligation) liegt vor, wenn mehrere Leistungen in der Weise geschuldet werden, dass nur die eine oder die andere zu bewirken ist (vgl. § 262 BGB – lesen!). Wie bei der Gattungsschuld handelt es sich also auch hier um eine Schuld mit zunächst noch unbestimmter, aber bestimmbarer Leistung. Es werden von vornherein mehrere verschiedene Leistungen geschuldet, es muss aber nur eine erbracht werden. Konkretisierung auf eine bestimmte Leistung erfolgt durch die Wahl. Diese liegt nach § 262 BGB im Zweifel beim Schuldner.

2. Anwendungsfälle

Wahlschulden sind selten. Sie können rechtsgeschäftlich vereinbart sein:

• Man verpflichtet sich, eines von zwei Bildern zu veräußern.

• Der Erblasser setzt ein Wahlvermächtnis aus.

Wahlschulden können auch kraft Gesetzes entstehen. Ein Schulbeispiel kennt das Vertretungsrecht: Der Vertreter ohne Vertretungsmacht ist dem Dritten gegenüber nach § 179 Abs. 1 „nach dessen Wahl" entweder zum Schadenersatz oder zur Erfüllung verpflichtet.

III. Die Ersetzungsbefugnis

Bei der Ersetzungsbefugnis (facultas alternativa) muss man zwei Fälle unterscheiden:

1. Ersetzungsbefugnis des Gläubigers

Bei der Ersetzungsbefugnis des Gläubigers wird (im Gegensatz zur Wahlschuld) nur eine Leistung geschuldet, der Gläubiger kann aber eine andere Leistung verlangen. Ein *Schulbeispiel* finden wir im Schadenersatzrecht: Grundsätzlich geht nach § 249 Abs. 1 BGB (lesen!) der Schadenersatzanspruch auf Herstellung des Zustandes, der ohne das schädigende Ereignis bestehen würde („Naturalrestitution"). Nach § 249 Abs. 2 S. 1 BGB kann aber der Gläubiger (also der Geschädigte) im Falle der Personenverletzung und der Sachbeschädigung statt der Naturalherstellung auch den dazu erforderlichen Geldbetrag (also Schadenersatz in Geld) verlangen.

2. Ersetzungsbefugnis des Schuldners

Bei der Ersetzungsbefugnis des Schuldners hat dieser das Recht zu einer anderen Leistung als Erfüllungsersatz. Schulbeispiel aus dem Schadenersatzrecht: Der Ersatzpflichtige kann nach § 251 Abs. 2 BGB (lesen!) den Gläubiger in Geld entschädigen, wenn die Herstellung nur mit unverhältnismäßigen Aufwendungen möglich ist.

IV. Die Geldschuld

Lernhinweis: Für den Wirtschaftswissenschaftler ist der Begriff und die Funktion des Geldes zentrales Thema in vielen Vorlesungen. Demgegenüber nehmen diese Fragen in den juristischen Vorlesungen relativ geringen Raum ein, obwohl die Geldschuld Gegenstand der meisten Schuldverhältnisse ist (als Konsequenz daraus, dass in einer Geldwirtschaft beim Güterumsatz die Gegenleistung einer Seite regelmäßig auf Geld als Tauschmittel zum Erwerb anderer Güter gerichtet ist). Auch das Gesetz enthält nur spärliche Regelungen über die Geldschuld (vgl. §§ 244–248, 270, 272, 288, 301 BGB). Die mit dem Zahlungsverkehr zusammenhängenden Fragen werden üblicherweise in den handelsrechtlichen Vorlesungen erörtert. Darauf wird verwiesen.

1. Begriffsbestimmungen

Geld ist zunächst ein allgemeines Tauschmittel. Es ist gleichzeitig Ausdrucksmittel für den Wert von Gütern und Leistungen. Geld wird in Recheneinheiten ausgedrückt, deren Verkörperung durch Geldzeichen erfolgt. Dieser vielfältigen Erscheinungsform entspricht der unterschiedliche Ansatz bei der rechtlichen Begriffsbestimmung.

a) Geldsummenschulden

Die Geldschuld ist in der Regel eine Geldsummenschuld. Hierunter versteht man die Verpflichtung des Schuldners, dem Gläubiger die Verfügungsmöglichkeit über einen durch den Nennbetrag der Schuld bezifferten Geldbetrag zu verschaffen. Der Käufer muss beispielsweise 5000 Euro bezahlen.

b) Geldsortenschulden

Eine Geldsortenschuld liegt vor, wenn sich der Schuldner verpflichtet hat, eine bestimmte Menge einer speziellen Geldsorte (arg. § 245 BGB) zu leisten.

Beispiel: Kauf von 10 Krüger-Rand-Goldmünzen am Bankschalter.

Insofern liegt eine normale Gattungsschuld vor.

c) Geldwertschulden

Die Geldschuld als Geldsummenschuld ist Wertschuld: Es wird eine rechnerische Größe, nämlich der bestimmte Geldbetrag, geschuldet, also nicht eine entsprechende Anzahl von Stücken der Sorte, sondern deren Wert.

Beispiel: Der Schuldner muss 5000 Euro Schadenersatz leisten oder monatlich 1000 Euro Unterhalt zahlen.

d) Fremdwährungsschulden

Eine Fremdwährungsschuld liegt vor, wenn eine in einer anderen Währung als Euro ausgedrückte Geldschuld im Inland zu zahlen ist. In diesem Fall kann nach § 244 Abs. 1 BGB die Zahlung in Euro erfolgen, sofern nicht die Zahlung in der anderen Währung ausdrücklich vereinbart ist. Die Umrechnung erfolgt dann nach dem Kurswert, der z. Zt. der Zahlung für den Zahlungsort maßgebend ist (vgl. § 244 Abs. 2 BGB).

e) Geldstückschulden

Die Geldschuld kann auch einmal eine Stückschuld sein; und zwar dann, wenn sich der Schuldner, insbesondere in Sammlerkreisen, zur Lieferung einer bestimmten Geldmünze verpflichtet.

Beispiel: Gedenkmünzen.

f) Buchgeld

Im modernen Wirtschaftsleben wird die Bedeutung des Bargelds vom Buchgeld weit übertroffen. Buchgeld besteht aus Bankguthaben, rechtlich also aus Forderungen des Kontoinhabers gegenüber seiner Bank. Beim bargeldlosen Zahlungsverkehr wird die Geldschuld dadurch erfüllt, dass der Schuldner seinem Gläubiger bei dessen Bank ein der Geldschuld entsprechendes Bankguthaben verschafft. Technisch wird dies durch Banküberweisung oder mittels anderer Einrichtungen des bargeldlosen Zahlungsverkehrs bewirkt.

2. Wertsicherung von Geldschulden

Bei langfristigen Zahlungsverpflichtungen begünstigt die Geldentwertung den Schuldner. Dies ist eine Folge der Geldsummenschuld: Der Schuldner muss lediglich die geschuldete Summe an Rechnungseinheiten begleichen, auch wenn die durch die Geldsumme verkörperte Kaufkraft sinkt. Auf der anderen Seite bestehen volkswirtschaftliche Bedenken gegen eine uneingeschränkte Koppelung zwischen Geldleistung und Inflation: Automatische Erhöhungen der schuldnerischen Leistungspflicht entsprechend der Kaufkraftentwertung würden ihrerseits wieder exponentiell die Inflation beschleunigen. Deshalb ist die Vereinbarung von Wertsicherungsklauseln nur in Grenzen zulässig.

Die Rechtsgrundlage für Wertsicherungsklauseln findet sich im „Gesetz über das Verbot der Verwendung von Preisklauseln bei Bestimmungen von Geldschulden" (PrKG) v. 2007. Danach sind solche Klauseln unbedenklich, die keine automatische Anpassung der schuldnerischen Zahlungsverpflichtung an einen Kaufkraftindex vorsehen. Für Indexklauseln gilt ein Verbot mit Ausnahmen (siehe § 1 Abs. 1 PrKG einerseits und §§ 2 PrKG andererseits). Vergleichen Sie im Einzelnen die Übersicht *Wertsicherungsklauseln,* aus der sich alles Wissenswerte ergibt.

V. Die Zinsschuld

Unter Zinsen versteht man die für die Kapitalüberlassung zu entrichtende Vergütung.

1. Die Zinszahlungspflicht

Das BGB kennt keine allgemeine Verzinsungspflicht. Sie kann aber im Rahmen der Vertragsfreiheit vereinbart werden (Musterbeispiel: Darlehen) oder auf gesetzlicher Regelung beruhen (Schulbeispiele: Verzug, § 288 BGB; Rechtshängigkeit, § 291 BGB; Zinspflicht unter Kaufleuten, § 353 HGB).

2. Der Zinssatz

Der vertragliche Zinssatz unterliegt der Vertragsfreiheit und wird begrenzt durch das allgemeine Verbot des Wuchers nach § 138 Abs. 2 BGB (vgl. dazu oben).

Der **gesetzliche Zinssatz** beträgt (soweit nichts anderes bestimmt ist) nach bürgerlichem Recht **4 Prozent,** nach Handelsrecht **5 Prozent** (vgl. §§ 246 BGB, 352 HGB).

Lernhinweis: Wenn man die Entwicklung der Kapitalmarktzinsen in den letzten Jahrzehnten betrachtet, erkennt man, dass diese vom gesetzlichen Zinssatz teilweise erheblich abweichen. Für diesen Fall ist § 288 Abs. 4 BGB relevant: Ein über dem gesetzlichen Zinssatz liegender Aufwand kann als Verzugsschaden geltend gemacht werden (vgl. dazu unten § 35 II 2b sowie nachfolgend).

Bei **Verzugszinsen** ist gem. § 288 BGB etwas anderes bestimmt, nämlich ein Zinssatz von 5 Prozentpunkten bzw. bei Rechtsgeschäften, bei denen ein Verbraucher (§ 13 BGB) nicht beteiligt ist, für Entgeltforderungen ein Zinssatz von 8 Prozentpunkten über dem Basiszinssatz, vgl. § 288 Abs. 1 und 2 BGB. Der Basiszinssatz ist variabel und wird von der Deutschen Bundesbank jeweils zum 1. Januar und 1. Juli im Bundesanzeiger bekanntgemacht (vgl. im Einzelnen § 247 BGB – lesen!)

Beachten Sie den genauen Gesetzestext: Er lautet nicht „5 Prozent" bzw. „8 Prozent"! Vielmehr verwendet der Gesetzgeber den Begriff „Prozentpunkte". Es geht also nicht um „Hundertstel", sondern um die Differenz zwischen zwei Prozentzahlen. Deshalb sind die Verzugszinsen bei einem Basiszinssatz von 1,17% nicht mit (1,17 plus 5% daraus, also 0,058 gleich Summe) 1,228% anzusetzen, sondern mit (1,17 plus 5 gleich Summe) 6,17%.

Zum Verständnis: Der Basiszinssatz verändert sich jedes Jahr zum 1. Januar und 1. Juli um die Prozentpunkte, um welche die Bezugsgröße seit der letzten Veränderung des Basiszinssatzes gestiegen oder gefallen ist. Bezugsgröße ist der Zinssatz für die jüngste Hauptrefinanzierungsoperation der Europäischen Zentralbank vor dem ersten Kalendertag des betreffenden Halbjahres.

Zum Zeitpunkt des Inkrafttretens der Schuldrechtsreform betrug der Basiszinssatz 3,62 Prozent (vgl. § 247 Abs. 1 S. 1 BGB) und wird jeweils der Kapitalmarktsituation entsprechend neu bekannt gemacht.

Lernhinweis: Sie können den aktuellen Basiszinssatz aus der Fußnote zu § 247 BGB eines aktuellen Gesetzestextes (bzw. Google oder Wikipedia) entnehmen.

Beachten Sie: Der Gläubiger kann des Weiteren vom säumigen Schuldner einen darüber hinausgehenden Zins unter den Voraussetzungen des § 288 Abs. 4. i.V.m. §§ 280 Abs. 2, 286 BGB als weitergehenden Verzugsschaden geltend machen (z.B. wenn er selbst einen Bankkredit in Anspruch nimmt).

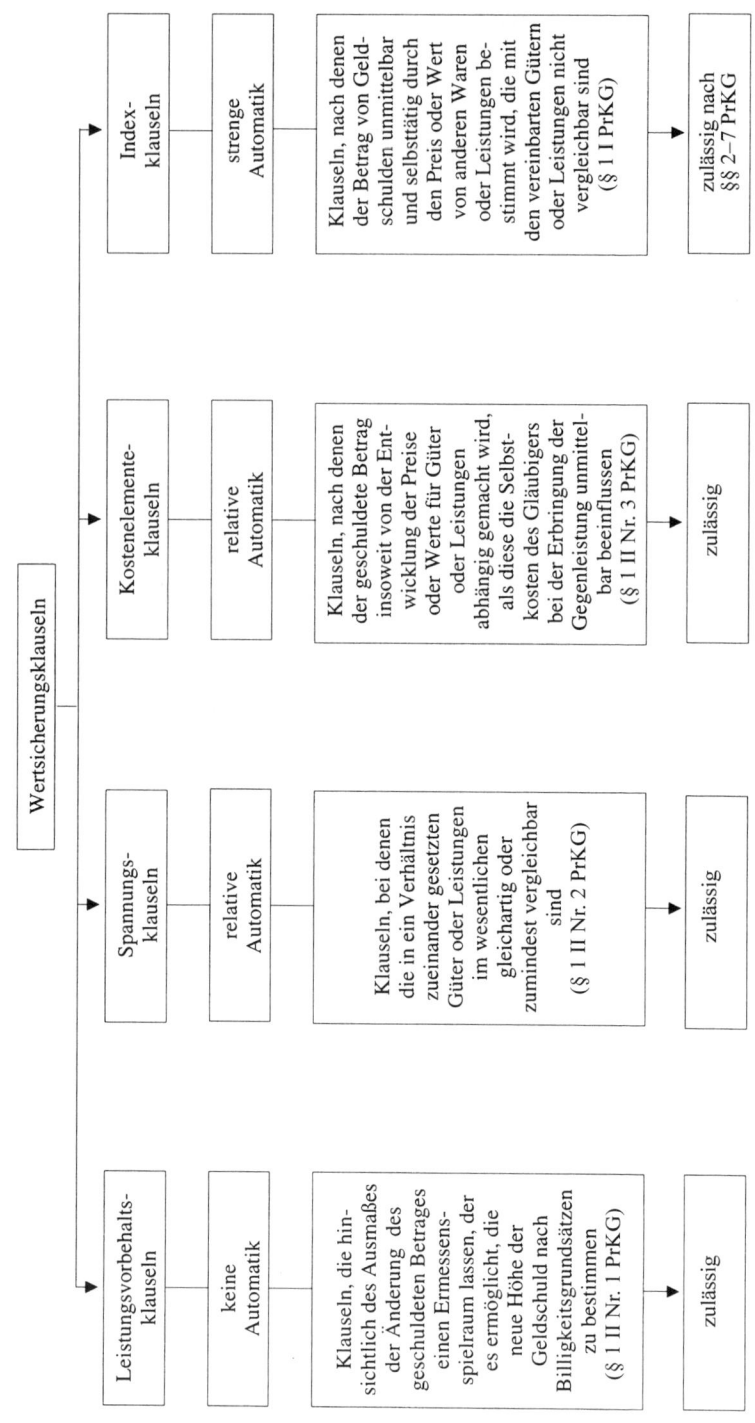

Wiederholungsfragen zu § 25

Was versteht man unter einer Stückschuld, was unter einer Gattungsschuld? (§ 25 I 1, 2)

Was versteht man unter einer beschränkten Gattungsschuld? (§ 25 I 2 b)

Was versteht man unter der Konkretisierung einer Gattungsschuld und welche Konsequenzen hat dies? (§ 25 I 2 d, e)

Was ist eine Wahlschuld? (§ 25 II)

Welche Arten der Geldschuld kennen Sie? (§ 25 IV)

Inwieweit kann man Geldschulden durch Wertsicherungsklauseln sichern? (§ 25 IV 2)

§ 26 Zeit und Ort der Leistung

Wann und wo der Schuldner zu leisten hat, wird regelmäßig vertraglich festgehalten. Sofern dies nicht der Fall ist, greift das BGB mit ergänzenden Bestimmungen ein.

I. Die Leistungszeit

Lernhinweis: Bei der Leistungszeit sind zwei Begriffe zu unterscheiden: die „**Fälligkeit**" und die „**Erfüllbarkeit**". Unter der Fälligkeit ist der Zeitpunkt zu verstehen, von dem an der Gläubiger die Leistung verlangen kann. Unter Erfüllbarkeit versteht man den Zeitpunkt, von dem ab der Schuldner zur Leistung berechtigt ist (und der Gläubiger dann die Leistung auch annehmen muss, will er nicht in Gläubigerverzug kommen). In der Regel fallen Fälligkeit und Erfüllbarkeit zusammen.

1. Die regelmäßige Leistungszeit

a) Grundsatz

Nach § 271 BGB (lesen!) ist für die Leistungszeit zunächst die Parteivereinbarung maßgebend. Fehlt eine solche und ist die Zeit auch nicht „aus den Umständen zu entnehmen", so gilt nach § 271 Abs. 1 BGB: Der **Gläubiger kann** die Leistung **sofort verlangen,** der **Schuldner kann** sie **sofort bewirken.**

Ist eine Zeit bestimmt, so kann nach § 271 Abs. 2 BGB (lesen!) im Zweifel der Gläubiger die Leistung nicht vorzeitig verlangen, der Schuldner sie jedoch vorher bewirken. Das Hinausschieben der Leistungszeit wirkt also nur zugunsten des Schuldners.

Hinweis: § 271 Abs. 2 BGB findet keine Anwendung, wenn der Gläubiger durch die vorzeitige Leistung ein vertragliches Recht verliert oder in seinen geschützten Interessen beeinträchtigt wird.

Schulbeispiel: G gewährt S am 1. Februar ein Darlehen verzinsbar mit 20% über eine Laufzeit von 5 Monaten. Später erhält S ein wesentlich günstigeres Angebot. Kann er vorzeitig tilgen? Antwort: Nein. Bei der vorzeitigen Rückzahlung eines verzinslichen Darlehens würde der Gläubiger einen Zinsverlust erleiden.

b) Gesetzliche Sonderregeln

In Einzelfällen hat der Gesetzgeber die Leistungszeit abweichend geregelt.

Beispiele: Miete und Pacht (§§ 556b Abs. 1, 579, 587 BGB), Leihe (§ 604 BGB), Darlehen (§§ 488, 608f. BGB), Dienst- und Werkvertrag (§§ 614, 641 BGB), Unterhaltsrecht (§§ 1361 Abs. 4, 1585 Abs. 1, 1612 Abs. 3 BGB).

2. Rechtsfolgen bei Nichteinhaltung der Leistungszeit

a) Verzug

Leistet der Schuldner nicht rechtzeitig, kommt er in Verzug (zu dessen Voraussetzungen vgl. §§ 280 Abs. 2 i.V.m. 286ff. BGB sowie unten § 35). Der Gläubiger kann dann u.a. Schadenersatz verlangen.

b) Fixgeschäfte

Es ist denkbar, dass ein Geschäft mit Einhaltung der Leistungszeit „steht und fällt". Dann spricht man von einem „Fixgeschäft", ein Terminus, der im BGB jedoch nicht verwendet wird. Dabei sind zwei Fälle zu unterscheiden:

aa) Das absolute Fixgeschäft

Von einem absoluten Fixgeschäft spricht man, wenn die Leistungszeit derart wichtig ist, dass ihre **Nichteinhaltung die Leistung unmöglich macht.** Eine spätere Leistung ist dann keine Erfüllung mehr.

Beispiele: Miete eines Fensterplatzes anlässlich des Krönungszuges der Königin; Bestellung eines Taxis, um rechtzeitig einen Sonderzug zu erreichen.

Beim absoluten Fixgeschäft führt die Nichteinhaltung der Leistungszeit zu dauernder Unmöglichkeit und den dann eintretenden Konsequenzen (vgl. §§ 275 Abs. 1, 280 Abs. 1 und 3, 283 BGB (Schadenersatz ohne Fristsetzung) und §§ 323ff. BGB (Rücktritt) sowie unten § 34).

bb) Das relative Fixgeschäft

Beim relativen Fixgeschäft ist die Zeit auch wesentlich (es geht also über die bloße Erwähnung des Fälligkeitstermins hinaus). Ihre Versäumung macht das Geschäft jedoch nicht hinfällig und damit auch nicht unmöglich, so dass § 275 BGB nicht anwendbar ist. Gleichwohl liegt in der Verzögerung der Leistung eine Pflichtverletzung nach § 280 Abs. 1 BGB. Je nachdem, was für einen Schaden der Gläubiger geltend machen will, richten sich die Anspruchsvoraussetzungen für einen **Schadenersatz** dabei alternativ nach § 280 Abs. 2 i.V.m. § 286 BGB oder nach § 280 Abs. 3 i.V.m. § 281 Abs. 1 BGB (mit Fristsetzung!).

Der Gläubiger hat daneben gem. § 323 Abs. 1 BGB auch noch die Option eines **Rücktritts** vom Vertrag, da der Schuldner die fällige Leistung (noch) nicht erbracht hat. Zu beachten ist hierbei, dass die bei einem Rücktritt grundsätzlich vorausgesetzte **Fristsetzung** beim relativen Fixgeschäft gem. § 323 Abs. 2 Nr. 2 BGB (lesen!) **entbehrlich** ist, wenn „der Schuldner die Leistung zu einem im Vertrag bestimmten Termin oder innerhalb einer bestimmten Frist nicht bewirkt und der Gläubiger im Vertrag den Fortbestand seines Leistungsinteresses an die Rechtzeitigkeit der Leistung gebunden hat".

II. Der Leistungsort

1. Begriff des Erfüllungsorts

Zur ordnungsgemäßen Leistung gehört, dass der Schuldner am richtigen Ort leistet. Nur dann hat er „das seinerseits Erforderliche" getan. Wo dies erfolgen muss, hängt vom „Leistungsort" ab. In der Regel wird bei der Begründung des Schuldverhältnisses auch eine Aussage über den Erfüllungsort getroffen: So kann z.b. der Verkäufer einer Möbeleinrichtung sich verpflichten, „frei Haus" zu liefern; der auswärtige Lieferant „Sendung bahnlagernd" vereinbaren oder der Export-Import-Kaufmann akzeptieren, dass er Überseeware von der Niederlassung seines Lieferanten im Freihafen Hamburg abholen muss.

Lernhinweis: Als „Leistungsort" bezeichnet man den Ort, an dem der Schuldner die Leistungshandlung zu erbringen hat. Davon ist zu trennen der Ort, an dem der Leistungserfolg eintritt (man spricht auch vom „Erfolgsort"). Der Gesetzgeber bezeichnet den Leistungsort teilweise auch als „Erfüllungsort" (so z. B. in § 447 Abs. 1 BGB). Dies ist insofern ungeschickt, als unter der Erfüllung nicht die Vornahme einer Leistungshandlung, sondern die Herbeiführung des Leistungserfolges zu verstehen ist. Lassen Sie sich also vom Begriff „Erfüllungsort" nicht irritieren. **Erfüllungsort ist der Ort, an dem der Schuldner die versprochene Leistung vorzunehmen hat.** Man unterscheidet nachfolgende Leistungsmodalitäten:

a) Holschulden

Liegt der **Erfüllungsort am Ort des Schuldners,** so spricht man von Holschulden. Der Schuldner nimmt die Leistungshandlung an seinem Wohnsitz vor, dort tritt auch die Erfüllungswirkung und damit der Leistungserfolg ein. Vergleichen Sie dazu das Schaubild *Holschulden.*

Holschulden

Der Begriff „Holschuld" verdeutlicht, dass der Schuldner seine Leistungshandlungen an seinem Ort erbringen darf und der Gläubiger die Ware „bei ihm holen muss". Merken Sie sich schon hier: Nach § 269 Abs. 1 BGB (lesen!) liegt im Zweifel – also wenn nichts anderes vereinbart ist – eine Holschuld vor.

b) Bringschulden

Liegt der **Erfüllungsort am Ort des Gläubigers,** spricht man von Bringschulden. Der Wohnsitz des Gläubigers ist also sowohl Leistungs- als auch Erfolgsort. Vergleichen Sie dazu das Schaubild *Bringschulden.*

Bringschulden

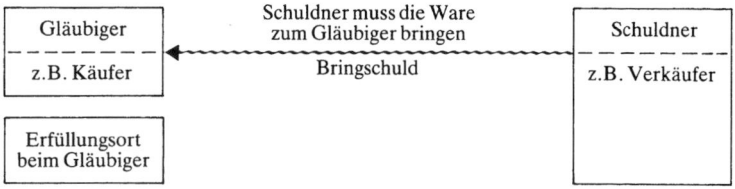

Mit dem Begriff „Bringschuld" wird verdeutlicht, dass der Schuldner dem Gläubiger „die Ware bringen muss" und somit das seinerseits Erforderliche erst getan hat, wenn die Leistung am Ort des Gläubigers bewirkt wird.

c) Schickschulden

Die Schickschuld ist eine Besonderheit. Auch bei Schickschulden liegt der Erfüllungsort am Wohnsitz des Schuldners (insofern liegt eigentlich eine Holschuld vor).

Als Besonderheit kommt hinzu, dass sich bei Schickschulden der Schuldner zur Absendung des Gutes an den Gläubiger verpflichtet hat (der Schuldner muss das Gut „verschicken"). Vergleichen Sie dazu das Schaubild *Schickschulden*. Die Schickschuld ist ein Beispiel dafür, dass Erfüllungsort (Leistungsort) und Erfolgsort auseinanderfallen können: Der Erfüllungsort liegt beim Schuldner; der Leistungserfolg tritt hingegen erst ein, wenn das betreffende Gut beim Gläubiger eingetroffen ist.

Schickschulden

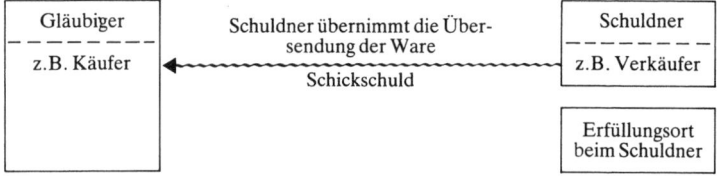

2. Festlegung des Erfüllungsorts

§ 269 BGB enthält Regelungen für die Bestimmung des Erfüllungsorts.

a) Parteivereinbarung

In aller Regel wird eine ausdrückliche oder stillschweigende Festlegung des Erfüllungsorts durch die Parteien erfolgen. Dabei muss der Ort der Leistungshandlung als solcher festgelegt werden. Abmachungen über die Versendungskosten allein ändern den Erfüllungsort nicht (dann liegen in der Regel bloße Schickschulden vor).

b) Sonstige Indizien

Fehlt eine Abmachung, so ist nach § 269 Abs. 1 der Erfüllungsort „aus den Umständen, insbesondere aus der Natur des Schuldverhältnisses", zu entnehmen. Dazu sind auch die Verkehrssitte und (im Handelsrecht) der Handelsbrauch heranzuziehen.

Beispiele:

- Bei **Ladengeschäften** des täglichen Lebens ist für beide Parteien das Ladenlokal zugleich der Leistungsort.
- Verpflichtet sich der Verkäufer bei normalen Geschäften des Alltags (Heizöl, Kohle, Kartoffeln usw.) zur **Anlieferung der Ware,** liegt regelmäßig eine Bringschuld vor (Erfüllungsort ist die Wohnung des Käufers als Gläubiger).
- Bei **Warenschulden im Handelsverkehr** wird im Zweifel eine Schickschuld angenommen (Leistungsort bleibt also der Sitz des Verkäufers).

c) Gegenseitige Verträge

Bei gegenseitigen Verträgen stellt sich die Frage nach dem Erfüllungsort sowohl für den Leistungs- wie auch für den Gegenleistungsanspruch. Die Leistungsorte für die gegenseitigen Verpflichtungen sind nicht notwendigerweise einheitlich. Bei Kaufverträgen sind in der Regel getrennte Leistungsorte anzunehmen. Die Rechtsprechung neigt dazu, den Ort, an dem die „vertragscharakteristische Leistung zu erbringen ist", als Schwerpunkt des Schuldverhältnisses und damit als Erfüllungsort für beide Verpflichtungen anzusehen.

Beispiele: Ort der Arbeitsstätte beim Arbeitsvertrag, Ort der Werkstatt bei Kfz-Reparaturen.

d) Gesetzliche Auslegungsregel

Ist der Erfüllungsort weder bestimmt noch aus den Umständen zu entnehmen, so entscheidet der **Wohnsitz des Schuldners** (§ 269 Abs. 1 BGB). Ist eine Verbindlichkeit im Gewerbebetrieb des Schuldners entstanden, ist Erfüllungsort der Ort der **gewerblichen Niederlassung** des Schuldners (§ 269 Abs. 2 BGB).

e) Gesetzliche Sonderregeln

In Einzelfällen hat das Gesetz den Leistungsort besonders bestimmt.
Beispiele: §§ 261 Abs. 1, 374, 697, 700, 1194 BGB, Art. 2 Abs. 2 ScheckG, Art. 2 Abs. 3, 75 Nr. 4, 76 Abs. 3 WG (kurz nachschlagen und überfliegen!).

3. Bedeutung des Erfüllungsorts

a) Verzug

Der Erfüllungsort entscheidet mit darüber, ob der Schuldner ordnungsgemäß (nämlich am richtigen Ort) leistet. Tut er es nicht, kommt er (wenn die sonstigen Voraussetzungen vorliegen) in **Schuldnerverzug.** Leistet er richtig, nimmt der Gläubiger jedoch nicht an, kommt letzterer in **Annahmeverzug.**

b) Konkretisierung

Nach § 243 Abs. 2 BGB (lesen!) konkretisiert sich das Schuldverhältnis, wenn der Schuldner das seinerseits Erforderliche getan hat, was wiederum mit vom Erfüllungsort abhängt.

Beispiel: Liegt eine Bringschuld vor, genügt es nicht, dass der Schuldner die Ware bereitstellt und avisiert.

c) Gerichtsstand

Der Erfüllungsort ist nach § 29 ZPO zugleich auch (ein möglicher) Gerichtsstand, also der Ort, an dem der Schuldner verklagt werden kann.

d) Gefahrtragung

Die Frage des Erfüllungsortes ist außerordentlich wichtig im Zusammenhang mit der Gefahrtragung des Kaufrechts (dazu unten). Hier nur soviel: Mit Übergabe der Sache vom Verkäufer an den Käufer geht auch die Gefahr des zufälligen Untergangs auf diesen über (§ 446 S. 1 BGB). Wenn der Käufer die Ware erhält, sie aber 5 Minuten später durch Blitzeinschlag bei ihm vernichtet wird, muss er trotzdem den Kaufpreis bezahlen. Diese Gefahr ist vorverlagert in § 447 Abs. 1 BGB (vorab lesen!): Versendet der Verkäufer die verkaufte Sache auf Verlangen des Käufers an einen anderen als den Erfüllungsort, geht die Gefahr schon in dem Zeitpunkt über, in dem die Sache an die Transportperson ausgehändigt wird. Wenn auf dem Weg zum Käufer durch Blitzeinschlag zusammen mit dem Lkw des Frachtführers auch die verkaufte Ware verbrennt, muss der Käufer trotzdem bezahlen, obwohl er leer ausgeht.

Wiederholungsfragen zu § 26

Wann kann der Gläubiger die Leistung verlangen, wann kann der Schuldner die Leistung bewirken, wenn keine Leistungszeit vereinbart wurde? (§ 26 I 1 a)

Was versteht man unter einem Fixgeschäft? (§ 26 I 2 b)

Was versteht man unter Holschulden, Bringschulden, Schickschulden? (§ 26 II 1)

Wo liegt der Erfüllungsort, wenn er vertraglich nicht festgelegt wurde? (§ 26 II 2)

Welche weiteren Rechtsfolgen sind vom Erfüllungsort abzuleiten? (§ 26 II 3)

§ 27 Leistung durch Dritte

Lernhinweis: Das Schuldverhältnis ist eine Rechtsbeziehung zwischen Gläubiger und Schuldner, wonach der Schuldner eine bestimmte Leistung zu erbringen hat. Das Gesetz regelt aber auch den Fall, dass die Leistung durch Dritte bewirkt wird. Dabei ist zu fragen, ob dies zulässig ist, ob der Gläubiger die Leistung durch den Dritten ablehnen kann und welche Konsequenzen sich aus einer Drittleistung ergeben.

I. Die Zulässigkeit der Leistung durch Dritte

1. Grundsatz

Das Schuldrecht betrifft den Güterumsatz, der in seiner Mehrzahl nicht personenbezogen ist, so dass für den Gläubiger die Person des Leistenden in der Regel von sekundärer Bedeutung sein wird. Deshalb lässt § 267 BGB (lesen!) die Leistungsbewirkung durch einen Dritten dem Grundsatz nach zu. Eine Einwilligung des Schuldners ist dazu nicht erforderlich (vgl. aber § 267 Abs. 2, dazu unten 3.).

2. Ausnahmen

Nicht zulässig ist die Leistung durch Dritte, wenn der Schuldner in Person zu leisten hat. Hier ist es für den Gläubiger nicht gleichgültig, wer die versprochene Leistung erbringt. Eine persönliche Leistungsverpflichtung besteht

a) bei vertraglicher Vereinbarung;
b) in bestimmten Fällen kraft gesetzlicher Auslegungsregel:

- nach § 613 BGB für den Dienstleistungsverpflichteten,
- nach § 664 BGB für den Beauftragten,
- nach § 713 BGB für den geschäftsführenden Gesellschafter bei Personengesellschaften,
- nach § 691 BGB für den Verwahrer.

3. Der Widerspruch des Schuldners

Der Schuldner kann der Drittleistung widersprechen. Dies bewirkt aber nicht, dass die Leistungserbringung nicht zulässig wäre. Vielmehr hat der Gläubiger dann das Recht, die Leistung abzulehnen (vgl. § 267 Abs. 2 BGB).

4. Rechtspolitische Würdigung

§ 267 BGB ist eine Vorschrift, die für den lebensnah Denkenden Zweifel an der Wirklichkeitsnähe des Gesetzgebers nährt: Es wird schon nicht häufig vorkommen, dass ein Dritter für den Schuldner einspringen wird. Und welcher Schuldner wird widersprechen, wenn sich ein Dritter bereit erklärt hat, für ihn zu zahlen? Schließlich werden die Gläubiger dünn gesät sein, welche beim Vorliegen eines Widerspruchs gegen die beabsichtigte Drittleistung die Empfangnahme der Leistung ablehnen werden.

5. Bereicherungsrechtliche Konsequenzen

Leistet der Dritte mit befreiender Wirkung an den Gläubiger, kann er sich nunmehr an den Schuldner halten. Mit der Tilgung der fremden Schuld erlischt die Forderung. Das Gesetz sieht zwar keinen gesetzlichen Forderungsübergang vor, doch ist der Schuldner durch die mit Zahlung eintretende Befreiung von seiner Verbindlichkeit bereichert, so dass der Dritte gegen den Schuldner einen Bereicherungsanspruch geltend machen kann (im Einzelnen ist freilich vieles strittig). Als Anspruchsgrundlage kommen ebenso in Betracht: Auftrag, Geschäftsführung ohne Auftrag sowie gesellschaftsrechtliche Regressansprüche.

II. Ablösungsrecht nach § 268 BGB

1. Grundsatz

Einen für die Praxis bedeutenden Fall möglicher Drittleistungen regelt § 268 Abs. 1 S. 1 BGB (lesen!). Er betrifft den Bereich der Realsicherheit. Betreibt der Gläubiger die Zwangsvollstreckung in einen dem Schuldner gehörenden Gegenstand, so ist jeder, der Gefahr läuft, durch die Zwangsvollstreckung ein Recht an dem Gegenstand zu verlieren, berechtigt, den Gläubiger zu befriedigen.

Schulbeispiel: Der hypothekarisch gesicherte Gläubiger betreibt die Zwangsversteigerung eines Grundstücks. Nachrangige Gläubiger laufen Gefahr, ihre Grundpfandrechte zu verlieren.

2. Rechtsfolgen

Der nachrangige Gläubiger ist berechtigt, die Zahlung zu bewirken. Er erwirbt dann nach § 268 Abs. 3, soweit er den Gläubiger befriedigt, die Forderung (einschließlich bestimmter weiterer hierfür bestehender Sicherheiten, §§ 401 Abs. 1, 412 BGB). Dasselbe gilt für den Mieter, der im Falle der Zwangsversteigerung befürchten muss, dass das Mietverhältnis gekündigt und er zur Räumung gezwungen wird (der Besitzverlust ist nach § 268 Abs. 1 S. 2 BGB dem allgemeinen Rechtsverlust ausdrücklich gleichgestellt).

Wiederholungsfragen zu § 27

Ist es zulässig, dass an Stelle des Schuldners ein Dritter leistet? Gibt es hiervon Ausnahmen? (§ 27 I 1, 2)

Welche Konsequenzen hat es, wenn ein Dritter mit befreiender Wirkung an den Gläubiger leistet? (§ 27 I 5)

Welche Möglichkeit hat ein nachrangiger Hypothekengläubiger, wenn das sichernde Grundstück versteigert wird? (§ 27 II 1)

§ 28 Leistung an Dritte

Lernhinweis: Der Schuldner hat an den Gläubiger zu leisten und an niemanden sonst. Deshalb kann die Leistung an einen Dritten, also an einen Nichtgläubiger, nicht befreien. Davon gibt es eine Reihe von Ausnahmen.

I. Zustimmung zur Leistung an Dritte

Der Gläubiger kann bezüglich einer Leistung an dritte Personen seine Einwilligung erteilen (sog. „Empfangsermächtigung") oder die Leistung (nachträglich) genehmigen. Das ergibt sich aus § 362 Abs. 2, der ausdrücklich auf § 185 verweist.

II. Schuldnerschutzbestimmungen

Das Gesetz schützt in vielen Fällen den guten Glauben an das Bestehen eines Vertrauenstatbestandes. Einige Fälle davon liegen im Recht der Leistungsbewirkung:

1. Quittung

Der Überbringer einer Quittung gilt nach § 370 BGB (lesen!) als ermächtigt, die Leistung zu empfangen.

Dies gilt allerdings nur, wenn eine **echte** Quittung vorliegt. Bei Fälschungen greift der Schuldnerschutz nicht ein (oder nur dann, wenn man dem Gläubiger nach Treu und Glauben den Vorwurf machen kann, er habe die Quittungsformulare nicht sorgfältig aufbewahrt oder die Fälschung auf andere Weise ermöglicht).

2. Schutz bei der Forderungsabtretung

Durch die Abtretung einer Forderung nach § 398 BGB tritt an die Stelle des alten Gläubigers der neue Gläubiger. Der alte Gläubiger ist nicht mehr Inhaber der Forderung und deshalb nicht Berechtigter. Zahlt der Schuldner an ihn, leistet er an einen „Dritten". Wenn der Schuldner aber von der Abtretung keine Kenntnis hat (wie dies insbesondere bei der stillen Zession der Fall ist), muss ihn das Gesetz schützen: Nach § 407 BGB befreit die in Unkenntnis der Abtretung an den alten Gläubiger erfolgende Leistung.

3. Erbschein

Der Erbschein ist ein Legitimationspapier: Wer mit dem im Erbschein Ausgewiesenen Geschäfte tätigt, wird in seinem Vertrauen geschützt (vgl. §§ 2365 ff. BGB). Zahlungen an den Erbscheininhaber wirken deshalb ebenfalls befreiend, auch wenn sich nachher herausstellt, dass der im Erbschein Genannte in Wirklichkeit gar nicht Erbe geworden ist.

Lernhinweis: Entsprechendes gilt auch bei anderen Legitimationspapieren, vgl. §§ 793 Abs. 1 Satz 2, 807, 808 Abs. 1 Satz 1 BGB.

Wiederholungsfragen zu § 28

Wann wird die nicht an den Gläubiger, sondern an einen Dritten erfolgende Leistung wirksam? (§ 28 I)

Unter welchen Voraussetzungen ist der Schuldner geschützt, wenn er an den Überbringer einer Quittung leistet? (§ 28 II 1)

Welche weiteren Fälle kennen Sie, bei denen die Leistung an einen Nichtberechtigten wirksam ist? (§ 28 II 2, 3)

§ 29 Der Vertrag zugunsten Dritter

Lernhinweis: Das Schuldverhältnis ist ein Rechtsverhältnis zwischen zwei Personen, so dass in der Regel die Vertragsschließenden gegenseitig Gläubiger und Schuldner der durch das Schuldverhältnis begründeten Leistungsverpflichtungen sind. Durch die Rechtsfigur des Vertrages zugunsten Dritter können die Vertragspartner vereinbaren, dass die vereinbarte Leistung nicht dem Gläubiger, sondern einem Dritten zusteht.

Der Vertrag zugunsten Dritter ist aber kein eigenständiger Vertragstypus wie etwa Kauf, Miete, Darlehen, Werk- oder Dienstvertrag. Er kann vielmehr für alle Vertragstypen vereinbart werden, wo immer die Leistung an einen Dritten gewünscht wird. Dies ist auch der Grund, weshalb der Vertrag zugunsten Dritter nicht im Abschnitt „Besonderes Schuldrecht" unter den dort genannten Schuldverhältnissen eingereiht ist, sondern im Allgemeinen Schuldrecht seine gesetzliche Regelung gefunden hat.

I. Der Begriff des Vertrags zugunsten Dritter

1. Die beteiligten Personen

Durch den Vertrag zugunsten Dritter wird eine Leistung an einen Dritten mit der Wirkung bedungen, dass **der Dritte unmittelbar das Recht erwirbt, die Leistung zu fordern** (§ 328 Abs. 1 BGB – lesen!). Derjenige, der die Leistung erbringen soll, heißt „Versprechender". Er hat sich zu der Leistung verpflichtet, ist also Schuldner.

Denjenigen, dem die Leistung versprochen wird, nennt das Gesetz „Versprechensempfänger". Und denjenigen, an den die Leistung zu erfolgen hat, nennt das Gesetz den „Dritten". Vergleichen Sie dazu das Schaubild *Vertrag zugunsten Dritter.*

Vertrag zugunsten Dritter

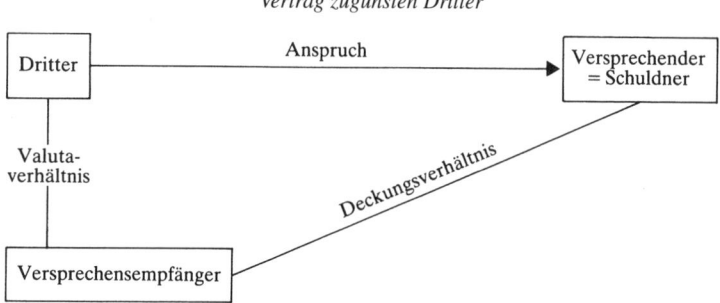

2. Die Rechtsbeziehungen der Beteiligten

Bei den Rechtsbeziehungen unter den Beteiligten muss man unterscheiden:

a) Deckungsverhältnis

Das Rechtsverhältnis zwischen dem Versprechenden und dem Versprechensempfänger nennt man „Deckungsverhältnis". Dies ist kein gesetzlicher Begriff. Er ist so zu verstehen, dass der Versprechende für die Leistung, die er erbringen muss, „eine Deckung haben soll" (als Gegenwert für seine Leistung).

Beispiel: Wenn sich bei der Lebensversicherung eine Versicherungsgesellschaft verpflichtet, an den hinterbliebenen Ehegatten eine bestimmte Summe zu zahlen, liegt der Grund für die Auszahlung der Versicherungssumme (die Deckung) in dem abgeschlossenen Versicherungsvertrag zwischen dem Versprechenden (der Versicherungsgesellschaft) und dem Versprechensempfänger (der die Versicherung zugunsten seiner Hinterbliebenen abgeschlossen hat).

b) Valutaverhältnis

Das Rechtsverhältnis zwischen dem Versprechensempfänger und dem Dritten nennt man „Zuwendungs- oder Valutaverhältnis". Dieses Rechtsverhältnis gibt Aufschluss darüber, warum der Versprechensempfänger dem Dritten mittelbar etwas zuwendet.

Beispiele: Es kann sich um eine Schenkung, um die Erfüllung einer gesetzlichen Unterhaltspflicht u. dgl. handeln. Im Verhältnis zwischen dem Versprechenden und dem Dritten fehlt es an einem Vertrag. Nicht selten wird der Dritte von der ganzen Angelegenheit vor Leistungsbewirkung gar nichts wissen. Durch den Vertrag zugunsten Dritter wird aber dem Dritten ein direkter Anspruch auf die Leistung eingeräumt.

II. Echter und unechter Vertrag zugunsten Dritter

Entscheidend für die Abgrenzung zwischen dem echten und dem sog. „unechten" Vertrag zugunsten Dritter ist, ob der Dritte aus dem Vertrag unmittelbar ein Recht erwirbt, also die Leistung an sich verlangen kann.

1. Echter Vertrag zugunsten Dritter

Ein echter Vertrag zugunsten Dritter (man spricht auch vom „berechtigenden" Vertrag zugunsten Dritter) liegt vor, wenn der Dritte gegen den Versprechenden einen **eigenen Anspruch** auf die Leistung hat: Dem Dritten steht dann „unmittelbar das Recht zu, die Leistung zu fordern" (vgl. § 328 Abs. 1 BGB).

2. Unechter Vertrag zugunsten Dritter

Beim unechten (man spricht auch vom „ermächtigenden") Vertrag zugunsten Dritter besteht die **Verpflichtung** des Schuldners, an den Dritten zu leisten, **nur gegenüber dem Versprechensempfänger.** Dem Dritten dagegen steht selbst kein Forderungsrecht gegenüber dem Schuldner zu. In diesem Fall kann dann auch der Dritte beim Ausbleiben der Leistung nicht aus eigenem Recht gegen den Schuldner klagen, sondern nur der Versprechensempfänger.

3. Abgrenzungskriterien

Ob ein echter und damit berechtigender Vertrag zugunsten Dritter vorliegt, ist nach § 328 Abs. 2 BGB „aus den Umständen, insbesondere aus dem Zweck des Vertrags, zu entnehmen". Danach entscheidet sich auch die Frage, ob das Recht des Dritten sofort oder nur unter gewissen Voraussetzungen entstehen und ob den Vertragsschließenden die Befugnis vorbehalten sein soll, das Recht des Dritten ohne dessen Zustimmung aufzuheben oder zu ändern.

4. Die Erfüllungsübernahme

Es kommt vor, dass sich jemand vertraglich zur Befriedigung des Gläubigers eines anderen verpflichtet, **ohne** allerdings **die Schuld zu übernehmen.** Hier stellt sich die Frage, ob der Gläubiger berechtigt ist, direkt Befriedigung vom Übernehmenden zu fordern. § 329 BGB (lesen!) enthält hierzu eine gesetzliche Auslegungsregel: Im Fall der bloßen „Erfüllungsübernahme" kann der Gläubiger im Zweifel keine unmittelbare Befriedigung vom „Erfüllungsübernehmer" verlangen. Vergleichen Sie dazu das Schaubild *Erfüllungsübernahme*.

Erfüllungsübernahme

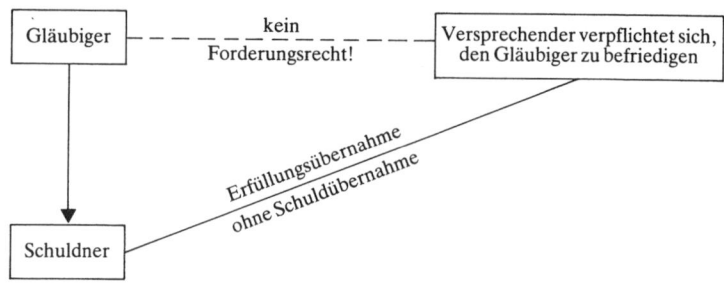

Beispiel: Die Vereinbarung, wonach eine Partei die Kosten des von der anderen Partei beauftragten Anwalts übernimmt, ist in der Regel bloße Erfüllungsübernahme.

Konsequenz: Der beauftragte Rechtsanwalt kann sich nur an die Partei A halten, die ihn beauftragt hat, nicht jedoch an die Gegenseite (Partei B); Partei A aber hat einen Anspruch auf Befreiung von dieser Verbindlichkeit gegenüber der kostenübernehmenden Partei B.

Hinweis auf die Praxis: Das Rechtsinstitut der Erfüllungsübernahme spielt eine wichtige Rolle in der notariellen Praxis. Stellen Sie sich vor es wird ein Grundstück veräußert, das mit Grundpfandrechten belastet ist; die dadurch gesicherten Darlehen sollen vom Erwerber unter Anrechnung auf den Kaufpreis übernommen werden. Dann ist nach den Regeln der Schuldübernahme gem. § 415 BGB für die Übernehmer der Darlehen die Genehmigung des Gläubigers erforderlich. Was gilt, wenn der Gläubiger die Genehmigung verweigert und damit die zwischen Veräußerer und Erwerber des Grundstücks vereinbarte Darlehensübernahme scheitert? Im Hinblick auf diese Fälle enthalten die entsprechenden notariellen Verträge i.d.R. vorsorglich folgende Formulierung: „Bis zur Genehmigung der Schuldübernahme und für den Fall der Verweigerung der Genehmigung gilt diese Vereinbarung als Erfüllungsübernahme." Damit ist klargestellt, dass sich im Fall des Scheiterns der Schuldübernahme der Darlehensgläubiger zwar nach wie vor an den Veräußerer (als seinen bisherigen Schuldner) nicht jedoch (auch noch) an den Grundstückserwerber (als den verhinderten Darlehensübernehmer) halten kann.

III. Rechte, Pflichten und Einwendungen beim Vertrag zugunsten Dritter

1. Die Rechtsstellung des Dritten

Mit dem Vertrag zugunsten Dritter erwirbt der Dritte das Recht auf die Leistung unmittelbar. Unerheblich ist, ob er Kenntnis vom Vertragsschluss hat; unbeachtlich ist auch seine Geschäftsfähigkeit. Das Gesetz gibt ihm allerdings die Möglichkeit (vgl. § 333 BGB), das Recht zurückzuweisen.

2. Rechtsstellung des Versprechensempfängers

Der Versprechensempfänger kann im Zweifel (neben dem Dritten) die Leistung an den Dritten verlangen (§ 335 BGB).

Beispiel: Bei Abschluss einer Ausbildungsversicherung zugunsten der heranwachsenden Kinder können auch die Erziehungsberechtigten als Vertragspartner selbst Leistungsklage erheben.

Für den (unwahrscheinlichen) Fall, dass der Dritte die Leistung zurückweist, stellt sich die Frage, ob der Versprechensempfänger dann Leistung an sich selbst verlangen kann. Dies ist nach dem jeweiligen Einzelfall zu entscheiden. So steht beispielsweise bei Kapitalversicherungen zugunsten eines Dritten dem Versicherungsnehmer nach § 168 VVG das Recht zu, Leistung an sich selbst zu verlangen.

3. Rechtsstellung des Versprechenden

Der Versprechende leistet an den Dritten im Hinblick auf das mit dem Versprechensempfänger bestehende Deckungsverhältnis. Daraus folgt, dass er Einwendungen, die ihm auf Grund der Abrede im Deckungsverhältnis gegenüber dem Versprechensempfänger zustehen, auch dem Dritten entgegenhalten kann. § 334 BGB bestimmt ausdrücklich: „Einwendungen aus dem Vertrag stehen dem Versprechenden auch gegenüber dem Dritten zu". Dies leuchtet auch ohne weiteres ein. Denn der Vertrag zugunsten Dritter weist nur die Besonderheit auf, dass die versprochene Leistung nicht an den Versprechensempfänger selbst, sondern an einen Dritten erbracht werden soll. Auf der anderen Seite stehen dem Schuldner aber keine Einreden zu, die sich aus dem Verhältnis zwischen dem Versprechensempfänger und dem Dritten (also dem Valutaverhältnis) ergeben.

4. Unzulässige Vertragsgestaltungen

Die Konstruktion des Vertrags zugunsten Dritter ist nicht zulässig in nachfolgenden Fällen:

a) Verfügungsverträge zugunsten Dritter

Ein Vertrag zugunsten Dritter kann nur eingesetzt werden, um dem Dritten eine schuldrechtliche Forderung zuzuwenden. Die Zuwendung dinglicher Rechte ist dagegen nicht möglich (h. M.).

Beachten Sie: Dies bedeutet aber nicht, dass keine **Verpflichtungen** eingegangen werden dürfen, dingliche Rechte zu übertragen.

b) Verträge zu Lasten Dritter

Verträge zu Lasten Dritter (also der umgekehrte Fall), mit denen **gegen** den Dritten ein Anspruch begründet wird, sind unzulässig. Ohne Mitwirkung des Dritten kann eine Forderung gegen ihn nicht begründet werden.

IV. Der Vertrag mit Schutzwirkung zugunsten Dritter

Lernhinweis: Im BGB selbst ist nur der Vertrag zugunsten Dritter geregelt. Die zunächst von der Rechtsprechung entwickelte Rechtsfigur des „Vertrages mit Schutzwirkung zugunsten Dritter" ist nicht ausdrücklich im Bürgerlichen Gesetzbuch geregelt. Ein Anknüpfungspunkt dafür findet sich in dem im Zuge der Schuldrechtsmodernisierung 2001 eingefügten § 311 Abs. 3 BGB. Dieser stellt fest, dass ein Schuldverhältnis mit Pflichten nach § 241 Abs. 2 BGB auch zu solchen Personen entstehen kann, die selbst nicht Vertragspartei sein sollen. Mangels näherer gesetzlich festgeschriebener Bestimmungen gelten jedoch nach wie vor die von der Rechtsprechung aufgestellten Voraussetzungen (**Hinweis:** In einer Klausur oder Hausarbeit sollten Sie dennoch § 311 Abs. 3 BGB wenigstens in Klammern in der Überschrift mit dazu zitieren). Der Grund für die Schaffung des „Vertrags mit Schutzwirkung zugunsten Dritter" ist die im Deliktsrecht anzutreffende Unzulänglichkeit, dass bei der Gehilfenhaftung nach § 831 BGB der Exkulpationsbeweis geführt werden kann (vgl. dazu unten). Bei der Verletzung vertraglicher Verpflichtungen steht der Geschädigte in der Regel durch die Anwendung des § 278 BGB wesentlich günstiger (dort gibt es keine Exkulpation!). Über die Konstruktion eines Vertrags mit Schutzwirkung zugunsten Dritter wird erreicht, dass andere Personen in den vertraglichen Schutzbereich einbezogen werden und deshalb der Versprechende auch ihnen gegenüber das Verschulden seiner Gehilfen wie eigenes Verschulden zu vertreten hat.

1. Wesen des Vertrags mit Schutzwirkung zugunsten Dritter

Beim Vertrag mit Schutzwirkung zugunsten Dritter steht der Anspruch auf die geschuldete Leistung zwar dem Gläubiger zu, dritte Personen sind jedoch in der Weise in die vertraglichen Sorgfalts- und Obhutspflichten einbezogen, dass sie bei deren Verletzung **vertragliche** Schadenersatzansprüche geltend machen können. Dies gilt insbesondere bei Rechtsbeziehungen mit „personenrechtlichem Einschlag" (z. B. bei familien-, arbeits- und mietrechtlichen Beziehungen), aber auch schon dann, wenn die Leistung nach dem Vertragsinhalt „bestimmungsgemäß" Dritten zugute kommen soll. Vergleichen Sie dazu das Schaubild „Vertrag mit Schutzwirkung zugunsten Dritter".

Vertrag mit Schutzwirkung zugunsten Dritter

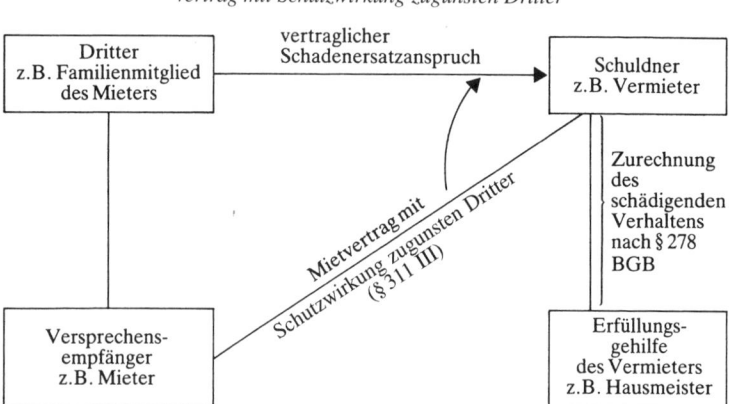

2. Voraussetzungen

Für die Annahme eines Vertrages mit Schutzwirkung zugunsten Dritter müssen folgende Voraussetzungen erfüllt sein:

a) Leistungsnähe

Der Dritte muss sich „in Leistungsnähe" des Vertrages befinden. Dies bedeutet, dass er Gefahren, die sich bei der Vertragserfüllung auswirken können, im selben Maße ausgesetzt ist wie der Gläubiger.

Beispiel: Das Kind im Haushalt des Mieters ist selbst nicht Vertragspartner des Vermieters. Da es die Wohnung aber gleichermaßen nutzt wie der Mieter, befindet es sich in Leistungsnähe des Mietvertrages.

b) Schutzinteresse

Der Gläubiger muss des Weiteren ein besonderes Interesse am Schutz des Dritten haben. Nach früherer Rechtsprechung war dies gegeben, wenn der Gläubiger für das „Wohl und Wehe" des Dritten verantwortlich war. Zwischen Gläubiger und dem Dritten musste eine Rechtsbeziehung mit personenrechtlichem Einschlag bestehen; er musste ihm sozusagen „Schutz und Fürsorge schulden".

Beispiel: Eltern/Kind-Beziehung, Verhältnis Arbeitnehmer/Arbeitgeber.

Die Anforderungen an diese Voraussetzung wurden jedoch gelockert. Inzwischen ist es ausreichend, wenn die Leistung nach dem Vertragsinhalt bestimmungsgemäß auch dem Dritten zugute kommen soll oder wenn Anhaltspunkte einen auf den Schutz des Dritten gerichteten Parteiwillen erkennen lassen.

c) Erkennbarkeit dieser Voraussetzungen für den Schuldner

Ein Vertrag mit Schutzwirkung zugunsten Dritter führt zwangsläufig zu erheblichen Haftungsausweitungen für den Schuldner. Um das höhere Haftungsrisiko einschätzen zu können, muss daher für den Schuldner sowohl die Leistungsnähe des Dritten (oben a) als auch das Schutzinteresse des Gläubigers (oben b) erkennbar gewesen sein.

d) Schutzbedürftigkeit des Dritten

Der Dritte ist schutzbedürftig, wenn er keine eigenen **vertraglichen** Schadenersatzansprüche gegen den Schuldner geltend machen kann (bei bloßen deliktischen Ansprüchen entfällt die Schutzbedürftigkeit dagegen nicht).

3. Rechtsgrundlage

Die Rechtsprechung hatte die Rechtsgrundlage für den Vertrag mit Schutzwirkung zugunsten Dritter in einer ergänzenden Vertragsauslegung gesehen; die Literatur nahm eine auf Treu und Glauben gestützte Rechtsfortbildung an. Seit der Schuldrechtsreform v. 2001 findet sich ein Hinweis in § 311 Abs. 3 BGB. Ob dies eine positiv-rechtliche Regelung des Vertrags mit Schutzwirkung zugunsten Dritter darstellt, ist strittig: § 311

Abs. 3 betrifft nur gesetzliche („vertragsähnliche") Schuldverhältnisse (Stichwort: culpa in contrahendo) und spricht von „Pflichten", nicht dagegen von der Einräumung von „Rechten" und zudem ergibt sich aus den Gesetzesmaterialien, dass der Gesetzgeber den Vertrag mit Schutzwirkung nicht kodifizieren, sondern der weiteren Entwicklung von Rechtsprechung und Dogmatik überlassen wollte.

Hinweis: Nehmen Sie bei der Fallbearbeitung als Anspruchsgrundlage § 328 BGB analog in Verbindung mit der jeweils im konkreten Sachverhalt verletzten Schutzpflicht.

4. Anwendungsfälle

a) Mietverträge

Wenn der Familienvater einen Mietvertrag mit dem Vermieter abschließt, wird nur er oder ggf. der mitunterzeichnende Ehegatte Vertragspartner. Die Kinder und andere Familienangehörige, die für den Vermieter ersichtlich zum Benutzerkreis der Wohnung gehören, werden aber in den Schutzbereich miteinbezogen. Der Vermieter schuldet auch ihnen gegenüber Obhut und Sorgfalt. So muss beispielsweise dafür gesorgt werden, dass der Mieter ordnungsgemäß über die Treppe zur Wohnung gelangen kann. Wenn sich durch nicht behobene Schäden bei der Treppenbeleuchtung oder mangelhafte Säuberung der Gemeinschaftsanlagen ein Unfall ereignet, hat der Mieter einen vertraglichen Schadenersatzanspruch wegen einer Pflichtverletzung aus dem Mietvertrag nach §§ 280 Abs. 1, 535 BGB, weil der Vermieter insofern seine Nebenpflicht nicht ordnungsgemäß erfüllt hat. Hat sich der Vermieter zur Erfüllung seiner Verpflichtungen dritter Personen (Putzfrau, Hausmeister) bedient, so ist ihm deren Verschulden nach § 278 BGB wie eigenes Verschulden zuzurechnen. Dieser Pflichtenbereich besteht auch gegenüber den Familienangehörigen (vgl. § 311 Abs. 3 BGB). Kommen diese auf der Treppe zu Fall, haben auch sie einen vertraglichen Schadenersatzanspruch gegenüber dem Vermieter. Er kann sich dann bei Heranziehung dritter Personen nicht exkulpieren (was der Fall wäre, wenn kein vertraglicher Anspruch bestünde und die Haftung nur aus § 831 BGB abzuleiten wäre).

b) Weitere Fälle

Die große praktische Bedeutung des Vertrages mit Schutzwirkung zugunsten Dritter wird deutlich angesichts des breiten Spektrums in der Rechtsprechung. Unter den Schutzbereich fallen beim

- Anwaltsvertrag: die Kinder des Mandanten, wenn ihnen durch eine Scheidungsvereinbarung Vermögenswerte übertragen werden sollen;
- Arzt- bzw. Krankenhausvertrag: der nasciturus, der Ehegatte bei der Sterilisation bzw. Behandlung der Schwangeren;
- Bankgeschäft: der Überweisende und Überweisungsempfänger;
- Beförderungsvertrag: mitbeförderte Begleitpersonen;
- Touristikgeschäft: die Gäste beim Vertrag zwischen Reiseveranstalter und Hotelier.

c) Produzentenhaftung

Aus dem Vertrag zwischen dem Produzenten und dem Händler kann dagegen keine besondere Schutzpflicht zugunsten des Endverbrauchers abgeleitet werden. Deshalb lässt sich die Problematik der „Produzentenhaftung" nicht über die Konstruktion eines Vertrags mit Schutzwirkung zugunsten Dritter lösen.

Lernhinweis: Die Rechtsprechung hilft dem geschädigten Konsumenten durch eine Beweiserleichterung bei der Darlegung des Verschuldens im Rahmen des § 823 Abs. 1 BGB; außerdem kommt das ProdHaftG in Betracht. Vergleichen Sie dazu die Ausführungen im Schadenersatzrecht unten unter § 57 VI.

Wiederholungsfragen zu § 29

Wie nennt man die am Vertrag zugunsten Dritter beteiligten Personen? (§ 29 I 1)

Können Sie ein Schulbeispiel für den Vertrag zugunsten Dritter nennen? (§ 29 I 2)

Was versteht man unter der Erfüllungsübernahme? (§ 29 II 4)

Was versteht man unter einem Vertrag mit Schutzwirkung zugunsten Dritter?

Welches rechtspolitische Bedürfnis besteht, auf diese Rechtsfigur zurückzugreifen? (§ 29 IV)

§ 30 Die Zurückbehaltung der Leistung

Lernhinweis: Wenn die Voraussetzungen für den Leistungsanspruch des Gläubigers erfüllt sind und der Schuldner keine Hinderungsgründe geltend machen kann, ist jede Leistungsverzögerung unberechtigt. Der Schuldner kommt in Verzug. Dennoch ist im Ausnahmefall denkbar, dass der Schuldner seine Leistung zurückhalten darf, weil umgekehrt der Gläubiger seinen Verpflichtungen nicht nachkommt. Es würde dem Grundsatz von Treu und Glauben grob widersprechen, einen Teil in der möglicherweise sicheren Erkenntnis vorleisten zu lassen, dass er gegenüber seinem Vertragspartner mit der Durchsetzung der eigenen Ansprüche ins Hintertreffen gerät. Diese Situation hat der Gesetzgeber im Auge, wenn er in Ausnahmefällen ein Zurückbehaltungsrecht einräumt. Zu unterscheiden ist zwischen dem allgemeinen Zurückbehaltungsrecht nach § 273 BGB und dem besonderen Fall der Leistungsverweigerung eines Teils beim gegenseitigen Vertrag nach § 320 BGB. Im Handelsrecht ist das besondere kaufmännische Zurückbehaltungsrecht in §§ 369 ff. HGB geregelt (vgl. dort).

I. Das allgemeine Zurückbehaltungsrecht

1. Wesen und Bedeutung des Zurückbehaltungsrechts

a) Begriff

Das Zurückbehaltungsrecht nach § 273 BGB (lesen!) gewährt dem Schuldner das Recht, seine Leistung zu verweigern, bis die ihm gebührende Leistung bewirkt wird.

Das Gesetz nennt die wesentlichen Tatbestandsmerkmale: „Hat der Schuldner aus **demselben rechtlichen Verhältnis,** auf dem seine Verpflichtung beruht, einen **fälligen Anspruch** gegen den Gläubiger, so kann er, sofern nicht aus dem Schuldverhältnis sich ein anderes ergibt, die geschuldete Leistung verweigern, bis die ihm gebührende Leistung bewirkt wird (Zurückbehaltungsrecht)". Es handelt sich um ein weiteres Beispiel einer Legaldefinition (des in Klammern gesetzten Begriffes). Im Grunde folgt der Gedanke bereits aus dem Grundsatz von Treu und Glauben: Derjenige handelt treuwidrig, der aus einem einheitlichen Rechtsverhältnis die ihm zustehende Leistung fordert, ohne dabei die ihm abverlangte Gegenleistung zu erbringen. Vergleichen Sie dazu das Schaubild *Zurückbehaltungsrecht*.

Zurückbehaltungsrecht

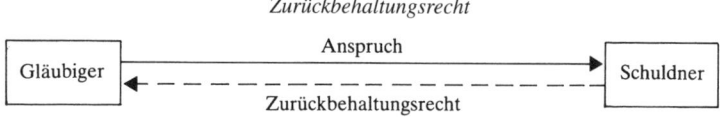

b) Bedeutung

§ 273 BGB ist grundsätzlich auf alle Schuldverhältnisse jedweder Art anzuwenden, also auch auf solche, die außerschuldrechtliche (z. B. familienrechtliche oder erbrechtliche) Entstehungstatbestände haben.

Beispiele: Briefmarkensammler B beauftragt seinen Geschäftsfreund G mit dem Erwerb einer wertvollen Marke auf einer Auktion. Nach § 667 BGB (lesen!) hat der Auftraggeber Anspruch auf Herausgabe des Erlangten, nach § 670 BGB (lesen!) der Beauftragte Anspruch auf Ersatz seiner Aufwendungen. G muss die Briefmarke nur herausgeben, wenn ihm B die entstandenen Aufwendungen ersetzt (Zurückbehaltungsrecht gegenüber einem schuldrechtlichen Anspruch). Tierliebhaber T gibt seinen Hund Bello für die Dauer einer Urlaubsreise in das Tierheim. Nach Rückkehr steht dem Tierheim gegenüber dem Eigentumsherausgabeanspruch des Tiereigentümers ein Zurückbehaltungsrecht zu, solange der Eigentümer des Hundes nicht die Verpflegungskosten ersetzt (Zurückbehaltungsrecht gegenüber einem dinglichen Herausgabeanspruch).

2. Die Voraussetzungen des Zurückbehaltungsrechts

Lernhinweis: Merken Sie sich die Kurzformel, dass zur Ausübung des Zurückbehaltungsrechts **drei Punkte** zutreffen müssen: Gegenseitigkeit, Fälligkeit, Konnexität; außerdem darf die Ausübung des Zurückbehaltungsrechts im Einzelfall nicht unzulässig sein.

a) Gegenseitigkeit

Ein Zurückbehaltungsrecht kann nur zwischen Personen bestehen, von denen jeweils die eine einen Anspruch gegen die andere hat. Welche Qualität die Ansprüche haben, ist belanglos. Sie können sich aus Vertrag oder Gesetz ergeben, schuldrechtlicher oder dinglicher Natur sein und brauchen insbesondere (insoweit im Gegensatz zur Aufrechnung!) nicht gleichartig zu sein.

Lernhinweis: Wenn es sich um gleichartige Forderungen handelt (Geld gegen Geld), kann der Schuldner ja durch Aufrechnung das Schuldverhältnis zum Erlöschen bringen; er braucht nicht von der weniger weitreichenden Möglichkeit der Zurückbehaltung Gebrauch zu machen. Das Zurückbehaltungsrecht ist also immer dort zu prüfen, wo mangels Gleichartigkeit die Aufrechnung ausscheidet!

b) Fälligkeit

Das Zurückbehaltungsrecht setzt voraus, dass der **Anspruch des Schuldners** fällig ist (Merke: Es muss also der Gegenanspruch fällig sein!). Ist sein Gegenanspruch noch nicht fällig, kann der Schuldner auch nicht zurückbehalten. Er muss dann eben später, zum Zeitpunkt der Fälligkeit, seinen Anspruch geltend machen und notfalls eine selbstständige Klage einreichen. Auf der anderen Seite muss natürlich auch der Anspruch des Gläubigers fällig sein, weil sonst seine Klage als verfrüht (und damit als zurzeit unbegründet) abgewiesen wird. Der Schuldner brauchte sich insofern gar nicht erst auf ein bestehendes Zurückbehaltungsrecht zu berufen. Für die Fälligkeit des Gegenanspruchs genügt es, wenn dieser mit der Erfüllung der geschuldeten Leistung fällig wird.

Beispiel: Der Gläubiger verlangt Zahlung, will aber dem zahlungsbereiten Schuldner keine Quittung erteilen oder den Schuldschein nicht zurückgeben, auf den jeder Schuldner nach § 371 BGB einen Anspruch hat.

c) Konnexität

Zwischen den gegenseitigen Ansprüchen muss „Konnexität" bestehen. Darunter versteht man das Erfordernis, dass der Anspruch des Gläubigers und der Gegenanspruch des Schuldners auf „demselben rechtlichen Verhältnis" beruhen müssen. Das Erfordernis der Konnexität schränkt den Anwendungsbereich des Zurückbehaltungsrechts ein.

Die Leistung soll nicht wegen Gegenansprüchen, die mit der Leistungspflicht nichts zu tun haben, zurückgehalten werden dürfen. Rechtsprechung und Lehre stellen jedoch an das Erfordernis der Konnexität geringe Anforderungen. Es genügt demnach, wenn ein **„einheitlicher Lebensvorgang"** vorliegt, also die beiden Ansprüche in einem „inneren, natürlichen" bzw. wirtschaftlichen Zusammenhang" stehen.

Beispiele:

Konnexität wurde bejaht:

- zwischen dem Grundbuchberichtigungsanspruch und dem Anspruch auf Ersatz inzwischen vom Schuldner aufgewendeter Hypothekenzinsen;
- zwischen dem Schadenersatzanspruch wegen Lieferung eines aliuds und dem Auskunftsanspruch hinsichtlich der Verwertung des gelieferten aliuds;
- zwischen vermögensrechtlichen Ansprüchen aus der Ehe.

Konnexität wurde verneint:

- zwischen Ansprüchen aus dem Gesellschaftsverhältnis und Verbindlichkeiten, die der Gesellschafter als Kunde der Gesellschaft (Bank) eingegangen ist;
- zwischen dem Anspruch auf Zustimmung zur Löschung einer Eigentümergrundschuld und dem Gegenanspruch aus Verwendungen auf das Grundstück.

d) Zulässigkeit

Negativ setzt die Berufung auf das Zurückbehaltungsrecht voraus, dass dieses nicht vertraglich oder gesetzlich ausgeschlossen sein darf. Dies ergibt sich aus der Einschränkung in § 273 Abs. 1 („... ofern nicht aus dem Schuldverhältnis sich ein anderes ergibt ...").

Beispiele:

- Das Zurückbehaltungsrecht ist ausgeschlossen, wenn die Aufrechnung nicht zulässig ist (weil sonst eine „verschleierte Aufrechnung" vorliegen würde);
- § 175 BGB verbietet die Zurückhaltung der Vollmachtsurkunde (sie muss nach Erlöschen der Vollmacht stets zurückgegeben werden);
- §§ 570, 549, 578 BGB verbieten dem Mieter oder Pächter ein Zurückbehaltungsrecht gegen den auf Rückgabe seines Grundstücks (bzw. seiner Mieträume) klagenden Vermieter (weil bei Grundstücksmiet- oder -pachtverträgen der Gegenanspruch des Mieters in keinem Verhältnis zum Wert der Mietsache steht; anders daher bei sonstigen Mietverträgen!);
- nach Gesellschaftsrecht steht dem GmbH-Gesellschafter kein Zurückbehaltungsrecht gegenüber der von der GmbH verlangten Einzahlung der Stammeinlage zu (§ 19 Abs. 2 GmbHG).
- Ein Zurückbehaltungsrecht kann auch nach der Natur des Schuldverhältnisses ausgeschlossen sein.

3. Die Wirkung des Zurückbehaltungsrechts

a) Einrede

Das Zurückbehaltungsrecht gewährt dem Schuldner eine aufschiebende **Einrede zur Leistungsverweigerung.**

Lernhinweis: Beachte demgegenüber, dass das kaufmännische Zurückbehaltungsrecht nach § 371 HGB nicht nur ein Leistungsverweigerungsrecht, sondern ein Befriedigungsrecht gewährt!

b) Verurteilung Zug-um-Zug

Die Geltendmachung des Zurückbehaltungsrechts im Prozess durch den Schuldner führt nicht etwa zur Abweisung der Klage, sondern zur Verurteilung „Zug um Zug" (§ 274 Abs. 1 BGB – lesen!).

Beispiel: Der Beklagte wird verurteilt, den Schäferhund „Bello" an den Kläger Zug um Zug gegen Zahlung von 200 Euro Futterkosten herauszugeben.

II. Die Einrede des nicht erfüllten Vertrages

Lernhinweis: Für den gegenseitigen Vertrag enthalten §§ 320ff. BGB eine Reihe von Besonderheiten. Unter anderem auch für das Leistungsverweigerungsrecht.

1. Voraussetzungen

a) Gegenseitiger Vertrag

Es muss sich um einen gegenseitigen Vertrag handeln („Leistung um Gegenleistung").

Beispiele: Kauf, Miete, Dienstvertrag, Werkvertrag.

b) Synallagma

Die geschuldeten Leistungen müssen in einem „synallagmatischen Verhältnis" stehen (die Leistung muss **„um der Gegenleistung willen"** erfolgen).

Beispiele: Beim Kauf hinsichtlich der Übereignungspflicht des Verkäufers und der Kaufpreiszahlungspflicht des Käufers; beim Pachtvertrag hinsichtlich der Gebrauchsüberlassung durch den Verpächter und der Pachtzahlung durch den Pächter, nicht aber hinsichtlich der Pachtzinszahlung einerseits und der Pflicht zum Ersatz von Aufwendungen andererseits. Im letzteren Fall könnte der Pächter lediglich (wenn die Voraussetzungen vorliegen) ein allgemeines Zurückbehaltungsrecht nach § 273 geltend machen.

c) Fälligkeit

Auch bei der Einrede des nicht erfüllten Vertrags muss die Gegenleistung fällig sein.

d) Keine Vorleistungspflicht

Ausgeschlossen ist die Einrede des nicht erfüllten Vertrages, wenn der Schuldner vorleistungspflichtig ist (vgl. den Wortlaut am Ende von § 320 Abs. 1 Satz 1 BGB).

2. Wirkungen der Einrede des nicht erfüllten Vertrages

Beruft sich der Schuldner im Prozess auf das Leistungsverweigerungs-recht, führt dieses nicht etwa zur Klageabweisung, sondern zur **Verurtei-lung Zug um Zug**. Außerdem kommt der Schuldner solange nicht in Ver-zug, als er sich auf die Einrede des nicht erfüllten Vertrages berufen kann (wegen der engen Verknüpfung von Leistung und Gegenleistung schließt bereits das Bestehen der Einrede den Verzug aus). In Verzug kommt der Schuldner erst, wenn der Gläubiger die Leistung anmahnt und gleichzeitig bereit und in der Lage ist, die eigene Leistung Zug um Zug zu bewirken.

Wiederholungsfragen zu § 30

Welches sind die Voraussetzungen des Zurückbehaltungsrechts? (§ 30 I 2)

In welchen Fällen ist die Geltendmachung eines Zurückbehaltungsrechts ausge-schlossen? (§ 30 I 2 d)

Welche Wirkung hat das Zurückbehaltungsrecht? (§ 30 I 3)

Welche Besonderheiten gelten für das Zurückbehaltungsrecht bei gegenseitigen Verträgen? (§ 30 II)

§ 31 Schadenersatz

Lernhinweis: Schadenersatzforderungen sind mit Abstand der häufigste Gegen-stand von Zivilprozessen und damit ein Schwerpunkt bei der Frage, welchen Inhalt ein Schuldverhältnis haben kann. Der Student läuft Gefahr, sich bei der Lehre vom Schadenersatz in einem Gestrüpp von Rechtsprechung und verstreuten Gesetzesbe-stimmungen zu verlieren. Machen Sie sich deshalb klar: Schadenersatzansprüche findet man an vielen Stellen innerhalb und außerhalb des BGB (Grobeinteilung: Vertragliche Schadenersatzansprüche einerseits und deliktische Ansprüche anderer-seits). Inhalt, Art und Umfang des Schadenersatzes sind im Allgemeinen Schuld-recht in den §§ 249 ff. BGB geregelt. Diese Vorschriften sind aber selbst keine Anspruchsgrundlagen! Bei Schadenersatzfällen geht es stets um folgende Fragen: Liegt ein Schaden vor? Welche Anspruchsgrundlage kommt in Betracht? Hat der Beklagte das schädigende Ereignis „zu vertreten"? Welche Schadensfolgen sind zu ersetzen? Wichtig ist, dass Sie trennen: zwischen den Schadenersatzansprüchen aus

Vertrag, die insbes. im Kapitel über die Leistungsstörungen behandelt werden, und den Schadenersatzansprüchen aus Delikt, die sich als Rechtsfolge im Anschluss an die Verwirklichung eines gesetzlich normierten Tatbestands ergeben, mit dem der Gesetzgeber bestimmte Rechtsgüter schützt (vgl. §§ 823 ff. BGB sowie unten im Besonderen Schuldrecht § 57).

I. Schadenersatz als Opferausgleich

Die Funktion des Schadenersatzrechts liegt im Opferausgleich. Das Gesetz beschreibt die Voraussetzungen für die Entschädigungspflicht. Dabei geht unser Recht **grundsätzlich** vom **Verschuldensprinzip** aus. Der Rechtsgrund für das Einstehenmüssen des Schädigers ist seine rechtswidrige und schuldhafte Handlung, mit der er den Schaden verursacht hat. Die Gefährdungshaftung setzt dagegen kein Verschulden voraus.

Beispiele: § 833 S. 1 BGB sowie außerhalb des BGB: Straßenverkehrsgesetz, Luftverkehrsgesetz, Umwelthaftungsgesetz u. a. Die dort erfassten Anlagen sind von ihrer Natur her so „gefährlich", dass bei ihrem Betrieb mit Schadensfolgen zu rechnen ist.

Freilich führt der Verzicht auf das Verschulden zu nicht kalkulierbaren Risiken des Betreibers. Diese Gefahr hat der Gesetzgeber erkannt und durch die Einführung von Zwangsversicherungen und Haftungshöchstbeträgen begrenzt.

Beispiel: Zulassungsvoraussetzung für den Betrieb eines Kraftfahrzeugs ist der Abschluss einer Pflichtversicherung.

Das Schadenersatzrecht im BGB wird durch ein umfassendes System kollektiver Sicherungen überlagert. Im Endergebnis tritt für den verursachten Schaden dann doch nicht der Schädiger, sondern eine Solidargemeinschaft ein.

Beispiele: Bei Kraftfahrzeugunfällen zahlt letztlich nicht der Kfz-Halter, sondern seine Haftpflichtversicherung. Bei Arbeitsunfällen tritt für den Arbeitgeber die Berufsgenossenschaft ein.

Hinzu kommt, dass häufig auch der Geschädigte im Rahmen der Risikovorsorge gegen etwaige Missliebigkeiten und Schicksalsschläge gesichert ist.

Beispiele: Krankenversicherung, Lohnfortzahlung, private Unfallversicherung.

Das BGB „tut immer noch so", als gäbe es diese Überlagerung nicht: Das Schadenersatzrecht reduziert sich auf die Beziehung zwischen dem Geschädigten und dem Schädiger. Im Rahmen des vielfältigen kollektiven Sicherungssystems ist dann die Rechtslage nach bürgerlichem Recht dafür maßgebend, ob und in welchem Umfang der jeweilige Versicherungsträger des Geschädigten sich beim Schädiger im Wege des Regresses schadlos halten kann.

Beispiele: Nach § 6 Entgeltfortzahlungsgesetz geht der Anspruch des Arbeitnehmers auf Ersatz des Verdienstausfalles gegen den Schädiger auf den Arbeitgeber über. Entsprechendes gilt für die Krankenversicherung. Begründung: Sonst würde die Risikoabsicherung letztlich zugunsten des Schädigers erfolgen.

Lernhinweis: Gerade dem Anfänger muss man immer wieder sagen, dass das Schadenersatzrecht keinen poenalen Charakter hat. Vielmehr beabsichtigt das Zivilrecht die „Wiedergutmachung" angerichteter Schäden, die mit dem staatlichen Strafanspruch nichts zu tun hat. Ob eine schädigende Handlung zusätzlich strafrechtlich relevant ist, beurteilt sich nach dem Strafrecht. Im StGB hat der Gesetzgeber dazu einen Katalog des kriminellen Unrechts geschaffen. Nulla poena sine lege! Deshalb auch hier die Ermahnung zu terminologischer Sauberkeit: Im Zivilprozess heißt es nicht: „Angeklagter", sondern „Beklagter". Die zivilrechtliche Seite kümmert sich um den Opferausgleich nach dem Schadenersatzrecht, auf strafrechtlicher Seite wird der Täter wegen der möglicherweise gleichzeitig begangenen Straftaten verurteilt.

II. Die haftungsbegründenden Tatbestände

Die Geltendmachung von Schadenersatzansprüchen setzt entsprechende Anspruchsgrundlagen voraus. Solche ergeben sich innerhalb bestehender Schuldverhältnisse, vor allem bei den Leistungsstörungen und sonstigen Pflichtverletzungen. Dem stehen Schadenersatzansprüche „aus Gesetz" gegenüber, in erster Linie die deliktischen Ansprüche im Recht der unerlaubten Handlungen (§§ 823 ff. BGB). In der Regel setzen Schadenersatzansprüche Verschulden voraus. Schadenersatzansprüche ohne Verschulden sind im BGB relativ selten. Wir kennen sie im Falle der Erklärungshaftung (§§ 122, 179 BGB) sowie bei den Tatbeständen der Gefährdungshaftung. Letztere sind überwiegend in Spezialgesetzen geregelt. Vergleichen Sie im Einzelnen dazu die Übersicht *Haftungsbegründende Tatbestände.*

Haftungsbegründende Tatbestände

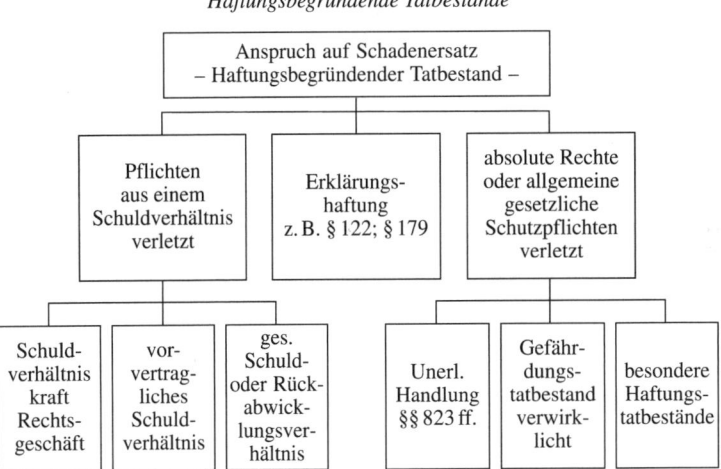

Lernhinweis: Beachten Sie, dass die §§ 249 ff. BGB selbst keine Anspruchsgrundlagen sind! Dort ist vielmehr Inhalt und Umfang der Ersatzpflicht kodifiziert.

Merke: § 249 ff. BGB regeln nicht das „Ob", sondern das „Wie" und „Wieviel".

III. Inhalt, Art und Umfang des Schadenersatzanspruches

1. Begriff des Schadens

Das BGB sagt nicht ausdrücklich, was es unter „Schaden" versteht. Die Rechtsprechung definiert den Schaden als „jeden **Nachteil, den jemand** durch ein bestimmtes Ereignis an **seinem Vermögen oder** an seinen sonstigen **rechtlich geschützten Gütern erleidet".** (Merkformel: „Schaden" ist jede *unfreiwillige* Vermögenseinbuße an Lebensgütern; im Gegensatz dazu sind „Aufwendungen" Vermögenseinbußen, die *freiwillig* entstehen.) Was aber genau versteht man darunter? Für die Feststellung, ob und in welcher Höhe ein Schaden vorliegt, wird nach der sogenannten **„Differenzhypothese"** der Unterschied zwischen zwei Güterlagen ermittelt: Der Schaden ist die Differenz zwischen der tatsächlichen Lage, die infolge des schädigenden Ereignisses besteht, und der hypothetischen, die bestehen würde, wenn das schädigende Ereignis nicht eingetreten wäre. Der Schaden errechnet sich folglich aus der Differenz zweier zu vergleichender Kausalverläufe: dem hypothetischen und dem tatsächlichen.

Beispiel: Bei einem Verkehrsunfall wird das Kraftfahrzeug des Kfz-Halters K beschädigt. Es fallen Reparaturkosten an (tatsächliche Lage). Hätte sich der auf ein fahrlässiges Fremdverhalten zurückzuführende Unfall nicht ereignet, wären die Reparaturkosten nicht entstanden (hypothetische Lage). Der Schaden besteht also in den Reparaturkosten.

2. Kausalität

Die Schadenersatzpflicht setzt weiterhin Kausalität voraus: Der Schaden muss durch das zum Schadenersatz verpflichtende Ereignis verursacht worden sein. Nach der im bürgerlichen Recht geltenden **„Adäquanztheorie"** ist jede Bedingung kausal, die mit dem eingetretenen Erfolg in einem adäquaten Zusammenhang steht. Mit anderen Worten: Das Ereignis muss geeignet sein, einen Erfolg dieser Art herbeizuführen.

Man unterscheidet bei der Kausalität:

– die *haftungsbegründende Kausalität:* Hier geht es um die Ursächlichkeit der schädigenden Handlung für die Rechtsgutverletzung sowie

– die *haftungsausfüllende Kausalität:* Sie betrifft den Kausalzusammenhang zwischen der Rechtsgutverletzung und dem eingetretenen Schaden.

Kausalität

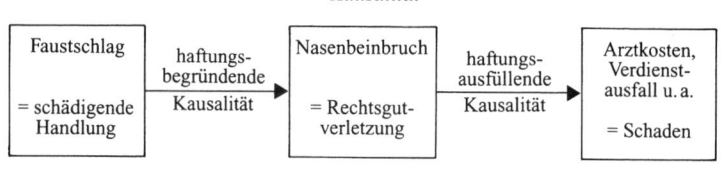

3. Die Art des Schadens

a) Unmittelbarer und mittelbarer Schaden

Als unmittelbaren Schaden bezeichnet man die Einbuße, die am verletzten Rechtsgut selbst entsteht.

Beispiel: Bei einem Verkehrsunfall wird das nagelneue Kraftfahrzeug beschädigt; die Reparaturkosten betragen 3000 Euro.

Unter dem mittelbaren Schaden versteht man den Folgeschaden.

Beispiel: Eine Person wird bei einem Verkehrsunfall verletzt und erleidet einen Verdienstausfall. Der entgangene Gewinn ist mittelbarer Schaden.

Das BGB sieht sowohl den Ersatz des unmittelbaren als auch den des mittelbaren Schadens vor.

Lernhinweis: Verwechseln Sie nicht die beiden Begriffspaare „unmittelbarer und mittelbarer Schaden" einerseits sowie „unmittelbar und mittelbar Geschädigter" andererseits. Ersatzberechtigt ist nur der unmittelbar Geschädigte. Ein Dritter, der durch einen anderweitigen Schadensfall mittelbar geschädigt wird, kann nach dem BGB vom Schädiger keinen Ersatz verlangen; Ausnahmen: §§ 844, 845 BGB – die Verletzung des Unterhaltspflichtigen begründet einen Schadenersatzanspruch der mittelbar geschädigten Unterhaltsberechtigten.

b) Vermögensschaden und Nichtvermögensschaden

Unter Vermögensschaden **(materieller Schaden)** versteht man „jede in Geld bewertbare Einbuße, die jemand an seinem Vermögen erleidet".

Beispiel: Bei einem Verkehrsunfall werden das Kraftfahrzeug demoliert und der Fahrer verletzt. Reparaturrechnung und Arztkosten beziffern den Vermögensschaden.

Ein Nichtvermögensschaden **(immaterieller Schaden)** liegt vor, wenn die erlittenen Einbußen sich nicht als Vermögensminderung darstellen.

Beispiele: Schmerz, Wohlbefinden, Freiheit und Ehre.

Lernhinweis: Das Gesetz differenziert zwischen immateriellem und materiellem Schaden: Nach § 253 Abs. 1 BGB kann wegen immaterieller Schäden **Geld**entschädigung nur in den vom Gesetz bestimmten Ausnahmefällen verlangt werden (im BGB ausdrücklich genannt ist der Schmerzensgeldanspruch nach § 253 Abs. 2 BGB und der Anspruch auf eine angemessene Geldentschädigung bei nutzlos aufgewendeter Urlaubszeit gem. § 651 f BGB).

Durch die Reform des Schadenersatzrechts von 2002 wurde der Anwendungsbereich des Schmerzensgeldanspruchs erheblich erweitert: Hat ein Geschädigter aus unerlaubter Handlung, Gefährdungshaftung oder Vertrag (einschließlich vorvertraglicher Beziehungen, Stichwort: culpa in contrahendo) einen Schadenersatzanspruch wegen Verletzung der in § 253 Abs. 2 BGB genannten Rechtsgüter, schuldet der Schädiger zusätzlich zum Ersatz des Vermögensschadens für den immateriellen Schaden eine billige Entschädigung in Geld (= Schmerzensgeld).

Beachten Sie: Die Einschränkung gilt nur für den Schadenersatz in **Geld,** nicht aber für die Naturalherstellung! So kann z. B. nach § 249 Abs. 1 BGB der Widerruf einer ehrverletzenden Äußerung verlangt werden.

c) Erfüllungs- und Vertrauensschaden

Beim Umfang der Schadenersatzpflicht unterscheidet das Gesetz zwischen dem Erfüllungsschaden (man spricht auch vom Erfüllungsinteresse oder **„positiven Interesse"**) und dem Vertrauensschaden (Vertrauensinteresse oder **„negatives Interesse"**).

- Als positives Interesse bezeichnet man den Schaden, der infolge der Nichterfüllung entsteht. Der Geschädigte hat einen Anspruch, so gestellt zu werden, als sei das Geschäft tatsächlich abgewickelt, also erfüllt worden.

Merksatz: „Stelle mich so, wie ich stünde, wenn ordnungsgemäß erfüllt worden wäre!"

Beispiel: Bei einer Pflichtverletzung nach §§ 280 Abs. 1, 3; 281 bis 283 BGB geht der Schadenersatzanspruch auf das Erfüllungsinteresse.

Hinweis: Vor der Schuldrechtsmodernisierung sprach das BGB vom „Schadenersatz wegen Nichterfüllung". In §§ 281 ff. BGB ist nunmehr die Rede vom „Schadenersatz statt der Leistung". Eine sachliche Änderung ist damit nicht verbunden. Der Gesetzgeber wollte nur terminologisch korrekt sein (der Schadenersatzanspruch tritt nicht an die Stelle der Erfüllung, sondern an die Stelle der primär geschuldeten Leistung, die nicht mehr verlangt werden kann; auch die Leistung von Schadenersatz bedeutet Erfüllung, nämlich der auf Schadenersatz gerichteten Verbindlichkeit).

- Beim negativen Interesse beschränkt sich der Schadenersatz auf den Schaden, den der Geschäftspartner dadurch erlitten hat, dass er auf die Gültigkeit des Rechtsgeschäfts vertraut hat.

Merksatz: „Stelle mich so, wie ich stünde, wenn ich von der ganzen Angelegenheit nie etwas gehört hätte!"

Beispiel: Wer anficht, muss nach § 122 BGB dem Anfechtungsgegner den Schaden ersetzen, den dieser im Vertrauen auf die Gültigkeit der angefochtenen Erklärung erlitten hat (z.B. Ersatz der nutzlos gewordenen Aufwendungen).

Meist ist der Vertrauensschaden geringer als der Erfüllungsschaden. Das muss aber nicht so sein. In manchen Fällen begrenzt das Gesetz den Ersatz des negativen Interesses auf den Betrag des positiven Interesses (z.B. in § 122 Abs. 1 a.E. BGB).

d) Drittschaden

Schadenersatz kann nur der Geschädigte verlangen. Oft aber treten Schadensfolgen nicht nur beim unmittelbar Geschädigten, sondern auch bei Dritten ein.

Beispiel: Ein beauftragter Taxifahrer wird verletzt, dem wartenden Fahrgast entgeht ein lukratives Geschäft.

Die Ausdehnung der Schadenersatzpflicht auf mittelbar Geschädigte würde zu unkalkulierbaren Risiken führen. Deshalb ist schadenersatzberechtigt

- bei Verträgen nur der Vertragspartner,
- bei unerlaubten Handlungen nur der verletzte Rechtsgutinhaber.

Nicht ersatzberechtigt ist der mittelbar Geschädigte (Terminologie beachten, vgl. oben).

Ausnahmsweise wird der Drittschaden in bestimmten Fällen ersetzt:

- Schädigung von Unterhaltsverpflichteten nach §§ 844, 845 BGB: Unterhaltsberechtigte können vom Schädiger Ersatz verlangen, wenn dieser für die Verletzung oder Tötung des Unterhaltsverpflichteten verantwortlich ist.

- **Schadensliquidation im Drittinteresse:** Ausnahmsweise können Drittschäden „liquidiert" werden, wenn eine Gefahrentlastung zugunsten des Schädigers unbillig wäre. Wir kennen dies vor allem beim Versendungskauf und bei der mittelbaren Stellvertretung (vgl. dazu unten).
- Beim Vertrag mit Schutzwirkung zugunsten Dritter (vgl. oben § 29 IV).

4. Art und Umfang des Schadenersatzanspruches

Das BGB geht in §§ 249 ff. von zwei unterschiedlichen Arten des Schadenersatzes aus:

- der *Naturalrestitution* (§§ 249, 250 BGB) und
- der *Kompensation* (§§ 251, 252, 253 BGB).

Naturalrestitution schützt das sog. *Integritätsinteresse* des Geschädigten an der konkreten Zusammensetzung seines Bestands an Gütern durch konkrete Schadensbehebung. Schulbeispiel: Der Eigentümer eines beschädigten Pkw kann grundsätzlich dessen Reparatur verlangen.

In Form der Schadenskompensation wird das *Wert- oder Summeninteresse* des Geschädigten an der Erhaltung seiner Gesamtvermögenslage geschützt. **Formel:** Es ist die Differenz zwischen dem Wert des Vermögens, wie es ohne schädigendes Ereignis bestünde und dem, wie es durch das schädigende Ereignis tatsächlich besteht, zu ersetzen.

Dem Grundsatz nach hat die Naturalrestitution Vorrang vor der Kompensation. Aus § 251 BGB ergibt sich, dass Schadenersatz durch Kompensation zu leisten ist, wenn Naturalrestitution nicht möglich, nicht genügend oder nur mit unverhältnismäßigem Aufwand erreichbar ist. Merken Sie sich nachfolgende Punkte:

a) Grundsatz der Naturalrestitution

Wer Schadenersatz leisten muss, ist nach bürgerlichem Recht zur „Naturalrestitution" verpflichtet. Der Schädiger muss den Zustand herstellen, **der bestehen würde,** wenn der zum Ersatz verpflichtende Umstand nicht eingetreten wäre (§ 249 Abs. 1 BGB – lesen!).

Hinweis: Achten Sie auf den genauen Wortlaut des Gesetzes! Danach ist nicht der „frühere Zustand wiederherzustellen", vielmehr ein solcher Zustand, der wirtschaftlich der hypothetischen Lage entspricht, die beim Ausbleiben des schädigenden Ereignisses vorläge. Eine bloße Wiederherstellung wird regelmäßig schon daran scheitern, dass dies gar nicht mehr möglich ist.

Beispiele: Naturalrestitution bedeutet
- bei Sachschäden Reparatur der beschädigten Sachen,
- bei Ehrverletzungen Widerruf der ehrenrührigen Äußerungen.

b) Schadenersatz in Geld

Die Systematik des Gesetzes geht davon aus, dass der Schädiger grundsätzlich zur tatsächlichen Naturalherstellung verpflichtet ist. Stattdessen kann aber in bestimmten Fällen der Gläubiger Geldersatz verlangen und der Schuldner die Schadenersatzpflicht durch Geldzahlungen erfüllen. Nach §§ 249 ff. BGB gilt:

aa) Geldersatz bei Personen- und Sachschäden

Nach § 249 Abs. 2 S. 1 BGB (lesen!) kann der Gläubiger statt der Naturalrestitution den dazu erforderlichen Geldbetrag verlangen, wenn wegen der Verletzung einer Person oder wegen der Beschädigung einer Sache Schadenersatz zu leisten ist.

Beispiel: Bei einem Unfall mit Personen- und Sachschäden kann der Geschädigte dem Schädiger die Reparaturrechnung schicken und Ersatz der Krankenhauskosten verlangen.

bb) Geldersatz nach Fristsetzung

Nach § 250 Satz 1 BGB (lesen!) kann der Geschädigte zur Naturalrestitution eine angemessene Frist setzen und dabei erklären, dass er nach Fristablauf die Naturalherstellung ablehne. Danach kann er Schadenersatz in Geld verlangen.

cc) Geldersatz bei Unmöglichkeit der Naturalherstellung

Häufig wird die Naturalherstellung gar nicht möglich oder nicht genügend sein. In diesem Fall kann der Geschädigte nach § 251 Abs. 1 BGB (lesen!) Geldersatz verlangen.

Schulbeispiel: Bei einem Unfall mit Totalschaden hat der Geschädigte Anspruch auf Geldersatz in Höhe des Wiederbeschaffungswerts.

dd) Geldersatz bei unverhältnismäßiger Naturalherstellung

Der Schädiger hat seinerseits das Recht, den Geschädigten in Geld zu entschädigen, wenn die Herstellung nur mit unverhältnismäßigen Aufwendungen möglich ist (vgl. § 251 Abs. 2 BGB – lesen!).

Beispiel: § 251 Abs. 2 BGB hat große praktische Bedeutung im Rahmen der Unfallregulierung bei Totalschäden von Gebrauchtwagen. Lohnt es sich und ist es dem Schuldner zuzumuten, die hohen Reparaturkosten für einen „klapprigen Uralt-VW" zu tragen, wenn diese wesentlich höher liegen als der Zeitwert des Gebrauchtwagens? Nach der Rechtsprechung greift § 251 Abs. 2 bei „unverhältnismäßigen Aufwendungen" ein. Wenn die bei der Reparatur zu zahlende Entschädigung wesentlich (Richtschnur: 30 Prozent) über dem Sachwert liegt, kann der Schuldner die Pflicht zur Zahlung der Reparaturkosten durch Geldleistung in Höhe des Sachwerts abwenden. Er kann den Schaden statt durch Reparatur auch durch Beschaffung einer gleichwertigen Ersatzsache ausgleichen.

c) Einzelfälle der Schadensberechnung

aa) Entgangener Gewinn

Nach § 252 BGB (lesen!) umfasst der Schadenersatz auch den entgangenen Gewinn. Dieser wird definiert als „der Gewinn, welcher nach dem gewöhnlichen Lauf der Dinge oder nach den besonderen Umständen, insbesondere nach den getroffenen Anstalten und Vorkehrungen, mit Wahrscheinlichkeit erwartet werden konnte".

Beispiel: Der bei einem Verkehrsunfall durch Fremdverschulden verletzte Klaviervirtuose liegt im Krankenhaus und muss eine bereits geplante Konzertreise absagen.

Die Agentur bezahlt kein Honorar. Die Ersatzpflicht des Schädigers schließt nach § 252 BGB den Verdienstausfall ein.

bb) Fehlgeschlagene Aufwendungen

Der Schaden kann auch darin liegen, dass der Geschädigte Aufwendungen gemacht hat, die durch den Schadensfall nutzlos wurden.

Beispiele: Der Geschäftspartner hat im Hinblick auf ein abgeschlossenes Geschäft Telefon-, Porto- und sonstige Auslagen gehabt, die infolge der Anfechtung nutzlos werden. Der Schadenersatzanspruch nach § 122 BGB erfasst auch solche fehlgeschlagenen Aufwendungen. Eine weitere wichtige Anspruchsgrundlage für vergebliche Aufwendungen findet sich auch in § 284 BGB (lesen!), auf die in anderen Vorschriften verwiesen wird (z. B. in § 437 Nr. 3, § 634 Nr. 4 BGB).

cc) Entgangene Gebrauchsvorteile

Ob der Verlust von Gebrauchsvorteilen einer Sache (Stichwort: „Nutzungsentgang") als Schaden angesehen werden kann, hängt von der Eigenart der beschädigten Sache ab. Unterscheiden Sie:

(1.) Nutzungsentgang bei Kraftfahrzeugen

Es entspricht ständiger Rechtsprechung und ist mittlerweile gewohnheitsrechtlich anerkannt, dass der Eigentümer eines privat genutzten Kraftfahrzeugs, das bei einem Verkehrsunfall beschädigt wurde, wegen der ihm entgehenden Gebrauchsvorteile Schadenersatz verlangen kann, auch wenn er kein Ersatzfahrzeug anmietet („am besten fährt man, wenn man läuft!"). Hinsichtlich der Höhe werden die Mietwagenkosten, vermindert um die Gewinnspanne des Vermieters und der ersparten Eigenkosten, zugrunde gelegt (ca. 35 bis 40 Prozent der üblichen Miete bzw. 200 bis 400 Prozent der Vorhaltekosten). Zur Ermittlung der Anspruchshöhe wurden für die Regulierung von Kfz-Schäden von der Praxis Tabellen entwickelt, die auch von der höchstrichterlichen Rechtsprechung als geeignete Schätzungsgrundlage akzeptiert werden.

(2.) Nutzungsentgang bei sonstigen Sachen

Zur Frage, ob auch beim Verlust von Gebrauchsvorteilen anderer Sachen ein Schadenersatzanspruch aus dem Gesichtspunkt des Nutzungsentgangs geltend gemacht werden kann, hat der Bundesgerichtshof (BGHZ GrS 98, 212) als *Leitlinie* ausgegeben: Der deliktische Eingriff in den Gegenstand des Gebrauchs begründet einen ersatzfähigen Vermögensschaden, wenn es sich um eine Sache handelt, auf deren *ständige Verfügbarkeit* der Berechtigte *für die eigenwirtschaftliche Lebenshaltung typischerweise angewiesen ist.*

Beispiele: *Bejaht* haben die Gerichte Schadenersatzansprüche, wenn der Nutzungsausfall die nachfolgenden Gegenstände betrifft: Wohnung, Hobbyraum, Keller, Balkon, Terrasse, Motorrad, Elektrorollstuhl, Blindenhund. Bei Einrichtungsgegenständen stellen die Gerichte darauf ab, ob ihre ständige Verfügbarkeit für die Lebensführung von zentraler Bedeutung ist. Dies wurde bejaht für die Kücheneinrichtung, Geräte der Haushaltselektronik wie Fernseher, Waschmaschine und Kühlschrank.

Verneint wurden Schadenersatzansprüche, wenn die betreffenden Gegenstände nicht zum notwendigen Lebensbedarf gehören, wie Garage, privates Schwimmbad, Privatflugzeug, Motorboot, Segelyacht und Reitpferd.

254   Teil III: BGB – Allgemeines Schuldrecht

dd) Verlust der Freizeit

Der bloße Verlust von Freizeit ist an sich kein Vermögensschaden. Ausnahme: Der Urlaub wird nach heutiger Auffassung als Vermögensgut angesehen. Bei seiner Beeinträchtigung liegt daher ein Vermögensschaden vor. Wenn die sonstigen Voraussetzungen zutreffen, kann nach § 651 f Abs. 2 (Sie merken: Die Bestimmung wurde im Zeitalter des Massentourismus nachträglich eingefügt!) der Reisende bei Vereitelung oder erheblicher Beeinträchtigung der Reise auch wegen nutzlos aufgewendeter Urlaubszeit eine angemessene Entschädigung in Geld verlangen.

ee) Verlust der Arbeitskraft

Sowohl die bloße abstrakte Minderung der Erwerbsfähigkeit als auch der bloße Ausfall der Arbeitskraft als solcher stellt noch keinen Vermögensschaden dar, da die Arbeitskraft eine Eigenschaft der Person, nicht aber ein Vermögensgut ist. Davon ist aber die konkrete Einbuße infolge einer Verletzung der Arbeitskraft zu unterscheiden: Kann der Geschädigte wegen des Unfalls ein bestimmtes Geschäft nicht abschließen und erleidet er dadurch einen Verdienst- oder Gewinnausfall, ist Schadenersatz nach § 252 BGB zu leisten.

ff) Anteilige Kosten der Schadensvorsorge

Was gilt, wenn der Geschädigte in weiser Voraussicht, dass es zu Schäden kommen könnte, Maßnahmen der Schadensvorsorge ergreift? Kann man diese Kosten anteilsmäßig auf den Schädiger abwälzen?

Schulbeispiel: Kann der Ladenbesitzer vom ertappten Ladendieb einen Anteil an den Vorbeugekosten verlangen (z.B. Hausdetektiv, technische Sicherungseinrichtungen)? Die Rechtsprechung hat dies verneint (vgl. BGHZ 75, 237), billigt aber den Ersatz einer (sich auf den konkreten Diebstahl beziehenden) Fangprämie zu (ein Betrag von damals bis zu 50,– DM wurde nicht beanstandet, z.B. LG Berlin DB 1984, 1029).

Auf der anderen Seite hat der Bundesgerichtshof bei der Verletzung von Urheberrechten der GEMA einen Anspruch auf anteiligen Ersatz der Kosten für die Kontrollorganisation zugesprochen.

Lernhinweis: Sie können anhand der vorerwähnten Konstellationen erkennen, dass die meisten Fragen des Schadenersatzrechts im Gesetz nicht oder nur andeutungsweise geklärt sind und viele Fragen der praktischen Schadensregulierung von den Gerichten tagtäglich aufs Neue – oft im Wege der Rechtsfortbildung – zu entscheiden sind.

gg) Vorteilsausgleich

(1) Grundsatz

Das Schadenersatzrecht hat die Funktion des Opferausgleichs. Der Geschädigte darf keinen Nachteil erleiden, er soll aber auch nicht bessergestellt werden. Deshalb sind Vorteile bei der Schadensberechnung zu berücksichtigen. Die Ersatzpflicht beschränkt sich dann auf die Differenz zwischen Schaden und Vorteil. Außerordentlich strittig ist, welcher Vorteil anrechnungspflichtig ist. Im Grundsatz gilt: Keine Vorteilsausgleichung bei Leistungen Dritter im Rahmen der sozialen Sicherung! Lohnfortzahlungsansprüche, Versicherungsleistungen sind nicht anzurechnen. Sie mildern zwar den Schaden, sollen aber dem Schädiger nicht zugute kommen. Ganz im Gegenteil: Leistet ein Dritter, erwirbt dieser Regressansprüche gegen den Schädiger.

(2) Neu für Alt

Wird eine Sache zerstört, bemisst sich der Schaden in der Regel nach den Kosten für die Wiederbeschaffung einer wirtschaftlich gleichwertigen Sache.

Beispiel: Bei Totalschaden eines Kraftfahrzeugs muss der Schädiger ein gleichwertiges Gebrauchtfahrzeug beschaffen. Es kann aber sein, dass gleichwertige gebrauchte Sachen nicht mehr auf dem Markt sind. Auch ist denkbar, dass die Ersatzbeschaffung aus anderen Gründen, z.B. wegen Unzumutbarkeit, ausscheidet. Dann kann der Schaden nur durch Beschaffung neuer Sachen wiedergutgemacht werden. Regelmäßig führt dies zu einer Bevorzugung des Geschädigten: Er erhält anstelle der alten Sache eine neue. Die Vorteilsausgleichung wird dadurch bewirkt, dass der Schädiger einen Abzug „neu für alt" machen kann.

IV. Verantwortlichkeit des Schädigers

Lernhinweis: Das bürgerliche Recht geht grundsätzlich von der Verschuldenshaftung aus. Nur ausnahmsweise muss der Schädiger auch ohne Schuldvorwurf für die von ihm verursachten Folgen einstehen.

Lernhinweis: Beachten Sie die Terminologie! Das BGB benutzt den Oberbegriff „Vertretenmüssen".

Zu vertreten hat der Schuldner nicht nur eigenes und gegebenenfalls fremdes Verschulden, sondern in Ausnahmefällen auch solche Ereignisse, die ohne sein Verschulden eintreten. Das Gesetz spricht dann vom **„Zufall".** Besonders im Recht der Leistungsstörungen wird uns dies beschäftigen. Sie werden dann sehen, dass diese Abweichung vom Verschuldensprinzip nicht unbillig ist. Die Haftung für den Zufall ermöglicht bei bestimmten Sachverhalten einen gerechten Interessenausgleich.

1. Haftung für eigenes Verschulden

Nach § 276 Abs. 1 S. 1 BGB hat der Schuldner, wenn keine strengere oder mildere Haftung eingreift, Vorsatz und Fahrlässigkeit zu vertreten.

Vorsatz ist **Wissen und Wollen der Tat,** Fahrlässigkeit wird in § 276 Abs. 2 BGB definiert: Fahrlässig handelt, **wer die im Verkehr erforderliche Sorgfalt außer Acht lässt** (Legaldefinition, deshalb zu wissen!).

Gelegentlich erwähnt das BGB die „grobe" Fahrlässigkeit: In manchen Fällen ist eine Haftungsbeschränkung auf „grobe Fahrlässigkeit" vorgesehen (vgl. §§ 300 Abs. 1, 521, 599, 680, 968 BGB), im Verjährungsrecht wird die grobe Fahrlässigkeit der Kenntnis gleichgestellt (§ 199 Abs. 1 Nr. 2 BGB) und im Sachenrecht schließt grobe Fahrlässigkeit den gutgläubigen Erwerb aus (vgl. § 932 Abs. 2 BGB). Das Gesetz definiert die grobe Fahrlässigkeit nicht; sie liegt vor, wenn die im Verkehr erforderliche Sorgfalt „in besonders schwerem Maße verletzt wird".

Beispiele: Ein Kraftfahrer fährt bei Rotlicht in die Kreuzung ein. Der Käufer eines Gebrauchtwagens lässt sich vom Verkäufer nicht den Kfz-Brief aushändigen und ist deshalb nicht gutgläubig, wenn er vom Nichtberechtigten erwirbt.

Beachten Sie: Das Gesetz spricht von „im Verkehr erforderlicher Sorgfalt". Gemeint ist also nicht die „im Verkehr ,übliche' Sorgfalt" (die – wie z. B. im Straßenverkehr – erheblich unter der erforderlichen Sorgfalt liegen kann). Ein modifizierter Haftungsmaßstab kann sich gem. § 276 Abs. 1 S. 1 Hs. 2 BGB daraus ergeben, dass der Schuldner gegenüber dem Gläubiger eine **Garantie** (entspricht einer zugesicherten Eigenschaft) oder ein **Beschaffungsrisiko** (entspricht einer Gattungsschuld) übernommen hat. In diesen Fällen liegt ein „Vertretenmüssen" des Schuldners auch ohne fahrlässiges oder vorsätzliches Verhalten vor.

2. Haftung für fremdes Verschulden

Nach § 278 BGB (lesen!) hat der Schuldner das Verschulden seines gesetzlichen Vertreters und (vor allen Dingen!) der „Personen, deren er sich zur Erfüllung seiner Verbindlichkeit bedient", in gleichem Umfang zu vertreten wie eigenes Verschulden. Diese Hilfspersonen nennt man „**Erfüllungsgehilfen**". Die Rechtsprechung verwendet folgende **Formel:** „Erfüllungsgehilfe ist, wer nach den tatsächlichen Gegebenheiten des Falles mit dem Willen des Schuldners bei der Erfüllung einer diesem obliegenden Verbindlichkeit als seine Hilfsperson tätig wird".

Beispiel: Der Geselle ist Erfüllungsgehilfe, wenn ihn der Meister einen Reparaturauftrag durchführen lässt, bei dem der Vertragspartner geschädigt wird.

§ 278 BGB begründet die Haftungszurechnung für **fremdes** Verschulden (ließ z. B. der Erfüllungsgehilfe die erforderliche Sorgfalt außer Acht, so hat der Schuldner diese Fahrlässigkeit zu vertreten). Da der Schuldner die Erfüllung der ihm obliegenden Verbindlichkeit auf seinen Erfüllungsgehilfen übertragen hat, ist die Haftungszurechnung konsequent und auch interessengerecht.

Beachten Sie: Erfüllungsgehilfen sind nur die Personen, die „zur Erfüllung einer bestimmten Verbindlichkeit" eingesetzt werden. Mit anderen Worten: Es muss bereits eine „*Sonderverbindung*" zwischen dem Geschädigten und dem Anspruchsgegner bestehen. Dabei kommt jedes gesetzliche oder rechtsgeschäftliche Schuldverhältnis in Betracht, wenn dadurch Pflichten für den Anspruchsgegner begründet wurden, zu deren Erfüllung der betreffende Gehilfe herangezogen wurde. Meist sind es vertragliche (oder – im Fall der culpa in contrahendo – gem. § 311 Abs. 2 BGB vorvertragliche) Beziehungen. Dann wird das Verschulden der Hilfsperson dem Vertragspartner zugerechnet. § 278 BGB ist aber **keine selbstständige Anspruchsgrundlage**, sondern deren Ergänzung. Als Anspruchsgrundlagen kommen die (Schadenersatz-)Normen in Betracht, die als Rechtsfolge Schadenersatz wegen der Verletzung vertraglicher (bzw. vorvertraglicher) Pflichten gewähren. Beispiele: §§ 280 ff., 311 a Abs. 2 BGB. In der Falllösung zitiert man dann die Anspruchsgrundlage plus § 278 BGB.

Lernhinweis: Die „Hilfsperson" muss (im Gegensatz zum Verrichtungsgehilfen in § 831 BGB) nicht in einem bestimmten „sozialen Abhängigkeitsverhältnis" stehen. Auch die bei einem Reparaturauftrag von der Kfz-Werkstätte eingeschaltete Lackiererei ist Erfüllungsgehilfe, wenn die Werkstatt das Fahrzeug zur Durchführung von Lackierarbeiten außer Haus gibt.

Haftung für Gehilfen

	Erfüllungsgehilfe (§ 278)	Verrichtungsgehilfe (§ 831)
Anwendungsgebiet	Schädigung durch Vertragsverletzung oder Verletzung eines sonstigen Schuldverhältnisses	Schädigung durch Delikt (§§ 823 ff.), gleich, ob innerhalb oder außerhalb eines Schuldverhältnisses
Wesen	Haftungszurechnung für fremdes Verschulden, daher ist § 278 nicht selbstständige Anspruchsgrundlage	Haftung für eigenes Verschulden bei der Überwachung usw., daher ist § 831 selbstständige Anspruchsgrundlage
Gehilfe	Jeder, der mit Wissen und Wollen für den Schuldner tätig wird (egal, ob weisungsgebunden oder nicht)	Nur wer weisungsgebunden im Abhängigkeitsverhältnis zum Geschäftsherrn steht
Exkulpation	Entlastungsbeweis naturgemäß nicht möglich	Verschulden bei der Überwachung wird vermutet, aber Entlastungsbeweis möglich

Die **rechtspolitische Bedeutung** des § 278 BGB ist weitreichend: Im Rahmen der arbeitsteiligen Wirtschaft ist die Einschaltung von Erfüllungsgehilfen die Regel. Viele Vertragspartner versprechen ein „Leistungspaket", zu dessen Erfüllung es vieler Sub-Aufträge bedarf. Die Stärke des § 278 BGB liegt darin, dass sich der Geschäftsherr nicht „mit Ausreden" seiner Haftung entziehen kann: Im Gegensatz zur Haftung für den Verrichtungsgehilfen gibt es bei § 278 BGB keine Exkulpationsmöglichkeit.

Lernhinweis: Vergleichen Sie die Situation des Erfüllungsgehilfen mit der des Verrichtungsgehilfen anhand der gegenüberstellenden Übersicht *Haftung für Gehilfen* und den Ausführungen im Besonderen Schuldrecht unten § 57 V.

V. Mitverschulden

Oft ist nicht nur dem Schädiger, sondern auch dem Geschädigten ein Vorwurf bezüglich der Entstehung des Schadens zu machen. Dies kann nicht außer Acht bleiben. Mitverschulden führt zu einer Herabsetzung des Schadenersatzanspruchs, möglicherweise sogar zu dessen Ausschluss.

1. Mitverschulden bei der Entstehung des Schadens

Hat bei der Entstehung des Schadens ein Verschulden des Geschädigten mitgewirkt, so hängt nach § 254 BGB (lesen!) die Verpflichtung zum Ersatz sowie der Umfang des zu leistenden Ersatzes „von den Umständen, insbesondere davon ab, inwieweit der Schaden vorwiegend von dem einen oder dem anderen Teil verursacht worden ist".

Hinweis: Wenn § 254 BGB von „Verschulden" spricht, ist damit kein Verschulden im technischen Sinne des § 276 BGB gemeint; vielmehr handelt es sich dabei um ein „Verschulden gegen sich selbst".

Lernhinweis: § 254 BGB ist insoweit eine Ausnahmevorschrift, als sie von dem sonst geltenden „alles-oder-nichts-Prinzip" abweicht: Das Gericht kann dem Kläger (nur) entweder Recht geben oder die Klage abweisen. Es kann aber (abgesehen von einer Streitbeilegung durch Vergleich) nicht als Schlichter und Vermittler auftreten. Im Rahmen des § 254 dagegen kann das Gericht die besonderen Tatumstände des Einzelfalls würdigen und die Höhe des Ersatzanspruchs daran bemessen.

Beispiel: Der Antiquitäten suchende S lässt sich im Antiquitätengeschäft des A eine wertvolle Porzellanvase (Wert: 1000 Euro) zeigen. Aus Unachtsamkeit (somit „fahrlässig") stößt S sie vom Ladentisch, wodurch sie völlig zerstört wird. Allerdings hatte A die Vase unglücklicherweise direkt auf die Tischkante gestellt. Darin kann man ein Mitverschulden gem. § 254 BGB sehen. Ob A von S jetzt (aus § 823 Abs. 1 BGB) 900, 800 oder 635 Euro verlangen kann, hängt davon ab, wie hoch das Mitverschulden zu bewerten ist. Das Gericht hat dabei einen weiten Entscheidungsspielraum.

Markante Beispiele finden sich auch im Straßenverkehrsrecht: Ein Mitverschulden des Geschädigten wird von der Rechtsprechung bejaht, wenn

* ein Motorradfahrer keinen Helm trägt;
* ein Autofahrer den Sicherheitsgurt nicht anlegt;
* ein Radfahrer den Radweg in falscher Richtung befährt;
* ein Fußgänger bei Rot über die Straße geht oder eine Hauptverkehrsstraße überquert, ohne den nahegelegenen Zebrastreifen zu benutzen.

2. Mitverschulden bei der Entwicklung des Schadens

Nach § 254 Abs. 2 S. 1 kann das Mitverschulden auch darin bestehen, dass der Geschädigte es unterlässt, den Schadensverursacher „auf die Gefahr eines ungewöhnlich hohen Schadens aufmerksam zu machen" oder „den Schaden abzuwenden oder zu mindern".

Beispiele:

* Ein geschädigter Kfz-Halter darf kein überteuertes Mietwagenangebot annehmen;
* unter Umständen kann es bei einer nur geringen Wegstrecke für die Dauer der Reparatur eines geschädigten Kraftfahrzeugs geboten sein, statt eines Mietwagens gelegentlich ein Taxi zu nehmen;
* ein Geschädigter ist verpflichtet, die noch verbliebene Arbeitskraft zur Abwendung der Minderung eines Erwerbsschadens zu verwenden;
* bei einer nicht nur geringfügigen Verletzung muss sich der Geschädigte in ärztliche Behandlung begeben und die medizinischen Verordnungen befolgen.

3. Einstehen für das Mitverschulden Dritter

Nach § 254 Abs. 2 S. 1 ist im Falle des Mitverschuldens „die Vorschrift des § 278 entsprechend anzuwenden".

Lernhinweis: Hier haben Sie ein Beispiel für den seltenen Fall, dass der Gesetzgeber einen systematischen Fehler gemacht hat: Aus der Anfügung dieser Bestimmung als Satz 2 des Absatzes 2 von § 254 BGB würde eigentlich nach systematischer Auslegung folgen, dass sie sich nur auf den Absatz 2 bezieht. Nach ganz übereinstimmender Meinung ist der **Satz 2** in Absatz 2 jedoch **als Absatz 3 zu lesen.** Damit gilt die gemachte Aussage für beide vorausgehenden Absätze. Folge:

Der Geschädigte muss sich ein Mitverschulden Dritter nicht nur bei der Schadensminderungspflicht, sondern auch schon beim haftungsbegründenden Vorgang anrechnen lassen.

Beispiel: Hat im oben unter I aufgeführten Fall ein Angestellter des A die Vase auf die Tischkante gestellt, ist dessen fahrlässiges Verhalten gem. § 254 Abs. 2 S. 2 i.V.m. § 278 BGB dem A zuzurechnen.

Allerdings handelt es sich um eine sog. „Rechts**grund**verweisung" und nicht nur um eine „Rechts**folgen**verweisung". Das bedeutet: Soll ein Mitverschulden nach § 278 BGB dem Geschädigten zugerechnet werden, müssen die einzelnen Voraussetzungen des § 278 gegeben sein. Es muss also insbesondere bereits eine „rechtliche Sonderverbindung" (eine vertragliche oder eine vorvertragliche Rechtsbeziehung) zwischen dem Schädiger und Geschädigten bestanden haben.

4. Handeln auf eigene Gefahr

Einen typischen Fall des Mitverschuldens bildet das Handeln auf eigene Gefahr. Dieses liegt vor, wenn sich jemand *bewusst* in eine *Situation drohender Eigengefährdung* begibt. Klassische Fälle finden wir im Bereich von Sport- und Freizeitveranstaltungen sowie bei der Teilnahme am Straßenverkehr.

Beispiele:

* Fahrt mit einem erkennbar infolge Alkoholgenusses bzw. Übermüdung fahruntüchtigen Kfz-Lenker;
* Beteiligung am Gotcha-Spiel ohne Schutzkleidung; Aufspringen auf ein Go-Kart;
* Nichtbeachtung des Schussfeldes der Jagdgenossen durch Jagdteilnehmer;
* viele Fälle betreffen Verletzungen im Umgang mit Tieren: Jemand versucht, beißende Hunde mit ungeschützter Hand zu trennen oder hält sich beim Tiertransport dicht hinter einem bockenden Pferd auf.

Schon der Laie erkennt, dass derartiges Verhalten zu Abstrichen beim Schadenersatz führen muss. Lange Zeit wurde dazu eine aus seinem Verhalten abzuleitende Einwilligung des Verletzten konstruiert (Problem: Was gilt, wenn es sich bei diesem um einen Minderjährigen handelt?), Heute stehen Rechtsprechung und Lehre auf dem Standpunkt, dass die im Handeln auf eigene Gefahr liegende Selbstgefährdung unter das Mitverschulden fällt und damit gem. § 254 BGB zu einer Schadensteilung führt. Voraussetzung ist aber, dass Risiken in Kauf genommen werden, die das übliche Maß deutlich übersteigen. Nicht in jeder Selbstgefährdung liegt ein Mitverschulden.

Beispiele: Die Teilnahme an einer Ballonfahrt, der Besuch eines Autorennens oder Eishockeyspiels. Auch das Mitfahren bei einem Fahrzeugführer, der über eine geringe Fahrpraxis verfügt begründet noch nicht ein Mitverschulden aus dem Gesichtspunkt des Handelns auf eigene Gefahr.

Wiederholungsfragen zu § 31

Welche haftungsbegründenden Tatbestände für den Schadenersatzanspruch kennen Sie? (§ 31 II)

Wie wird festgestellt, dass überhaupt ein Schaden entstanden ist? (§ 31 III 1)

Was versteht man unter unmittelbarem, was unter mittelbarem Schaden? (§ 31 III 3 a)

Was versteht man unter einem Nichtvermögensschaden? (§ 31 III 3 b)

Wie unterscheidet sich das positive vom negativen Interesse? (§ 31 III 3 c)

Wird im Bürgerlichen Gesetzbuch der Drittschaden ersetzt? (§ 31 III 3 d)

Was versteht man unter dem Grundsatz der Naturalrestitution? (§ 31 III 4 a)

Wann kann Schadenersatz in Geld verlangt werden? (§ 31 III 4 b)

Wie definiert das Gesetz den Begriff der Fahrlässigkeit? (§ 31 IV 1)

Inwiefern hat der Schädiger auch fremdes Verschulden zu vertreten? (§ 31 IV 2)

Wird ein etwaiges Mitverschulden des Geschädigten berücksichtigt? (§ 31 V)

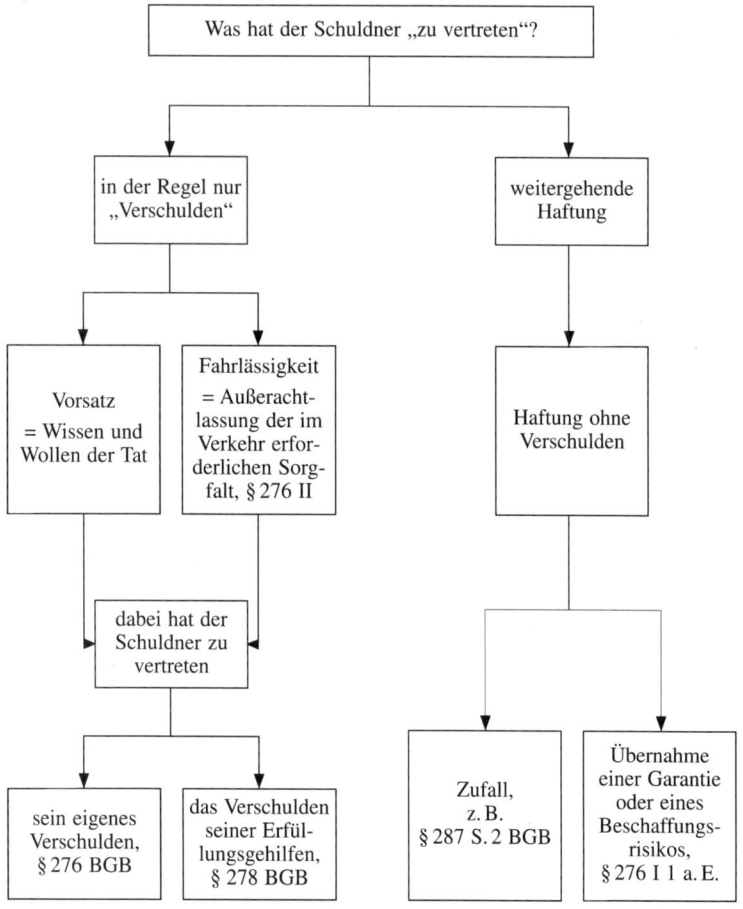

3. Kapitel: Beendigung des Schuldverhältnisses

Lernhinweis: Ein auf Güterumsatz gerichtetes Schuldverhältnis hat seinen Zweck erfüllt, wenn die versprochenen Leistungen ausgetauscht sind und die Vertragspartner ihre Schuldigkeit getan haben. Deshalb ist die Erfüllung der normale und häufigste Erlöschensgrund für ein Schuldverhältnis. Daneben gibt es eine Reihe weiterer Tatbestände, die ebenfalls zum Erlöschen des Schuldverhältnisses führen. Hierzu gehören die Aufrechnung, die Hinterlegung, der Erlass u. a.

Vergleichen Sie zunächst die Übersicht *Beendigung des Schuldverhältnisses* über die verschiedenen Erfüllungstatbestände und prägen Sie sich vorab die stichwortartigen Begriffsbestimmungen der genannten Erscheinungsformen ein.

§ 32 Die Erfüllung

Ein Schuldverhältnis begründet Rechte und Pflichten. Erfüllt der Schuldner seine Verpflichtungen, hat er das „seinerseits Erforderliche" getan, so erlischt das Schuldverhältnis. Wichtig ist dabei, dass der Schuldner auch tatsächlich die Leistung so bewirkt, wie sie versprochen ist. Deshalb sind im Nachfolgenden der Begriff der Erfüllung, seine Abgrenzung zu Tatbeständen, die nicht als volle Erfüllung gelten und schließlich einige Verteilungs- und Beweisfragen zu klären.

I. Leistungsbewirkung

1. Begriff der Erfüllung

Das Schuldverhältnis erlischt, wenn der Schuldner die geschuldete Leistung an den Gläubiger bewirkt (§ 362 Abs. 1 BGB – lesen!). Erfüllung ist demnach die Leistungsbewirkung, mit der der Schuldner das seinerseits Erforderliche getan hat, indem er

- die richtige Leistung
- in der richtigen Art und Weise
- am richtigen Ort
- zur rechten Zeit

erbringt.

Beispiele: Der Verkäufer übereignet die verkaufte Sache und verschafft dem Käufer den Besitz an ihr; der Käufer zahlt den Kaufpreis; der Werkunternehmer stellt das versprochene Werk her, z. B. das schlüsselfertige Bürohaus.

Wie also die Leistungsbewirkung zu erfolgen hat, ergibt sich jeweils aus dem einzelnen Vertrag bzw. aus den gesetzlichen Bestimmungen.

Man sagt: „Die Erfüllung ist der **natürliche Tod des Schuldverhältnisses**".

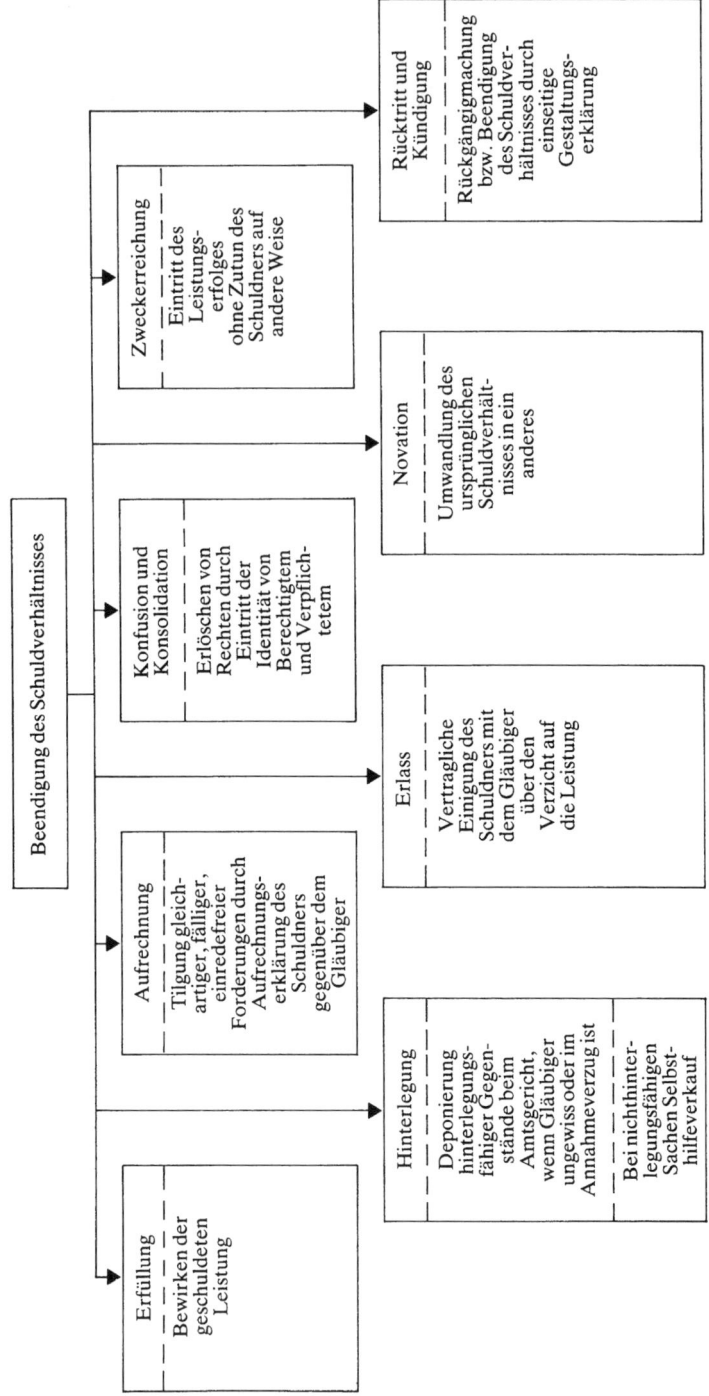

Beendigung des Schuldverhältnisses

Erfüllung
- Bewirken der geschuldeten Leistung

Hinterlegung
- Deponierung hinterlegungsfähiger Gegenstände beim Amtsgericht, wenn Gläubiger ungewiss oder im Annahmeverzug ist
- Bei nichthinterlegungsfähigen Sachen Selbsthilfeverkauf

Aufrechnung
- Tilgung gleichartiger, fälliger, einredefreier Forderungen durch Aufrechnungserklärung des Schuldners gegenüber dem Gläubiger

Erlass
- Vertragliche Einigung des Schuldners mit dem Gläubiger über den Verzicht auf die Leistung

Konfusion und Konsolidation
- Erlöschen von Rechten durch Eintritt der Identität von Berechtigtem und Verpflichtetem

Novation
- Umwandlung des ursprünglichen Schuldverhältnisses in ein anderes

Zweckerreichung
- Eintritt des Leistungserfolges ohne Zutun des Schuldners auf andere Weise

Rücktritt und Kündigung
- Rückgängigmachung bzw. Beendigung des Schuldverhältnisses durch einseitige Gestaltungserklärung

Lernhinweis: In der Regel muss der Schuldner an den Gläubiger leisten. Das versteht sich eigentlich von selbst. Eine Leistung an andere Personen kann nicht als Erfüllung angesehen werden. Zu beachten ist aber, dass der Gläubiger der Leistung des Schuldners an einen Dritten zustimmen kann (§ 362 Abs. 2 i. V. m. § 185 BGB; s. o.).

2. Verrechnung bei mehreren Schuldverhältnissen

Ist der Schuldner dem Gläubiger aus mehreren Schuldverhältnissen zu gleichartigen Leistungen (z. B. zur Zahlung) verpflichtet und reicht das von ihm Geleistete nicht zur Tilgung sämtlicher Schulden aus, so stellt sich die Frage, welches Schuldverhältnis durch die Zahlung erlischt.

Beispiel: Kaufmann K hat von der Firma V mehrere Lieferungen erhalten. Sämtliche Rechnungen sind noch nicht bezahlt. Außerdem schuldet er noch die Miete für ein von V gemietetes Geschäftslokal.

a) Bestimmung durch den Schuldner

Nach § 366 Abs. 1 BGB hat der Schuldner ein einseitiges Bestimmungsrecht, welche Schuld durch die Leistung beglichen werden soll.

b) Gesetzliche Tilgungsregel

Fehlt es daran, so greift nach § 366 Abs. 2 folgende Tilgungsregel ein:

Es wird durch die Zahlung getilgt die

- zunächst fällige Schuld,
- unter mehreren fälligen die weniger sichere Schuld,
- unter mehreren gleich sicheren die dem Schuldner lästigere Schuld (Beispiel: bei mehreren Darlehensschulden die mit dem höheren Zinssatz),
- bei mehreren gleich lästigen die ältere Schuld und
- bei gleichem Alter jede Schuld verhältnismäßig.

Daher auch die Merkregel: „Fällig, sicher, aber lästig ist das ältere Verhältnis".

3. Verpflichtungen des Gläubigers

Bewirkt der Schuldner die Leistung so, wie sie von ihm verlangt wird, treffen den Gläubiger zwei Pflichten:

a) Ausstellung einer Quittung

Der Schuldner kann vom Gläubiger gegen Erbringung der Leistung ein schriftliches Empfangsbekenntnis verlangen (§ 368 Satz 1 BGB).

Lernhinweis: Hier haben Sie einen weiteren Fall einer Legaldefinition: Ein vom Gesetzgeber in Klammern gesetzter Begriff wird vorstehend definiert (Quittung = schriftliches Empfangsbekenntnis). Die Quittung hat Legitimationsfunktion. Nach § 370 BGB ist der Überbringer einer Quittung ermächtigt, die Leistung in Empfang zu nehmen. Allerdings gilt dies nur für den Überbringer einer „echten" Quittung. Wer bei Vorlage gefälschter Quittungen zahlt, handelt auf eigenes Risiko. Die Rechtsprechung hilft dabei in Ausnahmefällen: Bei nachlässiger Verwahrung von Quittungsformularen, die den Missbrauch erst ermöglicht hat, besteht ein Gegenanspruch aus positiver Vertragsverletzung, mit dem aufgerechnet werden kann.

b) Rückgabe von Schuldscheinen

Wurde über die Forderung ein Schuldschein ausgestellt, so kann der Schuldner mit Erfüllung die Rückgabe des Schuldscheins verlangen (§ 371 S. 1 BGB). Was gilt, wenn der Gläubiger behauptet, er sei zur Rückgabe nicht in der Lage – wenn er z. B. den Schuldschein verlegt hat? Hier hat nach § 371 Satz 2 BGB der Schuldner einen Anspruch auf Erteilung eines öffentlich beglaubigten Anerkenntnisses, dass die Schuld erloschen sei. Die Kosten für die Erteilung des beglaubigten Anerkenntnisses (Notariatsgebühren!) trägt der Gläubiger.

II. Leistung an Erfüllungs statt

Denkbar ist, dass der Schuldner die versprochene Leistung nicht erbringen kann oder nicht erbringen will, dem Gläubiger aber eine andere Leistung anbietet.

Beispiel: Eine im Import/Export tätige Firma kann zurzeit nicht zahlen und bietet deshalb ihrem Geschäftspartner einen größeren Posten frisch bezogener Importware an.

Es dürfte einleuchten, dass „Ersatzleistungen" nicht ohne Weiteres als Erfüllung gelten können, andererseits kann es durchaus sein, dass derartige Angebote dem Gläubiger zusagen. Man unterscheidet zwischen der Annahme an „Erfüllungs statt" und der Annahme „erfüllungshalber":

1. Annahme an Erfüllungs statt

Eine Annahme an Erfüllungs statt liegt vor, wenn der Gläubiger **eine andere** als die geschuldete **Leistung als Erfüllung annimmt**. In diesem Fall **erlischt** nach § 364 Abs. 1 BGB (lesen!) das Schuldverhältnis. Weist die an Erfüllungs statt gegebene Sache Mängel auf, so hat der Gläubiger die Rechtsstellung eines Käufers. Er kann also nach Kaufrecht wegen Mängeln gem. § 437 BGB vorgehen.

2. Annahme erfüllungshalber

a) Definition

Keine Annahme an Erfüllungs statt, sondern eine „Annahme erfüllungshalber" liegt vor, wenn der Gläubiger eine andere als die geschuldete Leistung annimmt, das **Schuldverhältnis dadurch aber** noch **nicht erlischt**. Erfüllung tritt erst ein, wenn sich der Gläubiger aus dem Ersatzgegenstand für seine ursprüngliche Forderung in der geschuldeten Höhe befriedigt hat.

b) Auslegung

Nach § 364 Abs. 2 BGB (lesen!) besteht eine gesetzliche Auslegungsregel: Übernimmt der Schuldner zum Zwecke der Befriedigung des Gläubigers eine neue Verbindlichkeit, so ist im Zweifel **nicht** anzunehmen, dass er die Verbindlichkeit an Erfüllungs statt übernimmt. Das heißt: Diese Ersatzleistung bringt das Schuldverhältnis noch nicht zum Erlöschen.

Schulbeispiel: Der Käufer kann den Kaufpreis nicht bezahlen und akzeptiert einen Wechsel. In diesen Fällen muss im Zweifel angenommen werden, dass der Verkäufer seine Kaufpreisforderung behält, er nimmt den Wechsel nur erfüllungshalber entgegen. Erst wenn er bei Fälligkeit des Wechsels zu seinem Geld kommt, erlischt das Schuldverhältnis. Beachten Sie hier schon die Funktion des Wechsels: Der Verkäufer stundet den Kaufpreis bis zur Fälligkeit, kann aber den Wechsel schon vor Fälligkeit übertragen (z.B. an eine Bank) und erhält dadurch sein Geld (abzüglich der Diskontgebühren).

Wiederholungsfragen zu § 32

Was muss der Schuldner tun, um ordnungsgemäß zu erfüllen? (§ 32 I 1)

Welche Konsequenzen hat die Erfüllung? (§ 32 I)

Kann der Schuldner vom Gläubiger bei Erfüllung eine Quittung verlangen? (§ 32 I 3 a)

Was versteht man unter der Leistung an Erfüllungs statt? (§ 32 II 1)

In welchen Fällen liegt eine Leistung erfüllungshalber vor? (§ 32 II 2)

Erlischt das Schuldverhältnis, wenn der Schuldner statt der ursprünglichen Verpflichtung eine neue Verbindlichkeit eingeht? (§ 32 II 2 b)

§ 33 Erfüllungssurrogate

Lernhinweis: Werfen Sie noch einmal einen Blick auf das Schaubild *„Beendigung des Schuldverhältnisses"*. Sie ersehen daraus, dass außer der eigentlichen Leistungsbewirkung auch andere Tatbestände zur Beendigung des Schuldverhältnisses führen.

I. Die Hinterlegung

1. Begriff

Mit der Hinterlegung gibt das Gesetz dem Schuldner die Möglichkeit, sich von einer Verbindlichkeit zu befreien, wenn er dazu aus Gründen, die im Bereich des Gläubigers liegen, sonst nicht in der Lage wäre.

Lernhinweis: Von „Hinterlegung" spricht das Gesetz auch in anderen Fällen: Hinterlegung der geschuldeten Leistung nach §§ 432 Abs. 1, 660 Abs. 2, 1281 S. 2, 2039 S. 2 BGB; Hinterlegung zu Sicherungszwecken nach §§ 232 ff. BGB; Hinterlegung bei einem Notar (§ 23 BNotO). Diese Fälle sind von der nachfolgend zu besprechenden Hinterlegung nach §§ 372 ff. BGB zu unterscheiden.

2. Voraussetzungen der Hinterlegung

Hinterlegt werden kann gem. § 372 BGB (lesen!) unter **zwei Voraussetzungen:** Die Ware muss hinterlegungsfähig sein, und es muss ein Hinterlegungsgrund vorliegen. Hinterlegungsstelle ist das örtlich zuständige Amtsgericht.

a) Hinterlegungsgründe

Der Schuldner kann hinterlegen in **3 Fällen:**

aa) Gläubigerverzug

Der Schuldner kann hinterlegen, wenn sich der **Gläubiger in Annahmeverzug** befindet. Dies beurteilt sich nach §§ 293 ff. BGB. Der Schuldner muss also die Ware am richtigen Ort, in der richtigen Weise und zur richtigen Zeit angeboten haben.

Beispiel: Gläubiger G verweigert die Annahme einer Barzahlung im Hinblick auf eine übermorgen erwartete Währungsreform.

bb) Sonstige Gründe in der Person des Gläubigers

Hinterlegt werden kann auch, wenn der Schuldner „aus einem anderen in der Person des Gläubigers liegenden Grund" seine Verbindlichkeit nicht oder nicht mit Sicherheit erfüllen kann.

Beispiele: Unbekannter Aufenthalt, Verschollenheit oder Geschäftsunfähigkeit des Gläubigers.

cc) Gläubigerungewissheit

Schließlich kann der Schuldner hinterlegen bei einer „nicht auf Fahrlässigkeit beruhenden Ungewissheit über die Person des Gläubigers".

Beispiele: Der ursprüngliche Gläubiger ist gestorben, über die Erbfolge besteht Streit. Der Schuldner weiß nicht mit Sicherheit, wer von mehreren ihn verklagenden Gläubigern Inhaber der geltend gemachten Forderung ist.

b) Hinterlegungsfähigkeit

Nach § 372 BGB sind nur **bestimmte bewegliche** Sachen hinterlegungsfähig:

- Geld,
- Wertpapiere und sonstige Urkunden sowie
- Kostbarkeiten („großer Wert auf kleinem Raum").

Beispiele: Gold, Edelsteine, Schmuck, Kunstwerke, nicht aber ein Pelzmantel.

Lernhinweis: Was geschieht mit nicht hinterlegungsfähigen Sachen? Diese Frage ist besonders wichtig beim Gläubigerverzug: Der Gläubiger nimmt die Warenlieferung nicht an. Hier hilft der **Selbsthilfeverkauf** nach § 383 BGB (lesen!): Nicht hinterlegungsfähige Sachen kann der Schuldner versteigern lassen und sich dann von seiner Verbindlichkeit ebenfalls durch Hinterlegung, nunmehr des Erlöses, befreien. Beachte den genauen Wortlaut von § 383 BGB: Beim Annahmeverzug ist der Selbsthilfeverkauf auf jeden Fall zulässig, bei den beiden anderen Hinterlegungsgründen dagegen nur bei „drohendem Verderb" (es herrscht Ungewissheit über die Person des Gläubigers einer größeren Lieferung verderblicher Ware) oder „unverhältnismäßigen Aufbewahrungskosten". Normalerweise ist aber eine Versteigerung erst zulässig, wenn sie zuvor dem Gläubiger angedroht worden ist (vgl. § 384 BGB).

Handelsrechtlicher Hinweis: Beim Handelskauf ist die Hinterlegungsfähigkeit generell gegeben und die Möglichkeit des Selbsthilfeverkaufes erweitert (vgl. § 373 HGB).

3. Wirkungen der Hinterlegung

Durch die Hinterlegung wird der Schuldner nach § 378 BGB (lesen!) von seiner Verbindlichkeit in gleicher Weise befreit, als ob er zurzeit der Hinterlegung an den Gläubiger geleistet hätte. Das gilt allerdings nur, wenn er bei Hinterlegung auf das ihm an sich nach § 376 BGB zustehende Recht, die hinterlegte Sache zurückzunehmen, verzichtet. Tut er dies nicht, so hat er nach § 379 BGB ein Leistungsverweigerungsrecht (er kann den Gläubiger auf die hinterlegte Sache verweisen).

II. Die Aufrechnung

1. Sinn der Aufrechnung

Die Aufrechnung ist ein Erfüllungssurrogat, mit dem ein sinnloses Hin- und Herzahlen vermieden und damit die Tilgung von Forderungen erleichtert wird.

Beispiel: Käufer K schuldet seinem Verkäufer V aus Kaufvertrag 10 000 Euro. V unterhält ein Geschäftslokal, das er von K gemietet hat. Zum Zeitpunkt der Kaufpreisfälligkeit ist eine Mietzahlung in Höhe von 3000 Euro offen. Soll nun K 10 000 Euro überweisen und V 3000 Euro zurücküberweisen? Am einfachsten ist es, die Forderungen gegeneinander aufzurechnen. Vergleichen Sie dazu das Schaubild *Aufrechnung.*

Aufrechnung

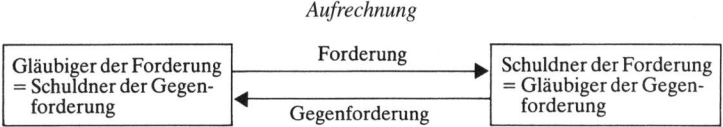

2. Voraussetzungen der Aufrechnung

Lernhinweis: Merken Sie sich als Kurzformel, dass die Aufrechnung nur zulässig ist, wenn folgende 5 Voraussetzungen vorliegen: Gegenseitigkeit, Gleichartigkeit, Fälligkeit, Einredefreiheit und Zulässigkeit.

a) Gegenseitigkeit der Forderungen

Die Aufrechnung ist nur zulässig, wenn Forderung und Gegenforderung zwischen denselben Personen bestehen (§ 387 BGB: „Schulden zwei Personen einander Leistungen, …"). Man spricht auch von **„Haupt- und Gegenforderung".**

Nicht zulässig ist die Aufrechnung mit einer Forderung, die einem anderen gegenüber besteht.

Beispiel: Der Schuldner will mit einer Forderung aufrechnen, die ihm gegen den Ehepartner des Gläubigers zusteht.

b) Gleichartigkeit der Forderungen

§ 387 BGB verlangt, dass Leistungen geschuldet werden, die „ihrem Gegenstand nach gleichartig sind".

Beispiel: Geldforderung gegen Geldforderung. Nicht aber Geldanspruch gegen Herausgabeanspruch.

Lernhinweis: Gleichartigkeit bedeutet nicht, dass die Forderungen „gleich hoch" sein müssen; Gleichartigkeit bedeutet auch nicht, dass ein rechtlicher Zusammenhang zwischen den beiden Forderungen bestehen muss oder sie der gleichen Gattung von Forderung zugerechnet werden (Kaufpreisforderung gegen Kaufpreisforderung, Schadenersatzforderung gegen Schadenersatzforderung). Es bleibt dabei: Geldforderung gegen Geldforderung genügt für die Gleichartigkeit.

Beachten Sie in diesem Zusammenhang die „Brücke" zum Zurückbehaltungsrecht: Wenn mangels Gleichartigkeit die Aufrechnung scheitert, ist stets zu prüfen, ob der Schuldner die Leistung nicht aufgrund eines Zurückbehaltungsrechts verweigern kann (vgl. § 273 BGB sowie oben § 30 I, 2, a).

c) Fälligkeit der Gegenforderung

Aufgerechnet werden kann nur mit einer Forderung, die ihrerseits fällig ist (§ 387 BGB: „sobald er die ihm gebührende Leistung fordern … kann").

Ergänzung: Hinzukommen muss, dass die Hauptforderung (also die Forderung, gegen die aufgerechnet wird) erfüllbar ist (§ 387 a.E. BGB: „die ihm obliegende Leistung bewirken kann").

Beispiel: S schuldet G aus einem zu 10% verzinslichen Darlehen 1000 Euro, fällig am 1. Oktober. Am 30. September hat G bei S Waren im Werte von 10000 Euro gekauft. S will aufrechnen. Der Aufrechnung steht nichts im Wege: Gegenseitigkeit, Gleichartigkeit sowie Fälligkeit der Forderung und Erfüllbarkeit der Hauptforderung liegen vor. Angenommen, S hätte G bezüglich des Kaufpreises ein Zahlungsziel bis zum 1. Dezember eingeräumt, wäre der Fälligkeitstermin hinausgeschoben und die Aufrechnung unzulässig. Begründung: Auch die Aufrechnung darf nicht zu einer vorzeitigen Befriedigung führen (G müsste ja erst am 1. Dezember und nicht schon – über die Aufrechnung – am 1. Oktober zahlen).

d) Einredefreiheit der Gegenforderung

Nach § 390 BGB (lesen!) kann eine Forderung, der eine Einrede entgegensteht, nicht aufgerechnet werden. Dies ist an sich einleuchtend: Wer eine Forderung nicht klageweise geltend machen kann, darf sich auch nicht auf dem Umweg über die Aufrechnung befriedigen.

Davon gibt es eine **wichtige Ausnahme:** Nach § 215 Alt.1 BGB (lesen!) kann auch mit einem verjährten Anspruch aufgerechnet werden, sofern der Anspruch in dem Zeitpunkt noch nicht verjährt war, in dem erstmals aufgerechnet werden konnte.

Beispiel: Malermeister S schuldet G aus einem am 1. 11. 2005 abgeschlossenen Kaufvertrag über die Lieferung einer Waschmaschine 2000 Euro. Angenommen S hätte Anfang Dezember 2008 im Haus des G Malerarbeiten über 3000 Euro ausgeführt; könnte G gegenüber S – wenn dieser im Januar 2009 dem G seine Rechnung schickte – am 1. Februar 2009 mit seiner Kaufpreisforderung aus dem Jahre 2005 in Höhe von 2000 Euro aufrechnen? Antwort: Ansprüche aus Kaufverträgen verjähren nach der regelmäßigen Verjährungsfrist des § 195 BGB in 3 Jahren. Verjährungsbeginn ist gem. § 199 BGB der Schluss des Jahres, in dem der Anspruch entstanden ist und der Gläubiger Kenntnis von den anspruchsbegründenden Umständen und der Person des Schuldners erlangte, also hier der 31. 12. 2005 (24:00 Uhr). Eintritt der Verjährung ist drei Jahre später am 31. 12. 2008 (24:00 Uhr). Wenn G erst am 1. 2. 2009 aufrechnet, wäre die Verjährung schon eingetreten. Nach § 215 Alt.1 BGB ist jedoch dennoch eine Aufrechnung zulässig, da sich der Kaufpreisanspruch des G gem. § 433 Abs. 2 BGB und der Werklohnanspruch des S nach §§ 631 Abs. 1, 641 BGB im Dezember 2008 als noch nicht verjährt gegenüberstanden. G kann in Höhe von 2000 Euro aufrechnen mit der Folge, dass er dem S gem. § 389 BGB nur noch 1000 Euro schuldet.

Der Gesetzgeber stellt hier also ausnahmsweise nicht auf den Zeitpunkt der Aufrechnungserklärung, sondern auf die Aufrechnungslage ab. Die Vorschrift beruht auf der Rückwirkung der Aufrechnung (§ 389). Zudem soll der Schuldner nicht dafür „bestraft" werden, dass er mit der Geltendmachung seiner Forderung so lange zugewartet und nicht die Gerichte mit der Einreichung einer Klage „belästigt" hat.

e) Zulässigkeit der Aufrechnung

In bestimmten Fällen ist eine Aufrechnung unzulässig:

aa) Parteivereinbarung

§§ 387 ff. BGB sind dispositives Recht. Durch Parteivereinbarung kann die Aufrechnung ausgeschlossen werden.

Beispiel: In vielen Mietverträgen ist vereinbart, dass gegen die Mietzinsforderung nicht mit Gegenansprüchen aufgerechnet werden kann. Dem Vermieter ist damit der Mieteingang garantiert; der Mieter ist gezwungen, seine Ansprüche aktiv durch Klage geltend zu machen. Bei Formularverträgen ist aber § 309 Nr. 3 BGB zu beachten.

bb) Gesetzliche Aufrechnungsverbote

Unzulässig ist die Aufrechnung kraft Gesetzes z. B.

- gegen unpfändbare Forderungen (§ 394 BGB),
- gegen Forderungen des Fiskus in bestimmten Fällen (§ 395 BGB) sowie
- gegen Forderungen aus einer vorsätzlich begangenen unerlaubten Handlung (§ 393 BGB).

Beispiel: S ist ein hartnäckiger Schuldner, der seinen Gläubiger G fast zur Verzweiflung bringt. Trotz vieler Mahnungen zahlt S nicht die noch ausstehenden 2000 Euro. Wenn G daraufhin die Schaufensterscheiben des S einschlägt, hat S gegen G einen Anspruch auf Schadenersatz nach § 823 Abs. 1 BGB. G kann aber wegen § 393 BGB gegen den Anspruch des S nicht mit seiner Forderung aufrechnen.

Hinweis: Die Aufrechnung **mit** einer Schadenersatzforderung wäre dagegen möglich. Deshalb könnte sehr wohl S gegenüber G aufrechnen.

3. Die Wirkung der Aufrechnung

Nach § 389 BGB erlöschen die Forderungen, soweit sie sich decken.

Merke: Die Aufrechnung **wirkt zurück** (ex tunc).

Konsequenzen: Wegen der Rückwirkung der Aufrechnung können gegen den Schuldner der Hauptforderung keine Ansprüche erhoben werden, die nach dem Zeitpunkt der ersten Aufrechenbarkeit aus dem Schuldverhältnis entstanden sind. Beispiele: Von da an brauchen keine Zinsen mehr entrichtet zu werden; ein Leistungsverzug gilt von dem genannten Zeitpunkt an als „geheilt".

4. Die Aufrechnungserklärung

Die Aufrechnung ist eine **empfangsbedürftige Willenserklärung** (vgl. § 388 BGB: „durch Erklärung gegenüber dem anderen Teil"). Die Erklärung selbst ist bedingungsfeindlich (§ 388 S. 2 BGB).

Lernhinweis: Zulässig dagegen ist die sogenannte „**Eventualaufrechnung**" im Prozess. Der Beklagte bestreitet zunächst das Bestehen der Forderung, für den Fall jedoch (Bedingung?), dass das Gericht zu einem anderen Ergebnis kommt, rechnet er hilfsweise mit einer entsprechenden Gegenforderung auf.

5. Privilegierung der Aufrechnung

Beachten Sie, dass die Rechtsstellung des Forderungsinhabers bei der Aufrechnung oft günstiger ist als bei aktiver Einklagung.

Beispiel: Im Insolvenzverfahren wird der „normale" Gläubiger, wenn er nicht bevorrechtigt ist, auf die Quote verwiesen. Hat aber auch der Gemeinschuldner eine Forderung gegen den Gläubiger und besteht schon vor Eröffnung des Insolvenzverfahrens eine Aufrechnungslage, so ist der Gläubiger auch weiterhin zur Aufrechnung berechtigt (§ 94 InsO). Hier wäre es unbillig, den Gläubiger hinsichtlich seiner eigenen Verpflichtung zahlen zu lassen, ihn hinsichtlich seiner Forderung aber auf die Quote zu verweisen. Ein weiteres Beispiel wurde oben bei der Erörterung des § 215 Alt.1 BGB behandelt.

III. Konfusion und Konsolidation

Das Schuldverhältnis setzt begrifflich zwei Parteien voraus; Gläubiger und Schuldner müssen verschiedene Personen sein. Fallen beide zusammen, erlischt das Schuldverhältnis. Das Zusammenfallen von Gläubiger und Schuldner bezeichnet man **im Schuldrecht** als „**Konfusion**". Die Parallelerscheinung **im Sachenrecht** nennt man „**Konsolidation**". Dort sind aber im Hinblick auf eine etwaige Rangsicherung Ausnahmen zu beachten (z. B. §§ 1177, 1163 Abs. 1 S. 2 BGB).

Beispiel: Senior S gewährt seinem Junior J ein Darlehen, vor dessen Rückzahlung wird S von J beerbt. Das Schuldverhältnis erlischt.

IV. Erlass

1. Erlassvertrag

Das Schuldverhältnis erlischt, wenn der Gläubiger dem Schuldner die Schuld erlässt. Dies setzt nach § 397 Abs. 1 BGB (lesen!) einen Vertrag voraus. Ein einseitiger Verzicht auf schuldrechtliche Forderungen genügt somit nicht.

Lernhinweis: Der Erlass ist dogmatisch ein Verzicht auf die Forderung. Der Aufhebungsvertrag dagegen bringt das Schuldverhältnis im weiteren Sinne zum Erlöschen.

2. Negatives Schuldanerkenntnis

Nach § 397 Abs. 2 BGB (lesen!) erlischt das Schuldverhältnis ebenfalls, wenn der Gläubiger durch Vertrag mit dem Schuldner „anerkennt, dass das Schuldverhältnis nicht bestehe". Man spricht von einem „negativen Schuldanerkenntnis".

Praktischer Hinweis: Beachten Sie, dass bei unverzichtbaren Ansprüchen Erlass und negatives Schuldanerkenntnis unwirksam sind. Verzichtsverbote enthalten vor allen Dingen das Arbeitsrecht (vgl. z.B. § 4 Abs. 4 TVG, § 12 EntgeltfortzahlungsG) und das Gesellschaftsrecht (vgl. §§ 50, 66 AktG; 9b, 19 II, 25, 43 GmbHG). Die bei Beendigung eines Arbeitsverhältnisses landläufige „**Ausgleichsquittung**" ist in der Regel ein negatives Schuldanerkenntnis.

3. Die Novation

Unter Novation versteht man die Aufhebung des alten in Verbindung mit der Begründung eines neuen Schuldverhältnisses.

Beispiel: Gläubiger und Schuldner einigen sich, dass die noch offene Kaufpreisforderung in ein langfristiges Darlehen umgewandelt wird.

Damit wird das ursprüngliche Schuldverhältnis in ein anderes umgewandelt. Die Zulässigkeit derartiger Abreden ergibt sich aus der Vertragsfreiheit.

Praktisches Beispiel aus dem Bankrecht: In der Anerkennung des Kontokorrentsaldos liegt nach ständiger Rechtsprechung eine Novation (Umwandlung einzelner Schuldverhältnisse im Rahmen des Bankvertrags in ein Darlehensverhältnis bezüglich des Kontokorrentsaldos). Beachten Sie aber: Mit der Übersendung von Tagesauszügen ist jedoch noch keine Saldoanerkennung verbunden.

V. Rücktritt und Kündigung

Rücktritt und Kündigung sind einseitige Gestaltungsrechte mit dem Ziel, das Schuldverhältnis zu beenden.

Merke: Mit dem Rücktritt wird ein Vertrag in ein Rückabwicklungsverhältnis umgestaltet; die Kündigung beendigt das Schuldverhältnis für die Zukunft.

1. Der Rücktritt

a) Rücktrittsgründe

Das Rücktrittsrecht kann sich ergeben aus Parteivereinbarung oder aus dem Gesetz.

Beispiel: Man einigt sich in einem Kauf-, Werk- oder Mietvertrag bereits über alle Details und „hält die Sache einmal fest", räumt aber ein Rücktrittsrecht ein.

Wichtiger sind die gesetzlichen Rücktrittsrechte:

– bei Leistungsstörungen gewährt das Gesetz dem Gläubiger unter bestimmten Voraussetzungen ein Rücktrittsrecht (vgl. §§ 323 ff. BGB);
– im Kauf- und Werkvertragsrecht kann der Gläubiger beim Vorliegen von Mängeln (u.a. auch) vom Vertrag zurücktreten (vgl. §§ 437, 634 BGB);
– im Verbraucherschutzrecht schützt der Gesetzgeber den Verbraucher u.a. dadurch, dass er ihm Widerrufsrechte einräumt (vgl. §§ 312, 312d, 495, 355f., 357 BGB).

b) Wirkung des Rücktritts

Im Falle des Rücktritts, der nach § 349 BGB durch eine Erklärung gegenüber dem Vertragspartner erfolgt, sind gem. § 346 Abs. 1 BGB (lesen!) die empfangenen Leistungen zurückzugewähren und daneben etwaige gezogene Nutzungen (z. B. Mieteinnahmen) herauszugeben.

Sofern der Schuldner zur Rückgewähr der Leistung außerstande ist, hat er nach näherer Maßgabe von § 346 Abs. 2 BGB Wertersatz zu leisten, sofern dieser nicht gem. Abs. 3 ausgeschlossen ist.

Lernhinweis: Wenn es im Kaufrecht heißt, dass der Käufer nach näherer Maßgabe des § 437 Nr. 2, 1. Alt. BGB vom Vertrag zurücktreten kann, ist dies klausurtechnisch wie folgt aufzugreifen: In diesen Fällen will der Käufer den geleisteten Kaufpreis zurück. Als Anspruchsgrundlage dient dabei § 346 BGB, der – wie erwähnt – den Empfänger zur Rückgewähr der empfangenen Leistungen (beim Verkäufer ist dies der Kaufpreis) verpflichtet. Man zitiert dann als Anspruchsgrundlage § 346 i. V. m. § 437 Nr. 2, 1. Alt. i. V. m. § 323 BGB.

2. Die Kündigung

Die Kündigung ist regelmäßig erforderlich zur Beendigung von Dauerschuldverhältnissen (Miet-, Pacht-, Arbeitsverträge). Im Unterschied zum Rücktritt beendigt die Kündigung das Schuldverhältnis für die Zukunft. In aller Regel enthält das Gesetz bei den einzelnen Schuldverhältnissen spezifizierte Regelungen für die Abwicklung nach Kündigung.

Lernhinweis: Bei alledem ist stets zuvor die Zulässigkeit der Kündigung zu prüfen.

Man unterscheidet zwischen der ordentlichen („normalen") und der außerordentlichen Kündigung, die einen „wichtigen Grund" voraussetzt (vgl. z. B. §§ 314, 626 BGB).

VI. Vergleich

1. Begriff

Der Vergleich ist gesetzlich definiert in § 779 Abs. 1 BGB. Man versteht darunter einen „Vertrag, durch den der Streit oder die Ungewissheit der Parteien über ein Rechtsverhältnis im Wege des gegenseitigen Nachgebens beseitigt wird".

2. Rechtsfolge

In einem Vergleich sind mehrere Dinge enthalten: Zunächst stellt er in der Regel Inhalt und Höhe sowie Fälligkeit bestehender Verpflichtungen fest („außer Streit") und enthält (im Wege des Nachgebens) einen Erlass bzw. ein negatives Schuldanerkenntnis (s. o.).

Lernhinweis: § 779 Abs. 1 BGB (letzten Satzteil noch einmal lesen!) behandelt den Irrtum über die Vergleichsbasis. Ein Vergleich ist unwirksam, wenn die Parteien gemeinsam von der falschen Vergleichsbasis ausgegangen sind. Beachten Sie aber den genauen Wortlaut des Gesetzes und nehmen Sie zur Kenntnis: Ein Irrtum über die Punkte, über die sich die Parteien streiten, ist unschädlich.

Beispiel: Die testamentarisch eingesetzten Miterben A und B liegen sich in den Haaren über die Auslegung des sie begünstigenden Testaments. Schließlich legen sie ihren Streit bei, indem A das Grundstück und das Kapitalvermögen übernimmt und an B eine Ausgleichszahlung in Höhe von 100 000 Euro leistet. Damit ist der Streit „aus der Welt". A kann die Zahlung nicht verweigern mit der Begründung, das Grundstück sei eigentlich viel weniger wert und er sei deshalb zu einer geringeren Ausgleichszahlung verpflichtet. Wird aber später ein jüngeres Testament aufgefunden, in dem A als Alleinerbe eingesetzt ist (damit ist das ältere Testament nichtig), greift § 779 BGB ein: Die Parteien haben sich über die feststehende Vergleichsgrundlage (testamentarische Einsetzung als Miterben) geirrt. Der Vergleich ist unwirksam. B kann gegen A keine Ansprüche geltend machen.

VII. Zweckerreichung

Die Verpflichtung zur Leistung erlischt auch, wenn der Leistungserfolg ohne Zutun des Schuldners auf andere Weise eintritt. Dies ist an sich eine Selbstverständlichkeit. Im Übrigen ist gerade bei diesem Begriff im Gegensatz zu seiner geringen praktischen Bedeutung vieles umstritten.

Lernhinweis: Bei den oben unter III.–VII. angeführten Rechtsinstituten handelt es sich (wie auch aus den Ausführungen ersichtlich ist) teilweise um über die Erfüllungssurrogate hinausgehende Beendigungsgründe. Erfüllungssurrogate im eigentlichen Sinne sind die Aufrechnung und die Hinterlegung. Bei III.–V. wird das gesamte Schuldverhältnis i. w. S. umgestaltet, nicht eine einzelne Schuld (Schuldverhältnis i. e. S.) surrogiert. Bei VI. besteht Streit über eine einzelne Forderung; Surrogation setzt jedoch voraus, dass diese besteht bzw. die Parteien dies zumindest annehmen. Im Fall VII. ist das Schuldverhältnis i. w. S. gemeint.

Wiederholungsfragen zu § 33

Welche Erfüllungssurrogate kennen Sie? (§ 33 I–VII)

Unter welchen Voraussetzungen kann hinterlegt werden und welche Rechtsfolgen hat dies? (§ 33 I)

Wann kann der Schuldner aufrechnen? (§ 33 II 2)

Kann mit einer verjährten Forderung aufgerechnet werden? (§ 33 II 2 d)

Kann der Gläubiger ohne Zustimmung des Schuldners auf seine Forderung verzichten? (§ 33 IV 1)

Was versteht man unter einem negativen Schuldanerkenntnis? (§ 33 IV 2)

Was versteht man unter der Novation? (§ 33 IV 3)

4. Kapitel: Leistungsstörungen im Schuldverhältnis

Lernhinweis: Im Normalfall kommt der Schuldner seiner durch das Schuldverhältnis begründeten Verpflichtung nach, indem er die versprochene Leistung ordnungsgemäß erbringt. Deshalb hatten wir oben gesagt, die Erfüllung sei der „natürliche Tod" des Schuldverhältnisses. Was aber gilt, wenn die Leistung nicht (oder nicht mehr) erbracht werden kann? Was gilt, wenn nicht rechtzeitig geleistet wird? Welche Folgen hat die mangelhafte Erfüllung? Was ist, wenn der Gläubiger sich weigert, die Leistung anzunehmen? In diesen Fällen spricht man von „Leistungsstörungen". Das Gesetz verwendet diesen Ausdruck selbst nicht. Die einzelnen Fragenkomplexe sind im BGB an unterschiedlichen Stellen geregelt.

Neue Rechtslage: Durch das Schuldrechtsmodernisierungsgesetz vom 26. 11. 2001 wurde u. a. das System der Leistungsstörungen grundlegend verändert. Eine wesentliche Neuerung stellt dabei die Einführung einer **Zentralnorm für Schadenersatzansprüche bei Pflichtverletzungen** dar (§ 280 BGB). Zudem ist es im Gegensatz zum bisherigen Recht nun möglich, vom Vertrag auch ohne Verschulden des Vertragspartners zurückzutreten und zusätzlich noch Schadenersatz zu verlangen. Ferner wurden die bislang nicht im BGB geregelten, gleichwohl aber bereits seit langem gewohnheitsrechtlich anerkannten Rechtsinstitute der positiven Vertragsverletzung, der culpa in contrahendo und des Wegfalls der Geschäftsgrundlage gesetzlich normiert (zum letzteren vgl. oben).

Das neue Leistungsstörungsrecht wirkt durch seine zahlreichen Verweisungen auf den ersten Blick etwas kompliziert. Um dem Studenten den Einstieg zu erleichtern, erfolgt die **Darstellung** im Folgenden **von zwei verschiedenen Blickrichtungen aus:** Zunächst werden in einem ersten Unterkapitel Unmöglichkeit, Schuldnerverzug, Schlechtleistung und Gläubigerverzug von der Tatbestandsseite aus vorgestellt. Das darauffolgende zweite Unterkapitel beschäftigt sich sodann im Zusammenhang mit den sich bei Leistungsstörungen ergebenden Rechtsfolgen (§§ 280 ff., 323 ff. BGB). Bei dieser Darstellungsweise sind vereinzelte Wiederholungen vorprogrammiert und bewusst in Kauf genommen. Hierbei kann sich jeder selbst überprüfen, ob das zuvor Gelernte auch „sitzt".

Wichtiger Hinweis: Die neuen Regelungen gelten ausschließlich für Schuldverhältnisse, die nach dem 1. 1. 2002 zustande gekommen sind (vgl. die Übergangsvorschrift des Art. 229 § 5 (sowie §§ 6 und 7) EGBGB – lesen!). Auf frühere Schuldverhältnisse findet weiterhin das alte Recht Anwendung, was zur Folge hat, dass der Student für eine längere Übergangszeit auch noch die Grundzüge des alten Systems beherrschen muss. Alte und neue Vorschriften jedoch vollständig nebeneinander darzustellen, würde den Rahmen dieses Lehrbuches sprengen. Im Folgenden wird daher vom neuen Recht ausgegangen, wobei an wichtigen Stellen Hinweise zur alten Rechtslage ergehen.

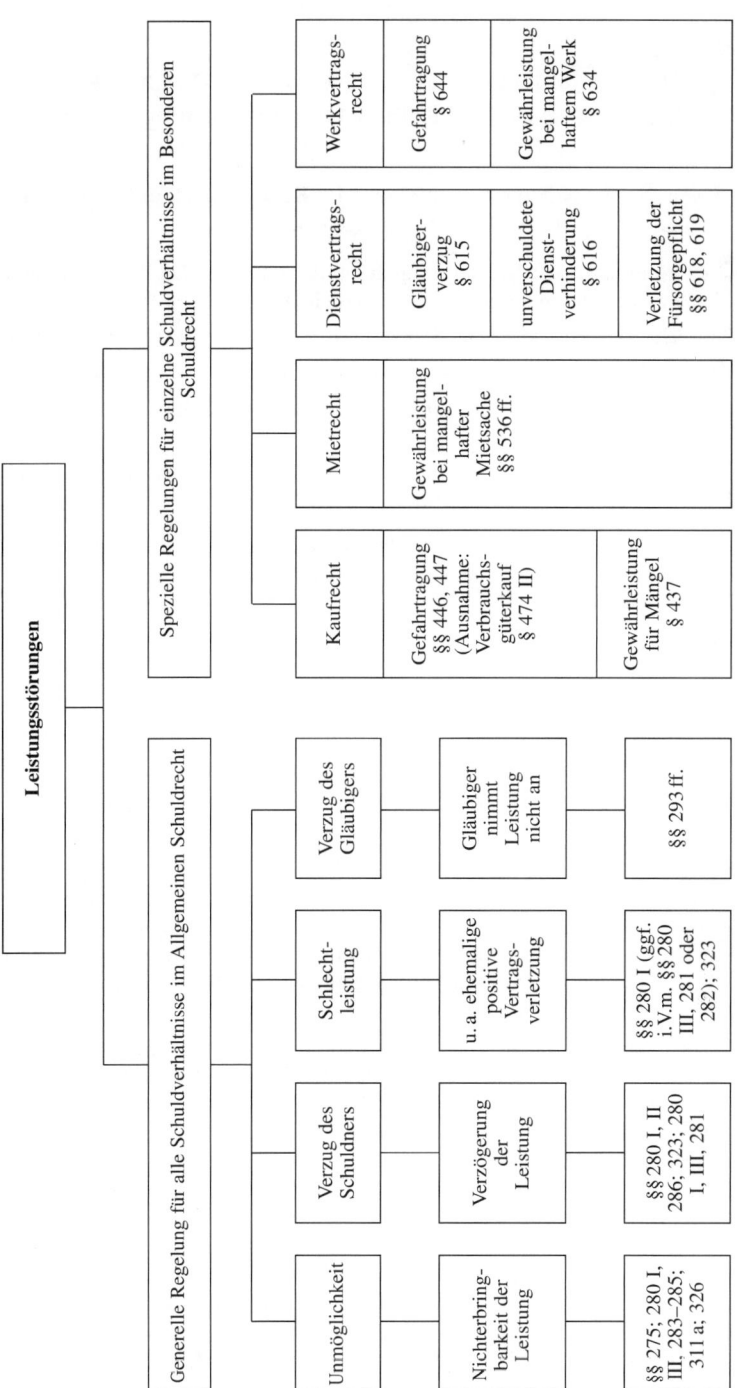

1. Unterkapitel: Die Voraussetzungen von Unmöglichkeit, Schuldnerverzug, Schlechtleistung und Gläubigerverzug

Prägen Sie sich vorab die nachfolgend im Kurzüberblick dargestellten Erscheinungsformen der Leistungsstörungen ein:

(1.) Unmöglichkeit: Nichterbringbarkeit der Leistung. Der Schuldner leistet nicht, weil ihm die Leistung „unmöglich" ist.

Beispiel: Das Gebäude, dessen Teilflächen vermietet wurden, brennt bis auf die Grundmauern ab.

(2.) Schuldnerverzug: Leistungsverzögerung. Der Schuldner leistet verspätet.

Beispiel: V verpflichtet sich zur Lieferung von Geschenkartikeln „Eingang 15. November". Die Waren erreichen K erst am 15. Dezember.

(3.) Schlechtleistung: Der Schuldner erfüllt seine Verpflichtung schlecht bzw. verletzt Nebenpflichten. Beim Gläubiger führt dies zu Folge- und Begleitschäden.

Beispiel: Schönheitschirurg S verpflichtet sich vertraglich gegenüber der Patientin P zur Durchführung einer Operation. Bei Erfüllung dieses Vertrages unterläuft S ein Kunstfehler, wodurch P einen Schaden erleidet.

(4.) Gläubigerverzug: Der Gläubiger nimmt die ordnungsgemäß angebotene Leistung des Schuldners nicht an.

Beispiele: Darlehensgläubiger G verweigert im Hinblick auf einen erwarteten Währungsschnitt die Annahme der bar angebotenen Darlehensrückzahlung. Importeur I lehnt die Übernahme des Exportguts ab Freihafen Hamburg ab.

Besonders geregelte Leistungsstörungen finden wir im Rahmen des Gewährleistungsrechts beim Kauf-, Miet-, Dienst-, Werk- und Reisevertrag (auch das Handelsrecht enthält Sonderregeln für die Leistungsstörung). Prägen Sie sich die Ausgangskonstellationen anhand der Übersicht *Leistungsstörungen* gut ein.

Erfahrungsgemäß tut sich der junge Student beim erstmaligen Durcharbeiten dieses Gebiets deshalb schwer, weil der Gesetzgeber die Leistungsstörung unter verschiedenen Blickwinkeln erörtert: Zunächst werden Unmöglichkeit und Verzug in §§ 275, 286 BGB aus der Sicht des zur Leistung verpflichteten Schuldners abgehandelt. Zusätzlich musste der Gesetzgeber berücksichtigen, dass in der Regel jede Leistung im Hinblick auf eine Gegenleistung erfolgt (also ein gegenseitiger Vertrag vorliegt). Deshalb musste er weiterhin die Frage entscheiden, welche Besonderheiten bei gegenseitigen Verträgen gelten: Muss z.B. der Vertragspartner bezahlen, wenn er die Ware infolge Unmöglichkeit gar nicht erhält? Da es sich bei den Leistungsstörungen um einen sowohl theoretisch als auch praktisch herausragenden Kernbereich des Allgemeinen Schuldrechts handelt, ist es wohl überflüssig zu betonen, dass der Student dieses Gebiet mit besonderer Sorgfalt bearbeiten muss.

§ 34 Die Unmöglichkeit

Lernhinweis: Das BGB definiert den Begriff der Unmöglichkeit nicht, sondern setzt ihn als bekannt voraus. Von „Unmöglichkeit" spricht man, wenn der Schuldner eine Leistung aus tatsächlichen oder rechtlichen Gründen nicht erbringen kann. Bevor wir Einzelheiten besprechen, ist es aus didaktischen Gründen notwendig, die verschiedenen Erscheinungsformen der Unmöglichkeit zu katalogisieren. Beachten Sie **drei Fragestellungen:**

(1.) Wann ist der zur Unmöglichkeit führende Umstand eingetreten?

Bestand die Unmöglichkeit bereits zum Zeitpunkt der Begründung des Schuldverhältnisses, sprechen wir von „ursprünglicher" Unmöglichkeit (oder „anfänglicher" Unmöglichkeit).

Beispiel: Die vermietete Lagerhalle war in der Nacht vor Vertragsabschluss abgebrannt.

Trat die Unmöglichkeit erst nach der Begründung des Schuldverhältnisses ein, spricht man von „nachträglicher" Unmöglichkeit.

Beispiel: Erst nach Vertragsabschluss brannte die Lagerhalle bis auf das Fundament ab.

(2.) Wer kann die Leistung nicht erbringen?

Ist die Unmöglichkeit so gelagert, dass die Leistung von niemandem erbracht werden kann, sprechen wir von „objektiver" Unmöglichkeit.

Beispiele: Die verkaufte Sache ist explodiert; die Herstellung der versprochenen technischen Leistung widerspricht unwiderlegbaren physikalischen Gesetzmäßigkeiten (vertragliche Verpflichtung zur Konstruktion einer Anlage, in der Teilchen auf Überlichtgeschwindigkeit beschleunigt werden sollen).

Wenn die Leistung an sich (insbesondere durch Dritte) möglich ist, der Schuldner dazu allerdings nicht in der Lage ist, spricht man von „subjektiver" Unmöglichkeit (oder auch – in Anlehnung an die Formulierung des Gesetzes vor der Schuldrechtsmodernisierung – vom „Unvermögen", vgl. § 275 Abs. 2 BGB a. F.).

Beispiel: V schließt mit K einen Kaufvertrag ab und verpflichtet sich zur Veräußerung einer im Eigentum des E stehenden Sache. Wenn E nicht „mitmacht", kann V nicht erfüllen.

(3.) Wer hat die zur Unmöglichkeit führenden Umstände zu vertreten?

Denkbar ist, dass diese Umstände niemand zu vertreten hat, dass insbesondere weder dem Schuldner noch dem Gläubiger ein Verschulden zur Last fällt. Das Gesetz spricht dann von „Zufall".

Beispiel: Der verkaufte Gegenstand wird durch Blitzschlag zerstört.

Genauso denkbar ist aber auch, dass der zur Unmöglichkeit führende Umstand vom Schuldner (häufig!) oder (in Ausnahmefällen vielleicht auch) vom Gläubiger zu vertreten ist.

Beispiele: Die von V an K verkaufte Sache wird vor Übergabe zerstört, weil V bzw. dessen Erfüllungsgehilfen elementare Sicherheitsbestimmungen verletzen und eine Explosion verursachen. In diesem Fall hat der Schuldner die Unmöglichkeit zu vertreten. Lag der Fall dagegen so, dass nach Vertragsabschluss, aber noch vor

Übereignung, K bzw. dessen Leute zu Testzwecken mit der betreffenden Sache hantierten und ihrerseits schuldhaft die Explosion verursachten, liegt eine Unmöglichkeit vor, für die der Gläubiger verantwortlich ist.

Wenn Sie sich diese verschiedenen Ausgangspunkte klargemacht haben, können Sie leicht erkennen, dass verschiedene Kombinationsmöglichkeiten bestehen. Im Folgenden müssen wir vor allem **drei Begriffspaare** abhandeln:

- Ursprüngliche objektive sowie ursprüngliche subjektive Unmöglichkeit;
- nachträgliche objektive sowie nachträgliche subjektive Unmöglichkeit;
- vom Schuldner nicht zu vertretende bzw. zu vertretende Unmöglichkeit.

Machen Sie sich die Ausgangssituation noch einmal anhand der Übersicht *Unmöglichkeit* deutlich.

Merken Sie sich an dieser Stelle schon einmal die *Folgen von Unmöglichkeit* als grobe Kurzfassung:

1. Bei jeder Unmöglichkeit, egal ob sie in anfänglicher oder nachträglicher, subjektiver oder objektiver Gestalt vorliegt, ist der Vertrag gültig.
2. Bei jeder Art von Unmöglichkeit wird der Schuldner grundsätzlich von seiner Leistungsverpflichtung gem. § 275 BGB frei. „Impossibilium nulla est obligatio": Unmögliches kann von niemandem verlangt werden. Bei Gattungsschulden gelten Besonderheiten.
3. Sofern der Schuldner infolge von Unmöglichkeit nicht zu leisten braucht, ergibt sich auch für den Gläubiger – sofern keine Sonderfälle einschlägig sind – keine Verpflichtung, die Gegenleistung (meist die Zahlung) zu erbringen, § 326 Abs. 1 BGB.
4. Bei Unmöglichkeit auf Schuldnerseite kann der Gläubiger vom Vertrag zurücktreten.

Folgen von Unmöglichkeit

5. Sofern der Schuldner die Umstände, die zur Unmöglichkeit führen, nach § 276 BGB zu vertreten hat, ist er dem Gläubiger zum Schadenersatz verpflichtet: bei anfänglicher Unmöglichkeit nach § 311a Abs. 2 BGB; bei nachträglicher Unmöglichkeit gem. §§ 280 Abs. 1, 3, 283 BGB.

6. Sofern der Schuldner infolge der Unmöglichkeit etwas als Ersatz für den geschuldeten Gegenstand erlangt, kann der Gläubiger diesen Ersatz herausverlangen.

I. Ursprüngliche Unmöglichkeit

War das Schuldverhältnis von Anfang an auf die Erbringung einer unmöglichen Leistung gerichtet, lag also die Unmöglichkeit bereits im Zeitpunkt des Vertragsabschlusses vor, sprechen wir von ursprünglicher bzw. anfänglicher Unmöglichkeit. Begrifflich ist zwischen der ursprünglichen objektiven und der ursprünglichen subjektiven Unmöglichkeit zu unterscheiden. Während es aber nach altem Recht auch zwei unterschiedliche Rechtsfolgen gab, sind diese nach neuem Recht nunmehr identisch.

1. Ursprüngliche objektive Unmöglichkeit

a) Begriff

Ist die Leistung von Anfang an für jedermann unmöglich, liegt ein Fall der ursprünglichen objektiven Unmöglichkeit vor (vgl. § 275 Abs. 1 Alt. 2 BGB).

Beispiele:

• Die verkaufte Sache war bereits vor Vertragsabschluss explodiert (tatsächliche Unmöglichkeit).

• Die Transaktion von Wertpapieren oder Münzen scheitert daran, dass kurz zuvor staatliche Erlasse derartige Transferierungen verboten haben (rechtliche Unmöglichkeit); in diesen Fällen wird der geschlossene Vertrag jedoch regelmäßig bereits nach § 134 BGB in Folge des „Verstoßes gegen ein gesetzliches Verbot" nichtig sein, was entscheidend davon abhängt, ob mit dem gesetzlichen Verbot der Leistungsinhalt und nicht nur die Art und Weise des Vertragsabschlusses missbilligt wird.

b) Rechtsfolgen

Ein auf eine ursprünglich objektiv unmögliche Leistung gerichteter Vertrag ist wirksam (§ 311a Abs. 1 BGB – lesen!). Allerdings ergibt sich dabei zwangsläufig, dass ein solcher Vertrag keine Primärleistungspflichten, also die Erbringung der vereinbarten Vertragsleistung wie etwa die Lieferung einer Sache, begründen kann. Dementsprechend bestimmt auch § 275 Abs. 1 BGB, dass der Anspruch auf die Leistung ausgeschlossen ist. Um aber den Gläubiger nicht rechtlos zu stellen, bestehen für ihn Sekundäransprüche: Als Rechtsfolgen bei ursprünglicher objektiver Unmöglichkeit verweist § 275 Abs. 4 BGB auf die Regelungen über Schadenersatz- bzw. Aufwendungsersatzansprüche, Ansprüche auf Herausgabe des Ersatzes und Rücktritt.

aa) Schadenersatz statt der Leistung bzw. Aufwendungsersatz

Der Schadenersatzanspruch bei anfänglicher objektiver (und subjektiver) Unmöglichkeit richtet sich nach § 311a Abs. 2 BGB und nicht etwa nach

§ 280 Abs. 1, 3 i. V. m. § 283 BGB, die nur bei nachträglicher Unmöglichkeit einschlägig sind. Insoweit ist **§ 311 a BGB eine Ausnahme zur zentralen Schadenersatzvorschrift des § 280 BGB.** Der Grund dafür liegt darin, dass die Haftung bei anfänglicher Unmöglichkeit nicht auf der Verletzung einer Pflicht aus einem bereits bestehenden Schuldverhältnis beruht, sondern auf einer Pflichtverletzung bei Begründung des Vertragsverhältnisses (z. B. sicherzustellen, dass man als Schuldner auch leisten kann). Der Schuldner wird also an seinem Erfüllungsversprechen festgehalten. § 311 a Abs. 2 S. 1 BGB bestimmt, dass der Gläubiger entweder Schadenersatz statt der Leistung, gerichtet auf das positive Interesse, oder Aufwendungsersatz (§§ 311 a Abs. 2 i. V. m. 284 BGB) verlangen kann.

Beispiele: (1.) V schließt mit K einen Kaufvertrag über einen Gebrauchtwagen, den er auf einem Parkplatz zur Ansicht ausgestellt hatte. Einen Tag zuvor war ein Autofahrer in diesen hineingefahren und hatte einen Totalschaden verursacht. K hatte aber bereits einen Käufer gefunden, und hätte durch einen Weiterverkauf an diesen einen Gewinn von 500 Euro gemacht. Diesen entgangenen Gewinn kann er von V, der sich kurz vor dem Vertragsschluss nochmals von der Unversehrtheit des Wagens hätte überzeugen müssen, als Schadenersatz ersetzt verlangen.

(2.) K kann von V alternativ aber auch als Aufwendungsersatz die Kosten verlangen, die er im Vertrauen auf den Erhalt der Leistung gemacht hat (z. B. Fahrtkosten zum Autohändler).

Allerdings ist es dem Schuldner möglich, sich gem. § 311 a Abs. 2 S. 2 BGB zu entlasten, wenn er den Nachweis führen kann, dass er das Leistungshindernis bei Vertragsschluss nicht kannte und seine Unkenntnis auch nicht gem. § 276 BGB zu vertreten hatte.

Beispiel: V hatte sich eine Stunde vor Vertragsschluss noch von der Unversehrtheit des Gebrauchtwagens überzeugt. Der Unfall ereignete sich erst wenige Minuten vor Vertragsabschluss, so dass V keine Kenntnis von den die Unmöglichkeit verursachenden Umständen haben konnte.

Nicht immer muss sich die Unmöglichkeit auf die gesamte Leistung erstrecken, sondern es sind auch Konstellationen denkbar, bei denen dem Schuldner nur eine Teilleistung unmöglich ist. In solchen Fällen stellt sich für den Gläubiger die Frage, ob er nur wegen des unmöglich gewordenen Teils Schadenersatz verlangen und die übrige Leistung behalten soll (sog. „kleiner Schadenersatz") oder Schadenersatz unter Zurückweisung der gesamten Leistung geltend machen kann (sog. „großer Schadenersatz"). In letzterem Fall ist § 311 a Abs. 2 S. 3 BGB zu beachten, der auf § 281 Abs. 1 S. 2 und 3 BGB verweist. Danach kann der Gläubiger bei einer Teilleistung Schadenersatz statt der ganzen Leistung nur dann verlangen, wenn er an dem noch möglichen Teil kein Interesse hat, und ferner wenn die Pflichtverletzung des Schuldners nicht unerheblich ist.

Beispiel: Winzer W vereinbart mit Einzelhändler K die Lieferung seines letzten 50 Liter-Fasses einer bestimmten nur von W angebauten Rebsorte. Bereits vor Vertragsabschluss sind einem Mitarbeiter des W 30 Liter des Weines ausgelaufen. Hier kommt ein Schadenersatz statt der gesamten Leistung in Betracht, wenn K das Fass etwa bereits an einen Dritten weiterverkauft hatte. Hatte er dagegen erst für 30 Liter einen Abnehmer gefunden, wäre es für K eventuell vorteilhafter, die verbliebenen 20 Liter zu nehmen und nur den kleinen Schadenersatz geltend zu machen.

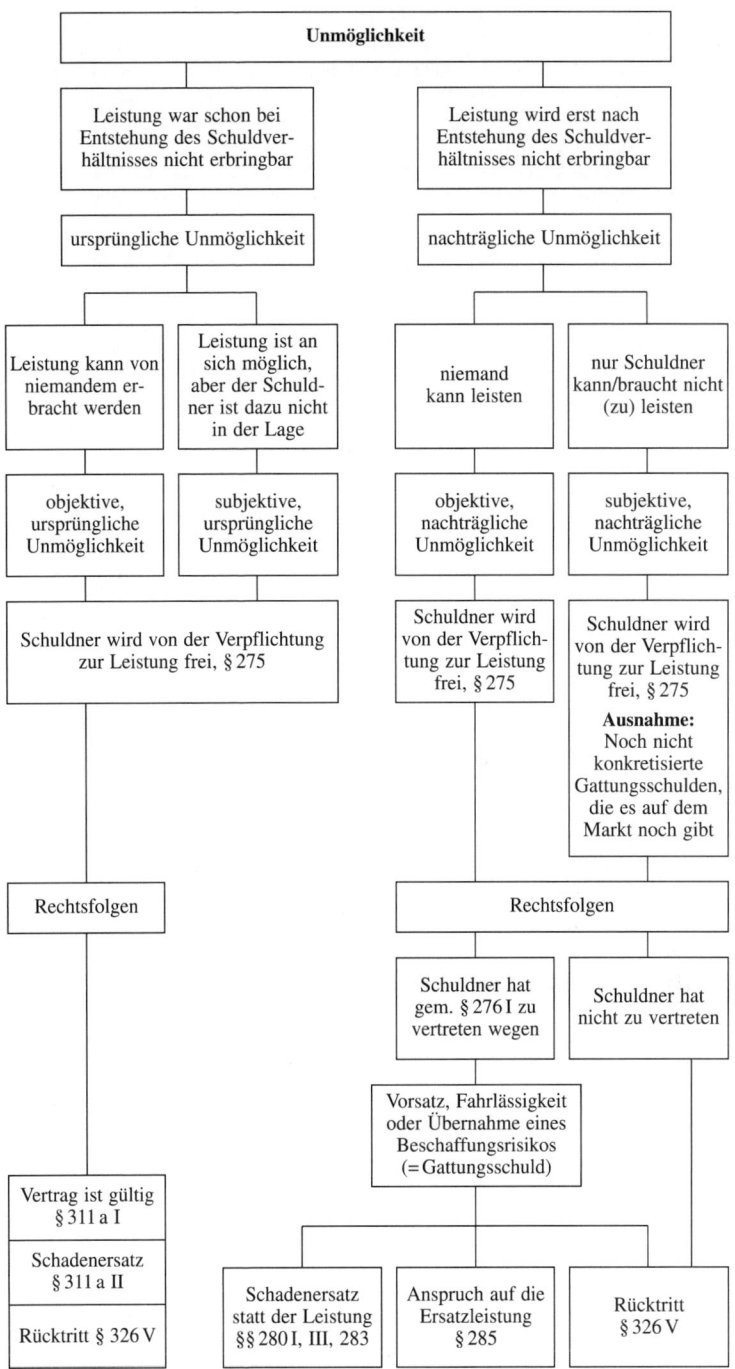

Lernhinweis: Eine Besonderheit ergibt sich im Falle der rechtlichen Unmöglichkeit auf Grund gesetzlichen Verbots. Nach § 134 BGB ist ein solcher Vertrag nichtig. Sofern der Schuldner seine Unkenntnis von diesem Verbot zu vertreten hat, läge es nahe, bei der dann ebenfalls für den Schuldner bestehenden Unmöglichkeit der Leistung als Schadenersatznorm ebenfalls § 311a Abs. 2 BGB heranzuziehen. Dies ist jedoch nicht möglich, da § 311a BGB voraussetzt, dass der Vertrag wirksam ist, was jedoch wegen § 134 BGB gerade nicht der Fall ist. Ein Schadenersatzanspruch kann sich aber aus § 280 Abs. 1 i. V. m. §§ 241 Abs. 2, 311 Abs. 2 BGB ergeben, dann allerdings auf das negative Interesse gerichtet.

Hinweis zur früheren Rechtslage: Nach § 306 BGB a. F. war der auf eine anfänglich objektiv unmögliche Leistung gerichtete Vertrag nichtig, mit der Folge, dass es auch keine Schadenersatzansprüche geben konnte, die den Gläubiger so stellten, wie er stünde, wenn ordentlich erfüllt worden wäre (positives Interesse). Statt dessen gewährte § 307 BGB a. F. einen Anspruch auf Ersatz des Vertrauensschadens.

bb) Rücktritt und Ersatzherausgabe

Bei (u. a. auch ursprünglich objektiver) Unmöglichkeit kann der Gläubiger gem. § 326 Abs. 5 BGB vom Vertrag zurücktreten. Dabei bleibt es ihm unbenommen, trotz des Rücktritts zusätzlich noch Schadenersatz zu verlangen (§ 325 BGB). Erlangt der Schuldner infolge des Umstandes, auf Grund dessen er die Leistung nach § 275 BGB nicht zu erbringen braucht, für den geschuldeten Gegenstand einen Ersatz oder einen Ersatzanspruch (z. B. eine Versicherungsleistung), so kann der Gläubiger nach § 285 BGB Herausgabe des als Ersatz Empfangenen oder Abtretung des Ersatzanspruchs verlangen.

Beachten Sie: Die Möglichkeit des Gläubigers, vom Vertrag zurückzutreten, bringt ihm in der Praxis nur selten ein zusätzliches Recht, denn von seiner Gegenleistungspflicht wird der Gläubiger meist (Ausnahme § 326 Abs. 1 S. 2 BGB) bereits automatisch gem. § 326 Abs. 1 BGB frei. Durch den Rücktritt vom Vertrag nach § 326 Abs. 5 BGB kann er allerdings das gesamte Schuldverhältnis wieder beseitigen.

Abschließender Hinweis: Fälle der ursprünglichen objektiven Unmöglichkeit sind relativ selten.

2. Ursprüngliche subjektive Unmöglichkeit

a) Begriff

Ist die Leistung bei Vertragsabschluss lediglich dem Schuldner nicht möglich, liegt subjektive Unmöglichkeit (man spricht in diesem Fall auch vom „Unvermögen") vor (§ 275 Abs. 1 Alt. 1 BGB).

Beispiel: Die verkaufte Sache war bereits vor Vertragsschluss von einem unbekannten Dieb gestohlen worden.

In diesem Fall handelt es sich nicht um objektive Unmöglichkeit, da die Sache weiterhin existiert und entweder vom Verkäufer (sofern er die Sache wiedererlangt) oder vom Dieb übereignet werden könnte (von letzterem allerdings im Hinblick auf § 935 Abs. 1 BGB nur mit Zustimmung des Berechtigten).

Sofern die Voraussetzungen der subjektiven Unmöglichkeit nicht vorliegen, sieht das Gesetz in § 275 Abs. 2 und 3 BGB noch zwei Möglichkeiten vor, bei denen der Schuldner die Leistung verweigern kann. Es handelt sich hier zum einen um die sog. faktische oder praktische Unmöglichkeit und zum anderen um die Unmöglichkeit aus persönlichen Gründen. Damit sind Fälle gemeint, bei denen die Leistungserbringung für den Schuldner entweder unverhältnismäßig (Abs. 2) oder unzumutbar (Abs. 3) ist.

aa) faktische Unmöglichkeit (§ 275 Abs. 2 BGB)

Im Unterschied zur tatsächlichen Unmöglichkeit des § 275 Abs. 1 BGB ist bei Abs. 2 die Behebung des Leistungshindernisses theoretisch möglich, kann vom Gläubiger aber nicht ernsthaft erwartet werden.

Beispiel: Antiquitätenhändler V kommt zu K und will mit ihm einen Kaufvertrag über einen Ring abschließen. K wählt aus dem Prospekt des V jedoch einen Ring aus, den V nicht als Ansichtsexemplar mitgebracht hat. Daher soll der Gehilfe G des V den Ring sofort zu K bringen. Noch vor Abschluss des Vertrages fällt dem G auf dem Weg der Ring in einen See. Etwas später unterzeichnen V und K den Kaufvertrag. Als G mit leeren Händen bei V und K ankommt, besteht K auf Übereignung.

In diesem Beispielsfall handelt es sich nicht um subjektive Unmöglichkeit, da der Ring auf dem Grund des Sees ja noch vorhanden ist und theoretisch durch eine groß angelegte Tauchaktion oder Abpumpen des Wassers gefunden werden könnte. Dies würde jedoch einen Aufwand erfordern, der unter Beachtung des Inhalts des Schuldverhältnisses und der Gebote von Treu und Glauben in einem groben Missverhältnis zu dem Leistungsinteresse des Gläubigers steht. In solchen Fällen von grober Unverhältnismäßigkeit kann der Schuldner nach § 275 Abs. 2 BGB (lesen!) die Leistung verweigern.

Hinweis: Scharf zu trennen von der faktischen Unmöglichkeit ist die *wirtschaftliche Unmöglichkeit,* die nicht unter § 275 Abs. 2 BGB fällt, sondern über den „Wegfall (Störung) der Geschäftsgrundlage" (§ 313 BGB) gelöst wird. Während § 275 Abs. 2 BGB allein auf das Leistungsinteresse des Gläubigers abstellt, kommt es bei § 313 BGB allein auf die eigenen Interessen des Schuldners an.

bb) Unmöglichkeit aus persönlichen Gründen

§ 275 Abs. 3 BGB trifft eine Sonderregelung für den Fall einer Leistung, die in der Person des Schuldners zu erbringen ist. Dies betrifft Arbeits- und Dienstverträge sowie Werk- und Geschäftsbesorgungsverträge. In diesen Fällen sollen nicht nur objektive, sondern auch auf die Leistung bezogene persönliche Umstände des Schuldners berücksichtigt werden.

Beispiel: Eine Sängerin soll einer Auftrittsverpflichtung nachkommen, während ihr Kind einen lebensgefährlichen Operationstermin hat.

Immer dann, wenn der Schuldner eine Leistung persönlich zu erbringen hat, kann er diese verweigern, wenn sie ihm unter Abwägung des seiner Leistung entgegenstehenden Hindernisses mit dem Leistungsinteresse des Gläubigers nicht zugemutet werden kann (§ 275 Abs. 3 BGB – lesen!).

Lernhinweis: Der Ausschluss der Leistungspflicht nach § 275 Abs. 2 und 3 BGB ist gesetzgeberisch als **Einrede** konstruiert, d. h. der Schuldner muss sich jeweils darauf berufen.

Hinweis: Merken Sie sich an dieser Stelle bereits die unterschiedliche Anwendung von § 275 Abs. 2 und 3 BGB bei anfänglicher und nachträglicher Unmöglichkeit: Bei der anfänglichen Unmöglichkeit muss im Zeitpunkt des Vertragsschlusses bereits festgestanden haben, dass der Schuldner den Gegenstand, den er zu leisten sich verpflichtet, dem Gläubiger aus den in Abs. 2 aufgeführten Gründen nicht wird verschaffen können bzw. die persönlich geschuldete Leistung nach Abs. 3 nicht wird erbringen können. Erscheint dies bei Vertragsschluss aber durchaus möglich und ergeben sich die Voraussetzungen von § 275 Abs. 2 und 3 BGB erst später, liegt nachträgliche Unmöglichkeit vor.

b) Rechtsfolgen

Ein Vertrag, bei dem die Leistungserbringung für den Schuldner subjektiv unmöglich (§ 275 Abs. 1 BGB), grob unverhältnismäßig (§ 275 Abs. 2 BGB) oder persönlich unzumutbar (§ 275 Abs. 3 BGB) ist, ist, wie aus § 311 a Abs. 1 BGB hervorgeht, gültig.

Testfrage: Sie können sich jetzt selbst testen, ob Sie dieses für den Anfänger etwas schwer nachzuvollziehende Ergebnis verstanden haben: Wie entscheiden Sie die in der Vorlesung oft gestellte Frage des Dozenten, ob er die auf der Nase des Kommilitonen K_1 sitzende Brille an den Kommilitonen K_2 verkaufen könne? Antwort: Der Vertrag ist gültig, es liegt lediglich anfängliches Unvermögen vor. Wenn der Kommilitone K_1 (eventuell gegen entsprechende Bezahlung) mitmacht, kann der Dozent sogar erfüllen.

Die Rechtsfolgen ergeben sich aus § 275 Abs. 4 BGB und unterscheiden sich nicht von denen bei anfänglicher objektiver Unmöglichkeit (vgl. dazu oben I.): Eine Primärleistungspflicht kann es von vornherein nicht geben: Nach § 275 Abs. 1 BGB kann der Gläubiger keine Leistung vom Schuldner verlangen. Die Sekundäransprüche des Gläubigers bestehen im Rücktritt vom Vertrag (§ 326 Abs. 5 BGB), im Fordern von Schadenersatz statt der Leistung (§ 311 a Abs. 2 BGB) bzw. alternativ dazu von Aufwendungsersatz (§ 311 a Abs. 2 i. V. m. § 284 BGB) oder im Anspruch auf Herausgabe eines etwaig erlangten Ersatzes (§ 285 BGB).

Hinweis zur alten Rechtslage: Auch nach dem alten Rechtssystem war ein auf eine lediglich dem Schuldner unmögliche Leistung gerichteter Vertrag gültig; ein Ergebnis, zu dem man im Wege eines argumentum e contrario gelangte, da im Gesetz gem. § 306 BGB a. F. nur die Nichtigkeit eines Vertrages bei anfänglich objektiver, nicht aber bei anfänglich subjektiver Unmöglichkeit geregelt war, wohingegen § 275 BGB a. F. die Gültigkeit bei nachträglicher Unmöglichkeit und nachträglichem Unvermögen vorsah.

Abschließender Hinweis: Fälle der ursprünglichen subjektiven Unmöglichkeit sind relativ häufig! Machen Sie sich nur klar, dass in der Absatzwirtschaft regelmäßig Dinge verkauft werden, die man selbst erst noch beim Vorlieferanten beziehen muss, was mitunter fehlschlägt.

II. Nachträgliche Unmöglichkeit

Nachträgliche Unmöglichkeit liegt vor, wenn die Leistung auf Grund eines nach Begründung des Schuldverhältnisses eintretenden Umstandes entweder von niemandem oder nur vom Schuldner nicht erbracht werden kann. Je nach Sachlage handelt es sich um eine nachträgliche objektive oder

nachträgliche subjektive Unmöglichkeit. Die Folge davon ist, dass der Anspruch auf die Leistung ausgeschlossen ist, d.h. der Schuldner von der
Verpflichtung zur Leistung frei wird.

Hinsichtlich der Rechtsfolgen unterscheidet § 275 Abs. 4 BGB nicht zwischen nachträglicher und anfänglicher Unmöglichkeit, d.h. die Rechtsfolgen bei nachträglicher Unmöglichkeit sind – mit Ausnahme der Anwendung einer anderen Schadenersatzvorschrift – die gleichen wie bei der
anfänglichen Unmöglichkeit.

1. Nachträgliche objektive Unmöglichkeit

Wurde die Erbringung der vereinbarten Leistung nach Abschluss des Vertrages in der Weise unmöglich, dass sie von niemandem mehr zu erbringen
ist, liegt ein Fall der nachträglichen objektiven Unmöglichkeit vor (§ 275
Abs. 1 Alt. 2 BGB – lesen!).

Beispiel: Das verkaufte Rennpferd verendet, kurz nachdem sich Verkäufer und
Käufer über den Kaufvertrag einig geworden sind.

Lernhinweis: Sofern sich ein Schuldner zu einer **Gattungsschuld** verpflichtet hat,
liegt eine Unmöglichkeit nach § 275 Abs. 1 BGB dann vor, wenn die gesamte Gattung untergeht und auf dem Markt nicht mehr erhältlich ist, oder sich die Gattungsschuld bereits zu einer Stückschuld konkretisiert hat.

Beispiel: K bestellt bei V aus dessen Reifenvorrat einen Satz neuer Autoreifen, die
er zwei Tage später abholen will. V lagert die 4 Reifen für K in einem Verkaufsraum
und benachrichtigt K. Vor dessen Eintreffen werden die 4 Reifen durch einen Brand
zerstört. Hier war zwischen K und V eine Holschuld vereinbart. Indem V die Reifen
ausgesondert und getrennt gelagert hat und den K benachrichtigte, hat V nach § 243
Abs. 2 BGB „das seinerseits Erforderliche" getan, womit sich die Gattungsschuld
zu einer Stückschuld konkretisiert hat (vgl. § 243 Abs. 2 BGB). V muss nicht noch
einmal leisten.

Bei der beschränkten Gattungsschuld, der sog. „Vorratsschuld" (vgl. oben
§ 25 I 2b) wird der Schuldner von der Leistung frei, wenn der gesamte
Vorrat untergegangen ist.

Beispiel: Vereinbarung über die Lieferung von Weizen aus einem bestimmten An-
baugebiet, wobei die gesamte Ernte des betreffenden Gebiets abbrennt.

Solange dagegen noch Sachen aus der (unbeschränkten) Gattung verfügbar
sind, tritt grundsätzlich keine Unmöglichkeit nach § 275 Abs. 1 BGB ein
(überprüfen Sie aber immer, ob sich für den Schuldner nicht eventuell doch
ein Leistungsverweigerungsrecht nach § 275 Abs. 2 und 3 BGB ergibt).

2. Nachträgliche subjektive Unmöglichkeit

Um eine nachträgliche subjektive Unmöglichkeit – auch nachträgliches
Unvermögen genannt – handelt es sich, wenn die Leistung nach Begründung des Schuldverhältnisses ausschließlich für den Schuldner nicht
erbringbar ist.

Beispiel: Auf einer Automobilausstellung wird ein Kaufvertrag über ein Oldtimer-
modell eines Sportwagens abgeschlossen, wobei der Eigentumsübergang erst bei
Bezahlung in einigen Tagen erfolgen soll. Kurz darauf veräußert (d.h. verkauft und
übereignet) der Verkäufer den Wagen jedoch an einen Dritten, der ihm mehr gebo-

ten hat. In diesem Fall ist der Verkäufer nicht mehr Eigentümer und kann folglich dem ersten Käufer das Eigentum auch nicht mehr verschaffen.

Wie beim anfänglichen gibt es auch beim nachträglichen Unvermögen für den Schuldner die Möglichkeit, die Erbringung einer theoretisch möglichen Leistung durch die Erhebung der Einrede nach § 275 Abs. 2 oder 3 BGB zu verweigern.

Repetieren Sie:
Bei der faktischen Unmöglichkeit gem. § 275 Abs. 2 BGB übersteigt der Aufwand für die Erbringung der Leistung bei weitem das, was ein Gläubiger von seinem Vertragspartner erwarten darf. Gemeint sind damit Fälle grober Unverhältnismäßigkeit.

Beispiel: Antiquitätenhändler A leiht seinem langjährigen Freund F eine kostbare Vase aus der Mingzeit für eine Ausstellung. Dort sieht sie der Kenner K, der dem F, den er für den Eigentümer hält, einen hohen Preis bietet. F veräußert ihm die Vase im Glauben, er habe A zu einem einträglichen Geschäft verholfen. A jedoch verlangt von F seine Vase zurück, die ein Erbstück ist, das er nicht verkaufen will. K teilt diesbezüglich dem F mit, er werde ihm die Vase nur zum hundertfachen Preis zurückveräußern.

§ 275 Abs. 3 BGB betrifft den Fall der persönlichen Unzumutbarkeit: Der Schuldner einer persönlich zu erbringenden Leistung kann diese verweigern, sofern sie ihm unzumutbar ist.

Beispiel: Ein ausländischer Arbeitnehmer will seine Arbeit nicht verrichten, weil er nach Abschluss des Arbeitsvertrags in seinen Heimatstaat zum Wehrdienst einberufen wurde und bei Nichtbefolgung des Einberufungsbefehls mit der Todesstrafe rechnen muss.

3. Rechtsfolgen

Wie bei der anfänglichen Unmöglichkeit wird der Schuldner auch bei der nachträglichen objektiven und subjektiven Unmöglichkeit von seiner Leistungsverpflichtung frei. Und desgleichen hat der Gläubiger durch die Verweisung in § 275 Abs. 4 BGB die Möglichkeit, Schadenersatz statt der Leistung bzw. Aufwendungsersatz zu verlangen, vom Vertrag zurückzutreten oder die Herausgabe eines für den untergegangenen Gegenstand erhaltenen Ersatzes zu verlangen.

a) Schadenersatz statt der Leistung bzw. Aufwendungsersatz

Beachten Sie den Unterschied zur anfänglichen Unmöglichkeit: die Voraussetzungen für den Schadenersatzanspruch statt der Leistung richten sich bei nachträglicher Unmöglichkeit (nicht nach § 311a Abs. 2 BGB sondern) nach §§ 280 Abs. 1, 3, 283 BGB.

Dies setzt eine Pflichtverletzung voraus, die der Schuldner nach § 276 BGB zu vertreten haben muss.

Hinweis: Denken Sie daran, dass der Schuldner nicht nur sein eigenes Verschulden zu vertreten hat, sondern gem. § 278 BGB auch das seines Erfüllungsgehilfen.

Nach dem Gesetzeswortlaut in § 280 Abs. 1 S. 2 BGB wird das Verschulden vermutet, was dazu führt, dass den Schuldner im Prozess die Beweislast trifft! Das heißt: Nicht der Gläubiger muss dem Schuldner die Verletzung der Sorgfaltspflicht nachweisen, vielmehr wird diese solange vermutet, bis dem Schuldner der Entlastungsbeweis gelingt! Die Regelung ist einleuchtend: Der Gläubiger kann den Verantwortungsbereich des Schuldners nicht überblicken, einen Schuldvorwurf könnte er deshalb in den meisten Fällen gar nicht durch Tatsachen erhärten und würde daher vor Gericht seinen Prozess verlieren.

Beispiele:

(1.) Die auf einer Spezialitäten-Automobilausstellung angebotene Sonderversion eines Sportwagens wird nach dem Abschluss des Kaufvertrags durch eine Gasexplosion im Ausstellungsgelände zerstört. Als Anspruchsgrundlage für einen Schadenersatz gegenüber dem Verkäufer wegen eines durch einen bereits getätigten Weiterverkauf entgangenen Gewinns kommen §§ 280 Abs. 1, 3, 283 BGB in Betracht. Dies greift jedoch nur bei Verschulden des Verkäufers. Im vorliegenden Fall kann jedoch der Verkäufer einwenden, dass er den Untergang der Sache weder vorsätzlich noch fahrlässig im Sinne von § 276 Abs. 1 und 2 BGB zu vertreten hat. Damit scheidet ein Schadenersatzanspruch aus.

(2.) Die von Vermieter V an Mieter M mit Mietvertrag vom 1. März vermietete Lagerhalle brennt am 2. März infolge Blitzschlags ab. Der Vermieter wird von seiner Gebrauchsüberlassungspflicht aus dem Mietvertrag befreit, Mieter M kann mangels Verschulden des V diesen weder auf Leistung noch auf Schadenersatz wegen anderweitig höherer Mietausgaben verklagen.

Hinweis: Sofern es um die nachträgliche Unmöglichkeit einer Teilleistung geht, stellt sich das gleiche Problem wie bei der anfänglichen Unmöglichkeit (vgl. dazu oben I 1 b aa)): Der Gläubiger kann Schadenersatz statt der gesamten Leistung („großer Schadenersatz") nur verlangen, wenn die Pflichtverletzung nicht unerheblich ist und er an der Teilleistung kein Interesse hat.

Anstelle des Schadenersatzanspruchs steht es dem Gläubiger auch frei, vom Schuldner den Ersatz seiner vergeblichen Aufwendungen gem. § 284 BGB zu verlangen. Diesen Anspruch kann der Gläubiger nur alternativ zum Anspruch nach §§ 280 Abs. 1, 3, 283 BGB geltend machen. Gleichwohl sind die Voraussetzungen dieselben wie beim Schadenersatz statt der Leistung, d.h. es muss eine vom Schuldner zu vertretende Pflichtverletzung vorliegen, die zur Unmöglichkeit führte.

Beispiel: K will eine kleine private Hühnerfarm eröffnen. Daher bestellt er bei Züchter V aus dessen Bestand 150 Hühner, die ihm vier Wochen später geliefert werden sollen. Dazu kommt es aber nicht, da ein Gehilfe des V verdorbenes Futter verwendet hat und sämtliche Hühner des V eingegangen sind. Auch wenn dies dem K recht ist, da ihm mittlerweile die Lust an einer Hühnerzucht vergangen ist, kann er von V die Kosten als Aufwendungsersatz nach § 284 BGB erstattet verlangen, die er für die Errichtung des Hühnerstalles aufgewendet hat: Die Unmöglichkeit ist von V (er ist hinsichtlich der Leistungspflicht Schuldner) zu vertreten, da er für das Verschulden seines Erfüllungsgehilfen nach § 278 BGB haftet (eine Leistungsverpflichtung nach den Regeln der Gattungsschuld käme dagegen nicht in Betracht, da es sich bei diesem Beispiel um die Lieferung von Sachen aus einem bestimmten Bestand, somit um eine „Vorratsschuld" handelt, bei der der Schuldner – im vorliegenden Fall aufgrund der Tatsache, dass sämtliche Hühner wegen des verdorbenen Futters eingegangen sind – entsprechend den Regeln über die Stückschuld frei wird; vgl. dazu auch den nachfolgenden Hinweis).

Hinweis: Eine Besonderheit hinsichtlich des Vertretenmüssens ist bei **Gattungsschulden** zu beachten. Gem. § 276 Abs. 1 S. 1 BGB (lesen!) kann sich nämlich eine strengere (bzw. auch mildere) Haftung auf Grund einer Parteivereinbarung oder aus dem sonstigen Inhalt des Schuldverhältnisses ergeben. Das Gesetz nennt als Regelbeispiele dafür zum einen die Übernahme einer Garantie (wichtig etwa im Gewährleistungsrecht: Der Verkäufer sichert das Vorhandensein einer Eigenschaft zu), zum anderen die Übernahme eines Beschaffungsrisikos, die vorliegt, wenn sich der Schuldner zu einer Gattungsschuld verpflichtet. In diesen Fällen haftet er verschuldensunabhängig.

b) Rücktritt

Gem. § 326 Abs. 5 BGB kann der Käufer bei nachträglicher Unmöglichkeit auch vom Vertrag zurücktreten, ein Recht, das ihm neben dem Schadenersatz zusteht (vgl. § 325 BGB).

c) Herausgabe des Ersatzes

Denkbar ist, dass der Schuldner infolge des zur Unmöglichkeit führenden Umstands für den geschuldeten Gegenstand einen Ersatz oder Ersatzanspruch erlangt.

Beispiel: Das verkaufte (und nach Vertragsschluss verbrannte) Gemälde war hoch versichert. Der Verkäufer erlangt gegen die Versicherung einen Anspruch auf Auszahlung der Versicherungssumme.

Es wäre unbillig, den Schuldner gem. § 275 BGB von seiner Leistungspflicht zu befreien und den Gläubiger „leer" ausgehen zu lassen. Aus diesem Grunde bestimmt § 285 Abs. 1 BGB (lesen!), dass der Gläubiger die Herausgabe des als Ersatz Empfangenen oder Abtretung des Ersatzanspruchs (man spricht vom **„stellvertretenden commodum"**) verlangen kann.

Beispiel: Käufer K kann vom Verkäufer V die (volle) Versicherungssumme für die Kaufsache verlangen, welche an V nach dem Untergang der Sache ausbezahlt worden ist.

Lernhinweis: Wir merken uns hier vorab, dass dann auch der Käufer zu der Gegenleistung (Kaufpreiszahlung) verpflichtet ist. Ob er von § 285 BGB Gebrauch macht, hängt von der jeweiligen Konstellation ab: Ist die Versicherungssumme höher als der geschuldete Kaufpreis, kommt der Käufer günstiger weg.

Unter § 285 BGB fällt auch das vom Schuldner durch Rechtsgeschäft erzielte Entgelt (das sog. „commodum ex negotiatione").

Beispiel: Der Verkäufer verkauft das Objekt zweimal und erzielt beim zweiten Verkauf einen höheren Kaufpreis als beim ersten Mal.

Abschließender Lernhinweis: Unterscheiden Sie schärfstens die Frage, ob der Schuldner von seiner Leistungspflicht frei wird (insoweit spricht man von der „Leistungsgefahr"), von der Frage, ob er (nunmehr als Gläubiger) seinen Gegenanspruch behält (insoweit spricht man von der „Gegenleistungs-" oder im Falle des Kaufrechts von der „Preisgefahr"). **§ 275 BGB betrifft lediglich die Leistungsgefahr.** Gefahr definiert man als das Risiko des zufälligen Untergangs. Wer diese beiden Dinge nicht von Anfang an auseinanderhält, wird bei jedem einfachen Fall, der mit der Unmöglichkeit zu tun hat, Schwierigkeiten haben.

III. Die Auswirkungen der Unmöglichkeit auf die Gegenleistung

Lernhinweis: Bei den vorstehenden Ausführungen haben wir gesehen, dass der Schuldner grundsätzlich bei jeder Art von Unmöglichkeit von seiner Leistungsverpflichtung frei wird, er aber dann unter Umständen Schaden- bzw. Aufwendungsersatz leisten oder das als Ersatz Erlangte herausgeben muss.Im gegenseitigen Vertrag ist der Gläubiger berechtigt, vom Vertrag zurückzutreten. Noch nicht untersucht haben wir bislang jedoch, welche Folgen die Unmöglichkeit des Schuldners auf die Gegenleistung des Gläubigers hat. Regelmäßig erfolgt eine Leistung um der Gegenleistung willen: Der Käufer bezahlt, damit er die Ware erhält; der Vermieter stellt den Gebrauch der Mietsache zur Verfügung und beansprucht die Miete usw.

Die Fragen, welche Auswirkung die Unmöglichkeit auf die Gegenleistung hat, sind in § 326 BGB behandelt. Es geht dabei um drei Kategorien, die Sie sich anhand des Schaubildes *Auswirkungen von Unmöglichkeit auf die Gegenleistung im gegenseitigen Vertrag* als „Eckdaten" einprägen sollten.

Merken Sie sich: § 326 BGB differenziert danach, von wem die Unmöglichkeit zu vertreten ist.

Hinweis zur früheren Rechtslage: Vor dem Inkrafttreten des Schuldrechtsmodernisierungsgesetzes wurden die Rechtsfolgen Schadenersatz und Rücktritt sowie das Schicksal des Gegenleistungsanspruchs in §§ 323 ff. a. f. BGB geregelt, die nur bei nachträglicher Unmöglichkeit anwendbar waren. Beim Schadenersatz musste danach differenziert werden, ob es sich um einen gegenseitigen Vertrag handelte (dann war § 325 a. f. BGB einschlägig) oder nicht (dann musste § 280 a. f. BGB herangezogen werden). Der Rücktritt nach § 325 a. f. BGB war nur möglich, soweit der Schuldner die Unmöglichkeit zu vertreten hatte. Die Bestimmungen über den Gegenleistungsanspruch sind im Wesentlichen gleich geblieben.

1. Vom Schuldner zu vertretende Unmöglichkeit

a) Schuldner verliert den Gegenleistungsanspruch

Grundsätzlich verliert der Schuldner den Anspruch auf die Gegenleistung, wenn er die zur Unmöglichkeit führenden Umstände zu vertreten hat (vgl. § 326 Abs. 1 S. 1 BGB – lesen!). Der Grund dafür ist die jedermann einleuchtende Konsequenz, dass derjenige keine Gegenleistung für eine Leistung erwarten darf, die er durch eigenes Verschulden nicht erbringen kann.

Beispiel: V verkauft Sammler K eine bestimmte wertvolle Vase, die er ihm per Post zuschicken will. Beim Verpacken stellt er sich ungeschickt an, die Vase fällt auf den Boden und zerbricht. Hier hat V keinen Anspruch gegen K auf die vereinbarte Bezahlung.

Hinweis: Beachten Sie, dass der Gläubiger meist von seiner Gegenleistungspflicht gem. § 326 Abs. 1 automatisch frei wird, d. h., er muss hierfür nicht den Rücktritt nach § 326 Abs. 5 BGB erklären. Insoweit bringt ihm der Rücktritt vom Vertrag gem. § 326 Abs. 5 BGB nur dann einen Vorteil, wenn die Gegenleistungspflicht nicht automatisch wegfällt (vgl. § 326 Abs. 1 S. 2 BGB).

Auswirkungen von Unmöglichkeit auf die Gegenleistung im gegenseitigen Vertrag

Unmöglichkeit

- **Schuldner hat zu vertreten**
  - § 326 I 1:
    Schuldner verliert den Anspruch auf die Gegenleistung

- **Weder Schuldner noch Gläubiger haben zu vertreten**
  - kaufrechtliche Nacherfüllung nach § 439 ist unmöglich
    - § 326 I 2:
  - Gläubiger macht § 285 geltend
    - § 326 III:
  - kaufrechtliche Sonderfälle (gelten nicht im Verbrauchsgüterkauf, § 474 II)
    - §§ 446, 447:
  - Gläubiger ist im Annahmeverzug
    - § 326 II 1 Alt. 2:

    Schuldner behält den Anspruch auf die Gegenleistung
  - § 326 I 1:
    Schuldner verliert den Anspruch auf die Gegenleistung

- **Gläubiger hat zu vertreten**
  - § 326 II 1 Alt. 1:
    Schuldner behält den Anspruch auf die Gegenleistung

b) Anspruch des Gläubigers bei nicht geschuldeter Gegenleistung

Denkbar ist der Fall, dass die Gegenleistung schon erbracht ist, bevor die Leistung unmöglich wurde.

Hier greift § 326 Abs. 4 BGB ein: Soweit die (in Anwendung des § 326 Abs. 1 S. 1 BGB) nicht geschuldete Gegenleistung (bereits) bewirkt ist, kann das Geleistete nach den Vorschriften des Rücktrittsrechts nach §§ 346 bis 348 BGB zurückgefordert werden. K bekommt demnach den von ihm bereits bezahlten Kaufpreis nach § 346 BGB wieder zurück.

c) Schuldner behält den Gegenleistungsanspruch

Der Schuldner behält seinen Gegenleistungsanspruch, auch wenn er die Unmöglichkeit zu vertreten hat:

- sofern der Gläubiger nach § 285 BGB Herausgabe einer vom Schuldner erlangten Ersatzleistung beansprucht (§ 326 Abs. 3 BGB – lesen!);
- wenn bei einem Kaufvertrag der Schuldner eine mangelhafte Sache geliefert hat, vom Gläubiger auf Nacherfüllung gem. §§ 437 Nr. 1, 439 BGB in Anspruch genommen wird und die Nacherfüllung gem. § 275 BGB nicht zu erbringen braucht (§ 326 Abs. 1 S. 2 BGB).

Beispiel: K erwirbt bei Privatmann V einen als fahrtüchtig angepriesenen Oldtimer. Bereits am nächsten Tag springt der Wagen nicht mehr an, weil der Motor durchgerostet war. K will einen Anspruch auf Nachbesserung nach § 439 Abs. 1 Alt. 1 BGB geltend machen. Dies ist für V jedoch gem. § 275 Abs. 1 BGB unmöglich, da V das einzige noch auf dem Markt erhältliche Ersatzteil für diesen Motor beim Reparaturversuch zerstört hat.

Hier behält der Verkäufer den Anspruch auf die Gegenleistung, da es sich in diesem Fall um eine Unmöglichkeit handelt, die sich auf einen speziell geregelten Kaufrechtsfall bezieht, der die Regeln des Allgemeinen Teils nicht berühren soll. Der Käufer hat ja eine Leistung erhalten, auch wenn diese mangelhaft war. Ihm bleibt es jedoch unbenommen, über den Weg des Rücktritts eine Befreiung von seiner Zahlungsverpflichtung zu erreichen.

2. Vom Gläubiger zu vertretende Unmöglichkeit

Hat der Gläubiger in einem gegenseitigen Vertrag die Unmöglichkeit zu vertreten, behält der Schuldner den Anspruch auf die Gegenleistung (§ 326 Abs. 2 S. 1 Alt. 1 BGB).

Beispiele: Die vom Mieter unsachgemäß eingelagerten Chemikalien entzünden sich und zerstören die angemietete Lagerhalle des Vermieters; der Arbeitgeber verstößt gegen gewerberechtliche Auflagen und verschuldet damit die Arbeitsunfähigkeit des Arbeitnehmers.

In beiden Fällen behält der Gläubiger (Vermieter bzw. Arbeitnehmer) den Gegenleistungsanspruch (auf die Zahlung der Miete bzw. des Arbeitslohns).

3. Von niemandem zu vertretende Unmöglichkeit

a) Schuldner verliert den Gegenleistungsanspruch

Der Schuldner verliert grundsätzlich den Gegenleistungsanspruch, sofern weder er noch der Gläubiger den Untergang der Leistung zu vertreten haben. Dies ist bedingt durch das gegenseitige Abhängigkeitsverhältnis von Leistung und Gegenleistung: Wenn man selbst nicht zu leisten braucht, kann man billigerweise auch nicht verlangen, dass der Vertragspartner die Gegenleistung erbringt.

Beispiel: Förster V verkauft K die in einer Scheune gelagerten Festmeter Holz. Infolge eines Blitzschlages wird das gesamte Holz vernichtet. V hat nach § 326 Abs. 1 S. 1 BGB keinen Anspruch auf Zahlung des Kaufpreises.

b) Anspruch des Gläubigers bei nicht geschuldeter Gegenleistung

Sofern der Gläubiger bereits die Gegenleistung erbracht hat und danach die Leistung dem Schuldner unmöglich wird, gilt § 326 Abs. 4 BGB, wonach der Gläubiger das bereits Geleistete gem. §§ 346 bis 348 BGB zurückverlangen kann. Insoweit gilt bei einer unverschuldeten Unmöglichkeit des Schuldners das Gleiche wie bei einer verschuldeten.

c) Schuldner behält den Gegenleistungsanspruch

Es gibt auch bei der von beiden Seiten nicht zu vertretenden Unmöglichkeit Ausnahmefälle, in denen der Gläubiger dennoch zur Gegenleistung verpflichtet bleibt.

aa) Annahmeverzug des Gläubigers

Der wichtigste Fall ist dabei der, dass der Gläubiger mit der Annahme der Leistung im Verzug war. Dies wird wie folgt begründet: Hätte er die Leistung rechtzeitig angenommen, wäre damit die Gefahr auf ihn übergegangen (jeder trägt das allgemeine Risiko für die ihm gehörenden Sachen). Es wäre unbillig, auch in diesem Fall den Gegenleistungsanspruch entfallen zu lassen. Hier greift § 326 Abs. 2 S. 1 Alt. 2 BGB (lesen!): Tritt der vom Schuldner nicht zu vertretende Umstand, auf Grund dessen er nicht zu leisten braucht, zu einer Zeit ein, zu welcher der Gläubiger im Verzug der Annahme ist, so behält der Schuldner den Anspruch auf die Gegenleistung.

Beispiel: Das verkaufte Kraftfahrzeug war zur Abholung bereitgestellt. Trotz eindeutiger Pflicht des Käufers (Gläubiger) zur Abholung zu einem bestimmten Zeitpunkt erscheint dieser nicht. Er kommt in Annahmeverzug. Nach einigen Tagen wird das Kraftfahrzeug bei einem Einbruch gestohlen und kurz darauf zu Schrott gefahren. In diesem Fall ist die Unmöglichkeit weder vom Verkäufer (Schuldner der Lieferung – und Gläubiger des Zahlungsanspruchs) noch vom Käufer (Gläubiger des Lieferungsanspruchs – und Schuldner des Zahlungsanspruchs) zu vertreten. Nach § 326 Abs. 2 S. 1 Alt. 2 BGB behält der Verkäufer den Gegenleistungsanspruch auf die Kaufpreiszahlung, da der Käufer in Annahmeverzug war.

bb) Sonderfälle im Besonderen Schuldrecht des BGB

Die generelle Regelung des im Allgemeinen Schuldrecht enthaltenen § 326 Abs. 1 BGB wird durch spezielle Regelungen der „Gefahrtragung" durchbrochen. Der wichtigste Fall betrifft dabei den Versendungskauf. Nach

§ 447 BGB (lesen!) geht die Preisgefahr (also das Risiko, den Kaufpreis zahlen zu müssen, obwohl man die Ware nicht erhält) bereits in dem Augenblick auf den Käufer über, in dem die wunschgemäß zu versendende Ware der Transportperson übergeben wird.

Beispiel: Privatmann K kauft von Privatmann V ein gebrauchtes Fernsehgerät. Auf Bitten von K übergibt V das Gerät einem Transportunternehmen, das es zu K bringen soll. Unterwegs wird der Fernseher bei einem Unfall zerstört. In diesem Fall hat zwar V die Unmöglichkeit ebenfalls nicht zu vertreten und würde nach der „normalen" Regelung des § 326 Abs. 1 BGB den Anspruch auf die Gegenleistung verlieren. Da es sich aber um einen Versendungskauf handelt, trägt nach Übergabe des Fernsehgerätes an die Transportperson der Käufer das Risiko des zufälligen Untergangs. V bekommt sein Geld, obwohl K die Sache nicht erhält. – Abwandlung: Wie wäre es, wenn bei gleichem Sachverhalt K das Gerät in einem Geschäft erworben hätte? Antwort: Dann handelte es sich um einen Verbrauchsgüterkauf und § 447 BGB wäre wegen der Vorschrift des § 474 Abs. 2 BGB nicht anwendbar. In diesem Fall ist der Verbraucher K geschützt und wird gem. § 326 Abs. 1 BGB von der Verpflichtung zur Zahlung des Kaufpreises frei.

Neben dem Versendungskauf gibt es auch noch weitere Spezialvorschriften zu § 326 Abs. 1 BGB:

Blättern Sie im Gesetz schon mal etwas weiter und machen Sie sich mit den nachfolgenden Bestimmungen und deren Zusammenhang mit der grundsätzlichen Regelung im Leistungsstörungsrecht vertraut.

* Kaufrecht (§ 446 BGB):
  Zeitpunkt des Gefahrübergangs, des Übergangs von Nutzungen und Lasten, Gleichstellung des Gläubigerverzugs mit der Übergabe;
* Arbeitsrecht (§ 615 BGB):
  Vergütungsanspruch ohne Nachleistungspflicht bei Annahmeverzug des Dienstberechtigten;
* Werkvertragsrecht (§ 644 BGB):
  Gefahrübergang mit Abnahme des Werkes bzw. mit Annahmeverzug des Bestellers.

cc) Weitere Fälle

Im Übrigen gelten die Ausnahmefälle, die auch bei einer vom Schuldner zu vertretenden Unmöglichkeit einschlägig sind, da §§ 326 Abs. 3 und 326 Abs. 1 BGB nicht zwischen Vertretenmüssen und Nichtvertretenmüssen unterscheiden. Die Gegenleistung bleibt dem Schuldner danach dann erhalten, wenn der Gläubiger nach § 285 BGB die Herausgabe eines für die untergegangene Sache erhaltenen Ersatzes verlangt (§ 326 Abs. 3 BGB) oder wenn im Falle des § 439 BGB eine kaufrechtliche Unmöglichkeit vorliegt (§ 326 Abs. 1 S. 2 BGB).

Wiederholungsfragen zu § 34

Welche Arten von Unmöglichkeit gibt es? (§ 34 I 1; I 2; II 1; II 2)

Welche Rechtsfolgen ergeben sich bei Unmöglichkeit? (§ 34 I 1 b; I 2 b; II 3)

Nach welchen Vorschriften und unter welchen Voraussetzungen kann der Gläubiger bei anfänglicher bzw. nachträglicher Unmöglichkeit vom Schuldner Schadenersatz statt der Leistung fordern? (§ 34 I 1 b aa; I 2 b; II 3 a)

Was ist in § 275 Abs. 2 und 3 BGB geregelt? (§ 34 I 2 a)

Welche Konsequenzen hat die Konkretisierung der Gattungsschuld für die Unmöglichkeit? (§ 34 II 1)

Wem gebührt die Ersatzleistung, die der Schuldner infolge der Unmöglichkeit erlangt? (§ 34 I 1 bbb; I 2 b; II 3 c)

Wann hat der Schuldner trotz Unmöglichkeit einen Anspruch auf die Gegenleistung? (§ 34 III 1 c; III 3 c)

§ 35 Die Verzögerung der Leistung durch den Schuldner (Schuldnerverzug)

Lernhinweis: Wenn der Schuldner die Leistung nicht termingemäß erbringt, spricht man von „Verzug". Dabei ist diese Terminologie nicht ganz korrekt, denn mit „Verzug" bezeichnet der Gesetzgeber zunächst nur den bestimmten Fall der Leistungsverzögerung, der in § 286 BGB geregelt ist. Das Gesetz spricht jedoch auch an anderen Stellen von einer Leistung, die „nicht wie geschuldet" (i. S. von nicht termingemäß) erbracht wird (in § 281 Abs. 1 S. 1 oder § 323 Abs. 1 BGB). Auch dabei geht es um eine Verzögerung der Leistung, bei der jedoch die in § 286 BGB speziell geregelten Verzugsvoraussetzungen dem Wortlaut nach nicht vorliegen müssen. Achten Sie daher stets darauf, ob die Verwendung des Begriffs „Verzug" im technischen Sinne des § 286 BGB oder im untechnischen Sinne als allgemeine Leistungsverzögerung zu verstehen ist. Als Rechtsfolgen kommen in Betracht: (1.) Der Ersatz des Verzugsschadens nach § 280 Abs. 1, 2 i. V. m. § 286 BGB, (2.) der Schadenersatz statt der Leistung wegen Verzögerung gem. § 280 Abs. 1, 3 i. V. m. § 281 BGB und – im gegenseitigen Vertrag – (3.) der Rücktritt nach § 323 BGB. Verschaffen Sie sich einen ersten Überblick anhand des Schaubildes *„Schuldnerverzug"*.

Hinweis zum früheren Recht: Vor der Schuldrechtsmodernisierung musste bei den Rechtsfolgen des Verzugs nach der Art des Vertrages unterschieden werden. Während § 286 i. V. m. § 284 BGB a. F. sowohl den Verzögerungsschaden unter Beibehaltung des Erfüllungsanspruches im gegenseitigen Vertrag (jetzt § 280 Abs. 2 BGB n. F.) als auch den Schadenersatz statt der Leistung bei nur einseitiger Leistungspflicht des Schuldners (entspricht § 281 BGB n. F.) regelte, fand § 326 BGB a. F. mit den dort geregelten Bestimmungen über Schadenersatz wegen Nichterfüllung und Rücktritt – hierzu war insbesondere eine Nachfristsetzung mit Ablehnungsandrohung erforderlich – ausschließlich dann Anwendung, wenn es um gegenseitige Verträge ging (nunmehr § 281 und § 323 BGB n. F.).

I. Begriff des Schuldnerverzugs

Für den Begriff des Schuldnerverzugs ist nach § 286 BGB wie folgt zu differenzieren:

- **Grundsätzlich** ist Schuldnerverzug **die vom Schuldner zu vertretende Verzögerung der fälligen und in der Regel angemahnten Leistung.**
- Bei **Entgeltforderungen** tritt Schuldnerverzug **bei schuldhafter Nichtleistung entweder nach** (grundsätzlich erforderlicher) **Mahnung oder spätestens 30 Tage nach Fälligkeit und Rechnungszugang bzw. Zahlungsaufstellung** ein.
- Bei **Entgeltforderungen** gegenüber einem **Verbraucher** (§ 13 BGB) muss dieser vorher auf die 30-Tage-Rechtsfolge hingewiesen worden sein.

Schuldnerverzug

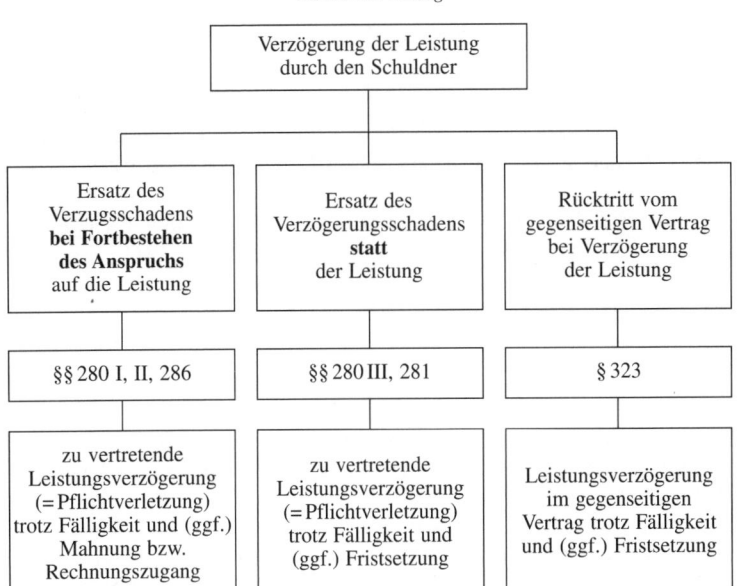

Verzögerung der Leistung durch den Schuldner		
Ersatz des Verzugsschadens **bei Fortbestehen des Anspruchs** auf die Leistung	Ersatz des Verzögerungsschadens **statt** der Leistung	Rücktritt vom gegenseitigen Vertrag bei Verzögerung der Leistung
§§ 280 I, II, 286	§§ 280 III, 281	§ 323
zu vertretende Leistungsverzögerung (= Pflichtverletzung) trotz Fälligkeit und (ggf.) Mahnung bzw. Rechnungszugang	zu vertretende Leistungsverzögerung (= Pflichtverletzung) trotz Fälligkeit und (ggf.) Fristsetzung	Leistungsverzögerung im gegenseitigen Vertrag trotz Fälligkeit und (ggf.) Fristsetzung

Im Unterschied zur Unmöglichkeit ist aber die Leistung nachholbar.

Merke: Unmöglichkeit und Verzug sind voneinander danach abzugrenzen, ob die Leistung überhaupt noch erbracht werden kann. Beim absoluten Fixgeschäft (vgl. oben § 26 I 2b aa) begründet die Nichteinhaltung der Leistungszeit deshalb Unmöglichkeit (die nur zu dem genau bestimmten Zeitpunkt zu erbringende Leistung ist zu einem späteren Zeitpunkt sinnlos).

Lernhinweis: Schuldnerverzug und Gläubigerverzug unterscheiden sich darin, dass beim Schuldnerverzug der Schuldner seiner rechtlichen Verpflichtung nicht nachkommt, während beim Gläubigerverzug der Gläubiger durch die Nichtannahme lediglich gegen ein Gebot des eigenen Interesses verstößt (er ist zur Annahme der Leistung berechtigt, aber nicht verpflichtet, durch die Nichtannahme kommt er nicht in Schuldnerverzug, weil die Annahme der Leistung für ihn keine Hauptpflicht darstellt). Anders ist es jedoch, wenn der Gläubiger zusätzliche Handlungspflichten hat. Beispiel: § 640 Abs. 1 BGB. Durch die Nichtabnahme der Leistung gerät der Gläubiger beim Werkvertrag dann sowohl in Annahme- als auch in Schuldnerverzug.

II. Voraussetzungen und Rechtsfolgen des Schuldnerverzugs nach § 280 Abs. 1, 2 i. V. m. § 286 BGB

1. Voraussetzungen

Lernhinweis: Beachten Sie, dass das Gesetz nach der Art der geschuldeten Leistung differenziert (vgl. § 286 Abs. 1 und 3 BGB – lesen!).

Unabhängig vom Leistungsgegenstand setzt Schuldnerverzug allgemein voraus, dass die Forderung vollwirksam und fällig ist, der Schuldner die

Leistung nicht oder nicht rechtzeitig erbringt und er die Verzögerung zu vertreten hat.

a) Fälligkeit

Erste Voraussetzung des Verzugs ist der Eintritt der Fälligkeit. Diese bemisst sich nach der Leistungszeit (vgl. § 271 BGB sowie oben § 26 I). Der Leistungsanspruch muss weiterhin „vollwirksam" sein: Steht dem Leistungsbegehren des Gläubigers eine Einrede entgegen, kommt der Schuldner nicht in Verzug.

b) Mahnung bzw. 30-Tages-Frist

aa) Andere Ansprüche als Entgeltforderungen

(1.) Grundsatz

Die Fälligkeit allein führt noch nicht zum Schuldnerverzug. Hierzu bedarf es zusätzlich einer Mahnung. Diese ist eine einseitige, empfangsbedürftige Erklärung und enthält die dringliche Leistungsaufforderung an den Schuldner. Dadurch soll dem Schuldner deutlich gemacht werden, dass die weitere Leistungsverzögerung für ihn nachteilige Konsequenzen haben kann. Gleichgestellt sind der Mahnung die Erhebung der Leistungsklage sowie die Zustellung eines Mahnbescheids im Mahnverfahren (§ 286 Abs. 1 S. 2 BGB). In beiden Fällen handelt es sich um besonders eindrucksvolle Zahlungsaufforderungen.

(2.) Ausnahmen

In bestimmten Fällen kommt der Schuldner auch ohne Mahnung in Verzug.

(2.1) bestimmter Termin nach Kalenderzeit

Ist für die Leistung eine Zeit nach dem Kalender bestimmt, so kommt der Schuldner nach § 286 Abs. 2 Nr. 1 BGB (lesen!) ohne Mahnung in Verzug, wenn er nicht zu der bestimmten Zeit leistet. Man sagt: „dies interpellat pro homine".

Beispiel: Der Schuldner hat eine Lieferung bis zum 7. April zugesagt.

(2.2) bestimmbarer Termin nach Kalenderzeit

Eine Mahnung ist ebenfalls nicht erforderlich, wenn der Leistung ein Ereignis vorauszugehen hat und eine angemessene Zeit für die Leistung in der Weise bestimmt ist, dass sie sich von dem Ereignis an nach dem Kalender berechnen lässt (§ 286 Abs. 2 Nr. 2 BGB).

Beispiel: Der Schuldner verpflichtet sich zu einer Lieferung innerhalb von 7 Tagen nach telefonischem Abruf der Leistung durch den Gläubiger.

(2.3) Verweigerung der Leistung durch den Schuldner

Auf eine Mahnung kann gem. § 286 Abs. 2 Nr. 3 BGB verzichtet werden, wenn der Schuldner vor oder nach Fälligkeit ernsthaft und endgültig erklärt hat, er werde die Leistung verweigern. In diesem Fall wäre eine Mahnung sinnlos.

(2.4) besondere Gründe

Einer Mahnung bedarf es schließlich auch dann nicht, wenn aus besonderen Gründen unter Abwägung der beiderseitigen Interessen der sofortige Eintritt des Verzugs gerechtfertigt ist (§ 286 Abs. 2 Nr. 4 BGB).

Beispiele: Pflichten, deren Erfüllung offensichtlich besonders eilig ist, wie etwa die Reparatur eines Wasserrohrbruchs, oder die spontan zu erfüllen sind, z.B. bei Aufklärungs- oder Hinweispflichten.

bb) Entgeltforderungen

Eine Besonderheit gibt es für den Verzug von Entgeltforderungen (dies betrifft alle Gegenleistungen mit Ausnahme des Schadenersatzes): Der Schuldner kommt gem. § 286 Abs. 3 BGB automatisch spätestens dann in Verzug, wenn er nicht innerhalb von 30 Tagen nach Fälligkeit und Zugang einer Rechnung leistet. Eine Mahnung oder eine kalendarische Bestimmung der Fälligkeit ist hier nicht erforderlich. Durch das Wörtchen „spätestens" wird jedoch deutlich, dass es dem Gläubiger freisteht, durch eine Mahnung nach § 286 Abs. 1 und 2 BGB einen früheren Verzugseintritt herbeizuführen. Die 30-Tage-Frist berechnet sich nach den §§ 187 Abs. 1, 188 Abs. 1 BGB.

Beachten Sie: Der automatische Verzugseintritt 30 Tage nach Rechnungszugang gilt gegenüber einem Schuldner, der Verbraucher (§ 13 BGB) ist, nur dann, wenn auf diese Folgen in der Rechnung besonders hingewiesen worden ist.

c) Vertretenmüssen des Schuldners

Nach § 286 Abs. 4 BGB kommt der Schuldner nicht in Verzug, solange die Leistung infolge eines Umstandes unterbleibt, den er nicht zu vertreten hat.

Lernhinweis: Durch die Negativformulierung in § 286 Abs. 4 wird die Beweislast umgedreht. Es wird vermutet, dass der Schuldner die Verzögerung zu vertreten hat. Es liegt an ihm, dies zu entkräften. Der Gläubiger braucht also im Prozess lediglich die Nichtleistung, Fälligkeit und Mahnung zu beweisen, nicht aber ein etwaiges Verschulden des Schuldners.Begründung: Der Gläubiger kennt nicht die Interna der Leistungsverzögerung; für den Schuldner ist es einfacher, sich zu exkulpieren, als für den Gläubiger, dem Schuldner ein Fehlverhalten nachzuweisen.

2. Rechtsfolgen

Lernhinweis: § 286 BGB selbst enthält keine Rechtsfolge. Erst in Verbindung mit § 280 Abs. 2 BGB (lesen!) kann der Gläubiger Schadenersatz wegen Verzögerung der Leistung verlangen. § 280 Abs. 2 BGB wiederum ist in Verbindung mit Abs. 1 zu lesen, d.h., es muss eine vom Schuldner zu vertretende Pflichtverletzung vorliegen. Wenn man, wie wir das gerade getan haben, § 286 BGB bereits durchgeprüft hat, bereitet § 280 Abs. 1 BGB keine Schwierigkeiten mehr: Die Pflichtverletzung besteht in der Leistungsverzögerung, das Verschulden wurde schon in § 286 Abs. 4 BGB geprüft – insofern hat § 286 Abs. 4 BGB für den Schadenersatzanspruch keine eigenständige Bedeutung, sondern ist nur für andere Verzugsfolgen, etwa §§ 287, 288 BGB, relevant.

a) Verzögerungsschaden

Nach § 280 Abs. 1, 2 i.V.m. § 286 BGB hat der Schuldner dem Gläubiger den durch die Verzögerung der Leistung entstandenen Schaden zu ersetzen.

Man spricht vom Verspätungs- oder Verzögerungsschaden. Der Gläubiger ist so zu stellen, wie er bei rechtzeitiger Leistung des Schuldners stehen würde. **Beachten Sie:** Dieser Schadenersatzanspruch aus § 280 Abs. 1, 2 i. V. m. § 286 BGB besteht neben dem fortbestehenden Erfüllungsanspruch.

Beispiele: Als Verzögerungsschaden sind zu ersetzen
* die Kosten der Rechtsverfolgung,
* Kosten für die Inanspruchnahme eines Inkassobüros (im Hinblick auf § 254 jedoch begrenzt in Höhe der Anwaltskosten),
* Mietzahlungen für eine Ersatzwohnung bei verspäteter Herstellung des Wohnhauses,
* der entgangene Gewinn, wenn ein Wiederverkauf infolge Lieferungsverzögerung scheitert.

Hinweis: Sofern der Gläubiger einen Verzögerungsschaden statt der Leistung geltend machen will, muss er nach § 280 Abs. 1, 3 i. V. m. § 281 BGB vorgehen.

b) Verzugszinsen

Eine Geldschuld ist gem. § 288 Abs. 1 S. 1 BGB während des Verzugs zu verzinsen. Dabei hängt die Höhe der Verzugszinsen von den am Rechtsgeschäft beteiligten Personen ab. Sofern an diesem ein Verbraucher (§ 13 BGB) beteiligt ist, beträgt der Verzugszinssatz für das Jahr fünf Prozentpunkte über dem Basiszinssatz, dessen jeweilige, sich zweimal pro Jahr verändernde Höhe sich aus § 247 BGB ergibt. Wenn der Verzug ein Rechtsgeschäft betrifft, an dem kein Verbraucher beteiligt ist, ist eine Entgeltforderung mit acht Prozentpunkten über dem Basiszinssatz zu verzinsen. In beiden Fällen handelt es sich um einen (fiktiven) Mindestschaden. Nicht ausgeschlossen ist die Geltendmachung eines weitergehenden Schadens nach § 288 Abs. 4 BGB(lesen!).

Beispiel: Kaufmann K bezieht von Händler V am 15. Juli Waren im Wert von 10 000 Euro. Am 1. August geht dem K eine Rechnung zu, was dazu führt, dass er, sofern (wie hier) die Leistung nicht angemahnt wurde, spätestens bis zum 31. August gezahlt haben muss. V kann zu diesem Zeitpunkt den Eingang der Zahlung nicht feststellen. K kommt gem. § 286 Abs. 3 S. 1 BGB am 1. September in Verzug und bezahlt erst am 1. März. Für den Zeitraum von 6 Monaten kann V (da sowohl K wie auch V Unternehmer sind und deshalb ein Rechtsgeschäft vorliegt, an dem ein Verbraucher nicht beteiligt ist) nach § 288 Abs. 2 BGB ohne weiteren Schadensnachweis Zinsen in Höhe von 8 Prozentpunkten über dem Basiszinssatz verlangen. Hat er jedoch nachweislich einen Bankkredit in Anspruch genommen, den er zu 15 Prozent zu verzinsen hatte, kann er die Zinsdifferenz als weiteren Schaden nach § 288 Abs. 4 BGB geltend machen. Vergleichen Sie dazu das Schaubild *Liquidierung von Zinsen, die den Verzugszinssatz übersteigen*.

c) Verschärfte Haftung

Mit dem Eintritt des Schuldnerverzugs wird die Haftung des Schuldners nach § 287 BGB (lesen!) erweitert:

aa) Haftung für jede Fahrlässigkeit

Während des Schuldnerverzugs hat der Schuldner jede Fahrlässigkeit zu vertreten.

Liquidierung von Zinsen, die den Verzugszinssatz übersteigt

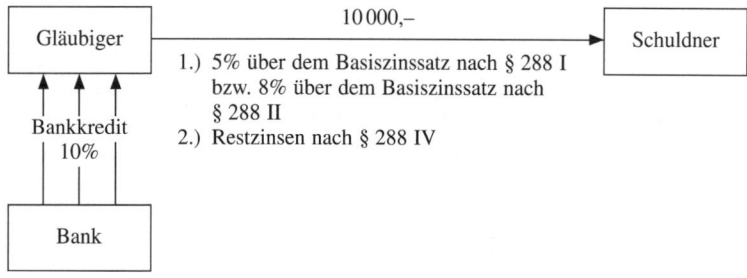

Lernhinweis: In manchen Fällen ist die Haftung gesetzlich erleichtert; z.B. haftet der Schenker nur für Vorsatz und grobe Fahrlässigkeit. Nach Eintritt des Verzugs gilt für den Schuldner auch in diesen Fällen die generelle Haftung für jede Fahrlässigkeit.

bb) Haftung für Zufall

Mit Eintritt des Verzugs haftet der Schuldner nach § 287 S. 2 BGB auch für die durch Zufall eintretende Unmöglichkeit!

Beispiel: K hat bei V ein Kraftfahrzeug gekauft, das trotz Fälligkeit und Mahnung von V bislang nicht ausgeliefert wurde, obwohl dem nichts entgegengestanden hätte (womit Verzug vorliegt). Bei einer krawallartigen Demonstration werden die Schaufensterscheiben bei V eingeschlagen, und das dort noch als Ausstellungsstück befindliche Kraftfahrzeug wird durch einen Molotowcocktail vollständig zerstört. V war in Verzug; gemäß §§ 280 Abs. 1 und 3, 283 i.V.m. § 287 S. 2 BGB hat er auch den durch Zufall eingetretenen Schaden zu ersetzen.

III. Voraussetzungen und Rechtsfolgen der Leistungsverzögerung nach § 280 Abs. 1, 3 i.V.m. § 281 BGB

Lernhinweis: Bitte beachten Sie unbedingt, dass es im Gesetz an mehreren Stellen um eine Verzögerung der Leistung geht, der Begriff „Verzug" aber nur bei § 286 BGB verwendet wird. Auf dessen Voraussetzungen wird nur im Falle von § 280 Abs. 2 BGB verwiesen, wenn es um einen Schadenersatz wegen Verzögerung der Leistung geht, der **neben** dem Erfüllungsanspruch geltend gemacht wird. Soweit es sich jedoch um die Konstellation handelt, dass der Schuldner die fällige Leistung nicht rechtzeitig erbringt, dem Gläubiger dadurch ein Schaden entsteht und dieser Schadenersatz **statt** der Leistung verlangt, müssen die Voraussetzungen von § 280 Abs. 3 i.V.m. § 281 BGB erfüllt sein.

Beispiel: Nicht erfolgte Lieferung von Saisonartikeln.

Die Voraussetzungen eines Schadenersatzes wegen Verzögerung der Leistung setzen sich aus § 280 Abs. 1 und 3 sowie aus § 281 BGB zusammen. Danach bedarf es einer vom Schuldner zu vertretenden Pflichtverletzung und grundsätzlich einer Fristsetzung durch den Gläubiger.

1. Voraussetzungen

a) Pflichtverletzung

Zunächst muss eine Pflichtverletzung nach § 280 Abs. 1 BGB vorliegen. Dies ist dann der Fall, wenn gem. § 281 Abs. 1 BGB der Schuldner die fällige Leistung nicht (im Sinne von nicht termingerecht) erbringt.

Lernhinweis: Grundsätzlich ließen sich unter den Begriff „Nichterbringung" neben den Fällen der Leistungsverzögerung auch diejenigen der Unmöglichkeit subsumieren. Aus dem systematischen Zusammenhang der §§ 280 bis 283 BGB ergibt sich jedoch, dass die Unmöglichkeit im Gefüge der Pflichtverletzungen in § 283 BGB abschließend geregelt ist.

b) Verschulden

Sofern dem Schuldner nicht der Entlastungsbeweis gelingt, wird vermutet, dass dieser die Pflichtverletzung gem. § 280 Abs. 1 S. 2 BGB zu vertreten hat.

c) Fristsetzung

Nach § 281 Abs. 1 BGB muss der Gläubiger dem Schuldner erfolglos eine angemessene Frist zur Leistung bestimmt haben. Der Sinn dieser Regelung ist einleuchtend: Kommt der Schuldner in Verzug, befindet sich der Gläubiger bezüglich seiner von ihm selbst zu erbringenden Gegenleistung in einem Zustand der Ungewissheit. Er muss seine Leistung vorhalten, weil möglicherweise der Schuldner doch noch leistet. Mit der Fristsetzung kommt der Gläubiger aus der ungewissen Lage in angemessener Zeit heraus. Das Setzen einer Frist ist jedoch gem. § 281 Abs. 2 BGB (lesen!) dann entbehrlich, wenn der Schuldner die Leistung ernsthaft und endgültig verweigert oder wenn besondere Umstände vorliegen, die eine sofortige Geltendmachung des Schadenersatzanspruchs rechtfertigen.

Lernhinweis: Wie Sie sehen, entspricht die Fristsetzung im Wesentlichen einer Mahnung: Auch sie soll eine dringende Aufforderung zur Leistung sein. Daher liegen immer dann, wenn der Gläubiger den Schuldner nach § 286 BGB mahnt, auch die Voraussetzungen von § 281 BGB vor. Beachten Sie jedoch, dass § 286 Abs. 2 BGB mehr Möglichkeiten der Entbehrlichkeit der Mahnung vorsieht, als das bei der Entbehrlichkeit der Fristsetzung nach § 281 Abs. 2 BGB der Fall ist.

2. Rechtsfolgen

Als Rechtsfolge gewährt § 281 Abs. 1 BGB einen Anspruch auf Ersatz des Verzögerungsschadens statt der Leistung.

Beispiel: K hat eine kleine Pension gebaut und für den Empfangsraum im Möbelhaus des V einen Bauernschrank nebst dazu passendem Sitzmobiliar gekauft. Die Lieferung soll zu einem bestimmten Termin eine Woche vor der Einweihung des Hauses erfolgen. Am betreffenden Tag hat V nicht geliefert. K muss die Möbel zu einem viel teureren Preis bei einem anderen Händler erwerben und verlangt den Mehrpreis von V ersetzt. Nach welcher Anspruchsgrundlage? **Antwort:** V ist zwar mit seiner Lieferverpflichtung aus § 433 Abs. 1 Satz 1 BGB in Verzug gem. § 286 BGB gekommen. Jedoch gibt § 280 Abs. 1, 2 i.V.m. § 286 BGB dem K nur einen Anspruch auf Ersatz des Verzugsschadens neben der Leistung. Hier jedoch macht K einen Verzögerungsschaden statt der Leistung geltend, der nur über § 280 Abs. 1, 3

i. V. m. § 281 BGB gewährt wird. K muss dem V also vorher eine angemessene Frist zur Lieferung setzen.

Eine zusätzliche Voraussetzung sieht das Gesetz für den Verzögerungsschaden statt der Leistung im Falle einer mehrteiligen Leistung vor. Grundsätzlich wird durch § 280 Abs. 1, 3 i. V. m. § 281 BGB nur der Schaden hinsichtlich des verspäteten Leistungsteils ersetzt (sog. „kleiner Schadenersatz"). Für den Gläubiger kann es aber mitunter interessengerechter sein, die gesamte Leistung auch wegen der Verspätung nur eines Teils zurückzuweisen und stattdessen Schadenersatz wegen der ganzen Leistung zu fordern (sog. „großer Schadenersatz"). Hierfür verlangt § 281 Abs. 1 S. 2 BGB jedoch, dass der Gläubiger an der bereits bewirkten Teilleistung kein Interesse hat.

Beispiel: K erwirbt für seine neu gekaufte Wohnung im Möbelhaus des V eine passgenaue Kücheneinrichtung in einem sehr seltenen Rotton. Nach der Lieferung des V stellt K fest, dass Kühlschrank und Backofen fehlen. Wenn V trotz Fristsetzung die noch ausstehenden Stücke nicht liefert, hat K für einen Schadenersatzanspruch zwei Möglichkeiten: Falls er irgendwo noch einen Kühlschrank und einen Backofen in der zu den anderen Gegenständen passenden Farbe findet, kann er die Mehrkosten hierfür als kleinen Schadenersatz von V erstattet verlangen. Sofern ein Ersatzkauf jedoch scheitert, wird er auch an den gelieferten Kücheneinrichtungsgegenständen kein Interesse mehr haben und in einem anderen Möbelhaus lieber eine andere Komplettküche erwerben. Eventuelle Mehrkosten hierfür sind ihm von V als Schadenersatz statt der gesamten Leistung zu ersetzen. Die bereits gelieferten Teile kann V allerdings von K nach § 281 Abs. 5 i. V. m. §§ 346 ff. BGB zurückfordern.

Lernhinweis: Bei § 280 Abs. 1, 2 i. V. m. § 286 BGB hatten wir gesehen, dass der Gläubiger neben dem Verzugsschaden auch noch den Erfüllungsanspruch geltend machen kann. Im Gegensatz dazu stellt § 281 Abs. 4 BGB klar, dass der Anspruch auf die Leistung ausgeschlossen ist, sobald der Gläubiger statt der Leistung Schadenersatz verlangt hat.

Behalten Sie im Auge, dass der Gläubiger anstelle des Schadenersatzes statt der Leistung nach § 284 BGB (lesen!) auch den Ersatz der Aufwendungen verlangen kann, die er im Vertrauen auf den Erhalt der Leistung gemacht hat und billigerweise machen durfte.

IV. Voraussetzungen und Rechtsfolgen der Leistungsverzögerung nach § 323 BGB

Der Gläubiger kann bei einer Verzögerung der Leistung durch den Schuldner neben einem Schadenersatz statt der Leistung (§ 281 BGB) auch vom Vertrag zurücktreten. Hierbei ist zu beachten, dass beide Ansprüche gem. § 325 BGB (lesen!) nebeneinander und nicht etwa, wie vor dem Inkrafttreten des Schuldrechtsmodernisierungsgesetzes, nur alternativ bestehen.

Lernhinweis: Auch bei den Regeln über den Rücktritt spricht das Gesetz in § 323 BGB nicht von „Verzug", sondern umschreibt die Leistungsverzögerung wie bei § 281 BGB dadurch, dass in einem gegenseitigen Vertrag der Schuldner eine fällige Leistung nicht (d. h. nicht termingerecht) erbringt.

1. Voraussetzungen

a) Gegenseitiger Vertrag

§ 323 BGB (lesen!) setzt zunächst das Vorliegen eines gegenseitigen Vertrags voraus.

b) Nichterbringung der fälligen Leistung

Weiterhin muss der Schuldner eine fällige Leistung nicht (im Sinne von nicht rechtzeitig) erbracht haben.

Lernhinweis: Auch bei § 323 BGB unterfällt dem Begriff der Nichterbringung einer Leistung nur die Leistungsverzögerung und nicht die Unmöglichkeit, da für diese die spezielle Vorschrift des § 326 BGB einschlägig ist.

c) Fristsetzung

Schließlich muss der Gläubiger dem Schuldner eine angemessene Frist zur Leistung setzen. Dabei ist die Fristsetzung dann entbehrlich, wenn

- der Schuldner die Leistung ernsthaft und endgültig verweigert (§ 323 Abs. 2 Nr. 1 BGB);
- der Schuldner die Leistung zu einem im Vertrag bestimmten Termin oder innerhalb einer bestimmten Frist nicht bewirkt und der Gläubiger im Vertrag den Fortbestand seines Leistungsinteresses an die Rechtzeitigkeit der Leistung gebunden hat (relatives Fixgeschäft);
- besondere Umstände vorliegen, die unter Abwägung der beiderseitigen Interessen den sofortigen Rücktritt rechtfertigen.

Lernhinweis: Beachten Sie, dass der Rücktritt kein Verschulden voraussetzt, d. h. es ist unerheblich, aus welchen Gründen der Schuldner außer Stande ist, die Leistung rechtzeitig zu erbringen.

2. Rechtsfolgen

Als Rechtsfolge kann der Gläubiger nach § 323 BGB vom Vertrag zurücktreten.

Wiederholungsfragen zu § 35

Welche Voraussetzungen müssen für die Annahme von Schuldnerverzug vorliegen? (§ 35 II 1)

In welchen Fällen kommt der Schuldner auch ohne Mahnung in Verzug? (§ 35 II 1 b aa (2.))

Kann der Schuldner einer Entgeltforderung schon vor Ablauf der 30-Tage-Frist des § 286 Abs. 3 BGB in Verzug kommen? (§ 35 II 1 b bb)

Welche Rechtsfolgen des Schuldnerverzuges kennt das BGB? (§ 35 II 2)

Behält der Gläubiger, der einen Schadenersatzanspruch gem. §§ 280 Abs. 1, 2 i. V. m. § 286 BGB geltend macht, daneben seinen Erfüllungsanspruch? (§ 35 II 2 a)

Welche Voraussetzungen müssen für die Geltendmachung eines Anspruchs auf Schadenersatz statt der Leistung vorliegen? (§ 35 III)

Unter welchen Umständen ist eine Fristsetzung durch den Gläubiger entbehrlich? (§ 35 III 1 c)

Unter welchen Voraussetzungen kann der Gläubiger bei einer Verzögerung der Leistung durch den Schuldner vom Vertrag zurücktreten? (§ 35 IV 1)

Kann der Gläubiger bei einer Verzögerung der Leistung durch den Schuldner vom Vertrag zurücktreten und daneben noch Schadenersatz statt der Leistung gem. §§ 280 Abs. 1, 3, 281 BGB fordern? (§ 35 IV)

§ 36 Pflichtverletzungen im Schuldverhältnis –
Die positive Vertragsverletzung

Lernhinweis: Repetieren Sie zunächst oben § 24. Dort wurde darauf hingewiesen, dass der Schuldner nicht nur schlechthin leisten muss, sondern so, wie es Treu und Glauben erfordern. Bei Verletzung der insoweit bestehenden (Neben-)Pflichten ergeben sich Schadenersatzansprüche. Diese ergaben sich bis zur Neustrukturierung der Leistungsstörungsregelungen durch das Schuldrechtsmodernisierungsgesetz 2001 aus der sogenannten „positiven Vertragsverletzung" (abgekürzt pVV). Die Grundsätze dieses seit Jahrzehnten anerkannten Gewohnheitsrechts sind nunmehr im Bürgerlichen Gesetzbuch in § 280 Abs. 1 BGB integriert. Dennoch wird es dem Anwender der neuen Vorschriften nicht erspart bleiben, auch weiterhin die bisherigen Fälle der positiven Vertragsverletzung zu kennen, die auch durch die neue Kodifikation ihre Gültigkeit nicht verloren haben. Auch sei an dieser Stelle zum wiederholten Mal darauf hingewiesen, dass die neuen Gesetzesregelungen erst für Schuldverhältnisse gelten, die ab dem 1. 1. 2002 zustande gekommen sind. Auf frühere Rechtsverhältnisse findet nach wie vor altes Recht Anwendung. Dies sind genug Gründe dafür, im Nachfolgenden auch noch auf die „alte" positive Vertragsverletzung näher einzugehen und an entsprechender Stelle die neue Rechtslage darzustellen. Ferner wird im Sprachgebrauch der Begriff „positive Vertragsverletzung" sicher nicht von heute auf morgen verschwinden.

Zur Terminologie: Der Begriff „positive Vertragsverletzung" hat sich eingebürgert, obwohl er nicht ganz korrekt ist. „Positiv" ist insofern ungenau, als auch ein Unterlassen den Tatbestand der positiven Vertragsverletzung erfüllen kann; „Vertrags"-Verletzung ist insoweit zu eng, als auch Pflichtverletzungen aus gesetzlichen Schuldverhältnissen den Haftungstatbestand erfüllen können. Gebraucht werden deshalb auch die Begriffe „positive Forderungsverletzung" oder „sonstige Forderungsverletzung". Der Tradition verpflichtet sprechen wir im Nachfolgenden weiterhin von der positiven Vertragsverletzung.

I. Geschichte, Voraussetzungen und Rechtsfolgen

1. Die positive Vertragsverletzung als Auffangtatbestand der Leistungsstörung

Die Verfasser des Bürgerlichen Gesetzbuches waren irrtümlich der Meinung, mit dem Abschnitt über die Unmöglichkeit und den Verzug sowie den gesetzlichen Gewährleistungsvorschriften bei einzelnen Schuldverhältnissen (Kauf, Miete, Werkvertrag) alle Fälle denkbarer Leistungsstörungen erfasst zu haben. Schon kurz nach Inkrafttreten des BGB wies ein gewisser Samuel Hermann Staub in seinem Buch über die „Positiven Vertragsverletzungen" auf die Lückenhaftigkeit des vom BGB geregelten Leistungsstörungsrechts hin. Er beschrieb darin Fälle, mit denen er in seiner Praxis als Rechtsanwalt konfrontiert wurde und die verdeutlichen, worum es geht: (1.) Einem Käufer von Pferdefutter wurde mit giftigen Rizinuskörnern vermengter indischer Mais geliefert, der die Pferde verenden ließ; (2) ein Kaufmann lieferte einen von ihm fabrizierten Leuchtstoff, der explosive Bestandteile hatte, worauf der Käufer nicht aufmerksam gemacht wurde und der im Laden des Käufers großen Schaden verursachte. Staub erfand für diese Fälle den Begriff „positive Vertragsverletzung", weil der Vertragsschuldner nicht wie bei den im BGB geregelten Fällen von

Unmöglichkeit und Schuldnerverzug die Leistung unterlasse, sondern den Gläubiger durch positives Handeln schädige.

Klassisches Beispiel nach altem Recht: Der Verkäufer liefert kranke Tiere, wodurch der Viehbestand des Käufers angesteckt wird und eingeht. Es liegt weder Unmöglichkeit noch Verzug vor (der Schuldner hat ja geleistet – und das auch rechtzeitig), die Gewährleistungsrechte des bis zum Inkrafttreten des Schuldrechtsmodernisierungsgesetzes am 1. 1. 2002 geltenden Kaufrechts boten in diesem Fall nur Wandelung (Rückgängigmachung des Kaufvertrags) oder Minderung (Herabsetzung des Kaufpreises), nicht aber den gewünschten Schadenersatz hinsichtlich des Begleit- und Folgeschadens.

Die positive Vertragsverletzung erfasste alle Pflichtverletzungen im Rahmen eines bestehenden Schuldverhältnisses, die weder Unmöglichkeit noch Verzug waren und deren Schadensfolgen nicht über gesetzliche Gewährleistungsansprüche und vertragliche Zusicherungen (Garantiehaftung) liquidiert werden konnten. Insoweit war sie der Grund- und Auffangtatbestand der Leistungsstörung. Mit anderen Worten setzte die positive Vertragsverletzung als Rechtsgrundlage für Schadenersatzansprüche also zunächst im Zeitpunkt der Pflichtverletzung ein vertragliches bzw. (seltener) ein gesetzliches Schuldverhältnis voraus. Zusätzlich war eine „Regelungslücke" im Gesetz vonnöten, d. h. es durften keine spezialgesetzlichen Regelungen eingreifen (die positive Vertragsverletzung war also „subsidiär"). Der eine Hauptfall der positiven Vertragsverletzung war die Schlechtleistung, wobei hier Folge- und Begleitschäden erfasst wurden. Damit wurde eine Lücke bei Schuldverhältnissen geschlossen, bei denen eine detaillierte Regelung der Gewährleistung fehlte. Aber auch dort, wo (z. B. im Kauf-, Miet- und Werkvertragsrecht) der Gesetzgeber ausdrücklich geregelt hatte, was bei mangelhafter Lieferung gelten sollte, wurde die positive Vertragsverletzung als Anspruchsgrundlage für solche Schäden, die über den unmittelbaren Lieferungs- und Mangelschaden hinausgingen, herangezogen. Der andere Hauptfall, bei dem die positive Vertragsverletzung als Anspruchsgrundlage verwendet wurde, war die Verletzung von Nebenpflichten.

Vorabhinweis zur neuen Rechtslage: Wie bereits erwähnt, finden sich die Voraussetzungen der positiven Vertragsverletzung nunmehr in § 280 Abs. 1 BGB (je nach Einzelfall zusätzlich auch noch in Verbindung mit §§ 280 Abs. 3 und 281 oder 282 BGB): Der Gläubiger kann Schadenersatz verlangen, wenn ein **Schuldverhältnis** besteht und der Schuldner hierbei eine von ihm zu **vertretende Pflichtverletzung** begangen hat. Die Subsidiarität des § 280 Abs. 1 BGB bei speziell geregelten Fällen (Unmöglichkeit, Verzug, Kaufrecht, Werkvertragsrecht u. a.) ergibt sich aus dem System der §§ 280 ff. BGB und in Verbindung mit den jeweiligen Verweisungsvorschriften aus dem Besonderen Teil des Schuldrechts (z. B. §§ 437, 634 BGB).

Lösung des Beispiels nach neuem Recht: Dem Käufer wurde eine i. S. des § 434 BGB mangelhafte Sache geliefert. Nach § 437 Nr. 3 i. V. m. § 280 Abs. 1 BGB kann dieser für seine angesteckten Tiere Ersatz vom Verkäufer verlangen (Näheres dazu im Kaufrecht, unten § 44).

2. Vertretenmüssen

Wie bei allen Leistungsstörungen, so war auch bei der positiven Vertragsverletzung erforderlich, dass der Schuldner die Pflichtverletzung „zu vertreten" hatte. In der Regel musste also Vorsatz oder Fahrlässigkeit gegeben sein. Dabei war wie bei Verzug und Unmöglichkeit die Beweislast umgekehrt: Nicht der Gläubiger hatte das Verschulden nachzuweisen. Vielmehr oblag es dem Schuldner, sich zu entlasten (§§ 282, 285 BGB a. F. analog).

Kurzhinweis zur neuen Rechtslage: Auch das in § 280 Abs. 1 S. 2 BGB geregelte Verschulden wird zunächst einmal vermutet; der Schuldner muss den Entlastungsbeweis führen.

3. Rechtsgrundlagen

Die positive Vertragsverletzung ist seit langem gewohnheitsrechtlich anerkannt. Das Reichsgericht hatte die Grundlage für die Haftung aus § 276 BGB abgeleitet mit der Begründung, dass diese Bestimmung, wonach der Schuldner Vorsatz und Fahrlässigkeit zu vertreten habe, zugleich den Schuldner bei Vertragsverletzungen zum Schadenersatz verpflichte. Dem wurde entgegengehalten, dass § 276 BGB nur den Haftungsmaßstab, nicht aber die Rechtsfolge nennt. Daher war man sich einig, dass im BGB (bis zum Inkrafttreten des Schuldrechtsmodernisierungsgesetzes 2001) hinsichtlich der positiven Vertragsverletzung eine Regelungslücke bestand, die durch rechtsanaloge Anwendung der Vorschriften über den Verzug und die Unmöglichkeit geschlossen wurde. Rechtsgrundlage für Ansprüche aus positiver Vertragsverletzung war die analoge Anwendung der §§ 280, 286 BGB a. F. (bzw. beim gegenseitigen Vertrag §§ 325, 326 BGB a. F.) in Verbindung mit § 242 BGB. Die Nennung der letzteren Bestimmung verdeutlicht, dass es sich um die Verletzung sonstiger, aus Treu und Glauben folgender Pflichten handelt.

Hinweis: Sofern Sie in der Klausur einen Fall zu lösen haben, der vor dem 1. 1. 2002 spielt, beginnen Sie folgendermaßen: „In Betracht kommt ein Schadenersatz aus positiver Vertragsverletzung" (*wenn Sie wollen, können Sie auch noch die Herleitung hinzufügen:* „in rechtsanaloger Anwendung der §§ 280, 286, 325, 326 BGB a. F. i. V. m. § 242 BGB").

Kurzhinweis zur neuen Rechtslage: Anspruchsgrundlage für das, was man bislang positive Vertragsverletzung nannte, ist seit dem 1. 1. 2002 § 280 Abs. 1 BGB (je nach Einzelfall auch in Verbindung mit §§ 280 Abs. 3 und 281 oder 282 BGB).

4. Rechtsfolgen

Lag eine positive Vertragsverletzung des Schuldners eines einseitig verpflichtenden Vertrages vor, konnte der Gläubiger entsprechend §§ 280, 286 BGB a. F. i. V. m. § 242 BGB Schadenersatz verlangen. Handelte es sich um eine Pflichtverletzung innerhalb eines zweiseitig verpflichtenden Vertrags (quantitativ die Regel), so bestimmten sich die Rechtsfolgen zudem nach §§ 325, 326 BGB a. F. (analog) in Verbindung mit § 242 BGB. Danach hatte der Gläubiger (wenn er sich nicht für die Erfüllung und den Ersatz des durch die Vertragsverletzung zugefügten Schadens entschied) ein Wahlrecht: Er konnte Schadenersatz wegen Nichterfüllung verlangen oder vom Vertrag zurücktreten. Für den Rücktritt verlangte die Rechtsprechung jedoch zusätzlich, dass dem Gläubiger ein Festhalten am Vertrag nicht zugemutet werden konnte (es musste sich um schwerwiegende Fälle handeln.

Beispiel: Lieferung eines fabrikneuen Pkw, in den alte Ersatzteile eingebaut wurden). Bei Dauerschuldverhältnissen trat an die Stelle des Rücktritts die Kündigung aus wichtigem Grund.

Kurzhinweis zur neuen Rechtslage: Als Rechtsfolgen für die positive Vertragsverletzung sieht § 280 Abs. 1 BGB (je nach Sachverhalt zusätzlich auch noch i. V. m. §§ 280 Abs. 3 und 281 oder 282 BGB) ausschließlich den Schadenersatz vor und zwar unabhängig von der Art des Schuldverhältnisses. Für den Rücktritt vom Vertrag müssen die Voraussetzungen von § 323 BGB erfüllt sein, wobei hier § 325 BGB zu beachten ist, nach dem ein Rücktritt auch neben dem Schadenersatz möglich ist.

II. Voraussetzungen des Schadenersatzes wegen Pflichtverletzung

Die gerade besprochenen Grundsätze der positiven Vertragsverletzung sind seit Inkrafttreten des Schuldrechtsmodernisierungsgesetzes am 1. 1. 2002 im Bürgerlichen Gesetzbuch verankert.

1. Schuldverhältnis

Nach § 280 Abs. 1 BGB bedarf es dazu zunächst eines wirksamen Schuldverhältnisses. Für die Pflichten ist es hierbei unerheblich, ob diese bzgl. Gläubiger und Schuldner im Gegenseitigkeitsverhältnis stehen (etwa Kauf-, Werk-, Miet-, Geschäftsbesorgungsvertrag) oder nur hinsichtlich des Schuldners bestehen (etwa die Rückgabepflicht bei der Leihe).

2. Pflichtverletzung

Der Schuldner muss eine Pflicht aus dem Schuldverhältnis verletzt haben. Worin diese Pflichtverletzung liegt, ist an dieser Stelle noch unerheblich. Entscheidend ist, dass der Schuldner nicht so leistet, wie er nach dem Inhalt des Schuldverhältnisses leisten müsste. Dies kann etwa dadurch bedingt sein, dass eine Nebenpflicht verletzt wurde, dass eine Unmöglichkeit vorliegt oder dass der Schuldner die Leistung schlecht erfüllt hat. Das Entscheidende ist aber, dass **§ 280 Abs. 1 BGB als alleinige Anspruchsgrundlage** nur dann einschlägig ist, wenn nicht in anderen Vorschriften spezielle Fälle von Pflichtverletzungen behandelt sind. Bei den nachfolgenden Bestimmungen müssen neben § 280 Abs. 1 BGB daher zusätzliche Voraussetzungen erfüllt sein (dazu unten 4.):

- Verzug: § 280 Abs. 1, 2 **i. V. m. § 286 BGB**
- Verzögerung/Schlechtleistung (bei Schadenersatz statt der Leistung): § 280 Abs. 1, 3 **i. V. m. § 281 BGB**
- Nebenpflicht (bei Schadenersatz statt der Leistung): § 280 Abs. 1, 3 **i. V. m. § 282 BGB**
- Unmöglichkeit (bei Schadenersatz statt der Leistung): § 280 Abs. 1, 3 **i. V. m. § 283 BGB**
- Verweisungsvorschriften des Besonderen Schuldrechts (z. B. § 437 Nr. 3; § 634 Nr. 4 BGB).

3. Vertretenmüssen

Nach § 280 Abs. 1 S. 2 BGB hat der Schuldner keinen Schadenersatz zu leisten, wenn er die Pflichtverletzung nicht zu vertreten hat. Diese Negativ-Formulierung wurde vom Gesetzgeber bewusst gewählt, um eine Vermutung für das Vertretenmüssen durch den Schuldner zu erreichen. Sofern dieser den Gegenbeweis zu führen imstande ist, kann er sich jedoch exkulpieren. Der Umfang des Vertretenmüssens bestimmt sich dabei für eigenes Verschulden nach § 276 BGB; gegebenenfalls hat der Schuldner gem. § 278 BGB aber auch für das Verschulden seines Erfüllungsgehilfen einzustehen.

4. Zusätzliche Voraussetzungen

Lernhinweis: Oben hatten wir gelernt, dass die Grundvoraussetzungen der positiven Vertragsverletzung – Schuldverhältnis/Pflichtverletzung/Vertretenmüssen – nunmehr in § 280 Abs. 1 BGB enthalten sind. Allerdings können infolge der Neufassung des Systems der §§ 280 ff. BGB auch noch zusätzliche Voraussetzungen einschlägig sein, was von der Art der Pflichtverletzung und des geltend gemachten Schadens abhängt.

a) Verletzung von Nebenpflichten

Sofern der Schuldner Nebenpflichten (teilweise in § 241 Abs. 2 BGB erwähnt) verletzt, hängen die weiteren Voraussetzungen für den Schadenersatzanspruch nach § 280 Abs. 1 BGB davon ab, ob der Gläubiger einen einfachen Schadenersatz **neben** seinem weiter fortbestehenden Leistungsanspruch geltend macht oder Schadenersatz **statt** der Leistung verlangt.

aa) Schadenersatz neben dem Leistungsanspruch

Will der Gläubiger Ersatz für einen infolge einer Nebenpflichtverletzung des Schuldners entstandenen Schaden geltend machen, wobei der Schadenersatz neben den Leistungsanspruch tritt (also kein Schadenersatz statt der Leistung verlangt wird), bedarf es außer den in § 280 Abs. 1 BGB genannten keiner weiteren Voraussetzungen.

Beispiel: K bestellt bei V 3000 Liter Heizöl. Bei der Anlieferung wird durch unvorsichtiges Hantieren das Erdreich des K verseucht. K möchte das Heizöl behalten, verlangt jedoch von V die Kosten für die Entsorgung des kontaminierten Bodens. Hier hat V eine Schutzpflicht (Nebenpflicht) aus dem Schuldverhältnis verletzt. K verlangt Schadenersatz neben der Leistung.

Hinweis zur alten Rechtslage: Dies war eine der Standardkonstellationen der positiven Vertragsverletzung.

Die Rechtsprechung hat in unzähligen Einzelfällen vor Inkrafttreten des Schuldrechtsmodernisierungsgesetzes Entscheidungen zur Anwendung der positiven Vertragsverletzung hinsichtlich der Verletzung von Nebenpflichten getroffen. Auch nach der neuen Rechtslage behalten diese ihre Gültigkeit, wenngleich als Anspruchsgrundlage jetzt § 280 Abs. 1 BGB (im Einzelfall auch i. V. m. §§ 280 Abs. 3, 282 BGB – dazu gleich unter bb)) heranzuziehen ist. Typische Nebenpflichten bestehen in Aufklärungs- und Auskunftspflichten, Schutzpflichten und Leistungstreuepflichten. Diese leiten sich aus § 241 Abs. 2 BGB (lesen!) ab, wonach das Schuldverhältnis nach seinem Inhalt jeden daran Beteiligten zur Rücksicht auf die Rechte, Rechtsgüter und Interessen des anderen Teils verpflichten kann.

(1.) Aufklärungs- und Auskunftspflichten

Beispiele: Schadenersatzansprüche aus positiver Vertragsverletzung wurden von der Rechtsprechung bejaht, wenn

- der Architekt auf Grund seiner besseren Sachkenntnis Falschberechnungen des Statikers erkennt und nicht mitteilt;
- die Bank den Kunden bei steuerbegünstigten Sparverträgen über steuerschädliche Verfügungen nicht belehrt;
- eine Sparkasse bei ungewöhnlichen Vermögensanlagen nicht voll über die damit verbundenen Risiken aufklärt;
- der Handelsvertreter den Unternehmer nicht über Bedenken gegen die Kreditwürdigkeit eines Geschäftspartners unterrichtet;
- der Vertragspartner über offensichtliche Konkurrenzveranstaltungen nicht aufgeklärt wird.

(2.) Schutzpflichten

Beispiele: Schadenersatzansprüche aus positiver Vertragsverletzung wurden von der Rechtsprechung bejaht, wenn

- bei der Anlieferung von Heizöl durch unvorsichtiges Hantieren das Erdreich des Empfängers verseucht wird;
- die Kundin beim Legen einer Dauerwelle durch falsche Gerätebedienung Verbrennungen erleidet;
- generell bei einer Verrichtung Eigentum und sonstige Rechtsgüter des Vertragspartners (Auftraggeber, Besteller usw.) schuldhaft verletzt werden.

(3.) Leistungstreupflichten

Nach Treu und Glauben hat der Schuldner generell die Pflicht, alles zu tun, was den Vertragszweck fördert, und alles zu unterlassen, was den Leistungserfolg gefährdet oder beeinträchtigt.

Beispiele: Schadenersatzansprüche aus positiver Vertragsverletzung wurden von der Rechtsprechung bejaht bei

- unberechtigter Kündigung (z.B. im Mietrecht durch Vorschieben eines in Wahrheit nicht bestehenden Eigenbedarfs);
- unberechtigter Versagung des Versicherungsschutzes.

bb) Schadenersatz statt der gesamten Leistung

Es kann sich aber auch die Situation ergeben, dass der Schuldner eine Nebenpflicht in einer Weise verletzt, wonach die (ansonsten ordnungsgemäße) Leistungserbringung durch den Schuldner für den Gläubiger unzumutbar wird. In diesem Fall handelt es sich um einen Schadenersatz statt der Leistung, der nach § 280 Abs. 1, 3 i.V.m. § 282 BGB geltend gemacht werden muss. Zusätzliches Kriterium neben Schuldverhältnis und zu vertretender Pflichtverletzung (§ 280 Abs. 1 BGB) ist hier eine sich für den Gläubiger ergebende Unzumutbarkeit der Leistungserbringung durch den Schuldner.

Beispiel: Ehemann E hat mit Maler M vereinbart, dass dieser ihm zu einem günstigen Preis die Wohnung streicht. Zwei Tage werden die Arbeiten beanstandungslos ausgeführt. Am dritten Tag kommt es jedoch zu einer tätlichen sexuellen Belästigung der Tochter des E durch den Maler. Dem E ist hier die weitere Leistungserbringung durch den Maler nicht mehr zumutbar. Den Mehrpreis, den E für die Beauftragung eines teureren Malers aufwenden muss, kann er als Schadenersatz von M ersetzt verlangen.

b) Schlechtleistung

Lernhinweis: Oben hatten wir gesehen, dass die positive Vertragsverletzung nicht nur bei der Verletzung von Nebenpflichten zur Geltung kam, sondern auch bei der Schlechtleistung eine zentrale Rolle spielte. Hinsichtlich der Schlechtleistung existiert seit dem Schuldrechtsmodernisierungsgesetz mit § 281 Abs. 1 S. 1 Alt. 2 BGB eine spezielle Vorschrift. Zu prüfen ist daher neben § 280 Abs. 1 noch zusätzlich § 281 BGB (vgl. § 280 Abs. 3 BGB).

Soweit der Schuldner die fällige Leistung schlecht, d. h. „nicht wie geschuldet erbringt" (vgl. § 281 Abs. 1 S. 1 Alt. 2 BGB – lesen!), müssen für einen Schadenersatz statt der Leistung neben den Voraussetzungen des § 280 Abs. 1 BGB zusätzlich noch die Voraussetzungen von § 281 BGB vorliegen (vgl. § 280 Abs. 3 BGB). Der Gläubiger muss danach dem Schuldner erfolglos eine angemessene Frist zur Leistung bestimmt haben. Gem. § 281 Abs. 2 BGB ist die Fristsetzung in den Fällen entbehrlich, wenn der Schuldner die Leistung ernsthaft und endgültig verweigert, oder wenn besondere Umstände vorliegen.

Hinweis: Beachten Sie, dass es Konstellationen geben kann, bei denen die Schlechtleistung durch den Schuldner nicht die gesamte Leistung betrifft, sondern nur einen Teil davon. Grundsätzlich kann der Gläubiger Schadenersatz jedoch immer nur für den schlechtgeleisteten Teil verlangen (sog. „kleiner Schadenersatz"). Ersatz des Schadens statt der **ganzen** Leistung zu fordern (sog. „großer Schadenersatz"), ist dagegen nur möglich, wenn der Gläubiger an der (mangelfreien) Teilleistung kein Interesse mehr hat und die Pflichtverletzung nicht unerheblich ist (vgl. § 281 Abs. 1 S. 2 und 3 BGB) – dazu ein Beispiel aus dem Kaufrecht: Bei einer gekauften Gartengarnitur, bestehend aus zwei Liegestühlen und einem Tisch, weisen beide Liegestühle einen Defekt auf. Wenn der Verkäufer auf eine Fristsetzung nicht reagiert, kann der Käufer gem. § 280 Abs. 1, 3 i. V. m. § 281 BGB (auf die in § 437 Nr. 3 Alt. 1 BGB verwiesen wird) in einem anderen Geschäft eine vergleichbare Garnitur erwerben und einen eventuellen Mehrpreis als Schadenersatz statt der gesamten Leistung vom Verkäufer ersetzt verlangen, da der Käufer an der mangelfreien Teilleistung „Tisch" allein kein Interesse hat und die Pflichtverletzung nicht unerheblich ist.

Wichtig ist es, die neben § 280 Abs. 1 BGB zusätzlichen Merkmale des § 281 BGB festzuhalten: das grundsätzliche Erfordernis einer **Fristsetzung,** um dem Schuldner eine **„zweite Chance"** zur geschuldeten Leistungserbringung einzuräumen, und die Geltendmachung eines **Schadenersatzes statt der Leistung.**

Beispiele: Sehen Sie sich im Folgenden noch Fälle an, welche die Rechtsprechung zur positiven Vertragsverletzung hinsichtlich der Schlechterfüllung entschieden hat; vergegenwärtigen Sie sich dabei aber, dass nach neuer Rechtslage bei jedem Einzelfall nunmehr zu untersuchen wäre, ob Schadenersatz statt oder neben der Leistung verlangt wird. Ein Anspruch aus positiver Vertragsverletzung wurde bejaht bei

- schuldhaft falscher Behandlung durch einen Arzt;
- schuldhaft unrichtiger Beratung oder Prozessführung durch einen Rechtsanwalt;
- Lieferungsbegleitschäden (das gelieferte Propangas explodiert infolge eines mangelhaften Behälterverschlusses und zerstört das Fahrzeug des beauftragten Lieferanten);
- unsachgemäße Versendung von vermieteten Batterien, die einen Brandschaden beim Empfänger auslösen.

Abschließend sei noch auf zwei Dinge hingewiesen:

1. Wann immer es um einen Schadenersatz statt der Leistung geht, ist § 284 BGB zu beachten, wonach der Gläubiger alternativ zu §§ 281 bis 283 BGB einen Aufwendungsersatz geltend machen kann.

2. Da jede Schlechtleistung eine nicht vertragsgemäße Leistung darstellt, hat der Gläubiger eines gegenseitigen Vertrags gem. § 323 Abs. 1 BGB (lesen!) nach erfolgloser Fristsetzung – die in bestimmten Fällen jedoch entbehrlich ist (§ 323 Abs. 2 BGB) – auch eine Rücktrittsmöglichkeit. Sofern er diese wahrnimmt, ist es ihm aber weiterhin unbenommen, zusätzlich auch noch Schadenersatz zu verlangen (§ 325 BGB).

Wiederholungsfragen zu § 36

Wozu brauchte man vor der Einführung des Schuldrechtsmodernisierungsgesetzes die positive Vertragsverletzung? (§ 36 I 1)

Wie lauten die Voraussetzungen dessen, was früher die positive Vertragsverletzung war und wo sind sie geregelt? (§ 36 II)

Welche Formen der Nebenpflichtverletzungen kennen Sie? (§ 36 II 4 a)

Wann sind die zusätzlichen Voraussetzungen des § 281 BGB einschlägig? (§ 36 II 4 b)

§ 37 Pflichtverletzungen durch Verschulden beim Vertragsschluss (culpa in contrahendo)

Lernhinweis: Vergegenwärtigen Sie sich noch einmal die Grundzüge der Pflichtverletzung aus einem Schuldverhältnis nach § 280 Abs. 1 BGB, was vor Inkrafttreten des Schuldrechtsmodernisierungsgesetzes der positiven Vertragsverletzung entsprach. Dies ist die Haftungsgrundlage für die Geltendmachung von Schadenersatzansprüchen bei (nicht speziell eingreifenden) Pflichtverletzungen, die der Schuldner entweder durch eigenes Verschulden oder das seiner Erfüllungsgehilfen zu vertreten hat. Vorausgesetzt ist aber, dass bereits ein Schuldverhältnis besteht. Fehlt es daran, kann der Schädiger nur im Rahmen des Deliktsrechts zur Verantwortung gezogen werden. Bei der unerlaubten Handlung gibt es zwar auch eine Haftung für den (Verrichtungs-)Gehilfen (§ 831 BGB), jedoch kann sich der Geschäftsherr hier exkulpieren. Die bereits mehrfach betonte Schwäche des Deliktsrechts bei der Gehilfenhaftung ist rechtspolitisches Motiv für Versuche, bei bestimmter Intensität des Kontakts bereits „vertragsähnliche Verhältnisse" anzunehmen, was dann die Anwendung von § 278 BGB ermöglicht (Haftung für den Erfüllungsgehilfen – ohne Exkulpationsmöglichkeit).

I. Haftungsgrundlagen

Das Gesetz kennt an verschiedenen Stellen einzelne Schadenersatzansprüche, die sich auf das Stadium der Vertragsverhandlungen beziehen (vgl. §§ 122, 523 Abs. 1, 524 Abs. 1, 600, 663, 694 – lesen!). Darüber hinaus ist seit langem gewohnheitsrechtlich anerkannt, dass bereits durch die Aufnahme von Vertragsverhandlungen ein gesetzliches Schuldverhältnis entsteht, das die Parteien zur gegenseitigen Rücksichtnahme, Fürsorge und Treue verpflichtet. Vergleichen Sie dazu die Ausführungen oben § 22 IV. Der Grundsatz von Treu und Glauben begründet bei der Aufnahme von Vertragsverhandlungen ebenso wie bei andauernder Geschäftsverbindung für beide Teile Zusatz- und Nebenpflichten, deren schuldhafte Verletzung schadenersatzpflichtig macht.

Dieses Rechtsinstitut nennt man „culpa in contrahendo" (abgekürzt c.i.c.: Verschulden beim Vertragsschluss), das, wie die positive Vertragsverletzung, ebenfalls im Zuge des Schuldrechtsmodernisierungsgesetzes 2001 im BGB verankert wurde. Anspruchsgrundlage ist ebenfalls § 280 Abs. 1 i.V.m. § 241 Abs. 2 BGB, was für sich allein genommen jedoch noch nicht ausreichend ist, da diese Vorschrift als erstes ein wirksames Schuldverhältnis voraussetzt. Ein solches liegt aber im Stadium der Anbahnung von Vertragsverhandlungen gerade noch nicht vor. § 311 Abs. 2 BGB (lesen!) erklärt die Anspruchsgrundlage von § 280 Abs. 1 i.V.m. § 241 Abs. 2 BGB jedoch auch bei einem vorvertraglichen „Schuldverhältnis" für anwendbar.

Lernhinweis: Aus didaktischen Gründen ist es vorteilhaft, die culpa in contrahendo im Anschluss an die Pflichtverletzung aus einem Schuldverhältnis (positive Vertragsverletzung nach altem Recht) darzustellen oder doch erneut aufzugreifen. Der Student erkennt daraus die Parallelität: Pflichtverletzungen, die aus demselben Gesichtspunkt **nach** Vertragsabschluss Schadenersatzansprüche gem. § 280 Abs. 1 BGB (i.V.m. § 241 Abs. 2 oder § 281, 282 BGB) begründen, führen im Stadium **vor** Vertragsschluss zur Haftung aus culpa in contrahendo gem. §§ 280 Abs. 1, 241 Abs. 2 i.V.m. § 311 Abs. 2 BGB.

II. Erscheinungsformen

Der durch die Schuldrechtsmodernisierung 2001 neu geschaffene § 311 Abs. 2 BGB regelt die Voraussetzungen für das Entstehen eines vorvertraglichen Schuldverhältnisses. Über Inhalt und Reichweite der hierdurch begründeten Pflichten werden in der Vorschrift jedoch keine Aussagen getroffen. Nach der Gesetzesbegründung sollen jedoch die bisherigen Rechtsprechungsentscheidungen zur culpa in contrahendo bestehen bleiben. Dies bedeutet, dass der Student wie vor die von der Rechtsprechung entwickelten Fallgruppen kennen muss, um diese den gesetzlichen Anwendungsfällen des § 311 Abs. 2 Nr. 1 bis 3 zuordnen zu können.

1. Aufnahme von Vertragsverhandlungen

Nach § 311 Abs. 2 Nr. 1 BGB entsteht ein vorvertragliches Schuldverhältnis durch die Aufnahme von Vertragsverhandlungen. Fälle von Pflichtverletzungen können hierbei in Folgendem bestehen:

a) Grundloser Abbruch von Vertragsverhandlungen

Wenn Vertragsverhandlungen scheitern, hat dies im Normalfall keine Konsequenzen. Insoweit trägt jeder Einzelne das Risiko im Rahmen der freien Marktwirtschaft. Ein Schadenersatzanspruch aus culpa in contrahendo kommt jedoch in Betracht, wenn eine Partei schuldhaft bei der anderen Partei das Vertrauen auf den Geschäftsabschluss erweckt und die Verhandlungen anschließend grundlos abbricht.

Beispiel: Einzelhändler E will ein neues Produkt in seinem Laden anbieten. Er holt von verschiedenen Großhändlern Angebote ein. Mit dem günstigsten Anbieter führt er anschließend intensive Vorverhandlungen, nach deren Abschluss beide Parteien übereinkommen, anderntags den entsprechenden Vertrag zu unterzeichnen. Grundlos bricht einen Tag später der Großhändler den Geschäftskontakt ab. E entsteht ein Schaden, da er sich jetzt doch bei einem teureren Händler eindecken muss.

Dasselbe gilt, wenn eine Partei die Verhandlungen bewusst verzögert, durch entsprechende Beschwichtigungen den anderen Teil davon abbringt, ein anderweitiges Geschäft zu tätigen, und schließlich ablehnt.

b) Unredliche Einwirkung auf den Verhandlungspartner

Ansprüche aus culpa in contrahendo kommen in Betracht, wenn der Geschäftspartner durch Verletzung der Aufklärungspflicht, durch Täuschung oder durch unlauteren Wettbewerb zum Vertragsschluss veranlasst wurde.

Beispiele:

• Ein Makler darf nicht die Voraussetzungen für den Baubeginn bejahen, wenn weder Bebauungsplan noch Baugenehmigung vorliegen.
• Die Gründer einer Publikums-KG haften für die von ihnen zu vertretenden falschen Prospektangaben.
• Ein Weiterbildungsinstitut haftet aus culpa in contrahendo, wenn es Interessenten für die Umschulung als EDV-Programmierer nicht über die schwierigen beruflichen Anforderungen und Aussichten informiert.
• Ein Versicherungsunternehmen haftet aus culpa in contrahendo, wenn die Versicherungsleistungen, entgegen dem ausdrücklichen Wunsch des Versicherungsnehmers nach umfassender Sicherung, wesentliche Risiken nicht abdecken.

c) Formnichtige Verträge

Scheitert ein Geschäft mangels Formgültigkeit, kann ein Schadenersatzanspruch aus culpa in contrahendo in Betracht kommen, wenn die andere Partei den Unwirksamkeitsgrund zu vertreten hat.

2. Vertragsanbahnungen mit besonderen Pflichten

Ein vorvertragliches Schuldverhältnis kann nach § 311 Abs. 2 Nr. 2 BGB auch durch die Anbahnung eines Vertrags zustande kommen, bei welcher der eine Teil im Hinblick auf eine etwaige rechtsgeschäftliche Beziehung dem anderen Teil die Möglichkeit zur Einwirkung auf seine Rechte, Rechtsgüter und Interessen gewährt oder ihm diese anvertraut. Gemeint sind damit etwa *Fälle der Verletzung von Obhuts- und Sorgfaltspflichten:*

Oft ergeben sich aus dem geschäftlichen Kontakt bzw. den Vertragsverhandlungen Verhaltenspflichten, deren Verletzung schadenersatzpflichtig macht. Dabei genügt auch das Verschulden eines Gehilfen, dessen sich der Haftpflichtige bedient (vgl. § 278 BGB, s. u.).

Beispiele:

• Noch vor Kaufabschluss rutscht Kundin K im Kaufhaus auf einem Salatblatt aus, welches vom Reinigungspersonal nicht weggeräumt wurde.
• Durch die Unachtsamkeit einer Verkäuferin fällt dem Kunden im Kaufhaus beim Aussuchen von Waren eine Linoleumrolle auf den Kopf.

Aber: Nicht einbezogen ist dagegen der Passant, der im Winter das Kaufhaus lediglich in der Absicht betritt, sich aufzuwärmen. Hier fehlt es am konkreten geschäftlichen Kontakt, weshalb eine Vertragsanbahnung nach § 311 Abs. 2 Nr. 2 BGB ausscheidet.

Beachten Sie: Durch die Verhaltenspflichten können **auch Dritte** geschützt sein: So hat die Tochter der Kundin einen eigenen Anspruch aus culpa in contrahendo, wenn sie durch die Verletzung von Verhaltenspflichten einen Schaden erleidet, z. B. auf dem Salatblatt ausrutscht (vgl. dazu oben § 29 IV).

3. Ähnliche geschäftliche Kontakte

In der Rechtsprechung ist anerkannt, dass Ansprüche aus culpa in contrahendo nicht nur bei Vertragsverhandlungen oder bei der Anbahnung von Verträgen entstehen, sondern auch bei ähnlichen geschäftlichen Kontakten. Dies sind Kontakte, bei denen etwa noch kein Vertrag angebahnt, ein solcher aber vorbereitet werden soll.

III. Rechtsfolgen

1. Schadenersatz

Sofern in einem vorvertraglichen Schuldverhältnis i. S. von § 311 Abs. 2 Nr. 1 bis 3 BGB ein Beteiligter eine Pflicht nach § 241 Abs. 2 BGB verletzt und dadurch bei seinem Gegenüber einen Schaden verursacht, ist er diesem zum Schadenersatz nach § 280 Abs. 1 BGB verpflichtet. Dabei ist unerheblich, ob der Vertrag später zustande kommt oder nicht.

Hinweis: Im Gegensatz zur Pflichtverletzung durch Schlechtleistung bzw. Nebenpflichtverletzung in einem bestehenden Schuldverhältnis (positive Vertragsverletzung nach altem Recht), bei der hinsichtlich der Voraussetzungen von §§ 280 Abs. 1, 241 Abs. 2 bzw. § 280 Abs. 1, 3. i. V. m. § 281 BGB stets danach zu differenzieren ist, ob Schadenersatz neben dem Leistungsanspruch oder statt der Leistung verlangt wird, kommt bei der culpa in contrahendo immer nur ein Schadenersatz mit der Anspruchsgrundlage aus §§ 280 Abs. 1, 241 Abs. 2 i. V. m. § 311 Abs. 2 BGB in Betracht, da ein vorvertragliches Schuldverhältnis keine primären Leistungspflichten begründet.

Der Umfang des Schadenersatzanspruchs bestimmt sich nach § 249 BGB. Nach der Differenzhypothese ist der Geschädigte so zu stellen, wie er ohne das schädigende Verhalten des Schädigers stehen würde. In der Regel wird dies zum Ersatz des Vertrauensschadens verpflichten. Wäre es aber ohne das Verschulden beim Vertragsabschluss zum wirksamen Geschäftsabschluss gekommen, erstreckt sich der Schadenersatzanspruch auf das Erfüllungsinteresse.

2. Haftung für Dritte

Als ganz besonders wichtige Konsequenz für das Schadenersatzrecht ist festzuhalten: Der Geschädigte kann wegen eines Verschuldens beim Vertragsabschluss, das einem Erfüllungsgehilfen zur Last gelegt wird, den Geschäftspartner in Anspruch nehmen. Dieser hat nach § 278 im Rahmen der culpa in contrahendo das Verschulden seiner Erfüllungsgehilfen gleichfalls wie eigenes Verschulden zu vertreten.

Lernhinweis: Lesen Sie nun noch einmal oben das zu § 22 IV Gesagte durch.

3. Eigenhaftung Dritter

Lernhinweis: Halten wir noch einmal fest: Kommt es bei der Aufnahme von Vertragsverhandlungen zu Pflichtverletzungen, haftet nach den Grundsätzen der culpa in contrahendo derjenige, der Vertragspartner werden wollte bzw. geworden ist. Bedient sich dieser bei der Vertragsanbahnung anderer Personen, wird ihm deren rechtsgeschäftliches Verhalten im Rahmen des Vertretungsrechts (vgl. §§ 164 ff. BGB) bzw. ihr tatsächliches Verhalten als Erfüllungsgehilfen über § 278 BGB zugerechnet. Die Frage lautet: Können diese „Hilfspersonen" vom Geschädigten auch direkt in Anspruch genommen werden? Dies ist dann besonders wichtig, wenn Ansprüche gegen den Geschäftspartner des Geschädigten zwar rechtlich bestehen, tatsächlich aber wenig Aussicht auf Erfolg haben, etwa weil der Schuldner zwischenzeitlich zahlungsunfähig geworden ist.

Die Rechtsprechung hat in richterliche Rechtsfortbildung der Grundsätze über das Verschulden bei Vertragsabschluss die Eigenhaftung von „Verhandlungsgehilfen" in engen Grenzen bejaht und dabei insbesondere auf nachfolgende Kriterien abgestellt:

- der Dritte trat als „Sachwalter" auf;
- durch seine außergewöhnliche Sachkunde, persönliche Zuverlässigkeit und eigene Einflussmöglichkeit auf die Vertragsentwicklung hat er einen besonderen Vertrauenstatbestand geschaffen;
- seine Äußerungen hatten für die geschäftliche Entscheidung des Geschädigten erhebliche Bedeutung, weil dieser sich auf die Objektivität und Neutralität des Dritten verlassen hat;
- der Dritte ist selbst wirtschaftlich stark am Vertragsschluss interessiert und erstrebt aus dem Geschäft einen eigenen Nutzen.

Diese Grundsätze hat der Gesetzgeber bei der Schuldrechtsreform aufgegriffen und in § 311 Abs. 3 BGB (lesen!) positiv-rechtlich geregelt. Danach kann ein Schuldverhältnis mit Pflichten nach § 241 Abs. 2 BGB auch zu solchen Personen entstehen, die nicht selbst Vertragspartei werden sollen. Als ein Beispiel (beachten Sie das Wörtchen „insbesondere") nennt das Gesetz in § 311 Abs. 3 S. 2 BGB den Fall, dass der Dritte in besonderem Maße Vertrauen für sich in Anspruch nimmt und dadurch die Vertragsverhandlungen oder den Vertragsschluss erheblich beeinflusst.

Die rechtliche und wirtschaftliche Bedeutung der Sachwalterhaftung lässt sich an zwei typischen Fallgruppen aufzeigen.

- **Handel mit Gebrauchtwagen:** Häufig nimmt ein Händler beim Verkauf eines neuen Kraftfahrzeugs den Gebrauchtwagen des Käufers in Zahlung. Will er diesen weiterverkaufen, wird er zur Vermeidung der Mehrwertsteuerpflicht im Namen des bisherigen Eigentümers auftreten. Nach den Grundsätzen der Sachwalterhaftung kann der Käufer den Händler bei unzutreffenden Angaben persönlich in Anspruch nehmen.

  Repetition: Käme theoretisch auch der frühere Eigentümer als Anspruchsgegner in Betracht? Denken Sie daran, dass der Händler Angaben über einen nicht unerheblichen Unfall verschwiegen hat. Antwort: Wenn der Händler als Vertreter auftritt, sind dessen Erklärungen allgemein nach § 164 Abs. 1 BGB und (was Willensmängel und Täuschungen anlangt) nach § 166 BGB dem Vertretenen zuzurechnen.

- **Prospekthaftung:** Bei vielen Kapitalanlagen fehlt dem „durchschnittlichen Kleinanleger" die Sachkunde und der Überblick über die zu tätigende Investition, wenn ihm lediglich ein von den Initiatoren zusammengestellter Prospekt zur Verfügung steht. An wen soll sich beispiels-

weise ein Käufer ausländischer Investmentanteile halten, wenn ihm von
einer Bank oder einer als Handelsvertreter tätig gewordenen Anlagen-
vermittlungsgesellschaft später wertlos gewordene Papiere „angedreht"
wurden? In diesen Fällen die als Verhandlungsgehilfen auftretenden Personen und Institutionen in besonderem Maße Vertrauen für sich in Anspruch genommen und dadurch die Vertragsverhandlungen und den Vertragsabschluss erheblich beeinflusst. Hinzu kommt regelmäßig das
eigene erhebliche wirtschaftliche Interesse der unmittelbar agierenden
Personen. Da sich der Käufer auf deren Sachkunde und Anständigkeit
verlassen hat, haften nach der Rechtsprechung die „Prospektverant-
wortlichen" für alle im Prospekt enthaltenen Angaben persönlich. Ausdrücklich betont der Bundesgerichtshof, dass zu diesen Personen neben
den Initiatoren, Gründern und Gestaltern der Gesellschaft auch die Personen zählen, die „hinter der Gesellschaft stehen und neben der Ge-
schäftsleitung besonderen Einfluss ausüben".

Lernhinweis: Letzteres ist wichtig im Hinblick auf das Kapitalgesellschaftsrecht. Vor der GmbH-Reform 2008 war es nicht selten, dass sich Initiatoren hinter einer GmbH „verschanzten" und sie nach erfolgter Aktion in die Insolvenz
führten (man spricht im GmbH-Recht von den sog. „Beerdigungsfällen").

Beachten Sie aber: Die bloße Beteiligung als „normaler Erfüllungsgehilfe" führt noch nicht zur Eigenhaftung! Ein bloßes mittelbares wirtschaftliches Interesse genügt nicht (es ist normal, dass man am Erfolg seiner Ver-
handlungsseite mithelfen will). Verlangt wird von der Rechtsprechung ein
gesteigertes Eigeninteresse: Der Dritte muss *„gleichsam in eigener Sache"*
tätig sein.

Wiederholungsfragen zu § 37

Was versteht man unter der culpa in contrahendo? (§ 37 I)

Welche typischen Erscheinungsformen der culpa in contrahendo kennen Sie? (§ 37 II)

Welche Rechtsfolgen gelten im Falle des Verschuldens beim Vertragsabschluss?
(§ 37 III 1)

Können Sie die rechtspolitische Bedeutung der culpa in contrahendo im Zusammenhang mit § 278 BGB darstellen? (§ 37 III 2)

§ 38 Der Gläubigerverzug

Lernhinweis: Bislang war die Rede von Leistungsstörungen, deren Ursachen im
Verhalten des Schuldners liegen. Umgekehrt ist auch denkbar, dass die Erfüllung
durch Gründe aus dem Verantwortungsbereich des Gläubigers gestört wird: Sei es,
dass der Gläubiger die vom Schuldner angebotene Leistung nicht annimmt, sei es,
dass er die zur Erfüllung erforderliche Mitwirkung unterlässt. Nachfolgend werden
zunächst die Voraussetzungen des Gläubigerverzugs erörtert (Merke dazu vorab: Im
Gegensatz zum Schuldnerverzug ist ein Verschulden des Gläubigers nicht erforderlich!); anschließend werden die Rechtsfolgen des Gläubigerverzugs dargestellt
(Merke dazu vorab: Der Gläubigerverzug führt nicht zur Befreiung von der Leistung, der Schuldner bleibt nach wie vor verpflichtet!). Das Gesetz geht in §§ 293 ff.
BGB davon aus, dass der Gläubiger lediglich zur Annahme der Leistung berechtigt,
nicht aber verpflichtet ist. Deshalb ist Annahmeverzug nicht die Verletzung einer

Rechtspflicht, sondern lediglich der Verstoß gegen eine Obliegenheit (vgl. oben § 24 I 3.). Konsequenterweise macht der Gläubigerverzug auch nicht schadenersatzpflichtig.

I. Voraussetzungen

Nach § 293 BGB (lesen!) kommt der Gläubiger in Verzug, wenn er die ihm angebotene Leistung nicht annimmt. Im Einzelnen setzt dies voraus:

1. Ordnungsgemäßes Angebot

Der Gläubiger kommt nur dann in Verzug, wenn der Schuldner die Leistung ordnungsgemäß, d. h. am rechten Ort, zur rechten Zeit und in der richtigen Weise anbietet. Im Klartext: Die Leistung muss dem Gläubiger so, wie sie zu bewirken ist, tatsächlich angeboten werden (§ 294 BGB).

Beispiel: Tierfutterproduzent K bestellt bei der Schlachtabfall-VerwertungsGmbH V 10 t für die Weiterverarbeitung benötigte Schlachtabfälle. Wegen eines Lebensmittelskandals ist der Markt vorübergehend verknappt, so dass V nur 1,5 t zur Lieferung bereit stellt und K diese zur Abholung anbietet. K lehnt jedoch die Abnahme von nur 1,5 t ab. Kommt er in Verzug? Weiterführende Frage: Was wäre, wenn durch einen Lagerbrand bei V die bereitgestellte Teilmenge unbrauchbar wird?

Antwort: Da der Schuldner nach § 266 BGB zu Teilleistungen nicht berechtigt ist, bietet V nicht wie von § 294 BGB gefordert die Leistung „so an, wie sie zu bewirken ist". K kommt deshalb nicht in Verzug.

Wenn durch einen Lagerhausbrand die Leistungserbringung für V unmöglich wird, ist er zwar nach § 275 BGB von seiner Leistungspflicht befreit, bezüglich der Gegenleistungsverpflichtung des K bleibt es jedoch bei § 326 Abs. 1 BGB; d. h.: V verliert in diesem Fall den Anspruch auf die Gegenleistung, also die Zahlung des Kaufpreises. Anders wäre es gem. § 326 Abs. 2 S. 1, 2. Alt. BGB, wenn sich K zur Zeit der Unmöglichkeit in Annahmeverzug befunden hätte. Dies war aber wie vorerwähnt nicht der Fall. Er braucht den Kaufpreis (bezüglich der Teillieferung) nicht zu bezahlen.

Ein wörtliches Angebot ist gem. § 295 ausnahmsweise ausreichend,

- wenn der Gläubiger dem Schuldner erklärt hat, er werde die Leistung nicht annehmen oder
- wenn zur Erfüllung eine Handlung des Gläubigers erforderlich ist (Beispiel: Lieferung von Getreide in Säcken, die der Gläubiger bereitzustellen hat).

2. Erfüllbarkeit und Möglichkeit der Leistung

Der Gläubiger kommt nur in Annahmeverzug, wenn der Schuldner zur Leistung (schon) berechtigt ist (vgl. § 271 Abs. 2 BGB sowie oben § 26). Außerdem muss der Schuldner in der Lage sein, die Leistung auch tatsächlich zu erbringen (§ 297 BGB).

Lernhinweis: Liegt ein Fall der Unmöglichkeit vor, kommt der Gläubiger nicht in Annahmeverzug. Die betreffende Rechtslage entscheidet sich dann nach den Vorschriften über die Unmöglichkeit.

3. Nichtannahme der geschuldeten Leistung

Der Gläubiger kommt alleine durch die Nichtannahme der ordnungsgemäß angebotenen Leistung in Verzug. Verschulden wird nicht vorausgesetzt (eine Ausnahme für den Fall der vorübergehenden Verhinderung des Gläubigers ist in § 299 BGB geregelt, wenn die Leistungszeit nicht bestimmt oder der Schuldner vor der bestimmten Zeit zu leisten berechtigt ist. Ratio legis: Bei unbestimmter Leistungszeit kann dem Gläubiger nicht zugemutet werden, sich ständig annahmebereit zu halten).

Beim gegenseitigen Vertrag kommt der Gläubiger auch dann in Verzug, wenn er zwar bereit ist, die angebotene Leistung anzunehmen, die verlangte Gegenleistung aber selbst nicht anbietet (vgl. §§ 298, 320). Beim gegenseitigen Vertrag muss somit auch der Gläubiger seinerseits die ihm obliegende Leistung ordnungsgemäß anbieten (§ 298 BGB – lesen!).

Beispiel: V verkauft an K ein gebrauchtes Kraftfahrzeug für 5000 Euro. K ist Gläubiger hinsichtlich des Anspruchs aus § 433 Abs. 1 Satz 1 (gerichtet auf Übereignung und Übergabe) und gleichzeitig Schuldner des Kaufpreises. V bietet K das Kraftfahrzeug an und verlangt gleichzeitig den Kaufpreis. Wenn K nun, obwohl er das Kraftfahrzeug gerne annehmen möchte, nicht seinerseits den Kaufpreis anbietet, kommt er in Gläubigerverzug (also auch dann, wenn er die ordnungsgemäß von V angebotene Leistung annehmen wollte).

II. Rechtsfolgen des Gläubigerverzugs

Beachten Sie, dass der **Gläubigerverzug** als solcher **noch nicht zur Befreiung des Schuldners** führt. Dazu müsste der Schuldner hinterlegen (Repetition: Der Annahmeverzug des Gläubigers ist ein Fall, der den Schuldner zur Hinterlegung berechtigt, vgl. § 372 i.V.m. §§ 378, 379).

Im Gegensatz zum Schuldnerverzug begründet der Gläubigerverzug auch keine Schadenersatzpflicht. Diese kann sich nur ergeben, wenn zusätzlich die Voraussetzungen der Pflichtverletzung nach § 280 Abs. 1 BGB (insbesondere in Form des Schuldnerverzuges) vorliegen.

Beachten Sie: In Ausnahmefällen kann also sowohl Gläubiger – wie auch Schuldnerverzug vorliegen (z.B. wenn die Abnahmeverpflichtung des Käufers nach § 433 Abs. 2 BGB ausnahmsweise eine Hauptverpflichtung ist).

1. Haftungserleichterungen

Für die Zeit des Gläubigerverzugs hat der Schuldner nur noch Vorsatz und grobe Fahrlässigkeit zu vertreten (§ 300 Abs. 1 BGB – lesen!). Wird der zu liefernde Gegenstand in dieser Zeit durch Umstände beschädigt, die man dem Schuldner nur als leichte Fahrlässigkeit zur Last legen kann, trägt dieses Risiko der Gläubiger. Dasselbe gilt für die Unmöglichkeit: Geht der Gegenstand unter, wird der Schuldner gem. § 275 Abs. 1 BGB von seiner Leistungspflicht befreit. Fällt ihm bezüglich des Untergangs nur leichte Fahrlässigkeit zur Last, kommt ein Schadenersatzanspruch des Gläubigers aus §§ 280 Abs. 1, 3, 283 BGB nicht in Betracht. Zudem behält der Schuldner gem. § 326 Abs. 2 S. 1 Alt. 2 BGB seinen Anspruch auf die Gegenleistung, da er gem. § 300 Abs. 1 BGB leichte Fahrlässigkeit nicht zu vertreten hat.

Beispiel: V hatte das dem K angebotene Kraftfahrzeug wieder mitgenommen. K war im Annahmeverzug, weil er zwar annehmen, nicht dagegen Zug um Zug auch den Kaufpreis zahlen wollte. Bei der Heimfahrt verursacht V infolge leichter Fahrlässigkeit einen Unfall, bei dem das Kraftfahrzeug total zerstört wird. V ist von seiner (grundsätzlich trotz Annahmeverzug des K bestehenden) Leistungspflicht gem. § 275 Abs. 1 BGB frei geworden. Dennoch behält er gem. § 326 Abs. 2 S. 1 Alt. 2 i. V. m. § 300 Abs. 1 BGB seinen Anspruch auf den Kaufpreis und schuldet dem K auch keinen Schadenersatz nach §§ 280 Abs. 1, 3, 283 BGB.

2. Gefahrübergang bei Gattungsschulden

Spätestens mit dem Annahmeverzug des Gläubigers geht auch bei Gattungsschulden die Leistungsgefahr auf den Gläubiger über (§ 300 Abs. 2 BGB – lesen!).

Repetition: Bei Gattungsschulden wird der Schuldner, solange die Lieferung aus der Gattung noch möglich ist und noch keine Konkretisierung vorliegt, nur unter den Voraussetzungen des § 275 Abs. 2 und 3 BGB von seiner Leistungsverpflichtung frei.

§ 275 BGB wird insoweit ersetzt. Nach Annahmeverzug wird der Schuldner von der Leistung gemäß § 300 Abs. 2 BGB auch bei Gattungsschulden frei.

Lernhinweis: Diese Bestimmung macht erfahrungsgemäß jedem jungen Studenten Schwierigkeiten. Vergegenwärtigen Sie sich zunächst, dass es bei § 300 Abs. 2 um die Leistungsgefahr geht! Machen Sie sich dann anschließend klar, dass seine Bedeutung außerordentlich gering ist. Warum? Antwort: § 300 Abs. 2 greift nur ein, wenn der Gläubiger im Annahmeverzug ist. Dies setzt voraus, dass der Schuldner die Leistung ordnungsgemäß (so „wie sie zu bewirken ist, tatsächlich") anbietet. Welche Konsequenzen hat die Vornahme der dazu erforderlichen Handlungen? Antwort: Der Schuldner hat damit gleichzeitig das „seinerseits Erforderliche" getan! Dies führt aber bei Gattungsschulden in der Regel dazu, dass nach § 243 Abs. 2 Konkretisierung eintritt und sich damit die Gattungsschuld in eine Stückschuld umwandelt. Dies hat zur Folge, dass der Schuldner bei Untergang der Stückschuld von der Verpflichtung zur Leistung frei wird. § 300 Abs. 2 behält also nur für die **Fälle** Bedeutung, **bei denen** der **Gläubiger in Annahmeverzug** gerät, **ohne dass** zuvor eine **Konkretisierung eingetreten** ist.

Schulbeispiel: V verpflichtet sich K gegenüber zur Lieferung von 50 t Sommerweizen frei Haus, und zwar in Säcken, die von K vor Liefertermin rechtzeitig bei V abzuliefern sind. Es liegt eine Bringschuld vor. K erklärt kurz vor Liefertermin kategorisch, er werde die Leistung nicht annehmen. V bietet wörtlich an (§ 295). Die Gefahr des zufälligen Untergangs geht damit gem. § 300 Abs. 2 auf K über. Es liegt immer noch eine Gattungsschuld vor, weil die zur Konkretisierung erforderlichen Handlungen (Abfüllen in die vom Gläubiger bereitzustellenden Säcke) noch nicht vorgenommen wurden. V braucht bei Untergang der 50 t Getreide (etwa infolge Feuers) nicht anderes Getreide zu leisten.

3. Übergang der Preisgefahr bei gegenseitigen Verträgen

Eine Konsequenz des Gläubigerverzugs hatten wir bei den Rechtsfolgen der Unmöglichkeit bei gegenseitigen Verträgen bereits kennengelernt: Nach § 326 Abs. 2 S. 1 Alt. 2 BGB behält der Schuldner den Anspruch auf die Gegenleistung, wenn seine Leistung durch einen von ihm nicht zu vertretenden Umstand zu einer Zeit unmöglich wird, zu welcher der Gläubiger im Annahmeverzug ist.

Repetition: Hier geht es nicht um die Leistungsgefahr, sondern um die Gegen-leistungs- (also Preis- oder noch deutlicher: die Vergütungs-)gefahr! Vergleichen Sie noch einmal oben § 34 III 3c aa. Wiederholen Sie nunmehr die eben dargelegten Regeln anhand des Schaubildes *Gläubigerverzug.*

4. Weitere Folgen des Gläubigerverzugs

a) Hinterlegung

Kommt der Gläubiger mit der Annahme in Verzug, hat der Schuldner das Recht zur Hinterlegung (vgl. dazu oben § 33 I). Bei nicht hinterlegungsfä-higen Sachen können diese versteigert und der Erlös hinterlegt werden. Lesen Sie: § 372 und § 383 BGB!

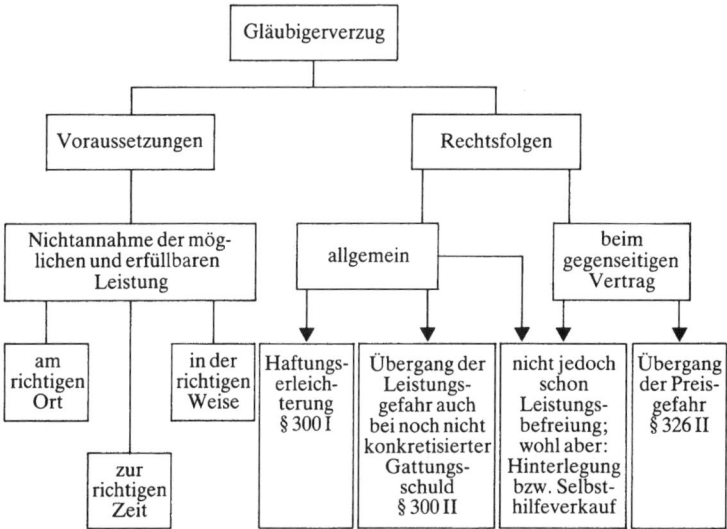

b) Ersatz von Mehraufwendungen

Im Falle des Gläubigerverzugs kann der Schuldner nach § 304 BGB den Ersatz der Mehraufwendungen verlangen, die er für das erfolglose Angebot sowie die Aufbewahrung und Erhaltung des geschuldeten Gegenstands machen musste.

Beispiele: Der Verkäufer einer Sache (hinsichtlich der Lieferungspflicht ist er der Schuldner!) schaltet einen Anwalt ein, um die Abnahme durch den Käufer (hinsicht-lich der Lieferungspflicht ist er der Gläubiger!) anzumahnen und/oder die Versteige-rung anzudrohen.

Wiederholungsfragen zu § 38

Welches sind die Voraussetzungen des Gläubigerverzugs? (§ 38 I)

Zu welchen Haftungserleichterungen führt der Gläubigerverzug? (§ 38 II 1)

Was gilt für den Gefahrübergang bei Gattungsschulden? (§ 38 II 2)

Wer trägt die Preisgefahr im Falle des Gläubigerverzugs? (§ 38 II 3)

2. Unterkapitel: Die Rechtsfolgen von Leistungsstörungen

Lernhinweis: Durch das Schuldrechtsmodernisierungsgesetz wurde das System der Leistungsstörungen mit Wirkung ab 1. 1. 2002 umfassend reformiert. Die grundlegende Neuerung war dabei die Einführung des § 280 BGB als **Zentralnorm für Schadenersatzansprüche** bei der Verletzung von Pflichten in einem Schuldverhältnis. Die auf den ersten Blick etwas kompliziert erscheinende Verweisungstechnik im System der §§ 275, 280 ff. und 323 ff. BGB bereitet bei der Darstellung dieser Materie in einem Lehrbuch gewisse Schwierigkeiten. Um dem Studenten das Verständnis für die neuen Bestimmungen näher zu bringen, wurden die Leistungsstörungen zunächst oben in einem 1. Unterkapitel von der Tatbestandsseite her aufgezeigt. Nunmehr sollen die Regelungen über die Pflichtverletzungen und den Rücktritt in einem eigenen Unterkapitel von der Rechtsfolgenseite aus zusammenhängend dargestellt werden. Die bei solch einer Vorgehensweise nicht zu umgehenden Überschneidungen und Wiederholungen sind aus didaktischen Gründen bewusst in Kauf genommen und dienen der ständigen Repetition, ohne die kein Student seine Abschlussprüfungen bestehen wird.

Die beiden wichtigsten Rechtsfolgen bei den Leistungsstörungen sind Schadenersatz und Rücktritt vom Vertrag. Verschaffen Sie sich über die durch das Schuldrechtsmodernisierungsgesetz 2001 neu geschaffenen Bestimmungen zunächst einen Überblick anhand der Übersicht *Rechtsfolgen von Leistungsstörungen.*

I. Rechtsfolge Schadenersatz im System der Leistungsstörungen

Das Entscheidende bei der Wahl der richtigen (vollständigen) Anspruchsgrundlage im Gefüge der verschiedenen Schadenersatzbestimmungen von §§ 280 ff. BGB ist die genaue Bestimmung der Art des zu ersetzenden Schadens. Macht der Gläubiger einen Schaden neben dem Leistungsanspruch geltend oder verlangt er Schadenersatz statt der Leistung?

Merken Sie sich vorab:

Schadenersatz (neben und unabhängig vom Erfüllungsanspruch) nach § 280 Abs. 1 BGB heißt: Der Gläubiger ist so zu stellen, wie er ohne die Pflichtverletzung stünde.

Schadenersatz statt der Leistung nach § 280 Abs. 1 u. 3 i. V. m. § 281, 282 oder 283 BGB heißt: Der Gläubiger ist so zu stellen, wie er bei ordnungsgemäßer Erfüllung stünde.

Beispiele: A, der eine Autoreparaturwerkstatt betreibt, hat sich gegenüber Kunde K verpflichtet, in dessen Wagen bis zum 15. Mai eine Klimaanlage einzubauen. Um den Auftrag zu erhalten, hat er sich für den Fall, dass er den Termin nicht einhalten kann, zu einer Vertragsstrafe verpflichtet. Händler H liefert die Klimaanlage erst am 20. Mai, weil er den mit A vereinbarten Termin vergessen hat. Hier kann A die Kosten der an K zu zahlenden Vertragsstrafe als **Schadenersatz neben dem Leistungsanspruch** (nach § 280 Abs. 1, 2 i. V. m. § 286 BGB) von H ersetzt verlangen.

Läge der Fall aber so, dass H gar nicht geliefert hätte und A eine teurere Klimaanlage bei einem anderen Händler hätte erwerben müssen, könnte A – nach einer Fristsetzung – sowohl die Mehrkosten als auch die Vertragsstrafe gegenüber H als **Schadenersatz statt der Leistung** (gem. § 280 Abs. 1, 3 i. V. m. § 281 BGB) geltend machen.

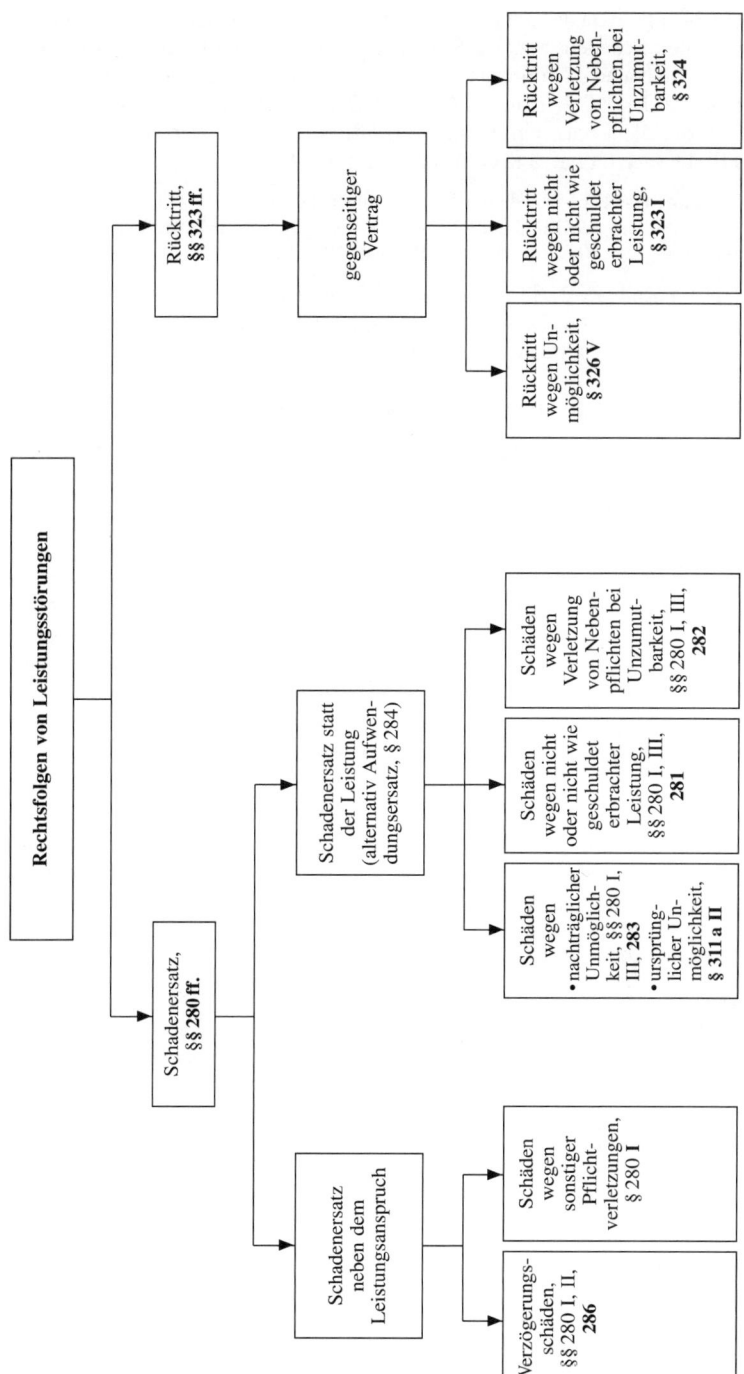

Unabhängig von der Art des Schadenersatzes ist jedoch den Bestimmungen über den Schadenersatz im System der Leistungsstörungen eines gemeinsam: Sie bauen alle (einzige Ausnahme: § 311 a Abs. 2 BGB) auf der Zentralnorm des § 280 Abs. 1 BGB auf: Danach ist Grundvoraussetzung für den Schadenersatz ein **Schuldverhältnis,** bei dem der Schuldner eine **Pflicht verletzt** hat, und er dies **zu vertreten** hat.

Lernhinweis: Die spezielleren Bestimmungen in §§ 281 bis 283 und § 286 BGB erweitern dann das Grundgerüst des § 280 Abs. 1 BGB durch zusätzliche Voraussetzungen (vgl. § 280 Abs. 2 und 3 BGB – lesen!).

Halten Sie fest: § 280 BGB ist „Dreh- und Angelpunkt" für die Rechtsfolgen im System der Leistungsstörungen; § 280 BGB ist deshalb wegen seiner Scharnierfunktion eine „Wegweiser-/Drehscheiben-Norm"!

1. Grundtatbestand des § 280 Abs. 1 BGB

Gem. § 280 Abs. 1 BGB kann der Gläubiger Schadenersatz neben der Leistung verlangen, wenn der Schuldner eine Pflicht aus dem Schuldverhältnis schuldhaft verletzt.

a) Schuldverhältnis

Vom Wortlaut her werden dabei nur Schuldverhältnisse erfasst, die bereits bestehen. § 311 Abs. 2 BGB dehnt jedoch den Begriff des Schuldverhältnisses auch auf dessen Vorbereitungsstadium aus, wenn es um bestimmte Nebenpflichten i. S. des § 241 Abs. 2 BGB geht.

Lernhinweis: § 241 Abs. 2 BGB (lesen!) enthält umfassend zu verstehende Pflichten zur Rücksichtnahme auf die Rechte, Rechtsgüter und Interessen der am Schuldverhältnis beteiligten Personen. Darunter fallen etwa Schutz- und Obhutspflichten, Aufklärungs- und Auskunftspflichten oder Leistungstreuepflichten.

Nach § 311 Abs. 2 BGB entsteht ein Schuldverhältnis auch durch die Aufnahme von Vertragsverhandlungen, Vertragsanbahnungen oder ähnliche geschäftliche Kontakte.

b) Pflichtverletzung

Der Schuldner muss eine Pflicht aus einem bereits bestehenden oder einem im Entstehen begriffenen Schuldverhältnis verletzt haben. Dabei ist es bei § 280 Abs. 1 BGB noch völlig gleichgültig, worin die Pflichtverletzung besteht. Sie kann sich etwa aus Schlechtleistung, Verzug, Unmöglichkeit oder der Verletzung einer Nebenpflicht ergeben. Erst im weiteren Verlauf ist darauf einzugehen, ob nicht für bestimmte Formen von Pflichtverletzungen (Verzug, Schlechtleistung, Verzögerung, Unmöglichkeit) zusätzlich spezielle Vorschriften einschlägig sind (§ 280 Abs. 2 i. V. m. § 286; § 280 Abs. 3 i. V. m. §§ 281 bis 283 BGB).

Hinweis: In einer Klausur sollten Sie sich, um § 280 Abs. 1 BGB nicht mit den spezielleren Regelungen der §§ 280 Abs. 2, 3 und 281 bis 283 BGB durcheinander zu bringen, an dieser Stelle noch nicht festlegen, um was für eine Art der Pflichtverletzung es sich handelt, sondern nur feststellen, dass überhaupt eine solche vorliegt. Formulierungsbeispiel: „Der Schuldner hat dem Gläubiger die bestellte Ware nicht zum vereinbarten Zeitpunkt geliefert und damit seine Pflicht aus § 433 Abs. 1 BGB verletzt." Auf die Frage, ob es sich dabei um Unmöglichkeit, Verzug o. a. handelt, sollten Sie erst im Rahmen von §§ 281–283 bzw. § 286 BGB eingehen.

c) Verschulden

Nach § 280 Abs. 1 S. 2 BGB haftet der Schuldner für den Schaden, den er durch die Verletzung einer Pflicht aus einem Schuldverhältnis verursacht hat, dann nicht, wenn er diese nicht zu vertreten hat. Durch die Formulierung „dies gilt nicht, wenn..." ergibt sich eine **Vermutung für das Verschulden,** d. h. es obliegt dem Schuldner der Beweis, dass er die Pflichtverletzung nicht zu vertreten hat. Merke deshalb: § 280 Abs. 1 BGB gehört zu den Anspruchsgrundlagen, die eine „Haftung für vermutetes Verschulden" normieren. Der Umfang des Vertretenmüssens ergibt sich dabei aus § 276 BGB. Beachten Sie hierbei, dass ein Schuldner nach § 278 BGB auch für das Verschulden seines Erfüllungsgehilfen einzustehen hat.

2. Schadenersatz neben dem Leistungsanspruch

Wenn der Gläubiger einen Schadenersatz **neben** der Leistung geltend macht, ist zu prüfen, ob neben § 280 Abs. 1 BGB noch weitere Voraussetzungen vorliegen müssen.

a) Verletzung einer Nebenpflicht

Soweit die Pflichtverletzung des Schuldners darin besteht, dass dieser eine Nebenpflicht gem. § 241 Abs. 2 BGB verletzt hat, sind keine weiteren Kriterien zu prüfen. Dann haftet der Schuldner nach § 280 Abs. 1 i. V. m. § 241 Abs. 2 BGB.

Lernhinweis: Die Verpflichtung des Schuldners zum Schadenersatz wegen der Verletzung von Nebenpflichten in einem bestehenden Schuldverhältnis entspricht dem bis zum Inkrafttreten des Schuldrechtsmodernisierungsgesetzes 2001 gewohnheitsrechtlich anerkannten Rechtsinstitut der positiven Vertragsverletzung (vgl. dazu oben § 36). Die Verletzung von Pflichten in einem vorvertraglichen Schuldverhältnis (vgl. § 311 Abs. 2 i. V. m. § 241 Abs. 2 BGB) nennt man culpa in contrahendo (abgekürzt c. i. c.: Verschulden bei Vertragsschluss; vgl. oben § 37).

b) Schuldnerverzug nach § 280 Abs. 1, 2 i. V. m. § 286

Verlangt der Gläubiger Schadenersatz wegen Verzögerung der Leistung, müssen neben § 280 Abs. 1 BGB zusätzlich die Verzugsvoraussetzungen von § 286 BGB erfüllt sein (§ 280 Abs. 2 BGB – lesen!). Um den Schuldner in Verzug zu setzen, muss der Gläubiger gem. § 286 Abs. 1 BGB die fällige Leistung beim Schuldner angemahnt haben. In Einzelfällen ist eine Mahnung auch entbehrlich (vgl. § 286 Abs. 2 BGB – lesen!). Bei Entgeltforderungen kommt der Schuldner – abgesehen von einer Mahnung – spätestens dann in Verzug, wenn er nicht innerhalb von 30 Tagen nach Fälligkeit und Rechnungszugang leistet. Für diesen Sonderfall existiert allerdings eine Verbraucherschutzvorschrift: Die 30-Tage-Bestimmung entfaltet keine Wirkung, wenn es sich bei dem Schuldner um einen Verbraucher handelt und dieser nicht in der Rechnung auf den automatischen Verzugseintritt hingewiesen worden ist (zu den Einzelheiten des Schuldnerverzugs vgl. oben § 35). Befindet sich der Schuldner demnach in Verzug, ergibt sich dessen Schadenersatzhaftung aus § 280 Abs. 1, 2 i.V.m. § 286 BGB.

3. Schadenersatz statt der Leistung

Hinweis: Im Zuge der Schuldrechtsreform 2001 wurde der „Schadenersatz wegen Nichterfüllung" in „Schadenersatz **statt** der Leistung" umbenannt, um zu verdeutlichen, dass dieser Schadenersatzanspruch nicht an die Stelle der Erfüllung, sondern an die Stelle der primär geschuldeten Leistung tritt. Im Gegensatz zum einfachen Schadenersatz nach § 280 Abs. 1 BGB hat der Gläubiger, sobald er Schadenersatz **statt** der Leistung geltend gemacht hat, auf die vom Schuldner geschuldete Leistung keinen Anspruch mehr (vgl. § 281 Abs. 4 BGB – lesen!). Die neben § 280 Abs. 1 BGB zusätzlichen Voraussetzungen ergeben sich gem. § 280 Abs. 3 BGB (lesen!) aus den Vorschriften der §§ 281 bis 283 BGB und hängen auch hier von der Art der Pflichtverletzung ab.

a) Schadenersatz wegen Leistungsverzögerung oder Schlechtleistung

Besteht die Pflichtverletzung in einer Leistungsverzögerung oder einer Schlechtleistung, sind die in § 281 BGB (lesen!) aufgeführten Voraussetzungen einschlägig.

Hinweis: Während die Worte „nicht wie geschuldet" (§ 281 Abs. 1 S. 1 Alt. 2 BGB) ohne weiteres dem Merkmal der Schlechtleistung zugeordnet werden können, könnten unter der Leistung, die der Schuldner „nicht erbringt" (§ 281 Abs. 1 S. 1 Alt. 1 BGB) neben den Fällen der Leistungsverzögerung auch die Fälle der Unmöglichkeit subsumiert werden. Hier ist jedoch zu beachten, dass bei der Unmöglichkeit § 283 gegenüber § 281 BGB die speziellere Norm und daher allein einschlägig ist (dies ergibt sich schon daraus, dass in § 281 BGB eine Aufforderung zur ordnungsgemäßen Leistung mittels einer Fristsetzung vorgesehen ist, was bei einer unmöglich gewordenen Leistung keinen Sinn macht).

Bevor der Gläubiger vom Schuldner Schadenersatz verlangen kann, muss er ihm nach § 281 Abs. 1 BGB eine angemessene Frist zur Leistung oder Nacherfüllung setzen. Die Fristsetzung ist nach § 281 Abs. 2 BGB entbehrlich, wenn der Schuldner die Leistung ernsthaft und endgültig verweigert oder wenn besondere Umstände vorliegen, die unter Abwägung der beiderseitigen Interessen die sofortige Geltendmachung des Schadenersatzanspruchs rechtfertigen.

Lernhinweis: § 281 Abs. 1 S. 1 Alt. 1 BGB erfordert im Fall der Verzögerung der Leistung nicht, dass die Verzugsvoraussetzungen nach § 286 BGB vorliegen. Dies wird aber immer der Fall sein, da die Fristsetzung, ebenso wie die Mahnung, ebenfalls eine dringende Aufforderung zur Leistung ist. Allerdings sind nicht alle Fälle, in denen nach § 286 BGB eine Mahnung entbehrlich ist, mit denen identisch, in denen gem. § 281 Abs. 2 BGB von einer Fristsetzung abgesehen werden kann.

Zu beachten ist, dass § 280 Abs. 1, 3 i.V.m. § 281 BGB sowohl Anspruchsgrundlage für den sog. **„kleinen Schadenersatz"** als auch für den **„großen Schadenersatz"** ist. Diese Unterscheidung ist dann von Bedeutung, wenn der Schuldner nur einen Teil der Leistung ordnungsgemäß erbringt. In diesen Fällen stellt sich nämlich für den Gläubiger die Frage, ob ihm Schadenersatz nur für den nicht bzw. schlecht erbrachten Teil der Leistung oder für die gesamte Leistung (inklusive des ordnungsgemäß erbrachten Teils) zusteht. Diese Konstellation ist in § 281 Abs. 1 S. 2 und 3 BGB (lesen!) geregelt: Danach kann der Gläubiger, dem der Schuldner nur eine Teilleistung ordnungsgemäß bewirkt hat, Schadenersatz statt der ganzen Leistung im Falle einer Verzögerung oder einer Schlechtleistung nur dann verlangen, wenn er an der Teilleistung kein Interesse hat. Zusätzlich wird für den Fall der Schlechtleistung verlangt, dass die Pflichtverletzung nicht unerheblich ist.

Beispiel: K erwirbt eine Ledersitzgruppe, bestehend aus 5 Teilen. Ein Beistelltisch weist bei der Lieferung winzige Macken auf. Ein Schadenersatz statt der ganzen Leistung gem. § 280 Abs. 1, 3 i. V. m. § 281 Alt. 2 i. V. m. § 437 Nr. 3 Alt. 1 BGB scheidet hier mangels Erheblichkeit der Pflichtverletzung aus. K ist – nach erfolgloser Fristsetzung – auf die Geltendmachung des kleinen Schadenersatzes beschränkt.

b) Schadenersatz wegen Verletzung einer Nebenpflicht

Oben hatten wir bereits gesehen, dass der Gläubiger bei der Verletzung einer Nebenpflicht Schadenersatz neben dem Leistungsanspruch verlangen kann. Geht es ihm jedoch um Schadenersatz statt der Leistung, muss ihm gem. § 282 BGB (lesen!) als **zusätzliches Kriterium** neben einem wirksamen Schuldverhältnis und der Verletzung einer sich aus § 241 Abs. 2 BGB ergebenden Nebenpflicht eine weitere Leistungserbringung durch den Schuldner **unzumutbar** sein. Die Anspruchsgrundlage setzt sich dann aus § 280 Abs. 1, 3 i. V. m. §§ 282, 241 Abs. 2 BGB zusammen, und erfordert keine Fristsetzung.

Beispiel: Elektriker E verlegt im Haus des B ordnungsgemäß Kabel. Ständig beschädigt er jedoch Einrichtungsgegenstände. B will von E nichts mehr wissen und bestellt einen anderen Elektriker. Da B die weitere Leistungserbringung durch E unzumutbar geworden ist, kann er die durch die Bestellung des zweiten Handwerkers entstandenen Mehrkosten von E gem. § 280 Abs. 1, 3 i. V. m. § 282 BGB ersetzt verlangen (Ersatz für den Schaden an den Einrichtungsgegenständen muss B über § 280 Abs. 1 BGB geltend machen).

c) Schadenersatz wegen Unmöglichkeit

Besteht die Pflichtverletzung darin, dass dem Schuldner die Leistungserbringung unmöglich geworden ist, müssen die Merkmale von § 283 BGB vorliegen. Die Anspruchsgrundlage lautet dann § 280 Abs. 1, 3 i. V. m. § 283 BGB.

Aber: Dies gilt nur dann, wenn es sich um **nachträgliche Unmöglichkeit** handelt.

Beispiel: Der verkaufte und noch nicht gelieferte japanische Goldfisch im Wert von 5000 Euro verendet nach Abschluss des Kaufvertrages.

Bei **anfänglicher Unmöglichkeit** ergibt sich die Anspruchsgrundlage für den Schadenersatz aus § 311 a Abs. 2 BGB.

Beispiel: Der Goldfisch war bereits vor Vertragsschluss eingegangen.

aa) anfängliche Unmöglichkeit

Lernhinweis: § 311 a BGB stellt eine Ausnahme für den Schadenersatzanspruch im System der §§ 280 ff. BGB dar, die nur bei anfänglicher Unmöglichkeit eingreift.

§ 311 a Abs. 1 BGB (lesen!) setzt voraus, dass der Schuldner nach § 275 Abs. 1 bis 3 BGB nicht zu leisten braucht und dieses Leistungshindernis schon vor Vertragsschluss vorliegt. Gem. § 275 Abs. 1 BGB ist der Anspruch auf die Leistung ausgeschlossen, soweit diese für den Schuldner (subjektive Unmöglichkeit) oder für jedermann (objektive Unmöglichkeit) unmöglich ist. Zwei weitere vom Schuldner einzuwendende Leistungsverweigerungsrechte ergeben sich in den Fällen von Unverhältnismäßigkeit und Unzumutbarkeit der Leistung (vgl. § 275 Abs. 2 und 3 BGB; näheres dazu s. oben § 34).

bb) nachträgliche Unmöglichkeit

Bei der nachträglichen Unmöglichkeit bewegen wir uns dann wieder im „normalen Fahrwasser" der §§ 280 ff. BGB. § 283 BGB setzt voraus, dass dem Schuldner die Leistungserbringung – nachträglich – gem. § 275 Abs. 1 bis 3 BGB unmöglich geworden ist (zu den Einzelheiten der Unmöglichkeit vgl. oben § 34).

Lernhinweis: Sofern dem Schuldner nur eine Teilleistung unmöglich geworden ist, gelten die bzgl. des kleinen und großen Schadenersatzes zu § 281 Abs. 1 S. 2 und 3 BGB gemachten Ausführungen (vgl. die Verweisung in § 283 S. 2 BGB).

d) Besonderheiten beim Schadenersatz wegen Pflichtverletzung

aa) Aufwendungsersatz statt der Leistung

Der Gläubiger kann alternativ zum Schadenersatzanspruch statt der Leistung auch den Ersatz der Aufwendungen verlangen, die er im Vertrauen auf den Erhalt der Leistung gemacht hat und auch machen durfte (vgl. § 284 BGB – lesen!). Unter Aufwendungen werden alle freiwilligen Vermögensopfer verstanden, die auch dann entstanden wären, wenn die Leistung durch den Schuldner vertragsgemäß erbracht worden wäre.

Beispiele: Dem Gläubiger entstehen Kosten durch die Fahrt zu dem Ort, an dem der Schuldner die Leistung zu erbringen hat. Der Gläubiger hat im Vertrauen auf die Lieferung eine Lagerhalle angemietet.

Bitte beachten Sie, dass – bedingt durch das Wörtchen „anstelle" in § 284 BGB – für den Aufwendungsersatz die gleichen Voraussetzungen vorliegen müssen, wie für den Schadenersatz statt der Leistung nach § 280 Abs. 1, 3 in Verbindung mit einer der drei Varianten der §§ 281 bis 283 BGB.

bb) Minderung des Schadenersatzes statt der Leistung

Erlangt der Schuldner infolge von Unmöglichkeit für den geschuldeten Gegenstand einen Ersatz bzw. einen Ersatzanspruch, steht dem Gläubiger gegen diesen nach § 285 Abs. 1 BGB (lesen!) ein Herausgabeanspruch bzw. Abtretungsanspruch zu.

Beispiel: Für den untergegangenen Gegenstand war eine Versicherung abgeschlossen worden.

Wenn nun der Gläubiger von diesem Recht Gebrauch macht, so mindert sich der Anspruch, der ihm als Schadenersatz statt der Leistung zusteht, um den Wert des vom Schuldner erlangten Ersatzes oder Ersatzanspruchs (§ 285 Abs. 2 BGB – lesen!).

II. Rechtsfolge Rücktritt im System der Leistungsstörungen

1. Rücktritt bei Leistungsverzögerung und Schlechtleistung

Erbringt bei einem **gegenseitigen Vertrag** der Schuldner eine **fällige Leistung nicht** oder **nicht vertragsgemäß,** kann der Gläubiger nach erfolgloser **Fristsetzung** vom Vertrag zurücktreten (§ 323 Abs. 1 BGB – lesen!). Wie bei § 281 Abs. 1 BGB sind unter dem Begriff „Nichterbringung" die Fälle der Leistungsverzögerung zu verstehen, während mit der „nicht vertragsmäßigen Leistung" die Schlechtleistung gemeint ist. Im Unterschied zu den Schadenersatzansprüchen der §§ 280 ff. BGB ist beim Rücktritt **kein Verschulden** des Schuldners **erforderlich.**

Der Rücktritt ist allerdings nach § 323 Abs. 6 BGB ausgeschlossen, wenn der Gläubiger für den Umstand, der ihn zum Rücktritt berechtigen würde, allein oder weit überwiegend verantwortlich ist oder wenn der vom Schuldner nicht zu vertretende Umstand zu einer Zeit eintritt, zu welcher der Gläubiger in Annahmeverzug ist.

Beispiele: (1.) Nachdem K bei V eine Vase aus der Mingzeit erworben und mit V eine Lieferung zu seiner Wohnung vereinbart hat, kommen ihm, noch im Geschäft des V, doch Bedenken hinsichtlich des Preises. Kurzerhand stößt er die Vase herunter und will vom Vertrag zurücktreten, da V ja jetzt nicht mehr liefern könne. Mit diesem Ansinnen wird K wegen § 323 Abs. 6 Alt. 1 i.V.m. § 326 Abs. 5 BGB scheitern (es liegt Unmöglichkeit vor, dazu unten 3.).

(2.) K hat die Vase in Abwandlung des 1. Beispiels nicht zerstört, sondern V liefert sie zu der Wohnung des K an. Jetzt vergegenwärtigt sich K den horrenden Preis und verweigert die Annahme. Auf dem Rückweg in sein Geschäft wird V von einem unbekannten Radfahrer gerammt, wobei die Vase zu Bruch geht (§ 323 Abs. 6 Alt. 2 BGB).

In beiden Fällen ist ein Rücktritt ausgeschlossen.

Besonderheiten gelten zudem in zwei Fällen:

(1.) Teilleistung:

Wenn der Schuldner nur teilweise leistet, kann der Gläubiger zurücktreten; allerdings nur, wenn er an der Teilleistung kein Interesse hat (§ 323 Abs. 5 S. 1 BGB).

Beispiel: Bei der Bestellung einer DV-Anlage wird nur die Hardware nicht aber die auf den Besteller zugeschnittene Software geliefert.

(2.) Unerheblicher Mangel:

Normalerweise kann der Gläubiger bei Schlechtleistung des Schuldners zurücktreten (vgl. oben § 323 Abs. 1 BGB). Dies gilt jedoch nicht, wenn die Pflichtverletzung (nur) unerheblich ist (§ 323 Abs. 5 S. 2 BGB).

Beispiel: In dem gekauften Auto ist lediglich das Radio defekt.

Da der Verkäufer nach § 433 Abs. 1 S. 2 BGB verpflichtet ist, dem Käufer die Sache frei von Sach- und Rechtsmängeln zu verschaffen, verletzt er diese Pflicht, wenn die Sache Mängel aufweist. Nach § 437 Nr. 3, 1. Alt. BGB könnte der Käufer dann vom Vertrag zurücktreten (und nach den Vorschriften des Rücktrittsrechts gem. § 346 BGB die Rückzahlung des Kaufpreises verlangen). Da nun aber § 323 Abs. 5 S. 2 BGB dem Gläubiger (auf der Ebene des Kaufrechts somit dem Käufer) im Falle der nur unerheblichen Pflichtverletzung das Rücktrittsrecht verwehrt, berechtigt somit im Kaufrecht ein nur unerheblicher Mangel den Käufer nicht zum Rücktritt und damit auch nicht zur Rückforderung des Kaufpreises.

Halten Sie noch einmal fest: Der Rücktritt setzt **grundsätzlich** voraus, dass zuvor eine **Fristsetzung** erfolgt (vgl. den Wortlaut von § 323 Abs. 1 BGB). Einer Fristsetzung bedarf es jedoch **in drei Fällen nicht:**

* Wenn der Schuldner die Leistung „ernsthaft und endgültig" verweigert (es muss sein „letztes Wort" sein), vgl. § 323 Abs. 2 Nr. 1 BGB;
* Wenn ein „Fixgeschäft" im Sinne des § 323 Abs. 2 Nr. 2 BGB vorliegt (das Geschäft „steht und fällt" mit der zeitgerechten Leistung);
* wenn „besondere Umstände" den sofortigen Rücktritt rechtfertigen (§ 322 Abs. 2 Nr. 3 BGB). Mit dieser Generalklausel hat der Gesetzgeber einen Auffangtatbestand geschaffen, um dem Gläubiger den Rücktritt zu ermöglichen, wenn ihm ein weiteres Zuwarten nicht mehr zugemutet werden kann.

2. Rücktritt bei Verletzung einer Nebenpflicht

Sofern der Schuldner Nebenpflichten eines gegenseitigen Vertrags verletzt, kann der Gläubiger nach § 324 BGB (lesen!) ohne Fristsetzung vom Vertrag zurücktreten, wenn ihm ein Festhalten am Vertrag nicht mehr zuzumuten ist.

Beispiele: Fälle der sexuellen Belästigung oder der erheblichen Beschädigung von Gegenständen des Gläubigers während der Erbringung der Leistung durch den Schuldner.

3. Rücktritt bei Unmöglichkeit

Ein Rücktrittsgrund für den Gläubiger liegt auch dann vor, wenn der Schuldner die Leistung nach § 275 Abs. 1 bis 3 BGB nicht zu erbringen braucht (§ 326 Abs. 5 BGB – lesen!). Hierbei ist eine Fristsetzung, die bei einer unmöglich gewordenen Leistung keinen Sinn macht, entbehrlich.

Lernhinweis: Diese gesetzliche Möglichkeit des Rücktritts in § 326 Abs. 5 BGB wird dem Gläubiger selten einen zusätzlichen Vorteil bringen. Grundsätzlich verliert nämlich der Schuldner bei Unmöglichkeit meist bereits automatisch gem. § 326 Abs. 1 S. 1 BGB den Anspruch auf die Gegenleistung, so dass der Gläubiger nicht erst noch vom Vertrag zurücktreten muss. Allerdings findet das Rücktrittsrecht dann selbstständige Anwendung, wenn der Automatismus des § 326 Abs. 1 S. 1 BGB nicht eingreift, was bei § 326 Abs. 1 S. 2 BGB der Fall ist.

5. Kapitel: Mehrheit von Schuldnern und Gläubigern im Schuldverhältnis

Lernhinweis: Bislang hatten wir beim Schuldverhältnis in der Regel nur von der Rechtsbeziehung zwischen „dem Gläubiger" und „dem Schuldner" gesprochen. Als Gläubiger und Schuldner können aber auch mehrere Personen auftreten. Denkbar ist es, dass mehrere Personen auf der Schuldnerseite dem (Einzel-)Gläubiger gegenüberstehen oder mehrere Personen auf der Gläubigerseite Ansprüche gegen einen Schuldner erheben, und natürlich ist auch denkbar, dass sowohl auf der Gläubiger- als auch auf der Schuldnerseite jeweils mehrere Personen stehen. In allen Fällen stellt sich die Frage, wie und von wem die Leistung gefordert werden kann (nur von allen gemeinsam oder auch von einem Gläubiger allein?) und wie die Leistung erbracht werden muss (von jedem Schuldner anteilig oder in gesamter Höhe?). Dann muss auch die Frage entschieden werden, wie die Leistung eines einzelnen für die Schuldnermehrheit oder die Leistung an einen einzelnen Gläubiger für die Gläubigermehrheit wirkt. Im Prinzip gibt es **drei Möglichkeiten:**

- Wenn Gläubiger oder Schuldner anteilsmäßig berechtigt oder verpflichtet sind, spricht man von Teilgläubigern und Teilschuldnern.
- Wenn jeder Gläubiger oder Schuldner auf das Ganze berechtigt oder verpflichtet ist, spricht man von Gesamtgläubigern und Gesamtschuldnern.
- Wenn alle Gläubiger und Schuldner in ihrer Gesamtheit berechtigt oder verpflichtet sind, spricht man von Gesamthandsgläubigern und Gesamthandsschuldnern.

§ 39 Gläubigermehrheit

Das Bürgerliche Gesetzbuch kennt drei Arten der Gläubigermehrheit: Teilgläubiger, Gesamtgläubiger und Gesamthandsgläubiger. Gläubigermehrheiten können durch unterschiedliche Tatbestände entstehen (vergleichen Sie dazu die Skizzen *Teilgläubiger, Gesamtgläubiger, Gesamthandsgläubiger*):

- Mehrere Personen treten auf der Gläubigerseite als Vertragspartner auf (K1 und K2 kaufen zusammen ein Auto und klagen beide auf Lieferung).
- Ein bereits vorhandenes „Kollektiv" (z. B. BGB-Gesellschaft) tritt gemeinschaftlich auf und tätigt ein Rechtsgeschäft (eine Bürogemeinschaft mietet ein Geschäftslokal).
- Der Anspruch eines einzelnen Gläubigers geht im Wege der Rechtsnachfolge auf mehrere Personen über (Erblasser E wird von seinen Kindern beerbt).

I. Teilgläubiger

1. Begriff

Teilgläubigerschaft liegt vor, wenn mehrere eine teilbare Leistung zu fordern haben (vgl. § 420 1. Hs. 2. Fall BGB – lesen!). Teilbar ist eine

Teil-, Gesamt-, Gesamthandsgläubiger

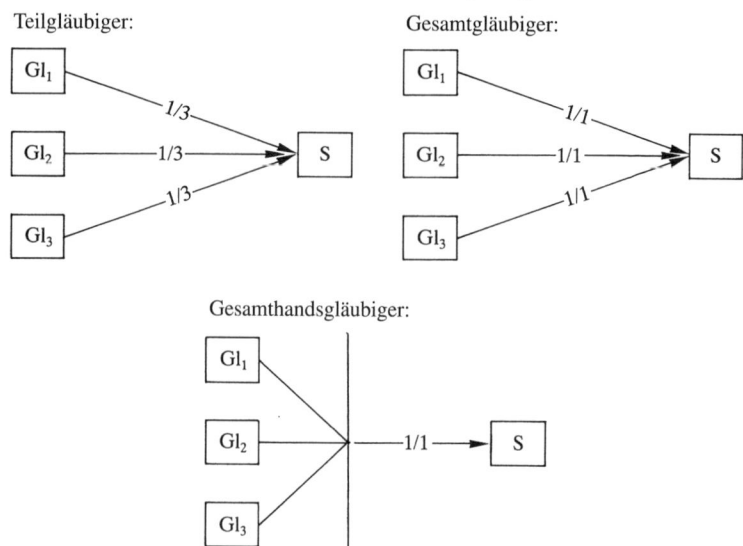

Leistung, wenn sie ohne Wertminderung und ohne Beeinträchtigung des Leistungszwecks in Teilleistungen zerlegt werden kann.

Beispiel: Geld und andere vertretbare Sachen.

2. Rechtsfolgen

Bei Teilgläubigerschaft ist nach der Auslegungsregel des § 420 BGB jeder Gläubiger nur zu einem gleichen Anteil berechtigt.

Beispiel: K1 und K2 kaufen zwei Kisten Sekt einer gängigen Marke mit der Maßgabe, dass jeder die Hälfte abholt. Sowohl K1 als auch K2 können jeweils eine Kiste Sekt verlangen.

II. Gesamtgläubiger

1. Begriff

Gesamtgläubigerschaft liegt nach § 428 BGB (lesen!) vor, wenn mehrere eine Leistung in der Weise zu fordern berechtigt sind, dass „jeder die ganze Leistung fordern kann, der Schuldner aber die Leistung nur einmal zu bewirken verpflichtet ist". Eine Gesamtgläubigerschaft entsteht entweder durch Vertrag (Beispiel: „Oder-Konten" mehrerer Inhaber) oder kraft gesetzlicher Anordnung (so im Vermächtnisrecht: § 2151 Abs. 3 BGB).

2. Rechtsfolgen

Wenn eine Gesamtgläubigerschaft vorliegt, kann der Schuldner nach § 428 Satz 1 a. E. „nach seinem Belieben an jeden der Gläubiger leisten".

Konsequenz: Die Gesamtgläubigerschaft ist für den Schuldner bequem, für den Gläubiger riskant. Der Schuldner wird durch die Leistung an einen beliebigen Gesamtgläubiger frei, möglicherweise scheitert ein Ausgleich unter den Gesamtgläubigern an der Unseriosität des Leistungsempfängers.

III. Gesamthandsgläubiger

1. Begriff

Eine Gesamthandsgläubigerschaft liegt vor (vgl. § 432 Abs. 1 S. 1), wenn mehrere Gläubiger die Leistung nur an alle fordern können.

Beispiele: Gesellschafter bzgl. der zum Gesellschaftsvermögen gehörenden Forderungen, Miterben bzgl. des ungeteilten Nachlasses. Nach § 432 Abs. 1 S. 1 liegt Gesamthandsgläubigerschaft vor, wenn eine unteilbare Leistung gefordert wird.

2. Rechtsfolgen

Bei der Gesamthandsgläubigerschaft ist typisch, dass zwar jeder Gläubiger ein Forderungsrecht hat, aber nicht Leistung an sich, sondern nur an alle verlangen kann.

Beispiel: A, B und C sind Gesellschafter der A-OHG. Gegen S besteht eine Forderung in Höhe von 10 000 Euro aus einem zwischen der OHG und S getätigten Handelskauf. A kann von S Zahlung verlangen, jedoch nur an die OHG, nicht an sich selbst.

Konsequenzen: Die Gesamthandsgläubigerschaft ist für den Schuldner günstig (er muss nur einmal leisten und trägt kein Risiko hinsichtlich der Verteilung des Leistungsgegenstands). Sie ist aber auch günstig für den Gläubiger: Durch die Leistung an alle Gläubiger wird die Gefahr der einfachen Gesamtgläubigerschaft vermieden (s. o.), die darin besteht, dass durch Leistung an einen einzelnen unseriösen Gläubiger die anderen Gläubiger nicht auch in den Genuss der Erfüllung kommen.

Wiederholungsfragen zu § 39

Was versteht man unter Teilgläubigerschaft, welche Rechtsfolgen gelten? (§ 39 I 1, 2)

Wann entsteht eine Gesamtgläubigerschaft? (§ 39 II)

Was versteht man unter einem Gesamthandsgläubiger? (§ 39 III)

Welche Form der Gläubigerschaft ist für den Schuldner, welche für den Gläubiger vorteilhaft bzw. riskant? (§ 39 II 2, III 2)

§ 40 Schuldnermehrheit

Lernhinweis: Bei der Schuldnermehrheit geht es um die schon bei der Gläubigermehrheit aufgezeigten Regelungskomplexe, allerdings seitenverkehrt.

I. Teilschuldner

1. Begriff

Teilschuldnerschaft liegt nach § 420 BGB vor, wenn mehrere eine teilbare Leistung schulden.

Lernhinweis: § 420 ist lediglich eine Auslegungsregel, sie wird aber ihrerseits durch die Auslegungsregel in § 427 (s. u.) in der Praxis weitgehend verdrängt.

2. Rechtsfolgen

Bei der Teilschuld ist jeder Schuldner nur zu einem gleichen Anteil verpflichtet.

II. Gesamtschuldnerschaft

1. Begriff

Eine Gesamtschuld liegt vor, wenn mehrere eine Leistung in der Weise schulden, dass jeder die ganze Leistung zu bewirken verpflichtet ist, der Gläubiger allerdings die Leistung nur einmal zu fordern berechtigt ist (vgl. die Legaldefinition in § 421 BGB). Vergleichen Sie zum besseren Verständnis die Skizze *Teilschuldner und Gesamtschuldner.*

Teilschuldner und Gesamtschuldner

2. Anwendungsfälle

Gesamtschulden entstehen in 3 Fällen:

a) Unteilbare Leistung

Nach § 431 BGB (lesen!) liegt eine Gesamtschuld vor, wenn mehrere eine unteilbare Leistung schulden.

Beispiele: Herausgabe einer bestimmten Sache; Verpflichtung zur Herstellung eines Werkes nach Werkvertragsrecht; Verpflichtung zur Übereignung.

b) Gesetzliche Regelung

In einer Reihe von Fällen ordnet das Gesetz gesamtschuldnerische Haftung an (überfliegen Sie die §§ 42 Abs. 2 S. 2, 546 Abs. 2, 769, 830, 840, 1357 Abs. 1 S. 2, 2058 BGB; 128 HGB).

Beispiel: Gustav wird von S1, S2 und S3 zusammengeschlagen. Nach §§ 830, 840 BGB haften mehrere Deliktschuldner als Gesamtschuldner. Gustav kann – wenn er nicht jeweils einen Teilbetrag von jedem der drei Schädiger einklagen will – sich den wirtschaftlich potentesten Schuldner heraussuchen und allein von diesem seinen Schadenersatzanspruch in voller Höhe fordern.

c) Gemeinschaftliche Leistungsverpflichtung

§ 427 BGB bringt eine außerordentlich wichtige und folgenreiche Auslegungsregel: Verpflichten sich mehrere durch Vertrag gemeinschaftlich zu
einer teilbaren Leistung, so haften sie im Zweifel als Gesamtschuldner.
Damit ist die ursprüngliche Auslegungsregel des § 420 (wonach eigentlich
bei teilbarer Leistung eine Teilschuldnerschaft entsteht) praktisch außer
Kraft gesetzt.

Beispiel: Ehegatten E1 und E2 unterschreiben beide einen Mietvertrag über die
gemeinsame eheliche Wohnung. Sie haften damit als Gesamtschuldner. Der Vermieter kann sich wegen der Mietzinsforderung in voller Höhe an die Ehefrau oder an
den Ehemann halten (in den üblichen Formularverträgen ist dies ausdrücklich so
vorgesehen).

3. Strukturelemente der Gesamtschuld

Beim Gesamtschuldverhältnis liegen mehrere einzelne Forderungen (bzw.
Schulden) vor, die über die Konstruktion der Gesamtschuld zusammengefasst werden. Dabei ist im Einzelnen vieles strittig. Die Rechtsprechung
verlangt als Mindestvoraussetzungen unter anderem:

- Die Pflichten der Gesamtschuldner müssen sich auf dasselbe Leistungsinteresse beziehen (nicht vorausgesetzt ist dagegen derselbe Entstehungsgrund).
- Dabei muss eine innere Verbundenheit der Forderungen bestehen. Die
Rechtsprechung sieht diese in einer – objektiv vorhandenen – „Zweck-
gemeinschaft" (in Schadensfällen ist die verantwortliche Mitverursa-
chung dafür ausreichend). Bei weitgehend gleichem Ergebnis stellt die
Lehre auf den Begriff der „Gleichstufigkeit" (Gleichrangigkeit) der Verpflichtungen ab.

Für den Wirtschafts- und Sozialwissenschaftler dürften diese Dinge den
normalen Rahmen sprengen; bei Hausarbeiten wäre dies ein klassischer
Fall für die Heranziehung von weiterführender Kommentarliteratur.

Beispiele: Gesamtschuldner sind

- Architekt und Bauunternehmer hinsichtlich der von ihnen gemeinsam zu verant-
wortenden Baumängel (nicht dagegen hinsichtlich der Errichtung des Bauwerks);
- Vertragspartner (vertraglicher Anspruch) und Erfüllungsgehilfe (deliktischer Anspruch aus § 823 BGB);
- Straßenbahn-AG und Kfz-Halter bezüglich der Gefährdungshaftung;
- Pkw-Fahrer und die für den Unfall mitverantwortlichen (weil ihre Aufsichtspflicht verletzenden) Eltern gegenüber dem bei einem Unfall geschädigten Kind.

4. Rechtsfolgen

a) Stellung des Gläubigers

Liegt ein Gesamtschuldverhältnis vor, ist der Gläubiger ein **„juristischer
Pascha":** Er kann die gesamte Leistung nach seinem Belieben von jedem
der Schuldner verlangen. Leistet einer der Schuldner, werden die anderen
Schuldner nach § 422 ebenfalls befreit. **Konsequenz:** Die Gesamtschuld
ist **für den Gläubiger die sicherste** und bequemste **Rechtsposition.** Er

kann den zahlungskräftigsten Schuldner „herauspicken" und vermeidet das Risiko, dass einer der Schuldner mangels Bonität ausfällt.

b) Schuldnerstellung

aa) Veränderungen der Gesamtschuld

Erfüllt ein Gesamtschuldner, wirkt dies nach § 422 BGB auch für die übrigen Schuldner.

Dasselbe gilt für die Leistung an Erfüllungs statt, die Hinterlegung, die Aufrechnung, den Erlass sowie den Gläubigerverzug.

Andere als die vorgenannten Tatsachen wirken nur für und gegen den jeweiligen Gesamtschuldner (vgl. im Einzelnen §§ 422 bis 425 BGB).

bb) Ausgleichsansprüche

Wird ein Gesamtschuldner vom Gläubiger in Anspruch genommen und zahlt er daraufhin, so gilt § 426 BGB (lesen!).

Lernhinweis: Beachten Sie, dass § 426 zwei verschiedene Absätze mit zwei grundverschiedenen Aussagen enthält und damit beim Ausgleich von Gesamtschuldnern in Klausuren grundsätzlich zwei Anspruchsgrundlagen zu prüfen sind!

Gesamtschuldner sind im Verhältnis zueinander im Zweifel zu gleichen Anteilen verpflichtet (§ 426 Abs. 1).

Soweit ein Gesamtschuldner den Gläubiger befriedigt, geht die Forderung des Gläubigers gegen die übrigen Schuldner auf ihn über, § 426 Abs. 2 (Beispiel einer „cessio legis", gesetzlicher Forderungsübergang). Nach § 412 finden die §§ 398 ff. entsprechende Anwendung mit der Folge, dass z. B. die Sicherungsrechte mit übergehen. Vergleichen Sie dazu das Schaubild *Regress bei Gesamtschuldnerschaft*.

Regress bei Gesamtschuldnerschaft

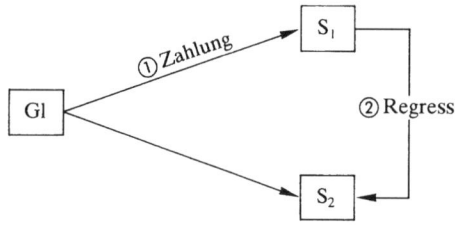

Wiederholungsfragen zu § 40

Wann liegt Teilschuldnerschaft vor und welche Rechtsfolgen gelten? (§ 40 I 1, 2)

Was versteht man unter einer Gesamtschuld? (§ 40 II)

Inwiefern ist der Gläubiger bei der Gesamtschuld ein „juristischer Pascha"? (§ 40 II 4 a)

An wen kann sich ein einzelner Gesamtschuldner halten, wenn er vom Gläubiger in Anspruch genommen wurde? (§ 40 II 4 b)

6. Kapitel: Gläubiger- und Schuldnerwechsel

Lernhinweis: Das BGB enthält Regeln, wie die Rechtsstellung des Schuldners und des Gläubigers übertragen werden kann: Der Wechsel auf der Gläubigerseite erfolgt durch Forderungsabtretung („Zession") gemäß §§ 398 ff., der Wechsel auf der Schuldnerseite erfolgt durch Schuldübernahme nach §§ 414 ff. BGB. Nach Durcharbeitung des nachfolgenden Kapitels müssen Sie wissen, wie, unter welchen Voraussetzungen und mit welchen Konsequenzen die Zession bzw. die Schuldübernahme erfolgt und vor allem, wie nicht beteiligte Personen geschützt sind. Merken Sie sich schon vorab: Der Wechsel auf der Gläubigerseite erfolgt ohne Mitwirkung des Schuldners; der Wechsel auf der Schuldnerseite dagegen setzt die Beteiligung des Gläubigers voraus (Begründung siehe unten).

§ 41 Die Forderungsübertragung

I. Wirtschaftliche Bedeutung

Das praktische Gewicht der Forderungsabtretung im Wirtschaftsleben ist groß. Sie tritt in dreifacher Weise in Erscheinung:

1. Rechtsgeschäftlicher Forderungsübergang

a) Die Zession als Erfüllung eines Kausalgeschäfts

Durch vertragliche Abtretung der Forderung wird ein entsprechendes Kausalgeschäft erfüllt. Dabei kann es sich etwa um eine Schenkung handeln (Beispiel: Aus erbschaftsteuerlichen Erwägungen schenkt der Senior im Wege der vorweggenommenen Erbfolge dem Junior eine unterhalb des Freibetrags liegende Kapitalforderung).

Vielfach wird der Forderungsabtretung ein Kaufvertrag zugrunde liegen (Beispiel: Das Factoring-Geschäft. Der Verkauf von Außenständen gegen einen Kosten- und Bonitätsabschlag sichert eine Mindestliquidität). Weit verbreitet ist ein derartiges „Inkasso-Management" auf dem medizinischen Sektor: Der behandelnde Arzt tritt seine Honorarforderung an eine „Verrechnungsstelle" ab, diese stellt dem Patienten gegenüber die Rechnung aus und verlangt Zahlung an sich. Der Arzt verschafft sich dadurch Liquidität und erspart sich das zeit- und kostenaufwendige Rechnungsschreiben.

Besonderheiten gelten bei der Übertragung von Wechseln (frühzeitige Liquiditätsgewinnung durch Weitergabe vor Fälligkeit unter Abzug des Wechseldiskonts).

b) Die Zession als Kreditgeschäft

Große Bedeutung hat die Forderungsabtretung im Bereich des Kreditgeschäfts: Die Sicherungsabtretung einer Forderung hat gegenüber der Forderungsverpfändung den Vorteil, dass sie keine bonitätsschädliche Anzeige an den Drittschuldner erfordert.

Wir unterscheiden:

- die **offene Zession:** Der Schuldner wird von der Zession benachrichtigt;
- die **stille Zession:** Die Zession wird verheimlicht;
- die **Globalzession:** Der Gläubiger tritt sämtliche ihm zustehende Ansprüche ab;
- die **Mantelzession:** Der Gläubiger (Abtretender) verpflichtet sich, Forderungen in bestimmter oder variabler Höhe abzutreten und übergibt dem Zessionar (Abtretungsempfänger) dazu zu bestimmten Terminen eine Liste der abgetretenen Forderungen;
- die **Blankozession:** Der Gläubiger stellt eine Abtretungsurkunde aus, bei der der Empfänger sich selbst oder einen Dritten als Zessionar bestimmen darf;
- die **Inkassozession:** Der Gläubiger tritt die Forderung nur treuhänderisch zur Einziehung ab.

2. Gesetzlicher Forderungsübergang

Nicht selten sieht das Gesetz automatisch einen Forderungsübergang vor. Man spricht von der „**cessio legis**".

Beispiele: Hat der Bürge gezahlt, geht die Forderung des Gläubigers gegen den Hauptschuldner gem. § 774 Abs. 1 BGB auf ihn über; dasselbe gilt bei Gesamtschuldnern nach § 426 Abs. 2 sowie in vielen Fällen des Versicherungsrechts (der Versicherer zahlt und macht daraufhin den Schadenersatzanspruch des Geschädigten gegen den Schädiger geltend). Weitere Beispiele: §§ 268 Abs. 3, 1143 Abs. 1, 1225, 1607 Abs. 2 S. 2 BGB.

3. Forderungsübertragung durch Hoheitsakt

Bei der Zwangsvollstreckung in Forderungen erwirbt der Gläubiger die gepfändete Forderung mit der Zustellung des Überweisungsbeschlusses (der Drittschuldner kann dann nur noch an den Pfändungsgläubiger befreiend zahlen). Wichtigster Fall: die Lohnpfändung.

II. Voraussetzungen der Forderungsabtretung

1. Der Abtretungsvertrag

Nach § 398 BGB (lesen!) werden Forderungen durch Vertrag zwischen Altgläubiger und Neugläubiger übertragen. Den alten Gläubiger nennt man **Zedenten,** den neuen Gläubiger **Zessionar,** die Forderungsabtretung **Zession.**

Mit dem Abschluss des Vertrags tritt der neue Gläubiger an die Stelle des bisherigen (§ 398 S. 2 BGB). Ein **Zutun des Schuldners,** insbesondere seine Kenntnis oder gar Zustimmung, ist **nicht erforderlich.** Vergleichen Sie dazu das Schaubild *Forderungsabtretung.*

Forderungsabtretung

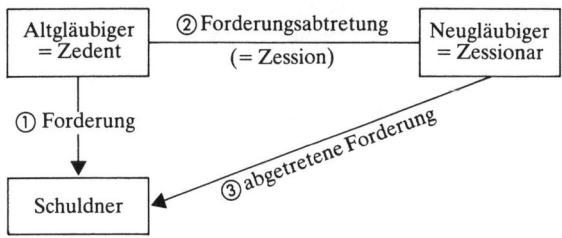

2. Die abzutretende Forderung

a) Kein gutgläubiger Erwerb

Die Zession setzt das Bestehen einer Forderung voraus.

Merke: Der gute Glaube an das Bestehen einer in Wirklichkeit nicht vorliegenden Forderung ist nicht geschützt.

Verständnisfrage: Warum? Antwort: Weil kein Rechtsschein begründet wird; eine Forderung als solche sieht man nicht! Anders ist es bei „verbrieften Forderungen" (vgl. hierzu das Wertpapierrecht).

Die Zession ist unzulässig:

* bei unpfändbaren Forderungen (vgl. § 400 BGB),
* wenn die Abtretung vertraglich ausgeschlossen war (§ 399 BGB, sofern nicht bei Kaufleuten § 354a HGB eingreift) sowie
* in bestimmten gesetzlichen Fällen (z. B. § 717 BGB: Bestimmte Gesellschafterrechte sind nicht übertragbar).

b) Künftige Forderungen

Das Gesetz selbst enthält keine Aussage darüber, ob auch schon künftige Forderungen übertragbar sind. Die Rechtsprechung lässt dies zu, wenn und soweit die abzutretenden Forderungen „bestimmbar" sind. Spätestens zur Zeit ihrer Entstehung muss aber über Inhalt und Höhe der Forderungen sowie über die Person des Schuldners Klarheit bestehen.

Lernhinweis: Die Frage der Bestimmbarkeit von Forderungen hat große Bedeutung bei der Globalzession und bei der Abtretung künftiger Forderungen im Rahmen des verlängerten Eigentumsvorbehalts (vgl. dazu unten § 66).

III. Übergang von Sicherungsrechten

Mit der abgetretenen Forderung gehen nach § 401 BGB (lesen!) die für sie bestehenden Sicherungsrechte über.

Beispiel: Für die Darlehensschuld des S verbürgt sich Bürge B. Gläubiger G tritt die Forderung an seine Bank ab. Wenn S der nunmehr gegenüber der Bank als neuem Gläubiger bestehenden Verpflichtung nicht nachkommt, kann sich diese aus der Bürgschaft befriedigen. Vergleichen Sie dazu das Schaubild *Übergang von Sicherungsrechten bei der Zession.*

Der Grund für diese Regelung liegt darin, dass der Bürge auch nach der Zession für dieselbe Person einsteht, deren Bonität ihm bekannt sein musste. Freilich wird sich die Situation möglicherweise faktisch zu seinem Nachteil ändern, wenn der neue Gläubiger wesentlich „aggressiver" vorgeht, als er dies von dem alten Gläubiger erwarten durfte.

IV. Schuldnerschutz

Lernhinweis: Der Schuldner ist bei der Abtretung nicht beteiligt; deshalb darf sich durch die Zession seine Rechtsstellung nicht zum Nachteil verändern. Das Gesetz erreicht dies auf folgende Weise:

Übergang von Sicherungsrechten bei der Zession

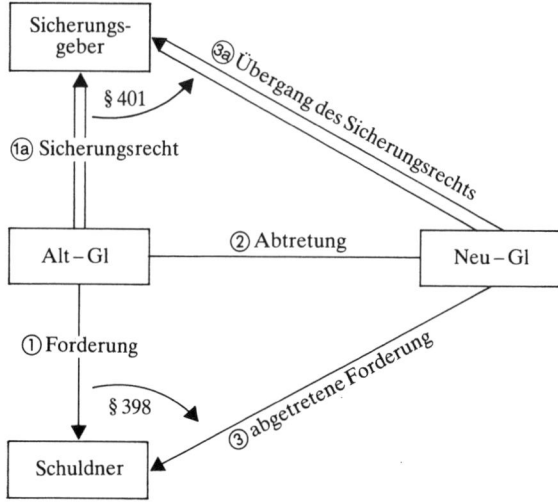

1. Einwendungserhalt

Nach § 404 BGB (lesen!) kann der Schuldner dem neuen Gläubiger alle Einwendungen und Einreden entgegensetzen, die zur Zeit der Abtretung der Forderung gegen den bisherigen Gläubiger begründet waren. Vergleichen Sie dazu das Schaubild *Einwendungen bei der Zession.*

Einwendungen bei der Zession

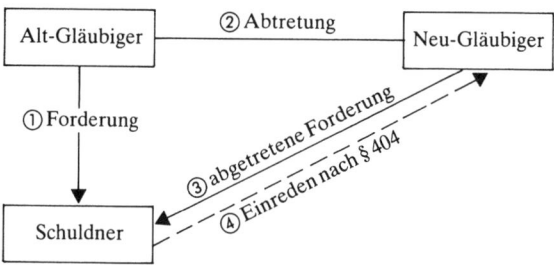

Beispiel: V tritt die ihm gegen K zustehende Kaufpreisforderung in Höhe von 5000 Euro an Erfüllungs statt an seinen Gläubiger Gierig ab. Gierig verlangt von K

Zahlung. Dieser bringt unstreitig vor, die verkaufte Ware sei mangelhaft, weshalb er – nach erfolgloser Fristsetzung – gem. § 437 Nr. 2 Alt. 2 i.V.m. § 441 BGB mindere. Nach § 404 BGB kann K die Gewährleistungsrechte des Kaufrechts auch dem neuen Gläubiger entgegenhalten.

2. Befreiende Zahlung

a) Schuldnerschutz

Wenn der Schuldner von der Abtretung nichts erfährt, läuft er Gefahr, an den alten Gläubiger und damit an einen Nichtberechtigten zu leisten. Hier greift § 407 BGB (lesen!) ein: Der neue Gläubiger muss eine Leistung, die der Schuldner nach Abtretung an den bisherigen Gläubiger in Unkenntnis der Abtretung bewirkt, gegen sich gelten lassen. Dasselbe gilt für jedes andere Rechtsgeschäft, das nach Abtretung zwischen dem Schuldner und dem bisherigen Gläubiger hinsichtlich der Forderung getätigt wird.

Entscheidende Voraussetzung: Der Schuldner darf von der Abtretung nichts wissen. Vergleichen Sie dazu das Schaubild *Leistung an den Altgläubiger nach Zession.*

Leistung an den Altgläubiger nach Zession

Beispiel: K bezahlt die noch offenen 5000 Euro an V; dieser hatte die Forderung zuvor schon an Gierig abgetreten, K aber nicht benachrichtigt. Nach § 407 BGB wird K dennoch durch die Leistung an den Altgläubiger V befreit.

Praktischer Hinweis: Beachten Sie, dass der Gesetzgeber den Schuldner bei der Abtretung nur vor einer *rechtlichen* Benachteiligung schützen kann, nicht auch vor einer *faktischen:* Es ist durchaus denkbar, dass der neue Gläubiger dem Schuldner gegenüber aggressiver auftritt als der alte. So etwa wenn die geduldige Tante als Darlehensgeberin die Forderung an eine Inkassobank abtritt oder Bankinstitute durch den Verkauf von Kreditportfolios an Finanzinvestoren ihre Bilanzen bereinigen. Gegen solche Verschlechterungen der Schuldnerposition hilft nur die nach § 399 BGB zulässige Vereinbarung eines Abtretungsverbots, was freilich die Dispositionsautonomie des Gläubigers einschränkt und sein Plazet beim Abschluss des die Forderung begründenden Rechtsgeschäfts voraussetzt.

b) Bereicherungsausgleich

Die befreiende Zahlung an einen Nichtberechtigten führt zu einer typischen Bereicherungssituation: Der alte Gläubiger erlangt etwas, was an sich dem neuen Gläubiger zusteht. Wegen § 407 BGB ist die Zahlung des Schuldners an den Nichtberechtigten wirksam. Hier greift § 816 Abs. 2 BGB ein: Der Nichtberechtigte muss das Erlangte dem neuen Gläubiger herausgeben (zu den Einzelheiten vgl. unten im Bereicherungsrecht § 56 III 3).

Praktische Überlegung: Wer derartige Fälle vermeiden will, muss die Zession offen legen. Dadurch wird der „gute Glaube" des Schuldners zerstört. Auf der anderen Seite ist die stille Zession nicht selten gerade beabsichtigt: Die Offenlegung der Forderungsabtretung kann sich verheerend auf die Beurteilung der Bonität des Zedenten auswirken. Darüber hinaus ist die Zahlung des Schuldners an den Zedenten gewollt: Zahlt der Schuldner an den alten Gläubiger, dann tut er oft nur das, was nach der Interessenlage der Parteien erwünscht ist. Die stille Zession soll ihre Wirkung nur im „Fall X" entfalten, insbesondere im Insolvenzverfahren des Zedenten. Dann kann der Zessionar (regelmäßig die Bank) aus- bzw. absondern (vgl. dazu das Vollstreckungsrecht) und damit seine Forderungen „retten".

Aus der Sicht des Schuldners ist § 410 BGB wichtig (lesen!): Er ist dem neuen Gläubiger gegenüber zur Leistung nur gegen Aushändigung einer vom bisherigen Gläubiger über die Abtretung ausgestellten Urkunde verpflichtet (daher auch der Spruch: „Kein Abtritt ohne Papier!").

3. Aufrechnungsanwartschaften

Nach § 406 BGB kann der Schuldner mit Forderungen, die er dem bisherigen Gläubiger gegenüber hatte, unter bestimmten Umständen auch dem neuen Gläubiger gegenüber aufrechnen.

Wiederholungsfragen zu § 41

Welche Fälle der Forderungsübertragung kennen Sie? (§ 41 I)

Bedarf die Forderungsabtretung der Zustimmung des Schuldners? (§ 41 II 1)

Gibt es bei der Forderungsabtretung einen gutgläubigen Erwerb? (§ 41 II 2a)

Inwiefern ist der Schuldner bei der Forderungsabtretung geschützt? (§ 41 IV)

§ 42 Die Schuldübernahme

I. Begriff und Erscheinungsformen

Die Auswechslung des Schuldners erfolgt durch die sog. Schuldübernahme nach §§ 414 ff. BGB. Durch Vertrag wird die Schuld auf einen neuen Schuldner übertragen.

Lernhinweis: Man muss die Terminologie auseinanderhalten. In §§ 414 ff. BGB ist die sogenannte **„befreiende Schuldübernahme"** gemeint (auch „privative Schuldübernahme" oder „Schuldeintritt" genannt). Nur unter den dortigen Voraussetzungen tritt ein neuer Schuldner an die Stelle des alten. Daneben kennen wir die **„kumulative Schuldübernahme"** (auch „Schuldbeitritt" oder „Schuldmitübernahme" genannt): Es wird vertraglich bestimmt, dass jemand eine bestehende Schuld neben dem bisherigen Schuldner mitübernimmt (Schuldner und Mitübernehmer werden Gesamtschuldner).

Schließlich ist von der Schuldübernahme noch die **Erfüllungsübernahme** (s. o. § 29 II 4) zu unterscheiden: Letztere liegt vor, wenn ein Dritter sich gegenüber dem Schuldner verpflichtet, dessen Schuld zu erfüllen (§ 329 BGB). Sie gibt nur dem Schuldner einen (internen) Anspruch auf Befreiung von der Schuld. Der Gläubiger behält dagegen seinen Schuldner; er erwirbt keinen Anspruch gegen den Dritten.

II. Zustandekommen der Schuldübernahme

Die Schuldübernahme setzt die Beteiligung des Gläubigers voraus. (Begründung: Ihm ist die Bonität des Schuldners nicht gleichgültig!). Dies kann auf zweifache Weise geschehen:

1. Vertrag zwischen Gläubiger und Übernehmer

Nach § 414 BGB kann die Schuldübernahme bewirkt werden durch einen Vertrag zwischen dem Gläubiger und Übernehmer als Neu-Schuldner (das Gesetz bezeichnet diesen als „Dritten").

2. Vertrag zwischen Alt- und Neuschuldner

a) Grundsatz

Die Schuldübernahme kann auch durch Vertrag zwischen Altschuldner und Neuschuldner begründet werden. In diesem Fall hängt aber ihre Wirksamkeit nach § 415 (lesen!) von der Genehmigung des Gläubigers ab. Vergleichen Sie jetzt das Schaubild *Schuldübernahme*.

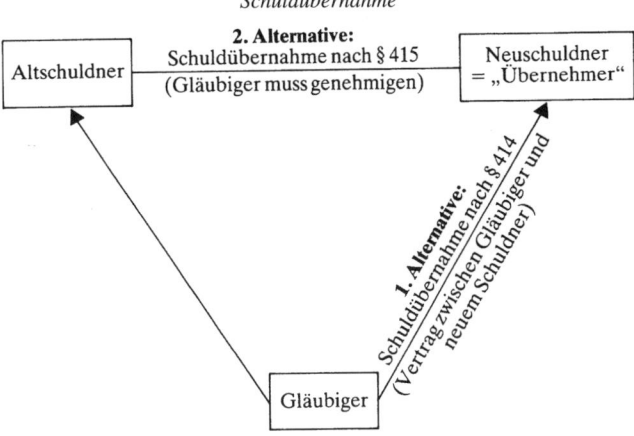

b) Übernahme einer Hypothekenschuld

Besonderes gilt nach § 416 BGB, wenn der Erwerber eines Grundstücks durch Vertrag mit dem Veräußerer eine Schuld übernimmt, für die eine Hypothek an dem Grundstück besteht. Dem liegt eine in der Finanzierungspraxis häufige Konstellation zugrunde: Der Käufer eines Grundstücks will das durch Grundpfandrechte gesicherte Darlehen unter Anrechnung auf den Kaufpreis übernehmen.

Beispiel: V veräußert an K ein Grundstück im Werte von 500000 Euro, das mit einer Hypothek, derzeit valutiert in Höhe von 100000 Euro, belastet ist. Die Hypothek lastet auf dem Grundstück unabhängig von der Veräußerung. Eine Alternativie wäre, dass K den vollen Kaufpreis bezahlen und V einen Teil davon zur Tilgung des Darlehens verwenden würde. Möglicherweise müsste K seinerseits einen Kredit zu vielleicht schlechteren Bedingungen aufnehmen. Deshalb wäre aus seiner Sicht die andere Alternative attraktiver: Der Käufer übernimmt die Darlehensschuld unter Anrechnung auf den Kaufpreis. Damit findet aber eine Auswechslung des Schuldners statt, die der Genehmigung des Gläubigers bedarf. § 416 BGB erleichtert diesen Vorgang: Der Veräußerer teilt die Schuldübernahme dem Gläubiger mit; nach Ablauf von sechs Monaten gilt deren Genehmigung als erteilt, wenn der Gläubiger sie nicht vorher verweigert hat. Schweigen gilt in diesem Fall ausnahmsweise als Zustimmung. Vergleichen Sie zu diesem komplizierten Vorgang das Schaubild *Hypothekenübernahme.*

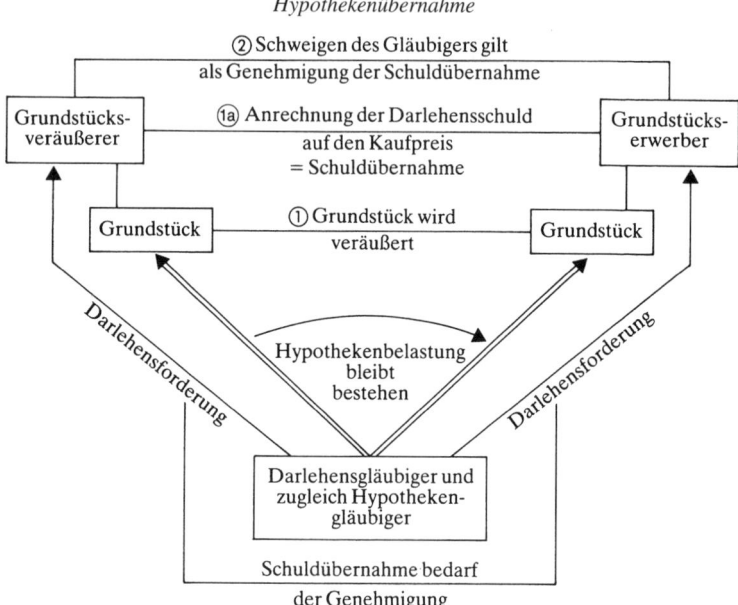

Hypothekenübernahme

Anmerkung: Um die Gefahr von Zwangsvollstreckungen zu vermeiden, machen Kreditinstitute die Vergabe von Darlehen in erster Linie von der Bonität des Schuldners abhängig. Bei nicht ausreichender Liquidität erfolgt keine Darlehenszusage. Dies ist der Grund, weshalb Banken eher darauf hinwirken, dass der Verkäufer bei Veräußerung des belasteten Grundstücks das Darlehen (möglicherweise vorzeitig) zurückführt und der Erwerber den vollen Kaufpreis bezahlt.

Lernhinweis: § 416 Abs. 1 S. 1 BGB ist redaktionell missglückt. Das dort enthaltene Wörtchen „nur" ist überflüssig und hätte bei der „Endredaktion" des BGB gestrichen werden müssen. **Beachten Sie auch:** § 416 BGB spricht nur von der Hypothek, findet jedoch auf die Grundschuld analoge Anwendung.

III. Rechtsstellung des Übernehmers

Der Übernehmer kann nach § 417 BGB (lesen!) dem Gläubiger die Einwendungen entgegenhalten, die sich aus dem Rechtsverhältnis zwischen dem Gläubiger und dem bisherigen Schuldner ergeben. Vergleichen Sie dazu das Schaubild *Einwendungen des Schuldübernehmers.*

Einwendungen des Schuldübernehmers

IV. Erlöschen von Sicherungsrechten

Anders als bei der Zession erlöschen bei der Schuldübernahme die bestehenden Sicherungsrechte, es sei denn, der Sicherungsgeber hat in die Schuldübernahme eingewilligt (lies § 418 BGB!). Verständnisfrage: Warum? Antwort: Dem Bürgen und anderen Sicherungsgebern ist die Person des Schuldners nicht gleichgültig; für einen Schuldner minderer Bonität möchte man nicht einstehen! Der Gläubiger muss dies bei der Genehmigung der Schuldübernahme bedenken.

V. Die Vermögensübernahme

Lernhinweis: Bei der Veräußerung einzelner Vermögensgegenstände geht nicht etwa automatisch ein Teil der Schulden des Veräußerers auf den Erwerber über. Überträgt der Schuldner aber sein gesamtes Vermögen auf einen anderen, wird den Gläubigern der „Haftungsstock" ihres Schuldners entzogen. In diesem Fall ordnet(e) § 419 BGB a. F. die Haftung des Erwerbers an. Im Zuge der Insolvenzreform 1999 ist § 419 BGB gestrichen worden. Für eine Übergangszeit sollte der Student jedoch die alte Rechtslage noch präsent haben. Außerdem ist § 419 BGB a. F. nach Art. 223 a EGBGB noch auf Vermögensübernahmen anzuwenden, die bis zum Inkrafttreten der InsO stattgefunden haben.

1. Tatbestand der Vermögensübernahme

Übernahm jemand durch Vertrag das Vermögen eines anderen, so konnten dessen Gläubiger vom Abschluss des Vertrags an ihre zu dieser Zeit bestehenden Ansprüche auch gegen den Übernehmer geltend machen. Vergleichen Sie dazu das Schaubild *Vermögensübernahme*. Obwohl es sich dabei lediglich um einen „vermögensumschichtenden Vorgang" handelte, blieb die Gegenleistung außer Betracht.

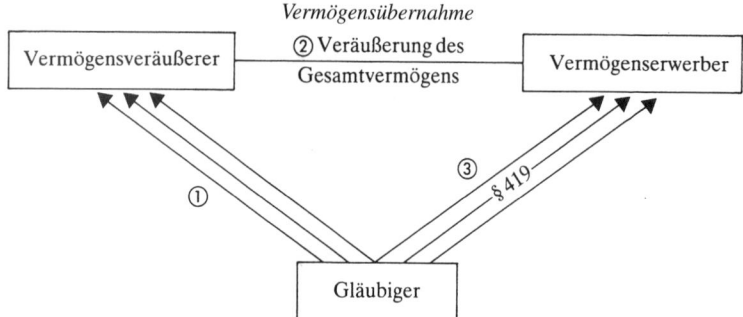

Hinweis: Die Haftung des bisherigen Schuldners dauerte fort. Es lag also ein Schuldbeitritt vor.

Lernhinweis: Einen ähnlichen Fall kennen wir im Handelsrecht. Nach § 25 HGB haftet der Übernehmer bei Firmenfortführung.

2. Haftungsbeschränkungen

Der Übernehmer haftete im Grundsatz unbeschränkt, konnte die Haftung aber auf das übernommene Vermögen und die Ansprüche aus dem Übernahmevertrag beschränken.

3. Haftung bei Einzelgegenständen

Die Rechtsprechung hatte § 419a.F. BGB auch angewandt, wenn nur ein einzelner Vermögensgegenstand veräußert wurde, dieser aber praktisch das gesamte Vermögen darstellte (Schulbeispiel: Veräußerung eines Grundstücks; der Veräußerer hat daneben nur noch wertlose Fahrnis).

Dies gefährdete jedoch die Rechtssicherheit. Deshalb hatte die Rechtsprechung den von ihr selbst aufgestellten Grundsatz weitergeführt: Der Erwerber haftete nicht, wenn er in Unkenntnis darüber war, dass es sich bei dem erworbenen Gegenstand um praktisch das gesamte Vermögen des Veräußerers handelte.

Hinweis: Dies ist der Grund, weshalb die Notare den Veräußerer im Kaufvertrag regelmäßig versichern ließen, dass er „noch über weiteres Vermögen verfügt".

VI. Die Vertragsübernahme

Das BGB kennt nur die Abtretung einzelner Forderungen und die Übernahme einzelner Verbindlichkeiten. Nicht geregelt ist die „Vertragsübernahme". Darunter versteht man die rechtsgeschäftliche Auswechslung der Vertragspartei auf einer Seite des Schuldverhältnisses durch Übertragung eines Schuldverhältnisses im Ganzen. Gleichwohl ist die Vertragsübernahme nach ganz allgemeiner Meinung zulässig; es finden sich ja auch gesetzlich geregelte Fälle des Vertragsübergangs in §§ 613a, 566 BGB, 69 VVG.

1. Durchführung der Vertragsübernahme

Die Vertragsübernahme erfolgt entweder durch Vertrag zwischen der ausscheidenden und der eintretenden Partei unter Zustimmung des anderen Vertragspartners oder durch „dreiseitigen Vertrag".

2. Rechtsfolgen

Auf die Vertragsübernahme finden die §§ 398 ff. sowie 414 ff. BGB entsprechende Anwendung (insbes. die Schuldnerschutzvorschriften nach §§ 406 ff. BGB). Klausurhinweis: §§ 406–410 laufen meist ins Leere, da der verbleibende Vertragsteil vom Wechsel seines Gegenübers regelmäßig Kenntnis bekommt; anders verhält es sich im Fall einer im Voraus erteilten Zustimmung.

3. Der Betriebsübergang

Eine Besonderheit ergibt sich aus dem Arbeitsrecht: Geht ein Betrieb oder Betriebsteil vom Veräußerer durch Rechtsgeschäft auf einen Erwerber über, tritt gem. § 613a Abs. 1 S. 1 BGB der neue Inhaber in die Rechte und Pflichten aus den im Zeitpunkt des Übergangs bestehenden Arbeitsverhältnissen ein.

Wiederholungsfragen zu § 42

Was versteht man unter der Schuldübernahme und welche Erscheinungsformen kennen Sie? (§ 42 I)

Ist bei der Schuldübernahme sowohl die Mitwirkung des Gläubigers als auch die des Schuldners erforderlich? (§ 42 II)

Welche Besonderheiten gelten für die Übernahme einer Hypothekenschuld? (§ 42 II 2b)

Welche Rechtsstellung hat der Übernehmer einer Schuld gegenüber dem Gläubiger? (§ 42 III)

Bleiben bei der Schuldübernahme, wie bei der Forderungsabtretung, bestehende Sicherungsrechte erhalten? (§ 42 IV, § 41 III)

Was versteht man unter der Vermögensübernahme? (§ 42 V)

Teil IV: BGB – Besonderes Schuldrecht

§ 43 Funktion und Systematik des Besonderen Schuldrechts

I. Der Regelungsbereich des Besonderen Schuldrechts

Wir hatten oben zwischen dem Allgemeinen und dem Besonderen Teil des Schuldrechts unterschieden, obwohl der Gesetzgeber diese Einteilung nicht ausdrücklich vornimmt. Sie ergibt sich aber aus der Systematik: §§ 241–432 BGB enthalten in den Abschnitten 1–7 die allgemeinen Regeln für alle oder doch wenigstens mehrere Schuldverhältnisse. Die Vorschriften über das Entstehen der Schuldverhältnisse, ihre Erfüllung, die auftretenden Leistungsstörungen, die Abtretung von Forderungen sowie die Übernahme von Verpflichtungen u. a. sind unabhängig von der konkreten Erscheinungsform des Schuldverhältnisses (nicht zuletzt aus ökonomischen Gründen) vorangestellt. Die im 8. Abschnitt in §§ 433–853 BGB enthaltenen Vorschriften beziehen sich auf einzelne Schuldverhältnisse. Dabei bemühte sich der Gesetzgeber in pragmatischer Weise, die wichtigsten und häufigsten schuldrechtlichen Beziehungen vorsorglich für den Fall zu regeln, dass die Parteien keine speziellen Vereinbarungen treffen. Keineswegs wollte er seine – für den Normalfall interessengerecht gedachten – Regelungen aufdrängen. Halten Sie daher stets fest: Die Vorschriften des BGB für vertragliche Schuldverhältnisse sind **weitestgehend dispositiv!** Die einzelnen Schuldverhältnisse lassen sich einteilen in rechtsgeschäftliche (in der Regel vertragliche) und gesetzliche Schuldverhältnisse.

Merke: Gesetzliche Schuldverhältnisse entstehen („kraft Gesetzes"), sobald die rein tatsächlichen Voraussetzungen bestimmter Tatbestandsmerkmale erfüllt werden; rechtsgeschäftliche Schuldverhältnisse dagegen beruhen auf einer Willensäußerung bzw. Willensübereinstimmung der Parteien.

Als gesetzliche Schuldverhältnisse finden wir im Schuldrecht die „Geschäftsführung ohne Auftrag", die „ungerechtfertigte Bereicherung" sowie die „unerlaubte Handlung".

Schuldverhältnisse finden wir jedoch nicht nur im Schuldrecht. Auch an anderen Stellen des Privatrechts (sowohl in den weiteren Büchern des BGB wie auch außerhalb des Bürgerlichen Gesetzbuches) sind schuldrechtliche Beziehungen (zwischen Gläubiger und Schuldner) geregelt.

Beispiele: Im Sachenrecht die Ansprüche des Finders gegen den Eigentümer, im Familienrecht die Unterhaltsansprüche nach §§ 1601 ff. oder die Zugewinnausgleichsansprüche eines Ehegatten gegen den anderen, im Erbrecht das Rechtsverhältnis zwischen Erbe und Vermächtnisnehmer bzw. den Pflichtteilsberechtigten. Außerhalb des BGB entstehen schuldrechtliche Beziehungen bei Handelsgeschäften, im Rahmen von Gesellschaftsverträgen, im Wechsel- und Scheckrecht, Versicherungsrecht, Verlagsrecht u. a. m.

II. Vertragliche Schuldverhältnisse

1. Die Typologie des Gesetzgebers

Das Besondere Schuldrecht enthält zunächst eine dispositive Regelung der wichtigsten und häufigsten Vertragstypen, insbesondere die Veräußerung (Kauf, Tausch, Schenkung), die Gebrauchsüberlassung (Miete, Pacht, Leihe, Darlehen) und die Dienstleistung (Auftrag, Dienstvertrag, Werkvertrag).

2. Vertragsfreiheit im Schuldrecht

Im Schuldrecht besteht weitgehende Vertragsfreiheit.

Die Vertragsparteien können von der gesetzlichen Regelung abweichende Vereinbarungen treffen. Ihre Schranke findet die Vertragsfreiheit in den allgemeinen Vorschriften (§§ 134, 138 BGB).

Im Übrigen aber gilt: Die Vertragspartner können von gesetzlich geregelten Vertragstypen abweichen, sie kombinieren oder neue Vertragstypen einführen.

a) Gemischte Verträge

Nicht selten erfüllt der Leistungsaustausch die Wesensmerkmale mehrerer gesetzlicher Schuldvertragstypen. Man spricht dann von „gemischten Verträgen".

Beispiele:

- Der **Beherbergungsvertrag** enthält Elemente der Miete, der Dienstleistung, des Werk-, möglicherweise auch des Kaufvertrags.
- Der **Parkplatzvertrag** enthält hinsichtlich der Platzreservierung mietrechtliche, hinsichtlich der Bewachung dienstleistungsrechtliche Elemente.
- Der **Automatenaufstellvertrag** kombiniert miet-, gesellschafts- und darlehensrechtliche Elemente.
- Der **Bierlieferungsvertrag** verpflichtet zum langfristigen, ausschließlichen Bezug, meist kombiniert mit der Vergabe von Darlehen oder Einräumung sonstiger Vergünstigungen.
- Der **Hausmeistervertrag** kombiniert Miet- und Dienstvertrag.

Welche Vorschriften auf gemischte Verträge Anwendung finden, richtet sich zunächst nach der individuellen Vereinbarung. Bei dispositiver Anwendung gesetzlicher Bestimmungen ist vom Einzelfall her zu entscheiden. Dabei spielt eine Rolle, ob eine Rangordnung zwischen Haupt- und Nebenleistung besteht. Mehrere Hauptverpflichtungen beurteilen sich nach dem jeweils für sie geltenden Rechtsgebiet.

Zu diesem Problem haben sich in der Literatur im Wesentlichen zwei Theorien herausgebildet:

- die *Kombinationstheorie* (nach ihr ist für die einzelnen Vertragsbestandteile die jeweils dafür geltende Rechtslage maßgeblich);
- die *Absorptionstheorie* (danach bestimmt sich das anwendbare Recht nach der Hauptleistungspflicht des betreffenden Vertrages).

Auch wird danach entschieden, wo der wirtschaftliche Schwerpunkt der betreffenden Regelung liegt.

Vorrang hat jedoch stets der durch Auslegung zu ermittelnde Parteiwille.

b) Verträge eigener Art

Das ehrwürdige Bürgerliche Gesetzbuch konnte nicht alle Entwicklungen voraussehen. Im modernen Wirtschaftsverkehr haben sich neue typische Leistungsbeziehungen herauskristallisiert. Einige davon sind durch Novellierungen geregelt worden (Beispiele: Abzahlungskauf, Reisevertrag, Teilzeit-Wohnrechtevertrag).

Als wichtige Verträge „sui generis" sind zu nennen:

- der **Leasingvertrag:** entgeltliche Gebrauchsüberlassung, in der Regel kombiniert mit der Einräumung einer Erwerbsoption;
- der **Factoring-Vertrag:** Ankauf von Forderungen gegen Gewinn-, Kosten- und Bonitätsabschlag;
- das **Franchising:** Benutzungsüberlassung eines Warenzeichens in Verbindung mit Lizenzen oder Know-how;
- der **Baubetreuungsvertrag** umfasst (und konzentriert bei der Erstellung von Eigentumswohnungen) die einem Bauherren zufallenden Dienstleistungen.

Als allgemeine Vertragstypen eigener Art kennen wir den im BGB nicht speziell geregelten **„Vorvertrag"** sowie den **„Garantievertrag".**

1. Kapitel: Veräußerungsverträge

Lernhinweis: Kauf, Tausch und Schenkung sind privatrechtliche Schuldverhältnisse, durch die sich jemand zur dauerhaften und endgültigen Übertragung eines Wirtschaftsguts verpflichtet. Beachten Sie stets den terminologischen Unterschied: Durch den Kaufvertrag (entsprechendes gilt für Tausch und Schenkung) wird lediglich die Verpflichtung zur Übertragung des Wirtschaftsgutes begründet, die Übertragung selbst erfolgt in einem davon getrennten Rechtsvorgang (Sachen werden nach den Modalitäten des Sachenrechts übereignet, Rechte werden übertragen nach den jeweils für sie geltenden Vorschriften, z. B. durch Zession). Von Veräußerung spricht man, wenn man den gesamten Vorgang einschließlich der Rechtsübertragung meint.

Die Wesensmerkmale der einzelnen Veräußerungsverträge sind dem Rechts- und Wirtschaftswissenschaftler geläufig anhand der Kurzformeln „Ware gegen Geld" (Kauf), „Ware gegen Ware" (Tausch) sowie „Ware ohne Geld" (Schenkung). Der Kaufvertrag ist das mit Abstand wichtigste Schuldverhältnis und die quantitativ dominierende Rechtsgrundlage für den Güterumsatz. Deshalb wird im Nachfolgenden der Kauf als Schwerpunkt behandelt. Tauschverträge kommen heute nur noch in Ausnahmefällen vor, gelegentlich im Bereich des Grundstücksverkehrs. Ansonsten verbinden sich mit dem Tauschvertrag und der Tauschwirtschaft historische Reminiszenzen (in „schlechten Zeiten" wird auch dem wirtschaftswissenschaftlichen Laien die Funktion des Geldes zur Abkürzung des Güteraustausches schmerzhaft bewusst). Das BGB enthält für das Tauschrecht nur eine Vorschrift: Nach § 480 BGB finden auf den Tausch die Vorschriften über den Kauf entsprechende Anwendung. Vergleichen Sie vorab die Übersicht *Veräußerungsverträge.*

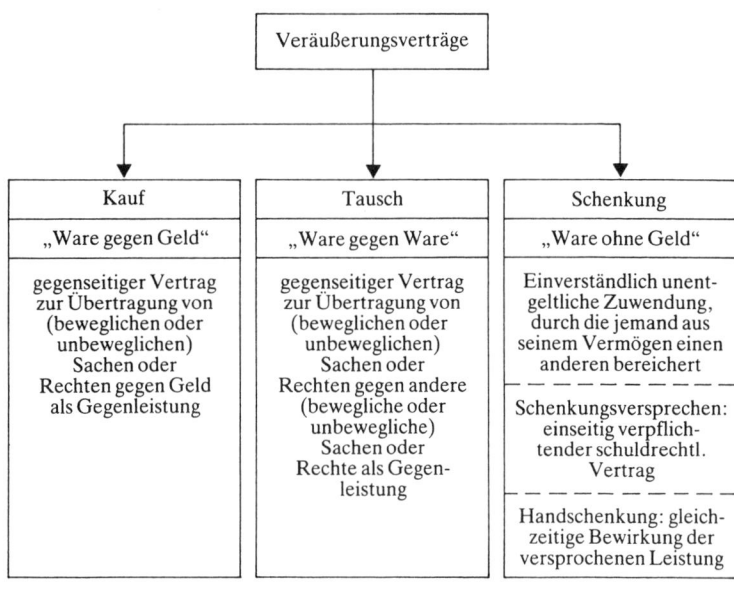

§ 44 Der Kauf

Lernhinweis: Die im Nachfolgenden dargestellten Regelungsbereiche (Wesensmerkmale und Erscheinungsformen des Kaufes; die Pflichten der Vertragsparteien, insbesondere die Gewährleistungspflicht des Verkäufers; die Leistungsstörungen, insbesondere die Gefahrtragung im Kaufrecht) müssen nach Durcharbeiten des nun folgenden Abschnitts sicherer Bestandteil Ihrer Rechtskenntnisse sein.

Aus didaktischen Gründen wird unter I. eine Kurzinformation über die Kernaussagen des Kaufrechts vorangestellt.

Beachten Sie dabei: Das Schuldrechtsmodernisierungsgesetz hat zum 1. 1. 2002 nicht nur das Recht der Leistungsstörungen grundlegend verändert, sondern auch das Kaufrecht vollkommen umstrukturiert. Neu ist insbesondere im Gewährleistungsrecht, dass über die Zentralnorm des § 437 BGB hinsichtlich der Rechtsfolgen bei Mängeln auf die Regelungen des Leistungsstörungsrechts (Rücktritt, Schadenersatz, Aufwendungsersatz) verwiesen wird. Zudem wurden mit Einführung der Regelungen über den Verbrauchsgüterkauf (§§ 474 ff. BGB) die Rechte des Verbrauchers gestärkt.

I. Allgemeines zum Kaufvertrag

1. Wesensmerkmale

a) Gegenseitiger Vertrag

Der Kaufvertrag gehört zu den gegenseitigen Verträgen. Die Leistungsbeziehungen stehen in einem synallagmatischen Verhältnis („Leistung um Gegenleistung", vgl. oben § 22 I 4 sowie § 23 II 2 c): Der Verkäufer verpflichtet sich beim Kaufvertrag über eine Sache zur Übereignung und Übergabe, beim Kaufvertrag über ein Recht zur Übertragung des Rechts; der Käufer verpflichtet sich zur Zahlung des Kaufpreises als Gegenleistung (§ 433 BGB – lesen!).

Lernhinweis: § 433 BGB enthält zwei Absätze mit zwei selbstständigen Aussagen; es handelt sich um **zwei Anspruchsgrundlagen.** Wenn Sie den Prüfer nicht verärgern wollen, dürfen Sie als Antwort auf die Frage nach der Anspruchsgrundlage beim Kauf nicht nur § 433 BGB nennen, sondern Sie müssen genau Abs. 1 oder 2 zitieren! Darüber hinaus sei ein für allemal gesagt: § 433 BGB gehört zu den Normen, die man im Kopf haben muss und nicht erst durch Nachblättern im Gesetzestext suchen darf!

b) Der Kaufvertrag als Verpflichtungsgeschäft

Der Kaufvertrag ist ein schuldrechtliches Verpflichtungsgeschäft (repetieren Sie dazu oben § 9 II 4). Durch den Kaufvertrag als solchen wird also weder die Sache bereits übereignet noch das Recht übertragen! Der Grund, weshalb dem Laien dies nicht geläufig ist, liegt darin, dass in vielen Fällen des täglichen Lebens Barkäufe getätigt werden, bei denen mit dem Abschluss des Kaufvertrags gegen Barzahlung zugleich die Übereignung erfolgt. Gleichwohl sind die einzelnen Rechtsgeschäfte streng zu trennen.

Merke also: Der Kaufvertrag lässt die rechtliche, insbesondere die sachenrechtliche Zuordnung des Kaufgegenstandes unberührt!

Konsequenzen hat dies z. B. bei anderweitigen Veräußerungen der Sache durch den Verkäufer nach Abschluss des Kaufvertrags.

Beispiel: V schließt mit K einen Kaufvertrag über ein gebrauchtes Fahrzeug zum Preis von 8000 Euro. Vor Übergabe bietet ihm D für dasselbe Fahrzeug 10000 Euro. D bezahlt bar und nimmt das Fahrzeug mit. Beide Kaufverträge sind gültig! V kann allerdings nur einmal übereignen. Allein durch den Kaufvertrag wurde K nicht Eigentümer. Dagegen wurde D deshalb Eigentümer, weil mit ihm nicht nur ein Kaufvertrag abgeschlossen, sondern die Sache anschließend auch gleich an D übereignet wurde. Da K nicht Eigentümer ist, kann er von D auch nicht Herausgabe des Fahrzeugs verlangen. Seine Rechtsstellung beschränkt sich auf Ansprüche gegen V. V kann nicht erfüllen. Sofern es diesem nicht gelingt, das Fahrzeug von D zurück zu erwerben, um es doch noch dem K übereignen zu können und damit seiner Pflicht aus § 433 Abs. 1 BGB zu genügen (was in solchen Fällen aber eher unwahrscheinlich ist), liegt nachträgliche subjektive Unmöglichkeit nach § 275 Abs. 1 Var. 1 BGB vor. Die Rechte des K bestimmen sich dann nach § 275 Abs. 4 BGB: K kann gem. § 280 Abs. 1, 3 i. V. m. § 283 BGB gegen V Schadenersatzansprüche geltend machen; außerdem steht es ihm frei, vom Vertrag zurückzutreten (§ 326 Abs. 5).

c) Der Kauf als Kausalgeschäft

Wir haben eben gesehen, dass der Kaufvertrag ein schuldrechtliches Verpflichtungsgeschäft darstellt, von dem die in der Übereignung bzw. Übertragung des Rechts liegende Erfüllung streng zu trennen ist. Die Erfüllung gehört zu den abstrakten Rechtsgeschäften (repetieren Sie oben § 9 II 5). Der Kaufvertrag enthält den Rechtsgrund für die getrennt davon erfolgende Vermögensübertragung (es wird „solvendi causa" geleistet). Es gilt das **Abstraktionsprinzip:** Ist das Kausalgeschäft nichtig, so erstreckt sich die Nichtigkeit nicht automatisch auf das Erfüllungsgeschäft. Mit anderen Worten: Trotz Nichtigkeit des Kaufvertrages kann die Übereignung gültig sein (sofern keine Ausnahmetatbestände eingreifen, vgl. § 59 III). Da jedoch in solchen Fällen die Vermögensübertragung wegen der Nichtigkeit des Kaufvertrags ohne Rechtsgrund erfolgte, greift die Rechtsfigur der ungerechtfertigten Bereicherung Platz: Der Verkäufer hat gegen den Käufer einen Bereicherungsanspruch nach § 812 Abs. 1 Satz 1 Variante 1 BGB und kann die Rückübereignung der Sache verlangen. Entsprechend kann der Käufer, wenn er den Kaufpreis bezahlt hat, bei Nichtigkeit des Kaufvertrags den Kaufpreis nach § 812 Abs. 1 S. 1 Variante 1 BGB zurückverlangen.

Lernhinweis: Bei nichtigem, aber bereits erfülltem Kaufvertrag hat somit der Verkäufer keinen Eigentumsherausgabeanspruch nach § 985, sondern lediglich einen Bereicherungsanspruch. Ebenso wenig wie der Kaufvertrag bereits zur Übertragung des Eigentums führt, bewirkt die Nichtigkeit des Kaufvertrags „automatisch", dass der Käufer das Eigentum wiederum verliert, wenn dieses in Erfüllung des Kaufvertrags bereits übertragen worden war. Der Verkäufer muss vielmehr einen Bereicherungsanspruch geltend machen. Beides ist eine Folge des Abstraktionsprinzips.

d) Anwendung der allgemeinen Vorschriften

Auf das Kaufrecht finden die allgemeinen Vorschriften Anwendung. Das heißt: Es gelten die Vorschriften des Allgemeinen Teils, z. B. über die Willenserklärungen, die Geschäftsfähigkeit, die Vertretung usw., und es gelten die generellen Vorschriften des Allgemeinen Schuldrechts (z. B. die Bestimmungen über den Leistungsinhalt und die Erfüllung).

Beachte: In einigen Fällen wird das Allgemeine Schuldrecht durch besondere kaufrechtliche Normen modifiziert.

Beispiele:

• Die generelle Aussage über die Gefahrtragung bezüglich der Preisgefahr (also der Gegenleistungsgefahr – „muss der Käufer zahlen, wenn der Verkäufer von seiner Leistungspflicht nach § 275 BGB befreit wird?"), die im Allgemeinen Schuldrecht in § 326 Abs. 1 BGB geregelt ist, wird beim gewöhnlichen Kauf durch § 446 BGB und beim Versendungskauf speziell durch § 447 BGB modifiziert.
• Die Gewährleistungsrechte des Käufers unterliegen den speziellen Verjährungsvorschriften der §§ 438, 475 Abs. 2 BGB.

e) Formvorschriften

Grundsätzlich gilt für den Abschluss des Kaufvertrags die Formfreiheit. Aus nahe liegenden Überlegungen heraus hat der Gesetzgeber jedoch für bestimmte Fälle die notarielle Beurkundung vorgesehen (Schutz vor Übereilung, Aufklärung durch den Notar sowie Beweissicherung):

• Verpflichtung zum **Erwerb** oder zur **Veräußerung** eines **Grundstücks,** § 311b Abs. 1 BGB;
• **Kaufvertrag** zwischen gesetzlichen Erben **über** den **Nachlass eines noch lebenden Dritten,** § 311b Abs. 5 S. 2 BGB;
• **Erbschaftskauf,** § 2371 BGB.

2. Grundaussagen des Kaufrechts

Lernhinweis: Aus didaktischen Gründen empfiehlt es sich, nunmehr vorab kurz zusammenfassend die wesentlichen Aussagen des Kaufrechts zu erwähnen. Blättern Sie im Gesetz den Abschnitt Kauf durch, und studieren Sie insbesondere die nachfolgend genannten Paragraphen aufmerksam.

a) Gegenseitige Hauptpflichten

Der Kaufvertrag begründet nach § 433 Abs. 1 BGB für den Käufer einer Sache den Anspruch auf Übergabe & Übereignung der Sache, wobei diese frei von Sach- und Rechtsmängeln sein muss. Umgekehrt hat der Verkäufer gegen den Käufer einen Anspruch auf Zahlung des Kaufpreises und Abnahme der gekauften Sache (dabei haben wir – wie in der Klausur regelmäßig notwendig – den Gesetzestext „vom Kopf auf die Beine gestellt": Der Verpflichtung des Verkäufers entspricht der Anspruch des Käufers und umgekehrt).

b) Rechts- und Sachmängel

Neben dem Kauf von Sachen gibt es auch den Rechtskauf, für den jedoch gem. § 453 Abs. 1 BGB ebenfalls die Vorschriften über den Sachkauf gelten.

Sofern die verkaufte Sache mangelhaft ist, richten sich die Rechte des Käufers nach § 437 BGB. Ob eine Sache Mängel aufweist, bestimmt sich bei Sachmängeln nach § 434 BGB, bei Rechtsmängeln nach § 435 BGB.

Die Sache ist frei von **Rechtsmängeln,** wenn Dritte in Bezug auf die Sache keine oder nur die im Kaufvertrag übernommenen Rechte gegen den Käufer geltend machen können. Als Rechtsmangel wird auch angesehen, wenn im Grundbuch ein in Wirklichkeit nicht bestehendes Recht eingetragen ist (vgl. § 435 BGB – lesen!).

Ob ein **Sachmangel** vorliegt, richtet sich gem. § 434 BGB (lesen!) danach, ob die Sache **im Zeitpunkt des Gefahrübergangs** die vereinbarte Beschaffenheit aufweist, ob sie sich für die gewöhnlich mit ihr verbundene Verwendung eignet, ob sie die Eigenschaften hat, die sie nach Anpreisungen in der Werbung haben soll, ob Montagefehler des Verkäufers vorliegen, ob die Montageanleitung fehlerhaft ist, oder ob eine andere Sache bzw. eine zu geringe Menge geliefert wurde.

Weist das verkaufte Recht oder die verkaufte Sache einen Mangel auf, hat der Käufer gem. § 437 BGB (lesen!) zunächst einmal einen Anspruch auf **Nacherfüllung,** d. h. er kann Mangelbeseitigung (Reparatur) oder Lieferung einer mangelfreien Sache verlangen; er kann aber auch **vom Vertrag zurücktreten,** den **Kaufpreis mindern** (d. h. herabsetzen) und **Schadenersatz** oder **Aufwendungsersatz** verlangen, sofern die jeweiligen Voraussetzungen vorliegen.

Wichtiger Hinweis: Die Ansprüche auf Nacherfüllung, Rücktritt und Minderung erfordern kein Verschulden des Verkäufers, es handelt sich insofern um eine Garantiehaftung. Beim Schadenersatz ist grundsätzlich Verschulden erforderlich, es sei denn, der Verkäufer hat eine Garantie oder das Beschaffungsrisiko übernommen (vgl. § 276 i. V. m. § 280 Abs. 1 S. 2 BGB).

c) Die Verjährung von Gewährleistungsansprüchen

Allen Rechten des Käufers kann der Verkäufer nach Ablauf der Gewährleistungspflicht die Einrede der Verjährung entgegenhalten.

Die Ansprüche auf Nacherfüllung, Schadenersatz und Aufwendungsersatz verjähren nach § 438 Abs. 1 Nr. 3 BGB grundsätzlich in **zwei Jahren.** Davon gibt es drei Ausnahmen:

- Wenn es um Mängel bzgl. eines Bauwerks geht, beträgt die Verjährungsfrist gem. § 438 Abs. 1 Nr. 2 BGB **fünf Jahre.**
- Wenn der Mangel in einem dinglichen Recht eines Dritten besteht, auf Grund dessen Herausgabe der Kaufsache verlangt werden kann oder in einem sonstigen im Grundbuch eingetragenen Recht, verjährt der Gewährleistungsanspruch in **dreißig Jahren** (§ 438 Abs. 1 Nr. 1 BGB).
- Wenn der Verkäufer einen Mangel, bei dem der Gewährleistungsanspruch normalerweise in zwei oder fünf Jahren verjährt, **arglistig** verschwiegen hat, gilt für die Verjährung nach § 438 Abs. 3 BGB die regelmäßige Verjährungsfrist, also gem. § 195 BGB **drei Jahre.**

Die Verjährung beginnt nach § 438 Abs. 2 BGB bei Grundstücken mit der Übergabe, ansonsten mit der Ablieferung der Sache. Im Falle der Arglist gilt die regelmäßige Verjährungsfrist, für deren Beginn § 199 Abs. 1 BGB einschlägig ist. Da die regelmäßige Verjährungsfrist für Gewährleistungsansprüche nach § 438 Nr. 2 BGB (Bauwerksmängel) fünf Jahre beträgt, besteht die Gefahr, dass der arglistig handelnde Verkäufer bei bestimmten Konstellationen (vgl. § 199 BGB) sogar noch privilegiert wäre. Daher bestimmt § 438 Abs. 3 S. 2 BGB (lesen!), dass die Verjährung bei Arglist nicht vor dem Ablauf der fünfjährigen Frist eintritt (vgl. zur parallelen Regelung im Werkvertragsrecht unten § 49 IV 4).

Bei den Ansprüchen auf Rücktritt und Minderung handelt es sich um Gestaltungsrechte, die nicht verjähren können. Da aber bei jedem Recht irgendwann einmal Rechtsfrieden eintreten soll, bestimmt § 218 BGB, auf den in § 438 Abs. 4 und 5 BGB verwiesen wird, dass der Rücktritt (bzw. die Minderung) unwirksam ist, „wenn der Anspruch auf die Leistung oder der Nacherfüllungsanspruch verjährt ist und der Schuldner sich hierauf beruft".

Beim **Verbrauchsgüterkauf** (§§ 474 ff. BGB) sind zum Nachteil des Verbrauchers vom Gesetz abweichende Vereinbarungen unwirksam bzw. eingeschränkt (vgl. § 475 BGB).

d) Die Gefahrtragung

Hinsichtlich der Gefahrtragung gilt Folgendes: Für die **„Leistungsgefahr"**, also die Verpflichtung des Verkäufers zur Lieferung, gelten die Regelungen des Allgemeinen Schuldrechts (Anwendung von §§ 275, 280 ff., 311a Abs. 2, 323 BGB). Für die Gegenleistungsgefahr (also die sog. **„Preisgefahr"**) enthalten die §§ 446 und 447 BGB Sondervorschriften.

Sie betreffen die Frage, ob der Käufer bei zufälligem Untergang der Sache trotzdem zahlen muss. Grundsätzlich bestimmt § 446 BGB, dass mit der Übergabe der verkauften Sache die Gefahr auf den Käufer übergeht. Dies ist für den Barkauf einleuchtend: Bei ihm wird der Käufer mit der Übergabe auch Eigentümer. Dass der Eigentümer die Gefahr für den Untergang oder die Verschlechterung seiner eigenen Sachen trägt, bedarf keiner näheren Erläuterung (casus sentit dominus). Aber auch wenn der Käufer nicht durch zeitgleiche Übereignung Eigentümer wird, trägt er die Gefahr ab dem Zeitpunkt, zu dem die Sache ihm übergeben wird. Er muss den Kaufpreis bezahlen, obwohl er „von dem Kauf nichts hatte". Verständlich ist die gesetzliche Regelung aber insofern, als dem Käufer vom Zeitpunkt der Übergabe an gemäß § 446 Abs. 1 Satz 2 BGB die Nutzungen zustehen („wer den Nutzen hat, soll auch die Gefahr tragen").

Noch weiter geht § 447 BGB für den „Versendungskauf". Darunter versteht man Folgendes: Die Versendung der verkauften Sache durch den Verkäufer auf Verlangen des Käufers an einen anderen Ort als den Erfüllungsort. In diesem Fall geht die Gefahr auf den Käufer über, sobald der Verkäufer die Sache dem Spediteur, dem Frachtführer oder einer sonstigen Transportperson übergeben hat.

Merken Sie sich: §§ 446, 447 BGB sind eine Ausnahme von § 326 Abs. 1 BGB. Der Verkäufer wird nach § 275 BGB bei Unmöglichkeit frei; für die Gegenleistung gilt aber nicht § 326 Abs. 1 BGB (Freiwerden des anderen Teils, also des Käufers, von der Kaufpreiszahlung); vielmehr muss der Käufer in diesem Fall trotzdem die Gegenleistung erbringen (also den Kaufpreis bezahlen). Merken Sie sich vorab schon einmal, dass § 447 BGB keine Anwendung findet, wenn, wie bei den meisten Geschäften des täglichen Lebens, ein Verbraucher eine bewegliche Sache von einem Unternehmer kauft (§ 474 Abs. 1 und 2 BGB).

Lernhinweis: Wenn Sie sich diese Grundlinien gut eingeprägt haben, sollten Sie im Gesetz das Kaufrecht noch einmal durchblättern (jeder schließt Kaufverträge, man sollte sich schon aus diesem Grunde im Kaufrecht auskennen).

II. Typen des Kaufvertrags und verwandte Erscheinungsformen

Lernhinweis: Der Güterumsatz als die wichtigste Form des Leistungsaustausches kann sich in den verschiedensten Modalitäten abspielen. Nachfolgend werden die verschiedenartigsten Typen des Kaufes und verwandte Erscheinungsformen vorgestellt.

1. Sach- und Rechtskauf

Gegenstand des Kaufvertrags kann eine Sache oder ein Recht sein (vgl. §§ 433 Abs. 1, 453 Abs. 1 BGB).

Der Sachkauf bezieht sich auf körperliche Gegenstände jeden Aggregatzustandes im Sinne von § 90 BGB.

Beispiel: Kauf eines Fernsehapparats.

Der Rechtskauf bezieht sich auf Rechte aller Art.

Beispiele: Kauf von Forderungen, Patenten, Lizenzen, Gesellschaftsanteilen.

Anmerkung: Der Gesetzestext ist extensiv auszulegen. Gegenstand des Güterumsatzes können alle **verkehrsfähigen Güter** sein. Beispiele: Verkauf des „Kundenstammes", „good will", „know-how".

Die für den Sachkauf geltenden Vorschriften der §§ 433 bis 452 BGB finden nach ausdrücklicher Anordnung des § 453 BGB auch auf den Kauf von Rechten und sonstigen Gegenständen entsprechende Anwendung.

„Sonstige Gegenstände" werden definiert als „übertragbare Sachen und Rechte", die einzeln oder zusammengefasst im Rechts- und Wirtschaftsverkehr dem Erwerber gegen Entgelt zur Verwendung oder Verfügung verschafft werden.

Beispiele: Wasser, Gas, Strom, Wärme

2. Stück- und Gattungskauf

Beim Stückkauf („Specieskauf") ist die gekaufte Sache individuell konkretisiert.

Beispiele: Kauf des Gemäldes eines berühmten Malers; Kauf einer Flasche Wein, die aus dem Regal genommen wurde.

Beim Gattungskauf („Genuskauf") sind die gekauften Sachen lediglich nach Artmerkmalen bestimmt.

Beispiele: Lieferung von 100000 Litern Heizöl; Einkauf von 1000 für den Übersee-Export gefertigten oberbayrischen Madonnenfiguren.

3. Grundstücks- und Fahrniskauf

Der Fahrniskauf bezieht sich auf bewegliche Sachen (Fahrnis = fahrende Habe; „Fahrnis ist, was die Fackel zehrt").

Der wirksame Abschluss eines Grundstückskaufvertrags setzt nach § 311b Abs. 1 BGB notarielle Beurkundung voraus. Grundstücks- und Fahrnisgeschäfte sind auch bei der Erfüllung im Hinblick auf die unterschiedlichen Arten der Eigentumsübertragung zu unterscheiden.

Beachte: Für den Verkauf einer Eigentumswohnung gelten dieselben Grundsätze wie für den Grundstückskauf (vgl. § 4 WEG).

4. Kauf von Sach- und Rechtsgesamtheiten

Durch den Kaufvertrag kann nicht nur die Verpflichtung zur Übertragung einer einzelnen Sache, sondern auch vollständiger Sach- und Rechtsgesamtheiten, begründet werden.

Beispiele: Erbschaftskauf, Praxiskauf, Unternehmenskauf.

Beim Unternehmenskauf handelt es sich um die Verpflichtung zur Veräußerung der Gesamtheit persönlicher und sachlicher Mittel einschließlich aller dazugehörenden Güter (Kundenstamm, Geschäftsgeheimnisse, good will, Warenzeichen, Patente usw.).

Beachte jedoch: Die Erfüllung des Kaufvertrags kann nicht global erfolgen, sondern (wegen des im Sachenrecht geltenden **Spezialitätsprinzips,** vgl. unten § 59 I sowie oben § 6 II) nur durch Übertragung jedes einzelnen Gegenstandes in der jeweiligen Rechtsform (Sachen werden übereignet; Rechte werden übertragen, z. B. durch Zession).

Erfolgt ein Unternehmenskauf im Wege der Einzelübertragung aller Sachen und Rechte, spricht man von einem *„asset deal";* eine andere Möglichkeit ist der Erwerb aller Unternehmensanteile (Aktien, GmbH-Anteile), dann spricht man von einem *„share deal".*

5. Kauf zukünftiger Gegenstände

Zulässig sind auch Kaufverträge über Sachen und Rechte, die noch gar nicht entstanden sind. Dabei kommen zwei Möglichkeiten in Betracht.

Wenn die künftige Sache als solche Kaufobjekt ist, liegt ein aufschiebend (durch die Entstehung der Sache) bedingter Kaufvertrag vor.

Beispiel: Kauf des ungeborenen Fohlens eines Rennpferdes.

Ist Kaufobjekt dagegen die Chance auf Entstehung des Kaufgegenstands, liegt ein unbedingter Kaufvertrag vor.

Beispiel: Kauf einer Gewinnaussicht.

6. Mantelkauf

Der „Mantelkauf" spielt eine Rolle im Kapitalgesellschaftsrecht. Dort kommt er in Ausnahmefällen als Alternative zur Gesellschaftsgründung in Betracht.

Man versteht darunter den Erwerb sämtlicher Anteile einer vermögenslos gewordenen Kapitalgesellschaft mit dem Ziel, dadurch den „Unternehmensmantel" für einen anderen Unternehmenszweck zu verwenden.

7. Bar- und Kreditgeschäft

Beim Barkauf („Handkauf") wird der Kaufpreis bar bezahlt. Beim Kreditgeschäft ist die Kaufpreiszahlung gestundet. Dabei kann die gesamte Kaufsumme kreditiert sein, vielfach liegt aber auch ein Ratenkauf (**„Abzahlungsgeschäft"**) vor.

Wird bei einem Abzahlungskauf der Zahlungsaufschub einem Verbraucher von einem Unternehmer zu privaten Zwecken gewährt, sind beim Vertragsschluss und bei der Vertragsabwicklung neben den §§ 433 ff. BGB die Vorschriften über den Verbraucherkredit zu beachten, vgl. §§ 491 bis 507 BGB.

Lernhinweis: Das Gesetz unterscheidet bei Kreditgeschäften grundsätzlich – je nach Inhalt des zwischen Unternehmer und Verbraucher abgeschlossenen Vertrags – zwischen Verbraucherdarlehensverträgen (§§ 491 BGB bis 498 BGB), entgeltlichen Zahlungsaufschüben und entgeltlichen Finanzierungshilfen (§ 499 Abs. 1 BGB) mit den Unterfällen Finanzierungsleasingverträge (§ 499 Abs. 2 i.V.m. § 500 BGB) und Teilzahlungsgeschäfte (§ 499 Abs. 2 i.V.m. § 501 BGB), sowie Ratenlieferungsverträgen (§ 505 BGB). Hierbei wird ein auf den ersten Blick etwas kompliziertes Verweisungssystem verwendet: Neben den allgemeinen Regelungen, die für fast alle Kreditgeschäfte gelten, gibt es im Einzelfall spezielle Bestimmungen, die den Eigenheiten der unterschiedlichen Vertragstypen Rechnung tragen. Vergleichen Sie hierzu die *Übersicht über* die *Geltung der unterschiedlichen Vorschriften bei Verbraucherkreditgeschäften.*

Die Bestimmungen über Finanzierungshilfen (§§ 491 bis 507 BGB) finden beim Abzahlungskauf Anwendung, wenn folgende **Voraussetzungen** erfüllt sind:

(1) Der Verkäufer gewährt dem Käufer einen **entgeltlichen Zahlungsaufschub von mehr als drei Monaten** (§ 499 Abs. 1 BGB) oder verpflichtet sich zur **Lieferung einer bestimmten Sache gegen Teilzahlungen** („Teilzahlungsgeschäft", § 499 Abs. 2 Alt. 2 BGB).

(2) Der Verkäufer, der den Zahlungsaufschub einräumt bzw. die Sache zu liefern hat, muss **Unternehmer** sein (§ 499 Abs. 1 BGB). Wer Unternehmer ist, sagt § 14 BGB.

(3) Der Käufer muss **Verbraucher** sein (§ 499 Abs. 1 BGB). Wer Verbraucher ist, sagt § 13 BGB.

> **Hinweis:** Ausnahmsweise gelten die Vorschriften auch dann, wenn sich statt eines Verbrauchers eine natürliche Person den Zahlungsaufschub für die Aufnahme einer gewerblichen oder selbstständigen beruflichen Tätigkeit gewähren lässt, sofern der Barzahlungspreis 50000 Euro nicht übersteigt (vgl. § 507 BGB: „Existenzgründerparagraph").

(4) Der Barzahlungspreis für die Kaufsache **übersteigt 200 Euro** (§ 499 Abs. 3 i.V.m. § 491 Abs. 2 Nr. 1 BGB).

(5) In besonderen Fällen finden die verbraucherschützenden Normen keine Anwendung (vgl. § 499 Abs. 3 i.V.m. § 491 Abs. 2 Nr. 2 und 3, Abs. 3 BGB).

Sind die §§ 491 bis 507 BGB demnach anwendbar, gelten für den Abzahlungskauf u.a. folgende Besonderheiten, von denen nicht zum Nachteil des Verbrauchers abgewichen werden darf (vgl. § 506 BGB):

(1) Die Wirksamkeit des den Zahlungsaufschub einräumenden Vertrages ist an die Beachtung der **Formvorschriften** des § 492 Abs. 1 bis 3 BGB (bzw. bei Teilzahlungsgeschäften § 492 Abs. 1 Satz 1 bis 4 und § 502 Abs. 1 und 2 BGB) gebunden; bei Formmängeln besteht die besondere Heilungsmöglichkeit des § 494 BGB (bzw. § 502 Abs. 3 BGB).

Vertragstypen / Vorschriften und Inhalt	Verbraucherdarlehensvertrag (= Hingabe von Geld gegen Zinszahlung, vgl. §§ 488), § 491 I	entgeltlicher Zahlungsaufschub von mehr als 3 Monaten (= jede vereinbarte Abweichung der Leistungszeit vom dispositiven Recht gegen Entgelt) oder entgeltliche Finanzierungshilfe (z. B. Mietkauf: Anrechnung der Mietzinsen auf den Kaufpreis), § 499 I	Finanzierungsleasing, § 499 II 1. Alt.	Teilzahlungsgeschäfte (= Lieferung einer Sache oder andere Leistungserbringung gegen Teilzahlung), §§ 499 II 2. Alt.	Ratenlieferungsverträge (= Lieferung in Teilleistungen gegen Teilzahlungen, z. B. mehrbändiges Lexikon, oder regelmäßige Lieferung von Sachen gleicher Art, z. B. Zeitungsabonnement, oder Verpflichtung zum wiederkehrenden Erwerb von Sachen, z. B. Bierlieferungsvertrag), § 505 I
§ 491 II: genereller Ausschluss der Anwendung der Kreditbestimmungen	gilt	gilt	gilt	gilt	gilt
§ 491 III: eingeschränkte Anwendung der Bestimmungen	gilt	gilt	gilt	gilt	gilt
§ 492 I S. 1–4: allgemeine Schriftformerfordernisse	gilt	gilt	gilt	gilt	statt dessen: § 505 II
§ 492 I S. 5: spezielle Schriftformerfordernisse	gilt	gilt	keine Anwendung	statt dessen: § 502 I und II	keine Anwendung
§ 492 II–III: Erläuterungen zur Schriftform	gilt	gilt	gilt	gilt	keine Anwendung
§ 492 IV: Schriftformerfordernisse für Vollmacht	gilt	keine Anwendung	keine Anwendung	keine Anwendung	keine Anwendung
§ 493: Überziehungskredit	gilt	keine Anwendung	keine Anwendung	keine Anwendung	keine Anwendung
§ 494: Rechtsfolgen von Formmängeln und Heilung	gilt	gilt	keine Anwendung	statt dessen: § 502 III	keine Anwendung
§ 495 I: Widerrufsrecht	gilt	gilt	gilt	gilt	keine Anwendung
§ 495 II: Ausschluss des Widerrufsrechts	gilt	gilt	keine Anwendung	keine Anwendung	keine Anwendung
§ 496: Einwendungsverzicht, Wechsel- und Scheckverbot	gilt	gilt	gilt	gilt	keine Anwendung
§ 497: Verzugszinsen und Teilleistungsanrechnungen	gilt	gilt	gilt	gilt	keine Anwendung
§ 498: Gesamtfälligstellung bei Teilzahlungsdarlehen	gilt	gilt	gilt	gilt	keine Anwendung
§ 358: verbundene Verträge	gilt	gilt	gilt	gilt	keine Anwendung
§ 359: Einwendungen bei verbundenen Verträgen	gilt	gilt	gilt	gilt	keine Anwendung
§ 503: alternatives Rückgaberecht und Rücktritt	keine Anwendung	keine Anwendung	keine Anwendung	gilt	keine Anwendung
§ 504: Vorzeitige Zahlung	keine Anwendung	keine Anwendung	keine Anwendung	gilt	keine Anwendung
§ 506: Umgehungsverbote	gilt	gilt	gilt	gilt	gilt
§ 507: Anwendung der Bestimmungen auf Existenzgründer	gilt	gilt	gilt	gilt	gilt

(2) Dem Verbraucher steht nach § 495 BGB ein **Widerrufsrecht** gem. § 355 BGB zu. Das Widerrufsrecht kann er binnen zwei Wochen ausüben (§ 355 Abs. 1 BGB), gerechnet ab dem Zeitpunkt, zu dem der Verbraucher über dieses Recht schriftlich belehrt wurde (§ 355 Abs. 2 BGB). Erhält er die Belehrung erst nach Vertragsabschluss, steht ihm ein einmonatiges Widerrufsrecht zu. Fehlt es an einer Belehrung, erlischt das Widerrufsrecht nach § 355 Abs. 3 S. 3 BGB nicht.

Hinweis: Sofern ein Teilzahlungsgeschäft vorliegt, kann dem Verbraucher gem. § 503 BGB anstelle des Widerrufsrechts ein Rückgaberecht nach § 356 BGB eingeräumt werden.

(3) Die §§ 404 und 406 BGB können im Anwendungsbereich von Abzahlungsgeschäften nicht zu Lasten des Verbrauchers vertraglich abbedungen werden (§ 496 BGB: **Unwirksamkeit eines Einwendungsverzichts** des Verbrauchers).

(4) Dem Verkäufer ist es ferner untersagt, sich vom Käufer zur Sicherung der Kaufpreisforderung einen Wechsel oder Scheck ausstellen zu lassen (§ 496 Abs. 2 BGB: **Wechsel- und Scheckverbot**).

(5) Kommt der Verbraucher in Zahlungsverzug gem. § 286 BGB, kann der Unternehmer gem. § 497 Abs. 1 i. V. m. § 288 Abs. 1 BGB einen **pauschalierten Verzugsschaden** in Höhe von 5% über dem jeweiligen Basiszinssatz (§ 247 BGB) geltend machen. Bei Immobiliardarlehensverträgen beträgt der Verzugszinssatz für das Jahr 2,5% über dem Basiszinssatz.

(6) Bei Zahlungsverzug des Käufers hat der Verkäufer i.d.R. die Möglichkeit, unter den Voraussetzungen des § 323 BGB den Rücktritt vom Vertrag zu erklären; häufig werden die Parteien für diesen Fall auch ein vertragliches Rücktrittsrecht vereinbart haben. Allerdings kann der Unternehmer von seinem gesetzlichen oder vertraglich vereinbarten Rücktrittsrecht nur dann Gebrauch machen, wenn zusätzlich die **besonderen Rücktrittsvoraussetzungen** des § 498 BGB (bzw. bei Teilzahlungsgeschäften § 503 Abs. 2 i.V.m. § 498 Abs. 1 BGB) erfüllt sind:

- Ganzer oder teilweiser Zahlungsverzug des Verbrauchers
- mit mindestens zwei aufeinander folgenden Raten,
- die mindestens 10% des gesamten Kaufpreises ausmachen (5%, sofern eine Laufzeit des Zahlungsaufschubs bzw. des Teilzahlungsgeschäfts über drei Jahre vereinbart worden ist),
- nachdem vom Unternehmer erfolglos eine zweiwöchige Zahlungsfrist gesetzt worden ist,
- er bei Fristsetzung erklärt hat, dass er im Falle der Nichtzahlung vom Kaufvertrag zurücktreten werde und
- es sich nicht um einen Immobiliardarlehensvertrag handelt.

(7) In diesem Zusammenhang ist auch die gesetzliche Fiktion des § 503 Abs. 2 S. 4 BGB zu beachten, die allerdings nur bei Teilzahlungsgeschäften gilt: Nimmt der Unternehmer die auf Grund eines Teilzahlungsgeschäfts gelieferte Sache wieder an sich, gilt dies in der Regel als Ausübung eines Rücktrittsrechtes mit der Folge, dass die gegenseitig erbrachten Leistungen nach §§ 346 ff. BGB rückabzuwickeln sind. Ohne Bedeutung ist hierbei, aus welchem Grund der Unternehmer die

Kaufsache wieder an sich nimmt; maßgeblich ist allein, dass der Verbraucher den Besitz an der Sache verliert. Durch diese **Rücktrittsfiktion** wird verhindert, dass der Käufer weiterhin zur Ratenzahlung verpflichtet ist, obwohl er die Kaufsache nicht mehr nutzen kann.

(8) Schließlich vermindert sich bei vorzeitiger Vertragserfüllung durch den Käufer bei Teilzahlungsgeschäften der Teilzahlungspreis kraft Gesetzes um die Zinsen und sonstigen laufzeitabhängigen Kosten, die bei gestaffelter Berechnung auf die Zeit nach der vorzeitigen Erfüllung entfallen (§ 504 BGB: **Abzinsung**).

Beim „**finanzierten Abzahlungskauf**" wird der Kaufpreis durch die Einschaltung einer Finanzierungsbank „fremdfinanziert". Beim sog. „B-Geschäft" schließt der Käufer nicht nur mit dem Verkäufer einen Kaufvertrag ab, er stellt zeitgleich – in der Regel vermittelt durch den Verkäufer – bei einer Bank einen Antrag auf Gewährung eines Darlehens zur Finanzierung des Restkaufpreises. Die Bank zahlt das Darlehen aber nicht an den Käufer, sondern an den Verkäufer, wohingegen der Käufer die „Teilzahlungsraten" später an die Bank zur Tilgung des Darlehens leistet. Damit ist objektiv kein Ratenkaufvertrag abgeschlossen, weil der Verkäufer den ganzen Kaufpreis sofort erhält. Vergleichen Sie dazu die Skizze *Finanzierter Abzahlungskauf.* Der Käufer schließt also zwei Verträge ab: den Kaufvertrag mit dem Verkäufer und einen Darlehensvertrag mit der Bank.

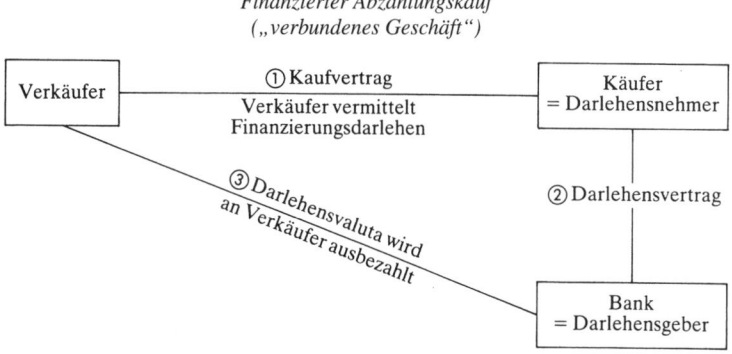

Finanzierter Abzahlungskauf
(„verbundenes Geschäft")

Bei dieser Sachlage steht der Käufer zwei Vertragspartnern gegenüber, dem Verkäufer und der Finanzierungsbank. Die Gerichte haben sich jedoch im Interesse des Käuferschutzes über die Aufspaltung der beiden Vorgänge in zwei Rechtsgeschäfte hinweggesetzt, wenn es sich bei dem Gesamtgeschäft um eine „**wirtschaftliche Einheit**" handelte. Der Gesetzgeber hat diesen Ansatz der Rechtsprechung aufgegriffen und den finanzierten Abzahlungskauf unter der Bezeichnung „**verbundene Verträge**" in § 358 BGB (auf den in § 501 BGB für Teilzahlungsgeschäfte ebenfalls verwiesen wird) geregelt. Bei der Ausgestaltung der verbundenen Geschäfte hat er sich hierbei eng an die von der Rechtsprechung entwickelten Grundsätze gehalten; die Rechtsprechung behält darüber hinaus ihre Bedeutung für jene finanzierten Abzahlungsgeschäfte, die nicht in den Anwendungsbereich der Regelungen über Verbraucherkreditgeschäfte fallen.

Von einer „wirtschaftlichen Einheit" im oben genannten Sinne kann ausgegangen werden, wenn – für alle beteiligten Vertragsparteien ersichtlich – zwischen beiden Rechtsgeschäften in der Weise ein innerer Zusammenhang besteht, dass das eine Geschäft nicht ohne das andere abgeschlossen worden wäre; erforderlich ist demnach, dass **objektiv** zwischen dem Kauf- und dem Darlehensvertrag **Verbindungselemente** bestehen, die beim Käufer **subjektiv** den Eindruck erwecken, dass ihm Verkäufer und Darlehensgeber als **einheitlicher Vertragspartner** gegenüberstehen.

Als solche objektiven Verbindungselemente kommen in Betracht:

– eine Zweckbindung des Darlehens an den Kaufvertrag,
– der Umstand, dass Kauf- und Darlehensvertrag gleichzeitig bzw. nach gemeinsamer Vertragsverhandlung abgeschlossen werden,
– eine erkennbare Verbindung zwischen Verkäufer und Darlehensgeber, sei es, dass der Unternehmer selbst die Gegenleistung des Verbrauchers finanziert, oder im Fall der Finanzierung durch einen Dritten, dass sich der Darlehensgeber bei der Vorbereitung oder dem Abschluss des Verbraucherdarlehensvertrags der Mitwirkung des Unternehmers bedient (z.B. Vermittlung des Darlehensvertrages durch den Verkäufer; mehrfache Zusammenarbeit zwischen Verkäufer und Bank; Vereinbarung, dass die Darlehensvaluta direkt an den Verkäufer ausgezahlt werden soll).

Ist nach diesen Kriterien von einem finanzierten Abzahlungskauf auszugehen, so hat dies für einen Verbraucher mehrere bedeutsame Konsequenzen:

(1) Hat der Verbraucher seine auf den Abschluss eines Vertrags über die Lieferung einer Ware durch einen Unternehmer gerichtete Willenserklärung wirksam widerrufen, so ist er auch an seine auf den Abschluss eines mit diesem Vertrag verbundenen Verbraucherdarlehensvertrags gerichtete Willenserklärung nicht mehr gebunden (§ 358 Abs. 1 BGB). Das Gleiche gilt im umgekehrten Fall:
Hat der Verbraucher seine auf den Abschluss eines Verbraucherdarlehensvertrags gerichtete Willenserklärung wirksam widerrufen, so ist er auch an seine auf den Abschluss eines mit diesem Verbraucherdarlehensvertrag verbundenen Vertrags über die Lieferung einer Ware gerichtete Willenserklärung nicht mehr gebunden (§ 358 Abs. 2 BGB).

(2) Zugunsten des Käufers besteht ein sog. **Einwendungsdurchgriff.** Dies bedeutet, dass der Käufer die Rückzahlung des Darlehens i.d.R. verweigern darf, soweit er auf Grund von Einwendungen aus dem verbundenen Kaufvertrag (z.B. nach §§ 280ff., 320ff., 437ff. BGB) gegenüber dem Verkäufer berechtigt wäre, die Kaufpreiszahlung zu verweigern (§ 359 BGB).

Hinweis: Dies gilt jedoch gem. § 359 S. 2 BGB nicht, wenn das finanzierte Entgelt 200 Euro nicht überschreitet, sowie bei Einwendungen, die auf einer zwischen dem Unternehmer und dem Verbraucher nach Abschluss des Verbraucherdarlehensvertrags vereinbarten Vertragsänderung beruhen. Sofern der Verbraucher Nacherfüllung nach § 437 Nr. 1 BGB verlangen kann, ist die Verweigerung der Darlehensrückzahlung erst bei Fehlschlagen der Nacherfüllung möglich.

Ist der Kaufvertrag nichtig (z.B. auf Grund einer Anfechtung oder eines Gesetzes- bzw. Sittenverstoßes), hat der Käufer das Recht, nicht

nur die weitere Ratenzahlung zu verweigern, sondern auch die Rückerstattung bereits gezahlter Raten zu verlangen (§ 812 BGB).

(3) Auch im Rahmen der verbundenen Geschäfte i. S. d. § 358 BGB gilt bei
Teilzahlungsgeschäften die sog. **Rücktrittsfiktion** (§ 503 Abs. 2 S.
5 BGB): Entzieht der Darlehensgeber dem Verbraucher den Besitz an der
Kaufsache, so gilt dies als Ausübung eines Rücktrittsrechtes mit der
Folge, dass der Verbraucher weitere Ratenzahlungen verweigern und
bereits erbrachte Leistungen nach § 346 BGB herausverlangen kann.

(4) Ein **pflichtwidriges Verhalten des Verkäufers** beim Vertragsschluss
wird i. d. R. **dem Darlehensgeber zugerechnet.** Beruht etwa der Vertragsschluss auf einer arglistigen Täuschung des Käufers durch den
Verkäufer, so kann der Käufer das Finanzierungsgeschäft nach § 123
Abs. 1 BGB anfechten oder gegenüber der Bank Ansprüche nach § 280
Abs. 1 i. V. m. §§ 311 Abs. 2, 241 Abs. 2 BGB (culpa in contrahendo)
geltend machen (vgl. § 278 BGB).

(5) In Bezug auf den Darlehensvertrag sind ferner auch die übrigen Bestimmungen über Verbraucherkreditgeschäfte (§§ 491–498 BGB) zu
beachten (z. B. Formvorschriften, besondere Kündigungsvoraussetzungen; vgl. hierzu unten § 47 III e).

8. Kauf unter Eigentumsvorbehalt

Der Eigentumsvorbehalt ist das Kreditsicherungsmittel des Warenkreditgebers. Das Kreditgeschäft führt zur Vorleistung (der Verkäufer liefert sofort,
der Käufer zahlt später). Die Übereignung erfolgt jedoch erst mit Bezahlung des Kaufpreises bzw. der letzten Kaufpreisrate.

Lernhinweis: Die Zulässigkeit des Eigentumsvorbehalts wurde durch die Insolvenzreform 1999 eingeschränkt: Gem. § 449 Abs. 3 BGB ist die Vereinbarung eines
Eigentumsvorbehalts insoweit nichtig, als der Eigentumsübergang davon abhängig
gemacht wird, dass der Käufer Forderungen eines Dritten erfüllt. Unzulässig ist
insbesondere der sog. „Konzernvorbehalt", durch den die Eigentumsübertragung
an die Erfüllung der Forderung von Unternehmen gebunden wird, die mit dem Verkäufer in einem Unternehmensverbund (§ 15 AktG) zusammengefasst sind.

Nach § 449 Abs. 1 BGB (lesen!) gilt folgende Auslegungsregel:

Wenn der Verkäufer sich bis zur Zahlung des Kaufpreises das Eigentum
vorbehalten hat, erfolgt die Übertragung des Eigentums unter der **aufschiebenden Bedingung** vollständiger Zahlung des Kaufpreises. Der Verkäufer
wird mittelbarer Eigenbesitzer, der Käufer (als Besitzmittler) unmittelbarer
Fremdbesitzer (zu den besitzrechtlichen Begriffen vgl. unten § 60).

Eigentumsvorbehalt

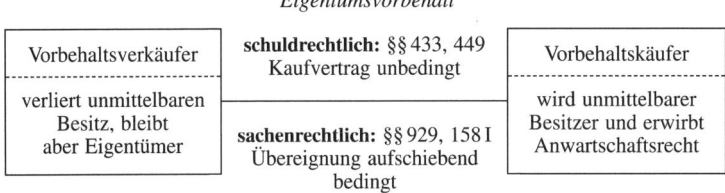

Vorbehaltsverkäufer	**schuldrechtlich:** §§ 433, 449 Kaufvertrag unbedingt	Vorbehaltskäufer
verliert unmittelbaren Besitz, bleibt aber Eigentümer	**sachenrechtlich:** §§ 929, 158 I Übereignung aufschiebend bedingt	wird unmittelbarer Besitzer und erwirbt Anwartschaftsrecht

Mit Zahlung der letzten Kaufpreisrate erwirbt der Besitzer das Eigentum,
zuvor hat er lediglich ein „**Anwartschaftsrecht**" an der Sache. Dieses ist

als „wesensgleiches Minus" wie das Eigentum übertrag- und verwertbar, erstarkt aber erst mit Bedingungseintritt zum Vollrecht. § 449 Abs. 2 BGB (bitte lesen!) stellt klar, dass der Verkäufer die Vorbehaltsware nur herausverlangen kann, wenn er vom Vertrag zurückgetreten ist. Begründung: Hat der Verkäufer vorgeleistet und seine Ware aus der Hand gegeben, muss er sie dem Käufer für die Geltungsdauer des Vertrages eben auch belassen. Zurücktreten kann der Verkäufer nur unter den Voraussetzungen des § 323 BGB (repetieren Sie dazu den Gesetzestext).

Lernhinweis: Diese Form der Sicherung des Verkäufers ist nur bei **beweglichen Sachen** möglich. Die Übereignung von Grundstücken ist bedingungsfeindlich (vgl. § 925 Abs. 2 BGB). Beim Grundstücksgeschäft löst sich das Problem auf andere Weise: Der Verkäufer erklärt die Auflassung nur Zug um Zug gegen Kaufpreiszahlung (möglicherweise auf ein Notar-Ander-Konto), um sicher zu sein, dass er als Gegenleistung für die Übereignung auch tatsächlich den Kaufpreis erhält. Das hierdurch dringlich gewordene Sicherungsbedürfnis des Käufers wird durch die Eintragung einer Auflassungsvormerkung befriedigt, die den Käufer vor zuwiderlaufenden Verfügungen des Verkäufers nach Abschluss des Kaufvertrags schützt (vgl. unten Sachenrecht § 62 I 2 c).

9. Der Vorkauf

Unter einem Vorkaufsrecht versteht man das Recht, einen Gegenstand durch Kauf zu erwerben, sobald der Vorkaufsverpflichtete diesen an einen Dritten verkauft; vgl. §§ 463, 464 BGB (lesen!). Vergleichen Sie dazu die Skizze *Vorkaufsrecht*.

Vorkaufsrechte ergeben sich zum einen kraft Gesetzes (Beispiele: das Vorkaufsrecht der Gemeinden nach § 24 Baugesetzbuch; das Vorkaufsrecht des Mieters bei Umwandlung von Mietwohnungen in Eigentumswohnungen nach § 577 f BGB; das Vorkaufsrecht der Miterben bei der Veräußerung eines Erbanteils nach § 2034 BGB); zum anderen können Vorkaufsrechte aber auch rechtsgeschäftlich begründet werden. Im letzteren Fall ist zwischen dem schuldrechtlichen und dem dinglichen (im Grundbuch eingetragenen) Vorkaufsrecht zu unterscheiden. Nur das im Grundbuch eingetragene Vorkaufsrecht wirkt gegenüber dem gutgläubigen Grundstückserwerber (vgl. § 1098 Abs. 2 BGB).

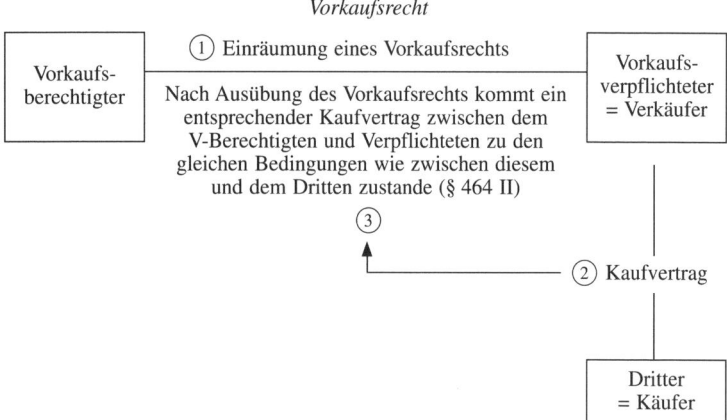

Vorkaufsrecht

Vorkaufs-berechtigter	① Einräumung eines Vorkaufsrechts	Vorkaufs-verpflichteter = Verkäufer
	Nach Ausübung des Vorkaufsrechts kommt ein entsprechender Kaufvertrag zwischen dem V-Berechtigten und Verpflichteten zu den gleichen Bedingungen wie zwischen diesem und dem Dritten zustande (§ 464 II) ③	

② Kaufvertrag

Dritter = Käufer

Nach h. M. stellt das Vorkaufsrecht einen doppelt bedingten Kaufvertrag dar: Die erste Bedingung besteht darin, dass die Sache, auf die sich das Vorkaufsrecht bezieht, an einen Dritten verkauft wird; die zweite Bedingung ist die Ausübung des Vorkaufsrechts.

Die durch Ausübung des Vorkaufsrechts ausgelösten Rechtsfolgen sind in zwei unterschiedlichen Blickrichtungen zu beleuchten:

(1.) Rechtsbeziehungen zwischen Vorkaufsberechtigtem und Vorkaufsverpflichtetem

Mit der Ausübung des Vorkaufsrechts kommt ein Kaufvertrag zwischen dem Vorkaufsberechtigten und Vorkaufsverpflichteten zustande und zwar zu den Bedingungen, die der Verkäufer in dem ersten, mit dem Dritten abgeschlossenen Kaufvertrag vereinbart hat. Hinweis: Es ist nicht etwa so, dass der Berechtigte anstelle des Dritten in den vom Verpflichteten mit dem Dritten abgeschlossenen Vertrag „eintritt" und den Dritten „verdrängt".

(2.) Rechtsbeziehung zwischen dem Vorkaufsverpflichteten und dem Dritten
Der zwischen diesen beiden abgeschlossene Kaufvertrag bleibt bestehen. Hinweis: Damit existieren zwei Kaufverträge, woraus sich zwei „Gefahrenstellen" ergeben können. Zum einen droht der Vorkaufsberechtigte leer auszugehen, wenn der Vorkaufsverpflichtete den Kaufvertrag mit dem Dritten durch die Übertragung des Eigentums erfüllt. Dagegen schützt ihn die Eintragung des (dann dinglichen) Vorkaufsrechts in das Grundbuch. Zum anderen droht dem Vorkaufsverpflichteten Ungemach von Seiten des Dritten: Er kann nur einen Vertrag erfüllen und macht sich ggf. dem Dritten gegenüber schadenersatzpflichtig (vermeiden könnte er dies in der Praxis durch die Vereinbarung entsprechender Absicherungsklauseln für den Fall der Ausübung des Vorkaufsrechts).

Beachten Sie: Vom Vorkaufsverpflichteten im Vertrag mit dem Käufer vereinbarte Rücktrittsklauseln und dgl. können das Vorkaufsrecht des *Vorkaufsberechtigten* nicht vereiteln: Nach § 465 BGB ist eine Vereinbarung des Verpflichteten mit dem Dritten, durch welche der Kauf von der Nichtausübung des Vorkaufsrechts abhängig gemacht oder dem Verpflichteten für den Fall der Ausübung des Vorkaufsrechts der Rücktritt vorbehalten wird, dem Vorkaufsberechtigten gegenüber unwirksam.

10. Der Wiederkauf

Beim Wiederkauf wird ein Rückkaufsrecht eingeräumt. Man versteht darunter die Vereinbarung in einem Kaufvertrag, mit der sich der Käufer verpflichtet, den Kaufgegenstand auf Grund einer Erklärung des Verkäufers zurückzuübertragen (vgl. §§ 456 ff. BGB). Es liegt somit eine aufschiebend bedingte Rückübertragungsverpflichtung des Käufers vor. Motiv für derartige Vertragsgestaltungen ist häufig das Bestreben, eine **Zweckbindung** des verkauften Gegenstandes zu erreichen (z. B. im Falle der Übertragung von Grundstücken an bedürftige Bevölkerungskreise zur Eigennutzung). Mit der Einräumung eines Wiederkaufrechts kann darüber hinaus wirtschaftlich dasselbe erreicht werden wie mit einem Faustpfandrecht oder der Sicherungsübereignung (= Rückerwerb beim Wegfall des Sicherungsbedarfes).

11. Das Ankaufsrecht

Nicht selten wird zwar noch kein Kaufvertrag abgeschlossen, wohl jedoch dem Käufer ein Ankaufsrecht eingeräumt. Man spricht auch von der „Option", die zudem in anderen Fällen des Leistungsaustausches vorkommt. Unter einer Option versteht man das Recht, durch einseitige Erklärung einen Kaufvertrag zustande zu bringen. Es handelt sich dabei um ein Gestaltungsrecht: Dem Optionsberechtigten wird in der Regel in einem aufschiebend bedingten Vertrag das Recht eingeräumt, durch Ausübung der Option den Vertrag unbedingt zustande zu bringen. Die Option selbst ist im BGB nicht geregelt, ihre Rechtsfigur z.T. strittig. Denkbar ist auch die Konstruktion, in der Einräumung einer Option ein langfristig bindendes Angebot zu sehen, welches durch die Optionserklärung angenommen wird.

12. Der Weiterverkauf

Im täglichen Sprachgebrauch wird unter „Weiterverkauf" vielerlei verstanden, z.B. auch die Weiterveräußerung bereits gelieferter und erhaltener Ware.

Weiterverkauf

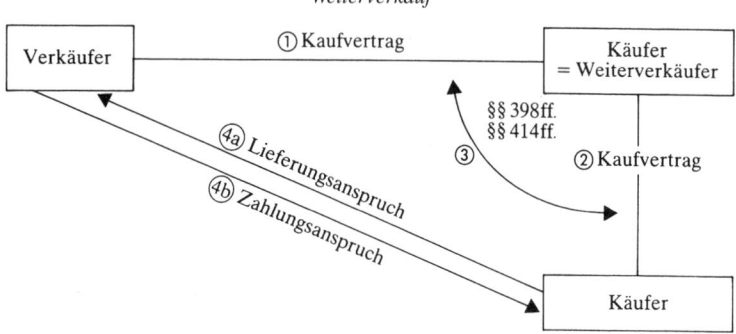

Im engeren Sinne versteht man unter einem Weiterverkauf den Vorgang, dass ein Dritter den Kaufvertrag vom Käufer noch vor Erfüllung des Vertrags „übernimmt".

Die Rechte und Pflichten aus dem Kaufvertrag werden dann durch Rechtsübertragung nach §§ 398 ff., 413 BGB sowie im Wege der Schuldübernahme nach §§ 414 ff. BGB übertragen. Vergleichen Sie dazu die Skizze *Weiterverkauf*.

13. Das Streckengeschäft

Vom Streckengeschäft („**Kettenhandel**") spricht man, wenn dieselben Waren vom Käufer (möglicherweise über Zwischenhändler) an den Letztabnehmer weiterverkauft werden, ohne dass der Käufer die Ware selbst auf Lager nimmt.

14. Versendungskauf

Ein Versendungskauf liegt vor, wenn die gekaufte Sache vom Verkäufer auf Verlangen des Käufers an einen anderen Ort als den Erfüllungsort versendet wird. In diesem Fall geht nach § 447 BGB die Preisgefahr bereits zum

Zeitpunkt der Übergabe an die Transportperson auf den Käufer über (vgl. dazu unten IV). Beachten Sie, dass § 447 BGB im Rahmen eines Verbrauchsgüterkaufs nicht gilt (§ 474 Abs. 2 BGB).

15. Der Probekauf

Beim **Kauf auf Probe** liegt nach § 454 BGB (lesen!) ein aufschiebend bedingter Kaufvertrag insoweit vor, als die Billigung der Kaufsache in das Belieben des Käufers gestellt ist.

Der Probekauf ist abzugrenzen von anderen Erscheinungsformen:

Beim **Kauf zur Probe** handelt es sich um einen gewöhnlichen Kauf, bei dem der Käufer unverbindlich in Aussicht stellt (namentlich im Falle der Zufriedenheit mit der Lieferung), weitere Kaufabschlüsse zu tätigen.

Beim **Kauf mit Umtauschrecht** handelt es sich um einen unbedingten Kauf, der jedoch dem Käufer das Recht einräumt, eine andere gleichwertige Ware im Wege des Umtausches zu beziehen.

16. Das Konditionsgeschäft

In der Textilbranche und im Sortimentbuchhandel sowie im Zeitschriften- und Zeitungshandel werden Güterumsätze häufig im Wege des „Konditionsgeschäfts" getätigt (dort spricht man auch kurz, jedoch fälschlich, von „Kommission"). Beim Konditionskauf liegt ein (aufschiebend oder auflösend) **bedingter Kauf** vor: Dem Käufer wird ein Auswahl- oder Rückgaberecht eingeräumt. Der Käufer darf also die Ware zurückgeben, wenn er sie nicht bis zu einem bestimmten Zeitpunkt verkauft haben sollte *(„Remission")* und ist dadurch für den Fall der Unverkäuflichkeit abgesichert.

17. Der Lieferungskauf

Eine Verbindungslinie zwischen Kauf- und Werkvertragsrecht finden wir beim Werklieferungsvertrag (Lieferungskauf). Nach § 651 BGB (lesen!) findet auf einen Vertrag, der die Lieferung herzustellender oder zu erzeugender beweglicher Sachen zum Gegenstand hat, Kaufrecht Anwendung.

18. Sukzessivlieferungsverhältnisse

Ein Sukzessivlieferungsvertrag liegt vor, wenn eine in der Regel von vornherein festgelegte Warenmenge in Teilraten geliefert wird.

Beispiel: Ein Heizwerk kauft eine Million Liter Heizöl, lieferbar in monatlichen Teilraten zu je 100 000 Liter.

Der Sukzessivlieferungsvertrag ist ein einheitlicher Vertrag. Er ist abzugrenzen von einer ähnlichen Erscheinungsform:

Beim **Wiederkehrschuldverhältnis** liegen jeweils getrennte, selbstständige Neuabschlüsse gleichen Inhalts vor (Beispiel: Die Abnahme von Gas, Wasser und Strom durch Kleinabnehmer wird von der Rechtsprechung als jeweils für nachfolgende Abrechnungsperioden neubegründetes Wiederkehrschuldverhältnis angesehen). Kein Sukzessivlieferungsvertrag wird begründet, wenn lediglich tatsächliche Teilleistungen erbracht werden. Dann liegt ein gewöhnlicher Kauf vor.

Die Unterscheidung ist wichtig bei den Leistungsstörungen: Beim Sukzessivlieferungsvertrag hat der Käufer bei Leistungsstörungen die sich aus dem Allgemeinen Schuldrecht ergebenden Rechte nicht nur hinsichtlich der Teillieferung, sondern für den gesamten Vertrag, wenn die Fortsetzung des Sukzessivlieferungsvertrags nicht mehr zumutbar ist.

19. Der Handelskauf

Für den Handelskauf gelten nach §§ 373 ff. HGB Besonderheiten. Ein Handelskauf liegt vor bei einem Handelsgeschäft (ein- oder beiderseitig) über den Verkauf von Waren oder Wertpapieren.

Beim Spezifikationskauf ist vereinbart, dass die nähere Bestimmung des Kaufgegenstands offen bleibt. Wird sie vom Käufer nicht vorgenommen, kann nach § 375 Abs. 2 HGB der Verkäufer die Spezifikation vornehmen.

Beim Fixhandelskauf ist die Leistungszeit genau bestimmt. Ist sie überschritten, kann der Käufer nach § 376 Abs. 1 HGB vom Vertrag zurücktreten oder Schadenersatz verlangen (im Gegensatz zu den allgemeinen Vorschriften gilt u.a., dass der Käufer als Gläubiger nicht, wie in §§ 280 Abs. 1, 3, 281; 323 BGB vorgesehen, eine Nachfrist setzen muss).

20. Die Versteigerung

Ist beabsichtigt, eine Sache im Zuge einer Versteigerung zu erwerben, kommt der Kaufvertrag nach § 156 BGB erst durch den Zuschlag zustande. Das den Versteigerungsvorgang eröffnende (Mindest-) Angebot des Auktionators ist somit nicht bindend, sondern lediglich eine Aufforderung zur Abgabe eines Angebots („invitatio ad offerendum"; vgl. dazu die Ausführungen oben beim allgemeinen Vertragsrecht). Ob der Auktionator dabei selbst als Verkäufer Vertragspartner wird oder lediglich als Vertreter seines Auftraggebers handelt, hängt von der Art seines Auftretens ab: Entweder er handelt im eigenen Namen als Kommissionär gem. § 383 HGB oder im Namen seines Auftraggebers als Vertreter nach § 164 Abs. 1 BGB.

21. Der Kauf im Fernabsatzhandel

Die Vorschriften über den Fernabsatz gelten gem. § 312b BGB für Verträge über die Lieferung von Waren und die Erbringung von Dienstleistungen, die zwischen einem Unternehmer (§ 14 BGB) und einem Verbraucher (§ 13 BGB) unter ausschließlicher Verwendung von Fernkommunikationsmitteln (z.B. Briefe, Kataloge, Telefonanrufe, Telekopien, E-Mails) abgeschlossen werden, es sei denn, dass der Vertragsabschluss nicht im Rahmen eines für den Fernabsatz organisierten Vertriebssystems erfolgt. Diese Vertragsarten werden als Fernabsatzverträge bezeichnet. Das Fernabsatzrecht dient dem Verbraucherschutz und enthält eine Vielzahl von Aufklärungs- und Informationspflichten gegenüber dem Verbraucher (vgl. § 312c BGB). Dem Verbraucher steht ein Widerrufsrecht oder ein Rückgaberecht zu, vgl. § 312d i.V.m. §§ 355, 356 BGB.

22. Internet-Auktionen

Internet-Auktionen auf der von eBay betriebenen Internet-Plattform werden von der Rechtsprechung entgegen ihrer Bezeichnung nicht als Versteigerung im Sinne des § 156 BGB behandelt, vielmehr kommen derartige Verträge durch Angebot und Annahme zwischen dem Einlieferer und dem Bieter des Höchstgebots zustande. Die Besonderheit liegt nur darin, dass die Willenserklärungen durch elektronische Übermittlung einer Datei im Internet abgegeben und wirksam werden. Würde es sich dagegen um eine Versteigerung nach BGB handeln, käme der Vertrag erst „mit Zuschlag" zustande. Damit hätte es der Anbieter in der Hand, das Zustandekommen eines Vertrages dadurch scheitern zu lassen, dass er ein ihm nicht ausreichend (hoch) erscheinendes Angebot einfach nicht annimmt. Der Bundesgerichtshof hat das von einem Erwerbswilligen abgegebene Höchstgebot als wirksame, auf den Abschluss eines Kaufvertrages gerichtete Willenserklärung angesehen. Die entsprechende Willenserklärung des Anbieters liegt nach seiner Auffassung darin, dass dieser die von ihm eingerichtete Angebotsseite für die Versteigerung mit der ausdrücklichen Erklärung freischaltet, er nehme das höchste, wirksam abgegebene Kaufangebot an.

Bei derartigen eBay-Auktionen stellt sich weiter die Frage, ob auch hier der Käufer das einem Verbraucher nach § 312d BGB zustehende Widerrufsrecht bei Fernabsatzverträgen geltend machen kann. Auch diese Frage hat die Rechtsprechung zu Gunsten des Käufers entschieden, wenn es sich bei ihm um einen Verbraucher im Sinne des § 13 BGB handelt. Dabei war zu entscheiden, ob das Widerrufsrecht nicht durch § 312d Abs. 4 Nr. 5 BGB (lesen!) ausgeschlossen ist. Nach dieser Bestimmung entfällt das Widerrufsrecht bei Fernabsatzverträgen, die in Form von Versteigerungen im Sinne des § 156 BGB geschlossen werden. Da jedoch der Bundesgerichtshof (wie zuvor ausgeführt) einen im Rahmen der Internet-Auktion von eBay abgeschlossenen Kaufvertrag rechtstechnisch nicht als Versteigerung im Sinne von § 156 BGB ansieht, vielmehr als normalen Vertragsschluss in Form der Annahme eines Angebots, bleibt es bei der grundsätzlichen Widerrufsmöglichkeit nach § 312d Abs. 1 S. 1 BGB.

23. Factoring

Beim Factoring überträgt ein Unternehmer sämtliche oder einen Teil seiner Forderungen, die er gegen seine Kunden hat, im Wege der Global- oder Mantelzession auf eine Bank (den Factor). Vergleichen Sie dazu die Skizze Factoring.

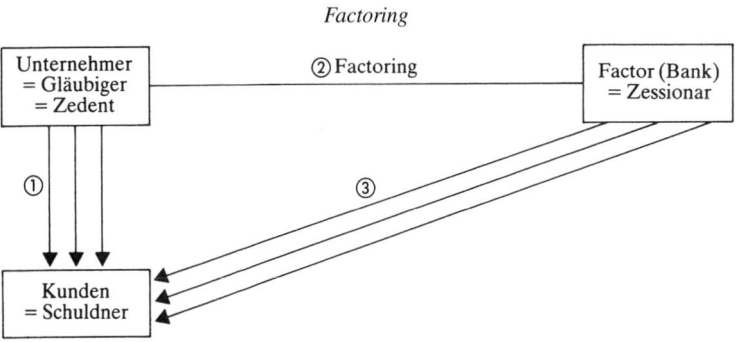

Factoring

Nach Entstehung der Forderung zahlt die Bank dem Unternehmer den Gegenwert der Forderung (abzüglich eines Einbehalts) aus und macht die Forderung dem Kunden gegenüber geltend. Bei der Rechtsnatur des Factoring ist zwischen dem „echten" und dem „unechten" Factoring zu unterscheiden.

a) Beim echten Factoring werden die Forderungen (vollständig und endgültig) in der Weise übertragen, dass die Bank das **„Delkredere-Risiko"** (delcredere *(ital.)* = Wertberichtigung für voraussichtliche Ausfälle) trägt. Darunter versteht man das (Bonitäts-)Risiko, dass die Forderung wegen Zahlungsunfähigkeit des Kunden uneinbringlich ist. In diesem Fall liegt der Forderungsabtretung ein **Kaufvertrag** zugrunde, wobei der Unternehmer nur für den Bestand, nicht aber die Güte der Forderung haftet.

b) Beim unechten Factoring bleibt das Delkredere-Risiko weiterhin beim Unternehmer.

In diesem Fall handelt es sich um ein **Kreditgeschäft.** Dem Unternehmer wird durch Gutschrift der Forderungsbeträge ein Kredit eingeräumt, dafür tritt er seine Forderungen zur Sicherheit an den Factor ab. Die Abtretung erfolgt lediglich erfüllungshalber, vereinbarungsgemäß erfolgt der Rückgriff auf den Zedenten, wenn die Forderung (beispielsweise wegen Zahlungsunfähigkeit des Schuldners) uneinbringlich ist.

24. Der Lizenzvertrag

Durch den Lizenzvertrag werden gewerbliche Schutzrechte übertragen (z. B. Patente). Dies kann in Form der Nutzung oder der endgültigen Vollübertragung geschehen. Bei bloßer Nutzungsgestattung liegt Pacht vor, bei der endgültigen Vollübertragung handelt es sich um einen Rechtskauf.

25. Mietkauf und Leasing

Der Mietkauf kombiniert Miete und Kauf dergestalt, dass dem Mieter das Recht eingeräumt wird, die Mietsache unter Anrechnung der bis dahin gezahlten Mieten auf den Kaufpreis zu erwerben. Abzugrenzen ist der Mietkauf vom Leasing.

Beim Leasing stellt der Leasinggeber dem Leasingnehmer eine Sache gegen Entgelt zur Nutzung zur Verfügung. Näheres dazu unter § 46 VI im Abschnitt Gebrauchsüberlassungsverträge.

Beim **„Sale-and-Lease-back**-Vertrag"** ist der Kauf einer Sache mit der anschließenden Vermietung an den Verkäufer verbunden. Dann liegt in der Regel ein Finanzierungsleasinggeschäft vor.

26. Der „Schwarzkauf"

Von einem „Schwarzkauf" spricht man im folgenden Fall der Grundstücksveräußerung: Um Grunderwerbsteuer zu sparen, wird zuweilen ein niedrigerer als der vereinbarte Kaufpreis beurkundet. Der vor dem Notar beurkundete Kaufvertrag ist als Scheingeschäft nach § 117 Abs. 1 BGB nichtig, der wirklich gewollte Kaufvertrag scheitert an der mangelnden Form (vgl. § 311b Abs. 1 S. 1 BGB). Allerdings wird der Formmangel durch die Eintragung des Käufers im Grundbuch geheilt (vgl. § 311 b Abs. 1 S. 2 BGB sowie oben § 14 II 2).

27. Das Kommissionsgeschäft

Die gewerbsmäßige Kommission ist in §§ 383 ff. HGB geregelt: Der Kommissionär kauft bzw. verkauft Waren oder Wertpapiere im eigenen Namen für fremde Rechnung (nämlich die des Kommittenten), es liegt somit ein Fall der im BGB nicht geregelten mittelbaren Stellvertretung vor. Näheres dazu im Handelsrecht.

28. Der Selbsthilfeverkauf

Den Selbsthilfeverkauf kennen wir aus dem Recht des Gläubigerverzugs: Ist der Gläubiger im Verzug, so kann der Schuldner die Leistung hinterlegen. Dies gilt aber nur für hinterlegungsfähige Gegenstände. Bei nicht hinterlegungsfähigen Waren dagegen kann der Schuldner einen Selbsthilfeverkauf vornehmen (vgl. §§ 383 ff. BGB).

29. Der Pfandverkauf

Die Befriedigung des Pfandgläubigers geschieht nach §§ 1228, 1233 BGB durch den „Pfandverkauf". Dieser erfolgt nach § 1235 im Wege öffentlicher Versteigerung.

30. Der Deckungskauf

Der „Deckungskauf" ist ein Begriff aus dem Schadenersatzrecht. Man versteht darunter die durch die Nichterfüllung des Kaufvertrags notwendig gewordene Ersatzbeschaffung. Die dadurch entstandenen Mehrkosten (Differenz zwischen vereinbartem Kaufpreis und dem infolge des Deckungskaufes entstandenen Anschaffungspreis) können im Wege konkreter Schadensberechnung geltend gemacht werden.

31. Der Verbrauchsgüterkauf

Seit der Schuldrechtsmodernisierung sind die Rechte eines am Kaufvertrag beteiligten Verbrauchers mit der Einführung der Regelungen über den Verbrauchsgüterkauf (§§ 474 bis 479 BGB) erheblich verstärkt. Sofern nämlich ein **Verbraucher** (= jede natürliche Person, die ein Rechtsgeschäft zu einem Zweck abschließt, der weder ihrer gewerblichen noch ihrer selbstständigen beruflichen Tätigkeit zugerechnet werden kann, vgl. § 13 BGB) **von einem Unternehmer** (= jede natürliche oder juristische Person oder eine rechtsfähige Personengesellschaft, die bei Abschluss eines Rechtsgeschäfts in Ausübung ihrer gewerblichen oder selbstständigen beruflichen Tätigkeit handelt, vgl. § 14 BGB) eine **bewegliche Sache** kauft – das Gesetz definiert diese Konstellation als „Verbrauchsgüterkauf", was insofern irreführend ist, als darunter nicht nur Güter zu fassen sind, die „verbraucht" werden können; richtigerweise müsste es „Verbrauchergüterkauf" heißen –, gelten insbesondere folgende Sonderregelungen:

- *Versendungskauf:* Die Vorschriften über den Versendungskauf (§ 447 BGB) finden gem. § 474 Abs. 2 BGB (lesen!) keine Anwendung.

- *Ausschluss der Gewährleistung:* Für den Verbraucher nachteilige Abweichungen von den §§ 433 bis 435, 437, 439 bis 443 BGB, die vor Mitteilung eines Mangels an den Unternehmer zwischen den Vertragsparteien vereinbart wurden, haben keine Geltung (vgl. § 475 Abs. 1 BGB – lesen!). Ausnahme: Schadenersatzansprüche (§ 475 Abs. 3 BGB); insoweit gilt – in den Schranken des AGB-Rechts (§§ 307–309 BGB) – Vertragsfreiheit!

- *Verkürzung der Gewährleistungsfrist:* Die Verjährungsfrist der in § 437 BGB aufgeführten Ansprüche kann vor Mitteilung eines Mangels an den Unternehmer nicht rechtsgeschäftlich auf unter zwei Jahre bzw. bei gebrauchten Sachen auf unter ein Jahr verkürzt werden (§ 475 Abs. 2 BGB – lesen!).

- *Beweislastumkehr:* Bei einem sich innerhalb der ersten sechs Monate seit Gefahrübergang zeigenden Sachmangel besteht für den Nachweis des Mangels eine Beweislastumkehr: Es wird vermutet, dass die Sache bereits bei Gefahrübergang mangelhaft war (vgl. § 476 BGB – lesen!). Dies gilt allerdings nicht, wenn diese Vermutung mit der Art der Sache oder des Mangels unvereinbar ist (Beispiel: schnell verderbliches Obst).

Zu beachten ist, dass der Verbrauchsgüterkauf nicht nur die Rechtsbeziehungen zwischen Verbraucher (Käufer) und Unternehmer (Verkäufer) regelt, sondern nach § 478 BGB (lesen!) auch **Auswirkungen auf das Verhältnis des Verkäufers zu seinem Lieferanten** hat. Macht der Verbraucher seine Käuferrechte gegen den Unternehmer geltend, kann dieser sich an seinen (Vor-)Lieferanten halten, also selbst die Käuferrechte nach § 437 BGB geltend machen. Dies ist nur recht und billig, da die Ursache für einen Sachmangel in der Regel nicht im Bereich des Letztverkäufers, sondern bereits im Bereich des Lieferanten oder Herstellers liegt. Es wäre deshalb nicht interessengerecht, die Konsequenzen des durch den Verbrauchsgüterkauf eingeführten verbesserten Konsumentenschutzes alleine dem Letztverkäufer aufzubürden. Im Einzelnen gilt:

- Wenn der Unternehmer die verkaufte neu hergestellte Sache als Folge ihrer Mangelhaftigkeit vom Verbraucher zurücknehmen musste oder der Verbraucher den Kaufpreis gemindert hat, bedarf es gem. § 478 Abs. 1 BGB für die Ansprüche des Verkäufers aus § 437 BGB gegen den Lieferanten der mangelhaften Sache wegen des vom Verbraucher geltend gemachten Mangels einer sonst erforderlichen Fristsetzung nicht.

- Der Unternehmer kann bei seinem Lieferanten gem. § 478 Abs. 2 BGB Regress nehmen für Aufwendungen nach § 439 Abs. 2 BGB, die er wegen der ihm gelieferten neu hergestellten mangelhaften Sache im Verhältnis zum Verbraucher zu tragen hatte.

- Auch im Verhältnis zwischen Unternehmer und Lieferant findet eine Beweislastumkehr zugunsten des Unternehmers statt, mit der für diesen vorteilhaften Maßgabe, dass die Frist erst mit dem Übergang der Gefahr auf den Verbraucher beginnt.

Beispiel: Lieferant L liefert Unternehmer V am 1. März 1000 Computerdrucker, die V sofort nach Erhalt stichprobenartig kontrolliert, jedoch keine Mängel findet. Am 5. Oktober erwirbt Verbraucher K einen Drucker und stellt Mängel fest. Nachdem eine Reparatur durch V zweimal fehlgeschlagen ist, tritt K im Dezember vom Vertrag zurück. Als V Ende Dezember gegenüber L Rechte aus § 437

BGB geltend machen will, wendet L ein, V solle doch erst einmal beweisen, dass die Sache zur Zeit des Gefahrübergangs von L auf V mangelhaft gewesen sei. Hat L mit seinem Einwand recht?

Antwort: Nein. Zwar hat sich nach § 476 BGB der Mangel nicht innerhalb von sechs Monaten nach Lieferung des L an V am 1. März gezeigt, aber nach § 478 Abs. 3 BGB läuft die Frist für die Beweislastumkehr im Verhältnis zwischen Unternehmer und Lieferant erst in dem Moment, in dem die Gefahr vom Unternehmer auf den Verbraucher übergeht, also ab dem 5. Oktober.

- Der Haftungsausschluss des Lieferanten wird erschwert (§ 478 Abs. 4 BGB).

- Für die Regressansprüche des Unternehmers gegen den Lieferanten gelten besondere interessengerecht auf die konkrete Situation abgestellte Verjährungsvorschriften (§ 479 BGB).

Lernhinweis: Die vorstehenden Ausnahmeregelungen über den Verbrauchsgüterkauf sollten Sie noch einmal repetieren, sobald Sie die nachfolgenden Partien des Kaufrechts durchgearbeitet haben.

32. Internationale Kaufverträge

Bei grenzüberschreitenden Verträgen stellt sich die Frage, welche Rechtsordnung zur Anwendung kommt. Dies beurteilt sich nach dem im Einführungsgesetz zum BGB (EGBGB) geregelten deutschen Internationalen Privatrecht (abgekürzt: IPR). Dabei gilt nach Art. 27 EGBGB der Grundsatz der Privatautonomie: Deutsches Recht kommt zur Anwendung in Folge ausdrücklicher oder stillschweigender Vereinbarung. Der grenzüberschreitende Kaufvertrag ist durch das „Übereinkommen der Vereinten Nationen" v. 11. 4. 1980 über Verträge über den internationalen Warenkauf (kurz: „UN-Kaufrecht", engl. Abkürzung: CISG) geregelt, das nach seiner Ratifizierung durch die Bundesrepublik auch in Deutschland gilt. Mit diesem völkerrechtlichen Vertragswerk soll für grenzüberschreitende Kaufverträge möglichst ein weltweit einheitliches und einfaches Recht geschaffen werden. Beachten Sie aber: Der nationale Verbraucherschutz bleibt auch hier bestehen! Bei Verträgen mit Verbrauchern gilt das UN-Kaufrecht nicht. Das ergibt sich aus Art. 29 EGBGB, wonach sich das anwendbare Recht grundsätzlich nach dem Staat richtet, in dem der Verbraucher seinen gewöhnlichen Aufenthalt hat. Dabei können sich vertragliche Abweichungen nicht über Verbraucherschutzrechte hinwegsetzen, die ein Verbraucher kraft zwingenden Rechts in seinem Aufenthaltsstaat hat. Nach Art. 29 a EGBGB findet das Verbraucherschutzrecht auch dann Anwendung, wenn im Übrigen die Rechtsordnung eines Drittstaates zur Anwendung kommt (z. B. das Widerrufsrecht auf Grund der Fernabsatzrichtlinie).

III. Pflichten der Kaufvertragsparteien

Lernhinweis: Der Kaufvertrag begründet für beide Seiten Rechte und Pflichten. Dabei müssen Sie jeweils zwischen Haupt- und Nebenpflichten unterscheiden. Vor der Schuldrechtsmodernisierung musste auf Seiten des Verkäufers auch noch danach differenziert werden, ob ein Sach- oder Rechtskauf vorliegt, da das Gesetz jeweils unterschiedliche Rechtsfolgen vorsah. Eine Unterscheidung braucht nunmehr nur noch in sprachlicher Hinsicht getroffen werden, da beim Rechtskauf gem. § 453 Abs. 1 BGB die Vorschriften über den Kauf von Sachen entsprechend gelten

(Beispiel: Ein Recht kann nicht, wie es § 433 Abs. 1 BGB vorsieht, „übergeben" werden, sondern es muss „übertragen" bzw. „abgetreten" werden; ferner ist man nicht „Eigentümer" sondern „Inhaber" eines Rechts). Nebenpflichten ergeben sich entweder aus dem Gesetz oder im Wege der (ergänzenden) Vertragsauslegung unter Heranziehung der Grundsätze von Treu und Glauben. Beachten Sie aber, dass durch vertragliche (Zusatz-)Vereinbarungen weitere bzw. abweichende Pflichten begründet werden können. Vgl. Sie jetzt zunächst die Übersicht *Pflichten der Kaufvertragsparteien.*

1. Pflichten des Verkäufers

a) Hauptpflichten

Sprachlich ist zwischen dem Verkauf einer Sache und dem Verkauf eines Rechts zu unterscheiden, auch wenn die Rechtsfolgen dieselben sind:

aa) Sachkauf

Der Verkäufer einer Sache ist nach § 433 Abs. 1 S. 1 BGB (lesen!) verpflichtet, dem Käufer die **Sache** zu **übergeben** und das **Eigentum** an der Sache zu **verschaffen.**

Die Verpflichtung zur Verschaffung des Eigentums erfüllt der Verkäufer durch Vornahme der Rechtsakte, die nach dem 3. Buch des BGB (Sachenrecht) zur Erlangung des Eigentums erforderlich sind. Eigentum an beweglichen Sachen wird gem. §§ 929 ff. BGB übertragen (in der Regel durch Einigung und Übergabe, vgl. dazu unten); Eigentum an Grundstücken wird durch Auflassung (= Einigung) und Eintragung des Erwerbers in das Grundbuch verschafft (vgl. §§ 873, 925 BGB sowie unten im Sachenrecht).

Der Verpflichtung zur Sachübergabe kommt der Verkäufer in der Regel dadurch nach, dass er dem Käufer den unmittelbaren Besitz an der Sache verschafft. Übergabesurrogate (vgl. dazu unten im Sachenrecht) genügen nur dann, wenn dies im Kaufvertrag ausdrücklich vereinbart ist.

Lernhinweis: Beim „Handkauf" fällt also die Erfüllung der (ansonsten gesonderten) Übergabeverpflichtung mit der als Teilstück zur Übereignung gehörenden Besitzverschaffung zusammen.

bb) Rechtskauf

Für den Rechtskauf gilt nach § 453 Abs. 1 BGB grundsätzlich dasselbe wie beim Sachkauf; allerdings muss die Formulierung den Gegebenheiten des Rechtskaufs angepasst werden. Der Verkäufer eines Rechts ist daher verpflichtet, dem Käufer das Recht zu verschaffen (noch einmal: der Wortlaut des § 433 Abs. 1 BGB muss beim Rechtskauf angepasst werden, da es nicht möglich ist, ein Recht zu „übergeben"). § 453 Abs. 3 BGB regelt ergänzend, dass der Verkäufer verpflichtet ist, dem Käufer eine Sache frei von Sach- und Rechtsmängeln zu übergeben, sofern ein Recht verkauft ist, das zum Besitz der Sache berechtigt. Die Erfüllung der Rechtsverschaffungspflicht richtet sich nach der Art des verkauften Rechts. Forderungen werden nach §§ 398 ff. BGB durch Vertrag zwischen Alt- und Neugläubiger übertragen (vgl. oben § 41). Bei gleichzeitiger Erfüllung fällt praktisch der Kaufvertrag mit der Forderungsabtretung zusammen (für den Laien entsteht insoweit der fälschliche Eindruck, es liege nur ein Rechtsgeschäft vor).

Pflichten der Kaufvertragsparteien

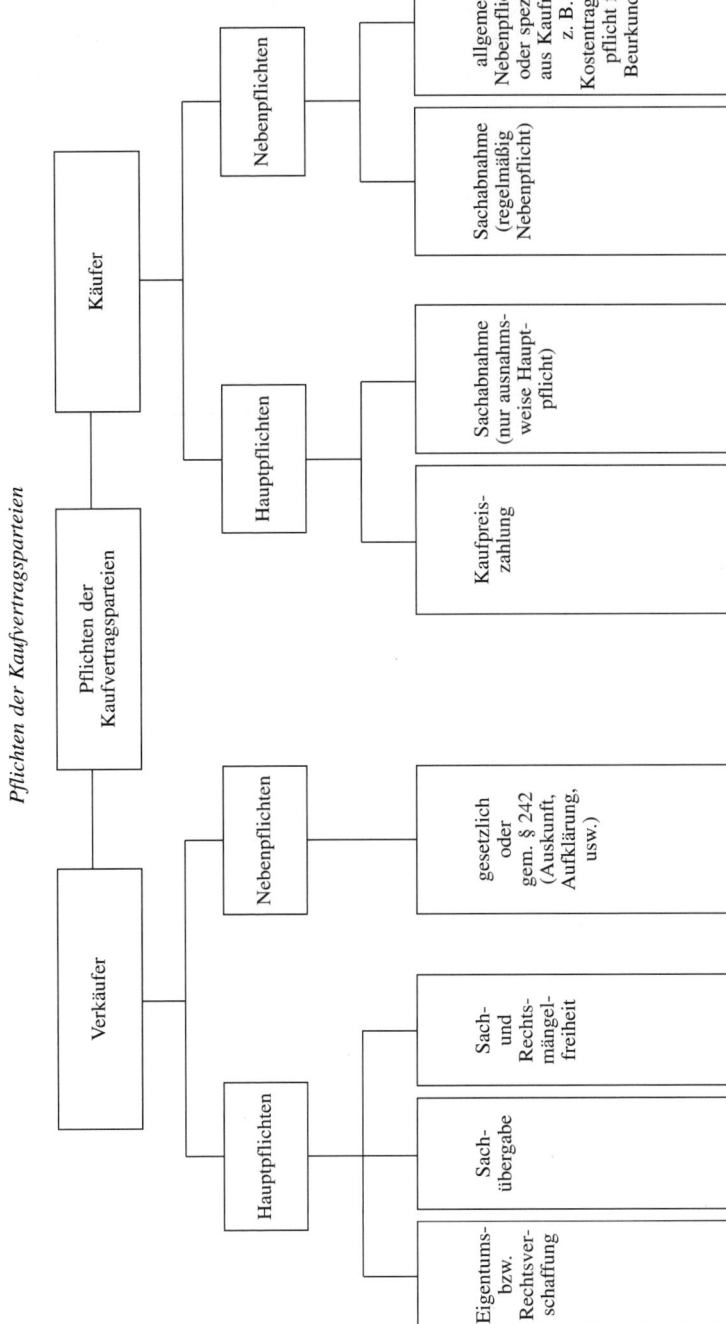

Pflichten der Kaufvertragsparteien	

Verkäufer
- Hauptpflichten
  - Eigentums- bzw. Rechtsverschaffung
  - Sachübergabe
  - Sach- und Rechtsmängelfreiheit
- Nebenpflichten
  - gesetzlich oder gem. § 242 (Auskunft, Aufklärung, usw.)

Käufer
- Hauptpflichten
  - Kaufpreiszahlung
  - Sachabnahme (nur ausnahmsweise Hauptpflicht)
- Nebenpflichten
  - Sachabnahme (regelmäßig Nebenpflicht)
  - allgemeine Nebenpflichten oder spezielle aus Kaufrecht z. B. Kostentragungspflicht für Beurkundung

Beachte: Zur Abtretung bestimmter (insbesondere verbriefter) Rechte sind zusätzliche Rechtsakte erforderlich. Beispiele: Die Übertragung einer Buchhypothek setzt Einigung und Eintragung im Grundbuch voraus (vgl. §§ 873, 1154 Abs. 3), die Briefhypothek wird durch schriftliche Abtretungserklärung und Übergabe des Hypothekenbriefs übertragen (§ 1154 Abs. 1 und 2 BGB lesen!).

Denkbar ist, dass das verkaufte Recht zum Besitz einer Sache berechtigt. In diesem Fall hat der Verkäufer dem Käufer den unmittelbaren Besitz an der betreffenden Sache zu verschaffen.

Beispiele: Erbbaurecht, Nießbrauch, Wohnrecht, pfandgesicherte Forderung (wer eine Forderung verkauft, die durch ein Pfandrecht gesichert ist (§§ 401, 1251 BGB), muss dem Käufer auch das Pfand verschaffen).

cc) Pflicht zur sach- und rechtsmängelfreien Verschaffung

Nach § 433 Abs. 1 S. 2 BGB ist der Verkäufer verpflichtet, dem Käufer die Sache frei von Sach- und Rechtsmängeln zu verschaffen.

Ob ein **Sachmangel** vorliegt, beurteilt sich nach § 434 BGB: Eine Sache ist gem. § 434 Abs. 1 BGB frei von Sachmängeln, wenn sie

1.) bei Gefahrübergang die **vereinbarte Beschaffenheit** hat. Wenn keine Vereinbarung getroffen wurde, ist die Sache mangelfrei, wenn sie

2.) sich für die **vertraglich vorausgesetzte Verwendung** eignet. Sofern bei Vertragsschluss die angestrebte Verwendung der Sache nicht angesprochen wurde, liegt kein Mangel vor, wenn die Sache

3.) sich für die **gewöhnliche Verwendung** eignet und die für diese Sache übliche Beschaffenheit hat, mit der ein Käufer rechnen kann. Zu der letztgenannten Beschaffenheit gehören grundsätzlich auch **Eigenschaften**, die **in Werbeaussagen** enthalten sind.

Ein Sachmangel liegt nach § 434 Abs. 2 BGB auch dann vor, wenn

4.) die vereinbarte **Montage** durch den Verkäufer oder dessen Erfüllungsgehilfen **unsachgemäß** durchgeführt worden ist, oder wenn

5.) die **Montageanleitung** bei einer zur Montage bestimmten Sache **mangelhaft** ist und die Sache deshalb nicht fehlerfrei montiert wurde („Ikea-Klausel").

Schließlich ist es auch als Sachmangel anzusehen, wenn

6.) der Verkäufer eine **andere Sache** oder eine zu **geringe Menge** liefert.

Ob ein **Rechtsmangel** vorliegt, beurteilt sich nach § 435 BGB: Eine Sache (bzw. ein Recht, § 453 Abs. 1 BGB) ist frei von Rechtsmängeln, wenn Dritte in Bezug auf die Sache (bzw. das Recht) keine oder nur die im Kaufvertrag übernommenen Rechte gegen den Käufer geltend machen können. Als Rechtsmangel wird auch angesehen, wenn im Grundbuch ein in Wirklichkeit nicht bestehendes Recht eingetragen ist. Der Käufer hat also nicht nur einen Anspruch darauf, die Sache oder das Recht überhaupt zu erhalten, sondern so, dass er darüber nach Belieben verfügen kann, ohne durch Rechte Dritter beschränkt zu sein.

Beispiele: Rechtsmängel i. S. des § 435 BGB können sein

- dingliche Rechte (Pfandrechte, Nießbrauch, Grunddienstbarkeiten);
- obligatorische Rechte (z. B. schuldrechtliche Nutzungsbefugnisse an dem verkauften Gegenstand infolge von Miet- oder Pachtrechten, die nach §§ 566, 581

Abs. 2 BGB auch dem Erwerber gegenüber ausgeübt werden können – „Kauf bricht nicht Miete"!).

Öffentlich-rechtliche Beschränkungen können unter § 435 BGB fallen, müssen es aber nicht. Der Verkäufer haftet nicht für ein etwa bestehendes Bauverbot (dies kann aber möglicherweise einen Sachmangel begründen, was im Ergebnis auf Grund der Gleichsetzung von Sach- und Rechtsmängeln dann doch zu einer Gewährleistungsverpflichtung des Verkäufers führt). Als Rechtsmängel sind von der Rechtsprechung aber gesetzliche oder behördliche Verfügungsverbote angesehen worden. § 436 Abs. 2 BGB (lesen!) stellt klar, dass der Verkäufer eines Grundstücks nicht für die Freiheit von öffentlichen Abgaben oder anderen öffentlichen Lasten haftet, die zur Eintragung in das Grundbuch nicht geeignet sind (Schulbeispiel: der Verkäufer haftet nicht dafür, dass das verkaufte Grundstück zu Erschließungsbeiträgen herangezogen wird).

Hinweis: Der Verkäufer haftet nicht für Mängel, die der Käufer kennt (§ 442 Abs. 1 S. 1 BGB – lesen!). Zudem werden in aller Regel, namentlich bei Grundstücksveräußerungen, diese Fragen durch ausdrückliche Vereinbarung im Kaufvertrag klargestellt.

b) Nebenpflichten

Nebenpflichten des Verkäufers ergeben sich entweder aus dem Gesetz, aus besonderer Vereinbarung oder aus ergänzender Vertragsauslegung unter Berücksichtigung von Treu und Glauben und der Verkehrssitte (§ 242 BGB).

Einzelne Fälle hat das Gesetz (dispositiv) etwa in §§ 448 Abs. 1, 453 Abs. 2 BGB geregelt: Der Verkäufer trägt beim Sachkauf die Kosten der Übergabe der Sache bzw. beim Rechtskauf die Kosten der Begründung und Übertragung des Rechts. Darüber hinaus bestehen nach § 241 Abs. 2 BGB bzw. Treu und Glauben Rücksichtnahme-, Aufklärungs-, Hinweis-, Schutz- und Unterlassungspflichten. Die Verletzung dieser Pflichten kann, wenn sie vom Verkäufer zu vertreten ist, zu Schadenersatzansprüchen wegen Pflichtverletzung nach § 280 Abs. 1 BGB führen (vgl. oben § 36).

2. Pflichten des Käufers

a) Hauptpflichten

Der Käufer ist nach § 433 Abs. 2 BGB verpflichtet, den vereinbarten **Kaufpreis zu zahlen** und die gekaufte **Sache abzunehmen**. Höhe sowie Art und Weise der Kaufpreiszahlung ergeben sich regelmäßig aus der konkreten Vertragsabrede.

Mit der Pflicht des Käufers zur Abnahme wollte der Gesetzgeber dem Verkäufer die Last zur Bereitstellung und Aufbewahrung der Kaufsache abnehmen. Unter Abnahme versteht man den tatsächlichen Vorgang, durch den der Verkäufer vom Besitz der Sache befreit wird. Daraus ergibt sich, dass es regelmäßig derselbe Vorgang ist, mit dem der Verkäufer seine Übergabepflicht erfüllt. Die Abnahmeverpflichtung ist in der Regel nur eine Nebenpflicht des Käufers. Sie steht nicht im Gegenleistungsverhältnis zur Pflicht des Verkäufers, weil sie keine Gegenleistung für die verkaufte

Sache darstellt. Durch Vertrag kann aber die Abnahmeverpflichtung auch zur Hauptpflicht gemacht werden. Dies ist auch konkludent möglich, wenn die Umstände ergeben, dass der Verkäufer ein Interesse daran hat, die Sache loszuwerden.

Beispiele: Beim Verkauf großer Warenmengen mit dem für den Käufer erkennbaren Zweck der Lagerräumung ist davon auszugehen, dass dabei die Parteien stillschweigend die Abnahme zur Hauptpflicht des Käufers gemacht haben. Dasselbe kann beim Verkauf von Abfallmaterial oder leicht verderblicher Ware der Fall sein.

b) Nebenpflichten

Sofern dies dem Käufer nicht schon als Hauptpflicht obliegt, gehört es zu seinen Nebenpflichten, die gekaufte Sache abzunehmen. Darüber hinaus ist in § 448 BGB (dispositiv) geregelt, dass der Käufer die Kosten der Abnahme, der Versendung der Sache nach einem anderen Ort als dem Erfüllungsort, der Beurkundung und der Auflassung bei einem Grundstück, sowie der Grundbucheintragung zu tragen hat. Zusätzlich können dem Käufer weitere Nebenpflichten auch im Wege der ergänzenden Vertragsauslegung unter Heranziehung der Grundsätze von Treu und Glauben erwachsen.

IV. Leistungsstörungen

Lernhinweis: Das außerordentlich wichtige Recht der Leistungsstörungen wurde zusammenhängend im Allgemeinen Schuldrecht (oben Teil III, 4. Kapitel) dargestellt. Machen Sie sich unbedingt noch einmal mit den Begriffen und Rechtsfolgen bei Pflichtverletzungen, Unmöglichkeit sowie Schuldner- bzw. Gläubigerverzug vertraut. Wegen der besonderen Bedeutung des Kaufvertrags für den Güterumsatz empfiehlt es sich, daran noch einmal anzuknüpfen.

Wie bei jedem anderen Schuldverhältnis, so können auch beim Kaufvertrag Leistungsstörungen dadurch auftreten, dass die Vertragsparteien die ihnen obliegenden Verpflichtungen

- gar nicht (Stichwort: „Unmöglichkeit"),
- nicht rechtzeitig (Stichwort: „Verzug") oder
- nicht vertragsgemäß erfüllen.

Da das Kaufrecht in § 437 BGB nur Regelungen für den Fall enthält, dass die verkaufte Sache bei Gefahrübergang, also nach der Übergabe der Sache an den Käufer, mangelhaft ist, muss für Leistungsstörungen, die vor diesem Zeitpunkt liegen, sowohl auf Seiten des Verkäufers wie auch des Käufers auf die Vorschriften des Allgemeinen Teils des Schuldrechts zurückgegriffen werden. Welche das sind, hängt vom Begehren des Klägers ab: Will er etwa vom Vertrag **zurücktreten,** müssen die Voraussetzungen von § 323 BGB gegeben sein. Bei der Geltendmachung von **Schadenersatzansprüchen** kommt es darauf an, ob einfacher Schadenersatz, d. h. Schadenersatz neben dem Leistungsanspruch (§ 280 Abs. 1 und 2 BGB) oder Schadenersatz „statt der Leistung" (§ 280 Abs. 3 BGB) verlangt wird.

Beachten Sie aber, dass **Teilbereiche der Leistungsstörungen im Kaufrecht speziell geregelt** sind und daher den Bestimmungen des Allgemeinen Teils vorgehen:

- Bei der nachträglichen Unmöglichkeit sind für den Sachkauf die besonderen Regeln der Gefahrtragung zu beachten (§§ 446, 447 BGB – dazu unten IV 2 a) bb).

- Für die Schlechtleistung durch den Verkäufer einer Sache ist das Sachmängelrecht (§ 437 – dazu unten V) zu beachten (halten Sie hier schon fest: Die Gewährleistungsansprüche wegen Sachmängeln nach § 437 BGB setzen – mit (teilweiser) Ausnahme beim Schadenersatz – kein Verschulden des Verkäufers voraus!).

Schließlich ist zu beachten, dass es sich beim Kauf um einen gegenseitigen Vertrag handelt. Deshalb ist jeweils die Verpflichtung des Verkäufers von der des Käufers zu trennen und danach zu differenzieren, ob eine Störung auf der Verkäufer- oder Käuferseite vorliegt. Aus der Tatsache, dass nach § 433 BGB der Käufer (nur) zur Zahlung und Abnahme verpflichtet ist, dem Verkäufer (dagegen) die Verschaffung einer mangelfreien Sache oder eines mangelfreien Rechts obliegt, folgt, dass die „Störungsanfälligkeit" auf Seiten des Verkäufers größer und die Rechtslage komplizierter ist als auf Seiten des Käufers.

1. Leistungsstörungen auf Seiten des Käufers

Der Käufer hat nach § 433 Abs. 2 BGB zwei Pflichten: Er muss den Kaufpreis bezahlen, und er muss die gekaufte Sache abnehmen. Im ersten Fall handelt es sich stets um eine Hauptpflicht, im zweiten Fall liegt regelmäßig eine Nebenpflicht und nur ausnahmsweise eine Hauptpflicht vor (diese Differenzierung ist für die Rechtsfolgen bei der Verletzung der Abnahmeverpflichtung wichtig!).

a) Verletzung der Zahlungspflicht

aa) Einrede des nichterfüllten Vertrags

Der Verkäufer ist nach § 320 BGB (lesen!) nur verpflichtet, Zug um Zug zu leisten. Er kann deshalb bis zur Kaufpreiszahlung seine eigene Leistung verweigern (Einrede des nichterfüllten Vertrags gem. § 320 BGB), vorausgesetzt, er ist nach der individuellen Absprache nicht vorleistungspflichtig.

bb) Erfüllungsanspruch

Dessen ungeachtet hat der Verkäufer gegen den Käufer einen klagbaren Anspruch auf Erfüllung. Anspruchsgrundlage dafür ist § 433 Abs. 2 BGB.

cc) Ersatz des Verzögerungsschadens

Kommt der Käufer mit der Zahlung in Verzug, kann der Verkäufer wegen einer Pflichtverletzung gem. § 280 Abs. 1, 2 i.V.m. § 286 BGB Ersatz des durch die Verzögerung entstandenen Schadens verlangen.

Beispiel: V liefert an K eine Maschine nebst Rechnung am 1. Oktober, so dass K gem. § 286 Abs. 3 S. 1 BGB 30 Tage später, sofern V nicht schon vorher gemahnt hat, in Verzug gerät. K zahlt erst am 30. November. V hatte in der Zwischenzeit einen Bankkredit zu 13 Prozent in Anspruch genommen. Er kann gem. § 280 Abs. 1, 2 i.V.m. §§ 286, 288 Abs. 1 oder 2 (je nach Sachverhalt) und 4 BGB Ersatz der Zinslasten verlangen, die durch das Ausbleiben des rechtzeitigen Zahlungseingangs entstanden sind.

dd) Schadenersatz statt der Leistung und Rücktritt vom Vertrag

Der Verkäufer kann unter den zusätzlichen Voraussetzungen des § 280 Abs. 1, 3 i. V. m. § 281 BGB (grundsätzlich Nachfristsetzung, vgl. dazu oben im Kapitel „Leistungsstörungen") auch Schadenersatz statt der Leistung verlangen oder/und nach § 323 BGB (vgl. § 325 BGB) vom Vertrag zurücktreten – ebenfalls grundsätzlich nach Fristsetzung.

b) Verletzung der Abnahmeverpflichtung

aa) Erfüllungsanspruch

Kommt der Käufer seiner Abnahmeverpflichtung nicht nach, kann ihn der Verkäufer auf Abnahme verklagen. Anspruchsgrundlage ist § 433 Abs. 2 BGB.

bb) Ersatz des Verzögerungsschadens

Wenn dem Verkäufer durch die Nichtabnahme zusätzliche Kosten entstehen, kann er diese nach § 280 Abs. 1, 2 i. V. m. § 286 Abs. 1 BGB als Verzugsschaden ersetzt verlangen.

Beispiel: K nimmt die gelieferte und bereitgestellte Maschine nicht rechtzeitig ab, V entstehen zusätzliche Lagerkosten.

cc) Schadenersatz statt der Leistung und Rücktritt vom Vertrag

Schadenersatz statt der Leistung nach § 280 Abs. 1, 3 i. V. m. § 281 BGB kann der Verkäufer bei jeder Pflichtverletzung des Käufers verlangen – sofern nicht andere Bestimmungen spezieller (z. B. §§ 282, 283 BGB) oder für den Verkäufer günstiger sind (so etwa bei § 280 Abs. 1 oder § 280 Abs. 1, 2 i. V. m. § 286 BGB, wo der Anspruch auf Schadenersatz neben den Leistungsgegenstand tritt) –, auch wenn diese, wie regelmäßig bei der Abnahmeverpflichtung, nur eine Nebenpflicht darstellt.

Nimmt der Käufer die gekaufte Sache nicht ab, ist der Verkäufer unter den Voraussetzungen des § 323 BGB zum Rücktritt berechtigt. Danach muss der Schuldner eine Pflicht aus einem gegenseitigen Vertrag durch Nicht- oder Schlechterfüllung verletzt haben. Nicht erforderlich ist, dass die verletzte Pflicht im Gegenseitigkeitsverhältnis steht. Demzufolge ist § 323 BGB auch anwendbar, wenn der Käufer die verkaufte Sache nicht abnimmt.

dd) Gläubigerverzug

Eben wurde dargestellt, dass der Schuldner durch Nichtabnahme in Schuldnerverzug kommt; darüber hinaus kann auch Gläubigerverzug eintreten (§§ 293 ff. BGB, vgl. oben § 38). Dieser führt zur Haftungserleichterung nach § 300 Abs. 1 BGB und beim Gattungskauf zum Gefahrübergang nach § 300 Abs. 2 BGB. Repetieren Sie die Regelung des § 326 Abs. 2 Var. 2 BGB: Kommt der Käufer in Annahmeverzug, muss er den Kaufpreis selbst im Falle des zufälligen Untergangs der Kaufsache bezahlen (die Preisgefahr geht vom Verkäufer auf den Käufer über!).

2. Leistungsstörungen auf Seiten des Verkäufers

Lernhinweis: Bei den Verpflichtungen des Verkäufers war vor der Schuldrechtsmodernisierung zwischen Sach- und Rechtskauf zu unterscheiden, da sich jeweils unterschiedliche Rechtsfolgen ergaben. Diese Aufspaltung ist seit 1. 1. 2002 hinfällig geworden, da Sach- und Rechtskauf nunmehr gleich behandelt werden (vgl. § 453 Abs. 1 BGB und oben).

Leistet der Verkäufer nicht, kann der Käufer auf Erfüllung klagen bzw. bis zur Zug-um-Zug-Leistung nach § 320 BGB die Einrede des nichterfüllten Vertrags erheben (insofern ergeben sich keine Besonderheiten zu den oben beim Käufer dargestellten Fragen). Auch für den Verzug des Verkäufers gelten die allgemeinen Vorschriften des § 280 Abs. 1, 2 i. V. m. § 286 BGB. Kaufrechtliche Besonderheiten sind aber für den Fall der Unmöglichkeit und der Schlechtleistung festzuhalten.

Lernhinweis: Verschaffen Sie sich zunächst einen Überblick anhand der Übersicht *Leistungsstörungen auf Seiten des Verkäufers.*

a) Unmöglichkeit

Bei der Unmöglichkeit ist zwischen ursprünglicher und nachträglicher Unmöglichkeit zu differenzieren.

aa) Ursprüngliche Unmöglichkeit

Lernhinweis: Vor dem Inkrafttreten des Schuldrechtsmodernisierungsgesetzes am 1. 1. 2002 führte eine bereits vor Vertragsabschluss bestehende objektive Unmöglichkeit nach § 306 BGB a. F. beim Sachkauf immer zur Nichtigkeit des Vertrages, beim Rechtskauf nur dann, wenn ein Recht verkauft wurde, das überhaupt nicht existieren kann.

Bei subjektiver ursprünglicher Unmöglichkeit war der Kaufvertrag beim Sachkauf wegen einer insoweit angenommenen Garantiehaftung des Verkäufers gültig (§§ 440, 325 BGB a. F.). Beim Verkauf eines Rechtes, das zwar nicht besteht, das aber bestehen könnte, gelangte man über §§ 437, 440, 325 BGB a. F. zum gleichen Ergebnis.

Nach **geltender Rechtslage** ergibt sich nach § 311 a Abs. 1 BGB für die ursprüngliche objektive und subjektive Unmöglichkeit dasselbe Ergebnis: Der Kaufvertrag ist gültig! Der Käufer wird jedoch gem. §§ 326 Abs. 1, 275 Abs. 1, 4 BGB von der Gegenleistungsverpflichtung (Bezahlung des Kaufpreises) frei und hat wahlweise einen Schadenersatz- oder Aufwendungsersatzanspruch nach §§ 311 a Abs. 2, 275 Abs. 1, 4 BGB. Dies gilt nicht, wenn der Verkäufer das Leistungshindernis bei Vertragsschluss nicht kannte und seine Unkenntnis auch nicht zu vertreten hat. Gleichzeitig (oder alternativ, § 325 BGB) kann der Käufer auch gem. §§ 326 Abs. 5, 275 Abs. 1, 4 BGB vom Vertrag zurücktreten (ohne die sonst übliche, bei Unmöglichkeit jedoch sinnlose Fristsetzung).

Beispiele: (1.) V verkauft K ein perpetuum mobile (Fall einer objektiven ursprünglichen Unmöglichkeit). (2.) V verkauft K ein Motorrad, das V einen Tag vor Vertragsschluss von einem nicht zu ermittelnden Täter gestohlen worden ist (Fall einer ursprünglichen subjektiven Unmöglichkeit). In beiden Fällen ist der Vertrag gültig.

bb) Nachträgliche Unmöglichkeit

Wird dem Verkäufer die Leistung nach Abschluss des Kaufvertrags unmöglich, handelt es sich um eine nachträgliche Unmöglichkeit. Unabhängig davon, ob eine objektive oder subjektive Unmöglichkeit gegeben

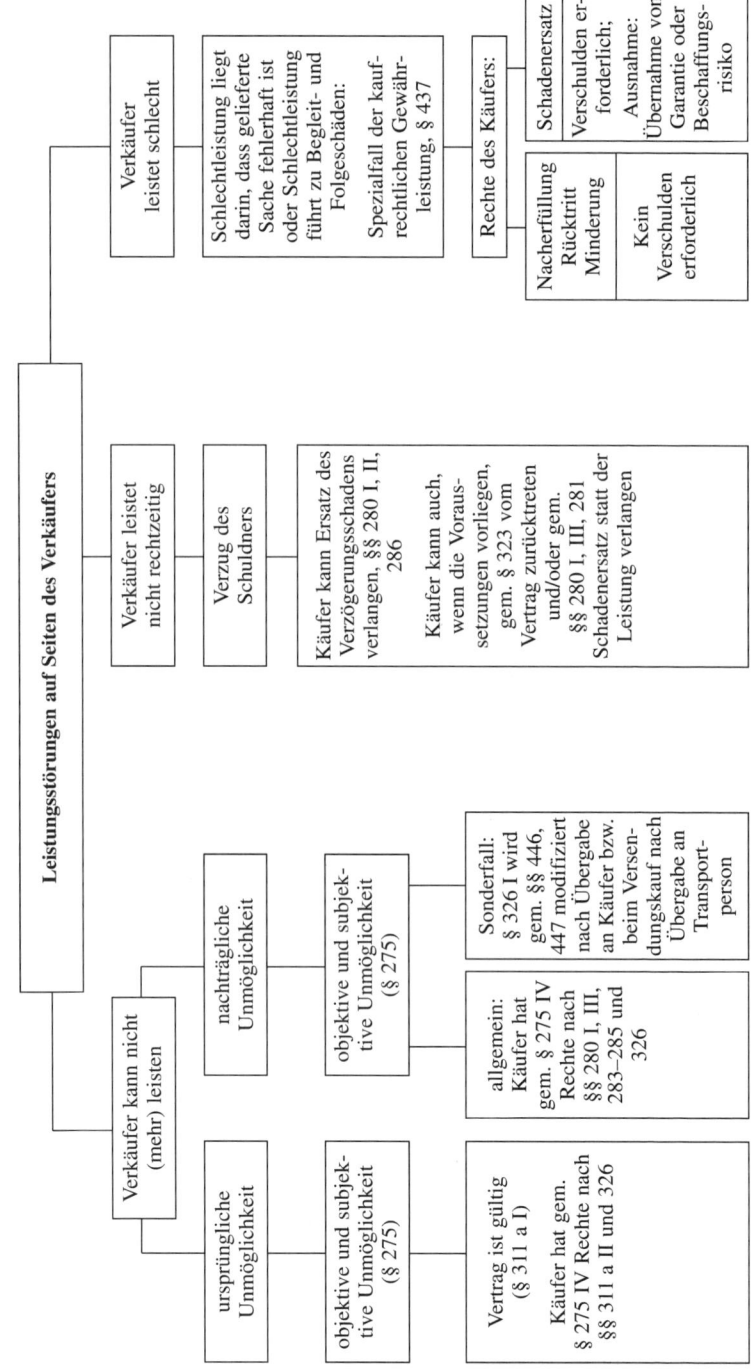

ist, liegt eine zum Schadenersatz führende Pflichtverletzung nach §§ 280 ff., 275 Abs. 1, 4 BGB vor. Gleichzeitig (oder alternativ, vgl. § 325 BGB) stehen dem Käufer nach § 275 Abs. 1, 4 BGB auch die Rechte aus § 326 BGB zu (Verweigerung der Gegenleistung und Rücktritt vom Vertrag).

Beispiele: (1.) V verkauft K eine bestimmte Vase aus der Mingzeit. Nach Abschluss des Kaufvertrags wird sie durch einen unbekannten Dritten zerstört (Fall einer nachträglichen objektiven Unmöglichkeit). (2.) Gleicher Sachverhalt, jedoch mit dem Unterschied, dass der Dritte die Vase stiehlt (Fall einer nachträglichen subjektiven Unmöglichkeit).

Diese Bestimmungen werden durch die Spezialvorschriften bei der kaufrechtlichen Gefahrtragung nach §§ 446, 447 modifiziert. Vergleichen Sie vorab die Übersicht *Nachträgliche Unmöglichkeit beim Sachkauf.* Trennen Sie immer scharf zwischen der Leistungs- und der Preisgefahr!

(1.) Gefahrtragung im Normalfall

Bei der Gefahrtragung geht es um die **Frage, wer das Risiko des zufälligen (also von keiner der Vertragsparteien zu vertretenden) Untergangs trägt.** Normalerweise ist der Eigentümer für seine Sache verantwortlich. Was aber gilt, wenn nach Vertragsabschluss, jedoch vor dessen Erfüllung, die Sache untergeht? **Zwei Fragen** stellen sich:

* Ist der Verkäufer weiterhin zur Lieferung verpflichtet (insoweit spricht man von der **„Leistungsgefahr"**)?
* Ist der Käufer ggf. trotz Nichtleistung des Verkäufers verpflichtet, den Kaufpreis zu bezahlen (insofern spricht man von der „Gegenleistungs-" oder **„Preisgefahr"**)?

Beachten Sie, dass das Kaufrecht keine Sonderregelungen hinsichtlich der **Leistungs**gefahr enthält. Es bleibt bei § 275 BGB: Der Verkäufer wird (als Schuldner) von seiner „Lieferverpflichtung" frei, wenn die Leistung unmöglich wird.

Repetition: Im Falle der Unmöglichkeit ist immer zu prüfen, ob eine Stück- oder Gattungsschuld vorliegt. Während der Schuldner bei der Stückschuld frei wird, gilt dies bei der Gattungsschuld nur in nachfolgenden Ausnahmefällen: Der Schuldner wird frei,

(1.) wenn die gesamte Gattung untergegangen ist;

(2.) im Fall der beschränkten Gattungsschuld („Vorratsschuld"), wenn die Lieferung aus dem betreffenden Vorrat nicht mehr möglich ist;

(3.) wenn die Gattungsschuld bereits nach § 243 Abs. 2 BGB konkretisiert wurde und schließlich

(4.) wenn die Gefahr infolge Annahmeverzugs gem. § 300 Abs. 2 BGB auf den Gläubiger (Käufer) übergegangen ist.

Die Rechtsfolgen bei Unmöglichkeit des Verkäufers ergeben sich aus § 275 Abs. 4 BGB: Rücktritt und Verlust des Gegenleistungsanspruchs.

(**Hinweis:** Da es vorliegend um die Frage des zufälligen Untergangs geht, scheidet ein Schadenersatzanspruch, der ein Verschulden des Verkäufers voraussetzt, aus.)

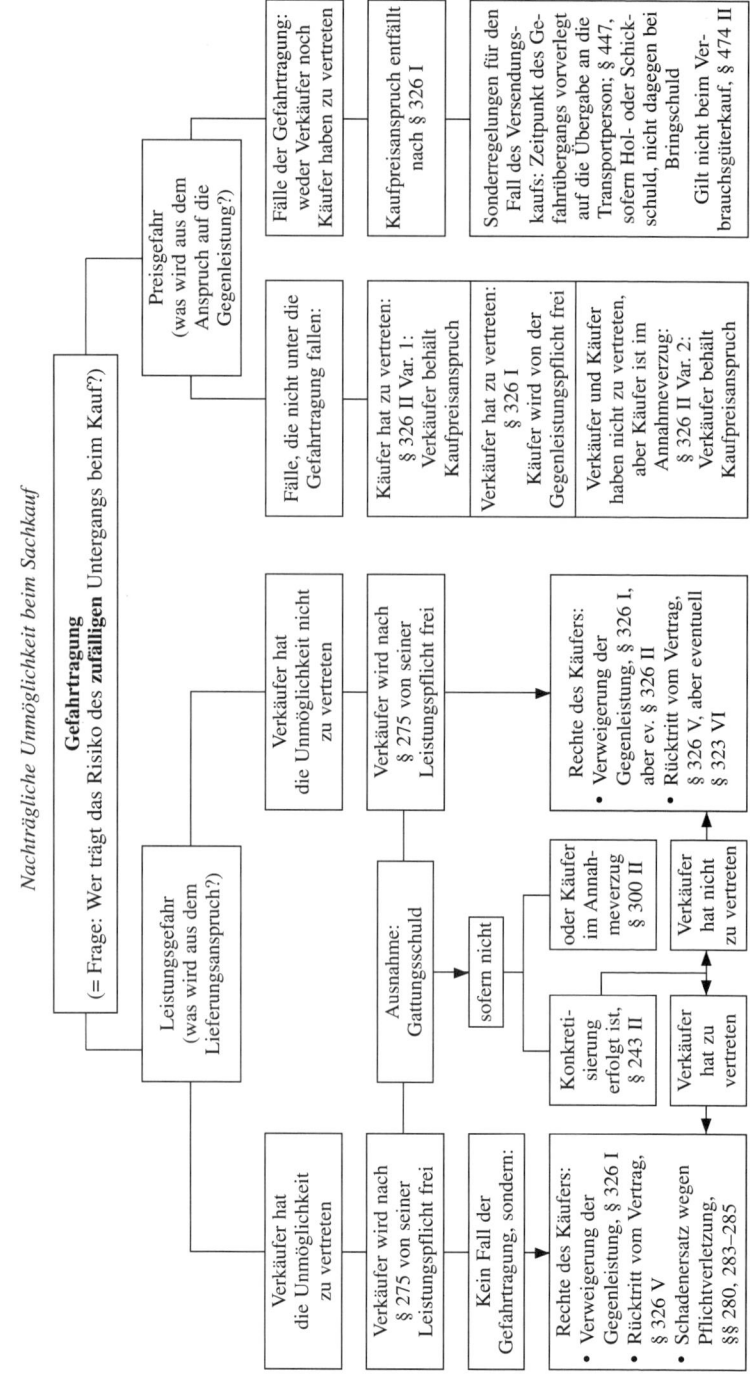

Nachträgliche Unmöglichkeit beim Sachkauf

Gefahrtragung

(= Frage: Wer trägt das Risiko des **zufälligen** Untergangs beim Kauf?)

Leistungsgefahr
(was wird aus dem
Lieferungsanspruch?)

- Verkäufer hat
die Unmöglichkeit
zu vertreten

- Verkäufer wird nach
§ 275 von seiner
Leistungspflicht frei

- Kein Fall der
Gefahrtragung, sondern:

Rechte des Käufers:
- Verweigerung der
Gegenleistung, § 326 I
- Rücktritt vom Vertrag,
§ 326 V
- Schadenersatz wegen
Pflichtverletzung,
§§ 280, 283–285

Ausnahme:
Gattungsschuld

Konkreti-
sierung
erfolgt ist,
§ 243 II

Verkäufer
hat zu
vertreten

sofern nicht

oder Käufer
im Annah-
meverzug
§ 300 II

Verkäufer
hat nicht
zu vertreten

- Verkäufer hat
die Unmöglichkeit nicht
zu vertreten

- Verkäufer wird nach
§ 275 von seiner
Leistungspflicht frei

Rechte des Käufers:
- Verweigerung der
Gegenleistung, § 326 I,
aber ev. § 326 II
- Rücktritt vom Vertrag,
§ 326 V, aber eventuell
§ 323 VI

Preisgefahr
(was wird aus dem
Anspruch auf die
Gegenleistung?)

Fälle, die nicht unter die
Gefahrtragung fallen:

- Käufer hat zu vertreten:
§ 326 II Var. 1:
Verkäufer behält
Kaufpreisanspruch

- Verkäufer hat zu vertreten:
§ 326 I
Käufer wird von der
Gegenleistungspflicht frei

- Verkäufer und Käufer
haben nicht zu vertreten,
aber Käufer ist im
Annahmeverzug:
§ 326 II Var. 2:
Verkäufer behält
Kaufpreisanspruch

Fälle der Gefahrtragung:
weder Verkäufer noch
Käufer haben zu vertreten

- Kaufpreisanspruch entfällt
nach § 326 I

- Sonderregelungen für den
Fall des Versendungs-
kaufs: Zeitpunkt des Ge-
fahrübergangs vorverlegt
auf die Übergabe an die
Transportperson; § 447,
sofern Hol- oder Schick-
schuld, nicht dagegen bei
Bringschuld
Gilt nicht beim Ver-
brauchsgüterkauf, § 474 II

(1.1.) Rücktritt vom Vertrag

Sofern der Verkäufer gem. § 275 BGB nicht zu leisten braucht, steht es dem Käufer nach § 326 Abs. 5 BGB frei, vom Vertrag zurückzutreten. Dabei kommt es nicht auf ein Vertretenmüssen des Verkäufers an. Auf die beim Rücktritt sonst erforderliche Fristsetzung wird hierbei verzichtet, da diese im Falle einer Unmöglichkeit sinnlos wäre. (Hinweis: Zurücktreten kann der Käufer gem. § 323 Abs. 6 BGB allerdings nicht, wenn er die Unmöglichkeit zu vertreten hat oder sich bei deren Eintritt in Annahmeverzug befand: § 323 BGB findet über die Verweisung in § 326 Abs. 5 BGB Anwendung.)

(1.2.) Verweigerung der Gegenleistung

Wer von seiner Leistungspflicht nach § 275 BGB frei wird, verliert den Anspruch auf die Gegenleistung nach § 326 Abs. 1 BGB.

Diese Regelung wird – sofern es sich nicht um einen Verbrauchsgüterkauf handelt (§ 474 Abs. 2 BGB – lesen!) – durch §§ 446, 447 BGB modifiziert. Nach § 446 BGB gilt: **Mit der Übergabe** der verkauften Sache **geht die Gefahr** des zufälligen Untergangs und einer zufälligen Verschlechterung **auf den Käufer über.**

Der Sinn dieser Regelung ist einleuchtend: Der Verkäufer hat ab Übergabe keine Möglichkeit mehr, Vorkehrungen gegen eine Gefährdung der Sache zu treffen. Dies obliegt nunmehr dem Käufer. Außerdem stehen dem Käufer ab der Übergabe die Nutzungen zu – er soll dann auch das Risiko für Verschlechterungen tragen.

Beispiel: Käufer K kauft beim Privatmann V einen Gebrauchtwagen unter Eigentumsvorbehalt. Die Übergabe erfolgt am 1. März. Der Kaufpreis ist noch nicht bezahlt. Zwei Tage später wird das Fahrzeug auf einem Parkplatz durch einen umstürzenden Baum zerstört. Mit der Übergabe des Fahrzeugs war am 1. März nach § 446 BGB die Gefahr des zufälligen Untergangs von V auf K übergegangen. V wird nach § 275 BGB von seiner Leistungspflicht, nämlich dem K das Eigentum am Gebrauchtwagen zu verschaffen (bisher war wegen des Eigentumsvorbehalts noch kein Eigentum übergegangen), befreit. Trotzdem muss K entgegen der Regelung in § 326 Abs. 1 BGB den Kaufpreis bezahlen. Aus dem Beispiel wird ersichtlich, dass dieses Ergebnis auch billig ist: Schließlich konnte allein K das Fahrzeug benutzen und einen entsprechenden Parkplatz auswählen.

Hinweis: Nach § 446 S. 3 BGB steht es der Übergabe gleich, wenn der Käufer im Verzug der Annahme ist. Mit dieser durch die Schuldrechtsreform erfolgten Ergänzung des § 446 BGB wird ein Ergebnis erzielt, welches sich für die Gefahrtragung bereits aus § 326 Abs. 2 S. 1 2. Alt. BGB ergibt. Eigenständige Bedeutung hat Satz 3 bezüglich der (nach Satz 2) ab Übergabe dem Käufer zustehenden Nutzungen bzw. zu tragenden Lasten. Zudem ist Satz 3 relevant für die Rechte des Käufers beim Vorliegen von Mängeln: Gem. § 437 BGB i. V. m. § 434 BGB setzen diese voraus, dass die Mängel bereits bei Gefahrübergang, somit bei Übergabe vorliegen.

Lernhinweis: Sie ersehen aus dem Beispiel, dass die Regelung der Gefahrtragung in § 446 BGB nur für solche Gefahrenfälle von praktischer Bedeutung ist, die sich zwischen Abschluss des Vertrages und vollständiger Erfüllung ereignen.

(2.) Gefahrtragung beim Versendungskauf

Besonderes gilt nach § 447 für den sog. **Versendungskauf:** Versendet der Verkäufer auf Verlangen des Käufers die verkaufte Sache nach einem anderen Ort als dem Erfüllungsort, so geht die **Gefahr** nicht erst mit der Übergabe an den Käufer **über**, sondern **sobald der Verkäufer die Sache** dem Spediteur, Frachtführer oder einer sonstigen zur Ausführung der Versendung bestimmten Person **ausgeliefert** hat.

Diese Regelung berücksichtigt, dass die Versendung vom Käufer selbst gewünscht ist und in seinem Interesse liegt. § 447 BGB durchbricht damit den in § 326 Abs. 1 zum Ausdruck kommenden Grundsatz „ohne Waren kein Geld".

Beispiel: Unternehmer K mit Geschäftssitz in Tübingen kauft für sein Unternehmen beim Antiquitätenhändler V in Stuttgart eine wertvolle griechische Statue zum Preis von 100 000 Euro. Auf Wunsch von K erklärt sich V bereit, unter Einschaltung eines hierfür spezialisierten Frachtführers F die Statue nach Tübingen zu schicken. Auf der Fahrt von Stuttgart nach Tübingen kommt es zu einem schweren Verkehrsunfall, weil der wegen Unfallflucht später nicht haftbar zu machende Sportwagenfahrer S riskant überholt und F von der Fahrbahn abdrängt. Die Statue wird vollständig zerstört. Muss K bezahlen?

Es handelt sich um den klassischen Fall eines Versendungskaufs: Erfüllungsort ist nach der Auslegungsregel des § 269 BGB der Ort des Schuldners, also der des Verkäufers V (Stuttgart). V hat sich auf Bitten des Käufers (Gläubiger) bereit erklärt, die verkaufte Sache an einen anderen als den Erfüllungsort, nämlich den Geschäftssitz des Käufers, also nach Tübingen, zu übersenden. In diesem Fall geht nach § 447 BGB die Preisgefahr mit der Übergabe der Sache an die Transportperson auf den Käufer über. Im Verhältnis V zu K handelt es sich um einen zufälligen Untergang, da weder den Verkäufer noch den Käufer eine Schuld am Unfall trifft und somit V den Untergang nicht zu vertreten hat. V behält nach § 447 BGB entgegen § 326 Abs. 1 BGB den Anspruch auf Bezahlung des Kaufpreises gegen K. Was die geschuldete Lieferung betrifft, wird V von seiner Verpflichtung nach § 433 Abs. 1 BGB, das Eigentum zu verschaffen, befreit (§ 275 BGB).

Abwandlung: Wie sähe das Ergebnis aus, wenn K ein Privatmann wäre?

Antwort: Dann handelte es sich um einen Verbrauchsgüterkauf, mit der Folge, dass § 447 BGB nicht anwendbar wäre (§ 474 Abs. 2 BGB). In diesem Fall würde zwar V ebenfalls von seiner Leistungspflicht frei werden, er verlöre jedoch gem. § 326 Abs. 1 BGB seinen Zahlungsanspruch gegen K.

Lernhinweis: Beachten Sie, dass beim Versendungskauf die in § 447 BGB genannten Beförderungspersonen nicht Erfüllungsgehilfen des Verkäufers sind. Begründung: Es liegt eine Schickschuld vor (der Erfüllungsort bleibt also beim Verkäufer, vgl. oben § 26 II 1. c), so dass der Verkäufer die Versendung gerade nicht schuldet und sich mit der Einschaltung einer Transportperson nicht eines anderen zur Erfüllung seiner Verbindlichkeit bedient.

Weiterführender Hinweis: Nach allgemeiner Auffassung findet § 447 BGB auch dann Anwendung, wenn der Verkäufer die Versendung selbst ausführt bzw. **eigene Leute** damit betraut. Im letzteren Fall wendet dann die Rechtsprechung § 278 BGB an. Das heißt: Trifft die eigenen Leute des Versenders kein Verschulden, bleibt es bei § 447 BGB. Haben diese aber beispielsweise fahrlässig gehandelt, so haftet der Verkäufer nach §§ 280 ff., 278 BGB.

Bei der Versendung durch eigene Leute des Verkäufers ist jedoch stets sorgfältig zu prüfen, ob nicht doch eine Bringschuld vorliegt und § 447 BGB schon aus diesem Grunde entfällt.

Weiterführung des Ausgangsfalles: Als Anspruchsgrundlage gegen den Sportwagenfahrer S kommt § 823 Abs. 1 BGB in Betracht. Dies setzt voraus, dass S rechtswidrig und mindestens fahrlässig das Eigentum eines anderen verletzt hat. Eigentümer der Statue im Zeitpunkt des Unfalls war (noch) V, da noch keine Übergabe stattgefunden hatte. S hat also das Eigentum von V verletzt. Jedoch ist V dadurch kein Schaden entstanden, weil mittlerweile die Preisgefahr auf K übergegangen war und V den Kaufpreisanspruch gegenüber K behält. Sein Vermögen ist nach der Differenzmethode vor und nach dem schädigenden Ereignis gleich geblieben. Geschädigt wurde dagegen K. Dieser aber kann einen Schadenersatzanspruch nach § 823 Abs. 1 deshalb nicht geltend machen, weil er zum Zeitpunkt der Schädigung noch nicht Eigentümer der Statue war. Aus dieser unbefriedigenden Situation heraus wurde die Lehre von der „**Schadensliquidation im Drittinteresse**" entwickelt: Dem Schädiger darf aus dem frühzeitigen Gefahrübergang beim Versendungskauf kein ungerechtfertigter Vorteil erwachsen. Deshalb verlangt („liquidiert") der Verkäufer vom Schädiger Ersatz für den Käufer, der als geschädigter Dritter nach § 285 BGB vom Verkäufer die Abtretung dieses Anspruchs verlangen kann.

Hinweis auf das Frachtgeschäft im Handelsrecht: Im Frachtrecht steht dem Empfänger (also dem Käufer) gem. §§ 421 Abs. 1 S. 2, 425 Abs. 1 HGB ein **eigener Schadenersatzanspruch gegen den Frachtführer** zu. Somit bedarf es der Schadensliquidation im Drittinteresse nicht, wenn die nach dem HGB erforderliche Personenkette (Absender – Frachtführer – Empfänger) vorliegt. Dann ist allerdings Voraussetzung, dass sich der Frachtführer nicht auf den Haftungsausschluss nach § 446 HGB berufen kann (das kann er, wenn der Schaden auf Umständen beruht, die auch bei größter Sorgfalt nicht vermieden werden konnten). Weiteres im Handelsrecht.

Ungeachtet dessen ist für die Annahme eines Versendungskaufs stets die wichtige Vorentscheidung zu treffen: Liegt eine Versendung „nach einem anderen Orte als dem Erfüllungsorte" vor? Nur dann erbringt der Verkäufer zusätzliche Leistungen, zu denen er nicht verpflichtet ist. Deshalb muss jeweils festgestellt werden, wo im konkreten Fall der Erfüllungsort liegt. Repetieren Sie dazu oben § 26 II. Ist nichts Abweichendes vereinbart, greift die gesetzliche Auslegungsregel des § 269 BGB ein: Der Erfüllungsort liegt beim Schuldner, hinsichtlich der Eigentumsverschaffungspflicht somit beim Verkäufer. Deshalb liegt in der Regel ein Versendungskauf vor, wenn auf Veranlassung des Käufers die Sache dem Käufer zugesandt wird. Nur bei Bringschulden verhält es sich anders.

Hinweis: § 447 BGB findet auch Anwendung bei der Versendung innerhalb einer Ortschaft (sog. „**Platzkauf**"). Begründung: Erfüllungsort ist die Wohnung bzw. die Niederlassung des Verkäufers!

b) Verzug

Kommt der Verkäufer mit seinen Verpflichtungen in Verzug, so gilt Allgemeines Schuldrecht: Der Käufer kann vom Verkäufer den durch die verspätete Leistung entstandenen Schaden nach § 280 Abs. 1, 2 i.V.m. § 286 ersetzt verlangen.

Beispiel: V liefert trotz vertraglicher Terminzusage die zum 1. Dezember versprochenen Waren nicht. Die Lieferung trifft erst am 20. Dezember ein. Dem Käufer entgeht ein wesentlicher Teil des Weihnachtsgeschäfts. Den ihm dadurch entgangenen Gewinn kann er von V nach § 280 Abs. 1, 2 i.V.m. § 286 BGB ersetzt verlangen.

c) Rücktritt vom Vertrag und Schadenersatz statt der Leistung

Der Käufer kann nicht nur – wie oben bereits dargestellt – im Fall der Unmöglichkeit vom Vertrag zurücktreten und Schadenersatz verlangen. Dieses Recht steht ihm vielmehr immer dann zu, wenn der Verkäufer eine Leistung nicht oder nicht vertragsgemäß erbringt (die Unmöglichkeit ist nur eine Variante der Nichterfüllung einer Verkäuferpflicht).

Der Rücktritt ist verschuldensunabhängig und setzt grundsätzlich die Fristsetzung voraus.

Der Schadenersatz verlangt dagegen ein Verschulden des Verkäufers. Bei den weiteren Voraussetzungen ist danach zu unterscheiden, was für ein Schaden geltend gemacht wird:

aa) Resultiert er aus einer **Unmöglichkeit,** sind §§ 280 Abs. 1, 3 i.V.m. 283 BGB einschlägig (s.o.).

bb) Ergibt er sich infolge **Schuldnerverzugs,** müssen die Kriterien der §§ 280 Abs. 1, 2 i.V.m. 286 BGB (s.o.) erfüllt sein.

cc) Geht es um einen **Schadenersatz statt der Leistung,** richten sich die Voraussetzungen nach §§ 280 Abs. 1, 3 i.V.m. 281 BGB. Danach ist grundsätzlich eine Fristsetzung erforderlich.

Handelsrechtlicher Hinweis: Beim Fixhandelskauf nach § 376 HGB wird auf das Erfordernis der Nachfristsetzung verzichtet (Einzelheiten im Handelsrecht).

dd) Es ist allerdings auch denkbar, dass der Verkäufer eine zu einem Schaden führende Pflichtverletzung begeht, indem er eine über die bloße Lieferung hinausgehende Verhaltenspflicht (z.B. mangelhafte Beratung und Aufklärung über die gelieferte mangelfreie Sache) verletzt. In einem solchen Fall wird dem Käufer daran gelegen sein, nur den durch die Nebenpflichtverletzung eingetretenen Schaden vom Verkäufer ersetzt zu bekommen (und keinen Schadenersatz statt der Leistung nach §§ 280 Abs. 1, 3 i.V.m. 281 BGB geltend zu machen). Dann ergibt sich der Anspruch aus § 280 Abs. 1 i.V.m. § 241 Abs. 2 BGB, die keine Fristsetzung erfordern.

Beachten Sie: Liegt die nicht vertragsmäßige Leistung darin, dass der gelieferte Gegenstand mangelhaft ist, sind die kaufrechtlichen Sondervorschriften über die Gewährleistungspflicht des Verkäufers nach § 437 BGB zu beachten. Diese Vorschriften gehen als leges speciales dem Allgemeinen Schuldrecht vor (vgl. dazu nachfolgend V.).

V. Die Sachmängelhaftung des Verkäufers

Lernhinweis: Von einem Absolventen eines „Grundkurses" kann man mit Fug und Recht erwarten, dass er die Grundzüge der Sachmängelhaftung beherrscht. Er muss wissen, unter welchen Voraussetzungen der Verkäufer bei einer mangelhaften Lieferung haftet und welche Rechte dann dem Käufer zustehen. Es ist zweckmäßig, dass Sie zunächst im Gesetz § 437 BGB lesen.

Merken Sie sich als „Grobraster": Der Verkäufer haftet für Mängel. Solche liegen vor, wenn die verkaufte Sache (bzw. das Recht – repetieren Sie § 453 Abs. 1 BGB) mangelhaft ist. Mängel können als Rechts- oder Sachmängel auftreten. Wenn ein Mangel vorliegt, ergeben sich die Rechte des Käufers aus § 437 BGB. Diese zentrale Vorschrift verweist bzgl. der Voraussetzungen auf die Bestimmungen des Allgemeinen Schuldrechts. Halten Sie fest: Bei Lieferung einer mangelhaften Sache kann der Käufer wahlweise folgende Rechte geltend machen:

- Nacherfüllung;
- Rücktritt oder alternativ
- Minderung;
- Schadenersatz oder alternativ
- Aufwendungsersatz

Wichtige Frage: In welchem Rangverhältnis stehen die einzelnen Käuferrechte zueinander?

Antwort: Grundsätzlich hat der Käufer ein Wahlrecht, welche Art der Gewährleistung er geltend macht (vorausgesetzt natürlich, die einzelnen, zum Teil – etwa beim Schadenersatz – erweiterten Voraussetzungen liegen vor). Betrachtet man die Ausgestaltung der einzelnen Käuferrechte genauer, erkennt man eine **Priorität** zu Gunsten **der Nacherfüllung.** Dies ergibt sich daraus, dass der Gesetzgeber vor der Geltendmachung von Rücktritt, Minderung, Schaden- und Aufwendungsersatz verlangt, dass der Käufer dem Verkäufer gem. § 323 Abs. 1 BGB grundsätzlich eine Frist zur Nacherfüllung setzen muss (die allerdings in Ausnahmefällen entbehrlich ist, vgl. im Einzelnen § 323 Abs. 2 BGB sowie § 440 BGB). Als besonders wichtig sei hier die in § 440 BGB enthaltene Regelung festgehalten: Einer Fristsetzung zur Nacherfüllung bedarf es u. a. nicht, wenn sie fehlgeschlagen ist, wobei das Gesetz eine in der Praxis wichtige Frage entschieden hat: Eine Nachbesserung gilt in der Regel nach dem **erfolglosen zweiten** Versuch als fehlgeschlagen.

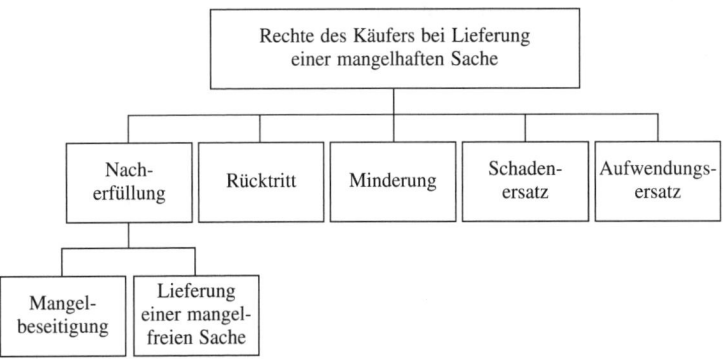

Die Rechte des Käufers verjähren grundsätzlich in zwei Jahren ab Ablieferung der Sache.

Bei Bauwerken u. dgl. beträgt die Verjährungsfrist fünf Jahre ab Übergabe, bei Mängeln, die aus dinglichen Rechten Dritter resultieren, 30 Jahre (§ 438 Abs. 1 u. 2 BGB). Bei Arglist des Verkäufers gilt die allgemeine Verjährungsfrist (§ 438 Abs. 3 BGB).

Diese wenigen Merksätze müssen Sie nun – wie auf den nachfolgenden Seiten dargestellt – mit Details auffüllen.

1. Haftung des Verkäufers bei Mängeln

Nach § 437 BGB haftet der Verkäufer einer Sache (bzw. eines Rechts, § 453 Abs. 1 BGB) dem Käufer dafür, dass die Sache sach- und rechtsmängelfrei ist. Dazu muss sie den Anforderungen genügen, die § 434 BGB für die Sachmängelfreiheit, § 435 BGB für die Rechtsmängelfreiheit aufstellen.

Beide Vorschriften wurden oben bereits kurz vorgestellt, sollen hier jedoch nochmals eingehender dargestellt werden.

Lernhinweis: Vor der Schuldrechtsmodernisierung 2002 enthielt das BGB in § 459 BGB a.f. nur die Bestimmung, dass der Verkäufer für „Fehler" haftete; was ein „Fehler" war, wurde nicht gesagt. Daher entwickelte die Rechtsprechung zwei Fehlerdefinitionen: Nach dem objektiven Fehlerbegriff lag ein Sachmangel dann vor, wenn die gekaufte Sache von der typischen Normalbeschaffenheit abwich. Der subjektive Fehlerbegriff ging darüber noch hinaus: Ein Fehler lag auch dann vor, wenn die Sache zwar objektiv fehlerfrei war, der vertraglich vorausgesetzte Gebrauch aber ausgeschlossen oder beeinträchtigt war. Seit Inkrafttreten des Schuldrechtsmodernisierungsgesetzes vom 1. 1. 2002 sind in § 434 BGB beide Fehlerbegriffe gesetzlich verankert.

a) Sachmängel

Unter einem Mangel versteht man „jede ungünstige Abweichung der Istbeschaffenheit von der Sollbeschaffenheit". Die Sollbeschaffenheit wird in § 434 Abs. 1 BGB beschrieben. Erweitert wird der Begriff des Sachmangels dann in Abs. 2 und 3 von § 434 BGB. Demzufolge gilt:

Nach § 434 Abs. 1 S. 1 BGB ist die Sache frei von Sachmängeln, wenn sie bei Gefahrübergang (im Normalfall ist dies nach § 446 BGB die Übergabe) die **vereinbarte Beschaffenheit** hat (subjektiver Fehlerbegriff).

Unter einem Fehler versteht man somit „jede vertragswidrige Beschaffenheit der Kaufsache".

Beispiele: Der verkaufte Wasserschlauch soll einem bestimmten Druck standhalten; die verkaufte Farbe soll wasserfest sein; die verkaufte Flaschenabfüllanlage soll eine bestimmte Zahl von Flaschen in der Stunde befüllen.

Sofern die Vertragsparteien die Beschaffenheit nicht vereinbart haben, ist die Sache gem. § 434 Abs. 1 S. 2 BGB frei von Sachmängeln,

1. wenn sie sich für die **nach dem Vertrag vorausgesetzte Verwendung** eignet.

Beispiel: Verkauf einer Yacht zur Atlantiküberquerung. Diese muss dann dem Vertragszweck entsprechend hochseetüchtig sein.

Ansonsten

2. wenn sie sich für die **gewöhnliche Verwendung** eignet und eine Beschaffenheit aufweist, die bei Sachen der gleichen Art üblich ist und die der Käufer nach der Art der Sache erwarten kann (objektiver Fehlerbegriff).

Beispiel: Von einem Klebstoff kann erwartet werden, dass er klebt, auch wenn das nicht extra mit dem Verkäufer als Beschaffenheit vereinbart wurde.

Unter die Beschaffenheit fallen auch Eigenschaften, die der Käufer nach den öffentlichen Äußerungen des Verkäufers, des Herstellers oder seines Gehilfen insbesondere in der Werbung oder bei der Kennzeichnung über bestimmte Eigenschaften der Sache erwarten kann.

Hinweis: Der Begriff „Gehilfe" ist in diesem Zusammenhang ungeschickt und irreführend. Es muss sich nicht um eine Person im Sinne des Erfüllungsgehilfen von § 278 BGB handeln. Der Gesetzestext geht auf eine EU-Richtlinie zurück, die vom „Representative" spricht. Hätte man dies wörtlich mit „Vertreter" übersetzt, läge ebenfalls eine Irreführung vor, da nicht der Vertreter i. S. d. §§ 164 ff. BGB gemeint ist.

Beispiele:

- Zeitungsinserat eines Gebrauchtwagencenters, wonach alle angebotenen Fahrzeuge unfallfrei sind (öffentliche Äußerung des Verkäufers);
- Werbung eines Automobil-Produzenten für ein „8-Liter-Auto" (öffentliche Äußerung des Herstellers).

Eine Ausnahme von dieser Beschaffenheitsregel gilt aber in dem Fall, dass der Verkäufer die Äußerung (etwa des Händlers) nicht kannte und auch nicht kennen musste, dass sie im Zeitpunkt des Vertragsschlusses in gleichwertiger Weise berichtigt war oder dass sie die Kaufentscheidung nicht beeinflussen konnte.

Nach § 434 Abs. 2 BGB liegt ein Sachmangel weiterhin dann vor, wenn die **vereinbarte Montage** durch den Verkäufer oder dessen Erfüllungsgehilfen **unsachgemäß durchgeführt** worden ist.

Beispiel: K kauft in der Küchenabteilung eines großen Möbelhauses eine Einbauküche, die beim Kunden eingebaut werden soll. Bei der Anlieferung sind die einzelnen Teile und Geräte einwandfrei, nach der Montage wird jedoch festgestellt: Die Monteure des Verkäufers haben Schränke und Schubladen nicht plangerecht montiert, so dass sich zwei Schubladen nicht voll öffnen lassen, was die „hausfraulichen Arbeitsabläufe" erschwert, zudem haben sie einen elektrischen Anschluss fehlerhaft verlegt und dadurch ein Geräteteil beschädigt.

Ein Sachmangel liegt bei einer zur Montage bestimmten Sache ferner vor, wenn die **Montageanleitung mangelhaft** ist (sog. „Ikea-Klausel"), es sei denn, die Sache ist fehlerfrei montiert worden.

Beispiel: K kauft bei einem schwedischen Möbelunternehmen einen mangelfreien Schrank zum Selbstaufbauen. Auf Grund einer vollkommen unverständlichen Aufbauanleitung bricht der Schrank in sich zusammen, wobei er erheblich beschädigt wird.

Schließlich gilt es nach § 434 Abs. 3 BGB ebenfalls als Sachmangel, wenn der Verkäufer **eine andere Sache** (sog. „aliud") oder eine **zu geringe Menge** liefert.

Beispiele: K kauft einen Fernseher, ihm wird ein Video-Recorder geliefert. K bestellt zehn Zentner Kartoffeln, geliefert werden drei Zentner.

Tabelle Sachmängel

Sache hat nicht die vereinbarte Beschaffenheit
Sache hat nicht die vertraglich vorausgesetzte Beschaffenheit
Sache eignet sich nicht für die (übliche und zu erwartende) gewöhnliche Verwendung
Sache entspricht nicht den von Verkäufer, Hersteller oder Gehilfen öffentlich geäußerten Eigenschaften
Sache wird mangelhaft montiert
Montageanleitung ist mangelhaft
Lieferung einer anderen Sache
Lieferung einer zu geringen Menge

b) Rechtsmängel

Nach § 435 BGB ist die Sache (bzw. das Recht, § 453 Abs. 1 BGB) frei von Rechtsmängeln, wenn Dritte in Bezug auf die Sache keine oder nur die im Kaufvertrag übernommenen Rechte gegen den Käufer geltend machen können.

Beispiel: V verkauft K ein Grundstück. Das Grundstück ist jedoch mit einem Wegerecht eines Dritten belastet.

Als Rechtsmangel ist es auch anzusehen, wenn im Grundbuch ein Recht eingetragen ist, das nicht besteht.

c) Maßgeblicher Zeitpunkt

Maßgeblicher Zeitpunkt für das Vorliegen eines Sachmangels ist der **Gefahrübergang.** In der Regel ist das die Übergabe der Sache (vgl. § 446 S. 1 BGB). Vorverlagert ist der Gefahrübergang beim Annahmeverzug des Käufers gem. § 446 S. 3 BGB und im Fall des Versendungskaufs gem. § 447 BGB (vgl. dazu oben).

Frage: Wer muss beweisen, dass der Mangel bereits bei Gefahrübergang, also der Übergabe, vorlag? Nach allgemeinem Prozessrecht muss jeder Kläger (das ist in diesem Fall der seine Gewährleistungsrechte geltend machende Käufer) die seine Klage stützenden Umstände beweisen. Davon hat der Gesetzgeber zwei Ausnahmen gemacht:

(1.) Verbrauchsgüterkauf

Zeigt sich bei einem Verbrauchsgüterkauf innerhalb von 6 Monaten seit Gefahrübergang ein Sachmangel, so wird gem. § 476 BGB (lesen!) vermutet, dass die Sache bereits bei Gefahrübergang mangelhaft war. Dies gilt nur dann nicht, wenn diese Vermutung mit der Art der Sache oder des Mangels unvereinbar ist; so etwa beim Kauf gebrauchter Sachen (vgl. dazu u. 4).

(2.) Haltbarkeitsgarantie

Übernimmt der Verkäufer oder ein Dritter (in der Regel wird dies der Hersteller sein) eine Beschaffenheits- oder Haltbarkeitsgarantie, stehen dem Käufer im Garantiefall gem. § 443 Abs. 1 BGB unabhängig von seinen Ansprüchen aus der gesetzlichen Gewährleistung die Rechte aus der versprochenen Garantie zu. Soweit eine Haltbarkeitsgarantie übernommen worden ist, wird dann gem. § 443 Abs. 2 BGB vermutet, dass ein während ihrer Geltungsdauer auftretender Sachmangel die Rechte aus der Garantie begründet. Mit anderen Worten: Bei der Garantie muss im Streitfall der Garantiegeber nachweisen, dass der vom Käufer beanstandete Mangel bei Übergabe der Ware noch nicht bestand.

2. Ausschluss der Verkäuferhaftung

Die Haftung des Verkäufers für Mängel ist in drei Fällen ausgeschlossen:

a) Kenntnis des Mangels

Nach § 442 Abs. 1 Satz 1 BGB haftet der Verkäufer nicht, wenn der Käufer den Mangel beim Abschluss des Kaufvertrags kennt. Bei grober Fahrlässigkeit gilt § 442 Abs. 1 Satz 2 BGB. In diesen Fällen verdient er auch keinen Schutz.

b) Öffentliche Versteigerung

Bei öffentlichen Versteigerungen kann dem Verkäufer die Haftung wegen Mängeln nicht zugemutet werden. Deshalb haftet er nach § 445 BGB bei einer Sache, die auf Grund eines Pfandrechts in einer öffentlichen Versteigerung unter der Bezeichnung als Pfand verkauft wird, nur bei Arglist oder bei Übernahme einer Beschaffenheitsgarantie.

c) Vertragliche Abweichungen

Grundsätzlich ist das Kaufrecht dispositiv, d. h. die Haftung wegen Mängeln kann durch Vertrag abweichend geregelt werden (dies ergibt sich im Wege eines Umkehrschlusses aus § 444 BGB – begründen Sie das auf Grund der Lektüre des § 444 BGB!). Wie weit von den gesetzlichen Bestimmungen abgewichen werden darf, ist davon abhängig, ob es sich um einen Verbrauchsgüterkauf handelt oder nicht.

aa) Vertragliche Abweichungen außerhalb des Verbrauchsgüterkaufs

Die Gewährleistungsansprüche werden häufig durch die Verwendung von Allgemeinen Geschäftsbedingungen (durch sog. **„Freizeichnungsklauseln"**) ausgeschlossen. Wenn es sich nicht um die Konstellation handelt, dass ein Verbraucher eine bewegliche Sache von einem Unternehmer kauft (Verbrauchsgüterkauf), dann sind bei der Beurteilung der Wirksamkeit der Klauseln vor allem die Bestimmungen über die Allgemeinen Geschäftsbedingungen in den §§ 305 ff. BGB zu beachten (vgl. oben § 10 III). Der gänzliche Ausschluss der Verkäuferhaftung kann als Verstoß gegen die guten Sitten (§ 138 BGB) bzw. gegen Treu und Glauben (§ 242 BGB) sowie als Verstoß gegen die zwingenden Vorschriften des Rechts der Allgemeinen Geschäftsbedingungen (§§ 307 ff. BGB) nichtig sein. Insbesondere ist ein Verstoß gegen § 309 Nr. 8 b BGB zu prüfen. Werden solche Klauseln gegenüber einem Unternehmer verwendet, finden §§ 305 Abs. 2 und 3 sowie §§ 308 und 309 zwar grundsätzlich keine Anwendung, jedoch ist die Generalklausel des § 307 trotzdem anzuwenden, insoweit sie zur Unwirksamkeit von in den §§ 308 und 309 genannten Vertragsbestimmungen führt, wobei allerdings auf die im Handelsverkehr geltenden Gewohnheiten und Gebräuche angemessen Rücksicht zu nehmen ist (vgl. § 310 Abs. 1 BGB – lesen!).

Zur Verdeutlichung: Die in §§ 308 und 309 BGB aufgelisteten Klauselverbote finden keine Anwendung, wenn sie einem Unternehmer gegenüber verwendet werden. Jedoch sind derartige Klauseln im Lichte der Generalklausel nach § 307 BGB zu beurteilen. Das Ergebnis kann dann sehr wohl die Unwirksamkeit von Freizeichnungsklauseln sein, so z. B. bei einer Klausel, wonach „auch verborgene Mängel bei Ablieferung oder innerhalb von drei Tagen zu rügen sind".

bb) Vertragliche Abweichungen beim Verbrauchsgüterkauf

Die Rechte des Verbrauchers wurden durch das Schuldrechtsmodernisierungsgesetz vom 26. 11. 2001 erheblich verstärkt. Obwohl das Gesetz die Bestimmungen als Ausnahmevorschriften in nur sechs Paragraphen (§§ 474 bis 479 BGB) normiert hat, von denen sich wiederum nur vier mit dem Verbraucher beschäftigen, sind sie in der Praxis des Verbraucheralltags die Regel.

Sofern also ein Verbraucher (zum Begriff siehe § 13 BGB) eine bewegliche Sache von einem Unternehmer (§ 14 BGB) kauft, darf von den Vorschriften der §§ 433 bis 435, 437, 439 bis 443 BGB (vor Mitteilung des Mangels) weder durch Allgemeine Geschäftsbedingungen noch durch Individualvertrag zum Nachteil des Verbrauchers abgewichen werden (vgl. § 475 Abs. 1 S. 1 BGB). Mit anderen Worten: Die Bestimmungen über Sach- und Rechtsmängel sowie die Käuferrechte sind für den Unternehmer gegenüber einem Verbraucher unantastbar. Dies gilt auch dann, wenn findige Unternehmer diese Vorschriften durch anderweitige Gestaltungen umgehen wollen (vgl. § 475 Abs. 1 S. 2 BGB). Von diesem Verbot sind zwei Tatbestände ausgenommen: Im Rahmen des § 475 Abs. 2 u. Abs. 3 BGB sind vertragliche Regelungen über die Gewährleistung innerhalb bestimmter Grenzen zulässig.

Merken Sie sich:

(1.) Der *Anspruch auf Schadenersatz* kann vom Unternehmer ausgeschlossen oder beschränkt werden – allerdings nur innerhalb der Grenzen des Rechts der Allgemeinen Geschäftsbedingungen (vgl. § 475 Abs. 3 BGB – lesen!);

(2.) Die *Verjährung* der in § 437 BGB bezeichneten Gewährleistungsansprüche kann erleichtert werden; es darf allerdings die Vereinbarung nicht zu einer kürzeren Verjährungsfrist

(a) von weniger als zwei Jahren bei *neuen* Sachen und

(b) weniger als einem Jahr bei *gebrauchten* Sachen führen (vgl. § 475 Abs. 2 BGB).

Hinweis: Mit den Bestimmungen über den Verbrauchsgüterkauf hat sich damit ein häufiger Fall im Alltag grundlegend verändert: Im Gebrauchtwagenhandel war der Ausschluss jeglicher Haftung weit verbreitet. Die dabei gängige Klausel „gekauft wie besehen und probegefahren" konnte nach früherer Rechtslage bei Fahrzeugen die Gewährleistung für solche technischen Mängel ausschließen, welche die Fahrtüchtigkeit und Betriebssicherheit betrafen, jedenfalls soweit sie ohne Hilfe eines Sachverständigen hätten wahrgenommen werden können.

Dies ist nach jetzigem Recht im Verhältnis zwischen Unternehmer und Verbraucher nun nicht mehr möglich. Sofern allerdings ein Privatmann einen Gebrauchtwagen an einen Privatmann oder an einen Unternehmer verkauft, kann dieser die Haftung natürlich ausschließen, da dann die Voraussetzungen des Verbrauchsgüterkaufs nicht mehr vorliegen.

cc) Ausschluss vertraglicher Abweichungen

Eine Grenze für jeden Gewährleistungsausschluss setzt § 444 BGB. Danach kann sich der Verkäufer auf eine Vereinbarung, durch welche die Rechte des Käufers wegen eines Mangels ausgeschlossen oder beschränkt sind, nicht berufen, wenn er den Mangel arglistig verschwiegen hat oder eine Garantie für die Beschaffenheit der Sache übernommen hat.

Lernhinweis: Beachten Sie den Gesetzeswortlaut: In § 444 heißt es, dass sich der Verkäufer im Falle der Arglist auf den Haftungsausschluss „nicht berufen kann". Das Gesetz vermeidet bewusst, die Nichtigkeit der Vereinbarung anzuordnen, weil dies zu der Streitfrage führen könnte, ob im Einzelfall (unter Anwendung des § 139

BGB) die Nichtigkeit des Haftungsausschlusses zur Unwirksamkeit des gesamten Kaufvertrags führen würde.

Hinweis zur neuen Rechtslage: Die Übernahme einer Beschaffenheitsgarantie entspricht größtenteils der „zugesicherten Eigenschaft" nach altem Recht. Zugesichert war eine Eigenschaft, wenn der Verkäufer entweder ausdrücklich oder stillschweigend dem Käufer zu erkennen gab, dass er für den Bestand der betreffenden Eigenschaft einstehen wollte. Unter „Eigenschaften" wurden alle tatsächlichen und rechtlichen Verhältnisse einer Sache verstanden, die wegen ihrer Art und Dauer nach der Verkehrsanschauung für ihre Wertschätzung von Bedeutung waren. Als zugesicherte Eigenschaften wurden von der Rechtsprechung angesehen:

- das Baujahr eines Kraftfahrzeugs, die Bezeichnung „werkstattgeprüft", „fahrbereit" oder „unfallfrei";
- die Haltbarkeit von Waren;
- die Bezeichnung „fabrikneu" bedeutet bei Maschinen und Geräten, dass diese aus neuem Material hergestellt und ungebraucht sind;
- bei Kunstwerken und Sammelobjekten sind die Echtheit, ihre Herkunft aus Privatbesitz, die Zuordnung als Werk eines bestimmten Künstlers durch Sachverständige, bei Briefmarken die Original- und Nachgummierung sowie der Katalogwert einer Sammlung als zugesicherte Eigenschaften angesehen worden;
- beim Unternehmenskauf wurden die Ertragsfähigkeit, die Höhe der Verbindlichkeiten, der zurückliegende Jahresumsatz (z. B. die Belege des jährlichen Bierausschanks), der Reinertrag und die Richtigkeit der Bilanz als „Eigenschaften" angesehen.

3. Die Rechte des Käufers

Lag der Mangel bereits bei Gefahrübergang, also in der Regel bei Übergabe der Sache vor, hat der Käufer folgende Möglichkeiten: Er kann nach § 437 BGB Nacherfüllung verlangen, vom Vertrag zurücktreten bzw. alternativ den Kaufpreis mindern, oder Schadenersatz bzw. alternativ Aufwendungsersatz geltend machen.

Lernhinweis: Natürlich hat der Käufer diese Rechte nur alternativ und sie stehen zudem in einem bestimmten Rangverhältnis. Vergegenwärtigen Sie sich diese Rangfolge nach der Lektüre des nachstehenden Textes!

a) Nacherfüllung

Der Käufer einer mangelhaften Sache kann als Nacherfüllung nach seiner Wahl vom Verkäufer die **Beseitigung des Mangels** (Nachbesserung) oder die **Lieferung einer mangelfreien Sache** (Nachlieferung) verlangen (§ 439 Abs. 1 BGB – lesen!), wobei der Verkäufer die zum Zweck der Nacherfüllung erforderlichen Aufwendungen zu tragen hat (§ 439 Abs. 2 BGB).

Merke: Der Anspruch auf Nacherfüllung ist ein (durch u. a. § 438 und § 439 Abs. 3 BGB) modifizierter Erfüllungsanspruch. Zwar steht laut Gesetz dem Käufer das Wahlrecht zwischen Nachbesserung und Nachlieferung zu, der Verkäufer kann jedoch gem. § 439 Abs. 3 BGB die vom Käufer gewählte Art der Nacherfüllung nicht nur in den Fällen von Unmöglichkeit (§ 275 BGB) verweigern, sondern auch dann, wenn sie nur mit unverhältnismäßigen Kosten möglich ist. Bei den Abwägungen können verschiedene Kriterien eine Rolle spielen: Beispielhaft und daher nicht abschließend nennt das Gesetz den Wert der Sache in mangelfreiem Zustand, die Bedeutung des Mangels oder ein für den Käufer eventuell nachteiliger Wechsel zur anderen Art der Nacherfüllung.

Beispiel: K bestellt bei Händler V aus einem Katalog einen neuen amerikanischen Wagen. Als dieser geliefert wird, stellt sich heraus, dass der Motor nicht funktioniert. K kann von V entweder Reparatur oder Lieferung eines neuen funktionstüchtigen Fahrzeugs verlangen. Entscheidet er sich für die Reparatur, hat der Händler die Möglichkeit, diese Art der Nacherfüllung gem. § 439 Abs. 3 BGB zu verweigern, wenn ihm bei der Reparatur unverhältnismäßige Kosten entstehen, z. B. wenn er extra ein ungewöhnliches Ersatzteil aus Übersee besorgen muss. Dann beschränkt sich der Anspruch des Käufers gem. § 439 Abs. 3 S. 3 BGB auf die andere Art der Nacherfüllung, hier also die Nachlieferung. Es kann aber sein, dass auch die Lieferung einer mangelfreien Sache scheitert, wenn etwa von dem gewünschten Automodell keine Exemplare mehr lieferbar sind. Dann liegt ein Fall der Unmöglichkeit vor, so dass der Käufer gar keinen Anspruch auf Nacherfüllung geltend machen kann. Er muss dann zu den anderen Ansprüchen des § 437 BGB übergehen.

Sofern der Verkäufer dem Nachlieferungsbegehren des Käufers nachkommt, stellt sich die Frage, was mit der diesem zuvor gelieferten mangelhaften Sache geschieht. Nach § 439 Abs. 4 BGB kann der Verkäufer die mangelhafte Sache bei Lieferung einer mangelfreien Sache vom Käufer zurückverlangen.

Lernhinweis: Das Gesetz sieht die Nacherfüllung grundsätzlich als das **prioritäre** Mittel im Rahmen der Gewährleistung an. Bevor der Käufer zurücktreten, mindern oder Schadenersatz verlangen kann, muss er dem Verkäufer eine Frist zur Nacherfüllung setzen (vgl. §§ 323, 441, 281 BGB). Dadurch erhält der Verkäufer eine „zweite Chance"; man spricht deshalb vom **„Recht zur zweiten Andienung".**

Praktische Frage: Wer trägt die **Kosten der Nacherfüllung?** Die Antwort gibt § 439 Abs. 2 BGB: Die zum Zwecke der Nacherfüllung erforderlichen Aufwendungen, insbesondere Transport-, Wege-, Arbeits- und Materialkosten hat der **Ver**käufer zu tragen.

Umgekehrt stellt sich die **Frage:** Kann ein Verkäufer, der zum Zwecke der Nacherfüllung eine mangelfreie Sache liefert, vom Käufer für die bis zur Rückgabe gezogenen Nutzungen ein **„Nutzungsentgelt"** verlangen?

Beispiel: Das Versandhandelsunternehmen V liefert der Käuferin K ein Küchengerät, welches diese in Gebrauch nimmt, dann aber wegen eines (insoweit unstreitigen) Sachmangels zurückgibt und dafür im Wege der Nacherfüllung ein neues Gerät erhält. Für die Zeit der Nutzung des mangelhaften Gerätes besteht V auf Zahlung eines Nutzungsentgelts. Rechtslage? Antwort: Einschlägig ist § 439 Abs. 4 BGB: Liefert der Verkäufer, wie im vorliegenden Fall geschehen, zum Zwecke der Nacherfüllung eine mangelfreie Sache, so kann er vom Käufer Rückgewähr der mangelhaften Sache verlangen und zwar (darin liegt der Pferdefuß!) nach Maßgabe der (allgemein den Rücktritt regelnden) §§ 346 bis 348 BGB. § 346 Abs. 1 bestimmt, dass im Falle des Rücktritts die empfangenen Leistungen (also vorliegend das mangelhafte Küchengerät) zurückzugewähren gleichzeitig aber auch (das ist die aus dem Gesetzeswortlaut abzuleitende Antwort auf die Frage) die „gezogenen Nutzungen" herauszugeben sind. Nutzungen sind nach der Definition des § 100 BGB die Früchte einer Sache „sowie die Vorteile, welche der Gebrauch der Sache gewährt" (also der Vorteil, den man durch den Gebrauch des Küchengeräts hatte). Danach könnte V ein Nutzungsentgelt verlangen. Dieses aus dem BGB entnommene Ergebnis steht jedoch im Widerspruch zu der (höherrangigen) EG-Verbrauchsgüterkaufrichtlinie, die vorschreibt, dass die Ersatzlieferung für den Verbraucher unentgeltlich sein muss. Nachdem der Bundesgerichtshof den entsprechenden Rechtsstreit (es ging um einen vom Versandhaus Quelle gelieferten Backofen, dessen Emailleschicht sich kurz vor dem Ablauf der Gewährleistungsfrist abgelöst hatte) an den Europäischen Gerichtshof verwiesen hatte, hat dieser entschieden, dass die deutsche Regelung dem höherwertigen EU-Recht widerspricht und der Verkäufer beim Austausch fehlerhafter Ware vom Kunden keine Entschädigung für die zeitweise Nutzung des defekten Artikels verlangen darf.

b) Rücktritt vom Vertrag

Der Käufer kann nach § 437 Nr. 2 Var. 1 BGB bei Lieferung einer mangelhaften Sache auch vom Vertrag zurücktreten und zwar ohne dass es auf ein Verschulden des Verkäufers für die mangelhafte Sache ankommt. Der Verweis in § 437 Nr. 2 BGB auf die (den Rücktritt regelnden Vorschriften) §§ 440, 323, 326 Abs. 5 BGB hat dabei folgende Bedeutung:

Grundsätzlich ist nach § 323 Abs. 1 BGB für jeden Rücktritt eine **Fristsetzung erforderlich.**

Repetition: Von geschlossenen Verträgen soll man nicht sofort zurücktreten können, sondern der Verkäufer soll eine zweite Chance bekommen, dem Käufer eine mangelfreie Sache zu verschaffen. Das Kriterium der Fristsetzung führt also dazu, dass das Gesetz dem Verkäufer grundsätzlich auch dann ein Recht auf Nacherfüllung zugesteht, wenn der Käufer selbst nicht den Anspruch aus § 437 Nr. 1 BGB geltend macht.

Davon gibt es **drei Ausnahmen,** von denen sich zwei im Allgemeinen Schuldrecht in den §§ 323 Abs. 2 und 326 Abs. 5 BGB finden. **Repetieren Sie** zum Allgemeinen Schuldrecht: Das Erfordernis der Fristsetzung wegen nicht oder nicht vertragsgemäß erbrachter Leistung entfällt nach § 323 Abs. 2 BGB in drei Fällen und zwar, (1.) wenn der Schuldner die Leistung ernsthaft und endgültig verweigert, (2.) wenn der Schuldner die Leistung zu einem im Vertrag bestimmten Termin oder innerhalb einer bestimmten Frist nicht bewirkt und der Gläubiger im Vertrag den Fortbestand seines Leistungsinteresses an die Rechtzeitigkeit der Leistung gebunden hat und (3.) wenn besondere Umstände vorliegen, die unter Abwägung der beiderseitigen Interessen den sofortigen Rücktritt rechtfertigen.

Zudem kann nach § 326 Abs. 5 BGB der Gläubiger (vorliegend also der Käufer) zurücktreten (und zwar ohne Fristsetzung), wenn der Schuldner nach § 275 Abs. 1–3 (also im Falle der Unmöglichkeit) nicht zu leisten braucht.

Daneben bestimmt § 440 BGB für den Fall, dass der Käufer vor seinem Rücktrittsbegehren nach § 437 Nr. 2 BGB Nacherfüllung gem. § 437 Nr. 1 BGB geltend gemacht hat, dass es auch dann keiner Fristsetzung bedarf, wenn der Verkäufer beide Arten der Nacherfüllung gem. § 439 Abs. 3 BGB verweigert oder wenn die dem Käufer zustehende Art der Nacherfüllung fehlgeschlagen oder ihm unzumutbar ist. Dabei gilt grundsätzlich eine Nachbesserung nach dem erfolglosen zweiten Versuch als fehlgeschlagen.

Kurzformel: Der Käufer kann ohne Fristsetzung zurücktreten, wenn die Nacherfüllung fehl schlägt, unmöglich, unzumutbar oder erfolglos ist.

Hinweis: In der Praxis sollte man zugleich mit dem – nach der Gesetzessystematik in der Regel vorrangigen – Anspruch auf Nacherfüllung eine angemessene Frist setzen, um nach deren Ablauf, unabhängig davon, wie weit die Nacherfüllungsversuche des Verkäufers bis dahin gediehen sind, sofort zu den anderen Rechten des § 437 übergehen zu können.

Bei einem nur unerheblichen Sachmangel liegt eine nur unerhebliche Verletzung der dem Verkäufer nach § 433 Abs. 1 S. 2 BGB obliegenden Verpflichtung zur mangelfreien Verschaffung der Sache vor. In diesem Fall sind die Rechte des Käufers nach § 323 Abs. 5 S. 2 BGB eingeschränkt: Wegen eines unerheblichen Mangels kann er *nicht* vom Vertrag *zurücktreten*. Selbstverständlich ist es ihm unbenommen, von den ihm verbleibenden Käuferrechten, insbes. der Minderung Gebrauch zu machen.

Beipiele:

• Die Freisprechanlage des neu gekauften Autos passt prospektwidrig nicht zum bereits vorhandenen Handy des Käufers.

• Beim Hauskauf stellt sich heraus, dass einige der verlegten Fliesen schadhaft sind und ausgetauscht werden müssen.

Die Frage ist, wie man die Begriffe „erheblich/unerheblich" in der Praxis konkretisiert. Die Gerichte orientieren sich an dem zur Beseitigung des Mangels erforderlichen „Nachbesserungsaufwand". Dabei ist von einem erheblichen Mangel auszugehen, wenn die Kosten der Beseitigung 10% der vereinbarten Gegenleistung (also des Kaufpreises) überschreiten. Darüber hinaus kann ein Mangel erheblich sein, wenn der zur Beseitigung notwendige Betrag „absolut gesehen erheblich" ist (z. B. wurde dies von der Rechtsprechung bei einem Materialaufwand von 2390 € für den Austausch des im Kraftfahrzeug selbst eingebauten Navigationssystems bejaht).

Klausurtechnischer Lernhinweis: Wenn es in einer Prüfungsaufgabe aus dem Kaufrecht am Schluss heißt: "… K ist erbost, weil die gekaufte Sache Mängel aufweist, und will sein Geld zurück …", dann hat der Anfänger manchmal Schwierigkeiten, die *Anspruchsgrundlage* zu finden, weil in dem die Käuferrechte aufzählenden § 437 BGB die *Kaufpreisrückzahlung* nicht ausdrücklich erwähnt ist. Hier muss man den Zusammenhang der §§ 437 Nr. 2, 1. Alt., 434, 323 mit § 346 parat haben. Die Anspruchsgrundlage ist dann § 346 Abs. 1 BGB (Anspruch auf Rückgewähr der empfangenen Leistung, nämlich des Kaufpreises) i. V. m. den vorerwähnten, die Rücktrittsvoraussetzungen regelnden Bestimmungen.

Weiterführender Hinweis: Wenn aus dem Aufgabentext hervorgeht, dass der Verkäufer *arglistig gehandelt* hat (Beispiel: der Verkäufer verschweigt, dass es sich um einen Unfallwagen handelt), kommt als weiterer dogmatischer Ansatz für den Rückgewähranspruch das Bereicherungsrecht in Betracht. Als Anspruchsgrundlage ist dann auch § 812 Abs. 1 S. 1, 1. Alt. BGB zu prüfen. Voraussetzung dafür ist eine Leistung ohne Rechtsgrund. Die Leistung besteht in der Kaufpreiszahlung, Rechtsgrund dafür ist der Kaufvertrag. Der Käufer kann in diesen Fällen nach § 123 Abs. 1, 1. Alt. BGB wegen arglistiger Täuschung anfechten; die Anfechtung führt nach § 142 Abs. 1 BGB zur Nichtigkeit des Kaufvertrags. Damit entfällt der Rechtsgrund für die Kaufpreiszahlung. Der Anspruch aus § 812 Abs. 1 S. 1, 1. Alt. BGB ist begründet. K kann von V den Kaufpreis zurückverlangen.

Hinweis: Was gilt, *wenn die Gewährleistungsrechte verjährt sind* und somit der Käufer u. a. nicht mehr vom Vertrag zurücktreten könnte? Achtung: Der Rücktritt ist ein Gestaltungsrecht und verjährt deshalb nicht. Jedoch verweist § 438 Abs. 4 S. 1 BGB für den Rücktritt auf § 218 BGB. Dort ist bestimmt, dass der Rücktritt wegen

nicht oder nicht vertragsgemäß erbrachter Leistung unwirksam ist, wenn der Anspruch auf die Leistung oder der Nacherfüllungsanspruch verjährt ist.
Damit ist das gleiche Ergebnis erzielt, wie wenn der Rücktritt unter die Verjährung fiele. Wenn nun der Rücktritt infolge Verjährung nicht ausgeübt werden kann, gilt § 438 Abs. 4 S. 2 BGB: Der Käufer kann dann trotzdem die Kaufpreiszahlung insoweit verweigern, als er aufgrund des Rücktritts (läge die Verjährung nicht vor) dazu berechtigt sein würde. Allerdings gibt es dazu eine Kehrseite der Medaille: Macht der Käufer von diesem Recht Gebrauch, kann der Verkäufer vom Vertrag zurücktreten (vgl. § 438 Abs. 4 S. 3 BGB – lesen!). Zur Verdeutlichung: Der Käufer hat eine mangelhafte Sache gekauft, den Kaufpreis aber noch nicht bezahlt, seine Gewährleistungsrechte aufgrund des Mangels sind verjährt. Wenn ihn dann der Verkäufer auf Zahlung verklagt, ist er berechtigt, die Kaufpreiszahlung zu verweigern, allerdings mit der Folge, dass der Verkäufer die Sache vom Käufer zurückverlangen kann.

c) Minderung

Unter Minderung versteht man die **Herabsetzung des Kaufpreises** (vgl. § 441 Abs. 3 BGB). Dazu muss der vereinbarte Preis in dem Verhältnis herabgesetzt werden, „in welchem z. Zt. des Vertragsschlusses der Wert der Sache in mangelfreiem Zustand zu dem wirklichen Wert gestanden haben würde" (vgl. § 441 Abs. 3 BGB). Man hat daraus folgende Gleichung entwickelt: „Vereinbarter Kaufpreis : geminderter Preis = Wert ohne Mangel : Wert mit Mangel". Damit ergibt sich für die Ermittlung des geminderten Preises die Formel:

$$\text{Geminderter Preis} = \frac{\text{Wert mit Mangel} \times \text{vereinbarter Kaufpreis}}{\text{Wert ohne Mangel}}$$

Beispiel: K hat von V ein Fahrrad zum Preis von 200 Euro gekauft. Es stellt sich heraus, dass die Gangschaltung defekt ist. Ein Sachverständiger schätzt den Wert des Fahrrads auf lediglich 75 Euro, seinen Wert in mangelfreiem Zustand dagegen auf 100 Euro. K will mindern. Nun kann er aber nicht etwa von V Euro 125 (200–75) verlangen. Der geminderte Preis beträgt nach § 441 Abs. 3 BGB (75 × 200 : 100 =) 150 Euro, so dass K von V lediglich (200–150 =) 50 Euro fordern kann. Ein Teil des Erfolges seiner Geschäftstüchtigkeit bleibt also dem Verkäufer erhalten (anders wäre es, wenn K zurückgetreten wäre; in diesem Fall hätte V den gesamten Kaufpreis gegen Rückgabe des minderwertigen Fahrrads zurückgeben müssen).

Wichtiger Hinweis: Da die Minderung die gleichen Voraussetzungen wie der Rücktritt hat, ist auch bei der verschuldensunabhängigen Minderung grundsätzlich eine Fristsetzung erforderlich, für die jedoch die gleichen Ausnahmen wie beim Rücktritt gelten (dies ergibt sich aus § 441 Abs. 1 S. 1 BGB: Der Käufer kann den Kaufpreis mindern „*statt* zurückzutreten").

d) Schadenersatz (bzw. Aufwendungsersatz)

Alte und neue Rechtslage: Nach altem Recht mussten für den Anspruch auf Schadenersatz wegen Nichterfüllung nach § 463 BGB a.F. zwei Voraussetzungen gegeben sein: zum einen musste es sich um einen Mangelschaden, also um einen Schaden, welcher der verkauften Sache selbst unmittelbar anhaftet, handeln, zum anderen musste der verkauften Sache entweder eine zugesicherte Eigenschaft fehlen, der Verkäufer einen Fehler arglistig verschwiegen oder eine nicht vorhandene Eigenschaft arglistig vorgespiegelt haben. Ersatz für Mangelfolgeschäden – Schäden, die infolge der Mangelhaftigkeit der verkauften Sache an anderen Rechtsgütern entstehen (Bsp.: ein geliefertes krankes Huhn steckt den gesamten Hühnerbestand des Züchters an; alle Tiere verenden) – musste über die auf der Verkäuferseite verschuldensabhängige positive Vertragsverletzung geltend gemacht werden.

Nach Inkrafttreten des Schuldrechtsmodernisierungsgesetzes am 1. 1. 2002 verweist § 437 Nr. 3 BGB sowohl für Mangel- als auch Mangelfolgeschäden einheitlich auf die §§ 280ff. und 311a BGB. Daraus ergibt sich, dass Schadenersatzansprüche grundsätzlich ein Vertretenmüssen des Verkäufers bzw. über § 278 dessen Erfüllungsgehilfen voraussetzen. Dies bedeutet zunächst gem. § 276 Abs. 1 S. 1 BGB (lesen!), dass der Schuldner Vorsatz und Fahrlässigkeit zu vertreten hat. Darüber hinaus kann sich aber auch eine strengere oder mildere Haftung entweder aus einer Parteivereinbarung oder aus dem sonstigen Inhalt des Schuldverhältnisses ergeben, insbesondere aus der Übernahme einer Garantie oder eines Beschaffungsrisikos. Die Übernahme eines Beschaffungsrisikos entspricht dabei der Verpflichtung zur Leistung aus einer Gattungsschuld.

Beispiel: K bestellt bei V für ein Straßenfest 500 Kästen Getränke. V kann seiner Verpflichtung nicht nachkommen, weil seine Lagerhalle einen Tag zuvor durch Blitzschlag zerstört wurde. K muss bei Händler H die Getränke teurer einkaufen und will die Mehrkosten von V ersetzt verlangen.

Die Übernahme einer Garantie entspricht der zugesicherten Eigenschaft nach altem Recht.

Beispiel: Käufer K erwirbt bei Gebrauchtwagenhändler V ein Auto. Auf die Frage des K erklärt V, der Wagen sei unfallfrei. Tatsächlich ist dies aber nicht der Fall, was dem V trotz ausreichender Untersuchung entgangen ist. Als K das Fahrzeug nach einiger Zeit an den Dritten D weiterveräußern will, erkennt dieser den früheren Unfall. K muss das Auto billiger verkaufen und kann den Differenzbetrag von V als Schadenersatz ersetzt verlangen, da dieser eine Garantie für die Unfallfreiheit übernommen hatte.

Hinsichtlich der weiteren Voraussetzungen für den Schadenersatz ist nun zu unterscheiden, ob der Käufer den einfachen, neben den Leistungsanspruch tretenden Schadenersatz (einschlägig bei Mangelfolgeschäden) oder Schadenersatz statt der Leistung (einschlägig bei Mangelschäden) verlangt:

aa) Geht es dem Käufer um ersteres, sind gem. § 280 Abs. 1 (i. V. m. § 437 Nr. 3 Alt. 1) BGB nur eine für den Schaden kausal gewordene Pflichtverletzung sowie ein Verschulden des Verkäufers erforderlich.

Beispiel: V verkauft K einen Wagen mit defekter Lenkung. Dadurch verursacht K einen Unfall und wird verletzt. K verlangt neben der Reparatur des Wagens (Nacherfüllung bzgl. eines Mangelschadens in Form der Nachbesserung, §§ 437 Nr. 1, 439 Abs. 1 Alt. 1 BGB) auch seine Heilungskosten (= Mangelfolgeschaden) von V ersetzt. Diese erhält er über § 280 Abs. 1 i. V. m. § 437 Nr. 3 Alt. 1 BGB.

bb) Verlangt der Käufer dagegen **Schadenersatz statt der Leistung,** ist erneut zu differenzieren:

(1.) Bei **anfänglich unbehebbaren Mängeln** ist § 311a Abs. 2 (i. V. m. § 437 Nr. 3 Alt. 1) BGB einschlägig.

Beispiel: K erwirbt bei V einen als unfallfrei ausgezeichneten Lkw. Als er ihn an D weiterverkaufen will, stellt sich heraus, dass das Fahrzeug vor dem Verkauf des V an K doch einen Unfall hatte, von dem V Kenntnis hatte. D zahlt entsprechend weniger. Da ein Lkw mit einem Unfall niemals wieder in den Zustand „unfallfrei" versetzt werden kann, liegt ein anfänglich unbehebbarer Mangel vor. K kann seinen Differenzschaden von V gem. § 311 a Abs. 2 i. V. m. § 437 Nr. 3 Alt. 1 BGB ersetzt verlangen.

(2.) **Nachträglich unbehebbare Mängel** richten sich in ihren Voraussetzungen nach § 280 Abs. 1, 3 i. V. m. § 283 (i. V. m. § 437 Nr. 3 Alt. 1) BGB.

Beispiel: K kauft bei V eine Trompete. Später merkt er, dass die Ventile klemmen. Er verlangt Nacherfüllung in Form der Mängelbeseitigung. Bei der Reparatur fällt V das Instrument herunter und zerbricht. K muss zu einem höheren Preis eine andere Trompete erwerben. Den Differenzbetrag kann er von V nach § 280 Abs. 1, 3 i. V. m. § 283, § 437 Nr. 3 BGB ersetzt verlangen.

(3.) Bei **behebbaren Mängeln** ist § 280 Abs. 1, 3 i. V. m. § 281 (i. V. m. § 437 Nr. 3 Alt. 1) BGB mit der dann grundsätzlich erforderlichen Fristsetzung einschlägig. Auf die Fristsetzung kann, entsprechend wie beim Rücktritt, gem. § 281 Abs. 2 und § 440 BGB verzichtet werden.

Beispiel: V verkauft K einen Gebrauchtwagen. Nach dem Kauf stellt sich heraus, dass die Bordelektronik einen Wackelkontakt aufweist. Trotz Nacherfüllungsverlangen und Fristsetzung repariert V das Fahrzeug nicht. K kann den Wagen daher nicht an D weiterveräußern. K hat dann gegen V einenAnspruch auf Ersatz des entgangenen Gewinns aus § 280 Abs. 1, 3 i. V. m. §§ 281, 437 Nr. 3 Alt. 1 BGB.

(4.) Bei der Geltendmachung eines Schadenersatzes statt der Leistung sind zwei weitere Konstellationen zu beachten, von der weitere Prüfungspunkte abhängen: Ist die gesamte Leistung mangelhaft oder haftet der Mangel nur einem Teil der ansonsten ordnungsgemäß erbrachten Leistung an? Grundsätzlich kann Schadenersatz statt der Leistung nämlich immer nur für den mangelhaften Teil verlangt werden (sog. „**kleiner Schadenersatz**").

Beispiel: K kauft bei Winzer V 100 Flaschen einer bestimmten Weinsorte. Wenn der Wein nur bei 10 Flaschen infolge mangelhafter Verkorkung verdorben ist, kann K grundsätzlich auch nur für diese 10 Flaschen – nach einem vergeblichen Nacherfüllungsverlangen – Schadenersatz verlangen.

Aber auch wenn nur ein Teil der Leistung mangelhaft ist, kann es dem Käufer darauf ankommen, unter Ablehnung der gesamten Leistung Schadenersatz zu verlangen (sog. „**großer Schadenersatz**"). Hierbei ist § 281 Abs. 1 S. 2 und 3 BGB zu beachten (auf den auch in den Fällen der §§ 283 und 311 a BGB jeweils verwiesen wird), der im Fall einer nur teilweise mangelhaften Leistung bei Zurückweisung der gesamten Leistung zum einen verlangt, dass der Gläubiger an der Teilleistung kein Interesse hat, und zum anderen, dass die durch den Mangel bedingte Pflichtverletzung erheblich ist.

Beispiel: K erwirbt bei V ein neues Auto. Später stellt er fest, dass die Klimaanlage defekt ist. V verweigert die Reparatur. In diesem Fall kann K Schadenersatz statt der Leistung nur für die Kosten bzgl. des Reparierens der Klimaanlage und nicht Schadenersatz hinsichtlich des gesamten Wagens von V verlangen.

402   *Teil IV: BGB – Besonderes Schuldrecht*

cc) Alternativ zum Schadenersatz statt der Leistung kann der Käufer aber
auch **Ersatz** seiner **vergeblichen Aufwendungen** nach § 284 (i. V. m.
§ 437 Nr. 3 Alt. 2) BGB verlangen. Darunter versteht man freiwillige
Vermögensopfer, die der Käufer im Vertrauen auf den Erhalt der
Leistung gemacht hat und billigerweise machen durfte. Hierbei ist
zu beachten, dass die gleichen Voraussetzungen wie beim Schadenersatz statt der Leistung erfüllt sein müssen (dies ergibt sich aus dem ersten Wort des § 284 BGB: „anstelle"), d. h. es muss grundsätzlich eine
Fristsetzung erfolgen.

Beispiel: K tritt von einem Kauf mit V zurück. Um dem V die mangelhafte Sache zurückzubringen, entstehen dem K Transportkosten. Diese kann er über
§§ 284, 280 Abs. 1, 3, 281 Abs. 1 i. V. m. § 437 Nr. 3 Alt. 2 BGB nach Fristsetzung von V ersetzt verlangen.

Lernhinweis: Nochmals sei darauf hingewiesen, dass die gesetzlichen Bestimmungen über die Gewährleistung im BGB-Kaufrecht grundsätzlich als nachgiebiges
Recht konzipiert sind, d. h. durch Vertrag ausgeschlossen werden können (vgl. § 444
BGB und oben 3 c). Dies gilt aber, mit Ausnahme des Schadenersatzanspruches,
dann nicht, wenn es sich um die Konstellation eines Verbrauchsgüterkaufs – der im
täglichen Leben häufigsten Erscheinungsform – handelt. Beachten Sie jedoch immer die Grenzen, die sich für die Vertragsfreiheit aus § 444 und §§ 305 ff. BGB
ergeben. Repetieren Sie die einschlägige Materie anhand der Übersicht „*Rechte des
Käufers bei Mängeln der Kaufsache*".

e) Beschränkung der Käuferrechte bei lediglich unerheblichen Mängeln

Die Rechte des Käufers sind reduziert, wenn der Sachmangel „unerheblich" ist. Diese Aussage findet sich nicht direkt im Kaufrecht, ergibt sich
jedoch aus den einschlägigen Vorschriften des Rücktritts- und Schadenersatzrechts, auf die in § 437 BGB verwiesen ist (vgl. dazu schon die Ausführungen oben unter b) sowie d). Halten Sie fest:

- Wegen eines lediglich unerheblichen Mangels kann der Käufer nicht
  vom Vertrag zurücktreten (§ 437 Nr. 2 BGB i. V. m. § 326 Abs. 5 S. 2
  BGB).

- Wegen eines lediglich unerheblichen Mangels kann der Käufer lediglich
  den sog. „kleinen Schadenersatz" verlangen, nicht dagegen Schadenersatz statt der Leistung (sog. „großer Schadenersatz"), vgl. § 437 Nr. 3
  BGB i. V. m. § 281 Abs. 1 S. 3 BGB.

Bei unerheblichen Mängeln beschränkt sich deshalb die Rechtsposition des
Käufers im Wesentlichen auf die Kaufpreisminderung. Allerdings bleibt es
auch in diesem Fall dabei, dass der Käufer zunächst eine Frist zur Nacherfüllung setzen und damit dem Verkäufer eine „zweite Chance" einräumen
muss.

Abschließend zur Repetition: In welchem Rangverhältnis stehen die einzelnen Käuferrechte zueinander?

Antwort: Grundsätzlich hat der Käufer ein Wahlrecht, welche Art der Gewährleistung er geltend macht (vorausgesetzt natürlich, die einzelnen, zum
Teil – etwa beim Schadenersatz – erweiterten Voraussetzungen liegen vor).
Betrachtet man die Ausgestaltung der einzelnen Käuferrechte genauer,
erkennt man eine Priorität zu Gunsten der Nacherfüllung. Dies ergibt sich
daraus, dass der Gesetzgeber vor der Geltendmachung von Rücktritt, Min-

derung, Schaden- und Aufwendungsersatz verlangt, dass der Käufer dem Verkäufer gem. § 323 Abs. 1 BGB grundsätzlich eine Frist zur Nacherfüllung setzen muss (die allerdings in Ausnahmefällen entbehrlich ist, vgl. im Einzelnen § 323 Abs. 2 sowie § 440 BGB). Als besonders wichtig sei hier die in § 440 BGB enthaltene Regelung festgehalten: Einer Fristsetzung zur Nacherfüllung bedarf es u. a. nicht, wenn sie fehlgeschlagen ist, wobei das Gesetz eine in der Praxis wichtige Frage entschieden hat: Eine Nachbesserung gilt in der Regel nach dem erfolglosen zweiten Versuch als fehlgeschlagen.

4. Verjährung der Gewährleistungsansprüche

Bei den Gewährleistungsansprüchen gelten unterschiedliche Verjährungsfristen, je nachdem, welche Personen am Kauf beteiligt sind und um welchen Anspruch es sich handelt.

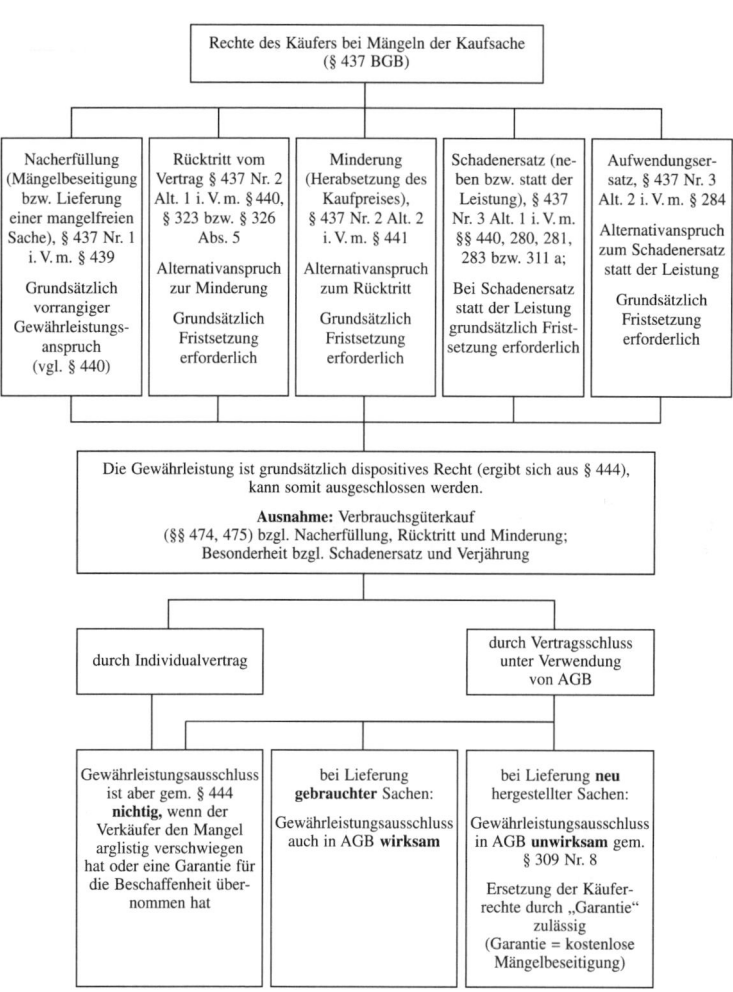

a) Die Verjährung nach allgemeinem Kaufrecht

aa) Die Verjährung von Nacherfüllungs-, Schadenersatz- und Aufwendungsersatzansprüchen

Die in § 437 Nr. 1 und 3 BGB aufgeführten Ansprüche auf Nacherfüllung, Schaden- und Aufwendungsersatz verjähren nach § 438 Abs. 1 Nr. 3 BGB grundsätzlich in **zwei Jahren.** Davon gibt es drei Ausnahmen:

1. Bei Bauwerken gilt eine **fünfjährige** Verjährungsfrist. Ebenso bei Sachen, die entsprechend ihrer üblichen Verwendungsweise für ein Bauwerk verwendet worden sind und dessen Mangelhaftigkeit verursacht haben (z. B. Dachplatten, Ziegel; § 438 Abs. 1 Nr. 2 BGB – lesen!).

2. In **30 Jahren** verjähren die Ansprüche, wenn der Mangel in einem dinglichen Recht eines Dritten besteht, auf Grund dessen Herausgabe der Kaufsache verlangt werden kann oder in einem sonstigen im Grundbuch eingetragenen Recht (§ 438 Abs. 1 Nr. 1 BGB – lesen!).

   Lernhinweis: Die Ausdehnung der Verjährungsfrist auf 30 Jahre ist aus folgenden Gründen erforderlich: Nach § 197 Abs. 1 Nr. 1 BGB verjähren Herausgabeansprüche aus Eigentum und sonstigen dinglichen Rechten erst nach 30 Jahren. Wenn nun der Käufer aufgrund eines solchen dinglichen Rechts eines Dritten die Sache an den Dritten herauszugeben hat, muss er für die gleiche Zeit die Möglichkeit haben, wegen dieses, in der Herausgabepflicht an einen Dritten liegenden Mangels seine Gewährleistungsrechte gegenüber dem Verkäufer geltend zu machen. Vertiefungsfrage: Wie kann denn überhaupt ein Dritter dingliche Rechte an einer Sache haben (bzw. behalten), wenn der Käufer vom Verkäufer erwirbt? Antwort: Doch nur, wenn der Verkäufer nicht (Voll-)Berechtigter war und (zudem) der Käufer nicht als gutgläubiger Erwerber (lastenfreies) Eigentum erlangte. Dies ist dann der Fall, wenn der Verkäufer das Eigentum nicht (voll) übertragen konnte, weil die Sache nach § 935 BGB dem Dritten abhanden kam (vgl. zu diesen Problembereichen unten im Sachenrecht § 62).

3. Sofern der Verkäufer einen Mangel, bei dem der Gewährleistungsanspruch normalerweise in zwei oder fünf Jahren verjährt, **arglistig** verschwiegen hat, erfolgt die Verjährung nach § 438 Abs. 3 BGB innerhalb der regelmäßigen Verjährungsfrist, also gem. § 195 BGB in **drei Jahren.**

Die Verjährung beginnt – mit Ausnahme der Arglist – nach § 438 Abs. 2 BGB bei Grundstücken mit der Übergabe, ansonsten mit der Ablieferung der Sache.

Verständnisfrage: Wann beginnt die Verjährung bei Arglist?

Antwort: Da es sich um eine regelmäßige Verjährungsfrist handelt, ist § 199 Abs. 1 BGB einschlägig: Die Verjährungsfrist beginnt mit dem Schluss des Jahres, in dem der Anspruch entstanden ist und der Gläubiger (Käufer) Kenntnis von den anspruchsbegründenden Umständen und der Person des Schuldners erlangt hat bzw. hätte erlangen müssen.

Beachten Sie: Diese Regelung könnte bei einem Bauwerksmangel (Verjährungsfrist: 5 Jahre) dazu führen, dass im Falle der Arglist die regelmäßige Verjährung vor der für Baumängel geltenden Verjährung eintritt und damit der arglistig handelnde Verkäufer auch noch privilegiert würde. Hierfür bestimmt § 438 Abs. 3 S. 2 BGB, dass die Verjährung bei Bauwerksmängeln – auch wenn § 199 Abs. 1 BGB erfüllt ist – nicht vor dem Ablauf der Fünfjahresfrist eintritt.

Sonderregelung beim Verbrauchsgüterkauf: Wenn sich beim Verbrauchsgüterkauf ein Sachmangel innerhalb der ersten sechs Monate seit Gefahrübergang zeigt, wird nach § 476 BGB (lesen!) vermutet, dass die Sache bereits bei Gefahrübergang mangelhaft war. Damit ist eine jedermann vertraute peinliche Situation zugunsten des Käufers entschärft: Wer eine mangelhafte Sache „zurück in den Laden bringt", muss sich nicht mehr den unterschwelligen Vorwurf gefallen lassen, der Mangel sei wohl erst nach Kaufabschluss entstanden oder gar durch unsachgemäße Ingebrauchnahme verursacht. Ausnahme: Die Vermutung gilt nicht, wenn sie mit der Art der Sache oder des Mangels unvereinbar ist (vgl. § 476 a.E.).

Beispiele:

• Es wird eine gebrauchte Sache gekauft. Hier wird in der Regel von vornherein eine Abnutzung unterstellt (Beweislastumkehr wegen der „Art der Sache").

• Das gekaufte Tier erkrankt an einer Infektion, für die eine Inkubationszeit diagnostiziert wird, die medizinisch abgesichert erst nach der Übergabe begonnen haben kann (Beweislasterleichterung wegen der „Art des Mangels").

bb) Die „Verjährung" von Rücktritts- und Minderungsansprüchen

Rücktritt und Minderung sind Gestaltungsrechte, die selbst nicht der Verjährung unterliegen. Infolgedessen enthält das Gesetz hier auch keine Bestimmung über die Verjährung, sondern regelt in § 218 BGB, auf den in § 438 Abs. 4 und 5 BGB verwiesen wird, dass der Rücktritt (bzw. die Minderung) unwirksam ist, „wenn der Anspruch auf die Leistung oder der Nacherfüllungsanspruch verjährt ist und der Schuldner sich hierauf beruft". Damit wird dasselbe Ergebnis erzielt.

b) Die Verjährung beim Verbrauchsgüterkauf

Vereinbarungen über die Verjährung sind grundsätzlich zulässig (das ergibt sich aus § 202 BGB, der dafür allerdings Grenzen setzt). Deshalb kann auch die Verjährung der Käuferrechte vom Gesetz abweichend geregelt werden. Einschränkungen gelten beim Verbrauchsgüterkauf:

Wenn ein Verbraucher eine bewegliche Sache von einem Unternehmer kauft, kann die Verjährung der in § 437 BGB bezeichneten Ansprüche vor Mitteilung eines Mangels an den Unternehmer nicht vertraglich auf unter zwei Jahre beschränkt werden (§ 475 Abs. 2 BGB – lesen!). Handelt es sich um gebrauchte Sachen, ist das Gesetz weniger streng: Dann darf die Verjährung nicht weniger als ein Jahr betragen.

Beachten Sie: Wie schon beim Ausschluss der Gewährleistung gilt auch bei der Verjährung im Verbrauchsgüterkauf: bei Schadenersatzansprüchen finden die allgemeinen Regeln Anwendung.

5. Konkurrenz der Gewährleistungsansprüche mit anderen Rechten des Käufers

a) Allgemeine Leistungsstörung

Die dem Käufer aufgrund eines Sach- oder Rechtsmangels vom Gesetz eingeräumten Rechte sind eine Sonderregelung gegenüber dem allgemeinen Leistungsstörungsrecht. Wie oben dargelegt, sind die §§ 437–441 BGB mit ihrer Verweisung auf §§ 280 ff. BGB in das allgemeine Leistungsstörungsrecht eingebunden. Die entscheidende Zäsur für die Anwendung des einen oder anderen Sachgebiets ist der Zeitpunkt des Gefahrübergangs, somit die Übergabe. Daraus folgt: Auch im Kaufrecht findet das allgemeine Leistungsstörungsrecht Anwendung für den Zeitraum bis zum Gefahrübergang, wenn es also noch zu keiner Übergabe der Sache oder keiner Übertragung des Rechts gekommen ist.

Beispiel: Wird ein bestimmtes Kraftfahrzeug als „unfallfrei" verkauft, obwohl es sich um ein Unfallfahrzeug handelt, liegt ein nicht behebbarer Mangel vor. Kommt es nicht zur Übergabe, etwa weil der Käufer die Annahme aufgrund des ihm offenbar gewordenen Sachmangels verweigert, finden allein §§ 275, 311a BGB Anwendung. Entdeckt der Käufer den Mangel dagegen erst nach Übergabe, hätte er die Rechte aus § 437 BGB. Weiterführung des Falles: Da bei dieser Variante die Nacherfüllung unmöglich ist, kann der Käufer Rücktritt, Minderung bzw. (nach näherer Maßgabe der §§ 280, 281, 311a BGB) Schadenersatz verlangen.

b) culpa in contrahendo

Schadenersatzansprüche aus culpa in contrahendo nach §§ 280 Abs. 1, 241 Abs. 2, 311 Abs. 2 u. 3 BGB sind ebenfalls ausgeschlossen, wenn der Kaufvertrag zustande kommt und der Gefahrübergang erfolgt ist. Insoweit sind wiederum §§ 434–442 BGB eine abschließende Sonderregelung. Hat der Verkäufer jedoch eine Aufklärungs- bzw. Beratungspflicht verletzt, bleibt § 311 Abs. 2 u. 3 BGB neben § 437 BGB anwendbar.

c) Verletzung von Nebenpflichten

Schäden, die aufgrund einer Pflichtverletzung des Verkäufers entstanden sind, die nach früherer Dogmatik unter den Begriff „positive Vertragsverletzung" fielen, sind über § 437 Nr. 3 (der seinerseits wiederum auf die §§ 280 ff. BGB verweist) zu ersetzen. Beruht der Schaden auf der Verletzung von Nebenpflichten des Verkäufers, die nicht in den Anwendungsbereich der §§ 434–442 BGB fallen, ist § 280 Abs. 1 BGB direkt anzuwenden.

d) Irrtumsanfechtung

Bei der Lieferung einer mangelhaften Sache wäre es nicht abwegig, einen Fall der Irrtumsanfechtung zu konstruieren: Der Käufer hat auf eine mangelfreie Sache vertraut; liegt ein Fehler vor, irrt er sich regelmäßig über „verkehrswesentliche Eigenschaften" i.S.v. § 119 Abs. 2 BGB.

Trotzdem muss nach einhelliger Auffassung die Irrtumsanfechtung ausscheiden, soweit die Sachmängelhaftung des Verkäufers eingreift. Der Grund ist einleuchtend: Die Gewährleistungsansprüche des Käufers unterliegen einer relativ kurzen Verjährungsfrist (bei beweglichen Sachen zwei Jahre), die Anfechtung einer Willenserklärung wegen Irrtums ist theoretisch nach § 121 Abs. 2 BGB bis zum Ablauf von 10 Jahren möglich (sofern diese gemäß § 121 Abs. 1 BGB „unverzüglich" nach Entdeckung des Irrtums erklärt wird). Im Interesse der Klarheit über den rechtlichen Bestand des Güterumsatzes kann eine derartige Ausdehnung der „Stornierungsfrist" für die häufigste Leistungsbeziehung nicht gewollt sein.

Ein weiteres Argument spricht gegen die Berücksichtigung des Eigenschaftsirrtums neben der Gewährleistung: Entgegen § 442 Abs. 1 S. 2 BGB könnte der Käufer, der den Sachmangel infolge grober Fahrlässigkeit nicht gekannt hat, sich gleichwohl nach § 119 Abs. 2 BGB vom Vertrag lösen, weil die Anfechtung verschuldensunabhängig ist.

Beachten Sie: Bezieht sich der Irrtum nicht auf den Mangel, bleiben die §§ 119ff. BGB selbstverständlich neben den Gewährleistungsrechten anwendbar! Und weiterhin: Wenn durch die Irrtumsanfechtung (infolge der aus § 142 Abs. 1 BGB folgenden Nichtigkeit des Kaufvertrags) das Gewährleistungsrecht „ausgehebelt" wird, kann natürlich auch der Verkäufer nicht anfechten, da er sich sonst der Gewährleistung entziehen würde. Dies gilt nur dann nicht, wenn der Irrtum keinen Sachmangel betrifft. Schulbeispiel: Der Verkäufer verkauft einen „vergoldeten" Ring und merkt nicht, dass der von ihm verkaufte Ring in Wirklichkeit aus Massivgold besteht.

e) Anfechtung wegen arglistiger Täuschung und rechtswidriger Drohung

Im Gegensatz zur Irrtumsanfechtung ist die Anfechtung wegen arglistiger Täuschung nach § 123 Abs. 1 1. Alt. BGB durch die Gewährleistungsrechte nicht ausgeschlossen.

Begründung: Bei Arglist ist der Verkäufer nicht schutzbedürftig. Dasselbe gilt für die rechtswidrige Drohung. Somit kann der Käufer frei entscheiden, ob er Ansprüche aus § 437 BGB oder aus § 812 BGB geltend macht.

f) Unerlaubte Handlung

Schadenersatzansprüche aus §§ 823, 826 BGB werden durch das Gewährleistungsrecht nicht ausgeschlossen (sie haben völlig unterschiedliche Voraussetzungen).

Wenn die gelieferte Sache durch ihre Mängel das Eigentum des Käufers beschädigt oder seine Gesundheit verletzt, kann der Käufer unbeschadet seiner kaufrechtlichen Möglichkeiten vom Verkäufer Schadenersatz verlangen.

Beispiel: Der Verkäufer liefert ein schadhaftes Küchengerät (und erkennt dies auch, hofft aber, dass die Sache gut gehen wird), der Käufer erleidet einen Stromschlag.

Das Nebeneinander von kaufrechtlicher Gewährleistung und Haftung aus unerlaubter Handlung hat einen praktischen Hintergrund: Schadenersatzansprüche aus §§ 823 ff. BGB unterliegen der allgemeinen Verjährung von drei Jahren, die Käuferrechte verjähren dagegen schon in zwei Jahren. Vor der Schuldrechtsreform war der Unterschied noch größer: Die Gewährleistungsfrist betrug lediglich sechs Monate. Aus diesem Grund wurde versucht, durch die Konstruktion von Schadenersatzansprüchen aus unerlaubter Handlung die Haftung des Verkäufers über die Gewährleistungsfrist hinaus „zu verlängern". Die dabei aufgeworfene Frage lautet: Haftet der Verkäufer nach § 823 Abs. 1 BGB für mangelbedingte, nachträglich entstandene Schäden an der von vornherein mangelbehaftet gelieferten Sache, wenn der Mangel der Kaufsache zunächst beschränkt ist auf ein Teilstück, dessen Schadhaftigkeit nach der kaufrechtlichen Eigentumsübertragung einen „weiteren" Schaden an der gesamten Sache hervorruft (deshalb spricht man in diesen Fällen sinnigerweise von **„Weiterfresserschäden"**).

Beispiele:

- Im sog. *„Schwimmschalterfall"* wurde von der Rechtsprechung ein Anspruch aus § 823 Abs. 1 BGB bejaht, weil ein funktionell begrenztes schadhaftes Einzelteil nach der Eigentumsübertragung zu einem weiteren Schaden an der ansonsten einwandfreien Anlage geführt hat;

- Im sog. „*Gaszug-Fall*" hatte in einem Kraftfahrzeug ein defekter Gaszug zu einer unkontrollierten Beschleunigung und infolge dessen zu einem Verkehrsunfall geführt.

Zur Problemlösung bemüht die Rechtsprechung den Unterschied zwischen dem „*Nutzungs- und Äquivalenzinteresse*" einerseits und dem „*Integritätsinteresse*" andererseits.

Lernhinweis: Unter dem Äquivalenzinteresse versteht man das Interesse des Käufers, eine mangelhafte Sache zu bekommen und zu nutzen; unter dem Integritätsinteresse versteht man das Interesse des Eigentümers an der schadfreien Erhaltung seiner Sache. Das Äquivalenzinteresse wird im Rahmen der Gewährleistungsvorschriften (insbesondere des Kaufrechts) geschützt, das Integritätsinteresse schützt der Gesetzgeber durch das Deliktsrecht (insbes. §§ 823 ff. BGB).

Konkrete Anwendung: Wenn sich der Mangel der gelieferten Sache (und der darin liegende Schaden) auf ein funktionell begrenztes Einzelteil beschränkt, beurteilt sich die Rechtslage nach Kaufrecht; ist der Mangel jedoch auf andere Teile „übergesprungen", liegt eine nach Deliktsrecht zu beurteilende Eigentumsverletzung vor. Als Kriterium zur Abgrenzung der beiden Bereiche stellt die Rechtsprechung auf die „*Stoffgleichheit*" ab. Dabei wird folgende *Formel* bemüht: Stoffgleichheit liegt vor, wenn sich der geltend gemachte Schaden mit dem im Augenblick des Eigentumsübergangs dem Produkt anhaftenden Mangelunwert (verstanden als der im Mangel verkörperten Entwertung der Sache für das Äquivalenz- und Nutzungsinteresse) deckt. Ein Schadenersatzanspruch aus § 823 BGB ist zu bejahen, wenn das Integritätsinteresse und das Äquivalenzinteresse im konkreten Fall nicht stoffgleich sind. Beispiel: Ein funktionell begrenzt fehlerhaftes Steuergeräteteil setzt die Gesamtsache in Brand.

Hinweis: Die für den Anfänger etwas verwirrend anmutende Problematik hat sich mit der durch die Schuldrechtsreform erfolgte Verlängerung der Gewährleistungsansprüche auf zwei Jahre entschärft.

g) Haftung des Herstellers im Rahmen der Produkthaftung

Der Hersteller eines Produkts haftet im Rahmen der sog. „Produkthaftung" für Schäden, die durch Verwendung seiner Produkte beim Verbraucher eintreten. Diese wichtige Ergänzung muss man sich schon beim Kaufrecht für ein Gesamtbild hinzudenken. Zu den Einzelheiten vgl. unten ausführlich § 57 VI.

Wiederholungsfragen zu § 44

Wird durch den Abschluss des Kaufvertrags bereits das Eigentum an einer gekauften Sache erworben? (§ 44 I 1 b)

Ist es möglich, das „know-how" eines Unternehmens zu kaufen? (§ 44 II 1)

Was versteht man unter dem Mantelkauf? (§ 44 II 6)

Welche Rechtsbeziehungen bestehen zwischen den Beteiligten beim „verbundenen Vertrag"? (§ 44 II 7)

Welche Rechtskonstruktion liegt dem Kauf unter Eigentumsvorbehalt zugrunde? (§ 44 II 8)

Welche Rechtsstellung hat ein Vorkaufsberechtigter? (§ 44 II 9)

Was versteht man unter einem Sukzessivlieferungsverhältnis? (§ 44 II 18)

Ist das Factoring als Kauf oder als Kreditgeschäft einzuordnen? (§ 44 II 21)

Was ist typisch beim Mietkauf? (§ 44 II 23)

Welche Pflichten hat der Verkäufer beim Sachkauf bzw. beim Rechtskauf? (§ 44 III 1)

Ist die Abnahmeverpflichtung für den Käufer eine Haupt- oder eine Nebenpflicht? (§ 44 IV 1 b)

In welchem Zeitpunkt geht beim Sachkauf die Preisgefahr auf den Käufer über und welche Besonderheiten gelten für den Versendungskauf? (§ 44 IV 2 a bb)

In welchem Umfang haftet der Verkäufer für Sachmängel? (§ 44 V)

Welche Rechte hat der Käufer im Rahmen der Gewährleistung des Verkäufers? (§ 44 V 3)

Welche Besonderheiten gelten bei der Verkäuferhaftung im Fall der Gattungsschuld? (§ 44 V 3 d)

Wann verjähren die Gewährleistungsansprüche im Kaufrecht? (§ 44 V 4)

§ 45 Die Schenkung

Lernhinweis: Wichtigstes Kennzeichen der Schenkung (§§ 516 ff. BGB) ist die Unentgeltlichkeit der mit ihr verfolgten Vermögenszuwendung. Das Bürgerliche Gesetzbuch kennt außer der Schenkung weitere unentgeltliche Rechtsgeschäfte:

- die Leihe (unentgeltliche Gebrauchsüberlassung);
- den Auftrag (unentgeltliche Geschäftsbesorgung) sowie
- die unentgeltliche Verwahrung.

Die Unentgeltlichkeit ist der Grund dafür, dass in einigen Fällen die Rechtsstellung des Beschenkten schwächer ist als die eines entgeltlichen Erwerbers:

- Dies zeigt sich zunächst im Schenkungsrecht selbst angesichts des Rückforderungsrechts gegenüber dem Beschenkten bei Verarmung des Schenkers oder grober Undankbarkeit des Beschenkten (§§ 528, 530 BGB).
- Bei der ungerechtfertigten Bereicherung ist ausnahmsweise der Durchgriff des Anspruchinhabers auf einen Dritten möglich, wenn dieser Dritte die Leistung unentgeltlich erhalten hat (§ 816 Abs. 1 Satz 2, 822 BGB – lesen!).
- Im Insolvenzverfahren muss der Beschenkte dem Insolvenzverwalter unentgeltliche Leistungen des Schuldners herausgeben, wenn es sich nicht um gebräuchliche Gelegenheitsgeschenke des Schuldners handelt oder die Schenkung mehr als vier Jahre vor Eröffnung des Insolvenzverfahrens erfolgte, vgl. § 134 InsO.

Schenkungen sind naturgemäß typische Rechtsgeschäfte im Familienbereich. Wirtschaftliche Bedeutung haben sie vor allem aus **steuerrechtlichen Gründen.** Bei der Einkommensteuer wird durch die unentgeltliche Übertragung einer Einkunftsquelle auf einen Familienangehörigen, der ansonsten keine oder nur geringe Einkünfte erzielt, ein progressionsmindernder Effekt erzielt. Um Erbschaft- bzw. Schenkungsteuer zu sparen, können im Rahmen der Freibeträge Vermögenswerte durch Schenkungen unter Lebenden steuerfrei übertragen werden (deren Erträge sich zudem nicht mehr substanzerhöhend beim Schenker auswirken). Wichtig ist allerdings, dass die Finanzrechtsprechung Rechtsgeschäfte zwischen Familienangehörigen nur unter zwei Voraussetzungen steuerrechtlich anerkennt:

- Es müssen die bürgerlich-rechtlichen Formen und Genehmigungserfordernisse beachtet werden (notarielle Beurkundung, familiengerichtliche Genehmigungen bzw. im Falle des Selbstkontrahierens die Bestellung von Pflegschaften).

- Außerdem muss die Schenkung eine wirkliche Entäußerung aus dem Vermögen des Schenkers, also eine tatsächliche Übertragung der Einkunftsquelle, bewirken. Dies ist bei Schenkungen, die unter einem Widerrufsvorbehalt erfolgen, problematisch. Die unentgeltliche Einräumung eines Nießbrauchs, gekoppelt mit einem jederzeitigen Widerrufsvorbehalt, genügt diesen Anforderungen nicht.

Obwohl das Recht der Schenkung nicht zum Schwerpunkt der Privatrechtsausbildung gehört, sollten Rechts- und Wirtschaftswissenschaftler doch bei der Schenkung den Begriff, die Arten, die Formbedürftigkeit, die Heilung des Formmangels und die Grundzüge der Rechtsbeziehungen zwischen Schenker und Beschenktem kennen.

I. Begriff und Wesensmerkmale der Schenkung

1. Begriff

Die Schenkung ist nach § 516 Abs. 1 BGB (lesen!) eine Zuwendung, durch die jemand aus seinem Vermögen einen anderen bereichert, wenn beide Teile darüber einig sind, dass die Zuwendung unentgeltlich erfolgt.

Als Zuwendung kommt jede Verschaffung eines Vermögensvorteils in Betracht (Sachen, Forderungen, Rechte, Schulderlass), sofern sie das Vermögen des Zuwendenden vermindern. Keine Schenkung liegt nach § 517 BGB vor, wenn jemand zugunsten eines anderen einen Vermögenserwerb unterlässt, auf ein angefallenes, noch nicht endgültig erworbenes Recht verzichtet, eine Erbschaft oder ein Vermächtnis ausschlägt.

Die Zuwendung muss auf Seiten des Beschenkten zu einer Bereicherung führen. Dies ist nicht der Fall, wenn der Zuwendungsempfänger das Erhaltene mit der Auflage erhält, es zu mildtätigen oder gemeinnützigen Zwecken zu verwenden.

Die Bereicherung muss unentgeltlich erfolgen, es darf also keine Verbindung mit einer Gegenleistung vorliegen. Deshalb sind Trinkgelder, Gratifikationen oder übertarifliche Löhne keine Schenkungen.

2. Wesensmerkmale

Die Schenkung ist ein **Vertrag** (beachten Sie das Tatbestandsmerkmal „wenn beide Teile darüber einig sind" in § 516 Abs. 1 BGB!).

Lernhinweis: Gerade dem Anfänger macht diese Selbstverständlichkeit oft Schwierigkeiten. Aus der Tatsache, dass bei der Schenkung nur eine Seite eine Leistung erbringt, folgern manche irrtümlich, es handle sich um ein „einseitiges Rechtsgeschäft". Man verwechselt dann den Begriff des „einseitigen Rechtsgeschäfts" mit dem des „einseitig verpflichtenden Vertrags". Da die Schenkung ein Vertrag ist, setzt sie die Annahme durch den Beschenkten voraus: Niemand muss sich einseitig ein Geschenk „aufdrängen" lassen.

II. Arten

1. Das Schenkungsversprechen

Das Schenkungsversprechen ist ein einseitig verpflichtender Vertrag, durch den der Schenker einem anderen eine unentgeltliche Leistung verspricht.

2. Handschenkung

Von einer Hand- oder Realschenkung spricht man, wenn ohne ein gesondertes vorangehendes Schenkungsversprechen die Leistung dem Beschenkten sofort verschafft wird. Dem Beschenkten wird eine Sache sofort übereignet, ein Recht sofort übertragen (Lernhinweis: Sie erkennen die Parallele zum „Handkauf").

3. Die gemischte Schenkung

Für sie ist typisch, dass ein entgeltliches Geschäft (z. B. ein Kauf) mit einer Schenkung kombiniert wird. Zum Beispiel wird ein Grundstück weit unter Wert an einen Familienangehörigen verkauft in der übereinstimmenden Absicht, den über dem Kaufpreis liegenden Wert als Schenkung zuzuwenden. In diesen Fällen stellt sich die Frage: Findet Schenkungsrecht oder Kaufrecht Anwendung? Wenn die Leistung teilbar ist, liegen zwei voneinander unabhängige Verträge vor, das Problem der gemischten Schenkung taucht gar nicht auf. Ist die Leistung unteilbar, fehlt es an einer gesetzlichen Regelung und an einer einheitlichen Rechtspraxis. Bedeutung hat diese Rechtsfrage vor allem bei der Formbedürftigkeit, den Gewährleistungsansprüchen und im Falle des Rückforderungsverlangens durch den Schenker.

Wegen des Schutzes vor Übereilung wird man bei der gemischten Schenkung die Einhaltung der für das Schenkungsversprechen geltenden Form verlangen müssen. Im Übrigen ist darauf abzustellen, ob der entgeltliche oder unentgeltliche Charakter bei der gemischten Schenkung überwiegt. Je nachdem finden die Vorschriften über das Kaufrecht oder über das Schenkungsrecht Anwendung.

4. Schenkung von Todes wegen

Im Erbrecht kennen wir das Schenkungsversprechen, welches unter der Bedingung erteilt wird, dass der Beschenkte den Schenker überlebt. Nach § 2301 BGB finden auf eine derartige „Schenkung von Todes wegen" die erbrechtlichen Formvorschriften Anwendung. Wird die Schenkung von Todes wegen aber bereits zu Lebzeiten des Erblassers vollzogen, gelten die Vorschriften über die Schenkungen unter Lebenden (dies hat vor allem Bedeutung für die Heilung eines etwaigen Formmangels durch den Vollzug des Versprechens).

5. Die Schenkung unter Auflage

Mit der Schenkung unter einer Auflage wird auch der Beschenkte zu einer Leistung verpflichtet. Nach § 525 BGB kann der Schenker die Vollziehung der Auflage verlangen, wenn er seinerseits geleistet hat. Unterbleibt die

Vollziehung der Auflage, kann der Schenker nach § 527 die Herausgabe des Geschenkes verlangen. Keine Schenkung unter Auflage ist die sog. **„Zweckschenkung".** Sie liegt vor, wenn nach dem Inhalt der Vereinbarung vom Schenker mit der Zuwendung ein für den Beschenkten erkennbarer Zweck verfolgt wird, die Vollziehung jedoch nicht verlangt werden kann.

III. Die Form der Schenkung

1. Notarielle Beurkundung

Zur Gültigkeit des Schenkungsversprechens ist nach § 518 BGB notarielle Beurkundung erforderlich.

Lernhinweis: Beachten Sie, dass lediglich die Willenserklärung des Schenkers, nicht dagegen auch die Annahmeerklärung des Beschenkten dem Formzwang unterliegt. Welchen Zweck verfolgt die Formvorschrift? Antwort: Zunächst einmal will der Gesetzgeber vor leichtfertig abgegebenen Schenkungsversprechen schützen, daneben versucht die notarielle Beurkundung auch der Aushöhlung der erbrechtlichen Formvorschriften vorzubeugen.

2. Heilung des Formmangels

Die Nichteinhaltung der Form führt nach § 125 BGB grundsätzlich zur Nichtigkeit der Erklärung. Nach § 518 Abs. 2 BGB wird jedoch der Mangel der Form durch die Bewirkung der versprochenen Leistung geheilt. Dasselbe gilt im Fall der Handschenkung.

Die Schenkung ist vollzogen, wenn der Schenker die versprochene Leistung nach § 362 Abs. 1 bewirkt hat (also Erfüllung vorliegt). Ob dies der Fall ist, hängt davon ab, welcher Gegenstand geschenkt und nach welchen Vorschriften er zu übertragen ist. Bei beweglichen Sachen müssen die §§ 929 ff. BGB, bei Grundstücken und dinglichen Rechten an Grundstücken die §§ 873, 925 BGB beachtet werden; Forderungen und Rechte müssen nach §§ 398 ff. abgetreten werden.

Beispiele aus der Rechtsprechung:

- Eine bloße Einziehungsermächtigung ist kein Vollzug der Forderungsabtretung.
- Beim Scheck genügt die Einlösung.
- Bei Schenkung von Geld ist die Übertragung mit Ausführung des Überweisungsauftrags durch die Bank vollzogen.
- Die Errichtung eines Bank- oder Sparguthabens durch Vertrag zugunsten Dritter auf den Namen des Beschenkten genügt.

Ein bedingter oder befristeter Vollzug genügt, jedoch muss das Vollzugsgeschäft als solches wirksam sein (eine unwirksame Forderungsabtretung kann den Mangel der Form nicht heilen).

IV. Das Rechtsverhältnis zwischen Schenker und Beschenktem

Die Unentgeltlichkeit der Leistung ist der Grund, dass das Pflichtenverhältnis der Vertragsparteien im Vergleich zum entgeltlichen Rechtsgeschäft modifiziert ist.

1. Geminderte Haftung des Schenkers

a) Haftungsmaßstab

Der Schenker hat nach § 521 BGB lediglich Vorsatz und grobe Fahrlässigkeit zu vertreten. Er haftet also im Gegensatz zu § 276 BGB bei allen Leistungsstörungen nicht für einfache Fahrlässigkeit. Außerdem entfällt nach § 522 BGB beim Verzug die Pflicht zur Zahlung von Verzugszinsen.

b) Gewährleistungsrechte

Der Schenker haftet grundsätzlich nicht für Rechts- und Sachmängel (dies ergibt sich als Umkehrschluss aus §§ 523, 524 BGB: „Einem geschenkten Gaul schaut man nicht ins Maul"). Er muss lediglich Schadenersatz leisten bei arglistigem Verschweigen eines Mangels.

2. Rückforderung der Schenkung

a) Notbedarf

Soweit der Schenker nach Vollziehung der Schenkung außerstande ist, seinen angemessenen Unterhalt zu bestreiten, kann er nach § 528 BGB vom Beschenkten die Herausgabe des Geschenkes verlangen. Vor Vollzug der Schenkung hat der Schenker nach § 519 BGB (lesen!) unter denselben Voraussetzungen die „Notbedarfseinrede".

b) Grober Undank

Eine Schenkung kann nach § 530 BGB (lesen!) widerrufen werden, wenn sich der Beschenkte des „groben Undanks" schuldig macht. Darunter versteht man eine schwere Verfehlung gegen den Schenker oder einen nahen Angehörigen. Typische Fälle: Körperverletzungen, schwere Beleidigungen, Ehebruch, grundlose Strafanzeige. Wie im Fall des § 528 ist auch hier zu beachten, dass sich die Rückgabepflicht nach den Vorschriften über die Herausgabe einer ungerechtfertigten Bereicherung bestimmt. Das bedeutet: Die Schenkung ist insoweit herauszugeben, als der Beschenkte noch bereichert ist (vgl. §§ 818, 819 BGB):

Wiederholungsfragen zu § 45

Ist die Schenkung ein einseitiges oder zweiseitiges Rechtsgeschäft? (§ 45 I 2)

Was versteht man unter einer Handschenkung? (§ 45 II 2)

Welche Vorschriften finden auf die gemischte Schenkung Anwendung? (§ 45 II 3)

Ist die Schenkung formbedürftig; kann die mangelnde Form geheilt werden? (§ 45 III)

Unter welchen Voraussetzungen kann ein geschenkter Gegenstand zurückgefordert werden? (§ 45 IV 2)

2. Kapitel: Gebrauchsüberlassungsverträge

Lernhinweis: Im Unterschied zu den im vorangegangenen Kapitel behandelten Veräußerungsverträgen werden im Nachfolgenden die Rechtsformen der vorübergehenden Gebrauchsüberlassung dargestellt. Das BGB bietet hierzu verschiedene Rechtsinstitute an, die weitgehend dispositiver Natur sind: Miete, Pacht, Leihe, Darlehen. Dabei ist in der Praxis zunächst unter betriebswirtschaftlichen Gesichtspunkten die Vorfrage zu entscheiden, ob im konkreten Fall die bloße Gebrauchsüberlassung günstiger ist als der Eigentumserwerb („mieten statt kaufen"). Die Grundausbildung in der Rechtswissenschaft hat sicher nicht das Ziel, den Studenten zum Mietrechtsspezialisten auszubilden. Als Minimum wird jedoch verlangt, dass er wenigstens die Wesensmerkmale der einzelnen Rechtsinstitute für die Gebrauchsüberlassung und die grundlegenden Pflichten kennt, die sich aus dem betreffenden Rechtsverhältnis ergeben. Nehmen Sie als „Kompass" zunächst die Übersicht *„Gebrauchsüberlassung"* zur Hand, und halten Sie vorab die unterschiedlichen Wesensmerkmale fest:

- Die Miete bezieht sich nur auf Sachen.
- Die Pacht bezieht sich auf „Gegenstände", somit Sachen und Rechte.
- Miete beinhaltet nur die Gebrauchsüberlassung.
- Die Pacht berechtigt zugleich zur Fruchtziehung.
- Miete und Pacht sind Formen der entgeltlichen Gebrauchsüberlassung.
- Leihe ist die unentgeltliche Gebrauchsüberlassung von Sachen.
- Beim Darlehen liegt ein besonderer Fall der Gebrauchsüberlassung vor: Es werden Geld oder andere vertretbare Sachen übereignet mit der Verpflichtung, nach Darlehensende Sachen von gleicher Art, Güte und Menge zurückzuerstatten. Beim Darlehen werden Sachen eben nicht nur zum Gebrauch, sondern auch zum Verbrauch überlassen.

Kein Mietvertrag, sondern ein Verwahrungsvertrag liegt bei eingebrachten Sachen vor, wenn nicht (nur) die Überlassung des notwendigen Raumes zur Aufbewahrung, sondern auch die Obhut für diese Sachen übernommen wird. Beispiel: Ein Kraftfahrzeug wird auf einem bewachten Parkplatz abgestellt. Die Gebrauchsüberlassung der Parkfläche tritt hinter dem eigentlichen Zweck, der Obhut für das eingestellte Fahrzeug, zurück. Die Unterscheidung ist insofern wichtig, als der Verwahrer bei der unentgeltlichen Verwahrung nur haftet, wenn er die Sorgfalt außer Acht lässt, die er in eigener Angelegenheit anzuwenden pflegt (§§ 690, 277 BGB).

Vergleichen Sie zur Systematik und Begriffsklärung vorab die Übersicht *Gebrauchsüberlassung.*

Miete, Pacht und Leihe gehören zu den Dauerschuldverhältnissen (typisch dafür ist, dass die geschuldete Leistung in einem dauernden Verhalten oder in wiederkehrenden, sich über eine längere Zeitspanne erstreckenden Einzelleistungen besteht); auch das Darlehen ist hierzu zu rechnen (dies ist allerdings umstritten).

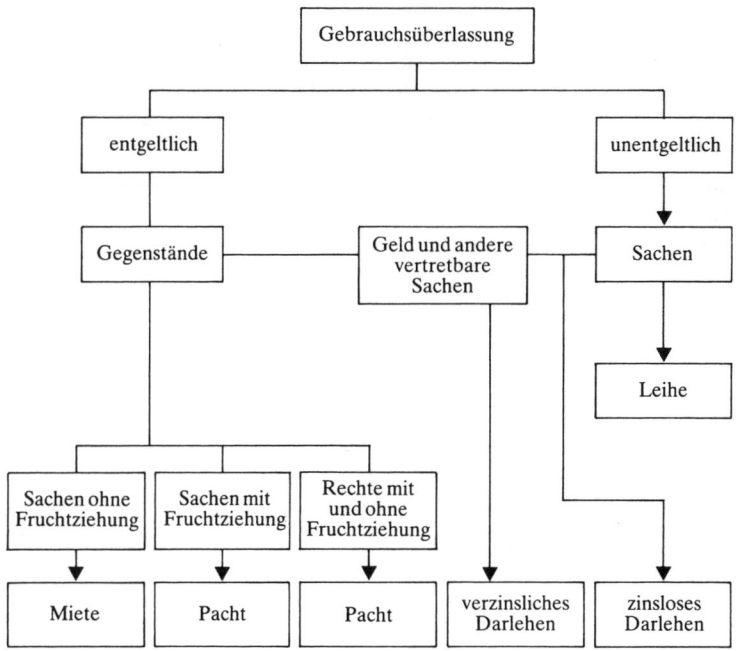

§ 46 Die Miete

I. Begriff und Erscheinungsformen

1. Wesensmerkmale

Beim Mietvertrag handelt es sich um einen gegenseitigen Vertrag über die entgeltliche Gebrauchsüberlassung von Sachen: Nach § 535 Abs. 1 S. 1 BGB ist der Vermieter verpflichtet, dem Mieter den Gebrauch der vermieteten Sache während der Mietzeit zu gewähren; der Mieter ist nach § 535 Abs. 2 verpflichtet, dem Vermieter den vereinbarten Mietzins zu entrichten. Als Entgelt wird regelmäßig eine Geldzahlung vereinbart, an ihre Stelle können aber auch (teilweise) Sach- oder Dienstleistungen treten (Schulbeispiel: die Dienste des Hausmeisters bei der Überlassung einer Werkswohnung).

2. Der Mietvertrag

a) Zustandekommen

Das Mietverhältnis wird durch Abschluss eines Mietvertrags begründet. Dieser ist grundsätzlich formfrei; in vielen Fällen wird im Hinblick auf die Rechtsklarheit Schriftform vereinbart.

Nach § 550 BGB bedarf ein Mietvertrag über Wohnraum der Schriftform, wenn er mit einer Laufzeit von über einem Jahr abgeschlossen wird (beachten Sie die spezielle Rechtsfolge des Formverstoßes in diesem Fall!). Diese Bestimmung gilt nach § 578 auch für die Miete von Grundstücken und sonstigen Räumen.

b) Vertragsfreiheit

Für den Mietvertrag gilt grundsätzlich Vertragsfreiheit. Es lässt sich aber nicht verkennen, dass wichtige Regelungsbereiche der Gebrauchsüberlassung von Wohnräumen durch das „soziale Mietrecht" zwingend ausgestaltet sind.

Lernhinweis: Achten Sie deshalb bei der Anwendung mietrechtlicher Normen immer darauf, ob es sich um eine Vorschrift für die „normale" Raummiete oder für die Wohnungsmiete handelt (lesen Sie als Beispiele für zwingende Vorschriften §§ 536, 551, 573f. BGB).

c) Allgemeine Geschäftsbedingungen

Weitgehend üblich ist die Verwendung vorgefertigter Klauseln in Formularverträgen („Deutscher Einheitsmietvertrag"), die im Rahmen des dispositiven Rechts die gesetzliche Regelung nicht selten zu Lasten des Mieters verändern. Beispiele: In Mietvertragsformularen wird regelmäßig die Zahlung des Mietzinses im Voraus (anders § 579 BGB) und die Übernahme von Schönheitsreparaturen durch den Mieter (anders § 535 Abs. 1 S. 2 BGB) vereinbart.

3. Erscheinungsformen

Miete ist definitionsgemäß die Gebrauchsüberlassung von Sachen. In Betracht kommen Grundstücke, Räume sowie bewegliche Sachen. Auch Sachgesamtheiten können Gegenstand eines Mietvertrags sein (häufiger wird allerdings dann Pacht vorliegen). Auch Teile einer Sache können Gegenstand eines Mietvertrags sein, z. B. die Gebäudefassade zu Reklamezwecken.

Für den Aufbau und die Anwendung des Gesetzes ist es wichtig zu erkennen, dass im Mietrecht nicht für alle Mietgegenstände die gleichen Regelungen gelten. Teilweise spricht der Gesetzgeber von der „vermieteten Sache", dann wiederum vom Mietverhältnis über „Grundstücke", „Räume" und „Wohnraum"; in § 578 BGB ist dann für die Miete von Grundstücken und anderen Räumen auf die Vorschriften über die Miete von Wohnräumen verwiesen. Es sind also zu unterscheiden:

- die Wohnraummiete,
- die Grundstücksmiete,
- die Raummiete (insbes. gewerblicher Räume),
- die Schiffsmiete sowie
- die Miete beweglicher Sachen.

II. Rechte und Pflichten der Mietvertragsparteien

1. Pflichten des Vermieters

a) Gebrauchsüberlassung

Die Hauptpflicht des Vermieters besteht darin, dem Mieter den Gebrauch der vermieteten Sache zu überlassen. Der Mieter hat insoweit nach § 535 Abs. 1 S. 1 BGB einen Erfüllungsanspruch.

b) Instandsetzungspflicht

Nach § 535 Abs. 1 S. 2 BGB (lesen!) ist der Vermieter darüber hinaus verpflichtet, die vermietete Sache über die Mietzeit hinweg in einem ordnungsgemäßen, dem Gebrauchszweck entsprechenden Zustand zu erhalten.

Beispiele: Der Vermieter ist verpflichtet, Reparaturen und Renovierungen bei Beschädigungen und Abnutzungen auf seine Kosten vornehmen zu lassen (tropfende Wasserhähne und dgl.).

Die grundsätzliche Lastentragung des Vermieters für die Gebrauchserhaltung ergibt sich aus der Überlegung, dass die vertragsgemäße Abnutzung der Mietsache mit der Mietzahlung abgegolten ist. Dies gilt aber nur für die „normale Abnutzung": Schäden die darüber hinausgehen fallen nicht unter § 535 Abs. 1 S. 2 BGB. Sie stellen eine Pflichtverletzung wegen vertragswidrigen Gebrauchs dar und begründen gem. § 280 BGB Schadenersatzansprüche des Vermieters gegen den Mieter.

Beispiel: Der Mieter setzt sich ins Waschbecken mit der Folge, dass das Leitungsrohr aus dem Verputz gerissen wird.

Kommt der Vermieter mit der Beseitigung des Mangels in Verzug oder ist die umgehende Mangelbeseitigung zur Erhaltung oder Wiederherstellung des Bestands der Mietsache notwendig, kann der Mieter nach § 536a Abs. 2 BGB den Mangel selbst beseitigen und Ersatz der erforderlichen Aufwendungen verlangen (vgl. dazu unten d sowie unten III 1 bcc).

Kann die für den Vermieter nachteilige gesetzliche Gebrauchserhaltungspflicht auf den Mieter abgewälzt werden? Die Antwort auf diese Frage hängt davon ab, ob § 535 Abs. 1 S. 2 BGB nachgiebiges Recht ist. Analysieren wir die gesetzliche Regelung: Der BGB-Gesetzgeber hat bei der Wohnraummiete aus sozialen Gesichtspunkten an zahlreichen Stellen am Ende eines jeweils einschlägigen Paragraphen in einem letzten Absatz bestimmt, dass zum Nachteil des Mieters abzielende Vereinbarungen unwirksam sind (so etwa in § 536 Abs. 4 BGB – lesen!). Da ein solches Verbot in § 535 BGB fehlt, lässt sich im Wege des Umkehrschlusses folgern, dass hier abweichende vertragliche Vereinbarungen zulässig sind. Demzufolge ist die Instandhaltungspflicht des Vermieters zu Lasten des Mieters in vielen Mietverträgen abbedungen mit dem Ziel, die Kosten auf den Mieter abzuwälzen. Werden dabei Mietvertragsformulare verwendet, ist jedoch zusätzlich das Recht der Allgemeinen Geschäftsbedingungen zu beachten, vor allem die dort geltenden Grenzen der §§ 307 f. BGB. Mietvertragliche Formularklauseln dürfen demzufolge den Mieter nicht „unangemessen benachteiligen".

aa) Kleinreparaturen

Die Rechtsprechung zur Wohnraummiete grenzt für die Zulässigkeit von „Kleinreparatur-Klauseln" ein:

- Es muss sich um Teile einer Mietsache handeln, die „dem häufigen Zugriff des Mieters ausgesetzt sind" (sinnfälliges Beispiel: Die „Klobrille" wackelt);
- die Kosten dürfen eine bestimmte Bagatellgrenze nicht überschreiten (derzeitige Formel: ca. 80 Euro pro Reparaturanlass und als Summe aller

anfallenden Reparaturen, innerhalb von 12 Monaten maximal 8 Prozent der Jahresnettomiete);
- es darf keine Gesamthaftung aller Mietparteien im Haus für Schäden mit ungeklärter Ursache angeordnet werden.

bb) Schönheitsreparaturen

Auch die Abwälzung von „Schönheitsreparaturen" fallen unter § 535 Abs. 1 S. 2 BGB, sind also grundsätzlich vom Vermieter zu tragen. Wegen des dispositiven Charakters dieser Bestimmung kann durch Mietvertrag die Verpflichtung auf den Mieter abgewälzt werden. Die zu dieser Frage ergangenen Gerichtsurteile sind zahlreich, manchmal unübersichtlich, teilweise widersprüchlich, jedoch alle mit der Zielrichtung ergangen, den Wohnungsmieter insbes. bei knappem Raumangebot vor nachteiligen Auswirkungen der Marktregeln zu schützen.

Für die Regelung von Schönheitsreparaturen in Formularmietverträgen hat die obergerichtliche Rechtsprechung zahlreiche vertragliche Abreden zum Nachteil des Mieters für unwirksam erklärt:

- Der Mieter darf nicht mit Renovierungsverpflichtungen belastet werden, die über den tatsächlichen Renovierungsbedarf hinausgehen;
- dem Mieter darf nicht zwingend vorgeschrieben werden, die Schönheitsreparatur „durch einen Fachhandwerker" ausführen zu lassen; zulässig ist die Verpflichtung zu „handwerksfachgerechter" Ausführung (womit dem Mieter die Möglichkeit eingeräumt wird, die Arbeiten selbst auszuführen);
- vor allem sind „starre Fristenpläne" (wie sie über Jahrzehnte hinweg in den Mietvertragsformularen enthalten waren) unwirksam; zulässig sind Fristenpläne, wenn sie mit dem Zusatz versehen sind, dass sie nur „im Allgemeinen" – also abhängig vom konkreten Befund eingreifen. Dann kann sich der Mieter auf fehlenden oder beschränkten Renovierungsbedarf berufen können (Extremfall: Er hat die von ihm gemieteten Räume nicht oder nur gelegentlich bewohnt, so dass wegen des geringen Abnutzungsgrades keine oder eine lediglich begrenzte Renovierung erforderlich ist).

Weiterführende Frage: Welche Folgen hat es, wenn unzulässige Klauseln verwendet wurden? Ist dann der gesamte Mietvertrag nichtig? Wenn nicht, was gilt an Stelle der nichtigen Klausel?

- Einschlägige Bestimmung ist § 139 BGB. Danach führt zwar die Teilnichtigkeit im Zweifel zur Gesamtnichtigkeit des Vertragswerks. Dies ist jedoch nur eine Auslegungsregel. Ist sie – wie in Formularmietverträgen durchweg – abbedungen, ist der Vertrag im Übrigen gültig.
- Ist eine Vertragsbestimmung nichtig, so tritt an ihre Stelle die gesetzliche Regelung. Für ein Mietverhältnis gilt somit wiederum § 535 Abs. 1 S. 2 BGB. Das hat bei den Schönheitsreparaturen die Konsequenz, dass der Vermieter in Folge einer unangemessenen Lastenabwälzung auf den Mieter die Renovierungskosten selbst tragen muss.

c) Gebrauchserhaltungspflicht

Aus der Gebrauchserhaltungspflicht folgt, dass der Vermieter den vertragsgemäßen Gebrauch nicht stören darf und Störungen Dritter abwehren muss.

aa) Konkurrenzverbot

Bei der Vermietung von Geschäftsräumen taucht die Frage auf, inwieweit der Vermieter einem Konkurrenzverbot unterliegt.

Beispiel: Sind Geschäftsräume vermietet, in denen ein bestimmtes Gewerbe mit speziellem Zuschnitt betrieben wird, darf der Vermieter nicht im gleichen Haus selbst ein Konkurrenzgeschäft eröffnen oder an einen Konkurrenten vermieten (ständige Rechtsprechung, vgl. z. B. RGZ 131, 274).

bb) Störungsabwehr

Vor allem bei der Vermietung von Wohnräumen kann die Gebrauchserhaltungspflicht den Vermieter zwingen, andere Mietparteien im Haus in ihre mietvertraglichen Schranken zu verweisen.

Beispiel: Ein Mitbewohner im Haus belästigt die anderen Mietparteien übermäßig durch Lärm u. dgl.

d) Aufwendungsersatz

Der Mieter kann vom Vermieter Aufwendungsersatz für die selbst durchgeführte Mangelbeseitigung verlangen, und zwar unter zwei Aspekten:

* Einmal gem. § 536a Abs. 2 BGB, wenn der Vermieter mit der Mangelbeseitigung in Verzug war oder die umgehende Beseitigung zur Erhaltung oder Wiederherstellung des Bestands der Mietsache notwendig ist.
* Zum anderen gem. § 539 Abs. 1 BGB nach den Vorschriften über die Geschäftsführung ohne Auftrag, wenn es sich um Aufwendungen auf die Mietsache handelt, die der Vermieter nicht (schon) nach (dem zuvor erwähnten) § 536a Abs. 2 BGB zu ersetzen hat.

Beispiele: Maßnahmen zur Erhaltung, Wiederherstellung oder Verbesserung der Mietsache, also Renovierungs- und Modernisierungsarbeiten. Allerdings nur, wenn sie entsprechend den Regeln der Geschäftsführung ohne Auftrag dem wirklichen oder mutmaßlichen Willen des Vermieters entsprechen, vom Vermieter genehmigt wurden oder im öffentlichen Interesse liegen (vgl. §§ 683, 684 S. 2, 679 BGB).

e) Allgemeine Treupflichten

Darüber hinaus ergeben sich aus dem Grundsatz von Treu und Glauben auch im Mietverhältnis, namentlich für den Vermieter, weitere Sorgfalts-, Schutz- und Rücksichtspflichten, deren Verletzung aus dem Gesichtspunkt der positiven Vertragsverletzung (Pflichtverletzung) schadenersatzpflichtig macht (vgl. dazu oben im Allg. Schuldrecht, § 24 I 2).

2. Pflichten des Mieters

a) Mietzahlung

Hauptpflicht des Mieters ist, den vereinbarten Mietzins zu bezahlen (§ 535 Abs. 2 BGB). Das Gesetz sichert die Forderungen des Vermieters gegen den Mieter durch ein gesetzliches Pfandrecht an den eingebrachten Sachen des Mieters (vgl. § 562 BGB – lesen!).

Lernhinweis: Sie haben hier den Fall eines gesetzlichen Pfandrechts. Es erfasst jedoch nur Sachen, die dem Mieter gehören. **Problem:** Im gewerblichen Bereich geht das Vermieterpfandrecht „ins Leere", wenn die Maschinen oder Waren an den Mieter unter Eigentumsvorbehalt geliefert wurden. Auch aus diesem Grund werden bei Miet- und Pachtverträgen oft Sicherheitsleistungen gefordert. Bei der Wohnraummiete bestehen dafür nach § 551 Besonderheiten (maximal drei Monatsmieten, Verzinsungspflicht, getrennte Anlage vom sonstigen Vermögen).

Für den Bereich der Wohnungsmiete gelten Sondervorschriften:

- Bei öffentlich geförderten Sozialwohnungen ist die Miethöhe durch die Kostenmiete limitiert.
- Ansonsten ist das Mieterhöhungsverlangen des Vermieters nach §§ 557 ff. BGB eingeschränkt („Staffelmiete", „Indexmiete", „ortsübliche Vergleichsmiete").

Insbes. bei langfristiger Vermietung gewerblicher Räume werden häufig Wertsicherungsklauseln vereinbart, die eine automatische Anpassung an den gestiegenen Lebenshaltungskostenindex vorsehen. Derartige Klauseln sind bei **gewerblichen** Mietverträgen nach dem Preisklauselgesetz zu beurteilen; Indexklauseln in **Wohn**raummietverträgen sind nach § 557 b BGB innerhalb bestimmter Grenzen zulässig (vgl. dazu oben § 25 IV 2).

b) Nebenpflichten

aa) Beschränkung auf vertragsgemäßen Gebrauch

Der Mieter darf von der Mietsache nur den vertragsgemäßen Gebrauch machen. Nähere Einzelheiten ergeben sich aus §§ 538, 540, 541 BGB.

Beispiel: Der Mieter darf ohne Zustimmung des Vermieters in Wohnräumen keinen Gewerbebetrieb eröffnen.

Im Übrigen werden die näheren Einzelheiten des vertragsgemäßen Gebrauchs regelmäßig durch die Hausordnung festgeschrieben.

bb) Sonstige Nebenpflichten

Der Mieter hat darüber hinaus Obhuts-, Sorgfalts- und Anzeigepflichten (vgl. § 536 c BGB).

cc) Duldungspflichten

Nach näherer Maßgabe von § 554 muss der Mieter Instandhaltungs- und Verbesserungsmaßnahmen dulden.

dd) Verbot der Untervermietung

Nach § 540 Abs. 1 Satz 1 BGB darf der Mieter den Gebrauch der Mietsache nicht ohne Erlaubnis des Vermieters einem Dritten überlassen.

III. Leistungsstörungen

Lernhinweis: Begriff und Rechtsfolgen der Leistungsstörungen wurden im Allgemeinen Schuldrecht dargestellt (vgl. oben 4. Kap.). Wir haben schon im Kaufrecht gesehen, dass diese Grundsätze bei den einzelnen Schuldverhältnissen teilweise variiert werden. So auch im Mietrecht. Vergegenwärtigen Sie sich zunächst noch einmal die Grundzüge von Unmöglichkeit, Verzug und positiver Vertragsverletzung (Pflichtverletzung) und repetieren Sie im Zweifel lieber noch einmal die einschlägigen Abschnitte im Allgemeinen Schuldrecht!

1. Leistungsstörungen auf Seiten des Vermieters

Das BGB regelt in §§ 536 ff. die Haftung des Vermieters wegen Sach- bzw. Rechtsmängeln. Dabei handelt es sich um Spezialvorschriften, die den allgemeinen Bestimmungen über Leistungsstörungen vorgehen. Im Einzelnen gilt:

a) Gleichstellung von Rechts- und Sachmängeln

Wie im Kaufrecht sind auch im Mietrecht die Rechtsfolgen bei Sach- und Rechtsmängeln der Mietsache gleich (vgl. § 536 Abs. 3 BGB – lesen!).

aa) Sachmängel

Ein Sachmangel setzt voraus, dass die Mietsache mit einem Fehler behaftet ist, der ihre Tauglichkeit zum vertragsgemäßen Gebrauch aufhebt oder mindert (vgl. § 536 Abs. 1 S. 1 BGB). Dabei reicht gem. § 536 Abs. 1 S. 3 jedoch eine unerhebliche Minderung nicht aus.

Beispiele: Die vermietete Wohnung ist infolge von Baumängeln feucht; das vermietete Kraftfahrzeug ist nicht verkehrssicher.

Ein Sachmangel liegt nach § 536 Abs. 2 auch vor, wenn zugesicherte Eigenschaften fehlen oder später wegfallen.

bb) Rechtsmängel

Der Vermieter haftet dem Mieter auch dafür, dass ihm der vertragsgemäße Gebrauch nicht durch Rechte Dritter ganz oder teilweise entzogen wird (§ 536 Abs. 3 BGB).

Beispiel: V vermietet nach Abschluss eines Mietvertrags mit M die Wohnung noch einmal an den Dritten D, der vor M einzieht.

b) Rechtsfolgen

Lernhinweis: Arbeiten Sie die nachstehende Materie aufmerksam durch und überprüfen Sie dann Ihren Kenntnisstand anhand der Übersicht „*Rechte des Mieters bei mangelhafter Mietsache*".

aa) Minderung

Der Mieter kann nach § 536 Abs. 1 BGB entsprechend der Gebrauchsminderung den Mietzins herabsetzen. Wenn der Mangel die Tauglichkeit der Mietsache zur vertragsgemäßen Nutzung ganz aufhebt, ist der Mieter von der Entrichtung des Mietzinses befreit.

bb) Schadenersatz

Der Mieter kann gem. § 536a Abs. 1 in drei Fällen Schadenersatz wegen Nichterfüllung verlangen:

(1.) wenn der Mangel bereits beim Abschluss des Mietvertrags vorlag,
(2.) wenn der Mangel erst später entstand, sofern der Vermieter diesen Mangel zu vertreten hat oder
(3.) wenn der Vermieter mit der Beseitigung eines Mangels in Verzug kommt (diese Variante kommt dann zur Anwendung, wenn ein Mangel, den der Vermieter nicht zu vertreten hat, nach Vertragsabschluss vorliegt).

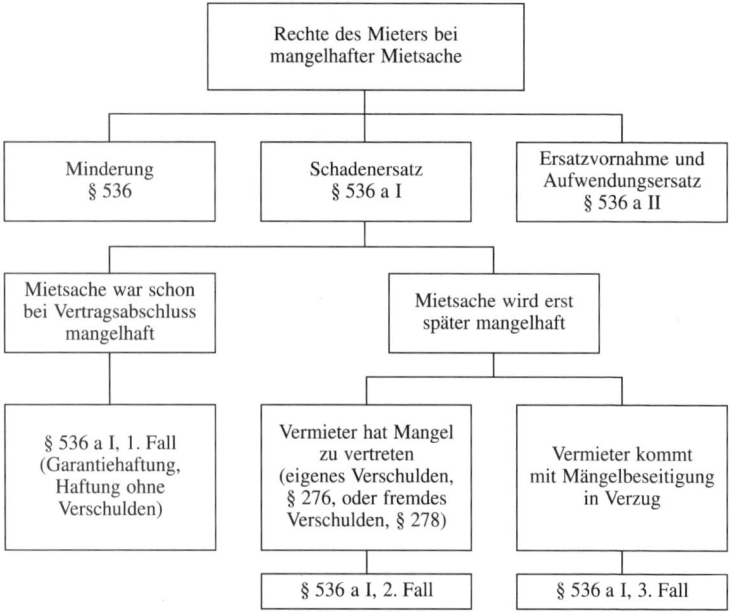

Lernhinweis: Beachten Sie dabei, dass der Schadenersatzanspruch unterschiedliche Anspruchsvoraussetzungen aufweist! Im ersten Fall (die Mietsache war schon bei Vertragsabschluss mangelhaft) handelt es sich um eine Garantiehaftung des Vermieters (sein Verschulden ist nicht erforderlich). Im zweiten Fall (Mietsache wird erst später mangelhaft) handelt es sich um einen Fall der Verschuldenshaftung (es ist dann zu prüfen, ob der Vermieter den Mangel „zu vertreten" hat, dies wiederum bestimmt sich nach §§ 276–278). Zwar kommt es im dritten Fall nicht darauf an, ob der Vermieter den Mangel zu vertreten hat, doch setzt Verzug Vertretenmüssen voraus (Umkehrschluss aus § 286 Abs. 4 BGB), so dass insofern auch hier eine Verschuldenshaftung vorliegt.

Beispiel: V vermietet an M eine Wohnung. Ist die Wohnung schon bei Vertragsabschluss mangelhaft, etwa weil durch schlecht schließende Fenster ständig Wasser in die Wohnung dringt, muss V verschuldensunabhängig Schadenersatz wegen Nichterfüllung leisten, also für Wasserschäden an Möbeln aufkommen, die bei ordnungsgemäßer Erfüllung des Mietvertrages nicht entstanden wären. Werden die Fenster hingegen erst nach Vertragsabschluss z.B. infolge eines Erdbebens so verspannt, dass sie sich nur noch schlecht schließen lassen, so haftet V (mangels „Vertretenmüssens") nicht nach § 536a Abs. 1 BGB. Gerät V aber mit der ihm nunmehr nach § 535 Abs. 1 S. 2 BGB obliegenden Reparaturpflicht in Verzug und entsteht dem Mieter infolge der verspäteten Mangelbeseitigung ein Schaden, so muss er doch Schadenersatz leisten.

Weiterführende Frage und Repetition: Können die für den Vermieter nachteiligen Rechtsfolgen des § 536a BGB vertraglich ausgeschlossen werden? Sie wissen bereits, dass dies davon abhängt, ob es sich um zwingendes oder nachgiebiges Recht handelt. Argumentieren Sie selbst: Ein ausdrücklicher Hinweis fehlt in § 536a BGB. Jedoch kann man einen Umkehrschluss (argumentum e contrario) aus § 536d BGB (lesen!) ziehen. Danach kann sich der Vermieter auf eine Vereinbarung, durch die Rechte

des Mieters wegen eines Mangels der Mietsache ausgeschlossen oder beschränkt werden, nicht berufen, wenn er den Mangel arglistig verschwiegen hat (Sie sehen: § 536 d BGB entspricht der für das Kaufrecht
geltenden Bestimmung des § 444 BGB). Daraus lässt sich folgern: Ein vertraglicher
Haftungsausschluss ist wirksam, wenn keine Arglist vorliegt. Jedoch ist
wiederum das Recht der Allgemeinen Geschäftsbedingungen zu beachten:
Handelt es sich um unangemessene Klauseln, sind sie nach §§ 307 f. BGB
unwirksam.

Aus dieser Sicht werden Freizeichnungsklauseln zu Gunsten des Vermieters von der Rechtsprechung beurteilt: Ein Ausschluss der verschuldensunabhängigen Haftung ist dem Grundsatz nach zulässig, insbesondere wenn
es sich um versteckte anfängliche Sachmängel handelt.

Beispiel: Der Vermieter wusste bei Abschluss des Mietvertrages nicht, dass bei der
Herstellung der von ihm vermieteten Neubauwohnung vom Bauunternehmer ge-
sundheitsschädliche Materialien verwendet wurden.

cc) Ersatzvornahme

Gerät der Vermieter mit der Mängelbeseitigung in Verzug, so ist der Mieter
nach § 536 a Abs. 2 Nr. 1 BGB berechtigt, die Mängel selbst zu beseitigen
und die dazu erforderlichen Aufwendungen vom Vermieter zu verlangen.
Dasselbe gilt, wenn die umgehende Beseitigung zur Erhaltung oder Wiederherstellung des Bestands der Mietsache notwendig ist (§ 536 a Abs. 2
Nr. 2 BGB).

Beispiel: Das Dach des vermieteten Hauses ist leck, so dass es hereintropft und die
Möbel des Mieters beschädigt werden. Trotz wiederholter Telefonate reagiert der
Vermieter nicht, woraufhin der Mieter einen Handwerker beauftragt. Die vom Mieter bezahlte Reparaturrechnung muss der Vermieter ersetzen (sofern mietvertraglich
keine abweichende Kostentragungspflicht vereinbart ist).

dd) Fristlose Kündigung

Unter den Voraussetzungen des § 543 BGB steht dem Mieter das Recht zu,
ohne Einhaltung einer Kündigungsfrist zu kündigen.

ee) Mitteilungspflichten

Der Mieter hat dem Vermieter jeden nach Abschluss des Mietvertrages
entstehenden Mangel an der Mietsache und jede Sachlage, die eine Maß-
nahme zum Schutz der Mietsache erforderlich macht, unverzüglich anzuzeigen. Mitteilungspflichtig ist er auch dann, wenn sich ein Dritter ein
Recht an der vermieteten Sache anmaßt (vgl. § 536 c Abs. 1 BGB).

Genügt der Mieter dieser Pflicht nicht, kann sich dies für ihn nachteilig
auswirken: § 536 c Abs. 2 verpflichtet den Mieter gegenüber dem Vermieter nicht nur zum Ersatz des aus einer unterlassenen Anzeige entstehenden Schadens, sondern verwehrt dem Mieter im Falle, dass der Vermieter infolge der Unterlassung der Anzeige nicht Abhilfe schaffen konnte,
die in § 536 BGB bestimmten Rechte geltend zu machen, nach § 536 a
Abs. 1 BGB Schadenersatz zu verlangen oder ohne Bestimmung einer
angemessenen Frist zur Abhilfe nach § 543 Abs. 3 S. 1 BGB zu kündigen.

2. Leistungsstörungen auf Seiten des Mieters

Auch für den Mieter gelten zunächst die allgemeinen Vorschriften über die Leistungsstörungen. Darüber hinaus greifen mietrechtliche Besonderheiten ein:

a) Zahlungsverzug

Kommt der Mieter mit den Mietzinszahlungen in Verzug, kann der Vermieter das Mietverhältnis unter den weiteren Voraussetzungen des § 543 Abs. 2 Nr. 3 (zweimonatiger Mietrückstand) kündigen.

b) Vertragswidriger Gebrauch

Überschreitet der Mieter den vertragsgemäßen Gebrauch, hat der Vermieter gegebenenfalls Schadenersatzansprüche gem. § 280 BGB wegen Pflichtverletzung. Darüber hinaus kann er nach § 541 BGB auf Unterlassung klagen und unter den Voraussetzungen des § 543 Abs. 2 Nr. 2 BGB kündigen.

c) Verzögerte Rückgabe

Nach Beendigung des Mietverhältnisses muss der Mieter die vermietete Sache zurückgeben. Kommt er dieser Verpflichtung verspätet nach, hat der Vermieter nach § 546a BGB für die Dauer der Vorenthaltung Anspruch auf Zahlung einer Entschädigung in Höhe des zuvor vereinbarten Mietzinses (alternativ auch die ortsübliche Miete). Darüber hinausgehende Schadenersatzansprüche nach § 546a Abs. 2 BGB setzen voraus, dass der Mieter die verspätete Rückgabe zu vertreten hat.

Hinweis: Setzt der Mieter nach Ablauf der Mietzeit den Gebrauch der Mietsache fort, so verlängert sich dadurch das Mietverhältnis auf unbestimmte Zeit, wenn nicht eine Vertragspartei ihren entgegenstehenden Willen innerhalb von zwei Wochen dem anderen Teil erklärt. Diesen „Stolperstein" sollte der Vermieter im Auge behalten, wenn er etwa feststellt, dass der Mieter trotz (wirksamer) Kündigung nicht termingemäß auszieht!

IV. Veräußerung der Mietsache

Lernhinweis: Auch eine vermietete Sache kann veräußert werden! Das Gesetz schützt sowohl den Mieter von beweglichen Sachen wie auch von Grundstücken vor Rechtsnachteilen durch die Veräußerung.

1. Veräußerung eines vermieteten Grundstücks

Wird ein Grundstück (bzw. Wohnraum) nach der Überlassung an den Mieter vom Vermieter an einen Dritten veräußert, tritt nach §§ 566, 578 BGB (lesen!) der Erwerber an Stelle des Vermieters kraft Gesetzes als Rechtsnachfolger in das Mietverhältnis ein. Man sagt: **„Kauf bricht nicht Miete";** korrekt müsste es heißen: „Übereignung bricht nicht Mietbesitzrecht". Vergleichen Sie dazu die Skizze *Veräußerung eines vermieteten Grundstücks.*

2. Veräußerung von beweglichen Sachen

Der eben geschilderte Grundsatz gilt nur für Grundstücke (gleichgestellt sind Eigentumswohnungen). Wird eine vermietete bewegliche Sache ver-

Veräußerung eines vermieteten Grundstücks

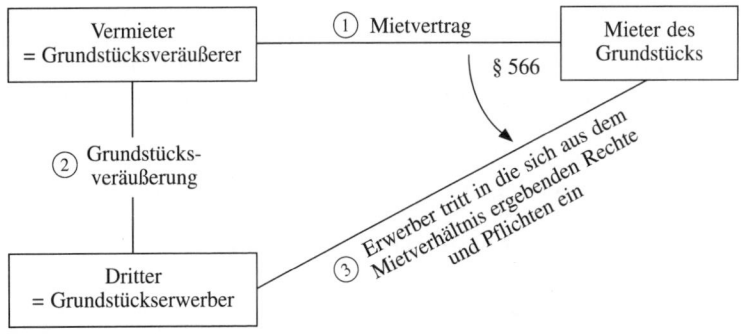

äußert, ergibt sich jedoch ein für den Mieter ähnlicher Schutzeffekt: Die Veräußerung erfolgt nach § 931 BGB durch Abtretung des Herausgabeanspruchs (vgl. dazu unten im Sachenrecht). Diesem gegenüber kann der Mieter nach §§ 404, 986 Abs. 2 BGB alle Einwendungen entgegensetzen, die er gegen den Veräußerer hatte (insbesondere sein aus dem Mietvertrag folgendes Recht zum Besitz). Vergleichen Sie dazu die Skizze *Veräußerung einer vermieteten beweglichen Sache.*

Veräußerung eines beweglichen Sache

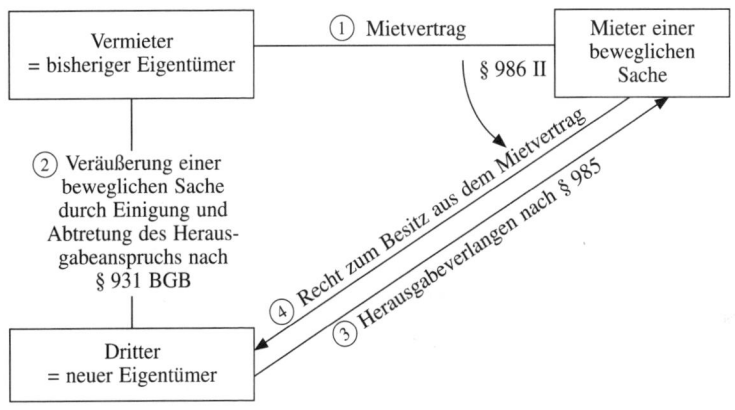

V. Beendigung des Mietverhältnisses

Das Mietverhältnis endet entweder mit dem Ablauf der vereinbarten Festmietzeit oder durch Kündigung (vgl. § 542 BGB). Die Kündigung kann entweder fristgemäß (ordentliche Kündigung) oder – unter bestimmten Voraussetzungen – fristlos (außerordentliche Kündigung) erfolgen. Dabei greifen für die Wohnraummiete weitgehend zwingende Vorschriften des sozialen Mietrechts ein, dessen Darstellung den Rahmen dieses Grundrisses sprengen würde. Insoweit sei auf die Lektüre des Gesetzes verwiesen (vgl. insbesondere §§ 573 ff., 575 f. BGB).

VI. Das Leasing

Große wirtschaftliche Bedeutung hat die Überlassung von Wirtschaftsgütern in der Form des sog. „Leasing" (to lease = mieten). Die Praxis hat vielfältige Erscheinungsformen entwickelt; vieles ist zivil- und steuerrechtlich strittig.

Betriebswirtschaftliche Vorteile: Für den Leasingnehmer erleichterte Finanzierung, Vermeidung von Investitionsrisiken sowie indirekte Bilanz- und Steuervorteile; für den Leasinggeber günstige Kapitalnutzung; für den Lieferanten (Hersteller bzw. Händler) Umsatzsteigerung.

1. Wesen des Leasings

Beim Leasingvertrag überlässt der Leasinggeber Wirtschaftsgüter dem Leasingnehmer gegen entsprechende Leasingraten zur Nutzung. Im Leasingvertrag wird üblicherweise vereinbart, dass die Gefahr oder Haftung für Instandsetzung, Sachmängel sowie Untergang und Beschädigung der Sache allein den Leasingnehmer trifft. Der Leasinggeber tritt im Gegenzug dem Leasingnehmer die Ansprüche ab, die er gegen Dritte (den Lieferanten) hat. Vergleichen Sie dazu die Skizze *Leasing*.

Leasing

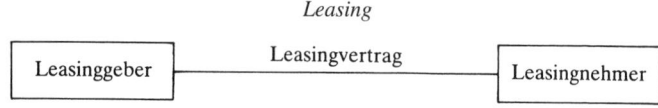

2. Der Leasingvertrag

Der Leasingvertrag wird von der h. M. im Zivilrecht als **Mietvertrag** angesehen.

3. Arten des Leasings

Unter dem Sammelbegriff „Leasing" finden sich in der Praxis vielfältige Erscheinungsformen mit unterschiedlichen Vertragsgestaltungen. Halten Sie fest:

a) Operating-Leasing

Beim Operating-Leasing werden Wirtschaftsgüter entweder für eine vorbestimmte kurze Laufzeit oder bei unbestimmter Zeit mit der Möglichkeit der jederzeitigen Kündigung (zumindest nach Ablauf einer kurzen Grundmietzeit) überlassen.

Vorteile: Dem Leasingnehmer wird das **Innovationsrisiko abgenommen.** Diese Vertragsgestaltung ist für ihn günstig, wenn er nicht weiß, wie lange er das Wirtschaftsgut benötigt und ob er es käuflich erwerben soll.

Von „**Hersteller-Leasing**" spricht man, wenn der Lieferant (Hersteller oder Händler) mit dem Leasinggeber identisch ist. Es fehlt dann das für den Leasingvertrag typische Dreiecksverhältnis (Hersteller, Leasinggeber, Leasingnehmer).

b) Finanzierungs-Leasing

Häufiger ist das Finanzierungsleasing: Der **Leasinggeber** ist **selbst Käufer,** der dem Leasingnehmer nutzbare Güter (Kraftfahrzeuge, Maschinen, Investitionsgüter usf.) gegen Entgelt zum Gebrauch überlässt, wobei der Leasingnehmer zuvor das Wirtschaftsgut beim Lieferanten bzw. Hersteller ausgesucht hat. Beim Finanzierungs-Leasing wird eine längere Grundmietzeit vereinbart (ca. 3 bis 7 Jahre). Während dieser vergütet der Leasingnehmer in Form der Leasingraten dem Leasinggeber den Kaufpreis zuzüglich eines Aufwands für Kosten, Zinsen, Kreditrisiko und Gewinn.

Die Sach- und Preisgefahr trägt der Leasingnehmer; an Stelle der Gewährleistungspflicht tritt der Leasinggeber seine Ansprüche gegen den Hersteller bzw. Lieferanten ab. Vergleichen Sie dazu die Skizze *Finanzierungs-Leasing*.

Finanzierungs-Leasing

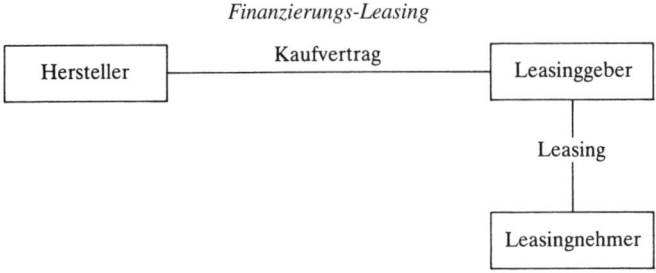

Beim Finanzierungs-Leasing handelt es sich um einen Kreditvertrag i. S. d. § 499 BGB, wenn der Leasinggeber das Leasing im Rahmen seiner gewerblichen oder selbständigen beruflichen Tätigkeit gewährt und der Leasingnehmer das Leasing zu privaten Zwecken in Anspruch nimmt. Gemäß § 500 BGB gelten die Vorschriften der §§ 491 ff. BGB für Verträge dieser Art mit einigen Abstrichen. Von Bedeutung für den Vertragsschluss und die Vertragsabwicklung sind hierbei insbesondere das Schriftformerfordernis (§ 492 Abs. 1 BGB), das zweiwöchige Widerrufsrecht des Leasingnehmers (§ 495 Abs. 1 i. V. m. § 355 BGB) und die besonderen Kündigungsvoraussetzungen nach § 498 BGB.

Wiederholungsfragen zu § 46

Wer trägt nach dem BGB die Kosten für die sog. Schönheitsreparaturen? (§ 46 II 1 b)

Hat der Mieter gegenüber dem Vermieter Ansprüche, wenn ein Mitbewohner ungebührlichen Lärm verursacht? (§ 46 II 1 c bb)

Kann der Mieter vom Vermieter die Kosten für eine vorausgelegte Rechnung verlangen, wenn durch einen Sturm Dachziegel abgedeckt wurden und es in die darunter liegende Wohnung des betroffenen Mieters hereinregnet und der Mieter einen Dachdecker beauftragt hatte? (§ 46 II 1 d)

Darf der Mieter die gemieteten Räume untervermieten? (§ 46 II 2 b dd)

Regelt das Gesetz die Rechtsfolgen bei Sach- bzw. Rechtsmängeln der Mietsache unterschiedlich? (§ 46 III 1 a)

Welche Rechte hat der Mieter, wenn die Mietsache mangelhaft ist? (§ 46 III 1 b)

Unter welchen Voraussetzungen kann er Schadenersatz verlangen? (§ 46 III 1 b)

Muss der Mieter im Falle der Veräußerung der gemieteten Sache diese an den Erwerber herausgeben? (§ 46 IV)

§ 47 Sonstige Gebrauchsüberlassungsverhältnisse

I. Die Pacht

1. Wesensmerkmale

Die Pacht ist ein gegenseitiger Vertrag, durch den sich der Verpächter verpflichtet, dem Pächter gegen Entgelt den Gebrauch des verpachteten Gegenstandes samt Fruchtziehung zu gewähren (vgl. § 581 Abs. 1 BGB – lesen!).

Von der Miete unterscheidet sich die Pacht somit durch den Inhalt der Nutzung (der Mietvertrag gestattet nur den Gebrauch, die Pacht auch die Fruchtziehung) und hinsichtlich des Objekts (Miete bezieht sich laut Gesetzestext nur auf Sachen; die Pacht dagegen auch auf Rechte; vgl. in § 581 BGB die Wortwahl „Gegenstand": dieser umfasst nach der Gesetzessprache als Oberbegriff auch die Rechte, arg. § 90 BGB!).

2. Erscheinungsformen

a) Allgemeines

Verpachtet werden können: Grundstücke, Räume, Unternehmen, Jagd-, Fischerei- und sonstige Rechte u. v. a. m. Schon daraus erkennt man, dass dem Pachtrecht im Wirtschaftsleben durchaus Bedeutung zukommt.

b) Einzelfälle

aa) Lizenzvertrag

Der Lizenzvertrag ist ein Vertrag, durch den ein gewerbliches Schutzrecht einem anderen zur Benutzung überlassen wird.

Beispiel: Der Erfinder gestattet die Fertigung eines Produkts nach seinen patentierten Methoden.

Hinweis: Allerdings greifen dabei die Besonderheiten des Patentrechts bzw. Gebrauchsmusterrechts ein.

bb) Know-how-Vertrag

Auch der sog. „know-how-Vertrag" ist eine Sonderform des Pachtvertrags: Es handelt sich dabei um die entgeltliche Nutzungsüberlassung von Rechten, die entweder (noch) nicht patentiert oder nicht patent- (bzw. sonst Schutzrechts-)fähig sind.

Beispiel: Übernahme bestimmter Produktions- bzw. Vertriebsverfahren.

cc) Franchise-Vertrag

Beim sog. „Franchising" handelt es sich um ein Rechtsverhältnis, durch das eine bestimmte Marke, insbesondere ein Warenzeichen, in Verbindung mit Lizenzen und entsprechendem know-how gegen Entgelt einem anderen zur Benutzung überlassen wird.

Beispiele: In einem „Franchise"-System sind verbunden: „Coca-Cola", „McDonald's", „Holiday Inn".

3. Pflichten der Vertragsparteien

Die Rechte und Pflichten der am Pachtverhältnis Beteiligten (und damit die entsprechenden Anspruchsgrundlagen) ergeben sich aus § 581 Abs. 1 BGB (lesen!): Der Verpächter ist verpflichtet, den Gebrauch des verpachteten Gegenstandes und den Genuss der Früchte, soweit sie nach den Regeln einer ordnungsgemäßen Wirtschaft als Ertrag anzusehen sind, während der Pachtzeit zu gewähren; der Pächter ist zur Zahlung des vereinbarten Pachtzinses verpflichtet.

4. Rechtsgrundlagen

Nach § 581 Abs. 2 BGB (lesen!) finden auf die Pacht zunächst die Vorschriften über die Miete entsprechende Anwendung. Darüber hinaus gelten die in §§ 582 bis 584b genannten Sondervorschriften, insbesondere für die Grundstückspacht. Für spezielle Pachtgegenstände greifen Sondervorschriften ein (im BGB z.B. finden sich in den §§ 585ff. Sonderregelungen bezüglich der sog. „Landpacht").

II. Die Leihe

1. Wesensmerkmale

Partner des Leihvertrags sind der „Verleiher" und der „Entleiher". Bei der Leihe handelt es sich um einen unvollkommen zweiseitig verpflichtenden Vertrag: Der Verleiher einer Sache wird verpflichtet, dem Entleiher den Gebrauch der Sache **unentgeltlich** zu gestatten (§ 598 BGB – lesen!).

Lernhinweis: Die Umgangssprache verwendet oft das Wort „Leihe", obwohl Miete gemeint ist („Leihwagen", „Ski-Verleih"). Leihe i.S. des BGB ist nur die unentgeltliche Gebrauchsüberlassung!

2. Rechte und Pflichten

a) Pflichten des Verleihers

Der Verleiher ist zur unentgeltlichen Gestattung des Gebrauchs verpflichtet. Er hat nach § 599 BGB lediglich Vorsatz und grobe Fahrlässigkeit zu vertreten und haftet für Sach- und Rechtsmängel nach § 600 BGB nur dann, wenn der Mangel arglistig verschwiegen wurde.

Lernhinweis: Die Haftungsbeschränkung rechtfertigt sich im Hinblick auf die Unentgeltlichkeit der Leistung und ist vergleichbar mit der Haftung des Schenkers.

b) Pflichten des Entleihers

Die Pflichten entsprechen, von der Mietzahlung abgesehen, weitgehend denen des Mieters. Anders als im Mietrecht hat jedoch nach § 601 BGB der Entleiher die gewöhnlichen Erhaltungskosten der geliehenen Sache zu tragen.

III. Das Darlehen

Seit der Schuldrechtsreform 2001 enthält das Bürgerliche Gesetzbuch getrennte Vorschriften für das Geld- sowie das Sachdarlehen.

1. Das Gelddarlehen

Lernhinweis: Die insbesondere für die Bank- und Finanzierungspraxis wichtigen Regelungen über das Gelddarlehen finden sich in §§ 488–507 BGB; darunter auch die Bestimmungen des ehemaligen Verbraucherkreditgesetzes, die im Zuge der Schuldrechtsmodernisierung 2001 in das BGB übernommenen wurden. Verdeutlichen Sie sich dies anhand der Skizze „*Darlehen*".

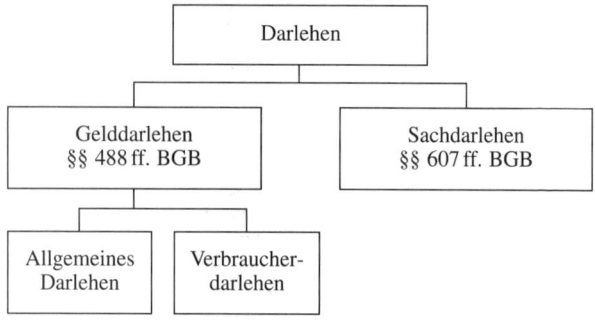

a) Begriff

aa) Wesensmerkmale

Durch den Darlehensvertrag wird der Darlehensgeber (gebräuchlich sind auch die Begriffe „Gläubiger" oder „Darleiher") verpflichtet, dem Darlehensnehmer einen Geldbetrag in der vereinbarten Höhe zur Verfügung zu stellen (§ 488 Abs. 1 S. 1 BGB – lesen!). Der Darlehensnehmer ist verpflichtet, einen geschuldeten Zins zu zahlen und bei Fälligkeit das zur Verfügung gestellte Darlehen zurückzuerstatten (§ 488 Abs. 1 S. 2 BGB – lesen!).

bb) Zinsen

Ein Darlehen kann verzinslich oder zinslos vereinbart werden (arg. e § 488 Abs. 3 S. 3 BGB). Dabei sind die Zinsen grundsätzlich nach Ablauf je eines Jahres und bei der Rückerstattung zu entrichten (§ 488 Abs. 2 BGB).

Handelsrechtlicher Hinweis: Beachten Sie auch die unter Kaufleuten geltenden Zinsvorschriften in §§ 353, 354 HGB.

b) Typische Erscheinungsformen in der Finanzierungspraxis

aa) **Baudarlehen** bzw. Bauspardarlehen (Gelder werden zum Neu-, Um- oder Ausbau eines Gebäudes gegeben)

bb) **Brauereidarlehen** (eine Brauerei koppelt die Darlehensgewährung an eine Bierbezugsverpflichtung)

cc) **Arbeitgeberdarlehen** (Darlehensgewährung durch Arbeitgeber im Hinblick auf ein bestehendes Arbeitsverhältnis; Rückzahlung durch Verrechnung mit Lohnforderungen)

dd) **Partiarisches Darlehen** (statt eines Festzinses wird eine Gewinnbeteiligung vereinbart)

ee) **Personalkredit** (das Darlehen wird allein durch die Person des Darlehensnehmers, Bürgen oder Mitschuldners gesichert) ff) **Realkredit** (die Absicherung des Darlehens erfolgt durch Bestellung von Grundpfandrechten)

gg) **Lombardkredit** (das Darlehen wird durch die Verpfändung beweglicher Sachen, insbesondere von Wertpapieren, gesichert)

hh) **Akzeptkredit** (das Kreditinstitut akzeptiert einen Wechsel, um dem Kunden einen Kredit dadurch zu verschaffen, dass dieser den Wechsel von einem Dritten diskontieren lässt)

ii) **Rembourskredit** (eine inländische Bank verschafft ihrem Kunden einen Valutakredit bei einer ausländischen Bank)

jj) **Avalkredit** (eine Bank übernimmt die Haftung für eine Warenverbindlichkeit ihres Kunden durch Bürgschaft, Garantieversprechen oder Kreditauftrag)

c) Abschluss des Darlehensvertrags

Über das Wesen des Darlehensvertrags gibt es zwei Theorien:

aa) Realvertrag

Eine Meinung sieht im Darlehensvertrag einen sog. Realvertrag: Danach kommt der Vertrag zustande, wenn der Darlehensgegenstand tatsächlich übergeben wird. Diese Theorie stützte sich auf den Wortlaut des vor der Schuldrechtsreform 2001 geltenden § 607 BGB a.F. („wer Geld ... als Darlehen empfangen hat, ist verpflichtet ...").

bb) Konsensualvertrag

Nach moderner Auffassung, die im Zuge der Schuldrechtsreform 2001 auch in § 488 Abs. 1 BGB gesetzlich normiert wurde, ist der Darlehensvertrag ein Konsensualvertrag: Bereits die übereinstimmenden Willenserklärungen beider Vertragspartner bringen den Darlehensvertrag zustande. Dabei stehen sich dann die Pflicht des Darlehensgebers, dem Darlehensnehmer das Darlehen zu überlassen, und die Pflicht des Darlehensnehmers, dem Darlehensgeber die Zinsen zu zahlen, synallagmatisch gegenüber.

Lernhinweis: Die Unterscheidung zwischen Realvertrag und Konsensualvertrag hat im Endergebnis keine Rolle gespielt. Die Ansicht, die den Darlehensvertrag als Realvertrag ansah, leitete die sich nicht aus § 607 BGB a.F. ergebende Verpflichtung des Darlehensgebers zur Darlehensauszahlung aus der Annahme eines „Vorvertrags" ab. Sie sollten namentlich in der mündlichen Prüfung sagen können, was man unter einem „Realvertrag" versteht und dabei auf das Darlehen verweisen.

d) Die Kündigung des Darlehens

aa) Das Kündigungsrecht beider Vertragsparteien

Ist von den Vertragsparteien kein bestimmter Zeitpunkt für die Rückzahlung des Darlehens vereinbart, so hängt die Fälligkeit des Rückerstattungsanspruchs und das Ende der Verzinsungspflicht davon ab, dass der Darlehensgeber oder der Darlehensnehmer kündigt. Die gesetzliche Kündigungsfrist beträgt dabei drei Monate (§ 488 Abs. 3 S. 2 BGB). Die Parteien können aber auch andere Kündigungsfristen vereinbaren.

Lernhinweis: Bei einem zinslosen Darlehen kann der Darlehensnehmer das Darlehen auch ohne Kündigung jederzeit zurückerstatten (Ratio legis: Das bei einer vorzeitigen Rückzahlung auftretende Problem der „Vorfälligkeitsentschädigung" stellt sich hier im Gegensatz zum verzinslichen Darlehen nicht).

bb) Das spezielle Kündigungsrecht des Schuldners

Eine zwingende Regelung des Kündigungsrechtes des Darlehensnehmers findet sich in § 489 BGB. Danach ist zu differenzieren:

- Kredite mit einem **variablen Zinssatz** können nach § 489 Abs. 2 BGB jederzeit mit einer Kündigungsfrist von drei Monaten gekündigt werden;
- Kredite mit einem **festen Zinssatz** können nur unter den eingeschränkten Voraussetzungen des § 489 Abs. 1 BGB, in jedem Fall aber spätestens nach Ablauf von zehn Jahren gekündigt werden.

Eine Kündigung durch den Darlehensnehmer nach § 489 Abs. 1 oder Abs. 2 BGB gilt jedoch als nicht erfolgt, wenn er den geschuldeten Betrag nicht binnen zweier Wochen nach Wirksamwerden der Kündigung zurückzahlt (§ 489 Abs. 3 BGB).

cc) Das außerordentliche Kündigungsrecht

Wenn sich beim Darlehensnehmer die Vermögensverhältnisse oder die Werthaltigkeit einer für das Darlehen gestellten Sicherheit wesentlich verschlechtern, kann der Darlehensgeber den Darlehensvertrag vor der Darlehensauszahlung immer, und nach der Darlehensauszahlung nur in der Regel fristlos kündigen (§ 490 Abs. 1 BGB).

Aber auch dem Darlehensnehmer steht bei einem festverzinsten und durch Grundpfandrechte gesicherten Darlehen ein vorzeitiges Kündigungsrecht zu, wenn er daran ein berechtigtes Interesse hat. Möglich ist dies allerdings erst nach Ablauf von sechs Monaten nach dem vollständigen Empfang des Darlehens unter Einhaltung einer Kündigungsfrist von drei Monaten (§ 490 Abs. 2 i. V. m. § 489 Abs. 1 Nr. 2 BGB).

Hinweis: Nach § 490 Abs. 2 S. 2 BGB liegt ein berechtigtes Interesse insbesondere dann vor, wenn der Darlehensnehmer die Sache, die er zur Sicherung des Darlehens eingesetzt hat, anderweitig verwenden möchte. Allerdings ist er bei einer Kündigung dem Darlehensgeber zum Ersatz des aus der vorzeitigen Kündigung entstandenen Schadens verpflichtet (sog. „Vorfälligkeitsentschädigung").

e) Besonderheiten beim Verbraucherdarlehen

Ein Darlehensvertrag birgt häufig die Gefahr in sich, dass der Darlehensnehmer für möglicherweise nicht absehbare Zeit einen großen Teil seiner wirtschaftlichen Bewegungsfreiheit verliert und in eine sog. „Schuldenspirale" gerät. Der Gesetzgeber hat insbesondere zum Schutz geschäftlich unerfahrener Bevölkerungsgruppen die Regelungen über das Verbraucherdarlehen in §§ 491 ff. BGB geschaffen, die darauf abzielen, den Darlehensnehmer vor den Risiken eines Kredites zu warnen, ihm eine Bedenkzeit einzuräumen und die Rechtsfolgen des Schuldnerverzuges abzumildern.

Hinweis: Diese verbraucherschützenden Vorschriften waren bis zur Schuldrechtsreform 2001 im Verbraucherkreditgesetz enthalten.

Handelt es sich bei einem Darlehensvertrag um einen Verbraucherdarlehensvertrag (vgl. § 491 BGB), ist Folgendes zu beachten:

(1) die besonderen **Form- und Heilungsvorschriften** (§ 492 BGB sowie § 494 BGB),
(2) das **Widerrufsrecht** des Darlehensnehmers (§ 495 i. V. m. § 355 BGB),
(3) der **Einwendungsdurchgriff** bei Vorliegen eines sog. finanzierten Abzahlungskaufes (§ 359 BGB),
(4) die **Unwirksamkeit eines Verzichts** des Darlehensnehmers auf die Einwendungen der §§ 404, 406 BGB (§ 496 Abs. 1 BGB),
(5) das **Wechsel- und Scheckverbot** (§ 496 Abs. 2 BGB),
(6) die Möglichkeit für den Darlehensgeber, beim Zahlungsverzug des Schuldners einen **pauschalierten Verzugsschaden** i. H. v. 5 Prozentpunkte über dem jeweiligen Basiszinssatz geltend zu machen (§ 497 i. V. m. § 288 Abs. 1 BGB); bei Immobiliendarlehensverträgen sind es nur zweieinhalb Prozentpunkte,
(7) die **besonderen Voraussetzungen für die Ausübung eines** vertraglich vereinbarten oder gesetzlichen **Kündigungsrechtes** bei Zahlungsverzug des Darlehensnehmers (§ 498 BGB).

Hinsichtlich der Einzelheiten vgl. Sie bitte oben die Darstellung zum Kreditgeschäft (§ 44 II 7).

2. Das Sachdarlehen

Das Sachdarlehen hat in der Praxis bei weitem nicht die Bedeutung wie das Gelddarlehen. Daher sieht das Gesetz hierfür auch nur drei Vorschriften vor.

Lernhinweis: Bitte beachten Sie unbedingt, dass die §§ 607–609 BGB seit der Schuldrechtsreform 2001 nur noch für das Sachdarlehen und nicht mehr auf die Überlassung von Geld Anwendung finden (vgl. § 607 Abs. 2 BGB).

a) Begriff

Nach § 607 Abs. 1 BGB wird der Darlehensgeber durch den Sachdarlehensvertrag verpflichtet, dem Darlehensnehmer eine vereinbarte vertretbare Sache (§ 91 BGB) zu überlassen.

Beispiele: Kohlen, Weizen, Futterrüben, Eier.

Der Darlehensnehmer ist zur Zahlung eines Darlehensentgelts und bei Fälligkeit zur Rückerstattung von Sachen gleicher Art, Güte und Menge verpflichtet. Dabei ist das Entgelt spätestens bei Rückerstattung der überlassenen Sache zu bezahlen (§ 609 BGB).

b) Kündigung

Soweit die Parteien bzgl. der Rückerstattung keine Abrede getroffen haben, hängt die Fälligkeit von der Kündigung des Vertrags durch einen der beiden Vertragspartner ab. Ein auf unbestimmte Zeit abgeschlossener Vertrag kann dabei jederzeit gekündigt werden (§ 608 BGB).

Wiederholungsfragen zu § 47

Wie unterscheiden sich Miete und Pacht? (§ 47 I 1)

Was versteht man unter einem Franchise-Vertrag? (§ 47 I 2 b cc)

Was ist das Wesensmerkmal der Leihe? (§ 47 II 1)

Ist das Darlehen ein Real- oder Konsensualvertrag? (§ 47 III 1 a, c)

3. Kapitel: Dienstleistungen

Lernhinweis: Das nachfolgende Kapitel beschäftigt sich mit dem weiten Bereich der Dienstleistungsverhältnisse, insbesondere mit dem Dienst- und Werkvertragsrecht. Das BGB hat diese Materie nicht immer ganz übersichtlich und beim Dienstvertrag zudem außerordentlich stiefmütterlich behandelt. Für den Bereich der abhängigen Arbeit greift das Arbeitsrecht mit seinen zahlreichen Sondergesetzen ein (das BGB enthält in §§ 611–630 nur „wenige Tröpfchen sozialen Öls"). Wer das Personalwesen als Vertiefungsrichtung wählt, kommt nicht daran vorbei, sich spezieller in das Arbeitsrecht einzuarbeiten. Im Rahmen dieses Grundrisses kann es nur darum gehen, die Wesensmerkmale der Einzelnen im Dienstleistungsbereich anzutreffenden Rechtsinstitute zu beschreiben und die grundsätzlichen Rechte und Pflichten der Beteiligten vorzustellen.

Verschaffen Sie sich zunächst einen Überblick anhand der Übersicht *„Dienstleistungen"*. Sie sehen, dass das Gesetz zunächst zwischen dem entgeltlichen und dem unentgeltlichen Tätigwerden unterscheidet. Die unentgeltlichen Dienstleistungen werden unter dem Typus „Auftrag" erfasst, bei den Formen des entgeltlichen Tätigwerdens unterscheidet der Gesetzgeber zwischen dem Dienst- und dem Werkvertrag. Ob ein Dienst- oder Werkvertrag vorliegt, richtet sich danach, ob lediglich eine Tätigkeit oder ein darüber hinausgehender Erfolg geschuldet ist.

Merken Sie sich die **Faustregel:** Beim **Dienstvertrag** schuldet man **„die Tätigkeit als solche",** das „Wirken", also eine (regelmäßig in Zeiteinheiten ausgedrückte) „bestimmte Arbeitsmenge"; beim **Werkvertrag** schuldet man dagegen den **„Erfolg",** das „Werk", also ein „bestimmtes Arbeitsziel".

Das Gesetz verpflichtet beim Werkvertrag den Unternehmer zur Herstellung des versprochenen Werkes. Sofern ein Vertrag die Lieferung (vom Unternehmer erst noch) herzustellender oder zu erzeugender beweglicher Sachen zum Gegenstand hat, findet gem. § 651 BGB nicht Werkvertragsrecht sondern Kaufrecht Anwendung. Handelt es sich bei diesen Sachen um nicht vertretbare Sachen (zum Begriff vgl. § 91 BGB), sind neben den kaufrechtlichen zusätzlich auch noch bestimmte werkvertragsrechtliche Bestimmungen einschlägig. §§ 611 ff. BGB sind durch das Arbeitsrecht überlagert. Ob lediglich das Dienstvertragsrecht des BGB oder auch die Sondernormen für die abhängige Arbeit Anwendung finden, entscheidet sich danach, ob die Tätigkeit im Rahmen einer weisungsgebundenen sozialen Abhängigkeit erbracht wird.

Typisierte Dienstleistungen haben im Handelsrecht eine Sonderregelung gefunden (Kommission, Spedition, Frachtgeschäft und Lagerhaltung, vgl. §§ 383 ff. HGB).

Das BGB regelt neben dem eigentlichen Werkvertrag noch den im Zuge der steigenden Bedeutung des Tourismus ins Gesetz gekommenen Reisevertrag (§§ 651 a–651 m) sowie den Mäklervertrag, die Verwahrung (einschließlich der Haftung des Herbergswirts für eingebrachte Sachen), darüber hinaus (als einseitiges Rechtsgeschäft systemwidrig) die Auslobung und (als gesetzliches Schuldverhältnis am falschen Standort) die Geschäftsführung ohne Auftrag.

Auf Dienst- und Werkverträge, die eine „Geschäftsbesorgung" zum Gegenstand haben, findet das Auftragsrecht entsprechende Anwendung, sofern sich aus §§ 675 ff. BGB keine Besonderheiten ergeben, was insbesondere bei Überweisungs-, Zahlungs- und Giroverträgen der Fall ist.

In praktischer Hinsicht ist zu beachten, dass sich im Wege der Allgemeinen Geschäftsbedingungen auf verschiedenen Dienstleistungssektoren „Ersatzrechtsordnungen" herausgebildet haben (Allgemeine Geschäftsbedingungen der Banken, Allgemeine Deutsche Spediteurbedingungen, Verdingungsordnung für das Baugewerbe), die das dispositive Gesetz weitgehend verdrängen.

Vergleichen Sie nun zunächst die Übersicht *Dienstleistungen*.

Dienstleistungen

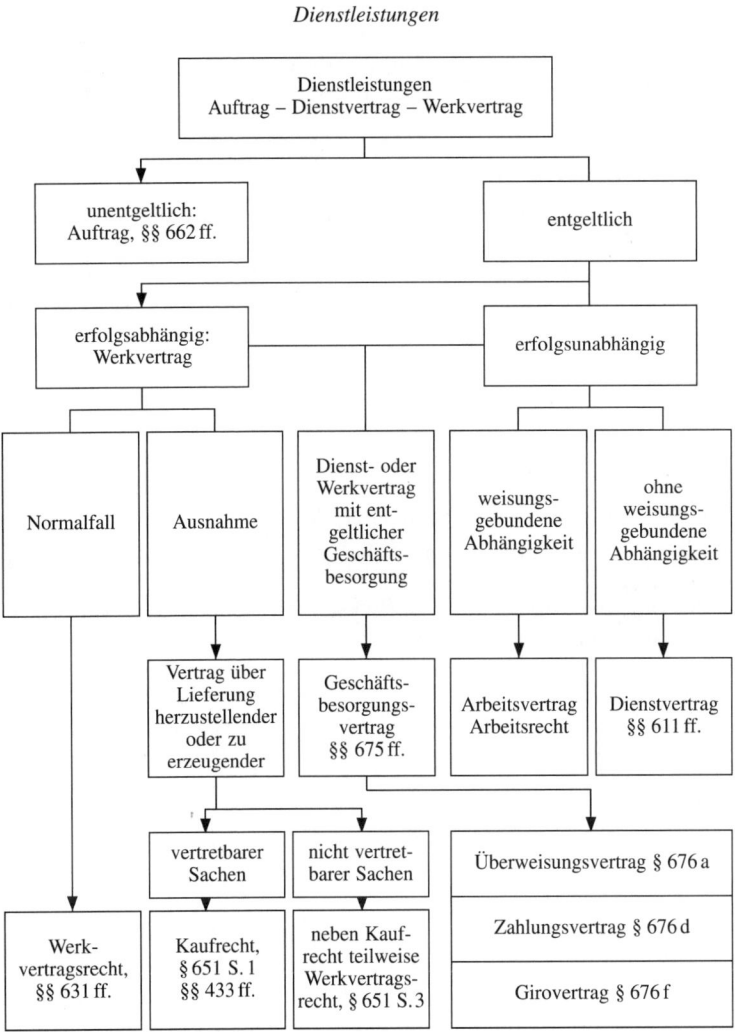

§ 48 Der Dienstvertrag

I. Begriff

1. Wesensmerkmale

Nach § 611 BGB (lesen!) wird durch den Dienstvertrag derjenige, welcher Dienste zusagt, zur Leistung der versprochenen Dienste, der andere Teil zur Gewährung der vereinbarten Vergütung verpflichtet.

Durch den Dienstvertrag wird somit ein auf die Leistung von Diensten gegen Entgelt gerichtetes Rechtsverhältnis begründet. Das BGB bezeichnet die jeweiligen Vertragsparteien als „Dienstberechtigten" und „zur Dienstleistung Verpflichteten". Bei späteren Novellierungen hat der Gesetzgeber auch die Begriffe „Arbeitgeber" und „Arbeitnehmer" verwendet (vgl. z. B. § 611 a BGB). Gegenstand des Dienstvertrags können nach § 611 Abs. 2 „Dienste jeder Art" sein.

2. Regelungsbereich der §§ 611 ff. BGB

Aus der Tatsache, dass die Existenz des überwiegenden Teils der Erwerbstätigen auf Dienstleistungsverhältnissen im weitesten Sinne beruht und die Einkünfte daraus unter die Kategorie der „nicht selbstständigen Arbeit" fallen, wird deutlich, dass Dienst- und Arbeitsverhältnisse von Zahl und Bedeutung her einen überragenden Stellenwert einnehmen. Dem wird die Darstellung des Dienstvertragsrechts im BGB nicht gerecht.

Lernhinweis: Für das Recht der **abhängigen Arbeit** gelten zunächst die Spezialvorschriften des Arbeitsrechts (typisch für den Arbeitsvertrag ist, dass der Dienstverpflichtete dem Weisungsrecht des Arbeitgebers unterliegt). Das BGB findet insoweit nur ergänzend Anwendung.

Die §§ 611 ff. BGB erfassen somit folgende Dienstverhältnisse:

- die sog. „freien Dienstverträge" (Beispiele: Arzt, Rechtsanwalt, Steuerberater),
- die Dienstverhältnisse der „Leitenden" (Beschäftigungsverhältnisse der Geschäftsführer einer GmbH sowie anderer Organe juristischer Personen) sowie
- die gelegentlichen Dienstleistungen ohne Weisungsbefugnisse und Eingliederung in den Bereich des Dienstberechtigten (Beispiele: Klavierlehrer, Babysitter).

3. Abgrenzungsfragen

Nicht immer ist die rechtliche Einordnung eines Dienstleistungsverhältnisses eindeutig. Abzugrenzen ist der Dienstvertrag vom Werkvertrag und vom Geschäftsbesorgungsvertrag.

a) Selbstständige Dienstleistungen

Da bei unselbstständig-weisungsgebundener, abhängiger Dienstleistung ein Arbeitsverhältnis begründet wird, liegt ein Dienstvertrag dann vor, wenn

Dienste (ohne Verpflichtung zur Herstellung des Erfolgs) in wirtschaftlicher und sozialer Selbstständigkeit und Unabhängigkeit geleistet werden. Dies gilt vor allem für die freien Berufe. Aber auch hier kommt es immer auf den Einzelfall und das jeweilige „Leistungspaket" an.

Beispiele:

- **Arztvertrag:** Im Verhältnis zum Patienten ist regelmäßig ein Dienstvertrag anzunehmen. Im Verhältnis zum anstellenden Krankenhaus liegt ein Arbeitsvertrag vor.
- **Tätigkeit des Rechtsanwalts:** Auch hier ist zu differenzieren. Die Dienstleistung kann sowohl einen Dienstvertrag (ständige Beratung des Mandanten), einen Geschäftsbesorgungsvertrag (das „gewöhnliche Mandat" im Rahmen der Prozessführung) wie auch einen Werkvertrag (Gutachten oder Rechtsauskunft über eine Einzelfrage) begründen.

b) Geschäftsbesorgungsverhältnisse

Liegt einem Dienst- oder Werkvertrag eine Geschäftsbesorgung zugrunde, so handelt es sich nach § 675 BGB um einen Geschäftsbesorgungsvertrag, auf den weitgehend das Auftragsrecht (§§ 662 ff. BGB) Anwendung findet. Der Unterschied zum Dienstvertrag besteht darin, dass Gegenstand der Geschäftsbesorgung eine „ursprünglich dem Dienstberechtigten obliegende, selbstständige wirtschaftliche Tätigkeit, insbesondere die Wahrnehmung bestimmter Vermögensinteressen" ist. Der Unterschied zum Auftrag liegt in der Entgeltlichkeit.

Schulbeispiele: Prozessvertretung, Bankgeschäfte, Baubetreuung.

Für den Überweisungs-, Zahlungs- und Girovertrag sind die nachträglich ins BGB aufgenommenen Sonderregelungen der §§ 676 a–676 h zu beachten.

II. Rechte und Pflichten im Dienstvertrag

Bei den gegenseitigen Verpflichtungen aus dem Dienstvertrag wird die Lückenhaftigkeit des BGB zur interessengerechten Regelung von Arbeitsverhältnissen besonders deutlich. Zum Schutz des Arbeitnehmers gelten daher die Sondergesetze des individuellen und kollektiven Arbeitsrechts. Nachfolgend sollen lediglich stichwortartig die im BGB enthaltenen Verpflichtungen genannt werden.

1. Pflichten des Dienstpflichtigen

a) Dienstleistung

Nach § 611 Abs. 1 1. Halbsatz muss der Dienstverpflichtete die versprochenen Dienste leisten. Die Dienste sind nach § 613 BGB im Zweifel persönlich zu erbringen (damit korrespondierend: Der Anspruch auf die Dienste ist nicht übertragbar).

b) Nebenpflichten

Aus dem regelmäßig mit einer Dienstleistung verbundenen stärkeren sozialen Kontakt zwischen den Vertragsbeteiligten folgt, dass sich, dem Grundsatz von Treu und Glauben entsprechend, gerade aus dem Dienstvertrag eine Reihe von Nebenpflichten ergeben (Schutz-, Fürsorge- und Treu-pflichten, vgl. auch § 241 Abs. 2 BGB).

Lernhinweis: Namentlich im Arbeitsrecht finden Sie unter dem Stichwort „Treu-pflicht des Arbeitnehmers" und damit korrespondierend „Fürsorgepflicht des Arbeitgebers" einen umfassenden Katalog zusätzlicher Verpflichtungen für Arbeit-nehmer und Arbeitgeber. Die Verletzung dieser Nebenpflichten macht schaden-ersatzpflichtig; die Verletzung der Treupflicht durch den Arbeitnehmer kann darüber hinaus als Kündigungsgrund relevant werden. Das ist deshalb von besonderer Be-deutung, weil im Arbeitsrecht unter der Geltung des Kündigungsschutzgesetzes (vgl. §1 KSchG) nur die „sozial gerechtfertigte" Kündigung zulässig ist. Sie setzt u. a. voraus, dass Gründe „im Verhalten des Arbeitnehmers" vorliegen, die ihm zum Vorwurf gemacht werden können (z. B. die Verletzung von Treupflichten).

2. Pflichten des Dienstberechtigten

a) Vergütungspflicht

Der Dienstberechtigte ist nach § 611 Abs. 1 2. Halbsatz verpflichtet, die vereinbarte Vergütung zu zahlen. Nach § 614 ist die Vergütung im Zweifel nach Erbringung der Dienste zu entrichten; mit anderen Worten: Der Dienstverpflichtete ist vorleistungspflichtig.

b) Nebenpflichten

Zunächst gilt entsprechend dem oben Gesagten, dass der Grundsatz von Treu und Glauben auch dem Dienstberechtigten eine Reihe von Neben-pflichten auferlegt. Besonders hervorzuheben ist die Fürsorgepflicht. Sie ist im BGB in §§ 617, 618, 619 angesprochen und im Arbeitsrecht gene-rell anerkannt. Wird sie verletzt, kann der Dienstverpflichtete vom Dienst-berechtigten Schadenersatz verlangen (Anspruchsgrundlage im BGB ist die Pflichtverletzung nach §§ 280 Abs. 1, 611 Abs. 1, 2. Halbs. i. V. m. § 618 Abs. 3, im Arbeitsrecht generell die Verletzung der „Fürsorge-pflicht") oder gegebenenfalls den Dienstvertrag fristlos aus wichtigem Grund kündigen.

Hinweis: Die Schadenersatzpflicht des Arbeitgebers erfährt durch das So-zialgesetzbuch (SGB) eine wichtige Einschränkung. Nach § 104 SGB VII haftet der Arbeitgeber für Personenschäden infolge eines Arbeitsunfalles nur dann, wenn er diesen vorsätzlich herbeigeführt hat. Dies ist insbeson-dere im Hinblick auf Schmerzensgeldansprüche bedeutsam, die ja vom Sozialversicherungsträger nicht abgedeckt werden. Ratio legis: Der Arbeit-geber hat für die an die Berufsgenossenschaft zu zahlenden Beiträge auf-zukommen.

III. Leistungsstörungen

1. Unmöglichkeit

Zunächst gelten die §§ 275 ff. BGB (vgl. dazu oben im Allgemeinen Schuldrecht).

Für den Fall der vom Dienstverpflichteten nicht zu vertretenden Unmög-lichkeit enthält das Dienstvertragsrecht des BGB in § 616 (lesen!) eine

Besonderheit: Im Allgemeinen Schuldrecht gilt der Grundsatz, dass der Gegenleistungsanspruch nach § 326 Abs. 1 S. 1 BGB entfällt, wenn der Schuldner nach § 275 bei Unmöglichkeit von seiner Leistung frei wird.

Beim Dienstvertrag gilt § 616 BGB: Der Verpflichtete verliert nicht den Vergütungsanspruch, wenn er „für eine verhältnismäßig nicht erhebliche Zeit durch einen in seiner Person liegenden Grund ohne sein Verschulden an der Dienstleistung verhindert wird." Der wichtigste Fall ist die Dienstverhinderung infolge von Krankheit. Hier präzisiert das Arbeitsrecht: Wird ein Arbeitnehmer durch Arbeitsunfähigkeit infolge Krankheit an seiner Arbeitsleistung verhindert, ohne dass ihn ein Verschulden trifft, so verliert er nach § 3 EntgeltfortzahlungsG dadurch nicht den Anspruch auf Arbeitsentgelt für die Zeit der Arbeitsunfähigkeit bis zur Dauer von 6 Wochen. Für diesen Zeitraum hat er nach § 4 EntgeltfortzahlungsG einen Anspruch auf Lohnfortzahlung (wegen der näheren Einzelheiten wird auf das Arbeitsrecht verwiesen).

2. Gläubigerverzug

Kommt der Dienstberechtigte mit der Annahme der Dienste in Verzug, kann der Dienstverpflichtete nach § 615 Satz 1 BGB (lesen!) für die auf Grund des Verzugs nicht erbrachten Dienste unter Beachtung von § 615 Satz 2 gleichwohl die Vergütung verlangen, und zwar **ohne zur Nachleistung verpflichtet** zu sein.

3. Arbeitsrechtliche Besonderheiten

Für den Fall, dass es zu Betriebsstörungen kommt, in deren Folge nicht gearbeitet werden kann, gelten arbeitsrechtliche Besonderheiten. Die zunächst von der Rechtsprechung entwickelte „Sphärentheorie" unterschied danach, in welcher Sphäre die Ursache für die Nichterbringbarkeit der Leistung lag (beim Arbeitgeber oder beim Arbeitnehmer – mit der Folge, dass jeder das Risiko für seine Sphäre zu tragen hatte). Das Bundesarbeitsgericht hat die „Lehre vom Betriebsrisiko" entwickelt: Der Arbeitgeber trägt grundsätzlich das Betriebsrisiko, mit Ausnahme der Faktoren, die auf das Verhalten der Arbeitnehmer zurückzuführen sind. Deshalb behält der Arbeitnehmer den Vergütungsanspruch bei Betriebsstörungen, die zurückzuführen sind auf Auftragsmangel, technische Störungen im Produktionsablauf und dergleichen. Der Arbeitnehmer verliert den Lohnanspruch, wenn infolge Teilstreiks im selben Betrieb oder wegen Streiks in Zweigwerken, Zulieferbetrieben oder Energieversorgungsunternehmen nicht gearbeitet werden kann. Im Zuge der Schuldrechtsmodernisierung wurden diese Grundsätze in § 615 S. 3 BGB kodifiziert.

4. Innerbetrieblicher Schadensausgleich

Wir haben im Allgemeinen Schuldrecht gesehen, dass der Gläubiger im Falle der Schlechtleistung nach § 280 Abs. 1 bzw. § 280 Abs. 1, 3 i.V.m. § 281 Abs. 1 S. 1 Alt. 2 BGB Schadenersatzansprüche (aus positiver Vertragsverletzung) gegen den Schuldner geltend machen kann. Dieser Grundsatz wird im Arbeitsrecht von der Rechtsprechung im Rahmen eines **innerbetrieblichen Schadensausgleichs** eingeschränkt. Lange Zeit galt dies nur für die sog. **„gefahrengeneigte Arbeit".** Diese liegt vor, wenn die vom

Arbeitnehmer zu leistende Arbeit wegen ihrer Eigenart eine besonders hohe Wahrscheinlichkeit mit sich bringt, dass dem Arbeitnehmer gelegentlich einmal ein Versehen unterläuft, auch wenn er im Allgemeinen die erforderliche Sorgfalt anwendet (Schulbeispiel: Berufskraftfahrer). Mittlerweile gelten infolge der obergerichtlichen Rechtsprechung die Grundsätze über die Beschränkung der Arbeitnehmerhaftung für **alle Arbeiten, die „durch den Betrieb veranlasst sind und auf Grund eines Arbeitsverhältnisses geleistet werden"**. Es kommt somit für die Haftungsbeschränkung nicht (mehr) darauf an, ob die Arbeit, bei der der Schaden entstand, gefahrgeneigt war. Der Arbeitgeber muss sich bei jedem Schaden, den ein Arbeitnehmer in Ausübung einer betrieblichen Tätigkeit verursacht hat, in entsprechender Anwendung von § 254 BGB das Betriebsrisiko sowie seine Verantwortung für die Organisation des Betriebs und die Gestaltung der Arbeitsbedingungen zurechnen lassen.

Die Einschränkung besteht darin, dass ein Arbeitnehmer entgegen § 276 nicht für jedes Verschulden haftet. Es wäre unbillig, müsste der Arbeitnehmer vollen Schadenersatz leisten, wenn man berücksichtigt, dass er bei betrieblich veranlassten Arbeiten einem hohen Schadensrisiko ausgesetzt ist, das regelmäßig in einem Missverhältnis zur Höhe des Arbeitsentgelts steht.

Für Schäden, die der Arbeitnehmer nur *„leicht fahrlässig"* verursacht hat, entfällt die Haftung (zum Teil werden diese Konstellationen auch unter die „leichteste" Fahrlässigkeit subsumiert). Schäden, die ein Arbeitnehmer bei „mittlerer (normaler) *Fahrlässigkeit"* verursacht, sind in der Regel zwischen Arbeitnehmer und Arbeitgeber in einem angemessenen Verhältnis zu teilen. Bei dieser „Quotelung" sind die Gesamtumstände des Einzelfalls von Schadensanlass und Schadensfolgen nach Billigkeitserwägungen und Zumutbarkeitserwägungen gegeneinander abzuwägen. Bei *grober Fahrlässigkeit* haftet der Arbeitnehmer in der Regel stets in voller Höhe, ebenso bei Vorsatz.

Lernhinweis: Man kann sich die verschiedenen Abstufungen vereinfacht wie folgt verdeutlichen:

- *leichte bzw. leichteste Fahrlässigkeit:* „Wofür man im Grunde nichts kann"
- *mittlere Fahrlässigkeit:* „Was jedem schon mal passieren kann";
- *grobe Fahrlässigkeit:* „Was einfach nicht passieren darf"

Hinweis: Beachten Sie, dass das BGB bei der Pflicht zum Schadenersatz nicht nach dem Grade des Verschuldens differenziert; derartige Differenzierungen und Quotelungen sind Produkte arbeitsgerichtlicher Rechtsfortbildung.

Beispiele:

Grobe Fahrlässigkeit mit der Folge der vollen Schadenstragung wird bejaht bei einem Berufskraftfahrer, dessen Alkoholpegel über 0,8 Promille liegt, ebenso bei erheblicher Geschwindigkeitsüberschreitung, grober Missachtung von Verkehrszeichen (bei Rot über die Kreuzung) sowie bewussten Vorfahrtsverletzungen. Bei „normalen" Verkehrsverstößen ist eine Schadensquotelung zwischen Arbeitgeber und Arbeitnehmer vorzunehmen.

Wird ein betriebsfremder Dritter geschädigt, der den Arbeitnehmer auf Schadenersatz in Anspruch nehmen könnte, hat der Arbeitnehmer einen

Freistellungsanspruch gegenüber seinem Arbeitgeber (dann muss der Arbeitgeber die Schadenersatzforderung des Dritten befriedigen).

Lernhinweis: Die Grundsätze der betrieblich veranlassten Arbeit gelten jedoch nur für die abhängige Arbeit, also für Arbeitsverhältnisse. Die Rechtsprechung hat es abgelehnt, diese Grundsätze auf Dienstverhältnisse selbstständiger und „höherer" Art zu übertragen (Beispiel: Keine Haftungsminderung, wenn dem Justitiar bei der Abfassung eines Vertragstextes ein Fehler unterläuft und die Firma dadurch einen Schaden erleidet).

IV. Beendigung des Dienstverhältnisses

Der Dienstvertrag begründet ein Dauerschuldverhältnis. Dieses endet entweder mit dem Ablauf der Zeit, für die es eingegangen ist (§ 620 BGB) oder durch Kündigung.

1. Ordentliche Kündigung

Dabei sind vor allem die gesetzlichen Kündigungsfristen (§§ 621 ff. BGB) sowie der arbeitsrechtliche Kündigungsschutz zu beachten.

2. Außerordentliche Kündigung

Die außerordentliche Kündigung setzt nach § 626 BGB einen **„wichtigen Grund"** voraus. Ein wichtiger Grund liegt vor, wenn dem Kündigenden „unter Berücksichtigung aller Umstände des Einzelfalles und unter Abwägung der Interessen beider Vertragsteile die Fortsetzung des Dienstverhältnisses bis zum Ablauf der Kündigungsfrist ... nicht zugemutet werden kann".

Beispiel: Strafbare Handlungen gegen den Dienstberechtigten oder andere schwere Pflichtverletzungen.

3. Anfechtung

Bei der Rechtsgeschäftslehre haben wir gesehen, dass Willenserklärungen angefochten werden können und damit von Anfang an als nichtig anzusehen sind. Bei Dauerschuldverhältnissen stellt sich ein zusätzliches Problem: Die infolge des Dienstverhältnisses bereits erbrachten Leistungen können nicht rückwirkend durch Anfechtung aus der Welt geschafft werden. Gleichwohl lässt die Arbeitsrechtsprechung die Anfechtung von Arbeitsverhältnissen (innerhalb bestimmter Grenzen) zu; allerdings mit der Besonderheit, dass infolge der Anfechtung das Arbeitsverhältnis lediglich für die Zukunft vernichtet wird. Die Anfechtung steht deshalb hinsichtlich ihrer Wirkung der Kündigung gleich.

Rechtspolitischer Hinweis: Die Anfechtung eines Arbeitsvertrages ist vor allem in den Fällen von großer Bedeutung, in denen infolge arbeitsrechtlicher Kündigungsschutzbestimmungen (Mutterschutzgesetz, Kündigungsschutz für Betriebsratsmitglieder) eine (ordentliche) Kündigung gar nicht möglich ist.

4. Zeugnispflicht

Nach § 630 BGB kann der Verpflichtete vom anderen Teil ein schriftliches Zeugnis über das Dienstverhältnis und dessen Dauer fordern (**„einfaches**

Zeugnis"). Es ist auf Verlangen auf die Leistungen und die Führung im Dienst zu erstrecken (**„qualifiziertes Zeugnis"**). Die gängige Notenskala für die übertragenen Arbeiten lautet wie folgt: „Stets zu unserer vollsten Zufriedenheit" (sehr gut), „stets zu unserer vollen Zufriedenheit" (gut), zu unserer vollen Zufriedenheit (befriedigend), „zu unserer Zufriedenheit" (ausreichend), „im großen und ganzen zu unserer Zufriedenheit" (mangelhaft), „bemüht, zu unserer Zufriedenheit zu erledigen" (unzureichend).

Lernhinweis: Das Zeugnis muss der Wahrheit entsprechen. Es darf also nicht „geschönt" sein (in diesem Fall kann ein Schadenersatzanspruch des nachfolgenden Arbeitgebers gegenüber dem zeugniserteilenden Arbeitgeber in Betracht kommen). Entgegen einer landläufigen Meinung dürfen also auch weniger vorteilhafte Dinge aus dem Zeugnis hervorgehen. Aus der nachwirkenden Fürsorgepflicht des Arbeitgebers ergibt sich jedoch, dass ein Zeugnis das Fortkommen des Arbeitnehmers nicht unbillig erschweren darf. Negative Dinge müssen deshalb neutral (wenngleich für den Eingeweihten – z. B. durch Weglassen – erkennbar) zum Ausdruck gebracht werden.

Nach § 109 Abs. 2 GewO muss das Zeugnis „klar und verständlich formuliert" sein und darf keine Merkmale oder Formulierungen enthalten, die den Zweck haben, eine „andere als aus der äußeren Form oder aus dem Wortlaut ersichtlichen Aussage über den Arbeitnehmer zu treffen".

Damit wendet sich das Gesetz gegen gewisse „Geheimcodes" in Zeugnissen (wenn etwa formuliert wird: „Durch seine Geselligkeit trug er zur Verbesserung des Betriebsklimas bei", um damit einen übertriebenen Alkoholgenuss zu bemängeln).

Wiederholungsfragen zu § 48

Enthält das BGB im Abschnitt Dienstvertrag eine umfassende Regelung der abhängigen Arbeit? (§ 48 I 2)

Sind Ansprüche aus dem Dienstvertrag übertragbar? (§ 48 II 1 a)

Welche Abweichungen vom grundsätzlichen Recht der Leistungsstörungen enthält das Dienstvertragsrecht bei unverschuldeter Verhinderung des Dienstverpflichteten? (§ 48 III 1)

Welche Besonderheiten bringt § 615 BGB im Vergleich zum allgemeinen Recht der Leistungsstörung? (§ 48 III 2)

Was versteht man unter gefahrengeneigter Arbeit, welche Besonderheiten gelten hierfür? (§ 48 III 4)

Unter welchen Voraussetzungen kann eine außerordentliche Kündigung erfolgen? (§ 48 IV 2)

§ 49 Der Werkvertrag

I. Begriff

1. Wesensmerkmale

Die Parteien des Werkvertrags sind auf der einen Seite der „Besteller", auf der anderen Seite der „Unternehmer".

Lernhinweis: Der Begriff des „Unternehmers" ist nicht im Sinne betriebswirtschaftlicher oder wirtschaftsrechtlicher Kategorien zu verstehen. Zudem liegt hier einer der wenigen Fälle vor, in denen der Gesetzgeber ein Wort mehrdeutig verwendet („Teekesselchen"!): In § 631 Abs. 1 BGB ist „Unternehmer" wer sich zur Herstellung eines Werkes verpflichtet; in § 14 BGB ist „Unternehmer" derjenige, der (ganz allgemein) beim Abschluss von Rechtsgeschäften in Ausübung der „gewerblichen oder selbständigen beruflichen Tätigkeit handelt". Der Begriff des Unternehmers in § 14 BGB geht also weiter und ist nicht auf das Werkvertragsrecht beschränkt.

Der Werkvertrag ist ein gegenseitiger Vertrag, durch den sich der Unternehmer zur Herstellung des versprochenen Werkes, der Besteller zur Entrichtung der vereinbarten Vergütung verpflichtet (§ 631 Abs. 1 – lesen!). Typisch ist demzufolge, dass nicht lediglich das bloße Tätigwerden sondern auch ein darüber hinausgehender **Erfolg geschuldet** wird.

Im Einzelnen kann es sich dabei um die verschiedenartigsten Dinge handeln. § 631 Abs. 2 nennt dazu zwei Kategorien:

* **„Sachwerke":** die Herstellung oder Veränderung von Sachen.

Beispiele: Errichtung eines Gebäudes, Reparatur eines Kraftfahrzeugs.

* **„Tätigkeitswerke":** andere durch Arbeit oder Dienstleistung herbeizuführende Erfolge.

Beispiele: Transport von Personen oder Sachen, Anfertigung von Expertisen.

2. Problematische Einzelfälle

Bei zahlreichen Dienstleistungen ist es fraglich, ob ein Dienst- oder Werkvertrag vorliegt. Dabei ist stets zu prüfen, welches „Leistungspaket" versprochen wurde. Es kommt immer auf die Umstände des Einzelfalls an. Verdeutlichen Sie sich dies anhand nachfolgender Vertragsverhältnisse:

a) Architektenvertrag

In der Regel liegt ein Werkvertrag vor, weil das im Bauplan verkörperte geistige Werk (letztlich ein mangelfreies Bauwerk) geschuldet ist. Der Bundesgerichtshof nimmt auch dann einen Werkvertrag an, wenn dem Architekten nicht Vorentwurf, Entwurf und Bauvorlagen, sondern nur die sonstigen Architektenleistungen oder nur die Bauleitung übertragen sind.

b) Arztvertrag

Der Vertrag über ärztliche Leistungen ist in der Regel ein Dienstvertrag. Werden jedoch lediglich erfolgsbezogene medizinische Einzelleistungen erbracht, liegt ein Werkvertrag vor. Beispiele: Labortests, Anfertigung von Röntgenaufnahmen durch einen Facharzt für einen Allgemeinarzt. Auch der Vertrag mit einem Zahnarzt zwecks Heilbehandlung oder Verschönerung des Gebisses ist in der Regel als Dienstvertrag zu qualifizieren. Nach der Rechtsprechung gilt dies sogar für die Anfertigung und das Einsetzen einer Zahnkrone sowie bei zahnprothetischer Behandlung, auch wenn die Behandlung nur kosmetischen Zwecken dient. Wenn es um technische Anfertigungen geht, insbesondere auch im Verhältnis zwischen Zahnarzt und Zahnlabor, gilt Werkvertragsrecht (relevant bei der Haftung für Mängel).

c) Bauvertrag

Der Bauvertrag ist ein klassischer Fall des Werkvertrags.

d) Beförderungsvertrag

Die Beförderung von Personen oder Gütern ist regelmäßig Werkvertrag.

e) EDV-Bereich

Bei Verträgen im EDV-Bereich kommt es darauf an, welche konkrete Leistungsvereinbarung getroffen wurde. Werden Datenträger mit Standard-Software erworben, liegt in der Regel ein Kaufvertrag vor. Die Nutzungsüberlassung online auf Zeit vom Rechner eines Anbieters wird von der Rechtsprechung als Miete angesehen. Individuelle, den besonderen Anforderungen des Anwenders entsprechende Programmierleistungen dagegen fallen unter das Werkvertragsrecht; Reparatur- und Wartungsverträge sind Werkverträge.

f) Fertighausvertrag

Wenn damit zugleich die Verpflichtung zur Errichtung des Fertighauses verbunden ist, liegt ein Werkvertrag vor; bei bloßer Anlieferung von Fertigteilen handelt es sich dagegen um einen Kaufvertrag.

g) Gutachten

Die Erstellung von Gutachten fällt unter das Werkvertragsrecht.

h) Ingenieurvertrag

Die von sog. Fachingenieuren bei Bauvorhaben aufzustellenden Pläne für die Vergabe von Sanitär-, Heizungs- und Elektroarbeiten sind regelmäßig Gegenstand eines Werkvertrags.

i) Lieferung mit Montage

In der Investitionsgüterindustrie werden regelmäßig die zu liefernden Anlagen von der Herstellerseite montiert. Es liegt dann meist ein Kaufvertrag mit untergeordneter Werkleistung vor. Erfordert die Montage spezielle Kenntnisse, ist sowohl Kauf- als auch Werkvertragsrecht anzuwenden.

j) Steuerberatung

Regelmäßig handelt es sich um einen Geschäftsbesorgungsvertrag mit Dienstvertragscharakter, insbesondere bei ständiger Beratung und Wahrnehmung aller steuerlichen Belange. Werkvertragsrecht kommt nur zur Anwendung, wenn spezielle Einzelleistungen versprochen sind (Gutachten und Beratung im individuellen Fall).

k) Energielieferungsvertrag

Es findet Kaufrecht Anwendung.

l) Kfz-Inspektion

Es liegt ein Werkvertrag vor.

II. Anwendung des Kaufrechts trotz Werkvertragscharakter („Werklieferungsvertrag")

Besonderheiten gelten nach § 651 BGB für Verträge, welche die Lieferung herzustellender oder zu erzeugender beweglicher Sachen zum Gegenstand haben. Dabei muss man unterscheiden, ob eine vertretbare oder nicht vertretbare Sache hergestellt werden soll. Was eine vertretbare Sache ist, definiert § 91 BGB.

Lernhinweis: Vor der Schuldrechtsreform 2001 war in § 651 BGB a.F. auf komplizierte Weise geregelt, wann statt der Regeln über den Werkvertrag Kaufrecht zu gelten hatte. Sofern sich nämlich der Unternehmer verpflichtete, das in einer vertretbaren Sache bestehende Werk aus einem von ihm zu beschaffenden Stoff herzustellen, fanden die Vorschriften des Kaufrechts Anwendung. War eine nicht vertretbare Sache herzustellen, wurden aber wieder bestimmte Kaufrechtsbestimmungen durch werkvertragsrechtliche ersetzt. Reines Werkvertragsrecht galt nur, wenn es sich bei dem vom Unternehmer zu beschaffenden Stoff um bloße Zutaten oder Nebensachen handelte. Auf Grund der Besonderheit, dass der Unternehmer in diesen Fällen nicht nur ein Werk herzustellen, sondern auch die dazu nötigen Stoffe selbst zu beschaffen hatte, wurde diese Konstellation „Werklieferungsvertrag" genannt.

§ 651 BGB (lesen!) regelt für bestimmte Fälle, die auf den ersten Blick eigentlich dem Werkvertragsrecht unterfallen würden, Abweichungen von den §§ 631 ff. BGB. Danach finden auf einen Vertrag, der die **Lieferung herzustellender oder zu erzeugender beweglicher Sachen** zum Gegenstand hat, grundsätzlich die Vorschriften über den Kauf nach §§ 433 ff. BGB Anwendung. Das einzige, was man dabei zu beachten hat, ist, ob ausschließlich Kaufrecht oder zusätzlich noch fünf modifizierte Bestimmungen über den Werkvertrag zum Tragen kommen. Dies hängt davon ab, ob es sich bei den herzustellenden oder zu erzeugenden beweglichen Sachen um vertretbare oder nicht vertretbare Sachen handelt (vgl. § 651 S. 3 BGB).

1. Herstellung bzw. Erzeugung einer vertretbaren Sache

Repetition: Vertretbar im Sinne des Gesetzes sind gem. § 91 BGB solche beweglichen Sachen, die im Verkehr nach Zahl, Maß oder Gewicht bestimmt werden (Beispiele: Geld, Mineralöl, serienmäßig hergestellte Produkte).

Ist der Vertrag auf die Herstellung oder Erzeugung beweglicher vertretbarer Sachen gerichtet, so ist nach § 651 S. 1 BGB **ausschließlich** das **Kaufrecht anwendbar:** Man spricht dann von einem **Lieferungskauf.**

Die Konstellation bei der Herstellung bzw. Erzeugung einer beweglichen vertretbaren Sache ist der beim Kauf vergleichbar, weshalb die Anwendung von Kauf- und nicht von Werkvertragsrecht interessengerecht ist. Es handelt sich meist um Serienware aus der Produktion des Unternehmers. Beim Besteller überwiegt das Interesse an der Beschaffung des fertigen Produktes, beim Unternehmer das Interesse am Absatz. Vom klassischen Kauf unterscheidet sich der Lieferungskauf nur dadurch, dass der Verkäufer auch Hersteller bzw. Erzeuger der Sache ist und die Sache möglicherweise erst nach Vertragsabschluss hergestellt wird.

Beispiel: Bestellung aus dem Katalog eines Bekleidungsherstellers.

Beachten Sie: In aller Regel liegt dann zugleich ein Gattungskauf vor, was sich etwa bei der Anwendung von § 275 BGB auswirken kann. Ferner ist nach § 276 Abs. 1 BGB die Möglichkeit einer strengeren Haftung vorgesehen, die den Bereich des nach § 280 Abs. 1 S. 2 BGB erforderlichen Vertretenmüssens erweitern kann.

2. Herstellung bzw. Erzeugung einer nicht vertretbaren Sache

Repetition: Nicht vertretbar im Sinne des Gesetzes sind Sachen, die im Verkehr nicht nach Zahl, Maß oder Gewicht bestimmt werden (arg. § 91 BGB).

Besonderheiten gelten, wenn die Herstellung bzw. Erzeugung einer beweglichen nicht vertretbaren Sache Gegenstand des Vertrages ist. Um eine nicht vertretbare Sache im Sinne des Werkvertragsrechts handelt es sich, wenn sie durch die Art ihrer Herstellung den Bestellerwünschen angepasst ist, individuelle Merkmale besitzt, nicht austauschbar und für den Unternehmer nur schwer oder gar nicht anderweitig absetzbar ist. Man spricht dann vom „**eigentlichen Werklieferungsvertrag**".

Beispiel: Die Anfertigung eines Maßanzugs.

In diesem Falle erklärt das Gesetz zusätzlich zu den kaufrechtlichen Bestimmungen auch noch die Vorschriften der §§ 642, 643, 645, 649 und 650 BGB aus dem Werkvertragsrecht für anwendbar, allerdings mit der Maßgabe, dass an die Stelle der (dort vereinzelt erwähnten) Abnahme der nach den §§ 446 und 447 BGB maßgebliche Zeitpunkt tritt (§ 651 S. 3 BGB – lesen!).

III. Rechte und Pflichten aus dem Werkvertrag

1. Pflichten des Unternehmers

a) Hauptpflichten

Nach § 631 Abs. 1 BGB ist der Unternehmer zur Herstellung des versprochenen Werks verpflichtet. Anders als beim Dienstvertrag sieht das Gesetz beim Werkvertrag nicht vor, dass die Leistung vom Unternehmer persönlich erbracht werden muss.

Lernhinweis: Beachten Sie, dass die Hauptpflicht des Unternehmers auch beim Werkvertrag auf die **mangelfreie Herstellung** des Werks gerichtet ist (vgl. § 633 Abs. 1 BGB). Konsequenz: Der Besteller kommt nicht in Annahmeverzug, wenn er ein mangelhaftes Werk nicht abnimmt (unwesentliche Mängel sind nach § 640 Abs. 1 S. 2 BGB unbeachtlich).

b) Nebenpflichten

Wie bei allen Schuldverhältnissen ergeben sich auch beim Werkvertrag Nebenpflichten aus § 241 Abs. 2 BGB sowie aus Treu und Glauben.

Beispiel: § 650 BGB (lesen!) ist eine gesetzliche Ausformung des allgemeinen Grundsatzes der Pflicht zur Schadensabwehr gegenüber dem Vertragspartner. Die drohende erhebliche Überschreitung von Kostenvoranschlägen hat der Unternehmer dem Besteller unverzüglich mitzuteilen.

2. Pflichten des Bestellers

a) Vergütungspflicht

Nach § 632 BGB gilt eine Vergütung als stillschweigend vereinbart, wenn die Herstellung des Werks den Umständen nach nur gegen Entgelt zu erwarten ist. Im Zweifel ist die „übliche" Vergütung geschuldet. Das Gesetz sichert den Vergütungsanspruch des Unternehmers. § 647 BGB räumt ihm für seine Forderungen ein **gesetzliches Pfandrecht** ein. Es rechtfertigt sich aus der Tatsache, dass der Unternehmer regelmäßig eine Vorleistung erbringt. Bauhandwerker können nach § 648 BGB für ihre Forderungen die Einräumung einer **Sicherungshypothek** an dem Baugrundstück des Bestellers und für den noch nicht gezahlten *Restvergütungsanspruch* nach § 648a BGB Sicherheit verlangen.

Fällig wird der Vergütungsanspruch grundsätzlich mit der Abnahme (§ 641 Abs. 1 BGB). Bei einem Werk, dessen Herstellung der Besteller einem Dritten versprochen hat, wird der Vergütungsanspruch nach § 641 Abs. 2 BGB in drei Fällen früher fällig, nämlich

• wenn der Dritte an den Besteller bezahlt hat,
• bei Abnahme durch den Dritten,
• hilfsweise, wenn der Besteller keine Auskunft über eine erfolgte Zahlung bzw. Abnahme erteilt.

Lernhinweis: Die vorerwähnte Konstellation des § 641 Abs. 2 BGB beleuchtet einen in der Praxis häufigen Fall im Baugewerbe: Ein Bauträger plant die Erstellung eines größeren Bauvorhabens und beauftragt zu dessen Verwirklichung verschiedene Bauhandwerker. Parallel dazu sucht er Erwerber der zukünftigen Eigentumswohnungen. Diese leisten lt. Kaufvertrag entsprechend dem Baufortschritt Abschlagszahlungen auf den Kaufpreis. § 641 Abs. 2 BGB verbessert die Position der Bauhandwerker: Ihr Vergütungsanspruch gegen den Bauträger als „Besteller" i. S. des § 631 Abs. 1 BGB wird zeitlich an das Leistungsverhältnis zwischen Bauträger und Käufer gekoppelt.

Man spricht in diesen Fällen von der *„Durchgriffsfälligkeit"*.

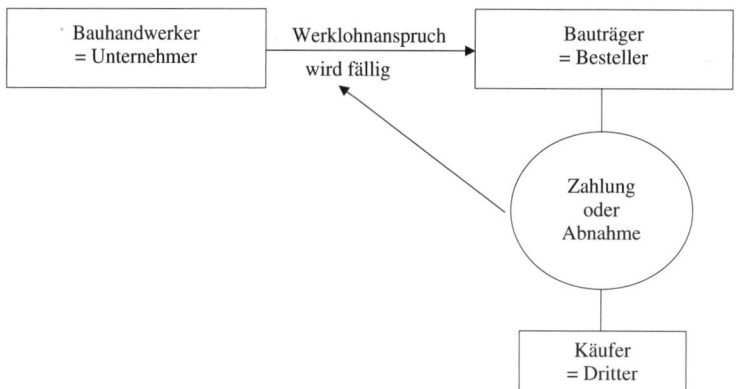

Die Vorleistungspflicht des Werkunternehmers wird zudem dadurch gemildert, dass er nach Maßgabe des § 632a BGB für abgeschlossene Teile des Werkes Abschlagszahlungen verlangen kann.

b) Abnahmepflicht

Der Besteller ist nach § 640 BGB (lesen!) verpflichtet, das vertragsgemäß hergestellte Werk abzunehmen. Es handelt sich dabei um eine **Hauptpflicht** des Bestellers. Unter Abnahme versteht man die „körperliche Entgegennahme im Wege der Besitzübertragung verbunden mit der Erklärung, dass der Besteller die Leistung als vertragsgemäß anerkennt". **Kurzformel: Abnahme ist Entgegennahme und Billigung.**

Beispiel: Der Bauunternehmer „übergibt" im Wege einer Begehung des Bauwerks das Gebäude an den Bauherrn.

Lernhinweis: Die Abnahme ist für den Besteller ein entscheidender Vorgang und **einschneidender Zeitpunkt!** Das Gesetz knüpft eine Reihe von Rechtsfolgen an die erfolgte Abnahme:

* Fälligkeit der Vergütung,
* Beginn der Verjährungsfrist für bestimmte Mängelansprüche und
* Übergang der Preisgefahr vom Unternehmer auf den Besteller!

Verdeutlichen Sie sich dies nochmals anhand der Übersicht *Abnahme beim Werkvertrag*.

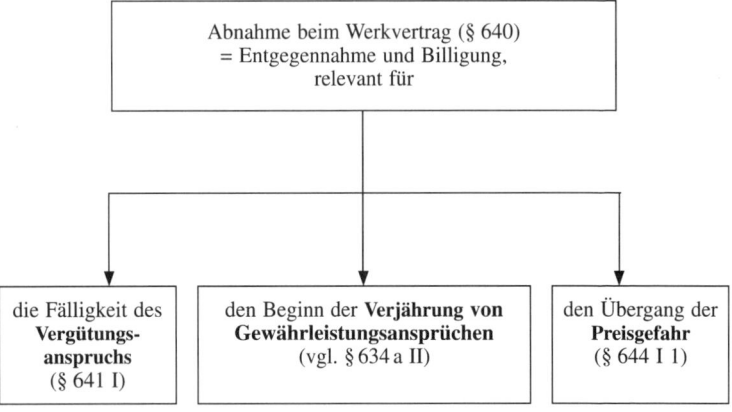

| die Fälligkeit des **Vergütungsanspruchs** (§ 641 I) | den Beginn der **Verjährung von Gewährleistungsansprüchen** (vgl. § 634 a II) | den Übergang der **Preisgefahr** (§ 644 I 1) |

Was aber ist, wenn der Besteller sich weigert, das Werk abzunehmen, um zu verhindern, dass diese Rechtsfolgen eintreten? Für diesen Fall bestimmt § 640 Abs. 1 S. 3 BGB, dass es der Abnahme gleich steht, wenn der Besteller das Werk nicht innerhalb einer ihm vom Unternehmer bestimmten angemessenen Frist abnimmt, obwohl er dazu verpflichtet ist, d.h. der Besteller wird so behandelt als sei eine Abnahme erfolgt (**„fingierte Abnahme")**. Wie soll sich der Besteller verhalten, wenn das abzunehmende Werk mangelhaft ist? Dabei muss man zwei Fälle unterscheiden:

* *Wesentliche Mängel:* Die Abnahmepflicht besteht nur bei Abnahmereife, also nur, wenn das abzunehmende Werk wie in § 640 Abs. 1 S. 1 BGB formuliert „vertragsgemäß hergestellt", somit mangelfrei ist. Nimmt der Besteller ein mangelhaftes Werk trotzdem ab, hat er die Gewährleistungsrechte nach § 634 Nr. 1–3 BGB nur, wenn er sich seine Rechte wegen des Mangels bei der Abnahme vorbehält. Dazu wird in der Praxis z.B. bei der Begehung eines Neubaus ein entsprechendes Protokoll angefertigt („Teppichboden verschmutzt, Badewanne zerkratzt …").

- *Unwesentliche Mängel:* Die Abnahme kann nach § 640 Abs. 1 S. 2 BGB nicht verweigert werden bei lediglich unwesentlichen Mängeln. In diesem Fall ist es dem Besteller zuzumuten, die Leistung als eine im Wesentlichen vertragsgemäße Erfüllung zu akzeptieren und sich mit den Gewährleistungsrechten des Werkvertragsrechts zu begnügen.

3. Kündigung vor Vollendung des Werks

Bis zur Vollendung des Werks kann der Besteller den Werkvertrag jederzeit kündigen (§ 649 S. 1 BGB – lesen!). Kehrseite der Medaille: Der Unternehmer behält gem. § 649 Satz 2 BGB den Vergütungsanspruch! Er muss sich allerdings das anrechnen lassen, was er an Aufwendungen u. dgl. erspart. Das Gesetz stellt in § 649 S. 3 BGB die Vermutung auf, dass dem Unternehmer 5 v. H. der auf den noch nicht erbrachten Teil der Werkleistung entfallenden Vereinbarung als Vergütung zustehen, wenn der Besteller vorzeitig kündigt.

IV. Leistungsstörungen

1. Unmöglichkeit

a) Gefahrübergang bei Abnahme

Lernhinweis: Bereits im Kaufrecht hatten wir eine besondere Regelung der Gefahrtragung kennengelernt. Ähnliches gilt im Werkvertragsrecht: § 644 regelt die Preisgefahr abweichend von § 326 BGB. Sie erinnern sich: Die Regeln über die Gefahrtragung haben Konsequenzen für die Aussagen bei der Unmöglichkeit. Nach § 275 BGB wird der Schuldner frei, verliert aber nach § 326 Abs. 1 BGB den Anspruch auf die Gegenleistung. Im Kaufrecht behält der Verkäufer den Kaufpreisanspruch, wenn die Sache nach Übergabe untergeht. Von der Übergabe an trägt somit der Käufer die Preisgefahr. Im Werkvertragsrecht ist der maßgebliche Zeitpunkt für den Übergang der Preisgefahr die Abnahme!

Nach § 644 Abs. 1 Satz 1 (lesen!) trägt der Unternehmer die Gefahr bis zur Abnahme, von da an trägt sie der Besteller.

Beispiel: Bauherr B hat im Wege der Einzelvergabe die zur Errichtung seines Einfamilienhauses erforderlichen Installationsarbeiten an den Installateur U vergeben. Die Abnahme der Installationsarbeiten findet statt am 1. Juni. Dabei wird festgestellt, dass in der Nacht zuvor von unbekannten Tätern zwei Waschbecken entwendet, ein Spiegel zertrümmert und eine Badewanne zerkratzt wurden. Die Gefahr dafür trägt nach § 644 Abs. 1 der Installateur: B braucht insoweit nicht zu bezahlen. Ereignen sich diese Vorgänge in der Nacht vom 2. auf den 3. Juni, somit nach Abnahme, muss B die volle Vergütung entrichten.

b) Gefahrübergang bei Annahmeverzug

Kommt der Besteller in Gläubigerverzug, geht die Gefahr nach § 644 Abs. 1 Satz 2 auf ihn über.

c) Gefahrübergang bei Versendung

Schon im Kaufrecht hatten wir gesehen, dass im Falle des Versendungskaufs die Gefahr bereits zu dem Zeitpunkt übergeht, zu dem die Übergabe auf die Transportperson erfolgt. Dasselbe gilt im Werkvertragsrecht: § 644 Abs. 2 verweist auf § 447.

Beispiel: B beauftragt U, für ihn eine besondere Maschine zu entwickeln und herzustellen (Anm.: kein Fall des § 651 S. 3 BGB, da der geschuldete Erfolg nicht in erster Linie in der Herstellung der Maschine und deren Übertragung zu Eigentum, sondern wesentlich in der darüber hinausgehenden geistigen Leistung der Planung und Entwicklung besteht). Laut Vertrag befindet sich der Erfüllungsort am Sitz von U. Da B im Moment nicht über Transportkapazitäten verfügt, bittet er U, die Maschine zu versenden. Nach Verladung auf einen Spezialtransporter wird diese unterwegs durch Blitzschlag zerstört. U wird von seiner Leistungspflicht befreit, er behält aber nach § 644 Abs. 2 in Verbindung mit § 447 BGB den Vergütungsanspruch.

d) Vollendung statt Abnahme

Ist nach der Beschaffenheit des Werkes die Abnahme ausgeschlossen, so tritt nach § 646 BGB (lesen!) an die Stelle der Abnahme die Vollendung des Werks. Dies gilt auch für den Gefahrübergang.

Beispiele: Theateraufführung, Personenbeförderung.

2. Verzögerung der Leistung durch den Unternehmer

Der Unternehmer ist zur rechtzeitigen Herstellung des Werks verpflichtet. Kommt er dieser Pflicht nicht vertragsgemäß nach, hat der Besteller folgende Rechte:

a) Erfüllungsanspruch

Der Besteller kann auf Herstellung des Werkes klagen.

b) Anspruch auf Schadenersatz

aa) Schadenersatz neben bestehendem Erfüllungsanspruch

Liegen auf Seiten des Unternehmers die Voraussetzungen des Verzugs nach § 286 BGB vor, kann der Besteller einen neben den Erfüllungsanspruch tretenden Anspruch auf Ersatz des Verzugsschadens nach den im allgemeinen Leistungsstörungsrecht geltenden Regeln von § 280 Abs. 1, 2 i. V. m. § 286 BGB geltend machen (vgl. dazu oben § 35 II).

bb) Schadenersatz bzw. Aufwendungsersatz statt der Leistung

Schadenersatz statt der Leistung zu verlangen ist dagegen nur möglich, wenn die Merkmale von § 280 Abs. 1, 3 i. V. m. § 281 Abs. 1 S. 1 Alt. 1 BGB vorliegen (vgl. dazu oben § 35). Alternativ zum Schadenersatzanspruch statt der Leistung steht dem Besteller auch ein Aufwendungsersatz nach § 284 BGB zu.

Repetition: Für den Aufwendungsersatzanspruch müssen die gleichen Voraussetzungen wie bei § 280 Abs. 1, 3 i. V. m. § 281 BGB vorliegen. Der Unterschied besteht nur hinsichtlich der Rechtsfolge.

c) Rücktritt vom Vertrag

Stellt der Unternehmer das Werk nicht rechtzeitig her, kann der Besteller nach den allgemeinen Regeln vom Vertrag zurücktreten, vgl. § 323 BGB.

Beispiel: U kann die von B bestellte Maschine nicht termingemäß liefern, weil seine Werkhalle durch einen Brandanschlag Dritter nicht benutzbar war. B kann zurücktreten – möglicherweise kommt ihm das gerade recht, weil seine Auftragslage die zusätzliche Anschaffung weiterer Maschinen nicht erforderlich macht.

3. Haftung des Unternehmers für Mängel

a) Umfang der Gewährleistungshaftung

Nach § 633 Abs. 1 BGB (lesen!) hat der Unternehmer dem Besteller das Werk frei von Sach- und Rechtsmängeln zu verschaffen.

Unter einem Sachmangel versteht man auch hier jede *Abweichung der Istbeschaffenheit des Werks von seiner Sollbeschaffenheit.*

Das Werk ist frei von Sachmängeln, wenn

* es die vereinbarte Beschaffenheit hat, bzw. – sofern die Beschaffenheit nicht vereinbart wurde,
* es sich für die nach dem Vertrag vorausgesetzte Verwendung, andernfalls für die gewöhnliche Verwendung eignet und eine Beschaffenheit aufweist, die bei Werken der gleichen Art üblich ist und die der Besteller nach der Art des Werks erwarten kann (vgl. § 633 Abs. 2 S. 1 und 2 BGB – lesen!).

Beispiele:

Die vereinbarte bzw. gewöhnliche Beschaffenheit liegt nicht vor

* bei Bauwerken mit Schadstoffbelastung, Bodenunebenheiten oder Wasserdurchlässigkeit;
* bei Malerarbeiten, wenn sich die Tapeten von der Wand lösen;
* bei EDV-Werkverträgen, wenn tauglichkeitsmindernde Softwarefehler auftreten.

Wie im Kaufrecht ist auch beim Werkvertragsrecht der Mangelbegriff erweitert:

Einem Sachmangel steht es gem. § 633 Abs. 2 S. 3 BGB gleich, wenn

* der Unternehmer ein anderes als das bestellte Werk (qualitatives aliud) oder
* das Werk in zu geringer Menge (quantitatives aliud) herstellt.

Rechtsmängelfreiheit ist gegeben,

* wenn Dritte in Bezug auf das Werk keine oder
* nur die vertraglich übernommenen Rechte gegen den Besteller geltend machen können (§ 633 Abs. 3 BGB).

Lernhinweis: Wie man sieht, ist § 633 BGB bzgl. der Sach- und Rechtsmängel nahezu identisch zu den kaufrechtlichen Bestimmungen der §§ 434, 435 BGB (vgl. dazu oben § 44) aufgebaut: auch im Werkvertragsrecht ist die Mangelfreiheit des Werks Vertragsinhalt.

Dabei ist § 640 Abs. 2 BGB zu beachten: Die **vorbehaltlose Abnahme trotz Kenntnis** der Mängel wird als vereinbarter **Verzicht auf die Gewährleistungsrechte** angesehen (zur Parallelregelung im Kaufrecht vgl. § 442 BGB).

b) Rechte des Bestellers

Lernhinweis: Arbeiten Sie die Materie zunächst anhand des nachfolgenden Textes durch und repetieren Sie dann das Gelernte anhand der Übersicht *„Rechte des Bestellers bei mangelhafter Werkausführung"*.

Dem Käufer stehen neben dem Erfüllungsanspruch (§ 631 Abs. 1 BGB) mehrere Gewährleistungsansprüche gem. § 634 BGB zur Seite.

Hinweis: Im Zuge der Schuldrechtsmodernisierung 2001 hat der Gesetzgeber die kauf- und werkvertragsrechtlichen Gewährleistungsvorschriften weitestgehend einander angenähert: vergleichen Sie jeweils den Wortlaut von § 437 und § 634 BGB.

aa) Erfüllungsanspruch

Da der Unternehmer zur Herstellung eines mangelfreien Werks verpflichtet ist, braucht der Besteller das mangelhafte Werk nicht abzunehmen. Er behält seinen Erfüllungsanspruch auf Lieferung eines mangelfreien Werks.

bb) Nacherfüllungsanspruch

Sofern das hergestellte Werk mangelhaft ist, kann der Besteller gem. § 634 Nr. 1 BGB Nacherfüllung verlangen. Nacherfüllung heißt (ähnlich wie im Kaufrecht) auch im Werkvertragsrecht: Anspruch auf Mangelbeseitigung oder Neuherstellung des Werks. Das Wahlrecht zwischen den beiden Möglichkeiten steht **dem Unternehmer** zu (vgl. § 635 Abs. 1 BGB – lesen!).

Lernhinweis: Beachten Sie den **Unterschied zur kaufrechtlichen Nacherfüllung,** bei der gem. § 439 Abs. 1 BGB das Wahlrecht zwischen Mangelbeseitigung und Nachlieferung **dem Käufer** zusteht.

Allerdings gibt es für den Unternehmer auch Möglichkeiten, die Nacherfüllung zu verweigern. Zum einen kann er (neben dem Fall objektiver oder subjektiver Unmöglichkeit nach § 275 Abs. 1 BGB) ein Leistungsverweigerungsrecht nach § 275 Abs. 2 und 3 BGB geltend machen. Zum anderen kann er gem. § 635 Abs. 3 BGB einwenden, die Nacherfüllung sei nur mit **unverhältnismäßig hohen Kosten** möglich.

Hinweis: Die zum Zweck der Nacherfüllung erforderlichen Aufwendungen, also etwa Transport-, Wege- und Materialkosten hat der Unternehmer zu tragen (vgl. § 635 Abs. 2 BGB).

Beachten Sie, dass der **Anspruch auf Nacherfüllung** nach der gesetzgeberischen Konstruktion – ebenso wie im Kaufrecht – gegenüber den übrigen Gewährleistungsrechten des § 634 BGB **vorrangig** ist. Dies ergibt sich daraus, dass in den Voraussetzungen der übrigen Rechte Bezug auf den Nacherfüllungsanspruch genommen wird (vgl. §§ 636, 637 Abs. 1 BGB).

cc) Aufwendungsersatz bei Selbstvornahme

Bei Mangelhaftigkeit des Werkes steht dem Besteller nach § 634 Nr. 2 BGB (lesen!) das Recht zu, den Mangel selbst zu beseitigen und Ersatz der hierzu erforderlichen Aufwendungen zu verlangen. Voraussetzung hierfür ist allerdings gem. § 637 BGB, dass vorher dem Unternehmer im Wege des in § 634 Nr. 1 BGB vorgesehenen Nacherfüllungsverlangens die **„Chance zur Mangelbeseitigung"** eingeräumt worden ist. Erst wenn dieser nach dem Setzen einer angemessenen Frist zur Nacherfüllung nicht tätig geworden ist, kann der Besteller den Weg der Selbstvornahme beschreiten. Dies gilt allerdings dann nicht, wenn der Unternehmer die Nacherfüllung zu Recht verweigert.

Der Besteller braucht gem. § 637 Abs. 2 BGB dem Unternehmer keine Frist zu setzen,

- wenn dieser die Leistung ernsthaft und endgültig verweigert,
- wenn ein relatives Fixgeschäft vorliegt,
- wenn besondere Umstände gegeben sind, welche die sofortige Selbstvornahme rechtfertigen,
- wenn die Nacherfüllung fehlgeschlagen ist oder
- wenn die Nacherfüllung dem Besteller unzumutbar ist.

Lernhinweis: Beachten Sie, dass der Besteller vom Unternehmer für seine im Wege der Selbstvornahme zu tätigenden Mangelbeseitigungsaufwendungen einen Vorschuss verlangen kann (vgl. § 637 Abs. 3 BGB).

dd) Rücktritt vom Vertrag

Ein weiteres Gewährleistungsrecht des Bestellers besteht nach § 634 Nr. 3 Alt. 1 BGB (lesen!) im Rücktritt vom Vertrag. Die weiteren Voraussetzungen neben dem Vorliegen eines Mangels richten sich dabei nach § 323 bzw. § 326 Abs. 5 BGB. Die gem. § 323 Abs. 1 BGB erforderliche Fristsetzung ist neben den in § 323 Abs. 2 BGB aufgeführten Fällen auch dann entbehrlich, wenn der Unternehmer die Nacherfüllung wegen unverhältnismäßig hoher Kosten gem. § 635 Abs. 3 BGB verweigert oder wenn die Nacherfüllung fehlgeschlagen oder dem Besteller unzumutbar ist (§ 636 BGB – lesen!).

Lernhinweis: Zum wiederholten Male sei darauf hingewiesen, dass der Rücktritt seit der Schuldrechtsreform kein Verschulden des Unternehmers mehr voraussetzt.

ee) Minderung

§ 634 Nr. 3 Alt. 2 BGB (lesen!) sieht für den Fall eines mangelhaften Werkes vor, dass der Besteller unter den näheren Bestimmungen des § 638 BGB die Vergütung mindern, d.h. herabsetzen kann.

Lernhinweis: Aus dem Wortlaut des § 638 BGB, der bestimmt, dass der Besteller „statt" zurückzutreten mindern kann, ergibt sich, dass die Minderung die gleichen Voraussetzungen wie der Rücktritt hat. Daher findet insbesondere auch § 636 BGB Anwendung.

ff) Schadenersatz bzw. Aufwendungsersatz

Nach näherer Maßgabe der §§ 636, 280, 281, 283 und 311a BGB kann der Besteller bei einem mangelhaften Werk Schadenersatz bzw. nach § 284 BGB Aufwendungsersatz verlangen.

Hinweis: Die unterschiedlichen Voraussetzungen von § 311a und §§ 280ff. BGB wurden bereits mehrfach dargestellt. Da für den Werkvertrag die Vorschriften entsprechend gelten, sei nach oben auf das 4. Kapitel, 2. Unterkapitel und auf § 44 verwiesen. Wichtig ist es dabei insbesondere, zu beachten, dass diese Ansprüche grundsätzlich ein **Vertretenmüssen** des Unternehmers **erfordern.** Denken Sie auch daran, dass der Anspruch nach § 634 Nr. 4 Alt. 2 i.V.m. § 284 BGB als echter Alternativanspruch die gleichen Voraussetzungen wie der Schadenersatzanspruch statt der Leistung nach § 634 Nr. 4 Alt. 1 i.V.m. § 311a BGB bzw. § 280 Abs. 1, 3 i.V.m. § 281 oder § 283 BGB hat.

§ 281 Abs. 1 S. 1 BGB bedingt grundsätzlich eine Fristsetzung, um dem Unternehmer die Möglichkeit einzuräumen, das Werk doch noch mangelfrei herzustellen, bevor zum „scharfen Schwert" des Schadenersatzes gegriffen wird. Das Setzen der Frist ist neben den in § 281 Abs. 2 BGB aufgeführten Fällen auch unter den Voraussetzungen des § 636 BGB entbehrlich.

Hinweis zur alten Rechtslage: Vor dem Schuldrechtsmodernisierungsgesetz vom 26.11.2001 musste beim Schadenersatz differenziert werden: Handelte es sich um einen unmittelbaren Schaden, also um Werkbeeinträchtigungen, die dem Werk unmittelbar anhafteten, oder um nahe Mangelfolgeschäden, d.h. Schäden an anderen Sachen in enger räumlicher Beziehung zum Werk, war die Anspruchsgrundlage § 635 BGB. Für entferntere Mangelfolgeschäden, worunter weitere Schäden an anderen Rechtsgütern außerhalb des Werks fielen, wurde die positive Vertragsverletzung als Anspruchsgrundlage herangezogen. Bei dieser Aufspaltung ergaben sich jeweils unterschiedliche Verjährungsfristen, was sich mitunter sehr nachteilig auswirken konnte. Mit dem neuen Recht ist diese Unterscheidung hinfällig geworden, da gemeinsame Anspruchsnorm für Mangelschäden sowie nahe und entfernte Mangelfolgeschäden nunmehr allein § 634 Nr. 4 BGB i.V.m. der jeweils einschlägigen Verweisungsvorschrift ist. (Hinweis: Als Grobraster kann man sich merken, dass sich grundsätzlich die Voraussetzungen für den Ersatz von Mangelfolgeschäden nach § 634 Nr. 4 i.V.m. § 280 Abs. 1, und die für den Ersatz von Mangelschäden nach § 634 Nr. 4 i.V.m. § 280 Abs. 1, 3 i.V.m. § 281 oder § 283 BGB richten). Die Verjährungsregelungen finden sich jetzt einheitlich in § 634a BGB.

Rechte des Bestellers bei mangelhafter Werkausführung

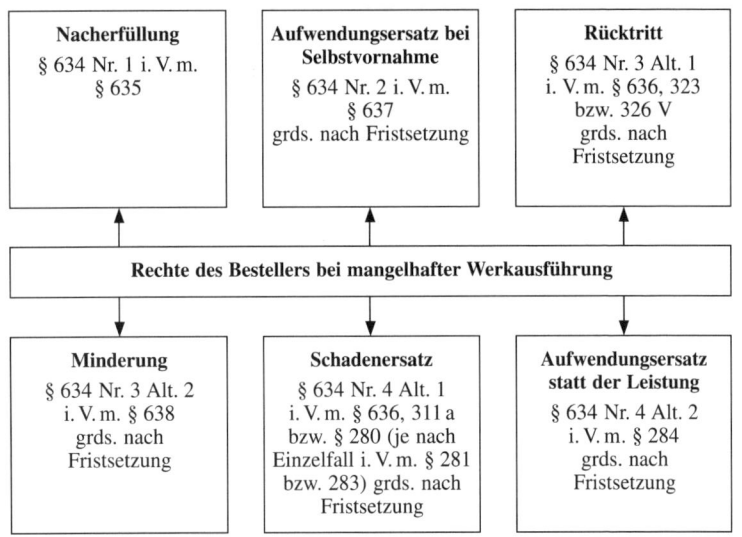

Nacherfüllung	Aufwendungsersatz bei Selbstvornahme	Rücktritt
§ 634 Nr. 1 i.V.m. § 635	§ 634 Nr. 2 i.V.m. § 637 grds. nach Fristsetzung	§ 634 Nr. 3 Alt. 1 i.V.m. § 636, 323 bzw. 326 V grds. nach Fristsetzung

Rechte des Bestellers bei mangelhafter Werkausführung

Minderung	Schadenersatz	Aufwendungsersatz statt der Leistung
§ 634 Nr. 3 Alt. 2 i.V.m. § 638 grds. nach Fristsetzung	§ 634 Nr. 4 Alt. 1 i.V.m. § 636, 311a bzw. § 280 (je nach Einzelfall i.V.m. § 281 bzw. 283) grds. nach Fristsetzung	§ 634 Nr. 4 Alt. 2 i.V.m. § 284 grds. nach Fristsetzung

4. Verjährung

Für die Verjährung der Mängelansprüche im Werkvertragsrecht gilt das gleiche Schema wie im Kaufrecht: sie hängt von der Art des jeweiligen Gewährleistungsanspruchs ab.

(1) Nach § 634a Abs. 1 Nr. 1 BGB verjähren die Ansprüche auf Nacherfüllung (§ 634 Nr. 1 BGB), Aufwendungsersatz bei Selbstvornahme (§ 634 Nr. 2 BGB) und Schaden- bzw. Aufwendungsersatz (§ 634 Nr. 4

BGB) bei einem Werk, dessen Erfolg in der **Herstellung, Wartung oder Veränderung einer Sache** oder in der **Erbringung von Planungs- oder Überwachungsleistungen** hierfür besteht, in **zwei Jahren.**

(2) Handelt es sich um ein **Bauwerk** oder ein **Werk, dessen Erfolg in der Erbringung von Planungs- oder Überwachungsleistungen für dieses Bauwerk** besteht, beträgt die Verjährungsfrist **fünf Jahre.** Alle übrigen **Ansprüche,** die sich nicht aus Mängeln bzgl. eines Bauwerks ergeben, verjähren innerhalb der regelmäßigen Verjährungsfrist des § 195 BGB, d. h. in **3 Jahren.**

Hinweis: Abweichend von der zwei- und fünfjährigen Verjährungsfrist verjähren die Ansprüche in der regelmäßigen Verjährungsfrist, wenn der Unternehmer den Mangel arglistig verschwiegen hat. Da aber die regelmäßige Verjährungsfrist drei Jahre, diejenige bei Bauwerksmängeln jedoch fünf Jahre beträgt, würde der arglistig handelnde Unternehmer bei bestimmten Konstellationen (vgl. § 199 BGB) auch noch privilegiert. Daher bestimmt § 634a Abs. 3 S. 2 BGB (lesen!), dass die Verjährung bei Arglist nicht vor dem Ablauf der fünfjährigen Frist eintritt.

(3) Die in § 634 Nr. 3 BGB enthaltenen Rechte auf Rücktritt und Minderung sind **Gestaltungsrechte,** die als solche selbst **nicht der Verjährung unterliegen. Aber:** Die **Wirksamkeit** ihrer Geltendmachung ist von der **Verjährung des Hauptanspruchs abhängig:** Nach § 634a Abs. 4 bzw. 5 i. V. m. § 218 BGB sind Rücktritt und Minderung unwirksam, wenn der Anspruch auf die Leistung oder der Nacherfüllungsanspruch verjährt ist und der Schuldner sich hierauf beruft. Auch wenn Rücktritt und Minderung unwirksam sind, kann der Besteller jedoch die Zahlung der Vergütung insoweit verweigern, als er auf Grund des Rücktritts bzw. der Minderung dazu berechtigt sein würde (§ 634a Abs. 4 S. 2 BGB – bei Minderung i. V. m. Abs. 5).

Lernhinweis: Repetieren Sie noch einmal die Rechte des Bestellers bei mangelhafter Werkausführung anhand der nachstehenden Varianten.

Hinweis: Der Unternehmer kann seinerseits vom Vertrag zurücktreten (vgl. § 634a Abs. 4 S. 3 BGB), sofern der Besteller trotz Unwirksamkeit des Rücktritts die Zahlung gem. § 634a Abs. 4 S. 2 BGB verweigert. Dies gilt jedoch nicht bei der Minderung.

Der Beginn der regelmäßigen Verjährungsfrist richtet sich nach § 199 BGB. In den anderen Fällen wird die Frist durch die Abnahme in Gang gesetzt (§ 634a Abs. 2 BGB).

Praktischer Hinweis: Die (dispositiven) Bestimmungen des BGB über den Werkvertrag werden in wichtigen Dienstleistungssektoren durch (typisierte) Geschäftsbedingungen verdrängt. So regelt die **„Verdingungsordnung für Bauleistungen" (VOB)** u. a. die Rechtsbeziehungen zwischen Bauunternehmer und Bauherrn, wobei meist zum Nachteil des Bauherrn vom Gesetz abgewichen wird. So beträgt z. B. die Verjährungsfrist für die Gewährleistungspflicht bei Bauwerken nach § 13 Nr. 4 VOB lediglich 4 Jahre. Es handelt sich aber auch bei der VOB weder um eine Rechtsnorm, noch um Handelsbrauch, sondern um Allgemeine Geschäftsbedingungen, die nur durch Vereinbarung der Vertragsparteien gem. § 305 Abs. 2 BGB Vertragsbestandteil werden.

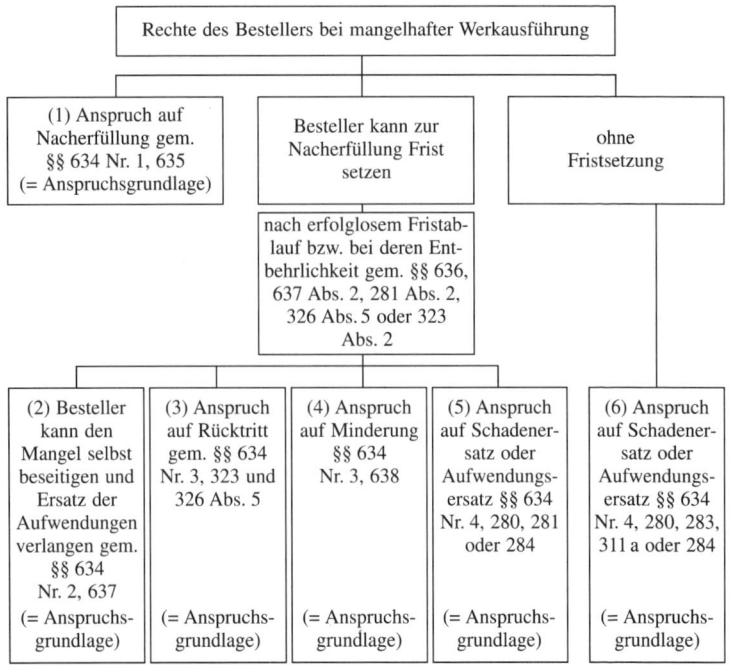

Wiederholungsfragen zu § 49

Was ist das Typische am Werkvertrag? (§ 49 I 1)

Ist der Architektenvertrag ein Dienst- oder Werkvertrag? (§ 49 I 2 a)

Welche Konsequenz hat es, dass die Mangelfreiheit der Werkherstellung zur Hauptpflicht des Unternehmers gehört? (§ 49 III 1 a)

Was versteht man unter einer Bauhandwerkerhypothek? (§ 49 III 2 a)

Was versteht man unter der Abnahme beim Werkvertrag? (§ 49 III 2 b)

Zu welchem Zeitpunkt geht die Gefahr des zufälligen Untergangs auf den Besteller über? (§ 49 IV 1)

Welche Rechte hat der Besteller, wenn das Werk mangelhaft ist? (§ 49 IV 3 b)

§ 50 Sonstige Dienstleistungsverhältnisse

I. Der Auftrag

1. Begriff

Der Auftrag ist nach § 662 BGB (lesen!) ein Vertrag, durch den sich jemand zum **unentgeltlichen Tätigwerden** verpflichtet. Das Gesetz bezeichnet die eine Vertragspartei als „Beauftragten", die andere als „Auftraggeber". Es handelt sich um einen unvollkommen zweiseitig verpflichtenden Vertrag. Wie wir § 662 entnehmen, ist Gegenstand des Auftrags die unentgeltliche **Besorgung eines Geschäfts.** Darunter versteht man **„jede fremdbezogene Tätigkeit gleich welcher Art".**

Dieser Begriff wird weit ausgelegt; auch nicht rechtsgeschäftliche Tätigkeiten können Gegenstand eines Auftragsverhältnisses sein.

Lernhinweis: Die Umgangssprache verwendet den Begriff „Auftrag" in einem anderen Sinne (wenn etwa ein Geschäftsmann sagt, er habe „einen Auftrag erhalten", meint er damit die Übernahme einer entgeltlichen Tätigkeit). Halten Sie also fest, dass Auftrag i. S. des Bürgerlichen Gesetzbuches lediglich das unentgeltliche Tätigwerden für einen anderen bedeutet.

2. Bedeutung des Auftragsrechts

Das Auftragsrecht ist insofern bedeutsam, als das Gesetz an anderen Stellen oft auf die beim Auftrag bestehenden Rechte und Pflichten verweist.

Beispiel: Nach § 2218 BGB finden auf das Rechtsverhältnis zwischen dem Testamentsvollstrecker und dem Erben bestimmte für das Auftragsrecht geltende Vorschriften entsprechende Anwendung; ähnliches gilt in anderen Fällen der Wahrnehmung fremder Vermögensinteressen (Vormund, Pfleger, Organe juristischer Personen, Insolvenzverwalter).

Auf diesem Wege gelangt man z. B. zu der praktisch wichtigen Auskunfts- und Rechenschaftspflicht gemäß § 666 BGB.

3. Rechte und Pflichten aus dem Auftrag

a) Pflichten des Beauftragten

aa) Pflicht zum Tätigwerden

Dem Beauftragten obliegt als Hauptpflicht, das von ihm übernommene Geschäft auszuführen (Anspruchsgrundlage: § 662 BGB). Nach § 664 BGB handelt es sich dabei um eine persönliche Verpflichtung.

bb) Herausgabepflicht

Nach § 667 BGB (lesen!) ist der Beauftragte verpflichtet, dem Auftraggeber alles herauszugeben, was er aus der Geschäftsbesorgung erlangt.

Beispiel: A beauftragt B, bei einer Auktion ein bestimmtes Gemälde zu erwerben. B ist nach § 667 BGB verpflichtet, im Falle des Zuschlags das ersteigerte Gemälde an A herauszugeben.

b) Pflicht des Auftraggebers zum Aufwendungsersatz

Wegen der Unentgeltlichkeit des Auftrags entfällt eine Vergütungspflicht. Jedoch besteht nach § 670 die Pflicht, dem Beauftragten die bei der Ausführung des Auftrags entstandenen Aufwendungen zu ersetzen.

Beispiel: B kann von A den Ersatz der bei der Auktion getätigten Aufwendungen verlangen, z. B. die Fahrtkosten und gegebenenfalls den von ihm vorgestreckten Auktionspreis.

Obwohl Aufwendungen im linguistischen Sinne als **„freiwillige Vermögensopfer"** definiert werden, legt die Rechtsprechung den Aufwendungsbegriff weit aus. Der Beauftragte kann auch den Ersatz von Schäden (unfreiwillige Vermögensopfer) ersetzt verlangen, die auf tätigkeitsspezifischen Risiken beruhen.

Beispiele: Hundebiss, Verkehrsunfall bei Ausführung des Auftrags.

Lernhinweis: Merken Sie sich für das Auftragsrecht die beiden wichtigen Anspruchsgrundlagen:

- gemäß § 667 BGB hat der Auftraggeber gegen den Beauftragten einen Anspruch auf Herausgabe des Erlangten;
- gemäß § 670 BGB hat der Beauftragte gegen den Auftraggeber einen Anspruch auf Aufwendungsersatz.

II. Der Geschäftsbesorgungsvertrag

Nach § 675 BGB (lesen!) findet auf einen Dienst- oder Werkvertrag, der eine Geschäftsbesorgung zum Gegenstand hat, in weiten Teilen das Auftragsrecht entsprechende Anwendung. Die Vorschrift ist missverständlich: Der Begriff „Geschäftsbesorgung" in § 675 BGB ist nämlich enger auszulegen als die Umschreibung „Geschäft ... zu besorgen" in § 662 BGB.

Einschränkend ist erforderlich, dass es sich um eine **„selbstständige Tätigkeit wirtschaftlichen Charakters im Interesse eines anderen** handelt, die innerhalb einer fremden wirtschaftlichen Interessensphäre wahrgenommen wird".

Beispiele: Das Mandat des Rechtsanwalts oder Steuerberaters.

Würde man diese Einschränkung nicht machen, wäre bei jedem Dienst- oder Werkvertrag auch Auftragsrecht anzuwenden. Für besonders häufig vorkommende Bankdienstleistungen (Überweisungs-, Zahlungs-, Girovertrag) bestehen Sonderregelungen (vgl. §§ 676a–676h BGB).

III. Die Verwahrung

1. Grundtypus

Die Parteien des Verwahrungsvertrags sind auf der einen Seite der „Verwahrer", auf der anderen Seite der „Hinterleger". Durch den Verwahrungsvertrag wird nach § 688 BGB der Verwahrer verpflichtet, eine ihm vom Hinterleger übergebene bewegliche Sache aufzubewahren.

Wie der Wortlaut zum Ausdruck bringt, können nur bewegliche Sachen Gegenstand der Verwahrung sein. Verpflichtet sich jemand, ein Grundstück „in Verwahrung zu nehmen", liegt in der Regel ein auf Bewachung abzielender Dienst- oder Werkvertrag vor.

Im **Handelsrecht** ist die entgeltliche Verwahrung als **„Lagergeschäft"** besonders geregelt (vgl. §§ 467–475h HGB).

Verwahren Banken für ihre Kunden Wertpapiere in sog. Wertpapierdepots, gelten die Vorschriften des Depotgesetzes.

2. Unregelmäßige Verwahrung

Nach § 700 BGB (lesen!) versteht man darunter Folgendes: Es werden vertretbare Sachen so hinterlegt, dass das Eigentum auf den Verwahrer übergehen und dieser verpflichtet sein soll, Sachen von gleicher Art, Güte und Menge zurückzugewähren. In diesem Fall findet Darlehensrecht Anwendung. Der Unterschied zum Darlehen liegt jedoch in der Interessenlage: Beim Darlehen erfolgt die Hingabe überwiegend im Interesse des Darlehensnehmers, bei der Verwahrung im Interesse des Hinterlegers.

IV. Der Mäklervertrag

Lernhinweis: Die Tätigkeit des Maklers hat im Handelsrecht große Bedeutung. Handelsmakler ist aber nur, wer Verträge vermittelt über die in § 93 HGB genannten Objekte. Insofern bleibt für den in §§ 652 ff. BGB geregelten „Zivilmakler" als wichtigste Form nur der Grundstücksmakler übrig. Das Gesetz spricht im BGB nicht vom Makler, sondern vom „Mäkler".

1. Wesensmerkmale

a) Gegenstand des Mäklervertrags

Gegenstand des Mäklervertrags ist die Vermittlung von Verträgen jeder Art. Dabei kann sich die Tätigkeit des Maklers nach § 652 beziehen

- auf den bloßen Nachweis der Gelegenheit eines Vertragsabschlusses oder
- auf die eigentliche Vermittlung des Vertragsabschlusses.

b) Abgrenzungsfragen

Der Mäklervertrag unterscheidet sich

- vom Auftrag durch seine Entgeltlichkeit;
- vom Dienstvertrag dadurch, dass eine Pflicht zum Tätigwerden nicht besteht (ist dies vertraglich gewollt, liegt ein sog. „Maklerdienstvertrag" vor);
- vom Werkvertrag dadurch, dass keine Verpflichtung zur Herbeiführung eines bestimmten Erfolgs besteht (wird dies vereinbart, liegt ein auf eine Geschäftsbesorgung gerichteter sog. „Maklerwerkvertrag" vor, der jedoch grundsätzlich Maklervertrag bleibt).

2. Rechte und Pflichten

a) Mäklerlohn

Der Makler erhält die Vergütung (das Gesetz spricht vom „Mäklerlohn"), wenn der Vertrag infolge des Nachweises oder infolge der Vermittlung zustande kommt.

Eine Vergütung gilt nach § 653 Abs. 1 als stillschweigend vereinbart; die Höhe bestimmt sich im Zweifel gem. § 653 Abs. 2 (wie beim Dienstvertrag) nach der Üblichkeit (sofern nicht Gebührenordnungen oder Taxen bestehen).

b) Besonderheiten beim Ehemäklerlohn

Für die Heiratsvermittlung gelten nach § 656 BGB Besonderheiten: Der Ehemäklerlohn ist nicht einklagbar, wohl aber erfüllbar. Vergleichen Sie dazu das oben im Allgemeinen Schuldrecht unter § 22 II zu den Begriffen „Schuld und Haftung" Ausgeführte.

c) Besonderheiten bei der Darlehensvermittlung

Um den Verbraucher als Darlehenssuchenden besser zu schützen, sieht das Verbraucherkreditrecht einen eigenen Abschnitt für Kreditvermittler vor (vgl. §§ 655 a ff. BGB).

Darin sind insbesondere unabdingbare Mindestbestimmungen über Inhalt und Schriftform der Darlehensvermittlungsverträge und über Vergütungsvereinbarungen der Mäkler festgesetzt worden.

Wiederholungsfragen zu § 50

Wie definiert das BGB den Auftrag? (§ 50 I 1)

Welches ist die Anspruchsgrundlage für den Aufwendungsersatz des Beauftragten bzw. den Herausgabeanspruch des Auftraggebers? (§ 50 I 3)

Was versteht man unter einem entgeltlichen Geschäftsbesorgungsvertrag und welche Voraussetzungen müssen hierfür vorliegen? (§ 50 II)

Was versteht man unter der unregelmäßigen Verwahrung? (§ 50 III 2)

Wie unterscheidet sich der Handelsmakler vom Makler nach BGB? (§ 50 IV)

4. Kapitel: Sonstige Leistungsversprechen

Lernhinweis: Im nachfolgenden Kapitel werden die im Gesetz gesondert normierten Leistungsinhalte dargestellt. Ihre wirtschaftliche Bedeutung ist unterschiedlich. Es handelt sich um Rechtsgeschäfte, die folgende Zwecke verfolgen:

- Sicherung von Verbindlichkeiten (Bürgschaft);
- Außerstreitstellung von Verbindlichkeiten (Vergleich);
- Klarstellung von Verpflichtungen (Schuldversprechen und Schuldanerkenntnis);
- Verträge, denen ein Wagnis zugrunde liegt (Spiel, Wette, Auslobung) sowie
- wertpapierrechtliche Grundformen von Verbindlichkeiten (Inhaberschuldverschreibung und Anweisung).

Nachfolgend sollen jeweils die Grundelemente der betreffenden Rechtsgeschäfte vermittelt werden.

§ 51 Die Bürgschaft

Lernhinweis: Betriebswirtschaftlich kann die Absicherung des Kreditrisikos erfolgen in Form von Realsicherheiten (Hypothek, Grundschuld, Rentenschuld, Pfandrecht, Sicherungsübereignung, Eigentumsvorbehalt) oder Personalsicherheiten (Garantie, Patronatserklärung, Bürgschaft). Die Bürgschaft gehört somit betriebswirtschaftlich zu den Personalsicherheiten. Wir kennen

- die **Kulanzbürgschaft** (für den Schuldner verbürgt sich ein Bekannter oder Familienangehöriger);
- die **Ausfallbürgschaft** (ihr kommt vor allem beim Exportgeschäft überragende Bedeutung zu: bei Lieferung in „Krisengebiete" übernimmt häufig der Staat das im ungewissen Zahlungseingang liegende Gläubigerrisiko);
- die **Bürgschaft als Mittel der Sicherheitsleistung** zur Ermöglichung der Zwangsvollstreckung (Hinweis: Im Normalfall kann der Gläubiger auch aus einem noch nicht rechtskräftigen Urteil die Zwangsvollstreckung betreiben, allerdings nur gegen Sicherheitsleistung, was dann auch durch Beibringung einer Bankbürgschaft erfolgen kann).

Stellt man auf die Art des gesicherten Anspruchs ab, kann man vielfältige Erscheinungsformen feststellen (Kontokorrentbürgschaft, Gewährleistungsbürgschaft u. a.).

I. Begriff

1. Definition

Die Bürgschaft ist ein Vertrag, durch den sich der Bürge gegenüber dem Gläubiger eines Dritten verpflichtet, für die Erfüllung der Verbindlichkeit des Dritten einzustehen, vgl. § 765 Abs. 1 BGB (lesen!): „Den Bürgen soll man würgen!" Am „Bürgschaftsgeschäft" sind somit drei Personen beteiligt: der Gläubiger, der Bürge (dieser ist dem Gläubiger gegenüber Schuldner aus der Bürgschaft) und der Schuldner der gesicherten Forderung (für den sich der Bürge verbürgt). Letzterer ist der „Hauptschuldner". Vergleichen Sie dazu die Skizze *Bürgschaft*. Dem Rechtsverhältnis zwischen

Hauptschuldner und Bürgen liegt regelmäßig ein Auftrag bzw. eine Geschäftsbesorgung zugrunde.

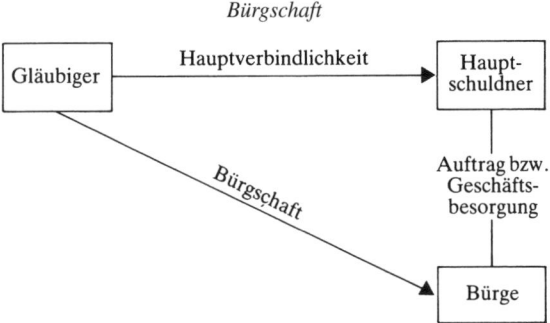

Bürgschaft

2. Erscheinungsformen und Abgrenzungsfragen

Außer der Bürgschaft kennt die Kredit- und Wirtschaftspraxis weitere Schuldverstärkungen, deren Abgrenzung im Einzelfall schwierig sein kann. In Betracht kommt vor allem der sog. **Schuldbeitritt** (Schuldmitübernahme, kumulative Schuldübernahme, vgl. oben § 42).

Beim Schuldbeitritt tritt der Mitübernehmer zusätzlich neben dem bisherigen Schuldner in das Schuldverhältnis ein (wodurch eine Gesamtschuld begründet wird). Im Privatrecht kennen wir den Schuldbeitritt in einigen gesetzlichen Fällen (vgl. §§ 25, 28, 130 HGB). Der rechtsgeschäftliche Schuldbeitritt ist im BGB nicht geregelt, wohl jedoch im Rahmen der Vertragsfreiheit nach § 311 Abs. 1 BGB möglich.

Zwischen Bürgschaft und Schuldbeitritt besteht u. a. der wesentliche Unterschied, dass der **Bürge** lediglich **akzessorisch** für die fremde Schuld **haftet,** der Schuldbeitritt dagegen eine **eigene Verbindlichkeit des Beitretenden** begründet.

Außerdem ist der Schuldbeitritt formfrei, die Bürgschaft unterliegt der Schriftform.

Für die Frage, was im Einzelfall gewollt ist, gilt: Ein formfreier Schuldbeitritt ist nur anzunehmen, **wenn besondere Gründe** dies rechtfertigen. Für den Regelfall ist anzunehmen, dass die formbedürftige Bürgschaft das normale, gesetzlich geregelte Mittel der personalen Kreditsicherung ist. Das Reichsgericht nahm die Abgrenzung so vor: Ein Schuldbeitritt ist anzunehmen, wenn der Beitretende ein **eigenes, wirtschaftliches Interesse** an der Erfüllung der Hauptverbindlichkeit hat. Die neuere Rechtsprechung schwächt ab, sieht jedoch in dem eigenen sachlichen Interesse des Übernehmers ein gewichtiges Argument für das Vorliegen eines Schuldbeitritts.

3. Spezielle Erscheinungsformen

a) Nachbürgschaft

Bei der Nachbürgschaft verbürgt sich der Bürge für die Bürgschaftsschuld eines anderen Bürgen. Insofern bestehen Rechtsbeziehungen nur zwischen dem Nachbürgen und dem Gläubiger der Hauptschuld, die relevant werden für den Fall, dass der erste Bürge (Vor- bzw. Hauptbürge) nicht zahlen kann. Vergleichen Sie dazu die Skizze *Nachbürgschaft*.

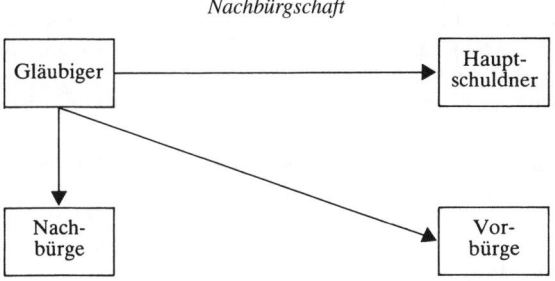

Nachbürgschaft

b) Rückbürgschaft

Mit der Rückbürgschaft sichert sich der Hauptbürge hinsichtlich seiner Regressforderung gegenüber dem Schuldner. Der Bürgschaftsvertrag wird also nicht zwischen Gläubiger und Rückbürge, sondern zwischen Hauptbürge und Rückbürge abgeschlossen. Vergleichen Sie dazu die Skizze *Rückbürgschaft*. Der Rückbürge steht dem Bürgen für die Erfüllung der Verbindlichkeit des Schuldners aus dem Innenverhältnis (Bürge – Schuldner) ein.

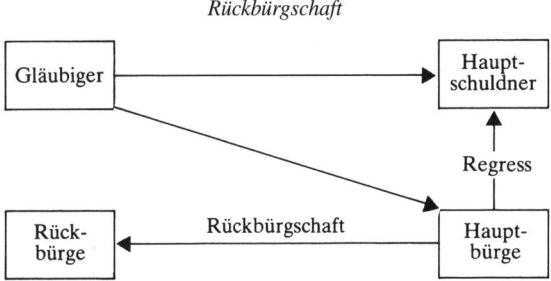

Rückbürgschaft

4. Der Bürgschaftsvertrag

Die Bürgschaft ist ein einseitig verpflichtendes Schuldverhältnis; für den Abschluss des Bürgschaftsvertrags gelten die allgemeinen Vorschriften über das Rechtsgeschäft.

a) Formbedürftigkeit

Die Bürgschafts**erklärung** (und nur diese!) bedarf nach § 766 BGB der Schriftform (Warnfunktion); soweit der Bürge allerdings die Hauptverbindlichkeit erfüllt, wird der Mangel der Form gem. § 766 Satz 3 BGB geheilt.

Handelsrechtlicher Hinweis: Beachten Sie, dass nach Handelsrecht die Bürgschaftserklärung von Kaufleuten vom Erfordernis der Schriftform ausgenommen ist (§ 350 HGB).

b) Sittenwidrigkeit

Unter dem Einfluss verfassungsrechtlicher Vorgaben hat die Zivilrechtsprechung Bürgschaftsverpflichtungen von Ehegatten, Lebensgefährten oder nahen Angehörigen über § 138 BGB unter dem Gesichtspunkt des Verstoßes gegen die guten Sitten korrigiert. Sittenwidrig und damit nichtig kann eine Bürgschaft namentlich an Hand nachfolgender Kriterien sein:

- den Bürgen trifft ein außergewöhnlich hohes Haftungsrisiko, das für ihn angesichts seiner eigenen wirtschaftlichen Verhältnisse zu einer lebenslangen Belastung führen wird;
- der Bürge kann aus Unerfahrenheit die Risiken beim Abschluss des Bürgschaftsvertrags nur eingeschränkt erkennen;
- der Bürge befindet sich wegen familiärer oder partnerschaftlicher Bindungen zum Hauptschuldner in einer seelischen Zwangslage;
- der Bürgschaftsgläubiger bagatellisiert die aus der Bürgschaft erwachsenden Gefahren oder beeinträchtigt die Entscheidungsfreiheit des Bürgen durch Drohung oder Überrumpelung.

II. Die Rechtsstellung des Bürgen

Die Bürgschaft gehört zu den **akzessorischen Rechtsgeschäften**. Das heißt: Entstehung, Bestand und Umfang der Bürgschaft sind von der Hauptverbindlichkeit abhängig (lesen Sie dazu § 765 sowie § 767 – im einen Fall ist die Akzessorietät für den Bestand, im zweiten für den Umfang der Verpflichtung angesprochen).

Demzufolge hat der Bürge bei der Inanspruchnahme durch den Gläubiger eine Reihe von Verteidigungsmöglichkeiten, die sich aus der Akzessorietät ergeben.

Lernhinweis: Selbstverständlich kann der Bürge auch darüber hinausgehende Einreden geltend machen, wie sie jedem Schuldner zustehen: Nichtigkeits- oder Anfechtungsgründe bezüglich der Begründung des Bürgschaftsvertrags, Aufrechnungsmöglichkeiten u. a.

1. Bürgeneinreden

a) Einreden des Hauptschuldners

Der Bürge kann nach § 768 Abs. 1 Satz 1 die dem Hauptschuldner zustehenden Einreden geltend machen.

Beispiel: B verbürgt sich für eine Kaufpreisforderung des G gegen S. Der Kaufpreisanspruch ist verjährt. Verlangt G von B Zahlung aus der Bürgschaft, kann dieser nach § 768 Abs. 1 S. 1 i. V. m. § 214 Abs. 1 BGB die Einrede der Verjährung geltend machen und die Leistung verweigern. Vergleichen Sie dazu die Skizze *Bürgeneinreden*.

Bürgeneinreden

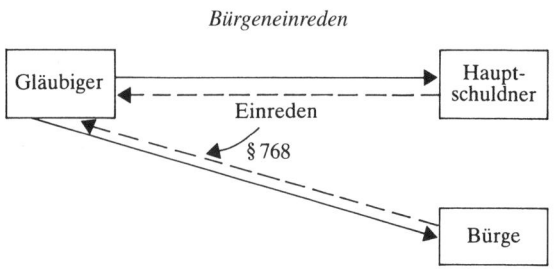

b) Leistungsverweigerung bei Anfechtungs- bzw. Aufrechnungsmöglichkeit des Hauptschuldners

Die Inanspruchnahme des Bürgen wäre unbillig, wenn sich der Hauptschuldner durch Anfechtung oder Aufrechnung befreien könnte. Eine Einwendung im rechtstechnischen Sinn liegt jedoch (noch) nicht vor: Dazu wäre eine entsprechende Aufrechnungs- bzw. Anfechtungserklärung des Hauptschuldners erforderlich (vgl. §§ 143, 388 BGB). Auch wenn sich der Hauptschuldner – aus welchen Gründen auch immer – dazu nicht entschließt, kann der Bürge gem. § 770 BGB (lesen!) die Befriedigung des Gläubigers verweigern, solange der Hauptschuldner anfechten oder aufrechnen könnte.

c) Einrede der Vorausklage

Der Bürge hat die sog. „Einrede der Vorausklage" nach § 771 BGB: Er kann die Befriedigung des Gläubigers verweigern, solange dieser nicht eine Zwangsvollstreckung gegen den Hauptschuldner ohne Erfolg versucht hat. Dieser Grundsatz bringt die Subsidiarität der Bürgschaftsverpflichtung zum Ausdruck: Der Bürge soll erst haften, wenn beim Hauptschuldner „nichts mehr zu holen ist". Dies mindert auf der anderen Seite den Wert der Bürgschaft für den Gläubiger (bedenken Sie, wie mühselig und zeitraubend es sein kann, den Hauptschuldner erst zu verklagen, um ein Urteil zu erlangen und Vollstreckungsmaßnahmen einzuleiten). Deshalb bestehen die Gläubiger in der Kreditpraxis regelmäßig auf den Verzicht dieser Einrede. Man spricht dann von der **„selbstschuldnerischen Bürgschaft".** Die Einrede der Vorausklage ist darüber hinaus nach § 773 BGB in den Fällen ausgeschlossen, in denen von vornherein offensichtlich ist, dass beim Schuldner „nichts mehr zu holen sein wird" (vgl. § 773 Abs. 1 Nr. 2–4 BGB).

Handelsrechtlicher Hinweis: Die Einrede der Vorausklage entfällt bei Bürgschaftserklärungen von Kaufleuten (vgl. § 349 HGB).

2. Regressansprüche

Soweit der Bürge den Gläubiger befriedigt, geht dessen Forderung gegen den Hauptschuldner auf ihn über (§ 774 Abs. 1 Satz 1 BGB – lesen!). Es handelt sich um einen Fall des gesetzlichen Forderungsübergangs. Sicher ist dieser Regressanspruch gegen den Hauptschuldner in den meisten Fällen wertlos: Der Gläubiger hätte den Bürgen wohl nicht in Anspruch genommen, wenn der Hauptschuldner zahlungsfähig gewesen wäre. Vergleichen Sie dazu die Skizze *Regressanspruch des Bürgen.*

Regressanspruch des Bürgen

Wiederholungsfragen zu § 51

Wie nennt man die Beteiligten bei der Bürgschaft? (§ 51 I 1)

Was versteht man unter einer Nachbürgschaft, was unter einer Rückbürgschaft? (§ 51 I 3)

Welche Rechtsstellung hat der Bürge bei Inanspruchnahme durch den Gläubiger? (§ 51 II 1)

Kann der Bürge beim Hauptschuldner Regress nehmen, ist er damit im Allgemeinen erfolgreich? (§ 51 II 2)

§ 52 Schuldverhältnisse zur Klarstellung von Verbindlichkeiten

I. Der Vergleich

Lernhinweis: Die vergleichsweise Beilegung von Streitigkeiten hat große praktische Bedeutung, und sie ist in nicht wenigen Fällen nachdrücklich zu empfehlen: „Der Spatz in der Hand ist mehr wert als die Taube auf dem Dach". Ob und in welchem Umfang man vor Gericht Recht bekommt, weiß niemand mit Sicherheit im Voraus. Das Gesetz hat den Vergleich weitgehend der Vertragsfreiheit überlassen und nur den Begriff und einen Spezialaspekt in § 779 BGB geregelt.

1. Begriff

a) Definition

Der Vergleich ist ein gegenseitiger Vertrag, durch den der **Streit oder die Ungewissheit** der Parteien über ein Rechtsverhältnis **im Wege des** gegenseitigen **Nachgebens beseitigt** wird (so die Legaldefinition in § 779 Abs. 1 BGB – lesen!).

b) Voraussetzungen

Durch den Vergleich wollen die Parteien tatsächliche oder rechtliche Ungewissheiten beilegen. Voraussetzung ist, dass diese Unklarheiten im Wege des gegenseitigen Nachgebens bereinigt werden (man „trifft sich in der Mitte"; wobei aber schon das kleinste Nachgeben der Parteien ausreicht).

Im Übrigen gelten für den Vergleich die allgemeinen Vorschriften über das Rechtsgeschäft. Für den Prozessvergleich kommen darüber hinaus die besonderen Regeln des Prozessrechts zur Anwendung. Auch bei beschrittenem Rechtsweg ist es nie zu spät für eine vergleichsweise Beilegung des Streits.

2. Rechtsfolgen

a) Außerstreitstellung

Durch den Vergleich werden die bisher strittigen Rechtsbeziehungen neu geregelt; das Streitige wird außer Streit gestellt: Der Rückgriff auf frühere Einwendungen und Einreden ist deshalb ausgeschlossen.

Beispiel: Die Parteien regeln die Ersatzansprüche im Zusammenhang mit einem Verkehrsunfall. Die gegnerische Versicherung verpflichtet sich zur Zahlung einer bestimmten Geldsumme. Die vergleichsweise Einigung erfolgte, weil die Umstände des Tatgeschehens, insbesondere bezüglich der Vermeidbarkeit des Unfalls und/oder einer etwaigen Vorwerfbarkeit, noch nicht oder nicht mehr eindeutig geklärt werden konnten. Nach Vergleichsabschluss kann die Frage, wen nun eigentlich das Verschulden am Unfall trifft, nicht erneut aufgegriffen werden.

b) Vergleich und früheres Schuldverhältnis

Der Vergleich ist eine selbstständige Anspruchsgrundlage. Ob daneben das alte Schuldverhältnis erlischt und nunmehr der Vergleich als einzige Rechtsgrundlage an seine Stelle tritt, ist durch Auslegung zu ermitteln.

Regelmäßig wird davon auszugehen sein, dass die Parteien das alte Schuldverhältnis neben dem Vergleich bestehen lassen wollen. Das hat Konsequenzen für den Fall, dass für das alte Schuldverhältnis Sicherheiten bestellt waren (z. B. eine Bürgschaft). In der Regel kann deshalb der Schuldner gegenüber dem Anspruch aus dem Vergleich Einwendungen aus dem ursprünglichen Schuldverhältnis erheben, allerdings mit der Einschränkung, dass es sich nicht um solche handeln darf, die gerade durch den Vergleich erledigt sind.

c) Irrtum über die Vergleichsgrundlage

§ 779 Abs. 1 BGB besagt, dass ein Vergleich **nichtig** ist, wenn „der nach dem Inhalt des Vertrags als feststehend zugrunde gelegte Sachverhalt der Wirklichkeit nicht entspricht und der Streit oder die Ungewissheit bei Kenntnis der Sachlage nicht entstanden sein würde". Mit anderen Worten: Der beiderseitige Irrtum über die Vergleichsgrundlage führt zur Nichtigkeit des Vergleichs (Lernhinweis: Es handelt sich insoweit um den seltenen Fall eines beachtlichen Motivirrtums).

d) Irrtum über streitige Umstände

Der Irrtum über die streitigen oder ungewissen Umstände hat jedoch keinen Einfluss auf die Wirksamkeit des Vergleichs. Es ist ja gerade Zweck der vergleichsweisen Beilegung, diese Ungewissheiten ein für allemal zu beenden.

Beispiel: Bei den vergleichsweise beigelegten Schadenersatzverpflichtungen aus einem Unfall kommt später ein Sachverständiger unwiderlegbar zu dem Ergebnis, dass denjenigen, der im Vergleich drei Viertel des Schadens übernommen hatte, auf Grund lokaler technischer Gegebenheiten allenfalls ein hälftiges Mitverschulden treffen kann. Trotzdem bleibt der Vergleich gültig.

II. Schuldversprechen und Schuldanerkenntnis

Lernhinweis: In § 780 BGB ist vom „Schuldversprechen", in § 781 vom „Schuldanerkenntnis" die Rede. In beiden Fällen handelt es sich um Rechtsgeschäfte, die der Klarstellung dienen. Der Unterschied ist rein terminologisch; Differenzierungen bei den rechtlichen Voraussetzungen bzw. Folgen bestehen nicht. Beim Schuldversprechen heißt es: „Ich verpflichte mich, 1000 Euro zu bezahlen"; ein entsprechendes Schuldanerkenntnis lautet: „Ich anerkenne, 1000 Euro zu schulden".

Derartige Rechtsgeschäfte verstärken die Rechtsposition des Gläubigers und erleichtern wegen ihrer Unabhängigkeit von dem zugrunde liegenden Kausalgeschäft die Beweislage bei der Durchsetzung des Anspruchs.

1. Wesensmerkmale

a) Begriff

Abstrakte Schuldversprechen und Schuldanerkenntnisse sind einseitig verpflichtende Verträge, durch die jemand gegenüber dem Gläubiger eine vom Schuldgrund unabhängige Leistung verspricht bzw. anerkennt.

b) Abstraktheit der Verpflichtung

§§ 780, 781 BGB betreffen nur das **abstrakte** Schuldversprechen bzw. Schuldanerkenntnis, also solche Rechtsgeschäfte, die unabhängig von dem ihnen zugrunde liegenden Verpflichtungsgrund (Kausalgeschäft) begründet werden. Im Unterschied dazu schafft das **kausale** Schuldanerkenntnis kein neues, vom bisherigen losgelöstes Schuldverhältnis.

Durch das abstrakte Schuldverhältnis wird der Gläubiger insoweit besser gestellt, als er nunmehr seinen Anspruch auf dieses Leistungsversprechen stützen kann. Dem Schuldner sind wegen der Abstraktheit des Versprechens Einwendungen aus dem alten Rechtsverhältnis verwehrt. Zu Unrecht erteilte Schuldanerkenntnisse können jedoch nach § 812 BGB als ungerechtfertigte Bereicherung herausverlangt werden.

In der Praxis ist es oft schwierig, den Rechtscharakter eines abgegebenen Schuldanerkenntnisses zu ermitteln. Ob ein abstraktes oder kausales Schuldanerkenntnis vorliegt, ist auf Grund des Parteiwillens zu ermitteln. Wird in der Erklärung ausdrücklich auf den Schuldgrund Bezug genommen („hiermit bestätige ich, aus dem Kaufvertrag vom … 5000 Euro zu schulden"), spricht viel für ein kausales Schuldanerkenntnis.

Nicht selten liegt lediglich ein einfaches „Schuldbekenntnis" vor: Bei Erklärungen am Unfallort werden zuweilen (unter der Drohung, dass sonst die Polizei gerufen wird) Erklärungen abgegeben, die für den Unfallhergang Feststellungen enthalten („ich anerkenne, an dem Unfall die Alleinschuld zu tragen"). Derartige Schuldbekenntnisse sind in aller Regel rein deklaratorischer Natur. Ihre Wirksamkeit ist nach der Rechtsprechung eingeschränkt (Fehleinschätzungen infolge einer Panikreaktion). Nach versicherungsrechtlichen Gesichtspunkten verletzt ein Kraftfahrer mit solchen Erklärungen u. U. seine Obliegenheiten aus dem Versicherungsvertrag.

2. Schriftform

Zur Gültigkeit abstrakter Schuldversprechen bzw. -anerkenntnisse bedarf es der Schriftform (§§ 780, 781 BGB; Beweis- und Warnfunktion!). Davon gibt es zwei Ausnahmen: Formfreiheit besteht bei Erklärungen im Wege des Vergleichs oder einer Abrechnung (§ 782 BGB – lesen!) sowie im Handelsrecht für Schuldanerkenntnis und -versprechen von Kaufleuten (§ 350 HGB).

Wiederholungsfragen zu § 52

Wie definiert das Gesetz den Vergleich? (§ 52 I 1 a)

Welche Rechtsfolgen hat der Abschluss eines Vergleichs? (§ 52 I 2)

In welchem Umfang ist der Irrtum beim Abschluss eines Vergleichs beachtlich? (§ 52 I 2 c, d)

Was versteht man unter einem abstrakten Schuldversprechen bzw. Schuldanerkenntnis? (§ 52 II 1 a)

§ 53 Gewagte Verträge

Lernhinweis: Das Bürgerliche Gesetzbuch enthält eine Reihe von Schuldverhältnissen, die man als „Risikoverträge" oder „gewagte Verträge" bezeichnet.

I. Spiel und Wette

Spiel und Wette gehören zu den sog. „unvollkommenen Verbindlichkeiten". Nach § 762 BGB wird **durch Spiel oder Wette „eine Verbindlichkeit nicht begründet".** Das auf Grund des Spiels oder der Wette Geleistete kann aber nicht deshalb zurückgefordert werden, weil eine Verbindlichkeit nicht bestanden hat. Spiel und Wette begründen somit zwar keine Verbindlichkeit, gelten aber als Rechtsgrund für Erfüllungsleistungen, § 812 BGB ist nicht anwendbar.

Typisch für die Wette ist, dass sie zur Bekräftigung einer Behauptung abgeschlossen wird; typisch für das Spiel ist die Verabredung zu bestimmten Leistungen unter entgegengesetzten Bedingungen.

Besonderheiten gelten für den staatlichen Bereich (insbesondere Lotterie): Der Gewinner hat nach § 763 BGB einen verbindlichen Rechtsanspruch auf Auszahlung des Gewinns.

II. Auslobung

Unter der Auslobung versteht man das öffentliche Versprechen einer Belohnung für die Vornahme einer Handlung, insbesondere für die Herbeiführung eines Erfolges (§ 657 BGB – lesen!). Wer ein solches Versprechen macht, ist verpflichtet, die Belohnung demjenigen zu entrichten, welcher die Handlung vorgenommen hat, auch wenn dieser nicht mit Rücksicht auf die Auslobung gehandelt hat.

Beispiel: Inserat in einer Tageszeitung: „Wer meinen entlaufenen Rassehund ... zurückbringt, erhält 500 Euro".

Die Auslobung ist ein einseitiges, nicht empfangsbedürftiges Rechtsgeschäft (also kein Vertrag). Sie kann nach § 658 BGB widerrufen werden.

Lernhinweis: Sie haben hier ein Schulbeispiel für eine Ausnahme von § 311 Abs. 1 BGB, wonach ein Schuldverhältnis grundsätzlich nur durch einen Vertrag begründet werden kann.

Wiederholungsfragen zu § 53

Welche Besonderheiten gelten im BGB für Spiel und Wette? (§ 53 I)

Was versteht man unter der Auslobung? (§ 53 II)

§ 54 Wertpapierrechtliche Grundformen

Lernhinweis: Das Wertpapierrecht ist Gegenstand der Handelsrechts-Vorlesungen. Im BGB sind mit der Anweisung (§§ 783 ff.) sowie der Schuldverschreibung auf den Inhaber (§§ 793 ff.) Grundformen wertpapierrechtlicher Verpflichtungen geregelt.

Es ist hier nicht der Ort, das Wertpapierrecht darzustellen; deshalb werden lediglich die Wesensmerkmale dieser beiden Erscheinungsformen beschrieben.

I. Die Anweisung

Die Anweisung stellt eine Einzugsermächtigung, verbunden mit einem Schuldanerkenntnis dar. Sie ist die Aufforderung und Ermächtigung an einen anderen, für Rechnung des Anweisenden an einen Dritten zu leisten. Bei der Anweisung sind also drei Personen beteiligt. Vergleichen Sie dazu die Skizze *Anweisung*.

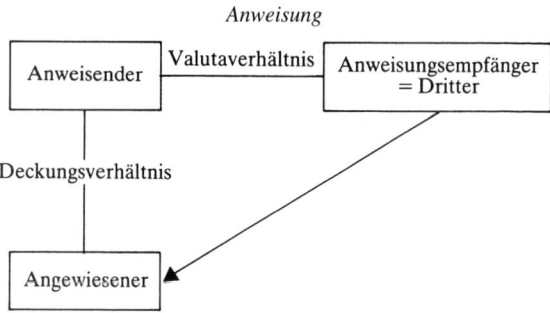

§ 783 BGB umschreibt das Wesen der Anweisung: Jemand händigt eine Urkunde, in der er einen anderen anweist, z. B. Geld an einen Dritten zu leisten, dem Dritten aus. Die Rechtsfolge daraus ist eine Doppelermächtigung: Der Dritte ist ermächtigt, die Leistung beim Angewiesenen im eigenen Namen zu verlangen; der Angewiesene ist ermächtigt, für Rechnung des Anweisenden an den Anweisungsempfänger zu leisten. Die Bedeutung der Anweisung ist gering; sie ist im Zahlungsverkehr durch Wechsel, Scheck oder Kreditbrief verdrängt.

Beachte: Die Anweisung allein begründet für den Angewiesenen lediglich die Ermächtigung, an den Anweisungsempfänger zu leisten. Eine Leistungsverpflichtung wird für ihn erst durch die Annahme der Anweisung nach § 784 BGB (lesen!) begründet. Damit wird die wechsel- bzw. scheckrechtliche Grundkonstellation deutlich. Zu Einzelheiten vgl. §§ 783 ff. sowie das Wertpapierrecht.

II. Schuldverschreibung auf den Inhaber

Die in §§ 793 ff. BGB (überfliegen!) geregelte Schuldverschreibung auf den Inhaber ist ein Wertpapier, in dem der Aussteller eine Leistung an den berechtigten Inhaber verspricht (vgl. § 793 BGB): Jemand stellt eine Urkunde aus, in der er dem Inhaber der Urkunde eine Leistung verspricht. Damit haben wir das typische Element des Wertpapierrechts: Die Verpflichtung wird nicht gegenüber einer bestimmten Einzelperson, sondern gegenüber dem jeweiligen Inhaber der Urkunde eingegangen („das Recht **aus dem Papier** folgt dem Recht **am Papier**"). Die Urkunde wird zum Legitimationspapier. Der in Anspruch genommene Schuldner wird durch Leistung an den Inhaber befreit. Hauptfälle: Pfandbriefe und Kommunalobligationen.

5. Kapitel: Gesetzliche Schuldverhältnisse

Lernhinweis: Repetieren Sie zunächst, was oben zu Beginn der Darstellung des Allgemeinen Schuldrechts in § 21 über Funktionen und Systematik des Schuldrechts und in § 23 über die Arten der Schuldverhältnisse ausgeführt wurde. Wir haben dabei festgestellt, dass gesetzliche Schuldverhältnisse unmittelbar kraft Gesetzes, also ohne rechtsgeschäftliche Betätigung, durch Verwirklichung der zur Anspruchsbegründung normierten gesetzlichen Tatbestandsvoraussetzungen entstehen. Im Nachfolgenden werden die drei wichtigsten gesetzlichen Schuldverhältnisse besprochen: Geschäftsführung ohne Auftrag (§§ 677–687 BGB), ungerechtfertigte Bereicherung (§§ 812–822 BGB), unerlaubte Handlung (§§ 823–853 BGB).

Charakteristisch für die genannten Rechtsinstitute ist die Tatsache, dass außerhalb rechtsgeschäftlicher Verpflichtungen in fremde rechtliche Interessensphären eingegriffen wird, worauf das Gesetz reagieren muss. Bei der Geschäftsführung ohne Auftrag geht es u. a. um den Aufwendungsersatz und die Herausgabe erlangter Vorteile, wenn jemand ohne rechtsgeschäftliche Verpflichtung für einen anderen tätig wird. Über die ungerechtfertigte Bereicherung soll ein nicht gerechtfertigter Vermögenszuwachs abgeschöpft werden. Bei unerlaubten Handlungen gewährt das Gesetz einen Schadensausgleich für die Verletzung fremder Rechtsgüter.

Hinweis: Geschäftsführung ohne Auftrag, ungerechtfertigte Bereicherung und unerlaubte Handlung sind beliebte Prüfungsgebiete.

§ 55 Die Geschäftsführung ohne Auftrag (GoA)

Lernhinweis: Typisch für die „Geschäftsführung ohne Auftrag" ist, dass jemand für einen anderen tätig wird, ohne beauftragt zu sein. Der Ausdruck „Geschäftsführung ohne Auftrag" (im Folgenden abgekürzt „GoA") ist allerdings missverständlich: Es fehlt nämlich nicht nur an einem Auftragsverhältnis, sondern darüber hinaus an jedem rechtsgeschäftlich begründeten Rechtsverhältnis. Die GoA gehört somit zu den gesetzlichen Schuldverhältnissen! Das BGB behandelt sie allerdings wegen des Sachzusammenhangs im Anschluss an das Auftragsrecht in §§ 677 ff. (gemeinsames Kennzeichen: Geschäftsbesorgung für einen anderen). Die GoA ist, wie der Auftrag selbst, ein unvollkommen zweiseitiges Schuldverhältnis. Pflichten werden in erster Linie für den Geschäftsführer begründet. Soweit auch der Geschäftsherr verpflichtet ist, besteht zwischen beiden Pflichten kein synallagmatisches Verhältnis. Beachten Sie: Das Recht der GoA ist über den im Schuldrecht anzutreffenden Regelungsbereich hinaus deshalb bedeutsam, weil das Gesetz an verschiedenen Stellen für die Rechte und Pflichten der Beteiligten ausdrücklich auf die Geschäftsführung ohne Auftrag verweist (schlagen Sie dazu auf: §§ 539 Abs. 1, 601 Abs. 2 S. 1, 994 Abs. 2, 1049 Abs. 1, 1216 S. 1, 1959 Abs. 1, 1978 Abs. 1 S. 2, 1991 Abs. 1, 2125 Abs. 1).

Problem: Was gilt, wenn außer den Voraussetzungen der GoA auch diejenigen eines anderen Schuldverhältnisses erfüllt sind? Merken Sie sich dazu folgende Grundregeln:

- **Gesetzliche Sonderregelungen** gehen §§ 677 ff. vor. (Beispiel: Das Rechtsverhältnis zwischen Finder und Eigentümer bestimmt sich nicht nach der GoA, sondern nach der Sonderregelung in §§ 965 ff.);
- **Ansprüche aus ungerechtfertigter Bereicherung** scheiden aus, wenn es sich um eine berechtigte Geschäftsführung ohne Auftrag handelt (diese bildet insoweit den Rechtsgrund für Leistungen und Eingriffe);
- **Ansprüche aus unerlaubter Handlung** nach §§ 823 ff. können bei berechtigter Geschäftsführung ohne Auftrag nicht entstehen, da insoweit kein rechtswidriger Eingriff gegeben ist.

Merke aber: Die Vorschriften über die ungerechtfertigte Bereicherung und die unerlaubten Handlungen sind anwendbar, wenn eine unberechtigte oder unechte Geschäftsführung vorliegt!

I. Begriff und Wesen der Geschäftsführung ohne Auftrag

1. Wesensmerkmale

Die GoA tritt in verschiedenen Tatbeständen in Erscheinung. Typisch ist, dass jemand Geschäfte tätigt, die in die Rechtssphäre eines anderen gehören (es kümmert sich jemand ungefragt um fremde Dinge, was aus der Sicht des anderen – z. B. bei Tätigkeiten im Wege der nachbarschaftlichen Solidarität oder praktischen Nächstenhilfe – durchaus erwünscht sein kann).

Lernhinweis: Vom bloßen Gefälligkeitsverhältnis unterscheidet sich die GoA als echtes Schuldverhältnis durch den Geschäftsübernahmewillen. Merken Sie sich als **Kurzformel:** Kennzeichen der Geschäftsführung ohne Auftrag ist die **ungebetene Wahrnehmung fremder Interessen.**

2. Abgrenzung

Analysiert man das ungefragte Tätigwerden für einen anderen genauer, lassen sich verschiedene Typen herausarbeiten. Entscheidend ist dabei die Frage, ob jemand wirklich das Geschäft für einen anderen führt. Dabei lässt sich die „echte" von der „unechten" GoA trennen. Im letzteren Fall glaubt der Geschäftsführer entweder irrtümlich, es liege ein eigenes Geschäft vor, obwohl er ein fremdes Geschäft tätigt (Fall der „Eigengeschäftsführung"), oder er weiß sogar, dass er ein fremdes Geschäft als eigenes behandelt (Fall der „Geschäftsanmaßung"). Die echte Geschäftsführung ohne Auftrag unterscheidet zwischen der „berechtigten" und der „unberechtigten" Geschäftsführung. Berechtigt ist die ungebetene Wahrnehmung fremder Interessen, wenn sie dem Interesse und dem wirklichen oder mutmaßlichen Willen des Geschäftsherrn oder der Erfüllung einer im öffentlichen Interesse liegenden Pflicht bzw. einer gesetzlichen Unterhaltspflicht entspricht (§§ 677, 679, 683). Unberechtigt ist die Geschäftsführung dagegen, wenn die ungebetene Wahrnehmung (in der vorerwähnten Weise) dem Interesse und dem Willen des Geschäftsherrn widerspricht.

Lernhinweis: Vergleichen Sie dazu die Übersicht *Geschäftsführung ohne Auftrag,* und prägen Sie sich zunächst die verschiedenen Fallgruppen ein.

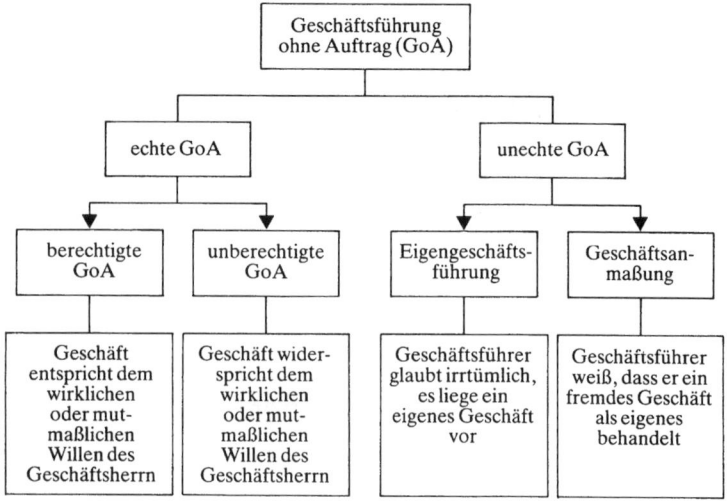

3. Regelungsbereich

Bei der GoA muss der Gesetzgeber die Interessen des Geschäftsherrn und die des Geschäftsführers berücksichtigen. Dem Grundsatz nach gilt:

- Die Interessen des Geschäftsführers sind in §§ 683 bis 686 geregelt (insbesondere Anspruch auf Aufwendungsersatz).
- Die Interessen des Geschäftsherrn sind in §§ 677 bis 681 geregelt (Schutz vor aufdringlichen oder eigennützigen Eingriffen, z.B. Schadenersatzansprüche gegen den Geschäftsführer).
- Bei der unberechtigten Geschäftsführung hat der Geschäftsführer weitergehende Pflichten (vgl. §§ 678, 812 ff., 823 ff.).
- Bei der Eigengeschäftsführung und bei der Geschäftsanmaßung gilt § 687 BGB.

II. Die berechtigte Geschäftsführung ohne Auftrag

1. Voraussetzungen

Eine berechtigte Geschäftsführung ohne Auftrag liegt vor, wenn jemand ein Geschäft für einen anderen besorgt, ohne von ihm beauftragt oder ihm gegenüber sonst dazu legitimiert zu sein, aber einer der in den §§ 677 ff. genannten Berechtigungsgründe vorliegt (vgl. den Wortlaut des § 677 BGB).

Beispiele:

- G bemerkt, dass es im Haus des ortsabwesenden Nachbarn N zu einem Wasserrohrbruch gekommen ist. Er dringt über das Kellerfenster ein, schließt den Hauptwasserhahn und veranlasst den Klempner K, den Schaden zu beheben.
- Fußgänger F liegt infolge eines Verkehrsunfalls schwer verletzt auf der Straße. Der entschlossene Passant P veranlasst Maßnahmen der Ersten Hilfe sowie den Abtransport in die Klinik.

In den vorgenannten Beispielen liegt jeweils ein klassischer Fall eines von §§ 677 ff. BGB geforderten „objektiv fremden Geschäfts" vor. Denkbar ist jedoch, dass beim Tätigwerden für einen anderen sowohl ein fremdes, wie auch ein eigenes Geschäft vorliegt, weil die übernommene Tätigkeit zugleich im eigenen, wie auch im Interesse eines anderen liegt. Auch dann finden §§ 677 ff. BGB Anwendung; die Wahrung (auch) eigener Interessen schließt den Fremdgeschäftsführungswillen nicht aus (BGHZ 63, 167, 110, 313).

Beispiel: Ein fremdes Kraftfahrzeug parkt unerlaubt auf einem Privatparkplatz; der Eigentümer kann die Abschleppkosten (auch) unter dem Gesichtspunkt der Geschäftsführung ohne Auftrag verlangen.

Die Geschäftsführung muss berechtigt sein. Dies ist sie in drei Fällen:

- wenn die Übernahme der Geschäftsführung dem Interesse und dem wirklichen oder mutmaßlichen Willen des Geschäftsherrn entspricht (vgl. § 683 Satz 1);
- wenn dies zwar nicht der Fall ist, die Geschäftsbesorgung aber entweder
  - (1.) einer im öffentlichen Interesse liegenden Pflicht entspricht
    Beispiel: Abschleppen eines auf der Straße verkehrsbehindernd geparkten PKW's
  - oder (2.) einer gesetzlichen Unterhaltspflicht,
  - oder (3.) ein entgegenstehender Wille des Geschäftsherrn gegen ein gesetzliches Verbot oder grob gegen die guten Sitten verstößt
    Beispiel: A rettet den zum Selbstmord entschlossenen B, obwohl sich dieser dagegen wehrt.
- Berechtigt ist die Geschäftsführung ohne Auftrag schließlich, wenn der Geschäftsherr eine zunächst unberechtigte Geschäftsführung genehmigt (möglich nach § 684 S. 2).

2. Rechtsfolgen

Bei der berechtigten Geschäftsführung ohne Auftrag wird der Geschäftsführer im Interesse des Geschäftsherrn mit Rücksicht auf dessen wirklichen oder mutmaßlichen Willen tätig. Deshalb ist es nur billig und gerecht, dass der Geschäftsführer gegen den Geschäftsherrn einen Anspruch auf Ersatz seiner Aufwendungen geltend machen kann. Die Anspruchsgrundlage dafür ergibt sich aus §§ 677, 683, 670 BGB. Aber auch den Geschäftsführer treffen Pflichten, die Ansprüche des Geschäftsherrn auslösen.

a) Pflichten des Geschäftsführers

aa) Rücksichtnahme

Der Geschäftsführer hat nach § 677 das Geschäft ordnungsgemäß zu führen, so wie es das Interesse des Geschäftsherrn mit Rücksicht auf dessen wirklichen oder mutmaßlichen Willen erfordert.

bb) Nebenpflichten

Nach § 681 hat der Geschäftsführer (wie der Beauftragte bei der Geschäftsbesorgung mit Auftrag) eine Reihe von Nebenpflichten, insbesondere

- die Pflicht zur Anzeige der Geschäftsübernahme,
- Nachrichten-, Auskunfts- und Rechenschaftspflichten sowie
- die Pflicht zur Herausgabe dessen, was er aus der Geschäftsbesorgung erlangt hat.

cc) Schadenersatz

Der Geschäftsführer ist bei Pflichtverletzungen nach allgemeinen Vorschriften zum Schadenersatz verpflichtet.

Nach § 680 BGB ist die Haftung des Geschäftsführers für den Sonderfall erleichtert, dass eine dem Geschäftsherrn drohende dringende Gefahr abgewendet wird. Der Gesetzgeber will damit die Bereitschaft zur Nothilfe fördern.

Beispiel: Im Nachbarhaus ist Feuer ausgebrochen; der Geschäftsführer beschädigt bei Löscharbeiten die im Haus befindliche Gemäldesammlung. Nachträglich gesehen hätte er dies vermeiden können. Da nach § 680 BGB der Geschäftsführer nur Vorsatz und grobe Fahrlässigkeit zu vertreten hat, entfällt insoweit seine Haftung.

b) Pflichten des Geschäftsherrn

Der Geschäftsherr ist dem Geschäftsführer zum Ersatz der von diesem gemachten Aufwendungen verpflichtet (§ 683 Satz 1). Insofern gilt das zu § 670 BGB für den Auftrag Gesagte.

III. Unberechtigte Geschäftsführung ohne Auftrag

1. Kennzeichen

Bei der unberechtigten Geschäftsführung fehlt der Berechtigungsgrund für die Übernahme der Geschäftsführung. Dies trifft zu, wenn sie weder dem wirklichen noch dem mutmaßlichen Willen des Geschäftsherrn entspricht, keiner der Ausnahmefälle des § 679 vorliegt und der Geschäftsherr die unberechtigte Geschäftsführung auch nicht nach § 684 Satz 2 BGB genehmigt hat.

2. Rechtsfolgen

Die §§ 677 ff. sind in erster Linie für die berechtigte GoA gedacht. Fehlt es an der Berechtigung, regelt sich das Rechtsverhältnis zwischen Geschäftsherrn und Geschäftsführer nach den allgemeinen Vorschriften: In Betracht kommen Ansprüche aus ungerechtfertigter Bereicherung und unerlaubter Handlung.

Darüber hinaus gewährt § 678 einen selbstständigen Schadenersatzanspruch des Geschäftsherrn gegen den Geschäftsführer. Vorausgesetzt wird dabei allerdings, dass der Geschäftsführer erkennen musste, dass die Übernahme der Geschäftsführung dem wirklichen oder mutmaßlichen Willen des Geschäftsherrn widerspricht.

Zu beachten ist § 684 S. 1: Der Geschäftsherr muss dem Geschäftsführer bei der unberechtigten Geschäftsführung alles, was er durch die Geschäftsführung erlangt hat, nach den Vorschriften über die Herausgabe einer ungerechtfertigten Bereicherung herausgeben.

Lernhinweis: Es handelt sich um eine bloße Rechtsfolgenverweisung; die Voraussetzungen der §§ 812 ff. selbst müssen also nicht zusätzlich gegeben sein.

Die ratio legis des § 684 ist folgende: Bei der unberechtigten Geschäftsführung erhält der Geschäftsführer keinen Anspruch auf Aufwendungsersatz. Es wäre dann unbillig, dem Geschäftsherrn die „Früchte" der vom Geschäftsführer vorgenommenen Tätigkeit zu belassen.

IV. Eigengeschäftsführung

1. Kennzeichen

Ein Fall der Eigengeschäftsführung liegt gem. § 687 Abs. 1 vor, wenn jemand ein fremdes Geschäft als eigenes führt. Es fehlt an dem Bewusstsein, das Geschäft für einen anderen zu besorgen. Es liegt kein eigentlicher Fall der GoA vor.

Schulbeispiel: Der Erwerber verkauft in gutem Glauben eine Sache mit Gewinn weiter, die zuvor einem anderen gestohlen worden war.

2. Rechtsfolgen

Die Vorschriften der §§ 677 ff. finden keine Anwendung (vgl. § 687 Abs. 1), da es sich ja nicht um einen Fall der „echten" GoA handelt.

Was aber gilt dann? Antwort: Es kommen die allgemeinen Vorschriften zur Anwendung, insbesondere die Vorschriften über die ungerechtfertigte Bereicherung (im obigen Fall ergibt sich die Herausgabepflicht des Erlangten bei der Weiterveräußerung aus § 816 Abs. 1 S. 1 BGB, wenn der frühere Eigentümer die an sich wegen § 935 BGB unwirksame Veräußerung der gestohlenen Sache genehmigt).

V. Die Geschäftsanmaßung

1. Kennzeichen

Bei der Geschäftsanmaßung (§ 687 Abs. 2) wird ein fremdes Geschäft wahrgenommen, und der Geschäftsführer weiß dies auch. Er maßt sich aber an, die Angelegenheit im eigenen Interesse zu führen.

Beispiele: Vorsätzliche Verletzung von Patent- und Urheberrechten, vorsätzlicher Eingriff in fremde Eigentums- und Besitzverhältnisse.

2. Rechtsfolgen

a) Ansprüche des Geschäftsherrn

Da die Geschäftsanmaßung die Tatbestandsmerkmale der unerlaubten Handlung bzw. der ungerechtfertigten Bereicherung erfüllt, kann der Geschäftsherr Ansprüche nach §§ 823 ff. bzw. 812 ff. BGB geltend machen. Darüber hinaus hat der Geschäftsherr die in § 687 Abs. 2 BGB genannten Rechte; nämlich

• Anspruch auf Schadenersatz gem. §§ 687 Abs. 2 S. 1 i. V. m. § 678 BGB;

- Anspruch auf Herausgabe des Erlangten gem. §§ 687 Abs. 2 S. 1 i. V. m. §§ 681 S. 2, 667 BGB (Hinweis: Dieser Anspruch besteht selbstständig neben dem Herausgabeanspruch nach § 816 Abs. 1 und § 285 BGB).

Beispiel: Der Patentrechtsinhaber kann die dem Geschäftsführer infolge der Patentverletzung zugeflossenen Gewinne heraus verlangen.

b) Ansprüche des Geschäftsführers

Wird er auf Schadenersatz oder aus ungerechtfertigter Bereicherung in Anspruch genommen, entfallen naturgemäß Gegenansprüche. Macht der Geschäftsherr jedoch von der in § 687 Abs. 2 Satz 1 genannten Möglichkeit Gebrauch (findet also das Recht der Geschäftsführung ohne Auftrag Anwendung), so kann der Geschäftsführer den Geschäftsherrn nach § 684 Satz 1 in Anspruch nehmen und somit Aufwendungsersatz bis zur Höhe der Bereicherung verlangen.

Wiederholungsfragen zu § 55

Welches sind die Wesensmerkmale der GoA und welche Fallgruppen lassen sich bilden? (§ 55 I 1, 2)

Was sind die Voraussetzungen für die Annahme einer berechtigten GoA? (§ 55 II 1)

Welche Pflichten hat der Geschäftsführer bei der GoA? (§ 55 II 2 a)

Kann der Geschäftsführer den Ersatz seiner Aufwendungen verlangen? (§ 55 II 2 b)

Was sind die Kennzeichen und Rechtsfolgen der unberechtigten GoA? (§ 55 III 1, 2)

Was versteht man unter einer Eigengeschäftsführung? (§ 55 IV)

Was gilt im Fall der Geschäftsanmaßung? (§ 55 V 2)

§ 56 Die ungerechtfertigte Bereicherung

Lernhinweis: Zweck der in §§ 812 ff. BGB geregelten Ansprüche aus ungerechtfertigter Bereicherung ist es, „ungerechtfertigte" Vermögensverschiebungen rückgängig zu machen. Das könnte auf den ersten Blick missverstanden werden: Das Gesetz will damit nicht den „groben Hobel" ansetzen, um einen allgemeinen Ausgleich unterschiedlicher und damit möglicherweise (wirtschaftlich, gesellschafts- oder sozialpolitisch) als „ungerecht" empfundener Besitzverhältnisse zu bewerkstelligen. Es geht vielmehr darum, einen Rechtserwerb rückgängig zu machen, der zwar nach der Dogmatik des BGB rechtswirksam vollzogen ist, jedoch im Verhältnis zu demjenigen, der durch die Vermögensverschiebung benachteiligt ist, keine Rechtfertigung besitzt. Dabei kennt das Gesetz keinen einheitlichen Tatbestand der ungerechtfertigten Bereicherung, vielmehr einen Katalog verschiedener Ansprüche mit unterschiedlichen Voraussetzungen, wie Sie aus der nachfolgenden Übersicht ersehen können. Allein in § 812 BGB sind mehrere Bereicherungsfälle enthalten (insoweit wäre es unvollständig und falsch, in einer Klausur als Anspruchsgrundlage lediglich § 812 BGB ohne Präzisierung der jeweiligen Alternative zu nennen). Grundsätzlich unterscheidet man danach, ob die Bereicherung durch eine „Leistung" oder „in sonstiger Weise" erfolgte; im Anschluss an das römische Recht spricht man insoweit von der Kondiktion (lat. „condictio") und unterscheidet dabei die „Leistungskondiktion" und die „Kondiktion in sonstiger Weise".

Die Tatsache, dass die §§ 812 ff. BGB mit zu den dogmatisch schwierigsten Teilen des Bürgerlichen Gesetzbuchs gehören, kann nicht von der Notwendigkeit befreien, schon im Verlauf des Grundkurses Kenntnisse auf diesem Gebiet zu verlangen. Machen Sie sich zunächst mit der Übersicht „*Herausgabeansprüche aus ungerechtfertigter Bereicherung*" vertraut: Sie ist der graphische Ausdruck dessen, was Sie nach Durcharbeiten der nachfolgenden Seiten als Erfahrungsschatz speichern müssen. Sie müssen die beiden Grundkonstellationen der Kondiktion kennen, die einzelnen Erscheinungsformen durch Beispiele erläutern und dabei die „dogmatischen Vorgaben" des Bereicherungsausgleichs (z. B. das Abstraktionsprinzip oder den Zusammenhang mit dem Rechtsverlust bei gutgläubigem Erwerb) erklären können. Schließlich müssen Ihnen die unterschiedlichen Konstellationen beim Umfang des Herausgabeanspruchs geläufig sein. Vergleichen Sie nunmehr zunächst die Übersicht *Herausgabeansprüche aus ungerechtfertigter Bereicherung.*

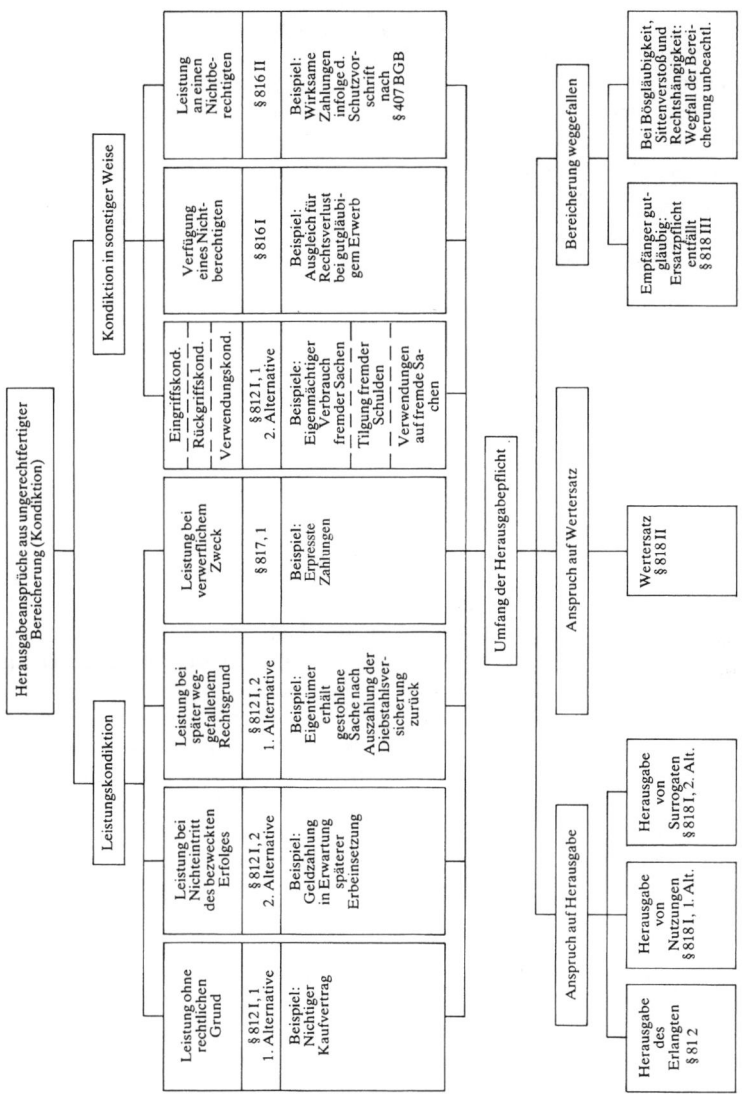

I. Überblick

1. Grundelemente des Bereicherungsanspruchs

Aus § 812 Abs. 1 Satz 1 lassen sich die Grundelemente des Bereicherungsanspruchs ersehen: Wer (entweder) durch die „Leistung" eines anderen oder „in sonstiger Weise auf dessen Kosten" etwas ohne rechtlichen Grund erlangt, ist ihm zur Herausgabe (nämlich des Erlangten) verpflichtet. § 812 Abs. 1 S. 2 und § 812 Abs. 2 nennen weitere Erscheinungsformen. Wir ersehen daraus, dass es zwei verschiedene Arten des Bereicherungsanspruchs gibt: die „Leistungskondiktion" und die „Kondiktion in sonstiger Weise" (sie ist stets dann – und nur dann – zu prüfen, wenn die Bereicherung nicht durch eine Leistung erfolgte; da sie regelmäßig mit einem „Eingriff" in fremde Rechtssphären verbunden ist, verwendet man auch den Begriff „Nichtleistungskondiktion" oder „Eingriffskondiktion im weiteren Sinne"). Sowohl für die Leistungskondiktion als auch für die Eingriffskondiktion wird vorausgesetzt, dass jemand „etwas erlangt hat". In Betracht kommt jeder beliebige Vermögensvorteil.

Beispiele: der Erwerb von Rechten (Eigentum, Forderungen und dergl.), die Erlangung des Besitzes, der Vorteilserwerb durch den Gebrauch oder Verbrauch fremder Sachen, die Befreiung von Verbindlichkeiten.

2. Systematik des Bereicherungsrechts

Lernhinweis: Da sich die gesetzliche Systematik für denjenigen, der sich zum ersten Mal mit dem Bereicherungsrecht beschäftigt, nur sehr mühsam aus der Lektüre des Gesetzestextes erschließen lässt, sollten Sie jetzt noch einmal die Übersicht *„Herausgabeansprüche aus ungerechtfertigter Bereicherung"* zur Hand nehmen. Wenn Sie §§ 812 ff. BGB durchlesen, stellen Sie fest:

a) Die verschiedenen Anspruchsgrundlagen

- § 812 Abs. 1 S. 1 enthält einen Grundtatbestand, der freilich zwei verschiedene Alternativen enthält:
  die Leistungskondiktion und die Eingriffskondiktion i. w. S.;
- § 812 Abs. 1 S. 2 betrifft zwei weitere Fälle der Leistungskondiktion: in der 1. Alternative den späteren Wegfall des Rechtsgrunds; in der 2. Alternative den Nichteintritt des mit der Leistung bezweckten Erfolgs.
- § 813 betrifft den Sonderfall der Leistungskondiktion, dass jemand erfüllt, obwohl der bestehende Anspruch mit einer dauernden Einrede behaftet ist.
- § 816 Abs. 1 S. 1 enthält einen Fall der Eingriffskondiktion: Es verfügt jemand wirksam **als** Nichtberechtigter (die wirksame unentgeltliche Verfügung eines Nichtberechtigten ist in § 816 Abs. 1 S. 2 gesondert behandelt).
- § 816 Abs. 2 betrifft ebenfalls einen Fall der Eingriffskondiktion, nämlich die wirksame Leistungsbewirkung **an einen** Nichtberechtigten.
- § 817 Satz 1 betrifft den Spezialfall, dass eine gesetzlich verbotene oder sittenwidrige Leistung erbracht wurde.
- § 822 ist eine Ausformung des allgemeinen Grundsatzes, dass der unentgeltliche Erwerb geringeren Bestandsschutz genießt: Die unentgelt-

liche Zuwendung des Erlangten an einen Dritten macht diesen nach Bereicherungsgrundsätzen herausgabepflichtig.

b) Ausschluss und Umfang des Bereicherungsanspruchs

§§ 814, 815, 817 S. 2 nennen Tatbestände, bei deren Vorliegen Bereicherungsansprüche ausgeschlossen sind (z. B. wenn der Leistende gewusst hat, dass er zur Leistung nicht verpflichtet war; § 814 BGB).

§§ 818 bis 820 BGB regeln den Umfang des Bereicherungsanspruchs. Dabei wird danach differenziert, ob die Herausgabe in natura möglich bzw. nicht (mehr) möglich bzw. die Bereicherung weggefallen ist.

II. Fälle der Leistungskondiktion

Ansprüche aus ungerechtfertigter Bereicherung setzen im Fall der Leistungskondiktion **drei Dinge** voraus:

- Es muss jemand „etwas erlangt" haben
- durch die „Leistung eines anderen",
- und zwar „ohne rechtlichen Grund".

Einführendes Beispiel: Schuldner S überweist an seinen Gläubiger G einen Geldbetrag zur Begleichung einer nach seiner Ansicht noch offen stehenden Rechnung. Er weiß nicht, dass seine Frau zuvor schon den Betrag bar im Ladengeschäft des G entrichtet hatte. Weil sie die Rechnung zu Hause liegen ließ, wurde die Zahlung darauf nicht vermerkt. G ist durch die Leistung des S ungerechtfertigt bereichert.

1. Die Bereicherung des Schuldners

Erste Voraussetzung für einen Anspruch im Falle der Leistungskondiktion ist, dass derjenige, demgegenüber der Anspruch geltend gemacht wird, „etwas erlangt" hat. Ausreichend hierfür ist **jede Vermögensveränderung,** durch die sich die Vermögenslage des Schuldners verbessert hat. Folgende Fallkategorien sollen dies illustrieren:

a) Erwerb von Rechten

Beispiel: Der Bereicherungsschuldner erlangt das Eigentum oder sonstige dingliche Rechte an Sachen oder wird Inhaber einer Forderung.

b) Erlangung des Besitzes

Beispiel: Der Bereicherungsschuldner erhält die tatsächliche Verfügungsgewalt über eine Sache, ohne Eigentümer zu werden.

c) Erlangung von Gebrauchsvorteilen

Beispiel: Jemand erspart eigene Aufwendungen durch den Ge- oder Verbrauch von Sachen bzw. die Ausnutzung fremder Dienste.

d) Befreiung von Verbindlichkeiten

Beispiel: Jemand bezahlt die Schuld eines Dritten, dessen Vermögenslage sich dadurch verbessert.

Lernhinweis: Die Frage, ob jemand etwas erlangt hat, ist davon zu trennen, ob er das Erlangte noch hat. Letzteres ist nicht bei der Begründung des Anspruchs, sondern erst bei dessen Umfang relevant.

2. Die Leistung des Gläubigers

Ansprüche aus ungerechtfertigter Bereicherung setzen im Fall der Leistungskondiktion weiter voraus, dass der Vermögensvorteil, den der Bereicherte erlangt hat, durch eine „Leistung" desjenigen erfolgte, der den Bereicherungsanspruch geltend macht.

Im Sinne des Bereicherungsrechts versteht man als Leistung **„jede bewusste und zweckgerichtete Vermehrung fremden Vermögens"**.

Beispiele: Die Zahlung des Kaufpreises für die gekaufte Ware; die Übereignung einer Sache zur Erfüllung eines Kaufvertrags; die Auszahlung des Darlehens usw.

In den meisten Fällen wird es sich bei der Leistung um eine rechtsgeschäftliche Verfügung zum Zwecke der Erfüllung eines Schuldverhältnisses handeln. Aber auch rein tatsächliche Handlungen können eine Leistung beinhalten (Beispiel: die Ausführung von Reparaturen an einem verwechselten Objekt).

Lernhinweis: Weil nur die bewusste und zweckgerichtete Vermehrung eines fremden Vermögens die Voraussetzungen des Leistungsbegriffs erfüllt, fallen solche Zuwendungen nicht unter die Leistungskondiktion, bei denen das Vermögen eines anderen unbewusst oder ohne Leistungszweck vermehrt wird.

Schulbeispiel: Verwendung eigener Sachen für das Vermögen eines Dritten in der irrigen Annahme, die verbrauchten Sachen gehörten ebenfalls dem Dritten (Landwirt L versieht während der Abwesenheit seines Nachbarn N dessen Hof und verfüttert dabei ihm selbst gehörende Feldfrüchte, die von seinem Sohn vorübergehend auf dem Nachbarhof gelagert wurden, von L jedoch irrtümlich als dem N gehörend angesehen werden). In diesen Fällen kommt keine Leistungskondiktion, sondern eine Kondiktion „in sonstiger Weise" in Betracht.

3. Der Mangel des rechtlichen Grundes

Der Bereicherungsanspruch setzt im Fall der Leistungskondiktion schließlich voraus, dass die Leistung „ohne rechtlichen Grund" erfolgte (Fall der „condictio indebiti"). Drei weitere Fälle sind gleichgestellt, vgl. nachfolgend b), c) und d).

a) Leistung ohne rechtlichen Grund

aa) Anspruchsvoraussetzungen

§ 812 Abs. 1 S. 1 verlangt in der 1. Alternative, dass es für die Vermögensverschiebung an einem objektiv rechtfertigenden Grund fehlt. Dies ist der Fall, wenn die Verbindlichkeit, zu deren Erfüllung die Leistung erfolgte, in Wirklichkeit gar nicht besteht.

Schulbeispiel: Der Verkäufer übereignet eine Sache im Hinblick auf seine kaufvertragliche Verpflichtung. Angenommen, der Kaufvertrag ist wegen Dissenses nichtig und der Kaufpreis noch nicht bezahlt, bleibt wegen des Abstraktionsprinzips die Übereignung gleichwohl gültig (repetieren Sie oben im Allgemeinen Teil § 9 II). Sie ist jedoch ohne rechtfertigendes Kausalverhältnis, somit „sine causa", erfolgt.

Der Käufer muss das Erlangte (nämlich das Eigentum an der Sache) nach § 812 Abs. 1 S. 1 1. Alternative (lesen!) herausgeben.

Auch in den Fällen der irrtümlichen Bezahlung einer nicht bestehenden Schuld fehlt es an dem für die Leistung erforderlichen Rechtsgrund.

Lernhinweis: Eine Leistung ist ohne Rechtsgrund erfolgt, wenn der Leistungsempfänger gegen den Leistenden weder einen rechtsgeschäftlichen noch einen gesetzlichen Anspruch auf diese Leistung hatte.

bb) Ausschluss des Bereicherungsanspruchs

Der Bereicherungsanspruch ist nach § 814 ausgeschlossen, wenn der Leistende gewusst hat, dass er zur Leistung nicht verpflichtet war, oder wenn die Leistung einer sittlichen Pflicht oder „einer auf den Anstand zu nehmenden Rücksicht entsprach" (Beispiel: Ein in der Seitenlinie Verwandter gewährt einem Angehörigen Unterhalt in der Annahme, dazu verpflichtet zu sein, obwohl nur für Verwandte in gerader Linie eine gesetzliche Unterhaltspflicht besteht).

b) Leistung bei Nichteintritt des bezweckten Erfolges

aa) Anspruchsvoraussetzungen

Nach § 812 Abs. 1 Satz 2 2. Alternative (lesen!) kann eine Leistung zurückgefordert werden, wenn „der mit der Leistung nach dem Inhalt des Rechtsgeschäfts bezweckte Erfolg" nicht eintritt. Es liegt also ein Fall vor, dass jemand über die unmittelbare Erfüllung einer Verbindlichkeit hinaus die Erzielung eines weitergehenden Erfolgs beabsichtigt.

Schulbeispiel: Jemand gewährt einem anderen eine bestimmte Summe, damit dieser ihn später als Erben einsetze. Der hier in Betracht kommende „Erfolg" ist nicht die Zahlung der Summe, sondern die erwartete Erbeinsetzung. Wenn der bezweckte Erfolg nicht eintritt (wenn es im Beispielsfall nicht zur Erbeinsetzung kommt), kann die Leistung nach Bereicherungsrecht zurückgefordert werden.

bb) Ausschluss des Bereicherungsanspruchs

Auch für diesen Fall der Leistungskondiktion kennt das Gesetz einen Ausschluss des Bereicherungsanspruchs:

Nach § 815 kann trotz Nichteintritts des bezweckten Erfolges das Geleistete nicht zurückgefordert werden,

- wenn der Eintritt des Erfolgs von Anfang an unmöglich war und der Leistende dies gewusst hat oder
- wenn der Leistende den Eintritt des Erfolgs wider Treu und Glauben verhindert hat.

c) Leistung bei später weggefallenem Rechtsgrund

Der Leistung ohne Rechtsgrund ist nach § 812 Abs. 1 Satz 2 1. Alternative (lesen!) der Fall gleichgestellt, dass ein Rechtsgrund zurzeit der Leistung zwar vorlag, später jedoch wegfiel.

Schulbeispiel: Die Diebstahlsversicherung zahlt dem Eigentümer eine Entschädigungssumme; später wird die gestohlene Sache unversehrt zurückgegeben.

Der Rechtsgrund für das Behaltendürfen der empfangenen Versicherungsleistung ist damit weggefallen.

Weitere Anwendungsfälle ergeben sich durch den Eintritt auflösender Bedingungen oder eines Endtermins für zuvor erbrachte Leistungen.

d) Leistung bei verwerflichem Zweck

aa) Anspruchsvoraussetzungen

Nach § 817 S. 1 BGB (lesen!) ist der Empfänger zur Herausgabe verpflichtet, wenn er durch die Annahme der Leistung gegen ein gesetzliches Verbot oder gegen die guten Sitten verstoßen hat.

Schulbeispiele: Annahme von Zahlungen gegen das Versprechen, eine Straftat nicht anzuzeigen; Zahlungen aufgrund von Erpressungen.

Lernhinweis: Bei Gesetzes- bzw. Sittenverstößen ist regelmäßig das Kausalgeschäft nichtig und damit schon ein Bereicherungsanspruch nach § 812 Abs. 1 S. 1 (Leistung ohne Rechtsgrund) gegeben. Die Bedeutung des § 817 S. 1 liegt nun darin, dass er Bereicherungsansprüche auch in solchen Fällen gewährt, bei denen der Anspruch nach § 812 wegen §§ 814, 815 (der Leistende weiß, dass er nicht verpflichtet ist) entfallen würde. Natürlich greift § 817 BGB auch dort ein, wo der Gesetzes- bzw. Sittenverstoß nicht zur Nichtigkeit des Kausalgeschäfts führt und deshalb der allgemeine Bereicherungsanspruch entfällt, weil es nicht am Rechtsgrund fehlt.

bb) Ausschluss des Bereicherungsanspruchs

(1.) Grundsatz

Nach § 817 S. 2 entfällt der Bereicherungsanspruch, wenn dem Leistenden gleichfalls ein Gesetzes- bzw. Sittenverstoß zur Last fällt. Ratio legis: Wer selbst rechts- oder sittenwidrig handelt, soll sich nicht der Rechtsordnung bedienen können.

Beispiel: Aktive Bestechung (Zahlung von Schmiergeldern in der Erwartung, der Beamte werde unzulässigerweise eine günstige Entscheidung treffen).

(2.) Erweiterung

§ 817 S. 2 spricht davon, dass dem Leistenden „gleichfalls" ein solcher Verstoß zur Last fällt, geht also davon aus, dass beide, sowohl der Leistende als auch der Empfänger, gegen die guten Sitten oder das Gesetz verstoßen. Aus dem Sinn des Gesetzes ist jedoch zu folgern, dass der Bereicherungsanspruch ebenfalls entfällt, wenn lediglich den Leistenden, nicht dagegen den Empfänger ein solcher Vorwurf trifft.

Schulbeispiel: Gewährung eines Darlehens zu Wucherzinsen. Dies führt zu weiteren Problemen: Schließt dann § 817 S. 2 BGB die Rückforderung des Darlehens aus? Antwort: Nein, als Leistung ist aber nicht die Gewährung der Darlehenssumme, sondern lediglich die Überlassung des Kapitals auf Zeit gegen Zinsen anzusehen. Deshalb kann trotz § 817 S. 2 der Darlehensgeber nach Ablauf der Darlehenszeit vom Darlehensnehmer die Darlehenssumme zurückverlangen. Die Wucherzinsen stehen ihm jedoch nicht zu.

III. Kondiktion in sonstiger Weise

Ungerechtfertigte Vermögensverschiebungen können auch auf andere Weise als durch Leistung eintreten. Weil dabei zumeist ein Eingriff erfolgt, spricht man auch generell von der Eingriffskondiktion, die freilich wiederum in verschiedenen Erscheinungsformen auftritt.

Leistungs- und Eingriffskondiktion schließen sich gegenseitig aus; es gilt der Vorrang der Leistungskondiktion. Das heißt: Jeweils ist zuerst zu prüfen, ob die Bereicherung nicht infolge einer Leistung eingetreten ist.

1. Fälle der Eingriffskondiktion

Obwohl die Terminologie nicht einheitlich ist, unterscheidet man zwischen der Eingriffs-, Rückgriffs- und Verwendungskondiktion.

a) Die Eingriffskondiktion i. e. S.

Typisch für die Eingriffskondiktion (hier im engeren Sinne verstanden) ist, dass die Bereicherung **durch den Eingriff eines Dritten oder ohne menschliches Zutun** (z. B. Naturereignisse) eintritt. Die Bereicherung liegt darin, dass jemand durch den „Eingriff in den Zuweisungsgehalt eines fremden Rechts" etwas erlangt.

Schulbeispiel: Eigenmächtiger Gebrauch oder Verbrauch fremder Sachen oder Rechte.

b) Rückgriffskondiktion

Von der Rückgriffskondiktion spricht man **bei Tilgung von Verbindlichkeiten des Schuldners durch einen Dritten,** wenn dies den Schuldner dem Gläubiger gegenüber befreit. Allerdings bedarf es dann in vielen Fällen nicht des Bereicherungsrechts, da oft (z. B. nach § 268 Abs. 3 BGB) der Anspruch des Gläubigers gegen den Schuldner auf den Dritten bereits kraft Gesetzes übergeht.

c) Verwendungskondiktion

Von Verwendungskondiktion spricht man, wenn **Verwendungen auf fremde Sachen** gemacht werden.

Schulbeispiele: Bau auf fremdem Grundstück; Reparatur von Sachen, die einem anderen gehören.

Lernhinweis: Rechtsfragen, die mit Verwendungen auf fremde Sachen zusammenhängen, hat der Gesetzgeber vielfach speziell geregelt:

- Im Eigentümer-Besitzer-Verhältnis ist in §§ 994 ff. BGB abschließend die Regelung des Verwendungsersatzes entschieden.
- § 951 BGB gewährt einen Bereicherungsanspruch, wenn durch Verbindung, Vermischung oder Verarbeitung jemand das Eigentum an seiner Sache verliert.

Es bleibt deshalb für die Verwendungskondiktion nur der Fall, dass Verwendungen ohne Inanspruchnahme des Besitzes gemacht werden.

Schulbeispiel: Die vom Flugzeug aus durchgeführte Einsaat-, Bewässerungs-, Brand- oder Schädlingsbekämpfungsaktion, die – ohne eine Auftragserteilung durch den Nachbarn – auch zugunsten der Grundstücke des Nachbarn erfolgt.

2. Verfügung eines Nichtberechtigten

Lernhinweis: Im Sachenrecht lernen wir, dass man als Gutgläubiger auch vom Nichtberechtigten Eigentum an Sachen erlangen kann (vgl. § 932 für bewegliche

Sachen und § 892 BGB für Grundstücke). Wird durch die Verfügung etwas erlangt, leuchtet es wohl schon dem Laien ein, dass dem Nichtberechtigten dieses Entgelt nicht gebührt. § 816 Abs. 1 S. 1 BGB gewährt einen entsprechenden Bereicherungsanspruch: Trifft ein Nichtberechtigter über einen Gegenstand eine Verfügung, die dem Berechtigten gegenüber wirksam ist, so ist er dem Berechtigten zur Herausgabe des durch die Verfügung Erlangten verpflichtet.

Schulbeispiel: Eigentümer E überlässt eine ihm gehörende bewegliche Sache (z. B. eine Maschine) im Wege des Leasings dem M. Dieser veräußert sie (wirksam nach § 932 BGB) an den gutgläubigen G. Die von M über den vermieteten Gegenstand getroffene Verfügung (Eigentumsübertragung) ist dem Eigentümer gegenüber wegen des gutgläubigen Erwerbs wirksam. Der von G an M gezahlte Kaufpreis ist nach § 816 Abs. 1 S. 1 BGB dem früheren Eigentümer E herauszugeben. Vergleichen Sie dazu die Skizze *Bereicherungsausgleich bei wirksamer Verfügung eines Nichtberechtigten.*

Weiterführender Hinweis: Ist die Verfügung des Nichtberechtigten dem Berechtigten gegenüber unwirksam (so gem. § 935 BGB im Falle der Veräußerung gestohlener oder sonst abhanden gekommener Sachen), so kann die Wirksamkeit der Verfügung doch noch bewerkstelligt werden, wenn der Berechtigte sie nach § 185 BGB genehmigt. Das ist für ihn dann interessant, wenn der vom nichtberechtigt Verfügenden erzielte Erlös höher ist als der (über den Schadenersatz liquidierbare) Substanzwert. Dann allerdings könnte man die dogmatische Frage stellen, ob nicht wegen der aus § 185 Abs. 2 BGB zu entnehmenden Rückwirkung der Genehmigung der Nichtberechtigte plötzlich zum „Berechtigten" wird, was dann streng genommen die Anwendung des § 816 Abs. 1 BGB ausschließen würde. Nach ganz einhelliger Meinung in Lit. und Rspr. macht jedoch die Rückwirkung des § 185 BGB den Verfügenden nicht zum Berechtigten i. S. v. § 816 Abs. 1 BGB.

Erfolgt die Verfügung unentgeltlich, greift § 816 Abs. 1 S. 2 BGB ein: Die Herausgabeverpflichtung trifft denjenigen, der auf Grund der Verfügung unmittelbar einen rechtlichen Vorteil erlangt. Dies ist der Beschenkte selbst. Es wäre unbillig, dem Beschenkten die Sache zu überlassen und den Eigentümer, der wegen der unentgeltlichen Verfügung keinen Anspruch auf Herausgabe eines Erlöses hat, leer ausgehen zu lassen. Erlangt ist in diesem Fall der unentgeltlich empfangene Gegenstand.

Bereicherungsausgleich bei wirksamer Verfügung eines Nichtberechtigten

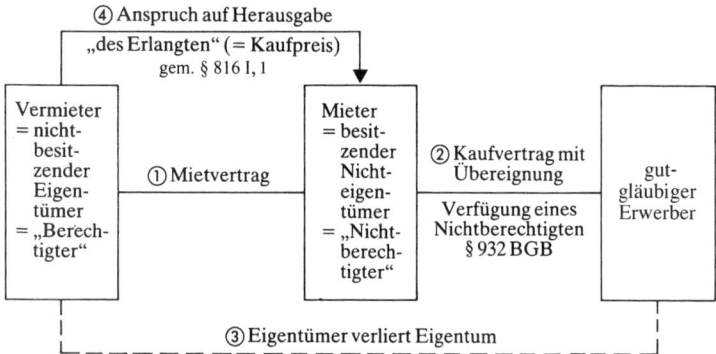

Bereicherungsausgleich nach § 816 Abs. 1 S. 2 BGB

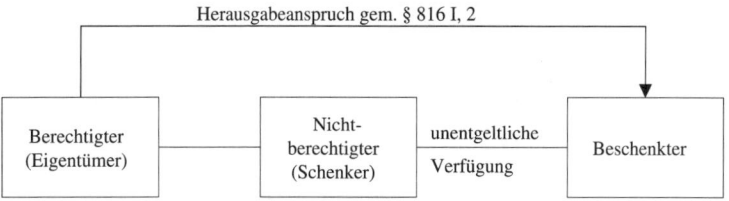

3. Leistung an einen Nichtberechtigten

Im Allgemeinen Schuldrecht hatten wir gesehen, dass unter Umständen auch die Leistung an einen Nichtberechtigten befreit (§ 41 IV 2).

Schulbeispiel: Wird dem Schuldner eine Forderungsabtretung nicht mitgeteilt, kann er nach § 407 BGB weiterhin befreiend an den alten Gläubiger zahlen.

Das Ergebnis ist unbefriedigend und muss durch einen Bereicherungsanspruch korrigiert werden: Nach § 816 Abs. 2 ist der Nichtberechtigte dem Berechtigten zur Herausgabe des Geleisteten verpflichtet, wenn an ihn eine Leistung bewirkt wird, die dem Berechtigten gegenüber wirksam ist. Vergleichen Sie dazu die Skizze *Bereicherungsausgleich bei befreiender Leistung an einen Nichtberechtigten.*

Standardproblem: Der nach § 407 BGB geschützte Schuldner hat nach h. M. und st. Rspr. ein Wahlrecht, ob er sich tatsächlich auf die Einwendung des § 407 BGB beruft oder statt dessen an den „richtigen" (neuen) Gläubiger (also den „Berechtigten") erneut leistet und das an den „falschen" (alten) Gläubiger (den „Nichtberechtigten") Gezahlte im Wege des Bereicherungsanspruchs nach § 812 Abs. 1 S. 1, 1. Alt. BGB zurückverlangt.

Diese Überlegung hat einen praktischen Hintergrund: Im Falle der Insolvenz hat der Gläubiger eine bessere Position, wenn er seinen Anspruch zur Aufrechnung stellt, wohingegen die aktive Geltendmachung einer Forderung nur in Höhe der Insolvenzquote realisierbar ist.

Bereicherungsausgleich bei befreiender Leistung an einen Nichtberechtigten

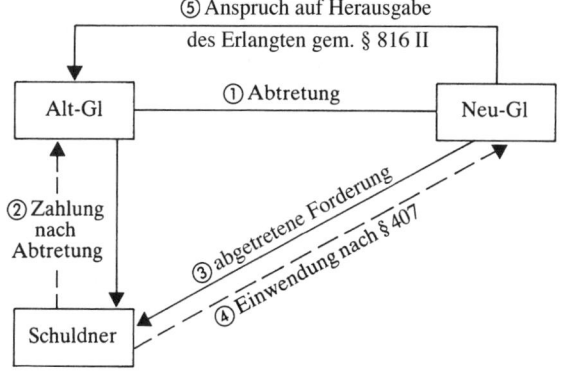

Lernhinweis: Den Zusammenhang von § 816 Abs. 1 BGB mit dem gutgläubigen Erwerb und von § 816 Abs. 2 BGB mit dem Schuldnerschutz bei der Zession muss ein Student schon im Grundkurs erkennen!

Merke: § 816 Abs. 1 BGB ist die bereicherungsrechtliche Antwort auf §§ 932 ff. BGB; § 816 Abs. 2 BGB ist die bereicherungsrechtliche Antwort auf § 407 BGB!

IV. Umfang der Herausgabepflicht

In § 812 BGB lesen wir, dass man bei der ungerechtfertigten Bereicherung zur Herausgabe „des Erlangten" verpflichtet ist. §§ 818 ff. geben hierzu nähere Erläuterungen. Im Einzelnen gilt:

1. Anspruch auf Herausgabe

a) Herausgabe des Erlangten

In erster Linie ist gem. §§ 812, 816 BGB die Herausgabe dessen geschuldet, was erlangt wurde. Mit anderen Worten: die Herausgabe in natura.

Beispiele: Die vom Verkäufer übereignete Sache ist zurückzuübereignen, die abgetretene Forderung zurückabzutreten.

Für § 816 BGB gilt: Im Fall des Absatz 1 Satz 1 ist das Erlangte der Gegenwert, der dem Nichtberechtigten aufgrund des seiner Verfügung zugrundeliegenden Rechtsgeschäfts zugeflossen ist; im Fall des Absatz 1, Satz 2 ist es der unentgeltlich weggegebene Gegenstand selbst, im Fall des Absatz 2 ist es die angenommene Leistung.

b) Herausgabe von Nutzungen

Nach § 818 Abs. 1 erstreckt sich die Herausgabeverpflichtung auf die gezogenen Nutzungen (Repetition: Nutzungen sind nach § 100 BGB Früchte und Gebrauchsvorteile!).

Beispiele: Das Fohlen der Zuchtstute; die Lizenzgebühr für ein Patent; die Zinsen des empfangenen Kapitals.

Für § 816 BGB gilt: Im Fall des Absatz 1 Satz 1 ist das Erlangte der Gegenwert, der dem Nichtberechtigten aufgrund des seiner Verfügung zugrundeliegenden Rechtsgeschäfts zugeflossen ist; im Fall des Absatz 1, Satz 2 ist es der unentgeltlich weggegebene Gegenstand selbst, im Fall des Absatz 2 ist es die angenommene Leistung.

c) Herausgabe von Surrogaten

Die Herausgabepflicht erstreckt sich weiter auf die Surrogate. Darunter versteht man die Gegenstände, die an die Stelle des Erlangten getreten sind.

Beispiel: Der Käufer kann den erworbenen Kunstgegenstand nicht mehr zurückübereignen, weil dieser mittlerweile zerstört wurde. Die an ihn dafür gezahlte Versicherungssumme tritt als Surrogat an die Stelle des entsprechenden Gegenstandes und muss statt dessen dem Verkäufer herausgegeben werden.

Hinweis: Im Gegensatz zu § 285 BGB erfasst die nach § 818 Abs. 1 BGB geregelte Pflicht zur Herausgabe nicht auch das rechtsgeschäftliche Surrogat (commodum ex negotiatione), also dasjenige, was der Bereicherte durch Kauf, Tausch u. a. anstelle des ursprünglichen Gegenstandes erwirbt. Begründung: Hierfür hat der Gesetzgeber in § 818 Abs. 2 BGB eine Sonderregelung geschaffen. In diesen Fällen ist nach § 818 Abs. 2 BGB Wertersatz zu leisten.

2. Anspruch auf Wertersatz

Nicht selten kommt es vor, dass die Herausgabe wegen der Beschaffenheit des Erlangten nicht möglich oder der Empfänger aus einem anderen Grund zur Herausgabe außerstande ist. In diesem Fall hat er nach § 818 Abs. 2 BGB (lesen!) den Wert zu ersetzen.

Beispiel: Bei empfangenen Dienstleistungen geht der Bereicherungsanspruch auf Wertersatz.

Maßgeblich ist der objektive Verkehrswert.

3. Wegfall der Bereicherung

a) Grundsatz

§ 818 Abs. 3 BGB trifft eine weitreichende Entscheidung: Die Verpflichtung zur Herausgabe oder zum Ersatz des Werts ist ausgeschlossen, soweit der Empfänger nicht mehr bereichert ist.

Schulbeispiel: Der Empfänger hat den erhaltenen Geldbetrag sofort sinnlos verprasst.

Hier zeigt sich ein Grundgedanke des Bereicherungsrechts: Es soll die beim Bereicherten eingetretene Vermögensvermehrung abgeschöpft werden; eine Vermögensminderung des Herausgabepflichtigen soll nicht eintreten (das ist der entscheidende Unterschied zum Schadenersatzrecht).

b) Ersparnis von Aufwendungen

Jeweils ist aber genau zu prüfen, ob nicht doch eine Bereicherung vorliegt, obwohl der Empfänger das Erlangte nicht mehr besitzt. Dies kann insbesondere der Fall sein, wenn der Empfänger durch den Wegfall der Bereicherung selbst Ausgaben erspart hat.

Beispiel: Es werden anderweitige Schulden getilgt oder notwendige Anschaffungen getätigt.

c) Gegenseitiger Vertrag

Wir hatten bislang den Bereicherungsanspruch bei der Leistungskondiktion nur unter dem Blickwinkel des leistenden Gläubigers gegen den bereicherten Schuldner gesehen. Beim gegenseitigen Vertrag (Leistung um der Gegenleistung willen) muss man bedenken, dass auch der Schuldner seinerseits eine Leistung erbracht hat. Die im Gesetz nicht ausdrücklich entschiedene Frage lautet demzufolge: Inwiefern ist beim Wegfall der Bereicherung die Gegenleistung zu berücksichtigen? Dazu gibt es in der Schuldrechtsdogmatik zwei Theorien:

aa) Die Saldotheorie

Nach der in Rechtsprechung und Literatur praktizierten Saldotheorie liegen wirtschaftlich gesehen zwei miteinander eng in Beziehung stehende Leistungen (Leistung und Gegenleistung) vor, so dass von Anfang an nur ein Bereicherungsanspruch besteht, und zwar für denjenigen, zu dessen Gunsten beim Vergleich der beiden Leistungen ein positiver Saldo entsteht.

Beispiel: Das auf Grund eines nichtigen Kaufvertrags übereignete Fahrzeug hatte laut Schätzliste einen Verkaufswert von 17 000 Euro. Es wurde zum Preis von 20 000 Euro verkauft. Eine reale Rückgewähr ist nicht mehr möglich, weil das Fahrzeug bei einer Demonstration von unerkannten Gewalttätern durch einen Molotow-Cocktail vernichtet wurde. Der Bereicherungsanspruch geht dann von vornherein auf die Differenz in Höhe von 3000 Euro.

bb) Die Zweikondiktionentheorie

Der Zweikondiktionentheorie liegt die Auffassung zugrunde, dass im gegenseitigen Vertrag jede Partei einen selbstständigen Bereicherungsanspruch gegen den anderen Teil hat. Ihre konsequente Anwendung führt aber zu unbilligen Ergebnissen, wenn nur bei einer Partei die Bereicherung weggefallen ist.

Beispiel: Der Verkäufer des verkauften und später zerstörten Fahrzeugs müsste den Kaufpreis zurückzahlen; der Käufer könnte sich infolge des zufälligen Untergangs auf den Wegfall der Bereicherung berufen.

Obwohl grundsätzlich die Saldotheorie gilt, wird in wichtigen Ausnahmefällen die Zweikondiktionentheorie angewandt:

- wenn der Bereicherungsgläubiger nicht voll geschäftsfähig ist (der Minderjährigenschutz hat auch hier Priorität!);
- wenn der Gläubiger einen Bereicherungsanspruch hat, weil das Kausalgeschäft nach § 123 BGB wegen arglistiger Täuschung bzw. widerrechtlicher Drohung von ihm angefochten wurde (hier verdient der Bereicherungsschuldner keinen Schutz);
- desgleichen bei Benachteiligung durch ein wucherähnliches und nach § 138 Abs. 1 BGB nichtiges Geschäft;
- und schließlich im Falle der verschärften Haftung nach §§ 818 Abs. 4, 819 BGB.

Lernhinweis: Beachten Sie, dass die Saldotheorie nur zur Anwendung kommt, wenn es um den Wegfall der Bereicherung nach § 818 Abs. 3 BGB geht. Keineswegs dürfen die vorstehenden Ausführungen dahingehend missverstanden werden, dass bei noch bestehender Bereicherung von vornherein eine Saldierung eingreift.

d) Verschärfte Bereicherungshaftung

Die Privilegierung des Bereicherungsschuldners durch § 818 Abs. 3 ist in **drei Fällen** unbillig:

- wenn er den Mangel des rechtlichen Grundes kennt oder ihn später erfährt;
- wenn er durch die Leistungsannahme gegen das Gesetz oder die guten Sitten verstößt;

- wenn Rechtshängigkeit eintritt (er also verklagt wird und damit zumindest nicht ausschließen kann, dass er die Leistung wieder zurückgeben muss).

In diesen Fällen kann sich der Empfänger nicht auf den Wegfall der Bereicherung berufen (vgl. §§ 818 Abs. 4, 819 BGB).

Lernhinweis: Fassen Sie jetzt noch einmal die Ausführungen mit wenigen, eigenen Worten anhand der Übersichtsskizze über die Herausgabeansprüche wegen ungerechtfertigter Bereicherung zusammen.

4. Herausgabepflicht Dritter

Eine besondere Situation hat § 822 BGB im Auge: Er betrifft den Fall, dass der Empfänger das Erlangte unentgeltlich einem Dritten zuwendet. Damit ist dem Grundsatz nach die Verpflichtung des Empfängers zur Herausgabe der Bereicherung ausgeschlossen, weil seine Bereicherung wegen der (unentgeltlichen) Weggabe weggefallen ist. Hier korrigiert § 822 BGB die so entstandene „Unbilligkeit": Jetzt wird der Dritte so behandelt, als habe er die Zuwendung von dem Gläubiger ohne rechtlichen Grund erhalten und muss diese herausgeben. Verdeutlichen Sie sich das anhand der Skizze „Bereicherungsausgleich nach § 822 BGB".

Bereicherungsausgleich nach § 822 BGB

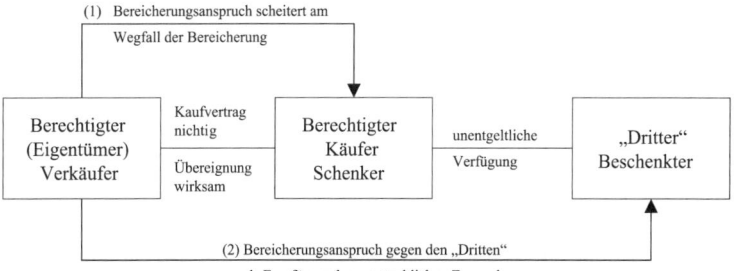

Die Situation des § 822 BGB weist eine Parallele zu § 816 Abs. 1 S. 2 BGB auf: In beiden Fällen ist ratio legis, dass der unentgeltlich Erwerbende den dinglich wirksamen Rechtserwerb bereicherungsrechtlich nicht behalten darf. Wegen der Unentgeltlichkeit der Verfügung ist er mit Recht weniger schutzbedürftig als derjenige, der als Berechtigter einen Nachteil erleidet. Der Unterschied zu § 816 Abs. 1 S. 2 BGB liegt jedoch in Folgendem: Bei § 816 Abs. 1 S. 2 BGB handelt es sich um die Verfügung eines Nichtberechtigten, in § 822 BGB dagegen um die unentgeltliche Verfügung eines Berechtigten (gegen den allerdings ein Bereicherungsanspruch geltend gemacht wird). Zudem ist § 822 BGB eine nur subsidiär in Betracht kommende Norm: Sie greift mit ihrer Aushilfshaftung nur ein, wenn der ursprüngliche Bereicherungsschuldner nicht haftet, weil er nicht mehr bereichert ist.

Beispiel: Emil verkauft ein ihm gehörendes Schmuckstück an Bertram. Die Übereignung findet statt. Bertram schenkt das Schmuckstück seiner Freundin Dora. Noch bevor der Kaufpreis bezahlt wird stellt sich heraus, dass der Kaufvertrag wegen Dissenses nichtig ist. An wen kann sich Emil halten? Antwort: Da die Eigentumsübertragung wegen des Abstraktionsprinzips auch bei nichtigem Kaufvertrag wirksam bleibt, kommt ein Bereicherungsanspruch des Emil gegen Bertram aus § 812 Abs. 1 S. 1 1. Alt. BGB in Betracht. Dieser ist jedoch nach § 818 Abs. 3 BGB mit dem Wegfall der Bereicherung (Weiterverschenken an D) ausgeschlossen. Hier greift § 822 BGB ein: Emil kann von Dora Herausgabe des Schmuckstücks verlangen. Häufig in der Prüfung angefügte Zusatzfrage: Wie wäre es, wenn Bertram die Nichtigkeit des Kaufvertrags kannte? Antwort: In diesem Fall wäre Bertram bösgläubig und könnte sich nicht auf den Wegfall der Bereicherung berufen (vgl. § 819 Abs. 1 BGB). Damit entfiele die nur subsidiär eingreifende Aushilfshaftung der Dora nach § 822 BGB.

Wiederholungsfragen zu § 56

Welche beiden Grundfälle sind im Bereicherungsrecht zu unterscheiden? (§ 56 I)

Welche Tatbestandsmerkmale müssen bei der Leistungskondiktion erfüllt sein? (§ 56 II)

Was alles kommt als Bereicherung des Schuldners in Betracht? (§ 56 II 1)

Wie definiert man die Leistung im Falle der Leistungskondiktion? (§ 56 II 2)

Welche Fälle des mangelnden rechtlichen Grundes gibt es? (§ 56 II 3)

Welche Fälle der Eingriffskondiktion kennen Sie? (§ 56 III 1)

Wie erfolgt der Bereicherungsausgleich bei der Verfügung eines Nichtberechtigten bzw. der Leistung an einen Nichtberechtigten? (§ 56 III 2, 3)

Was gilt, wenn die Bereicherung beim Schuldner weggefallen ist? (§ 56 IV 3)

Welche Besonderheiten für den Wegfall der Bereicherung gelten beim gegenseitigen Vertrag? (§ 56 IV 3 c)

Wann greift die verschärfte Bereicherungshaftung ein? (§ 56 IV 3 d)

§ 57 Die unerlaubte Handlung

Lernhinweis: Im Nachfolgenden geht es um die Ansprüche aus sog. „unerlaubter Handlung" (vom Lateinischen abgeleitet spricht man auch von „Delikt" bzw. „deliktischen Anspruchen"). Unerlaubte Handlungen begründen ein gesetzliches Schuldverhältnis. Im Gegensatz zu den rechtsgeschäftlichen Schuldverhältnissen werden keine vertraglichen bzw. quasivertraglichen Pflichten eines schon bestehenden Schuldverhältnisses verletzt. Vielmehr begründet erst die Verwirklichung der im Deliktsrecht normierten Tatbestände (insbesondere durch Rechtsgutverletzungen) Ansprüche, die auf Ausgleichung eines durch die Rechtsgutsverletzung verursachten Schadens gerichtet sind. Die in §§ 823 ff. geregelten Tatbestände enthalten durchweg selbstständige Anspruchsgrundlagen, gerichtet auf die Zahlung von Schadenersatz. Das Schadenersatzrecht hatten wir vom Grundsatz her bereits im Allgemeinen Schuldrecht kennengelernt (vgl. oben § 31). Dort wurden die Funktion des Schadenersatzrechts als Opferausgleich sowie Inhalt, Art und Umfang des Schadenersatzanspruchs abgehandelt. Die Deliktsfähigkeit als Voraussetzung für die Verantwortlichkeit des Schädigers ist bereits im Allgemeinen Teil des BGB (vgl. oben § 4 II 2 b) vorgestellt worden. Repetieren Sie deshalb unbedingt vorab noch einmal diese Abschnitte. Es wird Ihnen dann noch einmal bewusst, dass sich die verschiedenen Anspruchsgrundlagen für den vertraglichen bzw. deliktischen Schadenersatzanspruch an zahlreichen Stellen im BGB verstreut finden, generelle Gesichtspunkte dagegen – entsprechend der Bemühung des Gesetzgebers, allgemeine Dinge „vor die Klammer zu ziehen" – im Allgemeinen Schuldrecht (§§ 249 ff.)

geregelt sind. Im juristischen Studium bildet das Deliktsrecht einen gewissen Schwerpunkt; im Rahmen der Grundausbildung eignet es sich besonders gut, dem Studienanfänger den Aufbau der Rechtsnormen zu erklären und Grundzusammenhänge aufzuzeigen.

Verschaffen Sie sich nunmehr zunächst einen Überblick über die einzelnen Tatbestände des Gesetzes, und benutzen Sie dabei die Übersicht *Schadenersatzansprüche aus unerlaubter Handlung*.

I. Übersicht

1. Die Gesetzessystematik

Das Bürgerliche Gesetzbuch kennt im Gegensatz zu anderen Rechtsordnungen keinen allgemeinen Begriff der unerlaubten Handlung und demzufolge auch keine Generalklausel für sämtliche deliktischen Ansprüche. §§ 823 ff. enthalten vielmehr eine Aneinanderreihung verschiedener Tatbestände, deren Verwirklichung zu Schadenersatzansprüchen aus unerlaubter Handlung führt. Dabei sind einzelne Vorschriften generalklauselartig umschrieben (vgl. § 826 BGB sowie § 823 Abs. 2 BGB), andere wiederum beziehen sich auf konkrete Situationen. In § 823 Abs. 1 BGB (lesen!) hat der Gesetzgeber beide Prinzipien kombiniert: Zunächst werden Fälle der Verletzung verschiedener Rechtsgüter enumerativ genannt, anschließend jedoch „flieht der Gesetzgeber in die Generalklausel" des sog. „sonstigen Rechts".

2. Haftpflichttatbestände außerhalb des BGB

Das Recht der unerlaubten Handlungen im BGB ist nur ein Ausschnitt aus dem weiten Bereich des Haftpflichtrechts. In verschiedenen Reichs- bzw. Bundesgesetzen ist vor allem die **Gefährdungshaftung** geregelt. Für sie ist kennzeichnend, dass sie **kein Verschulden** voraussetzt.

Beispiele:
- Haftung nach dem Produkthaftungsgesetz (vgl. dazu unten VI),
- Halterhaftung nach dem Straßenverkehrsgesetz (vgl. dazu unten VII),
- Haftung für Schienen- und Schwebebahnunfälle sowie die Haftung des Betreibers einer Energieanlage nach dem Haftpflichtgesetz,
- Haftung des Halters von Luftfahrzeugen nach dem Luftverkehrsgesetz,
- Haftung für Verunreinigung von Gewässern nach dem Wasserhaushaltsgesetz,
- Haftung für Schäden aus Reaktoranlagen nach dem Atomgesetz.

3. Grundstruktur des Deliktanspruchs

Wenn Sie die einzelnen Schadenersatzregelungen der §§ 823 ff. BGB analysieren, wird Ihnen der typische Normaufbau ersichtlich. Die Rechtsfolge des Schadenersatzes knüpft regelmäßig an nachfolgende Elemente an:

- Der Schädiger hat eine bestimmte **Handlung** vorgenommen (dabei ist dem positiven Tun ein Unterlassen gleichgestellt, wenn eine Pflicht zum Tätigwerden besteht);
- die Handlung muss kausal gewesen sein für die Verletzung fremder Rechtsgüter (**„haftungsbegründende Kausalität"**);

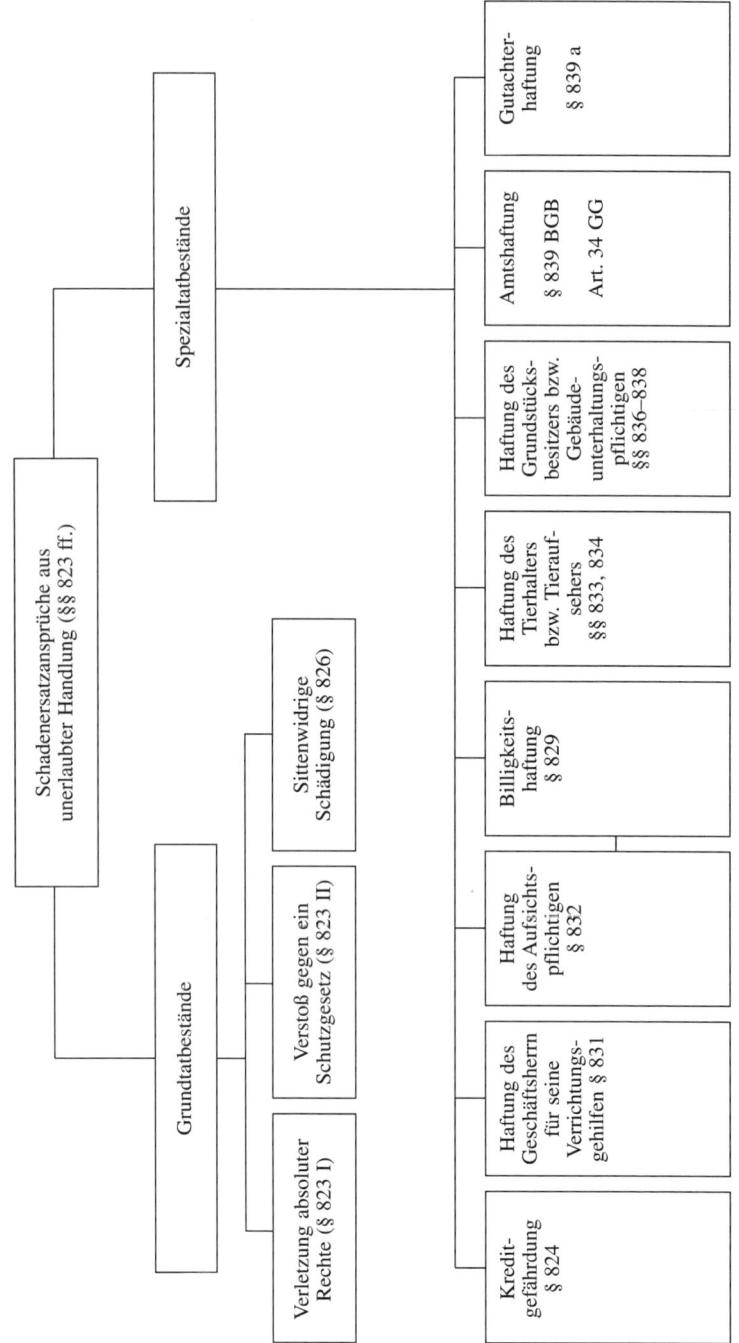

- die Rechtsgutverletzung muss kausal gewesen sein für den eingetretenen Schaden („**haftungsausfüllende Kausalität**") – zur Kausalität allgemein vgl. oben § 31);
- die Verletzungshandlung muss **rechtswidrig** sein (die Rechtswidrigkeit wird indiziert, sofern keine Rechtfertigungsgründe eingreifen);
- dem Schädiger muss **Verschulden** zur Last fallen. Dabei werden sowohl Verschuldensfähigkeit (= Deliktsfähigkeit) als auch Vorwerfbarkeit (= Vorsatz oder Fahrlässigkeit, vgl. oben § 31 IV) vorausgesetzt.

4. Anspruchskonkurrenz

Vertragliche und deliktische Schadenersatzansprüche schließen sich gegenseitig **nicht** aus. Erfüllt eine vertragliche Pflichtverletzung zugleich die Tatbestandsvoraussetzungen der §§ 823 ff. BGB, kann der Geschädigte den Schädiger aus beiden Rechtsgrundlagen in Anspruch nehmen.

Lernhinweis: Dies ist vor allem bedeutsam bei der Gehilfenhaftung! Der Anspruch aus § 831 Abs. 1 S. 1 BGB scheitert, wenn sich der Geschäftsherr nach § 831 Abs. 1 S. 2 exkulpieren kann. Bei der Haftung des Schuldners für seinen Erfüllungsgehilfen nach § 278 BGB ist dagegen keine Exkulpation möglich (repetieren Sie dazu oben das unter § 31 IV 2 Ausgeführte).

II. Schadenersatzansprüche aus Verletzung absoluter Rechte

Nach § 823 Abs. 1 BGB ist zum Schadenersatz verpflichtet, wer vorsätzlich oder fahrlässig bestimmte Rechtsgüter eines anderen widerrechtlich verletzt.

Lernhinweis: § 823 enthält in Abs. 1 und Abs. 2 zwei voneinander unabhängige, selbstständige Anspruchsgrundlagen. Zitieren Sie deshalb immer den jeweiligen Absatz! Es macht einen ausgesprochen schlechten Eindruck, wenn Sie in der mündlichen bzw. schriftlichen Prüfung einen „Schadenersatzanspruch aus § 823 BGB" nennen!

1. Die schädigende Handlung

Der Schadenersatzanspruch nach § 823 Abs. 1 setzt eine widerrechtliche, vorsätzlich oder fahrlässig begangene Verletzung fremder Rechtsgüter voraus.

a) Positives Tun

Die Verletzung wird in der Regel auf eine positive Tätigkeit des Schädigers zurückzuführen sein.

Beispiel: Ein Autofahrer fährt zu schnell in die Kurve, kommt ins Schleudern und kollidiert mit dem Fahrzeug eines anderen Verkehrsteilnehmers.

b) Unterlassen

Die Verletzung kann jedoch auch durch Unterlassen verursacht werden. Nach allgemeinen dogmatischen Grundsätzen wird das Unterlassen dem positiven Tun gleichgestellt, wenn eine Rechtspflicht zum Tätigwerden besteht. Dies ist vor allem bei den sog. „**Verkehrssicherungspflichten**" anerkannt: Die „Eröffnung eines Verkehrs" begründet die Verpflichtung, die damit zusammenhängenden Gefahren zu eliminieren bzw. zu minimieren.

Schulbeispiel: Wer als Betreiber eines Kaufhauses und dgl. auf dem zuführenden Gehsteig nicht streut, so dass Passanten bei Glatteis zu Fall kommen, haftet nach § 823 Abs. 1 den Geschädigten wegen seines Unterlassens auf Schadenersatz.

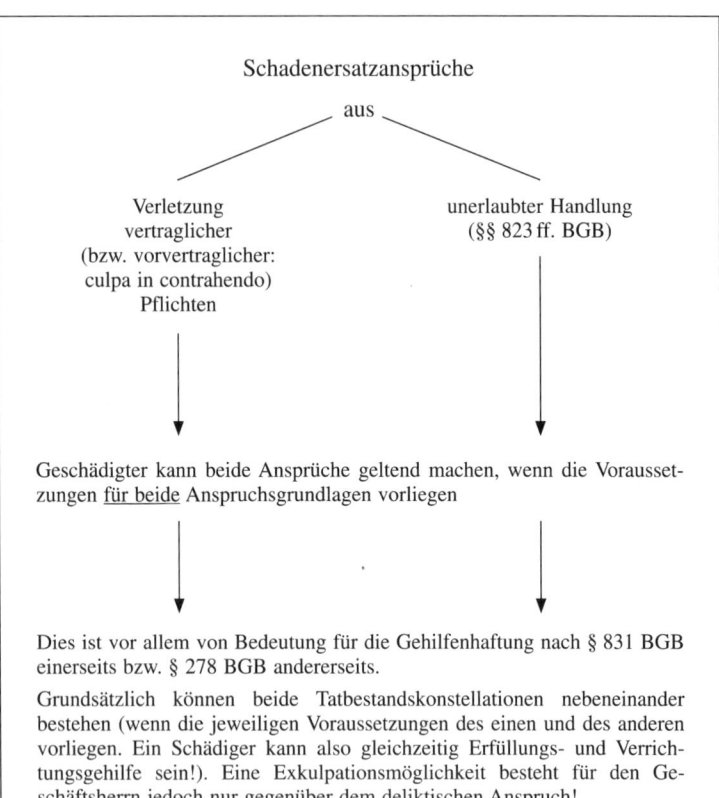

2. Die geschützten Rechtsgüter

a) Absolute Rechte

§ 823 Abs. 1 nennt zunächst eine Reihe geschützter Rechtsgüter: Leben, Körper, Gesundheit, Freiheit und Eigentum. Wer diese Rechte verletzt, muss den daraus entstehenden Schaden ersetzen.

b) Sonstige Rechte

Die Aufzählung des BGB ist nicht abschließend: Nach § 823 Abs. 1 muss ebenfalls Schadenersatz leisten, wer „ein sonstiges Recht eines anderen" widerrechtlich verletzt. Was darunter zu verstehen ist, sagt das BGB nicht ausdrücklich. Aus der Gleichsetzung mit den vorgenannten Rechten (Leben, Körper, Gesundheit, Freiheit und Eigentum) folgt, dass es sich gleichfalls um absolute, also gegenüber jedermann wirkende Rechte handeln muss. Als sonstige Rechte sind anerkannt:

aa) Sonstige dingliche Rechte

Geschützt sind insbesondere die „beschränkt dinglichen Rechte", z.B. der Nießbrauch, die Pfandrechte, das Anwartschaftsrecht sowie Aneignungsrechte (näheres dazu im Sachenrecht unten Teil V, 3. Kapitel).

Beispiel: Ist an einem bebauten Grundstück dem N der Nießbrauch eingeräumt, kann dieser gegen den Brandstifter B auf Schadenersatz klagen, wenn durch dessen schädigende Handlung das Gebäude zerstört und damit die Nutzungsmöglichkeit für N vereitelt wird.

bb) Der Besitz

Auch der Besitz als bloß tatsächliche Sachherrschaft wird als sonstiges Recht angesehen.

Beispiel: Mieter M kann Schädiger S auf Schadenersatz verklagen, wenn dieser die Mietsache vorenthält bzw. beschädigt.

cc) Immaterialgüterrechte

Deliktischen Schutz genießen auch Patent-, Urheber-, Marken- und Gebrauchsmusterrechte.

dd) Das allgemeine Persönlichkeitsrecht

Lernhinweis: Das allgemeine Persönlichkeitsrecht wurde bereits oben bei der Erörterung des subjektiven Rechts vorgestellt (repetieren Sie noch einmal § 5 II). Aus der Erkenntnis heraus, dass die Persönlichkeit als solche vom positiven Recht nur in einzelnen Aspekten, nicht jedoch als Gesamtheit geschützt ist, hat die Rechtsprechung (letztlich im Wege der richterlichen Rechtsfortbildung, heute gewohnheitsrechtlich anerkannt) ein „allgemeines Persönlichkeitsrecht" entwickelt, nicht zuletzt im Hinblick auf die verfassungsrechtlich gesicherte Unantastbarkeit der Menschenwürde und der Garantie der freien Entfaltung der Persönlichkeit. Man hat das Persönlichkeitsrecht auch als „Rahmenrecht" bezeichnet, weil sich die Persönlichkeit einer exakten Umschreibung entzieht und die Grenzlinie ihres Schutzbereiches damit nicht immer eindeutig verläuft.

Für die Verletzung des allgemeinen Persönlichkeitsrechts lassen sich nach der Rechtsprechung bestimmte Kategorien bilden:

(1) Ehrverletzungen

Dazu gehört z.B. die Beeinträchtigung der Persönlichkeit durch überzogene Kritik.

Beispiel: Als Verletzung des Persönlichkeitsrechts wurde vom BGH die Kritik an einer Fernsehansagerin angesehen, sie sehe aus „wie eine ausgemolkene Ziege, bei deren Anblick den Zuschauern die Milch sauer wird" (BGHZ 39, 124).

(2) Verletzung der fremden Intimsphäre

Dazu gehören heimliche Ton- und Bildaufnahmen im privaten Bereich. Nach BGHZ 73, 120 war auch die seinerzeit von der Illustrierten „Stern" erfolgte Veröffentlichung eines rechtswidrig abgehörten Telefongesprächs zwischen zwei bekannten Bundespolitikern ein Verstoß gegen das Persönlichkeitsrecht.

(3) Missbräuchliche Verwendung der Persönlichkeit zu Werbezwecken
Zahlreiche Entscheidungen der Rechtsprechung befassen sich mit der ungefragten Verwendung von Bildern und Namen zu Werbezwecken.

Schulbeispiel: Im sog. Herrenreiterfall (BGHZ 26, 349) wurde das Bild eines dem Reitsport zugetanen Brauereibesitzers ohne dessen Einverständnis als Werbespot für Potenzstärkungsmittel verwendet.

Lernhinweis: Die Verletzung des allgemeinen Persönlichkeitsrechts verpflichtet nach § 823 Abs. 1 BGB zum Ersatz des Vermögensschadens. Der Verletzte kann z. B. die Kosten verlangen, die ihm durch die nötige Abwehr der Persönlichkeitsverletzung entstanden sind (Unterlassungsklage, Beseitigung, Widerruf, Ergänzung und Gegendarstellung).

Darüber hinaus hat die Rechtsprechung (dogmatisch nicht immer ganz sauber) auch einen Anspruch auf Schmerzensgeld bejaht. Dabei sind die hier von der Rechtsprechung zugebilligten Schmerzensgelder – verglichen mit den bei Körperverletzungen gezahlten Summen – außerordentlich hoch (dies wiederum wird gerechtfertigt durch die bei Persönlichkeitsverletzungen erforderliche „Genugtuung", die dem Verletzten geschuldet wird).

ee) Das Recht am eingerichteten und ausgeübten Gewerbebetrieb
Seit langem anerkennt die Rechtsprechung den Gewerbebetrieb als schützenswertes Rechtsgut. Auch hier handelt es sich um ein „Rahmenrecht", das sich einer exakten Eingrenzung entzieht. Schutzobjekt ist die unternehmerische Tätigkeit, die vor Störungen von außen geschützt werden soll. Beim Recht am eingerichteten und ausgeübten Gewerbebetrieb handelt es sich um einen subsidiären „Auffangtatbestand", der eine sonst entstehende Lücke im Rechtsschutzsystem, insbesondere im Bereich des gewerblichen Rechtsschutzes schließt. Geschützt ist das Unternehmen in seiner Gesamtheit. Erfasst werden die Positionen, die den wirtschaftlichen Wert des Betriebs ausmachen: Bestand, Erscheinungsform, Tätigkeitsbereich, Kundenstamm, Außenstände, Geschäftsverbindungen, Warenzeichen u. dgl.

(1) Eingrenzung
In einer auf Wettbewerb ausgerichteten Wirtschaftsordnung ist die Anerkennung eines derart umfassenden Rechts nicht unproblematisch. Die Rechtsprechung hat deshalb Einschränkungen gemacht:

(1.1) Subsidiarität
Weil das Recht am eingerichteten und ausgeübten Gewerbebetrieb nach der Rechtsprechung lediglich einen Auffangtatbestand darstellt, kommt es nur zur Anwendung, wenn das Unternehmen nicht bereits durch spezielle Tatbestände geschützt ist.

Beispiel: Liegt der Beeinträchtigung des Gewerbebetriebs eine sittenwidrige Wettbewerbshandlung eines anderen zugrunde, geht das UWG als Sonderrecht vor.

(1.2) Betriebsbezogenheit
Vorausgesetzt ist eine **unmittelbare Beeinträchtigung** des Gewerbebetriebs. Andernfalls würde die Möglichkeit, Schadenersatz zu verlangen,

ausufern, sich das Risiko für wirtschaftliche Betätigungen unkalkulierbar erhöhen und letztlich selbst wettbewerbsschädigend auswirken. Kein Eingriff in den Bestand des Gewerbebetriebs liegt vor bei seiner nur mittelbaren Beeinträchtigung durch ein außerhalb des Betriebs eingetretenes, mit seiner Wesenseigentümlichkeit nicht in Beziehung stehendes Schadensereignis.

Schulbeispiel: Ein Baggerführer beschädigt bei Bauarbeiten ein zuführendes Kabel und unterbricht so eine Fernsprechleitung oder die Stromzufuhr. Der betroffene Betriebsinhaber kann daraus keinen Anspruch auf Schadenersatz wegen Verletzung des Rechts am eingerichteten und ausgeübten Gewerbebetrieb verlangen.

Auch die günstigere Beurteilung eines Konkurrenzfabrikats in einem Warentest wurde vom BGH nicht als Eingriff in den eingerichteten und ausgeübten Gewerbebetrieb angesehen, solange der Test neutral, sachkundig und objektiv durchgeführt wurde.

(2) Rechtsprechungsbeispiele

Bejaht wurde eine Verletzung des eingerichteten und ausgeübten Gewerbebetriebs in folgenden Fällen:

* **unberechtigte Verwarnung** vor Schutzrechtsverletzungen im Wettbewerbsrecht (BGHZ 38, 205);
* **Blockade** eines Zeitungsunternehmers durch Demonstranten, um die Auslieferung der „Bild"-Zeitung zu verhindern (BGHZ 59, 30);
* **Bummelstreik** der Fluglotsen von 1973 (BGHZ 69, 128).

c) Das Vermögen

Nicht unter § 823 Abs. 1 fällt das Vermögen als solches! Geschützt ist das Vermögen in § 823 Abs. 1 nur, soweit es in seinen konkreten Ausgestaltungen als absolutes Recht in Erscheinung tritt (Eigentum, sonstige dingliche Rechte, Immaterialgüterrechte usw.). Die insoweit bestehende Rechtsschutzlücke wird einerseits durch § 823 Abs. 2 BGB, andererseits auch durch das eben erwähnte Recht am eingerichteten und ausgeübten Gewerbebetrieb geschlossen.

III. Verstoß gegen Schutzgesetze

Nach § 823 Abs. 2 BGB ist schadenersatzpflichtig, wer gegen ein „den Schutz eines anderen bezweckendes Gesetz" verstößt. Damit erweitert § 823 Abs. 2 den in § 823 Abs. 1 gewährten Rechtsschutz. Seine Bedeutung liegt darin, dass beim Vorliegen seiner Tatbestandsvoraussetzungen Ersatz für Vermögensschädigungen auch dann verlangt werden kann, wenn keines der in § 823 Abs. 1 geschützten absoluten Rechtsgüter verletzt ist.

Beispiel: Betrüger B gibt sich dem Kapitalgeber K gegenüber als Erfinder aus und schwatzt diesem ein gefälschtes Patent auf. K erleidet eine erhebliche Vermögenseinbuße. Ein Schadenersatz nach § 823 Abs. 1 scheidet aus, da K nicht in seinen absoluten Rechten, sondern lediglich an seinem Vermögen geschädigt wurde. Strafrechtlich liegt Betrug nach § 263 StGB vor. Der Betrugstatbestand ist ein Schutzgesetz i. S. von § 823 Abs. 2 BGB. K kann deshalb Schadenersatz nach § 823 Abs. 2 BGB i. V. m. § 263 StGB verlangen.

§ 823 Abs. 2 gewährt den Ersatz des Schadens, den das Schutzgesetz gerade verhüten will. Im Einzelnen setzt der Anspruch voraus:

1. Verletzung eines Schutzgesetzes

Dabei muss es sich um ein solches Gesetz handeln, das „den Schutz eines anderen" bezweckt. Nach feststehender Rechtsprechung ist ausreichend, wenn die Norm **wenigstens auch** dazu dienen soll, den einzelnen Rechtsgenossen vor der Verletzung seiner Rechte, Rechtsgüter oder rechtlich geschützten Interessen zu schützen.

Beispiele:

• Die meisten Bestimmungen des Strafgesetzbuches (z. B. Körperverletzung, §§ 223 ff. StGB; Freiheitsberaubung, §§ 234 ff. StGB; Eigentumsdelikte, §§ 242 ff. StGB; Betrug und Untreue, §§ 263 ff. StGB).
• Zahlreiche Vorschriften des Gewerbe- und Arbeitsrechts (Arbeitnehmerschutzbestimmungen).

Keine Schutzgesetze dagegen sind solche Normen, die lediglich dem öffentlichen Interesse dienen (Beispiel: baurechtliche Vorschriften, die aus überörtlichen Gesichtspunkten erlassen wurden).

2. Kausalität

Ein Schadenersatzanspruch aus § 823 Abs. 2 BGB greift nur ein, wenn Kausalität zwischen der Verletzung des Schutzgesetzes und dem eingetretenen Schaden besteht.

3. Rechtswidrigkeit

Auch hier wird die Rechtswidrigkeit bereits durch die Verletzung des Schutzgesetzes indiziert.

4. Verschulden

Dadurch, dass § 823 Abs. 2 BGB auf das verletzte Schutzgesetz Bezug nimmt, ist in der Regel zugleich die Voraussetzung für das Verschulden umschrieben.

Beispiel: Betrug nach § 263 StGB setzt vorsätzliche Tatbegehung voraus.

Denkbar ist aber auch, dass Schutzgesetze keinerlei Verschulden voraussetzen. In diesen Fällen greift § 823 Abs. 2 Satz 2 BGB ein: Ist nach dem Inhalt des (Schutz-)Gesetzes ein Verstoß gegen dieses auch ohne Verschulden möglich, so tritt die Ersatzpflicht nur im Fall des Verschuldens ein. Mit anderen Worten: Trotz der Verweisungstechnik verzichtet das Bürgerliche Gesetzbuch auch in diesem Fall nicht auf das Verschuldensprinzip.

IV. Sittenwidrige Schädigungen

1. Bedeutung des § 826 BGB

Nach § 826 BGB ist zum Schadenersatz verpflichtet, wer „in einer gegen die guten Sitten verstoßenden Weise einem anderen vorsätzlich Schaden zufügt". Wir haben es hierbei mit einer Generalklausel zu tun: Vorausgesetzt ist eine sittenwidrige Handlung des Schädigers, mit der dieser einem anderen vorsätzlich Schaden zufügt. § 826 BGB hat große Bedeutung im Wirtschaftsleben; er ist nicht auf die Verletzung absoluter Rechte beschränkt, er gewährt vielmehr vor allem dem Vermögen deliktischen Schutz.

2. Sittenwidrigkeit der Schädigung

Anspruchsvoraussetzung ist, dass der Schaden in einer „gegen die guten Sitten verstoßenden Weise" verursacht wurde. Das BGB benutzt diesen Begriff schon im Allgemeinen Teil bei der Rechtsgeschäftslehre. Dort hatten wir gesehen, dass sittenwidrige Rechtsgeschäfte nach § 138 BGB nichtig sind.

Lernhinweis: Repetieren Sie zunächst die entsprechenden Abschnitte oben im Allgemeinen Teil (§ 13 III). Ein Verstoß gegen die guten Sitten liegt vor, wenn das schädigende Handeln „gegen das Anstandsgefühl aller billig und gerecht Denkenden verstößt".

Die Rechtsprechung hat versucht, aus der Generalklausel des § 826 BGB einzelne Fallgruppen zu entwickeln:

a) Verleiten zum Vertragsbruch

Die sittenwidrige Beeinträchtigung fremder schuldrechtlicher Ansprüche verpflichtet regelmäßig zum Schadenersatz nach § 826 BGB. Dazu gehört die Verleitung zum Vertragsbruch ebenso wie das arglistige Zusammenwirken zum Nachteil anderer (kollusives Verhalten).

b) Sittenwidriges Verhalten im Wettbewerb

Nicht jedes aggressive Wettbewerbsverhalten ist zugleich sittenwidrig. Die Rechtsprechung hat jedoch in einigen typischen Fällen Schadenersatzansprüche zugebilligt:

- beim Missbrauch von Monopolstellungen;
- im Falle des grundlosen Boykotts;
- bei unlauterem Konkurrenzverhalten.

c) Sittenwidriges Verhalten bei Vertragsabschluss

Die arglistige Täuschung, die wir oben bei der Rechtsgeschäftslehre im Rahmen des § 123 BGB als Anfechtungsgrund kennengelernt haben, begründet regelmäßig auch einen Schadenersatzanspruch nach § 826 BGB, wenn es durch sie beim Vertragsgegner zu einer Vermögensschädigung kommt.

V. Die Geschäftsherrnhaftung

In der arbeitsteiligen Wirtschaft werden sowohl im Produktions- als auch im Dienstleistungsbereich in großem Umfang Aufgaben an andere delegiert. Was gilt nun, wenn ein Arbeitnehmer bei der Verrichtung ihm übertragener Aufgaben einen Dritten schädigt? Zunächst bleibt es sicher bei den §§ 823 ff. BGB mit der Folge, dass der betreffende Schädiger dem Geschädigten Schadenersatz zahlen muss. Dabei stößt man jedoch auf zwei Probleme:

(1.) Die Realisierbarkeit eines Schadenersatzanspruchs gegen den Arbeitnehmer ist möglicherweise wegen der nur geringen Bonität des Schuldners fraglich.

(2.) Eigentlich müsste doch der „dahinterstehende Geschäftsherr" belangt werden können. Schließlich wurde der Arbeitnehmer in dessen Interesse und auf dessen Weisung tätig.

Das BGB versucht, diesen Gesichtspunkten in § 831 BGB mit der Haftung für den Verrichtungsgehilfen Rechnung zu tragen.

Lernhinweis: Diese Problematik wurde schon mehrfach angesprochen. Repetieren Sie noch einmal, was oben im Allgemeinen Schuldrecht zum „Erfüllungsgehilfen" ausgeführt wurde (vgl. § 31 IV 2). Bei den Prüfungen im Rahmen des BGB-Grundkurses wird verlangt, dass der Kandidat die tatbestandlichen Voraussetzungen des Erfüllungsgehilfen einerseits und des Verrichtungsgehilfen andererseits beherrscht, an einem Beispiel erläutern und vor allen Dingen die unterschiedlichen Konsequenzen der beiden Vorschriften § 278 BGB und § 831 BGB darlegen kann. Lesen Sie zunächst § 831 Abs. 1 Satz 1 und Satz 2 aufmerksam durch. Zur Terminologie: Als „Geschäftsherr" wird derjenige bezeichnet, der einen anderen zu einer Verrichtung bestellt; „Verrichtungsgehilfe" ist derjenige, der zu einer Verrichtung bestellt wurde und bei deren Ausführung einen Dritten schädigt.

1. Haftungsvoraussetzungen

Die Geschäftsherrnhaftung setzt im Einzelnen voraus:

a) Bestellung zu einer Verrichtung

Hierunter fällt jede Tätigkeit, die entgeltlich oder unentgeltlich, vorübergehend oder dauernd für einen anderen erfolgt und nach näherer Maßgabe des § 831 BGB geleistet wird.

Beispiele: Der Geselle des Klempnermeisters, der Hausmeister eines Betriebs.

b) Weisungsgebundenheit

Verrichtungsgehilfe ist nur, wer den Weisungen des Geschäftsherrn unterliegt. Dabei ist nach der Rechtsprechung erforderlich und ausreichend, dass der Geschäftsherr die Gehilfentätigkeit „jederzeit beschränken, entziehen oder nach Zeit und Umfang bestimmen kann".

In der Regel wird beim Verrichtungsgehilfen eine soziale Unterordnung vorliegen, weshalb die Weisungsgebundenheit des Gehilfen z. T. auch als „soziales Abhängigkeitsverhältnis" gekennzeichnet wird.

Beispiele: Die im Betrieb beschäftigten Arbeitnehmer sind Verrichtungsgehilfen des Betriebsinhabers; keine Verrichtungsgehilfen des Auftraggebers sind dagegen Anwälte, Steuerberater sowie Subunternehmer.

c) Rechtswidrige Schadenszufügung

Der Geschäftsherr haftet für Schäden, die der Verrichtungsgehilfe einem Dritten widerrechtlich zufügt. Nicht ist erforderlich, dass der Verrichtungsgehilfe selbst schuldhaft handelt (obwohl dies in den meisten Fällen so sein wird). § 831 BGB ist eine **Haftungsgrundlage für eigenes Verschulden** (nämlich Auswahl- bzw. Überwachungsverschulden des Geschäftsherrn!).

d) Schadenszufügung in Ausführung der Verrichtung

Die Geschäftsherrnhaftung setzt voraus, dass der Schaden „in Ausführung der Verrichtung" (und nicht nur „gelegentlich") einem Dritten zugefügt wird. Es muss nach ihrer Art und ihrem Zweck ein **„unmittelbarer innerer Zusammenhang** zwischen der dem Gehilfen übertragenen Aufgabe und der schädigenden Handlung bestehen".

Schulbeispiel: Bauunternehmer B haftet nach § 831 BGB, wenn seine Leute beim Ausbaggern den Nachbarzaun beschädigen; nicht dagegen, wenn ein Bauarbeiter auf dem Nachbargelände einen Diebstahl begeht (dieser wird nicht „in Ausführung", sondern nur „bei Gelegenheit" der Verrichtung begangen).

2. Haftungsausschluss

Der Geschäftsherr haftet nicht, wenn er sich nach § 831 Abs. 1 S. 2 BGB **„exkulpieren"** kann. Hinweis: Sie sehen, bei § 831 Abs. 1 BGB handelt es sich um eine Haftung für **eigenes** Verschulden; und (wegen der durch den Satzbau des Absatz 1 zum Ausdruck kommenden Umkehrung der Beweislast) um eine „Haftung aus vermutetem Verschulden"! Dieser Entlastungsbeweis kann in zweifacher Weise geführt werden:

a) Verschulden

Der Geschäftsherr kann sich durch den Nachweis exkulpieren, dass ihn kein Verschulden trifft

- bei der Auswahl des Gehilfen bzw.
- bei der Gerätebeschaffung bzw.
- bei der Überwachung der Ausführung.

b) Kausalzusammenhang

Der Geschäftsherr kann sich schließlich auch durch den Nachweis exkulpieren, dass der Schaden auch bei Anwendung der erforderlichen Sorgfalt entstanden wäre.

Lernhinweis: Sie sehen, dass die Geschäftsherrnhaftung entfällt, wenn der Geschäftsherr ordentliches Personal eingestellt bzw. ordnungsgemäße Werkzeuge und Gerätschaften zur Verfügung gestellt hat (z. B. bei Bauarbeiten dafür sorgt, dass bei der Baustelle Gerüste, Absperrungsmaßnahmen und Beleuchtung den Vorschriften entsprechend angebracht werden).

Als Folge davon kann der Geschädigte sich nur an den Verrichtungsgehilfen selbst halten (vorausgesetzt, dieser hat schuldhaft gehandelt), nicht dagegen an den wirtschaftlich potenteren („dahinterstehenden") Geschäftsherrn (= Firmeninhaber). Dies ist die **entscheidende Schwäche** eines Schadenersatzanspruchs aus § 831 BGB! Wenn Sie nunmehr § 831 BGB mit § 278 BGB vergleichen, merken Sie, dass die Gehilfenhaftung im Fall des § 278 BGB für den Geschädigten wesentlich günstiger ist (weil dort keine Exkulpationsmöglichkeit besteht). Verdeutlichen Sie sich noch einmal die beiden unterschiedlichen Situationen der Haftung für den Erfüllungsgehilfen nach § 278 BGB einerseits und für den Verrichtungsgehilfen nach § 831 BGB andererseits anhand der beiden Skizzen. Vergessen Sie nicht, dass nur § 831 Abs. 1 Satz 1 eine selbstständige Anspruchsgrundlage darstellt, § 278 dagegen eine „Zurechnungsnorm" für fremdes Verschulden ist, im Übrigen jedoch einen Schadenersatzanspruch aus Verletzung eines bereits bestehenden Schuldverhältnisses (z. B.

Unmöglichkeit, Verzug, positive Vertragsverletzung oder culpa in contrahendo) voraussetzt.

Zu beachten ist jedoch, dass auch bei Verneinung des § 831 BGB eine Haftung des Geschäftsherrn nach § 823 Abs. 1 BGB im Rahmen des sog. **„Organisationsverschuldens"** in Betracht kommt. Dem liegt folgender Gedanke zu Grunde: Ein Betriebsinhaber („Geschäftsherr") muss durch entsprechende organisatorische Vorkehrungen dafür sorgen, dass durch die betrieblichen Vorgänge und Arbeitsabläufe Dritte nicht zu Schaden kommen, insbesondere wenn er die Erfüllung der eigenen Aufsichts- und Überwachungspflicht im Betrieb anderen Personen überlässt. Hat eine solche Organisation nicht stattgefunden, haftet der Geschäftsherr nach § 823 Abs. 1 BGB (ohne Exkulpationsmöglichkeit!).

Haftungssituation beim Erfüllungsgehilfen

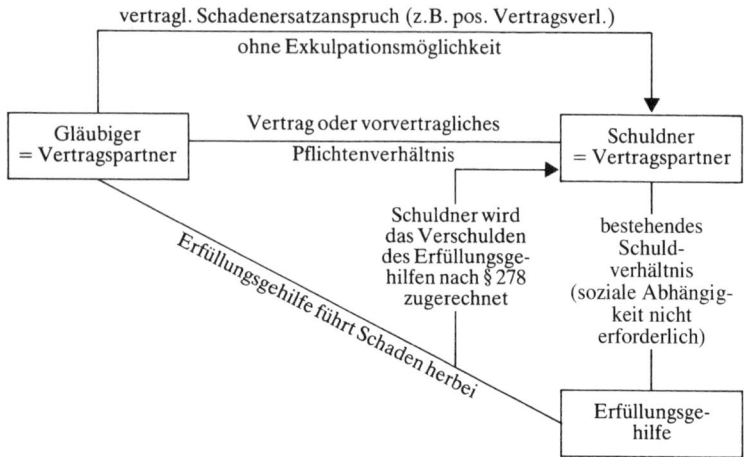

Haftungssituation beim Verrichtungsgehilfen

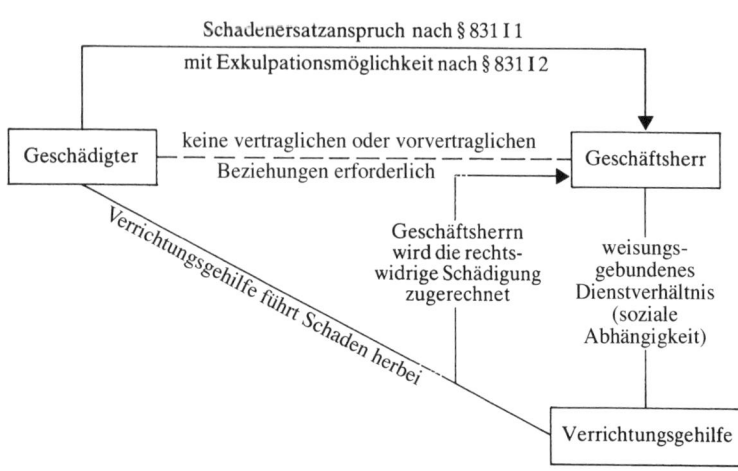

VI. Die Produzentenhaftung

1. Ausgangspunkt

Bei der sog. „Produzentenhaftung" (Produkthaftung) geht es um die Frage, inwieweit ein Hersteller für Schäden haftet, die durch Verwendung seiner Produkte beim Verbraucher eintreten.

Die Haftungsfrage stellt sich typischerweise

- bei **Konstruktionsfehlern** (Einzelteile von Kraftfahrzeugen einer bestimmten Serie sind mangelhaft montiert, das Herstellerwerk leitet eine „Rückrufaktion" ein);
- bei **Fabrikationsfehlern** (das von einem Chemiehersteller entwickelte Schlafmittel führt bei Neugeborenen zu Missbildungen);
- bei **Instruktionsfehlern** (der Hersteller eines Präparates weist nicht oder nicht genügend deutlich auf die Unverträglichkeit und Risikofaktoren bei bestimmten Verwendergruppen hin).

Haftet der Produzent für Schäden bei Verwendung eines fehlerhaften Produkts? Die erhebliche wirtschaftliche Tragweite und die dogmatische Schwierigkeit seiner Lösung ergibt sich schon aus der Fragestellung. Zwei Lösungsansätze kommen in Betracht: die Haftung nach dem BGB (vgl. unten 2.) und die Haftung nach dem Produkthaftungsgesetz (vgl. unten 3.).

2. Haftung nach dem Bürgerlichen Gesetzbuch

a) Verletzung vertraglicher Pflichten

Wir haben mehrfach darauf hingewiesen, dass vertragliche Schadenersatzansprüche für den Geschädigten wesentlich günstiger sind als deliktische Ansprüche: Wer auf Grund eines bereits bestehenden Schuldverhältnisses zum Schadenersatz verpflichtet ist, muss für das Verschulden seiner Erfüllungsgehilfen nach § 278 BGB wie für eigenes Verschulden einstehen. Insofern wären vertragliche Ansprüche gegen den Hersteller aus der Sicht des Geschädigten optimal: Die in der arbeitsteiligen Wirtschaft bei der Herstellung eines Produkts im Wege der Delegation beteiligten Dritten (Arbeitnehmer) wären Erfüllungsgehilfen, für die der Vertragspartner einzustehen hätte.

Die Annahme vertraglicher Beziehungen zwischen dem Produzenten und dem Konsumenten ist jedoch, wenn man ehrlich ist, reine Fiktion: Zum Teil wird versucht, zwischen dem Hersteller und dem Konsumenten einen „Garantievertrag" zu konstruieren; auch wird, um das Rechtsinstitut des Vertrags mit Schutzwirkung zugunsten Dritter (vgl. oben § 29 IV) anwenden zu können, die Theorie aufgestellt, zwischen dem Produzenten und dem Zwischenhändler werde zugunsten des Konsumenten ein Vertrag mit Schutzwirkung zugunsten Dritter stillschweigend vereinbart. Die Rechtsprechung hat derartige Konstruktionen mit Recht abgelehnt.

b) Vertrauenshaftung

Zum Teil wurde auch versucht, analog § 122 BGB unter Bezugnahme auf das Rechtsinstitut der culpa in contrahendo (vgl. oben § 37) eine Verantwortlichkeit des Herstellers zu konstruieren. Auch diese Versuche sind dogmatisch nicht haltbar und von der Rechtsprechung nicht als gangbarer Weg angesehen worden.

c) Deliktische Ansprüche

Mit dem BGB vereinbar sind lediglich deliktische Ansprüche. In Betracht kommen die §§ 823 Abs. 1, 823 Abs. 2 sowie § 831 BGB.

aa) Lösung über die Geschäftsherrnhaftung

Den Schadenersatzanspruch auf § 831 BGB zu stützen, ist zwar nahe liegend und dogmatisch korrekt, würde jedoch dem Konsumenten „Steine statt Brot" geben: Auf Grund des Entlastungsbeweises nach § 831 Abs. 1 Satz 2 BGB ginge ein solcher Anspruch gegen den Produzenten regelmäßig ins Leere (vgl. dazu das oben unter V. Ausgeführte).

bb) Lösung über § 823 BGB

Das In-den-Verkehr-Bringen fehlerhafter Produkte wird regelmäßig absolute Rechte des Konsumenten (Leib, Leben, Gesundheit, Eigentum) beeinträchtigen oder nach § 823 Abs. 2 solche Bestimmungen verletzen, die wenigstens auch den Konsumenten schützen wollen. Unüberwindliche Schwierigkeiten ergeben sich jedoch beim Verschulden. Der geschädigte Konsument muss nach allgemeinen Grundsätzen als Kläger im Prozess den Beweis dafür antreten, dass dem Hersteller ein Verschulden zur Last fällt (dass dieser also zumindest fahrlässig gehandelt hat). Wie aber soll er diesen Beweis erbringen, wenn er die speziellen Produktionsverhältnisse gar nicht kennt?

Würde man also auch in diesem Fall am Grundsatz festhalten, dass der Anspruchsteller im Prozess die Anspruchsvoraussetzungen beweisen muss, wäre § 823 Abs. 1 BGB als Anspruchsgrundlage für die Produkthaftung eine stumpfe Waffe.

cc) Beweislastumkehr

Dies hat die Rechtsprechung nicht verkannt. Der Bundesgerichtshof (BGHZ 51, 91 – eine sehr lesenswerte Entscheidung; es werden die diversen Erscheinungsformen und Möglichkeiten zur dogmatischen Lösung der Produzentenhaftung eingehend erörtert) hat im Interesse des Verbrauchers entschieden:

„Wird bei bestimmungsgemäßer Verwendung eines Industrieerzeugnisses eine Person oder eine Sache dadurch geschädigt, dass das Produkt fehlerhaft hergestellt war, so muss der **Hersteller beweisen, dass ihn hinsichtlich des Fehlers kein Verschulden trifft.** Erbringt der Hersteller diesen Beweis nicht, so haftet er nach Deliktsgrundsätzen". Wir haben es also mit einer (durch die Rechtsprechung wohl im Wege der Rechtsfortbildung eingeführten) „Umkehr der Beweislast" zu tun: Nicht der Konsument muss nachweisen, dass der Produzent die Fabrikations- bzw. Instruktionsfehler schuldhaft verursacht hat; vielmehr muss sich der Produzent entlasten. Der Konsument hat lediglich den Nachweis zu führen, dass es zu einer Schädigung gekommen ist und dass diese durch die Verwendung des fehlerhaften Produkts eingetreten ist.

3. Haftung nach dem Produkthaftungsgesetz

Das auf einer EG-Richtlinie v. 1985 beruhende Gesetz über die Haftung für fehlerhafte Produkte (Produkthaftungsgesetz – ProdHaftG) hat zum Ziel, den **Verbraucherschutz** innerhalb des Europäischen Wirtschaftsraums zu vereinheitlichen und **Wettbewerbsverzerrungen zu beseitigen,** die dadurch entstanden waren, dass Herstellern von Produkten in den einzelnen EU-Mitgliedstaaten unterschiedliche Sorgfaltsanforderungen gestellt wurden. Mit dem ProdHaftG ist eine **Gefährdungshaftung** geschaffen, die sich im Interesse der Rechtssicherheit vorwiegend an objektiven Kriterien orientiert. Sie tritt neben die – durch kaum noch überschaubare Einzelfallrechtsprechung ausgeformte – verschuldensabhängige Produkthaftung nach §§ 823 ff. BGB (vgl. dazu oben 2.).

a) Der Haftungstatbestand

Wird durch den Fehler eines Produktes jemand getötet, sein Körper oder seine Gesundheit verletzt oder eine Sache beschädigt, so ist der Hersteller verpflichtet, den daraus entstehenden Schaden zu ersetzen. Im Falle der Sachbeschädigung gilt dies nur, wenn eine andere Sache als das fehlerhafte Produkt beschädigt wird und diese andere Sache ihrer Art nach gewöhnlich für den privaten Ge- oder Verbrauch bestimmt und hierzu von dem Geschädigten hauptsächlich verwendet worden ist (§ 1 Abs. 1 ProdHaftG).

Haftungsvoraussetzungen sind demnach, dass

* ein **Produktfehler** i. S. d. Legaldefinitionen der §§ 2, 3 ProdHaftG vorliegt und dieser **ursächlich** ist
* für die **Tötung oder die Verletzung eines Menschen** oder für die **Beschädigung einer Sache** (im letzteren Falle jedoch nur,
  – wenn eine **andere Sache** als das fehlerhafte Produkt selbst beschädigt worden ist
  – und die beschädigte Sache sowohl nach ihrer objektiven Zweckbestimmung als auch nach ihrer individuellen Verwendung durch den Geschädigten **dem privaten Ge- und Verbrauch diente**).

b) Die Haftpflichtigen

Gemäß § 1 Abs. 1 ProdHaftG ist der „**Hersteller**" zum Schadenersatz verpflichtet. § 4 ProdHaftG bestimmt, wer als Hersteller anzusehen ist:

Hersteller ist,

* wer das **Endprodukt hergestellt** hat; hierbei ist ohne Bedeutung, ob das gesamte Produkt aus seinem Unternehmen stammt oder ob er nur von anderen geschaffene Grundstoffe bzw. Teilprodukte zum Endprodukt zusammengefügt hat;
* wer einen **Grundstoff oder ein Teilprodukt** des Endprodukts **hergestellt** hat;
* wer sich durch das Anbringen seines Namens, seiner Marke oder eines anderen unterscheidungskräftigen Kennzeichens **als Hersteller ausgibt** (*„Quasihersteller"*);
* wer ein Produkt **zum Zweck** des Verkaufs, der Vermietung, des Leasings oder einer anderen Form **des Vertriebs mit wirtschaftlichem Zweck in den Bereich des Europäischen Wirtschaftsraums importiert;**

- wenn der Hersteller nicht festgestellt werden kann: ersatzweise jeder **Lieferant** (d. h. in der Regel der Verkäufer). Die ersatzweise Haftung entfällt, wenn er dem Geschädigten – nachdem er von diesem hierzu aufgefordert worden ist – innerhalb eines Monats den Hersteller oder diejenige Person benennt, die das Produkt importiert oder ihm sonst geliefert hat.

Haben mehrere Hersteller den Schaden verursacht, so haften sie dem Geschädigten als Gesamtschuldner. Der Geschädigte kann also wählen, welche(n) von mehreren Herstellern er in Anspruch nimmt. Wird durch einen der Hersteller Schadenersatz geleistet, so sind ihm die übrigen im Verhältnis ihrer Verursachungsbeiträge zum Ausgleich verpflichtet (§ 5 ProdHaftG).

Entsprechendes gilt, wenn der Schaden durch einen Dritten mitverursacht wird (§ 6 Abs. 2 ProdHaftG).

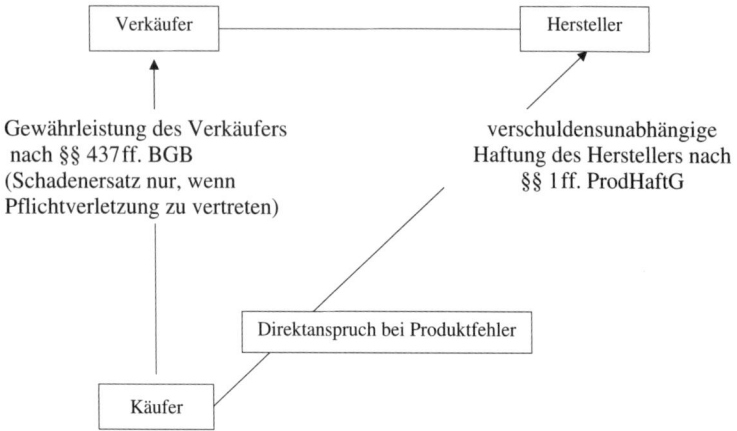

c) Ausschluss und Minderung der Haftung

Die Ersatzpflicht des Herstellers ist gem. § 1 ProdHaftG **ausgeschlossen,** wenn

- er das Produkt **nicht in den Verkehr gebracht** hat;
- nach den Umständen davon auszugehen ist, dass das Produkt den **Fehler,** der den Schaden verursacht hat, **noch nicht hatte,** als der Hersteller es in den Verkehr brachte;
- er das Produkt **weder für den Vertrieb mit wirtschaftlichem Zweck noch im Rahmen seiner beruflichen Tätigkeit** hergestellt oder vertrieben hat;
- der Fehler darauf beruht, dass das Produkt in dem Zeitpunkt, in dem der Hersteller es in den Verkehr brachte, dazu **zwingenden Rechtsvorschriften entsprochen** hat;
- der **Fehler nach dem Stand der Wissenschaft und Technik** in dem Zeitpunkt, in dem der Hersteller das Produkt in den Verkehr brachte, **nicht erkannt werden konnte** oder
- der Hersteller nur ein **Teilprodukt** geschaffen hat und der Fehler ausschließlich auf der Konstruktion des Endproduktes bzw. auf der mangelhaften Anleitung durch den Hersteller des Endproduktes beruht.

Die Haftung des Herstellers wird ferner in dem Maße **vermindert,** in dem ein Verschulden des Geschädigten für die Entstehung des Schadens mitursächlich geworden ist (§ 6 Abs. 1 ProdHaftG i.V.m. § 254 BGB). Wurde eine Sache beschädigt, so ist auch das Mitverschulden desjenigen zu berücksichtigen, der die tatsächliche Gewalt über die Sache ausübt.

d) Die Beweislastverteilung

Der **Geschädigte** trägt laut § 1 Abs. 4 ProdHaftG im gerichtlichen Verfahren die Beweislast für den **Fehler,** den **Schaden** und den **ursächlichen Zusammenhang** zwischen Fehler und Schaden.

Der **Hersteller** muss dagegen nachweisen, dass seine **Haftung** nach § 1 Abs. 2 u. 3 ProdHaftG **ausgeschlossen bzw. vermindert** ist.

e) Umfang und Art des Ersatzes

Umfang und Art des Schadenersatzes werden durch die §§ 7–11 ProdHaftG geregelt. Diese Vorschriften orientieren sich weitgehend an den Regelungen des BGB (vgl. §§ 842ff. BGB): Bei Körperverletzungen ist eine nach den Bedürfnissen des Geschädigten bemessene Geldrente zu zahlen. Wurde eine unterhaltsleistungspflichtige Person getötet, so können die Unterhaltsberechtigten vom Hersteller Unterhaltszahlungen verlangen. Im Übrigen gilt der Grundsatz der Naturalrestitution entsprechend (§§ 249ff. BGB). Seit 1. 8. 2002 kann gem. § 8 S. 2 ProdHaftG bei der Produkthaftung vom Hersteller auch bei Nichtvermögensschäden eine billige Entschädigung in Geld (also Schmerzensgeld!) verlangt werden.

Besonderheiten ergeben sich aus §§ 10 und 11 ProdHaftG:
Die Haftung des Herstellers ist – wie typischerweise im Bereich der Gefährdungshaftung – durch einen **Höchstbetrag** (85 Millionen Euro) begrenzt. Ist eine Sache beschädigt, so hat der Geschädigte einen **Schaden bis zu einer Höhe von 500 Euro selbst zu tragen.** Der Hersteller haftet somit nur für die Differenz des Schadensbetrages und des Selbstbeteiligungsanteils des Geschädigten.

f) Verjährung und Erlöschen des Anspruchs

Der Anspruch des Geschädigten gegen den Hersteller aus § 1 ProdHaftG **verjährt in drei Jahren** von dem Zeitpunkt an, in dem der Ersatzberechtigte von dem Schaden, dem Fehler und von der Person des Ersatzpflichtigen Kenntnis erlangt hat oder hätte erlangen müssen. Die Verjährung ist jedoch gehemmt, solange der Geschädigte mit dem Hersteller über die Schadenersatzleistung verhandelt (§ 12 ProdHaftG).

Unabhängig davon, ob der Geschädigte von dem Schaden, dem Fehler oder dem Hersteller rechtzeitig Kenntnis erlangt, **erlischt** der Schadenersatzanspruch automatisch **nach zehn Jahren,** sofern nicht über den Anspruch ein Rechtsstreit oder ein Mahnverfahren anhängig ist (§ 13 ProdHaftG).

g) Unabdingbarkeit

Bei den Vorschriften des ProdHaftG handelt es sich um **zwingendes Recht.** Die Ersatzpflicht des Herstellers darf im Voraus durch vertragliche

Vereinbarung weder ausgeschlossen noch beschränkt werden (§ 14 Prod-HaftG).

h) Verhältnis zu anderen Haftungstatbeständen

Laut § 15 Abs. 2 ProdHaftG wird durch Einführung des ProdHaftG die Haftung auf Grund anderer Vorschriften nicht berührt. Selbst wenn also ein Anspruch aus § 1 ProdHaftG besteht, ist **immer zu prüfen, ob** der **Hersteller sich auch nach §§ 823 ff. BGB schadenersatzpflichtig gemacht hat.** Diese Frage wird insbesondere dann bedeutsam, wenn

• der Anspruch aus § 1 ProdHaftG gemäß § 13 ProdHaftG zu erlöschen droht oder

• die Gefahr besteht, dass der Geschädigte auf Grund der Begrenzung der Haftung des Herstellers auf einen Höchstbetrag bzw. der nach § 11 ProdHaftG angeordneten Selbstbeteiligung nicht seinen gesamten Schaden liquidieren kann.

VII. Spezielle Deliktstatbestände

In den §§ 824 ff. BGB ist eine Reihe spezieller Anspruchsgrundlagen geregelt, deren wirtschaftliche Bedeutung von unterschiedlichem Gewicht ist.

1. Kreditgefährdung

Nach § 824 BGB ist zum Schadenersatz verpflichtet, wer der Wahrheit zuwider Tatsachen behauptet oder verbreitet, die geeignet sind, den Kredit eines anderen zu gefährden oder sonstige Nachteile für dessen Erwerb oder Fortkommen herbeizuführen. Diese Norm schützt somit die wirtschaftliche Wertschätzung von Personen und Unternehmen. Die Parallele zur üblen Nachrede bzw. Verleumdung nach dem Strafgesetzbuch wird deutlich.

Beispiel: Ein Unternehmer wird wahrheitswidrig bei einem Kreditinstitut angeschwärzt, „er stehe kurz vor der Pleite". Wenn dadurch Kredite verweigert bzw. gekündigt werden und das Unternehmen dann deshalb tatsächlich zusammenbricht, könnte ein Schadenersatzanspruch u.a. auch auf § 824 BGB gestützt werden.

2. Haftung für Tiere

a) Allgemeine Tierhalterhaftung

Nach § 833 S. 1 haftet der Tierhalter für Schäden, die durch ein Tier verursacht werden. Dabei handelt es sich um einen Fall der **Gefährdungshaftung:** Auf ein Verschulden des Tierhalters kommt es nicht an. Der Schaden muss lediglich durch eine „typische Tiergefahr" entstanden sein.

Beispiele: Das Pferd scheut, der Hund beißt.

b) Haftung für Nutztiere

Nach § 833 Satz 2 BGB gelten Besonderheiten für Haustiere, die „dem Beruf, der Erwerbstätigkeit oder dem Unterhalt des Tierhalters zu dienen bestimmt" sind.

Beispiele: Nutzvieh des Landwirts; Wachhunde; Pferde eines Reitstallbesitzers.

In diesen Fällen gilt das **Verschuldensprinzip!** Allerdings ist zugleich eine **Beweislastumkehr** eingeführt: Die Haftung des Tierhalters ist nur dann ausgeschlossen, wenn dieser den Entlastungsbeweis führt, dass er bei der Beaufsichtigung des Tieres die im Verkehr erforderliche Sorgfalt beachtet hat oder der Schaden auch bei Anwendung dieser Sorgfalt entstanden sein würde. In der gleichen Weise bestimmt sich nach § 834 BGB die Haftung des Tieraufsehers.

Lernhinweis: Die Tierhalterhaftung ist sicher nicht von so gewichtiger Bedeutung, dass ihre eingehende Erörterung notwendig wäre. Sie ist nur deshalb hier erwähnt, weil sich an ihr eine typische Regelungstechnik des Gesetzgebers demonstrieren lässt: In § 833 Satz 1 führt der Gesetzgeber die Gefährdungshaftung ein (Haftung ohne Verschulden). In § 833 Satz 2 handelt es sich (ebenso wie § 834) um eine Verschuldenshaftung, allerdings mit der Besonderheit, dass Verschulden und Kausalzusammenhang vermutet werden (die Einführung der Beweislastumkehr führt zur Umdrehung des Regel-Ausnahmeprinzips). Von dieser Regelungstechnik macht der Gesetzgeber auch an zahlreichen anderen Stellen Gebrauch (vgl. für das Deliktsrecht §§ 831, 832, 836 BGB).

3. Gebäudehaftung

§§ 836–838 BGB gewähren Ansprüche für Schäden, die durch den Einsturz eines Gebäudes bzw. die Ablösung von Gebäudeteilen entstehen.

Beispiel: P stellt sein Fahrzeug ordnungsgemäß am Straßenrand ab. Infolge eines Sturms stürzt der Schornstein des anliegenden Gebäudes herab und beschädigt die Karosserie.

Als Haftpflichtige kommen die in §§ 836–838 BGB genannten Personen in Betracht (nähere Einzelheiten entnehmen Sie bitte dem Gesetz): der Grundstücksbesitzer, der frühere Grundstücksbesitzer, der Gebäudebesitzer auf fremdem Grundstück sowie der Gebäudeunterhaltspflichtige.

Wiederum greift der Gesetzgeber zu seiner bewährten Regelungstechnik: Das Verschulden wird vermutet; der Haftpflichtige kann sich jedoch exkulpieren. Die Ersatzpflicht tritt nach § 836 Abs. 1 Satz 2 BGB nicht ein, wenn die zum Zwecke der Abwendung der Gefahr im Verkehr erforderliche Sorgfalt beachtet wurde.

Beispiel: War der Schornstein mangelhaft befestigt und kommt es deshalb zum Einsturz, kann P in aller Regel Ersatz des dadurch an seinem Fahrzeug entstandenen Schadens verlangen. Kann der Gebäudebesitzer jedoch nachweisen, dass er das Gebäude ordnungsgemäß unterhalten hat und dennoch der Mangel unbemerkt blieb, trifft ihn keine Ersatzpflicht.

4. Amtshaftung

a) Regelung nach BGB

Schäden können auch entstehen durch fehlerhaftes Handeln des Staates bzw. seiner Organe. Die mit der Staatshaftung zusammenhängenden Fragen werden üblicherweise im öffentlichen Recht erörtert. Nach § 839 BGB haftet ein Beamter, wenn er vorsätzlich oder fahrlässig die ihm einem Dritten gegenüber obliegende Amtspflicht verletzt. Im Fall der Fahrlässigkeit haftet er nur subsidiär („Verweisungsprivileg": Der Beamte haftet nicht, wenn der Verletzte auf andere Weise Ersatz verlangen kann). Weiterhin gilt nach § 839 Abs. 2 das sog. „Richterprivileg". Schließlich hat der Geschädigte nach § 839 Abs. 3 eine Schadensabwendungspflicht durch Einlegung von Rechtsmitteln.

b) Öffentlich-rechtliche Überlagerung

Wichtig ist nun wiederum, eine besondere Regelungstechnik des Gesetzgebers zu erkennen: Mit der Schaffung des § 839 BGB vermeidet der Gesetzgeber zunächst, dass ein Beamter nach den allgemeinen (für ihn ungünstigeren) Vorschriften der §§ 823 ff. haftet. Darüber hinaus greift die Haftungsgarantie des Staates nach Art. 34 GG (wie schon früher Artikel 131 Weimarer Reichsverfassung) ein: An die Stelle der persönlichen Beamtenhaftung tritt die Haftung des Staates. Dies dient zum einen dem Interesse des Beamten (sein persönliches Risiko wird weitgehend eliminiert: Der Staat nimmt den Beamten nur in Regress, wenn dieser vorsätzlich oder grob fahrlässig gehandelt hat); und zum anderen dem Interesse des Geschädigten (mit der Übernahme der Haftung durch den Staat wird ihm die Leistungsfähigkeit des Schuldners garantiert).

c) Umfang des Amtshaftungsanspruchs

Dabei ist einleuchtend, dass der Schadenersatz aus Amtspflichtverletzung abweichend vom Grundsatz der Naturalrestitution auf Geld gerichtet ist. Andernfalls würden die über den Schadenersatz entscheidenden ordentlichen Gerichte mit der Verurteilung z.B. zur Aufhebung eines belastenden Verwaltungsaktes in die Zuständigkeit der Verwaltungsgerichte eingreifen. Der Umfang des Schadenersatzes geht auf den Ersatz des negativen Interesses (Vertrauensschaden). Entscheidend ist somit, wie sich die Vermögenslage des Geschädigten bei korrektem Verhalten des Amtsträgers entwickelt hätte.

5. Haftung des gerichtlichen Sachverständigen

Erstattet ein vom Gericht ernannter Sachverständiger vorsätzlich oder grob fahrlässig ein unrichtiges Gutachten, so ist er gem. (dem später eingefügten) § 839 a BGB (lesen!) zum Ersatz des Schadens verpflichtet, der einem Verfahrensbeteiligten durch eine gerichtliche Entscheidung entsteht, die auf diesem Gutachten beruht. Auch in diesem Fall gilt § 839 Abs. 3 BGB: Die Ersatzpflicht tritt nicht ein, wenn es der Geschädigte vorsätzlich oder fahrlässig unterlassen hat, den Schaden durch Gebrauch eines Rechtsmittels abzuwenden.

6. Haftung des Aufsichtspflichtigen

Wer gesetzlich oder vertraglich zur Aufsicht über eine Person verpflichtet ist, die wegen Minderjährigkeit oder ihres geistigen bzw. körperlichen Zustands der Beaufsichtigung bedarf, ist gem. § 832 BGB (lesen!) zum Ersatz des Schadens verpflichtet, den diese Person widerrechtlich einem Dritten zufügt.

Beispiel: Im Haushalt der Eheleute E „liegen offen Streichhölzer herum". Die sechs- bzw. neunjährigen Kinder zündeln damit in der Scheune des Nachbarn. Sie brennt bis auf die Grundmauern ab.

Auch hier hat der Gesetzgeber die bekannte Regelungstechnik gewählt: Kausalität und Verschulden werden vermutet. Der Ersatzpflichtige kann sich exkulpieren, wenn er seiner Aufsichtspflicht genügt hat oder wenn der Schaden auch bei gehöriger Aufsichtsführung entstanden sein würde. Entscheidend ist z. B., „was verständige Eltern nach vernünftigen Anforderungen im konkreten Fall unternehmen müssen, um die Schädigung Dritter durch ihr Kind zu verhindern", und welcher konkrete Anlass zu bestimmten Aufsichtsmaßnahmen bestand.

Beispiele: Die Rechtsprechung hat eine Verletzung der Aufsichtspflicht bejaht:

- wenn ein 6-jähriges Kind, das am Rand eines Bauplatzes spielt, nicht zurückgeholt wird und später auf der Baustelle Schäden verursacht (achten Sie in diesem Zusammenhang einmal auf die häufig an Baustellen angebrachten Schilder mit der – juristisch falschen – Aufschrift „Eltern haften für ihre Kinder" – Eltern haften nicht für das Verschulden ihrer Kinder, sondern für ihre mangelhafte Aufsichtspflicht);
- wenn ein 4-jähriges Kind in einem geparkten Kraftfahrzeug an einer Bundesstraße zurückgelassen wird, später die Handbremse löst und dadurch einen Unfall verursacht.

7. Die Billigkeitshaftung

Sie haben gesehen, dass Schadenersatzansprüche aus unerlaubter Handlung grundsätzlich Verschulden voraussetzen. Voraussetzung dazu ist wiederum die Deliktsfähigkeit. §§ 827, 828 BGB nennen Fälle der Deliktsunfähigkeit bzw. beschränkten Deliktsfähigkeit. Aus der Sicht des Geschädigten ist es unbefriedigend, dass er auf seinem Schaden „sitzen bleibt", nur weil der Schädiger nicht über die erforderliche Einsicht in das Unrecht seines Handelns verfügt. Hier setzt die Billigkeitshaftung nach § 829 BGB an: Wer auf Grund mangelnder Deliktsfähigkeit für einen von ihm angerichteten Schaden nicht verantwortlich ist, muss, sofern nicht ein aufsichtspflichtiger Dritter belangt werden kann, den Schaden insoweit ersetzen, als die Billigkeit dies erfordert. Dabei sind insbesondere die Verhältnisse der Beteiligten zu beurteilen, und es ist zu prüfen, ob dem Schädiger durch die Schadenersatzleistung „Mittel entzogen werden, deren er zum angemessenen Unterhalt sowie zur Erfüllung seiner gesetzlichen Unterhaltspflichten bedarf".

Schulbeispiel: Der 8-jährige S ist für einen von ihm angerichteten Schaden nicht verantwortlich, weil er laut psychologischem Gutachten bei Begehung der schädigenden Handlung nicht die zur Erkenntnis der Verantwortlichkeit erforderliche Einsicht hatte. Seinen Eltern kann keine Aufsichtspflichtverletzung vorgeworfen werden, weil sie im konkreten Fall alles Zumutbare getan hatten, um den Schaden zu vermeiden. Der Vater von S hat jedoch eine Haftpflichtversicherung abgeschlossen, die auch schädigende Handlungen der Familienmitglieder abdeckt. Die Versicherung zahlt nur, wenn ein Anspruch des Geschädigten gegen den Versicherungsnehmer (bzw. das aus der Versicherung berechtigte Kind) besteht. Mangels Verschulden würde ein solcher ausscheiden. In diesem Fall ist dem Schädiger jedoch wegen der Haftpflichtversicherung das wirtschaftliche Risiko des Ersatzanspruchs abgenommen.

Hinweis: Die neuere Rechtsprechung schränkt die Billigkeitshaftung ein. Das Bestehen einer freiwilligen Haftpflichtversicherung allein könne noch nicht zur Bejahung der Billigkeitshaftung und zur Gewährung von Schadenersatzbeträgen führen, welche die finanziellen Möglichkeiten des Schädigers sonst schlechthin überschreiten würden (BGHZ 76, 279).

8. Die Haftung des Kraftfahrzeughalters

Rein quantitativ ist die Haftung des Kfz-Halters der wichtigste Fall der **Gefährdungshaftung.** Diese ist im Straßenverkehrsgesetz (§§ 7 ff. StVG) geregelt.

a) Der Haftpflichtige

Haftpflichtig ist der „Halter" des Fahrzeugs. Dieser kann, muss aber nicht identisch sein mit dem Eigentümer. Beim Kauf unter Eigentumsvorbehalt und im Falle der Sicherungsübereignung von Kraftfahrzeugen bleibt der Verkäufer bzw. wird die Bank Eigentümer, nicht jedoch Kfz-Halter. Es gilt die **Formel:** Halter ist, wer das Fahrzeug für eigene Rechnung gebraucht und die für den Gebrauch erforderliche tatsächliche Verfügungsgewalt darüber hat.

b) Haftpflichttatbestände

Nach § 7 Abs. 1 StVG umfasst die Halterhaftung die Fälle, dass ein Mensch getötet oder der Körper bzw. die Gesundheit eines Menschen verletzt oder eine Sache beschädigt wird. Voraussetzung ist, dass die Verletzung **beim Betrieb eines Kraftfahrzeugs** (oder eines Anhängers, der dazu bestimmt ist, von einem Kraftfahrzeug mitgeführt zu werden) eingetreten ist.

c) Die Anspruchsberechtigten

Ersatzberechtigt ist, wer beim Betrieb eines Fahrzeugs verletzt wurde (vgl. dazu die Haftungsgrundnorm des § 7 Abs. 1 StVG).

Lernhinweis: Aus der Halterhaftung anspruchsberechtigt sind seit 1. 8. 2002 auch die Fahrzeuginsassen. Zuvor galt dies nur für den Fall der entgeltlichen Personenbeförderung. Die Unterscheidung zwischen entgeltlicher und unentgeltlicher Personenbeförderung ist nach § 8 a StVG jedoch immer noch von Bedeutung: Bei entgeltlicher, geschäftsmäßiger Beförderung ist die Halterhaftung zwingend, in den sonstigen Fällen dagegen dispositiv und kann deshalb vertraglich ausgeschlossen werden.

Nicht unter den Schutz der Gefährdungshaftung fällt jedoch der Fahrer (vgl. § 8 Nr. 2 StVG).

d) Ausschluss der Haftung

Die Haftung nach dem Straßenverkehrsgesetz ist ein Fall der Gefährdungshaftung, setzt somit kein Verschulden voraus. Sie folgt aus der im Führen eines Kraftfahrzeugs begründeten Betriebsgefahr. Hat sich aber bei einem konkreten Unfall die Betriebsgefahr nicht ausgewirkt, ist der Haftung ohne Verschulden die Grundlage entzogen. Zwei Fälle sind zu unterscheiden:

aa) Höhere Gewalt

Die Kfz-Halterhaftung ist nach § 7 Abs. 2 StVG ausgeschlossen, wenn der Unfall durch **„höhere Gewalt"** verursacht wird.

Höhere Gewalt wird vom Bundesgerichtshof definiert als ein „außerge-wöhnliches, betriebsfremdes, von außen durch elementare Naturkräfte oder durch Handlungen dritter (betriebsfremder) Personen herbeigeführtes und nach menschlicher Einsicht und Erfahrung unvorhersehbares Ereignis, das mit wirtschaftlich erträglichen Mitteln auch durch nach den Umständen äußerste, vernünftigerweise zu erwartende Sorgfalt nicht verhütet werden kann und das auch nicht im Hinblick auf seine Häufigkeit in Kauf genom-men werden braucht."

Beispiel: Ein Erdrutsch führt zu einem Verkehrsunfall.

Keine höhere Gewalt liegt dagegen vor, wenn ein Kraftfahrzeug wegen plötzlichem Glatteis oder einer nicht erkennbaren Ölspur ins Schleudern gerät (solche Vor-kommnisse sind zwar für einen gewissenhaften Fahrer möglicherweise unvorher-sehbar, sie fallen jedoch wegen ihrer Häufigkeit im Straßenverkehr nicht unter die höhere Gewalt).

bb) Unabwendbares Ereignis

Neben der höheren Gewalt kennt das Straßenverkehrsgesetz den Begriff des „unabwendbaren Ereignisses". Unabwendbar ist ein Ereignis, wenn „sowohl der Halter als auch der Führer des Fahrzeugs jede nach den Um-ständen des Falles gebotene Sorgfalt beobachtet hat" (vgl. § 17 Abs. 3 Satz 2 StVG). Die Charakterisierung eines Verkehrsunfalls als ein aus der Sicht des Haftpflichtigen „unabwendbares Ereignis" spielt nur eine Rolle beim Schadensausgleich unter mehreren beteiligten Kraftfahrzeughaltern. Wenn ein unabwendbares Ereignis vorliegt, ist nach § 17 Abs. 3 StVG die Haftung den mitbeteiligten Kfz-Haltern gegenüber ausgeschlossen.

Lernhinweis: Häufig reagieren Kraftfahrer bei Verkehrsunfällen mit der Einlas-sung, „man sei am Unfall nicht schuld". Derartige Bemerkungen verkennen die Tatsache, dass die Gefährdungshaftung eine Haftung ohne Verschulden ist!

e) Haftungshöchstsummen

Nach § 12 StVG ist die Kfz-Halterhaftung summenmäßig beschränkt (da-mit wird das Risiko der Gefährdungshaftung namentlich für die Pflichtver-sicherungen kalkulierbar).

Derzeitige Höchstsummen:

- im Fall der Tötung oder Verletzung eines oder mehrerer Menschen durch dasselbe Ereignis max. fünf Mio. Euro; im Fall einer entgeltlichen, ge-schäftsmäßigen Personenbeförderung erhöht sich für den ersatzpflichti-gen Halter des befördernden Kraftfahrzeugs oder Anhängers bei der Tö-tung oder Verletzung von mehr als acht beförderten Personen dieser Betrag um 600 000 Euro für jede weitere getötete oder verletzte beför-derte Person;
- im Fall der Sachbeschädigung, auch wenn durch dasselbe Ereignis meh-rere Sachen beschädigt werden max. 1 Mio. Euro.

Die genannten Höchstbeträge gelten auch für den Kapitalwert einer als Schadensersatz zu leistenden Rente.

Hinweis: Der tatsächliche Schaden kann höher liegen (Beispiel: Ein Sonntagsfahrer verhält sich verkehrswidrig, wodurch ein mit Familienvätern voll besetzter Werk-verkehrsbus einen Viadukt hinunterstürzt). Der Schädiger bleibt über die bei der

Gefährdungshaftung genannten Grenzen hinaus nach allgemeinem Deliktsrecht verantwortlich (sofern ihn nach § 823 BGB ein Verschulden trifft). Dies ist der Grund, weshalb bei der Kfz-Haftpflichtversicherung im Wege der Freiwilligkeit durchweg über die Pflichtgrenze hinausgehende Schadensfälle versichert werden.

VIII. Ergänzende Vorschriften

Art, Inhalt und Umfang der Schadenersatzleistung sind in §§ 249 ff. BGB geregelt. Diese Vorschriften werden im Recht der unerlaubten Handlung für den deliktischen Schadenersatzanspruch ergänzt.

1. Umfang des Schadenersatzanspruchs

a) Erwerbsnachteile

Nach § 842 BGB erstreckt sich der Schadenersatz bei der Verletzung einer Person auch auf die Nachteile, welche die Handlung für den Erwerb oder das Fortkommen des Verletzten herbeiführt.

Beispiel: Durch den Verkehrsunfall ist es dem Geschädigten nicht mehr möglich, seine bisherige, besser bezahlte Arbeit zu verrichten.

b) Verrentung des Schadenersatzanspruchs

Nach § 843 BGB ist dem Verletzten Schadenersatz in Form einer Geldrente zu leisten, wenn seine Erwerbsfähigkeit durch die Verletzung des Körpers oder der Gesundheit aufgehoben oder gemindert ist oder eine Vermehrung seiner Bedürfnisse eintritt.

Beispiel: Verkehrsunfall mit schwersten Personenschäden (Arm- bzw. Beinamputation, Querschnittslähmung).

c) Schmerzensgeldanspruch

Der Geschädigte kann nach näherer Maßgabe des § 253 Abs. 2 BGB Schmerzensgeld verlangen. Voraussetzung ist die Verletzung bestimmter Rechtsgüter (das Gesetz nennt Körper, Gesundheit, Freiheit oder sexuelle Selbstbestimmung).

Lernhinweis: Der § 253 Abs. 2 BGB ist an die Stelle des seit 1. 8. 2002 aufgehobenen § 847 BGB getreten. Damit ist eine bedeutende Systemveränderung verbunden: Schmerzensgeld konnte früher nur im Falle der deliktischen Schädigung geltend gemacht werden, nunmehr ist dies auch bei Verletzung vertraglicher bzw. vorvertraglicher Pflichten und sogar im Falle der Gefährdungshaftung möglich, wenn die in § 253 Abs. 2 BGB genannten Rechtsgüter verletzt sind.

2. Ersatzberechtigung mittelbar Geschädigter

Lernhinweis: Bei der Darstellung des Schadenersatzanspruchs im Allgemeinen Schuldrecht hatten wir betont, dass grundsätzlich nur der unmittelbar Geschädigte, nicht dagegen auch der mittelbar Geschädigte die ihm entstehenden Einbußen ersetzt verlangen kann (vgl. oben § 31 III, 3). Davon machen §§ 844 und 845 BGB für das Recht der unerlaubten Handlung eine Ausnahme. Voraussetzung ist, dass der Verletzte dem mittelbar Geschädigten gegenüber **kraft Gesetzes** zum Unterhalt bzw. zur Dienstleistung verpflichtet war.

Beispiel: Die minderjährigen Kinder des bei einem Verkehrsunfall ums Leben gekommenen Familienvaters haben einen Schadenersatzanspruch nach § 844 Abs. 2 BGB auf Fortzahlung des fiktiven Unterhalts.

3. Mehrere Schädiger

Im Allgemeinen Schuldrecht wurde die „Gesamtschuldnerschaft" erörtert (vgl. oben § 40). Auch im Recht der unerlaubten Handlung stellt sich die Frage, welche Konsequenzen es hat, wenn mehrere Schädiger an einer unerlaubten Handlung beteiligt sind. Dazu sind im Deliktsrecht einige Besonderheiten zu notieren!

a) Mittäter und Beteiligte

Haben mehrere durch eine gemeinschaftlich begangene unerlaubte Handlung einen Schaden verursacht, ist nach § 830 Abs. 1 S. 1 BGB jeder für den Schaden verantwortlich. Anstifter und Gehilfen stehen Mittätern gleich.

b) Kausalitätsvermutung

§ 830 Abs. 1 Satz 2 enthält eine weitreichende Aussage: Lässt sich nicht ermitteln, wer von mehreren Beteiligten den Schaden durch seine Handlung verursacht hat, so ist jeder Beteiligte für den Schaden verantwortlich („mitgefangen, mitgehangen"). Diese Vorschrift kommt dem Geschädigten entgegen. Für ihn ist oftmals gar nicht feststellbar, wer von mehreren Beteiligten letztlich die Ursache für den Schadenseintritt gesetzt hat. Es genügt, wenn er den Nachweis führt, dass sich der in Anspruch Genommene an der Tat beteiligt hatte.

Schulbeispiel: Bei einer „Steinschlacht" wird die Fensterscheibe eines Ladengeschäfts eingeworfen; von den zweifelsfrei als Steinewerfer festgestellten Tatbeteiligten will keiner den verhängnisvollen Wurf gemacht haben. Diesen Nachweis braucht der Geschädigte nach § 830 Abs. 1 Satz 2 nicht zu führen. Wohl aber kann der einzelne Beteiligte die Kausalitätsvermutung entkräften (vgl. § 830 Abs. 1 Satz 2 BGB: „…, wenn sich nicht ermitteln lässt, …").

c) Gesamtschuldner

Sind mehrere für den aus einer unerlaubten Handlung entstehenden Schaden nebeneinander verantwortlich, so haften sie nach § 840 Abs. 1 BGB als Gesamtschuldner.

4. Verjährung

Die Ansprüche aus unerlaubter Handlung verjähren seit der Schuldrechtsreform 2001 grundsätzlich innerhalb der regelmäßigen Verjährungsfrist des § 195 BGB in **3 Jahren,** wobei die Frist mit dem Schluss des Jahres zu laufen beginnt, in dem der Anspruch entstanden ist und der Gläubiger von den den Anspruch begründenden Umständen und der Person des Schuldners Kenntnis erlangt oder ohne grobe Fahrlässigkeit erlangen müsste (§ 199 Abs. 1 BGB). Dabei ist es denkbar, dass dem Gläubiger der Schuldner erst nach Jahrzehnten bekannt wird (z. B. begeht nach einem schweren Autounfall der Schädiger Unfallflucht). Um auch in diesem Fall einmal

Rechtsfrieden eintreten zu lassen, setzen § 199 Abs. 2 und 3 BGB (lesen!) Verjährungshöchstfristen, die je nach Art des Schadenersatzanspruchs 30 oder 10 Jahre betragen.

Hinweis: Wiederholen Sie hinsichtlich der Einzelheiten des Verjährungsrechts die Ausführungen oben unter § 5 V.

Eine Besonderheit gilt gem. § 852 BGB (lesen!) für den Fall, dass der Ersatzpflichtige durch eine unerlaubte Handlung etwas auf Kosten des Verletzten erlangt hat. Dann steht Letzterem nach §§ 812 ff. BGB ein Herausgabeanspruch zu, den er auch dann noch geltend machen kann, wenn der Anspruch aus unerlaubter Handlung bereits verjährt ist. Der Herausgabeanspruch verjährt in zehn Jahren von seiner Entstehung an, und ohne Rücksicht auf seine Entstehung in dreißig Jahren von der Begehung der Verletzungshandlung oder dem sonstigen, den Schaden auslösenden Ereignis an.

IX. Unterlassungs- und Beseitigungsansprüche

§§ 823 ff. BGB verschaffen dem Geschädigten bei einer schuldhaften Verletzung der dort genannten Rechtsgüter Schadenersatzansprüche bezüglich des eingetretenen Schadens. Wie dargelegt setzt dies u.a. voraus, dass ein Schaden eingetreten ist und dieser in der Regel schuldhaft verursacht wurde. Was aber gilt, wenn die Rechtsgutverletzung nur drohend im Raum steht? Gibt es eine Möglichkeit sie abzuwehren? Was gilt, wenn die Rechtsgutverletzung andauert? Kann man dann ihre Beseitigung verlangen? In diesen Fällen tut sich im BGB eine Lücke im Rechtsschutzsystem auf. Sie wird von der Rechtsprechung und der h.M. geschlossen durch eine analoge Anwendung des § 1004 BGB auf alle durch §§ 823 ff. BGB geschützten Rechtsgüter. Da § 1004 BGB lediglich eine rechtswidrige Störung, jedoch kein Verschulden voraussetzt, besteht somit ein „quasinegatorischer Beseitigungsanspruch in analoger Anwendung des § 1004 Abs. 1 BGB"! Zur Verbreiterung der Analogiebasis werden zudem §§ 12 und 862 BGB herangezogen, die zusammen mit § 1004 BGB einen allgemeinen Rechtsgrundsatz zum Ausdruck bringen. Halten Sie also fest: Der Beseitigungsanspruch setzt einen noch andauernden rechtswidrigen Eingriff in eine nach §§ 823 ff. BGB geschützte Rechtsposition voraus; beim Unterlassungsanspruch muss zudem Wiederholungs- bzw. Erstbegehungsgefahr unmittelbar drohen.

Wiederholungsfragen zu § 57

Gibt es im BGB einen allgemeinen Begriff und eine Generalklausel für sämtliche unerlaubten Handlungen? (§ 57 I 1)

Welche Grundstruktur lässt sich für den Deliktsanspruch feststellen? (§ 57 I 3)

Welche Rechtsgüter sind im Rahmen des § 823 Abs. 1 BGB geschützt? (§ 57 II 2)

Inwieweit kann man beim Eingriff in das Recht am eingerichteten und ausgeübten Gewerbebetrieb Schadenersatz verlangen? (§ 57 II 2c)

Inwiefern ist das allgemeine Persönlichkeitsrecht geschützt? (§ 57 II 2b dd)

Welche Schutzgesetze sind im Rahmen des § 823 Abs. 2 BGB gemeint? (§ 57 III)

Können Sie Beispiele für sittenwidrige Schädigungen nach § 826 BGB nennen? (§ 57 IV)

Welches sind die Voraussetzungen für die Haftung des Geschäftsherrn für den Verrichtungsgehilfen? (§ 57 V)

Welche dogmatischen Ansätze kommen für die Lösung der Produzentenhaftung in Betracht? (§ 57 VI 2)

Welche speziellen Deliktstatbestände können Sie aufzählen? (§ 57 VII)

In welchen Ausnahmefällen kann auch der mittelbar Geschädigte Ersatz verlangen? (§ 57 VIII 2)

Was gilt, wenn mehrere einen Schaden verursacht haben? (§ 57 VIII 3)

Wann verjährt der Schadenersatzanspruch? (§ 57 VIII 4)

Teil V: BGB-Sachenrecht

1. Kapitel: Allgemeine Lehren

§ 58 Der Regelungsbereich des Sachenrechts

I. Funktionen des Sachenrechts

Das im dritten Buch des BGB geregelte „Sachenrecht" (§§ 854–1296) gehört wie das Schuldrecht zum Bereich des Vermögensrechts. Zwischen den beiden Rechtsgebieten bestehen aber grundsätzliche Unterschiede: Die Funktion des Schuldrechts liegt vorwiegend darin, den rechtsgeschäftlichen Güterverkehr zu regulieren; das Sachenrecht bestimmt die Zuordnung der Gegenstände zu den Rechtssubjekten. Daraus ergibt sich die Formel, wonach das Schuldrecht „dynamisch", das Sachenrecht dagegen „statisch" ist. Das Schuldrecht richtet sich auf die Erlangung von Sachwerten, das Sachenrecht gewährt deren dauernden Genuss.

Das Sachenrecht **regelt** also die **Rechtsbeziehungen zu Sachen** und gewährt hierzu „dingliche Rechte", die als Herrschaftsrechte gegenüber jedermann wirken.

II. Dogmatische Grundstrukturen im Sachenrecht

Das Sachenrecht regelt die rechtliche Beherrschung körperlicher Gegenstände. Dabei geht das Gesetz von einem außerordentlich liberalistischen Eigentumsbegriff aus. In § 903 BGB lesen wir: „Der Eigentümer einer Sache kann, …, mit der Sache nach Belieben verfahren und andere von jeder Einwirkung ausschließen". Diese individualistische Betrachtungsweise entstammt dem römischen Recht. Neben römischrechtlichen Wurzeln sind aber auch deutschrechtliche Komponenten festzustellen: Das Grundbuchsystem, die unterschiedlichen Eigentumserwerbsformen von Liegenschaften und beweglichen Sachen sowie die Sozialgebundenheit des Bodens und die Möglichkeit, kraft guten Glaubens vom Nichtberechtigten Eigentum erlangen zu können, entsprechen deutscher Rechtstradition.

III. Der gegenständliche Bereich des Sachenrechts

Das Sachenrecht enthält Vorschriften für den Besitz („tatsächliche Sachherrschaft"), das Eigentum („rechtliche Sachherrschaft") sowie die sonstigen Rechte an Sachen. Dabei hat es insbesondere den Erwerb und den Verlust des Eigentums sowie die Begründung anderer Sachenrechte zu regeln.

Regelungsbereiche des Sachenrechts

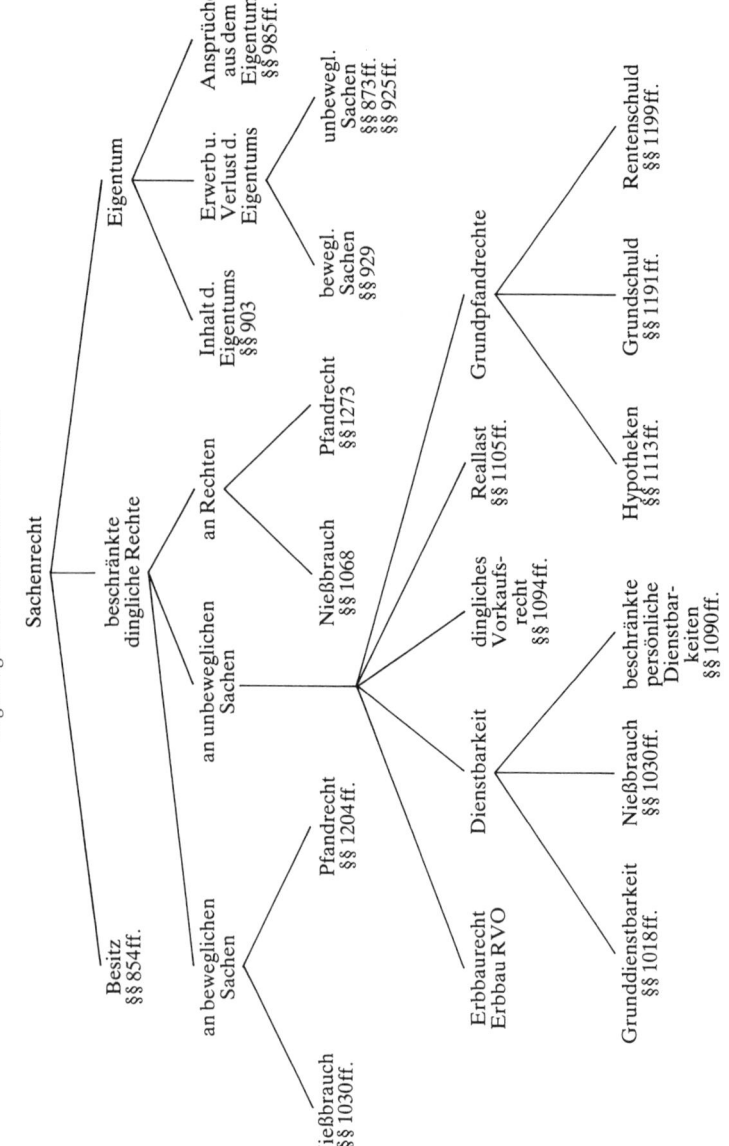

Lernhinweis: Verschaffen Sie sich zunächst einen Überblick anhand der zusammenfassenden Übersicht *Regelungsbereiche des Sachenrechts*.

IV. Das dingliche Recht

1. Wesen des dinglichen Rechts

Rechte an Sachen bezeichnet man als „dingliche Rechte". Sie gewähren ihrem Inhaber die unmittelbare Herrschaft über eine Sache, gehören also zu den **„Herrschaftsrechten".** Dingliche Rechte wirken gegenüber jedermann, sind also **„absolute Rechte".** (*Lernhinweis:* Vgl. Sie dazu die Übersicht *„subjektive Rechte"* oben § 5).

2. Numerus clausus dinglicher Rechte

Die Güterzuordnung verlangt klare Verhältnisse. Aus diesem Grunde hat das Gesetz den Katalog dinglicher Rechte abschließend geregelt („numerus clausus der Sachenrechte"). Das bedeutet zweierlei:

a) Typenzwang

An Sachen können nur die im Gesetz bezeichneten Berechtigungen begründet werden (Typenzwang).

b) Typenfixierung

Der Inhalt dinglicher Rechte kann nicht variiert werden (Typenfixierung).

c) Konsequenzen

Die Vertragsfreiheit ist also durch Typenzwang und Typenfixierung eingeschränkt. Mit anderen Worten: Nutzungs- und Pfandrechte können grundsätzlich nur insoweit begründet werden, als sie im Gesetz vorgesehen sind; die Berechtigung, die sie ihrem Rechtsinhaber gewähren, sowie die Verpflichtung, die sie dem Eigentümer auferlegen, sind im Gesetz abschließend umschrieben. Es handelt sich also um zwingendes Recht.

Hinweis: Natürlich kann durch Vertrag auf **schuldrechtlicher** Basis ein abweichendes Rechts- und Pflichtenverhältnis begründet werden. Dann handelt es sich aber um schuldrechtliche (Forderungen), nicht dagegen um dingliche Rechte!

V. Ergänzungen und Überlagerungen des Sachenrechts durch Sondergesetze

Das Sachenrecht wird durch zahlreiche Sondergesetze ergänzt und überlagert. Dies gilt vor allem für das Grundstücksrecht. Die grundgesetzlich festgeschriebene Sozialbindung des Eigentums (vgl. Art. 14 Abs. 2 GG) korrigiert die individualistische Sicht des BGB (wie sie etwa in § 903 zum Ausdruck kommt).

Im Wesentlichen handelt es sich dabei um öffentliches Recht.

Beispiele:

• Das **Baurecht** (vgl. die einschlägigen gesetzlichen Bestimmungen) bringt Vorschriften über die Bauleitplanung, die Umlegung, Erschließung und Enteignung,
das Ausmaß, wie einzelne Baugebiete baulich genutzt werden dürfen, und die Art
und Weise, wie ein Bauwerk errichtet werden darf.

• Für das landwirtschaftliche Bodenrecht stellt das **Grundstückverkehrsgesetz**
(GrstVG) zahlreiche Genehmigungserfordernisse auf, insbesondere bei der rechtsgeschäftlichen Veräußerung. Die Genehmigung ist u.a. dann zu versagen, wenn
die Veräußerung eine ungesunde Verteilung des Grund und Bodens zur Folge hätte (wenn sie Maßnahmen zur Verbesserung der Agrarstruktur widerspricht).

• Mit den Vorschriften über die **Städtebauförderung** im Baugesetzbuch verfügen
die Städte und Gemeinden über weitgehende Eingriffsrechte in die Verfügungs-
und Nutzungsberechtigung des Eigentümers an städtischem Grund und Boden in
Sanierungsgebieten.

§ 59 Grundprinzipien des Sachenrechts

Lernhinweis: Im vorangegangenen § 58 wurden die im Sachenrecht geregelten
Gebiete vorgestellt. In den nächsten Kapiteln wird ausgeführt werden, wie diese
Regelungen im Einzelnen aussehen. Zunächst aber sollten Sie sich verdeutlichen,
von welchen „Grundlinien" der Gesetzgeber bei der einzelnen Ausgestaltung der
auftauchenden Rechtsfragen ausgegangen ist. Insbesondere in mündlichen Prüfungen ist die Frage nach den Grundprinzipien des Sachenrechts ein beliebter Einstieg,
um Kenntnis und Verständnis des Prüflings zu testen.

I. Das Spezialitätsprinzip

Das sachenrechtliche Prinzip der Spezialität bedeutet, dass **dingliche
Rechte nur an bestimmten einzelnen Sachen,** nicht dagegen an Sachgesamtheiten begründet werden können (man spricht auch vom „Bestimmtheitsgrundsatz").

Lernhinweis: Repetieren Sie das oben im Allgemeinen Teil im „Kleinen Sachenrecht" unter § 6 III Ausgeführte.

Beispiel: Es gibt kein „Eigentum am Unternehmen", vielmehr hat man Eigentum an
einem bestimmten Grundstück, an einer bestimmten beweglichen Sache, einer Maschine, einem Kraftfahrzeug usw.

Die Dogmatik des BGB deckt sich nicht mit dem gängigen Sprachgebrauch. Der Laie spricht selbstverständlich vom „Eigentum am Unternehmen" oder davon, dass man „einen Nießbrauch am Vermögen" eines anderen habe (lesen Sie § 1085 BGB!). Mit dem Bestimmtheitsgrundsatz
möchte das Gesetz der Rechtsklarheit dienen.

Lernhinweis: Beachten Sie aber, dass der Spezialitätsgrundsatz nur im Sachenrecht, nicht dagegen im Schuldrecht gilt (vgl. etwa § 311 b Abs. 2 BGB). Selbstverständlich ist es möglich, „ein Unternehmen" oder „ein Warenlager" oder andere
Rechts- und Sachgesamtheiten zum Gegenstand eines Kaufvertrags zu machen.
Dieser begründet aber (das darf der Student nie verwechseln!) nur die Verpflichtung
zur Veräußerung der betreffenden Sachgesamtheit; die Erfüllung dieser Verpflich-

tung erfolgt dann durch die im Sachenrecht geregelten Eigentumserwerbstatbestände, für die der strenge Bestimmtheitsgrundsatz gilt!

II. Das Absolutheitsprinzip

Das Absolutheitsprinzip besagt, dass **dingliche Rechte gegenüber jedermann wirken.** Sie gewähren als Herrschaftsrechte einen umfassenden Rechtsschutz.

Am deutlichsten wird dies beim Eigentum. Dieses ist gegen den Besitzentzug (vgl. § 985 BGB – lesen!) sowie gegen sonstige Beeinträchtigungen (vgl. § 1004 BGB – lesen!) umfassend geschützt. Wer dem Eigentümer den Besitz vorenthält oder eine sonstige Beeinträchtigung des Eigentums verursacht, kann entsprechend verklagt werden.

Lernhinweis: Bei den sonstigen dinglichen Rechten ist jeweils auf die zum Schutz des Eigentums bestehenden Ansprüche und Klagemöglichkeiten verwiesen, vgl. z. B. den Schutz des Nießbrauchs (§ 1065 BGB) oder den Schutz des Pfandrechts (§ 1227 BGB).

III. Das Trennungs- und Abstraktionsprinzip

Bei der Veräußerung einer Sache muss man zwei Vorgänge trennen: Den Kaufvertrag und die nachfolgende Übereignung. Das deutsche Recht trennt also zwischen dem dinglichen Geschäft (der Übereignung) und dem der Übereignung zugrundeliegenden schuldrechtlichen Geschäft (dem Kaufvertrag). In Anspielung auf die Trennung der beiden Rechtsvorgänge spricht man vom **„Trennungsprinzip".**

Wenn man diese beiden Vorgänge trennt, stellt sich die Frage, ob bei der Nichtigkeit des schuldrechtlichen Geschäfts das dingliche Geschäft ebenfalls nichtig ist (ist die Übereignung unwirksam, wenn der Kaufvertrag unwirksam ist?), oder ob trotz Nichtigkeit des Kaufvertrags die Übereignung dennoch wirksam ist. Im deutschen Recht gilt das **„Abstraktionsprinzip":** Die Wirksamkeit des dinglichen Geschäfts ist von der Wirksamkeit des schuldrechtlichen Geschäfts unabhängig. Da dies aber zu einer unberechtigten Vermögensmehrung desjenigen führt, der ohne schuldrechtliche Berechtigung die sachenrechtlich gültige Rechtsposition erlangt hat, wird über Ansprüche aus „ungerechtfertigter Bereicherung" nach §§ 812 ff. BGB (Leistung ohne Rechtsgrund) ein Ausgleich herbeigeführt.

Lernhinweis: Repetieren Sie dazu den Abschnitt Kaufrecht sowie den Abschnitt ungerechtfertigte Bereicherung!

Auch das Abstraktionsprinzip dient der Rechtsklarheit und Rechtssicherheit. Die Eigentumsübertragung als solche erfolgt losgelöst von dem ihr zugrunde liegenden Kausalgeschäft (in der Regel ist dies ein Kaufvertrag). Auch hier wird die Diskrepanz zwischen der gesetzlichen Dogmatik und dem Sprachgebrauch des täglichen Lebens besonders deutlich. „Otto Normalverbraucher" unterscheidet im Allgemeinen nicht zwischen Kauf und Übereignung, besonders dann nicht, wenn, wie bei Rechtsgeschäften des täglichen Lebens, beide Vorgänge zusammenfallen (Abschluss des Kaufvertrags und dessen sofortige Erfüllung durch Barzahlung und Übereignung). Machen Sie sich die getrennten Vorgänge und damit auch die Funktion des § 812 BGB (Leistungskondiktion) noch einmal anhand der Ausführungen oben bei § 9 II 5 und der dort abgebildeten Skizzen deutlich. Verdeutlichen Sie sich auch noch einmal den Zusammenhang des Abstraktionsprinzips mit dem Minderjährigenrecht! Repetition: Ein Minderjähriger bedarf gem. § 107 BGB zu einer Willenserklärung, durch die er einen lediglich rechtlichen Vorteil erlangt, nicht der Einwilligung seines gesetzlichen Vertreters. Damit kann folgende Situation entstehen: Der vom Minderjährigen abgeschlossene Kaufvertrag scheitert mangels Einwilligung des gesetzlichen Vertreters, die gleichzeitig vorgenommene Übereignung dagegen ist als lediglich rechtlich vorteilhaft wirksam!

Hinweis: Vom Abstraktionsprinzip gibt es **Ausnahmen:** Es kann sein, dass sowohl der schuldrechtliche Kaufvertrag als auch der dingliche Übereignungsvorgang an Mängeln leiden, die zur Nichtigkeit beider Vorgänge führen.

Drei Fälle kennt die Dogmatik:

1. Die Fehleridentität

Wenn sowohl das schuldrechtliche als auch das sachenrechtliche Geschäft unter demselben Fehler leiden, sind beide Geschäfte nichtig. Darunter fallen: mangelnde Geschäftsfähigkeit (§ 105 BGB, s. o.) sowie die Anfechtbarkeit nach §§ 119 Abs. 2, 123 BGB (s. o.).

2. Der Bedingungszusammenhang

Es ist möglich, die Gültigkeit des Übereignungsvorganges von der Wirksamkeit des schuldrechtlichen Geschäfts abhängig zu machen (Lernhinweis: Dies ist aber nur bei der Übereignung beweglicher Sachen zulässig, da § 925 Abs. 2 BGB die bedingte Übereignung von Grundstücken ausdrücklich verbietet!).

Allerdings kann man nicht generell annehmen, jeder Verkäufer wolle die Übereignung nur unter der Bedingung, dass der Kaufvertrag auch gültig sei. Sonst würde man das Abstraktionsprinzip ad absurdum führen.

3. Die Geschäftseinheit

Verschiedentlich wird in der Dogmatik versucht, § 139 BGB anzuwenden mit der Folge, dass schuldrechtliches und sachenrechtliches Geschäft eine Einheit bilden und die Nichtigkeit eines Teils (des schuldrechtlichen Geschäfts) dieser Einheit (nach § 139 BGB konsequent) zur Nichtigkeit des gesamten Rechtsgeschäfts führt. Die uneingeschränkte Anwendung dieser Theorie würde letztendlich aber ebenfalls zur Außerkraftsetzung des Abstraktionsprinzips führen.

IV. Das Publizitätsprinzip

Mit dem Begriff „Publizität" will man verdeutlichen, dass **dingliche Rechte nach außen** hin über einen Publizitätsträger **erkennbar** sind. Publizitätsmittel ist bei beweglichen Sachen der Besitz, bei Grundstücken das Grundbuch.

Dies entspricht auch der Lebenserfahrung: Im Allgemeinen geht man davon aus, dass derjenige, der eine Sache besitzt, auch Eigentümer ist. Diese Vermutung begründet § 1006 BGB (durch den Besitz) für das Eigentum an beweglichen Sachen und § 891 BGB (durch die Eintragung im Grundbuch) für Rechte an Immobilien.

Hinweis: Beim Grundbuch ist das Publizitätsprinzip am glaubhaftesten; dagegen ist die durch den Besitz begründete Eigentumsvermutung angesichts der heutigen Warenkreditierung (Lieferung unter Eigentumsvorbehalt) und Kreditsicherung (Sicherungsübereignung) nur noch eingeschränkt aussagekräftig (getreu dem Grundsatz „buy now, pay later" sind wir zunehmend ein Volk von Vorbehaltskäufern und Sicherungsübereignern geworden).

Das Publizitätsprinzip hat erhebliche Auswirkungen: Das Publizitätsmittel ist Grundlage für die Übertragung des Rechts an der Sache (zur Eigentumsübertragung von beweglichen Sachen ist entweder die Verschaffung des Besitzes oder eines „Ersatzes" notwendig, vgl. jetzt schon §§ 929 bis 931 BGB; die Übertragung des Eigentums an Grundstücken setzt die Eintragung in das Grundbuch voraus).

V. Der Gutglaubenserwerb

Auf dem Publizitätsprinzip basiert die Gestattung des Rechtserwerbs kraft guten Glaubens. Darunter versteht man die **Möglichkeit,** auch **von einem Nichtberechtigten** ein Recht **zu erwerben,** wenn man diesen für den Rechtsinhaber hält.

Beispiel: Der Erwerber kann von einem im Grundbuch zu Unrecht als Eigentümer Eingetragenen wirksam das Eigentum am Grundstück erlangen; dasselbe gilt für jemanden, der bewegliche Sachen von einem bloßen Besitzer erwirbt, wenn er diesen (zu Unrecht) für den Eigentümer hält. Vgl. im Einzelnen dazu unten § 62 II.

Das römische Recht kannte diese Möglichkeit nicht. Es galt der Grundsatz: „Niemand kann mehr Rechte übertragen, als er innehat".

Lernhinweis: Machen Sie sich im Zusammenhang mit dem Gutglaubenserwerb noch einmal den besonderen Tatbestand der ungerechtfertigten Bereicherung nach § 816 Abs. 1 BGB (Verfügung eines Nichtberechtigten) klar!

Wichtig: Wo kein Publizitätsträger vorhanden ist, kann es auch keinen gutgläubigen Erwerb geben. Wo kein Rechtschein erzeugt wird, ist ein Vertrauen auch nicht schutzwürdig. Deshalb gibt es bei („normalen", z. B. nicht wertpapierrechtlich verbrieften) Forderungen keinen gutgläubigen Erwerb. Es gilt das Prioritätsprinzip: Die Forderung kann nur einmal abgetreten werden; wer sich eine Forderung „abtreten lässt", die nicht besteht, handelt auf eigenes Risiko; er erwirbt die Forderung nicht, sein diesbezügliches Vertrauen ist nicht geschützt. Die gleichen Gedankengänge gelten für den guten Glauben an die Geschäftsfähigkeit des Geschäftspartners bzw. das Vertrauen auf das Bestehen einer („normalen", nicht urkundlich oder im Handelsregister vermerkten) Vollmacht! Diese Dinge, die nicht ausdrücklich im BGB stehen, müssen jedem, der eine Grundausbildung im Zivilrecht durchlaufen hat, präsent sein!

Wiederholungsfragen zu § 59

Was versteht man unter dem Spezialitätsgrundsatz? (§ 59 I)

Können Sie das Absolutheitsprinzip anhand der Ansprüche aus dem Eigentum verdeutlichen? (§ 59 II)

Was versteht man unter dem Abstraktionsprinzip? (§ 59 III)

Was versteht man unter dem Publizitätsprinzip? (§ 59 IV)

Welche Auswirkungen hat es auf eine Übereignung, wenn der Kaufvertrag, der dieser zugrunde liegt, angefochten wird? (§ 59 III)

2. Kapitel: Besitz und Eigentum

Lernhinweis: Besitz und Eigentum terminologisch zu verwechseln, gehört zu den juristischen „Kapitalfehlern". In der Tat bringt der Laie, aber auch die „Geschäftswelt" Besitz und Eigentum nicht selten durcheinander. Dies kommt sicher mit daher, dass häufig der Besitzer zugleich Eigentümer ist. Merken Sie sich deshalb schon vorab: Besitz ist die „tatsächliche", Eigentum die „rechtliche" Herrschaft über eine Sache.

§ 60 Der Besitz

I. Wesen und Funktionen des Besitzes

1. Begriff

Besitz ist die **tatsächliche Herrschaft einer Person über eine Sache.** § 854 Abs. 1 BGB (lesen!) bringt dies mit den Worten zum Ausdruck, dass der Besitz einer Sache „durch die Erlangung der tatsächlichen Gewalt über die Sache erworben" wird. Wann diese vorliegt, entscheidet sich nach der Verkehrsanschauung. Besitzerlangung ist also ein tatsächlicher Vorgang. Deshalb kommt es auch nicht darauf an, ob dem Besitzer ein Recht zum Besitz zusteht. Daraus folgt: Auch der Dieb einer Sache ist Besitzer.

Schon hier sei darauf hingewiesen, dass die den Besitz begründende Sachherrschaft von unterschiedlicher Intensität sein kann. Beim unmittelbaren Besitz (nur den hat § 854 Abs. 1 BGB im Auge) wird die tatsächliche Gewalt unmittelbar ausgeübt. Daneben gibt es den mittelbaren Besitz (vgl. dazu sofort unten), bei dem die Innehabung der Sachherrschaft vom unmittelbaren Besitzer für einen anderen erfolgt. § 868 BGB qualifiziert dann auch die andere Person als („mittelbaren") Besitzer.

2. Funktionen

Der Besitz hat eine Reihe wichtiger Funktionen:

a) Eigentumsvermutung

Nach § 1006 BGB (lesen!) wird zugunsten des Besitzers einer beweglichen Sache vermutet, dass er Eigentümer der Sache sei. Dass dies tatsächlich so ist, entspricht im Allgemeinen der Lebenserfahrung. Man wird oft gar nicht in der Lage sein, dokumentarisch das Eigentum an all den Sachen nachzuweisen, die man seit jeher im Besitz hat.

b) Übertragungsfunktion

Zum Erwerb der meisten dinglichen Rechte an beweglichen Sachen ist die Erlangung des Besitzes erforderlich. Eigentum wird nach § 929 BGB übertragen durch Einigung plus Übergabe. Auch das Pfandrecht ist als „Faustpfandrecht" ausgestaltet und setzt zu seiner Begründung nach § 1205 BGB die Verschaffung des Besitzes voraus.

c) Gutglaubensfunktion

Der Besitz (oder genauer: die Disposition über den Besitz) ist die Grundlage für den Eigentumserwerb an beweglichen Sachen kraft guten Glaubens nach §§ 932 ff. BGB (vgl. unten).

II. Erscheinungsformen des Besitzes

Wir haben Besitz definiert als die Ausübung der „tatsächlichen Sachherrschaft". Im Einzelnen freilich gibt es verschiedene Varianten. Das BGB differenziert in §§ 854–872

- nach der Intensität der Sachherrschaft (unmittelbarer und mittelbarer Besitz),
- danach, ob der Besitzer allein oder nur zusammen mit anderen die Sachherrschaft ausüben kann (Alleinbesitz, Mitbesitz, Teilbesitz),
- nach der inneren Willensrichtung des Besitzers (Eigenbesitz und Fremdbesitz) sowie
- nach der sozialen Einordnung desjenigen, der die tatsächliche Gewalt ausübt (Besitzer und Besitzdiener).

Lernhinweis: Im Nachfolgenden werden die einzelnen Erscheinungsformen des Besitzes vorgestellt. Werfen Sie zur Orientierung zunächst einen Blick auf die Übersicht über die verschiedenen *Arten des Besitzes,* und repetieren Sie diese nach dem Durcharbeiten noch einmal. Sie müssen in der Lage sein, den jeweiligen Begriff zu definieren und durch ein Beispiel zu verdeutlichen.

1. Unmittelbarer und mittelbarer Besitz

a) Unmittelbarer Besitz

Der unmittelbare Besitz wird durch den Erwerb der tatsächlichen („unmittelbaren") Gewalt über eine Sache erlangt (§ 854 Abs. 1 BGB). Entscheidend ist also eine gewisse räumliche, auf Dauer angelegte Sachbeziehung.

Beispiele: Der im Eigenheim wohnende Grundstücksbesitzer, der Fahrer eines Mietautos und der Dieb einer goldenen Uhr sind unmittelbare Besitzer.

b) Mittelbarer Besitz

Mittelbarer Besitz wird nach § 868 BGB durch die Begründung eines sog. **„Besitzmittlungsverhältnisses"** geschaffen. Darunter versteht das Gesetz ein Rechtsverhältnis, „vermöge dessen eine Person auf Zeit zum Besitz berechtigt oder verpflichtet ist".

Beispiele: (vgl. dazu auch den Gesetzeswortlaut in § 868 BGB) Nießbrauch, Pfandbestellung, Pacht, Miete, Verwahrung und dgl.

Bei einem Mietverhältnis ist also der Mieter unmittelbarer Besitzer, der Vermieter mittelbarer Besitzer. Der Mietvertrag ist das Besitzmittlungsverhältnis; es berechtigt den Mieter zur Ausübung des Besitzes auf Zeit und

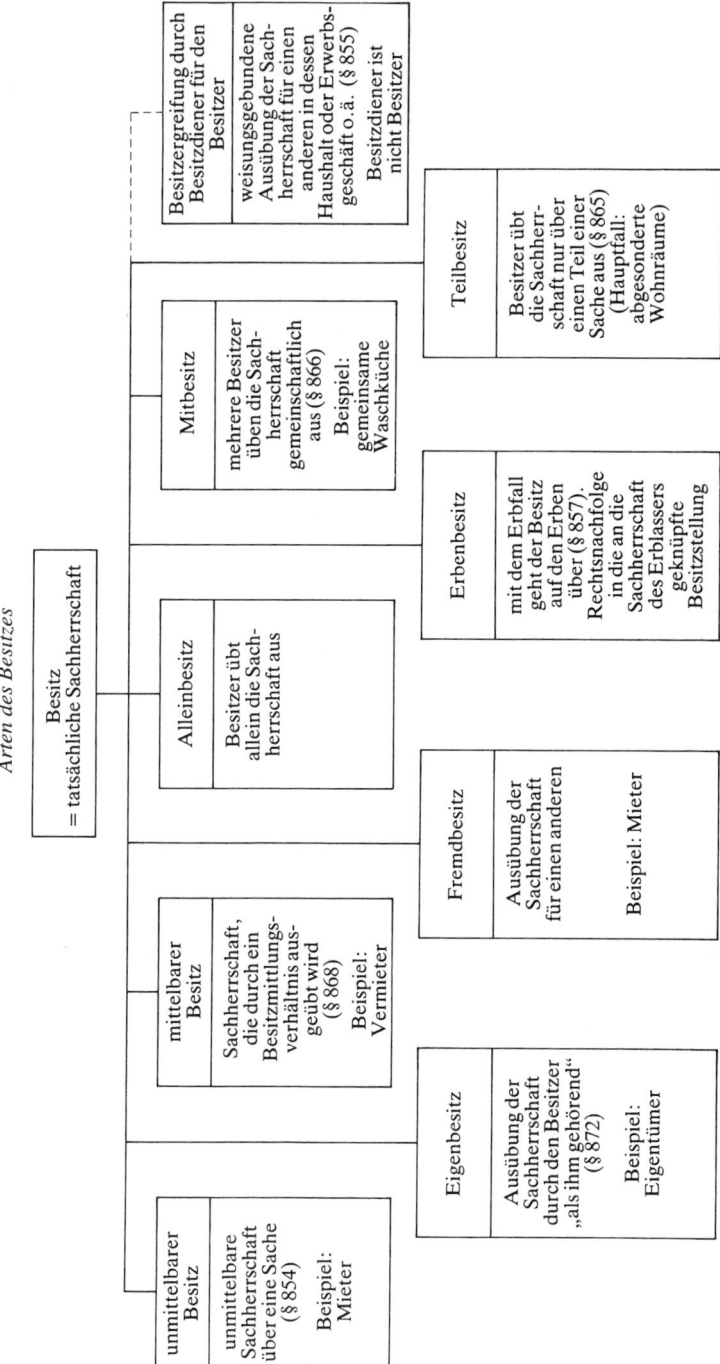

Arten des Besitzes

Besitz
= tatsächliche Sachherrschaft

unmittelbarer Besitz
unmittelbare Sachherrschaft über eine Sache (§ 854)
Beispiel: Mieter

mittelbarer Besitz
Sachherrschaft, die durch ein Besitzmittlungsverhältnis ausgeübt wird (§ 868)
Beispiel: Vermieter

Alleinbesitz
Besitzer übt allein die Sachherrschaft aus

Mitbesitz
mehrere Besitzer üben die Sachherrschaft gemeinschaftlich aus (§ 866)
Beispiel: gemeinsame Waschküche

Besitzergreifung durch Besitzdiener für den Besitzer
weisungsgebundene Ausübung der Sachherrschaft für einen anderen in dessen Haushalt oder Erwerbsgeschäft o. ä. (§ 855)
Besitzdiener ist nicht Besitzer

Eigenbesitz
Ausübung der Sachherrschaft durch den Besitzer „als ihm gehörend" (§ 872)
Beispiel: Eigentümer

Fremdbesitz
Ausübung der Sachherrschaft für einen anderen
Beispiel: Mieter

Erbenbesitz
mit dem Erbfall geht der Besitz auf den Erben über (§ 857). Rechtsnachfolge in die an die Sachherrschaft des Erblassers geknüpfte Besitzstellung

Teilbesitz
Besitzer übt die Sachherrschaft nur über einen Teil einer Sache aus (§ 865) (Hauptfall: abgesonderte Wohnräume)

Mittelbarer Besitz

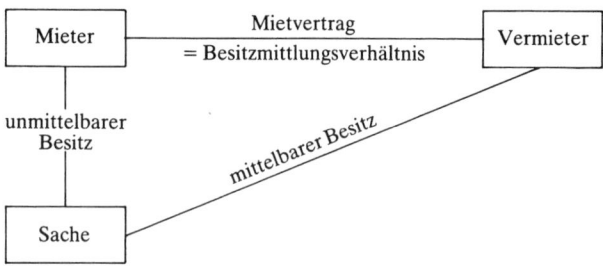

verpflichtet ihn nach Ablauf des Mietverhältnisses zur Rückgabe der Mietsache. Vergleichen Sie dazu auch die Skizze *Mittelbarer Besitz*.

2. Allein- und Mitbesitz

a) Alleinbesitz

Wer die tatsächliche Gewalt über eine Sache allein ausübt, ist Alleinbe-
sitzer.

b) Mitbesitz

Besitzen aber mehrere eine Sache gemeinschaftlich, dann haben sie Mitbesitz an der Sache, § 866. Mitbesitz kann in zweifacher Weise auftreten:

*   „**Schlichter**" **Mitbesitz** liegt vor, wenn jeder der Mitbesitzer die tat-
    sächliche Sachherrschaft ausüben kann, dabei freilich auf die anderen
    Rücksicht nehmen muss.
*   „**Gesamthänderischer**" **Mitbesitz** liegt vor, wenn der Besitz nur ge-
    meinschaftlich ausgeübt werden darf.

Die Benutzung einer gemeinsamen Waschküche in einer Wohnanlage begründet schlichten Mitbesitz, wenn alle Mieter entsprechend der Hausordnung zur Nutzung berechtigt sind. Weiteres Beispiel: Ehegatten haben
schlichten Mitbesitz am Hausrat in der gemeinsamen Wohnung.

Gesamthänderischer Mitbesitz liegt vor in Fällen der Wertpapierhinterle-
gung durch mehrere mit der Abrede, dass die Bank die Papiere nur an alle
Berechtigte gemeinsam herausgeben darf.

3. Voll- und Teilbesitz

Wenn der Besitzer die Sachherrschaft nur über einen Teil einer Sache ausüben kann, spricht man vom Teilbesitz.

Schulbeispiel: Der Mieter einer Wohnung hat Besitz an den gemieteten Räumen.

§ 865 BGB stellt klar, dass die Besitzschutzansprüche auch zugunsten des
Teilbesitzers gelten.

Lernhinweis: Andere Prinzipien gelten beim Eigentum: Teile einer Sache können
gem. § 93 BGB nicht Gegenstand besonderer Rechte sein, wenn sie wesentliche
Bestandteile sind, vgl. dazu oben im Allgemeinen Teil § 6.

4. Eigen- und Fremdbesitz

a) *Eigenbesitzer*

Eigenbesitzer ist derjenige, der eine Sache „als ihm gehörend besitzt"
(§ 872 BGB – lesen!).

Beispiele: Eigenbesitzer ist der (besitzende) Eigentümer. Eigenbesitzer ist aber
auch der Dieb, wenn er die gestohlene Sache behalten will (dann allerdings als
„nichtberechtigter Eigenbesitzer").

b) *Fremdbesitzer*

Fremdbesitzer ist derjenige, der eine Sache für einen anderen besitzt.

Beispiel: Fremdbesitzer ist der Mieter und jeder, der auf Grund eines Besitzmittlungsverhältnisses die Sachherrschaft (meist vorübergehend) für einen anderen
ausübt.

Die Unterscheidung zwischen dem Eigen- und Fremdbesitzer ist u. a. be-
deutungsvoll:

* für die Ersitzung: Eigentumserwerb durch Ersitzung setzt Eigenbesitz
  voraus (vgl. §§ 937 ff. BGB);
* beim Fruchterwerb: Nach § 955 BGB erwirbt der gutgläubige Eigenbesitzer das Eigentum an Früchten und Erzeugnissen der Sache.

5. Erbenbesitz

Nach § 857 BGB (lesen!) geht der Besitz auf den Erben über. Der Erbe
erlangt den Besitz in der Form, wie ihn der Erblasser innehatte (also in all
den Erscheinungsformen, die zuvor dargestellt wurden). Diese Vorschrift
schützt den Erben vor dem unberechtigten Zugriff Fremder auf den Nachlass.

6. Der Besitzdiener

Von dem Grundsatz, dass die tatsächliche Ausübung der Sachherrschaft
zugleich den Besitz begründet, macht das Gesetz eine **Ausnahme** für den
Besitzdiener: Nach § 855 BGB (lesen!) ist derjenige nicht Besitzer, der
„die tatsächliche Gewalt über eine Sache für einen anderen in dessen
Haushalt oder Erwerbsgeschäft oder in einem ähnlichen Verhältnisse ausübt, vermöge dessen er den sich auf die Sache beziehenden Weisungen des
anderen Folge zu leisten hat". Mit dieser Bestimmung trägt der Gesetzgeber der arbeitsteiligen Wirtschaft und der Tatsache Rechnung, dass in zahl-
losen Fällen die unmittelbare Sachherrschaft für andere ausgeübt wird.
Würde man stets Besitz annehmen, bestünde wegen der Rechtsscheinfunk-
tion des Besitzes die Gefahr, dass Gutgläubige zu Lasten des Berechtigten
Eigentum an den überlassenen Sachen erwerben.

Beispiele: Besitzdiener sind Haushaltshilfen hinsichtlich des Tafelsilbers, Arbeitnehmer hinsichtlich der überlassenen Werkzeuge.

Lernhinweis: Der Erwerb vom Besitzdiener fällt unter § 935 BGB (gutgläubiger
Eigentumserwerb ist nicht möglich, da insoweit die Sachen „abhanden gekommen"
sind).

III. Erwerb und Verlust des Besitzes

1. Erwerb

a) Unmittelbarer Besitz

Der unmittelbare Besitz wird erworben durch die **Erlangung der tatsächlichen Gewalt** über eine Sache (§ 854 Abs. 1 BGB). Da es sich beim Besitz um die Ausübung einer faktischen Herrschaftsmacht handelt, ist Geschäftsfähigkeit nicht erforderlich.

Man unterscheidet zwischen dem unmittelbaren (originären) Besitzerwerb (Beispiel: Ein Fahrgast in der Bahn nimmt im Abteil eine zurückgelassene Zeitung an sich) und dem abgeleiteten (derivativen) Besitzerwerb (Beispiel: Der Verkäufer händigt dem Käufer die Ware aus).

b) Mittelbarer Besitz

Der mittelbare Besitz wird erworben durch **Begründung eines Besitzmittlungsverhältnisses** nach § 868 BGB.

Beispiel: Der Eigentümer einer Wohnung überlässt diese einem anderen.

Nach § 870 BGB kann mittelbarer Besitz dadurch auf einen anderen übertragen werden, dass diesem der Anspruch auf Herausgabe der Sache abgetreten wird.

Beispiel: Der Leasinggeber veräußert die beim Leasingnehmer befindlichen Geräte an einen Dritten und tritt dabei den Herausgabeanspruch aus dem Leasingvertrag an den erwerbenden Dritten ab.

Vgl. Sie dazu auch die Skizze *Erwerb des mittelbaren Besitzes nach § 870 BGB*.

Erwerb des mittelbaren Besitzes nach § 870 BGB

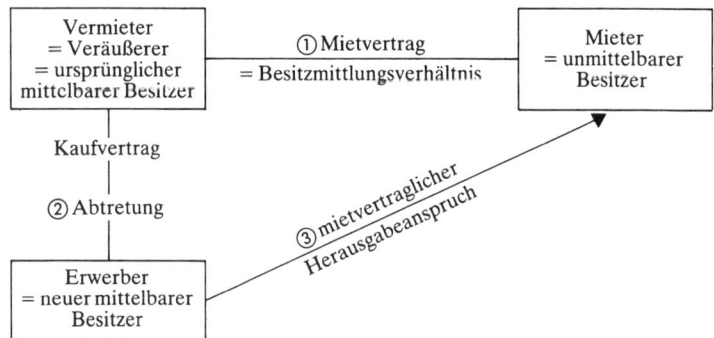

2. Verlust

a) Unmittelbarer Besitz

Der unmittelbare Besitz wird dadurch beendigt, dass der Besitzer die tatsächliche Gewalt über die Sache aufgibt oder in anderer Weise verliert (§ 856 Abs. 1 BGB – lesen!).

Beispiele: Der Zeitungsleser wirft die Zeitung weg; das Auto wird gestohlen.

Merke: Wird der Besitz ohne oder gegen den Willen des unmittelbaren Besitzers entzogen, ist die betreffende Sache „abhanden gekommen" i. S. d. § 935 BGB!

b) Mittelbarer Besitz

Mittelbarer Besitz wird beendigt mit der Beendigung des Besitzmittlungsverhältnisses.

IV. Der Schutz des Besitzes

Dem Besitz kommt auch eine Rechtsfriedensfunktion zu. Das Gesetz schützt den Besitzer gegen die Entziehung oder Störung der Sachherrschaft.

1. Verbotene Eigenmacht

Wer dem Besitzer ohne dessen Willen widerrechtlich den Besitz entzieht oder ihn im Besitze stört, begeht nach § 858 Abs. 1 „verbotene Eigenmacht". Ein dadurch erlangter Besitz ist fehlerhaft (§ 858 Abs. 2 BGB).

2. Rechtsfolgen

a) Selbsthilfe des Besitzers („Besitzwehr")

Der Besitzer darf sich der vorgenannten verbotenen Eigenmacht nach § 859 Abs. 1 BGB „mit Gewalt" widersetzen. Man bezeichnet diese Selbsthilfe auch als „Besitzwehr". Der Besitzer kann sich also durch „Handgreiflichkeiten" wieder des Besitzes bemächtigen.

Lernhinweis: Diese Feststellungen sind auch für das Strafrecht relevant. Die Selbsthilfe ist ein Rechtfertigungsgrund und schließt damit die Bestrafung wegen der gegenüber verbotener Eigenmacht begangenen Verletzungen aus.

b) Verfolgungsrecht („Besitzkehr")

Wird eine bewegliche Sache dem Besitzer durch verbotene Eigenmacht weggenommen, darf er sie dem auf frischer Tat betroffenen oder verfolgten Täter mit Gewalt wieder abnehmen (§ 859 Abs. 2 BGB). In diesem Fall spricht man von der „Besitzkehr". Bei Grundstücken darf der verdrängte Besitzer sich des Besitzes gem. § 859 Abs. 3 BGB „sofort nach dessen Entziehung durch Entsetzung des Täters wieder bemächtigen".

c) Klagemöglichkeiten

Der Besitzer kann vor Gericht nach §§ 861, 862 im Falle der Besitzstörung bzw. Besitzentziehung gegen denjenigen, der verbotene Eigenmacht begangen hat, auf Wiedereinräumung des Besitzes bzw. Unterlassung der Störung klagen.

aa) Possessorische Ansprüche

Hinweis: Ansprüche aus §§ 861 ff. sind sog. **„possessorische Ansprüche".** Sie schützen den Besitz als solchen, auf ein Recht zum Besitz kommt es nicht an (Sinn: Dem Besitzer soll die rasche Wiederherstellung seines durch verbotene Eigenmacht beeinträchtigten Besitzstandes ermöglicht werden).

bb) Petitorische Ansprüche

Lernhinweis: Während possessorische Ansprüche im Interesse des Rechtsfriedens tatsächliche Besitzverhältnisse schützen ohne Rücksicht darauf, ob der Besitz berechtigt ist oder nicht, können petitorische Ansprüche nur vom berechtigten Besitzer (nach § 1007 Abs. 3 ausgedehnt auf den gutgläubigen Besitzer) geltend gemacht werden.

Wer eine bewegliche Sache im Besitz hatte, kann von dem (jetzigen) Besitzer die Herausgabe der Sache verlangen, wenn dieser beim Erwerb des Besitzes nicht in gutem Glauben war. Die Bedeutung dieser Bestimmung ist gering, weil er bei den meisten Sachverhalten von § 985 BGB verdrängt wird. Sinn des § 1007 ist es, eine Anspruchslücke für denjenigen zu schließen, der sein Eigentum (bzw. ein sonstiges dingliches Recht) nicht nachweisen und damit seinen Herausgabeanspruch als Eigentümer nicht auf § 985 BGB (bzw. als Nießbraucher nicht auf § 1065 oder Pfandgläubiger nicht auf § 1227 BGB) stützen kann.

d) Sonstige Ansprüche

Der Besitz kann Gegenstand eines Bereicherungsanspruchs nach §§ 812 ff. BGB sein, wenn er ohne Rechtsgrund erlangt wurde.

Wird der Besitz widerrechtlich und schuldhaft entzogen, kommt ein Schadenersatzanspruch nach § 823 Abs. 1 BGB in Betracht. Dies ist wichtig, wenn der Besitzer nicht zugleich Eigentümer ist.

Beispiel: Der Mieter einer Sache erleidet einen Vermögensnachteil, weil ihm von einem Dritten rechtswidrig und schuldhaft die Nutzung entzogen wird.

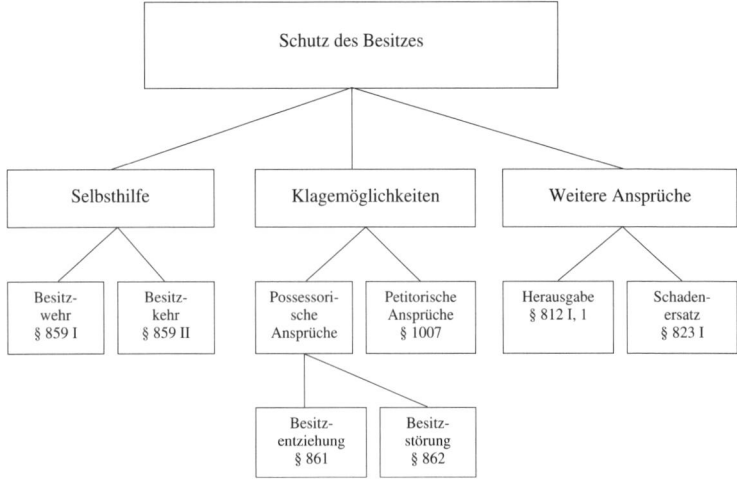

Wiederholungsfragen zu § 60

Was sind die Wesensmerkmale und die Funktionen des Besitzes? (§ 60 I)

Wann ist jemand mittelbarer Besitzer? (§ 60 II 1 b)

Geht der Besitz auf den Erben über? (§ 60 II 5)

Was versteht man unter einem Besitzdiener? (§ 60 II 6)

Wie wird der unmittelbare, wie der mittelbare Besitz erworben? (§ 60 III 1 a, b)

Kann der Besitzer im Falle der Besitzentziehung zur Selbsthilfe greifen? (§ 60 IV 2)

§ 61 Inhalt und Schutz des Eigentums

Lernhinweis: Die nachfolgenden Ausführungen sind besonders prüfungs- und praxisrelevant. Wie Eigentum übertragen wird und welche Ansprüche das Eigentum gewährt, ist regelmäßiger und beliebter Prüfungsstoff. Vergegenwärtigen Sie sich beim Durcharbeiten jeweils vorab und hinterher die abgebildeten Skizzen und Übersichten, die Ihnen den Einstieg und das Behalten erleichtern sollen.

I. Inhalt des Eigentums

Eigentum ist die unmittelbare rechtliche Herrschaft über eine Sache (Kurzformel: „Besitz ist die tatsächliche, Eigentum die rechtliche Sachherrschaft").

1. Erscheinungsformen

Eigentum kann in verschiedenen Erscheinungsformen auftreten:

a) Allein- und Miteigentum

Alleineigentum liegt vor, wenn eine Sache nur einer Person gehört. Am Miteigentum sind mehrere beteiligt.

Miteigentum kann in zwei Formen auftreten:

- **Miteigentum nach Bruchteilen** liegt vor, wenn jedem Miteigentümer ein bestimmter Bruchteil an der Sache als selbstständiges dingliches Recht zusteht (Rechtsgrundlage dafür: §§ 741 ff., 1008 ff. BGB). Zwischen den Miteigentümern besteht eine „Gemeinschaft nach Bruchteilen", wobei jeder Miteigentümer über seinen Anteil frei verfügen kann.
- **Gesamthandseigentum** liegt vor, wenn die Anteile der Einzelnen zugunsten der Gesamtheit „gebunden" sind. Diese Erscheinungsformen des Eigentums finden wir bei den „Gesamthandsgemeinschaften" (Beispiele: Gesellschaft bürgerlichen Rechts, OHG, KG sowie die eheliche Gütergemeinschaft und die Erbengemeinschaft). Im Unterschied zur Bruchteilsgemeinschaft kann bei der Gesamthandsgemeinschaft der einzelne Beteiligte nicht gesondert über seinen Anteil an den einzelnen Gegenständen verfügen (vgl. z.B. §§ 719 Abs. 1, 1419 Abs. 1, 2033 Abs. 2 BGB).

b) Treuhandeigentum

Wenn das Bürgerliche Gesetzbuch von Eigentum spricht, meint es die unmittelbare rechtliche Sachherrschaft des Rechtsinhabers. Man spricht auch vom „Volleigentum". Daneben ist im Wirtschaftsleben der Begriff des „Treuhandeigentums" (**„fiduziarisches Eigentum"**) geschaffen worden.

Treuhandeigentum wird begründet durch ein Treuhandverhältnis zwischen dem Treuhänder und Treugeber. Als Erscheinungsformen kennen wir die Sicherungs- und Verwaltungstreuhand. Beim Treuhandeigentum handelt es sich um Fallgestaltungen, bei denen ein Eigentümer (Treunehmer) **nach außen hin zwar als Volleigentümer auftritt, im Innenverhältnis zum Treugeber jedoch nicht frei verfügen darf.**

Beispiele: Wenn sich eine Bank zur Absicherung eines Kredits das Eigentum nach § 930 BGB übertragen lässt, wird sie zwar formell Eigentümer, wirtschaftlich beabsichtigt ist aber lediglich die Rechtsstellung eines Pfandgläubigers.

Bei der Verwaltungstreuhand wird das Eigentum vom Treugeber auf den Treuhänder zu Verwaltungszwecken übertragen. Wirtschaftlicher (aber nicht rechtlicher) Eigentümer bleibt der Treugeber.

Lernhinweis: Treuhandeigentum spielt bei der Zwangsvollstreckung eine große Rolle: Bei der Verwertung kann nicht außer Acht gelassen werden, dass der Treuhänder nur formal Eigentümer ist. Der Zugriff der Treuhänder-Gläubiger muss demzufolge eingeschränkt werden.

Deshalb hat im Insolvenzverfahren des Sicherungs- (Treu-)Gebers die Bank hinsichtlich des ihr zur Sicherheit übertragenen Eigentums – wie der Pfandgläubiger – das Recht, die Sache herauszuverlangen, um sie zu verkaufen und sich aus dem Erlös zu befriedigen („Absonderungsrecht"), nicht aber um sie zu behalten („Aussonderungsrecht" – Formel: „massefremde Gegenstände herausnehmen").

2. Verfügungsfreiheit

Eigentum ist die intensive und umfassende Zuordnung einer Sache zu einer Person. Es beinhaltet ein unbeschränktes dingliches Beherrschungsrecht und ist seinem Wesen nach sowohl Nutzungs- als auch Verwertungsrecht.

Diese „Totalherrschaft" bringt § 903 BGB mit den Worten zum Ausdruck: „Der Eigentümer einer Sache kann mit der Sache nach Belieben verfahren und andere von jeder Einwirkung ausschließen". Der Eigentümer einer Sache kann sie also nutzen, veräußern, verwerten, belasten und zerstören. Dieser individuelle Eigentumsbegriff des BGB hat seinen Ursprung im römischen Recht.

3. Schranken

Die Ausübung des Eigentums ist eingeschränkt.

Schon Artikel 14 Abs. 2 GG bestimmt: „Eigentum verpflichtet. Sein Gebrauch soll zugleich dem Wohle der Allgemeinheit dienen". Daneben gibt es zahlreiche privatrechtliche und öffentlich-rechtliche Beschränkungen des Eigentums:

Auch § 903 BGB selbst betont, dass die Verfügungsfreiheit des Eigentümers dort endet, wo „das Gesetz oder Rechte Dritter entgegenstehen".

Beispiele: Aus dem Bereich des öffentlichen Rechts sind insbesondere die Vorschriften des Umweltschutzrechts zu nennen. Im Privatrecht ist es vor allen Dingen das Nachbarrecht, das die Nutzung des Grundeigentums erheblich einschränken kann.

So kann der Eigentümer eines Grundstücks nach § 907 BGB verlangen, dass auf den Nachbargrundstücken nicht Anlagen hergestellt oder gehalten werden, von denen mit Sicherheit vorauszusehen ist, dass ihr Bestand oder ihre Benutzung eine unzulässige Einwirkung auf sein Grundstück zur Folge hat.

Umgekehrt kann der Eigentümer die Zuführung von Gasen, Dämpfen, Gerüchen, Rauch, Ruß, Wärme, Geräuschen, Erschütterungen und ähnlichen von einem anderen Grundstück ausgehenden Einwirkungen insoweit nicht verbieten, als sie die Benutzung seines Grundstücks nicht oder nur unwesentlich beeinträchtigen (§ 906 BGB – lesen!).

Zu weiteren Fragen des Nachbarrechts (drohender Gebäudeeinsturz, Überhang durch Bäume und Sträucher, Überbau und Notwegrechte sowie gemeinsame Benutzung von Grenzanlagen im Grundstücksrecht) vgl. die §§ 908 ff. BGB, die aus sich selbst heraus verständlich sind und in diesem Zusammenhang im Hinblick auf den speziellen Adressatenkreis dieses Buches nicht in allen Einzelheiten ausgebreitet werden müssen. Beachten Sie aber: In diesem Bereich gibt es auch landesrechtliche Vorschriften (vgl. Art. 122 ff. EGBGB).

Prozessualer Hinweis: Bei einer gerichtlichen Geltendmachung von Ansprüchen nach §§ 906, 910, 911 und 923 BGB ist eine Klageerhebung in vielen Bundesländern grundsätzlich erst zulässig, nachdem vor einer Gütestelle eine einvernehmliche Streitbeilegung versucht wurde (vgl. §§ 15 a EGZPO i.V.m. §§ 1 ff. Schlichtungsgesetz Baden-Württemberg; Art. 1 ff. Bayerisches Schlichtungsgesetz; Art. 1 §§ 1 ff. Brandenburgisches Schlichtungsgesetz; §§ 1 ff. Hessisches Schlichtungsgesetz; §§ 10 ff. Gütestellen- und Schlichtungsgesetz NRW; Art. 1 §§ 37 a ff. Saarländisches Landesschlichtungsgesetz; §§ 34 a ff. Schiedsstellen- und Schlichtungsgesetz des Landes Sachsen-Anhalt; §§ 1 ff. Landesschlichtungsgesetz Schleswig-Holstein).

II. Schutz des Eigentums

Eigentum ist als Grundrecht verfassungsrechtlich geschützt (Art. 14 GG). Eigentum wird gewährleistet, sein Inhalt und seine Schranken werden durch Gesetze bestimmt. Eine Enteignung ist möglich, jedoch grundsätzlich nur gegen Entschädigung und zum Wohl der Allgemeinheit (Art. 14 Abs. 3 GG). Privatrechtlich ist Eigentum zunächst gegen Beschädigung nach § 823 Abs. 1 BGB geschützt: Die rechtswidrige und schuldhafte Beschädigung oder Zerstörung einer Sache löst Schadenersatzansprüche aus. Die besondere Herrschaftsmacht des Eigentümers wird im Sachenrecht verwirklicht durch die beiden grundsätzlichen Ansprüche, die sich aus dem Eigentum ergeben: den Herausgabeanspruch bei der Eigentumsentziehung (vgl. § 985 BGB) und den Unterlassungs- bzw. Beseitigungsanspruch bei der Eigentumsstörung (vgl. § 1004 BGB). Vergleichen Sie dazu die Übersicht *Schutz des Eigentums*.

1. Eigentumsentziehung

Der Eigentümer kann nach § 985 BGB (lesen!) vom Besitzer die Herausgabe der Sache verlangen.

Lernhinweis: § 985 BGB gehört zu den Bestimmungen, die auch der Studienanfänger, ohne im Gesetz nachzuschlagen, präsent haben muss!

Der Herausgabeanspruch ist allerdings nach § 986 BGB ausgeschlossen, wenn der Besitzer „ein Recht zum Besitz" hat.

Beispiele: D entwendet die goldene Uhr des E; E hat nach § 985 BGB einen Herausgabeanspruch. V vermietet sein Kraftfahrzeug an M; M hat auf Grund des Mietvertrags ein Recht zum Besitz, ein Herausgabeverlangen des V ist für die Dauer der Mietzeit nicht begründet.

Denkbar ist, dass der Eigentümer seine Sache einem anderen vertragsgemäß überlässt, dieser sie aber an einen Dritten weitergibt. Ist der (jetzt) mittelbare Besitzer dem Eigentümer gegenüber zur Überlassung des Besitzes an den Dritten nicht befugt, so kann nach § 986 Abs. 1 Satz 2 BGB der Eigentümer von dem unmittelbaren Besitzer die Herausgabe der Sache entweder an den mittelbaren Besitzer oder, wenn dieser den Besitz nicht wieder übernehmen kann oder will, an sich selbst verlangen.

Lernhinweis: Derartig komplizierte Sachverhalte verdeutlicht man sich zweckmäßigerweise durch die Anfertigung einer Skizze. Vergleichen Sie dazu die Skizze *Anspruch des Eigentümers nach § 986 I 2.*

Beispiel: Die Autovermietung E vermietet ein Kraftfahrzeug an den Kraftfahrer M. Dieser gibt das Kraftfahrzeug an B weiter, obwohl im Mietvertrag ausdrücklich eine Weitergabe des Fahrzeuges untersagt war. Hier greift § 986 Abs. 1 Satz 2 BGB ein: E kann gegenüber B darauf bestehen, dass diese das Fahrzeug wieder an M zurückgibt; wenn M zur Übernahme nicht bereit ist, kann E Rückgabe an sich selbst verlangen.

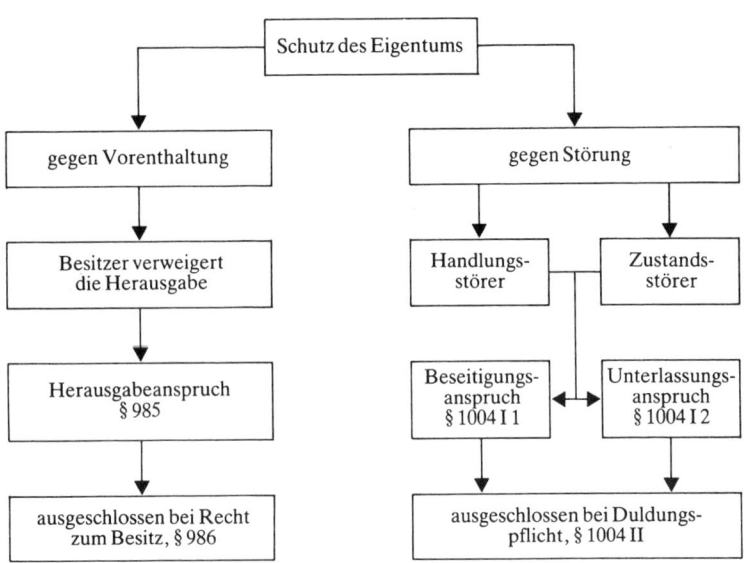

2. Eigentumsstörung

Wird das Eigentum in anderer Weise als durch Entziehung oder Vorenthaltung des Besitzes beeinträchtigt, so kann der Eigentümer von dem Störer nach § 1004 BGB die Beseitigung der Beeinträchtigung verlangen. Wenn weitere Beeinträchtigungen zu befürchten sind, kann der Eigentümer auch auf Unterlassung klagen. Lernhinweis: Man spricht hier von der „Eigentumsfreiheitsklage", oft wird auch der römisch-rechtliche Ausdruck „actio negatoria" benutzt.

Anspruch des Eigentümers nach § 986 I 2

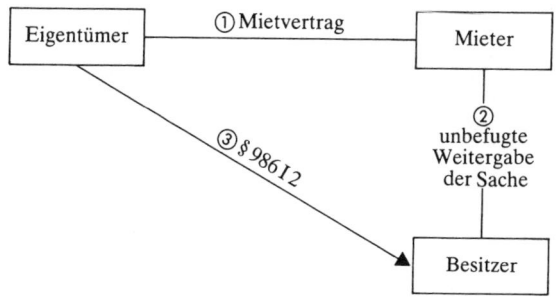

Die Klage ist begründet, wenn das Eigentum beeinträchtigt ist. Sie ist aber ausgeschlossen, wenn der Eigentümer zur Duldung verpflichtet ist (§ 1004 Abs. 2 BGB). Entscheidend also ist, ob es sich um eine „rechtswidrige Störung" handelt. Dabei unterscheidet man zwischen dem „Handlungsstörer" und dem „Zustandsstörer".

Lernhinweis: § 1004 BGB hat über den Eigentumsschutz hinaus weitreichende Bedeutung, da die Rechtsprechung diese Bestimmung analog auf alle absoluten Rechte anwendet, um eine Lücke im Rechtsschutzsystem zu schließen: §§ 823 ff. BGB setzen einmal Verschulden und zum anderen einen bereits eingetretenen Schaden voraus. Mit der analogen Anwendung des § 1004 BGB auf alle durch § 823 BGB geschützten Rechtsgüter kann der betroffene Rechtsgutinhaber auf Unterlassung bzw. Beseitigung klagen (vgl. auch oben § 57 IX).

a) Begriff des Störers

Störer ist derjenige, auf dessen Willen sich die Eigentumsbeeinträchtigung zurückführen lässt. Zwei Fälle sind zu unterscheiden:

Die Störung kann durch eine **Handlung** oder durch einen **Zustand** herbeigeführt werden.

Handlungsstörer ist z.B., wer Müll auf einem Grundstück ablädt; wer dauernd widerrechtlich über ein Grundstück fährt, um den Weg abzukürzen; wer eine Hauswand mit Parolen besprüht oder an der Gartenmauer ohne Erlaubnis Wahlplakate anbringt.

Mittelbarer Handlungsstörer ist auch, wer die störende Einwirkung Dritter adäquat ursächlich veranlasst hat und sie verhindern kann. Beispiele: Störung durch krakeelende Besucher eines Nachtlokals; Start- und Landelärm beim Betrieb eines Flugplatzes; die von einem Tennisplatz ausgehenden Spielgeräusche.

Zustandsstörer ist (wenigstens auch), wer eine störende Anlage unterhält, wenn die Beseitigung der Störung von seinem Willen abhängt. Beispiel: Störung durch Gerüche, Rauch und Abgase, die vom eigenen Grundstück ausgehen und das Nachbargrundstück beeinträchtigen.

Es genügt, dass die Beeinträchtigung mittelbar auf den Willen des Eigentümers zurückgeführt werden kann. **Beispiele:** Eine Hangabschrägung führt zu Steinschlag auf der darunterliegenden Parzelle; die Anlegung eines künstlichen Biotops im Garten lockt Frösche an, deren Quaken den Nachbarn um den Schlaf bringt.

b) Rechtswidrigkeit der Störung

Die Eigentumsfreiheitsklage ist nur begründet, wenn die Störung rechtswidrig ist. Für den Regelfall wird durch die Störung deren Rechtswidrigkeit indiziert. Die Rechtswidrigkeit entfällt, wenn der Eigentümer die Störung dulden muss. Dies kann sich aus privatrechtlichen, aber auch aus öffentlich-rechtlichen Gründen ergeben.

Beispiel: Nach § 906 BGB (lesen!) muss der Eigentümer unwesentliche und ortsübliche Immissionen hinnehmen. Wer in der Nachbarschaft eines Industriebetriebs wohnt, kann sich nicht über die Produktionsgeräusche beschweren, die sich innerhalb der immissionsschutzrechtlich zulässigen Phonzahlen bewegen.

Lernhinweis: Beachten Sie, dass für den Unterlassungsanspruch nach § 1004 nicht auch noch zusätzlich ein Verschulden vorliegen muss. Es genügt also die tatsächliche Beeinträchtigung und deren Rechtswidrigkeit (für Schadenersatzansprüche nach § 823 müsste darüber hinaus noch das Verschulden des Störers nachgewiesen werden!).

III. Das Eigentümer-Besitzer-Verhältnis (EBV)

Lernhinweis: In §§ 987 ff. BGB regelt der Gesetzgeber die Ansprüche des Eigentümers gegen den Besitzer auf Schadenersatz sowie Herausgabe bzw. Ersatz von Nutzungen und umgekehrt die Ansprüche des Besitzers gegen den Eigentümer auf Verwendungsersatz.

Worum geht es? §§ 987 ff. BGB stellen ein bestimmtes Haftungssystem auf, wenn der Eigentümer seine Sache gem. § 985 BGB herausverlangt. Dabei sind **drei typische Konstellationen denkbar:**

(1.) Der Besitzer kann die Sache nicht oder nur beschädigt zurückgeben.
   Frage: Kann dann der Eigentümer Schadenersatz verlangen?
(2.) Der Besitzer hat aus der Sache Nutzungen gezogen.
   Frage: Kann dann der Eigentümer die Nutzungen herausverlangen bzw., wenn dies nicht möglich ist, eine Nutzungsentschädigung geltend machen?
(3.) Der Besitzer hat seinerseits Verwendungen auf die Sache gemacht.
   Frage: Kann dann der Besitzer vom Eigentümer Verwendungsersatz verlangen?

Der Gesetzgeber beantwortet diese Fragen differenziert, je nachdem ob es sich beim Besitzer um einen „redlichen" oder „unredlichen" Besitzer handelt (bzw. um eine diesem gleichgestellte Person).

Lernhinweis: Machen Sie sich jetzt mit der Übersicht und dem Gesetzestext vertraut. Sie erkennen bei der Lektüre folgende Einteilung:

• §§ 987 bis 993 BGB regeln die anlässlich der Herausgabeklage nach § 985 BGB in Betracht kommenden Nebenansprüche des Eigentümers auf Nutzungen und Schadenersatz;
• §§ 994 bis 1003 BGB regeln die Gegenansprüche des Besitzers auf Verwendungsersatz.

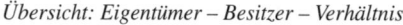

Übersicht: Eigentümer – Besitzer – Verhältnis

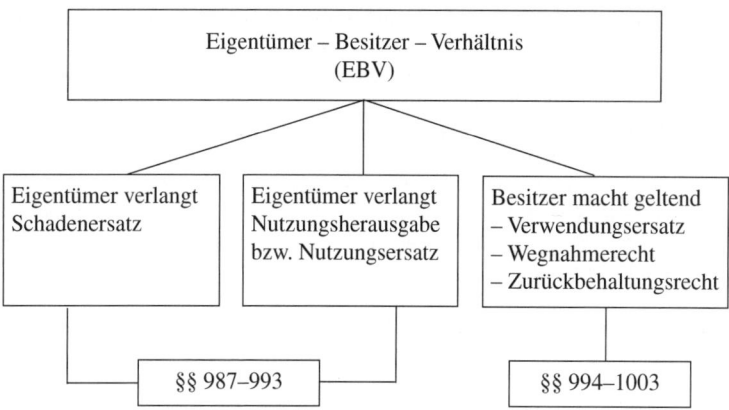

1. Die Vindikationslage als Voraussetzung

§§ 987 ff. BGB kommen nach h. M. nur zur Anwendung, wenn eine sog. „Vindikationslage" besteht. Eine solche liegt vor, wenn der vom Eigentümer nach § 985 BGB in Anspruch genommene Besitzer **kein Recht zum Besitz** nach § 986 BGB hat. Das ergibt sich aus folgender Überlegung: In §§ 987 ff. BGB ist an verschiedener Stelle die Rede vom „guten Glauben" des Besitzers. Damit kann nur der gute Glaube an ein Recht zum Besitz gemeint sein. Wer aber ein solches Recht tatsächlich hat, muss in soweit nicht (mehr) „gutgläubig" sein. Demzufolge finden §§ 987 ff. BGB nur Anwendung, wenn kein Recht zum Besitz vorliegt.

Beispiel: V vermietet an M ein Kraftfahrzeug. Ansprüche aus §§ 987 ff. BGB sind ausgeschlossen; für die Rechte und Pflichten aus dem Mietverhältnis gelten die allgemeinen Vorschriften des BGB.

Hinweis: Deshalb wird von der h. M. das in § 986 BGB erwähnte Recht zum Besitz rechtstechnisch auch als „Einwendung" behandelt (Repetition: Einwendungen sind solche Gegenrechte, die einen Anspruch am Entstehen hindern bzw. ihn vernichten; vgl. oben § 3 IV 4). Prägen Sie sich deshalb ein: Das „Eigentümer- Besitzer-Verhältnis" (abgekürzt EBV) verlangt eine „Vindikationslage".

2. Die Privilegierung des redlichen Besitzers

Das Gesetz privilegiert den „redlichen" Besitzer. Und zwar rechtstechnisch dadurch, dass es ihn gem. § 993 Abs. 1, 2. Halbs. BGB von der lt. §§ 987 ff. BGB innerhalb des EBV vorgesehenen Haftung für Schadenersatz und Nutzungsherausgabe freistellt.

Lernhinweis: Systematisch geht der Gesetzgeber für den studentischen Leser „didaktisch ungeschickt" vor: Er behandelt zunächst in §§ 987 bis 992 BGB den „unredlichen" (bösgläubigen, deliktischen oder verklagten) Besitzer und erst in § 993 BGB den redlichen Besitzer (lesen Sie dort: „Liegen die in den §§ 987 bis 992 BGB bezeichneten Voraussetzungen [nämlich bezüglich des guten Glaubens an das vermeintliche Besitzrecht] nicht vor..."). Lassen Sie sich dadurch nicht verwirren, sondern halten Sie fest:

Die Privilegierung des gutgläubigen Besitzers erfolgt in zweifacher Weise:

(1.) Der redliche Besitzer muss lediglich die von ihm gezogenen Früchte herausgeben. Und auch das nur nach Maßgabe der Vorschriften über die ungerechtfertigte Bereicherung. Das bedeutet: Sind die gezogenen Früchte noch vorhanden, muss der Besitzer sie herausgeben; ist dies nicht der Fall, kann er sich nach § 818 Abs. 3 BGB auf den Wegfall der Bereicherung berufen.

(2.) Darüber hinaus stellt der Gesetzgeber im 2. Halbsatz von § 993 Abs. 1 BGB ausdrücklich fest: „Im Übrigen ist der Besitzer (Lernhinweis: Nur der gutgläubige, wohlgemerkt!) weder zur Herausgabe von Nutzungen noch zum Schadenersatz verpflichtet".

3. Die Pflichten des unredlichen Besitzers

a) Persönlicher Regelungsbereich

Der „unredliche Besitzer" kann in verschiedenen Varianten auftreten:

- § 990 BGB spricht vom Besitzer, der beim Besitzerwerb „nicht in gutem Glauben" war. Dies beurteilt sich nach der in § 932 Abs. 2 BGB für den gutgläubigen Eigentumserwerb geltenden Definition.
- In § 987 und § 989 BGB ist die Rede von der Rechtsstellung des Besitzers „von dem Eintritt der Rechtshängigkeit" an.
- § 992 BGB spricht von einem Besitz, der „durch verbotene Eigenmacht oder durch eine Straftat" erlangt wurde.

Beispiel: Der Besitzer hat das vom Eigentümer herausverlangte Kraftfahrzeug bei einem Handgemenge bzw. nachts durch Diebstahl entwendet.

Der aus der Zivilprozessordnung stammende Begriff der „Rechtshängigkeit" wird in § 261 ZPO erläutert: „Durch die Erhebung der Klage wird die Rechtshängigkeit der Streitsache begründet". Rechtshängig bedeutet also, wie der Name sagt, dass der Streit um das Besitzrecht bei Gericht anhängig ist. Spätestens ab diesem Zeitpunkt wird der gute Glaube des Besitzers so „erschüttert", dass er einem unredlichen Besitzer gleichgestellt werden muss. Begründung: Jeder Beklagte muss damit rechnen, dass er den Prozess verliert.

b) Sachlicher Regelungsbereich

Den unredlichen Besitzer verpflichtet der Gesetzgeber wie folgt:

- er muss dem Eigentümer gem. § 987 Abs. 1 BGB die Nutzungen herausgeben, die er nach dem Eintritt der Rechtshängigkeit zieht;
- er ist gem. § 989 BGB von der Rechtshängigkeit an dem Eigentümer für den Schaden verantwortlich, der dadurch entsteht, dass infolge seines Verschuldens die Sache verschlechtert wird, untergeht oder aus einem anderen Grunde von ihm nicht herausgegeben werden kann.
- Dieselben Verpflichtungen treffen den Besitzer, der schon beim Erwerb des Besitzes nicht in gutem Glauben war bzw. später bösgläubig wird.
- Hat der Besitzer sich den Besitz gar durch verbotene Eigenmacht oder eine Straftat verschafft, haftet er gem. § 992 BGB dem Eigentümer entsprechend dem Recht der unerlaubten Handlungen gem. §§ 823 ff. BGB.

4. Verwendungsersatz

Nach § 994 Abs. 1 BGB kann der Besitzer vom Eigentümer Ersatz verlangen für die auf die Sache gemachten *„notwendigen Verwendungen"*.

Beispiel:
Die Bremsbeläge des Kraftfahrzeugs wurden auf Anordnung des TÜVs erneuert.

Für lediglich *„nützliche Verwendungen"* gilt dies gem. § 996 BGB nur insoweit, als diese vor dem Eintritt der Rechtshängigkeit bzw. Bösgläubigkeit gemacht wurden.

Beispiel:
Der Besitzer ließ das Kraftfahrzeug generalüberholen.

Gegenüber den Ansprüchen des Eigentümers hat der Besitzer nach § 1000 S. 1 BGB ein Zurückbehaltungsrecht: Er kann die Herausgabe der Sache verweigern, bis er wegen der ihm zu ersetzenden Verwendungen befriedigt wird. Dies gilt allerdings aus verständlichen Gründen gem. § 1000 S. 2 BGB nicht für den deliktischen Besitzer.

Wiederholungsfragen zu § 61

Wie unterscheiden sich Miteigentum nach Bruchteilen und Gesamthandseigentum? (§ 61 I 1 a)

Welche Schranken bestehen für die Eigentumsausübung? (§ 61 I 3)

Welche Anspruchsgrundlagen greifen ein bei Eigentumsentziehung bzw. -störung? (§ 61 II)

§ 62 Der rechtsgeschäftliche Eigentumserwerb

Lernhinweis: Eigentum kann auf verschiedene Weise erlangt werden. Einmal dadurch, dass der bisherige Eigentümer sein Eigentum auf den Erwerber überträgt. Da dies durch Rechtsgeschäft erfolgt, spricht man vom rechtsgeschäftlichen Eigentumserwerb (man spricht auch vom „abgeleiteten" oder „derivativen" Eigentumserwerb). Daneben kennt das Gesetz eine Anzahl von Tatbeständen, bei deren Verwirklichung ebenfalls Eigentum erworben wird. Dann spricht man vom gesetzlichen Eigentumserwerb (auch „originärer" Eigentumserwerb genannt, weil er sich unmittelbar auf die Erfüllung gesetzlicher Tatbestandsmerkmale stützt, unabhängig von der rechtsgeschäftlichen Sphäre der Beteiligten). Fälle des gesetzlichen Eigentumserwerbs sind die Aneignung, die Ersitzung u.a. (vgl. dazu unten § 63).

Merken Sie sich zum rechtsgeschäftlichen Eigentumserwerb die **Formel:** Eigentum an beweglichen Sachen wird erworben durch Einigung und Übergabe; Eigentum an Grundstücken durch „Auflassung" (entspricht der Einigung) und Eintragung ins Grundbuch. Vergleichen Sie nunmehr vorab und anschließend an die Durcharbeitung der §§ 62 und 63 die Übersicht *Rechtsgeschäftlicher Eigentumserwerb*. Diese Dinge müssen in den Grundzügen ohne viele Überlegungen hundertprozentig sitzen!

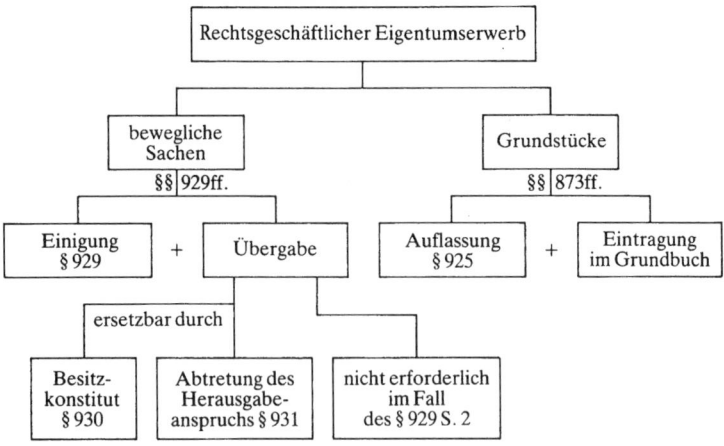

I. Eigentumserwerb vom Berechtigten

In der Regel wird der Veräußerer auch der Eigentümer einer Sache sein. Ist er jedoch lediglich Besitzer und veräußert er dennoch die Sache, handelt er i.d.R. als Nichtberechtigter. Dann muss geprüft werden, ob der Erwerber trotzdem im Hinblick auf seinen guten Glauben kraft Rechtscheins Eigentümer wird. Im Nachfolgenden wird zunächst der Eigentumserwerb vom Berechtigten (also der Normalfall) dargestellt. Daran anschließend wird unter II. der Eigentumserwerb vom Nichtberechtigten erörtert.

1. Eigentumserwerb an beweglichen Sachen

a) Einigung und Übergabe

Zur Übertragung des Eigentums an einer beweglichen Sache ist nach § 929 BGB (lesen!) erforderlich, dass der Eigentümer die Sache dem Erwerber übergibt und beide darüber einig sind, dass das Eigentum übergehen soll. Der rechtsgeschäftliche Eigentumserwerb enthält also zweierlei:

- einen **rechtsgeschäftlichen** Vorgang, die „Einigung" (den abstrakten Vertrag, gerichtet auf den Übergang des Eigentums) sowie
- einen **tatsächlichen** Vorgang, die „Übergabe" (bestehend in der Verschaffung der tatsächlichen Gewalt über die veräußerte Sache).

Merke: Einigung und Übergabe sind die beiden Elemente des Eigentumserwerbs bei beweglichen Sachen.

Lernhinweis: Diese Aufteilung entspricht nicht der Laiensphäre. Wer im Geschäft „einkauft", vermag in der Regel schon nicht zwischen dem schuldrechtlichen und dem sachenrechtlichen Vorgang zu unterscheiden. Dass zum Kaufvertrag, der bekanntlich nur die Verpflichtung zur Übereignung begründet, noch ein weiterer, die tatsächliche Übergabe begleitender, vertraglicher Akt hinzukommt, wird beim Bargeschäft auch gar nicht sichtbar. Erst beim Eigentumsvorbehalt, also der Übergabe ohne gleichzeitige Übereignung, wird auch dem Laien deutlich, dass der Eigentumserwerb neben dem tatsächlichen Übertragungsakt noch einen zusätzlichen „dinglichen" Einigungsvorgang beinhaltet.

Merke: Da die Einigung ein Vertrag ist, findet auf sie die Rechtsgeschäftslehre Anwendung. Sie ist grundsätzlich formlos möglich und kann auch bedingt oder befristet erklärt werden. (Hauptfall der bedingten Übereignung ist der Eigentumsvorbehalt nach § 449 BGB.)

Die Übergabe als tatsächlicher Vorgang beurteilt sich nach den Vorschriften über den Besitzerwerb. § 929 Satz 2 BGB erleichtert die Veräußerung für einen Spezialfall: Ist der Erwerber bereits im Besitz der Sache, so genügt die Einigung über den Übergang des Eigentums.

Beispiel: Der Leasingnehmer entscheidet sich zum Ankauf der bereits überlassenen Maschinen. Es wäre grotesk, die Sachen zunächst dem Veräußerer zurückzugeben, damit er sie dann wieder im Wege der Übergabe dem Erwerber aushändigen kann, allein um dem nach § 929 Satz 1 verlangten Erfordernis der Übergabe zu genügen. Hier genügt also zur Eigentumsübertragung die bloße dingliche Einigung. Man nennt diese Modalität des Eigentumserwerbs auch „Übergabe kurzer Hand" („brevi manu traditio").

b) Ersatz der Übergabe durch Besitzkonstitut

Wie betont, muss im Normalfall zum Eigentumserwerb an beweglichen Sachen zur Einigung die Übergabe der Sache, also die tatsächliche Verschaffung des Besitzes, hinzukommen. Dies kann aber zu Schwierigkeiten führen. In bestimmten Fällen (namentlich in der Kreditpraxis) wäre die Übergabe sogar in höchstem Maße unerwünscht. Machen wir uns klar, dass im Ausnahmefall der Eigentümer sein Eigentum zwar veräußern will, zugleich aber den Besitz behalten möchte und zudem der Erwerber gar nicht an der Erlangung des Besitzes interessiert ist. Dies ist die Grundkonstellation der **Sicherungsübereignung:** Der Produzent überträgt (mangels anderer Sicherheiten) als Sicherungsgeber das Eigentum an seinen Maschinen auf die geldgebende Bank als Sicherungsnehmerin zur Absicherung eines Kredits.

Gewiss könnte der Darlehensnehmer die Sicherheit auch in der Weise leisten, dass er die Maschinen oder das Warenlager der Bank verpfändet. Jedoch würde dies entsprechend dem im BGB geltenden Prinzip des Faustpfandrechts die reale Übergabe der Sachen voraussetzen (§ 1205). Das wäre aber aus zwei Gründen unerwünscht: Zum einen hätte dann der Produzent keine Möglichkeit mehr, mit den Maschinen zu arbeiten, und zum anderen würde die Übernahme von Maschinen oder Warenlagern zu ungewöhnlichen Lagerproblemen beim Kreditinstitut führen. Außerdem wird durch derartige Transaktionen der Kreditbedarf des Sicherungsgebers offenkundig, was sich schädlich auf seine Kreditwürdigkeit gegenüber Dritten auswirken kann. Da das Gesetz bei der Übereignung eine Modalität kennt, die auf die reale Übergabe verzichtet, tritt in der Kreditpraxis regelmäßig die Eigentumsübertragung an die Stelle der Verpfändung. § 930 BGB (lesen!) verlangt hierzu, dass die Übergabe durch ein sog. **Besitzkonstitut** ersetzt wird. Darunter versteht man ein Rechtsverhältnis, „vermöge dessen der Erwerber den mittelbaren Besitz erlangt" (vgl. Sie hierzu § 868 BGB und die Ausführungen beim Besitz, oben § 60). Besitzmittlungsverhältnisse sind: Miete, Leihe, usw. Durch die Vereinbarung des Besitzmittlungsverhältnisses wird dokumentiert, dass der Veräußerer die Sache nunmehr als Fremdbesit-

zer für den Erwerber besitzen soll. Vergleichen Sie dazu die Skizze *Veräußerung beweglicher Sachen nach § 930 BGB.*

Veräußerung beweglicher Sache nach § 930 BGB

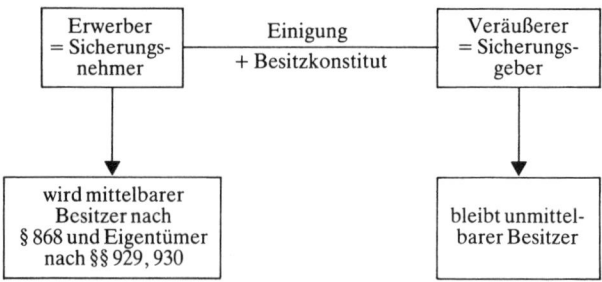

c) *Ersetzung der Übergabe durch Abtretung des Herausgabeanspruchs*

Es ist denkbar, dass der Eigentümer selbst gar nicht im unmittelbaren Besitz seiner Sache ist, weil er sie einem anderen überlassen hat.

Beispiel: Das zur Veräußerung an einen Dritten vorgesehene Leasinggut befindet
sich beim Leasingnehmer.

Auch in diesem Fall muss der Eigentümer eine Möglichkeit haben, sein
Eigentum auf einen Dritten zu übertragen. Diesen Fall hat § 931 BGB (lesen!) im Auge: Will der Eigentümer Sachen, die er nur in mittelbarem Besitz hat, übereignen, so wird die reale Übergabe dadurch ersetzt, dass er
den Herausgabeanspruch gegen den unmittelbaren Besitzer an den Erwerber abtritt. Vergleichen Sie dazu die Skizze *Veräußerung beweglicher Sachen nach § 931 BGB.*

Veräußerung beweglicher Sache nach § 931 BGB

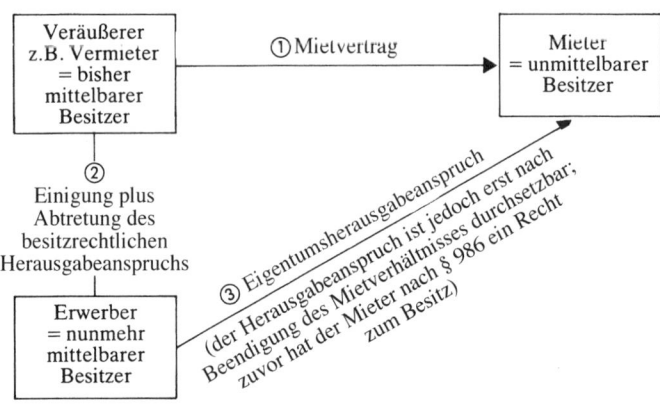

Auch § 931 BGB dient der Erleichterung: Es wäre grotesk, wenn der Eigentümer in diesen Fällen entweder gar nicht oder nur in der Weise übereignen könnte, dass er die weggegebenen Sachen zurückverlangt und dem

Erwerber aushändigt. In vielen Fällen würde dies schon daran scheitern, dass der derzeitige unmittelbare Besitzer ein Recht zum Besitz hat und eine vorzeitige Rückgabe ablehnen könnte.

Sonderfall bei besitzlosen Sachen: Wenn der Eigentümer keinen besitzrechtlichen Herausgabeanspruch hat, weil niemand die Sachherrschaft ausübt, genügt zur Eigentumsübertragung die bloße Einigung. Beachten Sie: Es wird dann nicht etwa der dingliche Herausgabeanspruch nach § 985 BGB abgetreten, da dieser ohnehin untrennbar mit dem Eigentum verbunden ist.

2. Eigentumserwerb an Grundstücken

Die rechtsgeschäftliche Übertragung des Grundstückseigentums setzt ebenfalls zweierlei voraus: einen rechtsgeschäftlichen Akt und einen tatsächlichen Vorgang.

Nach § 873 BGB (lesen!) ist zur Übertragung des Eigentums an einem Grundstück (Lernhinweis: ebenso zur Belastung eines Grundstücks mit einem Recht sowie zur Übertragung oder Belastung eines solchen Rechts) „die **Einigung** des Berechtigten und des anderen Teils über den Eintritt der Rechtsänderung **und** die **Eintragung** der Rechtsänderung in das Grundbuch erforderlich".

a) Die Auflassung

Die zur Übertragung des Eigentums an einem Grundstück nach § 873 BGB erforderliche Einigung bezeichnet das Gesetz als „Auflassung" (vgl. § 925 Abs. 1 Satz 1 BGB – lesen!). Sie muss „bei gleichzeitiger Anwesenheit beider Teile vor einer zuständigen Stelle" erklärt werden, wobei zur Entgegennahme u. a. jeder Notar zuständig ist. Eine Form ist damit nicht vorgeschrieben, wegen der formellen Voraussetzungen des Grundbuchverfahrens (vgl. § 29 GBO) wird die Auflassung in der Praxis aber regelmäßig notariell beurkundet. Sie kann (im Gegensatz zur Einigung bei der Veräußerung beweglicher Sachen) nicht unter einer Bedingung oder Befristung erklärt werden, § 925 Abs. 2.

Merke: Die Auflassung gehört zu den bedingungsfeindlichen Rechtsgeschäften!

Auch auf die Auflassung finden die allgemeinen Vorschriften über die Rechtsgeschäfte Anwendung.

b) Die Grundbucheintragung

Der Erwerber wird Eigentümer, sobald er im Grundbuch als neuer Eigentümer eingetragen wird. Dazu wird der bisherige Eigentümer durch rotes Unterstreichen („Röteln") des bisherigen Eintrags „gelöscht". Das Grundbuch wird von den Amtsgerichten (in Württemberg von den Bezirksnotariaten) geführt.

Dabei sind eine Reihe öffentlich-rechtlicher Bestimmungen zu beachten (Anfragen über die Nichtausübung des Vorkaufsrechts der Gemeinde, Genehmigungen nach den bauplanerischen Vorschriften bzw. Grundstücksverkehrsgesetz, Vorlage der vom Finanzamt erst nach Zahlung der Grunderwerbsteuer erteilten Unbedenklichkeitsbescheinigung).

Merke: Auflassung und Grundbucheintragung sind die beiden Elemente des Eigentumserwerbs bei Grundstücken.

c) Sicherungen des Eigentumserwerbs

Zwischen dem Abschluss des Grundstückskaufvertrags und der letztendlichen Eintragung des Käufers als neuem Eigentümer kann eine lange Zeitspanne liegen. In dieser Zeit kann viel passieren: z. B. könnte über das Vermögen des Veräußerers das Insolvenzverfahren eröffnet werden und dieser dadurch nach § 80 InsO die Verfügungsbefugnis über sein Vermögen verlieren. Aus diesem Grunde sieht der Gesetzgeber Sicherungsmöglichkeiten vor: Zum Schutz des Erwerbers bestimmt § 878 BGB, dass eine von dem Berechtigten (also dem Verkäufer) abgegebene Erklärung nach dem Eingang des Antrags auf Eintragung beim Grundbuchamt nicht dadurch unwirksam wird, dass er in der Verfügungsbefugnis beschränkt wird. Der „gestreckte Tatbestand" zwischen Auflassung, Eingang des Eintragungsantrags und der vielleicht viel später liegenden Eintragung schadet somit nicht.

aa) Schutz des Verkäufers

Bei der Übereignung einer beweglichen Sache kann sich der Verkäufer sehr einfach durch die Vereinbarung eines Eigentumsvorbehalts schützen: Die Einigung ist dann gem. § 449 BGB aufschiebend bedingt bis zur vollständigen Zahlung des Kaufpreises. Wegen der Bedingungsfeindlichkeit der Auflassung (vgl. § 925 Abs. 2 BGB) kann dieses Modell auf die Übereignung von Grundstücken nicht übertragen werden. Hier hilft eine einfache praktische Überlegung: Wenn der Käufer nicht bar bezahlt, wird der Veräußerer die Auflassung in der Regel nicht erklären und auch noch keinen Grundbuchänderungsantrag stellen. Sonst würde der Verkäufer vorleisten, ohne sicher zu sein, dass der Käufer auch tatsächlich zahlt. Zum Schutze des Käufers kommt die Zahlung auf ein (notarielles) Ander-Konto in Betracht.

bb) Schutz des Käufers

Was die Erwerbsaussichten des Käufers angeht, ist § 883 BGB (lesen!) zu beachten: Der Veräußerer kann die Eintragung einer sog. **„Vormerkung"** bewilligen. Sie sichert den Anspruch auf Einräumung oder Aufhebung des Rechts an einem Grundstück und wird in das Grundbuch eingetragen. Dies hat gem. § 883 Abs. 2 zur Folge, dass eine Verfügung, die nach der Eintragung der Vormerkung über das Grundstück getroffen wird, dem Berechtigten (also dem Käufer) gegenüber unwirksam ist. Insofern kann der durch die Vormerkung gesicherte Grundstückskäufer darauf vertrauen, später auch tatsächlich Eigentümer des verkauften Grundstücks zu werden. Die vom Gesetz gewählte Regelungstechnik verwirrt den Laien: Die Eintragung einer Vormerkung führt nicht zu einer „Grundbuchsperre"; der Eigentümer kann weiterhin über das Grundstück verfügen (es z. B. an einen Dritten veräußern). Allerdings muss der Dritte dann nach § 888 Abs. 1 der Eintragung des Vormerkungsberechtigten zustimmen. Man sagt: „Die Vormerkung prophezeit, protestiert aber nicht" (Dies tut dagegen der sog. „Widerspruch", den man im Fall der Unrichtigkeit des Grundbuchs eintragen lassen kann, vgl. §§ 894, 899 BGB). Verdeutlichen Sie sich die Funktion der Vormerkung noch einmal anhand der Skizze *Vormerkung*.

Vorbemerkung

II. Eigentumserwerb vom Nichtberechtigten

Lernhinweis: Beim derivativen Eigentumserwerb einigt sich der eine Vertragspartner als Veräußerer mit dem Erwerber, dass das Eigentum an der zu veräußernden Sache auf den Erwerber übergehen soll. Dabei wird unterstellt, dass derjenige, der als Veräußerer auftritt, auch Eigentümer der Sache ist oder doch mit Zustimmung des Eigentümers handelt. Wie ist aber zu entscheiden, wenn der Veräußernde nicht Eigentümer ist, diesen Eindruck aber dem Erwerber gegenüber erweckt? Kann der Erwerber auch in diesem Fall Eigentum erwerben? Dies hängt davon ab, ob der Gesetzgeber den guten Glauben des Erwerbers höher bewertet als das Interesse des Eigentümers, vor dem Verlust seines Eigentums geschützt zu werden. Im römischen Recht gab es keinen gutgläubigen Erwerb; es galt der Grundsatz: „nemo plus iuris transferre potest quam ipse habet". Das deutsche Recht jedoch ermöglicht den Erwerb vom Nichtberechtigten kraft guten Glaubens nach Maßgabe der §§ 932 bis 936. Beachten Sie als „Eselsbrücke": Genauso wie die verschiedenen Erwerbstatbestände in §§ 929, 930, 931 BGB abgehandelt sind, finden sich die entsprechenden Paralleltatbestände für den gutgläubigen Erwerb (jeweils drei Paragraphen weiter) in §§ 932, 933 und 934 BGB.

1. Gutgläubiger Eigentumserwerb an beweglichen Sachen

Nach § 932 BGB (lesen!) wird der Erwerber auch dann Eigentümer, wenn die Sache nicht dem Veräußerer gehört, es sei denn, der Erwerber ist nicht „in gutem Glauben".

Das BGB entscheidet also die Interessenkollision zwischen dem wahren Eigentümer und dem gutgläubigen Erwerber grundsätzlich zugunsten des Erwerbers. Vergleichen Sie dazu die Skizze *Gutgläubiger Erwerb nach § 932 BGB.*

Beispiel: Emil leiht seinem Bekannten Norbert ein ihm gehörendes Fahrrad für eine Radtour. Weil Norbert dringend Geld benötigt, veräußert er das Fahrrad an einen Dritten, der ihn für den Eigentümer hält, zum Preise von 100 Euro. Ist D Eigentümer geworden?

D hielt Norbert für den Eigentümer und konnte deshalb nach § 932 BGB Eigentum am Fahrrad erwerben.

Gutgläubiger Erwerb nach § 932 BGB

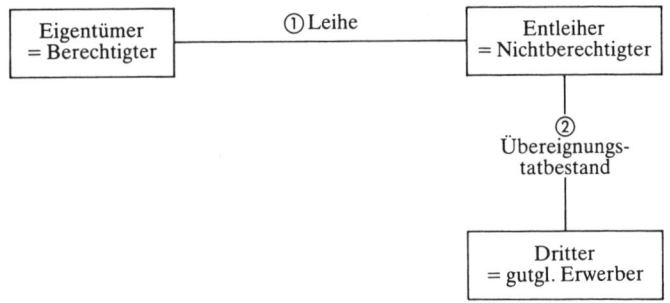

a) Guter Glaube

Das Gesetz schützt nur den gutgläubigen Erwerber. § 932 Abs. 2 definiert den guten Glauben negativ: „Der Erwerber ist nicht in gutem Glauben, wenn ihm bekannt oder infolge grober Fahrlässigkeit unbekannt ist, dass die Sache nicht dem Veräußerer gehört".

Durch die negative Formulierung bezweckt der Gesetzgeber eine Beweislastumkehr: Der gute Glaube wird vermutet! Wer den guten Glauben des Erwerbers bezweifelt, muss dies durch Tatsachen belegen und vor Gericht beweisen.

Merke: Bei beweglichen Sachen genügt für die Bösgläubigkeit bereits die grob fahrlässige Unkenntnis, wohingegen beim gutgläubigen Erwerb von Grundstücken nur die positive Kenntnis schadet (vgl. den Wortlaut des § 892 BGB: „... dem Erwerber bekannt ist ...")). Der Erwerber hat zwar keine Nachforschungspflicht, muss jedoch „aufdrängenden Zweifeln" nachgehen. Wenn er ohne große Mühe die wahre Sachlage hätte erkennen können, ist ihm grobe Fahrlässigkeit vorzuwerfen.

Schulbeispiel: Emil leiht Norbert nicht sein Fahrrad, sondern sein Kraftfahrzeug, das dieser an den D veräußert, demgegenüber er sich als Eigentümer ausgibt. Hier besteht ein wesentlicher Unterschied: Da der Eigentümer regelmäßig zugleich auch Inhaber des Kraftfahrzeugbriefes ist, kann jeder Erwerber ohne großen Aufwand feststellen, ob der Veräußerer auch Eigentümer ist. Daraus hat die Rechtsprechung den Grundsatz abgeleitet: Wer sich den Kraftfahrzeugbrief nicht vorlegen lässt, handelt grob fahrlässig und wird nicht in seinem guten Glauben geschützt, wenn er den Nichtberechtigten irrtümlich für den Eigentümer des Kraftfahrzeugs hält.

b) Die Besitzerlangung

Das Gesetz verlangt für die Wirksamkeit des gutgläubigen Erwerbs die Besitzerlangung durch den gutgläubigen Dritten, wie dies im Normalfall nach § 929 vorgesehen ist. Ist aber die Besitzerlangung nach §§ 930 bzw. 931 BGB ersetzt, gilt das Folgende:

aa) Besitzkonstitut

Die Begründung eines Besitzkonstituts nach § 930 BGB genügt allein für den gutgläubigen Erwerb nicht. Hinzukommen muss nach § 933 BGB (lesen!), dass der Erwerber (noch) in gutem Glauben ist, wenn ihm die Sache von dem Veräußerer übergeben wird.

Bei der Sicherungsübereignung von Waren, die dem Sicherungsgeber (beispielsweise infolge Eigentumsvorbehalts des Rohstofflieferanten) noch gar nicht gehören, zugunsten einer Bank verfügt der Sicherungsgeber als Nichtberechtigter (sofern ihm dies nicht von seinem Lieferanten gestattet wurde). Gutgläubiger Erwerb durch die Bank ist hier aber gem. § 933 BGB erst dann möglich, wenn die Übergabe stattgefunden hat. Dies ist jedoch regelmäßig nicht der Fall, da die Sicherungsübereignung ja gerade deshalb gewählt wird, um dem Veräußernden den Besitz an den „übereigneten" Sachen zu belassen.

Beispiel: V in Stuttgart liefert an K in Karlsruhe Waren in Höhe von 100 000 Euro. Der Kaufvertrag enthält u. a. die Klausel „Alle von uns gelieferten Waren bleiben unser Eigentum bis zur Zahlung des Kaufpreises". Nach Anlieferung lagert K die Waren abgesondert in einem Schuppen auf seinem Betriebsgelände.

Zurzeit der Lieferung befindet sich K in großen Liquiditätsschwierigkeiten und wird von seiner Hausbank B bedrängt, Sicherheiten zur Prolongation eines gewährten Darlehens zur Verfügung zu stellen. Daraufhin übereignet K die eben von V angelieferten Waren zur Sicherheit an B, wobei die Waren im Lager des K verbleiben.

Als V hiervon erfährt, wird er bei B vorstellig und verweist auf sein Eigentum. B dagegen droht, diese Waren notfalls abzuholen und zu verwerten. Wer ist Eigentümer der Waren?

Antwort: V hat an K unter Eigentumsvorbehalt geliefert. Damit erfolgte nach § 449 BGB die Eigentumsübertragung aufschiebend bedingt bis zur vollständigen Bezahlung des Kaufpreises. V blieb also zunächst Eigentümer.

V könnte jedoch sein Eigentum verloren haben infolge der Übereignung an seine Hausbank B. Diese Übereignung erfolgte in Formen des § 930 BGB. Die Übergabe wurde ersetzt durch Vereinbarung eines Besitzkonstituts. In diesem Zeitpunkt war jedoch K nicht Eigentümer, vielmehr hat K als Nichtberechtigter verfügt. Beim Erwerb vom Nichtberechtigten kommt ein Eigentumserwerb der Bank nur in Betracht nach § 933 BGB. Dies setzt voraus, dass die Sache vom Veräußerer übergeben wurde. Vorliegend ist dies nicht geschehen. Somit hat die Bank das Eigentum nicht erworben. V ist nach wie vor Eigentümer der Ware.

bb) Abtretung des Herausgabeanspruchs

Wird das Eigentum nach § 931 BGB durch Abtretung des Herausgabeanspruchs übertragen, gilt gem. § 934 BGB (lesen!) Folgendes:

- Die Abtretung des Herausgabeanspruchs als solche genügt, wenn der Veräußerer mittelbarer Besitzer war.
- Andernfalls muss der Erwerber für die Vollendung des gutgläubigen Eigentumserwerbs den unmittelbaren Besitz (z. B. auch durch Übergabe an seinen Besitzdiener) oder mittelbaren Besitz (z. B. durch Übergabe an seinen Besitzmittler) tatsächlich erhalten.

Für den Zeitpunkt des guten Glaubens ist im 1. Fall die Abtretung, im 2. Fall die Besitzerlangung maßgebend.

Beispiel: Emil hatte das Fahrrad von einer Fahrradhandlung für die Dauer der Ferien gemietet und seinem Freund Norbert für eine Tagestour ausgeliehen. Emil veräußert das Fahrrad an D mit der Maßgabe, dieser solle es bei Norbert nach dessen Rückkehr abholen. Zwischen Emil und Norbert liegt ein Leihvertrag vor, Emil war mittelbarer, Norbert unmittelbarer Besitzer. Damit hat Emil gem. § 931 BGB den Herausgabeanspruch an D abgetreten. D erwirbt gutgläubig das Eigentum im Augenblick der Abtretung des Herausgabeanspruchs.

c) Abhanden gekommene Sachen

aa) Ausschluss des gutgläubigen Erwerbs

Kein gutgläubiger Erwerb ist möglich **an gestohlenen, verloren gegangenen oder sonst abhanden gekommenen** Sachen (Letzteres ist der Oberbegriff). Abhanden gekommen ist eine Sache, wenn der Eigentümer den unmittelbaren Besitz ohne seinen Willen verloren hat. In diesem Fall hat der Gesetzgeber zugunsten des Eigentümers entschieden (vgl. § 935 – lesen!). Sein Interesse am Erhalt des Eigentums wird höher bewertet als das Vertrauen des gutgläubigen Erwerbers. **Verständnisfrage:** Wie lässt sich dies im Unterschied zu §§ 932–934 BGB rechtfertigen? **Antwort:** In den §§ 932–934 handelt es sich um den Erwerb von Sachen, die mit Wissen und Billigung des seitherigen Eigentümers in den Verfügungsbereich des Nichtberechtigten kamen (z.B. Miete, Leihe u. dgl.). Der Eigentümer wusste also, wem er seine Sache anvertraut. Missbraucht der Empfänger dieses Vertrauen, muss der Eigentümer das Risiko selbst tragen. Sind die Sachen dagegen unfreiwillig (z.B. durch Diebstahl) weggekommen, wäre es unbillig, das Vertrauen des Erwerbers höher einzustufen als das Interesse des Eigentümers.

Beachten Sie:

– Abhanden gekommen ist eine Sache auch, wenn sie der Besitzdiener ohne den Willen des Besitzherrn weggibt;
– beim Mitbesitz genügt der unfreiwillige Besitzverlust durch einen Mitbesitzer;
– ohne Willen des Erben weggekommene Sachen gelten wegen § 857 BGB ebenfalls als abhanden gekommen.

bb) Ausnahmen

§ 935 Abs. 1 BGB findet keine Anwendung (d.h. ein gutgläubiger Erwerb ist trotz Abhandenkommens möglich!) beim Erwerb von **Geld** oder **Inhaberpapieren** sowie bei Sachen, die im Wege **öffentlicher Versteigerung** veräußert werden (§ 935 Abs. 2).

Selbstverständlich ist auch hier gutgläubiger Erwerb nur möglich, wenn der Erwerber gutgläubig ist, also den Dieb der Inhaberpapiere für den Berechtigten hält bzw. (ohne dass man ihm dies als grobe Fahrlässigkeit anlasten kann) halten durfte.

2. Gutgläubiger Eigentumserwerb an Grundstücken

Auch an Grundstücken ist gutgläubiger Eigentumserwerb möglich. Nach § 892 BGB (lesen!) **gilt der Inhalt des Grundbuchs als richtig** zugunsten desjenigen, der ein Recht an einem Grundstück oder ein Recht an einem Grundstücksrecht erwirbt. Ausgeschlossen ist der gutgläubige Erwerb des Eigentums an einem Grundstück in zwei Fällen:

• wenn der Erwerber **bösgläubig** ist oder
• wenn ein **Widerspruch** gegen die Richtigkeit des Grundbuchs eingetragen war.

Beachte: Im Gegensatz zum gutgläubigen Erwerb des Eigentums an beweglichen Sachen schadet für den guten Glauben beim Grundstückseigentumserwerb nur die positive Kenntnis von der Unrichtigkeit des Grundbuchs, die grob fahrlässige Unkenntnis der falschen Eintragung dagegen nicht!

Was man unter einem Widerspruch versteht, können Sie den §§ 899, 894 BGB (lesen!) entnehmen: Steht der Inhalt des Grundbuches mit der wirklichen Rechtslage nicht im Einklang, so kann jeder, dessen Recht dadurch beeinträchtigt ist (und im Hinblick auf die Möglichkeit des gutgläubigen Erwerbs Gefahr läuft, sein Recht (z. b. Eigentum) zu verlieren), einen Widerspruch gegen die Richtigkeit des Grundbuchs eintragen lassen. Da solche Angelegenheiten eilbedürftig sind, kann die Eintragung auch auf Grund einer einstweiligen Verfügung erfolgen.

3. Interessenausgleich durch die ungerechtfertigte Bereicherung

Infolge der Grundentscheidung des bürgerlichen Rechts zugunsten des gutgläubigen Erwerbers verliert der Eigentümer sein Eigentum. Diese Benachteiligung versucht das Gesetz mit Hilfe der ungerechtfertigten Bereicherung abzumildern: Der Veräußerer verfügt als Nichtberechtigter; die Verfügung ist (wegen §§ 932 ff., 892) dem Berechtigten gegenüber wirksam. Damit haben wir die Grundvoraussetzungen für die Anspruchsgrundlage nach § 816 Abs. 1 BGB: Der Nichtberechtigte muss dem (früheren) Eigentümer das herausgeben, was er durch die Verfügung erlangt hat (in der Regel den Kaufpreis). Repetieren Sie dazu oben § 56 III 2.

Wiederholungsfragen zu § 62

Wie wird das Eigentum an beweglichen Sachen erworben? (§ 62 I 1 a)

Kann man an einer Sache Eigentum erwerben auch ohne reale Übergabe? (§ 62 I 1 b, c)

Wie wird das Eigentum an Grundstücken erworben? (§ 62 I 2 a, b)

Was versteht man unter einer Vormerkung? (§ 62 I 2 c, bb)

Unter welchen Voraussetzungen kann Eigentum auch vom Nichteigentümer erworben werden? (§ 62 II)

Wie lautet die Definition von „abhanden gekommen" nach § 935 Abs. 1 BGB? (§ 62 II 1 c, aa)

Wie unterscheiden sich die Anforderungen an den guten Glauben beim gutgläubigen Erwerb von Sachen und von Grundstücken? (§ 62 II 1 a, 2)

§ 63 Sonstige Formen des Eigentumserwerbs

Lernhinweis: Der rechtsgeschäftliche Erwerb des Eigentums steht quantitativ und von der wirtschaftlichen Bedeutung her im Vordergrund. Dennoch sollte man schon im Rahmen der Grundausbildung die sonstigen Fälle der Eigentumserlangung kennen. Merken Sie sich dazu jeweils den Begriff und ein einprägsames Beispiel. Vergleichen Sie dazu vor und nach dem Durcharbeiten des nachfolgenden Abschnitts die Übersicht *Gesetzlicher Eigentumserwerb.*

I. Aneignung herrenloser Sachen

Wer eine herrenlose bewegliche Sache in Eigenbesitz nimmt, erwirbt nach § 958 Abs. 1 BGB (lesen!) das Eigentum an der Sache.

Lernhinweis: Die Aneignung („Okkupation") ist kein rechtsgeschäftlicher Vorgang, sondern ein Beispiel für einen Realakt.

Herrenlos sind Sachen, die niemandem gehören, z. B. „wilde Tiere" gem. § 960 BGB. Herrenlos sind auch die sogenannten „derelinquierten Sachen", an denen nach § 959 BGB der ursprüngliche Eigentümer den Besitz aufgegeben hat in der Absicht, auf das Eigentum zu verzichten.

Beispiele:

• Der Fahrgast lässt absichtlich die Zeitung nach der Lektüre im Abteil liegen; ein neuer Fahrgast nimmt sie an sich; im ersten Fall liegt Dereliktion, im zweiten Fall Okkupation vor.

• Hauseigentümer H stellt eine ausrangierte Couchgarnitur auf den Gehsteig, damit sie von der Sperrmüllabfuhr abtransportiert werden kann. Student S erkennt die günstige Gelegenheit und möbliert damit seine Bude.

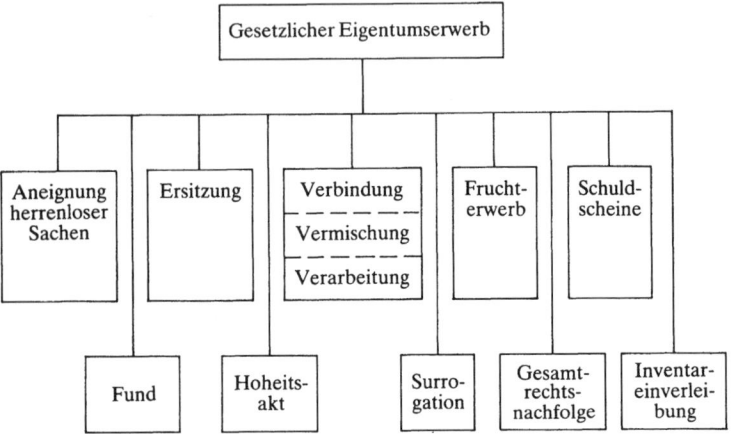

Hinweis: Durch Okkupation kann Eigentum nicht erworben werden, wenn die Aneignung

• gesetzlich verboten ist (z. B. infolge naturschutzrechtlicher Vorschriften) oder

• das Aneignungsrecht eines anderen verletzt wird (z. B. das Jagdrecht des Jagdpächters), vgl. § 958 Abs. 2 BGB.

II. Eigentumserwerb durch Ersitzung

Eigentum kann auch durch bloße **Innehabung des Besitzes** erlangt werden, wenn diese über eine bestimmte **Zeitdauer** hinweg erfolgt und der Besitzer sich **gutgläubig** für den Eigentümer hält (vgl. §§ 937, 900).

Lernhinweis: Die Ersitzung spielt im deutschen Recht, weil es die Möglichkeit des gutgläubigen Erwerbs gibt, keine so überragende Rolle (anders im römischen Recht, dort gab es aber auch keinen gutgläubigen Erwerb). Bedeutung hat die Ersitzung in zwei Fällen: bei abhanden gekommenen Sachen (§ 935 schließt den gutgläubigen Erwerb dort aus) und bei der Veräußerung durch oder an Geschäftsunfähige.

1. Ersitzung beweglicher Sachen

Wer eine bewegliche Sache **10 Jahre** in Eigenbesitz hat (vgl. dazu § 872), erwirbt nach § 937 BGB (lesen!) das Eigentum an ihr. Der gute Glaube an das Eigentum, der hinzukommen muss, wird vermutet.

2. Buchersitzung

Auch bei Grundstücken gibt es die Ersitzung (man spricht dann von „Buchersitzung"). Nach § 900 BGB (lesen!) ist erforderlich, dass der Erwerber

- als Eigentümer im Grundbuch eingetragen ist,
- diese Eintragung **30 Jahre** bestanden hat und
- er während dieser Zeit das Grundstück im Eigenbesitz gehabt hat.

Mit Ablauf der Zeitdauer wird der Eingetragene Eigentümer.

Beispiele:

- V veräußerte mit notariellem Kaufvertrag das Eigentum an seinem Grundstück an E. E wurde ordnungsgemäß im Grundbuch als Eigentümer eingetragen. Nach vielen Jahren stellt sich heraus, dass V damals geschäftsunfähig war.
- Erbe E wird auf Grund eines Testaments als Eigentümer im Grundbuch vermerkt. Nach mehreren Jahrzehnten findet man ein entgegenstehendes Testament.

In beiden Fällen war die Grundbucheintragung unrichtig. Der Eingetragene hielt sich aber für den Eigentümer; er hatte das Grundstück in Eigenbesitz. Wenn die nach § 900 BGB geforderte Zeitspanne von 30 Jahren seit der Eintragung abgelaufen ist, erwirbt der bloße „Bucheigentümer" auch tatsächlich Eigentum.

III. Eigentumserwerb durch Verbindung, Vermischung und Verarbeitung

1. Verbindung

Lernhinweis: Aus dem Allgemeinen Teil kennen wir die Definition des wesentlichen Bestandteils. Rechtsfolge: Wesentliche Bestandteile können gem. § 93 nicht Gegenstand besonderer Rechte sein. Damit ist gesagt, dass das Eigentum an einer Sache verloren geht, wenn sie wesentlicher Bestandteil wird. Wer nunmehr Eigentümer der neuen Sache wird, bestimmt sich nach den §§ 946 ff. BGB.

a) Verbindung mit einem Grundstück

Wird eine bewegliche Sache mit einem Grundstück so verbunden, dass sie wesentlicher Bestandteil des Grundstücks wird, so erstreckt sich gem. § 946 BGB das Eigentum an dem Grundstück auch auf diese Sache.

Beispiel: Fenster, die in ein Haus eingebaut werden.

b) Verbindung mit beweglichen Sachen

Werden bewegliche Sachen miteinander so verbunden, dass sie wesentliche Bestandteile einer einheitlichen Sache werden, so werden nach § 947 Abs. 1 BGB die bisherigen Eigentümer Miteigentümer dieser Sache.

Beispiel: Konservendosen und Füllgut.

Ist aber eine der Sachen als Hauptsache anzusehen, so erwirbt ihr Eigentümer nach § 947 Abs. 2 BGB das Alleineigentum.

Beispiel: Briefmarkensammlung und einzelne eingeklebte Marken.

2. Vermischung

Werden bewegliche Sachen miteinander untrennbar vermischt oder vermengt, so finden gem. § 948 die Vorschriften des § 947 BGB entsprechende Anwendung. Das heißt: Die entsprechenden Eigentümer der vermengten Sachen werden Miteigentümer, es sei denn, dass eine Sache als Hauptsache anzusehen war.

Bei untrennbarer Vermischung verlieren die einzelnen Sachen ihre körperliche Abgrenzung (z. B. Flüssigkeiten); bei der Vermengung kann man die betreffenden Sachen mangels Unterscheidbarkeit nicht mehr dem bisherigen Eigentümer zuordnen (z. B. Getreide).

3. Verarbeitung

Wer durch Verarbeitung oder Umbildung eines oder mehrerer Stoffe eine neue bewegliche Sache herstellt, erwirbt das Eigentum an der neuen Sache (§ 950 BGB – lesen!).

Beispiel: In der Schuhfabrik wird Rohleder zu modischen Schuhen verarbeitet. Durch die Verarbeitung erwirbt der Produzent das Eigentum.

Lernhinweis: Bei der Verarbeitung i. S. v. § 950 BGB haben Sie ein Schulbeispiel für einen sog. Realakt: Das Gesetz knüpft Rechtsfolgen allein an einen bestimmten tatsächlichen Vorgang. Weil es sich um keine rechtsgeschäftliche Verfügung handelt, treten die Rechtsfolgen auch ein, wenn kein oder ein mangelhafter rechtsgeschäftlicher Wille vorhanden ist; vgl. oben § 7 IV 2.

Wichtig: Eigentumserwerb durch Verarbeitung setzt aber voraus, dass der **Wert der Verarbeitung** oder der Umbildung **nicht erheblich geringer** ist **als der Wert des Stoffes** (beachten Sie die Formulierung des Gesetzes!).

Mit dem Erwerb des Eigentums an der neuen Sache erlöschen die an dem Stoff bestehenden Rechte. Dies hat erhebliche wirtschaftliche Konsequenzen: Der vom Warenlieferanten erklärte Eigentumsvorbehalt erlischt!

Lernhinweis: Die Kreditpraxis versucht die Benachteiligung des Rohstofflieferanten u. a. über das Rechtsinstitut des verlängerten Eigentumsvorbehalts zu bereinigen: Der Lieferant behält sich das Eigentum an der gelieferten Ware vor. Gleichzeitig wird vereinbart, dass die aus dem Weiterverkauf der produzierten Gegenstände resultierenden Forderungen im Voraus an den Eigentumsvorbehaltsverkäufer (Rohstofflieferanten) zur Sicherheit abgetreten werden. Vergleichen Sie dazu unten die Ausführungen im Abschnitt „Sicherungsrechte" (§ 66) und die zu § 66 VII 5 b angefertigte Skizze *Verlängerter Eigentumsvorbehalt.*

Eine weitere Möglichkeit, die Benachteiligung des Rohstofflieferanten zu vermeiden, liegt in der Vereinbarung einer sog. „Hersteller"- bzw. „Verarbeitungsklausel": Damit der Erwerb des Vorbehaltskäufers als Hersteller nicht das (vorbehaltene) Eigentum des Rohstofflieferanten „zerstört", verspricht der Produzent „für den Lieferanten herzustellen". Dann ist dieser Hersteller und gem. § 950 auch Eigentümer der neuen Sache. Wird die Ware vom Lieferanten unter Eigentumsvorbehalt geliefert und vereinbart dieser mit dem verarbeitenden Käufer, dass sich der Eigentumsvorbehalt auch auf die neue Ware erstrecken bzw. der Lieferant in Abweichung von § 950 BGB Eigentümer werden soll, so hat diese Verarbeitungsklausel nach h.M. die Folge, dass der Lieferant ohne einen „Durchgangserwerb" des Verarbeiters unmittelbar Eigentümer der neu gefertigten Ware wird. Bei Herstellung neuer Sachen aus der Lieferung verschiedener Vorbehaltsverkäufer erwerben diese Miteigentum. Es ist aber strittig, ob es sich bei § 950 BGB um zwingendes oder nachgiebiges Recht handelt, und damit solche Hersteller- bzw. Verarbeitungsklauseln wirksam vereinbart werden können.

4. Bereicherungsausgleich

Wer nach §§ 946–950 BGB durch Verbindung, Vermischung oder Verarbeitung einen Rechtsverlust erleidet (insbesondere sein Eigentum verliert), kann gem. § 951 BGB Vergütung in Geld nach den Vorschriften über die Herausgabe einer ungerechtfertigten Bereicherung fordern.

Beispiele: Werden die Fenster trotz nichtigem Werklieferungsvertrag eingebaut, die Konservendosen trotz fehlendem Rechtsgrund gefüllt und die Briefmarken von einem Geschäftsunfähigen in seine Sammlung eingeklebt, kann ein bereicherungsrechtlicher Ausgleich stattfinden.

Wichtig aber: Bei § 951 BGB handelt es sich (ausnahmsweise) um eine Rechts**grund**verweisung, so dass die Tatbestände in §§ 812 ff. BGB voll erfüllt sein müssen, um einen Anspruch zu begründen.

Hinweis: Bei einem wirksamen Werkvertrag, bei dem der Unternehmer sein Eigentum z.B. durch Einbau verliert, ist daher § 951 BGB nicht einschlägig. Der Unternehmer wäre also auf die Geltendmachung seines Werklohnes beschränkt, der aber nach § 641 Abs. 1 BGB erst mit der Abnahme fällig wird. Dann aber würde er das Insolvenzrisiko des vor der Abnahme zahlungsunfähig werdenden Bestellers tragen. Um das zu vermeiden, gibt § 632 a BGB dem sein Eigentum nach den §§ 946 ff. BGB verlierenden Unternehmer einen Anspruch auf Abschlagszahlung.

IV. Eigentumserwerb bei gefundenen Sachen

Wer eine verlorene Sache findet, hat nach §§ 965 ff. BGB nahe liegende Pflichten: Er muss vom Fund Anzeige machen, die Sache verwahren, abliefern und an den Verlierer herausgeben. Auf der anderen Seite kann er Aufwendungsersatz und Finderlohn verlangen.

Wenn sich kein Empfangsberechtigter meldet, erwirbt der Finder nach § 973 BGB (lesen!) mit dem Ablauf von 6 Monaten nach der Anzeige des Fundes bei der zuständigen Behörde das Eigentum.

V. Eigentumserwerb durch Hoheitsakt

Eigentum kann auch durch staatlichen Hoheitsakt erlangt werden, insbesondere bei der Zwangsversteigerung und im Enteignungsverfahren. Der staatliche Hoheitsakt ersetzt die rechtsgeschäftliche Übertragung.

VI. Eigentumserwerb durch Surrogation

Das bürgerliche Recht kennt das Rechtsinstitut der „Surrogation": In bestimmten Fällen tritt anstelle eines bestimmten Gegenstandes sein Surrogat. Auslösende Momente für die Surrogation können sein: Delikt, Hoheitsakt, rechtsgeschäftliche Verfügung oder auch Naturereignisse.

Als Surrogate kommen in Betracht: Ein an Stelle des ursprünglichen Gegenstands erworbener neuer Gegenstand, ein Ersatzstück, eine Entschädigungsforderung, ein Ersatzanspruch oder eine Versicherungsforderung. Häufig finden wir Surrogationen bei Sachgesamtheiten und Sondervermögen.

Beispiele: Gem. § 2019 BGB ist auch Bestandteil der Erbschaft, was ein Erbschaftsbesitzer (also jemand, der die Erbschaft besitzt, aber nicht Erbe ist) mit Mitteln der Erbschaft erwirbt. Nach § 1370 BGB werden Haushaltsgegenstände, die an Stelle von nicht mehr vorhandenen oder wertlos gewordenen Gegenständen angeschafft werden, Eigentum des Ehegatten, dem die nicht mehr vorhandenen oder wertlos gewordenen Gegenstände gehört haben. Nach § 2111 Abs. 1 BGB gehört infolge Surrogation zur Erbschaft auch das, was ein Vorerbe auf Grund eines zur Erbschaft gehörenden Rechts oder als Ersatz für die Zerstörung, Beschädigung oder Entziehung eines Erbschaftsgegenstands oder durch Rechtsgeschäft mit Mitteln der Erbschaft erwirbt (sofern ihm nicht der Erwerb als Nutzung gebührt).

Das Gesetz kennt aber auch Fälle, bei denen das Surrogat an die Stelle eines Einzelgegenstandes tritt (vgl. §§ 966 Abs. 2 S. 3, 975 S. 2, 979 Abs. 2, 1046 Abs. 1, 1075 Abs. 1, 1127 Abs. 1, 1219 Abs. 2 S. 1, 1247 S. 2, 1287, 1370).

VII. Fruchterwerb

1. Erwerb durch den Eigentümer

Bei Erzeugnissen und den ihnen gleichzubehandelnden sonstigen Trennstücken gilt nach § 953 BGB ein einleuchtender Grundsatz: Sie fallen mit der Trennung in das Eigentum des Eigentümers der Hauptsache („Muttersache"). Dabei ist unerheblich, wer die Früchte gesät hat, wer im Besitz der Hauptsache ist, wer Besitz der Trennstücke erwirbt und ob die Trennung absichtlich oder zufällig erfolgte.

Beispiel: Pferdezüchter P erwirbt das Eigentum am Fohlen, wenn er Eigentümer der Stute ist.

2. Erwerb durch den Nutzungsberechtigten

Besonderheiten gelten nach §§ 954 ff. BGB für den Nutzungsberechtigten: Wer auf Grund eines Rechts an einer fremden Sache befugt ist, sich die Erzeugnisse oder sonstigen Bestandteile der Sache anzueignen, erwirbt das Eigentum an ihnen mit der Trennung.

Beispiel: Der Nießbraucher ist nach §§ 1030 ff. BGB zur Nutzung der mit dem Nießbrauch belasteten Sache berechtigt und erwirbt deshalb nach § 954 mit der Trennung Eigentum an den Früchten.

VIII. Eigentumserwerb durch Gesamtrechtsnachfolge

Nach erbrechtlichen Grundsätzen tritt der Erbe mit dem Erbfall an die Stelle des Erblassers: Der Nachlass geht auf den Erben über (§ 1922 – lesen!). Damit wird der Erbe automatisch Eigentümer der bislang dem Erblasser gehörenden Sachen. Eines weiteren rechtsgeschäftlichen Aktes bedarf es nicht. Eine später erfolgende Änderung der Eintragung im Grundbuch ist bloße Grundbuchberichtigung.

IX. Eigentumserwerb an Schuldurkunden

Nach § 952 BGB steht das Eigentum an dem über eine Forderung ausgestellten Schuldschein dem Gläubiger zu.

Das Gleiche gilt für Urkunden über andere Rechte, kraft deren eine Leistung gefordert werden kann, insbesondere für Hypotheken-, Grund- und Rentenschuldbriefe. Das Gesetz will damit aus Zweckmäßigkeitsgründen garantieren, dass der Inhaber einer verbrieften Forderung zugleich auch Eigentümer der verbriefenden Urkunde wird. **Merksatz: „Das Recht am Papier** folgt dem Recht **aus dem Papier".** Der Gläubiger kann also nach § 985 BGB Herausgabe der Urkunde verlangen; es ist nicht etwa erst Einigung und Übergabe der Urkunde erforderlich. Dasselbe gilt bei der Abtretung der Forderung des Altgläubigers an den Neugläubiger. Letzterer kann ebenfalls mit der Eigentumsherausgabeklage vorgehen.

Beispiele: Schuldscheine jeder Art, unabhängig davon, ob sie nur bestätigend oder rechtsbegründend sind; Hypotheken-, Grund- und Rentenschuldbriefe sowie Sparkassenbücher, Versicherungsscheine.

Lernhinweis: § 952 BGB wird analog auch auf Fahrzeugbriefe angewandt.

X. Eigentumserwerb durch Inventareinverleibung

Bei bestimmten Nutzungsverhältnissen wird Eigentum erlangt durch die Inventareinverleibung.

Schulbeispiel: Nach § 582a Abs. 2 S. 2 BGB (lesen!) werden die vom Pächter angeschafften Stücke mit der Einverleibung in das Inventar Eigentum des Verpächters.

Wiederholungsfragen zu § 63

Unter welchen Voraussetzungen erwirbt man durch Okkupation Eigentum? (§ 63 I)

Was versteht man unter der Ersitzung und wann kann durch sie Eigentum erlangt werden? (§ 63 II)

Unter welchen Voraussetzungen führen Verbindung, Vermischung und Verarbeitung zum Eigentumserwerb? (§ 63 III)

Erwirbt der Finder Eigentum? (§ 63 IV)

Wem gehören die Früchte an einer Sache? (§ 63 VII)

Welche Wirkung hat die Begleichung einer Forderung bezüglich des Eigentums an der ausgestellten Schuldurkunde? (§ 63 IX)

3. Kapitel: Sonstige dingliche Rechte

Lernhinweis: Wir haben gesehen, dass dingliche Rechte zu den Herrschaftsrechten gehören und als absolute Rechte gegenüber jedermann wirken. Der Prototyp des dinglichen Rechts ist das Eigentum. Die Rechtsordnung gestattet darüber hinaus dem Eigentümer, einzelne Herrschaftsbefugnisse aus dem „Vollrecht Eigentum" abzuspalten. Dabei wird das Eigentum zugunsten eines anderen Rechtsinhabers, dessen Rechtsposition ebenfalls wieder als absolutes Herrschaftsrecht ausgestaltet ist, belastet. Man spricht insofern von „beschränkten dinglichen Rechten". Im Wesentlichen handelt es sich dabei um Nutzungs- und Sicherungsrechte. Vergleichen Sie dazu zunächst die Übersicht *Sonstige dingliche Rechte* an beweglichen Sachen, an Grundstücken, Rechten und (im Ausnahmefall des Nießbrauchs auch) am Vermögen. Daraus wird ersichtlich, dass bestimmte Nutzungs- und Sicherungsrechte sowohl bei beweglichen als auch bei unbeweglichen Sachen möglich sind, andere Nutzungs- und Sicherungsrechte dagegen nur am Grundstückseigentum bestellt werden können.

§ 64 Allgemeine Regeln

I. Wesensmerkmale

Beschränkte dingliche Rechte entsprechen in der Charakteristik dem allgemeinen dinglichen Recht. Als absolute Rechte sind sie gemäß § 823 Abs. 1 BGB geschützt. Sie stellen ein „sonstiges Recht" i.S. dieser Vorschrift dar.

Sonstige dingliche Rechte gewähren die gleichen Abwehr- und Herausgabeansprüche wie das Vollrecht Eigentum: §§ 985 und 1004 BGB finden entsprechende Anwendung. Der Gesetzgeber hat dies durch ausdrückliche Verweisung auf die beiden zentralen Anspruchsgrundlagen zum Ausdruck gebracht (lesen Sie §§ 1065, 1227 BGB). Auch bei der Begründung des beschränkten dinglichen Rechts folgt der Gesetzgeber grundsätzlich den Vorschriften für das Vollrecht: So ist für die Begründung von Rechten am Grundstückseigentum nach § 873 BGB ebenfalls die Einigung und Eintragung im Grundbuch erforderlich. Freilich kommen bei den einzelnen Erscheinungsformen zusätzliche Erfordernisse hinzu (so ist beispielsweise für die Begründung des Pfandrechts an beweglichen Sachen zusätzlich die Übergabe erforderlich: **Prinzip des Faustpfandrechts!**).

II. Rangsicherung dinglicher Rechte

Im Gegensatz zu schuldrechtlichen Forderungen wirken dingliche Rechte auch gegenüber Dritten. Dabei gilt das **Prioritätsprinzip** („wer zuerst kommt, mahlt zuerst"), das heißt: Grundsätzlich ist nur die erste Verfügung des Rechtsinhabers über das Recht wirksam. Allerdings besteht auch hier die Möglichkeit des gutgläubigen lastenfreien Erwerbs nach § 936 BGB

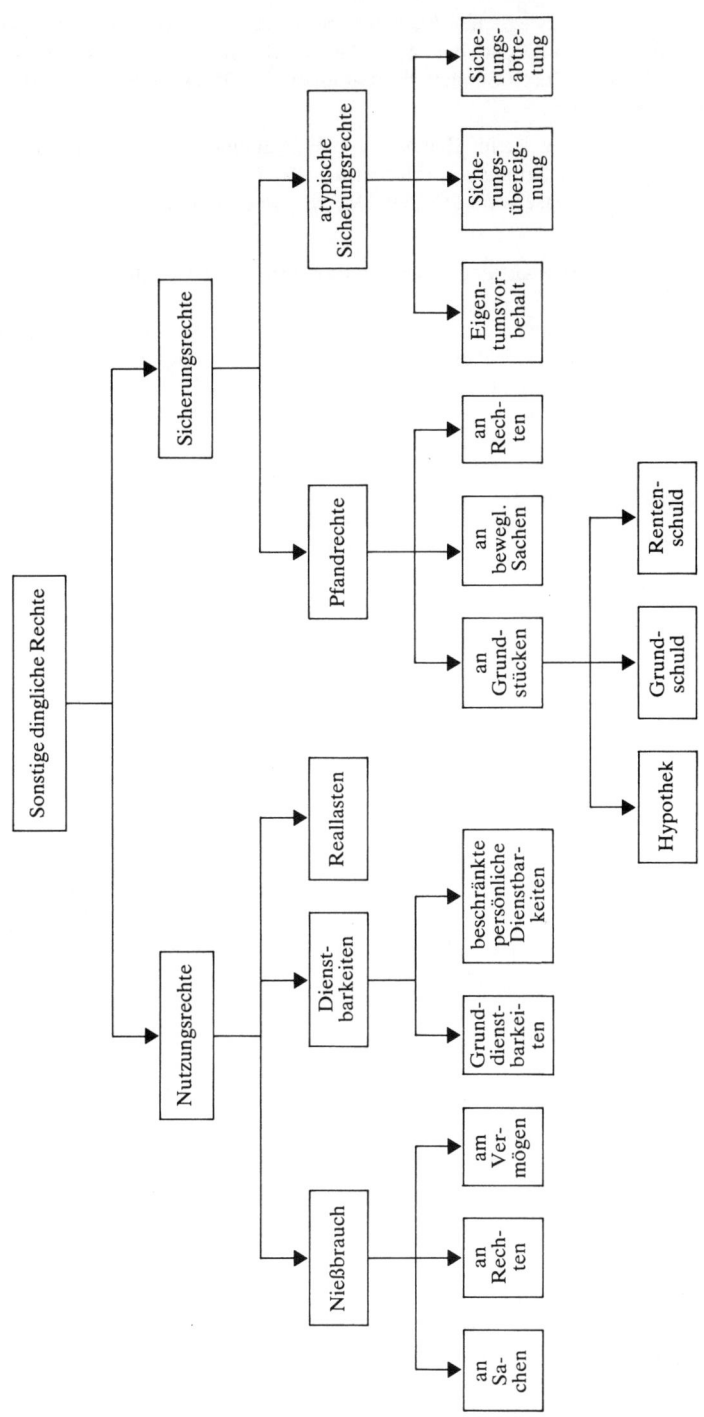

(dies setzt bei beweglichen Sachen voraus, dass der Erwerber den Besitz der Sache entsprechend den §§ 932–934 erlangt). Achtung: § 936 wird als Grundregel durch Sondervorschriften (vgl. § 1208 BGB; § 366 Abs. 2 HGB) modifiziert.

Bei Grundstücken ist im Regelfall die Eintragung des beschränkt dinglichen Rechts im Grundbuch erforderlich (§ 873 Abs. 1), so dass ein gutgläubiger Vorrangserwerb (§§ 879, 892) insoweit nicht möglich ist.

III. Katalog beschränkter dinglicher Rechte

Wegen des im Sachenrecht geltenden numerus clausus möglicher Sachenrechte kann nicht jede beliebige Beschränkung des Eigentums mit dinglicher Wirkung vereinbart werden. Das Gesetz stellt lediglich einen begrenzten Katalog beschränkter dinglicher Rechte zur Verfügung. Nach dem belasteten Objekt lässt sich folgende Einteilung vornehmen:

1. Bewegliche Sachen

Bei beweglichen Sachen kennen wir den Nießbrauch und das Pfandrecht.

2. Grundstücke

Bei Grundstücken ist der Katalog umfassender:

Erbbaurecht, Dienstbarkeiten (das Gesetz trennt hier wiederum in Grunddienstbarkeiten, beschränkte persönliche Dienstbarkeiten und den Nießbrauch), dingliches Vorkaufsrecht, Reallasten sowie die Grundpfandrechte (Hypotheken, Grundschulden und Rentenschulden). Besonders zu nennen ist noch das nach dem Wohnungseigentumsgesetz zu begründende Wohnungseigentum.

IV. Erbbaurecht und Wohnungseigentum

Wegen der besonderen Bedeutung soll wenigstens in Stichworten auf die beiden Begriffe eingegangen werden:

1. Das Erbbaurecht

Rechtsgrundlage des Erbbaurechts ist das Erbbaurechtsgesetz (früher Erbbauverordnung von 1919). Sie statuiert eine Ausnahme von dem in § 94 BGB erwähnten Grundsatz, dass die mit Grund und Boden fest verbundenen Teile zu den wesentlichen Bestandteilen eines Grundstücks gehören.

Lernhinweis: Deshalb wird dem jungen Studenten auch eingeschärft, dass es nur ein Eigentum „am Grundstück" gebe, nicht dagegen „Eigentum an einem Gebäude".

Die Erbbaurechtsverordnung trennt zwischen Gebäude und Grundstück und behandelt das Erbbaurecht „wie ein Grundstück", somit als grundstücksgleiches Recht. Das Bauwerk selbst ist dann wesentlicher Bestandteil nicht des Grundstücks, sondern des Erbbaurechts (§ 12 ErbbauVO). Dem entspricht es dann auch, dass für das Erbbaurecht ein besonderes Erbbaugrundbuch geführt wird.

Die Motive für die Einräumung eines Erbbaurechts liegen im Wesentlichen in der Finanzierung: Die Kosten für die Schaffung von Gebäuden schließen bei allgemeiner Kalkulation die Grundstücksbeschaffungskosten ein. Bei der Einräumung eines Erbbaurechts ist dagegen statt des Grundstückspreises regelmäßig nur ein laufender Erbbauzins zu zahlen. Das Erbbaurecht wird in der Regel für die Dauer von 99 Jahren eingeräumt.

Im Übrigen wird das Erbbaurecht genauso behandelt wie das Grundstückseigentum; es kann insbesondere veräußert, vererbt und beliehen werden.

2. Das Wohnungseigentum

a) Rechtsgrundlage

Wohnungseigentum gab es schon vor Inkrafttreten des BGB in Form des damaligen „Stockwerkseigentums". Das BGB ließ vor 1900 begründetes Stockwerkseigentum zwar bestehen, neues konnte aber wegen der Bestimmungen über die wesentlichen Bestandteile nicht mehr begründet werden.

Erst die Wohnungsnot nach dem 2. Weltkrieg führte zum Wohnungseigentumsgesetz von 1951 und zu einer Renaissance des Wohnungseigentums in der Bauwirtschaft.

b) Grundstrukturen

Das WEG durchbricht den Grundsatz, dass eine Sache entweder nur in Alleineigentum oder Miteigentum stehen kann.

aa) Wohnungen

Wohnungseigentum ist das **Sondereigentum an einer Wohnung** i. V. m. dem Miteigentumsanteil an dem gemeinschaftlichen Eigentum.

bb) Gewerbliche Räume

Teileigentum ist das **Sondereigentum an nicht zu Wohnzwecken dienenden Räumen** eines Gebäudes i. V. m. dem Miteigentumsanteil an dem gemeinschaftlichen Eigentum.

Der Wohnungseigentümer (und entsprechend der gewerbetreibende Teileigentümer) hat also Alleineigentum an seiner Wohnung und einen ideellen Miteigentumsanteil an allen sonstigen gemeinschaftlichen Einrichtungen (Keller, Dachboden, Hauseingang, Garten).

Verdeutlichen Sie sich dies anhand der Skizze *Eigentumsverhältnisse nach dem Wohnungseigentumsgesetz.*

Es ist einleuchtend, dass der Wohnungseigentümer nicht die gleiche Freiheit wie der Alleineigentümer genießen kann, sondern sich als Mitglied der Wohnungseigentümergemeinschaft deren Beschlüssen und Regelungen unterwerfen muss. Deshalb sieht das Gesetz vor, dass das Wohnungseigentum begründet wird durch Vertrag zwischen den Miteigentümern des Grundstücks oder durch Teilung eines schon bebauten Grundstücks durch den alleinigen Eigentümer. Die Wohnungseigentümer beschließen in der Eigentümerversammlung. Die Gemeinschaft muss einen Verwalter bestellen, der weitreichende Befugnisse hat (vgl. im Einzelnen §§ 20 ff. WEG).

Eigentumsverhältnisse nach dem Wohnungseigentumsgesetz

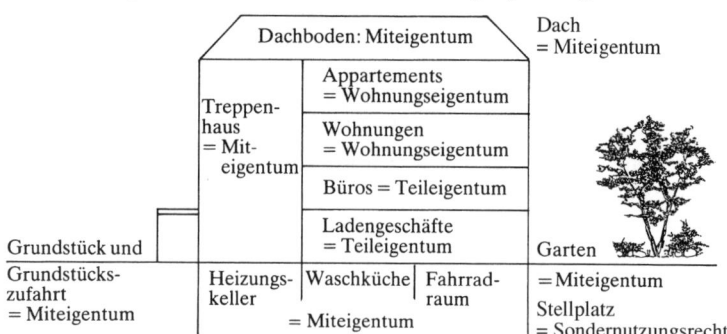

Wiederholungsfragen zu § 64

Inwieweit genießen beschränkt dingliche Rechte Deliktsschutz? (§ 64 I)

Was versteht man unter dem Erbbaurecht? (§ 64 IV 1)

Welche Rechtsgrundlage gilt für das Wohnungseigentum? (§ 64 IV 2 a)

§ 65 Nutzungsrechte

Als Nutzungsrechte an beweglichen Sachen nennt das Gesetz den Nießbrauch, an Grundstücken darüber hinaus die Grunddienstbarkeit, die beschränkte persönliche Dienstbarkeit und die Reallast.

I. Der Nießbrauch

1. Begriff

Unter dem Nießbrauch versteht man die Belastung einer Sache in der Weise, dass derjenige, zu dessen Gunsten die Belastung erfolgt, **berechtigt** ist,
die Nutzungen der Sache **zu ziehen** (vgl. die Legaldefinition in § 1030
BGB). Die Laiensprache benutzt das Wort Nießbrauch selten; häufiger
wird von der „Nutznießung" gesprochen.

2. Bestellung des Nießbrauchs

Nießbrauch kann eingeräumt werden an Grundstücken und beweglichen
Sachen (§ 1030 BGB), an Rechten (§ 1068 BGB) und am Vermögen
(§ 1085 BGB, wo allerdings wiederum im Hinblick auf den Spezialitätsgrundsatz klargestellt wird, dass die Einräumung nur in der Weise erfolgen
kann, dass der Nießbraucher den Nießbrauch an den einzelnen zu dem betreffenden Vermögen gehörenden Gegenständen erlangt).

Die Einräumung des Nießbrauchs erfolgt **jeweils in den Formen der
Übertragung des Vollrechts:** Nießbrauch an beweglichen Sachen wird
eingeräumt durch Einigung und Übergabe, an Grundstücken durch Eini-

gung und Eintragung im Grundbuch, an Rechten durch Zession (§ 1069 i.V.m. § 398 BGB).

Die wirtschaftliche Bedeutung des Nießbrauchs wird oft unterschätzt. Bei beweglichen Sachen ist diese sicher gering, umso bedeutender dagegen ist der Nießbrauch an Grundstücken und an einem Vermögen. Die Einräumung des Nießbrauchs bezweckt die „Aufspaltung" der formellen Rechtsinhaberschaft und der tatsächlichen Nutzungsmöglichkeit. So kann beispielsweise im Wege der vorweggenommenen Erbfolge das Vollrecht bereits auf den Junior übertragen werden, die Nutzungsmöglichkeit aber dem Senior weiterhin vorbehalten bleiben. Weiter ist denkbar, dass man bestimmten Familienangehörigen zu Versorgungszwecken den Nießbrauch überträgt, sich das Eigentum aber vorbehält. Die einzelnen steuerlichen Motivationen und die zum Teil komplizierten Konsequenzen (z.B. die Frage, ob der Nießbraucher oder der Eigentümer die Abschreibungen vornehmen und mit seinen positiven Einkünften verrechnen kann) können hier nicht vertieft werden. Insoweit sei auf die steuerrechtlichen Vorlesungen verwiesen.

3. Rechtsstellung des Nießbrauchers

Das Rechtsverhältnis zwischen dem Nießbraucher und dem Eigentümer bestimmt sich nach §§ 1030 ff. BGB (verschaffen Sie sich durch die Lektüre einen kurzen Überblick). Danach ist der Nießbraucher zum **Besitz** der Sache berechtigt, er hat das **Nutzungsrecht** und erwirbt das Eigentum an den **Früchten** mit der Trennung von der Hauptsache (vgl. § 954 BGB). Beim Nießbrauch handelt es sich um ein höchstpersönliches Recht. Es erlischt mit dem Tod des Nießbrauchers (§ 1061 S. 1 BGB) und ist nicht übertragbar, seine Ausübung darf aber einem Dritten überlassen werden (§ 1059 BGB). Gegenüber Dritten ist der Nießbraucher wie ein Eigentümer geschützt (vgl. § 1065 BGB).

II. Dienstbarkeiten

Nach der gesetzlichen Systematik umfasst die Dienstbarkeit auch den Nießbrauch. Als Dienstbarkeiten im engeren Sinne kennen wir die Grunddienstbarkeit sowie die beschränkte persönliche Dienstbarkeit.

1. Die Grunddienstbarkeit

Die Definition der Grunddienstbarkeit in § 1018 BGB ist zunächst verwirrend. Machen Sie sich deshalb Folgendes klar: Bei der Grunddienstbarkeit unterscheidet man ein **„herrschendes"** und ein **„dienendes" Grundstück.** Zugunsten des Eigentümers des herrschenden Grundstücks wird das dienende Grundstück in einer bestimmten Weise belastet.

a) Begriff

Durch die Grunddienstbarkeit kann ein Grundstück zugunsten des jeweiligen Eigentümers eines anderen Grundstücks nach § 1018 BGB (lesen!) in dreifacher Weise belastet werden:

(1.) Der Begünstigte darf das Grundstück in einzelnen Beziehungen benutzen (Beispiel: Geh- und Fahrrechte),

(2.) auf dem Grundstück dürfen gewisse Handlungen nicht vorgenommen werden (Beispiel: Baubeschränkungen) oder

(3.) die Ausübung eines Rechts, das sich aus dem Eigentum an dem belasteten Grundstück dem anderen Grundstück gegenüber ergibt, ist ausgeschlossen (Beispiel: Duldung von Immissionen).

Daraus folgt, dass die Grunddienstbarkeit immer auf ein Dulden oder Unterlassen, nicht aber auch auf ein positives Tun des Eigentümers des dienenden Grundstücks gerichtet sein darf.

b) Wirtschaftliche Bedeutung

Grunddienstbarkeiten spielen eine große Rolle im Rahmen der kommunalen Infrastruktur. Über- und unterirdische Leitungen, Kanalisationsröhren und dergleichen werden häufig über private Grundstücke geleitet und im Grundbuch als Grunddienstbarkeit abgesichert.

Darüber hinaus spielt die Grunddienstbarkeit immer wieder eine Rolle als grundbuchrechtlich abgesicherter Konkurrenzschutz: Der Eigentümer verpflichtet sich, auf dem Grundstück ein bestimmtes Gewerbe nicht auszuüben. Die Rechtsprechung hat die Sicherung derartiger Wettbewerbsverbote durch Dienstbarkeiten jedoch stark eingeschränkt.

Beispiele:

Zulässig: Dienstbarkeit, die dem Eigentümer den Betrieb eines oder eines bestimmten Gewerbes schlechthin oder ohne Zustimmung des Berechtigten versagt.

Unzulässig: Dienstbarkeit, die Lagerung, Verarbeitung, Vertrieb oder Bezug anderer Waren als die eines bestimmten Herstellers auf dem Grundstück verbietet; wiederum zulässig jedoch eine Dienstbarkeit, die dies für Waren einer bestimmten Art verbietet (z. B. Flaschenbier).

2. Die beschränkte persönliche Dienstbarkeit

Unter einer beschränkten persönlichen Dienstbarkeit versteht man die Belastung eines Grundstücks in der Weise, dass derjenige, zu dessen Gunsten die Belastung erfolgt, berechtigt ist, das Grundstück in einzelnen Beziehungen zu benutzen, oder dass ihm eine sonstige Befugnis zusteht, die den Inhalt einer Grunddienstbarkeit bilden kann (Legaldefinition in § 1090 BGB). Die Besonderheit besteht also darin, dass bei der beschränkten persönlichen Dienstbarkeit die **Berechtigung an eine bestimmte Person** geknüpft ist. Sie ist deshalb nicht übertragbar und unvererblich (§ 1092 BGB).

Als besonderen Fall erwähnt das Gesetz das Wohnungsrecht (§ 1093 BGB). Diese beschränkte persönliche Dienstbarkeit besteht darin, dass dem Berechtigten ermöglicht wird, ein Gebäude oder einen Teil eines Gebäudes unter Ausschluss des Eigentümers als Wohnung benutzen zu können (**„dingliches Wohnrecht"**).

Wiederholungsfragen zu § 65

Wozu berechtigt der Nießbrauch? (§ 65 I)

An welchen Gegenständen kann ein Nießbrauch bestellt werden? (§ 65 I 2)

Welche Rechtsstellung hat der Nießbraucher gegenüber dem Eigentümer, welche gegenüber Dritten? (§ 65 I 3)

Was versteht man unter einer Grunddienstbarkeit? (§ 65 II 1)

Welche besonderen Kennzeichen gelten für die beschränkte persönliche Dienstbarkeit? (§ 65 II 2)

§ 66 Sicherungsrechte

Lernhinweis: Das Instrumentarium der Kreditsicherung gehört nach allen Prüfungsordnungen mit zu den wesentlichen Prüfgebieten. Deshalb muss sich der Studienanfänger schon frühzeitig mit diesem Themenbereich beschäftigen. Die große wirtschaftliche Bedeutung ergibt sich aus der nahe liegenden Überlegung, dass dem Gläubiger der beste Anspruch und auch das schönste Urteil ohne letztendliche Realisierung nichts nützt („wenn beim Schuldner nichts zu holen ist, hat der Kaiser das Recht verloren"). Sicherungsrechte müssen deshalb vor dem Hintergrund der Kreditpraxis gesehen werden („ohne Sicherheit kein Geld und keine Ware"). Die durchschnittliche Insolvenzquote von drei bis fünf Prozent spricht eine deutliche Sprache. Auf der anderen Seite führt die besondere Sicherung bestimmter Gläubiger dazu, dass (früher) die Konkursordnung (definitionsgemäß eine „allgemeine, anteilsmäßige und gleichmäßige Befriedigung aller Gläubiger"), ebenso wie jetzt die Insolvenzordnung, nur noch auf ungesicherte („naive und dumme") Gläubiger Anwendung (fand und) findet, die eine Leistung ohne (konkursfeste oder doch konkursbevorrechtigte) Sicherheit erbringen. Ganz besonderes Augenmerk müssen Sie auf die atypischen Sicherungsformen legen: Bei der Sicherungsübereignung und Sicherungsabtretung wird deutlich, dass die Grundstrukturen des Gesetzes von der Kreditpraxis großenteils nicht akzeptiert werden. Konkret: Das Prinzip des Faustpfandrechts lässt sich in der Wirtschaftspraxis nicht realisieren (so würde der Schuldner etwa bei der bei einer Verpfändung gem. § 1205 Abs. 1 BGB vorausgesetzten Übergabe der Sache an den Gläubiger die Verfügungsmacht über diese verlieren; die Bank hätte ihrerseits Lagerungsschwierigkeiten); die Kreditpraxis weicht deshalb in die weitergehende Form der Vollrechtsübertragung aus, dazu unten. Merken Sie sich das ganz besonders gut; bei mündlichen Prüfungen ist dies ein beliebtes Thema.

I. Einteilung der verschiedenen Sicherungsmittel

Kreditsicherungsmittel lassen sich nach verschiedenen Gesichtspunkten einteilen. Wir kennen den Personalkredit und Realkredit. Beim Personalkredit wird die Position des Gläubigers dadurch verstärkt, dass eine weitere Person („Personalkredit") als Verpflichteter hinzukommt (z.B. ein Bürge). Beim Realkredit sichert sich der Gläubiger durch die Zugriffsmöglichkeit auf eine Sache. Nur die letztere Kategorie wird nachfolgend erörtert.

1. Person des Kreditgebers

a) Geldkredit

Der Laie denkt bei der Kreditgewährung in aller Regel an den Geldkredit.

Beispiele: Der „Häuslesbauer" besorgt sich bei seiner Sparkasse ein Darlehen; der Großhändler benötigt zum Einkauf einen Überbrückungskredit bis zum Zahlungseingang nach Weiterverkauf der Ware.

b) Warenkredit

In der Wirtschaftspraxis tritt neben den Geldkredit die Kreditierung der Forderungen aus Warenlieferungen. Der Käufer kann nicht bar bezahlen, er benötigt aber die Ware, um sie weiterzuveräußern; der Produzent kann die gekauften Maschinen erst nach Aufnahme der Produktion und durch den Weiterverkauf der damit produzierten Waren bezahlen. Beide Kreditgeber haben ein Sicherungsbedürfnis; wegen der verschiedenen Ausgangspositionen kommen aber verschiedene Kreditsicherungsmittel in Betracht. Der Warenkreditgeber sichert sich durch den Eigentumsvorbehalt in seinen verschiedenen Modifikationen und Ergänzungen (siehe unten). Dem Geldkreditgeber stehen die klassischen Kreditsicherungsmittel des Personal- und Realkredits zur Verfügung.

2. Einteilung nach den eingesetzten Sicherungsmitteln

Sicherungen können begründet werden an beweglichen Sachen, an Forderungen und Rechten sowie an Grundstücken.

a) Pfandrechte an beweglichen Sachen

Zur Sicherung von Forderungen können bewegliche Sachen verpfändet werden. Das Gesetz hat diese Form der Kreditsicherung relativ ausführlich in den §§ 1204 bis 1258 BGB geregelt, freilich in Verkennung der Bedürfnisse der Kreditpraxis, die das Pfandrecht an beweglichen Sachen auf Grund der damit verbundenen Nachteile (siehe dazu unten 4. sowie V) meidet.

b) Pfandrechte an Rechten

Ist der Schuldner Inhaber eines Rechts, so kann er dieses zur Sicherheit (mit hypothetischer Verwertungsmöglichkeit) dem Gläubiger verpfänden. Das Gesetz regelt dies in den §§ 1273 bis 1296 BGB und nimmt dabei Rücksicht auf die verschiedenen Erscheinungsformen von Rechten. Es kann sich handeln um dingliche Rechte (§§ 1273–1278 BGB), um (normale schuldrechtliche) Forderungen (§§ 1279–1290 BGB) sowie um den Spezialfall, dass Grund- und Rentenschulden oder Wertpapiere (§§ 1291 ff. BGB) als Sicherheit geleistet werden. Im Vordergrund stehen sicher die Forderungen (das Umlaufvermögen). Allerdings wird auch hier aus einleuchtenden Gründen die Forderung nicht verpfändet, sondern dem Gläubiger zur Sicherheit abgetreten (überlegen Sie schon jetzt warum, und überprüfen Sie Ihre Antwort anhand des unten unter IV. Dargelegten).

c) Pfandrechte an Grundstücken

Hierunter fallen die Hypothek, die Grundschuld und die Rentenschuld. Man spricht gemeinhin von „Grundpfandrechten", obwohl der Gesetzgeber diesen Ausdruck an keiner Stelle benutzt. Grundpfandrechte sind das klassische Sicherungsmittel für den langfristigen Kredit. Der Gesetzgeber hat zunächst die Hypothek (§§ 1113–1190 BGB) in allen Einzelheiten geregelt und daran anschließend für die Grundschuld (§§ 1191 ff.) auf die Vorschriften über die Hypothek verwiesen (vgl. § 1192). Von der wirtschaftlichen

Bedeutung her verhält es sich gerade umgekehrt: Die Grundschuld ist die Regel, die Hypothek die Ausnahme. Der Grund liegt darin, dass die Grundschuld dem Gläubiger eine sicherere Rechtsstellung verschafft (vgl. dazu unten II).

3. Einteilung der Pfandrechte nach dem Entstehungsgrund

Lernhinweis: Auch der Studienanfänger lernt schnell, dass auf viele juristische Fragen eine standardisierte Antwort immer richtig ist: „Kraft Rechtsgeschäfts (regelmäßig kraft Vertrags) und kraft Gesetzes". So können beispielsweise Ansprüche entweder durch Rechtsgeschäft oder durch Verwirklichung gesetzlicher Tatbestandsmerkmale entstehen. Genauso verhält es sich bei den Pfandrechten: Sie können zum einen durch willentliche Übereinstimmung (rechtsgeschäftlich) begründet werden, zum anderen sieht das Gesetz in bestimmten Fällen aber auch die „automatische" (= gesetzliche) Sicherung einer Vertragspartei vor. Hinzu tritt das durch staatlichen Hoheitsakt begründete Pfändungspfandrecht.

a) Rechtsgeschäftliche Pfandrechte

Es entspricht der Vertragsfreiheit, dass die Parteien rechtsgeschäftlich Sicherungen vereinbaren können. Somit kann der Schuldner dem Gläubiger Pfandrechte an beweglichen Sachen, an Rechten und Grundstücken bestellen.

b) Gesetzliche Pfandrechte

In bestimmten Fällen sichert der Gesetzgeber eine Vertragspartei durch die Einräumung eines gesetzlichen Pfandrechts. Ein solches steht zu:

- **nach BGB:** dem Vermieter, Pächter, Werkunternehmer und Gastwirt (§§ 562, 583, 647, 704 BGB – lesen!);
- **nach HGB:** dem Kommissionär, Frachtführer, Spediteur, Lagerhalter (§§ 397, 441, 464, 475 b HGB – lesen!).

Verständnisfrage: Warum haben diese Personen ein Pfandrecht an den „eingebrachten Sachen" der Gegenpartei? Wenn Sie die Position dieser Personen untersuchen, stellen Sie schnell fest, dass diese eine Leistung erbringen in der Hoffnung auf die dann fällige Gegenleistung. Geleistet wird aber nicht – wie in der Regel – Zug um Zug, sondern nacheinander.

Beispiel: Der Werkunternehmer repariert das Kraftfahrzeug. Erst anschließend zahlt der Kunde. Somit würde eine Vertragspartei vorleisten und müsste anschließend „ihrem Geld hinterherlaufen".

Das gesetzliche Pfandrecht berechtigt den Vorleistenden, den vom Nachleistungspflichtigen eingebrachten Gegenstand so lange zu behalten (und gegebenenfalls zu verwerten), bis (wenn) die Gegenleistung (nicht) erfolgt. Man unterscheidet dabei Besitzpfandrechte und besitzlose Pfandrechte. Entscheidend ist, ob der Pfandberechtigte zugleich auch Besitz an den eingebrachten Gegenständen erhält.

Beispiele: Der Vermieter hat ein besitzloses gesetzliches Pfandrecht (der Mieter benutzt ja in den „eigenen vier Wänden" seine eigenen Dinge); der Werkunternehmer erhält ein gesetzliches Besitzpfandrecht (er übt die tatsächliche Gewalt über die Sache in seiner Reparaturwerkstätte aus).

Diese Unterscheidung spielt eine Rolle für die umstrittene Frage, ob auch ein gutgläubiger Pfandrechtserwerb bei gesetzlichen Pfandrechten möglich ist.

Beispiel: Der Mieter einer Maschine lässt diese beim Wartungsdienst reparieren; dort wird der Mieter für den Eigentümer gehalten.

Nach Auffassung der Rechtsprechung können derartige gesetzliche Pfandrechte nicht gutgläubig erworben werden. Begründung: Die Besitzübergabe ist nicht zum Zwecke der Eigentumsübertragung erfolgt, deshalb kommt ihr keine Legitimationswirkung zu (für Hausarbeiten sei auf folgende Fundstellen verwiesen: BGHZ 34, 125; 34, 153; 87, 274; NJW 1983, 2180).

Sie können aber auch direkt mit dem Wortlaut des Gesetzes argumentieren: § 1257 BGB erklärt die Vorschriften über das durch Rechtsgeschäft bestellte Pfandrecht hinsichtlich eines kraft Gesetzes entstandenen Pfandrechts für entsprechend anwendbar. Frage: Kann man nun argumentieren, dass auf das gesetzliche Pfandrecht z. B. aus § 647 BGB über die Verweisungsnorm des § 1257 BGB die Gutglaubensvorschriften bzgl. des rechtsgeschäftlichen Pfandrechts nach § 1208 BGB Anwendung finden, mit der Folge, dass auch das gesetzliche Pfandrecht nach § 647 BGB gutgläubig erworben werden kann? Antwort: Nein, denn § 1257 BGB setzt doch gerade ein bereits „entstandenes" gesetzliches Pfandrecht voraus. Wir haben aber doch oben die Frage aufgeworfen, ob ein Gutglaubenserwerb ein gerade noch nicht bestehendes gesetzliches Pfandrecht zum Entstehen bringen kann.

Hinweis: Die Praxis behilft sich durch die vertragliche Vereinbarung von Pfandrechten in AGB (etwa: „Der Inhaber der Werkstatt erhält mit der Übergabe des Fahrzeuges ein Pfandrecht an demselben bis zur vollständigen Entrichtung des von der Werkstatt für die Bearbeitung des Auftrags in Rechnung gestellten Betrages"). Fehlt es nun bei dem Überbringer des Fahrzeugs an der Berechtigung für die Begründung eines Pfandrechts (nochmals die Voraussetzungen: Einigung – Übergabe – Berechtigung), erwirbt der Werkstattbetreiber gem. § 1208 BGB gutgläubig ein vertraglich vereinbartes (und kein gesetzliches!) Pfandrecht.

c) Pfändungspfandrechte

Das Pfändungspfandrecht entsteht nach den Vorschriften der Zivilprozessordnung.

Lernhinweis: Schulen Sie Ihr Ohr! Man spricht von „Verpfänden" und meint damit die rechtsgeschäftliche Begründung eines Pfandrechts; man spricht von „Pfänden" und „Pfändung" und meint damit den staatlichen Zugriff im Wege der Vollstreckung.

Ein Pfändungspfandrecht kann entstehen an körperlichen – so der Gesetzestext, gemeint sind aber „bewegliche" Sachen, denn nach dem BGB werden Sachen ohnehin schon als „körperliche Gegenstände" definiert, vgl. § 90 BGB – Sachen (§§ 808 ff. ZPO), an Forderungen und anderen Vermögensrechten (§§ 828 ff. ZPO) sowie an unbeweglichem Vermögen (§§ 864 ff. ZPO). Es ist hier nicht der Ort, die dogmatische Struktur des

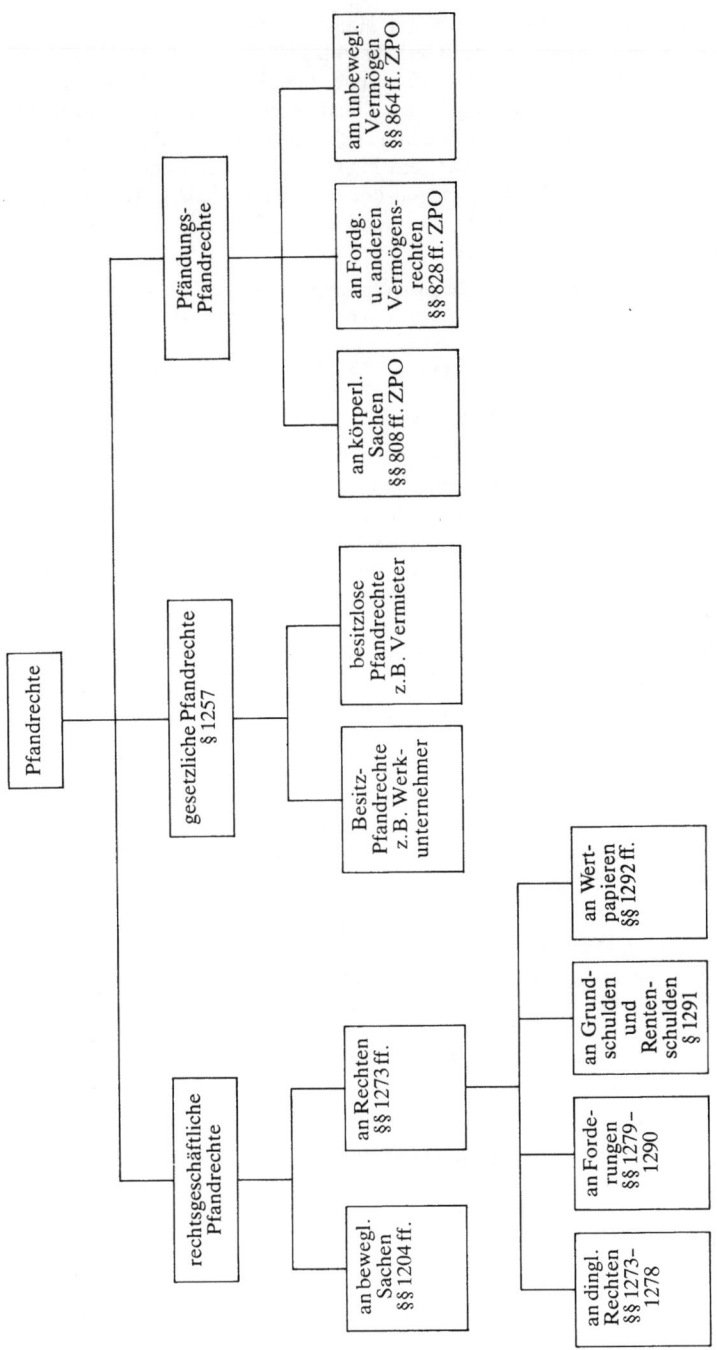

Pfändungspfandrechts zu erörtern. Hingewiesen sei nur auf die verschiedenen Vollstreckungsorgane (Gerichtsvollzieher, Amtsgericht) und die von diesen eingeleiteten Vollstreckungsakte: Pfändung durch den Gerichtsvollzieher mittels Anbringung eines Pfandsiegels („Kuckuck") sowie Pfändungs- und Überweisungsbeschluss des Amtsgerichts (überaus bedeutsam bei der Forderungspfändung, am häufigsten bei der Lohnpfändung). Der Anspruch des Schuldners gegen einen Drittschuldner (z. B. Arbeitgeber) wird dem Gläubiger durch die Pfändung und Überweisung gesichert und zur Verwertung zugewiesen.

Lernhinweis: Man wird im Rahmen des Grundkurses nicht verlangen, dass Sie alle Einzelheiten des Pfandrechts kennen. Sie sollten aber wenigstens die Systematik und die Grundkonstellationen zur Kenntnis nehmen. Repetieren Sie das eben Ausgeführte anhand der Übersicht *Pfandrechte.*

4. Atypische Sicherungsrechte

Der Gesetzgeber stellt den zuvor unter 1 bis 3 erörterten Katalog von Sicherungsrechten zur Verfügung. Dabei versucht er in guter Absicht, dem sachenrechtlichen Publizitätsgrundsatz Genüge zu leisten. Wir haben einleitend oben bei § 59 gesehen, dass vom Publizitätsträger auf die Berechtigung geschlossen werden kann. Es wird vermutet, dass der Besitzer auch Eigentümer ist. Auch bei den Pfandrechten soll dies gelten. „Heimliche Pfandrechte" wären für den Rechts- und Wirtschaftsverkehr eine Gefahr. Der Gesetzgeber hat es aber nicht in der Hand, dass seine Argumente von der Wirtschaftspraxis akzeptiert werden. Aus nahe liegenden Gründen erweisen sich das Faustpfandrecht und die bei der Verpfändung von Forderungen nach § 1280 BGB erforderliche Anzeigepflicht gegenüber dem Drittschuldner als unzweckmäßig: Bewegliche Sachen würden bei der tatsächlichen Übergabe an den Gläubiger dem Produktionsprozess des Schuldners entzogen werden und zu Lagerproblemen beim Gläubiger führen; die Anzeige der Verpfändung von Forderungen hätte verheerende Wirkungen für die Kreditwürdigkeit des Sicherungsgebers.

Dies ist der Grund, weshalb die Kreditpraxis statt der Verpfändung von Sachen und Rechten die Sicherungsübereignung und Sicherungsabtretung wählt. Denn eigenartigerweise ist zwar bei der Begründung des beschränkten dinglichen Rechts (Pfandrechts) an Sachen und Rechten das Publizitätsprinzip verwirklicht, bei der Übertragung des Vollrechts dagegen nicht: Nach § 930 BGB kann bei der Übereignung die reale Übergabe durch Vereinbarung eines Besitzkonstituts ersetzt werden; zur Forderungsabtretung braucht man nach § 398 Satz 1 BGB die Anzeige an den Schuldner ohnehin nicht.

Freilich ergeben sich besondere Probleme aus der Tatsache, dass nunmehr der Gläubiger mehr erhält, als er zur Sicherung seines Anspruchs benötigt (statt des Pfandrechts erhält er das Vollrecht). Dazu im Einzelnen unten V und VI.

II. Die Grundpfandrechte

Das BGB kennt drei Arten von Grundpfandrechten: die Hypothek, die Grundschuld und die Rentenschuld. Gemeinsames Merkmal der Grundpfandrechte ist, dass der Gläubiger die Zahlung einer bestimmten Geldsumme „aus dem Grundstück" verlangen kann (vgl. §§ 1113, 1191, 1199 BGB).

Hypothek, Grundschuld und Rentenschuld unterscheiden sich in Folgendem:

- Die Hypothek ist **akzessorisch** (d. h.: sie wird zur Sicherung einer Geldforderung bestellt; das rechtliche Schicksal von Hypothek und Forderung ist miteinander verknüpft);
- Grundschuld und Rentenschuld sind **nicht akzessorisch** (d. h.: das dingliche Recht hängt nicht von der Existenz einer gesicherten Forderung ab). Lernhinweis: Freilich wird auch die Grundschuld in aller Regel zur Sicherung einer Geldforderung bestellt;
- die Rentenschuld ist ein **Spezialfall der Grundschuld:** Sie sichert nicht einen festen Betrag, sondern eine laufende Geldzahlung.

Schuldner der gesicherten Forderung und Eigentümer des belasteten Grundstücks brauchen nicht identisch zu sein. Deshalb spricht das Hypothekenrecht teils vom „Schuldner", teils vom „Eigentümer". Verdeutlichen Sie sich dies anhand der Skizze *Darlehensschuld und hypothekarische Belastung.*

Darlehensschuld und hypothekarische Belastung

I. Identität zwischen Schuldner und Grundstückseigentümer

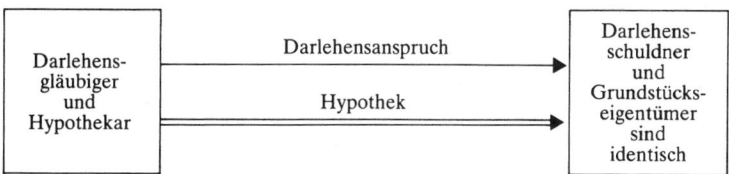

II. Keine Identität zwischen Schuldner und Eigentümer

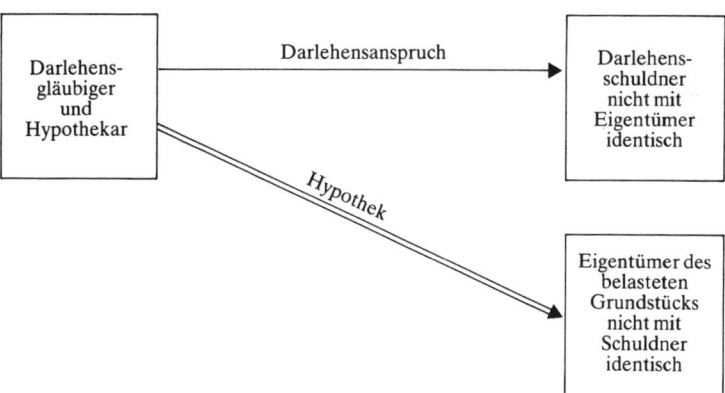

1. Die Hypothek

a) Begriff

Unter einer Hypothek versteht man gem. § 1113 BGB (lesen!) die Belastung eines Grundstücks in der Weise, dass an denjenigen, zu dessen Gunsten die Belastung erfolgt, eine bestimmte Geldsumme zur Befriedigung wegen einer ihm zustehenden Forderung aus dem Grundstück zu zahlen ist (Legaldefinition!). Wesens- und Unterscheidungskriterium für die Hypothek ist demnach ihre Abhängigkeit von einer zu sichernden Forderung (Akzessorietät).

b) Haftung des Grundstücks

Nach § 1147 BGB (lesen!) haftet das belastete Grundstück insoweit, als die Befriedigung des Gläubigers im Wege der Zwangsvollstreckung erfolgt. Dabei haftet nicht nur das Grundstück als solches, es haften auch die in § 1120 genannten Gegenstände. Zum **Haftungsverband der Hypothek** gehören: die Erzeugnisse und sonstigen Bestandteile, das Grundstückszubehör, bei vermieteten oder verpachteten Grundstücken die Miet- und Pachtzinsforderungen, mit dem Grundstück verbundene dingliche Ansprüche sowie die infolge eines Schadensfalls erlangten Versicherungsforderungen (vgl. im Einzelnen §§ 1120–1129 BGB).

Beachte: Entscheidend für den Zeitpunkt der Mithaftung der oben genannten Gegenstände ist die Beschlagnahme des Grundstücks durch den Hypothekengläubiger. Erst dann wird die ansonsten bestehende rechtsgeschäftliche Verfügungsfreiheit des Eigentümers eingeschränkt. Bei Miet- und Pachtzinsforderungen musste der Gesetzgeber zugunsten des Hypothekengläubigers eine weitere Sicherung einbauen: Vorausverfügungen über Miet- und Pachtforderungen sind den Hypothekengläubigern gegenüber unwirksam, soweit sie sich auf den Miet- oder Pachtzins für einen späteren Zeitraum als den zur Zeit der Beschlagnahme laufenden Kalendermonat beziehen (vgl. § 1124 Abs. 2 BGB). Erfolgt die Beschlagnahme nach dem 15. Tag des Monats, ist eine solche Verfügung aber insoweit wirksam, als sie sich auf den Miet- oder Pachtzins für den folgenden Kalendermonat bezieht.

c) Bestellung der Hypothek

Die Hypothek wird als dingliches Recht an einem Grundstück nach § 873 BGB durch Einigung und Eintragung in das Grundbuch bestellt. Der Akzessorietätsgrundsatz setzt weiter das Bestehen einer zu sichernden Forderung voraus.

d) Erscheinungsformen

aa) Briefhypothek

Nach § 1116 BGB wird für die Hypothek regelmäßig ein Hypothekenbrief erteilt. Man spricht dann von der „Briefhypothek". Erst mit der Erlangung des Hypothekenbriefs erwirbt der Gläubiger nach § 1117 BGB die Hypothek. Zur Geltendmachung der Hypothek ist bei der Briefhypothek die Vorlegung des Hypothekenbriefs erforderlich (§§ 1160, 1161 BGB).

Wichtig: Der Hypothekenbrief erleichtert die Übertragung der Hypothek. Die Briefhypothek kann außerhalb des Grundbuchs übertragen werden! Zur Übertragung der Hypothek vgl. anschließend unten f).

bb) Die Buchhypothek

Von einer Buchhypothek spricht man, wenn die **Erteilung des Hypothekenbriefes ausgeschlossen** wurde. Zulässig ist dies nach § 1116 Abs. 2 Satz 1 BGB. Das hat erhebliche Konsequenzen: Die Buchhypothek kann nur durch Einigung und Eintragung im Grundbuch (§ 873 BGB) übertragen werden. Die Schnelligkeit des Rechtsverkehrs wird also erschwert.

Konsequenz: Bei der Buchhypothek kann man durch den Blick in das Grundbuch die Person des Gläubigers feststellen. Bei der Briefhypothek ist nicht gesagt, dass der im Grundbuch Eingetragene auch tatsächlich noch Hypothekengläubiger ist, weil eine Übertragung auch außerhalb des Grundbuchs erfolgen kann.

cc) Verkehrshypothek und Sicherungshypothek

Die Unterscheidung zwischen Verkehrs- und Sicherungshypothek betrifft den Grad der Akzessorietät. Die Sicherungshypothek ist nach § 1184 Abs. 1 **„streng akzessorisch"**; der Vertrauensschutz hinsichtlich des Vorliegens einer Forderung entfällt. Die Verkehrshypothek ist zwar auch akzessorisch, schützt aber nach Maßgabe des § 1138 BGB einen auf das Bestehen der gesicherten Forderung vertrauenden Erwerber.

Die Verkehrshypothek kann sowohl Buch- als auch Briefhypothek sein; dagegen ist die Sicherungshypothek immer nur Buchhypothek (vgl. § 1185).

Merke: Die Sicherungshypothek ist **für den Schuldner sicherer,** nicht dagegen für den Gläubiger oder Erwerber der Hypothek!

dd) Die Höchstbetragshypothek

Dem Grundsatz nach sichert die Hypothek eine „bestimmte Geldforderung". Hiervon macht die Höchstbetragshypothek eine Ausnahme: Nach § 1190 Abs. 1 BGB kann eine Hypothek auch in der Weise bestellt werden, dass nur der Höchstbetrag, bis zu dem das Grundstück haften soll, bestimmt wird. In diesen Fällen muss der Höchstbetrag in das Grundbuch eingetragen werden.

ee) Die Gesamthypothek

Eine Forderung kann durch eine Hypothek an mehreren Grundstücken gesichert werden. Bei der dann bestehenden Gesamthypothek **haftet** nach § 1132 Abs. 1 BGB (lesen!) **jedes Grundstück** für die ganze Forderung. Man hat den Gesamthypothekar zutreffenderweise auch als „hypothekarischen Pascha" bezeichnet: Er kann die Befriedigung nach seinem Belieben aus jedem der Grundstücke ganz oder teilweise suchen. Vergleichen Sie dazu das Schaubild *Gesamthypothek.*

ff) Eigentümerhypothek und Eigentümergrundschuld

Das Gesetz kennt die dem Laien kurios anmutende Erscheinung, dass dem Eigentümer eine Hypothek am eigenen Grundstück zusteht. Die Eigentümerhypothek tritt in 2 Fällen auf: zum einen, wenn die gesicherte Forderung bei der ansonsten gültigen Hypothekenbestellung nicht zur Entste-

Gesamthypothek

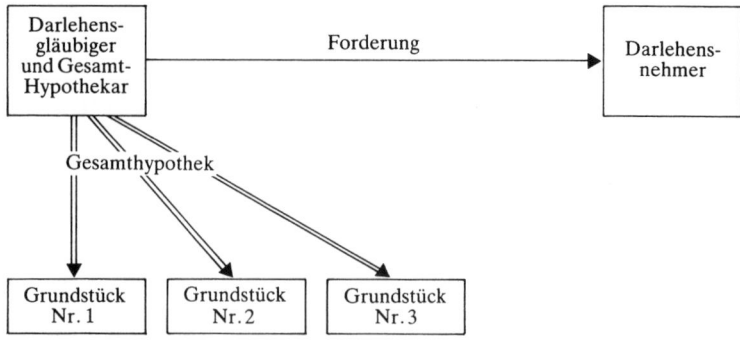

hung gelangte (§ 1163 Abs. 1 S. 1 BGB – lesen!) und zum anderen, wenn die gesicherte Forderung erlischt (§ 1163 Abs. 1 S. 2 BGB). Man spricht in diesen Fällen auch von einer „forderungsentkleideten Hypothek".

Lernhinweis: Der Gesetzgeber hatte einen guten Grund für diese Konstruktion. Das Entstehen der Eigentümerhypothek dient der Rangsicherung! Beim Wegfall des Hypothekengläubigers wird durch das Entstehen der Eigentümerhypothek die entsprechende Rangstelle „blockiert" und so vermieden, dass die nachfolgenden Gläubiger aufrücken. Bei späterem Darlehensbedarf kann der Eigentümer einem Gläubiger dann die bessere Rangstelle anbieten und so möglicherweise günstigere Darlehenskonditionen aushandeln!

Dieser Vorteil ist allerdings durch § 1179a BGB stark eingeschränkt (der Gläubiger einer Hypothek kann vom Eigentümer verlangen, dass dieser eine vorrangige oder gleichrangige Hypothek löschen lässt, wenn sie im Zeitpunkt der Eintragung der Hypothek des Gläubigers mit dem Eigentum in einer Person vereinigt ist oder eine solche Vereinigung später eintritt).

Die Eigentümerhypothek verwandelt sich gem. § 1177 BGB (lesen!) in eine Eigentümergrundschuld.

e) Verwertung der Hypothek

aa) Befriedigung des Gläubigers

Nach § 1147 BGB erfolgt die Befriedigung des Gläubigers **im Wege der Zwangsvollstreckung.** Dazu muss sich der Hypothekengläubiger eigentlich einen Vollstreckungstitel verschaffen (er müsste also den Schuldner erst verklagen und ein wenigstens vorläufig vollstreckbares Urteil erstreiten). Jedoch kann bereits bei Hypothekenbestellung vereinbart werden, dass sich der Eigentümer freiwillig der sofortigen Zwangsvollstreckung unterwirft. Dies ist nach § 794 Abs. 1 Nr. 5 ZPO zulässig und hat in notariell beurkundeter Form zu erfolgen. In der Kreditpraxis ist dies allgemein üblich. Die Zwangsvollstreckung vollzieht sich dann im Rahmen des vollstreckungsrechtlichen Instrumentariums: Die Zwangsversteigerung erfasst die Substanz des Grundstücks, bei der Zwangsverwaltung kann sich der Gläubiger aus den Erträgen des Grundstücks befriedigen.

bb) Rechtsstellung des Eigentümers

Der Eigentümer des belasteten Grundstücks kann sich in zweifacher Weise verteidigen:

- Er kann dem Hypothekar gegenüber sämtliche Einwendungen **gegen die Hypothek** entgegenhalten (z.B. Mängel bei der Hypothekenbestellung).
- Er hat aber auch gegenüber der Hypothekenklage sämtliche Einreden, die **gegenüber der Forderung** bestehen (§ 1137 BGB), z.B. die Berufung auf die Nichtigkeit des schuldrechtlichen Geschäfts infolge von Willensmängeln.

Vergleichen Sie dazu die Skizze *Rechtsstellung des Eigentümers bei hypothekarischer Inanspruchnahme.*

f) Übertragung der Hypothek

Die Hypothek wird dadurch übertragen, dass **die gesicherte Forderung abgetreten** wird. Mit der Abtretung der Forderung geht nach § 1153 Abs. 1 BGB (lesen!) die Hypothek auf den neuen Gläubiger über.

Rechtsstellung des Eigentümers bei hypothekarischer Inanspruchnahme

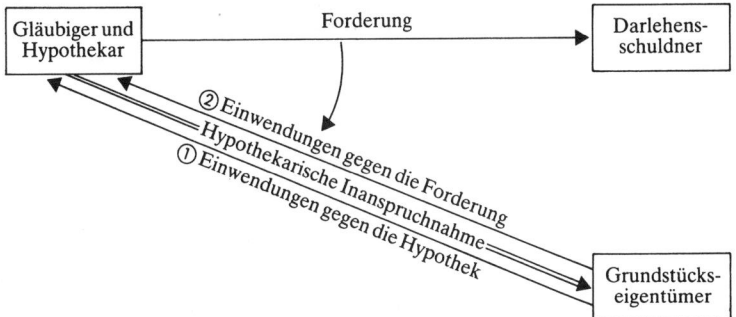

Merke: Die Forderung kann nicht ohne die Hypothek, die Hypothek kann nicht ohne die Forderung übertragen werden.

Die Unterscheidung zwischen Brief- und Buchhypothek bedingt auch bei der Hypothekenübertragung Differenzierungen:

- Zur Abtretung der Forderung ist bei der Briefhypothek die Erteilung der Abtretungserklärung in schriftlicher Form und Übergabe des Hypothekenbriefs erforderlich. Die schriftliche Form der Abtretungserklärung kann nach § 1154 Abs. 2 auch dadurch ersetzt werden, dass die Abtretung in das Grundbuch eingetragen wird.
- Bei der Buchhypothek (bei der die Erteilung des Hypothekenbriefs ausgeschlossen wurde) finden auf die Abtretung der Forderung die Vorschriften der §§ 873, 878 BGB entsprechende Anwendung. Im Klartext: Die Buchhypothek wird durch Einigung und Eintragung im Grundbuch übertragen.

Merke: Bei der Verkehrshypothek ist die Rechtsstellung des Eigentümers im Hinblick auf den guten Glauben von Erwerbern eingeschränkt: § 1138 sowie § 1157 Satz 2 BGB verweisen auf den öffentlichen Glauben des

Grundbuchs. Das bedeutet: Einreden, die nicht aus dem Grundbuch ersichtlich sind, können dem gutgläubigen Erwerber (der von all den Interna nichts weiß) nicht entgegengehalten werden. Wir haben es hier mit einem Fall des „gutgläubigen einredefreien Erwerbs" zu tun.

Dasselbe gilt nach § 1156 für die im schuldrechtlichen Zessionsrecht bestehenden Einwendungen nach §§ 406–408 BGB.

Schulfall: Die Briefhypothek wurde außerhalb des Grundbuchs ohne Kenntnis des Schuldners übertragen. Der Schuldner leistet an den alten Gläubiger (somit an einen Nichtberechtigten). Nach § 407 BGB wäre er schuldrechtlich befreit. § 1156 schließt § 407 jedoch aus mit der Folge, dass der neue Hypothekengläubiger gleichwohl die Zwangsvollstreckung aus dem Grundstück betreiben kann. Veranschaulichen Sie sich diesen komplizierten Vorgang anhand der Skizze zu *§ 1156 BGB.*

§ 1156 BGB

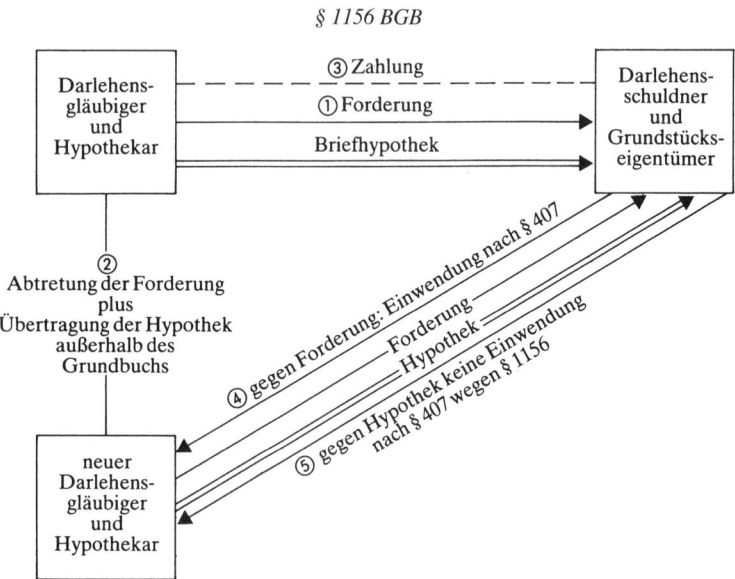

g) Erlöschen der Hypothek

Mit der Befriedigung des Hypothekengläubigers erlischt die Forderung. Die Hypothek wandelt sich in eine Eigentümergrundschuld um (s. oben).

2. Die Grundschuld

Lernhinweis: Auf die Grundschuld finden die Vorschriften über die Hypothek entsprechende Anwendung (§ 1192 Abs. 1 BGB – lesen!). Deshalb können die nachfolgenden Ausführungen knapp gehalten werden. Verkennen Sie aber nicht, dass in der Kreditpraxis die wirtschaftliche Bedeutung der Grundschuld die der Hypothek bei weitem übersteigt! Regelmäßig wird der Darlehensgläubiger zur Sicherheit nicht auf der Bestellung einer Hypothek, sondern auf einer Grundschuld beharren.

Der Grund liegt darin, dass bei der Grundschuld keine Akzessiorität zwischen dem Grundpfandrecht und der Darlehensforderung besteht und somit dem Grundschuldgläubiger (insbesondere, wenn er die Grundschuld im Wege der Abtretung von einem früheren Grundschuldgläubiger erworben hat) bei der Durchsetzung des Grundpfandrechts in der Zwangsvollstreckung dem Grundsatz nach keine Einreden aus dem Darlehensvertrag entgegengesetzt werden können. Dass dies für den Schuldner bzw. den Grundstückseigentümer gefährlich werden kann, hat sich in der jüngsten Finanzkrise deutlich gezeigt. Dies hat den Gesetzgeber dazu veranlasst, diese Schwachstelle durch die Novellierung des § 1192 BGB zu beseitigen (siehe anschließend).

a) Begriff

Die Grundschuld besteht in der Belastung eines Grundstücks in der Weise, dass an denjenigen, zu dessen Gunsten die Belastung erfolgt, eine bestimmte Geldsumme aus dem Grundstück zu zahlen ist (§ 1191 Abs. 1 BGB – Legaldefinition – lesen!).

Die Grundschuld ist im Unterschied zur Hypothek eine **nicht an das Vorliegen einer persönlichen Forderung gebundene Schuld.**

Lernhinweis: Beachten Sie diesen wichtigen Unterschied zur Hypothek! Die Grundschuld verlangt im Gegensatz zur Hypothek nicht, dass eine persönliche Forderung vorliegt. Die Grundschuld erlischt deshalb auch nicht bereits mit der Zahlung auf die Forderung! Und weiter: Normen, welche die Akzessorietät betreffen, können nicht (auch nicht entsprechend) auf die Grundschuld angewandt werden (vgl. § 1192 Abs. 1 2. Hs. BGB).

b) Erscheinungsformen

Die Grundschuld kann wie die Hypothek als Brief- oder Buchgrundschuld bestellt werden.

In der Kreditpraxis sichert sie allerdings regelmäßig eine bestimmte Geldforderung. Man spricht dann von der **„Sicherungsgrundschuld".**

(**Beachten Sie:** Der Begriff „Sicherungsgrundschuld" könnte fälschlicherweise eine Assoziation mit der „Sicherungshypothek" auslösen; beide Begriffe haben jedoch nichts miteinander zu tun).

Vgl. Sie nunmehr die Skizze *„Einfache" Grundschuld und „Sicherungsgrundschuld".*

„Einfache" Grundschuld und „Sicherungsgrundschuld"

I. Grundschuld:

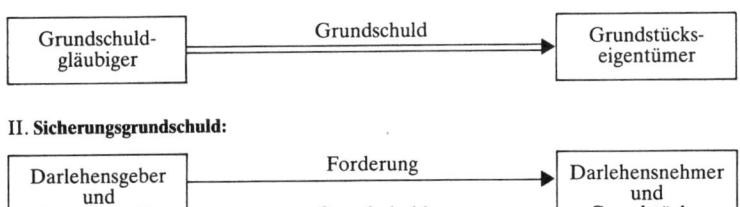

II. Sicherungsgrundschuld:

Die Tatsache, dass bei der Sicherungsgrundschuld das Grundpfandrecht zur Absicherung einer bestimmten Forderung bestellt wurde, führt aber nun nicht dazu, dass die Grundschuld akzessorisch wird.

Nach wie vor ist das rechtliche Schicksal des dinglichen Rechts unabhängig von der gesicherten Forderung. Beispielsweise kann die Grundschuld auch ohne eine Forderung wirksam abgetreten werden.

Gleichwohl beschränkt die Sicherungsabrede im Innenverhältnis die Rechtsstellung des Grundschuldgläubigers. So besteht beispielsweise bei Erlöschen der gesicherten Forderung ein Anspruch aus ungerechtfertigter Bereicherung auf Rückübertragung der (auch nach Erlöschen der Forderung weiter bestehenden) Grundschuld. Die Rechtsgrundlage hierfür ergibt sich aus der Sicherungsabrede (= Vereinbarung zwischen Gläubiger und Schuldner über den Grund der Bestellung einer Grundschuld) bzw. aus §§ 812ff. BGB.

c) Risikobegrenzung bei Grundschuldabtretung

Bei der Übertragung eines Grundpfandrechts stellt sich die Frage nach dem Schutz des Schuldners, wenn ihn der neue Gläubiger in Anspruch nehmen will.

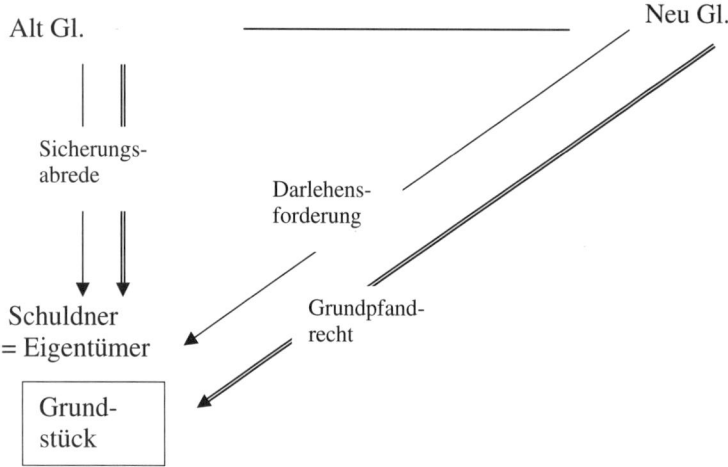

Aus der Sicht des Schuldners muss man differenzieren:

- Soweit es die *Darlehensforderung* betrifft, ist der Schuldner nach §§ 404, 407 BGB geschützt. Repetieren Sie: Der Schuldner kann dem neuen Gläubiger alle Einwendungen entgegen setzen, die zurzeit der Abtretung der Forderung gegen den bisherigen Gläubiger begründet waren; auch muss der neue Gläubiger alle Leistungen, insbesondere Zahlungen, die der Schuldner noch in Unkenntnis der Abtretung an den bisherigen Gläubiger bewirkt gegen sich gelten lassen.
- Soweit es das *Grundpfandrecht* betrifft, muss man weiter unterscheiden: Bei der Hypothek wird der Schuldner durch §§ 1137, 1157 BGB geschützt. Allerdings ist dieser Schutz nach § 1157 S. 2 BGB gegenüber dem gutgläubigen Erwerber eines Grundpfandrechts eingeschränkt.

Bei der Sicherungsgrundschuld knüpft § 1192 Abs. 1 a BGB an diese Schwachstelle an: Ist die Grundschuld zur Sicherung eines Anspruchs verschafft worden, können Einreden, die dem Eigentümer auf Grund der Sicherungsabrede mit dem bisherigen Gläubiger gegen die Grundschuld zustehen auch jedem Erwerber der Grundschuld entgegengesetzt werden. § 1157 S. 2 BGB findet insoweit ausdrücklich keine Anwendung. Diese durch das Risikobegrenzungsgesetz 2008 aufgenommene Ergänzung des Grundschuldrechts erfolgte unter dem Blickwinkel, dass zunehmend Banken ihre Forderungen aus Krediten an Finanzinvestoren verkaufen, denen es oft nicht um eine langfristige Kundenbeziehung, sondern darum geht, Darlehensforderungen unter Wert zu kaufen und sie dann kurzfristig mit der Grundschuld in der Hinterhand zu realisieren. Mit der Novellierung sollen „Finanzheuschrecken" Sicherungsgrundschulden nicht mehr losgelöst von Einreden aus der Sicherungsabrede erwerben können.

d) Rechtliche Behandlung der Grundschuld

Für die Begründung, die Übertragung und Geltendmachung der Grundschuld **gelten die Vorschriften des Hypothekenrechts,** soweit sie das Bestehen einer Forderung nicht voraussetzen. Die Grundschuld kann deshalb in allen Erscheinungsformen begründet werden, wie wir dies bei der Hypothek kennen. Sie wird übertragen durch die Übertragung des dinglichen Rechts (nicht durch die Abtretung der gesicherten Forderung, § 1153 BGB ist mangels Akzessorietät der Grundschuld unanwendbar!).

Die Zahlung durch den Schuldner hat zunächst keinen Einfluss auf die Existenz der Grundschuld. Allerdings ist der Gläubiger nach näherer Maßgabe der schuldrechtlichen Sicherungsabrede in der Regel verpflichtet, die Grundschuld zurückzuübertragen.

3. Die Rentenschuld

Die Rentenschuld ist eine Sonderform der Grundschuld. Sie besteht in der Belastung eines Grundstücks in der Weise, dass in **regelmäßig wiederkehrenden** Terminen eine bestimmte Geldsumme aus dem Grundstück zu zahlen ist (§ 1199 Abs. 1 BGB – Legaldefinition – lesen!).

Mit dieser Sonderform der Grundschuld wollte der Gesetzgeber den besonderen Bedürfnissen der Landwirtschaft genügen. Sie ist darüber hinaus dort nahe liegend, wo der Gläubiger nicht imstande ist, den vollen Kapitalbetrag sofort aufzubringen. Inwiefern die Verrentung eines Anspruchs oder die Leistung der Kapitalsumme günstiger ist, hängt von verschiedenen Faktoren, namentlich auch von der Laufdauer der Zahlungsverpflichtung, ab (bei lebenslänglichen Verpflichtungen von der Lebensdauer des Berechtigten; die mutmaßliche Kapitalsumme kann anhand von Sterbetafelstatistiken errechnet werden). In der Praxis hat sich die Rentenschuld kaum durchgesetzt. Zu beachten ist, dass der Grundstückseigentümer nach § 1201 BGB befugt ist, die Grundstücksbelastung durch vorzeitige Zahlung abzulösen. Die entsprechende Ablösesumme muss demgemäß nach § 1199 Abs. 2 BGB bei der Bestellung der Rentenschuld in das Grundbuch eingetragen werden.

III. Das Pfandrecht an beweglichen Sachen

Lernhinweis: Repetieren Sie zunächst die grundsätzlichen Ausführungen zu Beginn dieses Kapitels oben unter I.

1. Begriff

Unter einem Pfandrecht versteht man das dingliche Recht an einer fremden beweglichen Sache, kraft dessen der Gläubiger berechtigt ist, sich wegen einer ihm zustehenden Forderung aus der Sache zu befriedigen (§ 1204 Abs. 1 BGB – lesen!). Die Grundstruktur des Pfandrechts an beweglichen Sachen entspricht derjenigen der Grundpfandrechte.

Außer dem rechtsgeschäftlichen Pfandrecht kennen wir das gesetzliche Pfandrecht und das Pfändungspfandrecht (vgl. oben).

2. Die Bestellung des Pfandrechts

Das rechtsgeschäftliche Pfandrecht wird bestellt durch Einigung und Übergabe der Pfandsache (§ 1205 Abs. 1 BGB – **Prinzip des Faustpfands**).

Dabei ist zu beachten:

- Die Übergabe einer im mittelbaren Besitz des Eigentümers befindlichen Sache kann nach § 1205 Abs. 2 BGB ersetzt werden. Dazu muss aber der Eigentümer den mittelbaren Besitz auf den Pfandgläubiger übertragen und (zusätzlich und insoweit anders als in § 931 BGB bei der Übereignung vorgesehen!) die Verpfändung dem unmittelbaren Besitzer anzeigen. Dies hat in der Regel bonitätsschädigende Wirkung (der Außenstehende erfährt vom Kreditbedarf des Eigentümers).
- Die Ersetzung der Übergabe durch Vereinbarung eines Besitzkonstituts ist ausgeschlossen!

Das ist der Grund, weshalb das Pfandrecht an beweglichen Sachen nur geringe wirtschaftliche Bedeutung hat und weitgehend von der Sicherungsübereignung verdrängt wurde.

3. Verwertung des Pfands

Die Befriedigung des Pfandgläubigers erfolgt nach § 1228 BGB durch den sog. **Pfandverkauf.** Dieser spielt sich nach § 1235 im Wege öffentlicher Versteigerung ab; hat das Pfand einen Börsen- oder Marktpreis, so ist auch ein „freihändiger Verkauf" statthaft. Soweit der Erlös dem Pfandgläubiger (im Hinblick auf die gesicherte Forderung) gebührt, gilt die Forderung nach § 1247 BGB als vom Eigentümer berichtigt. Im Übrigen tritt der Erlös an die Stelle des Pfandes (ein Fall der sog. Surrogation).

IV. Das Pfandrecht an Rechten

Gegenstand des Pfandrechts können auch Rechte (§§ 1273 ff. BGB), insbesondere Forderungen (§§ 1279–1290 BGB), sein.

1. Bestellung

Die Bestellung eines Pfandrechts an einem Recht hat nach § 1274 Abs. 1 BGB nach den Vorschriften zu erfolgen, die für die Übertragung des Rechts (§ 413 BGB) gelten.

Eine Besonderheit besteht für die Verpfändung von Forderungen: Die Verpfändung gem. § 1280 muss dem Drittschuldner angezeigt werden. Die Offenlegungspflicht bezweckt den Schuldnerschutz. Sie wirkt allerdings in hohem Maße kreditschädigend. Mit der Mitteilung der Verpfändung erfährt der Drittschuldner vom Kreditbedarf des Pfandschuldners (identisch mit dem Gläubiger der gegenüber dem Drittschuldner bestehenden Forderung).

2. Wirtschaftliche Bedeutung

Die **Verpfändung von Forderungen** wird **regelmäßig durch die Forderungsabtretung ersetzt.** Bekanntlich verlangt die „stille Zession" nicht die Anzeige der Abtretung an den Schuldner. Bedeutsamer ist das Pfändungspfandrecht an Rechten und Forderungen: vgl. dazu §§ 828 ff. ZPO.

V. Die Sicherungsübereignung

1. Ausgangspunkt

Die Sicherungsübereignung hat das Faustpfand in der Praxis weitgehend ersetzt. Mit ihr ist es im Endergebnis möglich, rechtsgeschäftlich ein „Pfandrecht" ohne Publizitätsakt zu begründen (was das BGB gerade nicht wollte!). Die früher strittige Frage nach der Zulässigkeit der Sicherungsübereignung ist überholt, man kann heute von ihrer gewohnheitsrechtlichen Anerkennung ausgehen.

2. Terminologie

Die Sicherungsübereignung dient der Sicherung einer Forderung. Der Gläubiger erhält **treuhänderisches Eigentum.** Man nennt ihn den **Sicherungsnehmer.** Den Schuldner (wenn er mit dem veräußernden Eigentümer identisch ist) bzw. den veräußernden Eigentümer bezeichnet man als **Sicherungsgeber.** Das zur Sicherheit übereignete Gut ist das **Sicherungsgut.** Die Rechtsbeziehungen zwischen Sicherungsnehmer und Sicherungsgeber bestimmen sich nach der zwischen beiden getroffenen **Sicherungsabrede.** Es handelt sich um den typischen Fall einer rechtsgeschäftlichen Treuhand. Die rechtliche Grundkonstellation der Sicherungsübereignung wurde bereits oben § 62 I 1 b vorgestellt. Vergleichen Sie die dortigen Ausführungen und die Skizze *Veräußerung beweglicher Sachen nach § 930 BGB.*

3. Das Rechtsverhältnis zwischen Sicherungsgeber und Sicherungsnehmer

a) *Übereignung durch Besitzkonstitut*

Der Sicherungsnehmer erhält das Eigentum durch Einigung und Vereinbarung eines Besitzkonstituts gem. § 930 BGB (das die Übergabe ersetzt).

b) Sicherungsabrede

Lernhinweis: Unterscheiden Sie streng zwischen dem sachenrechtlichen Vorgang der Übereignung und der schuldrechtlichen Abrede, mit der die Rechte und Pflichten der beiden Beteiligten festgelegt werden.

Die Sicherungsabrede legt den Sicherungszweck fest und begrenzt zugleich die treuhänderische Rechtsstellung des Sicherungsnehmers. Was vereinbart wird, ist zunächst eine Frage der Vertragsfreiheit.

Darüber hinaus gilt generell:

- Der Sicherungsnehmer darf seine Rechtsstellung als formaler Eigentümer nicht ausschöpfen, solange der Sicherungsgeber seiner Zahlungsverpflichtung nachkommt (Verbot der Weiterveräußerung und Verwertung).
- Der Sicherungsgeber muss mit dem Sicherungsgut pfleglich umgehen und Schaden vom Sicherungsnehmer abwenden (z.B. drohende Pfändungen Dritter anzeigen).
- Nach Abwicklung des Darlehensgeschäfts wird der Sicherungsgeber wieder Eigentümer. Die Begründung hierfür ist unterschiedlich: Teils wird der Rückforderungsanspruch dem Sicherungsvertrag entnommen (bei dessen Nichtigkeit greift die ungerechtfertigte Bereicherung ein: Der für die Einräumung des Sicherungseigentums bestehende Zweck fällt weg, § 812 Abs. 1 S. 2 1. Alt. BGB). Überwiegend ist aber in den Sicherungsabreden der automatische Rückfall des Eigentums an den Sicherungsgeber für den Fall vereinbart, dass er seine Verpflichtungen aus dem Darlehensvertrag voll erfüllt. Der Sicherungsgeber hat bis zu diesem Zeitpunkt ein Anwartschaftsrecht, das mit Rückzahlung des Kredits „zum Eigentum erstarkt". Er ist nach §§ 158 Abs. 2, 161 Abs. 2 BGB gegen zuwiderlaufende Verfügungen des Sicherungsnehmers geschützt (sie sind ihm gegenüber unwirksam, vgl. oben § 16).

Merke: Das zur Begründung der Sicherungsübereignung erforderliche Besitzkonstitut muss „konkret" vereinbart sein. Abstrakte Konstitute genügen nicht; es muss (teilweise geschieht dies in der Sicherungsabrede selbst) genau ausgeführt sein, aus welchem Rechtsverhältnis, das nach § 868 BGB ein Besitzmittlungsverhältnis begründet, der Sicherungsnehmer zum mittelbaren Besitz und der Sicherungsgeber zum unmittelbaren Besitz berechtigt ist.

4. Schutz gegenüber Zwangsvollstreckungshandlungen Dritter

Das beim Sicherungsgeber befindliche Sicherungsgut ist nicht selten dem Zugriff anderweitiger Gläubiger ausgesetzt. Was gilt, wenn ein derartiger Gläubiger beispielsweise sicherungsübereignete Maschinen pfänden lässt?

Nach den zwangsvollstreckungsrechtlichen Vorschriften hat der Eigentümer bei der Einzelzwangsvollstreckung die Drittwiderspruchsklage (§ 771 ZPO) und im Insolvenzverfahren ein Aussonderungsrecht (§ 47 InsO).

Würde man bei Anwendung dieser Bestimmungen streng auf das formelle Eigentum abstellen, hätte der Sicherungsgeber gegenüber den Gläubigern des Sicherungsnehmers keinerlei Abwehrrechte, der Sicherungsnehmer gegenüber den Gläubigern des Sicherungsgebers dagegen die Drittwiderspruchsklage bzw. ein Aussonderungsrecht. Dies würde aber der Treuhand-situation nicht gerecht. Nach wirtschaftlicher Betrachtungsweise ist der Sicherungsgeber Eigentümer, der Sicherungsnehmer nur Pfandgläubiger.

Das Problem ist wie folgt zu lösen:

- Der Sicherungsnehmer hat im Insolvenzverfahren des Sicherungsgebers lediglich ein Absonderungsrecht (vgl. § 51 Nr. 1 InsO), gegenüber Einzelvollstreckungsmaßnahmen durch Gläubiger des Sicherungsgebers dagegen die Drittwiderspruchsklage nach § 771 ZPO (konsequent wäre es, ihm angesichts der wirtschaftlichen Betrachtungsweise und analog zur Regelung in der Insolvenz nur ein Recht auf vorzugsweise Befriedigung nach § 805 ZPO zu geben. Die h. M. tut dies nicht, weil man sonst dem Sicherungsnehmer eine andere Verwertungsart aufdrängt, als ihm nach dem Sicherungsvertrag zusteht).

Abwehrrechte beim Gläubigerzugriff in das Sicherungsgut

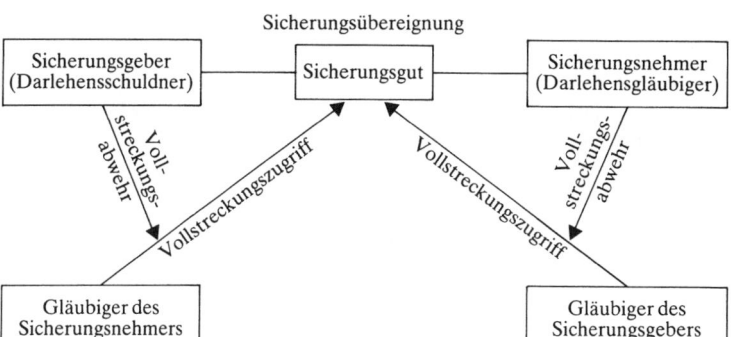

- Der Sicherungsgeber hat gegenüber den Gläubigern des Sicherungs-nehmers im Insolvenzverfahren ein Aussonderungsrecht und in der Einzelzwangsvollstreckung die Drittwiderspruchsklage (dies dürfte allerdings selten sein, da die Pfändung beweglicher Sachen den unmittelbaren Besitz des Schuldners voraussetzt, was beim Sicherungsnehmer regelmäßig nicht oder nur dann der Fall ist, wenn er das Sicherungsgut an sich gezogen hat).

Vergleichen Sie dazu die Skizze *Abwehrrechte beim Gläubigerzugriff in das Sicherungsgut.*

5. Die Verwertung des Sicherungsguts

Rechtsgrundlage für die Verwertung des Sicherungsgutes ist zunächst die Sicherungsabrede. Der Sicherungsnehmer darf das Sicherungsgut regelmäßig erst bei Fälligkeit der gesicherten Forderung verwerten. Dazu steht ihm der Herausgabeanspruch des Eigentümers nach § 985 BGB zu. Ist in der Sicherungsabrede nichts anderes gesagt, bestimmt sich die Verwertung nach den Vorschriften über die Pfandverwertung (Pfandverkauf nach §§ 1233 ff.).

VI. Die Sicherungsabtretung

1. Ausgangssituation

Der Ausgangspunkt bei der Sicherungsabtretung ist vergleichbar mit dem bei der Sicherungsübereignung: Der Schuldner könnte dem Gläubiger als Sicherheit die Verpfändung der Forderungen anbieten, die ihm als Gläubiger zustehen. Im Hinblick auf die vom Gesetz bei den Pfandrechtsvorschriften geforderte (bonitätsschädigende) Anzeigepflicht der Verpfändung an den Drittschuldner (vgl. § 1280 BGB – lesen!) schreckt der Schuldner davor zurück. Anstelle der Verpfändung wählt man die Abtretung der Forderung. Auch hier handelt es sich um treuhänderische Rechtsbeziehungen. Wir haben es mit drei Personen zu tun: dem Gläubiger als Sicherungsnehmer, dem Schuldner als Sicherungsgeber und dem Drittschuldner, gegen den der Sicherungsgeber seinerseits als Gläubiger eine Forderung hat.

Vergleichen Sie dazu die Skizze *Sicherungsabtretung.*

2. Arten der Sicherungsabtretung

a) Abtretung bestehender und künftiger Forderungen

Abgetreten werden können neben bestehenden auch künftige Forderungen. Dies steht zwar nirgends ausdrücklich im Gesetz, entspricht aber beständiger Kreditpraxis. Notwendig ist allerdings, dass die Forderungen wenigstens bestimmbar sind. Dazu muss wenigstens der Entstehungsgrund der Forderung und der Umfang der von der Zession erfassten Forderungen im Augenblick der Abtretung feststehen, weil sich nur so die Person des Schuldners und der Inhalt der Forderung unstreitig feststellen lassen.

Sicherungsabtretung

b) Globalzession

Unter der Globalzession versteht man – der Name deutet darauf hin – die Abtretung aller gegenwärtigen und zukünftigen Forderungen des Schuldners an den Gläubiger.

Lernhinweis: Da die Abtretung eine Verfügung ist, muss jede Forderung nach dem Spezialitätsprinzip einzeln übertragen werden.

Die Globalzession ist mithin eine Summe von Einzelzessionen i. S. der §§ 398 ff. Dabei kann es leicht zu einer Übersicherung kommen, die unter bestimmten Voraussetzungen als Verstoß gegen § 138 BGB zur Nichtigkeit führt (es kann sittenwidrig sein, wenn sich ein Gläubiger zu Lasten anderer Gläubiger das gesamte Haftungspotential des Schuldners verschafft).

c) Mantelzession

Bei der Mantelzession verpflichtet sich der Schuldner, dem Gläubiger in Höhe des jeweiligen Kredits eine Auflistung solcher Forderungen zu übersenden, die von der Abtretung erfasst werden. Mit Übersendung der Listen werden die darin genannten Forderungen zur Sicherheit abgetreten.

3. Das Rechtsverhältnis unter den Beteiligten

Die Rechtsbeziehungen zwischen Sicherungsnehmer und Sicherungsgeber bestimmen sich auch bei der Sicherungsabtretung nach der Sicherungsabrede. Im Übrigen gilt das bei der Sicherungsübereignung Gesagte entsprechend.

4. Zulässigkeitsgrenzen der Sicherungsabtretung

Rechtsschranken für die Sicherungsabtretung ergeben sich zunächst aus dem Zessionsrecht selbst. **Repetieren Sie:** Der gutgläubige Erwerb einer Forderung ist nicht möglich. Die Rechtslage bei mehrfacher Abtretung entscheidet sich nach dem Prioritätsprinzip.

Probleme ergeben sich in der Praxis regelmäßig **in zweifacher Hinsicht:**

- Das Erfordernis der Bestimmbarkeit der Forderung führt zur Unwirksamkeit einer unbestimmten Globalzession zukünftiger Forderungen.
- Darüber hinaus greift nicht selten § 138 BGB durch, so insbesondere im Spezialfall der Kollision der Globalzession mit dem verlängerten Eigentumsvorbehalt (dazu anschließend unter VII.).

VII. Der Eigentumsvorbehalt

1. Ausgangssituation

Bei den bislang erörterten Kreditsicherheiten stand das Interesse des Geldkreditgebers im Mittelpunkt. Hinzu kommt das Interesse des Warenkreditgebers, zumal es gang und gäbe ist, dass der Kaufpreis nicht Zug um Zug gegen Empfang der Ware, sondern erst nach Einräumung bestimmter Zahlungsziele oder in Raten beglichen wird. Wie sichert sich der Verkäufer für den Fall, dass der Käufer nicht bezahlt? Die einfachste Möglichkeit ist die Vereinbarung eines Eigentumsvorbehalts.

2. Eigentumsvorbehalt als bedingte Übereignung

Beim Eigentumsvorbehalt ist wiederum streng der schuldrechtliche Kauf vom sachenrechtlichen Übereignungsvorgang zu trennen. Käufer und Verkäufer schließen einen Kaufvertrag ab mit der Besonderheit, dass sich der Verkäufer „das Eigentum bis zur Zahlung des Kaufpreises vorbehält". Hierzu bestimmt § 449 BGB als Auslegungsregel, dass die Übertragung des Eigentums unter der aufschiebenden Bedingung vollständiger Zahlung des Kaufpreises erfolgt. Wir haben es also mit einem **unbedingten Kaufvertrag,** aber einer **aufschiebend bedingten Übereignung** zu tun. Vergleichen Sie dazu die Skizze *Eigentumsvorbehalt.*

Verkäufer	Kauf unter Eigentumsvorbehalt §§ 443, 449	Käufer
bleibt bis zur Kaufpreiszahlung Eigentümer	Übereignung aufschiebend bedingt §§ 929, 158 I	wird erst mit Kaufpreiszahlung Eigentümer

Die Bedingung liegt in dem ungewissen, zukünftigen Ereignis der späteren Kaufpreiszahlung durch den Käufer. Damit bleibt der Verkäufer nach wie vor Eigentümer.

Es ist heute im Wirtschaftsleben weithin die Regel, dass Waren unter Eigentumsvorbehalt verkauft werden. Die gängigen Lieferungsbedingungen enthalten durchweg einen derartigen Passus. Allerdings ist zu beachten, dass der Eigentumsvorbehalt rechtzeitig erklärt werden muss. Dies geschieht in der Regel **bei Vertragsabschluss.** Einen nachträglichen Eigentumsvorbehalt braucht sich der Käufer als Modifizierung der vorausgegangenen vertraglichen Absprache nicht gefallen zu lassen.

3. Rechtsstellung des Verkäufers

Der Verkäufer bleibt auf Grund des Eigentumsvorbehalts Eigentümer und kann gegebenenfalls die aus dem Eigentum resultierenden Ansprüche geltend machen. Allerdings ergeben sich aus der besonderen Situation des Eigentumsvorbehaltskaufs Einschränkungen:

a) Der Eigentümer kann, solange der Käufer seine Zahlungsverpflichtungen erfüllt, nicht Herausgabe der Sache verlangen. Insoweit hat der Käufer ein Recht zum Besitz nach § 986 BGB aus dem Kaufvertrag. Erst wenn der Verkäufer infolge ausbleibender Zahlungen nach § 323 BGB vom Vertrag zurücktritt, ergibt sich für ihn die Möglichkeit, die Herausgabe der Sache zu verlangen (§ 449 Abs. 2 BGB).

b) Bei nochmaligen Verfügungen des Verkäufers über die Kaufsache zugunsten anderer Erwerber greift § 161 Abs. 1 BGB ein: Der Käufer erwirbt beim Eintritt der Bedingung (Zahlung des Restkaufpreises) das Eigentum; zuwiderlaufende Verfügungen des Verkäufers sind dem Käufer gegenüber unwirksam.

c) Wird in die unter Eigentumsvorbehalt gelieferten Waren von Gläubigern des Käufers vollstreckt, hat der Verkäufer die Drittwiderspruchsklage nach § 771 ZPO bzw. ein Aussonderungsrecht nach § 47 InsO (es handelt sich ja noch um seine Sachen und nicht um die des Käufers).

4. Rechtsstellung des Käufers

Der Käufer ist noch nicht Eigentümer geworden. Insofern kann er nicht als Berechtigter über das Eigentum verfügen.

Lernhinweis: Wenn er trotzdem als Nichtberechtigter verfügt, beurteilt sich die Wirksamkeit derartiger Rechtsakte nach den Regeln des gutgläubigen Erwerbs

(§§ 932 ff. BGB). In manchen Fällen ist der Verkäufer auch mit der Weiterveräußerung einverstanden, wenn ihm die daraus resultierenden Forderungen abgetreten
wurden (es liegt dann eine Einwilligung zur Verfügung eines Nichtberechtigten
nach § 185 vor).

Der Käufer erwirbt beim Eigentumsvorbehalt ein sog. **„Anwartschaftsrecht".** Dies muss man als eine Art „im Entstehen begriffenes Vollrecht"
sehen (eine Vorstufe des Eigentums). Man charakterisiert das Anwartschaftsrecht deshalb auch als ein im Vergleich zum Eigentum, „wesensgleiches Minus". Die juristische Dogmatik stellt das Anwartschaftsrecht
hinsichtlich seiner Übertragung und seines Schutzes dem Eigentum gleich.
Mit Zahlung des Kaufpreises „erstarkt das Anwartschaftsrecht zum Vollrecht". Mit Bedingungseintritt wird der Käufer Eigentümer.

5. Sonderformen des Eigentumsvorbehalts

Der Eigentumsvorbehalt kann erweitert werden.

a) Kontokorrentvorbehalt

Die Besonderheit dieser Form des Eigentumsvorbehalts liegt darin, dass
sich der Verkäufer das Eigentum an den gelieferten Waren so lange vorbehält, bis alle Forderungen aus sämtlichen Geschäften mit dem Käufer beglichen sind. Man spricht auch vom „erweiterten Eigentumsvorbehalt".

b) Verlängerter Eigentumsvorbehalt

Die Sicherung des Warenkreditgebers durch Vereinbarung eines Eigentumsvorbehalts stößt an Grenzen:

Wenn die gelieferten Waren in der Produktionsstätte des Käufers verarbei-
tet werden, geht der Eigentumsvorbehalt nach § 950 BGB unter (s. o.).
Schwierigkeiten ergeben sich zudem in den Fällen des Weiterverkaufs: Der
Käufer möchte durch den Weiterverkauf der unter Eigentumsvorbehalt
gelieferten Ware selbst Gewinn erzielen und sich dadurch die Mittel für die
Erfüllung seiner Kaufpreisschulden verschaffen.

In beiden Fällen behilft man sich mit der „Verlängerung" des Eigentumsvorbehalts:

Der Eigentumsvorbehaltskäufer wird ermächtigt, die Waren im Rahmen
seines Produktionsbetriebes zu verarbeiten bzw. im eigenen Namen an
Dritte weiterzuveräußern. Gleichzeitig tritt der Käufer dem Verkäufer die
aus dem Weiterverkauf der gelieferten Waren erworbenen Forderungen im
Voraus ab.

Die Abtretung erfolgt im Wege der stillen Zession; der Käufer ist ermächtigt, die Forderungen einzuziehen, und kann den erzielten Kaufpreis im
Rahmen seiner eigenen Verbindlichkeit an den Vorbehaltsverkäufer weiter-
leiten. Vergleichen Sie dazu die Skizze *Verlängerter Eigentumsvorbehalt*.

Beim verlängerten Eigentumsvorbehalt kann es zur Kollision zwischen
Warenkreditgeber und Geldkreditgeber kommen: Der Verkäufer lässt sich
die künftigen Forderungen aus dem Weiterverkauf im Voraus abtreten; die
Bank lässt sich dieselben Forderungen im Rahmen der Globalzession im
Voraus abtreten. Was gilt dann?

Verlängerter Eigentumsvorbehalt

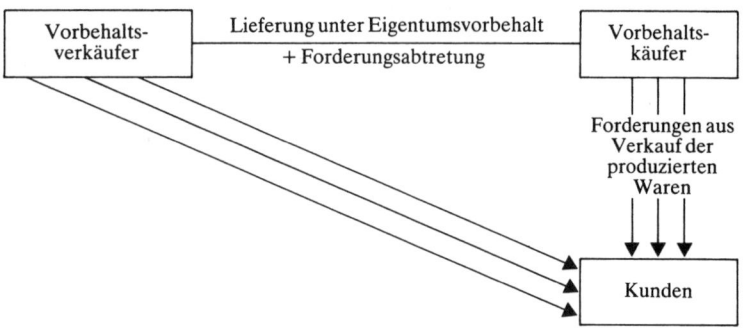

Verdeutlichen Sie sich die Ausgangslage anhand der Skizze *Verlängerter Eigentumsvorbehalt und Globalzession.*

Nach dem Prioritätsprinzip wäre nur die Vorausabtretung wirksam, die als erste erfolgt, weil der Vorbehaltskäufer bei der zweiten Verfügung über die Forderung bereits als Nichtberechtigter handelt und ein gutgläubiger Erwerb von Forderungen ausscheidet. Die erste Verfügung wird häufig zugunsten der Bank erfolgen, so dass diese begünstigt wäre. Der verlängerte Eigentumsvorbehalt des Warenkreditgebers ginge dann ins Leere: Der Geldkredit höhlt den Warenkredit aus.

Verlängerter Eigentumsvorbehalt und Globalzession

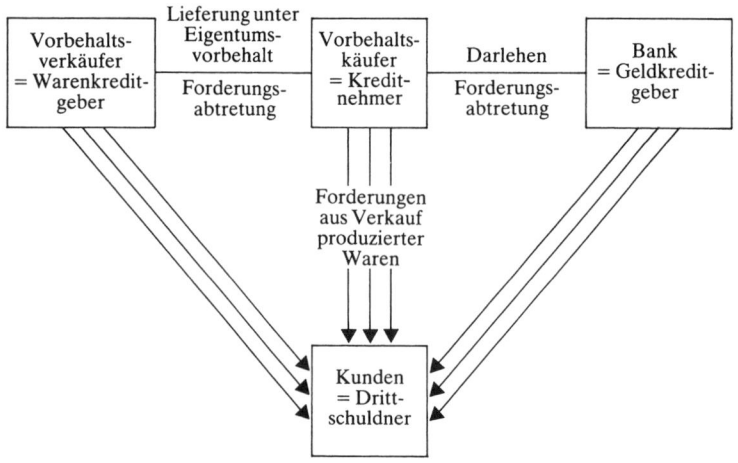

Die Rechtsprechung hat diese Situation jedoch korrigiert: Mit der Vorausabtretung (Globalzession) an die Bank verleite diese den Vorbehaltskäufer zum Vertragsbruch gegenüber dem Vorbehaltsverkäufer. Sie verstoße deshalb insoweit gem. § 138 BGB gegen die guten Sitten, als die Zession auch Forderungen umfasst, die auf Grund der Weiterveräußerung von Waren entstehen, die unter Eigentumsvorbehalt geliefert wurden. Da diese erste Verfügung zugunsten der Bank unwirksam ist, greift die zweite Verfügung zugunsten des Vorbehaltsverkäufers durch. Das Prioritätsprinzip wird im Ergebnis außer Kraft gesetzt: Der Warenkreditgeber siegt über den Geldkreditgeber!

Wiederholungsfragen zu § 66

Welche verschiedenen Sicherungsmittel können Sie aufzählen? (§ 66 I)

Welche atypischen Sicherungsrechte kennen Sie und was ist der Grund, weshalb sich diese herausgebildet haben? (§ 66 I 4)

Wie unterscheiden sich Hypothek, Grund- und Rentenschuld? (§ 66 II)

Wie unterscheiden sich Brief- und Buchhypothek? (§ 66 II 1 d aa, bb)

Ist die Sicherungshypothek sicherer für den Gläubiger oder für den Schuldner? (§ 66 II 1 d, cc)

Wie wird die Hypothek übertragen? (§ 66 II 1 f)

Welche Rechtsvorgänge spielen sich bei der Sicherungsübereignung ab? (§ 66 V)

Warum wird die Sicherungsabtretung der Forderungsverpfändung vorgezogen? (§ 66 VI 1)

Welche Fälle der Sicherungsabtretung kennen Sie? (§ 66 VI 2)

Welche Rechtsstellung hat der Verkäufer bei der Lieferung unter Eigentumsvorbehalt? (§ 66 VII 3)

Welche Rechtsstellung hat der Käufer beim Kauf unter Eigentumsvorbehalt? (§ 66 VII 4)

Wie wird die Kollision zwischen dem verlängerten Eigentumsvorbehalt und der Globalzession gelöst? (§ 66 VII 5 b)

Sachverzeichnis